Un rêve inouï

Mère Marie-Élisabeth (1840-1881)
(Il s'agit de la photographie « Élisabeth Turgeon, institutrice » (voir *infra*) « habillée en religieuse ».)

Giselle HUOT

UN RÊVE INOUÏ...
des milliers de jeunes

Mère Marie-Élisabeth
(1840-1881)
fondatrice de la Congrégation
des Sœurs de Notre-Dame du Saint-Rosaire
de Rimouski

ANNE SIGIER

Éditeur :   Éditions Anne Sigier
                 2299, boul. du Versant Nord
                 Sainte-Foy (Québec) G1N 4G2
Couverture :   Thérèse Bard
Dépôt légal :   3e trimestre 1991
                 Bibliothèque nationale du Canada
                 Bibliothèque nationale du Québec
ISBN :   2-89129-160-3

                 Imprimé au Canada

Préface

*L*es sources qui ont alimenté la présente biographie chargée d'événements et d'enquêtes textuelles ont été pour la plupart bien conservées : elles sont nombreuses, authentiques et assez diversifiées pour permettre un texte à la fois sûr et constructif. Autographes, manuscrits et imprimés montrent que, dès son enfance, Élisabeth Turgeon serait une femme d'une qualité humaine et spirituelle exceptionnelle. Dès lors, nous n'aurons tout au cours de la lecture de ce livre d'histoire qu'à rester attentifs à ce qui, chez elle, paraît plus quotidien, plus ordinaire, pour comprendre, sinon accepter, tout ce qui fait la trame inattendue de sa vie. Nous avons en outre l'avantage d'un complément visuel, en constatant comment la communauté des Sœurs des Petites Écoles, devenue les Sœurs de Notre-Dame-du-Saint-Rosaire, respecte l'intention première de leur fondatrice, en suivant avec élégance une intention missionnaire élargie, impossible à concevoir à l'époque de la fondation.

La vie d'Élisabeth Turgeon coïncide avec le pontificat de Pie IX (1846-1878). Le Pape est l'objet, en plusieurs pays et particulièrement au Canada français, d'une vénération si évidente qu'elle conduit au recrutement volontaire de zouaves pontificaux. La spiritualité du temps est largement dominée par une certaine pensée française catholique, une pensée assez conservatrice. Abandon à la Providence, méditation de la passion du Christ, goût du devoir d'état strictement accompli, ascétisme et pénitence avoués, tout contribue à créer un climat plutôt rigoriste. Faire son salut, expier ses péchés, mériter son ciel, se préparer à la mort, sont les préoccupations quotidiennes du chrétien convaincu. Tant chez les laïcs que chez les personnes consacrées, la générosité est grande. Aussi grand est le courage.

Parmi les nombreuses dévotions en cours, notons la dévotion au Sacré Cœur, à Marie, à saint Joseph (au Canada), et le culte des anges gardiens. En plus, l'habitude du chapelet, des neuvaines et une multitude de prières privées. La dévotion la plus populaire est celle de l'eucharistie, comprenant messes, heures d'adoration, quarante heures, bénédictions et saluts du Saint Sacrement.

Au Québec, en plus, c'est l'établissement des institutions cléricales. Plusieurs nouveaux diocèses sont créés, dont celui de Rimouski. Les évêques dominent par leur zèle et par leur autorité. Plus près des gens, c'est monsieur le curé dont le rôle est prépondérant dans la paroisse. Comme en France, surgissent de nouvelles communautés religieuses. Surtout chez les femmes où la charité est si évidente, qu'elles porteront bientôt le nom générique de *Bonnes Sœurs*. Dans ces communautés l'obéissance est de règle. Une obéissance stricte, uniforme, nécessaire en un sens pour que l'œuvre grandisse. Comme si la règle et l'autorité ne suffisaient plus, des coutumiers s'ajoutent pour faire porter l'obéissance sur tous les détails de la vie.

Dans ce contexte pénitentiel vont s'expliquer la vie et les actions d'Élisabeth Turgeon, laïque enseignante et finalement religieuse fondatrice d'une communauté à Rimouski. À Beaumont, Élisabeth vit déjà intensément et elle se souviendra sûrement – Giselle Huot le pense aussi – qu'elle a un père soucieux de foi et d'éducation, prêt à dire son idée, à tenir son bout jusqu'à imposer sa conduite s'il le faut, dût-il déranger certaines personnes en place, dont son curé. Plus intimiste, plus réservée, sa mère est la femme responsable qui fait simplement son devoir : tout ce qui doit être fait sera fait, et encore plus quand on est veuve à quarante-cinq ans et mère de neuf enfants.

La spiritualité de notre héroïne sera austère et volontariste. Le mot qui fait fortune, et qui est sur les lèvres de ceux et de celles qui aspirent à vivre en profondeur, est DEVOIR. Devoirs religieux. Devoirs de l'obéissance. Devoirs envers Dieu. Devoirs envers l'Église. En citant certains propos d'Élisabeth, nous entrevoyons à la fois l'idéal et la réalité : « Dieu nous voit. Il jugera nos pensées... Les courts instants de cette vie décident de notre éternité, pensons-y bien. » « Je fais tout par devoir. Rien par plaisir. Mais tout avec plaisir. Tout par nous. Rien par force. » « Sachons que le plus grand don que Dieu puisse faire à une institutrice est d'aimer son état et les enfants qu'il lui confie. »

« Regardons-nous comme victimes et soyons de véritables mères pour nos élèves. » Dans une lettre : « Je veux que vous sachiez bien que pour être l'épouse d'un Dieu crucifié, il faut consentir à porter la croix à sa suite et à renoncer à sa volonté propre pour vivre sous la puissance d'une volonté quelquefois opposée à la sienne. »

Pourquoi ne ferait-elle pas comme sœur Louise, sa sœur de sang, sa supérieure même, qui court après les intentions de Dieu jusqu'à les devancer ? Plus modeste et quitte à subir des retards, Élisabeth sait que son devoir, elle le connaîtra parfois à travers des volontés humaines lentes à se manifester. Oui, elle accepte tout pour que la volonté de Dieu soit respectée à travers les événements parfois difficiles qui s'imposent à sa propre volonté, elle espère que ses jeunes religieuses en feront autant. « La principale obligation des novices ici comme dans toute maison religieuse est de tendre à la perfection par la voie du saint renoncement : dispositions qui font que les contrariétés se changent, pour l'âme fidèle à la grâce, en une joie spirituelle qui dilate l'âme et fortifie le cœur. »

Comment connaître exactement la volonté de Dieu ? Quelques compagnes se sont jointes à elles au nom d'un projet collectif déjà approuvé par le pape et les évêques : l'éducation des enfants en milieux ruraux est une urgence. Il n'y a à cette époque ni protection sociale, ni assurance maladie, ni régime de ratraite, ni pension d'invalidité, ni secours de chômage. En ces circonstances, les enfants apparaissent comme l'unique sécurité possible contre les coups durs de la vie. Dans le nouveau diocèse de Rimouski, les enfants sont nombreux et leurs besoins immenses. Élisabeth rêve. Il faut que les Sœurs des Petites Écoles s'en mêlent. Elles seront la bonté de Dieu envers les faibles et les enfants du peuple. Après Rimouski, il faudra aller ailleurs, même jusqu'à Port-Daniel, Gaspé...

Le bien de ces enfants du peuple deviendra son œuvre et son épreuve. Son modèle n'est nul autre que Jésus Christ, Jésus crucifié. Les événements ne manqueront pas pour lui faire franchir les stations du chemin de la croix. Plus souvent qu'à son tour, humiliée, blessée par des silences humainement inexplicables, par des attentes prolongées qui la montrent auprès de ses compagnes, inefficace et faible, elle a vécu à fond le mystère de la flagellation. Certains départs, les absences répétées de sœur Louise, les misères de sa santé, sans compter que là où elle s'efforce de survivre, à Rimouski, elle et ses compagnes sont abandonnées à elles-mêmes : elles souffrent affreusement du froid, voire de la faim ; elles devront déménager deux fois dans la même année.

Dans une de ses lettres de 1881 : « Je veux que vous sachiez bien que pour être l'épouse d'un Dieu crucifié, il faut consentir à porter la croix à sa suite et à renoncer à sa volonté propre pour vivre sous la puissance d'une volonté quelquefois opposée à la sienne. » Oh, ce n'est pas facile ! Il n'est jamais facile de « porter sa croix avec Jésus Christ, c'est souffrir de tout le monde, et ne faire souffrir personne. » Ne soyons pas surpris qu'elle ait instruit ses sœurs d'une sorte de science de la souffrance reçue, acceptée comme épreuve et purification. « Il faut savoir souffrir jusqu'à y trouver notre joie et notre bonheur. » « Porter sa croix à la suite de Jésus, c'est l'unique moyen de parvenir au ciel, qu'il nous a mérité par sa croix... bien que l'on sacrifie tout pour l'obtenir. » Porter sa croix ? Oui, tous les jours. Il faut. Il faut.

La fondation de la nouvelle congrégation exige tout. Avec une précision exemplaire, la biographe Giselle Huot rappelle les travaux manuels, la manière de les accomplir à l'époque, l'horaire qui s'impose et autres menus détails de la vie domestique. Monseigneur l'évêque souhaite de ses institutrices moins de travaux manuels et davantage d'étude. Or, les besoins matériels sont grands, variés, urgents. Monseigneur ne semble pas savoir que les Sœurs sont très pauvres, au point qu'elles doivent tout imaginer pour survivre et même, à la cachette, « prendre du bois de chauffage »... chez Monseigneur. Élisabeth Turgeon sera en même temps (1875) directrice des classes et des enseignants, directrice du noviciat et du travail manuel. Quelques années plus tard (1879) la voilà supérieure. Elle aime travailler : « Ne perdez pas une heure puisque vous n'êtes pas sûres d'une minute. » « Le fruit du travail est le plus doux des fruits. »

Mais que serait le travail sans la prière ? Prier, c'est « se tenir en présence de Dieu », chercher surtout et sans cesse à faire la volonté de Dieu jusqu'à l'épouser, « penser à lui nuit et jour », agir par grâce et par amour « pour sa plus grande gloire ». Autant de formes d'oraison à pratiquer selon les circonstances. Imploration, reconnaissance, gratitude, vœu, promesse, elle y va largement avec cette idée fixe que « Dieu dispose toutes choses pour le mieux ».

Et si nous allions rappeler la grande vertu qui a permis à Élisabeth Turgeon de tenir malgré tout ? Bien entendu la charité est première et la foi est toujours là, mais à cause des circonstances et tous les inconvénients, nous dirions que mère Marie-Élisabeth fut avant tout une femme d'espérance chrétienne, jusqu'à l'héroïcité. Sa sœur Louise s'éparpille en toutes sortes d'audacieux projets, Élisabeth, plus réaliste, plus patiente, dure dans son attente. « Les yeux du Seigneur sont ouverts sur toute la terre et ils inspirent de la force à ceux qui se confient en lui d'un cœur parfait.» Pas d'illusions, la vie est un combat : «Sans doute, la carrière d'une sœur des Petites Écoles est hérissée de peines, de croix et d'ennuis ; mais hélas ! n'est-ce pas la condition de tout homme sur la terre.» Depuis ses treize ans qu'elle entend l'appel de Dieu, jadis elle a pensé aux Ursulines, aux Hospitalières, aux religieuses contemplatives, même à aller aux U.S.A. pour incarner son appel. Peu à peu s'est raffermie sa confiance à l'Époux crucifié. Plus tard, elle saura dire à ses sœurs : «La congrégation des Petites Écoles vivra toujours, si elle ne s'éloigne pas du sentier du Calvaire qu'elle ne doit quitter que pour monter au ciel.» Les mots qui reviennent souvent dans les écrits de sœur Marie-Élisabeth sont : courage, devoir, croix, souffrance, sacrifice. Pendant que Monseigneur la fait attendre et qu'il semble soutenir les autres communautés féminines déjà en place et même s'occuper des Carmélites américaines, sœur Turgeon continue à parler de volonté divine, de résignation, d'abandon, mais dans le sens positif d'une acceptation volontaire des situations telles qu'elles s'imposent à elle. Croix ou desseins de la Providence, elle ne dérive pas. Son choix est fait ; elle obéira coûte que coûte. Qui obéira verra ! Nous nous demandons encore comment une jeune femme aussi lucide qu'Élisabeth Turgeon, fille d'un père déterminé, sœur d'une Louise qui ne craint personne lorsqu'il s'agit de suivre sa volonté, a pu demeurer soumise durant tant d'années à la volonté d'un évêque qui retarde à donner une approbation plus définitive.

Il faut se remettre dans le contexte : deux champions de la foi ecclésiale et de la mission éducationnelle de l'Église s'affrontent : Monseigneur l'évêque de Rimouski, un tenace qui préfère un groupe de laïques consacrées parce qu'elles ne seront jamais à la charge du diocèse. Le diocèse est pauvre ; il ne veut pas risquer de nouvelles responsabilités financières et Élisabeth, elle, qui raisonne différemment ne considère pas qu'elles seront à charge de l'évêché : ses sœurs se débrouilleront comme elles se sont toujours débrouillées. L'approbation de l'évêque pour des vœux publics et perpétuels est indispensable pour que la communauté devienne officiellement «religieuse». Par cette approbation apparaîtra nettement la volonté de Dieu. Si l'évêque approuve, la jeune communauté a plus de chance de durer. Parce que le Christ a confié son Église à ses apôtres et que les évêques sont leurs successeurs reconnus, ils possèdent dans les circonstances – et eux seuls – le pouvoir de dire oui ou non à Élisabeth Turgeon. Ici, les évêques, l'Église, la volonté de Dieu, c'est la réponse, affirmative ou négative, de monseigneur Jean Langevin, premier évêque de Rimouski. Jamais sœur Marie-Élisabeth ne voudra faire taire cette conviction profonde que, malgré tous les inconvénients qu'elle subit, l'évêque de Rimouski et son Grand Vicaire sont les dépositaires de la volonté de Dieu.

Mère Marie-Élisabeth croit, sait, et cela sans diplômes ni cours de théologie que, hors de cette foi en l'Église diocésaine, ses actions seraient pure aliénation. Sa foi est profonde. Tandis que sa sœur Louise court après la volonté de Dieu, Élisabeth la reçoit humblement : « Mais comme le chemin est plus court par l'exemple que par le précepte, la soumission que les Sœurs des Petites Écoles rendront à l'Église et à ses ministres sera la même que celle qu'elles rendraient à Notre Seigneur lui-même, si elles le voyaient présent sur la terre. »

Nous somme étonnés, sinon scandalisés, par tant de pouvoir masculin et tant de soumission féminine. Élisabeth, elle, est libre ; elle attend dans l'obéissance l'ordre ou la permission de Monseigneur, elle accepte dans la foi le retard ; mais elle peut en elle-même, au plus profond de ses attentes, regretter ces lenteurs humaines, jusqu'à supposer que Monseigneur n'a pas de bonnes raisons de douter de l'œuvre des Petites Sœurs. Intérieurement ce silence épiscopal officiel la torture, la décourage, mais rien ne saurait l'empêcher d'obéir. Comme le Seigneur Jésus s'est fait obéissant et pauvre, en suivant la volonté de Dieu. « Non pas ma volonté mais ta volonté », disait-il. Elle suivra le même chemin, dût-il conduire même à la crucifixion d'une obéissance héroïque. Refuser toutes ces lenteurs, que madame Huot cherche désespérément à comprendre, aurait été pour Élisabeth Turgeon se priver de la forme la plus belle de la liberté qui est le service du Seigneur et celui des enfants des Petites Écoles. Élisabeth l'a admirablement avoué un jour : « la liberté heureuse passe par l'obéissance. »

Tout cela, la biographe et historienne Giselle Huot le raconte avec bonheur et conviction ; elle sait respecter scrupuleusement les critères de l'historiographie classique : les faits sont bien datés, situés, alignés. Nous suivons Élisabeth pas à pas, et sans perdre de vue l'ombre mouvante de Louise, tout en vivant le suspense d'une fondation religieuse à retardement.

En lisant ces pages nous nous sommes souvent surpris à souhaiter qu'il se trouve encore aujourd'hui des jeunes femmes talentueuses pour suivre le sentier si courageusement défriché par Élisabeth Turgeon de Beaumont et de Rimouski.

C'est du su et du connu que Giselle Huot ne ménage aucun effort pour s'assurer de ses sources. Elle a le flair de l'inédit et un talent indiscutable pour interroger les événements révélateurs de situations. Elle qui a déjà scruté les manuscrits de Saint-Denys Garneau, les premiers écrits de Lionel Groulx et récemment la vie d'une autre femme de Bellechasse, mère Marie de la Charité (1852-1920), paraît particulièrement douée pour détecter les influences premières, disons fondamentales, d'une vie vouée à un idéal souvent contredit par les événements extérieurs.

Grâce à ces pages franches et généreuses en informations et en détails de toutes sortes, nourries de copieuses notes, de références choisies, nous participons à l'histoire d'une fondation strictement québécoise et à la vie d'une femme de vision. Nous y apprenons aussi l'histoire d'une famille de Beaumont, jusque dans la diversité de ses opinions. Tout au long du déroulement des récits et des faits, sont dévoilés, sous différents aspects, les rapports souvent subtils entre l'humain et le divin, entre la nature et la grâce, entre l'obéissance volontaire et la liberté, entre le devoir et le plaisir.

Dans ce livre il y a des descriptions de départs et d'arrivées qui ne manquent pas de pittoresque, des portraits bien campés, des propos savoureux sur sœur Louise, sur le costume tel que « revu et corrigé » par nul autre que Monseigneur l'évêque, et sur la prise nocturne du bois de chauffage... Ces récits de la vie quotidienne d'un groupe de femmes isolées, mais qui n'en manifestent pas moins une saine détermination, sont à porter au dossier de la condition féminine dans la seconde partie du XIXe siècle.

Il faut nous réjouir que ce livre soit rédigé dans une langue toujours correcte, voire élégante. Le style simple et vif convient bien à l'histoire d'une femme droite et généreuse. Cette femme, Élisabeth Turgeon, Dieu l'a beaucoup aimée pour la convoquer à pratiquer dans des circonstances défavorables une aussi « heureuse liberté ».

Benoît Lacroix, o.p.

Prologue

15 novembre 1990. 150 ans après la naissance d'Élisabeth Turgeon, l'archevêque de Rimouski, Mgr Gilles Ouellet, signe le *Décret d'ouverture de l'enquête canonique concernant la cause de canonisation de Élisabeth Turgeon, en religion, Mère Marie-Élisabeth, fondatrice des Sœurs de Notre-Dame du Saint-Rosaire.*

Février 1989. L'auteure rencontre à Rimouski le Conseil des Sœurs de Notre-Dame du Saint-Rosaire. Celles-ci aiment bien marquer chacun de leurs grands anniversaires par une publication. Pour le 150e anniversaire de naissance de leur fondatrice, outre des fêtes et des manifestations de tous genres en son honneur et en sa mémoire, elles souhaitent ajouter une biographie à tous les autres écrits qui se sont accumulés au fil des ans. Pour leur part, elles n'ont pas du tout mentionné les démarches qu'elles entendaient entreprendre éventuellement pour la canonisation de leur fondatrice. De son côté, l'auteure, comme elle a toujours soin de le préciser, a clairement établi que son travail ne prendrait pas forme incantatoire, qu'il ne serait ni éloge funèbre, ni plaidoyer, ni apologie, ni dithyrambe, ni panégyrique, mais qu'il serait l'expression d'une rencontre avec Élisabeth Turgeon par l'intermédiaire des textes, des témoignages, des documents. Il sera précisé aussi dans mon contrat que j'aurai libre accès à toutes les archives et à toute la documentation disponible.

L'ouverture des fonds a été totale, aucune occultation ou défiance ne s'est manifestée. J'ai donc trouvé chez toutes les religieuses aide et lumières immensément disponibles mais sans imposition d'aucune mentalité ou encore parti-pris. Elles ont respecté en tout point l'entente initiale. Ceci établi, ce serait injure à faire aux religieuses que de les croire capables de m'imposer idées et mots pour les dire. Elles connaissent assez bien leur fondatrice pour savoir que sa belle figure émergerait d'elle-même en dépit de tout traitement.

D'ailleurs, les communautés religieuses féminines québécoises sont beaucoup plus ouvertes et généreuses de leurs archives et de leurs secrets que les communautés européennes, ou du moins françaises, si l'on en juge par un ouvrage récent d'une auteure qui s'est butée à maintes portes fermées ou à peine entrebâillées [1].

L'acceptation d'un travail est toujours précédée d'une forme d'exploration sur le terrain voué à d'éventuelles et plus intenses prospections. Lorsque, ayant déjà été attirée par une façon d'être qui s'était décalquée comme une ombre chinoise dans une reconnaissance en faveur d'une préconnaissance, comment rester complètement insensible devant la personne qui peu à peu délaisse les coins d'ombre pour s'avancer à la lumière de nos yeux, de notre esprit, qui s'infiltre peu à peu jusqu'à notre cœur, à notre insu d'abord, puis dont notre conscient avalise bientôt le choix.

Qu'on ne doute pas cependant de la conscience avec laquelle la tâche a été entreprise, ni de l'honnêteté de l'approche, ni de la rigueur scientifique qu'en tout temps nous avons tenté d'y insérer. Si ce portrait reste approximatif et bien imparfait par rapport à la « personne réelle », c'est qu'un être est toujours plus parfait et plus riche que l'approximation qu'on en donne. La grandeur de la tâche de même que la minceur du temps ont été des handicaps que nous ne pouvons espérer qu'avoir réussi à surmonter en partie. Nous espérons également que dans la vision qui vous restera, vous vous souviendrez que la biographe n'est pas à la hauteur de l'héroïne.

La biographie même si soumise au plus strict plan de dépistage et de recherches présente tout de même tant de failles quant à la quantification, à la multitude des événements comme à leur profondeur ou à leur incidence plus ou moins marquée ou marquante. Et les documents qui relatent les faits taisent plus souvent qu'autrement les sentiments

---

(1) Voir Yvonne Turin, *Femmes et Religieuses au XIXe siècle. Le féminisme « en religion »*, Paris, Nouvelle Cité, 1989, 375 p. : 9-10 et 361-362.

ou les pensées, en tout ou en partie. Ce qui reste est tout de même d'une telle richesse qu'on peut à peine commencer à deviner tous les trésors perdus. Mais la vie est ainsi faite, plus pleine de tus que de dits, mieux remplie de silences et de secrets que de paroles et de révélations. Plus riche d'indicible que de dicible.

Par exemple, il est bien dommage que la chronique des débuts de la communauté n'ait été entreprise que plus d'un quart de siècle après la fondation. Aussi, beaucoup de faits, d'événements qui auraient été consignés au jour le jour dans des annales sont perdus à jamais. D'autre part, certaines dates d'événements connus demeurent et demeureront nébuleuses. La chronique n'est pas cependant écrite uniquement à partir de témoignages oraux. Il est indubitable qu'elle se réfère à des sources écrites, différents registres, de même qu'au « cahier de la Secrétaire » des débuts, Sœur Marie-Joseph ou Apolline Gagné. Ce cahier, ainsi que certaines lettres qui ont fait l'objet de transcription dans la chronique, n'ont pas été retrouvés. Le directeur, Edmond Langevin, avait commencé une chronique également qui, si elle est de beaucoup antérieure à celle de la maison mère est tout de même postérieure aux événements relatés.

D'autre part, s'il reste plusieurs lettres de Mère Marie-Élisabeth, plusieurs également sont perdues sans doute à jamais, entre autres sa correspondance avec Mère Marie-Anne (Elzire Cauchon dit Laverdière), celle avec Sœur Marie-Jeanne-Françoise de Chantal (Amélie Plamondon), celle avec l'une de ses cousines religieuses à l'Hôtel-Dieu de Québec dont nous ignorons même le nom, beaucoup d'autres sans doute et jusqu'aux lettres très importantes qu'elle échange avec Mgr Jean Langevin. Est-ce elle-même, l'amante du silence, la si discrète Élisabeth, qui aurait détruit une partie de sa correspondance ? Peut-être, mais pas nécessairement.

Et puis, bien que l'on n'obtienne jamais de réponse, il est important de soulever la question. Pourquoi Mgr Langevin, qui a conservé les lettres de Louise Turgeon avant son arrivée à Rimouski, n'a-t-il pas fait de même pour celles d'Élisabeth ? Pourquoi, alors qu'on trouve l'une de ses réponses à Louise Turgeon dans un registre des Lettres particulières, n'y trouve-t-on aucune réponse à Élisabeth ? Les lettres de Louise passaient-elles par les mains de son secrétaire et non celles d'Élisabeth ?

Qu'a donc écrit Mgr Langevin à Élisabeth pour l'attirer finalement à Rimouski après les deux refus qu'elle lui a opposés ? Lui aurait-il fait des promesses de fondation d'une communauté religieuse, contrairement à tout ce qu'on a pensé jusqu'ici ? Ce n'est pas impossible et c'est ce que tend à faire croire une lettre du 29 août 1875, mystérieusement disparue des archives de la communauté, mais conservée heureusement dans un registre à l'archevêché de Rimouski, dans laquelle Mgr Langevin offre aux postulantes de prononcer tout de suite leurs premiers « vœux annuels », ce dernier mot étant substitué à « solennels » qu'il avait d'abord écrit.

Même si l'on peut regretter que des voix directes ne nous arrivent pas plus nombreuses, ni plus explicitement, l'on verra que les sources sont tout de même abondantes et précieuses et nous restituent l'essentiel et plus que suffisamment matière à chroniquer nous-même, alors que l'esprit et le généreux don de soi traversent et éclaboussent de lumière l'obscurité laissée par les supports de papier.

Nous avons beaucoup cité les dits de la fondatrice, de ses filles, de la chronique, pour ne pas introduire une autre intermédiaire entre elles et leurs lectrices et lecteurs, pour redonner la parole à toutes ces femmes merveilleuses qui ont dû si souvent et si longuement se taire, préservant ainsi la tessiture de leur voix. Elles méritent bien ces orantes dans la nuit de tous les abandons humains qu'on les écoute avec leurs mots.

Et nous avons cité les textes littéralement, conservant l'orthographe sans ajouter de [sic], ce qui aurait alourdi considérablement la phrase. Seuls apparaissent quelques ajouts entre crochets pour éviter une lecture malaisée ou fautive.

Élisabeth Turgeon, Élisabeth des Petites-Écoles, ce n'est pas un passé révolu, basculé dans l'oubli, c'est l'œuvre vive professée encore par sa communauté auprès des jeunes de tout âge.

Élisabeth aux yeux de fleuve, la « grande dame » aux dires des frères et monseigneurs Langevin, est issue de Beaumont en Bellechasse, la terre fertile des fondatrices et des fondateurs qui ne sont sortis de ses rangs dans tous les sens du terme que pour défricher de vastes champs d'apostolat ouverts à leurs généreux et ambitieux projets. Avant elle, c'est Marie Fitzbach-Roy, native de Saint-Vallier, qui allait fonder les Sœurs du Bon-Pasteur de Québec (1850) et après elle viendra Philomène Labrecque, fondatrice des Dominicaines de l'Enfant-Jésus au Séminaire de Québec (1887).

C'est par cette dernière que les Sœurs de Notre-Dame du Saint-Rosaire sont venues jusqu'à l'auteure. Que la supérieure générale, Sœur Béatrice Gaudreau, ainsi que les membres du Conseil, les Sœurs Bérangère Provost, Laurette Brière, Jacqueline Desmeules, Gisèle Guilbault et Marthe Bérubé en soient plus spécialement remerciées. Celles-ci, de même que les Sœurs Rita Bérubé, postulatrice de la cause de Mère Marie-Élisabeth et donc spécialiste de ses écrits, Jeanne

Desjardins l'archiviste émérite, Louise Martin qui depuis 1987 sillonne le Québec à la recherche des documents et des vestiges laissés par la fondatrice, fidèles héritières de celle-ci, m'ont accueillie avec tant de bienveillante amitié que tout en les ayant immensément dérangées – elles m'y encourageaient et comment résister ? – je n'ai pas eu l'impression de le faire tant la réception a été chaleureuse. Nous poursuivions un but commun : exhumer le plus et le mieux possible toutes les traces du passage de leur fondatrice ici-bas. Mon meilleur souvenir également à tant d'autres religieuses que j'ai rencontrées et que je ne puis toutes nommer.

Pour la préface, les membres du Conseil ont fait appel à Benoît Lacroix, l'un des plus grands Bellechassiens actuellement, qui peut s'enorgueillir d'une parenté lointaine mais réelle avec deux fondatrices de Bellechasse, Élisabeth Turgeon et Philomène Labrecque. Troubadour qui a contribué à faire connaître et à faire aimer sa petite patrie, son Saint-Michel, dont la bibliothèque porte son nom, et particulièrement le 3e rang... ouest, par sa trilogie de Bellechasse[2], il a même, imaginez ! fait naître Marie à Saint-Michel, Joseph à Beaumont, Emmanuel dans la grange sise sur la terre paternelle au 3e rang ouest et, parce qu'il n'est pas tout à fait prophète, Élisabeth... à Saint-Raphaël[3], le village natal de Philomène.

Qu'un hommage soit rendu à celui qui n'écrit plus, *dixit*, mais qui ne cesse de répondre aux multiples sollicitations de ceux, et de celles donc !, qui s'entêtent à le faire manquer à sa parole. Combien de gens attirés par son extrême générosité, sa largeur de vues incomparable, cet entrepreneur du cœur n'a-t-il aimés, aidés, encouragés, éclairés ou simplement écoutés, bouleversés de lumière et d'attention ? Entrepreneur de l'esprit également qui ouvre les voies pour mieux laisser la place à ceux qui viennent derrière lui.

Un tel travail ne peut être entrepris ni surtout mené à bien sans l'apport, l'aide sous plusieurs formes, d'une multitude de gens.

Que nous avons sollicité les archivistes et qu'elles ou qu'ils nous ont prêté lumières et documents avec compétence et générosité ! À part les archives des Sœurs de Notre-Dame du Saint-Rosaire qui ont été les plus sollicitées, nous ont rendu d'immenses services les responsables des archives de l'archidiocèse de Rimouski, de l'archidiocèse de Québec, des Archives nationales du Québec, à Québec surtout, mais aussi

---

(2) Benoît Lacroix, *Trilogie en Bellechasse*, Saint-Lambert, Éditions du Noroît, 1986, 222 p.
(3) Benoît Lacroix, *Marie de Saint-Michel*, Montréal, Paris, Éditions Paulines & Médiaspaul, 1986, 133 p.

à Montréal, des archives des communautés religieuses de la Congrégation de Notre-Dame, des Sœurs du Bon-Pasteur de Québec, des Augustines de la Miséricorde de Jésus de l'Hôpital Général de Québec et de l'Hôtel-Dieu du Sacré-Cœur de Québec, des Sœurs de la Charité de Québec, ainsi que plusieurs personnes de Beaumont, village natal de la fondatrice.

Qu'il nous soit permis d'exprimer notre gratitude au directeur général de la Fondation et du Centre de recherche Lionel-Groulx, M. Jean-Marc Léger, ainsi qu'aux membres du conseil d'administration qui nous ont permis de poursuivre nos recherches dans cette enceinte du savoir où nous avons largement puisé dans la bibliothèque, de même qu'à son personnel et à celui de l'Institut d'histoire de l'Amérique française pour leur aide précieuse et amicale.

Enfin, et non le moindre, mon entourage immédiat, famille, enfants, Sylviane et Stéphane, parents, ami(e)s ont malgré eux été entraînés dans la course folle contre la montre et ont dû multiplier générosités et attentions en plus de mettre la main à la pâte de maintes façons.

Se sont laissé gentiment embrigader pour le travail de correction et l'informatisation du texte, souvent à des jours et heures indus, luttant contre ces furies du temps qui fuit, surtout par solidarité et amitié, aussi Lise McNicoll et François David, mais encore et surtout deux fidèles de l'équipe de l'édition de la *Correspondance* de Lionel Groulx qu'il serait gênant d'avoir tant mises à contribution si ce n'était de leur compétente efficacité doublée d'une disponibilité toujours souriante et si amicale, les deux « maîtres » ou « maîtresses » en histoire, Marie-Josée Tremblay et, pour un temps plus long encore, Jo-Anne Rochette.

À toutes et à tous moult remerciements d'outre le temps, dans la durée de la reconnaissance et de l'amitié.

G.H.

CHRONOLOGIE

1832

27 février   Mariage de Louis-Marc Turgeon et d'Angèle Labrecque, parents d'Élisabeth Turgeon.

1833

27 janvier   Naissance à Beaumont de Louise Turgeon, baptisée le même jour.

1834

22 février   Naissance à Beaumont de Louis-Pierre-Hubert, frère d'Élisabeth, baptisé le même jour.

1836

17 janvier   Naissance à Beaumont d'Angèle, sœur d'Élisabeth, baptisée le lendemain.

1838

23 février   Naissance à Beaumont d'Henriette, sœur d'Élisabeth, baptisée le même jour.

1840

7 février   Naissance à Beaumont d'Élisabeth Turgeon, baptisée le lendemain.

1842

2 juillet   Naissance à Beaumont de Marie-Alvine, sœur d'Élisabeth, baptisée le lendemain.

1844

22 juin   Naissance à Beaumont de Narcisse, frère d'Élisabeth, baptisé le même jour.

1845

28 novembre   Décès de Narcisse Turgeon, inhumé le 30, à Beaumont.

1846

30 avril   Naissance à Beaumont de Célina, sœur d'Élisabeth, baptisée le même jour.

1848

20 mai   Naissance à Beaumont de Marine, sœur d'Élisabeth, baptisée le même jour.

1850

4 novembre   Naissance à Beaumont d'Aurélie, sœur d'Élisabeth, baptisée le même jour.

1854

29 avril Naissance d'Elzire Cauchon, dit Laverdière, Mère Marie-Anne, à Saint-Joachim.

1855

9 juillet Décès de Louis-Marc Turgeon, père d'Élisabeth, inhumé le 11 juillet à Beaumont.

1862

3 juillet Diplôme d'enseignement pour école modèle de l'École normale Laval, décerné à Élisabeth Turgeon.

1863

septembre Après une année de repos à Beaumont, Élisabeth Turgeon débute dans la carrière d'institutrice à Saint-Romuald.

1864

25 janvier Mariage d'Angèle Turgeon, sœur d'Élisabeth, à Damase Nadeau, à Beaumont.

1867

15 janvier Érection du diocèse de Rimouski par Sa Sainteté le Pape Pie IX.

1er mai Sacre de Mgr Jean Langevin à Québec par Mgr Charles-François Baillargeon, coadjuteur de Mgr Turgeon.

15 mai Arrivée du premier évêque de Rimouski, Mgr Jean Langevin, dans sa ville épiscopale.

25 août Décès de Mgr Pierre-Flavien Turgeon, archevêque de Québec, arrière-petit cousin d'Élisabeth.

1868

28 janvier Première démarche de Louise Turgeon, en vue de la fondation d'une communauté religieuse à Québec.

1870

5 septembre Démarche de Louise Turgeon auprès de Mgr Jean Langevin, évêque de Rimouski.

1871

juin Élisabeth quitte l'école de Saint-Romuald. Atteinte d'une maladie grave, elle reçoit l'extrême-onction. Repos à Beaumont pour l'année 1871-1872.

fin d'été
ou automne Lettre de Mgr Jean Langevin à Élisabeth Turgeon l'invitant à Rimouski. Elle décline pour raisons de santé.

1872

18 février Second appel de Louise Turgeon à Mgr Langevin où elle lui fait miroiter la venue d'Élisabeth.

septembre Élisabeth ouvre une classe privée à Saint-Roch de Québec pour l'année 1872-1873.

1873

Tentative avortée de la fondation d'une communauté religieuse par Louise Turgeon.

septembre — Élisabeth enseigne à Sainte-Anne-de-Beaupré, pour l'année 1873-1874.

15 novembre — Lettre de Mgr Langevin demandant au ministre de l'Instruction publique la fondation d'une École normale à Rimouski.

1874

juillet — Élisabeth ouvre une classe gratuite pour six mois à Sainte-Anne-de-Beaupré pour remplir la promesse faite à la sainte qui a amélioré son état de santé.

été — Mgr Jean Langevin accepte de louer une maison lui appartenant à Louise Turgeon.

été - automne — Deuxième lettre de Mgr Langevin à Élisabeth pour l'inviter à Rimouski. Cette fois, elle refuse à cause de sa promesse.

16 octobre — Première réunion officielle convoquée et présidée par l'abbé Edmond Langevin, de Louise Turgeon, Apolline Gagné, Delvina Vézina et Madeleine Dumas.

22 novembre — Deuxième réunion officielle convoquée et présidée par Mgr Jean Langevin, où la communauté naissante reçoit le nom de Sœurs des Petites-Écoles.

Nomination du premier Conseil : Sœur Louise Turgeon, supérieure, maîtresse des études et du noviciat, Sœur Delvina Vézina, 1re assistante et Sœur Madeleine Dumas, 2e assistante.

1875

janvier — Arrivée des Carmélites à Rimouski.

15 janvier — Déménagement dans la maison Adhémar Martin.

début mars — Entretien avec Mgr Langevin au sujet du costume.

28 mars — Le jour de Pâques, le directeur annonce l'arrivée d'Élisabeth.

3 avril — Arrivée d'Élisabeth Turgeon à Rimouski, désormais Sœur Marie-Élisabeth, en compagnie d'Hélène Lagacé.

6 mai — Prémices de l'œuvre. Les sœurs sont chargées par le curé de préparer trois enfants pour leur première communion.

17-21 mai — Les sœurs se rendent à l'évêché. Mgr Langevin acquiesce au désir exprimé par sœur Marie-Élisabeth de reporter la vêture de mai à plus tard. Il donne la permission de confectionner les costumes.

25 mai — Sœur Marie-Élisabeth est nommée directrice des classes et du noviciat ainsi que directrice des travaux manuels. Sœur Louise Turgeon reste supérieure, chargée des affaires temporelles. Le but de l'Institut exprimé par l'évêque : former des institutrices.

11 juin	Voyage de Sœur Marie-Élisabeth à Québec. Va reconduire à Beauport Hélène Lagacé, renvoyée.
8 août	Approbation finale du costume par l'évêque.
29 août	Une lettre de Mgr Langevin offre aux sœurs de prononcer leurs premièrs vœux annuels le 15 septembre suivant: «je vous conseille de faire vos vœux tout de suite.»
3 septembre	Circulaire de Mgr Langevin sur les Sœurs des Petites Écoles.
15 septembre	Première vêture (prise d'habit) dans la chapelle de l'évêché par Mgr Langevin. Elles sont trois: Sœur Marie-Élisabeth (Élisabeth Turgeon), Sœur Marie de la Passion (Louise Turgeon) et Sœur Marie-Joseph (Apolline Gagné).
27 octobre	Circulaire de Mgr Langevin faisant état de la prise d'habit des Sœurs des Petites-Écoles.
fin octobre	Déménagement dans la maison Parent.

1876

mars	Le curé de Rimouski demande deux sœurs pour l'école de la ville.
31 mai	Adresse de sœur Marie-Élisabeth à Mgr E.-A. Taschereau, archevêque de Québec, Mgr L.-F. Laflèche, évêque de Trois-Rivières et Mgr Langevin venus les visiter en leur couvent.
3 juillet	Entrée d'Alvine, sœur d'Élisabeth, que celle-ci est allée chercher à Beaumont.
23 août	Deuxième vêture à leur couvent, trois nouvelles novices: Sœur Marie-Jeanne-Françoise de Chantal (Amélie Plamondon), Sœur Marie-Joséphine (Alvine Turgeon) et Sœur Marie du Sacré-Cœur (Emma Bélanger).
fin septembre	Ouverture de deux classes dans l'ancien séminaire (la vieille église) devenu leur couvent. Sœur Marie-Élisabeth directrice et 1re institutrice, Sœur Marie-Joséphine, 2e institutrice.
6 octobre	Premier décès dans l'Institut: Sœur Marie du Sacré-Cœur (Emma Bélanger).
30 octobre	Déménagement à l'ancien séminaire (la vieille église).
novembre	Sœur Marie-Joséphine (Alvine Turgeon) atteinte de phtisie doit laisser l'enseignement. Sœur Élisabeth Falardeau la remplace.

1877

4 mars	Sœur Marie-Élisabeth veut démissionner de sa charge de maîtresse des novices, ce que l'évêque lui défend expressément le lendemain.
1-15? avril	Sœur Marie-Élisabeth va se reposer à Beaumont une quinzaine de jours.
10 juin	Indult de Rome autorisant l'évêque à accepter l'Institut des Sœurs des Petites Écoles.

15 août	Avec l'indult, les sœurs peuvent avoir leur propre chapelle. Mgr Langevin vient dire la première messe au couvent.
3 septembre	Ouverture des classes. Une centaine d'élèves. Sœur Marie-Élisabeth, directrice et 1re institutrice à la classe modèle, secondée par sœur Élisabeth Falardeau et sœur Léda Deslauriers pour la seconde classe.
14 octobre	Indult de Rome permettant de conserver le Saint-Sacrement dans la chapelle.
15 novembre	Le Saint-Sacrement est désormais conservé dans la chapelle.
4 décembre	Entrée d'Elzire Cauchon dit Laverdière, la future Mère Marie-Anne.

1878

2 février	Troisième vêture. Dix novices : sœur Marie de la Purification (Élisabeth Farlardeau), sœur Marie du Précieux-Sang (Marie Labrie), sœur Marie de Jésus (Léda Deslauriers), sœur Marie des Anges (Eugénie Deslauriers), sœur Marie-François d'Assise (Apolline Héon dit Piché), sœur Marie-Edmond (Alice Fraser), sœur Marie du Sacré-Cœur (Héloïse Deveau), sœur Marie-Jean l'Évangéliste (Flavie Bilodeau), sœur Marie-Anne (Elzire Cauchon dit Laverdière) et sœur Marie-Lucie (Eulalie Lévêque).
24 avril	Décès d'Alvine Turgeon, sœur Marie-Joséphine, sœur d'Élisabeth Turgeon. Inhumée dans le cimetière de Saint-Germain de Rimouski, le 26 avril.
26 août	Quarante-Heures au couvent.
septembre	Accablée de trop de travaux, sœur Marie-Élisabeth n'a pu au printemps renouveler le contrat avec la Commission scolaire. L'Institut perd sa principale source de revenus.
31 décembre	Quatrième vêture. Six novices : sœur Marie du Rosaire (Marie Rouleau), sœur Marie-Étienne (Philistine Bois), sœur Marie-Joséphine (Léocadie Beaulieu), sœur Marie de la Croix (Léonie Santerre), sœur Marie-Germain (Émilie Gagné) et sœur Marie-Cyprien (Félicité Gosselin).

1879

janvier	Mariage d'Aurélie Turgeon, sœur d'Élisabeth, et d'Édouard Bourassa.
février	La nuit d'angoisse. Peu après cette nuit, sœur Marie-Élisabeth voue sa communauté à la Sainte Vierge.
29 mars	Cinquième vêture. Une novice : sœur Marie du Crucifix (Élisabeth Sirois).
27 mai	Sœurs institutrices demandées par le curé de Saint-Donat pour la desserte de Saint-Gabriel. Sœur Marie-Élisabeth accepterait à la condition expresse que Mgr Langevin permette l'émission des vœux de religion.

10 juin	Leur directeur, Edmond Langevin, convoque en conseil les plus anciennes pendant quatre jours. Discussions sur le règlement, le costume, etc.
fin juin - début juillet	Sœur Marie-Élisabeth se met à la rédaction de la Règle et des Constitutions, ainsi qu'aux règlements spéciaux pour les missions, celui des institutrices et celui des élèves.
mi-juillet	Sortie de sœur Marie de la Passion (Louise Turgeon).
21 août	Inhumation à Beaumont de Marine, sœur d'Élisabeth.
26 août	Messe du Père Tielen, c.ss.r., au couvent.
12 septembre	Première profession dans l'Institut. Treize nouvelles professes : sœur Marie-Élisabeth (Élisabeth Turgeon), sœur Marie-Joseph (Apolline Gagné), sœur Marie-Jeanne-Françoise de Chantal (Amélie Plamondon), sœur Marie de Jésus (Léda Deslauriers), sœur Marie des Anges (Eugénie Deslauriers), sœur Marie-François d'Assise (Apolline Héon dit Piché), sœur Marie-Edmond (Alice Eulalie Fraser), sœur Marie du Sacré-Cœur (Héloïse Deveau), sœur Marie-Jean l'Évangéliste (Flavie Adéline Bilodeau), sœur Marie-Anne (Elzire Cauchon dit Laverdière), sœur Marie-Lucie (Eulalie Lévêque), sœur Marie-Étienne (Philistine Bois) et sœur Marie-Joséphine (Léocadie Beaulieu).
	Vêture de sœur Marie de la Providence (Luce Parent).
	Nomination du Conseil par Mgr Langevin : sœur Marie-Élisabeth, première supérieure, sœur Marie-Joseph, assistante, sœur Marie-Étienne, maîtresse des novices.
26 septembre	Premier chapitre des coulpes établi par sœur Marie-Élisabeth. Elle profite de l'occasion pour redire que c'est à Marie qu'elle confie sa communauté.
12 octobre	Le nom de « Mère » est donné à Marie-Élisabeth Turgeon.

1880

2 janvier	Premier départ pour la première fondation à Saint-Gabriel. Les deux sœurs missionnaires, Marie-Jean l'Évangéliste (Flavie Bilodeau) et Marie du Sacré-Cœur (Héloïse Deveau).
7 janvier	Ouverture de l'école à Saint-Gabriel.
14 juillet	Incorporation civile de la Congrégation par le projet de loi 119 de l'Assemblée législative du Québec.
août	Première retraite donnée dans la chapelle des Sœurs des Petites-Écoles.
30 août	Les sœurs Marie-Jean l'Évangéliste (Flavie Bilodeau) et Marie des Anges (Eugénie Deslauriers) quittent Rimouski pour la mission de Saint-Gabriel.
3 septembre	Fondation des missions : Port-Daniel et Saint-Godefroi. Mère Marie-Élisabeth va reconduire ses missionnaires, les sœurs Marie de Jésus (Léda Deslauriers), Marie du Sacré-Cœur (Héloïse Deveau) à Port-Daniel, et Marie-Edmond

	(Alice Fraser) ainsi que Marie-Anne (Elzire Cauchon dit Laverdière), à Saint-Godefroi.
13 décembre	Approbation du projet d'école indépendante à Rimouski.

1881

7 janvier	Ouverture de l'école indépendante.
20 mars	Maladie grave de Mère Marie-Élisabeth.
5 avril	Incendie du Séminaire de Rimouski.
7 avril	Mère Marie-Élisabeth et la communauté offrent leur couvent (la vieille église) pour y loger le Séminaire.
11 avril	Les sœurs quittent le couvent. Mère Marie-Élisabeth, malade, ne peut les accompagner.
9 juin	Mère Marie-Élisabeth, très malade, peut quitter le vieux couvent et rejoindre les sœurs à la maison de brique.
16 juillet	Entrée d'Elmire Roy qui deviendra Mère Marie de la Victoire.
17 août	Décès de Mère Marie-Élisabeth.
19 août	Inhumation de la fondatrice au cimetière Saint-Germain de Rimouski.
23 août	Mère Marie-Joseph, 2e supérieure générale.

1882

15 août	Jour fixé pour la rénovation des vœux.

1883

19 mars	Profession religieuse de Mère Marie de la Victoire.
20 avril	Retour des Sœurs dans le vieux couvent ou la vieille église.
7 août	Mère Marie-Jean l'Évangéliste, 3e supérieure générale.

1885

25 janvier	Henriette, sœur d'Élisabeth, épouse son cousin François Turgeon au Dakota, États-Unis.

1886

17 juin	Décès de Mère Marie-Anne, maîtresse des novices.

1888

12 janvier	Modification de la Charte pour y insérer le nom de la Congrégation.
13 février	Adoption du Rosaire comme Office communautaire.

1889

2-3 juin	Décès de Mgr Edmond Langevin, bienfaiteur et directeur de la communauté.
10 août	Élection de Mère Marie de la Victoire, 4e supérieure générale.

1890

28 mai	Mgr André-Albert Blais fait une première visite à la communauté.

1891

10 mai	Mgr Blais suggère le nom de Sœurs de Notre-Dame du Saint-Rosaire.
4 octobre	Les Sœurs des Petites-Écoles deviennent les Sœurs de Notre-Dame du Saint-Rosaire.

1892

26 janvier	Décès de Mgr Jean Langevin.
21 octobre	Adoption de l'expression « maison mère ».
30 octobre	Début de la récitation quotidienne du Rosaire.

1893

29 juin	Premiers examens pour l'obtention de diplôme d'enseignement.

1894

5 février	Impression des Constitutions préparées par Mère Marie de la Victoire.
14 juillet	Remise des Constitutions par Mgr André-Albert Blais.

1895

15 août	Après 21 ans, l'émission des premiers vœux perpétuels : 27 professes, dont quatre seulement des treize professes de 1879.
2 septembre	Ouverture d'une classe au vieux couvent.

1896

3 février	Agrégation de l'Institut à la Confrérie du Saint-Rosaire.
11 juin	Mère Marie-Joseph (Apolline Gagné) quitte la Congrégation.

1897

20 avril	Achat de la ferme Saint-Antoine.
9 octobre	Décès du Père Tielen, c.ss.r., à Sainte-Anne-de-Beaupré.

1904

12 juillet	Début de la construction de la maison mère.
26 juillet	Pose de la première pierre de l'actuelle maison mère.
6 août	Mère Marie du Saint-Esprit, 5e supérieure générale.
16 août	Première exhumation des restes de Mère Marie-Élisabeth au cimetière Saint-Germain depuis 23 ans.
17 août	Mise en terre des restes de la fondatrice au fond du cimetière de la communauté.
11 septembre	Bénédiction de la pierre angulaire de la maison mère.

1907

6 octobre	Première messe au couvent actuel.
15 octobre	Première profession au couvent actuel : Sœur Marie de l'Annonciation.
12 novembre	Achat de la cloche de la vieille église de Rimouski. Elle est devenue la cloche règlementaire.
16 novembre	Journée d'Action de grâce au vieux couvent.
17 novembre	Journée de réparation au vieux couvent.
18 novembre	Montée au couvent neuf.
20 novembre	Bénédiction de la statue de saint Joseph, pour la façade de la maison mère.

1908

21 mai	Installation de la statue de Marie à la façade de la maison mère.
5 août	Bénédiction de la maison mère par Mgr André-Albert Blais.

1909

18 mars	Bénédiction de la cloche extérieure de la maison mère.
4 juin	Pose de l'Ave Maria à la façade de la maison mère
16 juin	Exhumation des restes de Mère Marie-Anne.
28 octobre	Début de la Présence réelle à la maison mère.
	Tranlation des restes d'Alvine Turgeon (Sœur Marie-Joséphine) dans le cimetière conventuel.

1910

13 octobre	Décès de Louise Turgeon à Saint-Roch de Québec. Inhumée le 15 à Beaumont.

1915

11 décembre	Décès de Mère Marie-Jean l'Évangéliste, 3e supérieure générale.

1916

2 février	Adoption de la date annuelle pour la vêture et la profession dans l'Institut.
30 septembre	Inauguration de la chapelle de la maison mère (jusqu'en 1959).

1918

16 novembre	Seconde exhumation des restes de Mère Marie-Élisabeth et mise en terre au pied de la grande croix au centre du cimetière.

1919

23 janvier	Décès de Mgr André-Albert Blais, 2e évêque de Rimouski.

1920

7 octobre — Mère Marie de la Victoire expédie à Rome les Constitutions adaptées au Droit canonique de 1917.

1921

18 janvier — Décès de Mère Marie de la Victoire, 4e supérieure générale.

27 décembre — Installation des 15 tableaux du Rosaire autour du jubé de l'ancienne chapelle de la maison mère.

1922

14 avril — Angèle Turgeon-Nadeau, sœur d'Élisabeth, inhumée à Beaumont.

1923

5 mars — Décès d'Apolline Gagné (sœur Marie-Joseph), deuxième supérieure générale, chez les Franciscaines.

1926

9 mars — Louis-Pierre-Hubert Turgeon, frère d'Élisabeth, inhumé à Saint-Damien de Bellechasse.

1927

7 mai — Première approbation pontificale de la Congrégation pour sept ans.

1929

29 avril — Décès à Rimouski d'Aurélie Turgeon-Bourassa, sœur d'Élisabeth. Inhumée dans le cimetière des Sœurs de Notre-Dame du Saint-Rosaire.

1933

22 décembre — Inauguration de l'Ouvroir Sainte-Élisabeth pour les pauvres.

1934

20 août — L'externat de la maison mère passe sous le contrôle de la Commission scolaire de la ville.

1936

7 janvier — Approbation définitive de l'Institut par Rome.

1939

15 juillet — 60e anniversaire de profession de Mère Marie de Sainte-Lucie, cofondatrice.

1942

2 septembre — Décès de Mère Marie de Sainte-Lucie, dernière cofondatrice.

1951

27 mars	Décès de Mère Marie du Saint-Esprit, 5e supérieure générale.

1955

3 juin	Troisième exhumation des restes d'Élisabeth Turgeon et translation dans la salle dite du «Tombeau» (local 183) de la maison mère.

1959

18 novembre	Consécration de la chapelle actuelle par Mgr C.-Eugène Parent.
19 novembre	Translation du « tombeau » de la fondatrice, à l'entrée de la nouvelle chapelle, consacrée la veille.

1962

22 mars	Réception des nouvelles armoiries de la Congrégation.
25 mars	Approbation pontificale des Constitutions rénovées.
22 mai	Indult de la division de l'Institut en trois provinces.

1963

29 novembre	Premier voyage en Amérique Latine en vue d'une fondation.

1964

15-17 septembre	Départ des premières missionnaires au Honduras.

1966

7 mai	Décès de Mère Marie de l'Annonciation, 6e supérieure générale.

1967

29 juillet	Érection du district régional au Honduras.
29 août	Érection du district régional du Maine.

1968

20 juin	Ouverture d'un noviciat à Augusta (Maine).

1975

2 février	Date de vêture et de profession.

1977

17 janvier	Décès de Mère Marie de Sainte-Rose, 7e supérieure générale.

1979

15 juillet	Définition du charisme de la Congrégation.

1982

8 février	Approbation par le Saint-Siège des Constitutions rénovées.

1985

24 juillet   Membres-Associés acceptés dans la Congrégation.

1990

Fête à l'occasion du 150e anniversaire de la naissance de la fondatrice.

15 novembre   L'archevêque de Rimouski, Mgr Gilles Ouellet, signe le *Décret d'ouverture de l'enquête canonique concernant la cause de canonisation de Élisabeth Turgeon, en religion, Mère Marie-Élisabeth, fondatrice des Sœurs de Notre-Dame du Saint-Rosaire.*

TABLE DES SIGLES

AAQ   Archives de l'Archidiocèse de Québec
ACND   Archives de la Congrégation de Notre-Dame
AEG   Archives de l'Évêché de Gaspé
AESH   Archives de l'Évêché de Saint-Hyacinthe
AHDSCQ   Archives de l'Hôtel-Dieu du Sacré-Cœur de Québec (Hôpital)
ANQ-R   Archives Nationales du Québec à Rimouski
AOSUQ   Archives de l'Ordre des Sœurs Ursulines de Québec
ARSR   Archives des Sœurs de Notre-Dame du Saint Rosaire
BRH   *Bulletin des recherches historiques*
CMM   *Chronique de la maison mère*
CDR   Carmélites déchaussées de Rimouski
CEL   *Chronique d'Edmond Langevin*
DBC   *Dictionnaire biographique du Canada*
DBCCF   *Dictionnaire biographique du clergé canadien-français* (Allaire)
DGFC   *Dictionnaire généalogique des familles canadiennes* (Tanguay)
DGFQ   *Dictionnaire généalogique des familles du Québec* (Jetté)
DOLQ   *Dictionnaire des œuvres littéraires du Québec*
FFL   Fonds Famille-Langevin
MSGCF   *Mémoires de la Société généalogique canadienne-française*
MRSC   *Mémoires de la Société Royale du Canada*
RA   *Résumé des Annales de la Congrégation des SS de N.-D. du S.-Rosaire de Rimouski, 1874-1949*
RAPQ   *Rapport de l'archiviste de la province de Québec*
RED   *Registre des élections et des délibérations de la Communauté des Sœurs des Petites Écoles de Rimouski*
RHAF   *Revue d'histoire de l'Amérique française*
RVP   *Registre des vêtures et professions*
SCHEC   Société canadienne d'histoire de l'Église catholique

PREMIÈRE PARTIE

Les préludes
(1840-1862)

Élisabeth Turgeon

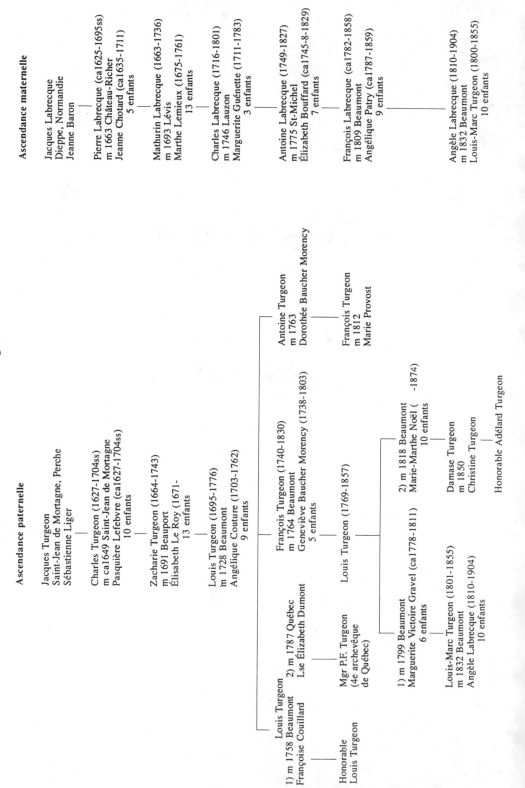

Ascendance paternelle

Jacques Turgeon
Saint-Jean de Mortagne, Perche
Sébastienne Liger

Charles Turgeon (1627-1704ss)
m ca1649 Saint-Jean de Mortagne
Pasquière Lefebvre (ca1627-1704ss)
10 enfants

Zacharie Turgeon (1664-1743)
m 1691 Beauport
Élisabeth Le Roy (1671-
13 enfants

Louis Turgeon (1695-1776)
m 1728 Beaumont
Angélique Couture (1703-1762)
9 enfants

Antoine Turgeon
m 1763
Dorothée Baucher Morency

François Turgeon (1740-1830)
m 1764 Beaumont
Geneviève Baucher Morency (1738-1803)
5 enfants

François Turgeon
m 1812
Marie Provost

Louis Turgeon (1769-1857)

Louis Turgeon
2) m 1787 Québec
Lse Élizabeth Dumont

Mgr P.F. Turgeon
(4e archevêque
de Québec)

1) m 1799 Beaumont
Marguerite Victoire Gravel (ca1778-1811)
6 enfants

2) m 1818 Beaumont   -1874)
Marie-Marthe Noël (
10 enfants

Damase Turgeon
m 1850
Christine Turgeon

Louis-Marc Turgeon (1801-1855)
m 1832 Beaumont
Angèle Labrecque (1810-1904)
10 enfants

Honorable Adélard Turgeon

1) m 1758 Beaumont
Françoise Couillard

Honorable
Louis Turgeon

Ascendance maternelle

Jacques Labrecque
Dieppe, Normandie
Jeanne Baron

Pierre Labrecque (ca1625-1695ss)
m 1663 Château-Richer
Jeanne Chotard (ca1635-1711)
5 enfants

Mathurin Labrecque (1663-1736)
m 1693 Lévis
Marthe Lemieux (1675-1761)
13 enfants

Charles Labrecque (1716-1801)
m 1746 Lauzon
Marguerite Guénette (1711-1783)
3 enfants

Antoine Labrecque (1749-1827)
m 1775 St-Michel
Élizabeth Bouffard (ca1745-8-1829)
7 enfants

François Labrecque (ca1782-1858)
m 1809 Beaumont
Angélique Patry (ca1787-1859)
9 enfants

Angèle Labrecque (1810-1904)
m 1832 Beaumont
Louis-Marc Turgeon (1800-1855)
10 enfants

CHAPITRE 1

L'héritage du passé
pour la naissance de l'avenir (1840-1855)

> *La Paix Fille de la Charité règne dans une Société où chacun ne voit que ses propres défauts, et couvre du manteau de la Charité ceux de son Prochain.*
> (Mère Marie-Élisabeth, *Sentences*)

Rimouski, 3 avril 1875.

Le paysage de ses jours s'étend désormais sous ses pieds. Les éboulements de la vie, la Providence l'ayant conduite là. De Beaumont en Bellechasse Élisabeth Turgeon est venue pour prêter un visage et un nom à une œuvre qui a besoin d'une âme. C'est son rêve qu'elle vient mettre au monde, qu'elle vient imprimer sur ce rivage. Car le rêve n'est-il pas que le présage du destin qu'en soi on a déjà fait sien?

Arrivée alors que le soir tombe a-t-elle prescience des ombres qui côtoieront longuement la forme de vie qu'elle vient épouser? Ce n'est encore que le pays du risque et non point celui du rivage sûr où la terre reste ferme sous les pas. Mais à Rimouski s'achève l'errance d'un cœur dépossédé depuis si longtemps de l'objet même de son désir. C'est dans l'extra-territorialité qu'elle atteindra la plénitude du développement intérieur.

Rimouski c'est le point d'attache, le point d'ancrage, le port où s'arrime la petite communauté et d'où s'égrapperont plus tard, peu à peu, de petits contingents puis de larges brassées de femmes, vers des horizons toujours nouveaux et de plus en plus lointains. Mais tout cela elle l'ignore encore.

Avant que de gravir la colline où symboliquement est située la petite maison, se retourne-t-elle une dernière fois pour fixer le fleuve de ses enfances élargi maintenant d'années et de milles ? Alors que de Beaumont l'on aperçoit Québec, de Rimouski l'autre rive a reculé au-delà de l'œil. C'est l'horizon qui lui tient lieu de rive. Mais comme de Beaumont l'on aperçoit l'île d'Orléans, de Rimouski c'est l'île Saint-Barnabé, comme un long vaisseau échoué, qui barre de certains points l'horizon.

L'itinéraire qui l'amène là, aussi inexorable que le déroulement du long fleuve qui de Beaumont à Rimouski va toujours s'évasant jusqu'au confluent de sa vie et de son œuvre, ses ancêtres normands et percherons il y a deux siècles l'ont fait à rebours à dos de moutons et de lames pour que sa propre histoire trouve son accomplissement.

Les premiers ancêtres à Beaumont

La seigneurie de Beaumont[1] a été concédée le 3 novembre 1672 par l'intendant Talon à Charles-Thomas Couillard des Islets (1647-1715), petit-fils de Louis Hébert, fils de Guillaume Couillard et de Guillemette Hébert.

Du premier rang sur la falaise, le paysage se déploie vaste et magnifique, embrassant le fleuve, l'île d'Orléans et la chaîne des Laurentides qui ferme l'horizon. Le nom de Beaumont lui aurait été donné par le seigneur soit parce qu'il définit le site soit encore du nom d'une commune de France – il y en a quarante-cinq de ce nom – chère à la mémoire des Couillard.

Zacharie Turgeon (1664-1743)

Au recensement de 1681, parmi les 14 colons (53 personnes en tout) établis à Beaumont, Jacques Turgeon âgé de 25 ans est déjà propriétaire d'une terre de 6 arpents en valeur ainsi que d'un fusil[2]. Il possédera plus tard dans le second rang un arrière-fief de 20 arpents sur 40.

---

(1) Sur Beaumont, voir Pierre-Georges Roy, *À travers l'histoire de Beaumont*, Lévis, 1943, 309 p. ; Le Comité des Fêtes du Tricentenaire, *Beaumont, 1672-1972*, Saint-Romuald, 1972, 134 p. ; Madeleine Prévost *et alii*, *Beaumont. Inventaire architectural*, Beaumont, 1977, 3 vol. ; *idem*, *Beaumont. Gens et Coutumes*, Beaumont, 1978, s.p. ; *idem*, *Dossier de presse de Beaumont*, Beaumont, 1977, s.p. ; Arthur Labrie, *La Sauvegarde d'un héritage. Le Moulin de Beaumont*, Beaumont, 1984, 24 p. ; revue *L'Oseilleur* ; *Almanach de l'Action Sociale catholique*, 1934 : 65-78 ; Philippe Aubert de Gaspé, dans « Un souper chez un seigneur canadien », sixième chapitre des *Anciens Canadiens* a immortalisé un souper chez le troisième seigneur de Beaumont.
(2) Dans Benjamin Sulte, *Histoire des Canadiens français, 1608-1880*, V, Montréal, Wilson & Cie, 1882, 161 p. : 76.

Son frère Zacharie quitte à son tour la terre de Beauport pour la rive sud et se voit légalement concéder 6 arpents par le seigneur de Beaumont. L'acte officiel n'est passé devant Chambalon que le 1er novembre 1694 mais il est déjà arrivé en 1692. Les deux frères Jacques et Zacharie sont les ancêtres de tous les Turgeon de Beaumont. Un autre de leurs frères, Michel, s'établira à Lévis.

Zacharie passe sur la rive sud peu de temps avant le retour en Mortagne de ses parents Charles Turgeon (ca 1627-1704ss), fils de Jacques Turgeon et de Sébastienne Liger, de Saint-Jean-de-Mortagne au Perche, et de Pasquière (Perrine) Lefebvre (ca 1627-1704ss). Mariés depuis 1649 environ, ils quittent La Rochelle peu après le 23 juin 1662 avec quatre enfants, deux sont morts en bas âge, dont Jacques, 10 ans. « Une traversée terrible : des cent hommes montés sur deux vaisseaux, trente-trois meurent en mer. On admire l'aisance, l'esprit d'entraide et la robuste santé de Charles Turgeon[3]. »

La famille s'installe à Beauport où naissent quatre autres enfants, dont Zacharie, le 7 mai 1664. Tous les enfants de Charles restent au pays alors que lui et son épouse rentrent en France en 1693[4]. Zacharie Turgeon épouse Élisabeth Le Roy (Roy) à Beauport, le 24 octobre 1691[5], la première Élisabeth qui en comptera bien d'autres avant celle qui illustrera particulièrement ce prénom. Ils auront treize enfants, dont Louis qui épousera Angélique Couture, petite-fille de Guillaume Couture, d'abord donné des jésuites, découvreur, compagnon du Père Jogues avec qui il fut torturé, interprète, diplomate, premier colon de Lévis, juge sénéchal de la côte de Lauzon[6]. Une des filles, Élisabeth, épousera Augustin Couture.

---

(3) Selon le Registre de Notre-Dame de Québec, 1er janvier 1670, cité dans S. Anna Giroux, r.j.m., « Toussaint Giroux, 1633-1715 », *Mémoires de la Société généalogique canadienne-française*, vol. 25, n° 1 (janvier-mars 1974), p. 3-27 : 13.

(4) En 1670, ils avaient acheté à Québec une propriété près de Mortagne, héritage de Toussaint Giroux, voir *ibid.* : 4, 12-13). Sur les Turgeon, voir coll., r.s.r., *Généalogie de Marie-Élisabeth Turgeon*, Rimouski, Couvent du Saint-Rosaire, 1981, 157 p., dactylographié ; coll., r.s.r., *Ils nous ont donné Marie-Élisabeth*, Rimouski, Couvent du Saint-Rosaire, 1981, 138 p., dactylographié ; coll., r.s.r., *Actes notariés de la famille Turgeon*, Photocopie et transcription des originaux. Outre les sources citées dans ces ouvrages, Archange Godbout, o.f.m., *Origine des familles canadiennes françaises*, Lille, Société Saint-Augustin, Desclée, De Brouwer & Cie, 1925, 263 p. : 156-158 ; René Jetté, *Dictionnaire généalogique des familles du Québec. Des origines à 1730*, Montréal, Les Presses de l'Université de Montréal, 1983, I, 1177 p. : 1110-1101 ; Marcel Trudel, *Catalogue des immigrants, 1632-1662*, Montréal, Hurtubise HMH, « Cahiers du Québec Collection Histoire », 1983, 569 p. : 476-477, 480, 492-493, 494 ; Marcel Trudel, *La Population du Canada en 1663*, Montréal, Fides, 1973, xlii, 368 p. : 258-259.

(5) Contrat Vachon, 24.

(6) Voir Raymond Douville, « Guillaume Couture », *DBC* II : 163-166.

Zacharie a déjà huit enfants lorsque se marie son frère Jacques, célibataire âgé de 51 ans, à Marie Jean, veuve de Pierre Bourget dont elle a eu quatre enfants. Jacques Turgeon qui est alors décrit comme menuisier possède des biens assez substantiels, dont deux concessions à Beaumont évaluées à 2 600 livres. Ses biens meubles se chiffrent à 3 700 livres. Il acquerra une troisième terre des héritiers Forgues dit Monrougeau. Quatre enfants naîtront, dont une Élisabeth. Décédé à Beaumont en décembre 1725 où il est inhumé le 12, le célébrant écrit de lui : « ayant donné en mourant et pendant sa vie les marques d'un véritable chrétien et d'un bon et fidèle paroissien, ayant été un modèle d'exactitude au service divin n'y ayant jamais manqué malgré son grand'âge ». Marie Jean décédera aussi à Beaumont le 21 février 1742[7].

Pendant que son frère cumule les terres, Zacharie Turgeon, en compagnie de son fils Charles se lance en affaires en 1725, avec François Margane de Lavaltrie (1684-1750), neuvième enfant du premier seigneur de Lavaltrie, et Joseph Filteau, de l'île d'Orléans. Tous les quatre forment une société « pour faire valoir par tiers le poste de Saint-Augustin. Turgeon devait fournir son bateau nommé le *Saint-Étienne* du port d'environ vingt tonneaux et il devait partager pour un tiers dans les profits et dépenses pendant trois années consécutives. Le 6 septembre 1726, la société était dissoute. Les Turgeon père et fils se retiraient moyennant compensation. Le bateau le *Saint-Étienne* devait rester à MM. de Lavaltrie et Joseph Filteau qui continuaient en société l'exploitation de poste de Saint-Augustin[8]. » L'ancêtre Zacharie frayait avec les seigneurs de l'endroit, puisque l'une de ses filles, Geneviève épouse en 1729 Joseph Couillard, fils du premier seigneur de Beaumont.

Mathurin Labrecque (1663-1736)

Mathurin Labrecque, l'ancêtre maternel d'Élisabeth est aussi l'ancêtre paternel d'une autre fondatrice de Bellechasse, Philomène Labrecque, de Saint-Raphaël, en religion Mère Marie de la Charité, fondatrice des Dominicaines de l'Enfant-Jésus, aujourd'hui Dominicaines de la Trinité.

Fils de Pierre Labrecque[9] (ca 1625-1695ss) et de Jeanne Chotard (ca 1635-1711), petit-fils de Jacques Labrecque et de Jeanne Baron de

---

(7) Luce Jean Haffner, *Les Quatre Frères Jean de La Rochelle à Québec*, Québec, Les Éditions du Septentrion, 1989, 266 p. : 236-239.

(8) Voir Pierre-Georges Roy, « La famille Margane de Lavaltrie », *Bulletin des recherches* historiques, vol. 23, n° 2 (février 1917) : 33-53 ; n° 3 (mars 1917), p. 65-80 : 67.

(9) Sur la famille Labrecque, voir « Ascendance paternelle : les Labrecque », dans

Dieppe en Normandie, Pierre Labrecque et son frère Jean sont marins de profession. Arrivé au plus tard en 1657, Pierre Labrecque annule un contrat de mariage avec Gabrielle Barré en 1659, remet sa terre de Château-Richer, partie de l'Ange-Gardien aujourd'hui, et quitte la côte de Beaupré pour aller s'installer à l'île d'Orléans, dans la paroisse de Saint-Laurent où s'établit aussi son frère Jean.

Le 2 janvier 1663, il épouse Jeanne Chotard, âgée de 26 ou 27 ans, fille de Jacques et de Suzanne Gabaret de Saint-Pierre, île d'Oléron en Saintonge (Charente-Maritime). Le mariage est célébré par l'abbé Thomas Morel à Château-Richer. Le contrat de mariage a été passé devant Audouard le 27 décembre précédent. Pierre Labrecque signe, mais non sa femme. Dans ce contrat, bien que propriétaire d'une terre, il se dit matelot et fait état d'un logis en France. Quatre enfants naîtront de ce mariage, dont Mathurin, né et baptisé à Château-Richer le 7 novembre 1663. En 1679, Pierre Labrecque s'engage par contrat au Sieur Louis Jolliet, le découvreur du Mississippi en 1673, et qui est devenu l'un des marchands importants en 1676. Il fait les pêcheries à Mingan et s'occupe de traite à Sept-Îles [10].

Pierre Labrecque avait reçu le sacrement de confirmation des mains de Mgr de Laval en même temps que Louis Jolliet, le 2 février 1659 à Château-Richer. Pendant que le seul frère de Mathurin, Pierre, achète la terre de leur père et qu'avec son cousin, Jacques, fils de Jean, ils peupleront l'île d'Orléans, Mathurin pas encore mûr pour l'ancrage, décide de passer sur la rive sud.

Après avoir servi comme domestique chez un habitant de Sainte-Famille, île d'Orléans, en 1681 [11], Mathurin s'était engagé avec son frère Pierre auprès de la Compagnie du Nord comme « cannottier » en 1687 [12].

Giselle Huot, *Une femme au séminaire. Marie de la Charité (1852-1920), fondatrice de la première communauté dominicaine du Canada (1887)*, Montréal, Bellarmin, 1987, 525 p. : 35-42.

(10) « Par ce contrat qu'il signe avec Louis Jolliet, Pierre Labrecque s'engage pour 34 livres, un baril de morues et sa nourriture, « soit pour aller à la pesche à la molüe ou par tout ailleurs où le Sieur Jolliet voudra envoyer le dit Labrecque ». La durée du service de Pierre Labrecque coïncide avec le voyage d'exploration que fait Louis Jolliet à la Baie d'Hudson par la voie du Saguenay du 13 avril, date de son départ de Québec, au 25 octobre 1679, date de son retour. Rien cependant ne permet de supposer que Pierre Labrecque ait été l'un des huit compagnons de Jolliet pour cette expédition. (Marché entre Pierre Labrecque et Louis Jolliet, greffe de Pierre Duquet, n° 1172, 9 février 1679. Voir *DBC* I : 404-410.)

(11) Recensement de Saint-Famille, I.O., 1681, dans Hubert Charbonneau et Jacques Légaré, dir., *Répertoire des actes de baptême, mariage, sépulture et des recensements du Québec ancien*, Montréal, Les Presses de l'Université de Montréal, 1980, vol. 6.

(12) Engagement de Mathurin et Pierre Labrecque à la Compagnie du Nord, Greffe de Gilles Rageot, n° 3211, 19 janvier 1687.

L'on ne sait exactement l'année de son arrivée sur la rive sud, mais il y est en 1692. Le 28 décembre de cette année, domicilié à Beaumont, il fait un testament « avant de partir en guerre contre les Iroquois [13] ». L'année suivante, le 5 novembre 1693 il s'embarque dans une autre expédition au long cours en compagnie de Marie-Marthe Lemieux, fille de Gabriel, bourgeois et maître-tonnelier, et de Marthe Beauregard, de Lauzon [14]. L'errance se termine par la concession que lui fait en 1699 le seigneur de Beaumont, Charles Couillard, d'une terre de trois arpents de front sur quarante arpents de profondeur. Une autre concession viendra s'y ajouter en 1707 [15]. Mais peut-être est-il installé définitivement à Beaumont depuis 1696 [16]. Cette année 1696, son deuxième enfant naît à Lauzon, alors que la première avait vu le jour en 1694 à Beaumont comme le feront ses onze autres enfants [17]. Mathurin est inhumé à Beaumont le 18 février 1736 et Marie-Marthe, le 26 novembre 1761.

Les ancêtres d'Élisabeth, percherons et normands, illustrent bien la double attirance ou vocation des premiers habitants du pays, « le duel de la terre et de l'eau : de la terre qui enracine et qui retient ; de l'eau qui ensorcèle et qui entraîne [18] ».

L'alliance Turgeon-Labrecque

Le fils de Zacharie, Louis (1695-1776), qui avait épousé Angèle Couture (1703-1762), donne neuf autres enfants à Beaumont, dont trois branches vont plus particulièrement s'illustrer, celles de Louis, d'Antoine et de François. Après un premier mariage à Marie-Françoise Couillard en 1758, Louis épouse en secondes noces à Québec le 8 février 1787 Louise-Élisabeth Dumont. De son premier mariage, naîtra l'Honorable Louis Turgeon (1759-1827), membre du Conseil législatif et 5ᵉ seigneur de Beaumont, dont le fils Hubert (1805-1828) sera le 6ᵉ seigneur et le petit-fils Louis-Pierre-Hubert (1828-1891) le 7ᵉ

---

(13) Testament de Mathurin Labrecque, Greffe de Louis Chambalon, 28 décembre 1692.

(14) Il n'y a pas de contrat de mariage dans Pierre-Georges Roy, *Inventaire des greffes de notaire*. Sur les Lemieux, M. Trudel, *Catalogue...* : 183-184.

(15) Greffe de Louis Chambalon, 1ᵉʳ juin 1699. Greffe de Bernard de la Rivière, 27 décembre 1707.

(16) Dans *Les Anciennes familles agricoles qui cultivent la terre ancestrale depuis deux siècles et plus*, Fêtes de 1959, on parle (166) de la « Famille Labrecque, établie à Beaumont, comté de Bellechasse en 1696 ».

(17) *DGFQ* I : 622 ; *DGFC* V : 58.

(18) Lionel Groulx, *Notre grande aventure. L'Empire français en Amérique du nord (1535-1760)*, Montréal et Paris, Fides, coll. « Fleur de lys », 1958, 302 p. : 82.

seigneur [19]. Du second mariage, naîtra Mgr Pierre-Flavien Turgeon, 4e archevêque et 14e évêque de Québec.

Antoine Turgeon qui épouse Dorothée Baucher-Morency en 1763 engendre François, père de Florent qui achète le domaine seigneurial en 1854 [20], et de Damase, père de l'Honorable Adélard Turgeon, ministre et président de la Chambre Haute en 1909. Enfin, François (1740-1830) qui épouse Geneviève Baucher-Morency (1738-1803) en 1764, les arrière-grands-parents d'Élisabeth. Le troisième de leurs cinq enfants, Louis (1769-1857) grand-père d'Élisabeth, épouse d'abord à Beaumont le 29 janvier 1799, Marguerite-Victoire Gravel dont il a six enfants : Victoire (Marguerite), Louis-Marc, père d'Élisabeth, Colomban, parrain d'Élisabeth, qui épouse en 1834 Julie Goupil, marraine d'Élisabeth, ainsi que François-Xavier, Hélène et Anne-Élisabeth. Louis-Marc perd sa mère à l'âge de 10 ans puisqu'elle est décédée à 33 ans et inhumée à Beaumont le 23 mars 1811.

Louis Turgeon, grand-père d'Élisabeth, contracte une seconde alliance sept ans plus tard, le 20 avril 1818 [21], avec Marie-Marthe Noël. Dix enfants viennent se joindre à la maisonnée : Hermine, Louise, Ovide, Narcisse, Célina, Nathalie, Anne-Élisabeth, Domithille, Ceville, Louis-Abraham.

Louis-Marc Turgeon, né à Beaumont le 17 juin 1801, épouse une jeune fille de neuf ans sa cadette, Angèle Labrecque, fille de François Labrecque et d'Angélique Patry, aussi de Beaumont. Le mariage a lieu en leur paroisse natale le 27 février 1832, après l'obtention d'une dispense pour un empêchement d'un troisième degré de consanguinité, accordée par l'évêque le 11 juin.

Les deux époux signent ainsi que le père de l'époux Louis Turgeon, ses deux frères, François-Xavier et Colomban, ainsi que Joseph Moreau qui fera du bruit dans la petite histoire de Beaumont, lors de la guerre des éteignoirs.

Le 14 précédent, les deux frères, Louis-Marc et François-Xavier à qui Louis Turgeon avait fait cession et abandon de tous ses biens inventoriés en 1812 pour qu'ils en deviennent propriétaires « juste moitié indivis », s'étaient rendus chez le notaire pour procéder à un accord et à un partage de leurs biens, ainsi que pour préciser leurs

---

(19) Sur les seigneurs et propriétaires du domaine, voir P.-G. Roy, *À travers...* : 35ss.
(20) Voir Gérard St-Pierre, « L'ancien domaine seigneurial de Beaumont change de propriétaire », *L'Oiseleur*, vol. 3, n° 4 (juin 1978) : 38-39 ; n° 5 (septembre 1978), p. 19-24 : 21.
(21) Voir inventaire de tous ses biens meubles et immeubles, Greffe de Boudreault, n° 226, 27 juillet 1818, dans *Actes notariés de la famille Turgeon*.

responsabilités envers leurs quatre frères et sœurs. Suit immédiatement le contrat de mariage entre Louis-Marc Turgeon et Angèle Labrecque. Le marchand Joseph Moreau est toujours témoin, de la mariée est-il précisé[22].

Louis-Marc entraîne son épouse dans la maison québécoise sise sur la terre n° 65 du cadastre officiel de Beaumont. La maison qui y figure aujourd'hui portant le numéro civique 207 de la rue du Fleuve a été construite plus tard par le frère d'Élisabeth et celle-ci n'y aurait jamais vécu[23]. Cette terre de 38 perches de front sur le fleuve et de 40 arpents de profondeur a été divisée également entre les deux frères, de même que deux autres lots, une terre de 2 arpents de front au premier rang des concessions de Livaudière et un demi-arpent de terre sur 7 à 8 de profondeur dans la seigneurie de Beaumont.

Au recensement de 1851, la terre de Louis-Marc Turgeon comprend 110 arpents, dont 74 en culture, alors que le jardin et le verger font un arpent. Le cheptel est composé de 32 têtes qui ont fourni 200 livres de beurre, 900 livres de lard, 50 livres de laine. Outre les céréales, les pommes de terre, les pois, les navets, on obtient 180 livres de sucre du pays. S'ajoutent à cela 110 verges d'étoffe foulée et 100 verges de toile de lin[24]. En 1851 tous les enfants du couple Turgeon-Labrecque sont nés, dont un seul n'a pas survécu. Si la famille n'est pas exactement riche, elle ne connaît pas la misère non plus. Dix enfants sont nés : Marie-Louise (1833-1910), Louis-Pierre-Hubert (1834-1926), Angèle (1836-1922), Henriette (1838-1920), **Marie-Élisabeth** (1840-1881), Marie-Alvine (1842-1878), Joseph-Narcisse (1844-1845), Célina (1846- ?), Marine (Martine, 1848-1879) et, enfin, Aurélie (1850-1929).

Le temps d'Élisabeth

L'arrivée d'Élisabeth coïncide avec le réveil religieux au Canada français, que l'on a qualifié de renaissance, provoqué en partie ou illustré par la retraite prêchée par Mgr Charles de Forbin-Janson, évêque de Nancy et de Toul, en septembre 1840 et dont les résultats sont spectaculaires. La même année, Mgr Ignace Bourget (1799-1885) né tout près de Beaumont, à Saint-Joseph de Lévis (Lauzon), est sacré évêque de Montréal. L'on sait le zèle déployé par l'évêque pour la

---

(22) Greffe de Jean-Baptiste Couillard, actes n°s 1924 et 1926, 14 février 1832, dans *Actes notariés de la famille Turgeon*. Photocopie : 25-31 et 32-38. Transcription : 22-24, 25-27.

(23) Selon les recherches effectuées par Louise Martin, r.s.r., auprès de Marguerite Roy-Pelletier, en 1976, ARSR, 210.405, C.5-16.

(24) APC C-1114, Beaumont.

fondation et l'implantation de communautés religieuses au Canada. Par lui, arrivent au Canada les Oblats (1841), les Jésuites et les Sœurs du Sacré-Cœur (1842), les Sœurs du Bon-Pasteur d'Angers (1844), les Clercs de Saint-Viateur et les Pères et Sœurs de Sainte-Croix (1847), les Frères de la Charité (1865), et enfin, les Carmélites (1875). Au pays, il est cofondateur des Sœurs de la Charité de la Providence avec Émilie Tavernier-Gamelin (1843), des Sœurs des Saints-Noms de Jésus et de Marie avec Eulalie Durocher (1843), des Sœurs de la Miséricorde avec Rosalie Jetté (1848), des Sœurs de Sainte-Anne avec Esther Blondin (1850), des Petites Filles de Saint-Joseph (1858), des Sœurs Adoratrices du Précieux-Sang (1861). Sans compter ses autres champs d'apostolat. Après plusieurs décennies de stagnation ou de « décadence », l'ère du renouveau se pointe dans tous les domaines, religieux, éducatif, culturel, nationaliste, politique. L'Acte d'Union sera sanctionné le 23 juillet 1840, suite et conséquence des événements de 1837-1838 qui ne sont pas encore morts dans les esprits toujours en deuil et dont les braises sont toutes chaudes dans les âmes. La région de Québec a été moins touchée que celle de Montréal. Mais l'un des fils chéris de Bellechasse, Augustin-Norbert Morin (1803-1865) [25] que connaît Louis-Marc Turgeon a dû se terrer, puis a été arrêté et emprisonné sous l'accusation de haute trahison, pas pour très longtemps cependant.

C'est donc dans un climat d'effervescence des esprits en même temps qu'économiquement dur que naît Élisabeth, le 7 février 1840, dans une maison pleine de vie, en attente d'une autre vie, une vie qui allait en illustrer le souvenir lors même qu'elle sera disparue, et la lignée qu'elle abritait également. Signe des temps, le curé qui la baptise le lendemain de sa naissance s'est fait intenter une poursuite en justice la veille par le propre père de la jeune baptisée. Mais le curé l'ignore encore tandis qu'il écrit dans son registre :

> Le huit de Fevrier mil huit cent quarante par nous prêtre soussigné a été baptisée Marie Élisabeth née la veille du mariage de Louis Turgeon cultivateur et d'Angèle Labrecque de cette paroisse. Parrain Colomban Turgeon qui, ainsi que le pere, a signé avec nous, marraine Julie Goupille-Turgeon qui n'a sçu signer.
> Louis Marc Turgeon
> Colomban Turgeon
> L^s. Raby P^{tre}

---

(25) Sur A.-N. Morin, voir Jean-Marc Paradis, « Augustin-Norbert Morin », *DBC* IX : 626-631 ; A. Béchard, *L'Honorable A.-N. Morin*, Québec, Imprimerie de *La Vérité*, 1885, 259 p.

En marge, sous le nom de M. Élisabeth Turgeon, une inscription plus tardive : « fondatrice de la congr. des Sœur de N.D. du St Rosaire à Rimouski en 1879, en religion Marie-Élisabeth, mourut le 17 août 1881 [26]. » Le baptême d'Élisabeth s'est déroulé à la sacristie car il n'y a pas encore de baptistère à l'église en 1842 [27].

Dans quel milieu familial et paroissial grandira Élisabeth ? L'on est marqué à jamais par son enfance et les enfantements du cœur et de l'esprit en viennent parfois tout droit.

Toutes les notices biographiques des religieuses et davantage encore des fondatrices disent à peu près la même chose : famille pieuse, franchement pratiquante, modèle de vertu, aux prières aussi nombreuses que les sables de la mer. Mais il est rarement de preuves pour appuyer ces dires. Comment savoir si les louanges qu'on leur fait ne sont pas plus nombreuses que les prières qu'ils ont faites ?

Qu'en est-il de la famille d'Élisabeth ? Angèle Labrecque est alphabétisée, vaillante sans doute, toutes les mères de dix enfants le sont, femme qui sait ce qu'elle veut, capable de prendre des décisions et de les mettre en pratique si l'on se fie au peu que l'on sait, indépendante et exigeant le respect, peut-être a-t-elle la bosse des affaires, alliant prudence et sain jugement, sans doute aux multiples talents comme les possèdent les femmes du temps qui vivent en régime quasi autarcique, filant, tissant, cousant, tricotant, raccommodant, cuisinant, balayant, lavant, binant, semant, potageant, moissonnant, trayant, élaguant, allaitant, soignant, retenant, coupant, chantant, priant, comptant et contant, bénissant.

L'on sait que Louis-Marc Turgeon aurait voulu se destiner à la prêtrise mais que cela lui fut impossible parce que son propre père n'avait pas suffisamment d'argent pour l'envoyer au collège ; à l'époque il lui aurait fallu étudier au Séminaire de Québec :

> Quand à l'instruction que mon père avait reçu elle était nulle, car à cette époque il n'y avait pas de commission scolaire. Quelques français instruits passaient par les campagnes et assemblait les enfants pour leur montrer à lire et à écrire, mon frère me dit que c'est la seul instruction qu'il ait reçu, mais le soir il avait ses livres et

---

(26) Registre, 1821-1846, f. 180, APB.

(27) Lors de sa visite pastorale du 20 juillet 1842, Mgr Joseph Signay a écrit : « Nous avons renouvelé notre 4e Ordonnance rendue à l'époque de notre précédente visite du 17 juillet 1837, concernant un baptistaire à placer au bas de l'Eglise, et recommandons à M. le Curé de prendre des mesures et, sans délai, afin qu'en attendant l'exécution du dit baptistaire, il soit placé au dit bas de l'Eglise un petit buffet, contenant les effets requis pour l'administration du baptême, afin qu'au plustôt on cesse de baptiser dans la sacristie, suivant le rituel, dans la saison ou l'on doit les faire dans l'Eglise. » (AAQ, 69 CD, Cahiers des visites pastorales, vol. 12 : 137-138.)

étudiais même quand il élevait sa famille il avait réussi à apprendre à lire le latin et le comprenait quelque peu [28].

Lui-même confiait à ses enfants son désir avorté et son petit-cousin, Mgr Pierre-Flavien Turgeon reprochait à Louis Turgeon son cousin d'avoir privé l'Église d'un bon prêtre en ne faisant pas instruire son fils :

> il disait à ses enfants que si son père lui avait fait faire des études, il aurait à se faire prêtre. Quand Mgr Turgeon « qui était cousin de mon père de 2 ou 3ᵉ degré » venait à Beaumont pour la confirmation toute sa famille cousin et autre « et elle était nombreuse » allait lui présenter leur hommages, et un jour il dit à mon grand père Turgeon en parlant de son fils « mon père » cet homme devait être à nous, vous nous l'avez ravi en ne lui donnant pas l'instruction à Séminaire [29].

Ayant sans doute voulu par la suite rattraper le temps perdu, il avait toujours le nez dans les livres et apprenait le latin. Il comprenait suffisamment bien pour saisir le sujet de la conversation que faisaient à bâtons rompus deux prêtres sur le traversier Lévis-Québec, recourant justement au latin pour se garder d'éventuelles oreilles indiscrètes.

Louis-Marc Turgeon leur fit respectueusement remarquer qu'ils ne devraient pas aborder certains sujets en public de peur d'être surpris. Louis-Pierre-Hubert raconte ainsi l'anecdote par l'intermédiaire de sa sœur : « Un jour étant de passage sur le bateau qui traversait à Québec deux prêtres parlaient ensemble en latin de choses qu'ils n'aimaient que les voisins comprissent, mon père leur dit que ce n'était pas prudent de parler de choses secrètes dans un endroit public parce qu'il pourrait se trouver quelqu'un qui les comprennent ; tout étonnés ils lui demandirent où il avait étudié, nulle part leur dit-il j'ai appris cela dans mes livres, il étudiais tous les soirs quand il en avait le loisir. »

Cela dénote bien un trait de son caractère. Il aime mettre les points sur les « i », peu importe son interlocuteur, soutane ou pas. Et qui sait même s'il n'éprouvait pas quelque malin plaisir à se colleter à ces robes noires qu'il enviait tout de même un peu. D'ailleurs, il sera en mauvais termes avec au moins deux curés de sa paroisse, intentant deux procès à l'un et lui assénant la sublime injure de les gagner de surcroît, ce qui le précipitera dans sa tombe, ignorant le second, autre subtile forme d'injure, en allant se confesser à Québec, jusqu'à la suprême confession qu'il lui accorde comme réconciliation en forme

---

(28) Aurélie Turgeon-Bourassa à Mère Marie de la Victoire, Beaumont, 19 février 1919 : 1-2, ARSR, 210.405, C.5, 3.
(29) *Ibid.*

de passeport pour l'autre monde, puisqu'il faut d'abord se réconcilier avec son frère avant de passer de vie à trépas.

Les marguilliers Turgeon

L'implication de Louis-Marc Turgeon, le père d'Élisabeth, dans les affaires paroissiales est une quasi-tradition familiale. Depuis Zacharie Turgeon l'un des premiers habitants de Beaumont, premier marguillier lors de la fondation de la nouvelle paroisse de Beaumont, dont le premier registre remonte à 1692. Ouvert le 26 novembre 1692, le troisième acte inscrit sera celui du baptême de Jean, fils de Zacharie Turgeon, le 20 septembre 1693.

En 1693, l'évêque de Québec, Mgr de Saint-Vallier accepte la donation d'un terrain destiné à l'église de Beaumont, offert par Louis Marchand de Québec, en compagnie du marguillier de Beaumont Zacharie Turgeon[30]. D'après cet acte, il semble que «la paroisse Sainte-Étienne de Beaumont devait d'abord s'appeler Sainte-Élisabeth[31]».

Au printemps de 1694 débute la construction de la première église de Beaumont qui s'étalera sur plusieurs années. Selon Marius Barbeau, «Jean Adam, René Adam, Joseph Lacasse et Zacharie Turgeon complètent, de 1704 à 1718, la construction et la fourniture de la chapelle de bois. Ils construisent une sacristie, qu'ils recouvrent en bardeaux. Ils travaillent au colombage du pignon de l'église ; ils font le banc des marguilliers, le confesionnal, un chandelier pascal et la chaire[32].»

Zacharie Turgeon a comparu le 16 mars 1721 en compagnie de son frère Jacques, ainsi que Charles Couillard, seigneur de Beaumont, le curé Nicolas-Joseph Charles, Guillaume Le Roy, Eustache Cousture de Bellerive, fils de Guillaume Couture, Jacques Girard, et plusieurs autres devant la commission Collet. À part le curé et le seigneur, Zacharie Turgeon est le seul à pouvoir signer, écrit-on[33]. Son frère ne le savait-il pas ?

---

(30) Acte rédigé au palais épiscopal, Greffe de Chambalon, 2 décembre 1693. Voir *Les Vieilles Églises de la province de Québec, 1647-1800*. Publié par la Commission des Monuments Historiques de la Province de Québec, Québec, Imp. L.-A. Proulx, 1925, 323 p. : 127-128.

(31) Joseph-Edmond Roy, «Saint-Étienne de Beaumont», *Bulletin des recherches historiques*, vol. 19, nᵒ 8 (août 1913) : 215.

(32) Cité dans P.-G. Roy, *À travers...* : 67.

(33) Lettre reproduite dans Ivanhoë Caron, «Procès-verbaux du procureur général Collet sur le district des paroisses de la Nouvelle-France», *RAPQ*, 1921-1922, p. 262-380 : 333-334.

D'autre part, en cette même année 1721, Mathurin Labrecque l'ancêtre maternel d'Élisabeth, dont la terre est voisine de celle de Zacharie Turgeon, est l'un des marguilliers de Beaumont signataires d'une requête à l'intendant Michel Bégon pour construire une nouvelle église « de pierre au lieu et place de l'ancienne qui est de bois [34] ». L'assemblée des habitants de Beaumont pour débattre la question, conformément à l'ordonnance de l'intendant du 19 mai 1721, se tient le 2 juin suivant. Le procès-verbal mentionne les noms de Zacharie Turgeon, de Mathurin Labrecque, Jacques Turgeon, Bellerive dit Couture, Guillaume Le Roy fils, Jacques Girard, Jacques Monrougeau, Baptiste Gonthier, etc. Tous les habitants sauf deux sont en faveur de la reconstruction d'une église en pierre. D'autre part, « MM. Zacharie Turgeon, Joseph Cassé, Denis Nadeau et Jacques Turgeon furent nommés à la même assemblée pour ‹ faire le plan de l'église et établir l'état de la dépense à faire, l'état de répartition, etc., etc. › » Ce n'est qu'en 1726 toutefois qu'on en commence la construction qui s'éternise jusqu'en 1736. Sans doute que tous n'ont pas le zèle démontré par l'ancêtre d'Élisabeth :

> Zacharie Turgeon, le marguillier qui avait accepté le don de terrain de Louis Marchand, au nom de la fabrique de Beaumont, était un des paroissiens les plus zélés pour la construction de l'église en pierre. Il travailla gratuitement pendant plusieurs jours à la coupe du bois et à la charpente de l'église. En récompense de son travail et de son dévouement la fabrique décida, en 1733, de lui accorder la permission de se faire enterrer dans l'église et de lui faire dire une messe de requiem chaque année, à perpétuité [35].

L'église dans la construction de laquelle avaient été investis tant de labeurs résistera fièrement aux assauts de toutes sortes, même à ceux des Anglais lors de l'invasion de 1759. Bien leur en prit d'avoir construit en pierre. Monkton, le 29 juin 1759, avait pris possession de l'église, et avait placardé sur la porte la proclamation du général Wolfe incitant les Canadiens à la neutralité faute de quoi ils s'exposaient à de dures représailles [36]. L'église « fut, dit-on, miraculeusement préservée de la destruction lors de la Conquête. Selon la croyance populaire, les soldats anglais tentèrent à trois reprises de l'incendier en appliquant des torches enflammées contre ses portes ; chaque fois, une main mystérieuse éteignit les flammes [37]. »

---

(34) *Ibid.* : 128-129.

(35) P.-G. Roy, *À travers...* : 71, 72.

(36) P.-G. Roy a reproduit « Le placard du général Wolfe », dans *À travers...* : 227-229.

(37) Luc Noppen, *Les Églises du Québec (1600-1850)*, Montréal, Éditeur officiel du Québec/Fides, 1977, 298 p. : 70. Voir aussi Marcel Trudel, « Les églises ont-elles souffert de la Conquête ? », *RHAF*, vol. 8, n° 1 (juin 1954), p. 25-71 : 52-53.

L'église est sans curé pendant une longue période. François Turgeon (1740-1830) est signataire, le 27 décembre 1813, d'une requête à Mgr Plessis, afin de solliciter un curé résidant ou à tout le moins un desservant à tous les quinze jours. Il signe en compagnie de Charles de Beaumont, troisième seigneur de Beaumont, et de Ferréol Roy, quatrième seigneur de Vincennes, de Joseph Miot Girard, Ignace Gravel et Francois Roy[38]. La requête portera fruit puisqu'un curé se présentera le 20 octobre 1814 et restera à Beaumont pendant vingt-cinq ans, ce qui est un exploit[39]. C'est l'abbé Théodore Létang, qui bénit le mariage des parents d'Élisabeth en 1832.

Si les relations sont parfois cordiales entre curé et marguilliers, elles sont aussi parfois fort tendues. Le curé voit l'administration de son église limitée par « les prérogatives des marguilliers et les droits des habitants ». La charge de marguillier est convoitée par tous ceux qui veulent s'impliquer dans une gestion saine des revenus de la fabrique, par les meneurs naturels qui n'ont pas assez de leur famille à régenter, mais aussi par ceux qui cherchent honneur et émergence dans une communauté où les prix de reconnaissance ne sont pas si nombreux.

C'était un honneur très recherché [...] que celui de pouvoir s'asseoir au banc d'œuvre. Songez donc aux paysans endimanchés qui, nommés marguilliers, allaient trôner en face de la chaire de vérité sur un siège élevé au dessus de leurs concitoyens. Au dessus de leur prie-Dieu planait un grand crucifix qu'éclairaient comme à l'autel deux cierges percés sur de hauts chandeliers d'argent. Et aux grandes solennités, le bedeau, digne et grave, dans sa robe rouge ou bleu marin, avec sa verge aux fleurs de lys, allait les saluer et il les conduisait processionnellement au chœur pour y recevoir les rameaux ou les cierges bénis. Dans plusieurs endroits, quand le marguillier sortant de charge laissait le banc d'œuvre il allait s'installer pendant un an encore au banc du connétable et c'est lui qui faisait la police de l'église. Tous ces honneurs que l'on rendait alors aux marguilliers dans les églises étaient conformes aux vieux usages gallicans. Aussi, peu à peu, les évêques contemporains, désireux de se rapprocher le plus possible du rituel romain, les ont fait disparaître[40].

---

(38) Requête à Mgr Joseph-Octave Plessis, AAQ, 61CD, Beaumont, I : 41 ; voir aussi P.-G. Roy, « Beaumont sans curé pendant onze ans [1803-1814] », *À travers...* : 163-164.

(39) « Dès le premier contact avec ses paroissiens, M. Létang gagna leur affection. » Théodore Létang (1773-1838) meurt à Beaumont le 8 avril 1838 et est inhumé dans l'église.

(40) J. Edmond Roy, *Histoire de la Seigneurie de Lauzon*, IV : 260.

Plusieurs membres des familles Turgeon et Labrecque seront marguilliers[41], dont Louis Turgeon (1769-1857), grand-père d'Élisabeth et père de Louis-Marc. Quant à Louis-Marc éloigné de la soutane, il va en tant que laïc se rapprocher le plus possible de l'église et participer sinon aux fonctions proprement curiales, du moins à l'administration temporelle de la fabrique.

Au XIXe siècle, il semble que les marguilliers aient joué effectivement leur rôle d'administrateurs des biens de la fabrique. Dans le rapport qu'il rédige à l'occasion de sa visite pastorale, l'évêque laisse bien entendre que toute la responsabilité de l'administration repose sur eux et plus spécialement sur le marguillier en charge. Ses remarques sur l'administration sont presque toujours adressées aux marguilliers [...] C'est justement parce qu'ils étaient conscients de leurs responsabilités qu'ils n'ont pas craint, à l'occasion, de s'opposer à certains projets ou à certaines suggestions venant du curé ou de l'évêque[42].

Ce n'est d'ailleurs pas d'hier que les gens de Beaumont qui ont du front tout le tour de la tête et la tête bien près du bonnet, osent défier les autorités ecclésiastiques. Fiers, indépendants, ils aiment bien leur curé, mais à sa place, et non à la leur, qui est grande. Déjà en 1784, le curé de Saint-Michel, aussi desservant de Beaumont, avait fustigé les Beaumontois dans une lettre à son évêque : « Pour ne pas vous fatiguer, j'ai différé d'informer votre grandeur de la conduite des habitants de beaumont, ils sont aujourd'huy du nombre des impies, des mauvaises langues, et des independants [...] ils ne veulent ny messes ny ramener le prêtre ils se ventent, même aux portes d'église qu'ils baptiseront leurs enfants, qu'ils aiment mieux être sans messe tout lannée que denvoyer chercher un prêtre[43]. »

Compatissant pour le curé mais pourfendant les Beaumontois, Mgr Briand lui répond : « Je ne suis point surpris de ce que vous me dites des habitants de Beaumont. Je les connois depuis quarante trois ans ils sont capables de se passer de messe, de baptiser eux-mêmes leurs enfants comme les habitants du Cap St-Ignace, et même d'aller plus loin. » Conséquemment, Mgr Briand lui disait qu'il pouvait aban-

---

(41) Voir *Cahier pour écrire les actes de délibération et élections de Marguiliers* commencé le 1er mai 1803. Le tableau des bancs se trouve plus loin dans le même livre. 74 p. [s.p.], APB.

(42) André Boucher, « La fabrique et les marguilliers » et « Le rôle joué par les marguilliers », dans Pierre Hurtubise *et alii*, *Le Laïc dans l'Église canadienne-française de 1830 à nos jours*, Montréal, Fides, coll. « Histoire religieuse du Canada », 1872, 223 p. : 147-161 et 163-173.

(43) Antoine Huppé Lagroix à Mgr Jean-Olivier Briand, Saint-Michel, 9 novembre 1784, AAQ, 61CD, St-Michel, I : 11.

donner « cette Paroisse dont je ne vous ai chargé que pour vous faire plaisir. Gardez votre Vicaire chez vous. St Michel n'en sera que mieux desservi, et vous plus soulagé[44]. »

L'historien de Beaumont croit que « Mgr Briand était impulsif, violent même, et sa lettre du 17 novembre 1784 était peut-être injuste pour les paroissiens de Beaumont[45] ». Le curé Lagroix soutient dans sa lettre que le meneur « le coriphé » est le capitaine de milice de Beaumont, Roy, et Godefroy Miot Girard. Or à cette époque les esprits sont échauffés à la suite de l'invasion américaine de 1775. Le clergé prêche la soumission à l'Angleterre. Mais il y a beaucoup de sympathisants des Américains ou plutôt de ceux qui portent une haine féroce aux Anglais, à Beaumont et dans plusieurs paroisses de Bellechasse, mais « À Saint-Michel plus particulièrement, des patriotes ne se contentèrent pas de vouer à l'Angleterre une haine rageuse ; ils se révoltèrent contre l'autorité religieuse parce qu'elle était intervenue pour ramener l'ordre et pacifier les esprits turbulents. » Dans l'église, en la fête de Saint-Michel de 1775, un paroissien se lève même pour crier au prédicateur qui s'échine à démontrer la nécessité de l'obéissance : « C'est assez longtemps prêcher pour les Anglais ! » Mgr Briand ordonne que soit dénoncé l'habitant et à son curé de lire sa lettre aux habitants de Beaumont et de Saint-Michel, dont il dit : « Il faut que vos peuples soient bien peu intelligents s'ils ne comprennent pas qu'ils sont dans le cas de l'apostasie et de l'hérésie[46]. » Tout le monde finit par se soumettre sauf cinq irréductibles qui sont excommuniés[47].

L'affaire Louis-Marc Turgeon – Louis Raby

L'abbé Louis Raby a de gros souliers à chausser en arrivant à Beaumont, puisqu'il succède à un curé qui a vécu une lune de miel de vingt-cinq ans avec ses ouailles. La lune rousse n'allait pas tarder à se montrer. C'est un homme passablement insatisfait d'ailleurs qui arrive à Beaumont, après avoir sollicité plusieurs changements de cures au cours des dernières années, toujours persuadé qu'il serait plus heureux ailleurs[48]. Après avoir été longtemps curé à Saint-Antoine-de-Tilly

---

(44) Mgr Joseph-Octave Briand à l'abbé Antoine Lagroix, Québec, 17 novembre 1784, AAQ, *ibid.*

(45) P.-G. Roy, *À travers...* : 160.

(46) Voir P. Marie-Antoine, o.f.m., *St-Michel de la Durantaye, Notes et Souvenirs, 1678-1929*, Québec, Imp. Charrier et Dugal Ltée, 1929, 168 p. : 84.

(47) Raoul Roy, *Les Patriotes indomptables de La Durantaye*, Montréal, Éditions Parti Pris, coll. « Aspect », nº 31, 1977, 62 p. ; Louis Fréchette, « Les Excommuniés », dans *La Légende d'un Peuple*.

(48) Lettres de Mgr Signay à l'abbé Louis Raby, 25 mai et 23 septembre 1836 ; 18

(1814-1835), il est allé à Château-Richer, dont il a souhaité partir, puis à Berthier-en-Bas (1837-1838) qu'il veut quitter. Bon prince, Mgr Signay lui propose la cure de Beaumont, tout en craignant qu'il n'y soit pas davantage heureux [49]. Dans sa lettre du 20 septembre 1838, Mgr Signay lui confie la cure de Beaumont en spécifiant : « Les paroissiens de Beaumont se sont toujours montrés dociles et généreux envers leurs curés et, particulièrement, envers M. Létang qui me l'a fait connaître à plusieurs reprises [50]. » Un an après son arrivée, le curé Raby veut introduire une nouvelle façon de procéder pour la tenue des assemblées, en n'y admettant pas les notables.

Dans la lettre à son évêque du 30 décembre 1839, il parle de « cette affaire que je crois terminée et dont on ne parlera plus davantage, d'autant plus que les personnes les plus marquantes de la paroisse soutiennent cette mesure avec plaisir et que tous les autres en sont contents [51] ». Louis Raby envoie à Mgr Signay une liste de 133 signatures, dont 30 du nom de Turgeon, mais pas celle de Louis-Marc, se déclarant satisfaits du nouvel état de choses [52]. Ce n'était pas suffisant. L'on a beau être à l'ère du renouveau, on tient à ses prérogatives et à ses traditions ! Tout de même, les mécontents ne peuvent être légion puisqu'il y a 160 familles environ à Beaumont.

La veille de la naissance d'Élisabeth, le 6 février 1840, Louis-Marc Turgeon se rend à la Cour du Banc du Roi du Bas-Canada à Québec et, sous serment, y déclare être « propriétaire, paroissien et notable » de Beaumont. Est ainsi définie la cause du procès intenté à l'abbé Louis Raby :

> Que depuis un temps immémorial il a toujours été d'usage dans la dite Paroisse [...] que les anciens et les nouveaux Marguilliers et les Notables de la dite Paroisse étaient toujours convoqués et appelés aux dites assemblées, tant pour les Elections de Marguilliers que pour la reddition des comptes de Marguilliers. Que néanmoins, en contravention à cet usage et à la loi, le Révérend Messire Louis Raby, Prêtre, Curé de la dite Paroisse, a le dimanche le vingt neuf de Décembre dernier convoqué une assemblée [...] Que le dit curé au lieu de convoquer la dite assemblée suivant l'usage de la dite Paroisse comme ci-dessus, n'a convoqué et appelé à la dite assemblée que les anciens et les nouveaux marguilliers de la dite Paroisse,

---

août, 9 et 19 septembre 1837 ; AAQ, Registre de lettres, vol. 17 : 389 et 483 ; vol. 18 : 104, 118, 127.

(49) AAQ, Registre de lettres, vol. 18 : 348.

(50) *Ibid.* : 360.

(51) AAQ, 61 CD, Beaumont, I : 62.

(52) À Mgr Joseph Signay, Beaumont, 28 janvier 1840, AAQ, 61 CD, Beaumont, I : 68.

et n'a pas convoqué ni appelé à la dite assemblée les Notables et Paroissiens, en contravention à l'usage sus dit et à la loi[53].

Le 6 avril, il fera parvenir au curé et aux marguilliers un ordre leur enjoignant de faire élire un nouveau marguillier selon la loi et l'usage de la paroisse, en remplacement du marguillier élu « illégalement » lors de l'élection précédente[54]. Le curé refuse d'obtempérer.

Hélas ! M. Raby comptait sans les déchaînements populaires. En décembre 1840, ayant voulu faire l'élection des marguilliers sans le concours des paroissiens, ces derniers s'emparèrent de la sacristie. Il y eut bagarre, et le curé, pour échapper à la fureur des paroissiens, dut se cacher dans une armoire. Les notables réclamaient leurs anciens privilèges avec plus de rigueur que jamais. Ils en appelèrent aux tribunaux et un bref de mandamus fut émané[55].

Louis-Marc Turgeon revient à la charge en juin 1841[56]. Et puisque, en 1841, le curé ne convoque toujours pas une élection des marguilliers selon les règles, il se voit encore poursuivre en justice par plusieurs paroissiens : Joseph Moreau, écuyer, négociant, Jean-Baptiste Fournier, Michel Lacroix, Charles Enouf, Louis-Marc Turgeon, Charles Turgeon, Joseph Couture, Charles Couture, Jacques Turgeon et François Turgeon, cultivateurs, « tous paroissiens et notables », ainsi que Louis Boilard, Étienne Labrecque et Jean-Baptiste Couture, cultivateurs et anciens marguilliers[57]. Il s'agit d'un revirement pour plusieurs d'entre eux qui avaient signé la lettre du 28 janvier 1840 à Mgr Signay. Rien ne bouge. Et Louis-Marc Turgeon récidive en juin 1842[58].

Le curé et les marguilliers décideront finalement de se conformer à la loi selon le jugement du 20 octobre 1842, dont ils ont reçu copie le 4 novembre, en organisant une élection selon les règles le 13 novembre 1842[59].

---

(53) ANQ-Q, Cour Supérieure, T-11-1, 510, n° 683, 6 février 1840. Voir « La fabrique et l'élection des marguilliers », dans Nive Voisine, dir., *Histoire du catholicisme québécois*, II : *Les XVIIIᵉ et XIXᵉ siècles*, t. 1 : Lucien Lemieux, *Les années difficiles (1760-1839)*, Montréal, Boréal, 1989, 438 p. : 153-160.

(54) ANQ-Q, Cour Supérieure, T-11-1, 510, n° 683, 6 avril 1840.

(55) Joseph-Edmond Roy, « Saint-Étienne de Beaumont », *BRH*, vol. 19, n° 10 (octobre 1913) : 299.

(56) ANQ-Q, Cour Supérieure, T-11-1, 698, n° 1026, 9 juin 1841.

(57) ANQ-Q, Cour Supérieure, T-11-1, 335, n° 382, 31 décembre 1841.

(58) ANQ-Q, Cour Supérieure, T-11-1, 620, n° 885, juin 1842.

(59) Selon la lettre signée par le curé Louis Raby et au moyen de croix par deux marguilliers, Amable Dupuis et Raymond Patry, février 1843, ANQ-Q, Cour Supériure, T-11-1, 698, n° 1026, (1842).

Le 9 février 1843 Louis-Marc Turgeon demandera que la fabrique soit condamnée aux dépens [60]. Mais l'abbé Raby, usé, ulcéré par toutes ces difficultés décide de trouver un monde meilleur et exempt d'arguties. Il meurt le 17 juin 1843 [61]. Quant au père d'Élisabeth, le 27 janvier 1844, n'ayant toujours rien reçu, il exigera de la fabrique une somme de £100 [62].

Plusieurs années plus tard, Louis-Marc Turgeon est élu marguillier à la majorité des voix, le dimanche 26 décembre 1852 « à l'issue de la messe paroissiale et au son de la cloche en la sacristie », lors d'une assemblée où le curé Charles Beaumont a bien pris garde à convoquer les notables en même temps que les marguilliers anciens et nouveaux. À la première réunion qui suit son élection, le 16 janvier 1853 – hasard ou incidence ? – s'effectue un changement dans la coutume : la quête de l'Enfant-Jésus n'est plus désormais déposée dans le coffre de l'église mais servira à d'autres fins selon la volonté exprimée par les marguilliers [63]. Le 7 août suivant, les marguilliers « ont décidé à l'unanimité à continuer à être de la société de l'assurance mutuelle des fabriques ; chose contestée par S. Louis Marc Turgeon », alors que ses frères François Xavier et Colomban signent leur assentiment [64].

Élisabeth a quatorze ans lorsque prend fin le régime seigneurial. Et son père fait partie des marguilliers qui prennent la décision de mettre en vente le banc seigneurial, avant même la sanction de l'acte officiel, le 18 décembre 1854 [65]. Le 13 novembre 1853, les marguilliers anciens et nouveaux ainsi que les notables « ont résolu que le banc placé dans cette église, et connu sous le nom de banc seigneurial serait mis à l'avenir sur le pied des autres bancs de l'église, et offert en vente au plus haut enchérisseur. » Louis-Marc Turgeon a signé [66].

---

(60) *Ibid.*

(61) Louis Raby (1787-1843) était le fils d'Augustin Raby et de Héloïse Turgeon (une lointaine parente ?) et le petit-fils du pilote Raby qui avait piloté jusqu'à Québec la flotte anglaise lors de l'invasion de 1759. (*DBCCF* I : 459 et *BRH*, vol. 13, n° 4 (avril 1907) : 124-126.)

(62) ANQ-Q, Cour Supérieure, T-11-1, 186, n° 127 (1844).

(63) *Cahier de délibérations et élections des marguilliers, 1848-1906*, 48 p. : 32-33, 35, APB.

(64) *Ibid.*

(65) Mais le système ne sera complètement aboli qu'en 1941 car « le grand nombre des censitaires n'étaient pas capables, en 1854, de racheter leurs terres : ils continuèrent donc de payer des rentes aux anciennes familles seigneuriales ». (Marcel Trudel, « Le régime seigneurial », *Initiation à la Nouvelle-France, histoire et institutions*, Montréal et Toronto, Holt, Rinehart et Winston, Limitée, 1968, 324 p. : 195.) Voir aussi Victor Morin, *Seigneurs et Censitaires, castes disparues*, Montréal, Les Éditions des Dix, 1941, 104 p. : 59ss.

(66) *Cahier de délibérations...* : 36. Ça ne s'est pas déroulé ainsi dans toutes les

De toute façon, il y a belle lurette que personne n'a pris place dans le banc seigneurial. Le sixième seigneur, Louis-Pierre-Hubert Turgeon (1828-1891) hérite de la seigneurie à l'âge de quatorze mois, après la mort de ses deux parents. Élevé à Montréal par son tuteur l'avocat Louis-Michel Viger, son oncle par son mariage avec Geneviève Turgeon, il s'établit ensuite à l'Industrie (Joliette) où il sera inhumé [67]. C'est là qu'il apprend la vente de « son » banc. Dès le 10 décembre 1853, il fait parvenir un protêt au curé et au premier marguillier déclarant que « lui et ses prédécesseurs avaient joui de ce banc dans l'église de Beaumont, du gré, volonté et consentement du curé et des marguilliers de la paroisse et il leur enjoignait de lui en laisser la jouissance paisible [68] ». Cependant le curé Belle-Isle [69] ainsi que les marguilliers ne s'en laissent pas imposer et décident de procéder à la vente du banc seigneurial, qui ne fut suivie d'aucun procès.

À l'assemblée du 23 juillet 1854, l'on décide de l'érection d'un nouveau presbytère en remplacement du presbytère en pierre construit en 1722 [70], dont les vocations suivantes seront celles de salle publique

seigneuries, puisqu'on laissera la jouissance de son banc à Philippe Aubert de Gaspé (Jacques Castonguay, *La Seigneurie de Philippe Aubert de Gaspé, Saint-Jean-Port-Joli*, Montréal, Fides, 1977, 162 p. : 83).

(67) Il vend sa seigneurie en 1880 à Jean Boucher, marchand de Saint-Charles de Bellechasse. Lorsque le huitième seigneur assistera aux fêtes du deuxième centenaire de l'église de Beaumont, le 6 août 1933, « Il y avait plus de cent ans que les Beaumontois avaient vu un de leurs seigneurs dans l'église paroissiale » (P.-G. Roy, *À travers...* : 38-42).

(68) Le protêt se termine ainsi : « Le dit Louis-Pierre-Hubert Turgeon, écuyer, fait expresse défense aux dits curé et marguillier de la dite œuvre et fabrique de la dite paroisse Saint-Étienne de Beaumont de disposer du dit banc dont il est en possession et qu'il n'en laissera la possession et la jouissance que lorsqu'il en aura été ordonné et déterminé par les cours de justice, protestant par anticipation contre toutes voies de faits que l'on pourrait commettre pour le déposséder, se réservant dans le cas où ils procéderaient à la vente du dit banc tous moyens légaux et sommaires contre tous agresseurs pour se faire réintégrer dans la possession et jouissance du dit banc. » (*Ibid.* : 94-95.)

(69) François-Hilaire Belle-Isle (1810-1854). Arrivé en octobre 1853, il tombe malade quelques mois après, meurt à l'Hôtel-Dieu de Québec le 30 avril 1854 et est inhumé dans l'église de Beaumont le 4 mai 1854 (*Ibid.* : 173-174).

(70) Le vieux presbytère a été la proie des flammes le 21 juillet 1979 et il n'en est resté que les quatre murs de pierre d'origine ainsi que les divisions de la classe du premier étage (*L'Oseilleur*, vol. 4, n° 4 (septembre 1979) : 60-65). À l'origine, construction de 34 pieds de longueur sur 24 pieds de largeur à laquelle il faut ajouter un appentis de 12 pieds de largeur à une des extrémités et à l'arrière, une petite écurie de 15 pieds sur 18 pieds. Il aurait été ravagé, peut-être incendié, lors de la Conquête en 1760 car deux cents livres seront nécessaires pour le remettre en état, de 1760 à 1762. Vers 1791, il comporte les dimensions actuelles, de 24 pieds sur 75 pieds. (Voir *L'Oseilleur*, vol. 3, n° 5 (septembre 1978) : 14-18 ; vol. 4, n° 4 (septembre 1979) : 60-65 ; vol. 5, n° 3 (septembre 1980) : 13, 14, 36-47 ; aussi P.-G. Roy, *À travers...* : 111-116.)

(salle des habitants et salle des dames), puis d'école et enfin, aujourd'hui de bibliothèque paroissiale [71]. Le nouveau presbytère, entrepris à la fin de l'été de 1854 sera prêt le mois suivant la mort de Louis-Marc Turgeon et le curé y emménagera à l'automne.

Premier marguillier en 1855, Louis-Marc Turgeon est absent lors de la réunion du 22 avril 1855, la dernière des marguilliers avant sa mort, à laquelle on décide unanimement de déposer l'argent de la fabrique au Séminaire de Québec « pour encourager les Messieu du Séminaire dans l'Oeuvre éminemment patriotique de l'Université Laval [72] ».

Son fils, Louis-Pierre-Hubert, continuera la tradition familiale de veiller au grain dans les assemblées de marguilliers, à tort ou à raison, puisque le 28 avril 1895 il s'oppose à la décision prise « de faire l'acquisition d'un nouveau cimetière [...] unanimement, à l'exception de Louis P. H. Turgeon, vieux célibataire, qui s'est montré opposé aux résolutions ci-dessous [73] ». C'est dans le nouveau cimetière, béni le 12 mai 1895, que sera enterrée la mère d'Élisabeth en 1904. Autre opposition du frère d'Élisabeth sur une vente de banc : « Monsieur le curé a consulté, dans le but de mettre fin à toute discussion, vu que un certain paroissien du nom de Louis P. H. Turgeon, célibataire, persiste à croire et à répéter le contraire aux autres [74]. » Les renseignements obtenus, tous « Les paroissiens ont été convaincus », sauf « Un seul paroissien, toujours le même, L.P.H. Turgeon, parut encore tenir à sa première opinion erronée. »

De plus, à la même époque, « Le même Mr L.P.H. Turgeon a accusé a tort la fabrique d'avoir voulu oter le banc à sa vieille mère [75]. » Quatre ans avant son mariage, le 14 septembre 1828, Louis-Marc Turgeon achète le « banc n° 4 du coté de l'Évangile le long du mur de l'église », alors que le banc n° 5 du même côté a été acheté l'année précédente, le 26 novembre 1827, par son père Louis Turgeon [76]. Et c'est parce qu'il était célibataire au moment de l'achat du banc que sa veuve n'a pas le droit de le garder :

---

(71) Restauré, l'édifice abrite la bibliothèque paroissiale Luc-Lacourcière, du nom de l'ethnographe, folkloriste, littérateur (1910-1989), résident de Beaumont, décédé peu après son inauguration (voir Réginald Hamel, John Hare, Paul Wyczynski, *Dictionnaire pratique des auteurs québécois*, Montréal, Fides, 1976, 723 p. : 382-385).
(72) *Cahier de délibérations...* : 60. Mgr C.-F. Baillargeon avait écrit une lettre circulaire adressée à toutes les fabriques du diocèse pour les inciter à agir ainsi.
(73) *Cahier de délibérations...* : 28 avril 1895.
(74) *Ibid.* : 11 juin 1895.
(75) *Cahier de délibérations...* : 15 juin 1895.
(76) *Cahier pour écrire les actes...* : [73] et [69].

Mʳ le curé a prouvé que cette vieille dame, d'après *la lettre* du contrat de banc, n'avait pas droit à la jouissance de son banc, mais qu'elle en avait droit de jouissance d'après *l'esprit ou l'interprétation de la loi.* La raison de ceci c'est que son feu mari était garçon quand il a fait l'achat de ce banc. Il ne pouvait mettre le nom de sa future épouse, dans son contrat de banc.

On propose donc à Angèle Labrecque-Turgeon un autre banc, mieux situé de surcroît, qu'elle-même accepte, puis se ravise, et refuse sur les conseils de son fils unique à entériner l'échange :

Ainsi la fabrique a donc donné à dame L. Mʳ Turgeon un banc en remplacement de celui dont elle jouissait avant la réparation de l'église. Au lieu du n° 4 que portait l'ancien banc, la fabrique lui avait offert le premier banc en avant, c.a.d. un banc dans une meilleure place. Madame Turgeon avait accepté ce dernier banc en présence de Mʳ le curé et de Mʳ Antoine Labrecque. Depuis son fils L.P.H. Turgeon lui a fait refuser cette offre. Alors, comme c'était une simple bagatelle de *numéro*, 4 au lieu de n° 0 (le premier banc en avant,) la fabrique a laissé à dame Vᵉ Turgeon le banc portant n° 4, rangée double, côté de l'Evangile (nord).

La raison pour donner à madame Turgeon le premier banc en avant était de mettre fin aux discours de ceux qui voulaient faire vendre ce banc, parceque madame Turgeon d'après la lettre du contrat n'y avait pas droit.

Le curé Napoléon H. Leclerc, de conclure : « Que Mʳ. L.P.H. Turgeon continuera à faire circuler que la fabrique a voulu enlever le banc de sa mère, c'est son affaire, mais son langage n'en sera pas moins une calomnie [77]. »

La guerre des éteignoirs

En ces temps où il n'y a pas de téléromans hebdomadaires pour alimenter les esprits et les conversations, les habitants des paroisses s'instituent eux-mêmes auteurs, cinéastes, figurants et figures de scène, de proue ou de proie. Le suspense est maintenu pendant des jours, des semaines, voire des années, avec des péripéties, des manigances, des trouvailles dignes des plus fertiles imaginations, jusqu'à l'existence d'un *deus ex machina* qui vient bouleverser, ameuter les esprits, les séduire, les étonner et renverser des situations et des hommes réputés inexpugnables.

---

(77) *Cahier de délibérations...* : 15 juin 1895. À la reddition des comptes de 1896, L.-P.-H. Turgeon sera de nouveau « le seul opposant ».

Il y a le clan des bons et celui des méchants qui change bien sûr selon que l'un ou l'autre clan détient momentanément l'appellation contrôlée.

Cela vient s'ajouter au rituel des fêtes chômées et religieuses, à celles des naissances, des mariages, des sépultures. Désir sans doute par cette mise en scène d'alléger la lourdeur du quotidien et de la routine, la sempiternelle ritournelle que seule viendrait autrement perturber la température qu'on se doit de surveiller, de déjouer, pour arriver à semer sur le champ, à récolter au bon moment et à engranger à temps avant que les pluies ou la neige ne mettent un terme abrupt à tous les labeurs qui avaient jusque là réussi à embrigader la nature à leurs fins.

En bons Latins, les Beaumontois se sont gâtés. La question des écoles – ce n'était pas l'unique bien sûr ! – est au centre des querelles qui diviseront la paroisse de Beaumont pendant plusieurs années et lui vaudront cette réputation chicanière voire procédurière, qu'on lui a faite par la suite. Qu'elle n'avait pas tout à fait volée bien entendu. Mais que la suite du monde et des descendants ont tout juste oh ! un tout petit peu mis en scène à leur tour, mythifiant du coup ou portant à des hauteurs vertigineuses des événements dont la portée était déjà plus que modeste.

L'enfance et l'adolescence d'Élisabeth de même que le jeune âge adulte de Louise se sont épanouis, ou serait-ce étiolés, dans cette atmosphère où la tentation de la charité et de l'obéissance au curé avait bien du mal à tempérer – et à contrer donc ! – l'atavisme séculaire des disputes, des poursuites, des procès et des attitudes revanchardes.

C'est peu après le début de la fréquentation scolaire d'Élisabeth que débutent ou plutôt que s'amplifient les difficultés reliées à la question scolaire.

Les Turgeon et les écoles à Beaumont

Élisabeth s'aventure sur le chemin de l'école tout de suite après la passation de la nouvelle loi d'éducation du 9 juin 1846, et au moment où son père est le premier président des commissaires d'école de Beaumont sous la nouvelle loi. Par celle-ci on rétablit la contribution obligatoire basée sur l'évaluation municipale pour le soutien des écoles élémentaires. Un formidable tollé s'élève et s'élèvera à la grandeur du Bas-Canada contre cette loi qui abolit celle de 1845 qui préconisait plutôt la contribution volontaire. Mais l'on avait tant joui et abusé de cette liberté et de la faculté de laisser faire le voisin qui lui ne faisait rien, que plusieurs écoles de plusieurs paroisses étaient condamnées à disparaître ou à ne jamais naître.

Le grand maître d'œuvre de cette loi, le Dr Jean-Baptiste Meilleur, le surintendant de l'Éducation, ne s'était pas fait d'illusion sur l'impopularité de sa loi. Et à peine était-elle sanctionnée qu'il écrivait : « Les éteignoirs réussiront peut-être à m'éteindre. Toujours est-il vrai que l'opposition qu'ils font face à l'*acte* des écoles me donne un travail et une sollicitude insurmontables. Je me flatte pourtant du succès et de survivre à toutes leurs menées, sourdes ou ouvertes [78]. »

En fait, ce n'est pas tant de l'instruction qu'on ne veut pas à Beaumont comme ailleurs, que des taxes nécessaires à son établissement et à son expansion. Le deuxième surintendant dira plus tard en tentant d'expliquer cette levée de boucliers :

De l'ancien régime français et des exactions de l'intendant Bigot, l'habitant canadien avait conservé une sainte et légitime horreur de toute espèce d'impôts, horreur que les patriotes de toutes les nuances avaient cultivée avec soin sous l'ancienne constitution, pour en faire la base de la résistance à l'oligarchie [79].

Pour sa part, dans son *Mémorial de l'Éducation dans le Bas-Canada*, le Dr Meilleur relève que l'épouvantail par excellence brandi par les chefs de la faction des éteignoirs est le système coercitif introduit par la nouvelle loi, qui pourrait éventuellement les acculer sous son poids qui s'alourdira nul doute sans cesse à la situation de misère qui avait chassé les Irlandais de leur pays :

Ils leur représentaient le système coercitif comme attentatoire à leurs droits et privilèges comme sujets et pères de famille, ou plutôt comme une machine à taxer dont on ne voyait que le commencement, et dont l'objet apparent n'était qu'un prétexte pour l'initier dans le pays, afin de la faire servir plus tard à toute autre chose, et que les dispositions de la loi municipale de 1841 en étaient une preuve ; qu'en acceptant la loi d'éducation les habitants seraient bientôt réduits aux tristes conditions où se sont trouvés les malheureux Irlandais émigrés de leur pays natal, par suite de l'opération d'un système coercitif de taxes onéreuses qui les a amenés à l'état de ruine, de dénuement, de misère et de dégradation extrême où ils étaient, lorsque nous les avons vus, en 1832, débarquer, pestiférés et mourants, sur nos plages à peine assez spacieuses et pourvues pour les y recevoir ; et qu'il était de notre devoir de nous opposer

---

(78) Dr J.-B. Meilleur à son ami l'abbé Louis-Édouard Bois, curé de Maskinongé, 20 octobre 1846. Cité dans Thomas Charland, o.p., « La démission du Dr Meilleur comme surintendant de l'Éducation (1855) », *RHAF*, vol. 24, n° 4 (mars 1971) p. 513-525 : 514.

(79) Extrait du discours de Pierre-Joseph-Olivier Chauveau sur l'instruction primaire devant la Société Saint-Jean-Baptiste de Montréal, en 1874, cité dans Thomas Chapais, « La guerre des éteignoirs », *Mémoires de la Société Royale du Canada*, Section I, série III, vol. 22 (mai 1928), p. 1-6 : 2.

avec énergie et constance à l'introduction et à l'opération d'un semblable système dans le Canada, afin d'éviter ses funestes conséquences [...] il n'y a pas de langage dont ils n'aient fait usage pour répandre la terreur chez nos habitants et les exciter à l'insubordination et à la révolte [80].

Dans la visite générale que le Dr Meilleur a fait au moins une fois comme il le dit lui-même « dans presque toutes les paroisses et municipalités scolaires érigées dans le pays, sans excepter le lointain district de Gaspé », il a eu, écrit-il, « plus de rapports immédiats avec les hommes instruits et amis de l'éducation que personne autre avant moi ; et, profitant de leur bonne volonté, j'ai pu me procurer tous les faits qui méritaient d'être recueillis [81] ».

C'est du 15 juin 1846 qu'est datée sa lettre circulaire n° 9 [82], venant répondre à toutes les questions soulevées à travers la province par la nouvelle loi et lui valant une avalanche de lettres lui demandant des précisions sur son application. Telle cette lettre du 2 juin 1846 de Louis-Marc Turgeon débutant ainsi : « Monsieur comme étant presque incertain de tout renseignement vu la difficulté de la loi je m'adresse a vous afin de savoir si nous pouvons éxécuter la loi sans encourir quelque danger s'il se trouvait des contrevenants et si on peut taxer les habitans pour batir des maisons d'écoles car nous n'en avons pas encore de bati. » Et il termine en « demandant réponse sur toutes les questions de ma lettre et toutes les bonnes informations que vous voudrez bien me donner [83] ».

Cette nouvelle loi accorde en effet aux commissaires de multiples et importants pouvoirs. Citons Meilleur pour être en mesure de comprendre le rôle joué par Louis-Marc Turgeon en sa fonction de commissaire :

> Le corps des commissaires est celui auquel la loi destine le plus grand rôle ; car, une fois élus, la loi leur donne le pouvoir de choisir eux-mêmes les secrétaires-trésoriers, les instituteurs, les régisseurs et les autres moyens d'opération qui leur paraîtront les plus convenables, indépendamment de ceux qui leur sont dictés par la loi, ou recommandés par ce bureau.

---

(80) Cité dans *ibid.* : 3. Jean-Baptiste Meilleur, *Mémorial de l'Éducation du Bas-Canada*, Québec, Léger Brousseau, 1876, 454 p. : 387-388.

(81) *Mémorial* : 5.

(82) « À MM. les commissaires d'école, et autres personnes appelées à prendre part à la régie des écoles sous l'opération du présent acte », dans *Mémorial* : 418-436.

(83) Louis-Marc Turgeon au Dr J.-B. Meilleur, Beaumont, 2 juin 1846, ANQ-Q, Éducation, L.R., E-13/293, 456 (1846).

Diviser les municipalités en arrondissements d'école, – pourvoir aux moyens d'en établir une dans chaque arrondissement, – élever une école-modèle et une école de filles dans l'arrondissement le plus populeux, – faire des règlements pour la régie intérieure des écoles qui sont placées sous leur contrôle, – prescrire le cours d'études à suivre dans ces écoles, – juger tout différend qui pourrait s'élever relativement à ces mêmes écoles, – examiner, engager, diriger et payer les instituteurs, et les destituer au besoin, – pourvoir au prélèvement, par cotisation générale, d'une somme égale à celle qui sera allouée à la municipalité sur le fonds des écoles communes, – pourvoir à la bâtisse d'une maison d'école dans chaque arrondissement, – et prendre soin de tout ce qui est destiné à l'éducation, – fixer et faire percevoir la rétribution par mois pour chaque enfant résidant de 5 à 16 ans, – faire poursuivre toute personne qui se refuserait à payer le montant de la cotisation annuelle et de la rétribution par mois, – visiter les écoles deux fois dans le cours de l'année scolaire, – en faire faire un examen public, – y assister et en faire le rapport, tous les six mois, à ce bureau ; tels sont les pouvoirs étendus que la loi confère aux commissaires d'école et les devoirs qu'elle leur impose ; c'est-à-dire, que l'emploi des deniers affectés pour le soutien des écoles provenant soit du gouvernement soit du peuple, la régie entière des écoles et de tous les biens-meubles et immeubles sont laissés à la disposition des commissaires élus pour les fins de l'acte de l'éducation élémentaire [84].

En contrepartie, on espère que la population choisira des « hommes particulièrement instruits, moraux et amis de l'éducation [85] ». En outre, ces hommes doivent être propriétaires, ou « possesseurs de biens-meubles ou immeubles de la valeur réelle de deux cent cinquante livres du cours de cette province [86] ». C'est d'ailleurs à cause de cette clause que le curé de Beaumont, jusqu'alors commissaire, refuse désormais de siéger comme tel : « notre curé refuse d'être commissaire disant quil nest pas qualifié de £250 », ce à quoi s'objecte Louis-Marc Turgeon : « Pour moi je crois qu'un curé est toujours qualifié [87]. »

Sous l'ancienne loi de 1845 qui avait établi la contribution volontaire, la population beaumontoise avait singulièrement bien fait les choses, selon le rapport que fait Louis-Marc Turgeon qui n'enregistre qu'un récalcitrant : « Chaque commissaire l'année dernière a fait la souscription chacun dans son arrondissement ça bien été a lexeption

---

(84) *Mémorial* : 419-420.

(85) *Ibid.* : 421.

(86) *Ibid.* : 420.

(87) Louis-Marc Turgeon au Dr J.-B. Meilleur, Beaumont, 2 juin 1846 : 1, ANQ-Q, Éducation, L.R., E-13/293, 456 (1846).

d'un au bout de huit mois qui a retiré ses enfans et qui na pas voulu payer que le quart de sa souscription ai-je le droit de le poursuivre [88]. »

C'est le premier lundi de juillet comme le veut la loi, le 6 à 10h00, qu'on procède à l'élection des commissaires « dans la salle publique du presbytère [89] ». Seuls deux des cinq commissaires précédents demeurent en charge : Louis-Marc Turgeon, le plus ancien, prend le titre de président, et Charles Guay. Julien Labrecque, Ovide Turgeon et Charles Nadeau sont élus à l'unanimité pour remplacer Louis Boilard, Hubert Guay, et le curé M. Lemieux « qui a résigné et refusé d'agir comme Commissaire d'École [90] ».

Dans son rapport du 2 juin 1846, Louis-Marc Turgeon informait le Surintendant que Beaumont avait « quatre écoles séparé du controle des Commissaires ». C'est sous la présidence de Louis-Marc Turgeon que sera bâtie la première maison d'école « mais nous allons en batir une lété prochaine [...] et jespère que nous aurons de laide de votre part de la somme qui na pas été reclamé car Beaumont ne pas eu grand argent [91] ». Cette maison d'école a effectivement été construite comme en témoigne le président qui succède à Louis-Marc Turgeon : « la maison d'École baties l'année dernière [92]. » Jusqu'alors on louait les maisons où se tenaient les classes, comme on continuera d'ailleurs à le faire longtemps dans certains arrondissements de la municipalité [93].

L'on ne sait exactement ce qui se passe mais les commissaires élus normalement pour une période d'un an sont destitués de leur fonction et remplacés, le 24 février 1847, par une commission nommée par le gouverneur et constituée de Charles Le Tellier, Abraham Larrivée, Maxime Paquet, Philippe Viens et Louis Paquet. Il semble que ces noms aient été soumis par le juge de paix Joseph Moreau.

---

(88) *Ibid.*

(89) Louis-Marc Turgeon fait le rapport de l'élection des commissaires au Dr J.-B. Meilleur, Beaumont, 6 juillet 1846, ANQ-Q, Éducation, L.R., E-13/294, 773 (1846).

(90) Louis-Marc Turgeon au Dr J.-B. Meilleur, Beaumont, 6 juillet 1846.

(91) Louis-Marc Turgeon, Commissaire d'école au Dr J.-B. Meilleur, Beaumont, 2 juin 1846 : 1.

(92) Charles Le Tellier au Dr J.-B. Meilleur, Beaumont, 2 août 1847 : 1, ANQ-Q, Éducation, L.R., E-13/299, 1007 1/2 (1847). Sur l'aide destinée à la construction ou à la réparation des maisons d'école, voir la lettre circulaire n° 9, dans *Mémorial* : 429-430.

(93) Voir par exemple le *Registre A. Des délibérations des Commissaires d'école de la paroisse de Beaumont*, 1855, où l'on inscrit dans les dépenses le loyer annuel des maisons servant d'écoles, pages 17 (£ 2,10), 18 (£4), 48 (£4), 51 (£11). À la page 48, le loyer de £4 est celui de la maison de Gabriel Chasseur dans l'arrondissement n° 2 où se tient la classe de Louise Turgeon.

Or Louis-Marc Turgeon s'insurge contre la nomination des nouveaux commissaires dont un seul, Abraham Larrivée, répond aux critères exigés par la loi : « Je vous écris pour vous informer de ce qui se passe à l'égard des nouveaux commissaires par la maladresse de J. Moreau juge de paix, qui vous a envoyé une liste de cinq personnes dont il ny en a qu'un de qualifié suivant la loi, qui est Larivé. » Il poursuit en arguant que Charles Le Tellier est un nouveau venu dans la paroisse et n'y est que depuis si mois, que Maxime Paquet « qui est plus souvent absent que présent » et que Philippe Viens et Louis Paquet ont démissionné parce qu'ils se savent inéligibles [94].

Il poursuit en proposant que les anciens commissaires demeurent en fonction jusqu'à la prochaine élection de juillet : « Comme je crois que cest une élection nulle nous ferons mieux d'attendre au mois de juillet et que les anciens Commissaires restent en office jusqu'à cette époque. » Si cette proposition n'est pas acceptable, il suggère qu'on s'adresse au Conseil de la municipalité « pour vous envoyer des noms de personnes pour exercer l'office de commissaires d'écoles ». Sa lettre est aussi signée par le maire, Joseph Couture, et le capitaine de milice Boilard.

En attendant la réponse à sa lettre, Louis-Marc Turgeon et son compère Charles Guay se dissocient effectivement de la nouvelle Commission scolaire et font un rapport de leur administration : « Pour nous nous avons deux écoles sous la régie de deux commissaires qui sont LM Turgeon et Charles Guay dans Chacun de nos arrondissements respectifs. Chaque école est fréquenté par environ 36 enfants Chaque et a qui nous donnons £20 sans compter le logement et le bois de Chauffage a chaque maitre et maitraisse d'Écoles [95]. » Louis-Marc Turgeon demeure dans l'arrondissement n° 2 [96]. La nouvelle écolière Élisabeth fait donc partie d'un groupe de 36 enfants dans cet arrondissement. C'est sans doute l'institutrice qui leur fait la classe car l'ins-

---

(94) Louis-Marc Turgeon au Dr J.-B. Meilleur, Beaumont, 29 mars 1847 : 1, ANQ-Q, Éducation, L.R., E-13/298, 420 1/2 (1847).

(95) *Ibid.*

(96) Il y a à ce moment six arrondissements scolaires instaurés sous le règne des commissaires élus, ce qui fait supposer que les quatre autres sont ou des écoles indépendantes ou privées, ou sous le contrôle des commissaires nommés. Ce qu'il y a de sûr, c'est que ceux-ci réduiront le nombre d'arrondissements à quatre : les arrondissements 1 et 2 pour le premier rang nommé le rang du Fleuve – la rue principale porte aujourd'hui le nom de rue du Fleuve – l'arrondissement n° 3 pour le second rang nommé Ville-Marie et enfin l'arrondissement n° 4 pour la concession Saint-Roch (voir Charles Le Tellier au Dr J.-B. Meilleur, Beaumont, 2 août 1847, ANQ-Q, Éducation, L.R., E-13/299, 1007 1/2 (1847).) La raison invoquée pour cette réduction est « La pauvreté qui existe chez le plus grand nombres des habitants de notre paroisse » (*Ibid.*).

tituteur, lorsqu'il n'y en a qu'un à Beaumont, est toujours, selon d'autres documents, dans l'arrondissement n° 1 à l'école modèle.

À l'élection suivante du 1er juillet 1847, trois des commissaires dont Louis-Marc Turgeon conteste l'éligibilité sont réélus, Charles Le Tellier, Louis Paquet, et Maxime Paquet dont on finira par s'apercevoir de son absentéisme en le remplaçant par Louis Turgeon[97]. Les deux autres ont été remplacés par Charles Turgeon et Édouard Boilard[98]. Cette non reconnaissance des nouveaux commissaires par les anciens entraîne des conséquences néfastes pour l'éducation. Les anciens commissaires ont refusé de rendre compte de leur administration ce qui a paralysé tout le système.

Il faut dire que le travail des commissaires à l'époque n'est pas une sinécure. Il faut composer avec l'hostilité des gens contre les lois scolaires, lever les perceptions prévues par la loi mais que s'efforcent de contrer de toutes façons les contribuables – pour percevoir leurs dûs les commissaires doivent même poursuivre leurs voisins et parents – trouver de l'argent alors qu'on ne leur en donne pas et que le Bureau de l'Éducation accorde une somme équivalente aux sommes perçues, lorsqu'elles le sont, et lorsqu'on arrive à établir quelles sommes on peut et on doit percevoir. Car pour déjouer la loi et pour rendre le travail des commissaires difficile, « les parents des enfants refusent de donner le nombre de leurs enfants ainsi que l'âge, de manière que les commissaires ont de la peine a faire les listes des retributions mensuelles[99] ». Ce sont encore les pauvres institutrices et instituteurs qui font les frais de toute cette épreuve de forces puisqu'on n'a pas d'argent pour les payer. À Beaumont comme ailleurs, au fil des ans, plusieurs des commissaires élus en principe pour promouvoir l'éducation sont illettrés. Très souvent, le président lui-même est incapable de simplement signer son nom. S'il le signe, il sait à peine lire et écrire, etc. Et le surintendant de l'Éducation recevra à maintes reprises de Beaumont des lettres qui commencent souvent ainsi : « Comme nous sommes encore en difficulté pour nos instituteurs et contribuables nous allons encore vous troubler a ce sujet[100]. »

(97) Voir Charles Turgeon au Dr J.-B. Meilleur, Beaumont, 28 juillet 1849 : 4r, ANQ-Q, Éducation, L.R., E-13/308, 1012 (1849).
(98) Voir Charles Le Tellier au Dr J.-B. Meilleur, Beaumont, 8 juillet 1847 : 1, ANQ-Q, Éducation, L.R., E-13/299, 742 (1847).
(99) Pierre Roy, Secrétaire Trésorier, au Dr J.-B. Meilleur, Beaumont, 8 mai 1850 : 6, ANQ-Q, Éducation, L.R., E-13/313, 638 (1850).
(100) Pierre Roy au Dr J.-B. Meilleur, Beaumont, 5 janvier 1850 : 1, ANQ-Q, Éducation, L.R., E-13/311, 59 1/2 (1850).

À partir d'octobre 1847, Élisabeth doit fréquenter une école indépendante car les commissaires, contre le consentement des gens de l'arrondissement[101], ont changé le site de l'école établie là depuis sept ans. Résultat, seulement sept ou huit enfants fréquentent l'école des commissaires qui est située trop loin pour la plupart des enfants et une quarantaine l'école indépendante, pour laquelle le curé aurait donné son appui. Les contribuables ayant mis sur pied cette école indépendante, dont Louis-Marc Turgeon, ainsi que Colomban Turgeon et Charles Enouf, oncles d'Élisabeth, qui ont déjà payé leurs cotisations foncières, refusent de payer les rétributions mensuelles exigées par les commissaires, parce qu'ils ont dû défrayer entièrement les coûts générés par l'école indépendante : meubles, livres, etc.[102]

À l'été de 1848, une autre lettre de Louis-Marc Turgeon au Dr Meilleur nous apprend que l'élection des commissaires n'a pas eu lieu car « il y en avait une partie ou majorité qui ne voulait pas elire de commisai[res] mais des sindics ont élu quatre sindics [...] pour établir des écoles volontai[res][103] ». Maintenant ils consentiraient volontiers à élire des commissaires et Louis-Marc Turgeon s'informe des règles à suivre pour procéder à l'élection, puisqu'elle n'a pas été menée à bien au moment prévu par la loi. Une lettre datée du 18 septembre et portant la signature de Louis-Marc Turgeon et de plusieurs autres personnes, donne les noms des commissaires dont l'un d'eux est remplacé[104].

Mais ce n'est pas parce qu'on a enfin des commissaires élus légitimement que tout va fonctionner. Il faut à cet automne 1848 percevoir les arrérages de 1846 et de 1847 et on doit poursuivre « un certains nombre de contribuable, pour navoir point payer leurs cotisation et leurs rétribution mensuelle, nous avons prouvé suffisamment l'annonce pour demandé payments, mais parce que nous n'avions pas fait une répartition nouvelle, nous avons été renvoyé avec frais et dépens, nous avions crus quil n'etait point nécessaire de le faire, vûs que cétait la même évaluation ». Et puisque le malheureux secrétaire-trésorier avait eu l'idée d'enlever un feuillet à son registre, « Le jugement fut rendu dans les termes suivants : Vû la mauvaise tenue des registre et

---

(101) En 1848, le rang du fleuve a été divisé en trois arrondissements et l'école d'Élisabeth pour cette année se trouve dans le 3e arrondissement. Mais par la suite on reviendra à la division de deux arrondissements et l'école d'Élisabeth sera toujours dans le second.

(102) Lettre au Dr J.-B. Meilleur signée par plusieurs dont les trois cités plus haut, Beaumont, 5 février 1849, ANQ-Q, Éducation, L.R., E-13/306,194 (1849).

(103) Louis-Marc Turgeon au Dr J.-B. Meilleur, Beaumont, 16 juillet 1848, ANQ-Q, Éducation, L.R., E-13/303, 845 (1848).

(104) *Ibid.*, E-13/304, 1187 (1848).

l'insufisance des preuves la cour renvoie les actions avec frais et dépens. »

Il faut savoir que Joseph Moreau « notre juge aussi est un de nos récalcitrant qui refuse de payer sa cotisation, et retribution mensuelle » et que ce juge de paix, l'un des meneurs de la guerre des éteignoirs à Beaumont, opposera une lutte acharnée à l'implantation de la taxe scolaire obligatoire et trouvera toujours un moyen pour entraver l'action des commissaires. Plus tard, ceux-ci devront se rendre à Saint-Michel pour pouvoir être jugés plus équitablement. Lui-même sera poursuivi par les commissaires et condamné à plusieurs reprises. En 1852, plusieurs habitants de Beaumont enverront une requête pour le faire destituer de ses fonctions, requête dont se chargera l'honorable Auguste-Norbert Morin, le fils du comté et l'un des plus ardents promoteurs de l'éducation [105].

Le pauvre président poursuit que le secrétaire-trésorier se trouve dans l'impossibilité d'envoyer l'argent puisqu'il ne l'a pas et que ne recevant pas l'octroi du gouvernement, il ne peut payer les instituteurs et de ce fait se trouve « dans la position la plus critique car nous allons être poursuivis par nos instituteur [106] ».

Louis-Marc Turgeon a été commissaire en 1845-1846 ; en 1846 il est président, jusqu'en 1848. Les problèmes vont aller s'amplifiant par la suite. En 1851, les deux partis s'opposant en sont arrivés à un tel point de désaccord qu'il n'existe qu'une seule solution pour eux, celui d'avoir deux commissions scolaires :

C'est un fait que depuis le mois de Juillet mil huit cent cinquante et un jusqu'au moment où la paroisse a été divisée en deux, il a existé dans la paroisse deux corps de commissaires, ayant chacun leurs écoles, leurs maîtres et agissant comme commissaires d'écoles.

Les deux corps de commissaires dont je parle [...] et que je dis avoir existé depuis mil huit cent cinquante et un jusqu'au moment où la paroisse de Beaumont a été divisée en deux, avaient été nommés par les habitants de la paroisse. Il y avait dans la paroisse deux partis, et chacun de ces partis étant en opposition, avait nommé un set de commissaires. Ces deux partis étaient connus, l'un sous le nom du parti de Charles Enouf et l'autre, sous le nom de Pierre Roy. Le parti de Pierre Roy était celui qui agissait dans la municipalité n° 1, et l'autre dans la municipalité n° 2.

---

(105) Voir Pierre Roy au Dr J.-B. Meilleur, Beaumont, 30 mars 1852. Deux dossiers joints. *Requête à Son Excellence Lord Elgin pour faire destituer Joseph Moreau comme Juge de Paix*, Beaumont, 30 janvier 1852. *Seconde requête...*, Beaumont, 29 février 1852, ANQ-Q, Éducation, L.R., E-13, 448 (1852).
(106) Charles Le Tellier au Dr J.-B. Meilleur, Beaumont, 5 novembre 1848, ANQ-Q, Éducation, L.R., E-13/305, 1461 (1848).

Louis-Marc Turgeon fait partie de cette dernière.

En 1852, l'archevêque de Québec, Mgr Turgeon, délègue son vicaire général, l'abbé Alexis Mailloux, pour tenter de trouver une solution aux problèmes beaumontois. Le 12 juillet, le curé convoque tous les propriétaires de la paroisse. Sont aussi présents, outre le curé de Beaumont, ceux de Saint-Charles, de Saint-Gervais et de Saint-Lazare. Le grand vicaire tente de faire vibrer la corde patriotique pour les convaincre de revenir à de meilleurs sentiments et à une union plus chrétienne :

> en nous expliquant la nécessité qu'il y aurait que le peuple Canadien français devait se tenir uni par des liens étroits pour maintenir nos droits de constitution, et que d'après le dernier dénombrement général de la population fait par ordre du parlement Provincial la population du ci-devant Haut-Canada, avait une majorité 15,000 âmes sur le Bas-Canada et nous exhorta de nous tenir unis pour plusieurs raisons qu'il nous expliqua au long. Après celà le digne Prélat revint sur la malheureuse division qui existe dans la paroisse au sujet des écoles que le saint temps de pénitence et du jubilé était le tems favorable pour se pardonner réciproquement et oblier le passé et qu'il voulait lui le Digne Prélat faire qu'un parti des deux qui existaient dans la paroisse [107].

Au début il semble qu'il y ait unanimité, puis il y a des intervenants et des opposants à la proposition de l'abbé Mailloux, si bien que rien n'est résolu.

Une parenthèse dans la guerre des éteignoirs où les chemins pour quelque temps accaparent les dits et les gestes. Pour Louis-Marc Turgeon, un autre procès. Procès autrefois dans l'affaire des marguilliers, qu'il gagne. Procès dans l'affaire des écoles aussi. Louis-Marc Turgeon sera condamné par le juge Joseph Moreau en 1846 : « Que le ou vers le mois de Décembre 1846, le nommé Louis Marc Turgeon, commissaires décole Beaumont, fut poursuivit devant le dit Joseph Moreau et fut condamné a payé une amande de deux livres dix shelings courant, faute davoir fait faire le Roll des Evaluations pour la dite Paroisse de Beaumont. » Louis-Marc Turgeon a payé son amende mais le juge Moreau l'aurait simplement empochée [108].

---

(107) Au Dr J.-B. Meilleur, Beaumont, 12 juillet 1852, ANQ-Q, Éducation, L.R., E-13/326, 1024 (1852).

(108) « Que cette somme fut remise au dit Joseph Moreau, par B. Pouliot Greffier, qui au lieu de la remettre sans délai au Sécrétaire Trésorier, de la dite municipalité Scholaire de Beaumont, suivant et au désir de la 52ème clause du Statut Provincial 9 Victoria, chapitre 27, là au contraire, gardé en violation directe à la loi, et cependant plusieurs années » (*Seconde requête à Lord Elgin pour faire destituer Joseph Moreau comme Juge de Paix*, Beaumont, 29 février 1852, ANQ-Q, Éducation, L.R., E-13, 448 (1852).

Louis-Marc Turgeon sera encore un des héros dans un procès relié à l'ouverture d'un nouveau chemin. C'est lui qui a fait la lecture du procès-verbal de la réunion de la municipalité annonçant l'ouverture d'un nouveau chemin dans la concession de Livaudière, le 20 juin 1852 à la porte de l'église. Mais l'un des propriétaires, ulcéré de la façon de procéder des responsables, décide de poursuivre Damase Labrecque, Georges Côté, Joseph Nadeau, Joseph Bergeron, Charles Bilodeau, Joseph Côté, père, Joseph Narcisse Turgeon et Louis-Marc Turgeon, cultivateurs de St-Étienne de Beaumont :

> Que le dit jour dix neuvième jour de juillet courant et souvent depuis les dits Defendeurs sont conjointement, avec force et armes, malgré le Demandeur et ses défenses, entrés sur le dit lopin de terre du Demandeur par voie de fait et malicieusement, et ont alors et là conjointement brisé, défait et abattu partie des clôtures existantes sur le dit lopin de terre, et ont labouré, pioché et endommagé le dit lopin de terre et les grains et foins croissant sur icelui, et ont alors et là commis d'autres dégats et deprédations, et ont laissé les clôtures ainsi défaites et ouvertes, de sorte que les animaux du Demandeur peuvent sortir librement de dessus la dite terre, et les animaux étrangers peuvent y entrer librement et y causer des dommages [...] refusent de rétablir les dites clôtures et remettre les lieux dans le même état qu'ils étaient avant la voie de fait [...] refusent de payer au Demandeur les dommages [...] de la valeur de cinq cents livres courant.

Mais le juge conclura que les défendeurs étaient pleinement justifiés d'agir ainsi et il rejettera le plaidoyer du demandeur et le condamnera à payer les dépens [109].

Pour revenir à la question des écoles, dans la municipalité n° 2 connue sous le nom de « grand parti », il y a trois écoles contre une seule pour la municipalité n° 1 ou « petit parti ». À la fin de 1853 le curé de Beaumont arrivé deux mois plus tôt écrit à son évêque : « La paroisse de Beaumont est sur le point d'entrer dans une nouvelle difficulté qui va la bouleverser de fond en comble, et augmenter d'une manière bien déplorable l'esprit d'animosité et de discorde qui y règne depuis si longtemps. » Il s'agit d'une élection de marguillier mais compliquée ou aggravée par la situation scolaire :

> Cette paroisse, comme les autres du diocèse, est divisée en trois arrondissements, dans chacun desquels on prend alternativement le nouveau marguillier. Cette année, le marguillier devrait être élu dans l'arrondissement qui forme le *petit parti* des écoles. Les deux autres

---

(109) Voir Cour Supérieure du Québec, nᵒˢ 1384 et 1386, 1852, ANQ-Q, T-11-1/870, 1384 (1852).

arrondissements qui forment le *grand parti*, et qui composent la grande majorité des franc-tenanciers, ont résolu d'enlever au petit parti le privilège dont il a joui, comme les autres, d'avoir le marguillier à son tour. Le grand parti agit ainsi, par pur esprit de vengeance et pour humilier et choquer l'autre parti.

Si cette injustice est consommée, la fabrique écopera, car

le petit parti va refuser systématiquement à coopérer à toute œuvre en faveur de l'église. Sa résolution est parfaitement prise à cet effet. Il ne donnera pas un grain d'avoine à la quête de l'Enfant-Jésus, et ne contribuera aucunement à la construction du presbytère. Il va en résulter un tort pour la fabrique causé sciemment par la majorité de la paroisse [110].

Le curé demande alors à Mgr Turgeon d'intervenir pour ramener la bonne volonté. Mais, Mgr Turgeon, non seulement n'écrit pas aux paroissiens, mais enjoint l'abbé Belle-Isle à la neutralité pour ne pas jeter encore de l'huile sur le feu :

Il est malheureux de voir la paroisse de Beaumont si divisée et renfermer tant d'éléments de discorde ; mais l'intervention du curé et même du premier pasteur en faveur de l'un ou de l'autre parti ne ferait qu'empirer le mal. Ce que vous avez de mieux à faire c'est d'être tranquille spectateur des luttes auxquelles se livrent vos malheureux paroissiens et de travailler à vous rendre utile à tous [111].

Il ne le sera pas longtemps puisque tombé gravement malade il est conduit à l'Hôtel-Dieu de Québec où il mourra le 30 avril 1854, à l'âge de quarante-quatre ans.

Cette situation a duré jusqu'en 1854 alors que la municipalité de Beaumont a été divisée officiellement en deux municipalités scolaires :

Vers le commencement de Juillet mil huit cent cinquante quatre la Municipalité scholaire de la paroisse de Ste Etienne de Beaumont a été divisée en deux Municipalités par le Gouverneur en Conseil, sous le titre de Municipalité numéro un et de Municipalité numéro deux. Dans le même mois les deux Municipalités ont élu chacune un Corps de Commissaires d'Écoles, savoir cinq Commissaires pour chaque Municipalité. Les Commissaires de la Municipalité numéro un qui ont été élu et qui ont agi étaient Charles Paquet, Charles Guay, Césaire Turgeon, Abraham Larivée, et Julien Vallière, Charles Paquet était leur Président et Pierre Roy Trésorier et Sécrétaire.

---

(110) François-Hilaire Belle-Isle à Mgr P.-F. Turgeon, Beaumont, 20 décembre 1853, AAQ, 61 CD, Beaumont, I : 110. Sur ce curé, voir P.-G. Roy, *À travers...* : 173-174.

(111) Mgr P.-F. Turgeon à F.-H. Belle-Isle, Québec, 22 décembre 1853, AAQ, 210A, Registre de lettres, vol. 25, n° 522.

> Les Commissaires d'Écoles de la Municipalité numéro deux, dans le
> même temps étaient Charles Enouf, Joseph Narcisse Turgeon, Jo-
> seph Couture, Ovide Turgeon et Béloni Roy [...] Charles Enouf était
> leur Président et Magloire George Ratté leur Sécrétaire Trésorier [112].

L'ordre ne sera pas rétabli pour autant immédiatement. Au début de
1855, le nouveau curé en poste depuis mai 1854 donne le pouls de la
paroisse à son archevêque qui lui avait donné comme instruction :
« faites ce que vous pourrez ». Le curé a préparé le jubilé pour ses
ouailles, considérant que c'était « la dernière planche après le nauf-
frage », a invité un prédicateur qui « a parlé avec une grande douceur,
et beaucoup d'onction ». Les prédications semblaient avoir porté fruit
puisque, écrit-il, « nous avons confessé pendant quatre jours, avec
plaisir, car nous voyions des cœurs bien disposés et pleins de foi ». Et
l'espoir du curé de se ranimer : « J'espérais que Beaumont allait devenir une paroisse de frères et d'amis ». Il convoque les deux partis pour
tâcher de trouver un règlement. Ceux du parti d'en-haut ou petit parti
ou municipalité n° 1, près de l'église, « qui représente la minorité
beaumontoise, nous ont demandé de régler les affaires comme bon
nous semblerait et qu'ils serait toujours contents, voilà qui était bien ».
Mais le grand parti ou municipalité n° 2 qui représente la majorité n'est
pas aussi accommodant et fait la distinction entre affaires religieuses
et affaires temporelles :

> Mais ceux du parti d'en bas viennent à leur tour et eux ne veulent
> pas de prêtres pour régler leurs affaires, pas même d'Eveques, ils
> ont appris de plus que le Souverain Pontif est un tyran. Cependant,
> a force de discuter, on est parvenu à les faire consentir à remettre
> toutes les affaires, entre les mains de quatre aimables compositeurs,
> qui seraient nommés par les deux partis, le cinquième devant être
> nommé par le parti d'Enbas. Il fallait faire Signer un compromis par
> toute la paroisse, et a force de travail j'ai réussi. Mais lorsqu'il a
> fallu passer l'acte par devant notaire, ceux du parti d'Enbas, qui ont
> toujours marché contre l'esprit de la loi, s'y sont refusé, alléguant
> certains prétextes. Ils demandent des juges expers, mais ils les re-
> fusent également [113].

C'est peut-être à cette occasion que Louis-Marc Turgeon a des
« mots » avec son curé et peut-être à partir de ce moment qu'il décide

---

(112) « La première division de ces municipalités a eu lieu en Février mil huit cent
cinquante quatre, et la seconde en septembre mil huit cent cinquante quatre. Il
pourrait se faire que la première division ait eu lieu plus tard. Ces divisions ont donné
des limites à ces municipalités. » (Cour Supérieure de Québec, n° 2356, Louise
Turgeon demanderesse vs Les Commissaires d'Écoles de Beaumont, 10 septembre
1857 : Témoignage de Paul Poirier, le président de la Commission scolaire en 1857.)
(113) *Infra* : note 117.

d'aller se confesser à Québec [114]. L'un de ceux du parti d'en-bas est le juge Moreau, un ami personnel du député, Jean Chabot, qui le protège et qui favorise les entorses à la loi de l'éducation [115]. «Ces meneurs et ces démagogues ne réussirent que trop à soulever les passions populaires, dans certaines parties de la province. À Berthier, à Beaumont et à Saint-Henri de Lauzon, dans le district de Québec, il y eut des troubles et des querelles interminables au sujet des écoles. M. l'abbé Beaumont, curé de la paroisse du même nom, ayant pris fait et cause pour la loi, fut abreuvé d'amertume, et se vit en butte aux plus odieuses persécutions. Le député du comté et un magistrat de la paroisse étaient malheureusement à la tête des révoltés [116]. » Mais il y a aussi à Beaumont un autre personnage qui fait beaucoup de bruit, le secrétaire trésorier de la municipalité n° 2, Magloire-George Ratté. «Le grand malheur c'est que ces gens là sont guidés par un misérable du nom de Ratté dont la grande jouissance est de persécuter les prêtres et tout ce qui s'appelle Ministre de Dieu. Il les a tellement endoctriné par les paroles et ses écrits qu'il a sur eux un pouvoir inexplicable et qui rendra toujours inutiles tous efforts que je pourrai faire pour la paix de la paroisse. » La paroisse est au bord de la ruine à cause des procès en nombre incalculable qui sont intentés depuis plusieurs années. Le curé estime à plus de 2 400$ les frais de poursuite et de cour. «Les affaires ou elles en sont rendues prêtes à une foulle de procès ; et ceux qui sont déjà en cour couteront audelà de £600... La paroisse est grevée de dettes par ces difficultées qui existent depuis 6 à 7 ans. Il y a des cas de restitution bien difficiles a décider, surtout s'il faut les décider au lit de la mort. » Il écrit encore : «Ma position comme curé est un peu difficile ; mais comme particulier, j'ai su gardé la neutralité de curé vis-à-vis des deux partis : desorte qu'on peut se voir sans se tirer aux cheveux [117]. » Dans l'histoire de Beaumont, on y lit que «M. Lahaye resta trois ans [1854-1857] à Beaumont et s'entendit très bien avec ses paroissiens [118] ». Louis-Marc Turgeon le fera venir à son lit de mort quelques mois plus tard pour se réconcilier avec lui [119]. Mais il a beau avoir bon caractère

---

(114) Voir *infra* : 83.

(115) Jean Chabot (1806-1860), avocat et homme politique, il avait appuyé la loi scolaire de 1845. Député de Bellechasse de 1851 à 1854. Réélu dans Bellechasse en 1854, mais aussi élu dans la ville de Québec, c'est celle-ci qu'il choisit de représenter. Voir Pierre Poulin, « Jean Chabot », *DBC* VIII : 153-154.

(116) Thomas Chapais, « La guerre des éteignoirs », *MSRC*, série III, vol. 22 (mai 1928), p. 1-6 : 3.

(117) Pierre-Léon Lahaye à Mgr P.-F. Turgeon, Beaumont, 3 janvier 1855, AAQ, 61 CD, Beaumont, I : 131.

(118) P.-G. Roy, *À travers...* : 174.

(119) Voir *infra* : 83.

et être patient, il trouve qu'il ne serait pas mauvais de brasser un peu ses paroissiens, la ligne douce n'ayant pas produit tous les effets escomptés. De sorte qu'il a décidé de ne pas monter en chaire « depuis quinze jours » et qu'il veut même abolir sa visite paroissiale pour amener les récalcitrants au repentir, quoique, en définitive, il s'en remette à son évêque pour lui indiquer la voie à suivre.

Mgr Turgeon va lui donner le même conseil qu'à son prédécesseur, l'abbé Belle-Isle, mort à la tâche : « J'ai appris avec regret par votre lettre du 3 du courant que la plus grande partie de vos paroissiens ne veulent pas entendre raison sur l'article des écoles et qu'ils veulent continuer les procès commencés à ce sujet. Le jubilé leur a fourni une excellente occasion de revenir sur leurs pas, et malgré vos bons avis et ceux de M. Villeneuve ils n'ont pas voulu en profiter. Il ne reste donc plus qu'à leur laisser le soin de se tirer de difficulté comme ils pourront. Vous ferez bien de vous abstenir desormais de toute participation à leurs affaires d'écoles, puisque l'intervention du curé paraît leur être à charge. » Mgr Turgeon poursuit : « Il y a de quoi gémir en voyant l'aveuglement de tant de braves gens que l'orgueil conduit et qui ne s'aperçoivent pas qu'ils en seront les victimes au profit d'un braillard qui les exploite [120]. »

C'est pour lui d'autant plus pénible que font partie des insurgés plusieurs membres de sa propre famille. Les commissaires de la municipalité nº 2 élus ou réélus en 1854 sont : Charles Esnouf (depuis 1850), Joseph-Narcisse Turgeon (depuis 1850), Joseph Couture (depuis 1852), Ovide Turgeon et Béloni Roy (depuis 1851). Charles Esnouf en est le président et leur secrétaire-trésorier n'est nul autre que Magloire-George Ratté. Deux d'entre eux sont des frères de Louis-Marc Turgeon, Joseph-Narcisse et Ovide Turgeon, donc ses petits-cousins. Louis-Marc Turgeon lui-même, bien que son nom n'apparaisse pas au premier plan après 1848, signe plusieurs lettres en compagnie des membres du parti de l'opposition, comme à l'élection de Charles Esnouf et de Joseph-Narcisse Turgeon en 1853 [121], élection contestée par plusieurs citoyens parce que les deux élus n'avaient pas payé leurs cotisations. Ses frères Colomban et François-Xavier Turgeon ont aussi signé avec lui. Quant à Charles Esnouf, il est le beau-frère de Louis-Marc puisqu'il a épousé Esther, la sœur d'Angèle Labrecque. Ils se sont mariés le même jour, le 27 février 1832. Charles

---

(120) Mgr P.-F. Turgeon à l'abbé Pierre-Léon Lahaye, Québec, 5 janvier 1855, AAQ, 210A, Registre de lettres, vol. 25, nº 953 : 616-617.
(121) Rapport d'élection de commissaires, 6 juillet 1853, ANQ-Q, Éducation, L.R., E-13/330, 925 (1853).

Esnouf, Narcisse Turgeon et Colomban Turgeon sont même soup-
çonnés d'avoir dérobé les livres des commissaires de la partie adverse
pour qu'ils ne servent pas de preuves à une contestation d'élection
pendante en cour [122]. Le juge Moreau condamné par deux autres juges
à payer ses cotisations scolaires n'obtempérant pas aux jugements, les
commissaires avaient mis sa propriété en vente. Charles Esnouf, à la
tête d'une vingtaine d'hommes armés de bâtons, avait organisé la
résistance à la loi [123].

Malheureux de la situation et compatissant avec les problèmes du
curé, Mgr Turgeon ne peut cependant lui permettre de cesser ses prédications :

> Toutefois je dois vous dire que je ne suis pas d'opinion qui [sic]
> pour punir vos paroissiens, vous vous absteniez de leur annoncer la
> parole de Dieu et de leur faire la visite pastorale. La prédication
> étant prescrite par le Concile de Trente, il ne vous est pas permis
> d'y renoncer même pour un temps limité. D'ailleurs vos paroissiens
> en ont un besoin plus pressant à raison même de l'etat de dévergon-
> dage où se trouvent les esprits.

Il lui suggère également de faire sa visite paroissiale : « Quant à la
visite pastorale, elle n'est pas de même nécessité, mais comme vous
venez d'arriver dans la paroisse, et que vous avez besoin de connaître
chacune de vos ouailles, il me semblerait plus à propos de ne pas
l'omettre cette année [124]. »

Très vite des changements vont s'opérer. Le curé n'est pas resté sur
son échec lors de sa première grande tentative de réconciliation. Il en
fait retomber tout le poids, à tort ou à raison, sur un seul homme : « Je
dis qu'ils ont refusé mais tout se fait au nom de Ratté, ils n'ont qu'à
répondre *Amen*. » Homme d'action, il passe de nouveau à l'attaque :

---

(122) Pierre Roy *et alii* au Dr J.-B. Meilleur, Beaumont, 14 mars 1852 : 2, ANQ-Q,
Éducation, L.R., E-13/324, 382 (1852).

(123) « L'annonce de la vente a été faite dimanche dernier et lundi était fixé pour la
vente ; l'huissier s'est rendu et a trouvé toutes les portes fermés de sorte qu'il n'a
point pu entrer, ensuite nous avons eu pouvoir de la court de rouvrire les portes par
force, nous nous sommes transportés aujourdhui vers trois heures après midi chez
Mr Moreau avec l'huissier est [sic] ses records ainsi qu'un charpentier pour ouvrir
les portes, Mais nous avons trouvé une résistance terrible, ils étaient environ 25
personnes armés de batons pour défendre l'entré de la porte, parmi lesquels était
Charles Esnouf l'un des commissaires, il était le chef de la bande ; il n'y a eu
qu'après que l'huissier a eu commandé au nom de la loi de défoncer la porte, et qu'on
a eu ôté les gens, de force, qu'on est parvenu a entrer en brisant la porte, quand ils
ont vu sortir les animaux qui avaient été saisi ils ont payé. M. Moreau était absent,
mais il avait donné ordre de payer si la resistance de son parti n'était pas assez forte. »
(Pierre Roy au Dr J.-B. Meilleur, Beaumont, 10 avril 1852 : 1-2, ANQ-Q, Éducation,
L.R., E-13/324, 503 (1852).)

(124) Mgr P.-F. Turgeon à l'abbé P.-L. Lahaye, 5 janvier 1855.

Il restait un moyen pour avoir la paix et ce moyen a été pris, il s'agissait de faire signer une requête par la Majorité des deux municipalités qui demandait de faire de Beaumont une seule municipalité et de nommer pour la dite municipalité un nouveau set de Commissaires, et cette requête, malgré de grands obstacles, a été signée et doit être présentée tout prochainement, aux nouveaux ministres.

Ça commence à sentir le roussi pour le « grand parti » qui va s'amenuisant, se dégonflant et s'inquiétant. Le curé de prendre le taureau par les cornes pour le décorner :

Le parti d'enbas qui est très affaibli, se tourmente en toutes manières avec son chef le misérable que vous connaissez très bien et qui dit avoir été reconnu secrétaire trésorier par vous même, ce que j'ignore encore. Je suis enfin parvenu de le faire connaître pour ce qu'il est justement, un menteur et un hypocrite, mais un certain nombre qui se trouvent pris dans ses griffes, feignent de ne pas comprendre mes paroles mais cependant je ne désespère pas de les gagner plus tard. Je pense bien que cette requête vous sera présenté, et vous pourrez voir dessus, tous les premiers de la paroisse de sorte que vous comprendrez par là que le parti d'enbas s'affaiblit non seulement par le nombre, mais parcequ'il y de plus respectable.

Le curé compte sur l'aide du ministre Joseph-Édouard Cauchon qui « est passablement instruit des affaires de Beaumont » et sur M. Octave-Cyprien Fortier, député de Bellechasse, qui « travaille très activement avec nous pour avoir la paix que nous désirons depuis longtemps pour ce pauvre Beaumont [125] ».

C'est en février 1855 que le gouvernement réunit les deux municipalités en une seule. Après la réunification de la municipalité scolaire et les nouveaux commissaires nommés, « Demoiselle Louise Turgeon, Institutrice, a refusé de placer son école sous le contrôle des commissaires elle sera considérée comme n'existant plus, et que tous les meubles de la dite école, qui appartiennent a la corporation, soient transportés dans la maison d'école de M. Ferdinand Le Tellier [126] ». Et à cause de cette situation, on refusera de lui payer son salaire. Elle devra aller en cour, eh oui ! un autre procès ! qu'elle gagnera et, en 1858, la commission scolaire lui versera les vingt louis ou quatre-vingt dollars qui lui sont dus [127].

---

(125) Pierre-Léon Lahaye au Dr J.-B. Meilleur, Beaumont, 30 janvier 1855, 4 p., ANQ-Q, Éducation, L.R., E-13/337, 203 (1855).

(126) Extrait du procès-verbal de la quatrième réunion, 13 avril 1855, dans *Registre A. Des Délibérations des Commissaires d'école de la paroisse de Beaumont*, 1855, 380 p. : 12-13, AMB.

(127) *Ibid.* : 122, réunion du 17 février 1858. Sur le procès, voir Cour Supérieure du Québec, nº 2336, 1857-1858, ANQ-Q.

Il y aura encore quelques soubresauts car le commissaire Louis Turgeon va contester cette loi mais se verra débouter par la cour qui « a reconnu que le Gouvernement avait le droit de réunir deux municipalités en une seule », écrit le curé de Beaumont au surintendant de l'Éducation en terminant sa lettre par cet hommage : « Vous aurez bien mérité de la patrie, et surtout, vous aurez beaucoup le droit à ma reconnaissance, et à celle de tous les braves gens de ma paroisse [128]. »

Élisabeth de Beaumont

Ce n'est qu'après coup que les Beaumontois, Élisabeth parmi eux, apprennent un dimanche, le danger auquel ils viennent d'échapper :

> Les malheureuses divisions qui ont régné parmi vous depuis longtems, Nos Très Chers Frères, n'ont cessé de causer une douleur profonde au cœur de votre premier pasteur. Voyant que rien ne pouvoit y mettre un terme il craignoit de se voir obligé de priver votre paroisse de la résidence d'un prêtre qui ne pouvoit faire aucun bien. Car quel bien peut faire un prêtre au milieu d'un peuple qui refuse de l'écouter, qui repousse les grâces les plus précieuses, qui s'obstine à vivre dans les quérelles, les inimitiés, les procès.

Malade, Mgr Turgeon a dû passer les rênes à son coadjuteur et c'est celui-ci qui a dicté la lettre au secrétaire de l'archevêque devenu le sien, personnage qu'Élisabeth a sans doute déjà rencontré lorsque Mgr Turgeon venait voir sa famille et qui jouera vingt ans plus tard un grand rôle dans sa vie : Edmond Langevin. Par sa main, Mgr Baillargeon livre le message qu'en chaire le curé transmettra : « C'est donc avec une grande consolation que nous avons appris, N.T.C.F. les efforts que vous avez faits pour sortir d'un état si malheureux, pour faire cesser les divisions et pour ramener la paix parmi vous. Nous pouvons maintenant entretenir l'espoir que le zèle de votre digne Curé, aidé de la grâce de Dieu, achèvera ce que vous avez commencé, et fera renaître dans tous les cœurs la charité chrétienne, cette vertu qui est la marque distinctive des enfants de Dieu et sans laquelle il n'y a point de salut [129]. »

Un jour, beaucoup plus tard, Élisabeth unira d'un seul souffle Paix et Charité : « La Paix Fille de la Charité règne dans une Société où chacun ne voit que ses propres défauts, et couvre du manteau de la Charité ceux de son Prochain [130]. »

---

(128) Pierre-Léon Lahaye au Dr J.-B. Meilleur, Beaumont, 28 juin 1855, ANQ-Q, Éducation, L.R., E-13/339, 1135 (1855).

(129) « À Nos Très Chers Frères, les fidèles de la paroisse de St-Étienne de Beaumont », 29 août 1855. Cette lettre est conservée dans le *Cahier de délibérations et élections des marguilliers*, 1848-1906, 48 p. : 45-48, APB.

(130) *Sentences*, dans *Sur le chemin de la vie avec Élisabeth Turgeon. Fondatrice*

Mais peut-être dès lors est-elle marquée à jamais par cette guerre qui a fait tant de mal, causé tant de ravages dans les esprits et dans les cœurs ? Qu'est sa vie dans cette atmosphère chicanière ? Peut-être est-elle devenue si douce, si obéissante parce qu'elle n'en peut plus de disputes, de discordes, peut-être parce qu'elle a appris que le soleil luit toujours après l'orage quelque long soit-il ? Très tôt elle prend goût au silence, comme si les gens de Beaumont avaient trop abusé de paroles pour qu'elle ne se limite pas à l'essentiel.

Mais aussi de santé fragile dès le berceau, l'on s'inquiétait même pour sa survie, Élisabeth, maladive, ne fréquente pas toujours régulièrement l'école. La vie intérieure prend large la place. Toute jeune elle est « sérieuse et réservée », et on ne la voyait que rarement « se mêler aux jeux des enfants de son âge ». Cependant, « active et dévouée, elle aidait au besoin sa mère auprès de ses petites sœurs » et vivait dans une « atmosphère de piété et de joie familiale [131] ». À six ou sept ans elle connaît son catéchisme, la matière la plus importante du temps. L'on ne sait à quel moment elle va « marcher » au catéchisme. Aucun document ne nous l'apprend. Pas plus que l'année de sa confirmation. Vers les dix ans sans doute pour la première communion, comme c'était alors le cas. Quant à la confirmation, trop jeune lorsque vient Mgr Turgeon en 1848, elle ne l'a sans doute reçue que lors de la visite de Mgr Baillargeon le 30 juin 1854. Celle qui deviendra l'une de ses sœurs en religion dit que : « Une de ses sœurs nous a fait un récit attrayant de l'exquise piété de son enfance, de sa candeur, de sa modestie et de son dévouement filial et fraternel pendant ses jeunes ans [132]. » La chronique écrite par l'une de ses futures filles à partir du témoignage de sa sœur résumera ainsi son enfance :

> Élisabeth eut pour patronne au baptême, Sainte-Élisabeth de Hongrie. Madame Turgeon, voyait déjà les dispositions pieuses de ses ainées, distingua bientot, cependant la supériorité de l'intelligence de sa quatrième fille, la gentillesse de son caractère et la bonté de son cœur n'échappaient pas à la clairvoyance de la pieuse mère. Élisabeth était d'une complexion délicate, sa santé réclamait des soins assidus que la tendre mère lui prodiguait avec amour et dévouement. Élisabeth montra de bonne heure un grand attrait pour l'étude, à six ans elle savait lire, nous dit sa sœur, à 7 ans attentive et appliquée elle apprenait le catéchisme. Sérieuse et réservée, elle se

---

et première supérieure des Sœurs de Notre-Dame du Saint-Rosaire, 2ᵉ éd., Rimouski, 1989 : 83.

(131) Mère Marie de la Victoire, *Notice biographique*.

(132) *Notes écrites sous la dictée de Sœur Marie-Joseph (Apolline Gagné) [...] par Sœur Marie Ange [...]* : 1-2, ARSR, 201.405, C.4, 10.

mêlait rarement aux jeux des enfants de son âge ; elle aimait à rester auprès de sa mère, trop faible pour suivre assiduement ses jeunes sœurs à la classe. Son naturel aimable la rendait particulièrement chère à tous [133].

L'on ne sait rien de plus concret sinon ce qu'elle deviendra plus tard. Tant de peut-être. Parce qu'on ne sait vraiment rien d'elle ou presque. Ce qui est sûr c'est qu'on n'échappe pas à son enfance. Elle nous suit, nous précède, nous habite et la femme qu'elle sera est ce bout de petite fille qui s'essaie à écrire sur un pupitre rugueux d'une école du parti de l'opposition. La petite fille qui tout en faisant ses devoirs écoute ses parents, les oncles, les tantes, les cousins et cousines discuter de LA situation, depuis ses débuts à l'école presque et jusqu'à la fin de son cours primaire. Toutes ses années d'école se seront déroulées dans une atmosphère de bataille avec les idées, autour des idées et entre clans.

Sans doute a-t-elle appris aussi que les pensées et les sentiments sont beaucoup plus profonds que les gestes et les actes qui ne les expriment que bien imparfaitement et bien médiocrement. Elle sait que ce n'est pas contre le savoir que luttent les membres de sa famille. Uniquement contre l'obligatoire taxation dont ils redoutent le tentaculaire enfermement. Elle sait que s'ils parlent fort, ils ne sont pas méchants, c'est qu'ils croient tant à leurs idées. Sans doute, a-t-elle appris de son père, de sa mère aussi qui sans doute le soutient, qu'il faut être fidèle à ses croyances, avoir à cœur de les défendre, savoir s'engager, souffrir même, pour qu'un jour elles soient reconnues. L'adversité qu'elle rencontrera plus tard sera un élément connu dans lequel elle aura baigné une partie de son enfance et la plus grande partie de son adolescence. Elle sait qu'on en souffre, peut-être éperdument, mais qu'on n'en meurt pas, et qu'on peut vaincre à force d'acharnement.

La petite percheronne qui sème, la petite normande qui tient son bout mordicus et le blé ne pourra pas faire autrement que lever. Une femme de patience parce que l'espérance, c'est cela, la patience de l'attente et le désir qui s'incruste et s'incarne en une volonté farouche de s'éterniser après avoir attendu une éternité.

Et peut-être plus tard, beaucoup plus tard quand beaucoup d'ombres se seront dissipées, tiendra-t-elle tant à enseigner aux petits enfants pauvres à cause de ce petit enfant pauvre qu'elle-même fut, pas autant tout de même que ceux qu'elle verra un jour en lointaine et profonde Gaspésie, médusé puis émerveillé de la découverte du savoir et de toutes les portes qu'il ouvre.

---

(133) *Chronique de la maison-mère, 1874-1882*, I : 30 (désormais *CMM*).

CHAPITRE 2

Les vocations d'Élisabeth
(1855-1862)

> *C'est Dieu seul qui appelle à la vie reli-*
> *gieuse, vous devez donc croire que s'il*
> *vous veut ici, il vous accordera la grâce*
> *de surmonter tous les obstacles, quels*
> *qu'ils soient qui s'opposeront à l'accom-*
> *plissement de ses desseins sur vous, si*
> *toutefois vous êtes fidèle à la grâce.*
> (Mère Marie-Élisabeth, Lettre, 31 juillet
> 1880)

*É*lisabeth a fréquenté l'école selon les humeurs de sa faible santé qui un jour lui refuse ce qu'elle lui accordait la veille. Heureusement que sa sœur aînée Louise était là pour pallier aux lacunes inévitables que ces déficiences auraient autrement entraînées dans son éducation. Louise l'a de plus entretenue plusieurs fois des exploits riches en charité et en abnégation des sœurs de l'Hôpital Général de Québec.

Ce n'est donc pas étonnant que son imaginaire nourri à la lumière de ces hauts faits lui fasse envisager une vie passée au cloître. À l'âge de quinze ans, elle songe à demander son entrée comme pensionnaire dans un couvent pour y poursuivre ses études. C'est à l'Hôpital Général qu'elle pense. Pour y rester ensuite. Pour enseigner peut-être. Depuis longtemps, elle y songe : « De bonne heure, ses penchants l'inclinèrent vers la vie religieuse. Connaissant la piété de ses vertueux parents, elle songeait qu'aucun obstacle ne viendrait entraver ses saints désirs [1].» De fait, il n'y en a pas. De plus, elle peut compter sur son père pour défrayer sa dot.

Mais le 9 juillet 1855 vient tout bouleverser sa jeune et ardente vie.

La mort de Louis-Marc Turgeon ou une vie religieuse en suspens (1855)

On dit qu'il est mort après une courte maladie [2]. Une autre source précise qu'il est mort des suites d'une pneumonie. Le 4 juillet, Louis-Marc Turgeon veut sans doute prévenir toute éventualité et si sa maladie est grave, il n'en est pas encore à l'article de la mort. Son testament précise en effet qu'il s'est rendu à l'étude du notaire située à la Pointe-Lévis [3], où habitent également ses deux témoins, Thomas et Étienne Samson.

Dans leur contrat de mariage, signé en la Saint-Valentin 1832, les futurs époux s'étaient fait

> donation mutuelle & réciproque au profit du survivant de tous & chacun leurs biens meubles acquis & conquets, immeubles & propriétés présents & avenir qui se trouveront appartenir au premier mourant des dits futurs époux au jour de son décès pour en jouir par le dit survivant en pleine propriété & perpétuité, d'en faire disposer comme bon lui semblera [4].

Un clause stipulait toutefois que cette donation devenait nulle s'il y avait un ou des enfants au moment du décès. C'est donc pour clarifier la situation que Louis-Marc Turgeon se rend chez le notaire cinq jours avant sa mort.

La première clause du testament est une invocation religieuse : « 1° Comme vrai chrétien catholique, je recommande mon âme à Dieu mon

---

(1) *Notes écrites sous la dictée de Sœur Marie-Joseph (Apolline Gagné) [...] par Sœur Marie-Ange [...]* : 1, ARSR, 201.405, C.4, 10.

(2) Mère Marie de la Victoire, *Notice biographique...* : 4.

(3) « Aujourd'hui le quatrième jour du mois de juillet vers les deux heures après midi de l'année mil huit cent cinquante cinq ont comparu par devant le Notaire Public dans & pour le Bas Canada résident à la Pointe Levy les témoins cybas nommés & soussignés, Sr Louis-Marc Turgeon, cultivateur, demeurant en la paroisse St Etienne de Beaumont lequel s'étant transporté de sa demeure en l'étude de Me J. B[te] Couillard notaire soussigné pour l'effet qui suit en étant en la présence des témoins soussignés, sain de corps, d'esprit, mémoire jugement, & entendement, ainsi qu'il est apparu aux Notaire & témoins soussignés par les paroles et discours lequel ayant dicté et nommé audit Notaire soussigné, les dits témoins présens son testament ainsi qu'il suit ». (Greffe de Jean-Baptiste Couillard, n° 7963, 4 juillet 1855, ANQ-Q, CN 301-72. Dans *Actes notariés de la famille Turgeon.* Photocopie de l'original : 39-44. Transcription : 28-29.)

(4) Greffe de Jean-Baptiste Couillard, n° 1924, 14 février 1832. Dans *Actes notariés de la famille Turgeon.* Photocopie de l'original : 32-38. Transcription : 25-27. ARSR 210.3153.

Créateur suppliant sa divine bonté de m'accorder la béatitude éternelle. » Et même si Louis-Marc Turgeon était bon chrétien, cette invocation est peut-être plus ou tout autant due à la façon de faire ou à l'influence du notaire qui suit généralement un modèle. Après l'invocation religieuse, et avant la dernière dans laquelle le testateur procède au partage de ses biens, vient généralement la clause touchant le paiement des dettes du testateur et la réparation de ses torts, se terminant par des recommandations quant à sa sépulture et aux messes qu'on devra chanter après sa mort[5]. Dans le testament du père d'Élisabeth, la deuxième clause se lit ainsi : « 2° Je veux et ordonne que mes dettes soient payées et torts par moi fait réparés sur mes Biens si aucuns se trouve par mon exécuteur testamentaire cyaprès nommé quant à ma sépulture je m'en rapporte à la disposition de mon exécuteur testamentaire cyaprès nommé. »

Se pourrait-il que l'omission de ces demandes de messes qu'un historien décrit comme « le test le plus massif et le plus net de la dévotion ou au contraire du détachement[6] », soit un indice d'une foi ou de pratiques religieuses qui n'étaient peut-être pas si inconditionnelles qu'on pourrait le croire ? Après tout, ses relations avec les curés de Beaumont ont été ou pour l'un, l'abbé Louis Raby, carrément hostiles, allant même jusqu'à une poursuite en justice à deux reprises, et pour le curé de Beaumont en poste en 1855, l'abbé Pierre-Léon Lahaye, indubitablement inharmonieuses puisqu'il choisit pendant un

---

(5) « La coutume se perpétua presque tout au long du XIXe siècle d'ouvrir les testaments par une invocation religieuse. Les notaires contribuaient pour beaucoup au maintien de cette tradition en inscrivant cette formule dans 84,7% des testaments qu'ils rédigeaient. Laissés à leur seule initiative, les laïcs y pensaient beaucoup moins souvent (60,3%), mais les prêtres restaient fidèles à ce vieil usage dans 78,8% des cas. Dans les testaments notariés, le choix des termes était généralement fixé par le notaire ». D'ailleurs, si « dans la deuxième moitié du XIXe siècle [...] les clauses pieuses commencèrent à être entièrement délaissées par une proportion appréciable de laïcs rédigeant leur testament olographe », les notaires, pour leur part, « jouèrent un rôle éminemment conservateur dans le maintien des deux principales clauses religieuses traditionnelles : l'invocation et les demandes de messes. » En effet, dans la région de Québec au XIXe siècle, la proportion des testaments entièrement laïcisés, rédigés par les notaires n'est que de 2,8%. Quant à la deuxième clause sur les mesures de réparation, elle figure dans 84,7% des testaments notariés, puisque l'Église « enseignait en effet qu'on ne pouvait entrer au ciel avant d'avoir réparé les torts causés à son prochain ». (Voir Marie-Aimée Cliche, « L'évolution des clauses religieuses traditionnelles dans les testaments de la région de Québec au XIXe siècle », dans Benoît Lacroix et Jean Simard, dir., *Religion populaire, religion de clercs ?*, Québec, Institut québécois de recherche sur la culture, coll. « Culture populaire », no 2, 1984, 444 p. : 369, 381, 380, 373).

(6) Michel Vovelle, *Piété baroque et déchristianisation en Provence au XVIIIe siècle. Les attitudes devant la mort d'après les clauses des testaments*, Paris, Plon, 1973, 693 p. : III, cité dans *ibid.* : 381.

certain temps d'aller se confesser à un Père jésuite à Québec plutôt qu'au curé de sa paroisse. Si l'on ignore quels genres de relations il entretient avec les autres curés, l'on sait en tout cas qu'il avait en grande estime le curé Michel Lemieux et qu'il acceptait mal sa démission comme commissaire d'école, au moment où lui-même l'était, même si le curé obéissait en cela à la loi. Louis-Marc Turgeon écrivait alors au surintendant : « pour moi je crois qu'un curé est toujours qualifié [7] ».

D'autre part, si Louis-Marc Turgeon n'était pas un lèche-curé, tant s'en faut, et qu'il a boudé l'autorité ecclésiastique sans doute plus souvent qu'à son tour, il reste que lui-même a désiré se faire prêtre. Dans sa jeunesse, probablement, mais aussi il n'en pouvait pas parler sans nostalgie à l'âge adulte, alors qu'il était marié et père plusieurs fois. Élisabeth elle-même rapportera plus tard cette confidence à ses compagnes en communauté : « Je me serais fait prêtre, disait-il, si mes parents avaient eut l'idée et les moyens de me placer dans un séminaire [8]. » Regret que partageait son petit-cousin l'archevêque de Québec, Pierre-Flavien Turgeon, et qu'il exprima tout haut lors d'une visite à Beaumont, selon le témoignage d'Aurélie, sœur d'Élisabeth : « Mgr Turgeon [...] un jour [...] dit à mon grand père Turgeon en parlant de son fils ‹ mon père › cet homme devait être à nous, vous nous l'avez ravi en ne lui donnant pas l'instruction à Séminaire [9]. »

Quoi qu'il en soit son exécutrice testamentaire et légataire universelle est son épouse, Angèle Labrecque, à qui il s'en remet pour toutes ces questions :

> 3° Je donne & lègue par mon présent testament à D^me Angèle Labrèque ma bien aimée & légitime épouse tous mes biens meubles de ménage & effets mobiliers hardes & linge de corps & argents monnayés acquits & conquets immeubles & préfixes généralement quelconques que je délaisserai au jour de mon décès dans quelque lieu & endroit qu'il se trouveront au titre & à quelques sommes qu'ils pourront se monter pour de tous mes dits biens j'institue par mon présent testament ladite Angèle Labrèque mon épouse ma légataire universelle pour par elle en jouir faire & disposer en pleine propriété au jour et heure de mon décès.

Cependant, ce legs est conditionnel aux dispositions que devra prendre Angèle Labrecque pour doter leurs enfants à leur majorité :

---

(7) Voir *supra* : 62.

(8) Cité dans Mère Marie de la Victoire, *Notice biographique de Mère Marie-Élisabeth...* : 2-3.

(9) Aurélie Turgeon-Bourassa à Mère Marie de la Victoire, Beaumont, 19 février 1919 : 1-2 mss, ARSR, 210.405, C.5, 3.

mais le présent testament ainsi fait sous la condition expresse que la dite Dame Angèle Labrèque mon épouse sera tenue & obligée de donner à mes enfants issus de mon légitime mariage avec elle une [part] légitime convenable dans ma succession future payable à leur majorité comme telle est mon expresse volonté & pour exécuter & accomplir mon présent testament je nomme la personne de la dite Angèle Labrèque mon épouse ès mains desquelles je me démets & desaisis de tous mes dits Biens pour en faire & disposer comme je viens de l'ordonner [10].

Son périple à la Pointe-Lévis a-t-il entraîné un dégradation de sa santé ? Cinq jours plus tard, le 9 juillet 1855, Louis-Marc Turgeon fait mander le curé de sa paroisse. Arrivé en mai 1854, l'abbé Pierre-Léon Lahaye avait eu des mots avec son paroissien ou ce dernier avec lui. Conséquemment, le père d'Élisabeth se rendait depuis ce temps à Québec pour recevoir le sacrement de pénitence. Sur le point de mourir, il éprouve le besoin de se réconcilier avec lui :

> À sa mort arrivé le 9 juillet 1855, à l'âge de 55 ans il fut préparé et administré par Mr le Curé P. Léon Lahaye, ancien [11] curé de Rimouski, il avait eu des difficultés de paroisse [12] avec lui, il allait à confesse à un Père jésuite de Québec, mais à l'article de la mort, il avais fait demander à son chevet Mr. le Curé qui lui a prodigué les sec[o]urs spirituels et l'a laissé après qu'il eut rendu le dernier soupir [13].

Dans la maison endeuillée, à la lueur des cierges, parmi les incantations et les prières mêlées aux pleurs de la veuve et des orphelins, circulent les notables de la paroisse, les familles, les amis et, qui sait ?, les adversaires d'hier venus rendre un dernier hommage à un homme qui a marqué la petite histoire de Beaumont. Intellectuel d'esprit et de goût, sinon de grande culture, Louis-Marc Turgeon aura depuis longtemps été à l'avant-scène de Beaumont. Comme marguillier, comme chantre, comme commissaire d'école, comme président des commissaires. Homme d'esprit, mais chatouilleux sur la lettre, le crâne farci

---

(10) Greffe de J.-B. Couillard, n° 7963, testament de Louis-Marc Turgeon, 4 juillet 1855.

(11) « Ancien » au moment où écrit Aurélie Turgeon, mais « futur » si l'on se place en 1855. Curé de Beaumont de 1854 à 1857, l'abbé Lahaye sera curé de Rimouski de 1862 à 1867.

(12) L'on ne sait exactement de quoi il s'agit. Mais, à l'arrivée de l'abbé Lahaye à Beaumont en mai 1854, Louis-Pierre Turgeon est marguillier et sera le premier marguillier pour l'année 1855. L'on se rappellera les déboires de l'abbé Raby avec les marguilliers et les notables. Ou, peut-être, s'agissait-il de difficultés reliées à la « guerre des éteignoirs » (voir *supra* : 71) ?

(13) Aurélie Turgeon-Bourassa à Mère Marie de la Victoire, Beaumont, 19 février 1919 : 2 ms, ARSR, 210.405, C.5, 3.

de termes juridiques, il fut au centre de plusieurs procès qu'il gagna et perdit à tour de rôle.

Les funérailles ont lieu le mercredi 11 juillet. Avec quelle solennité et quelle pompe se sont-elles déroulées ? Il est peu probable qu'Angèle Labrecque qui reste veuve avec neuf enfants dont sept mineurs ait pu lui assurer des funérailles fastes. Celles que réclamera plus tard dans son testament Louis-Pierre-Hubert, fils de Louis-Marc, reflètent-elles la simplicité de celles de son père ?

Dans son testament, en 1920, il fait en effet de sa sœur Aurélie, le seul membre de sa fratrie encore vivant, sa légataire universelle, en lui enjoignant entre autres : « À la charge par elle de me faire inhumer convenablement, de me faire chanter un service de seconde classe, sans orgue et sans grande démonstration, lors de mon décès [14]. »

Il n'y eut pas d'orgue pour Louis-Marc en tout cas, seulement des plaintes échappées de l'harmonium, puisque l'orgue n'apparaîtra à l'église de Beaumont qu'en 1931 [15].

Au prône du dimanche 15 juillet, le curé Lahaye recommande Louis-Marc Turgeon aux prières et annonce une messe pour le lendemain, tel qu'il l'inscrit dans son cahier : « Aux prières Louis-Marc demain a 7 heures messe pour lui et Mercredi Election d'un marguillier [16]. » Élu marguillier le 26 décembre 1852 [17], Louis-Marc Turgeon

---

(14) Greffe de J.-Boutin Bourassa, n° 8617, testament de Louis-Pierre Turgeon, 7 juillet 1920. Protonotaire de Québec. Dans *Actes notariés de la famille Turgeon*. Photocopie de l'original : 88-91. Transcription : 56-57.

(15) « L'orgue Eastey de l'église de Beaumont fut acheté de la maison Lindsay, de Québec, en 1931, au prix de $1,700.00 [...] Cet orgue remplaça l'harmonium souffreteux de fabrication française qui, depuis tant d'années, accompagnait le chant religieux des Beaumontois. » (P.-G. Roy, *À travers...* : 89.)

(16) Inscription de l'abbé Pierre-Léon Lahaye dans *Livre de Prônes*, I *(1854-1860)* : VIIe dimanche [après la Pentecôte], APB. Son seul prénom est mentionné, contrairement à toutes les autres inscriptions dans ce cahier. Est-ce un effet de leur récente réconciliation, l'expression d'un rapprochement ou d'une amitié? Louise Martin, r.s.r. qui a dépouillé tout le cahier précise que c'est la seule fois où le curé Lahaye n'écrit que le prénom du défunt.

(17) « Élection de Sieur Louis Marc Turgeon. Le vingt six Décembre mil huit cent cinquante deux, d'après une annonce faite le même jour au prône de la messe paroissiale de St-Étienne de Beaumont [...] convoquant une assemblée des marguillers anciens et nouveaux et des notables de la paroisse, pour l'élection d'un nouveau marguiller [...] se sont assemblés à l'issue de la messe paroissiale et au son de la cloche en la sacristie [...] lesquels ayant procédé à l'élection [...] il a été constaté que le Sieur Louis Marc Turgeon habitant tenancier de la dite paroisse, en avait réuni la majorité, et a été en conséquence ledit Sieur Louis Marc Turgeon déclaré nouveau marguiller de la dite Fabrique. » Ont signé devant le curé, Jean Turgeon, premier marguillier pour l'année 1852, Joseph Couture, Ovide Turgeon, demi-frère de Louis-Marc et François-Xavier Turgeon, frère de Louis-Marc. Inscription du curé Charles Beaumont, dans *Cahier de délibérations et élections des marguilliers, 1848-1906* : 32-33, APB.

était le marguillier « en charge » ou « en exercice » pour l'année 1855 [18]. C'est son beau-frère Charles Esnouf, l'un des meneurs de la « guerre des éteignoirs » à Beaumont qui sera élu pour le remplacer, le dimanche 22 juillet 1855 [19].

À cause des services rendus à l'Église, dit-on, Louis-Marc Turgeon est inhumé dans l'église de Beaumont, après son ancêtre Zacharie (13 juillet 1743) et celui de sa femme Angèle, Mathurin Labrecque (18 février 1736), sa grand-mère paternelle Geneviève Baucher dit Morency (13 octobre 1807), son grand-père François Turgeon (18 janvier 1830). Louis-Marc précède dans la tombe son propre père, Louis Turgeon (16 juin 1857) et ses beaux-parents, François Labrecque (27 mars 1858) et Angélique Patry, sa femme (7 novembre 1859), qui seront tous inhumés dans l'église, de même que son frère François-Xavier Turgeon (6 février 1877) [20].

De la vie en esprit à la vie de l'esprit

La plus haute autorité ecclésiastique du Québec écrit à la famille éplorée pour lui offrir ses condoléances. Peu après, Louis-Pierre-Hubert et ses sœurs, les aînées du moins, Louise, Angèle, Henriette, sans doute aussi Élisabeth qui a 15 ans, et peut-être même Alvine, âgée de 13 ans, se rendent à Québec pour rencontrer l'archevêque : « Mgr Turgeon [...] à la mort de notre père [...] avait envoyé des sympathies à la famille et quelques temps après mes Sœurs et mon frère étaient aller le voir à son Évêché [21]. »

---

(18) *Ibid.* : 55 et 57.

(19) « Élection de Sieur Charles Esnouf. Le vingt deux Juillet mil huit cent cinquante cinq, d'après une annonce, faite au prône de la messe paroissiale, le même jour, ainsi que le dimanche précédent, convoquant une assemblée d'anciens et de nouveaux Marguilliers, et de notables [...] pour l'élection d'un marguillier nécessité par la mort de Sieur Louis Marc Turgeon marguillier en charge et en exercice [...] il a été constaté que le Sieur Charles Esnouf, habitant franc tenancier [...] réunissait le plus grand nombre de suffrages, et [...] le Sieur Charles Esnouf, déclaré nouveau Marguillier ». Inscription du curé Pierre-Léon Lahaye, président de l'assemblée, dans *Cahier de délibérations et élections...* : 61.

(20) Voir P.-G. Roy « Les laïques inhumés dans l'église de Beaumont », *À travers...* : 304, 301, 302, 303, 304, 305, 307. La seconde épouse de son père, ou sa belle-mère, Marie Marthe Noël, sera aussi inhumée dans l'église, le 2 février 1874 (307), Angèle Labrecque, mère d'Élisabeth, sera inhumée dans le cimetière paroissial le 1er avril 1904.

(21) Aurélie Turgeon-Bourassa à Mère Marie de la Victoire, Beaumont, 19 février 1919 : 1, ARSR, 210.405, C.5, 3. Nous n'avons malheureusement pas retrouvé la lettre originale. Aucune copie n'existe aux Archives de l'archidiocèse de Québec. Nous savons seulement qu'il y eut à la mort du père d'Élisabeth de « nombreux témoignages de sympathie, entr'autres ceux de Mgr Turgeon Evêque de Québec et cousin du défunt, rappelant dans une lettre toute paternelle les espérances de l'immortalité » (Mère Marie de la Victoire, *Notice biographique...* : 4).

Un grand malheur avait frappé Mgr Turgeon lui-même, sa famille et le diocèse de Québec par surcroît, quelques mois auparavant. Le 19 février 1855, il avait été foudroyé par la paralysie dans l'église du faubourg Saint-Jean-Baptiste de Québec, alors qu'il assistait aux funérailles d'une des Sœurs de la Charité. Lorsqu'il s'affaissa, il venait de terminer l'éloge funèbre développée autour des paroles de saint Paul : « Mes Frères, quand je parlerais le langage des hommes et des anges, si je n'ai point la charité, je ne suis qu'un airain sonnant et une cymbale retentissante [22]. » Après avoir échappé à la mort [23], soigné par ses filles de prédilection, assuré qu'il ne pourrait jamais recouvrer suffisamment de forces pour poursuivre l'administration de son immense diocèse, il l'avait confié quelque deux mois plus tard, le 11 avril, à son coadjuteur, Mgr Charles-François Baillargeon. Mgr Turgeon devra passer « les douze années qui lui restaient à vivre, dans une inaction à peu près complète s'occupant seulement de ses exercices de piété. Quelquefois encore cependant, il put reparaître au chœur de sa cathédrale et y bénir son peuple fidèle ; mais pendant les sept dernières années, son infirmité fit de tels progrès, qu'elle le força de garder la chambre, jusqu'à ce que Dieu l'eût retiré à lui, le 25 août 1867 [24] ».

C'est donc un grand malade, lui-même fortement éprouvé, qui reçoit ses arrière-petits-cousins endeuillés, mais sans nul doute encore auréolé à leurs yeux de sa conduite lors de l'épidémie de choléra, qui a décimé pour la deuxième fois de son épiscopat [25] la ville de Québec, l'année précédente.

---

(22) Voir *Une Fondatrice et son Œuvre. Mère Mallet (1805-1871) et l'Institut des Sœurs de la Charité de Québec, fondé en 1849*, Montréal, Maison Mère des Sœurs de la Charité, 1939, [4], 622 p. : 255-257. Dans les archives du Bon-Pasteur, on relate aussi ces circonstances. L'on ajoute : « La peine fut intense dans toute la maison [...] La jeune Société allait donc être privée de ce soutien principal ! La Fondatrice en eut l'âme brisée. » (*Mère Marie du Sacré-Cœur (1806-1885), fondatrice du Bon-Pasteur de Québec et ses Collaboratrices*. Par une Religieuse du même Institut, Québec, Asile du Bon-Pasteur, 1935, 276 p. : 82-83.)

(23) Mgr Baillargeon, son coadjuteur, avait demandé trois jours de prières et d'exposition du Saint-Sacrement pour obtenir sa guérison. « Au mois de février 1855, les 21, 22 et 23, l'église métropolitaine et celle de Saint-Roch de Québec offraient à la piété un spectacle vraiment touchant : prêtres, lévites, fidèles, tous inondaient leurs paroisses et venaient déposer aux pieds du Saint-Sacrement, exposé à leur vénération, leurs prières et leurs supplications. Le premier pasteur de l'Église du Canada, Monseigneur l'Archevêque PIERRE FLAVIEN TURGEON, avait été frappé d'une maladie mortelle » (*Le Canada*, 26 août 1867).

(24) « Monseigneur Turgeon », dans *Mandements...*, IV : 9-10 et Mgr H. Têtu et l'abbé C.-O. Gagnon, *Mandements, lettres pastorales et circulaires des évêques de Québec*, Québec, Imprimerie Générale A. Coté et cie, 1888, IV : 615-616.

(25) Son passage à l'évêché comme grand vicaire de l'archevêque (1833-1834), son coadjuteur, sous le nom d'évêque de Sidyme (1834-1850) puis comme évêque en titre (1850-1867), fut marqué par des calamités de toutes sortes (voir H. Têtu,

Lorsque le 19 juin 1854, le choléra se déclara à Québec, l'archevêque confia à son coadjuteur la mission d'effectuer la visite pastorale, pendant que lui-même « s'occupa de porter secours aux malades qui remplissaient l'Hôpital de Marine [26], et d'arrêter par des mesures efficaces la marche du terrible fléau ». C'est pour cette raison qu'Élisabeth reçoit le sacrement de confirmation des mains de Mgr Baillargeon plutôt que des siennes propres. Mgr Turgeon, dont « rien ne saurait peindre sa charité et son dévouement pour ceux qui en furent les infortunées victimes », pasteur éploré, bravant le terrible fléau pour se rendre lui-même auprès de ses ouailles et même des « brebis égarées » à l'Hôpital de Marine, « leur prodiguait les plus aimables et les plus douces consolations ».

Sa présence jusqu'en novembre, où la maladie est finalement vaincue, « dans ce lieu de souffrance et de danger était un sujet de joie pour les catholiques et d'édification pour les protestants, dont un bon nombre se convertirent [27] ».

C'est donc ainsi paré qu'il apparaît sans doute aux enfants de son petit-cousin. Grand prêtre plus peut-être que grand malade, son immense charité à l'écoute de leur propre douleur.

Bien que rien n'ait transpiré non plus de cet entretien, sans doute l'archevêque s'est-il enquis des projets d'avenir de ses arrière-petits-cousins. Pour Louis-Pierre-Hubert, la route est toute tracée. Sa mère, Angèle Labrecque, 45 ans, après 23 ans de mariage, se retrouve seule avec ses neuf enfants, dont sept sont mineurs. Le chef de famille parti, c'est à son seul fils que revient la lourde responsabilité de gérer et de

---

Les Évêques de Québec : 554).

(26) L'Hôpital de la Marine, destiné aux marins de passage et aux immigrants, dont le début de la construction remonte à 1832, mais qui n'ouvre officiellement ses portes qu'en 1835, contient 300 lits et est considéré comme l'un des hôpitaux les plus modernes en Amérique du Nord. Il faut se rappeler qu'alors le port de Québec est la porte d'entrée du Canada. Pendant la saison de la navigation, les navires provenant d'Europe sont nombreux et la population de la ville de Québec va jusqu'à doubler. Malheureusement, celle-ci est très souvent affectée par les maladies, choléra, typhus et autres apportées par ces immigrants venant d'Angleterre ou d'Irlande. C'est là que naîtra la première École de médecine de Québec, en 1848, qui s'effacera au profit de la Faculté de médecine de l'Université Laval, en 1854. (Voir Sylvio LeBlond, « L'Hôpital de la Marine de Québec », *Médecine et médecins d'autrefois. Pratiques traditionnelles et portraits québécois*, Québec, Les Presses de l'Université Laval, 1986, XII, 258 p. : 227-240 et Antonio Drolet, « Un hôpital municipal à Québec en 1834 », *Ibid.* : 66-69.)

(27) « Nous tenons ces détails de Monseigneur Bolduc, qui était alors chapelain de l'Hôpital de Marine, et qui fut l'heureux témoin de la charité de son évêque. Douze cents malades avaient passé par l'Hôpital depuis l'arrivée du choléra. » (Note (a) de « Monseigneur Turgeon », dans *Mandements...*, IV : 9 et H. Têtu, *Les Évêques de Québec* : 615.

faire prospérer le bien familial, constitué de trois terres totalisant 110 arpents, dont 74 en culture, pour pouvoir subvenir aux besoins de sa mère et de ses sœurs.

Louise, 22 ans, enseigne toujours à Beaumont et l'on sait qu'elle consacrera une partie de son maigre salaire d'institutrice à aider sa mère et ses sœurs. L'on ne sait rien des faits et gestes d'Angèle et d'Henriette, âgées respectivement de 19 et 17 ans, mais elles détiennent sans doute quelque emploi.

Élisabeth serait donc l'aînée des jeunes qui n'ont pas encore de vie hors de la maison paternelle, Marie-Alvine, 13 ans, Célina, 9 ans, Marine, 7 ans, et la benjamine de 5 ans, Aurélie. A-t-elle fait part à l'archevêque de son rêve? « À quinze ans, malgré sa santé encore chancelante, Élisabeth songeait à manifester ses désirs [de vie religieuse] et à demander son entrée comme pensionnaire dans une Maison d'éducation, pour y compléter les études commencées à l'école primaire, quand la mort vint lui ravir son bien-aimé père [28]. » Ou y avait-elle déjà momentanément renoncé?

Comment envisager perte si cruelle à quinze ans? Son père qu'elle adore, qui l'a initiée à la vie de l'esprit, des livres, son père par qui sa destinée s'accomplissait: « Elle se berçait dans la douce vision d'un avenir tout de paix et d'amour quand la mort prématurée de son père vint anéantir ses pieux projets [29]. »

C'est non seulement son père qu'elle perd, mais tout son avenir par surcroît. Celui qu'elle a choisi, qu'elle a nourri de tant de rêves, de tant d'espoirs. Dans la maison en deuil de plurielles façons, les vides s'accumulent. Son devoir d'aînée des « petites », les pleurs de sa mère qui ne peut se résigner à une autre perte, la situation pécuniaire si chancelante lui enjoignent de ravaler son rêve et de prendre la dure route du devoir tracé pour elle.

Sa douleur fut profonde et la déception cruelle à son cœur. Cependant, ce premier souffle d'infortune qui détruit ses plus chères espérances ne va pas jusqu'à briser les ressorts de son âme virile et énergique. En présence des larmes amères de sa bonne mère, de la situation précaire de sa famille, ses désirs tout saints qu'ils soient ne peuvent se concilier avec les sentiments du devoir.

Que répond Élisabeth à l'archevêque? Détourné lui-même de la voie effective du labeur qui occupait jusqu'à si récemment encore tous ses instants, il peut comprendre dans ce qu'il y a de plus touché en lui.

---

(28) Mère Marie de la Victoire, *Notice biographique...* : 3-4.
(29) *Notes écrites sous la dictée de sœur Marie-Joseph (Apolline Gagné [...] par Sœur Marie Ange [...]* : 1-2 mss, ARSR, 201.405, C.4, 10.

Pourquoi Élisabeth ne lui ferait-elle pas part de son désir religieux ? Après tout, elle connaît son sentiment sur les vocations interdites par empêchement de famille, lui qui n'avait pas hésité à accuser le grand-père d'Élisabeth, son propre cousin, d'avoir volé un prêtre à l'Église en la personne du père d'Élisabeth.

Mgr Turgeon est le fondateur de deux communautés religieuses féminines dans sa ville de Québec. En 1849, le 14 avril, il adresse une supplique à Mgr Bourget [30] afin d'obtenir des Sœurs de la Charité, qui prendraient en charge un asile pour les orphelins et des écoles gratuites pour les jeunes filles pauvres ; elles s'occuperont aussi des vieillards et des malades. Cinq religieuses, Mère Mallet en tête, arriveront à Québec le 22 août suivant pendant l'épidémie de choléra. Mgr Turgeon restera toujours un fervent admirateur et le bienfaiteur des Sœurs de la Charité [31].

Il est un des fondateurs de l'Asile du Bon-Pasteur de Québec. Au chevalier Georges -Manly Muir, président général de la société Saint-Vincent-de-Paul, qui lui propose, en 1850, la fondation d'une maison de réhabilitation pour les femmes sortant de prison, Mgr Turgeon accepte son projet et décide d'en confier la direction à Marie-Josephte Fitzback-Roy, une autre fille de Bellechasse. L'année qui suivra, le 2 février 1856, verra l'érection de cette société de laïques en congrégation religieuse sous l'appellation de Servantes du Cœur Immaculé de Marie, mieux connue sous le nom de Sœurs du Bon-Pasteur [32].

---

(30) Pour les lettres échangées entre Mgr Turgeon, Mgr Bourget et Mère Rose Coutlée, supérieure de l'Hôpital Général de Montréal et le rôle de Mgr Turgeon, voir *Une Fondatrice et son Œuvre. Mère Mallet...* : 97-125 et *passim*. On y lit, à la page 97 : « Ce jeune prélat, digne soutien d'un admirable archevêque, passe au premier plan pour tout ce qui touche à l'Institut qui va poindre. En effet, il en est l'initiateur, le pourvoyeur, le père, si bien que l'on peut vraiment écrire de lui : Il sera TOUT, après Dieu. »

(31) Il écrit une lettre pastorale le 5 mai 1854 en faveur de l'Hospice des Sœurs de la Charité, qui venait d'être réduit en cendres. En faisant appel à la générosité de ses fidèles, il rappelle que cette institution « a un droit spécial à la protection de notre Dieu, puisqu'elle est destinée à venir en aide à ceux qu'il a aimés sur la terre : les pauvres, les infirmes et les orphelins ». (« Lettre pastorale de Monseigneur l'Archevêque de Québec aux fidèles de la cité de Québec au sujet de l'incendie de l'Hospice de la Charité », *Mandements...* IV : 156.) En prévision de la venue d'une communauté, Mgr Turgeon avait choisi le site du futur couvent, fait l'acquisition de deux terrains dans le faubourg Saint-Jean-Baptiste. L'année suivante, il fit tracer les plans du couvent par le jeune Charles Baillargé (1826-1906), ingénieur et architecte, de la célèbre famille des architectes québécois. Il est l'élève et le petit-cousin de Thomas Baillargé, dont il a pris la succession lors de sa retraite en 1848. C'est lui également qui s'occupera de la reconstruction dès 1854. Sur le rôle de Mgr Turgeon, voir Robert Caron, *Un couvent du XIXe siècle. La Maison des Sœurs de la Charité de Québec*, Montréal, Libre Expression, 1980, 148 p. : *passim*.

(32) Il rédige également une « Lettre pastorale en faveur de l'Asile du Bon-Pasteur », 12 février 1852, *Mandements...*, IV : 46-52. Peu avant son attaque de paralysie, Mgr Turgeon l'avait prévue : « Il n'y avait pas longtemps que devant les résultats

Nul doute qu'il ne favorise implicitement son projet de vie religieuse, ou l'aurait favorisé si le devoir filial ne venait se mettre en travers de sa route. Mgr Turgeon est-il un de ceux qui a convaincu Élisabeth de la grandeur du rôle de l'institutrice ? Car, il semble bien que la véritable vocation d'Élisabeth soit la vie religieuse. Qu'elle soit intéressée à l'apprentissage, au savoir, à la lecture ne fait aucun doute. Mais est-elle à ce moment imprégnée du salutaire devoir et de la mission qui peut être sienne si elle le veut bien ?

Jusqu'à tout récemment, les institutrices et les instituteurs laïques n'avaient pas très bonne presse. Peu à peu leur rôle s'est amplifié et s'est imposé de plus en plus. La naissance d'Élisabeth a coïncidé avec toute la reconstruction ou plutôt la création de la structure scolaire et des lois votées pour la soutenir et l'encadrer. L'instruction, en 1855, commence à avoir le vent en poupe, non sans s'être frappée à de multiples écueils qu'Élisabeth a été à même d'apprécier bon gré mal gré dans son Beaumont natal.

Les autorités ecclésiastiques ont contribué pour une bonne part à remettre en selle, à revaloriser, et le savoir et ceux et celles qui le dispensent. L'école primaire, que les évêques, dans leur lettre pastorale suivant le premier concile provincial, qualifie, après la famille, de « second théâtre de la vie de nos enfants [33] », se voit célébrée une fois de plus par un décret adopté lors du second concile provincial de Québec en 1854, intitulé « Des écoles primaires ». Celui-ci enjoint en premier lieu, comme étant de leur plus « strict devoir [...] tous ceux qui ont, devant Dieu et devant les hommes, la charge des écoles primaires, de ne les confier qu'à des instituteurs d'une capacité reconnue ». Les évêques vont même très loin, jusqu'à considérer que les « maîtres et les maîtresses qui n'ont pas la capacité requise pour l'enseignement, les commissaires qui les engagent, malgré leur incapacité notoire, pèchent contre la justice » et de ce fait « ne peuvent être admis à l'absolution ». Dans le point suivant, les évêques invitent les prêtres à recruter du personnel religieux enseignant en cultivant « de bonne heure, les sujets de l'un et de l'autre sexe, qui paraissent appelés à s'aggréger à quelque ordre religieux voué à l'enseignement ». Enfin, le septième et dernier point tente de convaincre les maisons d'éducation qu'elles « rendraient un nouveau service à la religion, en ajou-

---

merveilleux d'un bazar et le bien qui se poursuivait, le paternel archevêque s'était écrié, en présence de toutes les Sœurs : ‹ Évidemment le doigt de Dieu est là ! Vous serez bientôt un corps religieux ; le Ciel le veut ainsi, il n'y a plus à en douter. › » (*Mère Marie du Sacré-Cœur* : 83.)

(33) *Mandements...*, IV : 31.

tant à leurs classes ordinaires une école normale, où l'on formerait des maîtres ou des maîtresses pour les écoles primaires [34] ».

De Mgr Turgeon qui, dans son mandement d'entrée du 8 octobre 1850, avait vanté « ces dignes filles de sainte Ursule et celles de la sœur Bourgeois, qui s'occupent avec tant de succès, à former le cœur et l'esprit des jeunes personnes qui leur sont confiées », ainsi que les « Chers Frères des Écoles Chrétiennes, qui, en formant les jeunes gens à la piété, à la docilité, à l'étude, produisent un bien immense dans les villes et dans les campagnes [35] », on remarque qu'en digne disciple de Mgr Plessis [36], il va mettre l'accent sur l'éducation à tous les niveaux « depuis l'humble école de campagne jusqu'à l'Université Laval [37] ».

En effet, c'est au premier concile provincial, le 15 août 1851, que naît le projet de la fondation de la première université catholique qui ouvrira ses portes au Séminaire de Québec l'année suivante. Bien que l'idée première soit celle de l'évêque de Montréal, Mgr Bourget, c'est beaucoup grâce à Mgr Turgeon et à son coadjuteur qu'on en doit la réalisation : « Si Mgr Bourget a le mérite d'avoir suggéré l'idée, le Séminaire ne s'est chargé de la bonne œuvre que ‹ sur les instances réitérées › de Mgr Turgeon et de Mgr Baillargeon [38]. »

Le 8 décembre 1853, Mgr Turgeon publie le magnifique mandement « pour annoncer l'érection de cette institution nationale », maintenant

---

(34) « Règlement disciplinaire adopté dans le second concile provincial de Québec », *Mandements...*, IV : 162 et 163.

(35) *Mandements...*, IV : 13-14.

(36) Voir II. Têtu, *Les Évêques de Québec* : 486ss.

(37) « Monseigneur Pierre Flavien Turgeon », *Le Canada*, 26 août 1867.

(38) Léon Pouliot, *Mgr Bourget et son temps*, Montréal, Bellarmin, 1977, V : 98, n. 5. « Saluer avec bonheur l'idée de cette création, d'abord émise par Mgr de Montréal ; appuyer et par ses paroles et par ses lettres la demande qui était adressée, à ce sujet, au gouvernement de la Province ; soutenir avec énergie le projet une fois conçu, et ne plus permettre qu'on l'abandonnât ; donner de puissants encouragements à M. L. J. Casault, qui parfois ressentait quelque défaillance à la vue des difficultés sans nombre qui attendaient le Séminaire de Québec ; se réjouir infiniment quand il voit le projet sur le point de se réaliser, grâce à la libéralité du gouvernement impérial ; enfin recommander, par son mandement du 8 décembre 1853, l'Université Laval aux fidèles de son diocèse ; la louer en face du pays dans des termes qui font honneur et à la largeur de ses vues et à la justesse de ses idées : voilà, si nous ne nous trompons, voilà le beau rôle que Mgr Pierre-Flavien Turgeon a joué vis-à-vis cet établissement, qui s'honorera à jamais de l'avoir eu pour premier visiteur et premier protecteur. » (Extrait de la « Notice biographique par M. l'abbé C. Legaré », cité dans H. Têtu, *Les Évêques de Québec* : 611-612.) Sur les mérites respectifs de Mgr Bourget et de Mgr Turgeon dans la fondation de la première université catholique québécoise, voir Léon Pouliot, « Aux origines de l'Université Laval », *Mgr Bourget et son temps*, V : 53-82.

au nombre de ceux qui «resteront comme des pages glorieuses pour l'épiscopat canadien [39] ».

Dans cette lettre pastorale, il expose ses vues sur l'éducation et fait l'éloge des études classiques décriées à cette époque par plusieurs journalistes et hommes politiques. Par contre, il s'insurge contre l'engouement excessif d'élèves peu doués pour ces études, et qui n'encombrent les collèges que pour y perdre leur temps, puisqu'ils finiront par abandonner. Et au lieu, comme il le leur conseille, de «retourner ensuite aux occupations de leurs parents», plusieurs d'entre eux «se croyant en droit de mépriser l'agriculture et les autres travaux manuels, se lancent dans une profession libérale, se placent derrière un comptoir, ou assiègent les bureaux publics pour y obtenir quelque emploi [40] ». Mgr Turgeon propose plutôt «une instruction moins relevée, mais qui serait plus appropriée à leur capacité et à leurs dispositions». Il émet le souhait qu'on puisse offrir des écoles spécialisées, des écoles d'agriculture, où la jeunesse, tout «en recevant les bienfaits de l'instruction [...] acquerrait des connaissances utiles dans le premier des arts, et conserverait l'habitude du travail [41] ».

Ce qui fait dire à un spécialiste de l'histoire de l'enseignement: « Voilà un souhait précis qui ne sera pas près de devenir une réalité: en effet, très peu de personnes, à cette époque, pensaient à des *écoles spéciales* pour des *enseignements spéciaux*; on imaginait plutôt ceux-ci comme des compléments de l'instruction générale [42]. »

Mais Mgr Turgeon sera aussi très sensible aux écoles primaires aussi bien dans les villes que dans les campagnes. À sa mort, l'on racontera cette anecdote tirée de ses premières années d'épiscopat:

---

(39) H. Têtu, *Les Évêques de Québec*: 612 et 614. Parmi ses autres principaux mandements, l'on signale celui sur la tempérance, le 2 avril 1854 (*Mandements...*, IV: 148-154) et celui sur les tables tournantes, le 16 janvier 1854 (*Mandements...*, IV: 135-143): «Le vertige, dit M. l'abbé Légaré, s'était emparé de bien des têtes, les amenant à des écarts étranges à la suite des tables elles-mêmes qu'elles interrogeaient de mille manières. Mgr Turgeon parla, et telle fut la force de sa parole que, de ce moment, la sagesse revint au peuple, et l'obéissance la plus absolue suivit cet acte de l'autorité suprême... ce document fut publié en France; un auteur célèbre de théologie, le P. Gury, l'a inséré dans les dernières éditions de son ouvrage, et Mgr Lavigerie disait que rien de mieux n'était paru nulle part sur cette question. » (Extrait de sa « Notice biographique », cité dans H. Têtu, *Les Évêques de Québec*: 612.)

(40) *Mandements...*: IV: 123.

(41) « L'établissement de semblables institutions, que nous appelons de tous nos vœux, poursuit-il, serait un des moyens les plus efficaces de guérir le mal qui menace de nous envahir. » (*Mandements...*, IV: 124.)

(42) En effet, pour la plupart, les cours d'agriculture seront soit annexés soit ajoutés aux écoles modèles, aux académies, aux collèges industriels, et même aux collèges classiques. (L.-P. Audet, *Histoire de l'enseignement au Québec*, II: 135.)

Il y avait peu d'années qu'il était évêque : il se dirigeait, pendant une vacance, vers le séjour qu'il avait tant aimé, celui de Saint-Joachim et du Petit Cap. En passant, dans une des paroisses voisines, devant une maison d'école, il aperçoit toute la troupe des enfants qui sortaient précipitamment, heureux, sans doute, de voir arriver le terme de la classe. La bonne maîtresse sortait sur le seuil pour jeter un dernier regard sur sa famille qui allait se disperser. Mgr Turgeon fait immédiatement arrêter sa voiture, commande lui-même aux enfants de rentrer de nouveau à l'école, s'y rend aussitôt, et, malgré le premier trouble où cette visite inattendue semble jeter tout le monde, il veut savoir le mérite de chacun ; adresse des paroles pleines de bonté aux plus diligents, distribue des récompenses et prodigue les plus beaux éloges à l'humble maîtresse d'école qui se dévoue à un ministère si pénible mais si méritoire. Ce fut un événement dont le souvenir resta gravé dans le cœur de tous, et un vénérable curé m'en faisait le récit avec émotion [43].

Mgr Turgeon fait-il entrevoir à Élisabeth la grandeur de la tâche de l'institutrice, d'autant plus que l'école primaire est dorénavant considérée par les autorités ecclésiastiques comme le « vestibule de l'Église » ?

En effet, l'année précédente, les évêques avaient insisté sur l'importance pour « le bien de la patrie et pour l'avantage de notre sainte religion » d'offrir une solide instruction aux enfants, basée évidemment « sur les saines doctrines », et sur le rôle non moins important des instituteurs et des institutrices à qui il revient de former les patriotes et les catholiques de demain [44].

Quoi qu'il en soit, la vocation religieuse d'Élisabeth se transforme en une nouvelle, qui n'est pas incompatible avec la première, mais qui est pour elle secondaire. « Elle prend résolument son parti, se faire institutrice afin de venir en aide aux siens [45]. »

Élisabeth, mère subrogée et institutrice en herbe (1855-1860)

Cependant, en cette année 1855, il lui est impossible d'aider ainsi sa famille. La situation financière guère brillante empêche le grand

---

(43) « Monseigneur Pierre Flavien Turgeon », *Le Canada*, 26 août 1867.

(44) « Les exemples et les paroles d'un instituteur laissent le plus souvent de profondes impressions, pour le bien ou pour le mal, sur l'esprit et sur le cœur de ses élèves. Si le maître possède un esprit religieux et tient une conduite morale, ses écoliers seront entraînés vers le bien par ses leçons et par ses exemples. Mais s'il est peu édifiant, si ses paroles ne sont pas dignes de sa haute mission, qu'on en soit bien assuré, plusieurs de ses élèves ressentiront un jour les funestes effets de l'éducation qu'ils auront reçue d'un tel précepteur. » (« Lettre pastorale des Pères du second concile provincial de Québec », 4 juin 1854, *Mandements...*, IV : 171.)

(45) « Notes écrites sous la dictée de Sœur Marie-Joseph... » : 1.

frère de dénouer les cordons de sa bourse. D'autre part, en ces moments difficiles, sa mère a besoin d'elle pour la seconder dans l'éducation de ses quatre jeunes sœurs.

De plus, Louis-Pierre-Hubert se retrouve à la tête de trois terres, dont deux terres de 80 et 51 arpents en grande partie en culture et une terre à bois. Si l'on se réfère au recensement de 1851, il est impossible d'imaginer qu'il puisse en être le seul maître d'œuvre ou les seuls bras. Il a sans doute un « homme engagé », mais cela n'est pas encore suffisant. Sa mère et ses sœurs encore à la maison doivent obligatoirement prendre sur elles une partie du travail.

Pendant cinq ans donc, Élisabeth se partage entre les travaux domestiques, les travaux des champs et de la ferme, l'instruction et l'éducation de ses jeunes sœurs. Elle doit de plus prendre part aux travaux d'aiguille, de tissage, qui sont le lot de la plupart des femmes dans les soirées. Qu'en est-il de sa vie intellectuelle ? A-t-elle du temps à y consacrer ? Elle en trouve sans doute, mais que lit-elle ?

L'année précédant la mort de son père, s'était ouvert le second concile provincial de Québec présidé par l'arrière-petit-cousin l'archevêque de Québec – c'est d'ailleurs lui qui avait pris l'initiative de tenir ces conciles dont le premier eut lieu en 1851. Parmi les décrets du deuxième concile, il en est un intitulé « Des bibliothèques paroissiales ». Ce projet a évidemment comme objectif d'« empêcher le peuple de lire de mauvais livres », et partant la nécessité de « lui en procurer de bons [46] ». Ce qu'il fallait démontrer. D'autant plus que les sujets précédemment traités sont « Des journaux » et « Des bibles falsifiées, des feuilletons et des livres immoraux [47] », et que les évêques estiment qu'il « serait inutile, disons même dangereux, de répandre l'instruction primaire, si on négligeait les moyens de la rendre fructueuse ». Or, précisent-ils, « rien n'est plus propre à conduire à ce but que la création de bonnes bibliothèques paroissiales [48] ».

Fidèles aux objurgations de leurs pasteurs, le curé et les marguilliers de Beaumont entreprennent la création d'une bibliothèque paroissiale qui prend corps l'année suivante en 1855.

---

(46) Huitième point du « Règlement disciplinaire adopté dans le second concile provincial de Québec » accompagnant la lettre circulaire du 4 juin 1854, signée par tous les évêques. Dans *Mandements...*, IV : 167.

(47) *Ibid.* : 166-167.

(48) « Lettre pastorale des pères du second concile provincial de Québec », dans *Mandements...*, IV : 172. Voir aussi la « Circulaire au sujet du magnétisme, des bons livres, de la Propagation de la Foi et de la Sainte-Enfance » de Mgr Baillargeon du 29 janvier 1857, *Ibid.*, IV : 293-294.

Les évêques insistaient sur le fait que c'est la fabrique qui doit prendre cette initiative et défrayer le coût d'une bibliothèque qui serait « indépendante de celles des commissaires d'écoles, sur lesquelles les curés ne sont pas sûrs d'avoir toujours le contrôle, et où, par conséquent, il pourrait se glisser des ouvrages dont la religion aurait à gémir [49] ».

Même si l'on projette alors de construire un nouveau presbytère pour lequel la fabrique souscrit cinquante louis (200$) alors que les revenus annuels de la fabrique sont de quatre-vingt à cent louis [50], l'on trouve les fonds nécessaires pour la fondation de la bibliothèque en 1855. Il nous a malheureusement été impossible de retrouver une liste des livres qui la composaient à cette époque.

Cependant, nous savons que cette bibliothèque compte trois cent cinquante volumes en août 1855 et qu'elle est fréquentée par « les femmes et surtout les jeunes gens », qui sont « très adonnés à la lecture [51] ». Deux ans plus tard, la bibliothèque s'est enrichie de cinquante volumes et en compte un total de quatre cents. La bibliothèque ne nourrit pas que les esprits. Les âmes aussi, puisque les abonnés peuvent gagner plusieurs indulgences [52].

Élisabeth continue d'entretenir encore sans doute son rêve de vie religieuse, peut-être désespérément, mais sans trop le faire voir pour

---

(49) *Ibid.* : 167.

(50) *Cahier de délibérations et élections de marguilliers, 1848-1906* : 49-50.

(51) « J'ai pu procurer une bibliothèque à la paroisse, qui renferme 350 volumes, et j'ai le plaisir de voir les femmes et surtout les jeunes gens, très adonnés à la lecture. » Pierre-Léon Lahaye, curé de Beaumont à Mgr Pierre-Flavien Turgeon, Beaumont, 26 août 1855, AAQ, 61 CD, Beaumont, I : 136. Il s'agit du rapport annuel que doit produire le curé de chaque paroisse, selon un décret du premier concile provincial de Québec. Voir « Circulaire au sujet des rapports de paroisses », du 27 décembre 1852, suivie d'un questionnaire en 83 points auquel doivent répondre les curés et missionnaires du diocèse, dont les questions nos 63 et 64 : « La paroisse possède-t-elle une bibliothèque? » et « Combien cette bibliothèque renferme-t-elle de volumes? » (*Mandements...*, IV : 83-89).

(52) « Les règlements de cette bibliothèque sont ceux qui se trouvent dans l'appendice du rituel, de manière que les associés peuvent gagner un grand nombre d'indulgences. » (Pierre-Léon Lahaye, « Rapport sur la paroisse de St Etienne de Beaumont, pour l'année mil huit cent cinquante sept » : 2, AAQ, 61 CD, Beaumont, I : 136.) Dans une circulaire du 21 juin 1857, le coadjuteur de Québec, Mgr Baillargeon, avait fait état de l'indult par lequel Pie IX accorde « les Indulgences et les privilèges attachés à l'Œuvre des Bons Livres fondée à Bordeaux, avec un tableau des Indulgences, et un règlement des Bibliothèques Paroissiales [...] L'Indult [...] vous aidera à faire comprendre à vos bons paroissiens, quel intérêt Sa Sainteté prend à la formation de bibliothèques dans toutes nos paroisses, et avec quel zèle ils doivent s'y porter eux-mêmes ; et en leur faisant connaître les indulgences attachées à cette œuvre sainte des bons livres, vous n'aurez pas de peine à leur persuader de s'y associer. » (*Mandements...*, IV : 293-294). Voir Drolet, « L'Épiscopat canadien... » : 30.

ne pas jeter à la face des membres de sa famille un remords que peut-être ils ressentent malaisément. Petit à petit la joie revient au foyer, un peu meurtrie encore mais réelle.

> Sous ce premier souffle d'infortune qui semblait devoir anéantir ses pieux projets, Élisabeth resta résignée, dissimulant sans doute les profondeurs lugubres et troublantes du vide et du sacrifice qu'imposait l'absence tant regrettée.

Madame Turgeon se montra si noblement chrétienne, que le foyer reprit peu à peu sa teinte de gaieté [53].

En 1859, malgré sa nature généreuse, Élisabeth a sans doute ressenti quelque pincement au cœur en voyant sa cadette de deux ans s'envoler vers l'École normale Laval de Québec, fondée deux ans plus tôt, alors que se prolonge son propre séjour à la maison. Elle a dix-neuf ans, l'âge où le rêve ne suffit plus, l'âge où il faut le mettre en œuvre. Est-ce Élisabeth qui a passé généreusement son tour et laissé partir Alvine, ou cela lui a-t-il été imposé ? L'on ne saura jamais.

L'année suivante, une lueur se pointe dans la vie d'Élisabeth. La situation financière semble s'être stabilisée et Angèle Labrecque éprouve le besoin de mettre en accord son contrat de mariage et le testament de feu son époux. De même que Louis-Marc Turgeon a manifesté sa pleine confiance en elle en lui laissant la décision quant à la répartition de ses biens, de même elle s'en acquitte plus qu'honorablement. Nul doute qu'elle n'ait confiance en son fils qui reçoit le legs majeur. Et c'est pourquoi elle songe à une donation. D'autre part, elle a vu les méfaits d'une confiance allant jusqu'à l'inconscience et les disputes sans fin qu'ils ont engendrées.

En 1860, Angèle Labrecque n'a que 50 ans. Peu de gens « se donnent » aussi jeunes à leurs enfants. Elle est veuve, il est vrai et se donner à ses enfants de son vivant fait partie d'une longue tradition dans la province de Québec qui perdurera jusque dans le XXe siècle avancé [54].

La donation d'Angèle Labrecque et ses stipulations bien précises n'implique pas derechef un vote de non-confiance à l'égard de Louis-Pierre-Hubert, mais plutôt un acte de prudence car au moment de la

---

(53) Mère Marie de la Victoire, *Notice biographique...* : 4.

(54) Voir les paroles d'un cultivateur de Bellechasse rapportées par Benoît Lacroix : « ‹ Moé, j'arrive sur la dépente de la montagne. Les deux tiers de ma vie finis, je jongle à ma donaison. J'pense que j'ai cette affaire en contemplation depuis des années longues. Ben des vieux sont morts. Grouille-toé, sinon tu vas rester sur le fenil comme Georges Goupil qui est mort en oubliant de se donner à ses enfants... › » (« Gens des terres d'en haut », *Mélanges Cardinal L.-A. Vachon*, Québec, Université Laval, 1989 : 238.)

donation, le frère d'Élisabeth n'a que 26 ans, en âge donc de se marier, d'avoir des enfants qui pourraient à leur tour revendiquer leur part de l'héritage paternel. Louis-Pierre-Hubert ne se mariera jamais, mais ça sa mère ne pouvait le prévoir. Et même si elle l'avait pu, aurait-elle agi autrement ?

Angèle Labrecque abandonne en toute propriété les trois terres précédemment décrites [55], ainsi que

> tous les meubles de ménage et meublants, animaux, voitures, harnais, instruments d'agriculture, grains, fourrages, et autres effets mobiliers généralement quelconques qu'elle possède et qui lui appartiennent maintenant, sans plus ample détail, ni mention, même toutes les sommes d'argent qui peuvent lui être dues [56].

Cette donation « ainsi faite [...] pour l'amitié et l'estime que la Donatrice a pour le Donataire et pour le récompenser de ses services » comporte des clauses « conditions réserves et restrictions » sur les engagements que prend Louis-Pierre-Hubert envers sa mère et ses sœurs.

Autant le testament de Louis-Marc Turgeon était vague, faisant simplement de son épouse sa légataire universelle, l'enjoignant seulement de verser à leurs enfants une part « légitime convenable dans ma succession future payable à leur majorité [57] », autant la donation d'Angèle Labrecque entre-t-elle dans les moindres détails. Est-ce à dire que c'était elle qui avait la bosse des affaires dans le ménage ? Était-ce elle qui était le plus dotée d'un sens pratique et de l'organisation ? L'on sait que le père d'Élisabeth se plongeait volontiers dans les livres. Mais peut-être Angèle Labrecque s'était-elle vu abandonnés les livres de comptabilité ou avait-elle trouvé plus prudent de s'en arroger la tâche, elle qui avait les pieds sur terre et son mari davantage la tête dans les nuages, ou plus occupé de choses de l'esprit et des affaires de la paroisse ? Quoi qu'il en soit, elle orchestre toute la suite de sa vie, elle en détermine le cadre, son lieu de séjour [58], son chauffage [59],

---

(55) Voir *supra* : 44.

(56) Greffe de Barthélémy Pouliot, n° 2577, Donation, 6 mai 1860, ANQ-Q, CN 302-36. Dans *Actes notariés de la famille Turgeon*. Photocopie de l'original : 45-57. Transcription : 30-34.

(57) Voir *supra* : 83.

(58) « Réserve la Donatrice pour son logement, en jouissance, la partie sud-ouest de la maison sise sur la terre ci-dessus premièrement désignée et donnée, composée de deux chambres à être divisées de nouveau au goût de la Donatrice, par le Donataire et à ses dépens, si elle le désire avec le droit de loger avec elle qui bon lui semblera de ses enfants, d'avoir accès à la cuisine et cheminée de ladite maison, et de s'en servir à son besoin, comme et avec le Donataire, de se servir de la partie de cave et de grenier vis-à-vis dudit logement en passant à cette fin par les portes, passage et escaliers dudit Donataire ».

(59) « lequel logement sera entretenu clos et couvert étanchement et chaudement par

son mobilier [60], son cheptel [61], sa table, son linge et sa rente annuelle [62], ses sorties et sa liberté d'aller et de venir et de recevoir qui bon lui semble [63].

En bonne administratrice, elle ne laisse rien au hasard ni pour sa vie en santé ou en maladie, ni pour la fin de sa vie, ni pour sa vie dans l'au-delà, qui font l'objet de recommandations spéciales. La clause

le Donataire, et chauffé par ce dernier avec du bon bois sec buché une année d'avance, scié et débité à cette fin, entendu aussi que ledit donataire fournira à la Donatrice tout le bois de cheminée dont elle aura besoin, sec et débité de proportion convenable. »

(60) « Réserve la Donatrice le droit de prélever sur les biens meubles et effets mobiliers susdonnés, tous les meubles meublant et le ménage qui lui sont nécessaires pour en jouir sa vie durant, et retourner au Donataire au décès de la Donatrice, sauf un lit garni, comprenant un lit de plume et autres choses requises pour compléter la garniture du lit avec couchette propre et ses hardes et linges de corps à son usage, dont elle pourra disposer comme bon lui semblera, comme dudit lit sous la condition que tous les meubles meublant et de ménage à être prélevés comme susdit seront entretenus et renouvelés par le Donataire au besoin. »

(61) « Réserve à Donatrice la jouissance d'une vache laitière, à tous profits renouvelables au premier choix sur toutes les vaches du Donataire, tous les printemps, et aussi en cas de maladie, mort, défaut de donner du lait et de véler nourrie, soignée, hyvernée, logée et paccagée comme et avec celles du Donataire ; aussi la jouissance d'une mère brebis sous les mêmes conditions que ladite vache, excepté qu'elle ne sera renouvelable qu'en cas de maladie, mort et vieillesse. »

(62) « Ladite Donation est de plus faite pour et en considération de la rente et pension viagère dont suit le détail que le Donataire promet et s'oblige de fournir et livrer à la Donatrice en son logement sus-réservé par quartier, un quartier d'avance et selon l'usage et les saisons de la meilleure qualité, savoir : Six quintaux de farine entière de blé, un cochon gras de poids français de deux cents livres avec ses graisses de panne & dérail mais le dérail ne sera pas compris dans le poids, deux minots de beaux pois blancs cuisants, quinze minots de bonnes et belles patates, quarante livres de bon bœuf gras, une couple de chapons gras, vingt-cinq livres de petit porc gras, huit douzaines de bons œufs frais livrables dans le cours de la ponte des poules du printemps à l'automne, dix douzaines de chandelles, grosseur et longueur ordinaire, de bon suif de bœuf bien cuit, quinze livres de bon beurre salé, vingt-huit livres de bonne morue verte douze bonnes et belles anguilles, douze livres de savon sec, du pays, quatre minots de pommes, un minot et demi de beau et bon sel, soixante et quinze beaux choux pommés, cent cinquante beaux gros oignons tournés, douze livres de bonnes herbes potagères salées et les herbes potagères fraîches en été dont la Donatrice aura besoin, avec le droit de prendre dans le jardin du Donataire tous les concombres et autres légumes frais qu'elle jugera à propos pour sa consommation journalière, un gallon de grosses groseilles, et un gallon de prunes, six aulnes de toile du pays, six livres de laine cardée, vingt-cinq choux de siam, et vingt piastres en argent, le tout par année. »

(63) « Réserve encore la donatrice le droit de se mener elle-même et de se faire mener où il lui plaira par de bons chevaux proprement attelés avec bons harnais et voitures propres, convenables et de saison, fournies de coussins et peaux de buffle au besoin, aux dépens du Donataire ce en tous temps avec la faculté de mener avec elle qui bon lui semblera de ses enfants aussi le droit de nourrir les chevaux des parents et amis qui la visiteront aux dépens du Donataire dans ses écuries, en saison d'hyvernement, et dans ses pacages en saison de paturages, pourvu que ce ne soit que pour une simple visite. »

suivante est en fait une clause testamentaire qui ne sera pas répétée dans son testament fait le même jour, testament qui « approuve et ratifie pleinement et entièrement la Donation entrevifs par elle consentie à son fils [64] » dont elle fait son légataire et exécuteur testamentaire. Louis-Pierre-Hubert doit en effet

fournir et procurer à ladite Donatrice tous les soins et secours manuels qui lui seront nécessaires en santé comme en maladie, d'aller quérir le Prêtre et le médecin pour elle au besoin, de les remener, et payer les frais de visites et médicaments dudit médecin ; de faire inhumer le corps de la Donatrice, en lui faisant chanter sur son dit corps le jour de son inhumation un service honorable de lui faire chanter un semblable service au bout de l'an de son décès et dire cent messes basses le plus vite possible après son dit décès pour le repos de son âme.

Alors que son mari s'en rapportait à elle pour la sépulture, sans aucune mention des messes après décès [65], Angèle Labrecque se prononce sur la qualité du service qu'elle souhaite et précise la quantité des messes à faire dire pour le repos de son âme.

En plus des détails rapportés ci-haut dans son testament, Louis-Pierre-Hubert précisera aussi qu'on doit lui faire dire une autre messe « semblable au bout de l'an de mon décès et de faire dire pour le repos de mon âme cent messes basses aussitôt [que] possible après mon décès [66] ».

---

(64) Deuxième clause du testament, fait dans la même étude à Saint-Michel. Dans la première clause (les première et deuxième dans le testament de son mari), Angèle Labrecque précise que « comme chrétienne Catholique, ladite Dame veuve Louis Marc Turgeon, ayant recommandé son âme à Dieu, veut & désire qu'avant tout ses justes dettes soient payées, s'il y en a, et ses torts réparés, si aucuns il y a, par son exécuteur Testamentaire ci-après nommé. » Greffe de Barthélémy Pouliot, n° 2578, Testament, 6 mai 1860, ANQ-Q, CN 302-36. Dans *Actes notariées de la famille Turgeon*. Photocopie de l'original : 58-61. Transcription : 36-37.

(65) Voir *supra* : 81.

(66) Voir *supra* : 84. Au XIXe siècle, dans les testaments notariés, les demandes de messes par les hommes sont d'un pourcentage de 83,8% et celles des femmes de 78,6%. Les campagnards dépassent les citadins, leur pourcentage s'établissant à 83,3% contre 74,3% pour les derniers. D'autre part, le nombre de messes demandées par les testateurs « pouvait dépendre de l'importance qu'il attachait à ce geste pieux ou de son état de fortune. » Dans les testaments notariés étudiés pour le XIXe siècle, les testateurs demandent de 51 à 100 messes dans une proportion de 16% environ, un peu moins ou 14%, pour les demandes de 101 à 1000 messes, alors que le plus fort pourcentage, soit environ 32% optent pour des demandes de 21 à 50 messes. D'autre part, le nombre de messes laissé par le testateur à la discrétion de son exécuteur testamentaire représente environ 20% des cas. Voir M.-A. Cliche, « L'évolution des clauses... », dans B. Lacroix et J. Simard, dir., *Religion populaire, religion de clercs ?* : 376-377.

Cette donation, non seulement consolide-t-elle la position de Louis-Pierre-Hubert, précise-t-elle celle de sa mère, mais encore elle détermine la part que doivent recevoir les filles de la famille à leur majorité.

En attendant, leur frère s'engage à les garder et à pourvoir à leurs besoins jusqu'à leur majorité ou jusqu'à ce qu'elles s'établissent, exigeant en retour un travail raisonnable dans la maison et sur la terre paternelle suivant leurs capacités :

> de garder avec lui ses sœurs jusqu'à ce qu'elles soient pourvus par mariage ou autrement, de les nourrir, vêtir, loger, coucher et traiter convenablement, sous son toit pendant qu'il les gardera avec lui comme sus dit, [quatre mots illisibles] travaillent pour le profit et avantage du Donataire suivant leur capacité, force, santé et industrie.

Pour Élisabeth, ce n'est pas incontinent qu'elle doit recevoir son héritage, puisque son frère s'engage à donner la somme de vingt-cinq louis (environ 100$) chacune à Louise et à Angèle dans les cinq ans, à Henriette, elle et Alvine dans les sept ans et aux autres à leur majorité, et « les effets de ménage » à leur majorité. Ce n'est qu'en 1872 qu'Élisabeth, avec ses sœurs Louise, Angèle, Alvine et Marine, donneront quittance à leur frère [67].

En attendant, Élisabeth a l'assurance de recevoir l'héritage suivant que son frère s'engage à donner à chacune de ses sœurs aux termes cités plus haut :

> une somme de vingt cinq louis courant, une couchette propre à deux têtes deux paillasses de toile du pays, un lit de plume ou matelas, deux paires de draps de flanelle du pays, une couverte de grosse étoffe blanche, une courtepointe de petite étoffe careautée bleu-blanc, un traversin, deux oreillers de plume avec couvertures d'indienne, un couvre pied européen, blanc et une commode propre.

Est-ce un hasard ou les termes de cette donation ont-ils un effet déterminant quant à l'entrée d'Élisabeth à l'École normale Laval de Québec quatre mois plus tard ? Élisabeth sait désormais qu'elle peut compter sur 25 louis. Or, la pension au Vieux-Monastère des Ursulines est de 12 louis annuellement.

Élisabeth normalienne (1860-1862)

En septembre 1860, Élisabeth en compagnie d'Alvine, quitte les hauteurs de Beaumont, traverse ce fleuve Saint-Laurent qu'elle admire journellement pour se rendre dans la vieille cité de Québec, jusque

---

(67) Voir *infra* : 171.

dans les murs presque aussi anciens du couvent des Ursulines, qui abritent sa première vie hors de la maison paternelle.

Lorsque Élisabeth prend la décision de se faire institutrice en 1855, elle ne peut prévoir que sa vie estudiantine ne coulera pas ses jours chez les Sœurs Augustines de la Miséricorde à l'Hôpital Général, puisque l'École normale des filles logée chez les Ursulines ne sera fondée que deux ans plus tard.

C'est d'abord à la session de 1836 que les membres du Comité permanent d'éducation présentent par l'intermédiaire de Hector-Simon Huot, président du Comité, le projet de loi des écoles normales à la Chambre d'Assemblée du Bas-Canada[68]. Gérées par les Ursulines de Québec, de Trois-Rivières et de la Congrégation de Notre-Dame pour Montréal, les écoles normales des filles, ou « centre de préparation pour les institutrices de campagne[69] » ne dureront que trois ans, celles des garçons, cinq. La loi qui servait d'acte justificatif pour la fondation et le maintien des écoles normales a été abrogée le 8 juillet 1842 et n'a pas été renouvelée.

Ce n'est donc que le 19 juin 1856 qu'est promulguée la seconde loi des écoles normales[70]. Trois écoles pour les garçons sont mises sur pied avec célérité, Laval à Québec, Jacques-Cartier pour les catholiques et McGill pour les non-catholiques à Montréal.

Inaugurée le 12 mai 1857, l'École normale Laval ouvrira le 17 septembre suivant la section pour les jeunes filles au Vieux-Monastère des Ursulines de Québec. D'abord fort réticentes à prendre cette œuvre en charge, les Ursulines qui avaient été recommandées par Mgr Baillargeon au surintendant, qui ne pouvait envisager les frais d'une nouvelle construction, finissent par se rendre aux arguments pressants du coadjuteur de Québec « pour la gloire de Dieu, pour le bien de la religion » et, enfin, conclut-il, « pour l'avantage de la Communauté[71] ». L'avenir

---

(68) Adopté et sanctionné sous le nom d'*Acte pour pourvoir à l'établissement d'écoles normales. Statuts provinciaux du Bas-Canada*, 6. Guil. IV, 1836, ch. 12 : 55-56. Voir Jeannette Létourneau, *Les Écoles normales de filles au Québec*, Montréal, Fides, 1981, 239 p. : 21ss. Aussi André Labarrère-Paulé, *Les Instituteurs laïques au Canada français, 1836-1900*, Québec, Les Presses de l'Université Laval, 1965, xviii, 471 p. : 197 ss ; Louis-Philippe Audet, *Le Système Scolaire de la province de Québec*, VI : *La situation scolaire à la veille de l'Union, 1836-1840*, Québec, Les Éditions de l'Érable, 1966, XVIII, 353 p. : 166ss.

(69) L.-Ph. Audet, *Le Système scolaire...* VI : 166.

(70) *Statuts du Canada*, 19 Vict., 1856, ch. 54 : 236-242.

(71) L'annaliste poursuit : « Monseigneur, notre supérieur, ayant manifesté un vif désir que les élèves de l'Ecole normale nous fussent confiées, nous nous décidâmes le 30 mars d'en prendre la direction. » (AOSUQ, *Annales*, II : 278, cité dans J. Létourneau, *Les Écoles normales...* : 40.)

lui donnera raison puisque plusieurs futures Ursulines seront des anciennes normaliennes. L'École normale des Ursulines restera la seule école normale pour les jeunes filles jusqu'à la fin du siècle[72], alors qu'on en créera une seconde, dirigée par la Congrégation de Notre-Dame, à Montréal en 1899, précédant de sept ans la troisième qui ouvrira à Rimouski, sous la direction des Ursulines, en 1906[73].

Pour répondre à la première condition d'admission du *Règlement général pour l'établissement des écoles normales dans le Bas-Canada* du 6 octobre 1856[74], Élisabeth s'est munie de son certificat d'âge (la normalienne doit avoir au moins 16 ans), d'un certificat de moralité signé par l'abbé Antoine Campeau, le curé de sa paroisse depuis trois ans[75], et peut-être également, si elle désire obtenir une bourse[76], ce

(72) L'on avait offert à la Congrégation de Notre-Dame de prendre en charge une école normale à Montréal. La communauté renonça au projet car elle refusait d'admettre des professeurs de l'extérieur dans l'enceinte du couvent.

(73) Voir *infra* : 155-156.

(74) Voir J. Létourneau, *Les Écoles normales...* : 43 ; « Des écoles normales », dans Jean Langevin, *Cours de pédagogie ou Principes d'éducation*, 2e éd. revue et augmentée, Rimouski, Imprimerie de *La Voix du Golfe*, 1869 : 231-241. Sur l'admission : 238-240.

(75) Antoine Campeau (1812-1890), né à Québec le 23 septembre 1812 d'Antoine Campeau et de Perpétue Bigaouette. Après des études à Québec, ordonné prêtre le 4 juin 1837, il est d'abord vicaire à Notre-Dame de Québec (1837-1842), puis missionnaire à Percé (1842-1844), vicaire à Lotbinière (1844), à Sainte-Croix (1844-1845) et curé de Saint-Georges de Beauce (1845-1857). C'est en octobre 1857 que l'abbé Campeau succède à l'abbé Pierre-Léon Lahaye à la cure de Beaumont où il régnera pendant plus d'un quart de siècle. Ce n'est qu'en 1885 que, fatigué et malade, l'abbé Campeau quitte le ministère actif pour s'installer à Québec. Il se rend tout de même à la Pointe-aux-Trembles (Montréal), en janvier 1890, pour aider le curé souffrant de la grippe. Il y meurt le 1er février 1890, après y avoir contracté la maladie. L'historien de Beaumont écrit qu'en succédant à M. Lahaye, « M. Campeau avait beaucoup à faire pour gagner l'affection de ses nouveaux paroissiens. M. Lahaye avait laissé parmi eux un souvenir qui semblait ne pouvoir jamais s'effacer. Mais M. Campeau y mit tant de bonne volonté et de dévouement que les paroissiens de Beaumont reconnurent en peu de temps les mérites de ce prêtre peu éloquent mais doué de tant de qualités plus solides que celle de la parole. » Les Beaumontois vont revendiquer son corps pour l'inhumer, le 4 février 1890, dans leur église du côté de l'Épître, près des marches du sanctuaire. (P.-G. Roy, *À travers...* : 175-176. Pour les dates, préférer *DBCCF* I : 95, à cause des contradictions et des inexactitudes dans la première source.)

(76) Sur les maigres revenus qui leur sont alloués par le gouvernement pour l'œuvre de l'École Normale - 95 livres pour le loyer et le chauffage des salles, 130 livres pour le salaire de deux religieuses, institutrices française et anglaise qu'elles s'engagent à fournir à l'école modèle, 50 livres pour l'enseignement qu'elles donnent aux élèves institutrices - les Ursulines soutirent encore 23 bourses de 6 louis et une autre de 9 louis. Elles ne gardent donc pour elles-mêmes que 528$ annuellement sur les subventions de 1100$ pour le loyer et une part de l'enseignement d'une cinquantaine d'élèves (J. Létourneau, *Les Écoles normales...* : 41.) Après la liste des élèves inscrites en septembre 1860, on a inscrit : « Montant reçu £972.19.8 ». S'agit-il des subventions ajoutées au prix des pensions? Autrement, la pension serait de plus de

que nous ignorons, d'une note de son curé attestant de son incapacité d'acquitter sa pension, fixée à 12 louis par année, environ 48 dollars[77].

En septembre 1860, elles sont 54 à briguer l'espérance du brevet d'institutrice, dont Alvine, pour la deuxième année, et Élisabeth, pour la première.

Les nouvelles doivent, à l'entrée, subir un examen devant le Principal, l'abbé Jean Langevin en 1860, ou son délégué, examen constatant que la candidate « sait lire et écrire d'une manière satisfaisante, et possède les éléments de la grammaire dans sa langue maternelle, l'arithmétique jusqu'à la règle de trois inclusivement, les notions élémentaires de la géographie, et [...] les notions d'instruction religieuse contenues dans le petit catéchisme[78] ».

Il n'est pas suffisant d'être de bonnes candidates, acceptables tout au moins, puisqu'il faut bien admettre que le niveau des exigences est peu élevé, pour faire partie du contingent retenu. Les Écoles normales, fondées pour fournir des instituteurs et des institutrices laïques aux écoles de campagne, ne rempliront leur rôle que si les candidates et les candidats qui en sortent se consacrent effectivement à l'enseignement. C'est pourquoi Élisabeth et ses nouvelles compagnes doivent signer en présence de deux témoins leur demande d'admission, qui doit aussi être contresignée par le principal, et par laquelle elles prennent l'engagement suivant : « Obéir au règlement, subir les examens requis, obtenir un brevet de capacité, faire l'école sous le contrôle du gouvernement au moins pendant trois ans ; le tout sous peine d'amende de quarante piastres et du remboursement de tous les frais encourus par le gouvernement[79]. »

---

18 louis annuellement ou plus de 72$. (*École Normale Laval depuis sa fondation, 1857 à 1896.* Cahier sans pagination. AOSUQ.)

(77) Le 9 septembre 1870, les conditions d'ordre pécuniaire sont quelque peu ajustées. Les pensions sont exigées au début de chaque semestre. Une pensionnaire qui ne l'avait pas versée un mois au plus tard après l'expiration du semestre sera automatiquement renvoyée. Ce qui laisse supposer que les pensions impayées étaient, sinon monnaie courante, tout au moins des exceptions suffisamment nombreuses pour justifier cette sévère mise en garde. De plus, on exige désormais 25 centimes par mois pour l'usage des livres et pour le papier distribué aux élèves. Le nombre des pensionnaires est fixé à cinquante, quoique les Ursulines peuvent en admettre d'autres, mais à leurs propres risques. (J. Létourneau, *Les Écoles normales...* : 42.)

(78) Jean Langevin, *Cours de pédagogie...* : 238.

(79) J. Létourneau, *Les Écoles normales...* : 43. Au Québec, les frais encourus pour la formation des enseignants sont en moyenne de 135,53$, alors qu'ils sont de l'ordre de 100 à 200$ aux États-Unis, 140$ en Angleterre, 198,50$ en Irlande et, enfin, d'une somme beaucoup plus imposante en France, soit 387,50$ (Louis Giard, « État des sommes payées chaque année pour les Écoles normales », *Journal de l'Instruction publique*, vol. 17, n° 3 : 39, cité dans *ibid.* : 42.)

Et voici Élisabeth installée au Vieux-Monastère des Ursulines. Dès 1858, celles-ci avaient fait commencer la construction d'une aile nouvelle exclusivement destinée aux normaliennes, le Pavillon Saint-Joseph, inauguré en 1859. Les cours se donnent cependant au second étage de l'aile Sainte-Angèle, sur la rue du Parloir. Il n'y avait que deux étages à l'époque – le troisième viendra s'ajouter en 1872 – et le second « était partagé en deux salles extérieures, séparées par une grille d'une troisième salle où se tenaient les religieuses en surveillance [80] ». En surveillance, parce que le loup est introduit dans la bergerie, en l'occurrence l'effectif mâle de l'École normale Laval des garçons qui est aussi responsable de l'enseignement des normaliennes, à quelques exceptions près.

En effet, dans sa lettre du 25 août 1857, le surintendant de l'Éducation, Pierre-Joseph-Olivier Chauveau, qui énumère les modalités de l'entente intervenue entre les Ursulines et le gouvernement, il est stipulé à la quatrième clause que :

> Les Religieuses se chargeront d'enseigner aux jeunes filles de l'École normale, la musique, le dessin, la couture, la broderie, l'économie domestique, et tout ce qu'elles enseignent en général à leurs élèves, qui ne leur sera pas déjà enseigné par les professeurs de l'école normale, dans la mesure qui sera jugée nécessaire par le Surintendant de l'Instruction publique [81].

Naturellement, il y a une directrice pour la régie interne de l'École normale des filles. Quelques religieuses se chargeront par la suite des cours de grammaire anglaise et de traduction, d'histoire sainte, d'instruction religieuse [82].

La plus grande partie des cours est donc assumée par le principal lui-même, l'abbé Jean Langevin, et par deux professeurs laïques, dont François-Xavier Toussaint, instituteur possédant un diplôme d'académie, qui a longtemps été le directeur du collège de Saint-Michel de Bellechasse « dont il avait déjà fait une pépinière de bons maîtres ». On dit de lui qu'il est un professeur « original mais excellent pédagogue [83] ».

---

(80) Réal Bertrand, *L'École normale Laval. Un siècle d'histoire (1857-1957)*, Québec, Université Laval/La Société Historique de Québec, « Cahiers d'histoire », n° 9, 1957, 51 p. : 48. Voir aussi J. Létourneau, *Les Écoles normales...* : 41 et [Mère Adèle Cimon de Sainte-Marie et Mère Catherine Burke de Saint-Thomas], *Les Ursulines de Québec depuis leur établissement jusqu'à nos jours*, Québec, C. Darveau, 1863-1866, 4 vol., IV : 735.

(81) Voir Réal Bertrand, *L'École normale Laval...* : 47-48.

(82) Voir tableaux : 107-109.

(83) Voir A. Labarrère-Paulé, *Les Instituteurs laïques...* : 210 ; aussi Réal Bertrand, *L'École normale Laval...* : 18.

Quant au principal, le premier, l'abbé Edward John Horan [84], n'aura pas eu le temps de laisser sa marque à l'École normale où il ne restera qu'un an, étant nommé évêque de Kingston le 8 janvier 1858. C'est après avoir enseigné cinq ans au Séminaire de Québec (1844-1849), et avoir été vicaire puis curé de campagne les neuf années suivantes à Sainte-Claire de Dorchester et à Beauport, que l'abbé Jean Langevin prend la succession de Mgr Horan, le 23 avril 1858. C'est donc un professeur d'une institution reconnue qui s'est frotté longuement et aux premières loges à la pauvreté du personnel enseignant rural. L'École normale, dont la vocation première est d'abord et avant tout de regarnir les écoles de campagne de maîtres et de maîtresses qualifiés, « ne pouvait assurément tomber entre meilleures mains ». En effet, cet homme, « intelligence d'élite, fortifiée par de profondes études, travailleur infatigable, esprit éminemment méthodique », tout le prédestinait à cette tâche, « rien ne lui manquait pour remplir avec honneur et distinction le poste important qui lui était confié [85] ».

Professeur de littérature, d'histoire de la littérature française, de mythologie, de botanique, d'agriculture et enfin de pédagogie à l'école des filles, il donne également en plus, des cours d'instruction religieuse, de philosophie, d'histoire naturelle et de dessin linéaire à l'école des garçons [86].

Pédagogue reconnu, Jean Langevin, qui est considéré comme « le véritable organisateur de l'enseignement pédagogique à Québec [87] », publie en 1865 l'un des premiers manuels de pédagogie au Canada français.

C'est donc sous le fer de ce pédagogue lettré et zélé, prenant fait et cause pour l'éducation, que se forgent Élisabeth et Alvine et, plus tard, Célina, en 1866-1867.

---

(84) Sur l'abbé Horan, voir Réal Bertrand, *L'École normale Laval...* : 7-9. A. Labarrère-Paulé (*Les Instituteurs laïques...* : 209-210) note pour sa part : « M. Bertrand, qui caractérise le principalat de Horan par ‹ deux événements importants : la nomination des professeurs et l'inauguration de l'école ›, ne pouvait mieux faire ressortir l'insignifiance de son œuvre comme premier principal de l'École normale Laval. Il le pourfend aussi pour la qualité de son français (l'abbé Horan était irlandais) et conclut : ‹ Indiscutablement, l'abbé Horan n'était pas fait pour l'école normale. › »

(85) C.-J. Magnan, *Les Noces d'or...* : 24, cité dans Réal Bertrand, *L'École normale Laval...* : 10.

(86) Réal Bertrand, *L'École normale Laval...* : 12.

(87) Adélard Desrosiers, *Les Écoles normales primaires de la Province de Québec et leurs œuvres complémentaires. Récit des fêtes jubilaires de l'École normale Jacques-Cartier, 1857-1907*, Montréal, Arbour & Dupont, Imprimeurs-Éditeurs, 1909, 391 p. : 100.

Les journées sont longues et bien remplies. Sur les quinze heures de la vie diurne des normaliennes, cinq sont consacrées aux repas, aux récréations et aux prières et les autres à l'apprentissage.

 5:00 h — Lever et prière
 6:15 h — Messe
 6:45 h — Déjeûner et récréation
 7:30 h — Étude
 8:00 h — Cours
 9:00 h — Étude ou enseignement à l'école modèle
10:45 h — Dîner et récréation
12:00 h — Étude
 1:00 h — Étude ou enseignement à l'école modèle
 2:30 h — Cours
 4:00 h — Étude
 5:15 h — Exercices de piété
 5:30 h — Souper et récréation
 6:15 h — Prière
 8:15 h — Coucher [88]

C'est donc les deux tiers de leur temps, dix heures environ (treize selon une autre source [89]), qui sont dévolus soit aux cours, soit à l'étude, soit encore à l'enseignement.

La nomenclature des matières à l'honneur dans les écoles normales se détaille ainsi : instruction religieuse, lecture raisonnée, élocution, déclamation, grammaire française et grammaire anglaise, composition littéraire, histoire en général et en particulier, histoire sacrée, histoire d'Angleterre, de France et du Canada, géographie, arithmétique dans toutes ses branches (tenue des livres, algèbre, etc.), histoire naturelle, agriculture, dessin, musique.

Ces deux dernières matières sont enseignées par les religieuses, de même que les autres matières ajoutées pour les filles ou arts essentiellement féminins, la couture, la broderie et l'économie domestique [90]. Les tableaux illustrent l'horaire des cours pour les normaliennes.

---

(88) *Souvenir décennal de l'École normale Laval, 1857-1867* : 52.
(89) A. Desrosiers, *Les Écoles normales primaires...* : 104.
(90) Voir J. Létourneau, *Les Écoles normales...* : 45.

Horaire des élèves à l'École normale Laval des Ursulines [91]

Élèves réunies

Heure	lundi	mardi	mercredi	jeudi	vendredi	samedi
8 :00 à 9 :00	Pédagogie (Une fois par sem.)					
9 :00 à 10 :30	Pédagogie pratique	Pédagogie pratique	Pédagogie pratique	Pédagogie pratique	Pédagogie pratique	Pédagogie pratique
12 :00 à 1 :00		Dessin (Une religieuse)	Instruction religieuse (Une religieuse)	Dessin (Une religieuse)	Instruction religieuse (Une religieuse)	Piano (Une religieuse)
1 :00 à 2 :30	Pédagogie pratique	Pédagogie pratique	Pédagogie pratique	Pédagogie pratique	Pédagogie pratique	Pédagogie pratique
4 :00 à 4 :30	Piano (Une religieuse)	Piano (Une religieuse)	Piano (Une religieuse)		Piano (Une religieuse)	Chant (Une religieuse)
4 :30 à 5 :00	Idem	Idem	Idem	Idem	Idem	

(91) Source : *Souvenir décennal de l'École normale Laval, 1857-1867* : 52-55.

Horaire des élèves à l'École normale Laval des Ursulines
Préparation au diplôme pour École élémentaire
Pour les élèves de première année (Seconde Division)

Heure	lundi	mardi	mercredi	jeudi	vendredi	samedi
8 :00 à 8 :30	Géographie (M. Toussaint)	Écriture (M. Lacasse)	Lecture (M. Lacasse)	Écriture (M. Lacasse)	Lecture (M. Lacasse)	
8 :30 à 9 :00	Géographie (M. Toussaint)		Grammaire française (M. Lacasse)	Grammaire française (M. Lacasse)	Grammaire française (M. Lacasse)	Grammaire française (M. Lacasse)
2 :30 à 4 :00	Arithmé-tique et Calcul mental (M. Toussaint)	Grammaire française [1] (M. Lacasse)	Arithmé-tique et Calcul mental (M. Toussaint)	Histoire sainte [2] (Une religieuse)	Géographie (M. Toussaint)	Histoire du Canada (M. Toussaint)
4 :00 à 4 :45	Grammaire anglaise (Une religieuse)	Grammaire anglaise (Une religieuse)	Grammaire anglaise (Une religieuse)		Grammaire anglaise (Une religieuse)	

(1) Tenue des Livres en partie simple au second semestre.
(2) Jusqu'à 3 : 15 seulement.

Horaire des élèves à l'École normale Laval des Ursulines
Préparation au diplôme pour École Modèle
Pour les élèves de deuxième année (Première Division)

Heure	lundi	mardi	mercredi	jeudi	vendredi	samedi
8:00 à 9:00	Arithmétique Calcul mental et algèbre (M. Toussaint)	Écriture (M. Lacasse)	Arithmétique Calcul mental et algèbre (M. Toussaint)	Histoire d'Angleterre [1] ou de France [2] (M. Toussaint)	Géographie [2] (M. Toussaint)	Histoire du Canada [1] ou Toisé [2] (M. Toussaint)
1:30 à 2:00						Grammaire anglaise (Une religieuse)
2:30 à 3:00	Lecture (M. Lacasse)	Histoire du Canada [1] (M. Toussaint) ou Botanique et Agriculture [2] (abbé Jean Langevin)	Lecture (M. Lacasse)		Tenue de livre [2] (M. Lacasse)	Littérature Histoire de la Littérature française et Mythologie (abbé Jean Langevin)
3:00 à 3:30	Grammaire française (M. Lacasse)	Géographie [1] (M. Toussaint) ou Botanique et Agriculture [2]	Grammaire française (M. Lacasse)	Grammaire française (M. Lacasse)		Idem
3:30 à 4:00	Idem	Géographie [1] ou Botanique et Agriculture [2]	Idem	Idem		Idem
4:00 à 4:45					Grammaire anglaise (Une religieuse) [1]	

(1) Cours donné au premier semestre.
(2) Cours donné au second semestre.

Pour favoriser la formation pédagogique, les élèves institutrices se doivent d'être non seulement auditrices, auditrices actives, mais aussi enseignantes sous supervision. Elles doivent d'abord être aux aguets des représentations de chaque professeur qui « doit non seulement enseigner la branche dont il est chargé, mais aussi et en même temps indiquer ses procédés et ses méthodes avec les différentes applications qu'on peut en faire dans les écoles élémentaires [92] ». Puis, munies de ce bagage et sous supervision d'une religieuse elles expérimentent en laboratoire les théories dispensées. Leur laboratoire se présente sous la forme d'une école annexe de jeunes filles externes, école sous la surveillance immédiate des Ursulines et sous la direction du principal, Jean Langevin. Érigée sur l'emplacement de la maison de Madame de la Peltrie, cofondatrice des Ursulines de Québec, cette école gratuite fréquentée par 180 enfants est divisée en quatre classes, la moitié de langue française, et l'autre de langue anglaise, ce qui permet à certaines institutrices de préparer un diplôme bilingue.

Chaque matin de 9h00 à 10h30, et chaque après-midi de 1h00 à 2h30, les élèves institutrices se relaient et y pratiquent l'enseignement et la conduite d'une école. Cet alliage de théorie et de pratique « produit des résultats étonnants et imprègne la formation intellectuelle d'un esprit pratique qui assure aux élèves-institutrices une supériorité incontestable [93] ».

En plus de cette vie scolaire si bien remplie, Élisabeth fait-elle partie des congrégations de Marie et de la Sainte-Enfance [94] ? Avec son idéal de vie religieuse, on l'imagine mal ne se joignant pas à ces mouvements, dont le second existe à Beaumont depuis 1854 [95]. En 1862, une autre société verra le jour pour les élèves institutrices et les institutrices, la Société Sainte-Marie, à laquelle Élisabeth a sans doute adhéré [96].

---

(92) Thomas-Grégoire Rouleau, *Notice sur l'École normale de Québec pour l'exposition de Chicago*, 1893 : 20, cité dans J. Létourneau, *Les Écoles normales...* : 46.

(93) T.-G. Rouleau, *Notice...* : 18, cité dans J. Létourneau, *Les Écoles normales...* : 46. Voir aussi *Souvenir décennal...* : 54-55.

(94) La « Congrégation de Marie, établie au pensionnat en 1845, fervente et virginale phalange où, sous l'étendard de la Reine des vierges, on s'exerce à l'apostolat de l'exemple, de la prière et des œuvres de zèle ; la Ste. Enfance, qui accoutume à la générosité de la bourse, et dispose le cœur à songer aux besoins spirituels tout en soulageant les besoins du corps. » (*Les Ursulines de Québec...*, IV : 737.)

(95) Voir lettre de l'abbé P.-L. Lahaye à Mgr P.-F. Turgeon, Beaumont, 26 août 1855 : 3, AAQ, 61 CD, Beaumont, I : 136.

(96) « Fondée en 1862, cette Association de prières se compose des élèves-maîtresses de l'École Normale Laval, ainsi que des institutrices munies de diplôme. Chaque associée paie 2½ centins par année. Une messe basse se célèbre trois fois par année pour les membres, ainsi qu'à la mort et à l'anniversaire d'une associée. » (*Souvenir décennal...* : 55.)

Le 5 juillet 1861 voit la fin de l'année scolaire, Alvine, finissante, quittant le Vieux-Monastère munie d'un diplôme pour école modèle. Alvine remporte le second prix d'excellence, le second prix en pédagogie, en plus du premier prix en religion, en dictée, en analyse grammaticale et en arithmétique [97]. Élisabeth, pour sa part, est détentrice d'un premier prix en religion, d'un second en pédagogie et en histoire, ainsi que d'un accessit en géographie [98]. Le retour s'effectue par bateau de Québec à Lévis peut-être ou directement à Beaumont. Suivent les retrouvailles avec la maisonnée, puis la douceur du temps, les travaux des champs, la tenue de la maison, les menus travaux de la ferme, la traite des vaches peut-être, le soin des volailles ; le sarclage du potager, avec son lot de pommes de terre, de haricots, de pois, de carottes, de betteraves, d'oignons, d'herbes aux arômes piquants ; la cueillette des fruits, fraises sauvages, framboises, mûres, bleuets, cerises, gadelles peut-être, le rouge, le bleu, le noir et le vert se mêlant, dont on fait des confitures aux odeurs aussi alléchantes que les couleurs sont enchantantes ; les récoltes où, à grands gestes de faucilles, les grands champs de blé, d'orge et d'avoine, sont décapités de leurs toisons dorées, que l'on met en veillottes, les rapaillages, l'engerbage, le battage du blé ; puis le voyage au moulin qu'Élisabeth ne fait plus sans doute mais qu'elle a dû faire plus jeune ; au retour, la farine ainsi obtenue, délivrée de sa gangue, utilisée pour la boulange des pains cuits sur la sole dont la prenante odeur de pain frais détrône même toutes celles de la terre ; quelques travaux d'aiguille, des lectures, sans doute de livres empruntés à la bibliothèque paroissiale, toute cette vie pastorale rythmée par le bourdonnement des abeilles, les chants stridents des cigales, les trilles et les gazouillis des oiseaux et résonnée bien haut et clairement par les rappels de l'angélus qui fendent les airs pour venir habiter chaque maisonnée et la rappeler à l'ordre d'une vie, autre que terrestre. Toutes ces occupations, en plus des visites à l'église, à la messe, à des familles amies, quelques fêtes champêtres scandent les jours de vacances qui n'en sont pas d'oisiveté.

Élisabeth soupire-t-elle après la rentrée de septembre ? Celle-ci finit par arriver en tout cas. Et cette fois, Élisabeth prend seule le bateau car Alvine enseigne dans Bellechasse, à Saint-Michel peut-être [99]. Une autre traversée qui la rapproche un peu plus de son destin.

---

(97) *Journal de l'Instruction publique*, vol. 5, 1861 : 130.

(98) *Ibid.*

(99) Voir *Notice biographique de Sœur Marie-Joséphine* : 1. Elle est à Saint-Gervais pour l'année 1862-1863 : elle s'abonne au *Journal de l'Instruction publique* et participe à la caisse de retraite pour enseignants. Voir lettres de Jean Langevin à A. Béchard, Québec, 11 septembre et 13 décembre 1862, ANQ-Q, Éducation, L.R.,

La vie à la fois feutrée et trépidante de pensionnaire reprend. L'on sait peu de choses concrètes sur la période normalienne d'Élisabeth. Qu'elle s'applique et travaille énormément, cela va de soi pour elle, perfectionniste et ardente. L'on sait qu'elle s'applique tant qu'à la fin elle s'épuise, d'autant que les longues heures d'études s'ajoutent non seulement à une santé fragile mais encore à un corps peu nourri et fortifié. Non que les Ursulines affament leurs élèves. Mais c'est le carême et le jeûne y est de prescription pour toutes les élèves en âge de s'y conformer. Et à cette époque, il est particulièrement rigoureux. Une religieuse racontera : « Les pensionnaires en âge jeunait [...] n'avait qu'une patate [100]. » Ce n'est évidemment pas la seule nourriture absorbée pendant une journée. Elle se réfère sans doute au repas du soir. C'est évidemment très maigre, ce qui sert le propos et l'intention évidemment, mais guère l'estomac ni le corps qui doit fonctionner à vide. Il arrive ce qui doit arriver. Peu avant Pâques et la délivrance *ipso facto* de ce menu rachitique, probablement fin mars ou début avril [101], Élisabeth n'en peut plus de ce régime anémiant. De peine et de misère elle hantait ses cours de sa faible présence qui allait jusqu'à des moments de totale déconcentration. Pour ne pas atteindre l'épuisement complet, désabusée de corps, peinée de cœur à la pensée de devoir interrompre ses études — allait-elle devoir une fois de plus renoncer à l'engagement qui lui tenait lieu de vocation seconde ? — Élisabeth doit se résoudre à l'indésirable inévitable.

De la mère supérieure, puis du principal, elle sollicite la permission de retourner dans sa famille : « À la fin du carême elle ne se sentait plus capable. Elle demanda la permission de s'en aller parce qu'elle n'était plus capable à la Sup[érieu]re puis à M. le Principal. Il concéda avec peine [102]. » L'on conçoit, vu la suite de l'histoire, à quel point le principal est déçu de perdre un tel sujet, l'un de ceux qui feront la gloire de l'École normale. Mais, ô surprise ! de Beaumont où elle « alla se soigner », elle « revint au bout de 3 sem[aines] toute remplumée ». L'étonnement du principal est grand et se mue en questionnement : « Mgr tout surpris lui demanda ce qu'elle avait fait, etc. » L'histoire ne dit pas le reste. Lui a-t-elle répondu par quelque boutade un peu provocatrice ou un tantinet espiègle qu'elle avait mangé, et jeté le jeûne aux orties ? Ou que n'ayant plus de classes à faire et de travaux

---

E-13/413, 2709 (1862) et E-13/415, 3378 (1862).
(100) *Notes pour Mère Élisabeth & Mère S. Luc[ie]* : 1, ARSR, 210.405, C.4, 8.)
(101) En cette année 1862, le mercredi des cendres est le 5 mars et Pâques, le 20 avril.
(102) *Notes pour Mère Élisabeth...* : 1.

sans fin à exécuter, elle avait pu se permettre de souffler un peu et que le souffle de l'Esprit aidant, elle était désormais prête à disposer des douze travaux d'Hercule ? L'on sait que l'esprit ne manquait pas dans la famille, ni la fierté, ni l'aplomb dans la répartie ou la réponse du tac au tac, ni l'ironie un peu mordante. Il n'est besoin pour illustrer ce propos que d'évoquer la scène que rappellera plus tard le principal devenu évêque de Rimouski à ses anciennes élèves devenues religieuses [103].

Le rythme des jours suivant le retour, qui doit se situer à la fin d'avril ou au début de mai, doit se vivre à étude débridée. Il reste si peu de temps avant la fin de l'année scolaire et tant à faire ! Pour réussir les examens concoctés par les esprits distingués et peut-être un peu retors du principal et du surintendant qui, dans leurs désirs de servir l'éducation primaire, n'hésitent pas à faire preuve d'exigence, les élèves se doivent d'être bien préparées, tant théoriquement que dans l'enseignement pratique. « Les diplômes seront accordés par le Surintendant, sur le certificat d'études du Principal, et d'après un examen qu'il fera subir lui-même à l'élève muni du certificat, ou que celui-ci subira devant les examinateurs nommés par le Surintendant [104]. »

En définitive, c'est cependant davantage le principal qui assume la plus large part de la qualité de la certification. Pour sa part, l'abbé Jean Langevin formule des exigences non équivoques et de haut niveau : « Non seulement une science suffisante démontrée dans des épreuves sévères, mais encore une conduite régulière, un caractère convenable, et surtout de l'aptitude pour l'enseignement, dont le candidat doit avoir fait preuve à l'école-annexe [105]. » Élisabeth veut briller en toutes matières. Une anecdote la fait aussi se distinguer en générosité, et en courage et en affectueuse sympathie pour les petits et les pauvres.

Elle se propose peu avant la fin de l'année scolaire, pour une œuvre missionnaire puisqu'elle envisage de quitter son environnement pour la lointaine Gaspésie. En ces temps, la Gaspésie est presque un autre pays, éloignée non seulement dans l'espace géographique canadien mais aussi, sa situation même jouant contre elle, éloignée dans le temps parce que oubliée trop souvent du reste du pays.

---

(103) Voir *infra* : 240-241.

(104) P.J.O. Chauveau, « Règlement général pour l'établissement des Écoles normales dans le Bas-Canada, *Journal de l'Instruction publique*, vol. 1 (janvier 1857) : 27, cité dans J. Létourneau, *Les Écoles normales...* : 47.

(105) *Souvenir décennal...* : 11.

Le principal, l'abbé Jean Langevin, à qui un curé gaspésien s'était adressé pour obtenir une institutrice qualifiée pour son village, bien conscient de l'énormité de la commande qu'on lui demande de remplir ne cherche pas à dorer la pilule, à dissimuler l'état de pauvreté à plusieurs niveaux, les difficultés que présente la région :

> Monsieur le Principal faisant connaitre un jour à ses élèves de dernière année qu'un bon Curé de la Gaspésie demandait une institutrice pour une de ses écoles fréquentée par des enfants très ignorants et pauvres, crut devoir ne pas laisser ignorer la condition défavorable de cette région lointaine où les voies de communication étaient à cette époque encore très difficiles.

Après cette abrupte entrée en matière lui, qui cinq ans plus tard sera nommé évêque d'un nouveau diocèse détaché de celui de Québec et comprenant la Gaspésie, s'enquiert : « Qui d'entre vous, dit-il, est disposée à répondre à l'appel ? » La réponse prompte est apportée au principal par deux mains levées, prolongement du cœur de deux Élisabeth, « Élisabeth Turgeon et Élisabeth Réhel [qui] affirment qu'elles sont prêtes à accepter la pénible situation pour le bien de ces pauvres enfants. » C'est vers Élisabeth Réhel que le choix du principal s'incline, « parce que sa famille demeurait non loin de Gaspé [106] ».

Élisabeth Turgeon est-elle déçue ? L'histoire ne le dit pas. Sans doute un peu puisqu'elle s'offrait à participer à une œuvre belle et difficile. Eût-elle été choisie elle n'aurait sans doute pu partir puisqu'elle devra prendre un an de repos l'année suivante.

Mais bien vite, elle doit penser aux derniers coups de collier à donner. Et quels coups ne dût-elle pas en effet donner pour terminer deuxième de sa promotion après une absence de trois semaines peu avant la fin de l'année scolaire ? Deuxième, elle rate de peu le prix du prince de Galles [107]. La première, celle qui reçoit la médaille, a nom Ellen O'Brien, et peut revendiquer le titre d'amie d'Élisabeth, titre qu'elle conservera bien au-delà des portes de l'École normale Laval. Pour sa part, Élisabeth s'est illustrée magnifiquement en pédagogie

---

(106) Mère Marie de la Victoire, *Notice biographique...* : 4, ARSR T210.405, C.4, 9.
(107) Institué l'année précédente lors de la visite de cet illustre personnage à Québec. À même son don de 200 louis aux écoles normales, on fait frapper des médailles de bronze à son effigie, destinées aux élèves qui se sont le plus illustrés dans leurs études. « Pour obtenir la médaille, le normalien doit être jugé le meilleur de sa classe au niveau du diplôme modèle et avoir obtenu, dans les deux bulletins semestriels, la note avec mention « excellent » pour les matières principales telles que l'instruction religieuse, le français, les mathématiques, la géographie, l'histoire, la pédagogie et l'enseignement à l'école modèle. La mention « bon » est exigée pour les autres matières à l'exception de la gymnastique, du dessin et de la musique. » (J. Létourneau, *Les Écoles normales...* : 47-48.)

avec un premier prix. Elle obtient un second prix en religion et en enseignement, un second également pour la correction de son langage, un deuxième pour l'histoire du Canada et pour l'histoire de l'Angleterre ainsi que pour la géographie et les globes. Enfin, un premier accessit pour la tenue des livres et deux troisièmes pour l'analyse logique et l'arithmétique [108]. Dix fois son nom est inscrit au palmarès des prix. Concrétisation et illustration de la réputation qu'elle s'est gagnée tout au long de ses deux années de vie normalienne :

> Élève, ses brillantes qualités, ses talents rares et distingués, son énergie au travail, malgré la débilité de sa complexion, son esprit judicieux et profond attirent non seulement l'attention de ses professeurs mais encore le digne Principal de l'École normale Laval, qui devint plus tard le premier Evêque de Rimouski, remarqua dans la jeune fille des qualités et des vertus supérieures [109].

C'est donc armée d'éloges, d'une réputation enviable jusque dans des souvenirs qui ne s'effaceront pas, en plus d'un diplôme français pour l'enseignement dans les écoles modèles [110], qu'Élisabeth regagne Beaumont, croyant y faire halte quelques mois avant d'entrer de plain-pied dans sa nouvelle carrière dédiée à l'avancement de l'éducation et au soutien de sa famille.

---

(108) *Journal de l'Instruction publique*, 1862 : 140-141.

(109) *Notes écrites sous la dictée de Sœur Marie-Joseph (Apolline Gagné) [...] par Sœur Marie-Ange [...]* : 1-2, ARSR, 201.405, C.4, 10.

(110) Le principal, Jean Langevin, envoie au Bureau de l'Éducation le 4 juillet 1862, la liste des diplômés, 21 femmes et 16 hommes, répartis ainsi : 15 femmes et 8 hommes ont reçu des diplômes pour école modèle, et 6 femmes et 2 hommes, pour école élémentaire. Quatre hommes seulement obtiennent le diplôme pour académie. (ANQ-Q, Éducation, L.R., E-13/413, 1716 (1862).) Pour les dix premières années de l'École normale Laval des Ursulines, aucun diplôme pour école académique n'a été décerné alors qu'il y en a trois ou quatre à l'école des garçons, pour un total de 21, de 1860 à 1867 (voir *Souvenir décennal...* : 73).

DEUXIÈME PARTIE

Des travaux probatoires à la pose des premiers jalons (1862-1875)

CHAPITRE 3

Les apprentissages
ou les travaux probatoires (1862-1874)

L'enfant étant un être raisonnable, il convient d'employer avec lui des procédés conformes à la raison [...] Respectons nos élèves [...] prenons garde de vouloir trop les dominer, mais souvenons-nous que la douceur et l'affabilité sont pour nous un devoir de justice [...] on doit allier la bonté à la réserve et à la fermeté [...] Faisons quelquefois de petits plaisirs aux enfants ; témoignons-leur l'intérêt que nous prenons à tout ce qui les concerne.
(Mère Marie-Élisabeth, *Règlement*, n° 28)

*D*eux femmes, deux sœurs, dont l'une concevra l'idée d'une communauté religieuse et dont l'autre construira l'édifice.

I Élisabeth institutrice

L'école, moyen de transmission et de garde de la religion, donc de la survie religieuse du peuple canadien-français est l'antichambre ou, comme on l'a appelée, « le vestibule de l'église ».

La carrière d'institutrice et d'instituteur, écrira Antoine Gérin-Lajoie, est « une espèce de sacerdoce et qui par la nature de ses occupations devrait être regardée comme une des premières de tous les pays du monde », carrière qui doit être élevée « au-dessus de toutes les professions libérales ; après le sacerdoce, il n'est pas d'occupation qui mérite d'être entourée de plus de considération[1]. »

L'on verra plus loin quelles vertus Jean Langevin, dans son *Cours de pédagogie*, exige ou souhaite de celles et de ceux qui se destinent à l'enseignement[2]. L'officiant ou l'officiante (!) doit être un enseignement vivant de toute sa personne. Ses mœurs doivent être irréprochables, cela va de soi. Et que le fond soit bon n'est pas suffisant. Il doit se refléter par toutes sortes de gestes, d'actes extérieurs. Les apparences, qui sont souvent trompeuses, comme l'on sait, n'ont pas le droit de l'être dans son cas.

La tenue vestimentaire de l'institutrice doit être d'une modestie et d'une sobriété à toute épreuve. La pudeur masquée par des vêtements extravagants n'est plus de la pudeur mais de l'esprit de parade. La chevelure doit être ramassée, retirée du visage, sans recherche, sans frisettes pour qu'elle ne soit pas confondue avec les grisettes. Un air sérieux, réservé, voire austère, d'où l'expression encore en usage il n'y a pas si longtemps lorsqu'on parlait d'une femme mise et coiffée sévèrement : « Elle a l'air d'une vraie maîtresse d'école ! »

Sa première visite doit être réservée au curé de la paroisse. Sa vie sociale est faite d'ouvertures et de replis stratégiques. Elle ne doit pas être trop fière pour ne pas s'aliéner les gens et donc être capable de composer avec eux, de se mêler à eux. D'autre part, elle doit le faire avec beaucoup de réserve, avec circonspection en restreignant temps et circonstances au minimum et ne pas privilégier une famille au détriment des autres.

Comment Élisabeth conçoit-elle l'enseignement en ces premières années ? Bien que ce soit sa vocation seconde,

> bien qu'elle eut embrasser l'enseignement par nécessité, elle n'en aimait pas moins sa condition d'institutrice. Elle aimait les enfants, elle les aimait dans cette candeur du jeune âge avant qu'un souffle impur eut terni leur robe d'innocence, aussi elle ne se contentait d'implanter dans leur intelligence les éléments des sciences profanes, mais imprimer dans leur cœur les connaissances de la religion : Les instruire de leurs devoirs de la religion, leur enseigner les vérités de la foi, les prémunir contre la nonchalance et l'ennui, source de mille écarts, leur inspirer l'horreur du péché, telle était sa tâche journalière. Elle leur suggérait les moyens de ce vaincre,

---

(1) Antoine Gérin-Lajoie, *Jean Rivard*, cité dans A. Labarrère-Paulé, « L'instituteur idéal en 1865 dans le manuel pédagogique de Langevin et dans le roman canadien-francais », *Les Instituteurs laïques...* : 287-288.
(2) Voir *infra* : 194-195.

excitait leur courage à résister à leurs mauvais penchants, soutenait leur constance les efforts qu'ils employaient pour se corriger. Et à cette tâche de chaque jour, la zélée institutrice employait les ressources de sa féconde intelligence et les dévouements de son noble cœur. L'enfant qui se laisse si facilement gagner par la bonté qu'on lui témoigne, aimait sa maîtresse et adoucissait par sa bonne conduite le labeur ardu [3].

Vivant dans le Vieux-Monastère fondé au XVIIe siècle où la cellule de Mère Marie de l'Incarnation lui rappelle constamment la grande âme qui hante encore les murs et les esprits, chaque jour pratiquant l'enseignement dans l'école modèle située sur l'emplacement de la maison de la cofondatrice, Madame de la Peltrie, Élisabeth s'est imprégnée toute d'une forme de vie auréolant ses jours et lui donnant la parfaite illusion qu'elle a enfin trouvé un cloître où l'enfermement de soi mesuré à la libération de son rêve ne serait qu'une explosion de pur bonheur. «En 1862 Élisabeth quittait l'École normale, munie de brevets distingués. Mais l'âme de ces lieux s'était attachée à son âme. Ne semble-t-il pas que le temps est venu de s'enfermer dans la solitude du cloître de ses chères Mères Ursulines où elle laissait, disait-elle quelque chose de son âme? C'était là sans doute un de ses ardents désirs, mais l'heure de Dieu qui se la réserve pour plus tard n'a pas encore sonné [4].» La situation matérielle de sa famille ne s'étant pas encore suffisamment rétablie, les trois plus jeunes, Célina, Marine et Aurélie, âgées respectivement de 16, 14 et 12 ans, réclamant elles aussi leur part d'instruction, et Louise ayant tant fait déjà se chargeant de Célina, Élisabeth n'est pas libre de prendre une telle décision dans le sens de sa joie [5].

S'est-elle ouverte de ses désirs aux Ursulines? L'eût-elle fait qu'on l'aurait probablement refusée à ce moment. À Beaumont, où elle retourne, l'on ne sait exactement dans quel état, mais dans un état tel en tout cas que sur les supplications de sa mère, Élisabeth se résoud au repos forcé dans la maison familiale avant de se lancer dans la grande aventure de l'enseignement. Sa frêle santé, fortement compromise par la vie de dur labeur à l'École normale ne serait donc probablement pas en mesure de supporter les austérités du cloître.

---

(3) *CMM* I : 36.

(4) Mère Marie de la Victoire, *Notice biographique...* : 4.

(5) «Élisabeth comprit qu'une année de repos, que lui suggérait sa bien-aimée mère, était nécessaire pour ne pas compromettre sa santé affaiblie par l'étude. Puis, très sensible aux nécessités de sa famille, elle crut devoir sacrifier, pour le moment, ses pieuses aspirations, afin de procurer par ses ressources personnelles, le bienfait de l'instruction à ses deux jeunes sœurs Marine et Aurélie.» (Mère Marie de la Victoire, *Notice biographique...* : 5.

Ou ses déboires, ces vexations constantes reliées à la non consommation de ses désirs de vie religieuse, trouvent-ils leurs débordements dans son pauvre corps souffreteux, déjà si vulnérable et si sensible à tous les aléas de la vie dans ses formes malignes ? Dans quelle mesure, le poids immense d'un rêve brisé ne pèse-t-il pas sur une nature frêle, elle qui se jette toute âme et toute force à la tête, à la volonté, aux sentiments d'acceptation et d'abnégation qui justifieraient un tel dérapage de la vie ? Il lui faut constamment se désâmer littéralement.

La photographie connue sous le titre « Élisabeth malade, à vingt ans [6] » a-t-elle été prise avant son entrée à l'École normale ou après ? Quoi qu'il en soit, sa bouche généreuse hante un visage famélique ou plutôt maladif que des yeux ternes, sans éclats, rumeurs éplorées d'une âme en détresse n'arrivent qu'à rendre plus pathétique.

Qu'Élisabeth ait tu vertueusement ses angoisses, sa route inexplorée et ses jours insatisfaits, c'est bien possible. C'est même plus que probable si l'on connaît la suite de sa vie.

Cependant, de nature ardente, elle ne peut probablement pas se résigner entièrement. La renonciation peut-elle être complète si le désir est impérieux ? Se résigne-t-on à perdre inexorablement ce à quoi on tient le plus ? On s'y résigne ou du moins on s'y emploie momentanément et plus ou moins fervemment, en attendant que des jours meilleurs nous viennent délivrer de ce fardeau d'un rêve inassouvi. Car l'inéluctable, c'est son rêve, et non les obstacles qui se mettent en son travers. Renoncer à son rêve c'est très et trop coûteux à la longue. Une part de soi demeure donc étrangère à cette résignation, une part de soi qui soupire après la part de sa vie à l'abandon qui croupit dans une sphère inadéquate et indésirée. Se résigner totalement, ce serait vouloir abandonner son rêve en chemin, l'annihiler, lui interdire toute velléité d'existence et de concrétisation. Ce que jamais probablement elle ne trouvera le triste courage de faire.

À sa sortie de l'École normale, nous pouvons sans grand risque d'erreur la supposer triste, la vie intense du dedans d'elle peu répercutée au dehors dans un corps sans forces qu'elle tâchera pendant un an de ramener à un degré acceptable de santé, assez pour servir.

C'est servir qui pour elle est important. Il est si difficile et combien culpabilisant de se savoir inutile, de se croire un fardeau pour autrui. Sa mère qui insiste afin qu'elle se soigne jamais probablement ne fera en sorte qu'elle se perçoive telle. Mais ainsi sont les âmes généreuses et délicates qu'il leur faut être toujours à la hauteur de leurs propres

---

(6) Voir photo. « Vingt ans » doit être pris ici dans le sens de « vingtaine » ou « aux alentours de vingt ans ».

exigences. Une longue pratique de la vertu, de l'humilité ensuite, les mène à une acceptation dans le contexte du corps mystique où le plus faible est en mesure de jouer un rôle de premier plan jusqu'à même soutenir le plus fort dans ses jours d'épreuves. C'est sans doute dans cet esprit qu'Élisabeth entreprend son long congé de maladie.

Mais il lui faut aller au feu de l'enseignement. Par goût et aussi par nécessité. Par nécessité, parce qu'en plus de pallier quelque peu aux embarras de la famille, il lui faut remplir l'engagement qu'elle a pris en s'inscrivant à l'École normale, soit enseigner durant au moins trois ans. Les normaliennes d'ailleurs, plus que leurs compères, ont respecté leurs engagements et ont continué dans la voie pour laquelle elles avaient été formées. Il est vrai que les professions pour les femmes à l'époque ne sont pas illimitées [7].

Quant aux normaliens, l'École leur sert souvent de tremplin qui les fera se réorienter vers une carrière plus prometteuse, mieux considérée et surtout plus largement rémunératrice. Un principal même s'en vantera [8]. Il est vrai que Mgr Rouleau aura aussi à cœur de mentionner l'apport des normaliennes dans les communautés religieuses enseignantes : « Elles occupent ou ont occupé les positions les plus importantes. Les supérieures actuelles des Ursulines de Québec, des Ursulines de Roberval, des Sœurs de la Charité de Québec, du couvent de Jésus-Marie de St-Gervais [Bellechasse], et la fondatrice de la communauté des Sœurs des petites écoles, au diocèse de St-Germain de Rimouski, sont des élèves de l'École normale Laval [9]. » Car, en

---

(7) « Il est intéressant de constater la stabilité dans l'enseignement du plus grand nombre de ces institutrices formées au monastère des Ursulines. Après 10 ans de fonctionnement, 174 élèves enseignent ou ont enseigné dans les différentes écoles de la province. » (J. Létourneau, *Les Écoles normales...* : 48, d'après *Souvenir décennal...* : 7-8.)

(8) « Les succès que les anciens élèves obtiennent dans l'enseignement ou dans les différentes carrières qu'ils choisissent, après avoir, pour la plupart, enseigné trois ans, témoignent aussi de la valeur du cours normal. On compte parmi eux plusieurs docteurs en théologie, deux juges, plusieurs docteurs en médecine, des avocats des plus distingués, des députés aux Communes et au Parlement provincial, plusieurs maires de paroisses très considérables, etc., etc. L'assistant principal de l'École normale Laval est lui-même un ancien élève de cette institution. » (Th.-G. Rouleau, *Notice sur l'École normale Laval de Québec pour l'Exposition de Chicago*, Québec, Imprimerie L. Brousseau, 1893, 42 p. : 26.) « Dans quelque carrière qu'entre l'élève de Laval, il a le cœur de promouvoir la cause sacrée de l'éducation. L'école a raison d'être fière de cette phalange d'hommes instruits qui dans les diverses situations où se déploie l'activité humaine font honneur à la formation qu'ils ont reçue... L'université, le droit, la médecine, le commerce, l'industrie, le clergé, les diverses communautés religieuses comptent parmi leurs plus brillants représentants plusieurs de nos anciens élèves. » (J.-C. Magnan, *Noces d'or* : 82-83, cité dans A. Labarrère-Paulé, *Les Instituteurs laïques...* : 443.)

(9) Th.-G. Rouleau, *Notice...* : 26. Au sujet de la Congrégation de Jésus-Marie, il

1893, c'est plus de cent normaliennes « qui ont fait profession dans des communautés religieuses enseignantes [10] ».

Au moment où Élisabeth entre dans la carrière de l'enseignement, la période est caractérisée par une maturité du personnel enseignant laïque. Nul doute que les Écoles normales n'aient concouru à produire un tel climat. D'autre part, dans leur sillage sont apparus association, caisse de retraite, journaux pour les instituteurs et les institutrices [11]. Les sœurs Turgeon sont abonnées au *Journal de l'Instruction publique* et participent à la Caisse d'économie.

Élisabeth passe donc une autre année à Beaumont, où elle s'essaie à l'enseignement auprès de ses jeunes sœurs, comme autrefois sa sœur Louise le faisait pour elle, et comme autrefois avant le grand deuil leur père les éveillait à la vie de l'esprit :

> Monsieur Turgeon avait une intelligence cultivée, bien qu'il n'avait pas fait de longue étude, il avait des connaissances supérieures à la condition ordinaire de l'homme des champs, aussi il se plaisait à développé l'intelligence de ses enfants. Les dimanches, les longues soirées d'hiver, il savait les intéresser par des faits, des récits, l'histoire des découvertes et des fondations du pays, dont chaque événement réclamaient mille questions du jeune auditoire [12].

Saint-Romuald (1863-1871)

L'année suivante Élisabeth trouve un poste à 14 milles (23 km) de Beaumont, à environ 1h30 à 2 heures de « cheval », dans une toute jeune paroisse, Saint-Romuald d'Etchemin, détachée en 1854 de la paroisse de Saint-Jean Chrysostome, elle-même détachée de Saint-Joseph de Lévis en 1830. Le curé fondateur, Pierre Sax, est dévoué à la cause de l'éducation. Lorsque Mgr Langevin sera nommé évêque de Rimouski, certains le proposeront pour le remplacer au principalat de

---

ajoutera : « Ce sont des sujets distingués qui occupent ou ont occupé les positions les plus importantes dans l'enseignement de la Congrégation de Jésus-Marie. »

(10) *Ibid.* : 27.

(11) « La fondation des écoles normales primaires fut pour M. Chauveau, l'âme du mouvement pédagogique de 1857, le point de départ de fondations secondaires, mais d'une grande importance encore, et dont la permanence a démontré la solidité et l'à-propos. Je veux parler de l'Association des instituteurs, de la caisse des retraites et des journaux d'éducation, les véritables œuvres annexes des institutions pédagogiques, et les trois principales mesures votées par la loi scolaire de 1856. » (A. Desrosiers, *Les Écoles normales primaires...* : 115.) Sur le sujet, voir A. Labarrère-Paulé, *Les Instituteurs laïques...* : 218ss. Sur le *Journal de l'Instruction publique*, voir André Labarrère-Paulé, *Les Laïques et la presse pédagogique au Canada français au XIXe siècle*, Québec, Les Presses de l'Université Laval, 1963, XII, 185 p. : 7-34 et 83-120.

(12) *CMM* I : 31-32.

l'École normale Laval [13]. De 1863 à 1872, Élisabeth enseignera sept ans aux garçons à l'école modèle de Saint-Romuald, pour la somme annuelle de cent dollars. L'école qu'elle dirige aurait été située à l'endroit où se trouve aujourd'hui le monument aux Pionniers [14].

L'enseignement n'y est pas une sinécure car les « garçons qui avaient fait fi de leur professeur [...] se préparaient à exercer la patience de la maîtresse annoncée. Il fallait un bras de fer, une main de fer gantée de velours, pour rétablir la discipline parmi ce petit peuple ameuté et un cœur d'or pour le gagner au devoir. Élisabeth possédait l'un et l'autre. C'est là qu'elle mettra en pratique ses connaissances et les moyens que lui fournirent sa piété et son rare discernement. Quoique vive par caractère, elle était maîtresse d'elle-même, et savait opportunément garder silence. » C'est Élisabeth elle-même qui racontera plus tard à ses filles l'anecdote suivante :

Dès le premier jour de classe, raconta-t-elle plus tard dans une leçon pédagogique, lorsqu'une division fut en train de lire etc, un bruit confus se fit entendre. Où trouver les coupables ? Il n'y a pas à compter sur des aveux dans de telles circonstances. Je pris un parti que le Ciel fit réussir. Chaque fois que le tapage recommençait, je suspendais la classe, j'ordonnais l'étude et je la surveillais de mes deux yeux. L'on comprit bientôt que ma décision bien arrêtée était de parler peu, mais d'agir. Après quelques jours, le calme se fit et tout alla bien [15].

La première année de son enseignement à Saint-Romuald, elle doit faire face à un grand garçon de quatorze ans « élevé dans tous ses caprices ». Son père vient rencontrer Élisabeth lui disant « qu'il ne pouvait le placer nul part parcequ'il n'était pas élevé, lui demande de le prendre et de le dompter. » Élisabeth lui répond : « Envoyez-le je ferai mon possible. » Après avoir épuisé tout son arsenal de connaissances et de vertus, elle réussit à lui faire « demander pardon à tous ceux qu'il a scandalisé [...] lui fit accepter la punition » et le garda quatre ans à son école [16].

L'école est d'ailleurs tellement reconnue comme étant fréquentée par de petits durs à cuire que lorsque Élisabeth devra démissionner pour cause de maladie, les autorités de l'endroit auront du mal à la remplacer.

---

(13) Réal Bertrand, *L'École normale Laval...* : 13.
(14) Borné par les rues de l'Église, Demers et Saint-Jean-Baptiste (selon Louise Martin, r.s.r., *et alii*, Sur les pas de Mère Marie-Élisabeth, Rimouski, 5 août 1990, 136 p. : 28-29. Selon *CMM* I : 32, Élisabeth y aura enseigné huit ans, mais il est plus probable que ce soit sept ans.
(15) Mère Marie de la Victoire, *Notice biographique...* : 5.
(16) *Notes pour Mère Élisabeth & Mère S. Luc[ie]* : 2, ARSR, 210.405, C.4,8.

On y refuse les jeunes filles et le seul instituteur prêt à s'y engager n'a pas de diplôme pour école modèle. Le curé Pierre Sax écrira au surintendant pour lui demander la permission de l'engager tout de même, ce qui lui sera accordé. « L'école est vacante par la maladie des institutrices, et, vu le caractère difficile des enfants de la localité, il ne peut être question d'engager une jeune fille pour la conduire [17]. »

Pendant que Louise se charge de l'éducation de sa sœur Célina, Élisabeth en fait autant de ses jeunes sœurs Marine et Aurélie qui demeurent avec elle à l'école de Saint-Romuald. Sa sœur Aurélie a laissé un témoignage de ces années avec elle :

> Ma chère sœur M. Élisabeth fut pour moi une seconde mère, jamais j'oublierai sa bonté, sa tendresse, son dévouement bien qu'elle s'appliquait fortement à ouvrir l'intelligence, à orner l'esprit de choses utiles, ses soins principaux étaient de cultiver le cœur, d'y implanter les vertus si nécessaires à la jeune fille obligée de pourvoir elle-même à sa subsistance. Combien elle aimait la candeur ! [...] elle prenait qu'une très petite quantité de nourriture, se contentait en tout du strict nécessaire et consacrait ses épargnes à nous procurer à ma sœur Martine et moi l'utile et même l'agréable quand elle le pouvait [18].

Élisabeth, après avoir enseigné à ses jeunes sœurs les envoya poursuivre leurs études à Québec. Marine étudie « deux ans chez les Sœurs de la Charité de Québec, elle apprit l'anglais, mais elle ne put se livrer longtemps à l'enseignement, donnant des leçons de musique et d'anglais privément a St Roch de Québec [19] ». Atteinte de phtisie, elle mourra très jeune à Beaumont, le 18 juillet 1879. Quant à Aurélie, elle restera six ans avec Élisabeth à Saint-Romuald. Pour ses dix-huit ans, Élisabeth l'envoie étudier à l'École normale à Québec pendant un an. Après l'obtention de son diplôme, elle revient enseigner à Saint-Romuald quelques années avant d'épouser un veuf de l'endroit, Édouard Bourassa, le 26 janvier 1875. Élisabeth sera l'un des témoins à son contrat de mariage, fait en la demeure familiale à Beaumont le 14 janvier 1875 en compagnie de sa mère, de son frère, Louis-Pierre-Hubert, et de trois de ses sœurs, Henriette, Alvine et Marine [20].

En plus de son enseignement, de l'éducation de ses jeunes sœurs, Élisabeth utilise le temps et le peu de sous qui lui reste à s'occuper

---

(17) Pierre Sax à P.J.O. Chauveau, Saint-Romuald, 5 décembre 1870 : 1, ANQ-Q, Éducation, C.G., E-13/488, 2477 (1870).

(18) Témoignage d'Aurélie cité dans *CMM* I : 33.

(19) *CMM* I : 34.

(20) Greffe de Elzéar-Hubert Tremblay, n° 287, 14 janvier 1875. Dans *Actes notariés de la famille Turgeon*. Photocopie de l'original : 66-74. Transcription : 42-45.

des pauvres et des malheureux de la paroisse : « Sa douceur, sa compassion étaient admirable pour les malheureux, elle ne pouvait refuser ni une aumône ni un service toutes les fois que l'on recourait à sa charité [21]. »

Mais bientôt sa santé n'y résiste plus. Le métier d'institutrice exige une bonne santé, c'est un prérequis. Celles qui ont la santé fragile risquent de la ruiner complètement dans des locaux où ne prévalent pas les règles de l'hygiène. La maison d'école où enseigne Élisabeth répond-elle à ces normes ? Quelques années plus tard, les commissaires d'écoles de Saint-Romuald recevront une lettre du bureau du surintendant : « Je constate par les bulletins de M. l'Insp[ecteur] Carrier que vos écoles-modèles du village Etchemin et de New Liverpool [...] sont tenues dans des maisons *inconfortables* et ne sont pourvues que d'un mobilier *incomplet* [22]. » Élisabeth sera très durement touchée :

> Sa santé ne répondit pas longtemps à son zèle, bientôt elle se vit atteinte d'une maladie grave je la vis toujours patiente, toujours résignée, ses souffrances étaient presque continuelles [...] Je l'ai vue clouée sur un lit de douleur, la mort semblait planer sur sa couche ; elle ne parut ni troublée, ni effrayée, pour elle-même, je crois qu'elle la désirait, mais pour nous, elle désirait vivre et se dévouer. Deux fois, pendant l'espace de six ans, elle reçut le Saint-Viatique, mais les deux fois, quand le prêtre eut fait les onctions saintes sur ses sens déjà livides, ses forces se ranimaient, et aussitôt qu'un regain de vie lui était accordé, elle reprenait sa classe. Sa constante douceur, la sérénité de son front ne manifestaient nullement l'état habituel de ses souffrances ; elle poursuivit pendant huit ans sa tâche laborieuse, ferme, active à peine pouvait-on s'appercevoir qu'elle faisait mille effort pour résister au mal qui minait sa faible complexion [23].

Arrivée en septembre 1863, Élisabeth a dû quitter l'école une première fois en l'année 1864-1865 puisque son nom ne figure pas dans les comptes de la Commission scolaire de Saint-Romuald :

> Le nom de Élisabeth Turgeon, institutrice, figure dans les comptes de notre Commission scolaire de Saint-Romuald en l'année 1863-1864 ; la commission lui paye cette année-là en trois versements inégaux la GROSSE SOMME de $100.00. – Son nom ne paraît pas en l'année 1864-1865 elle semble avoir été remplacée par une Delle Alvine Turgeon (peut-être sa sœur). – Son nom reparaît dans les années 1865-1866, 1866-1867, 1867-1868, 1868-1869 alors qu'elle reçoit toujours le même salaire. On pourrait ajouter qu'elle fut une

---

(21) Témoignage de sa sœur Aurélie cité dans *CMM* I : 33.
(22) Lettre du 7 août 1878, ANQ-Q, Éducation, C.G., É-13/570, 2072 (1878).
(23) Témoignage d'Aurélie cité dans *CMM* I : 33-34.

institutrice incomparable, puisqu'elle a enseigné 6 années consécutives dans la paroisse d'un curé bien particulier...[24]

Pour l'année 1867 et une partie de l'année suivante, le rapport de l'inspecteur Juneau pour la municipalité scolaire du Village d'Etchemin, Saint-Romuald se lit ainsi : « Village d'Etchemin. – Trois écoles, tenues sur un excellent pied et régulièrement fréquentées par un très grand nombre d'enfants, ont été en opération dans cette localité. Melle. Elizabeth Turgeon dirige très bien l'école modèle ; et ses sœurs Melles. Marie et Alvine Turgeon ont la direction des deux écoles élémentaires. Les demoiselles Turgeon font honneur à l'École Normale Laval d'où elles sortent[25]. » Mais Élisabeth aurait enseigné encore à Saint-Romuald pendant les années 1869-1870 et 1870-1871, ce qui lui ferait sept ans d'enseignement à cet endroit.

Beaumont (1871-1872)

Dans la chronique, on parle de sa deuxième maladie grave « À la fin de l'année scolaire 1871[26] ». Si Mgr Langevin lui écrit la première fois en 1871 après sa visite pastorale en Gaspésie, sa lettre ne peut avoir été écrite au plus tôt qu'à l'été de 1871, puisque son itinéraire prévoit que la durée de la visite se déroule de la fin juin à la mi-août[27]. C'est donc cette grave maladie qu'Élisabeth invoquera pour refuser son offre de venir diriger l'école modèle à Rimouski[28]. Sa sœur Louise en donne plus de détails dans une lettre à Mgr Langevin.

À l'article de la mort, ayant reçu les derniers sacrements, Élisabeth est sauvée presque miraculeusement selon Louise par la Vierge que sa sœur supplie de lui conserver pour la nouvelle congrégation qu'elle s'apprête à fonder. Rétablie, Élisabeth, qui passe sa convalescence à la maison familiale, ne se sent pas liée par la promesse de Louise, puisqu'elle pense même à s'expatrier aux États-Unis pour entrer dans une communauté religieuse à Manchester :

---

(24) E.-A. Dupont, curé de Saint-Romuald à Sœur Marie de l'Enfant-Jésus, r.s.r., Saint-Romuald, 17 février 1945, ARSR, 210.405, C.5,6.

(25) 32 Victoria, Documents de La Session (402) A 1869. Rapport du Ministre de l'Instruction publique de la province de Québec pour l'année 1867 et en partie pour l'année 1868.

(26) *CMM* I : 34.

(27) *Mandements, Lettres pastorales, Circulaires de Mgr Jean Langevin et Statuts synodaux du Diocèse de Saint-Germain de Rimouski* I *(Du 1 mai 1867 au 1 mai 1878)*. Disposés par ordre alphabétique, Rimouski, Imprimerie de A.G. Dion, 1878, 642 p. : 601-602 ; *Circulaires au clergé*, IV : [3] : « Itinéraire de la visite épiscopale, 1871. »

(28) Voir *infra* : 150.

Pendant l'année qu'Élisabeth passa à Beaumont, elle entretint une correspondance suivie avec la supérieure d'une Maison religieuse de Manchester É.U. Sister St Stanislas « of St Patrick's R.O. Femal Orphum Asylum ». Cette religieuse l'engageait fortement à aller faire partie de son Institut, elle offrait même de payer toutes ses dépenses de voyage. Une religieuse de cette maison, Sister St Mary, avait étudiée avec Élisabeth à l'École Normale Laval, et elles ne s'étaient pas perdu de vue depuis lors [29].

Toujours selon Louise, Élisabeth, déterminée à partir, en est empêchée par une rechute, signe providentiel selon elle que le Ciel veut la retenir en son pays pour son œuvre. Élisabeth désire toujours partir lorsqu'elle sera rétablie, sauf dans l'éventualité d'une nouvelle communauté dont elle accepterait de faire partie [30].

Saint-Roch de Québec (1872-1873)

Puisque sa santé n'est toujours pas des plus vaillantes et que la communauté de Louise ne s'est pas concrétisée, Élisabeth, après son congé sabbatique forcé, dans le but de ménager ses forces, décide d'ouvrir une classe privée à Saint-Roch de Québec, où elle enseigne pendant l'année 1872-1873 : « En quittant St Romuald à l'été 1871, Élisabeth se retira auprès de sa mère à Beaumont où elle reçut les soins empressés que réclamait sa santé. L'année suivante, elle se trouva assez forte pour aller faire une classe indépendante à St-Roch, espérant qu'avec une petit nombre d'élèves elle pourrait continuer à enseigner [31]. »

Sainte-Anne-de-Beaupré (1873-1874)

À l'été de 1873, la santé encore fragile et son rêve de plus en plus vacillant, Élisabeth ne pouvant compter ni sur la médecine, ni sur les moyens humains, décide de se tourner vers une sainte en qui elle aura toujours une intense confiance, qu'elle implorera en maladie à tous les moments cruciaux de sa vie jusqu'à l'heure de sa mort, une sainte dont les ancêtres percherons ont importé la dévotion au pays : « On sait que Mère Élisabeth rêvait de la vie religieuse, mais sa santé défaillante semblait l'en éloigner de plus en plus. Alors elle tourna ses regards vers le pays des miracles, Ste-Anne de Beaupré, pour se rendre favorable la grande Thaumaturge ; elle enseigna pendant un an à la petite école située entre la Rivière aux Chiens et l'église [32]. »

---

(29) *CMM* I : 37.
(30) Voir *infra* : 151.
(31) *CMM* I : 36.
(32) Sœur Marie de la Merci, *Informations*, ARSR, 210.205,C1,3. « À l'été de 1873,

En allant à Sainte-Anne, Élisabeth va découvrir une pauvreté plus grande encore que tout ce que probablement elle a vu jusque-là, dans un lieu très reculé. Un rédemptoriste décrit ainsi Sainte-Anne-de-Beaupré six ans après l'arrivée d'Élisabeth :

> Je n'aurai pour l'instant que très peu à dire, puisque je suis depuis octobre coupé du monde et de tout contact avec le monde. Je me trouve dans la nouvelle fondation de Sainte-Anne. Si elle n'est pas complètement hors du monde, elle est au moins au bout du monde. Au-delà de la nouvelle fondation de Sainte-Anne, il y a encore quelques petits et misérables hameaux, puis les habitants humains cessent. Il n'y a plus que les animaux sauvages dont nous utilisons les peaux ici pour nous protéger du froid. Sainte-Anne pendant l'hiver ressemble plus à un désert abandonné et terrifiant qu'à un aimable et agréable ermitage. La maison et l'église sont situées dans un petit ravin étroit, bordé d'un côté par une chaîne de montagnes, de l'autre par le puissant fleuve Saint-Laurent [...] La région de Sainte-Anne est complètement catholique ; il n'y a personne d'une autre foi. Une langue, une foi, une religion, voilà ce qu'on y trouve. En général, le peuple est d'une ignorance effrayante : de loin la plus grande partie ne peut ni lire, ni écrire. Plus grande encore que l'ignorance est la pauvreté des gens ; ils sont misérables au sens fort du terme. La terre est mauvaise, peu fertile. Et en général le Canadien s'entend mieux à la coupe du bois qu'à l'agriculture. Les seuls fruits et grains qui poussent ici sont les pommes de terre, l'orge, le sarrazin, les pois. Peu de fruits : des pommes et une espèce de prunes qui, la plupart du temps, ne mûrissent pas et ne deviennent mangeables que si on les fait cuire. D'ailleurs le Canadien est vite satisfait en fait de nourriture ; il n'a que du sarrazin, des pommes de terre et du lard et il ne désire rien d'autre. La suite la plus triste de cette pauvreté et de ce besoin est l'impossiblilité du mariage pour le grand nombre : à peine un tiers de la jeunesse peut se marier [33].

Élisabeth n'obtient pas de sainte Anne « une guérison complète, cependant sa santé s'améliore sensiblement ». C'est pourquoi elle ouvre pendant six mois « une classe gratuite pour les pauvres », ainsi qu'elle l'a promis à sainte Anne, près de son sanctuaire. Il est possible que l'école où a enseigné Élisabeth porte aujourd'hui le numéro 9345 de l'Avenue Royale près de la Rivière-aux-Chiens, dans la partie ouest de Sainte-Anne-de Beaupré [34]. C'est pendant ce dernier semestre de

---

elle alla prendre la direction d'une école à Ste Anne de Beaupré à deux milles de l'église. En s'approchant de ce sanctuaire vénéré, de Ste Anne, témoin de tant de miracles signalés, Élisabeth désirait obtenir sa guérison. » (*CMM* I : 36)

(33) Lettre du Père Klauss au supérieur général des Rédemptoristes, dans Jean-Pierre Asselin, *Les Rédemptoristes au Canada...* : 23-24.

(34) Selon Louise Martin *et alii*, *Sur les pas de Mère Marie-Élisabeth* : 14.

1874 que Mgr Langevin lui aurait adressé une seconde lettre « la pressant d'acquiescer à sa demande. Elle fut réjouie, avoua-t-elle d'avoir la raison plausible de sa promesse pour remettre à plus tard son acquiescement ; elle était encore souffrante et redoutait les fatigues d'une classe nombreuse et difficile[35]. » Cette classe gratuite à Sainte-Anne, elle a dû l'ouvrir en juillet, tout de suite après la fin de son année scolaire 1873-1874, car elle est à Beaumont le 14 janvier 1875, témoin au contrat de mariage de sa sœur Aurélie. C'est là que, bientôt, Mgr Langevin, qui désire pour son œuvre Élisabeth et nulle autre, viendra une ultime fois la relancer.

D'autres aussi ont convoité la femme merveilleuse qu'elle est et ont dû se frotter à ses refus.

Élisabeth et le mariage

Quelle idée Élisabeth se fait-elle du mariage ? Car sur les neuf enfants Turgeon atteignant l'âge adulte, trois seulement vont se marier et aucune n'aura d'enfants, Angèle à l'âge de 28 ans, Aurélie à un veuf à l'âge de 25, et Henriette à son cousin à un âge plus que respectable, à 47 ans. Le seul garçon est demeuré célibataire, éteignant du coup la lignée.

Il est vrai que sur les huit filles, six sont institutrices. L'on sait que les institutrices rurales sont considérées comme faisant classe à part, un rang en-dessous des notables mais un rang au-dessus des cultivateurs et des journaliers ou des « travaillants », par opposition aux « habitants ». Il n'est peut-être pas facile de trouver chaussure à son pied et l'on peut lever le nez sur de bons garçons mais qui n'ont pas repoussé les ténèbres de l'analphabétisme et dont l'esprit est autant en friche que leur terre.

Sans faire partie de la haute société ni des grandes familles, ni des grandes fortunes, les Turgeon, considérés comme des notables depuis leur arrivée à Beaumont, formant alliance avec le seigneur des lieux et détenant toujours des charges de responsabilité dans la paroisse, se situent à un cran plus élevé que la moyenne.

D'autre part, les filles Turgeon ne sont pas fortes, trois mourront jeunes, de phtisie, Alvine à 36 ans, Marine à 35 ans et Élisabeth à 41 ans. Louise non plus n'avait pas une bonne santé dans sa jeunesse, c'est elle-même qui l'affirme[36], bien qu'elle ait repris des forces par la suite pour ne mourir qu'à l'âge de 77 ans. Célina, elle, finira sa vie

---

(35) Mère Marie de la Victoire, *Notice biographique* : 7.
(36) Dans sa lettre du 18 février 1872. Voir *infra* : 151.

dans une maison de santé, à Québec sans doute, nous n'avons pu découvrir à quel endroit, ni en quelle année.

Si Élisabeth ne s'est pas mariée ce n'est pas faute d'occasions. Aurélie parle de l'effet produit par sa sœur Élisabeth sur la population de Saint-Romuald dont surgissent quelques prétendants :

> On peut dire que la pureté était sa vertu de prédilection, aussi nous prêchait-elle la pureté plus encore par ses exemples que par ses paroles. Sa figure était belle, son air gracieux, son maintien distingué. J'ai vu quelques prétendants désireux d'obtenir sa main ; mais jamais elle n'encouragea les avances d'aucun d'eux. Elle usait d'une extrême réserve avec les étrangers, elle recevait peu de visites en faisait encore moins ; si l'agrément de sa conversation, la délicatesse de ses procédés lui attiraient l'estime et l'affection, sa gravité et sa modestie commendaient le respect et l'admiration [37].

Élisabeth songe à la vie religieuse depuis ses quinze ans, et comme la vie en a contrecarré tous les projets, le mariage ne serait pour elle qu'une forme de garantie pour ses vieux jours, car « on l'entendra dire un jour : ‹ J'aurais préféré mendier mon pain de porte en porte, que d'embrasser l'état du mariage pour la seule fin d'assurer ma subsistance matérielle [38]. › »

Lorsqu'elle enseigne à Sainte-Anne-de-Beaupré, Élisabeth fera sans le vouloir une autre conquête. « En ce temps-là, vers 1870, une demoiselle faisait la classe à la Rivière-aux-Chiens (c'est-à-dire Sainte-Anne-de-Beaupré Ouest). Une personne estimée dans sa profession, comme dans toute sa conduite. Ne tarda pas à se présenter un jeune homme de la lignée vertueuse des patriarches, très digne d'elle, cultivateur de Sainte-Anne. Refus. Grand désappointement [39]. »

Sœur Marie de la Merci qui « a vécu intimement avec sept de nos fondatrices, qui m'ont parlé de Mère Élisabeth et des débuts de la Congrégation », raconte :

> Son dévouement, sa piété, sa distinction la firent remarquer de tous. Aussi sous un prétexte que j'ignore, Monsieur François Blouin se présenta à l'école, engagea la conversation et finit par lui demander la permission de la courtiser. Mlle Turgeon sans s'émouvoir lui dit : « qu'elle veut se consacrer au Seigneur » et lui parle avec tant d'éloquence de la beauté du célibat que lorsque les Rédemptoristes fondèrent un noviciat à Ste-Anne pour Frères convers, il sollicita et obtint son admission. Il sera désormais connu sous le nom de Frère

---

(37) Citée dans *CMM* I : 33.

(38) Mère Marie de la Victoire, *Notice biographique...* : 7-8.

(39) A.B., « Mariage manqué », *Annales de la Bonne Sainte Anne de Beaupré*, janvier 1944 : 25.

Adolphe et conservera toujours une grande vénération voir même un vénérable culte pour Mère Élisabeth et ce qui la conserne. Lorsqu'on voulu démolir la petite école ou elle avait enseigné, il vint me trouver (j'étais alors Sup[érieure] à Ste-Anne de Beaupré) et me dit : « Mère c'est une relique cette maison d'école achetez-la. » Je n'avais ni permission ni argent nécessaire à cet achat et les transactions avec la Maison Mère étaient lentes alors. Le bon Frère voulut que ce bois qu'il considérait comme sacré, en transporta les pièces au village pour servir de fondation aux premières stations du chemin de Croix qu'on instalait sur la côte. Le bon Frère parla avec tant d'enthousiasme à ses Frères des qualités de Mère [...][40].

Le choix de la vie religieuse est pour Élisabeth un premier choix, un choix de liberté et de désir, et non une forme de vie compensatoire, faute de mieux.

II Louise

Lorsque se tisse au Bas-Canada en 1841 le premier réseau d'enseignement public, il n'y a que deux congrégations religieuses enseignantes, toutes deux formées dès les premiers jours de la Nouvelle-France : les Ursulines de Québec arrivées en 1639 et les religieuses de la Congrégation de Notre-Dame fondée en 1653. À Québec, une troisième communauté, les Augustines de la Miséricorde de Jésus de l'Hôpital Général de Québec, tient un pensionnat de quelques classes. C'est là que Louise Turgeon fera ses études.

Au moment où Louise Turgeon quitte son village natal, après des études élémentaires dans le climat scolaire encore calme de Beaumont, pour poursuivre ses études, quatre autres communautés enseignantes se sont ajoutées, mais elles se trouvent toutes dans le diocèse de Mgr Bourget[41].

---

(40) La suite du texte est malheureusement perdue. Sœur Marie de la Merci, *Informations*, ARSR, 210.205, C.1, 3. François Blouin (1848-1931), né à Sainte-Anne-de-Beaupré de Étienne Blouin et de Julia Cauchon (parenté avec Elzire Cauchon dit Laverdière, la future Mère Marie-Anne, dont le père, natif de Sainte-Anne-de-Beaupré, porte le prénom d'Adolphe ?). Cultivateur, il a 25 ans et Élisabeth 33 ans lorsqu'il s'intéresse à elle. Il fait partie du premier contingent de frères convers des Rédemptoristes, arrivés à Sainte-Anne en 1879 (voir *infra* : 348). Entré le 1er mai 1884, à l'âge de près de 36 ans, il sera admis aux vœux perpétuels le 26 avril 1889. Il a pris le nom de Frère Adolphe. Jardinier des Rédemptoristes et du sanctuaire, il était un « Religieux austère et de peu de désirs », possédait « de réelles qualités, de solides vertus », était « un religieux fervent, ambitieux de perfection [...] avide de régularité dans sa vie, comme de symétrie dans ses jardins. » Il meurt à Sainte-Anne le 13 mai 1931, à l'âge de 83 ans, dont 47 en communauté. (A. Ferland, c.ss.r., « Notre vieux Frère Adolphe », *Annales de la Bonne Sainte Anne*, août 1931 : 249-252.)

(41) Voir *supra* : 44-45.

Fondé en 1693 dans l'ancien couvent des Récollets par Mgr de Saint-Vallier, le deuxième évêque de Québec, avec le concours de quatre Hospitalières de Saint-Augustin de l'Hôtel-Dieu de Québec, l'Hôpital Général de Québec à l'origine sert d'asile aux personnes âgées, aux invalides et aux indigents. Mgr de Saint-Vallier décide toutefois d'élargir la vocation du nouvel hôpital en lui confiant la garde des aliénés en 1717, vocation que les Augustines conserveront pendant plus d'un siècle, jusqu'à la fondation de l'asile de Beauport en 1845. Comme l'état financier de la maison est presque constamment déficitaire, l'évêque de Québec autorise les religieuses à ouvrir, en 1725, un pensionnat qui tiendra portes ouvertes jusqu'en 1868 [42].

À l'âge de 14 ans, le 13 novembre 1847, Louise Turgeon entre au pensionnat de l'Hôpital Général. Elle y passera trois années scolaires, pour le quitter définitivement en juillet 1850. C'est donc dans un pensionnat situé en plein cœur d'un hôpital où l'on voit circuler plus ou moins librement selon les aires la misère humaine incarnée dans des malades, des vieillards, des aliénés, des indigents et ce qu'on appelle à l'époque des femmes de mauvaise vie, que Louise Turgeon poursuit ses études. Ces trois années marqueront à jamais la sœur d'Élisabeth qui « l'entretenait souvent des exemples de vertus de ses maîtresses, le dévouement et la charité qu'elle avait remarqués dans le cloître », au point de faire lever « dans le cœur d'Élisabeth un vif désir de se consacrer à Dieu ; bientôt elle ne rêvait que la solitude et le silence de la vie religieuse [43] ». Exploits indubitablement que réussissent journellement ces religieuses cloîtrées menant de front vie contemplative et vie plus qu'active et dans des tâches lourdes et plus souvent qu'autrement rebutantes.

À la fin de ses études, Louise retourne dans sa paroisse natale et débute sa carrière d'enseignante qui s'étendra sur cinquante et une années [44]. La guerre des éteignoirs était commencée et Louise se trouve bientôt partie ou otage des factions qui s'opposent, d'autant plus que des parents, ses oncles, sont aux premières loges des contestataires. Solidaire d'eux, elle refuse à quelques reprises de remettre le journal de son école aux commissaires :

---

(42) Voir Micheline D'Allaire, *L'Hôpital-Général de Québec, 1692-1764*, Montréal, Fides, 1971, xxxiv, 251 p. : 32-33, 231-233.

(43) *CMM* I : 31.

(44) C'est elle-même qui l'écrit : « Moi, j'ai fait l'école 6 ou 7 ans à Beaumont, 10 ans à Beauport, 31 ans à Québec, ça fait 47 ou 48 ans. Je l'ai fait à Beaumont les trois dernières années de 1897 à 1900, et cette année, je l'ai fait en ville depuis septembre dernier. ça me fait 51 ans que j'ai enseigné. » (Louise Turgeon à Mère Marie de la Victoire, [juin 1901] : 4, ARSR, 202.100, 901-70A.

Dlle Louise Turgeon Institutrice, de l'arrondissement N° 1 a refusé, sur demande faite a diverse reprise, de livrer le journal de son école aux commissaires, ce qui est la cause, que le nombre d'enfants n'est point entré dans le retour. Nous pensons que c'est les commissaires de l'opposition qui sont ses parents qui l'en ont empêché. Le nombre peut avoir été environ 15 pour l'année, mais je ne suis pas certain du nombre. Les commissaires Charles Esnouf et Narcisse Turgeon ont refusé de signer les retours, ils ne veulent point se rendre a aucune de nos assemblées [45].

Trois ans plus tard, Louise Turgeon, dont on ne connaît pas la conduite entre-temps, oppose la même résistance. Elle devra poursuivre les commissaires de Beaumont pour récupérer son salaire [46]. Après six ans à Beaumont, de 1850 à 1856, elle enseigne une dizaine d'années à Beauport, de 1856 à 1866 environ. Elle y aura des démêlés avec les commissaires en 1865 parce qu'elle veut faire refaire les divisions de l'école mixte où elle enseigne. Une plainte auprès du surintendant règlera l'affaire [47]. Ensuite, elle fera l'école à Saint-Roch de Québec.

C'est là que sa fertile imagination concevra l'idée de la fondation d'une nouvelle communauté religieuse. Elle dit qu'elle y pense pour la première fois en 1867. Mais sa première démarche – coïncidence ou incidence ? – est faite l'année même de la fermeture du pensionnat de l'Hôpital Général de Québec où, « toute jeune [elle] avait eu sous les yeux un tableau douloureux ; elle avait vu les vastes salles de l'Hôpital Général remplies de malades, elle avait été témoin des actes de dévouement et de la charité des pieuses sœurs hospitalières, elle avait entendu ses maîtresses louer la cause des malheureux, là sur le lieu même ou les grandes souffrances étaient secourues et consolées, son cœur compatissant se portait instinctivement vers la classe souffreteuse [48]. » Sa conception ou plutôt les conceptions de sa communauté n'échapperont pas à ces images gravées dans son esprit et dans son cœur.

---

(45) Pierre Roy au Dr Jean-Baptiste Meilleur, Beaumont, 18 juin 1852, ANQ-Q, Éducation, L.R., É-13/325, 752 (1852).

(46) Voir *supra* : 75.

(47) Louise Turgeon à P.-J.-O. Chauveau, Beaumont, 9 août 1865, 4 p., ANQ-Q, Éducation, C.G., É-13/440, 1803 (1865).

(48) *CMM* I : 111-112.

A) Démarches pour une fondation à Québec (1868-1874)

1) La première démarche, auprès du surintendant de l'Instruction publique du Québec (1868)

La première démarche pour la fondation d'un Institut est faite par Louise Turgeon le 28 janvier 1868 auprès du surintendant de l'Instruction publique du Québec, bien qu'elle rumine son projet depuis un an déjà et qu'elle ait constitué un épais dossier sur le sujet. Ayant entendu parler d'un projet de fondation du Dr Louis Giard pour assurer la retraite des institutrices, elle souhaite le rencontrer pour partager, dit-elle, des idées singulièrement semblables aux siennes.

Beaumont, 28 Janvier 1868

Monsieur le Surintendant,

Ayant entendu parlé des idées que vous avez communiquées à Mr Juneau [49] sur la fondation d'une institution destinée à servir de retraite aux Institutrices qui épuisent leur santé à l'enseignement, je prends la liberté de vous écrire, pour vous demander si vous seriez assez bon de m'accorder quelques heures d'audience, pour vous exprimer à ce sujet les miennes, qui correspondent singulièrement aux vôtres. Depuis bien des années, la reflexion et la vue des désordres causés dans les populations par l'inexpérience de jeunes Institutrices m'ont fait méditer sur les moyens à prendre pour remédier à ce mal. Il y a un an, la fondation de cette institution m'est venue à l'esprit, depuis cette époque je n'ai cessé d'invoquer le Tout-Puissant pour connaître sa volonté, le priant d'envoyer quelqu'un à mon secours, pour faire réussir la chose si elle lui était agréable, et de me garder d'agir par présomption.

Depuis un an que je recueille mes idées sur ce sujet j'en ai un cahier trop volumineux pour vous les exposer ici. Je vous serais donc très obligée si vous me permettiez d'aller vous en faire par[t] verbalement. Vous m'obligeriez aussi infiniment en me faisant connaître le jour et l'heure où je pourrais aller sans vous déranger.

Je demeure avec le plus profond suspect,

Monsieur le Surintendant,
Votre très humble servante,
Louise Turgeon Institutrice [50]

---

(49) Félix-Emmanuel Juneau (1816-1886), instituteur, inspecteur d'écoles et auteur d'un ouvrage pédagogique (1847), de manuels scolaires. « Il pouvait revendiquer le mérite d'avoir été un des premiers instituteurs laïques à travailler sans relâche à la valorisation de la profession d'enseignant et au perfectionnement de ses confrères. » (Huguette Filteau, « Félix-Emmanuel Juneau », *DBC* XI : 503-505 et A. Labarrère-Paulé, *Les Instituteurs...* : 119-133.)

(50) ANQ-Q, Éducation, C.G., E-13/458, 205 (1868).

Louis Giard et son projet d'un institut féminin voué à l'enseignement (1868)

Le Dr Louis Giard (1809-1887), médecin et éducateur, est le premier secrétaire[51] catholique du département de l'Instruction publique, et il le restera pendant trente-quatre ans, de 1848 à 1882. Sauf pour une courte période, du 15 juillet 1867 au 24 février 1868, où il a le titre de surintendant *pro tempore* jusqu'à l'adoption de la loi qui précise les fonctions du premier ministre de l'Instruction publique, Pierre-Joseph-Olivier Chauveau[52]. C'est donc au Dr Giard que Louise Turgeon écrit, comme elle le précisera elle-même plus tard[53]. Celui-ci se montre très disponible pour la recevoir, la met cependant en garde contre l'illusion qu'il puisse lui être d'une grande utilité. Au contraire, il la désabuse sur les pouvoirs qu'elle croit être siens et qui sont plutôt le privilège des autorités ecclésiastiques diocésaines.

D'autre part, il précise sa pensée quant au projet qu'il nourrit. Projet beaucoup plus global que ne le laisse supposer celui auquel fait allusion Louise Turgeon. Ce qu'il désire, c'est un institut féminin voué à l'enseignement dans les écoles primaires, plus ou moins le pendant des Frères de la Doctrine chrétienne, mieux connus sous le nom de Frères des Écoles chrétiennes[54]. En somme, par le but que lui fixe le surin-

---

(51) « L'un des postes les plus importants du département de l'Instruction publique, après celui du surintendant, était celui de secrétaires, chargés du contrôle général du département et responsables de la partie administrative de l'enseignement catholique ou de l'enseignement protestant. » (L.-P. Audet, *Histoire de l'enseignement...*, II : 350.) Louis Giard est aussi le rédacteur en chef du *Journal de l'Instruction publique* de 1868 jusqu'à sa disparition en 1879. (Voir Louis-Philippe Audet, « Louis Giard », *DBC* XI : 378-379.)

(52) Nommé surintendant de l'Instruction publique pour le Bas-Canada en 1855, à la succession du Dr Jean-Baptiste Meilleur, Pierre-Joseph-Olivier Chauveau (1820-1890), organisateur de l'enseignement primaire au Canada français, qui inaugure les écoles normales en 1857 en plus d'organiser la caisse d'économie des instituteurs et de fonder le *Journal de l'Instruction publique*, forme le premier cabinet de la Province de Québec sous la Confédération. En 1867, en plus d'être Premier ministre, il est aussi secrétaire provincial et continue son rôle de surintendant, sauf du 15 juillet 1867 au 24 février 1868, sous le nouveau titre de Ministre de l'Instruction publique, ministère qu'il crée lui même. (Voir Louis-Philippe Audet, « Le premier ministère de l'Instruction publique au Québec, 1867-1876 », *RHAF*, vol. 22, n° 2 (septembre 1968) : 171-172. Aussi Jean Hamelin et Pierre Poulin, « Pierre-Joseph-Olivier Chauveau », *DBC* XI : 194-204.)

(53) Louise Turgeon à l'abbé Napoléon Laliberté, St-Roch, Québec, 21 septembre 1871 : 7, AAR, A-14-2, RSR.

(54) Les Frères de la Doctrine chrétienne ou Frères des Écoles chrétiennes sont arrivés à Montréal en 1837. Ils sont venus quatre de France, à la demande de l'évêque de Montréal, Mgr Jean-Jacques Lartigue, et du supérieur du Petit Séminaire de Montréal, Joseph-Vincent Quiblier, p.s.s., pour se consacrer à l'éducation de la jeune gent masculine. Voir Louis-Philippe Audet, *Le Système scolaire de la Province de Québec VI : La situation scolaire à la veille de l'Union, 1836-1840*, Québec, Les

tendant de l'Instruction publique, c'est déjà l'Institut des Sœurs des Petites-Écoles qui existe dans sa pensée. Nul, si ce n'est Pierre-Joseph-Olivier Chauveau lui-même, n'est mieux placé que lui pour en admettre la nécessité et par là en reconnaître l'importance et, éventuellement, l'inévitable influence. Un obstacle de taille, cependant, qui se lève avec autant de régularité que de monotonie dans tous les grands projets, celui de la question financière. Il faudrait des fonds et pour l'achat ou l'érection d'une maison mère et pour assurer la subsistance de la communauté débutante, fonds dont ne dispose pas le surintendant.

Bureau de l'Ed[ucation]
Québec 6 fév. 1868

Mad^{le} Louise Turgeon
Beaumont
Bellechasse

Mad^{le}

J'ai l'honneur d'accuser réception de votre lettre du 30 janv. [55] du mois et de vous dire en réponse que je serai toujours prêt à vous recevoir, quand il vous plaira du moins au Bureau, qui est toujours ouvert depuis 10 heures du matin jusqu'à près de cinq heures de l'après midi. Je dois vous dire néanmoins que je ne puis pas grand chose dans la question dont il s'agit.

C'est aux autorités ecclésiastiques qu'il faudrait s'adresser pour cela. La chose ne pourrait non plus réussir suivant moi, qu'en autant qu'on aurait les moyens de fonder la maison mère et de pouvoir la faire subsister. Ce que je désirerais, ce serait une institution de filles à peu près modelée sur celle des Frères de la doctrine chrétienne, qui se consacrerait à l'éducation et en ferait l'occupation de toute leur vie. Quoiqu'il en puisse être je vous verrai toujours avec plaisir et j'espère que la Providence fera trouver à quelqu'un les moyens de former cette institution, si elle entre dans ses vues et si elle doit être un moyen de répondre[...] [56]

Louise Turgeon aura un entretien avec le Dr Giard, toujours convaincu du bien-fondé de ce projet, que plusieurs personnes, aurait-il dit, appellent de leurs vœux. Lui-même aurait volontiers investi dans « l'entreprise » s'il avait pu disposer de quelque argent. Il croit qu'une fois connue la communauté ne manquera pas de protecteurs. Mais la difficulté réside toujours dans les commencements. La seule trace de cet entretien est ainsi résumée dans une lettre de Louise Turgeon :

Éditions de l'Érable, 1966, 353 p. : 180-190.

(55) Lettre du 28 janvier, reçue le 30 au Bureau de l'Éducation.

(56) Fin du texte, lettre déchirée. Sans signature. Copie. ANQ-Q, Éducation, C.G., E-13/458, 205 (1868).

comme me disait Mr Giard (il a quelques années à qui j'avais communiqué mes idées) une fois que votre Congrégation serait connue il ne manquerait pas d'âmes charitables qui, animées du désir du progrès de cette institution que les vœux d'un grand nombre appellent depuis longtemps nous aideraient. Moi-même dit-il si j'avais quelqu'argent a disposer ce serait pour votre projet car nous en avons parlé dit-il que les institutrice constituées en corps religieux feraient beaucoup plus de bien et seraient elles-mêmes beaucoup mieux [57].

2) Mgr Charles-François Baillargeon, archevêque de Québec (1868)

Dans son entretien, le Dr Giard a peut-être réitéré le conseil implicite contenu dans sa lettre, à savoir que la fondation d'une communauté religieuse doit être autorisée par les autorités ecclésiastiques. Louise Turgeon se rend donc à l'archevêché où elle a sans doute déjà rencontré Mgr Baillargeon du temps où il était coadjuteur de Mgr Turgeon, à qui il vient tout juste de succéder [58]. Ce que laisse supposer un extrait d'une lettre à Mgr Langevin, dans laquelle elle écrit à propos de Mgr Elzéar-Alexandre Taschereau, qui succédera lui-même à Mgr Baillargeon : « Monseigneur l'Archevêque ne nous connaissant pas nous n'avons pas grand grâce à nous presenter sans l'intercession de personne d'influence auprès de sa Grâce qui nous connaîtrait un peu de mœurs et de caractère et pouvant lui donner une juste idée du bien et de l'avantage qu'une semblable Congrégation pourrait offrir au Pays [59]. »

Le seul témoignage que nous ayons de cette rencontre avec Mgr Baillargeon est celui de Louise Turgeon : « ce plan, que j'ai avant le concile soumis à M[r] l'Archevêque [60] ». Le quatrième concile de Québec s'étant ouvert le 7 mai 1868, c'est donc tout au plus quelques mois après sa tentative auprès du Dr Giard que Louise Turgeon se présente à l'archevêché.

Comment l'archevêque a-t-il accueilli son plan ? Il « ne l'a pas désapprouve [61] » écrit-elle, ce qui ne témoigne pas d'un enthousiasme délirant. De politesse, de sympathie peut-être, de bonté pour la parente

---

(57) Louise Turgeon à l'abbé Napoléon Laliberté, 21 septembre 1871 : 7, AAR, A-14-2, RSR.

(58) Mgr Turgeon est mort le 25 août 1867. Le jour de son inhumation, le 28 août, Mgr Baillargeon monte sur le siège archiépiscopal, mais ce n'est que le 2 février 1868 qu'il est consacré.

(59) Louise Turgeon à Mgr Jean Langevin, St-Roch, Québec, 18 février 1874 : 3, AAR, A-14-2, RSR.

(60) Louise Turgeon à Mgr Jean Langevin, Saint-Sauveur, Québec, 5 septembre 1870 : 1, AAR, A-14-2, RSR.

(61) *Ibid.*

de l'ancien archevêque. Dans la lettre pastorale publiée par les évêques à la fin du concile, la troisième des dix sections qui la composent est dédiée à l'«Éducation de la jeunesse», qui s'adresse autant aux parents qu'aux instituteurs. La lettre cite l'Encyclique de Pie IX du 8 décembre 1849, qui rappelle aux évêques qu'il est de leur devoir de veiller à ce que «la jeunesse réunie dans les écoles n'ait que des maîtres irréprochables sous le rapport de la religion et des mœurs, afin que lui enseignant la véritable vertu, ils la mettent en mesure de reconnaître les pièges tendus par les impies, d'éviter leurs funestes erreurs, et de servir utilement et avec éclat la religion et la patrie». Renchérissant, les évêques écrivent donc : «Un bon maître, ou une bonne maîtresse, est un trésor précieux pour des parents chrétiens, et l'on ne saurait trop faire de sacrifices pour se le procurer. Mais aussi quelle horreur devez-vous avoir d'un instituteur, ou d'une institutrice, dont les sentiments et la conduite ne sont pas franchement catholiques ; dont les paroles ne sont pas dignes de sa haute mission ; dont les exemples ne portent pas à la piété ; et, à plus forte raison, dont les exemples sont mauvais ! Car viendra le jour terrible où *les cieux révèleront son iniquité et la terre s'élèvera contre lui* (Job, XX, 27)[62]. »

Mgr Baillargeon ne peut donc qu'être en principe d'accord avec l'idée d'une communauté vouée à l'enseignement en milieu rural. Mais quant à mettre le projet de l'avant, c'est autre chose. D'autant plus que nous ignorons dans quels termes Louise Turgeon présente son projet et de quelle façon elle voit alors l'institut rêvé, car elle a jonglé avec plusieurs formes à donner à cet Institut selon les possibilités du moment, et pas toujours de façon très claire ni très organisée. À Mgr Langevin, elle écrit en parlant de l'archevêque : «La maladie qui le retient m'a empêché de lui en parler depuis[63]. » Cette maladie dont elle parle est relativement récente. Forcé d'interrompre sa visite pastorale le 7 juillet 1870, à cause de sérieux problèmes de santé, l'archevêque de Québec verra sa santé décliner constamment – il a reçu une première fois l'extrême-onction, le 11 août – et mourra, à l'âge de 72 ans, le 13 octobre suivant[64]. Donc, Louise Turgeon, qui écrit le 5 septembre 1870, ne l'a pas rencontré depuis le printemps de 1868 et ne le reverra plus, puisqu'il mourra le mois suivant sans avoir repris ses activités.

---

(62) « Lettre pastorale des pères du quatrième concile provincial de Québec », Québec, 14 mai 1868, *Mandements des Évêques de Québec*, IV : 624-625.

(63) Louise Turgeon à Mgr Jean Langevin, 5 septembre 1870 : 1.

(64) Voir *Mandements des Évêques de Québec*, IV : 221-225, 725-727, 730ss.

3) Mgr Jean Langevin, évêque de Rimouski (1870)

C'est d'abord en 1867 que Louise Turgeon a pensé à s'adresser à Mgr Langevin, c'est-à-dire l'année même où l'idée lui vient de fonder une communauté religieuse. Trois ans plus tard, le 5 septembre 1870, « j'ose, écrit-elle, vous soumettre un projet que j'ai retenu en mon âme la dernière année que vous avez été Principal ». Pourquoi n'a-t-elle pas osé alors ? C'est « à l'instigation, répond-elle, de personnes qui regardaient comme retombant sur elles-mêmes le mépris qu'elles prétendaient que vous feriez de ce plan ». Se pourrait-il que parmi ces personnes figurent ses sœurs Élisabeth, Alvine et peut-être Célina qui, toutes, ont fréquenté l'École normale et sont connues du Principal d'alors ? Il semble que oui car l'on sait par une autre lettre de Louise Turgeon à Mgr Langevin, que Élisabeth, pas à tort, ne croyait pas que l'évêque recevrait favorablement son projet [65]. Pas elles seules toutefois puisque Louise Turgeon poursuit : « Je me suis souvent repentie d'avoir écouté ceux qui m'ont détournée de vous en faire part », d'autant plus, dit-elle, « après que j'ai su que vous en auriez établie une à Beauport si vous eussiez trouvé des personnes pour s'y consacrer ».

Néanmoins, elle s'y décide maintenant : « J'attendais avec hâte votre retour [66] pour réparer ma faute et en décharger mon âme, avec la confiance d'être éclairée sur ce que je dois faire. » Et d'exposer ainsi son projet : « Ce projet c'est la formation d'une Congrégation d'Institutrices unis par un règlement monastique, afin que celles qui veulent consacrer toute leur vie à l'enseignement y trouvent un asile, et puisse l'embrasser par vocation comme état de vie permanant. »

Son projet, tel que défini ici, est quelque peu différent de celui qu'elle présumait partager avec le Dr Giard, « la fondation d'une institution destinée à servir de retraite aux Institutrices qui épuisent leur santé à l'enseignement [67] ». Son projet tel que présenté ici porte la griffe de celui du Dr Giard dans la réponse qu'il lui fait. Puis, elle détaille, de façon un peu brouillonne il est vrai, ce que effectivement sera la vie de l'Institut à ses débuts :

> Dégagée de toute inquiétudes, ces Inst[itutrices] n'auraient qu'à s'occuper des devoirs de leur état, et à se perfectionner dans l'enseignement. Pouvent comme dans une communauté partager le temps entre la prière, la récréation, et l'étude, ayant une heure réglée pour chaque chose, elles auraient le temps de s'affermir et d'acquérir de

---

(65) Voir *infra* : 151.

(66) Mgr Jean Langevin est allé en Europe, à Rome, pour le Concile du Vatican, du 4 septembre 1869 au 1er juillet 1870.

(67) Voir *supra* : 136.

nouvelles connaissances. Celles qui seraient plus capables passe-raient leurs sciences aux autres dans le temps des vacances où nous serions toutes réunies. Les convalescentes et celles qui n'auraient pas de place y trouverait de quoi s'occuper selon chacune leur capacité, sans être à charge a personne, ni donner allés à l'ennuie. Ces inst[itutrices] contribueraient par leur économie rurales et leur travail à amoindrir les dépenses locales en employant le temps que les autres sacrifient à leur toilette à la promenade et aux veillées, au détriment de leur santé, dont la faiblesse est un mystère pour quiconque n'en connaît point les causes. Un règlement de vie régu-lière retranchant ce que nous avons signalé plus haut c'est à dire les veillées prolongées, les promenades etc. améliorerait leur santé et mettrait fin à ces excès qui la ruinent.

Ce que serait la vie de l'Institut à ses débuts, devrait-on dire, si ce n'est qu'elles ne seront pas dégagées de toutes inquiétudes et partant incapables de consacrer tout leur temps à leur perfectionnement et à l'enseignement.

Les économies réalisées, croit-elle, par l'union de plusieurs institu-trices leur « donnerait plus de moyens d'aider les pauvres », ce qu'elle voudra pratiquer plus tard, sa communauté, dans sa conception, débor-dant le cadre strict d'une communauté enseignante.

De par leur vocation religieuse, ces anges de miséricorde pourraient aussi être, dans les campagnes reculées, les auxiliaires du prêtre qui en est le plus souvent absent :

Leur confiance n'étant qu'en Dieu unique objets de leurs désirs et de leurs espérances elles auraient plus de force et de courages pour accomplir leur mission avec plus de profit pour elles et pour les autres. Surtout dans les places ou il n'y a que des chapelles, où le prêtre ne peut aller que rarement elles seraient plus propres à ces places en ce que le respect humain ne les empêcherait pas de se rendre utiles à tous les gens comme aux enfants, par les catéchisme, les visites au St-Sacrement, les lecture pieuses qu'on pourraient faire à la chapelle les jours qu'il n'y aurait pas d'offices.

Louise Turgeon s'applique à expliquer en quoi les membres de sa communauté se compareront plus qu'avantageusement à leurs con-sœurs laïques. Et l'institutrice, comme le veut le discours de l'époque, a une responsabilité terrible à assumer. Selon Louise Turgeon, on peut souvent la trouver en faute de vanité et de frivolité et de ce fait elle est souvent remplacée, ce qui est exact mais pas uniquement pour cette raison.

Je sais par ma propre expérience qu'une Inst[itutrice] qui sait rester dans les bornes de l'humilité et de la modestie, qui peut donner l'exemple de ce qu'elle enseigne, réussit et est respectée et peut faire dans les campagnes un bien immense, au lieu que celles qui se livrent au monde et à ses maximes pensant d'en être plus respectées en sont plus méprises et restent rarement en place.

La plus part mettent toute leur confiance dans leur toilette disant qu'il faut faire comme les autres, être bien habillées pour être respectées et avoir des chances [...] Le grand mot du jour c'est la propreté mot qui sert à plusieurs pour satisfaire l'amour propre et la vanité puisqu'elle ne trouvent une personne propre que lorsqu'elle à de beaux habits neufs et qu'elle est a la mode.

Louise Turgeon s'indigne de ce qu'on « proclâme partout la vertu de propreté », laquelle « a bien plus de partisants dans le monde que la foi, l'espérance et la charité, à laquelle on les sacrifient souvent [68] ».

C'est cet état de choses qui prévaut dans les campagnes qui l'incite, dit-elle, à passer outre aux risées dont elle et son projet ont été l'objet :

Ma conviction est que ce mot mal interprêté fait bien du mal dans nos campagne c'est pour celà que vous parle. J'ai déjà éprouvée bien des contradiction et des mépris à l'égard de cette entreprise, mais la peine que j'éprouve en considérant l'état désolant ou en sont nos campagnes ou l'orgueil et la vanité détruisent la charité et l'humilité, et avec elles toutes les vertus m'a fait tout surmonter dans le but de leur être utiles.

Cette communauté d'enseignantes plus propres que les laïques à assurer non seulement un enseignement de qualité mais aussi une éducation religieuse est d'autant plus nécessaire que les communautés enseignantes existantes n'ouvrent aucun couvent dans les endroits reculés. Ces dernières n'ont donc aucune crainte à ressentir car la compétition serait pour elles inexistante. La même chose pour les laïques, qui hésitent de toute façon à s'y rendre.

Les religieuses de nos communautés ne pouvant pas aller dans les petits réduits où se trouvent la plupart des Maîtresses cette Congrégation ne pourraient pas leur nuire. Tout le monde sais ce qu'il y a d'incommodités de tous genres qu'il y a à souffrir dans ces places isolées de la campagne ou se trouvent ces réduits qui conviendraient mieux à des ermites qu'a de jeunes personnes qui y meurt d'ennuie, tandis que deux de la congrégation ayant fait à Dieu le sacrifices du monde et de ses espérances se trouveraient heureuses de s'en voir éloigné.

---

(68) L'amour du luxe et de la toilette font effectivement des ravages dans les campagnes. Les gens s'endettent souvent parce qu'ils vivent au-dessus de leurs moyens. Dans leur lettre pastorale à la fin du quatrième concile, les évêques s'élèvent contre la pratique de l'usure et invitent les gens à fuir « le luxe qui a déjà ruiné tant de familles » (*Mandements des Évêques de Québec*, IV : 638).

Son projet est plus audacieux encore. Sa congrégation, une fois formée, pourrait même se charger de l'École normale des filles, et privilégier l'admission des aspirantes à la communauté. Pour ce faire, Louise Turgeon convoite deux maisons présentement en vente situées dans le quartier Saint-Roch, et s'enquiert de la possibilité d'obtenir un prêt du Gouvernement :

> Pardonnez moi si j'ose vous demander si nous aurions quelque chance en présentant une requête au Gouvernement pour emprunter sans intérêt une somme pour acheter une propriété pour cette Congrégation, à condition de ne payer que lorsque la société serait capable de le faire sans s'endetter. Un emplacement voisin de deux maisons en brique à deux étages avec cour etc. dans l'une desquelles j'abite, près de la congrégation des hommes St-Roch sont à vendre. Nous aurions ici des élèves pour exercer un bon nombre de maîtresses si le clergé trouvait bon que cette Cong[régation] remplace l'école Normale des filles quand elle sera formée. Les aspirantes à l'enseignement désirant faire partie de la Cong[régation] serait les premières reçues [...]

D'autre part, reprenant sa conception première, à cette congrégation religieuse serait greffée une société vers laquelle pourraient se replier les institutrices à la retraite, pauvres, dépendantes, en butte au sarcasme et à l'incompréhension, qui sont dans le monde sans l'être, dont plusieurs sont refusées par des communautés religieuses. Ce serait en quelque sorte un Dernier recours pour les vocations religieuses. Les membres de cette société pourraient en retour faire œuvre de participation financière pour les dépenses reliées au soutien de la communauté religieuse :

> acheter un logement qui servirait pour retirer les personnes qui aiment la vie religieuse et ne peuvent réussir dans les communautés. Ces personnes véjettent et s'ennuient au milieu du monde, où souvent elles sont à charge aux personnes avec lesquelles elles sont obligées de vivre, qui leur reprochent tout, sont toujours de mauvaise humeur contre elles, et elles ne peuvent avoir un moment de recueillement. Toutes ces personnes réunies sous un petit règlement vivraient heureuses en exerçant chacune leur industrie dont les revenus mis en commun formerait un petit capital qui nous aiderait à couvrir les dépenses de Notre Cong[régation] à laquelle nous pourrions agréger cette petite société.

En définitive, Louise Turgeon, en soumettant son projet à Mgr Langevin, ne souhaite aucunement aller fonder sa communauté à Rimouski. C'est à Québec qu'elle envisage la maison mère, qui éventuellement pourrait faire œuvre d'école normale, d'où partiraient deux à deux des religieuses pour enseigner dans les écoles rurales, même et surtout très éloignées des grands centres. Sa communauté serait donc sous la juridiction immédiate de l'archevêque de Québec. Elle s'adresse à l'évêque de Rimouski parce qu'il a été principal de l'École normale, qu'il a souhaité établir ce genre de communauté à Beauport dit-elle, parce qu'il est très connu en milieu non seulement normalien, mais aussi gouvernemental où son frère Hector-Louis, détenteur d'un double mandat, député de Dorchester à l'Assemblée législative et à la Chambre des communes, ainsi que ministre des Travaux publics à Ottawa, connaît ce genre de personnes riches et influentes qu'elle-même ne connaît point : « Un mot de votre part à des personnes fortunées nous procurerais j'en suis convaincue », lui écrit-elle, de quoi faire démarrer leur projet. Elle s'adresse aussi à lui « en sollicitant le pardon de ma hardiesse », parce qu'elle est « inspirée par la confiance que j'ai en vos lumières » écrit-elle, et aussi « en votre amour pour le bien du peuple ». Elle a écrit « plus d'une main de papier en notes sur cette Congregation [69] », donc plus de vingt-cinq feuilles ou plus de cinquante pages si écrites recto verso, et attend sa réponse pour lui dévoiler « le reste des œuvres que je vois pouvoir découler de cette Cong[régation] ». Nous verrons plus loin en quoi consiste le « reste ».

4) Démarches pour une incorporation de sa société (1870)

L'évêque de Rimouski lui a-t-il écrit ? Aucune réponse satisfaisante ne lui est venue en tout cas, puisqu'elle poursuit des démarches à Québec, en vue d'une incorporation. Elle fait même préparer le document, par MM. Muir et Smith, écrit-elle. Il s'agit sans doute de Georges-Manly Muir (1810-1882), avocat, et greffier de l'Assemblée législative, catholique militant et membre actif de la Société de Saint-Vincent-de-Paul. Il est à l'origine de la fondation du Bon-Pasteur de Québec. C'est lui, en effet, qui suggère à Mgr Turgeon la fondation d'une maison de réhabilitation pour les femmes sortant de prison [70].

Dans sa requête, les « Institutrices et autres » désirent se constituer en société sous le nom d'« Institutrices Colonisatrices ». Leur but est « de former la jeunesse des localités rurales au goût de l'Agriculture plutôt que celui des professions [71] ». Sont-ce ses propres vues qu'elle énonce ainsi, ou encore, fort au fait des idées et des besoins du temps,

---

(69) Ces notes n'ont pas été retrouvées.

(70) Voir *Mère Marie du Sacré-Cœur (1806-1885), fondatrice du Bon-Pasteur de Québec et ses collaboratrices*. Par une religieuse du même Institut. Québec, Asile du Bon-Pasteur, 1935, 276 p. : *passim* ; voir aussi *supra* : 89.

(71) « Province de Québec. Aux Honorables Membres de l'Assemblée Législative de la Province de Québec, en Parlement réunis », [1870], 4 p. : 1, ARSR 202.100, 1874-20 ; AAR, A-14-2, RSR.

un discours qu'elle adopte pour être sûre d'être mieux entendue, et que sa société trouve pignon sur rue ? Car le discours sur l'encombrement des professions libérales perdure tout au long du XIXᵉ siècle, et l'on s'efforce de prôner l'éducation pratique [72].

Les membres de cette société s'engageraient dans les paroisses rurales pauvres où les religieuses sont absentes et tiendraient, en sus de leurs classes, un ouvroir où elles initieraient les jeunes filles et les jeunes garçons à tous les secrets de l'apprentissage du service domestique « pour en faire des servantes et des serviteurs probes et intelligents ». De plus, « elles garderaient et instruiraient les enfants de ceux qui vont en journée, et de ceux qui ayant quelque voyage à faire, aimeraient à les mettre en sureté ; elles pourraient aussi garder à diner les petits enfants audessous de 7 ans, comme on fait à Montréal [73]. »

Tout en préparant l'acte, les avocats la préviennent toutefois que la requête d'incorporation est conditionnelle à l'approbation de l'évêque :

J'ai fait il y a un an une demande pour l'incorporation de cette société Mr Muir et Smith m'ont rédigé l'acte que j'ai encore mais il me dirent que comme c'était une société religieuse il ne pouvaient la présenter à la chambre sans l'approbation de l'évêque ayez dirent-ils cette approbation et vous aurez certainement le succès de votre demande.

Même un membre du Parlement, ou peut-être plutôt un fonctionnaire y travaillant, de religion protestante, lui promet son aide si elle obtient l'assentiment de Mgr Taschereau : « Même des protestant pour n'en citer qu'un, Mr Jelly [74] membre du Parlement m'a dit que si nous

---

(72) Voir Robert Gagnon, « Capital culturel et identité sociale : les fonctions sociales du discours sur l'encombrement des professions libérales au XIXᵉ siècle », *Sociologie et Sociétés*, vol. 21, nᵒ 2 (octobre 1989) : 129-146.

(73) Il s'agit sans doute d'une allusion aux Sœurs de la Providence fondées par Émilie Tavernier-Gamelin en 1843. (L'on sait qu'Élisabeth connaissait la fondatrice de réputation ainsi que ses œuvres et l'admirait énormément. Voir *infra* : 324) À leur érection canonique en 1844, leurs objectifs sont ainsi définis : visiter et soigner les pauvres à domicile, assister les mourants, soigner, dans la maison, les femmes infirmes, accueillir les orphelins, éduquer les enfants pauvres. Par la suite, elles ont encore augmenté et diversifié leurs services. Voir Huguette Lapointe-Roy, *Charité bien ordonnée. Le premier réseau de lutte contre la pauvreté à Montréal au 19ᵉ siècle*, Montréal, Boréal, 1987, 330 p. : 71 et *passim* ; aussi Denise Robillard, *Émilie Tavernier-Gamelin*, Montréal, Éditions du Méridien, 330 p. : 207ss.

(74) Serait-ce Joseph-Émile Gelley, candidat conservateur malchanceux qui à maintes reprises, de 1896 à 1912, a brigué en vain un siège à l'Assemblée législative et à la Chambre des commmunes pour les comtés de Lévis et de Bellechasse? Voir Pierre Drouilly, *Répertoire du personnel politique québécois, 1867-1982*, Québec, Bibliothèque de l'Assemblée nationale, 1983, 808 p. : 328.

avions l'approbation religieuse il nous fournirait ce qu'il pourrait, et s'interesserait pour nous auprès du Gouvernement[75]. »

5) L'abbé Napoléon Laliberté (1871)

C'est sans doute dans l'espoir de compléter la procédure pour l'incorporation que Louise Turgeon retourne à l'archevêché.

Il faut admirer sa détermination et son cran. Car dans toutes ses démarches, elle a certainement rencontré des personnes qui la traitent de vieille fille, d'illuminée, d'irrationnelle ou qui sans l'accabler de tous les noms n'en rient pas moins d'elle à son nez si ce n'est à sa barbe et l'accablent de mépris.

Elle fonce une fois de plus. Ce n'est sûrement pas tâche aisée. Parce qu'elle conçoit l'inanité de se présenter à un archevêque qu'elle ne connaît pas et qui, pis, ne la connaît pas, elle, ou si elle ne le conçoit pas à ce moment, ses démarches le lui démontreront, puisqu'elle écrira plus tard :

Monseigneur l'Archevêque ne nous connaissant pas nous n'avons pas grand grâce à nous presenter sans l'intercession de personne d'influence auprès de sa Grâce qui nous connaîtrait un peu de mœurs et de caractère et pouvant lui donner une juste idée du bien et de l'avantage qu'une semblable Congrégation pourrait offrir au Pays[76].

N'osant ou ne pouvant approcher Mgr Taschereau, c'est au chapelain de l'archevêché, l'abbé Napoléon Laliberté[77], qu'elle s'adresse. Et ce n'est sans doute pas la première fois, lorsqu'elle lui écrit le 21 septembre 1871, puisqu'elle commence ainsi sa lettre : « J'implore encore votre indulgence pour cette fois et j'espère que je n'aurai pas a vous troubler de si tôt à moins qu'il ne me survienne des idées qu'il serait nécessaire de vous soumettre[78]. »

Si seulement elle pouvait avoir autant d'argent que d'idées, elle pourrait réaliser tous ses projets. Et quelles idées elle a ! Elle ne doute de rien. Il s'agit ni plus ni moins d'installer le noviciat dans les anciens

---

(75) Louise Turgeon à l'abbé Napoléon Laliberté, St-Roch, Québec, 21 septembre 1871 : 5, AAR, A-14-2, RSR.

(76) Louise Turgeon à Mgr Jean Langevin, St-Roch, Québec, 18 février 1874 : 3, AAR, A-14-2, RSR.

(77) Jean-Baptiste-Napoléon Laliberté (1841-1885), né à Lotbinière le 31 décembre 1841, de Joseph Laliberté et de Marcelline Lahaie. Ordonné à Québec, le 24 septembre 1865. Professeur au Séminaire de Québec (1865-1868) ; vicaire à Sainte-Famille (1868-1869) ; curé de Jonquières (1869-1871) ; chapelain de l'archevêché de Québec (1871-1878), et, enfin, curé de Saint-Michel de Bellechasse (1878-1885), où il est décédé le 5 décembre 1885. (*DBCCF* I : 298.)

(78) Louise Turgeon à l'abbé Napoléon Laliberté, St-Roch, Québec, 21 septembre 1871, AAR, A-14-2, RSR.

locaux de l'École normale qui déménage dans un nouvel édifice, d'en conserver l'ameublement et tout le nécessaire pour leurs études de normaliennes :

> J'ai [su] dernièrement que le Gouvernement à bâti une maison toute exprès pour l'École Normale, alors j'ai pensé que vous trouveriez qu'il conviendrait mieux que partout ailleurs d'y placer Notre Noviciat vu qu'on pourrait profiter de tout l'ameublement et des effets necessaires a l'études de toutes les sciences qui nous seraient utiles, et au cours d'études des Institutrices, sans aucune dépense pour nous et avec l'avantage de suivre le cours de l'École Normale, qu'on aurait pas ailleurs.

Après une appropriation des locaux de l'École normale, c'est l'œuvre elle-même qu'elle convoite. Pourquoi ne pas remplacer en effet les Ursulines qui ont suffisamment de biens pour se passer de cette œuvre qui apporterait à la nouvelle communauté suffisamment de numéraire qui serait utilisé à sa juste valeur pour assurer leur subsistance :

> Vue que cette Congrégation sera formée et approuvée nous recevrions avec reconnaissance le privilège de posséder l'école Normale c'est-a-dire de remplacer les religieuses, qui sont assez riches qu'elles peuvent aisément se passer de ce bénéfice que leur donne cette École, tandis que notre Congrégation naissante sans aucun revenus immédiat, aurait avec la pension des élèves de quoi pourvoir amplement a son existence et il semble que celà ne serait que juste puisque de la sorte ce revenu retournerait au bénéfice de celles qui le fournissent et au bien de la classe qu'elles sont appelées à enseigner et que ce sacrifice que fait le gouvernement pour l'entretien de cette école est tout spécialement pour la classe des Institutrices et pour celle qu'elles enseignent.

C'est une congrégation naissante qui commence à avoir du muscle. Parce qu'il faudrait aussi changer les règles d'admission à l'École normale. Il semble, en effet, qu'il y ait beaucoup trop d'institutrices pour les postes à combler : « Beaucoup d'Institutrices dont l'enseignement est une vocation et qui n'enticipent que cet état se plaignent de ce que l'école Normale continue toujours à faire des Institutrices, et les Bureau a donner des diplômes sans avoir de places à leur donner. » Qu'à cela ne tienne, « voici sur celà ma pensée », écrit-elle. Et de proposer *illico* une conscription des aspirantes normaliennes ou, pour être plus juste, seules pourraient aspirer à l'École normale celles qui se destinent à sa congrégation : « arrêter de prendre des élèves qui n'auraient pas la vocation d'entrer dans Notre Congrégation et ne prendre que des aspirantes à la dite Congrégation ».

Les institutrices diplômées appartenant à la Congrégation pourraient enseigner, s'incorporer sous le nom de Société d'Institutrices Colonisatrices et revendiquer un octroi du gouvernement :

> Supposé que celà prendrait un an ou deux pour nous former ; celles des Institutrices diplômées faisant partie de la Congrégation, n'ayant pas besoin de suivre le cours pourraient après s'être initié au règlement à suivre comme membre prendre une école autant qu'on trou[ve] de places et toutes celles qui n'auraient pas besoin de suivre le cours s'incorporeraient sous le nom de société d'Institutrices Colonisatrices pour avoir un octroi du Gouvernement comme Corporation religieuse.

Enfin, ne doutant pas de l'intérêt porté par le gouvernement à l'École normale, il s'agit qu'une personne influente, telle l'archevêque, le mette au courant pour le convaincre d'acheter la propriété qui deviendrait leur noviciat, maison mère et École normale. À défaut, l'évêque pourrait même suggérer aux Ursulines d'acheter la propriété pour sa congrégation, qui s'approprierait leur œuvre, tout en les dédommageant financièrement évidemment.

> Je pense bien que le gouvernement comme le Gouvernement porte beaucoup d'intérêt à l'École Normale, Il ne ferait pas difficulté d'achetter les propriété plus haut mentionnees par la suggération de personnes influentes qui s'y intéresseront tel que Mgr l'Archevêque, ou bien que les Dames Ursulines suggérées par lui l'achetteraient pour nous, et que nous leur rembourserions au fur et a mesure.

Comme l'on peut voir, les idées ne manquent pas. Mais l'application en est difficile. L'idée de base est bonne, mais la fondatrice n'est pas à point, s'embrouille dans ses développements et manque de réalisme. En 1871, donc, sa congrégation est toujours vouée à l'enseignement. Toutes les difficultés qui sont siennes lui apprendront sans doute que le projet est trop simple et qu'il faudra l'étoffer un peu en le compliquant singulièrement.

6) Second appel à Mgr Langevin où Élisabeth sert d'appât (1872)

Une lettre lui est-elle venue de Mgr de Rimouski en réponse à la sienne d'il y a deux ans ? Aucune n'a été retrouvée. Mais comme le moindre des défauts de Louise Turgeon est de baisser pavillon devant les obstacles et les indifférences, elle revient à la charge.

Ce qu'elle désire de Mgr Langevin, considérant son « amour de l'éducation et du progrès du Pays », c'est qu'il lui serve d'intermédiaire ou d'ambassadeur auprès de l'archevêque et du ministre de l'Instruction publique, « persuadée que [son] influence [...] peut tout obtenir » et que « l'inspiration d'une Congrégation d'institutri[ces] colonisatrices produite par Votre Grandeur serait agréée ». Mais elle vise toujours Québec, nullement Rimouski.

Et parce que son premier appel n'a pas été reçu, elle entend cette fois user d'un argument de taille : Élisabeth. Tout de suite après l'entrée en matière, elle l'introduit : « Ma sœur Élisabeth dont vous avez connu le caractère et la capacité à l'École Normale, serait disposer à se consacrer à cette Congrégation [79]. »

Or, en 1871, Mgr Langevin qui n'avait pas souscrit aux attentes de Louise Turgeon en 1870, invite Élisabeth à venir diriger l'école modèle des garçons à Rimouski, en échange de sa pension et d'un salaire mensuel de dix dollars [80]. Elle doit refuser pour des raisons de santé.

C'est en effet à l'été de 1871, à la fin de sa dernière année d'enseignement à Saint-Romuald, qu'Élisabeth, foudroyée par une grave infection pulmonaire, est condamnée par le médecin et reçoit une seconde fois l'extrême-onction : « en finissant son année à St-Romuald elle a subit une maladie qui dans trois semaine l'a conduite aux portes du tombeau. Comdamnée par le Médecin et Mr le Curé elle attendait avec certitude sa dernière [heure] à chaque instant [81]. »

Ce que voyant, Louise qui a toujours eu un faible pour Élisabeth, prie pour sa guérison, conjurant le ciel de lui sauvegarder la vie pour la Congrégation à laquelle elle la destine :

> Ayant toujours eu pour elle une affection particulière je me tournai vers Marie et la conjurai de m'obtenir son rétablissement, pour me l'unir dans la fondation de cette Congrégation d'institutrices, si elle pouvais produire la gloire de son Divin Fils et la sienne, en prenant le titre de Sœurs de la Passion en l'honneur de laquelle nous désirions l'établir. Je renfermai donc toutes mes demandes dans deux lettres que je déposai l'une au pieds de Notre-Dame du Sacré Cœur et l'autre au pieds de Notre Dame de Pitié.

Un mieux miraculeux suscité par son intervention croit-elle se fait sentir dès le lendemain : « Dès le lendemain un mieux sensible se fit sentir, et augmentant de jou[r]s en jours, elle est parvenue à une santé meilleure qu'elle n'avait jamais eue. »

Sa santé lui avait même permis de faire des projets de vie religieuse aux États-Unis à l'automne de 1871 ou au début de l'hiver 1872. Bientôt contrecarrés par une rechute, Louise voit dans celle-ci des

---

(79) Louise Turgeon à Mgr Jean Langevin, St-Roch, Québec, 18 février 1872, 4 p. : 1, AAR, A-14-2, RSR.

(80) Albert Tessier, *Les Sœurs des Petites-Écoles, 1874-1894*, Rimouski, Maison mère des Sœurs de Notre-Dame du Saint-Rosaire, 1962, XV, 282 p. : 44.

(81) Louise Turgeon à Mgr Langevin, 18 février 1872 : 2.

signes non équivoques d'appui à son projet. D'une part, Louise dit à Élisabeth : « Eh bien ! lui ai-je dit c'est que Dieu veut que tu reste pour m'aider à lever l'étendard de cette Congrégation, et pour faire du bien à ton Pays plutôt qu'à l'étranger. » D'autre part, le mal qui persiste chez Élisabeth ne serait-il pas dû au fait que la guérison, obtenue par la promesse d'une fondation qui ne s'est pas réalisée, s'avère de fait nulle et non avenue ? Et, à présent, dit-elle

> ce mal dont j'ai parlé plus loin qui ne guérit ni ne croit ne serait-il pas une conséquence de tout ce projet et qui ne du guérir que lorsque la formation de cette Congrégation sera accomplie. J'ai prié ainsi que tout la famille et nous avons fait prier pour obtenir la guérison de ce mal qui reste toujours au même point [82].

Autre signe providentiel de la viabilité et de l'importance de son projet, le changement de vues d'Élisabeth en rapport avec celui-ci. En 1867 ou 1868, lorsque Louise lui parle de son projet, elle n'y croyait pas : « Il y a 4 ans quand cette pensée s'est présenté à mon esprit et que je lui dit que j'avais dessein de vous en faire part, elle me dit que vous ririez de moi et que c'était tout ce que j'aurais. » Il est vrai que Louise l'enveloppait peut-être de telle façon qu'alors il n'était guère crédible. Depuis ce temps, aux dires de Louise, la réflexion d'Élisabeth combinée à son expérience d'enseignante lui ont fait voir la nécessité d'une telle communauté : « Depuis ce temps elle a pu par sa propre expérience juger de sa valeur et approfondir le vide que laisse encore le système actuel, et que l'établissement de cette Congrégation serait certainement à propos. » Et c'est pourquoi elle qui pense à se faire religieuse aux États-Unis resterait en Canada si cette communauté obtenait quelque agrégation : « Elle est décidée d'aller aux États-Unis, mais si cette Congrégation obtenait l'approbation ecclésiastique, elle n'irait pas. » Elle serait consentante à se joindre à cette nouvelle Congrégation « parce qu'on y trouverait un état de vie permanent dans lequel on pourrait, dégagée de toutes préocupation mondaines, se livrer à tous les devoirs qu'impose cette grande tâche, dans laquelle repose presque entièrement l'avenir morale et religieux d'un Pays ».

Finalement, Louise prie Mgr Langevin « d'examiner les notes que j'ai prises de mes idées sur les avantages qu'elle [sa communauté] pourrait procurer au peuple et aux insti[tutrices] ». Si seulement Louise Turgeon s'en était tenue à sa lettre ! Et à la lettre donc ! C'est en voulant apporter de l'eau à son moulin qu'elle le noie complètement.

---

(82) Louise Turgeon à Mgr Jean Langevin, St-Roch, Québec, 18 février 1872 : 2, AAR. Voir *supra* : 128-129.

Autant sa lettre a dû plaire en gros à Mgr Langevin parce qu'elle reflète ce qu'il souhaite y voir, autant ses notes la condamnent pour longtemps dans son esprit. Et s'il avait lu les notes d'abord, il n'aurait pas lu la lettre. D'ailleurs, il ne lui a pas répondu, il lui a renvoyé ses notes[83]. Ces sept pages de notes portent le titre de « Résumé du plan de la Congrégation d'Inst[itutrices] que nous sollicitons[84] ». Ce plan est presque résumé dans le titre ! L'on comprend que la communauté serait constituée *aussi* d'institutrices et qu'elle permettrait d'assurer leur retraite et que si on le leur permet elle pourrait s'occuper de la caisse d'économie des institutrices ; que c'est une congrégation à plusieurs branches ou sections ; que toutes celles qui le désirent, de quelque branche que ce soit, peuvent former l'ordre contemplatif du Cœur Agonisant de Jésus de la Passion et des douleurs de Marie, qui seules ont droit à un costume religieux, les autres devant se contenter d'un uniforme ; que les institutrices sont accompagnées dans les arrondissements où elles se rendent d'Auxiliatrices des âmes du Purgatoire qui assurent des services à domicile, jouant tour à tour, selon la terminologie actuelle, un rôle d'infirmière, d'agent de pastorale, de travailleuse sociale, de gardienne, etc., auxiliatrices probablement inspirées des Sœurs de la Providence et de leurs auxiliaires laïques, ainsi que de leurs œuvres comme les dépôts des pauvres et l'Œuvre de la soupe[85] ; une troisième catégorie de personnes, sans instruction, sœurs données ou sœurs converses se dévoueraient aux travaux manuels, ménagers ou des champs et feraient même de la récupération, à la campagne « au temps de la moisson glaner les jardins, les vergers, les champs de pois, de patates, etc. à cueillir les noix noisette, fêne, cerise, etc, que la plus part des cultivateurs n'ont pas le temps de cueillir et est perdu » et, à la ville, « collecter les effets de rebuts et les restes de vivres qui se perde dans bien des famille faute d'avoir quelqu'un à point pour les ramasser, cela fournirait aux malades soignés [par] les Auxiliatrices ». Encore aujourd'hui, on fait ce genre de récupération pour les nécessiteux.

Comme l'on voit ce ne sont ni la générosité, ni les bonnes intentions, ni les idées qui manquent à Louise Turgeon, mais un sens de l'organisation et à ce moment un manque complet de flair pour rendre son projet acceptable à celui dont elle recherche précisément le sceau d'approbation.

---

(83) Voir *infra* : 161
(84) ARSR 202.100 1874-14.
(85) Voir H. Lapointe-Roy, *Charité bien ordonnée...* : 77, 259ss et 273ss.

7) Tentative avortée (ca 1873)

C'est entre l'automne 1871 et l'automne 1873, mais probablement pendant l'année de 1873, que Louise Turgeon, lasse d'attendre des secours ou même des encouragements qui ne viennent pas, si ce n'est qu'on lui recommande à satiété de prier et d'espérer, décide de passer à l'action. Elle dirige alors une école à Saint-Roch de Québec, mais, investie de l'idéal qui la tenaille sans relâche depuis six ans déjà, elle prend fait et cause pour elle, toutes ses économies, pic et pelle par surcroît, pour donner au moins une chance à son projet de voir le jour. Pour ce faire, elle achète une grande maison dans le quartier Saint-Roch. Terre d'élection de la famille à Québec, puisqu'elle y habite depuis plusieurs années déjà, qu'Élisabeth y enseigne en l'année 1872-1873, ainsi que ses sœurs Marine et Célina.

Sa congrégation, ainsi qu'elle la perçoit à ce moment, s'est multipliée en se divisant. Elle comprend trois branches, telle probablement qu'elle l'expose à Mgr Langevin dans sa lettre du 9 février 1874[86].

Une congrégation, pour avoir pignon sur rue, doit avoir plus qu'un toit : la bénédiction des autorités religieuses. Si Louise Turgeon n'a pas toujours de l'ordre dans les idées, du moins lorsqu'elle les expose sur papier, elle a drôlement, par contre, de la suite dans les idées. Peut-être pas au goût de l'archevêque, ni de son chapelain dont les réticences, ou serait-ce les agacements, avaient été perçues par l'aspirante fondatrice[87]. Mgr Taschereau est en effet réfractaire à l'idée de toute nouvelle communauté religieuse, et encore moins de « quêteuses » qui n'ont pas de moyens assurés de subsistance[88].

Peut-être Louise Turgeon croyait-elle qu'en lui présentant une situation de fait, il allait se laisser fléchir. Son intransigeance n'ayant d'égale que sa persévérance lui interdit *ipso facto* l'incorporation, les subventions qui pourraient lui venir par elle. Elle lui apporte de plus la ruine, puisque toutes ses économies englouties, Louise doit rendre la maison au propriétaire, non sans avoir affectué maintes réparations et versé quelques paiements.

---

(86) Voir *infra* : 158-160.

(87) Voir *supra* : 147.

(88) « Premièrement, Sa Grandeur Mgr Taschereau a déjà dit qu'il ne permettrait jamais aucune autre fondation dans son diocèse que celles qui existent maintenant. » Paroles de l'abbé André-Albert Blais, alors chapelain des Sœurs du Bon-Pasteur de Québec (Servantes du Cœur Immaculé de Marie), et plus tard deuxième évêque de Rimouski, en 1885, à Philomène Labrecque, fondatrice des Dominicaines de l'Enfant-Jésus (maintenant Dominicaines de la Trinité) rapportées par elle (voir Giselle Huot, *Une femme au séminaire...* : 123). Mgr Taschereau a également dit qu'il ne voulait plus de « quêteuses » dans son diocèse (voir *ibid.* : 137).

De cette aventure, seul nous reste le témoignage de la *Chronique* qui résume des mois de labeur et d'espérance tournés court en ces termes :

> Arrivée à la quarantaine, Mlle Louise Turgeon ne trouvant plus dans sa condition d'institutrice un élément suffisant à son zèle, conçut l'idée de fonder un établissement religieux qui embrasserait plusieurs œuvres de charité : le soin des malades, des vieillards, des infirmes, l'instruction des enfants pauvres des deux sexes, sous le même toit elle réunirait des personnes aspirant à la vie purement contemplative, d'autres uniraient l'action à la contemplation et se dévoueraient au ministère actif de la charité auprès des diverses classes des malheureux. Dans ce dessein, elle acheta une grande maison à St Roch sur la rue St Joseph ; mais toutes les démarches qu'elle fit à cet effet, auprès de Mgr E.A. Taschereau, Archevêque de Québec furent infructueuses.

> D'autres déceptions suivirent bientôt ces premiers insuccès ; toutes ses épargnes avaient été employées à réparer et modifier cette maison, qui après l'échéance de quelques termes de paiement, retourna à son propriétaire [89].

B) Démarches pour une fondation à Rimouski

8) L'appel de Mgr Langevin à Élisabeth (1871)

Pendant toutes ces démarches de Louise Turgeon visant à instaurer une autre communauté religieuse à Québec, Mgr Langevin se dévoue corps et âme pour son diocèse si mal équipé [90].

Quatre ans après sa consécration comme évêque de Rimouski, il implante un contingent de Sœurs Grises de Québec dans sa ville épiscopale, au moment où les fièvres typhoïdes font des ravages dans son bien-aimé Séminaire, qui restera toujours la prunelle de ses yeux et sa première préoccupation.

Le principal de l'École normale, qui n'est pas mort en lui avec l'abandon du titre, concocte cependant des projets pour l'éducation des masses. En cette même année 1871, il offre donc à Élisabeth la direction de l'école modèle de Rimouski. Qu'elle doit refuser pour des raisons de santé [91].

---

(89) *CMM* I : 5.
(90) Voir *infra* : 165-166.
(91) Voir *supra* : 128.

9) Projet de Mgr Langevin d'une École normale à Rimouski (1873)

Lors d'une entrevue avec le ministre de l'Instruction publique, Mgr Langevin lui avait exprimé son « désir de voir une École-Normale établie dans ma ville épiscopale » lui écrit-il. Il lui rappelle que « vous m'avez paru accueillir volontiers mon projet, ainsi que les raisons que j'ai cru devoir apporter à l'appui [92] ».

Le 15 novembre 1873, il reprend donc de façon formelle et officielle la demande officieuse faite plus tôt : « Je demande l'établissement d'une École Normale pour tout ce qui forme mon immense diocèse, c'est-à-dire pour les catholiques des districts de Rimouski, de Gaspé, de Saguenay, et du Comté de Témiscouata. La pénurie d'institutrices surtout, qui s'y fait beaucoup sentir, me paraît rendre cette mesure d'une véritable urgence. »

Pour le moment, il se contenterait d'un département d'Élèves-Institutrices si le gouvernement ne peut défrayer aussi en même temps l'équivalent pour la gent masculine. D'ailleurs, il n'a fait qu'une seule démarche, auprès des religieuses de la Congrégation de Notre-Dame, qui joueraient à Rimouski le rôle des Ursulines à l'École normale à Québec. Elles accepteraient, avec l'assentiment de leur supérieure générale, de recevoir les futures normaliennes dans le nouveau couvent qu'elles se font construire et qu'elles vendront plus tard au Séminaire [93]. Pour elles, Mgr Langevin demande donc les mêmes avantages financiers et autres déjà accordés aux Ursulines de Québec.

En retour, les filles de Marguerite-Bourgeoys s'engageraient à prendre les pensionnaires, à tenir les classes et à suivre le programme en vigueur à Québec, à s'occuper de l'école annexe des jeunes écolières pour l'enseignement pratique. De plus, si le Gouvernement fondait aussi un département pour les Élèves-Instituteurs, elles accepteraient de recevoir en leur maison des professeurs laïques, ce qu'elles avaient refusé de faire à Montréal [94].

Et, bien sûr, Mgr Langevin entend superviser lui-même toute l'opération. L'École normale de Rimouski serait donc « pour tout ce qui regarde la foi et les mœurs, et particulièrement pour le choix des livres, sous le contrôle direct et immédiat de l'autorité épiscopale, et serait dirigée par un Principal, qui devrait toujours être approuvé d'elle. »

En terminant son exposé, Mgr Langevin fait appel au sens de la justice du ministre et de ses collègues pour doter son immense territoire

---

(92) Jean Langevin à l'Honorable G. Ouimet, Évêché de St-Germain de Rimouski, 15 novembre 1873 : 1, ANQ-Q, Éducation, C.G., E-13/513, 1985 (1873).

(93) Voir *infra* : 342-343.

(94) Voir *supra* : 102, n. 72.

d'une telle institution : « Je considère que c'est un acte de pure justice envers cette partie éloignée du pays, que de lui accorder un avantage dont les autres parties jouissent déjà depuis plus de quinze ans. »

La justice étant souvent soumise aux aléas des crises financières ou des manques de fonds chroniques pour elle, l'École normale de Rimouski se voit reléguer, momentanément dit-on, sur les tablettes. Le ministre n'est pas si ignorant ni si incompétent qu'il ne sache « comme Votre Grandeur tout le bien que ferait une semblable institution à Rimouski ». Mais le seul engagement qu'il puisse prendre à ce moment c'est « de faire tous ses efforts pour l'y établir, sitôt que les circonstances pourrait [sic] le permettre [95] ».

Dans une lettre du 17 novembre à son frère Hector-Louis Langevin, le grand vicaire Edmond Langevin lui demandait d'aider leur frère l'évêque à obtenir son École normale. Le 5 décembre, Hector Langevin lui répond : « Si je puis aider à l'Evêque de Rimouski dans son projet d'École normale ou d'une succursale à Rimouski, je le ferai avec plaisir [96]. » Il vient tout juste d'abandonner, le 6 novembre 1873, le ministère des Travaux publics ; il exerce un double mandat : réélu à l'Assemblée législative dans Québec-Centre en 1871, il a aussi été réélu dans Dorchester en 1872 à la Chambre des communes. De plus, depuis juin 1873, il a succédé à George-Étienne Cartier à la tête de l'aile québécoise du Parti conservateur à laquelle il se maintiendra jusqu'en 1891 [97]. A-t-il seulement eu le temps de faire des démarches ? La réponse du ministre de l'Instruction publique est envoyée quatre jours plus tard.

10) La rencontre de deux rêves brisés (1874)

Le rêve de l'École normale vient de s'estomper ou en tout cas, sa réalisation en est reportée aux calendes grecques. Presque. Elle surviendra trente-trois ans plus tard, quatorze ans après la mort de Mgr Langevin, en 1906 [98].

---

(95) Dr Louis Giard à Mgr Jean Langevin, Ministère de l'Instruction publique, Québec, 9 décembre 1873 : 2, ANQ-Q, Éducation, C.G., E-13/513, 1985 (1873).

(96) Hector-Louis Langevin à Edmond Langevin, Québec, 5 décembre 1873, ANQ-Q, Fonds Famille-Langevin, APG-134/3, 443.

(97) Voir Bibliothèque de la Législature, *Répertoire des parlementaires québécois, 1867-1978*, Québec, L'Assemblée nationale du Québec, 1980, 796 p. : 323-324 ; J.K. Johnson, dir. *The Canadian Directory of Parliament, 1867-1967*, Ottawa, Public Archives of Canada, 1968, viii, 731 p. : 321. Mais surtout Andrée Désilets, *Hector-Louis Langevin. Un père de la Confédération canadienne (1826-1906)*, Québec, Les Presses de l'Université Laval, coll. « Les Cahiers de l'Institut d'histoire », n° 14, 1969, 461 p.

(98) Voir *supra* : 102.

Celui de Louise Turgeon vient de s'envoler avec sa maison, ses économies, mais non pas toute espérance. Dure à l'ouvrage, aussi persévérante que sont persistantes dans leurs refus les personnes qui lui dénient leurs bénédictions, Louise Turgeon, délaissant ses visées sur Québec pour la fondation de sa communauté, lorgne désormais vers Rimouski.

En janvier 1874, Louise Turgeon a rencontré au Séminaire de Québec l'abbé Bégin, le futur archevêque de Québec et le second cardinal canadien. Il enseigne alors au Grand Séminaire le dogme et l'histoire [99]. Elle lui a parlé « du projet de notre Congrégation d'institutrice et en lui détaillant tout mes plans [100] ». L'abbé Bégin s'est alors souvenu que lors de ses vacances estivales, le curé de Notre-Dame de Laterrière, l'abbé Jules Mailley [101], lui avait longuement parlé qu'il existait « en France, une Congrégation ou communauté analogue à celle dont nous anticipons la formation » et qu'il souhaitait pour sa part « que nous eussions, dit-il, pour nos campagnes une semblable

---

(99) Louis-Nazaire Bégin (1840-1925) est né, non loin de Beaumont, à Lévis, un mois avant Élisabeth, le 10 janvier 1840, de Charles Bégin, cultivateur, et de Luce Paradis. Études à Québec et à l'Université grégorienne de Rome où il est ordonné le 10 juin 1865. Autres études à Rome et à Insbrück en Autriche (1865-1868). Professeur de théologie dogmatique et d'histoire ecclésiastique de 1868 à 1877. Il sera ensuite directeur du pensionnat de l'Université Laval, du Grand et du Petit Séminaire de Québec (1877-1884). De 1884 à 1888, il sera élu principal de l'École normale Laval de Québec. Comme Mgr Langevin, et Mgr Horan avant lui, il quittera le principalat pour l'épiscopat et sera sacré évêque de Chicoutimi par le cardinal Taschereau le 28 octobre 1888, où il restera jusqu'en 1891. Élu archevêque de Cyrène et coadjuteur du Cardinal Taschereau (1891-1898), administrateur de l'archidiocèse de Québec (1894-1898). Archevêque depuis le 28 avril 1898 jusqu'à sa mort. Second cardinal canadien en 1914. Le 12 juin 1925, alors qu'il vient de fêter son soixantième anniversaire de prêtrise, une attaque de paralysie le terrasse. Il s'éteint le 18 juillet. Auteur des ouvrages suivants : *La Primauté et l'Infaillibilité des Souverains Pontifes, La Sainte Écriture et la Règle de Foi, Éloge de saint Thomas d'Aquin, Le Culte catholique, Chronologie de l'Histoire du Canada, Petit Catéchisme des Vocales ou électrices*, etc. Ses écrits lui valent l'admission à la Société Royale du Canada dès sa fondation, en 1882. (Voir *La Semaine religieuse de Québec*, 1924-25 : 738-747 ; H. Provost, *Le Séminaire de Québec* : 486-487 ; *DBCCF* II : 36-37.)

(100) Louise Turgeon à Mgr Jean Langevin, St-Roch, Québec, 9 février 1874 : 4, AAR, A-14-2, RSR.

(101) L'abbé Jules Mailley est Français. Né le 11 novembre 1828, à Noray-l'Archevêque, diocèse de Besançon, de Jean Mailley, médecin, et d'Emma Sybille. Ordonné en Afrique, à Alger, par Mgr Pavy, le 8 mars 1851. Il est d'abord aumônier des Zouaves d'Oran en Italie (1851-1855), puis curé de Saint-Laurent d'Oran (1855-1858). Il vient ensuite au Canada pour une période de vingt-six ans (1858-1884). Vicaire à Saint-Roch-des-Aulnaies (1858-1862) ; curé de Saint-Irénée (1862-1865), de Saint-Raphaël de Bellechasse (1865-1871). Il est retiré de 1871 à 1881, selon Allaire, alors que Louise Turgeon le dit curé de Notre-Dame de Laterrière en 1873-1874. Curé de Berthier-en-Bas (1881-1884), il retourne en France où il meurt à Paris, le 30 août 1884. (*DBCCF* I : 357.)

institution ». L'abbé Bégin lui dit alors : « Si j'avais cru avoir l'occasion d'être utile à quelqu'un j'aurais pu avoir tous les renseignements qui vous seraient utiles. » Il lui enjoint alors d'écrire à l'abbé Mailley pour obtenir des renseignements sur le but, les œuvres et les constitutions de la communauté française. Réticente, Louise Turgeon semble l'avoir fait, mais sans recevoir de réponse.

Lors de cette même entrevue, l'abbé Bégin suggère à Louise Turgeon de communiquer son projet à Mgr Langevin. Elle n'ose lui dire qu'elle l'a déjà fait, mais qu'elle n'a pas été entendue. Elle suit son conseil toutefois et lui écrit quelques semaines plus tard : « Sans lui dire que je vous les avais déjà envoyées et qu'elles n'avaient point été recues, je me mis en devoir d'obéir et de suite je vous écrivit la première lettre que je vous ai ecrit cet hivers à ce sujet Monseigneur [102]. »

C'est donc deux mois jour pour jour après la réponse négative du ministère de l'Instruction publique à Mgr Langevin, que Louise Turgeon lui adresse sa lettre débutant ainsi : « Comme il n'y a pas dans votre ville de fondation de communauté religieuse, et quelle est loin de l'École Normale, avec votre permission la Congrégation d'Institutrices dont je vous ai déjà [parlé], pourrait se former en peu de temps, et son succès est certain si elle vous convient. » Presque une réponse venue d'une autre source pour combler les espérances de l'évêque.

Elle a même déjà recruté tout un bataillon d'élites, sans doute les mêmes, ou plusieurs d'entre elles, qui l'avaient rejointe dans sa maison de Saint-Roch. Y sont-elles encore ? En tout cas, plusieurs vivent au même endroit comme le laisse entendre la lettre. Elles sont au moins huit, une douzaine peut-être :

> Mes sœurs qui ont étudié à l'École Normale sous votre direction, Moi, une Dame et deux demoiselles qui demeurent avec nous, et plusieurs Intitutrices et autres personnes et désireuses de se joindre à nous, et deux autres personnes pour lesquelles un Révérend Père s'intéresse sont prêtes à venir aussitôt qu'il y aura permission d'un Évêque.

Mgr Langevin doit être aux anges. Lui qui avait essayé sans succès d'obtenir les services d'Élisabeth, elle se présenterait d'elle-même. « Mes sœurs qui ont étudié à l'École Normale » désigne, en plus d'Élisabeth, peut-être Alvine, sûrement pas Célina, et probablement pas Aurélie. D'autres institutrices aussi, dont peut-être Madeleine

---

(102) Louise Turgeon à Mgr Jean Langevin, St-Roch, Québec, 5 mai 1874 : 1-2, AAR, A-14-2, RSR.

Dumas qui viendra à Rimouski à l'automne de 1874. Une « Dame et deux demoiselles qui demeurent avec nous » pourraient-elles être Madame Amélie Plamondon [103] et les deux sœurs Eugénie et Léda Deslauriers [104] qui viendront plus tard ?

Si Mgr Langevin lit rapidement, sa joie a été de fort courte durée. Le paragraphe suivant doit singulièrement refroidir sa sympathie sûrement jusque là acquise au projet. En effet, Louise Turgeon ne s'en tient pas à l'œuvre de l'enseignement en milieu rural, mais son zèle, son intérêt pour la vie cloîtrée, de même que sa compassion pour les malheureux, tous deux sinon nés du moins développés à l'Hôpital Général de Québec, lui ont fait envisager une congrégation à trois branches. À celle des Institutrices colonisatrices, viendraient aussi se greffer des contemplatives et des sœurs servantes ou sœurs converses :

> Notre but est de former une maison en l'honneur de la Passion de Notre Seigneur de son cœur agonisant et des douleurs de Marie, comprenant trois branches ou congrégations contemplatives, Institutrices, et sœurs servantes sous la règle du Tiers-ordre de St-François d'Assise.

D'abord, les contemplatives pourraient être des institutrices, ou peut-être dans son esprit, des institutrices à la retraite, puisque son plan initial en 1867-1868 était de fonder une institution pour elles :

> Les contemplatives tirées de la Congrégation des Institutrices seraient celles qui en ayant la vocation auraient fait le temps d'épreuves voulu par le règlement contempleraient l'homme Dieu souffrant et s'immolant pour les hommes ingrats et lui offrant en retour l'immolation de toute leur existence dans les humbles gémissements de la prière et les austérités de la pénitence, pour attirer sur l'Église les bénédictions du Ciel pour contribuer au culte et à la vénération des fidèles envers les mystères de la vie et de la mort de Jésus.

La seconde branche, les Institutrices colonisatrices seraient très occupées : en plus d'étudier, d'enseigner dans les écoles, elles seraient institutrices visiteuses, ni plus ni moins investies de tenir une école ménagère ambulante :

> La Congrégation dite Institutrices Colonisatrices aiderait de leurs prières et de leurs œuvres les colons, instruiraient les enfants du peuple en s'engageant dans les arrondissements aux commissaires comme le fait chaque Inst[itutrice] actuellement, visiteraient les pauvres pour enseigner à leurs enfants le travail et à leur filles à tenir une maison et à se rendre capables de répondre aux besoin des

---

(103) Voir *infra* : 227-228.
(104) Voir *infra* : 249.

maisons ou elles seraient engagées. Les institutrices ainsi réunies développeraient leurs talents, et, en étudiant agrandiraient leurs connaissances de manière à fournir des Personnes capables de répondre aux besoins.

Dans leur dernière tâche toutefois, les institutrices bénéficieraient de l'aide de sœurs converses. Celles-ci aideraient à tenir l'ouvroir, elles s'occuperaient d'un service de garderie à domicile avec devoirs spirituels à remplir, tiendraient même un asile ou orphelinat pour les jeunes filles en mal d'emploi et dans l'attente d'une façon appropriée de gagner leur vie :

> La Congrégation de sœurs servante accompagneraient les inst[itutrices] dans chaque arrondissement pour les aider dans l'enseignement des travaux manuels, besogne qui donnerait aux jeunes filles trop pauvres pour s'intruire ou ayant des défauts natures qui les empêchent d'être Inst[itutrices] et qui néanmoins ne soupire que pour la vie religieuse et seraient fort aise d'avoir ce moyen de se retirer du monde. Elles pourraient aller garder chez les femmes qui vont en journée pour gagner leur vie, et sont obligées de laisser des petits enfants seuls à se démoraliser, on les ferait travailler et les instruire sur leur religion et leurs devoirs. Ces sœurs exerceraient au foyer domestique ou elles seraient appclécs l'apostolat toujours fructueux du bon exemple. Nous pourrions donner asile au jeunes filles sans asile qu'on emploierait chacune selon son aptitude aux travaux de la maison jusqu'à ce qu'elles trouvent une situation convenable.

De plus, elle se dispense, dit-elle, « de vous donner ici un détail minutieux : de toutes les bonnes œuvres et du bien que nous nous proposons de faire au moyen des projets des plans que vous jugerez réalisables, après que nous vous en aurons donné un exposé si vous l'exigez pour nous répondre. »

La réponse de l'évêque est plutôt froide. Il ne refuse ni ne s'engage, pose des questions sur leurs ressources, et le début possible de leur engagement, aimerait rencontrer l'une d'elles, pas spécifiquement Louise Turgeon, leur demande de prier pour obtenir les lumières de l'Esprit Saint. Mais, en tout premier lieu, il pose une condition *sine qua non*. Si le projet présenté semble utile, il ne l'est pas dans sa forme actuelle. Une forme réductrice, celle de l'enseignement n'est pas mentionnée, mais elle est implicite, est nécessaire. En sus d'une soumission inconditionnelle à l'évêque.

À Mlle Louise Turgeon, Institutrice
St-Roch de Québec

Mademoiselle,

À mon retour d'Ottawa, j'ai trouvé sur mon bureau votre lettre du 9.

Vos projets me semblent utiles, mais je crois que, pour commencer, il faudrait ne vous occuper que d'une seule chose. Sur tout cela, vous devez être entièrement disposées toutes ensemble à vous en rapporter à la direction qui pourra vous être donnée.

Maintenant j'ai à vous poser une couple de questions :

1° Sur quelles ressources pensez-vous pouvoir compter au moins dans les commencements ?

2° Vers quel temps serez-vous prêtes à commencer ?

Je crois qu'il serait très important qu'une de vous vînt ici d'avance conférer mûrement de ce projet avec moi.

Priez beaucoup et faites prier pour que l'Esprit-Saint lui-même inspire ce qu'il y a à faire.

Vôtre,

+ Jean, Evêque de S.-Germain de Rimouski [105]

Autant le triple projet de Louise Turgeon n'enthousiasme guère Mgr Langevin autant semble-t-il la réduction à l'unicité en appelle peu à Louise Turgeon. Sa réponse se fait attendre. Ce n'est que le 5 mai qu'elle répond. A-t-elle entre-temps fait de nouvelles démarches à Québec ? Parce qu'elle en fera encore, alors même qu'elle est promise et attendue à Rimouski.

Pour expliquer son retard sans doute elle rappelle de but en blanc au début de sa lettre qu'elle n'osait plus lui envoyer ses notes sur la communauté, notes qu'elle lui avait déjà fait parvenir et qui semblent lui avoir été retournées sans commentaires. « Il y a à peu près deux ans je vous avais envoyé mes notes avec une demande pour cette Congrégation qui m'ont été renvoyées, je n'osai plus les renvoyer de nouveau [106]. » D'autre part, si son projet lui tient toujours à cœur, transparaît le fait qu'elle n'est pas une inconditionnelle de Rimouski ni de celui qui en est à la tête : « Je continuerai néanmoins de m'en occuper en laissant à la Providence le soin de me conduire pour l'exécution de ce projet aux Supérieurs qu'elle jugerait a propos. » Elle lui rappelle, comme pour bien lui marquer qu'une personne « compétente » est à l'origine de sa précédente requête, sa conversation avec l'abbé Bégin et le conseil qui lui donna alors : « En janvier dernier étant allée au séminaire pour affaire au Révérend Mr Bégin Tersiaire, en parlant l'apropos vînt de parler de mes projets, et c'est lui qui me suggéra de vous les communiquer. »

Louise Turgeon fait parvenir à l'évêque ses notes contenant une mini constitution sur le conseil, le costume, l'horaire, la règle du

---

(105) AAR, Lettres particulières, vol. I, n° 8, 24 février 1874.

(106) Louise Turgeon à Mgr Jean Langevin, St-Roch, Québec, 5 mai 1874, 2 p., AAR, A-14-2, RSR. Voir *supra* : 152.

tiers-ordre de Saint-François d'Assise à adopter, intitulée : *Une Congrégation de Sœurs Institutrices du Tiers ordre de St François d'Assise dites de la Passion pour la conduite des petites écoles* [107].

Son projet est donc pour le moment réduit, comme le désire l'évêque, à la fondation d'une congrégation d'institutrices, ce qui ne l'empêche pas de prévoir déjà des exceptions à la règle, et ainsi de faire une petite place aux deux autres branches apparemment abandonnées : « pourrait-on prendre des eleves privées et aller donner des lecons à Domicile, et aller en journée quand on aurait du temps disponible » et encore : « En été on désirera le lever à 4h. pour avoir le temps de dire l'office de la Passion et celle des morts avant la messe [108]. »

Enfin, elle semble complètement résignée à l'idée de se rendre à Rimouski : « d'ici que nous descendions, écrit-elle, je prendrai la signature de celles qui désirent la Congrégation et les conditions auxquelles chacune prétendra y entrer pour vous les soumettre ».

En terminant sa lettre du 5 mai, Louise Turgeon fait un singulier aveu. Avant d'apposer sa signature, elle fait allusion au temps qui lui manque pour mettre ses idées « dans un ordre présentable ». Non, non, ce n'est pas là l'aveu singulier ! C'est le post-scriptum : « Non seulement le temps me manque pour mettre mes idées à l'ordre, mais encore la persécution de ma famille qui m'oblige de n'écrire mes idées qu'à la dérobée. »

Qu'entend-elle par la persécution de sa famille ? Dans sa lettre du 9 février 1874, ses sœurs normaliennes devaient la suivre dans son projet. Le reste de sa famille, sa mère, son frère, ses autres sœurs seraient-ils opposés, non pas à l'idée de vocation religieuse qui ne semble pas avoir posé problème jusque là, mais à l'idée qu'une grande partie des leurs aille vivre à Rimouski ? S'il est relativement facile de voyager de Beaumont à Québec et vice versa, l'on ne peut en dire autant de Rimouski. Les voyages sont longs, onéreux et, pis, exténuants. Le clan physique serait donc amputé sérieusement et pour longtemps. Mais comme le gros de sa famille réside sur la rive sud, ils ne peuvent quand même pas lire par-dessus son épaule puisqu'elle écrit à Saint-Roch. Peut-être s'agit-il de sa sœur Marine ou encore de Célina qui, elles, y vivent ? Ainsi donc les déboires de Louise se seraient amplifiés même jusqu'au sein de sa famille.

La réponse non retrouvée de Mgr Langevin à cette dernière lettre de Louise Turgeon est ainsi condensée dans la *Chronique* :

---

(107) AAR, A-14-2, RSR, 6 p. sur 2 in-folio.
(108) *Une Congrégation...* : 5-6.

À l'été de 1874, Mgr Langevin répondant à une seconde lettre de Mlle Louise Turgeon, lui dit que quelques chambres d'une maison dont il était le propriétaire, lui seraient louées pour la fin proposée, à raison de quatre piastres par mois [109].

Lettre à laquelle notre fondatrice en herbe, par une missive non retrouvée également, répond par une acceptation.

Comme elle anticipe sans doute l'incarcération de son rêve dans un carcan dont il ne pourra plus se défaire, que la résignation n'est pas son fort mais que, par contre, elle est fonceuse jusqu'au bout de toutes les portes qui ne lui sont pas encore officiellement fermées, Louise Turgeon fait d'ultimes démarches, le 14 septembre, pour rapatrier son projet de maison mère à Québec, alors même qu'elle doit songer à descendre à Rimouski.

A-t-elle consulté les Augustines de l'Hôpital Général où elle a été formée et cause première peut-être de la vie religieuse telle qu'elle la conçoit? Elles sont et font tout ce qu'elle voudrait elle-même être et faire. Pourquoi n'est-elle pas entrée là? A-t-elle essayé, a-t-elle été refusée? Est-ce l'état de religieuse ou celui de fondatrice qui l'intéresse? Ou désire-t-elle œuvrer encore dans l'enseignement, parmi tant d'autres choses? Or, l'on sait que le pensionnat de l'Hôpital Général de Québec cesse d'exister en 1868. Sans doute connaît-elle de réputation les Sœurs de la Providence [110] et leur fondatrice Émilie Tavernier-Gamelin qui ont vu une évolution numérique foudroyante de leurs membres qui de 11 qu'ils étaient en 1843, à la fondation, atteignent le chiffre de 240 en 1871. Comme elles, Louise Turgeon semble privilégier une vie des sœurs à l'extérieur d'un couvent, dans les écoles rurales, dans les visites à domicile, alors que les Sœurs de l'Hôpital Général de Québec, comme les Sœurs de la Charité travaillent plutôt et davantage en institution.

Devant l'inexpugnable veto de Mgr Taschereau à la formation d'«une réunion de laïques seules», désargentées de surcroît, lui qui refuse toutes nouvelles «quêteuses» dans son diocèse, Louise Turgeon fait une mise au point à l'abbé Laliberté. Elle investit ses anciennes maîtresses du rôle de tutrices, de maîtresses des novices et de pourvoyeuses d'un local pour sa propre communauté, tout en le rassurant sur des ressources peut-être encore inexistantes. «Sachant que Monseigneur l'Archevêque n'aime pas beaucoup la formation d'une Communauté ou Congrégation par une réunion de laïques seules nous serions bien formées à l'Hôpital Général d'où après un an ou deux

---

(109) *CMM* I: 5-6.
(110) Voir *supra*: 146.

nous pourrions prendre possession de notre maison. Nous pourvoie- rions à toutes nos dépenses, de sorte que les Dames religieuses n'au- raient qu'un logement à nous louer qui n'aurait pas besoin d'être beaucoup spacieux, elles auraient à nous donner des leçons pour nous former à la vie religieuse.

« Cette [idée] m'est venue il y a quelque jours et ce matin je me sens pressée de vous la communiquer dans le cas que Monseigneur n'aurait que l'inquiétude de notre formation pour l'embarrasser de la permission a nous donner pour mettre notre projet à exécution [111]. » Mais du Révérend Messire, nulle réponse n'étant venue, la gente de- moiselle s'embarque avec armes et bagages pour tenter sa chance en pays rimouskois.

---

(111) Louise Turgeon à l'abbé Napoléon Laliberté, St-Roch, Québec, 14 septembre 1874, AAR, A-14-2, RSR.

CHAPITRE 4

De la pose des premiers jalons
(1874-1875)

*Celui qui a dit : « Frappez à la porte ; et
on vous l'ouvrira », a aussi adressé à
l'homme cette douce invitation : « Venez
à moi, vous tous qui êtes fatigués et qui
êtes chargés ; et je vous soulagerai. »
C'est donc, je n'en puis douter, pour répondre à cette tendre invitation de notre
aimable Sauveur que vous désirez vous
consacrer à lui.*

(Mère Marie-Élisabeth, *Lettre*,
5 septembre 1877)

*R*imouski. Tourment et grande réalisation de Mgr Langevin. S'il
avait voulu favoriser directement la région du Bas-Saint-Laurent, laissée pour compte trop souvent, l'archevêque de Québec n'aurait pu
mieux choisir son homme, l'évêque du nouveau diocèse détaché de
celui de l'archidiocèse de Québec le 15 janvier 1867. Immense encore,
il comprend les districts de Rimouski et de Gaspé, le comté de Témiscouata, sauf les trois paroisses de Saint-Patrice de Rivière-du-Loup,
de Saint-Antonin et de Notre-Dame-du-Portage, ainsi que la côte nord
du fleuve Saint-Laurent de la rivière Portneuf à Blanc-Sablon, et l'île
d'Anticosti. 150 000 milles carrés environ de terres. 1 500 milles de
côtes. Mais pas de routes sur les deux tiers de la région. Pas de chemin
de fer non plus. 60 000 catholiques disséminés en 32 paroisses et 44

prêtres seulement pour les desservir. À peine « mitré » et pas officiellement encore, Jean Langevin aurait voulu se faire « démitrer » incontinent. Bien que la mitre et la houlette conviennent mieux au caractère de Jean Langevin qu'un simple goupillon, à sa nomination il ne parle pas moins de « tête fendue » et d'une situation qu'il n'accepte que par obéissance. Mais tous s'entendent à reconnaître qu'il est l'homme de la situation [1]. Indubitablement, il l'est. En faisant le bilan d'un règne de quinze ans en 1882, peu après la mort de Mère Marie-Élisabeth, Mgr Langevin écrit qu'« Un Siège épiscopal à St Germain de Rimouski a imprimé une très grande impulsion à cette partie du pays [2] », ce que personne ne peut contester. Alors qu'en 1867, l'on ne pouvait atteindre ce coin du Québec que par la voie fluviale, il y a amené le chemin de fer Intercolonial, a fait tracer des routes. La colonisation a sous son impulsion enrayé le fléau de l'émigration, qui avait sévi bien avant dans les autres parties du pays et qui apparaît dans le diocèse de Rimouski vers 1870.

De 1867 à 1882, la population est passée de 60 000 catholiques à 95 000 (183 conversions), de 38 000 communiants à 54 000, de 32 paroisses à 62, de 44 prêtres à 94 (61 prêtres ont été ordonnés dans le diocèse dont 53 par Mgr Langevin), de 180 écoles à 330 [3]. L'on devine

---

(1) Jean Langevin (1821-1892). Né le 22 septembre 1821, de Jean Langevin et de Sophie Laforce. Après des études au Séminaire de Québec, il reçoit l'ordination des mains de Mgr Turgeon, alors qu'Élisabeth a quatre ans, le 12 septembre 1844. Esprit cultivé, il est attiré par les sciences exactes, la littérature et l'histoire. Professeur de mathématiques au Petit Séminaire, il publie en 1848 un *Traité élémentaire de calcul différentiel et intégral*. Membre fondateur de l'Institut canadien de la ville de Québec. En 1849 il devient assistant du curé de Beauport, nul autre que Chiniquy. Curé à Sainte-Claire de Dorchester, de 1858 à 1854, puis à Beauport jusqu'en 1858, où il prépare ses *Notes sur les archives de Notre-Dame de Beauport* (Québec, 1860). En 1858, nommé principal de l'École normale Laval de Québec, il y restera jusqu'à sa nomination à Rimouski en 1867. Il publie l'*Histoire du Canada en tableaux* (Québec, 1860), *Réponses aux programmes de pédagogie et d'agriculture pour les diplômes d'école élémentaire et d'école modèle* (Québec, 1862) et son *Cours de pédagogie ou Principes d'éducation* (Québec, 1865 et Rimouski, 1869). Grand pédagogue, il est l'une des plus hautes autorités du temps en matière d'éducation lorsqu'il arrive à Rimouski. Sur Mgr Langevin, voir Andrée Désilets, *Hector-Louis Langevin. Un père de la Confédération canadienne (1826-1906)*, Québec, Les Presses de l'Université Laval, 1969, 461 p. ; En coll., *Mosaïque rimouskoise. Une histoire de Rimouski*, Rimouski, Le Comité des fêtes du cent cinquantième anniversaire de la paroisse Saint-Germain de Rimouski, 810 p. : 97-311 ; Noël Bélanger, « Jean Langevin », DBC XII : 564-568 ; Gérald Garon, *La Pensée socio-économique de Mgr Jean Langevin*. Thèse de maîtrise ès arts (histoire), Université de Sherbrooke, 1977, vi, 163 p. ; Sœur Marie de l'Épiphanie, r.s.r., *Une étude de l'œuvre d'éducation accompli par Mgr Jean Langevin*. Thèse de maîtrise ès arts, Université d'Ottawa, 1954, ix, 185 p.

(2) « Circulaire » du 15 janvier 1882, dans *Mandements de Mgr Jean Langevin (1878-1887)*, Rimouski, Imprimerie de A.G. Dion, 1889, nouvelle série, n° 53 : 3.

(3) *Ibid.* : 3-7.

facilement la première œuvre mentionnée par Mgr Langevin : « Commençons par le Séminaire [4] », écrit-il. Viennent ensuite les congrégations religieuses, féminines seulement à cette époque. Il place erronément la fondation des Sœurs des Petites-Écoles en octobre 1875 [5].

1875, l'année de l'arrivée d'Élisabeth. Mais c'est en septembre 1874 que se présentent les premières aspirantes dont aucune n'allait persévérer.

Les premières disciples

Pour étayer le sérieux de son invitation, Mgr Langevin loue à Louise Turgeon sa maison située « sur le bord du côteau [6] ». Cette maison construite en 1856 par Jacques Lepage, descendant des seigneurs de l'endroit, il l'a achetée en 1871 pour les Sœurs de la Charité, qui déménagent en 1873 dans une propriété voisine érigée en 1862 par Joseph-Simon Chalifour [7]. Elle ouvre ses portes à une première arrivante en septembre. Non pas Louise Turgeon qui, officiellement était restée à Québec après l'année scolaire parce qu'elle « continuait à faire

---

(4) « C'était, à mon arrivée, un simple collège industriel, qui avait 75 élèves. Après en avoir fait un collège classique et l'avoir fait reconnaître comme tel par le Département de l'Instruction Publique, je l'ai érigé en Séminaire diocésain le 4 Novembre 1870, et l'ai fait incorporer civilement, le 24 decembre suivant, par la Législature provinciale. Cependant, dès le 13 octobre 1867, j'y établissais canoniquement une Congrégation de la Sainte Vierge, qui était affiliée à celle du Collège Romain le 17 janvier 1870. Le Grand Séminaire était affilié à l'Université Laval le 14 janvier 1869 et le Petit Séminaire le 17 avril 1872. » De ce séminaire qui alors accueille environ 140 élèves, sont sortis depuis quinze ans : « 23 prêtres, 12 avocats, 1 notaire, 11 médecins, 5 arpenteurs, 1 architecte, 2 ingénieurs civils, 14 se livrant au commerce ». (*Ibid.* : 1-2). Il y a eu toute une polémique sur l'identité du fondateur du collège classique et même du séminaire. Le collège classique existe officieusement depuis 1863. Sur le Séminaire de Rimouski, voir Benjamin Sulte, *Le Collège de Rimouski, qui l'a fondé...*, Rimouski, 1876, 40 p. ; Georgette Grand'Maison, r.s.r., *Les Élèves du collège-séminaire de Rimouski (1863-1903)*. Thèse de maîtrise ès arts (histoire), Université d'Ottawa, 1981, xvi, 161 p. ; Armand Lamontagne, *Le « Livre de Raison » du Séminaire de Rimouski, 1863-1963. Images du passé. Promesses d'avenir* ; Lionel Dion, « Le cours classique à Rimouski », dans *Mosaïque rimouskoise* : 198-211.

(5) Circulaire n° 53 : 3.

(6) Edmond Langevin, *Congrégation des Sœurs des Petites Écoles de Rimouski, Chronique* : 2 (désormais *CEL*), ARSR, 202.100, 5. Ce registre manuscrit d'Edmond Langevin comporte deux parties : 1) 18 pages de la Chronique, du 16 octobre 1874 au 7 août 1883, et copie de quelques actes officiels ; 2) 94 pages de règlement, horaire, liste d'entrée des aspirantes, prières. Ce cahier a été remis aux RSR le 9 avril 1918 par Mgr André-Albert Blais, deuxième évêque de Rimouski.

(7) Voir *Fêtes du Centenaire de Rimouski, Album-Souvenir. Notes historiques, 1829-1929*, Rimouski, Séraphin Vachon Sr Éditeur, 1929, XXXIII, 84 p. : 44 et Sœur Sainte-Blanche, *La Charité en marche... L'Institut...* : 47.

une classe privée même pendant les vacances [8] », mais qui persistait dans le secret de la ville à comploter pour y rester.

En juillet 1874, Delvina Vézina, originaire de l'Île-Verte, une institutrice d'une quarantaine d'années, depuis plusieurs années à l'école modèle de Rimouski donne sa démission, pour une raison inconnue, mais qui sert bien la nouvelle cause. « Le Grand Vicaire, M. Edmond Langevin, frère de l'Évêque, qui entrait dans les vues du Prélat, au sujet de la fondation de Mlle Turgeon, engagea Mlle Vézina à se joindre à elle, après lui en avoir appris le but qu'elle se proposait et lui donne l'adresse de cette dernière afin qu'elle put correspondre avec elle [9]. »

Pendant l'été, autre démission, du noviciat des Sœurs de la Charité de Rimouski cette fois. Apolline Gagné de Sainte-Angèle, mais native de Sainte-Anne-de-la-Pocatière, âgée de 31 ans, est recrutée aussi par l'abbé Langevin. Elle était l'une des six premières aspirantes entrées le 24 septembre 1873 au couvent des Sœurs de la Charité, devenu maison mère [10]. Plus tard, après sa sortie de la communauté, Apolline Gagné racontera « qu'elle avait été la première personne à qui Monseigneur Langevin s'adressa en vue de réunir des demoiselles pour les former à devenir institutrices ». Cependant, comme elle songeait à se reposer un peu après avoir quitté un second noviciat – elle avait aussi passé un temps auparavant au noviciat de la Congrégation de Notre-Dame – pour s'enrégimenter dans un troisième, elle avait répondu « à Monseigneur le Grand Vicaire qu'elle n'accepterait pas de commencer seule ; mais qu'elle se joindrait volontiers aux personnes qui voudraient essayer avec elle [11] ». Si l'on ignore à quel moment exactement le grand vicaire l'aurait approchée, son entrée se situerait « d'après son récit, dans la 1ère moitié du mois de septembre [12] ». Peut-être le 14 septembre. La *Chronique* de l'abbé Langevin relate que « D[lles] Louise Turgeon et Apolline Gagné étant entrées la première le 14 septembre et la 2e le 12 octobre [13] », ne peut qu'être erronée, puisque Louise Turgeon est encore à Québec le 14 et qu'elle y attend une réponse à

---

(8) *CMM* I : 6.

(9) *CMM* I : 6.

(10) Voir Sœur Sainte-Blanche, *La Charité en marche... L'Institut...* : 112.

(11) « Récit authentique », feuillet écrit recto verso, par une main étrangère, collé dans le petit cahier noir de l'abbé Edmond Langevin, *CEL* : 1A. « L'Évêque en a entendu parler. Comme cette personne a quelque expérience de la vie religieuse, il lui demande si elle n'accepterait pas de fonder une association de filles pour l'enseignement. Elle lui répond que seule, elle se sent incapable, mais qu'avec d'autres, elle essaierait. » (Gemma Bélanger, r.s.r., *Une pierre oubliée, Sœur Marie Joseph*, Rimouski, 1974, 70 p. : 18.)

(12) *CEL* : 1A.

(13) *CEL* : 2.

sa lettre du même jour. L'abbé Langevin a sans doute interverti les dates, Apolline Gagné serait arrivée le 14 septembre, ce qui concorde avec son témoignage, et Louise Turgeon, le 12 octobre. Ou Louise Turgeon serait-elle arrivée le 24 septembre, comme le laisse entendre une autre source [14] ? La quatrième, Marie-Madeleine Dumas, de Saint-Charles de Bellechasse mais qui enseignait peut-être à Saint-Roch, serait arrivée le 15 octobre [15].

La *Chronique* de la maison mère donne la date du 8 septembre comme étant celle de l'arrivée de Louise Turgeon. Cela étant impossible, c'est peut-être la date d'arrivée de Delvina Vézina, dont on sait qu'elle entre dans la maison la première, aux premiers jours de septembre, avec Apolline Gagné : « Toutes deux embrassèrent vite l'idée de Mlle Turgeon et arrivées à Rimouski dès les premiers jour de septembre, avec l'autorisation de l'évêque elles prirent possession des chambres louées à Mlle Turgeon avant son arrivée [16]. »

Mgr Langevin avait donc permis à Delvina Vézina de s'installer dans la maison en « attendant l'arrivée de Demoiselle Louise Turgeon ». Il la visite peu de temps après pour lui donner « des encouragements » et lui demander de suivre un règlement provisoire [17], sur les traces du grand vicaire Langevin et de l'abbé Winter [18], curé de Saint-Germain de Rimouski, qui l'avaient précédé de quelques jours [19].

---

(14) Voir *Liste des Sœurs du Saint-Rosaire par ordre d'entrée* : « Louise Turgeon, entrée le 14 ou 24 septembre 1874. »

(15) *CEL* : 2. Selon *CMM* I : 6, elle aurait accompagné Louise Turgeon, le 8 septembre.

(16) *CMM* I : 6.

(17) *CEL* : 2.

(18) Pierre-Charles-Alphonse Winter (1835-1904). Né à Percé, le 17 mai 1835 de Pierre Winter, juge de la Cour Supérieure, et de Luce-Catherine Pitt. Après des études à Sainte-Anne-de-la-Pocatière, il est ordonné à Québec, le 26 septembre 1858. D'abord vicaire à Lévis (1858-1859) ; retiré à New-Carlisle (1859-1860) ; missionnaire à la Grosse-Ile (1860) ; curé de Douglastown (1860-1869), avec desserte de Gaspé (1860-1869) et de Saint-Pierre-de-Malbaie (1860-1866, 1868-1869). Il arrive à Rimouski en 1869, où il est curé de la cathédrale jusqu'à 1874 et de nouveau quelques mois après son départ, de 1874 à 1875. Au retour de son voyage en Europe (1875), il est curé de l'Ile-Verte (1875-1883). Membre du conseil de l'évêque, Mgr Jean Langevin, de 1869 à 1883, il est chanoine de la cathédrale de Rimouski de 1878 à 1883. Il s'exile ensuite aux États-Unis, où il est curé d'Au-Sable dans le Michigan, de Durango dans le Colorado, puis de Ferndale et de White-River dans l'Orégon, où il s'éteint le 28 avril 1904 « d'une maladie de cœur occasionnée par un accident de voiture ». (*DBCCF* I : 542.)

(19) *CEL* : 2.

La première réunion

Le 16 octobre, date sûre cette fois, première réunion officielle, présidée par le grand vicaire Langevin. Elles sont déterminées, toutes les quatre, à commencer une vie communautaire sous la lumière d'une règle. Leur directeur insiste toutefois sur le fait qu'il ne s'agit que d'une probation et qu'elles ne forment nullement une communauté. Après leur avoir rappelé une fois de plus le but de l'œuvre, l'instruction des enfants pauvres dans les écoles rurales, l'abbé Langevin installe dans leur salle commune la statue de saint Joseph, leur protecteur.

> Le Seize Octobre mil huit cent soixante quatorze, se sont trouvées réunies dans la maison mise à leur usage par Monseigneur l'Evêque de St Germain de Rimouski, Demoiselles Marie Vézina, Magdeleine Dumas, Apolline Gagné, et Louise Turgeon, avec l'intention de mener la vie commune sous une règle qui leur sera donnée par Sa Grandeur, et en demeurant sous l'obéissance à une Supérieure que le dit Seigneur leur préposera provisoirement et qu'il changera à volonté.

> Monsieur le Grand Vicaire Edmond Langevin s'est transporté dans la dite maison et celles qui l'habitent étant assemblées, il leur a dressé une exhortation et des paroles d'encouragement, leur rappelant qu'elles ne forment pas une communauté régulière, mais qu'elles sont réunies pour faire une épreuve, et voir d'abord quels moyens elles auraient de contribuer à l'instruction des enfants pauvres dans les campagnes.

> St Joseph a été installé et supplié de protéger cette maison et l'œuvre qui commence [20].

Est-ce ce même jour que le grand vicaire « leur donne un petit règlement pour les exercices de piété de la journée : méditation, chapelet en commun, lectures spirituelles, etc. [21] » ? ou un peu avant ? Selon la *Chronique*, ce serait à la deuxième visite du grand vicaire, accompagné du curé Winter. Était-ce le 16 ?

Lors de cette visite de leur directeur et du curé, ce dernier, se rendant compte que les prières ne pourraient seules arriver à les sustenter, leur promet de leur procurer quelques travaux de couture : « Monsieur le curé leur dit qu'il leur enverra une soutane et autres habits à réparer ; il s'occupera aussi de leur faire connaître quelques dames qui pourront leur donner des ouvrages de couture et autres [22]. »

---

(20) Procès-verbal rédigé par l'abbé Edmond Langevin, 16 octobre 1874, ARSR, 202.100, 1874-17.
(21) *CMM* I : 7.
(22) *CMM* I : 6-7.

Car elles sont pauvres, «toutes évidemment étaient de pauvres filles[23]» dit la *Chronique*, qu'il faut évidemment entendre par «filles pauvres». Louise Turgeon a perdu toutes ses économies qui sans être considérables, auraient été plus qu'appréciables pour la petite communauté, car l'on sait qu'elle a pu tout de même acheter une maison et y faire effectuer des travaux. Elle a sans doute apporté avec elle au moins le trousseau offert par son frère[24]. Delvina Vézina «possédait une petite rente», Apolline Gagné «quelque biens fond, dont ses parents jouissaient de l'usufruit». Delvina Vézina avait en outre apporté «tout un petit ménage : un poele, une table, des chaises, des ustensiles de cuisine, etc., qu'elle mit généreusement au services de toutes. » De Madeleine Dumas et de Sylvie Lévesque, l'on ne connaît aucun détail sur leur avoir ou leur absence de fonds. Quant à Eugénie Lavoie, elle a été admise «avec ses mince épargnes[25]».

Dans le cours du mois d'octobre, une première recrue avait demandé à se joindre au quatuor. Ce n'est pas une institutrice, mais une jeune rimouskoise infirme qui désire partager leur vie. Louise Turgeon, à qui ne suffit pas et ne suffira jamais l'œuvre seule de l'enseignement, l'accueille à bras ouverts, le directeur ne s'y objectant pas. Elle se joint cependant au petit groupe à titre de séculière et non d'aspirante à la vie religieuse : « Au mois d'octobre, il leur vient une bonne fille de la paroisse, Mlle Sylvie Levesque. Elle est jeune, mais infirme d'un bras, qu'elle perdit l'usage dès son enfance. Elle demande à faire partie de la petite réunion. Mlle Turgeon voit là un gain précieux : des infirmes seront la richesse de son établissement, la jeune fille reçoit le meilleur accueil... Le Grand Vicaire n'y voit pas d'inconveniant[26]. »

En la solennité de la fête de Saint-Charles Borromée[27], le jeudi 5 novembre, Mgr Langevin fait halte au couvent pour quelques instants en ce jour où l'on fête le quatrième anniversaire de l'érection canonique du séminaire de Rimouski. « Il parle de prière, d'étude, de travail, il est pressé, les bénit leur dit qu'il reviendra[28]. »

En novembre, si l'on se fie à la *Chronique*, une seconde demande d'admission, Eugénie Lavoie, qui serait aussi admise à titre de sécu-

---

(23) *CMM* I : 6.
(24) Voir *supra* : 100.
(25) *CMM* I : 6.
(26) *CMM* I : 7.
(27) La Saint-Charles est en fait le 4 novembre, un mercredi. Mais on a dû la fêter le 5. Puisque la *CMM* mentionne « c'était un jeudi » et la date du 5, nous retenons cette dernière date plutôt que le 4.
(28) *CMM* I : 7.

lière, « une bonne fille qui désire partager leur pauvreté et leur travail. Elle est admise avec ses mince épargnes [29]. »

Les Sœurs des Petites-Écoles (22 novembre 1874)

Elles sont six lorsque Mgr Langevin revient le 22 novembre. Seconde réunion officielle, importante, puisque Mgr Langevin leur offre un nom, un conseil, leur titre de « Sœur », ainsi qu'un directeur. Mais tout d'abord, « Monseigneur fait en peu de mot un discours substantiel et intéressant [30] ». Ensuite, il procède à la nomination des membres du premier Conseil. Louise Turgeon est nommée supérieure, comme il se doit puisque toutes sont là grâce à elle, avec les charges additionnelles de maîtresse des études et maîtresse des novices. Ses deux assistantes, deux institutrices, Delvina Vézina, la première arrivée au couvent, et la deuxième assistante, Madeleine Dumas.

Après quoi Mgr Langevin leur donne comme nom de communauté, Sœurs des Petites-Écoles, et comme directeur, son frère, le grand vicaire Edmond Langevin. Il leur accorde la permission de se donner entre elles « le nom de Sœur » que suit leur patronyme, puisqu'il ne s'agit pas ici de vêture. Ce n'est donc pas encore une vie religieuse, mais une vie communautaire. Pour s'en rendre dignes et pour que Dieu soit « au milieu de vous » il faut, dit l'évêque, « pratiquer la vertu », « il faut de l'entente [...] de la charité, de l'obéissance ». Cette obéissance, pour être bien comprise, est assortie de l'explication : « il vous faut respecter l'autorité diocésaine et lui obeir ». C'est pour leur offrir le bonheur qu'il insiste puisque « le bonheur se trouve dans l'humble soumission ». Cette demande de soumission, plus spécifiquement celle de Louise Turgeon, est soulignée encore par cette déclaration : « Vous savez que le but principal de votre communauté est l'enseignement [31] », comme si le nom qu'il leur adjuge n'est pas suffisamment explicite. Leur directeur, chargé de leur culture religieuse, spirituelle et intellectuelle, leur procurera « des livres spirituels et des livres classiques », alors que l'évêque se charge de préparer, dit-il, « un règlement détaillé pour vos exercices spirituel et temporels de la journée que Monsieur

---

(29) *Ibid*. Dans *CEL* : 4, on y lit à la date du 14 décembre : « Entrée de Mlle Lavoie comme séculière sans appartenir à la Congrégation. » Puisque la *CMM* : 7 mentionne qu'à la réunion du 22 novembre, Mgr Langevin « s'assied au milieu de la petite réunion, aujourd'hui, de six », nous retenons plutôt le mois de novembre pour l'entrée d'Eugénie Lavoie. Même si la *CEL* est antérieure à la *CMM*, elle est tout de même postérieure aux faits, et erronée parfois, comme le démontre la note au 3 novembre laissant supposer que Delvina Vézina est encore seule à cette date, et d'autres encore.

(30) *CMM* I : 7. Date et principaux faits corroborés par *CEL* : 2-3.

(31) *CMM* I : 8.

le Grand Vicaire vous transmettra ». Pour clore la réunion, l'évêque leur dit : « Je vais vous bénir mes sœurs » et elles, que ce « nom de ‹ Sœur › impressionne [...] se sentent heureuse de cette bénédiction de l'Evêque [32] ».

Lorsque leur directeur leur remet le Règlement journalier préparé par Mgr Langevin, sœur Turgeon lui trouve « beaucoup d'étude et classe », alors « qu'il reste peu de temps pour le travail des mains ». Après tout, celui-ci doit venir « en second lieu ; il fallait étudier pour se préparer à l'enseignement [33] ». Ce sont les moins instruites, les sœurs Dumas, Lévesque et Lavoie qui sont le plus « heureuses de s'instruire pour rendre service à la Communauté par l'enseignement », et peut-être aussi un peu pour s'instruire tout court. Mais les autres, les sœurs Turgeon, Vézina et Gagné, si elles acceptent le but de l'œuvre tel que défini par Mgr Langevin, les deux dernières tout au moins, elles ne peuvent s'empêcher de penser que le travail manuel qui peut seul leur apporter des ressources pécuniaires dans l'immédiat, « c'était bien le plus urgent pour le moment [34] ». Mais, voilà, Mgr a parlé. Lui qui a demandé une École normale sans l'obtenir, c'est elle qu'il veut implanter, non tant une communauté religieuse, qu'en autant en tout cas qu'elle serve son premier dessein.

En quoi consiste exactement ce règlement ? Deux sources, celles des deux chroniques. La première le donne comme suit :

> Lever à cinq heures, prière et méditation, sainte messe à 6.15 hrs, messe du Grand vicaire, déjeuner à 7 hrs puis étude, classe, travail manuel, lecture spirituelle, examen de conscience. Diner, récréation – le silence n'est pas recommandé pendant le travail manuel l'après midi est partage entre la classe et l'étude sans omettre une seconde lecture spirituelle, le chapelet et une visite au St Sacrement, les prières du soir, etc., l'heure du coucher entre neuf et dix heures [35].

Le « Règlement journalier », ainsi que la « Distribution du temps » dans le cahier du directeur sont plus précis. Il existe deux horaires pour le règlement. Les sœurs qui doivent, pour pouvoir subsister, faire des travaux manuels ont dû prendre sur leurs heures de sommeil, celles nécessaires à la réalisation de ceux-ci. Elles ont dû en faire à un moment la remarque à leurs supérieurs, puisque le premier horaire n'accorde que trois heures par jour aux travaux manuels et le second près de deux heures de plus [36].

---

(32) *CMM* I : 8.
(33) *Ibid.*
(34) *Ibid.*
(35) *CMM* I : 8.
(36) *CEL* : 17a-18a. Voir les tableaux.

Règlement journalier

Préparé par Mgr Jean Langevin (22ss novembre 1874)	heure	Révisé par l'abbé Edmond Langevin (2ss décembre 1874)
Lever	5 :00	
Méditation	5 :30	Lever
Étude	6 :00	Méditation
Messe	6 :30	Messe
	7 :00	Déjeûner
Déjeûner	7 :30	Travail manuel
Étude	8 :00	
Travail manuel	8 :30	
Lecture	9 :00	Lecture de piété
	9 :15	Étude
Examen	11 :15	Examen particuler
Diner	11 :30	Diner
Récréation	12 :00	Récréation
Travail manuel	1 :00	Visite au S.Sacrement
	1 :15	Travail manuel
Lecture	2 :45	Lecture de piété
Travail manuel	3 :00	Étude
Lecture	3 :45	
Récréation	4 :00	Récréation
Étude	4 :30	Travail manuel
Visite au S.Sacrement	5 :30	
Chapelet	6 :15	Chapelet
Souper	6 :30	Souper
Récréation	7 :00	Récréation
Étude	8 :00	Étude
Prière et coucher	9 :00	Prière et coucher

Distribution du temps

Jour	Avant-midi	Après-midi
Lundi	Grammaire française et analyse grammaticale	Histoire sainte
Mardi	Arithmétique	Catéchisme
Mercredi	Dictée et exercices	Histoire du Canada
Jeudi	Géographie	Écriture et lecture
Vendredi	Grammaire française et analyse grammaticale	Catéchisme
Samedi	Arithmétique	Histoire de l'Église
Dimanche et jours de congé	Pédagogie et Rhétorique	

C'est sans doute à cela que le grand vicaire fait allusion dans son cahier à la date du 2 décembre : « À la demande des Sœurs et avec l'approbation do Mgr, M. le Directeur revise le règlement des actions journalières [37]. » Le premier horaire n'aurait donc servi au plus qu'une semaine – le premier ayant été préparé le ou après le 22 novembre – si le deuxième est en vigueur le 2 décembre ou quelques jours plus tard, ou sont-ils tous deux des règlements plus tardifs ?

D'autres changements surviennent en ce 2 décembre. Après la nomination du conseil le 22 novembre, il semble que le grand vicaire ait fait d'Apolline Gagné la trésorière de la communauté sans trésor, pour lui donner un titre, puisqu'elle était le seul membre à n'en pas avoir, Sylvie Lévesque et Eugénie Lavoie s'étant ralliées à titre de séculières. Or, sœur Gagné qui « avait des aptitudes pour la cuisine [38] », et qui recevait souvent de l'aide de sa famille sous forme de nourriture terrestre, viande, légumes, se voit bientôt soupçonnée par sœur Turgeon « mortifiée à l'excès » de faire « des dépenses inutiles pour la table ». Le budget passe donc entre les mains de la supérieure et le grand vicaire « pour donner une charge à Sœur Gagné [...] dut la nommer secrétaire [39] ».

La saison froide est amorcée et se fait déjà sentir durement car « le bois de chauffage est fort dispendieux » et « le quart de farine

---

(37) *CEL* : 3.
(38) *CMM* I : 8.
(39) *CMM* I : 8.

s'épuise ». Les deux frères Langevin sont intraitables sur le sujet du travail manuel, qui ne doit prendre qu'une infime partie de leur temps. Les ressources sont évidemment proportionnelles, et les sœurs ont dû revenir à la charge plusieurs fois car « Monsieur le Grand Vicaire est fidèle aux recommandations de son digne Frère, il prêche étude : caté-chisme, dictée, analyse... [40] ». La secrétaire a noté dans son cahier le discours du grand vicaire le 2 décembre : « Le Directeur fit remarquer que le but de cette Congrégation étant l'enseignement, il fallait néces-sairement consacrer chaque jour quelques heures à l'étude, afin de se préparer à enseigner avec succès : que le travail manuel n'était qu'ac-cessoire, et seulement pour la subsistance de la Communauté, et en autant qu'elle ne pourra se la procurer autrement [41]. »

Puisqu'il faut étudier pour se préparer à l'enseignement, autant faire comme à l'École normale et étoffer la théorie par la pratique, d'autant plus qu'on a trois institutrices dans ses rangs. C'est sœur Vézina, familière avec Rimouski où elle a enseigné plusieurs années, qui pense d'abord à ouvrir une classe, ce qui rentrerait dans leurs attributions, serait fidèle à leur but et leur rapporterait par le fait même de quoi survivre :

> On songe à ouvrir une école dans la chambre inoccupée de la maison, c'est Sœur Vézina qui fait les premières avances au Père Directeur qui ne s'y oppose pas. Des personnes de la ville leur a assuré qu'elles y enverraient leurs enfants. C'est vraiment une bonne idée qui leur procurera un joli gain. Elles vont s'occuper d'aménager cette salle vacante avec quelques bancs et vieux pupitres que leur fourniront certains bons voisins, afin d'ouvrir cette classe en janvier [42].

Le beau rêve, qui semble si raisonnable et réaliste n'est malheureuse-ment pas réalisable. Une fois la décision prise, elle est presque aussitôt arrêtée par un coup du sort qui ne se gêna pas avec les Sœurs des Petites-Écoles pour des années à venir.

La maison du baptême devenue la « maison des Carmélites » (1874-1875)

Le grand vicaire leur annonce qu'elles doivent quitter leur couvent, qui sera désormais connu à Rimouski sous l'appellation de la « maison des Carmélites », avant la fin du mois pour laisser la place aux Car-mélites de Baltimore venant prêter main forte et noviciat à Marie

---

(40) *CMM* I : 9.
(41) Texte cité dans *CEL* : 3 et précédé de cette note : « On trouve ce qui suit dans le cahier de la Secrétaire ». Ce cahier n'a pas été retrouvé.
(42) *CMM* I : 9.

Langevin, la sœur de l'évêque et du grand vicaire, qui se croit appelée à cette vie.

Déjà, au mois d'octobre, avant l'arrivée de Louise Turgeon, Mgr Langevin avait donné la permission à sa sœur de fonder un monastère du Carmel à Rimouski : « The Bishop of Rimouski has given leave to his sister, who lives in his house and feels herself inclined to religious life, to institute a Monastery in this town[43]. »

Initialement, il ne semble pas que l'évêque ait songé à déloger les Sœurs des Petites-Écoles, car dans cette même lettre du 11 octobre, Edmond Langevin écrit : « We are actually securing a proper spot with vast ground that shall suit the purpose. » Malheureusement, le proprié-taire, refusant de vendre[44], on doit envisager une autre solution.

Le 1er décembre 1874, le couperet est déjà tombé que les Sœurs l'ignorent encore. À la supérieure du Carmel qui requiert une maison d'au moins huit pièces avec un terrain adjacent d'au moins 100 pieds sur 200 pieds[45], le directeur des Sœurs des Petites-Écoles répond que l'évêque a trouvé la maison dont elle a besoin, qu'elle est déjà occupée par de « pieuses dames » qui peuvent être relogées : « My Bishop thinks he may be able to procure himself a lot and frame house for the Monastery. This house is at present occupied by pious ladies who intend taking charge of christian schools in country places ; but I think another building may be found for them. This lot by its isolated posi-tion, although in town, seems quite adapted for Carmelites[46]. »

La maison louée quatre dollars mensuellement par l'évêque est offerte gratuitement aux Carmélites, magnanimité que celles-ci ap-prendront avec plaisir d'ajouter le grand vicaire : « Now you will no doubt learn with pleasure that my Bishop intends giving away to the Monastery gratuitously the plot of land and house[47]. » Dans sa sup-plique au Pape pour l'érection de cette nouvelle communauté, Mgr Langevin précise : « Je leur ai fourni moi-même le logement et un terrain convenable[48]. » Mère Ignatius s'empresse bien sûr de remercier

---

(43) Edmond Langevin à Mère Ignatius, supérieure du Carmel de Baltimore, É.-U., Rimouski, 11 octobre 1874, AAR, A-14-2/1, Carmélites déchaussées de Rimouski (1874-1877). Sur les Carmélites, voir *infra* : 338-342.

(44) « My sister was then trying to secure a spacious piece of land. Contrary to her anticipation, the proprietors were finally unwilling to sell. » (Edmond Langevin à Mère Ignatius, Rimouski, 15 novembre 1874, AAR, A-14-2/1, CDR.)

(45) Mère Ignatius à Edmond Langevin, 19 novembre 1874, AAR.

(46) Edmond Langevin à Mère Ignatius, Rimouski, 1er décembre 1874, AAR.

(47) *Ibid.*

(48) « Supplique de Mgr de Rimouski au St-Père », traduction, Saint-Germain de Rimouski, 9 avril 1875, AAR, A-14-2/1, CDR.

« your good & venerable Bishop for his kind present of the lot & house [49] ». Dans sa lettre du 1er décembre, le grand vicaire met en garde la supérieure du Carmel contre la pauvreté à Rimouski, s'inquiète des problèmes suscités par leur survie puisque la ville abrite déjà, en sus d'une seule communauté financièrement indépendante, celle de la Congrégation de Notre-Dame [50], deux communautés pauvres, d'abord celle des Sœurs de la Charité qui doivent s'en remettre à la confection de vêtements sacerdotaux, d'hosties et de cierges pour survivre, ainsi que la communauté des Sœurs des Petites-Écoles qui doit compter sur la Providence ainsi que sur la confection de vêtements tant pour le clergé que pour les laïques pour assurer leur maigre pitance : « Another community, under the name of *Sisters of little Schools*, is commencing and relies altogether on Providence and their work, consisting in clergy and lay persons cloathing [51]. »

Nous ne sommes pas sûre de la date à laquelle ces dernières apprennent qu'elles doivent quitter leur couvent. Avant la mi-décembre, selon la chronique de la maison mère [52], le 4 décembre selon la chronique de leur directeur : « Résolu en présence de M. le Directeur de louer la maison de M. Adhémar Martin au pied du côteau, auprès de son magasin au sud du chemin, pour un an à dater du [29 décembre courant, mots raturés] 15 janvier 1875 [53]. » Le grand vicaire offre leur maison le 1er décembre. La supérieure du Carmel de Baltimore l'accepte dans sa lettre du 10 décembre et, dans celle du mardi 15 décembre, elle annonce que les Carmélites se mettront en route pour Rimouski à la fin de la semaine ou au début de la semaine suivante. Le 16, elle écrit de nouveau pour prévenir qu'à cause du froid intense qui sévit alors au Canada, elle a décidé de surseoir à l'envoi du petit contingent, demandant au grand vicaire s'il fait aussi froid à Rimouski que dans les autres parties du Canada. Ce à quoi il répond qu'il serait « useless for me to say that the cold in Rimouski is not now more intense that in Montreal and Quebec [54] ». Dans cette même lettre du 21 décembre, il ajoute que Mgr Langevin a demandé aux Sœurs des Petites-Écoles de quitter leur couvent dès que possible, ou si l'on traduit littéralement, il a donné l'ordre d'évacuer le couvent le plus rapidement possible : « His Lordship has given orders that the house destined to the

---

(49) Mère Ignatius à Edmond Langevin, 10 décembre 1874.
(50) Elle ne le restera pas encore longtemps, voir *infra* : 342-343.
(51) Edmond Langevin à Mère Ignatius, 1er décembre 1874.
(52) *CMM* I : 4.
(53) *CEL* : 9.
(54) Edmond Langevin à Mère Ignatius, Rimouski, 21 décembre 1874.

Monastery be evacuated as soon as possible », tout en spécifiant « Another dwelling has been found for the *sisters of the small schools*[55] ».

Cette perspective d'une nouvelle maison est d'un bien mince réconfort puisque non seulement elles s'étaient habituées à leur couvent, qu'en outre elles y avaient commencé l'aménagement de la classe qui devait ouvrir en janvier, mais également parce qu'en perdant leur classe, elles perdent la possibilité de s'assurer de revenus stables et décents, pendant que leur nouveau loyer augmente de plus du double.

> Monsieur le Grand Vicaire vient leur dire qu'il faudra déloger avant la fin du mois. Monseigneur l'Évêque a besoin de sa maison; cependant Monseigneur a prévu à un autre logement pour elles. M. Adhémar Martin a une maison à leur louer un an, à cent piastres pour l'année, à commencer au dernier jour de l'année courante. Cette maison est peu éloignée du grand chemin, un peu en bas de la colline. Cette nouvelle inattendue les attriste – déménager au milieu de l'hiver – elles se trouvait déjà bien installées dans cette maison de l'Évêque puis l'espoir de tenir bientôt une classe...[56]

Le grand vicaire est dans une position un peu délicate. Il est leur directeur, mais aussi le frère de la nouvelle fondatrice, en attendant d'être nommé directeur également de la nouvelle communauté[57]. Parce qu'il est si bon envers elles, elles acceptent généreusement ses admonestations et leur nouvelle situation : « Le Père Directeur les visite et les encourage ; il est si bienveillant le bon Grand Vicaire... Elles sont généreuses, ne montrent pas leur déception – le bon Directeur leur a déjà dit qu'il fallait être vertueuses, mortifiées, aimer la pauvreté, etc., etc. » Ce qui n'empêche pas la chroniqueuse de noter avec un petit relent de rancœur qui a traversé un quart de siècle : « Mademoiselle Marie Langevin, sœur de l'Évêque se sentant appelée aux austérités du Carmel, n'a pas cependant le courage de s'expatrier. L'Évêque de Rimouski fera donc venir de Baltimore E.U. un essaim des filles de Sainte-Thérèse et Mlle Marie Langevin a besoin de cette maison pour asseoir sa fondation en attendant l'établissement d'un grand Carmel[58]. »

Tout de même, elles se reprennent en main et profitent de la visite de leur nouveau couvent pour faire de nouveaux projets : « Sœur Vézina et Sœur Gagné visitent la maison de M. Adh[émar] Martin, elles la trouvent assez spacieuse pour la petite famille, même elles pour-

---

(55) *Ibid.* Toutefois, Mgr Langevin leur permettra d'y rester jusqu'à la mi-janvier à cause de la venue tardive des Carmélites (*CMM* I :10).

(56) *CMM* I : 9.

(57) « Elles [les Carmélites] sont sous la direction spirituelle de mon Vicaire-Général » (« Supplique de Mgr de Rimouski au St-Père », 9 avril 1875).

(58) *CMM* I : 9.

raient emménager une chambre pour servir de classe. Mlle Vézina qui connaît les parents et les enfants de la ville a bon espoir de réussite ». Mais « vain espoir ! Grande déception ! [59] »

Il est décidément inscrit dans leur destinée qu'elles se verront dépouiller au profit d'autres communautés. Les Sœurs Grises que Mgr Langevin a fait venir à Rimouski en 1871 pour s'occuper des malades, survivent elles aussi de peine et de misère par leurs travaux manuels. C'est à elles d'abord que pense l'évêque et c'est à elles qu'il donne la permission d'ouvrir une école indépendante, pour soutenir leurs œuvres... « dans les deux salles libres » de la maison de celles qu'elles ont supplantées [60].

Les Sœurs des Petites-Écoles doivent bénir le froid qui leur permet de passer les fêtes dans leur couvent, car les Carmélites ne quitteront Baltimore que le 12 janvier 1875 [61]. Sauf peut-être la secrétaire, qui est aussi commissionnaire, et donc chargée des courses chez les marchands qui sont tous situés beaucoup plus près de leur futur couvent que de celui-ci en haut de la colline. À la supérieure qui lui reproche de ne pas enregistrer suffisamment de faits dans son cahier, sœur Gagné rétorque fièrement : « J'ai toujours bien mis la datte de la grosse tempête, le 18. » Et pour cause ! La date s'est inscrite en chiffres de feu dans tout son corps endolori, alors qu'elle est passée inaperçue chez la supérieure. Ce jour-là :

> par la premières grosses tempêtes de l'hiver, Sœur Turgeon casse sa grande aiguille à repriser ; elle donne deux sous à la commissionnaire pour aller en acheter une chez le marchand le moins éloignés. Mais tous les marchands sont éloignés, tous sur le grand chemin près du rivage. Elle affronte le vent furieux de l'Est, est aveuglée par la neige, se rend chez M. Samuel Côté achete une grande aiguille et reprend la route qui est remplie de neige, s'embourbe, craint d'y laisser ses souliers ; rendue sur la côte, elle fait la halte au couvent ; elle connait si bien les bonnes Mères de la Congrégation. La Mère Supérieure lui fait changer de bas et lui donne un bon repas, thé chaud, etc., etc. À la suite d'une heure très agréable auprès du feu, elle apporte l'aiguille à la repriseuse qui ne s'est pas apperçu de la tempête [62].

C'est dans un paysage blanc qu'elles passent leur premier Noël. L'équipée de sœur Gagné a permis d'imprimer en marque fraîche sur la mémoire de la supérieure de la Congrégation la pauvreté des Sœurs des Petites-Écoles. Elle en profite pour les gâter à Noël : « La bonne

---

(59) *CMM* I : 9.
(60) *RA* : 12.
(61) Mère Ignatius à l'abbé Edmond Langevin, 12 janvier 1875.
(62) *CMM* I : 10.

Mère Supérieure du Couvent envoie un poulet et des petits gâteaux pour Noël ». La supérieure des Sœurs des Petites-Écoles, dont toutes admirent la conduite car elle donne « l'exemple du silence, de l'exactitude à présider les exercices – elle parle peu, prie beaucoup et fait plusieurs jeûnes chaque semaine, bonne et bienveillante pour toutes », est cependant un peu trop austère pour leur goût et pour leur panse sans cesse affamée. « La Sœur Turgeon, écrit la chroniqueuse, a son adage : ‹ La table en tue plus que l'épée. › » Noël ne fait pas exception et les largesses de son homonyme en titre lui « donne occasion [...] de faire mille réflexions : ‹ les pauvres n'ont pas un diner semblable, nous sommes mieux traité que tant de nécessiteux dans les villes qui manquent de tout. › » Ses compagnes l'écoutent sans répondre, les bouches qui ne vont pas souvent à pareille fête, tout occupées à « manger le poulet à belles dents [63] ».

Le 26, sœur Turgeon écrit à Mgr Langevin la première lettre au nom des Sœurs des Petites-Écoles. Destinée à souligner la fête patronale de l'évêque célébrée le 27, sœur Turgeon l'assure de leurs « cœurs reconnaiss[ants] sincèrement filials et confiants » ainsi que de leurs prières dirigées vers Jésus, Marie et son patron saint Jean, pour qu'ils lui accordent, écrit-elle, la réalisation des « vœux ardents que nous formons tous les jours pour votre bonheur temporel et éternel pour la prolongation des jours de Votre Grandeur si chers à vos ouailles et en particulier à nous pour lesquelles vous avez une sollicitude toute paternelle », ainsi que « des vœux que forme Votre Grandeur pour le bien de son église et le bonheur des fidèles qui lui sont confiés [64] ».

Est-ce à l'instigation de l'évêque ou du grand vicaire ? « Le Jour de l'An aura aussi un mets succulent. La ménagère de l'Évêché a envoyé un bol de cretons et une pomme pour chacune. Mais l'on mange la pomme et garde les cretons pour demain [65]. » Une autre lettre de sœur Turgeon écrite le jour de l'An au nom des « humbles et reconnaissantes filles de la Congrégation des Sœurs des petites écoles » apporte leurs vœux à Mgr Langevin : « Nous saluons avec bonheur cette nouvelle année qui nous permet une seconde occasion de vous témoigner la gratitude dont nos cœurs sont pénétrés pour les soins tout paternels dont vous nous entourez. Nous ne pouvons que par nos prières nous acquitter de la dette que nous contractons tous les jours envers un si bon Père [66]. »

---

(63) *CMM* I : 10.
(64) St-Germain de Rimouski, 26 décembre 1874, AAR, A-14-2, RSR.
(65) *CMM* I : 11.
(66) St-Germain de Rimouski, 1er janvier 1875, AAR, A-14-2, RSR.

Cette légère rupture dans la routine quotidienne a-t-elle entraîné tout esprit critique ou de prudence ? Dans leur esprit, leur action est relativement innocente, ne leur apparaissant blâmable que dans la mesure où elle déplaît à leur directeur :

> Dans la semaine qui suit le 1er de l'An un incident regrettable cause un certain trouble dans la petite famille : Sœur Vézina qui protège un jeune neveu, orphelin, Cl[é]ophas Parent, pensionnaire au Collège dans sa deuxième année ; elle le retire pour le prendre à ses charges dans la maison louée par l'Évêque à Sœur Turgeon. Le Grand Vicaire est vite mis au courant de l'affaire ; il répudit cette action blamable, se montre offensé : « C'est un jeune homme, a-t-il dit que vous introduisiez dans la maison. » C'est une chose grave que d'avoir déplu à M. le Grand Vicaire qui se montre si bon, si paternel... Mais le Père manifeste qu'il est le Maître. Cette affaire cause un froid dans la petite réunion [67].

Après les Rois, l'uniformité des jours reprend ses droits et l'horaire régulier, qui n'a été que légèrement ébréché pendant les fêtes, retrouve son long cours.

Les dimanches et les jours de fête sont quelque peu différents, alors que les sœurs font trois visites à la cathédrale dans la journée : le matin elles reçoivent la communion à la première messe, puis s'y rendent à la grand-messe, pour y retourner en après-midi ou en début de soirée à vêpres. Les autres jours, elles vont à la messe et font une visite quotidienne au Saint-Sacrement. En ces temps où la communion quotidienne ou très fréquente est inconnue, elles la reçoivent tout de même deux fois la semaine, le dimanche et le jeudi, ainsi que les jours d'obligation. Pour le reste : « La prière, les lectures pieuses, le travail des mains, l'étude – l'étude ! il ne faut pas la négliger – le Grand Vicaire fidèle interprète de la volonté de l'Evêque rappelle que le travail des mains vient en second lieu, il n'est qu'accessoire, il ne faut pas l'oublier [68]. » Oh ! elles sont bien obéissantes, mais un tout petit peu « questionneuses ». Elles ne critiquent pas, juste l'esprit critique, et pratique, qui pointe son dire : « Monseigneur ignore-t-il qu'elles sont toutes pauvres et que le travail des mains est le plus urgent pour le moment, il leur procure le pain. » Et pour sœur Turgeon, cet horaire si bien établi consacre le projet de l'évêque et donc ses propres craintes quant à la réalisation des siens : « En entendant parler qu'école et étude Sœur Turgeon voit la une brèche à ses pieux projets...

---

(67) *CMM* I : 11. Pour sa part, le directeur note : « Sans en parler au Directeur la Sœur Vézina introduit dans la maison Cléophas Parant, élève du Collège dont elle s'est chargé depuis la mort de son frère. » (*CEL* : 4-5.)

(68) *CMM* I : 11.

Monseigneur serait contre ses projets : accueillir les malheureux, secourir leurs misères c'est le rêve qu'elle caresse, tandis que l'on parle que dictée et analyse... [69] »

Toutes cependant pensent à une plus complète consécration, dont l'engagement serait reflété par le costume. Mais patience et longueur de temps ! Elles ont appris qu'il faut attendre le « moment propice », qu'elles tentent tout de même d'accélérer par leurs prières.

La maison Martin ou la maison de la première communion (1875)

C'est dans cet esprit que les trouve la journée du déménagement. Le 15 janvier, le grand vicaire leur envoie une voiture qu'elles chargent de leurs rares possessions : « il n'y aura pas d'encombrement dans la nouvelle maison [70] ». Entraîné par leur générosité dans l'acceptation de leur nouvelle situation, Mgr Langevin leur remet seize dollars, le prix de leur loyer pour les quatre mois écoulés dans sa maison.

Leur nouveau couvent possède une vertu inaliénable, celle d'être beaucoup plus rapproché de la cathédrale, donc un chemin moins long à parcourir dans la neige, une colline en moins à descendre ou à gravir. Par contre, plus près du fleuve également, la grande maison est plus exposée aux intempéries et conséquemment beaucoup plus froide. Leur poêle avale les bûches à un rythme ahurissant et leur pauvre bourse se trouve allégée d'autant, le bois étant très dispendieux dans la région à cette époque. La prieure du Carmel de Baltimore, qui exigeait une clôture encerclant le monastère de Rimouski, sera estomaquée par le prix du bois : « Is it possible that a wooden fence around their ground & a wooden wall in front of their house can cost so much as four hundred dollars ? in a country too, where I am told wood is so cheap [71]. »

Pour faire face à la dépense et se sustenter quelque peu, « les besoins sont si pressants », il faut bien braver de quelque façon le commandement de l'évêque. Pour se dévouer au but qu'il leur a fixé, il faut qu'elles commencent par survivre. Des âmes charitables les leur ayant procurés, « on a fait l'installation d'un métier à tisser, des peignes à carder, un rouet – toute une filature ». Les voilà pourvues d'un atelier de couture et de tissage un peu avant le 24 janvier, le dimanche de la septuagésime. Et parce qu'« on ne veut pas désobéir », qu'« il est difficile de retrancher sur l'étude, les heures sont précisées

---

(69) *Ibid.*
(70) *CMM* I : 11.
(71) Mère Ignatius à l'abbé Edmond Langevin, Baltimore, 15 mars 1875, AAR.

par l'Evêque », elles décident tout bonnement de « retrancher sur le sommeil [72] » les heures nécessaires à la confection de leurs commandes.

Elles sont toutes cependant rigoureusement déterminées : « Le froid, l'insufisance de la nourriture, le travail assidu ne les effraient pas ; elles se sont réunies dans un bon but, elles veullent servir le bon Dieu, pour cela elles savent qu'elles rencontreront des obstacles, des difficultés, des déceptions, etc. le bon Père directeur les encourage ; elles ont déjà grande confiance dans ce saint directeur qui leur prêche pauvreté et mortification [73]. »

Le carême s'ouvre le 10 février et s'il « est compris que le jeûne du carême sera bien observé », cela « n'offre rien d'effrayant aux bonnes recluses », car « au réfectoire le carême a devancé le calendrier ». Sœur Turgeon, qui « fait un carême perpétuel [...] invite ses compagnes à l'imiter ». Un vrai « modèle d'humilité et de mortification, elle jeûne, prie les bras en croix devant le crucifix, baise les pieds des Sœurs les vendredis, un tel exemple entraine. » D'autre part, leur directeur leur a rappelé lors d'une de ses visites qu'elles doivent veiller à leur santé si elle veulent être utiles. Mais il « est possible que la bonne Sœur Turgeon n'a pas prêté une grande attention à cette remarque du Directeur, car parler de santé, de classe ne sont pas ses sujets favoris [74] ». Tout de même, au moyen des revenus générés par leurs travaux, elles ont réussi à garnir quelque peu leur garde-manger : « Un peu de viande pour les dimanches et des trois repas sur semaines où il est permis de manger gras, du beurre pour les diners maigres. Le pain bis est substantiel, du sirop avec le gruau fait la collation du soir [75]. »

Le premier costume

Le mois de saint Joseph, leur protecteur, se pointe. Après moult prières, consultations avec leur directeur, les Sœurs des Petites-Écoles décident de se rendre à l'évêché dans les premiers jours de mars pour aborder la question de leur costume. Mgr Langevin reçoit fort courtoisement et aimablement les sœurs Turgeon, Vézina et Gagné à qui « la modeste Sœur Dumas cède ses droits » de deuxième assistante, s'enquiert de leurs études, de leur travail, de leur nouveau couvent, leur demande si elles souffrent du froid, etc. Par la suite, il revient à « Sœur Turgeon en sa qualité de Supérieure [...] de présenter la requête ; elle

---

(72) *CMM* I : 12.
(73) *CMM* I : 12.
(74) *CMM* I : 12-13.
(75) *Ibid.* : 12.

exprime à l'Évêque le désir de toutes, de revêtir un costume uniforme et de s'obliger plus strictement qu'elles l'ont fait jusqu'à ici, à des exercices de dévotion – une vie plus régulière. »

Pour sa part, Mgr Langevin « leur permet d'examiner ce qui conviendrait d'adopter pour leurs habits, leur enjoint de lui soumettre le tout et il leur promet que le grand vicaire va s'occuper de leur donner un règlement de vie ; il les engage à être fidèles à la prière, à l'étude, d'avoir une grande confiance à la Sainte Vierge, de lui demander de leur envoyer de bonnes filles dévouées qui feraient de bonnes maîtresses d'école[76]. » Les sœurs qui se rendaient à l'évêché remplies d'appréhension, sont fort heureuses de l'accueil reçu et d'une exubérance un peu éberluée. La réaction de sœur Turgeon tranche pourtant sur la leur : « Cependant la joie de Sœur Turgeon est peu expansive, en présence de l'ardeur des autres pieuses filles qui sont déjà à délibérer sur le mode et la couleur de leurs habits[77]. » La semaine précédant le dimanche de la passion, qui tombe le 14 mars, elles sont quatre à se rendre à l'évêché, Mgr Langevin s'étant étonné lors de leur précédente visite de l'absence de sœur Dumas. Elles font part du résultat de leurs délibérations entre elles et avec leur directeur, expriment leur désir d'avoir saint François d'Assise comme patron de leur communauté, discutent du costume avec Mgr Langevin, qui approuve finalement « un costume ressemblant aux tertiaires laïques[78] » de Saint-François. Toutefois, il refuse à sœur Turgeon la permission de se rendre à Québec pour l'achat du matériel indispensable, tout en laissant entendre « que la vêture de l'habit en question aura lieu au mois de mai », ce qui a l'heur de réjouir les sœurs qui y voient avec raison « rien moins qu'une cérémonie religieuse puisque lui-même bénira les habits[79] ».

Le profil d'Élisabeth entrevu

Très satisfaites de l'évêque qui s'est montré « condescendant » et qui a accepté la majeure partie de leurs vues et de leurs décisions, les sœurs remarquent encore une fois que la joie de sœur Turgeon n'est pas à l'unisson. Lors d'une visite précédente, Mgr Langevin lui avait longuement parlé de sa sœur Élisabeth, lui avait posé plusieurs questions à son sujet, s'était enquis de sa santé, de son domicile, de sa présence à Beaumont, etc. De plus en plus se précise pour sœur Tur-

---

(76) *CMM* I : 13.
(77) *Ibid.* : 13-14.
(78) *CMM* I : 14-15. Pour la description du costume, voir *infra* : 202.
(79) *CMM* I : 15.

geon une communauté qui n'est qu'un bien mince reflet de celle qu'elle a envisagée. Sans doute perçoit-elle déjà de quelle façon la venue d'Élisabeth pourrait bouleverser et ses projets et même sa position à la tête de la communauté car, pour s'être ouverte de ses projets à Élisabeth, elle sait qu'elle ne partage pas toutes ses vues.

Malgré toutes ses inquiétudes et ses insatisfactions, la conduite de la supérieure est plus qu'exemplaire. Elle va bien au-delà de la règle, avec une austérité et une hauteur que ses compagnes admirent mais qu'elles sont dans l'incapacité d'embrasser : « Le règlement est peu compliqué facile à suivre, il est de toute circonstance pour les pieuses filles qui veulent fonder une Communauté de se mortifier – la Sœur Turgeon en donne maintes exemples, on dit que l'exemple entraine ; cependant toutes ne sont pas capables de la suivre ». En effet, elle ne mange qu'une fois le jour et son unique repas consiste en « un peu de soupe dans laquelle elle écrase des patates froides ». Et la chroniqueuse de poursuivre : « C'est bien pour cela qu'elle recommande souvent la modestie des yeux aux repas. » Sœur Gagné qui n'a pas plus les yeux que la langue dans sa poche l'a bien observée et « elle craint que prenant si peu de nourriture sa santé sera bientôt compromise ». Elle a vu sœur Turgeon « se faire cuisinière pendant le carême, afin de faire vieillir sa soupe aux pois de trois et quatre jours ». Admirative, la chroniqueuse s'écrie : « Il faut qu'elle soit déjà bien sainte pour vivre de cette manière. »

Mais, pour toutes, le jeûne est « rigoureux » et les « bonnes pratiques de mortification », multiples. Puis les fêtes religieuses se déploient, celle de saint Joseph et de la Compassion de Marie solennisées le même jour du 19 mars, celle de l'Annonciation le 25 « enveloppée dans la solennelle messe du Jeudi-saint », le dimanche des Rameaux où chaque sœur « revient de la messe avec sa belle branche de sapin bénite qu'elle place à la tête de son lit [80] ». De plus, sœur Turgeon a fait bénir deux rameaux dont l'un jouxte le crucifix dans leur salle commune qui a aussi vocation d'oratoire.

Puis ce ne sont que prières et offices de toutes sortes. Pendant la semaine sainte, elles passent la matinée à la cathédrale et y retournent l'après-midi pour les nocturnes. Jeudi saint, ce sont de longues heures au reposoir remplacées le Vendredi saint par le solennel chemin de la croix, pendant que le Samedi saint, « elles se réjouissent avec l'Église... les Vêpres solennelles donnent l'avant-goût de la sainte et joyeuse fête de Pâques. »

---

(80) *CMM* I : 15-16.

Et que dire de Pâques qui marque le renouveau à plus d'un titre ? Elles assistent à l'office du matin « très long, mais le chant des Litanies puis le *Regina Cœli* sont si reposant non seulement pour le cœur, mais le corps même fatigué par le jeûne prend une nouvelle vigueur au chant émouvant et si joyeux de ce jour. » En rentrant au couvent, c'est de l'eau bénite qu'elles y font entrer maintenant, ayant dû jusqu'à ce jour se priver de « ce talisman merveilleux [81] ».

Ce même jour de Pâques, 28 mars 1875, trois jours après l'Annonciation, leur directeur parachève leur bonheur en annonçant la venue d'Élisabeth.

---

(81) *CMM* I : 16.

TROISIÈME PARTIE

Le conflit des robes (1875-1879)

CHAPITRE 5

L'Annonciation et la Visitation[1]
(3 avril – 15 septembre 1875)

> *Marie répondit : « Voici la Servante du Seigneur, qu'il me soit fait selon ta Parole. »*
>
> (Luc 1, 38)

> *Jésus : ma fille, donne-moi ton cœur. Il est à vous Seigneur.*
>
> (Mère Marie-Élisabeth, *Sentences*)

*C*e n'est pas étonnant que Mgr Jean Langevin refuse de faire de Louise Turgeon le pilier de l'Institut qu'il entend fonder. Elle n'est pas pour lui la personne à qui confier un haut poste de responsabilités non seulement à cause de la conception qu'elle se fait de la communauté qu'elle entend fonder, conception tout à fait aux antipodes de celle de l'évêque. Même si elle devait s'en tenir à une congrégation d'institutrices, elle ne serait pas qualifiée pour autant.

Les lettres envoyées à l'évêque constituent des motifs suffisants d'explication et la condamnent sans appel dans l'esprit de l'ex-prin-

---

(1) Voir *Historique marial de la Congrégation des Sœurs de Notre-Dame du Saint-Rosaire de Rimouski*, [Rimouski, Maison Mère des Sœurs de Notre-Dame du Saint-Rosaire, 1953], 51 p. : 4-7 ; aussi Gemma Bélanger, r.s.r., « Avec Marie et Élisabeth Turgeon », dans Louise Martin, r.s.r. *et alii, Sur les pas de Mère Marie-Élisabeth*, [Rimouski, Maison mère des Sœurs de Notre-Dame du Saint-Rosaire], 5 août 1990, 136 p. : 70-71.

cipal comme inapte à tenir le rôle qu'il destine à la directrice de son Institut-École normale. Louise est intelligente, débordante d'imagination, passionnée, enthousiaste, ascète et charitable, mais elle n'est pas passée par l'École normale et cela est évident. Les inspecteurs d'écoles ont loué son travail. Et sans doute que pour l'enseignement à l'école primaire, ses dons sont suffisants. Malheureusement, elle-même doit être formée ; elle peut donc difficilement remplir le rôle de directrice des études.

Les personnes qui ont connu Mgr Langevin s'accordent à dire qu'il est minutieux, sinon jusqu'à la manie, du moins à une échelle élevée. « Il était très particulier » témoignera une religieuse des Petites-Écoles qui l'a connu. « Avions-nous oublié un point, un accent, ou même un point sur un i, qu'il le signalait [...] Il n'aimait pas l'étourderie et l'à peu près, et tenait à ce qu'une future éducatrice voie aux détails[2]. » Nous pouvons donc supputer sans le moindre risque d'erreur que des frissons d'horreur ont dû le parcourir à la lecture de la prose de Louise Turgeon, à la pensée de seulement l'imaginer à la tête du contingent qu'il s'apprête à former et qu'elle déformerait dès le départ.

Les pensées de Louise n'ont pas tout le loisir de se coordonner, habituée qu'elle est à penser vite et sans doute à agir vite. Son discours verbeux est parfois obscur, non seulement par l'absence de ponctuation forte ou d'alinéa, au point qu'il est parfois difficile de déterminer de quoi ou de qui elle parle, mais des mots brillent par leur absence, d'autres sont tronqués ou abrégés de maintes façons, les accords, entre sujets et verbes, noms et adjectifs, sont souvent laissés en suspens quoiqu'elle les connaisse parce qu'il lui arrive de les employer suffisamment pour l'attester, l'accentuation est aussi déficiente. Dans ses lettres donc, elle se révèle un esprit brouillon, sautant allégrement du coq à l'âne, dont le moins qu'on puisse dire est qu'elle est tout à fait inattentive aux détails.

Depuis que Mgr Langevin la connaît, son entêtement à adopter un mode de vie, peut-être admirable, mais tout à fait impropre à la vie d'une institutrice, qui ne ferait pas long feu à pareil régime, n'a pas arrangé les choses. En fait, sa plume exprime la même ambition que ses projets, et qui trop embrasse mal étreint.

Louise est l'entrée en matière, la porte d'Élisabeth, le saint Jean-Baptiste préparant la venue du Messie. Rôle subalterne mais nécessaire dans les circonstances.

---

(2) Témoignage d'une religieuse cité par Albert Tessier, dans *Les Sœurs des Petites-Écoles*... : 12 (et dont il dit qu'elle « en donne un excellent portrait » (*ibid.*)).

L'Annonciation

Ce n'est pas tant ou tout d'abord pour ses visées d'état religieux, que Mgr Jean Langevin choisit Élisabeth. Pour son âme religieuse certes, mais surtout pour la talentueuse normalienne qu'elle a été et la superbe éducatrice qu'elle est devenue.

Jean Langevin a évidemment sa conception de la femme, et de l'institutrice. Dans ses souhaits de fin d'année à son frère Hector, en 1851, Jean Langevin lui souhaite « une *épouse* sage, vertueuse, et dont le caractère te revienne si tel est ton goût, telle ta vocation. Mais c'est difficile à trouver, je le sais ! ‹ *Mulierem fortem quis inveniet ? Procul et de ultimus finibus pretium ejus... Fallax gratia, et vana est pulchritudo : mulier timens Dominum ipsa laudabitur.* › Excuse le latin. *Fortem* renferme bien des qualités[3] ! » « Qui trouvera la femme forte ? C'est au loin et aux extrémités du monde qu'on doit chercher son prix [...] La grâce est trompeuse, et la beauté est vaine ; la femme qui craint le Seigneur est celle qui sera louée[4]. » D'ailleurs, sa mère qu'il aime profondément et admire a été ainsi décrite pendant la maladie qui devait l'emporter : « Cette dame est le type le plus parfait de la mère chrétienne ; et nous pouvons dire qu'elle est bien cette femme forte, dont parle l'Écriture Sainte[5]. »

---

(3) Jean Langevin à Hector Langevin, Sainte-Claire, 31 décembre 1851, « Correspondance de Jean Langevin avec son frère Hector (1843-1867) », annotée par Béatrice Chassé, *Rapport de l'archiviste de la province de Québec*, tome 45, 1967 : 59. Au verso de sa lettre suivante (15 janvier 1852), Hector Langevin a écrit la « *Suite du portrait d'une bonne femme* ». (Dans *ibid.* : 60-61.). Nous donnons la traduction française des extraits latins cités : « Le cœur de son mari se confie en elle [...] elle lui rendra le bien, et non le mal, tous les jours de sa vie. Elle a cherché la laine et le lin [...] Elle se lève lorsqu'il est encore nuit, et elle donne la nourriture à ses domestiques, et les vivres à ses servantes [...] et elle a affermi son bras [...] Elle a porté sa main à des choses fortes, et ses doigts ont saisi le fuseau [...] Elle a ouvert sa bouche à la sagesse [...] et elle n'a pas mangé son pain dans l'oisiveté. Ses fils se sont levés, et l'ont proclamée bienheureuse ; son mari s'est levé aussi, et l'a louée. » (Proverbes 31, 11-12. 15. 17. 19. 26-28.)
Dans une lettre à sa fiancée, Justine Têtu, Hector-Louis Langevin écrit : « laisse-moi te citer un extrait d'une lettre que je viens de recevoir de mon frère le Curé. Il me dit : ‹ J'avais donc bien deviné ! Je ne connais pas ta fiancée ; mais d'après ce que tu m'en dis, je te félicite de ton choix, et crois que tu as tout lieu de compter sur des jours heureux, aussi heureux du moins qu'on peut les avoir sur cette pauvre terre. Il me semble déjà reconnaître cette femme forte dont je t'envoyais, il y a quelque temps, le portrait tracé par le Saint Esprit lui-même au Livre de la Sagesse. Je vais joindre de bon cœur mes faibles prières à celles de toute la famille en ta faveur, et c'est avec plaisir que je descendrai à la Rivière Ouelle en temps opportun. › » (Québec, 15 octobre 1853, ANQ-Q, Fonds Famille-Langevin, APG-134/1.)
(4) Proverbes 31, 10 et 30.
(5) Dans le *Progrès de Lévis*, cité dans *La Voix du Golfe*, mardi 10 novembre 1868. *Le Canadien* du 13 novembre 1868 la décrit comme « une femme vraiment supérieure ». Sophie Scholastique Laforce (1799-1868), fille unique de Pierre Casimir

À son décès, Sophie Laforce-Langevin était la présidente de la Société Compatissante et vice-présidente de la Société des Dames charitables de Québec : « Elle appartenait à ces deux associations depuis leur fondation, et en était l'une des plus ardentes promotrices[6]. » Ce sont les membres de cette dernière société, fondée en 1830 sous le patronage de Lady Aylmer[7], qui accueillent les Sœurs de la Charité lorsque Mgr Turgeon les fait venir à Québec en 1849. La société leur cède l'orphelinat qu'elle a érigé à condition que les sœurs s'engagent à continuer l'œuvre de l'hospitalisation des orphelins et de l'instruction des enfants pauvres[8]. Sophie Laforce-Langevin avait donc des liens très étroits avec les Sœurs de la Charité dont elle était l'amie et l'auxiliaire, dont elle organisait les bazars, etc. « Les bonnes Sœurs de la Charité, entre autres, ont répondu à l'affection toute spéciale qu'avait Mad. Langevin pour leur œuvre, en lui prodiguant jour et nuit leurs secours pendant sa maladie, en veillant auprès de sa dépouille mortelle, et en assistant à ses funérailles avec leurs orphelins[9]. »

Mgr Langevin va accueillir à son tour, à Rimouski, les Sœurs de la Charité qu'il va constamment protéger et privilégier, au détriment souvent des Sœurs des Petites-Écoles.

Élisabeth Turgeon, sous des dehors plus fragiles, est cette femme forte de l'Écriture sainte. De plus, elle réunit toutes les qualités que le pédagogue requiert d'une institutrice, d'une autre pédagogue. Et des exigences, le principal Langevin en avait formulé plus d'une !

Les vertus particulières que doit posséder l'instituteur ou l'institutrice selon lui sont « une grande innocence de mœurs, la probité, le désintéressement et le dévouement[10] ». Les dons naturels requis sont

---

Laforce, écuyer, notaire, de Québec, et d'Angélique Antoinette Limoges, avait épousé Jean Langevin, écuyer de Québec, le 15 août 1820. Ils eurent treize enfants dont sept ont survécu, Jean, Edmond, Hector, Malvina, Édouard, Noé et Marie. Sur la famille Langevin, voir Andrée Désilets, *Hector-Louis Langevin* : 7-16.

(6) *La Voix du Golfe*, 17 novembre 1868.

(7) Voir Joseph Trudelle, *Les Jubilés et les églises et chapelles de la ville et de la banlieue de Québec, 1608-1901* : 346-347 (croquis des dames fondatrices, entre autres S. L.-Langevin dont Mgr Jean Langevin est le vivant portrait) et 350.

(8) Voir Sœur Sainte-Blanche, s.c.q., *La Charité en marche... L'Institut...* : 172 et [S.A.], *Une Fondatrice et son œuvre, Mère Mallet, 1805-1871, et l'Institut des Sœurs de la Charité de Québec fondé en 1849*, Québec, Maison-Mère des Sœurs de la Charité, 1939, 623 p. : 136-138.

(9) *La Voix du Golfe*, 17 novembre 1868.

(10) Jean Langevin, « Réponses au programme de pédagogie pour le diplôme d'école modèle », dans *Réponses aux programmes de pédagogie et d'agriculture, pour les diplômes d'école élémentaire, d'école modèle et d'académie*, 2e édition approuvée par le Conseil de l'Instruction Publique, Québec, Typographie de C. Darveau, 1864, 51 p. : 13, réponse 3.

de l'ordre physique, intellectuel et moral. Pour ce qui a trait aux qualités physiques, il est « désirable » écrit le principal Langevin que l'institutrice ou l'instituteur possède : *un corps bien conformé, un extérieur digne et affable, la clarté de la vue et de l'ouïe, une voix convenable, une prononciation distincte, des poumons sains et une santé habituellement bonne.* Il est « important » d'avoir les qualités intellectuelles suivantes : *une bonne mémoire, un jugement droit, un esprit méthodique, une imagination réglée, un grand tact,* et, naturellement, *un savoir suffisant.* D'autre part, « les qualités morales, dont la plupart sont des vertus chrétiennes, sont les plus nécessaires, ou mieux sont indispensables » : *la religion, la piété, la pureté de mœurs, l'humilité, la prudence, la discrétion, la douceur, la patience, la fermeté, la gravité, l'équité, la probité, l'activité, le zèle* et *la sobriété.* Quant aux « principales marques d'une vocation sérieuse », elles sont : *l'affection pour l'enfance, le goût pour cet état, l'esprit de dévouement,* ainsi que *les qualités nécessaires* ci-dessus énumérées [11].

L'on peut donc présumer que si Mgr Langevin veut charger Élisabeth Turgeon de la formation d'autres institutrices, c'est qu'il a déjà reconnu en elle la plupart de ces qualités qu'elle possède sans doute à un haut degré, de même qu'une vocation véritable, voire exceptionnelle.

Le tout n'est pas seulement que l'évêque la choisisse. Il lui faut répondre par sa propre parole. Que dit la lettre de l'évêque ? Que dit-elle de plus que les autres qui ne l'ont pas convaincue jusqu'ici ? Lui promet-elle ce vers quoi son cœur soupire ? Ou un destin qu'elle ignore mais qu'elle appréhende, car elle sait déjà sans les connaître ces écueils qui surgiront sur sa route ? Il vaut mieux ne pas tout savoir. Il n'est qu'à Dieu, et c'est heureux, qu'est réservée l'omniscience.

La voilà prise au piège de l'incertitude, du devoir caché au revers de grâce. Peut-être est-ce, sans en avoir l'air, la Chance, la vengeance de toutes les chances jusqu'alors pour elle perdues ? Que doit-elle faire ? Accepter de s'enfoncer une autre fois, petit à petit, plus profondément, dans l'inéluctable des jours sans joie, si ce n'est celle qu'on s'obstine à y trouver faute de se laisser aller à la désespérance qui est à condamner nettement dans la perspective chrétienne ?

Changera-t-elle de lieu, de pays, mais non pas de misère intérieure ? Rester au pays de l'enfance est peut-être plus périlleux encore que de partir. Ne pas répondre serait peut-être la forme la plus cruelle de déni de soi. Peut-être est-ce l'heure infaillible qui vient de sonner pour

---

(11) Jean Langevin, *Cours de pédagogie...* : 6-15.

elle ? L'heure de risquer le tout pour le tout et croire que le ciel n'est à soi que parce que pour une part on part à sa conquête et donc à sa rencontre ?

Dans l'indécision qui rythme inexorablement les jours qui passent, sans doute l'église de Beaumont, vieille de près de 150 ans, la voit-elle souvent venir s'y recueillir pour y chercher la réponse à l'atermoiement de sa vie. Il n'y a ni apparition ni voix pour la guider, sinon tout au fond d'elle-même, cette lueur qui ne demande qu'à s'éclabousser en large feu de joie. C'est cette lueur qui l'enflamme et la détermine. C'est cette lueur qui l'embarque un matin pour l'arrière-pays du bas du fleuve.

C'est donc le jour de Pâques par l'ange tutélaire de la communauté qu'a lieu l'annonciation : « c'est le Jour de Pâques que le Grand Vicaire au nom de Monseigneur leur annonce la belle nouvelle que Mlle M. Élisabeth arriverait aux premiers jours de la semaine [12]. » Grande effervescence dans la maison, deux autres recrues viennent se joindre à elles, car Élisabeth amène, sans le savoir, l'âme de ses croix avec elle. L'intendante, sœur Gagné, se met en frais de préparer ce qu'en termes pompeux l'on qualifierait « d'appartements ». « Maintenant la nouvelle est officielle, elles en parleront comme un evénement marqué à leur foyer aussi se sera avec plaisir et empressement que Sœur Gagné toujours ardente à voir du nouveau, s'offrira pour installer les lits, car Sœur Turgeon sait que sa sœur emmène une compagne avec elle. De bons lits de paille fraîche seront bientôt préparés dans les chambres d'en haut fermées pendant l'hiver peuvent être habitées en avril [13]. »

Élisabeth vient-elle directement de Beaumont, où elle vit alors à la maison familiale, ou est-elle allée à Beauport y chercher Hélène Lagacé qui y réside et qu'elle emmène avec elle ? Il n'y a aucune relation de son voyage. Peut-être Hélène Lagacé est-elle venue la rejoindre sur la rive sud et de là elles auraient pris le train. C'est peut-être l'explication la plus plausible, mais tout de même hypothétique.

Depuis l'arrivée de Mgr Langevin à Rimouski, en 1867, en seulement huit ans, les moyens de transport se sont grandement améliorés et en grande partie, grâce à lui. Mgr Langevin était arrivé de Québec par bateau, ce qui était alors le moyen par excellence, pour ne pas dire pratiquemment le seul, pour descendre à Rimouski. Lorsque les Sœurs de la Charité arrivent de Québec, en 1871, elles traversent le fleuve jusqu'à Lévis, y prennent le train jusqu'à Rivière-du-Loup, alors terminus de la voix ferrée. De là elles doivent faire six milles en voiture

---

(12) *CMM* I : 16.
(13) *CMM* I : 16-17.

pour atteindre le couvent de Cacouna où elles passent la nuit. Le lendemain matin, « il leur faut néanmoins faire appel à tout leur courage pour monter en traîneau sous une pluie torrentielle et par des chemins défoncés ». L'une d'elles est assaillie de telles nausées qu'elle « croit rendre l'âme en cours de route. Sa compagne, en proie à la plus vive inquiétude, lui suggère de promettre une messe en l'honneur de saint Joseph si elle arrive sans *trépasser* au terme de leur course. » Après une autre halte, « l'attelage, harassé par un trajet de quatre-vingt-dix milles sur des routes affreuses », parvient à l'évêché de Rimouski le 5 avril, à 4 heures de l'après-midi. Elles étaient parties de Québec le 3 [14]. Mais puisque l'Intercolonial reliant Rivière-du-Loup à Rimouski a été inauguré en 1873, Élisabeth a sans doute fait le trajet de Lévis à Rimouski en train.

La Visitation

Ses futures compagnes se sont-elles rendues à la gare pour l'accueillir ? Peut-être pas, puisque attendue dans les jours suivant Pâques, ce n'est que le samedi de Pâques, 3 avril, qu'elle arrive au couvent : « Arrivée de Mlles Marie Élisabeth Turgeon et Hélène Lagacé de Beauport, jeune fille dans la vingtaine. Ce n'est pas aux premiers jours de la semaine, mais bien samedi que Mlle Turgeon arrive [15]. »

Élisabeth arrive la veille du dimanche de la Quasimodo : « La Providence du Seigneur ne laisse rien se faire au hasard. » Dans l'épître de la messe du jour, on y peut lire : « ‹ Approchez du Seigneur comme la pierre vivante que Dieu a choisie et mise en honneur. › ‹ Soyez vous-mêmes comme des pierres vivantes posées sur Lui, pour en composer un édifice spirituel. › ‹ Vous êtes la race choisie, la nation sainte [...] le peuple conquis destiné à publier ses grandeurs. Béni soit celui qui vient au nom du Seigneur. › » Et voici que vient se placer en leur sein « une pierre principale, angulaire, élue, précieuse [16] ».

Cette pierre de chair aux yeux bleus et à la chevelure châtain clair est « grande, svelte, figure pâle mais gracieuse, air distingué, un sourire qui captive, enfin extérieur agréable dans la force du mot ». Elle se démarque de sa sœur Louise, aussi physiquement, elle n'offre « aucune ressemblance » avec elle qui arbore plutôt « une figure rigide,

---

(14) Voir Sœur Sainte-Blanche, *La Charité en marche... L'Institut...* : 39-40.

(15) *CMM*, I : 17.

(16) Voir [Sœur Marie de l'Enfant-Jésus, r.s.r.], *Ange et Semeuse. Mère Marie Élisabeth, 1840-1881, fondatrice et 1ère supérieure de la Congrégation des Sœurs de Notre-Dame du Saint-Rosaire de Rimouski, 1875-1945*, [Rimouski, Maison mère des Sœurs de Notre-Dame du Saint-Rosaire, 1945], 233 p. : 65-66. Il s'agit d'extraits tirés de 1 Pierre 2, 4.

bonne pourtant », au « regard compatissant » et qui a la « parole facile et pénétrante [17] ».

Le dimanche de la Quasimodo, les deux sœurs Turgeon se rendent à l'évêché pour présenter leurs hommages à Mgr Jean Langevin et à l'abbé Edmond Langevin. Visite d'étiquette dit la *Chronique*, alors qu'une autre source affirme que dès « la première visite d'Élisabeth à l'évêché, l'Évêque lui fit connaître son dessein de la constituer directrice de la petite association dont les membres, après s'être initiés à l'enseignement sous sa direction, iraient tenir les écoles pauvres du diocèse [18] ». Mgr Langevin l'a-t-il vue seule ou les deux sœurs étaient-elles ensemble pour la durée de l'entrevue ? C'est peut-être plutôt lors de ses subséquentes visites, plusieurs dit la *Chronique*, « d'assez longue durée [19] », en solitaire à l'évêché, que l'évêque lui donne ses commandements.

Élisabeth sera dès le début connue sous le nom qu'elle n'abandonnera jamais par la suite. Les postulantes portent le titre de sœur suivi de leur patronyme. Pour la distinguer de sa sœur Louise qu'on nomme sœur Turgeon, « Sœur Marie-Élisabeth est le nom qu'on lui donne [20] », alors que dans certaines communautés on donne un autre patronyme pour dissocier les jumelles patronymiques avant le choix des noms en religion. Sœur Marie-Élisabeth est ressuscitée au temps pascal à une autre vie, sa vie de désir. Elle s'intègre doucement et besogneusement au couvent, faisant niche comme un oiseau migrateur revenu en ce printemps de sa terre d'exil et d'hivernement. Elle « a senti le cordial accueil qu'on lui fit à son arrivée et par son naturel agréable et la bonté de son cœur, elle rend amplement à ses compagnes leur politesse, elle met la main à leur travail, ne semble pas s'appercevoir de la nudité du logis ni de la pauvreté de la table, comme ses compagnes, elle montre une grande déférence à sa sœur, que l'Évêque a nommée supérieure [21] ».

Avec sœur Marie-Élisabeth, « Une douce gaiété est entrée au foyer avec le soleil printanier ». Car sœur Marie-Élisabeth est gaie, rieuse, croit que la joie est exprimable et doit s'exprimer, alors que sa sœur Louise n'est pas seulement austère de vie et de figure mais aussi avare de rire et de gaieté qui sonnent plutôt comme choses malséantes à ses

---

(17) *CMM* I : 17.
(18) *RA* : 13.
(19) *CMM* I : 17.
(20) *Ibid.*
(21) *Ibid.*

oreilles. Même les récréations doivent être sérieuses. L'on « se sent heureuses [22] » écrit la chroniqueuse. Et pourtant, pourtant...

La première émigration

Certaines postulantes déjà anémiées se sont fortement ressenties de toutes les rigueurs de l'hiver et des jeûnes du carême. La médecine sait maintenant à quel point le manque de soleil et de lumière pendant la saison hivernale est préjudiciable à l'équilibre humain, à quel point il favorise les déprimes ou les dépressions ou les visites fréquentes du « diable bleu » comme l'on dit au XIXe siècle.

Sœur Vézina, dans la quarantaine, avec sans doute une vingtaine d'années d'enseignement derrière elle, ce qui suffit à l'époque pour ruiner complètement une santé qui n'est pas de fer, se demande combien de temps « pourra-t-elle subsister sous ce régime si dur [23] ». À dire vrai, si la communauté n'est pas riche à ce moment, elle est loin d'être au point culminant de pauvreté qu'elle atteindra plus tard. Elle peut tout de même échapper à la misère au moyen de travaux manuels qui rapportent bien : « couture, tricot, laine filée, etc apportent un gain appréciable, M. le Curé et les familles paient généreusement le travail ».

Cependant, sœur Turgeon qui n'a jamais oublié et qui jamais n'oubliera ses rêves de venir en aide aux miséreux, s'en donne à cœur joie en détournant une partie des revenus pour les partager avec les indigents de cette ville si pauvre que leur nombre égale quasiment celui des citoyens. « Il y a beaucoup de pauvres femmes à Rimouski, elles ont bien vite fait connaissance avec Mlle Turgeon, elle si compatissante, elle donne du nécessaire de la petite famille avec ses propres habits. Admirable charité mais pas toujours imitable [24]. »

Sœur Marie-Élisabeth n'est pas en reste, mais elle n'oubliera jamais la part de ses filles. Quant à la sienne propre, elle en dispose aussi allègrement : « Notre trop généreuse Mère fondatrice donnait aussi aux pauvres, en cela, elle ressemblait à sa sœur ainée, elle ne pouvait refuser. Dès la première année qu'elle fut à Rimouski, une pauvre femme chargée d'une nombreuse famille allait assiduement lui demander l'aumône, sa petite valise fut vite vidée, elle donna toujours tant qu'elle pût trouver un morceau à donner [25]. »

---

(22) *CMM* I : 17.
(23) *Ibid.*
(24) *Ibid.*
(25) Témoignage de sœur Marie-Lucie, dans *CMM* I : 133.

Pendant que se poursuivent les aumônes, la vie communautaire subit plusieurs soubresauts, les jours sombres de sœur Vézina se perpétuent, elle « voit tout en noir, sa première ferveur se ralentie elle s'offusque de tout et de rien, des ombres la poursuive, ce sont les prouesses de Sœur Lagacé, les rires de Sœur Gagné, peut-être la douce et belle figure de Sœur Marie Élisabeth, celle-ci âgée de 35 ans pourtant, mais la mine, le cœur semble si jeune[26] ». D'autre part, sœur Marie-Élisabeth commence à entrevoir, puis à carrément trop voir la vraie nature de celle-là même qu'elle a introduite au couvent et qui semble posséder une nouvelle personnalité : « désagréable elle se moque de l'une, fait des pieds de nez à l'autre, rit au éclat, boude aux repas, la bonne Sœur Marie Élisabeth est confuse de cette manière d'agir de cette jeune fille[27] ».

C'est le dimanche 25 avril en la Saint-Marc que sœur Vézina se décide à rencontrer leur directeur après la messe : « elle revient fatiguée, décidée, elle va partir ». Les demoiselles Lévesque et Lavoie qui, selon le grand vicaire, n'ont jamais eu l'intention de faire profession, partent également. Pourquoi resteraient-elles ? Elles retournent dans leur famille. Delvina Vézina, par contre, est institutrice depuis plusieurs années à Rimouski et était une recrue de choix pour l'Institut naissant car elle « avait été généralement appréciée comme institutrice de la classe des garçons de la ville. Monsieur le curé l'estimait, les parents de ses élèves aussi. » Leur directeur, par contre, lui tenait rigueur de quelques étourderies, de l'affaire Cléophas Parent surtout. Elle retourne vivre dans sa paroisse natale à l'Île-Verte. C'est la plus riche d'elles toutes. Outre une petite pension, elle dispose d'un ameublement presque complet. Avec son départ le 29 ou 30 avril[28], s'effectue donc une ponction non seulement dans la communauté mais aussi dans le mobilier.

Mais celles qui restent et qui en verront bien d'autres ne se laissent pas abattre, car « le beau soleil du mois de mai, sa bienfaisante chaleur va attiser encore l'ardeur des vaillantes filles, leur confiance ne sera pas ébranlée par se contretemps, la bonne Providence est la pour les soutenir leur providence pour le moment c'est bien Monseigneur l'Évêque qui leur témoigne intérêt et satisfaction[29]. » Elles ont foi en leur étoile ou serait-ce en leur soleil ?

---

(26) *CMM* I : 18.

(27) *Ibid.*

(28) Selon *CEL* : 5, le départ a lieu le 29 avril 1875 : « Sortie de Sœur Vézina, et D[lle] Sylvie Lévesque et de D[lle] Lavoie qui n'appartenaient pas à la maison. » Le 30 avril, selon *CMM* I : 18.

(29) *CMM* I : 18.

Quant au mobilier, vaisselle, ustensiles, tout se remplace, grâce surtout à sœur Gagné qui arrivera pendant le mois à trouver des substituts aux objets perdus dont l'absence au début a bien causé « quelque embarras ». Mais sœur Gagné est de la graine de charpentier comme celui en qui elle a une confiance profonde et inébranlable et dont elle voudra porter le nom et elle s'entend à remeubler le couvent : « Sœur Gagné est ingénieuse et elle sait user du marteau. M. Ad. Martin lui à laisser pleine liberté d'employer les bouts de planches, les boites du vieux hangar : des bûches, des boites remplaceront les chaises, des planches posées sur les pieds d'une vieille machine à coudre, prendra la place de la jolie petite table de Mlle Vézina [30]. » Pour remplacer vaisselle et ustensiles, la vaillante intendante profite de ses sorties pour regarnir le buffet pourrait-on dire si buffet il y avait : « Dans ses sorties, elle s'arrête chez ses bonnes Mères de la Congrégation d'où elle apporte couteaux, cuillères, etc ; quand elle va porter quelques ouvrages finis au presbytère et dans les familles ; elle revient avec quelques pièces de vaisselle, ustensiles, essuie-mains, etc. »

Bien sûr, le tout n'est pas d'une grande harmonie ni d'une rare élégance, mais le but est atteint : « le service de la table est réorganisé ». Cependant, « les formes et les teintes variées ainsi que les disparates des ustensiles et meubles donnent à l'ensemble un ton original qui provoque l'hilarité... [31] » Ce qui en d'autres termes s'appelle faire contre mauvaise fortune, bon cœur. Le poêle s'étant fondu dans le décor avec Delvina Vézina, on fait un savant agencement de « pierres disposées avec soin et quelques feuilles de tuyau atteignant la cheminée » et dans « cet âtre d'un nouveau genre, on allumera, le plus souvent, un feu de copeaux pour préparer la maigre pitance [32] ». Toute cette réorganisation s'écoule sur plusieurs semaines.

Au début de mai, l'un de leurs devoirs les plus pressants est de reparler du costume et de rappeler à l'évêque sa promesse de faire la cérémonie de la vêture en ce mois de Marie.

L'habit suspendu

Depuis le mois de mars, la question de l'habit, adopté à ce moment, avait été laissée en suspens. L'on sait maintenant qu'avant d'en faire entreprendre la confection, Mgr Langevin attendait l'arrivée d'Élisabeth.

---

(30) *CMM* I : 19.
(31) *Ibid.*
(32) *RA* : 15.

Depuis le début de l'année que le quatuor[33] désirait aborder la question du costume, mais n'avait osé la soumettre à l'évêque. Un événement survenu en février contribuera peut-être à précipiter leur action. Toutes les six dont trois institutrices, sœur Gagné qui vient de sortir du noviciat des Sœurs de la Charité, et deux jeunes filles pauvres, si elles portent des vêtements laïcs, ne doivent pas être trop richement ni trop frivolement vêtues, mais ce n'est pas encore suffisant pour Mgr Langevin : « Le costume de nos pieuses filles, tout modeste qu'il est, n'est pas tout a fait du goût de l'Évêque[34]. » Sœur Gagné, la commissionnaire, s'étant aventurée à l'évêché avec un petit chapeau trop coquet ou coquin, selon le seigneur de l'endroit, il lui dit : « Votre petit chapeau n'est pas convenable, il faut vous distinguer des séculiers, adoptez une coiffure plus austère, un chapeau à longue forme par exemple. » Ce qui n'eut l'heur de plaire à personne car toutes elles « désirent un habit uniforme ; elles se sont réunies dans l'intention de former une Communauté religieuse, elles veullent un habit religieux, un chapeau à longue forme comme portaient nos grand'Mères, elles ne le veullent pas[35] ».

C'est donc au mois de mars qu'elles osent approcher l'évêque à ce sujet. Celui-ci ayant agréé à leur requête, les quatre postulantes, après s'être entendues avec le grand vicaire, adoptent le costume suivant : « une robe de bure gris cendre, une ceinture de corde nouée, une pélerine et une coiffe de couleur brune, la coiffe aura une garniture blanche. Monseigneur leur a dit de ne pas mettre de la gaze noire autour de la figure[36] », à l'encontre de ce que désire sœur Turgeon. Lors de leur visite à l'évêché, « Elles analysent de leur mieux les couleurs, la forme, la qualité de l'habit à adopté ; Monseigneur écoute, intéroge, fait des observations, etc, il ne veut pas la corde comme elles l'entendent, mais un cordon de laine noué[37]. » L'évêque accepte donc tout leur costume, sauf le cordon, mais les sœurs ne sont pas dupes, le grand vicaire « l'a sans doute consulté avant d'encourager ses pénitentes[38] ». Car, tout costume qu'il soit, il reste que c'est un habit ressemblant à celui du Tiers-Ordre laïque de Saint-François.

Malgré les trois départs, elles sont quatre encore prêtes à prendre l'habit : sœur Turgeon toujours aussi « mortifiée » et généreuse, sœur

---

(33) Les deux séculières, les demoiselles Lavoie et Lévesque n'auraient pas revêtu l'habit.
(34) *CMM* I : 13.
(35) *Ibid.*
(36) *CMM* I : 14.
(37) *Ibid.*
(38) *CMM* I : 15.

Gagné, toujours aussi zélée, sœur Dumas, toujours consciencieuse et sœur Marie-Élisabeth, la dernière arrivée, la première pourtant dans la pensée de l'évêque qui veut en faire la pierre d'assise de l'Institut. La cinquième y prétend aussi mais l'on a déjà décidé de son renvoi car elle apparaît « un sujet intraitable [39] ».

Les premiers enfants

Leur attention est subitement quelque peu détournée du costume tout en s'y ramenant et en l'appelant, puisque leur zèle se porte plus immédiatement vers ce qui sera la fin qu'il illustrera plutôt que sur sa confection.

Le jeudi 6 mai, en la fête de l'Ascension, leur première mission en tant que membres de l'Institut voué à l'enseignement des enfants pauvres se présente. Enfin, leur est présentée par le curé Winter qui semble depuis leur arrivée leur premier pourvoyeur et protecteur, attentif à leur procurer des travaux manuels pour assurer leur subsistance, et attentif maintenant à leur permettre de faire leur début dans la voie qu'elles ont choisie. L'évêque et le grand vicaire s'en tiennent encore à leur demander d'étudier sans envisager dès lors la passation à l'action. Elles ont maintenant l'occasion de préparer de jeunes enfants au catéchisme en vue de leur première communion :

> Fête de l'Ascension. Le bon Dieu leur ménage des plaisir. C'est Monsieur le Curé qui va leur envoyer trois pauvres enfants, rebuts des classes, pour qu'ils apprennent leurs prières et le catéchisme pour la première communion. Combien nos pieuses filles sont heureuses de donner des heures de leur journée à ces déshérités qui méritent leur compassion, prémices de leur espérance future ; elles remercient Monsieur le Curé de la belle aubaine [40].

Mais la vêture n'est pas pour autant oubliée. Repoussée dans le temps plutôt, à la demande de sœur Marie-Élisabeth, qui préfère attendre pour ce faire leur règlement de vie religieuse : « Sœur Marie Élisabeth ayant trouvé le moment trop précoce, au mois de mai, pour se vêtir d'habits religieux, ses compagnes se rangèrent à cette avis, d'autant mieux que l'Évêque ne leur avait pas encore donné ce règlement d'une vie plus régulière, dont il avait été question au mois de mars [41]. »

Un peu plus d'un mois après son arrivée, sœur Marie-Élisabeth a donc pris la direction spirituelle du petit groupe. Sans mandat précis,

---

(39) *CMM* I : 19.
(40) *CMM* I : 19-20.
(41) *CMM* I : 20.

ou en tout cas officiel, mais sans doute avec la permission et l'encouragement de l'évêque, exprimés probablement lors de ses visites peu après son arrivée, mais non publicisés encore.

C'est entre le 17 et le 21 mai que les sœurs retournent à l'évêché et, témoignant de leur désir de retarder la vêture, elles veulent cependant une décision définitive quant au costume : « Ce fut pendant la semaine des Quatre temps, jours de pénitence et de prières, après s'être concertées de nouveau sur le sujet du costume religieux qu'elles se rendent auprès de l'Évêque, afin d'obtenir une décision définitive. » Mgr Langevin qui « les reçoit avec bonté » approuve d'abord « leur désir de retarder la vêture », puis leur permet de se mettre à la confection de leurs habits. Il fait toutefois une réserve au sujet de la coiffure qu'on doit lui soumettre avant la confection définitive. Il leur « fait remarquer que le costume doit être soigné, parce qu'elles seront par leur vocation, obligées de paraître en public, pour cela il fallait s'habiller convenablement ».

D'autre part, il accorde à sœur Marie-Élisabeth ce qu'il a refusé à sœur Turgeon en mars dernier et qui devrait lui revenir de droit puisqu'elle est supérieure, la permission de se rendre à Québec pour acheter les étoffes, en mettant comme condition qu'elle lui envoie des échantillons d'abord : « il permet à Sœur Marie Élisabeth de se rendre à Québec se procurer les étoffes voulues, ajoutant de lui faire parvenir des échantillons, désireux qu'il était de voir les couleurs des étoffes avant d'en faire l'achat. » La chroniqueuse note leur heureuse surprise devant l'intérêt minutieux de l'évêque : « Les bonnes filles sont surprises de voir combien l'Évêque s'occupe avec minutie de leur costume religieux et elles en sont contentes de voir l'intérêt qu'il y attache [42]. »

Et pourtant, cette méticulosité de l'évêque sera plus tard bien lourde à porter. Il est ainsi, il doit tout surveiller, tout régenter lui-même. Non pas qu'il ne fasse confiance à personne, mais en tant que pasteur principal il s'octroie le droit et le devoir de surveiller de près ce qui se passe dans son diocèse, et ce qui lui paraît le plus important. Les prêtres du séminaire de Rimouski auront bien du mal parfois à accepter et à obéir à certaines formes d'ingérence [43] dans la direction de leur maison, maison dont il est d'ailleurs le supérieur.

---

(42) *Ibid.*

(43) Par exemple, il a droit de regard sur l'admission et le renvoi des élèves. « Il [Mgr] rappelle que le Concile de Trente est en force pour son Séminaire. Lui seul peut admettre et renvoyer les élèves. Sous ce rapport il n'admire par le Séminaire de Québec où il trouve trop d'indépendance. » (F.-Elzéar Couture, *Notes IV (1879-1883)* : 815, 14 février 1880.) Il exige d'être là pour faire passer les examens aux

Le 22 mai, le grand vicaire les visite : « Il est toute bonté, s'informe de leur santé, des petits garçons qu'elles instruisent à la première communion, de leur nourriture si elle est suffisante, de leur prochaine vêture, de St François d'Assise, des Tertiaires religieux et des Tertiaires laïques, de la couronne franciscaine chapelet de sept dizaines, de leur règlement de vie [44]. »

Les titres de sœur Marie-Élisabeth

Trois jours plus tard, une lettre de Mgr Langevin à sœur Turgeon va officialiser une situation de fait dans son esprit, dans celui de sœur Marie-Élisabeth à qui il a conféré déjà officieusement ces pouvoirs qu'il lui accorde sur papier, mais qui ne l'était pas encore dans celui de sœur Turgeon.

Évêché, 25 mai 1875 [45]

Sœur Louise Turgeon
des Petites-Écoles

Ma Sœur,

Comme vous vous trouvez actuellement chargée de toutes [les] [46] affaires temporelles de la maison, mon intention est que votre sœur [47] Élisabeth, à part la charge de directrice des classes et du

---

élèves. « Mgr a mis une heure à faire passer les deux premiers élèves de cette classe [4e] sur l'analyse grammaticale et logique. Je prévois que l'examen de cette classe durera trois jours au moins. À quand la fin ? Dieu seul le sait. Tout le monde se sent épuisé. » [...] « L'examen de la troisième est commencé ce matin par les M.M. du Sém[inaire] que Mgr a priés de commencer sans l'attendre : ce qui prouve que Sa Grandeur fatiguée finira peut-être par consentir à introduire un autre mode d'examen que le système actuel qui n'est rien moins qu'abrutissant. » [...] « L'examen de la 4ème se continue à 9hres et à 2 1/2 P.M. par Monseigneur qui a employé toute la journée, seulement pour l'analyse grammaticale & Logique. À ce taux les examens dureront au moins un mois. » [...] « Il faut être témoin & spectateur d'un pareil système, pour en sentir tout l'abrutissement. » (F.-Elzéar Couture, *Notes* IV : 809-810, 811, 22-24, 26, 27 janvier 1880.) Mgr Langevin est supérieur du séminaire depuis sa fondation, le 27 décembre 1870 jusqu'au 12 juin 1882. Après un court règne du chanoine Louis-Jacques Langis du 12 juin 1882 au 11 juillet 1883, Mgr Langevin sera de nouveau supérieur jusqu'au 27 août 1885, date à laquelle il abandonnera définitivement le supériorat.

(44) *CMM* I : 20-21.

(45) Lettre transcrite dans *CMM* I : 21 ; aussi ARSR, 202.100, C.2, 1A. Les mots en italique ont été soulignés par l'évêque. Copie de cette lettre aux AAR dans la correspondance de Mgr Jean Langevin, vol. I, n° 66, adressée à Sœur Louise Turgeon, Supre des Sœurs des Petites Écoles, Rimouski. La lettre de Mgr Langevin a été écrite le même jour que sa lettre à son frère Édouard à qui il relate la vêture de leur sœur Marie, le 23 mai (voir *infra*). *CEL* : 6, 25 mai 1875 : « Sœur Élisabeth Turgeon nommée temporairement maîtresse des novices par Mgr. »

(46) Restitué d'après AAR.

(47) AAR : Sœur [...] Directrice [...] Noviciat [...] Directrice.

noviciat, ait aussi celle de directrice des ouvrages manuels, le tout temporairement.

Veuillez en donner connaissance à la Communauté.

Votre dévoué

+ Jean, Ev[êque] de S[ain]t-G[ermain] de Rimouski.

P.S. Votre œuvre consiste *uniquement* à former des institutrices *pour votre Institut*, ne vous mêlez d'aucune autre chose [48].

Sans destituer la supérieure, Mgr Langevin met cependant entre les mains, l'âme et l'esprit de sœur Marie-Élisabeth tous les pouvoirs principaux et vitaux de l'Institut :

Des les premiers jours qu'Élisabeth visita l'Évêque, celui-ci avait tracé son programme : Directrice des classes, directrice du Noviciat, aujourd'hui le fait est officiel. L'Évêque avait tracé à Mlle Élisabeth sa ligne de conduite : [«] Vous dresserez, lui a-t-il dit, les sujets à la tâche si belle de l'enseignement, vous en ferez des maîtresses intelligentes et habiles après avoir examiné par vous-même les aptitudes de chacune et jugé de la capacité et ses dispositions. Vous verrez que celles qui se présentent pour faire partie de votre Communauté soient propres à l'œuvre : Il faut des talents, des aptitudes, des qualités ; elles doivent savoir travailler, prier, se mortifier... Vous exercerez leur courage, leur volonté, leur vertu »... C'était bien là les attributions d'une maîtresse de novice que l'Évêque enjoignait à Marie Élisabeth aussi elle en comprit toute les obligations ; elle eut voulu en déposer tout le poids sur les épaules de sa sœur ainée, M. Louise ; mais l'Évêque avait été précis, c'était à elle, son ancienne élève que la tâche ardue était imposée [49].

D'autre part, Mgr Langevin, par sa lettre, réaffirme péremptoirement le but de l'Institut auquel déroge quotidiennement sœur Turgeon :

L'œil pénétrant de l'Évêque a vu que Sœur Louise Turgeon, déviait dans ses idées, entièrement de ses propres projets. Il le voyait par les inclinations de la pieuse fille vers la vie contemplative, par sa compassion à embrasser tous les genres d'œuvres auprès des malheureux. Monsieur le Grand Vicaire voyait claire, les bonnes gens parlaient de cette sainte fille qui passait presque les dimanches entiers à l'église, les pauvres femmes disaient sa charité, ses Sœurs voyaient ses jeûnes et son abstinense perpétuelle, elles entendaient ses remarques et ses conseils sur la mortification sur le manger et le sommeil, etc, etc. Le Grand Vicaire savait tout cela, et il voyait qu'une vertu comme la sainte fille l'entendait, était incompatible avec les devoirs d'une religieuse institutrice [50].

---

(48) AAR : il n'y a pas de post-scriptum.

(49) *CMM* I : 21-22.

(50) *CMM* I : 21.

S'il évite d'être blessant, Mgr Langevin enlève tout de même pratiquement tous les pouvoirs à la supérieure, qui ne l'est plus que de nom. En effet, que voudrait-il dire, si ce n'est que pure circonvolution, par l'affirmation : « chargée de toutes affaires temporelles de la maison » ? Dans leur pauvre couvent où ne vivent que cinq personnes, où sœur Gagné, l'intendante-commissionnaire, se charge du gros de l'organisation matérielle, sœur Turgeon – qui ne prendra jamais part qu'aux travaux d'aiguille, dédaignant les gros travaux de la maison – passe son temps à prier et à faire l'aumône, emplois du temps plus que recommandables et honorables certes, mais que l'on ne peut guère relier aux « affaires temporelles ». Quoique l'évêque associe ici peut-être ses activités charitables – sans doute est-elle souvent hors-couvent à faire des visites, à soigner les pauvres ? – aux affaires temporelles, dans ce sens qu'elles sont étrangères au premier but, au seul d'ailleurs dans son esprit, de l'Institut. Même ses activités temporelles, s'il y a lieu, il les restreint, d'une manière détournée, dans sa capacité de dépenser. Car, en confiant à la directrice des études et du noviciat, la charge « aussi [...] de directrice des ouvrages manuels », il la laisse pour ainsi dire maîtresse de la bourse : c'est elle qui doit déterminer combien de commandes l'on pourra accepter et donc combien d'argent on pourra recevoir de cette unique source de revenus. Il ne fait même pas confiance à sœur Turgeon qui pourrait empiéter sur les heures d'études par les travaux manuels qu'elle prendrait pour subventionner ses bonnes œuvres, mais compte sur sœur Marie-Élisabeth pour établir l'horaire en fonction des vraies priorités. D'ailleurs, il avait parfaitement raison, puisque sœur Turgeon ne dérogera guère à ses habitudes, dans la mesure de ses capacités :

> À la lecture de la lettre de l'Évêque, du 25 mai, Sœur Turgeon dût comprendre que l'Évêque de Rimouski, comme l'Archevêque de Québec, n'entrait pas dans ses vues pour cette multiplicité d'œuvres diverses. Cependant guidée par un faux zèle et imbu de ses idées personnelles sur la nature des sacrifices, ne songeant pas que la meilleure des mortification est le renoncement à sa propre volonté, elle donna que peu d'attention à la volonté expresse de l'Évêque, crut pouvoir caresser encore ses propres projets [51].

Lorsqu'il écrit « le tout temporairement », il est difficile de croire que ce ne soit pas qu'une autre forme de ménagement diplomatique de la susceptibilité de sœur Turgeon. Le provisoire dans l'esprit de Mgr Langevin serait plutôt sa position à la tête de la communauté qu'une éventuelle restitution des pouvoirs enlevés sous prétexte de la soulager. Dès lors, sœur Marie-Élisabeth se retrouve en bien délicate

---

(51) *CMM* I : 22.

position. En position de force de par la volonté expresse de l'évêque, elle est néanmoins la subalterne de sa sœur, la supérieure, qu'elle aime et respecte beaucoup. Tout en prenant ses responsabilités, elle n'a pas tout à fait les coudées franches et la situation est propre à faire naître maux de conscience et scrupules pour à la fois être à la hauteur de sa mission et d'autre part sauvegarder le plus possible les susceptibilités et l'autorité de la supérieure, dont les buts sont opposés aux siens.

Les préparatifs pour la vêture

Lorsque Mgr Langevin agrée au désir des Sœurs des Petites-Écoles de remettre leur vêture prévue pour le mois de mai à plus tard, il est sans doute bien aise qu'elles aient pris les devants parce qu'il n'aurait probablement pu tenir promesse de toute façon. Les sœurs voient l'évêque pendant la troisième semaine de mai, les costumes ne sont pas créés, le matériel même pas acheté, et lui-même part pour la Côte-Nord au début du mois de juin pour ne revenir qu'à la fin de juillet. D'autre part, la sœur de l'évêque, Marie Langevin, reçoit la vêture ce même mois, le 23 mai, le dimanche suivant leur propre visite à l'évêché.

La vêture au Carmel

Il est peu probable que, à l'instar des religieuses de la Congrégation de Notre-Dame[52], les Sœurs des Petites-Écoles aient été invitées à la vêture de Marie Langevin, comme elles le seront l'année suivante pour la profession de ses premiers vœux[53]. Mais elles en ont sans nul doute entendu la description par leur propre directeur qui officiait avec Mgr Langevin. Deux récits en sont restés, l'un de Mgr Jean Langevin et l'autre de son frère Hector-Louis Langevin, les deux lettres étant destinées à leur frère Édouard qui n'avait pu assister à la cérémonie.

Les Sœurs des Petites-Écoles savent déjà qu'elles n'auront pas une vêture à l'image de celle-ci où la postulante est vêtue d'« une magnifique robe de moire antique, avec un voile très riche en dentelle et une couronne de fleurs artificielles [...] aussi un cierge bien orné à la main[54] » comme la décrit Mgr Langevin. Elles savent par contre que

---

(52) Mgr Jean Langevin à Édouard Langevin, Rimouski, 25 mai 1875, 4 p. : 4, ANQ-Q, FFL, APG-134/45.

(53) Voir lettre de Mère Saint-Joseph du Sacré-Cœur, prieure, à Madame la Supérieure, Monastère de Sainte-Thérèse, Carmel de Rimouski, 21 mai 1876, dans *CMM* I : 51. Le texte français n'est sûrement pas de la prieure qui ne parlait pas français. Il y a eu une erreur dans la traduction ou dans la transcription de la lettre, car l'invitation dit : « à la vêture de notre Sœur Thérèse de Jésus », plutôt qu'à la « profession ». Habituellement, c'est Marie Langevin, elle-même, qui écrit les lettres en français, mais l'original de cette lettre n'a pas été retrouvé.

(54) Mgr Jean Langevin à Édouard Langevin, 25 mai 1875 : 1-2. Selon Hector-Louis

si l'extérieur est moins brillant, elles se sentiront comme la nouvelle sœur Thérèse de Jésus « très-émue [...] contente de son sacrifice et heureuse dans son état [55] ».

Le voyage à Québec

La Fête-Dieu en la grande procession se déroule le dimanche suivant, le 30 mai, et les sœurs « sont heureuses de suivre la foule qui fait cortège au Saint-Sacrement ». D'ailleurs le mois de mai a donné aux « pieuses recluses », à cause des nombreuses fêtes, « des loisirs pour rendre de plus nombreuses visites au Divin Hôte du tabernacle [56] ».

Au début de juin sœur Marie-Élisabeth se rend voir Mgr Langevin pour obtenir la permission de devancer son voyage qui ne devait avoir lieu qu'à la fin de juillet. Elle doit aller reconduire à Beauport, dans sa famille, la jeune fille qu'elle a emmenée avec elle et qui se révèle tout à fait inapte à la vie religieuse. Menacée de renvoi, elle a déjà tenté de faire une fugue chez des parents au Bic à quelque douze milles de Rimouski [57],

Mais c'est Mgr Langevin qui quitte Rimouski avant sœur Marie-Élisabeth pour terminer sa deuxième visite pastorale sur la Côte-Nord, pour la dernière fois d'ailleurs, parce qu'après bien des démarches, cette partie de son immense diocèse sera érigée en préfecture apostolique le 29 mai 1882. À cette occasion, le 4 juin, sœur Marie-Élisabeth écrit la lettre suivante :

Langevin à Édouard Langevin, Rimouski, 23 mai 1875, 8 p. : 4, elle porte aussi des bijoux et son cierge « était enroulé d'une guirlande de fleurs blanches » (ANQ-Q, FFL, APG-134/1).

(55) Mgr Jean Langevin, *ibid.* : 4. Quant à Hector-Louis Langevin, qui a toujours eu des doutes sur la vocation de sa sœur Marie pour le Carmel, et sur la durable implantation du Carmel à Rimouski, après avoir décrit la cérémonie, il conclura : « Les enterrements ordinaires sont moins tristes que celui-là. » (Hector-Louis Langevin à Édouard Langevin, Rimouski, 23 mai 1875 : 8, ANQ-Q, FFL, APG-134/1.)

(56) *CMM* I : 22.

(57) *CMM* I : 22-23. *CEL* : 6, 11 juin 1875 : Extrait du livre de la secrétaire : « Sortie d'Hélène Lagacé par suite de son insubordination et sans qu'elle s'en doutât croyant aller faire une promenade chez ses parents pour revenir ensuite. Sœur Marie Élisabeth fut la remettre entre les mains de ses parents, à Beauport. Elle avait tenté de déserter pour aller au Bic chez quelqu'un de ses parents, parce qu'elle avait entendu dire qu'on ne la garderait pas. Elle ne voulait pas retourner au foyer paternel. » « La petite Lagacé a été reconduite chez ses parents par la Sœur Turgeon. Tant mieux. » (Edmond Langevin à Mgr Jean Langevin, Rimouski, 26 juin 1875 : 4, ANQ-Q, FFL, APG-134/37,1.)

À Sa Grandeur Monseigneur Jean Langevin
Évêque de St-Germain de Rimouski
Monseigneur,

Permettez, qu'à la veille de votre départ, les dernières de vos ouailles vous expriment les vœux qu'elles forment pour l'heureux succès de votre voyage.

Oui, Monseigneur ! tous les jours nous offrons à Dieu le tribut de nos faibles prières à votre intention ; mais, pendant votre absence, nous redoublerons nos vœux et nos supplications afin que le Ciel bénisse votre mission, vous protége contre tous périls, et qu'il vous ramène sain et sauf au milieu du troupeau qu'il vous a confié, et dont vous êtes le si digne pasteur.

Tels sont, Monseigneur, les vœux sincères que forment pour vous

Les humbles Sœurs des Petites Écoles

Par E. Turgeon, Secrétaire

St. Germain de Rimouski

4 juin 1875

Daignez, Monseigneur, avant votre départ, nous accorder votre bénédiction, que nous implorons à genoux pour nous et pour notre œuvre, l'objet de votre sollicitude.

L.S.P.E. [58]

Avant son départ, Mgr Langevin avait recommandé à sœur Marie-Élisabeth : « Vous tâcherez d'emmener quelques bonnes institutrices pour votre œuvre ». Cependant, craignant qu'elle ne rencontre quelques difficultés dans son recrutement puisqu'elle n'est pas la supérieure en titre, il demande au grand vicaire de lui remettre une lettre d'introduction :

La présente lettre est pour certifier que ma Sœur Élisabeth Turgeon porteuse de ce document est la Maîtresse des Novices de la Communauté des Sœurs des Petites Écoles établie en la Ville de St Germain de Rimouski, et qu'elle est suffisamment autorisée pour ce qui regarde les affaires concernant la Communauté. En foi de quoi j'ai signé à l'Évêché de St Germain, le 10 juin 1875.

Edmond Langevin Vic. Général [59]

Un autre départ

Partie le 11 juin pour Québec, sœur Marie-Élisabeth est de retour aux premiers jours de juillet. Retour tout de suite assombri par le départ de sœur Dumas, le 6 juillet. Elle aurait tant voulu garder cette jeune fille « pieuse », au « caractère doux et conciliant » qui avait « attiré l'estime de ses compagnes », mais qui s'étant « appliquée avec

---

(58) AAR, A-14-2, RSR.

(59) Transcription dans *CMM* I : 23.

tant d'ardeur à s'instruire afin de rendre service [...] s'est fatiguée en peu de temps ». Quant à sœur Dumas, elle « s'éloigne avec regret », et se voit dans l'obligation de retourner dans sa famille à Saint-Charles de Bellechasse, car « sa faible santé s'épuise sensiblement [60] ».

Le grand vicaire écrit dans son cahier, à la date du 6 juillet 1875 : « Sortie de D[lle] Magdeleine Dumas pour faiblesse de santé. Elle était d'un zèle infatigable pour acquérir l'instruction requise et se livrer à l'enseignement [61]. » Et pourtant c'est ce zèle infatigable qui l'a tant fatiguée. Elle songeait depuis quelque temps à partir puisque le grand vicaire écrit le 26 juin à Mgr Langevin : « La Sœur Dumas est décidée à s'en retourner [62]. » Ce départ si triste, qui n'est désiré de personne, réduit encore l'effectif de la communauté. De huit qu'elles étaient en avril, elles ne sont plus que trois.

En guise de consolation, elles se rassemblent toutes trois autour des coffres aux trésors rapportés de Québec et de Beaumont. D'abord, il y a tout le nécessaire pour les costumes : « étoffes pour les habits religieux, laine rouge pour cordons, toile fine pour leurs coiffes, des gros grains noirs pour monter des chapelets ». En sus, il y a naturellement « des livres et plusieurs objets de librairie ». Pour le reste, ce sont de belles surprises, du luxe pour elles, momentanément du surplus.

Sœur Marie-Élisabeth « avait visité les parents et les amies, tous étaient heureux de donner de l'argent ou des effets, elle mendiait au nom de sa petite communauté. Sa bonne mère lui donna des flanelles et des toiles du pays qu'elle avait tissées elle-même, des couvertures de lit, etc. Inutile de dire que sa sœur et Sœur Gagné firent bon accueil à toutes ces marchandises [63]. »

En ce mois de juillet, leur âme est confortée, rassérénée et remplie d'élans par les discours de leur directeur qui est peut-être dès lors dans le secret de ce qu'elles ne peuvent encore imaginer. Elles ont demandé la vêture, vers la vêture elles vont. Mais peuvent-elles un seul moment croire que Mgr Langevin leur offrira plus encore ? Dans cette perspective, ce passage de la *Chronique* s'éclaire davantage :

> Le bon Grand Vicaire est souriant en face de ce vide fait à la petite réunion, il n'est que plus ardent à les encourager, non avec des promesses qui flattent la nature, mais les exhortant à marcher sans défaillir dans la voie de l'humilité et du renoncement. « Il faut

---

(60) *CMM* I : 23-24.
(61) *CEL* : 6.
(62) Edmond Langevin à Mgr Jean Langevin, Rimouski, 26 juin 1875 : 4, ANQ-Q, FFL, APG-134/37,1.
(63) *CMM* I : 24.

marcher, disait-il, à la suite du Saint Patriarche d'Assise, à travers la pauvreté, l'humiliation, le dénûment pour vous enrichir des vertus que réclamera la vie de dévouement que vous voulez embrasser. » Il parlait avec onction de l'œuvre de l'enseignement auprès des enfants du peuple et il finissait toujours son discours par : « Je vous promets ma protection et celle de Saint François d'Assise. » Les chères Sœurs se sentaient rassurées, fortes, sous de telles protections. Le Grand Vicaire était après l'Évêque le représentant de Dieu, c'était le bon Dieu qui parlait par sa bouche, choisi par l'Évêque pour être le directeur de leur âme, elles avaient raison de compter sur lui [64].

Croyant en elles et en leur œuvre, le grand vicaire a tenté de trouver des recrues pendant le voyage de sœur Marie-Élisabeth à Québec : « J'ai vu Mlle Rivard dont je vous ai parlé pour en faire une sœur des petites Écoles. Elle a bien accueilli la proposition et me paraît joindre aux qualités que le curé & moi nous lui connaissons une véritable vocation religieuse. Ce sera une grande acquisition [65]. » Aucune trace d'elle dans la *Chronique*. Elle n'est sans doute pas venue. Quoique une mention du grand vicaire dans sa propre chronique d'une demoiselle Sirois qui aurait séjourné quelques jours chez les Sœurs des Petites-Écoles en octobre et novembre 1874 [66], et dont il n'est fait nulle mention dans leur *Chronique*, laisse supposer que peut-être des aspirantes venues passer quelques jours avec elles pour partager leur vie, partaient sans demander leur reste devant l'abnégation requise ou peut-être une œuvre qui ne leur convenait ni ne leur semblait désirable. Trois autres aspirantes auraient aussi demandé leur admission en juillet 1875 : deux institutrices, mesdemoiselles Sophie Lafrance, 27 ans, de Sainte-Flavie, et Gagné, 34 ans, institutrice à Saint-Anaclet. La troisième, M. Alexandrine Martin, vient de Bathurst au Nouveau-Brunswick [67].

Le grand vicaire, fervent tertiaire franciscain, prévient sœur Marie-Élisabeth qu'elle et sœur Gagné pourront revêtir l'habit des tertiaires séculières – qui consiste en un scapulaire brun et en un cordon de fil blanc noué, porté sous leur costume – avant l'habit religieux. La coutume s'instaure et, jusqu'en 1887, la prise d'habit sera toujours

---

(64) *CMM* I : 24.

(65) Edmond Langevin à Mgr Jean Langevin, Rimouski, 26 juin 1875 : 4.

(66) « Liste de celles qui ont demandé leur admission dans l'Institut des Sœurs des Petites Écoles. D[lle] Sirois, âgée de 40 ans, de S.Laurent, I.O. Sortie au bout de quelques jours. » (*CEL* : 19-20.) Sur un feuillet agrafé au compte rendu de la réunion du 16 octobre 1874 : « Le 31 octobre Demoiselle Elizabeth Sirois âgée de 45 ans, ménagère de M. Jean Naud de S. Laurent, Île d'Orléans, est venue demander son entrée. » (ARSR, 202.100, 1874-17.) Il ne s'agit pas d'Élisabeth (Odile) Sirois qui portera plus tard le nom de sœur Marie du Crucifix (voir *infra* : 359).

(67) Voir *CEL* : 19.

précédée la veille de la réception dans le Tiers-Ordre franciscain. Sœur Turgeon, elle, est « déjà professe dans le tertiaire laïque et en suit exactement la règle ». Elle y a peut-être été reçue par l'abbé Bégin, le futur cardinal, qui est l'un des premiers zélateurs du Tiers-Ordre à Québec [68].

L'esprit tout occupé par la perspective du grand jour, les doigts filent en besogne de mesures, d'ajustements, de plis, de replis, de fronces, d'essais, le trio confectionne son trousseau. La coiffure devant subir un dernier regard de Monseigneur avant la confection définitive, elles décident d'ajouter « deux petites bandes de toile à leurs coiffures, pendantes sur la poitrine [69] », « ces barbes de toile blanche [70] » comme les appelle sœur Turgeon, qui est réfractaire au blanc dans le costume, parce que ce n'est pas conforme à la pauvreté, que cela nécessite trop d'entretien et qu'elle-même bannissait carrément dans la description qu'elle faisait du costume prévu pour sa congrégation [71]. Elle a dû, par contre, être fort satisfaite du reste car le mérinos de la coiffe et de la pèlerine est « d'une qualité médiocre » ; celle de la collerette toutefois est « d'une étoffe moins grossière », puisque c'est le manteau de sortie qui devra recevoir l'approbation de l'évêque, qui tient à l'apparence soignée : l'être doit parfois être enveloppé du paraître. Le cordon « de belle laine rouge » – qui descend à quatre pouces de la robe – n'est pas non plus du goût de sœur Turgeon ; « une corde de fil serait plus conforme à l'esprit de pauvreté de St-François », ce qu'elle avait elle-meme prévu pour son costume. Mais, comme le note l'annaliste, « c'est l'Évêque qui fit le choix, il ne faut pas y dévier d'un iota [72] ».

---

(68) Voir F. Bienvenu d'Osimo, « Notes historiques sur le Tiers-Ordre à Québec, 1678-1902 », dans Joseph Trudelle, *Les Jubilés...*, Québec, La Compagnie de Publication « Le Soleil », 1904, t. II, 428 p. : 10 et 12.

(69) *CMM* I : 24,

(70) *CMM* I : 25.

(71) « Les sœurs porteront un costume qui consistera en un tablier, jupon, et une robe gris cendre sans fronces de laine du Pays un scapulaire violet en étoffe de laine du Pays, pour ceinture une corde à cinq nœuds en laine rouge sang du Pays terminée par deux glands en laine noire une coëffe noire l'été et l'hivers une laine brune toutes faites par les sœurs de plus au dehors une grande blouse avec une collerette pareille d'étoffe de laine du Pays un chapeau et un voile brun en été, en hivers une capuche noire bordée en quelque imitation de pelleterie avec attaches en cobourg couleur de la coëffure gants de laine gris cendre et crémone en laine noire du Pays tricotés par les sœurs.
« On ne portera rien de blanc pour soi-même ni pour l'usage de la maison. On portera une croix noire ornée d'un Christ jaune et une corde en laine violet pour le porter. » (*Une Congrégation de Sœurs Institutrices du Tiers ordre de St-François d'Assise dites de la Passion pour la conduite des petites écoles* : 2-3. Texte joint à la lettre de Louise Turgeon à Mgr Jean Langevin, 5 mai 1874 (voir *supra* : 162).)

(72) *CMM* I : 25-26.

Leurs coiffes n'étant pas « commodes à executer [73] », elles semblent avoir demandé l'aide des Carmélites, car sœur Thérèse de Jésus (Marie Langevin) leur écrit que les Carmélites seront heureuses de les voir lorsqu'elles auront « revêtu le costume dont vous nous avez fait une description qui nous a plu tout particulièrement », qu'elles s'estimeront « toujours infiniment heureuses de pouvoir vous obliger en quoi que ce soit », mais qu'elle se voit tout de même obligée de leur répondre que : « Ma Rév. Mère Prieure me charge de vous informer que Monseigneur a répondu qu'il n'accordait pas la permission au sujet du prêt de nos *Toques* (guimpes) [74]. »

Effectivement, Mgr Langevin a écrit à la prieure du Carmel : « Je puis vous assurer que la Sr Turgeon a fait cette demande sans m'en donner connaissance, et que je vous approuve entièrement de la refuser [75]. »

Sœur Turgeon, fait-il référence à Louise ou à Élisabeth ? Le « Révérende Mère » ne s'adresse-t-il pas à la supérieure ? D'autre part, sœur Marie-Élisabeth a écrit sur la lettre de sœur Thérèse de Jésus : « Dames Carmélites, 8 Août 1875 ». L'on sait que le grand vicaire l'avait désignée sous le nom de « Sœur Turgeon » dans sa lettre à Mgr Langevin du 26 juin 1875 [76].

Quoi qu'il en soit, les Carmélites ont attendu pour leur répondre la journée même où les sœurs des Petites-Écoles doivent se rendre à l'évêché pour l'approbation finale de leur costume. « De plus en plus affermies dans leurs pieuses dispositions ; elles attendent en accomplissant leur tâche de chaque jour, le retour de Monseigneur l'Évêque, désireuses de l'approbation de leur costume religieux et la date que l'Évêque choisira pour la vêture. Elles suivent religieusement le règlement journalier pour le lever, les repas, les récréations et le silence, les exercices de piété à l'heure précisée [77]. » Quant à la distribution du temps pour les heures de cours et d'étude, le grand vicaire en confie le soin à sœur Marie-Élisabeth.

---

(73) *CMM* I : 25.

(74) Sœur Thérèse de Jésus à Révérendre Mère, Monastère Ste-Thérèse, Carmel de Rimouski, 8 août 1875 : 1, ARSR, 545.150 A, 1875-1.

(75) Mgr Jean Langevin à Rev^{de} Mère Prieure, 28 juillet 1875, AAR, Lettres particulières, vol. I, n° 72.

(76) Voir *supra* : note 57.

(77) *CMM* I : 25.

Distribution du temps et Ordre des occupations journalières tant spirituelles que corporelles pour les temps ordinaires [78]

En été	En hiver	Occupation
4:30	5:00	On sonne le lever. Les Sœurs s'habilleront avec modestie et diligence, rangeront ce qui est à leur usage, et se rendront à la chapelle.
5:30	6:00	Le second lever.
5:10	5:20	Prière du matin, à la chapelle suivie de Prime et de Tierce en *Pater*. Après quoi Méditation.
6:10	6:20	jusqu'à
5:30	6:00	On sonnera l'Angelus et les Sœurs le réciteront en commun à la chapelle. Après quoi on continue la méditation encore 10 m.
6:00	6:30	Messe suivie de Sexte et None en Pater. Les jours de communion on fera ensuite un 1/4 d'heure d'action de grâces.
7:30		Déjeuner pendant lequel on lit un Chapitre de l'*Imitation de J.C.* Après le déjeuner 10 m. pour sortir prendre de l'exercice. Le temps entre la méditation et la lecture de 9 h. (la messe et le déjeuner exceptés) est consacré à l'étude pour les Sœurs de la 1ere Division, et aux travaux manuels pour les autres Sœurs.
9:00		Litanies de la Divine Providence suivies de la Lecture spirituelle.
9:15		Classe pour la 1ere Division.
10:00		Temps libre pendant lequel on peut sortir prendre de l'exercice.
10:20		Classe pour la 1ere Division jusqu'à
11:15		et pour la 2e jusqu'à 11h.10.
11:15		Examen particulier.
11:30		Diner. Après l'action de grâces on se rend à la chapelle en récitant à deux chœurs les Litanies des Saints.
12:00		*Angelus* à l'Oratoire au son de la cloche intérieure. Après quoi on sonne la récréation.
1:00		Étude pour la 1ere division et travail manuel pour les autres Sœurs.
2:15		Classe 1ere division. Étude pour les Srs de la 2de qui n'ont pas de travaux manuels pressants à terminer.

---

(78) *CEL* : 44-47.

UN RÊVE INOUÏ...

3 :00		Prière en l'honneur de la Passion suivie de la Lecture spirituelle.
3 :15		Temps libre pendant lequel on doit sortir prendre l'air.
3 :25		Collation pour les Sœurs qui ne peuvent s'en dispenser.
3 :30		Classe pour la 1ere division et pour la 2de jusqu'à 4.10.
4 :20		Temps libre.
4 :30		Vêpres et Complies en *Pater* à la Chapelle. *Souvenez-vous* à S. Joseph avec les 7 *Gloria* et les 7 Invocations ; chant de l'Hymne du jour suivi d'un quart d'heure de visite au St. Sacrement.
5 :00		Étude pour les Sœurs de la 1ere division. Les autres Sœurs s'occupent à leurs travaux.
6 :15		Couronne de la Ste Vierge, dite *Couronne Franciscaine* à l'Oratoire, suivie du chant *Maria Mater gratia*.
6 :30		Souper.
7 :00		*Angelus* à l'oratoire au son de la cloche intérieure. Après quoi on sonne la récréation.
8 :00		Matines et Laudes en *Pater* à la Chapelle suivies des neuvaines et dévotions du mois.
8 :15		Exercice de Noviciat, Coulpe.
8 :50		Examen général.
9 :00		Prière du soir, lecture du sujet de méditation du lendemain. Ensuite on sonne le coucher, et les Sœurs se rendent au Dortoir en récitant le *De profundis*. À 9 1/2 h., elles doivent être couchées.

Chant tous les jeudis de 4 1/2 à 5. Chant tous les dimanches de 8 1/2 à 9. Tous les jeudis après la prière du matin les Novices désignées rendront compte publiquement de leur méditation.

Ordre des classes pour la 1ere Division[79]

	9 :15 à 10 :00	10 :20 à 11 :15	2 :15 à 3 :00	3 :30 à 4 :10
Lundi	Grammaire française et analyse grammaticale	Anglais	Histoire Sainte	Art Épistolaire
Mardi	Arithmétique	Histoire du Canada	Géographie	Catéchisme
Mercredi	Dictée et exercices	Dessin linéaire	Histoire Sainte	Leçons de choses
Jeudi	Géographie	Tracé des cartes	Lecture française et calligraphie	Lecture latine
Vendredi	Grammaire française et analyse grammaticale	Pédagogie	Usage des globes	Catéchisme
Samedi	Arithmétique	Histoire du Canada	Histoire de l'Église	Tenue des livres
Les Sœurs écriront une lettre dans le cours de la semaine pour remettre à la maîtresse le samedi.				

Ordre des classes pour la 2me Division

	10 :20 à 11 :10	3 :30 à 4 :10
Lundi	Lecture française	Histoire Sainte (La lire et en rendre compte)
Mardi	Arithmétique	Catéchisme
Mercredi	Lecture latine	Lecture française
Jeudi	Dictée sur le papier	Calligraphie
Vendredi	Prières	Catéchisme
Samedi	Arithmétique en comptes	Lecture latine. Histoire de L'Église orale.
Les Sœurs écriront une lettre dans le cours de la semaine pour remettre à la maîtresse le samedi.		

---

(79) *CEL* : 49-50.

L'absence de l'évêque devait se prolonger jusqu'à la mi-août[80], mais il revient plus tôt, puisque sœur Marie-Élisabeth lui écrit le 28 juillet :

À Sa Grandeur Mgr Jean Langevin
Évêque de St-Germain de Rimouski

Monseigneur,

Nous apprenons avec une joie bien vive l'heureuse nouvelle de votre retour au milieu de nous.

Dieu en soit beni, nos vœux sont accomplis.

Que Votre Grandeur daigne donc agréer que nous lui offrions nos plus sincères félicitations pour la protection visible que ce Dieu de bonté lui a accordée dans le cours de son voyage.

Puisse le ciel continuer à prodiguer ses faveurs à notre très-honoré et bienaimé Évêque !

Que les faveurs et les bénédictions que Dieu se plaît à répandre sur lui et sur ses œuvres soient un heureux présage de la gloire, du bonheur et de la brillante couronne qui l'attendent là haut.

Nous avons l'honneur d'être, avec le plus profond respect, Monseigneur,

Vos très-humbles et très-obéissantes servantes

Les Sœurs des P.E.

Rimouski
28 juillet /75 [81]

Le 7 août, après la confession hebdomadaire du samedi, le grand vicaire apprend à la petite communauté que Mgr l'évêque les recevra le lendemain. Mgr Langevin fait le 8 août la revue générale des costumes un peu comme le créateur avant le défilé du grand jour :

L'exposition dura près de deux heures, tout a été examiné avec soin, il a fallu ajuster quelques échantillons pour ce rendre à la volonté de l'Évêque, le strict sérieux fut gardé jusqu'à la fin ; bien que l'on eut envie de rire, mais la séance close, Monseigneur prit un air paternel et leur parla avec grande bonté, se montrant très satisfait d'elles et de leur costume. Leur dit de plus que la prise du Saint habit aurait lieu la deuxième semaine de septembre, le jour déterminé leur sera dit à temps [82].

La sérieuse et l'austère sœur Turgeon rit-elle aussi ? Puisqu'on lui reprochera de ne pas savoir rire, même en récréation, l'on se doute bien que les rieuses sont sœur Marie-Élisabeth et sœur Gagné.

---

(80) Edmond Langevin à Mgr Jean Langevin, 14 juin 1875 : 2.
(81) AAR, A-14-2, RSR.
(82) *CMM* I : 25. Aussi *CEL* : 6-7.

La lettre-témoin (29 août 1875)

L'un des gros registres de correspondance de Mgr Jean Langevin aux archives de l'archevêché de Rimouski recèle une lettre à la teneur capitale pour l'histoire des Sœurs des Petites-Écoles. Elle vient remettre en cause l'explication que l'on a retenue depuis si longtemps de la réticence de Mgr Langevin à faire des Sœurs des Petites-Écoles une vraie communauté religieuse parce qu'il n'envisageait au début que de former un groupe de laïques.

Nous faisons allusion dans l'introduction au mystère de la correspondance Jean Langevin – Élisabeth Turgeon. Comment expliquer, en effet, que Mgr Langevin ait gardé si précieusement les lettres de Louise Turgeon et non celles d'Élisabeth ? C'est elle qu'il désire pour fondatrice de son Institut. Autant Louise Turgeon se sert d'Élisabeth comme appât pour amener l'évêque à l'accueillir en son diocèse, autant l'évêque se sert de Louise en l'accueillant pour attirer Élisabeth. Ce faisant, il court un grand risque puisque Élisabeth, mise au courant des idées de Louise et ne les partageant pas toutes, peut refuser de venir précisément pour cela.

Autant il est évident que la santé d'Élisabeth n'est pas qu'un vain prétexte pour étayer son refus, autant il est plus que probable que ses réticences ont également une autre source. Elle qui a tant désiré la vie religieuse, au point de presque s'exiler aux États-Unis, idée qu'elle abandonnerait volontiers pour la communauté conçue par Louise, Mgr Langevin a dû la lui offrir dans ses lettres. Peut-être pas dans la première mais, à tout le moins comme une surenchère, une ultime tentative d'emporter enfin son adhésion, dans la dernière, celle qui l'a convaincue de venir à Rimouski. Et puis tous ces conciliabules peu après l'arrivée d'Élisabeth entre elle et l'évêque. On ignore ce qui s'y est dit, hormis le fait que dès le début, l'évêque avait décrété qu'elle serait directrice des classes et du noviciat.

Et pourquoi Élisabeth n'aurait-elle pas conservé ses lettres ? Si l'on peut avancer plusieurs explications, à la rigueur, aucune ne tient pour cette lettre du 29 août 1875. Puisque les sœurs ont conservé les lettres qui précèdent, et celles qui suivront, pourquoi pas celle-ci, et pourquoi leur lettre du même jour [83] n'est-elle pas conservée aux archives de

---

(83) Dans *RA* : 16, on résume ainsi ce qui serait la lettre de sœur Marie-Élisabeth : « L'on était au 29 du mois d'août [...] Par une respectueuse supplique, Mademoiselle Élisabeth sollicita l'habit religieux pour elle et ses compagnes, représentant de nouveau à l'Évêque, avec des données pleines de sagesse, que seul un institut religieux pouvait réaliser efficacement et d'une manière durable le projet de l'instruction et de l'éducation de l'enfance dans son diocèse. » Dans quelle mesure cela en résume-t-il le réel contenu ? Car la suite du texte ne correspond ni à l'ordre des

l'archevêché de Rimouski alors que les autres des mois précédents et subséquents le sont ? Et pourquoi le hasard ne ferait-il par extraordinaire disparaître que les lettres incriminantes ? Car Mgr Langevin écrit ce 29 août 1875 :

> Mes chères Filles,
>
> En réponse à votre lettre de ce jour, j'ai à vous faire remarquer que la Communauté reste toujours libre de renvoyer un sujet dont elle est mécontente, avec la permission de l'Évêque.
>
> Les vœux doivent être au moins pour un an, l'Évêque pouvant en dispenser dans des cas extraordinaires.
>
> Je crois qu'il serait préférable pour vous de vous préparer pour le 15 septembre des vœux annuels.
>
> Néanmoins, si vous n'êtes pas décidées, vous pouvez prendre l'habit ce jour-là, & ne prononcer les vœux que quelques mois plus tard. Mais je vous conseille de faire vos vœux tout de suite.
>
> Je vous reverrai à mon retour de Québec. En attendant, je vous bénis de tout mon cœur.
>
> (Signé) + Jean, Ev. de St. G. de Rimouski. [84]

Dans sa lettre, l'évêque s'est même permis un *lapsus calami*. Il avait d'abord, au troisième paragraphe, écrit « vœux solennels », qu'il a corrigé en écrivant *annuels* sur *solennels*.

Serait-il exagéré de supposer que la lettre ait pu être subtilisée à un moment ? L'abbé Edmond Langevin est au courant naturellement. Il a même écrit en sa chronique après une entrée de janvier 1876 : « Voir une lettre de Mgr aux Sœurs en date du 29 août 1875 [85]. »

Dans les premières *Constitutions et Règle* des Sœurs des Petites-Écoles en 32 articles, écrites probablement en 1875 par leur directeur, Edmond Langevin, et corrigées par Mgr Langevin, le grand vicaire a écrit à l'article 4 : « Une Sœur peut être admise à faire des vœux annuels après une année de Noviciat » et Mgr Langevin a ajouté : « si elle est jugée suffisamment prête [86] ». C'est dire à quel point, Mgr Langevin, en leur suggérant de prononcer des vœux annuels, est convaincu de l'adéquation de la formation de sœur Marie-Élisabeth qui

---

faits ni à la réponse de l'évêque : « Le Prélat persistait à croire qu'une institution laïque pouvait se fonder et donner satisfaction. Tout de même, pour ne pas s'exposer à voir s'éloigner l'intelligente fondatrice il consentit à donner, avec quelques modifications, l'habit et la règle du Tiers-Ordre séculier franciscain, entendant, cependant, que ces tertiaires ne seront que des institutrices laïques. »

(84) AAR, Correspondance générale, vol. F, n° 1080, « Sœurs des Petites Écoles, Rimouski ».

(85) *CEL* : 21.

(86) *CEL* : 4A.

n'est là que depuis cinq mois, alors que sœur Gagné y est depuis près d'un an déjà et sœur Turgeon, onze mois.

Pourquoi n'ont-elles pas à ce moment prononcé leurs premiers vœux ? Est-ce scrupule de sœur Marie-Élisabeth qui ne se sentait pas suffisamment prête ? Elle a déjà fait reporter la vêture de mai, mais peut-être était-ce parce qu'elle savait à ce moment que l'évêque entendait leur faire prononcer leurs premiers vœux ? Que n'ont-elles écouté la parole de l'évêque : « je vous conseille de faire vos vœux tout de suite » ! Mais il n'y a aucune réponse à toutes ces questions. La *Chronique* commencée plus de vingt ans après la mort de Mère Marie-Élisabeth ne parle que de vêture. Donc la vêture s'est décidée, soit par un revirement de l'évêque, soit par un report des trop pieuses femmes.

Cinq jours après sa lettre du 29 août, paraît une circulaire de Mgr Langevin destinée aux prêtres de son diocèse.

Sœurs des Petites Écoles

Il y a un an, quelques pieuses filles se sont réunies avec mon approbation pour fonder un Institut destiné à former de bonnes institutrices pour les écoles ordinaires. Les curés se plaignent depuis longtemps qu'ils ne peuvent trouver assez de maîtresses d'école ; que plusieurs d'entres elles n'ont aucune idée de la manière d'enseigner ni de conduire les enfants ; qu'elles introduisent trop souvent dans les paroisses l'amour de la vanité et du luxe ; qu'elles font l'école que provisoirement, sans goût, sans vocation, et abandonnent cet état à la première occasion qu'elles trouvent de se marier. J'ai donc cru qu'il serait très-utile d'avoir un Institut qui préparerait des maîtresses dévouées, n'ayant aucune arrière-pensée, portant un costume simple et modeste, et retournant, chaque année à l'époque des vacances, à la communauté pour s'y retremper et s'y reposer. C'est à vous maintenant à encourager cette maison naissante, en y envoyant de bons sujets, particulièrement des institutrices ayant déjà quelque expérience. Pour le temps du noviciat elles doivent payer une pension de trois piastres par mois, et fournir un trousseau déterminé. Quant à la dot, elles règlent cette affaire avec la communauté [87].

Les costumes terminés, c'est au tour des noms d'être approuvés par l'évêque. Elles n'ont pas même à bien y réfléchir, tout est décidé pour ainsi dire spontanément, naturellement. La supérieure garde le nom qu'elle a déjà choisi en entrant dans le Tiers-Ordre franciscain, sœur Marie de la Passion. Quant à la directrice, « on la nomme déjà, ma Sœur Marie Élisabeth, nom donné dès son arrivée ». Ce prénom donné au baptême, pesant de plusieurs générations d'aïeules, devient un nom

---

(87) « Sœurs des Petites Écoles », Circulaire du 3 septembre 1875, dans *Mandements de Mgr Langevin*, I : 576.

né d'elle, de l'appropriation de sa destinée en devenir, à la fois inspiration, provocation, aspiration à suivre les traces d'une sainte qu'elle admire, Élisabeth, reine de Hongrie, patronne des Sœurs du Tiers-Ordre de Saint-François. Sœur Gagné qui possède telle dévotion envers saint Joseph que tous les bons coups du sort lui sont par elle attribués, nul doute qu'elle ne pense que c'est lui-même qui a choisi son nom.

Mgr Langevin a choisi la date du 15 septembre parce que c'est pour lui le trente-et-unième anniversaire de son ordination sacerdotale.

Dans l'attente du grand jour, leur quotidien est marqué « par une prière plus ardente et un silence plus continu ». En la nativité de la Vierge, le 8 septembre, leur directeur vient leur faire une conférence en leur retraite. Dans leur pauvre salle, elles disposent les meubles faits par sœur Gagné, la table branlante aux pieds de machine à coudre dissimulés tant bien que mal par son châle gris.

De quoi parle le directeur qui, s'il n'a « l'allure et le geste d'un orateur de renom », le compense largement par sa « tenue digne et toute paternelle en présence de ses filles spirituelles » ? Il les entretient

de la fête du jour, de l'humilité et de l'obéissance de la Sainte Vierge ; il les engage de la prendre pour leur Mère et leur modèle dans les circonstances de leur vie nouvelle, etc, etc... ensuite, il leur parle de son Saint Patriarche d'Assise, dans cette vie merveilleuse de simplicité et d'humilité, le Prédicateur fait une courte mais expressive figure de ce qu'elles, institutrices religieuses dans les écoles des paroisses pauvres, trouveront dans cette vie du Saint, tous les modèles d'abnégation, de renoncement, de soumission etc, etc, enfin toutes les grandes vertus qu'ont pratiquées les Saints et qui les élèveront elles-mêmes à un haut degré d'amour ici-bas et a une grande gloire au ciel [88].

Les paroles de leur Père étant « pénétrantes, onctueuses », les sœurs en sont « très émues ». Elles arrivent toutes trois à un moment de leur vie si longuement désiré qu'elles pensaient n'en voir jamais le jour. Sœur Marie-Élisabeth qui rêve depuis ses quinze ans de l'état religieux, elle y accède vingt ans plus tard. Sœur Turgeon, âgée de quarante-deux ans, rêve de fonder une communauté depuis huit ans maintenant. A-t-elle aussi convoité la vie religieuse depuis son adolescence ? Sœur Gagné a trente-deux ans et deux noviciats derrière elle.

Tant il est vrai que le rire n'est jamais loin des larmes, l'émotion bascule en même temps que la table lorsque le grand vicaire la lève avec lui.

----

(88) *CMM* I : 27.

Mais la présence d'esprit de Sœur Gagné sauve la situation ; elle s'agenouille précipitamment en disant : « Bénissez-nous, Mon Père » ses compagnes suivirent son geste, et la main bénissante du vénérable prêtre se levant pour demander la bénédiction du ciel sur le trio à ses pieds ; il ne retourna pas la tête, mais s'éloigna en leur souhaitant courage et ferveur. Malgré la confusion créée sur les figures, il fallut comprimer le rire pour le moment mais il prit cours à la récréation de 4 heures [89].

La vêture (15 septembre 1875)

C'est pour la chapelle de l'évêché que les trois postulantes quittent leur couvent le mercredi 15 septembre au matin, avec leur habit sous le bras et leur nom de religion dessus l'habit.

D'abord, la messe officiée par Mgr Langevin, assisté par leur directeur, Edmond Langevin et par leur curé, Charles-Alphonse Winter, à la fin de laquelle elles communient. Puis, « l'Évêque bénit les habits, une même bénédiction, il n'y a ni voile ni scapulaire, il les présente lui même, après les avoir pris des mains de M. le Curé, à chacune et prononçant leur nom de religion [90] ».

Elles quittent la chapelle pour revêtir leur habit, puis reviennent avec le signe extérieur de leur engagement entendre les paroles de Monseigneur dont la *Chronique* fait ainsi le résumé :

Mes chères Sœurs, Vous avez revêtu le Saint Habit le jour de la fête de Saint Jean, surnommé Colobe ou le Nain, donne lieu à une réflexion qui coincide singulièrement avec l'état humble dans lequel doit subsister votre Congrégation et doit servir à vous le graver profondément dans l'esprit. Son état d'anachorète au désert peut figurer l'isolement des Sœurs dans les différents arrondissements des paroisses nouvelles. Là avec sa Sœur, à l'exemple de ce Saint, chacune devra se retirer dans la solitude de son cœur, et comme lui travailler de toutes ses forces à se vaincre elle-même, pour n'obéir qu'aux inspirations de l'esprit de Jésus-Christ, et employer tous les moyens propres à lui faire remporter la victoire sur les tentations et pratiquer la mortification et l'humilité, base de la vie spirituelle [91].

Après le sermon, l'action de grâces se prolonge dans l'émerveillement et l'émotion et en réintégrant leurs pénates et leurs travaux quotidiens, elles sont toutes plus que jamais « résolues de ne point regarder en arrière, mais de travailler et de souffrir généreusement en attendant le jour désiré où elles pourront se lier étroitement à Jésus par

(89) *Ibid.*
(90) *Ibid.*
(91) *CMM* I : 27-28. Aussi *CEL* : 7-8.

les vœux de religion [92] ». Un peu plus tard, ce même jour, le grand vicaire leur apporte un cahier où l'on peut lire sur la première page : « Institut des Sœurs des Petites Écoles », dans lequel il a écrit l'acte de vêture signé par les trois officiants et auquel elles ajoutent bientôt leurs signatures.

Le quinze de Septembre mil huit cent soixante quinze, je soussigné, Évêque de S. Germain de Rimouski, assisté des Révérends Edmond Langevin, notre vicaire-général et Pierre Charles Alphonse Winter, curé de S. Germain, ai donné le saint habit des Sœurs des Petites Écoles, dans la chapelle de l'Évêché, à Louise Turgeon, dite Sœur Marie de la Passion, à Élizabeth Turgeon, dite Sœur Marie-Élizabeth, et à Apolline Gagné, dite Sœur Marie-Joseph. En foi de quoi j'ai signé avec les dits témoins.

+ Jean, Ev. de St G. de Rimouski
Edmond Langevin, Vic. Génl.
P. Chs. Alph. Winter, P[tre]

Louise Turgeon ; Sœur Marie de la Passion
Élizabeth Turgeon ; Sœur Marie Élizabeth
Apolline Gagné ; Sœur Marie Joseph [93]

---

(92) *CMM* I : 28.
(93) *Registre des vêtures et professions, 1875-1894* : [1]. Le texte est aussi transcrit dans *CMM* I : 28.

CHAPITRE 6

La mélodie enchaînée
ou le rêve immobile (1875-1878)

> *[...] je veux que vous sachiez bien que*
> *pour être l'épouse d'un Dieu crucifié, il*
> *faut consentir à porter la croix à sa suite*
> *et à renoncer à sa volonté propre pour*
> *vivre sous la puissance d'une volonté*
> *quelquefois opposée à la sienne.*
>
> (Mère Marie-Élisabeth, *Lettre*,
> 18 février 1881)

*L*a vie désirée de Sœur Marie-Élisabeth prend désormais un nouvel essor et une nouvelle assurance, et parce qu'«elle s'est engagée à suivre un règlement prescrit par une autorité supérieure, alors, elle embrasse la vie commune, partage le rude labeur quotidien ; s'y applique avec diligence : sa santé en partie rétablie depuis son long pèlerinage à Sainte-Anne-de-Beaupré, va prendre une nouvelle vigueur au contact de ses occupations variées, sa santé, sa vie elle l'offre à Dieu pour qu'Il l'emploie suivant son saint Vouloir [1]. » Tout de suite, elle doit faire face à un nouveau problème, la maison de la communion, la maison de leur vêture est devenue un couvent en sursis.

---

(1) *CMM* I : 38.

La maison Parent ou la maison de la confirmation (1875-1876)

Sœur Marie de la Passion, qui doit s'occuper des affaires temporelles de la communauté, est déjà absente comme elle le sera la plupart du temps, au moment où le propriétaire de leur maison exige le loyer en termes pressants. Sœur Marie-Élisabeth n'a d'autre recours que de s'adresser à leur directeur :

Révérend E. Langevin V.G.

Monsieur,

Ma sœur, Marie de la Passion n'est pas arrivée.

Monsieur Martin, qui part pour Québec lundi matin, me dit qu'il a absolument besoin de l'argent du terme de loyer échu jeudi dernier, et je me trouve grandement dans l'embarras n'en ayant pas à lui donner.

Soyez donc assez bon pour me tirer d'embarras, soit en me disant ce que je dois faire, ou en me procurant les moyens de solder ce compte.

En ce faisant, vous obligerez infiniment

Votre très-reconnaissante

et très-respectueuse servante

Sœur Marie Élisabeth [2]

Rimouski

17 Oct./75

L'abbé Edmond Langevin n'a pas dû leur avancer l'argent, puisqu'il n'aidera financièrement les Sœurs des Petites-Écoles qu'après la mort de Mère Marie-Élisabeth. Il leur conseille de déménager plutôt que de subir le harcèlement du propriétaire, et leur recommande de louer une petite maison appartenant à Antoinette Parent, la ménagère de l'évêché. Celle-ci s'entend avec elles pour leur louer sa maison au même prix que la maison Martin, cent dollars annuellement, « mais elle leur promet de ne pas leur causer de peine [3] » pour le paiement. Le déménagement, qui s'effectue à la fin d'octobre à une date indéterminée, « se fait facilement » on le conçoit. La maison est beaucoup plus petite, mais cependant « assez vaste pour la petite famille » de trois membres, dont deux y tiennent feu et lieu. D'une surface de vingt pieds sur vingt-cinq pieds, elle contient quatre chambres et un grenier séparé par une cloison en deux pièces. Sœur Marie-Élisabeth et sœur Marie-Joseph se réjouissent d'ailleurs de la réduction de taille de leur maison car elle sera ainsi beaucoup plus facile à chauffer. L'automne est arrivé et le poêle, lui, a quitté leur couvent avec Delvina Vézina : « On n'a pas encore de poile, une grande cheminée dans la plus vaste des salles

---

(2) AAR, A-14-2, RSR.

(3) *CMM* I : 38.

qui sert de cuisine, de réfectoire et de salles de travail, sur l'âtre, chauffé, par des planchettes rebuts d'usine, bouillira le pot au feu et la petite bouilloire la cafetière aura aussi sa place[4]. »

L'installation est vite faite et sœur Marie-Élisabeth s'affaire maintenant à préparer une chambre pour une nouvelle aspirante qu'elle a gagnée à leur cause lors de son dernier voyage à Québec durant l'été.

La saison des réconforts

Cette nouvelle postulante est en fait une vieille amie – « l'amie intime[5] » – de sœur Marie-Élisabeth, avec qui elle avait échangé plusieurs lettres[6] depuis son retour et qui lui annonçait enfin son arrivée. Amélie Plamondon, veuve François Charland, possédait un commerce d'épiceries qui lui assurait une existence confortable. C'est chez elle que demeurait Élisabeth lorsqu'elle enseignait à Saint-Roch de Québec. « La pieuse veuve éprouva un gros chagrin quand elle vit son amie partir pour Rimouski, seule, isolée, elle se détermine bien vite de venir s'ascosier à la petite communauté, bien qu'on ne la laissa ignorer qu'elle y trouverait une grande pauvreté. » Le 26 octobre. « Venue de la gare du chemin de fer sur les huit heures du soir » – est-ce ainsi qu'est arrivée Élisabeth le printemps dernier ? – la voyageuse, bien que recevant un accueil des plus chaleureux, n'en est pas moins transie par ce froid d'automne « et veut se chauffer au poêle, il n'y a pas de poêle... la bûche dans la cheminée donnait que quelques étincelles. La petite Dame fit une exclamation de surprise, elle savait qu'on était pauvre à Rimouski, mais ne s'imaginait pas de trouver un tel denuement[7]. »

Cette femme d'affaires ne laisse pas traîner les choses. Dès le lendemain, elle accompagne l'intendante dans ses courses. Celle-ci la conduit chez l'imprimeur M. Dion qui a un poêle à vendre. Moyennant quatre louis ou seize dollars, ce qui est une énorme dépense, le poêle change de mains, si l'on peut dire puisque deux hommes viendront en faire l'installation. « Le poêle installé dans la cuisine chauffera toute la maison, il a un bon fourneau qui chauffera l'eau et cuira le pain et les aliments ; jusqu'à ici la cheminée fournissait pour la cuisson du menu, mais elle était plus prodigue de la fumée que de la chaleur et donnait parfois un insipide assaisonnement à la chétive nourriture. » « Vraiment, c'est un meuble approprié à la saison, toutes en convien-

---

(4) *CMM* I : 39.
(5) *Ibid.*
(6) Toute cette correspondance n'a pas été retrouvée.
(7) *CMM* I : 39.

nent. » Là où il y a divergence c'est que sœur Marie-Joseph, qui n'en a décidément que pour lui, « attribue cet heureux événement à son Saint Patron, tandis que la petite femme l'attribue à son porte-monnaie [8] ».

Saint Joseph a maintenant une rivale, quoique sœur Marie-Joseph dirait certainement que c'est leur patron pourvoyeur qui leur a envoyé cet ange gardien, grâce auquel le froid est pour un temps tenu à distance, et leur quotidien égayé de « mille choses utiles ». Comme le fait remarquer la chroniqueuse, elle fait « preuve d'un grand désintéressement en mettant ses épargnes au service de la communauté sans s'inquiéter de l'avenir [9] », car elle a loué sa maison, vendu son fonds de commerce et ses meubles et apporté avec elle plusieurs caisses dont elle met le contenu au service de toute la maisonnée.

En novembre au cours de sa première visite dans leur nouveau couvent, le directeur, « au courant des nouvelles du dehors », savait déjà que « des hommes étaient venus [...] monter le poêle ». Il peut donc admirer « le cadeau de la nouvelle venue » et donner à celle-ci « son meilleur sourire ». Même si depuis leur déménagement ses visites se font rares, « sa bonté toute paternelle se fait sentir et l'intérêt qu'il porte à celles qui l'appel ‹ Mon Père › leur est très sensible [10] ».

C'est ainsi que sœur Marie-Élisabeth exprime leurs sentiments en la Saint-Edmond :

Révérend Edmond Langevin, V.G.

Très-Honoré Père,

Nous ne saurions refuser à nos cœurs le besoin qu'ils ont de vous exprimer les sentiments qui les animent à votre égard. La reconnaissance que nous vous devons est si grande, que nous ne pouvons laisser passer l'octave de votre fête, sans vous en donner des marques sensibles.

Non, Très-Honoré Père, nous ne pouvons oublier la sollicitude avec laquelle vous veillez sur notre institut naissant ; toutes les fatigues, les peines et les déboires que vous ont causés ses commencements, et ceux qui vous attendent encore avec d'aussi médiocres sujets.

Mais Dieu, qui a tout fait de rien, se sert des instruments les plus faibles pour opérer son œuvre, afin de maintenir dans l'humilité ceux qu'il y emploie.

Cependant, en Dieu sage et bon, il a soin de leur donner un guide parfait : nous l'avons trouvé en vou[s] ce guide.

---

(8) *CMM* I : 39-40.
(9) *Ibid.*
(10) *CMM* I : 40.

Les difficultés sont telles, qu'une vertu ordinaire n'y tiendrait pas, mais, connaissant votre patience invincible et votre persévérance dans tout ce qui tient de la cause de Dieu, nous avons foi en vous, Ô Révérend Père, et nous espérons que vous continuerez votre œuvre. Quoique nos prières soient faibles, nous les offrirons à Dieu avec la plus grande ferveur, et nous supplierons votre Saint Patron qu'il vous obtienne toutes les grâces que nous vous souhaitons, et toutes celles que vous demandez.

Tels sont nos souhaits et nos vœux ardents, et le bouquet spirituel qu'ôsent présenter [11] à leur bien-aimé Père

ses humbles filles
Les Sœurs des Petites-Écoles

Rimouski,
23 Nov./75 [12]

Si Amélie Plamondon est la seule venue se joindre au trio de novices, plusieurs demandes de renseignements sont parvenues aux Sœurs des Petites-Écoles, certaines au printemps mais surtout ces derniers mois, depuis la circulaire de Mgr Langevin du 3 septembre suivie d'une autre le 27 octobre, conçue en ces termes :

Nos *Sœurs des petites écoles* ont pris l'habit dernièrement. Je me flatte que les curés vont leur envoyer plusieurs nouveaux bons sujets. C'est une œuvre qui peut produire un grand bien, si elle est patronnée par le clergé [13].

Certaines des aspirantes viennent des paroisses environnantes, d'autres sont des institutrices des paroisses Saint-Roch et Saint-Sauveur de Québec qui ont connu les sœurs Louise et Élisabeth Turgeon. Madame Charland, comme on la nomme au couvent, « a aussi en vue des connaissances, qu'elle voudrait encourager à la suivre ; elle se trouve déjà si bien dans cette sphère sympathique si attrayante à sa nature aimante et à son cœur si douloureusement affectés par la perte de son mari et de ses cinq enfants [14] ».

Sœur Marie-Élisabeth qui pense pouvoir convaincre d'autres recrues demande la permission « aux derniers jours de décembre par écrit » au grand vicaire [15] de partir pour Québec avec Madame Charland qui doit s'y rendre pour affaires. Le directeur acquiesce à sa demande et lui fait remettre une lettre passeport :

---

(11) *vous* [raturé] présenter
(12) AAR, A-14-2, RSR.
(13) « Circulaire », 27 octobre 1875, dans *Mandements de Mgr Langevin*, I : 576.
(14) *CMM* I : 40.
(15) Cette lettre n'a pas été retrouvée.

La Sœur Marie Élisabeth des Petites Écoles a la permission de se rendre à Québec et dans sa famille ; elle est autorisée à prendre connaissance des demandes des personnes qui se sentiraient de la vocation pour entrer dans l'Institut des Petites Écoles.

Edmond Langevin, Vic. Général
Évêché de Rimouski, 28 décembre 1875 [16]

À peu près au même moment où elle demande la permission de partir, sœur Marie-Élisabeth tenant une fois de plus la plume à la place de la supérieure, sans doute toujours absente, écrit à Mgr Langevin pour la Saint-Jean :

Rimouski, 27 Décembre 1875

À Sa Grandeur Monseigneur
Jean Langevin Évêque de St-
Germain de Rimouski

Monseigneur,

C'est avec les sentiments du respect le plus profond que nous venons, en ce beau jour de votre fête, déposer aux pieds de Votre Grandeur nos hommages et l'expression de notre reconnaissance.

Certainement, ce que nous sommes, c'est à votre bienveillante protection que nous le devons ; et, si nous parvenons à notre but, après Dieu, vous en aurez été le premier auteur ; mais que ne vous en coûte-t-il pas de peines et de fatigues !...

Cependant, à l'exemple de votre généreux Patron, vous ne comptez pour rien ces peines : pourvu que Dieu en soit glorifié, et que le salut des âmes s'opère, votre noble cœur est satisfait.

Daignez cependant, Monseigneur, accepter notre sincère reconnaissance pour la protection que vous nous accordez, notre volonté ferme de suivre en tout vos ordres, et notre désir ardent de coopérer au salut des âmes par l'éducation et l'instruction des petits enfants.

Mais comme ce que nous pouvons faire est peu, ou même rien, nous supplions votre saint Patron, l'ami privilégié de Jésus, et que vous imitez sur la terre, de vous obtenir le bonheur le plus parfait ici-bas, et la couronne d'immortalité dans la Cité des Élus.

Tels sont les sentiments avec lesquels nous avons l'honneur d'être avec le plus profond respect,

Monseigneur,
De votre Grandeur,

Les très-humbles et très-reconnaissantes filles
Les Sœurs des Petites-Écoles. [17]

Au moment où sœur Marie-Élisabeth part de Rimouski pour un autre voyage de prospection de vocations pour leur Institut, celui-ci a

---

(16) *CMM* I : 41.
(17) AAR, A-14-2, RSR.

reçu plus de vingt demandes d'entrée depuis ses débuts dit la *Chronique* [18]. Dans cette évaluation, on ne tient compte ni de sœur Marie-Élisabeth, ni de sœur Marie de la Passion, ni de sœur Marie-Joseph, ni de Delvina Vézina, ni de Madeleine Dumas. Il y aurait donc eu une trentaine d'aspirantes, dix sont entrées, une pour quelques jours seulement (Joséphine Sirois), trois ont persévéré et la dernière arrivée va rester. Des six qui ont quitté, quatre l'ont fait de leur propre gré (Delvina Vézina, Sylvie Lévesque, Eugénie Lavoie et Joséphine Sirois), une a été renvoyée (Hélène Lagacé) et une autre a été obligée de quitter à cause de problèmes de santé (Madeleine Dumas).

Parties de Rimouski le 30 décembre, les deux amies arrivent à Beaumont à temps pour fêter le jour de l'An avec la famille Turgeon. En sus de sa mère et de son frère Louis-Pierre-Hubert, Élisabeth, pour la première fois dans sa famille vêtue de son costume, y rencontre ses sœurs Alvine, Célina et Marine venues passer quelques jours à la maison familiale. Elle ira à Saint-Romuald aussi, sa paroisse pendant ses années d'enseignement, y voir sa sœur Aurélie, nouvelle mariée de l'année à Édouard Bourassa. Les deux amies se rendent ensuite à Québec où Madame Charland voit à ses affaires en plus de visiter sa famille et ses amies.

Pendant ce temps, sœur Marie-Joseph à Rimouski se sent bien esseulée. Sœur Marie de la Passion, revenue, « n'éprouve pas d'ennui ; elle a plus de loisir pour prier et méditer ». Sœur Marie-Joseph par contre « ressent le vide, la présence de sa chère sœur Marie-Élisabeth lui est si agréable... ». Quelques visites, quelques petits présents puis la visite des parents de l'intendante qui lui apportent « des viandes fraîches, du beurre, même des cretons mets délicieux pour les gourmets. La mortifiée supérieure n'y goûtera pas, c'est du superflu, dira-t-elle, que l'on devrait donner aux pauvres. » Le grand vicaire leur rend visite le lendemain des Rois, s'enquiert de leur garde-manger, s'informe des absentes et leur « conseille de prier pour obtenir de bons sujets pour les futures écoles et avant de les bénir il leur dit soyez confiante en votre Père Saint François d'Assise, modèle d'obéissance et de pauvreté [19] ».

Les voyageuses rentrent enfin, probablement vers la mi-janvier, au plus tard vers le 20, « contentes de rentrer dans leur petite solitude où

---

(18) « À la fin de l'année 1875, l'on comptait plus de vingt demandes d'entrée depuis les premiers jours de la réunion en septembre 1874, mais 5 seulement étaient venues prendre connaissance de la petite communauté. Silvie Levesque, Eugénie Lavoie, Hélène Lagacé, Joséphine Sirois et Madame Charland (Amélia Plamondon). » (*CMM* I : 41.)

(19) *CMM* I : 42.

elles sont attendues ». Du point de vue matériel, c'est un voyage plus que réussi, « lucratif », grâce à sœur Plamondon qui apporte « une bonne quantité de provision : une sac de farine, un sac de gruau, du poisson, du thé et café, du sucre, des biscuits, même des pommes, des serviettes et autres espèces en linge qu'elle est si heureuse de distribuer à ses compagnes. » De plus, sans en énumérer les effets rapportés de Beaumont et de Saint Romuald, la *Chronique* ajoute : « La généreuse mère de Sœur Marie Élisabeth et ses sœurs, ne la laissèrent pas partir les mains vides [20]. »

Par contre, aucune recrue ne s'est jointe à elles pour le moment. « La chère Sœur Marie Élisabeth n'a pas emmené de postulantes, mais elle en a trouvées de disposer à demander leur entrée, dont les circonstances ne leur permettent pas de venir cet hiver. » Il s'agit sans doute des deux sœurs Deslauriers qui arriveront à l'automne. Sœur Plamondon « croit avoir fait des conquêtes, d'anciennes institutrices de ses amies qui viendront la rejoindre bientôt [21] », dont Élisabeth Falardeau qui se joindra au petit groupe quelques mois plus tard. Sœur Marie-Élisabeth partait avec l'espoir de convaincre au moins une de ses sœurs. Célina est exclue car elle « aime trop à se produire dans le monde pour lui laisscr aucun espoir ». Marine, institutrice également, est épuisée. Ce n'est pas qu'une excuse puisqu'elle mourra trois ans plus tard. Quant à Alvine, sur qui compte surtout sœur Marie-Élisabeth, elle est indécise, « encore chancelante, bien qu'elle assura à sœur Marie Élisabeth qu'elle ne prendrait aucun engagement pour continuer l'enseignement, sa santé est sensiblement affaiblie [22] ».

La vie de carême

Les douceurs dans leur vie ne possèdent aucune pérennité. Elles en sont d'autant mieux appréciées.

Sœur Marie-Joseph qui jusque-là était cuisinière attitrée de la maisonnée cède bientôt son poste à Madame Charland ou plutôt, cette dernière « se constitue cuisinière, sous la direction, sous-entendu, de Sœur Marie de la Passion ». Elle a des dons culinaires certains en plus d'être la ministre des finances, car le seul argent liquide du couvent est le sien. Il faut donc économiser pour ne pas tarir leur seule source de revenus qui n'est pas inépuisable. La supérieure répète qu'il leur faut ménager. « La petite femme est encore maîtresse de son porte monnaie ; elle sait qu'il faut économiser, autant qu'elle le pourra, elle

---

(20) *CMM* I : 42.
(21) *CMM* I : 42-43.
(22) *CMM* I : 42.

suivra les avis de la supérieure, sans toutefois la consulter à tout moment, et continuera à sucrer son thé sans en demander la permission [23]. » Femme au grand cœur, la nouvelle cuisinière veut les contenter toutes, « régaler tout son monde » et elle y réussit. Jusqu'au jour où leurs minots de pommes de terre placées en sûreté, croit-on, dans la cave y contractent saveur de pétrole, et deviennent impropres à la consommation. Pour une fois qu'elles avaient une petite réserve, elles refusent de simplement jeter le tout. Le remplacement serait trop onéreux. La cuisinière, imaginative comme tous les grands chefs, improvise : « elle fait cuire toutes les patates, travail d'une semaine entière, elle les écrase, en fait une farce, qu'elle assaisonne avec quelque peu de fines herbes aromatiques que lui donne la ménagère de l'Évêché, y ajoute une grande partie des épices, au fond du coffre, qu'elle apporta à l'automne, prépare une pâte avec forte dose de soda et de sel et emploie toute la farce en pâtés, qu'elle met à la gelée, si bien que l'odeur et le goût du pétrole disparurent presqu'entièrement. » Les premiers jours, c'est bon, différent. À mesure que passent les jours, les pâtés innombrables deviennent innommables puis immangeables, mais l'on s'entête : « La croûte était devenue si dure, qu'aucun couteau y résistait, il fallait la tremper pour la manger. » C'est que « Les fameux pâtés durèrent, bien qu'on en mangeait tous les jours, du quatrième dimanche de l'Épiphanie jusqu'à la mi-carême [24] », c'est-à-dire du 30 janvier au 19 mars environ, soit sept semaines !

Leur couvent, plus facile à chauffer que l'ancien, n'est tout de même pas tellement plus chaud car si on ne manque pas encore de bois, de peur d'en manquer, « on le ménageait tant qu'on se passait souvent de feu ». L'hiver est « très rigoureux, froid intense [25] ». Elles gèlent au-dedans et au dehors car leur couvent est maintenant sur le coteau, près de la maison des Carmélites [26], à une longue distance donc de la cathédrale, où elles se rendent au moins deux fois par jour, pour la messe et aussi pour la visite au Saint-Sacrement. En janvier, leur directeur, les prenant en pitié, leur suggère de demander aux Sœurs de la Charité de les accueillir pour la messe pour la durée de l'hiver. Celles-ci à l'étroit déjà dans leur minuscule chapelle « permettent seulement à deux d'y aller, et encore elles n'eurent pas de place dans la chapelle, restèrent dans un corridor où il n'y avait ni feu, ni lumière, l'on n'y voyait pas même l'autel [27] ».

---

(23) *CMM*, I : 43.
(24) *CMM* I : 43.
(25) *CMM* I : 43.
(26) *CMM* I : 38.
(27) *CMM* I : 43.

Le 10 février, en la fête de Sainte-Scholastique, fête chère au cœur de Mgr Langevin puisque c'était l'une des patronnes de sa mère, l'évêque effectue sa première visite dans leur nouveau couvent. Il leur rappelle que la fête de ce jour qui glorifie l'amitié entre la sainte et son frère saint Benoît doit leur rappeler « combien la charité fraternelle doit régner entre des personnes réunies dans le but de servir Dieu ». Après la visite du couvent où pauvreté et propreté brillent de tous leurs feux, caractéristiques qui plaisent bien à l'évêque, qui leur recommande de rester simples et soumises pour ne pas perdre la ferveur de leurs débuts il s'enquiert naturellement de leur vie spirituelle et intellectuelle, les prie de demander des livres à leur directeur puis, remarquant la statue de la Vierge « placée sur la tablette de leur salle de communauté et oratoire », il leur dit : « Mes Sœurs mettez votre confiance en cette bonne Mère et attendez secours et assistance. » Puis, « Sa bénédiction couronne ces moments précieux où elles avaient senti le bon Dieu qui parlait par leur vénéré Évêque [28]. »

Après cette visite, le grand vicaire, qui est aussi le directeur des Carmélites, obtient d'elles la permission de faire profiter les Sœurs des Petites-Écoles de leur chapelle pour le reste de la saison hivernale : « Là elles purent satisfaire leur dévotion dans le bien-être de la chaleur et de la lumière, leur piété, disaient-elles, s'alimentait au contact de cette atmosphère de paix, et la discrète lueur des flambeaux de l'autel qui se projetait à travers les grilles, leur donnait l'idée de la sérénité de l'âme de ces religieuses, filles de la Sainte réformatrice du Carmel [29]. »

L'ouverture du mois de Saint-Joseph et celle du carême sont simultanées et en cette occasion elles délaissent la chapelle des Carmélites pour la cathédrale où elles vont assister à la cérémonie des cendres et à la grand-messe. Elles s'y rendent également pour la fête de saint Joseph le dimanche 19 mars, pour la fête de l'Annonciation le 25, ces jours de fêtes étant « de pieuses et joyeuses étapes au milieu du rigide carême [30] ».

Les grandes cérémonies

Pendant que les mois de Saint-Joseph et le suivant donnent à sœur Marie-Élisabeth l'opportunité d'accepter la direction de l'école modèle des garçons de Rimouski où deux sœurs enseigneront à l'automne, consacrant ainsi leur petit Institut et son but, le mois de mai les fait connaître, en tant que communauté, débutante certes, mais religieuse

---

(28) *CMM* I : 44.
(29) *CMM* I : 45.
(30) *CMM* I : 46.

tout de même, devant l'autorité ecclésiastique par excellence, l'archevêque et presque tous les évêques du pays.

La profession chez les Carmélites (20 mai 1876)

Déjà des rumeurs circulent sur la difficile adaptation des Carmélites au rude climat québécois et aussi sur les difficultés qu'elles rencontrent à recruter des sujets et à vivre dans la stricte observance de leur règle de sœurs cloîtrées dans un couvent qui n'est pas conçu en fonction de la claustration.

Mais les Sœurs des Petites-Écoles voient dans la lettre d'invitation à la profession de la sœur de l'évêque « une preuve de leur stabilité à Rimouski ». La prieure des Carmélites prie la supérieure des Petites-Écoles « de nous faire l'honneur d'assister, avec l'une des sœurs de votre estimable communauté », qui a dû être sœur Marie-Élisabeth, « à la Vêture [31] de notre Sœur Thérèse de Jésus, qui aura lieu dimanche prochain, 28 mai dans la petite chapelle de notre monastère ». S'il y a ainsi limitation, c'est que « L'exiguïté du local nous prive du bonheur que nous aurions eu de voir toutes vos sœurs vous accompagner en cette circonstance [32] ». C'est l'une des premières invitations officielles que les Sœurs des Petites-Écoles reçoivent pour assister à une cérémonie en tant que corps religieux et elles sont fort heureuses d'être mises sur le même pied que les autres communautés religieuses : « Très polie cette bonne Mère prieure, qui traite la toute petite communauté comme les autres Communautés de la Ville, religieuses de la Congrégation et de la Charité... [33] »

La bénédiction du Séminaire de Rimouski (31 mai 1876)

La bénédiction solennelle du Séminaire de Rimouski a amené en la ville rimouskoise les plus hauts dignitaires ecclésiastiques, l'archevêque de Québec, Mgr Elzéar-Alexandre Taschereau, l'évêque de Montréal, Mgr Édouard-Charles Fabre, l'évêque de Trois-Rivières, Mgr Louis-François Laflèche, l'évêque de Saint-Hyacinthe, Mgr Louis-Zéphirin Moreau, l'évêque de Sherbrooke, Mgr Antoine Racine et l'évêque d'Ottawa, Mgr Joseph-Thomas Duhamel, accompagnés d'un essaim de prêtres, sans compter les personnalités politiques, civiles ou simplement laïques. Arrivé le 30 mai par un temps superbe, dans un train pavoisé conduit par un engin « paré de couronnes », tout

---

(31) Il faudrait lire : « profession » (voir *supra* : 208, n. 53).

(32) Mère Saint-Joseph du Sacré-Cœur, Prieure, à Madame la Supérieure, Monastère de Ste-Thérèse, Carmel de Rimouski, 21 mai 1876, transcrite dans *CMM* I : 51.

(33) *CMM* I : 51.

ce monde est accueilli en « un véritable triomphe » dans la ville décorée de plusieurs arcs [34] pendant que « les pavillons ondulent sur plusieurs édifices [35] ».

Le grand vicaire est venu prévenir la supérieure il y a plusieurs jours qu'elles recevront la visite de « nos Seigneurs venus de Québec : ‹ Ils visiteront toutes les communautés de Rimouski. Vous devez les recevoir comme les autres, d'autant plus que vous êtes vous-même de Québec. › » Elles se montrent quelque peu « embarrassées ; cependant elles sont contentes ». Mieux que la reconnaissance d'une autre communauté, c'est celle, plus officielle, des autorités ecclésiastiques qui leur offrent les mêmes honneurs qu'aux congrégations reconnues. Le grand vicaire leur a fait remarquer que « les autres communautés de Rimouski étaient encore au berceau », ce qui leur fait dire « ici l'on est encore dans les langes [36] ». Sœur Marie-Élisabeth, elle toujours et non pas la supérieure, se met à la composition de l'adresse de circonstance.

La bénédiction du Séminaire a lieu dans la matinée du 31 mai, après la célébration d'une grand-messe pontificale chantée par Mgr Fabre. La tournée des couvents a dû se faire dans l'après midi, après le dîner de gala au séminaire et avant la clôture du mois de Marie qui se fait à 5h00 à la cathédrale, car après celle-ci suit le souper puis la Séance littéraire et musicale au Séminaire. L'on ne respecte pas l'ordre d'ancienneté puisque après être allé au couvent des Sœurs de la Congrégation, l'on va d'abord chez les Carmélites avant d'aller chez les Sœurs de la Charité et enfin chez les petites dernières, les Sœurs des Petites-Écoles [37]. La *Chronique* n'a conservé les noms que de Mgr Taschereau, de Mgr Laflèche, de Mgr Langevin, du grand vicaire, ainsi que de « quatre prêtres étrangers ». Cela suffit pour leur petit couvent car elles sont six maintenant : Emma Bélanger et Élisabeth Falardeau sont venues s'ajouter au petit troupeau. L'on doit présumer, puisqu'il n'y a pas d'indication là-dessus, que c'est sœur Marie-Élisabeth qui lit l'adresse qu'elle a elle-même rédigée :

Monseigneur l'Archevêque, nos Seigneurs...

Nous devons à Sa Grâce, Monseigneur notre Évêque qui malgré d'extrêmes difficultés est parvenu à organiser cette belle fête, l'honneur de votre visite qui fera époque dans les annales de notre petit Institut naissant.

Bien que notre situation actuelle ne nous permette pas de vous recevoir extérieurement du moins, d'une manière conforme à votre

---

(34) Elzéar Couture, *Notes (1862-1877)* sur le Séminaire de Rimouski : 311-312.
(35) *CMM* I : 51.
(36) *CMM* I : 51-52.
(37) *CMM* I : 52.

dignité, nous osons dire que les sentiments de respect et de vénération dont nos cœurs sont remplis ne le cèdent en rien aux autres institutions religieuses que vous avez visitées.

Daignez agréer, Nos Seigneurs, les vœux ardents que nous formons pour la prospérité spirituelle et temporelle de vos diocèses respectifs, et l'encens de nos plus ferventes prières pour l'accomplissement de tous les désirs de vos cœurs.

Nous considérons votre visite non seulement comme un honneur, mais aussi comme un gage de bénédictions spéciales du Ciel.

En effet, n'êtes vous point les véritables représentants de Dieu sur la terre, les bienfaiteurs les plus généreux, et les amis les plus dévoués du peuple ; quoique de nos jours on cherche à lui persuader le contraire, et à lui inspirer de la haine pour son clergé. Convaincues de cette vérité, nous avons osé offrir nos faibles services pour combattre un mal si dangereux. Et comme l'ignorance en matière de religion est la principale source de ce mal, nous nous dévouons à l'éducation de la classe la moins favorisée sur ce point.

Sous l'égide protectrice de Monseigneur notre Évêque et de notre Très Révérend directeur nous parviendrons, avec la bénédiction de Dieu, à remplir les desseins de la Providence sur cet[te] Congrégation.

Nos commencements sont petits [38] : c'est le grain de sénévé jeté en terre et auquel Dieu dans le temps qu'il a marqué, donnera l'accroissement ; ils sont aussi extrêmement difficiles et demandent de puissants secours ; c'est pourquoi nous demandons humblement qu'aux pieds des autels du Dieu de bonté et de miséricorde, vous vous souviendrez quelquefois des humbles Sœurs des Petites Écoles. Présentement, permettez-nous de solliciter une bénédiction particulière pour notre Institut et pour chacun de ses membres [39].

Sœur Marie-Élisabeth considère leur visite comme « un gage de bénédictions spéciales du Ciel », un signe grandiloquent de la justification de leur Institut dont elle définit le but. Ce point est tout à la conjonction des discours des évêques : tous parlent d'éducation en ce jour. Le matin, Mgr Laflèche avait fait « par cœur [...] une brillante allocution », dans laquelle « Il fait connaître la véritable éducation sur laquelle la société doit s'appuyer pour ne pas tomber dans les déplorables erreurs modernes [40] ». L'archevêque, en réponse à l'adresse du grand vicaire [41] au nom du clergé, avait parlé du Séminaire en repre-

---

(38) Écrit d'abord, puis rature : *faibles*.

(39) Deux versions : un brouillon olographe de sœur Marie-Élisabeth, sans date, ARSR, 210.205,7 et une transcription dans *CMM* I : 52-53.

(40) Elzéar Couture, *Notes (1862-1877)* : 313.

(41) « Adresse que le Clergé du diocèse de Rimouski présentera à Monseigneur l'Archevêque de Québec, le 31 Mai », Mai 1876, AAQ, 28 CP, Diocèse de Rimouski, I : 197, 3 p. Le texte n'est pas signé, mais l'écriture est celle d'Edmond Langevin.

nant les paroles de Mgr Langevin, comme d'« une entreprise nationale », et que le clergé en secondant Mgr Langevin dans cette œuvre s'était engagé « dans cette voie de zèle éminemment ecclésiastique et de vrai patriotisme [42] ».

Évidemment leur rôle est plus modeste, mais il est aussi éminemment nécessaire. Dans son allocution de la matinée, l'archevêque avait oublié de mentionner leur existence lorsqu'il avait parlé de « Ces lieux naguère encore couverts de forêts séculaires, [qui] ont vu s'élever comme par enchantement une cathédrale, un hospice, un couvent ; le Carmel même n'y est pas étranger et voilà qu'un édifice grandiose couronne toutes ces merveilles pour y abriter et former ceux que J[ésus] C[hrist] appelle à continuer son œuvre sur la terre ! [43] » Se souviendra-t-il d'elles comme le demande sœur Marie-Élisabeth à la fin de son adresse ? En tout cas, « elles ont eu une grande bénédiction de l'Archevêque de Québec et de bonnes paroles d'encouragement [44] ».

La soirée se termine en apothéose. Après la séance, à 11h00, il y a « brillante et générale illumination de toute la ville. Celle du Sém[inaire] est admirable », suivie d'un splendide feu d'artifice [45]. Par cette fête, la réputation de Rimouski monte de plusieurs échelons : « Tous les étrangers se sentent incapables d'exprimer leur étonnement du succès de la fête, de la civilisation et du progrès de Rimouski, ainsi que de la beauté de ses édifices religieux et de la splendeur de ses fêtes qui égale celle des grandes villes de la Province [46]. »

Tous les évêques partent le lendemain, 1er juin. Le dimanche de la Pentecôte, le 4 juin, Mgr Langevin dit la messe et fait le sermon puis « fait lire une liste de remerciements en 12 points pour tous ceux qui ont contribué à la fête du Séminaire [47] ». Daté de ce même jour, le texte suivant :

> Fête de la Pentecôte. La visite distinguée reçue le dernier jour de mai a laissé une heureuse impression, on en parle souvent, elles louent la bienveillance de leur Évêque de leur avoir procuré cet honneur et elles s'encouragent à faire des sacrifices pour corres-

---

Dans *Notes* d'Elzéar Couture, on y lit : « Adresse du clergé présentée par M. Edm. Langevin. » (313).

(42) Discours de Mgr Elzéar-Alexandre Taschereau, « À Messieurs les Membres du Clergé de S.G. de Rimouski », mai 1876, AAQ, 28 CP, Diocèse de Rimouski, I : 197A : 1 et 2.

(43) *Ibid.* : 2.

(44) *CMM* I : 52.

(45) F.-Elzéar Couture, N*otes (1862-1877)* : 317.

(46) *Ibid.* : 317-318.

(47) *Ibid.* : 319.

pondre aux désirs de Monseigneur l'Évêque. Sœur Marie Élisabeth a bien exprimé dans l'adresse aux distingués visiteurs le but que se proposait leur Institut et que les débuts seraient extrêmement difficiles ; elle voyait déjà les difficultés, les misères... [48]

La deuxième vêture (23 août 1876)

Malgré la brillance des fêtes et la poudre dorée jetée aux yeux des étrangers, le diocèse de Rimouski demeure terriblement pauvre, la ville « ne vaut pas un village populeux ». De plus, « il a fallu des emprunts excessives pour constuire le Séminaire, les bonnes Mères de la Congrégation ne peuvent rencontrer leur dépenses, les Sœurs de la Charité sont encore dans une maison d'emprunt, les Carmélites auront besoin d'un monastère... » Sœur Marie-Élisabeth voit bien que la situation ne les favorisera pas. Dans cette perspective, « où les toute petites Sœurs des Petites Écoles trouveront-elles des secours matériels ? Pour elles s'est la misère profonde, elles le savent, elles le sentent [49]. » D'où si ce n'est du ciel, sœur Marie-Élisabeth pourrait-elle les attendre, car « ces secours ne peuvent venir d'ailleurs ».

Persuadée de faire « l'Œuvre de Dieu » dans et par cet Institut, « La confiance de Sœur Marie Élisabeth est grande comme sa fin et ses désirs de faire la volonté de Dieu [50]. » Cette confiance elle en a besoin pour entreprendre un autre voyage à la recherche d'aspirantes. À sa lettre non retrouvée en demandant la permission à Mgr Langevin, sœur Marie-Élisabeth reçoit cette réponse :

Évêché de Rimouski, 16 juin 1876

Sœur Marie Élisabeth, des Petites Écoles.

Ma chère Sœur,

Je vous permets bien volontiers d'aller travailler à recruter quelques bons sujets pour votre Congrégation naissante parmi les Institutrices diplômées, et surtout parmi les anciennes Elèves-Maîtresses de l'École normale.

Daigne le Seigneur bénir votre zèle et votre dévouement pour une œuvre si utile et si importante !

+ Jean, Ev. de St G. de Rimouski [51]

Cela nous donne à peu près le contenu de sa propre lettre. Mgr Langevin ne privilégie jamais les voyages qui ne sont pas nécessaires car non seulement ils s'avèrent coûteux, pour elles si pauvres déjà, mais ils perturbent également la vie communautaire et par la perte de

---

(48) *CMM* I : 54.

(49) *Ibid.*

(50) *Ibid.*

(51) ARSR, 205.101, 876, 6. Transcription dans *CMM* I : 54.

temps qu'ils constituent et aussi par la rupture du silence et du recueillement qui est le fondement et le propre de leur vie. De plus, la sœur doit exposer en détail le pourquoi et le comment de son voyage. Nul doute que sœur Marie-Élisabeth ne lui parle de sa sœur Alvine à laquelle se réfère sans doute son allusion aux « anciennes Élèves-Maîtresses de l'École normale [52] ».

Sœur Marie de la Passion avait essayé de convaincre Alvine « lente à se décider », de venir les rejoindre mais elle « n'a pas réussi auprès d'elle ». C'est pourquoi sœur Marie-Élisabeth tente le voyage, bien décidée à « emmener sa sœur Alvine à Rimouski » et elle garde « aussi espoir de décider les D[lles] Deslauriers, c'est à dire,

> décider leur père, car l'aînée qui touche à ses 21 ans serait déjà venue, mais elle ne pouvait laisser sa jeune sœur Eugénie qui n'a pas encore ses 16 ans, désireuse elle-même de se rendre auprès de Sœur Marie Élisabeth qu'elle aimait comme une seconde mère, son père ne mettra pas d'opposition à l'entrée au couvent de ses filles mais il voulait laisser grandir sa cadette avant de s'en séparer, d'ailleurs, l'aînée, Léda, avait promis à sa mère mourante qu'elle ne se séparerait jamais de sa sœur et le père le savait. Ses deux jeunes filles n'ont pas de diplome de l'École normale mais elles sont capables de s'instruire et l'Évêque ne s'opposera pas à leur admission, Sœur Marie Élisabeth a pu s'en assurer [53].

Elles viendront mais plus tard, les prochaines en fait. Le 13 juillet, sœur Marie-Élisabeth revient à Rimouski avec Alvine : « La Sœur Élizabeth reviendra dans deux ou trois jours. Elle écrit que sa Sœur Alvina descendait ; et qu'elle était contente du résultat. (P.S.) Elles sont arrivées [54]. » Ce que Mgr Langevin voit « avec grande satisfaction », parce que se souvenant de son ancienne élève de l'École normale il voit en elle « une aide intelligente pour Sœur Marie Élisabeth ». Il a gardé un bon souvenir de cette jeune fille « au cœur reconnaissant » rempli de « noblesse de sentiment », jumelé à un « caractère vif et fier ». La revoyant, les souvenirs remontent et

---

(52) « Quand au voyage projeté des Sœurs [...], je le permets *s'il est réellement nécessaire*. Mais en général je suis d'avis qu'il faut éviter ces voyages autant que possible, et les rendre très rares, vû qu'ils sont toujours plus ou moins coûteux qu'ils prennent un temps précieux et qu'ils nuisent au recueillement. [...] À l'avenir, je vous prie de me les exposer *en détail*, dans chaque cas particulier, afin que je puisse me décider *en connaissance de cause* à accorder ou à refuser la permission demandée. » (Mgr Jean Langevin à Mère Marie du Saint-Sacrement, Supérieure générale des Sœurs de la Charité de Rimouski, Rimouski, 30 novembre 1877, AAR, Lettres particulières, vol. II : 81-82.)

(53) *CMM* I : 54-55.

(54) Edmond Langevin à Mgr Jean Langevin, [Rimouski], 13 juillet [1876] : 3, ANQ-Q, Fonds Famille-Langevin, APG-134/37,1.

le vénérable Principal de jadis ne dédaigna pas de rappeler une petite anecdote de ses jours de classe. C'était sur la fin de sa dernière année à l'École Normale. Mademoiselle Marie Alvine était habile en la dictée ; elle possédait toutes ses règles de participes etc, elle le savait. Monsieur le Principal le savait aussi... et il usait de finesse pour embrouiller son intelligente élève ; il lui répétait chaque jour : « Aujoud'hui, Mlle Turgeon vous aurez des fautes dans votre dictée ; à la correction, il additionnait les 1/4 de fautes, les 1/10 soit d'accents soit de ponctuation qui formaient tentôt une demie faute, tentôt une faute. Alvine redoubla de soin, d'attention... enfin elle présente sa dictée irréprochable, un jour, deux jours le Savant Professeur en convient, mais il ne se compte pas pour battu. Le lendemain, Mlle Turgeon se croit encore victorieuse, elle signe son nom à la hâte et présente sa dictée avec fierté ; mais le malin Principal trouve un quart de faute. Celle-ci se récrie, lui de montrer le point de l'i qu'elle avait mis sur le v en signant Alvine. Monsieur le Principal rit et Mlle Turgeon se fâcha [55].

Pendant le voyage de la directrice des études, c'est Élisabeth Falardeau, institutrice de Saint-Sauveur de Québec, qui donne les leçons à la place de sœur Marie Élisabeth à madame Charland et à Marie Labrie, jeune fille d'une vingtaine d'années de la région de Sainte-Cécile du Bic.

Emma Bélanger ne suit pas les cours, dans son état elle n'est capable de « faire qu'un peu de ménage, mais elle est si bonne, si pieuse, si reconnaissante... on lui témoigne beaucoup de sympathies [56] ». En avril, sœur Marie-Élisabeth avait reçu une lettre du curé de la paroisse de Cap Saint-Ignace pour la recommander. « Elle ne connaît pas votre communauté qui ne fait que de naître, écrivait-il ; cependant d'après ce que je lui en ai dit, elle croit que St Joseph a exaucé les prières qu'elle lui a adressées pendant le dernier mois. Je ne crois pas qu'elle est apte à enseigner, mais peut fort bien être assistante dans la mission [57]. » Elle arriva le 9 mai avec une autre lettre de son curé datée de ce jour. « Grande fut la surprise de sœur Marie Élisabeth quand elle vit cette jeune fille envoyée par son curé, tant elle paraissait malade, on lui donnait que quelques semaines de vie. Elle avoua ingénument qu'elle était atteinte de consomption et qu'elle désirait vivre dans une communauté de religieuse, plutôt elle venait y mourir, car ses forces diminuaient sensiblement. » Ne pouvant rendre aucun service à l'Institut naissant, il est d'abord question de la renvoyer. Mais sœur Marie

---

(55) *CMM* I : 56.

(56) *CMM* I : 55.

(57) L'abbé Joseph Sirois à Sœur Marie-Élisabeth, Cap Saint-Ignace, 4 avril 1876, dans *CMM* I : 47.

de la Passion intervient : « Non, dira-t-elle, il en faut des malades pour souffrir et prier pendant que les autres travaillent. Elle fut admise et la pieuse charité des Sœurs l'entoura de bienveillance et de soins [58]. » Désormais au nombre de huit, la pauvreté se fait plus sensible encore dans la communauté. Elles n'achètent plus que ce dont « elles ne peuvent absolument se passer » chez le marchand Samuel Côté, à qui le grand vicaire a demandé de leur vendre à crédit [59].

Bientôt l'on parle de vêture. Madame Charland, qui a tant hâte de troquer son titre de « madame » dont l'abreuve constamment le grand vicaire, revendique l'habit – les postulantes n'ont pas encore de costume défini, elles portent leurs vêtements laïques. « La bonne petite veuve âgée de 41 ans au pauvre foyer depuis neuf mois, s'était montrée si courageuse, si généreuse, que ses compagnes étaient très heureuses de la voir prendre cette résolution. » Élisabeth Falardeau, pour sa part, « n'est pas pressée, 4 mois n'est pas suffisant pour prendre une aussi sérieuse détermination surtout quand il faut faire les dépenses du costume exigé. » Marie Labrie, postulante depuis trois mois environ ne sera pas de la fête non plus. Quant à Emma Bélanger, elle est peut-être la plus désireuse de revêtir la tenue franciscaine. Très malade, condamnée même, et elle le sait, elle est venue mourir au couvent. L'évêque l'accepte donc : « Sœur Bélanger déjà si malade l'Évêque ne peut la renvoyer, mais il l'admit à vêtir la livrée de St François d'Assise qu'elle désirait tant, bien qu'elle n'était arrivée qu'en avril. » Celle-ci écrit à son curé qui l'a recommandée à la communauté pour lui dire à quel point elle est « heureuse » alors que sœur Marie-Élisabeth doit prévenir madame Bélanger que « la santé de sa fille déjà si ébranlée à son arrivée s'affaiblit rapidement [60] ».

Alvine qui « ne témoigne pas d'attrait pour l'œuvre entreprise par ses sœurs » est venue pour partager la tâche de l'enseignement avec sa sœur à l'école de Rimouski. Se rappelant leurs labeurs communs d'autrefois, elle est donc « heureuse de vivre sous le même [toit que] cette sœur si tendrement aimée, mais elle ne compte pas beaucoup sur ses forces, car elles sont bien épuisées à la suite de longues années d'enseignement. C'est plutôt pour condescendre aux vifs désirs de Sœur Marie Élisabeth qu'elle se rend à Rimouski. » Elle n'a donc pas réellement envie d'être plus qu'une spectatrice à la cérémonie de vêture. Toutefois, lorsqu'on parla de vêture, Mgr Langevin, « insinua à la Maîtresse des novices d'engager sa sœur à demander aussi l'habit

---

(58) *CMM* I : 50.
(59) *CMM* I : 55.
(60) *CMM* I : 56-57.

des novices. » Car, fit-il remarquer, « Puisque les deux sœurs devaient être employées ensembles à l'école des garçons il était de toute convenance qu'elles fussent revêtues du même costume. » Alvine décide donc de prendre l'habit parce qu'elle est « contente d'acquiescer au désir de sa Sœur et de faire la classe [...] ce qui rappelle les années passées à St-Romuald où toutes deux faisaient la classe dans la même école[61] ». Tout le monde est content, l'évêque, le grand vicaire et même le curé Auger à qui incombe la responsabilité de l'école de la ville.

Cette seconde vêture se fera plus simplement que la première qui a eu lieu dans la chapelle de l'évêché. Après une petite retraite où le grand vicaire prône surtout « la mortification, le renoncement à sa volonté et l'obéissance aux supérieurs », leur parloir est métamorphosé en oratoire pour l'occasion. Pour ce faire, il faut des bonnes fées, des samaritains. Leur « bon voisin » se charge de leur prêter des chaises comme il l'a déjà fait le 31 mai pour la réception de la grande visite. Leurs voisines, les Carmélites, s'engagent pour leur part à leur prêter trois chandeliers avec les cierges. Le 23 août se lève à la cathédrale où leur directeur dit pour elles la messe où elles communient. Puis dans la matinée, accompagné de M. Alphonse Carbonneau, diacre et secrétaire à l'évêché, le grand vicaire les rejoint en leur parloir pour la cérémonie de vêture, Mgr Langevin n'y assiste pas cette fois. Le domestique des Carmélites chargé d'apporter chandeliers et cierges n'est pas encore arrivé. Ce que voyant, sœur Marie-Joseph « prend trois chandelles de suif qu'elle met dans des bouteilles[62] ».

La cérémonie terminée, le grand vicaire « leur adressa quelques touchantes paroles, les exhorta à suivre la voie où Dieu les appelle, les encourage à la persévérence en pratiquant le renoncement... La sainte Parole illumine leur cœur tandis que la lumière des chandelles de suif rayonne sur leur front[63]. » Dans le registre, elles signent de leurs deux noms, Émilie Plamondon – qui signera toujours Amélie par la suite –, Sœur Marie Jeanne Françoise de Chantal, Emma Bélanger, Sœur Marie du Sacré-Cœur, et Alvine signe Marie Turgeon, Sœur Marie-Joséphine, les points bien sur les i[64].

Ce fut une petite fête intime et joyeuse, toutes se sentent heureuses de leur humble condition, elles n'ambitionnent que l'accomplissement de la sainte volonté de Dieu et le développement de leur

(61) *Ibid.* : 55-57.
(62) *CMM* I : 57.
(63) *CMM* I : 58.
(64) *Registre des vêtures et professions, 1875-1894* : [1]-[2].

œuvre si tel est le bon plaisir Divin, leur pauvreté avec ses rigueurs comme les perspectives des humiliations qui s'attacheront inévitablement à leur obscure situation n'altéreront ni la paix ni la joie de leur âme. Le jour est tout spécialement heureux par le fait que le trio du 15 septembre dernier est doublé par la cérémonie du jour[65].

La malade, cependant, fatiguée par la cérémonie ne peut se rendre à la cathédrale pour la visite au Saint-Sacrement, les deux autres novices l'accompagnent donc à la chapelle des Carmélites. Celles-ci, désolées que leurs chandeliers aient manqué la fête, avaient présenté des excuses et envoyé trois bouquets de fleurs blanches aux nouvelles novices, dont un avec des fleurs rouges pour la veuve.

Les premiers élèves

Il y avait un an environ que les sœurs avaient enseigné le catéchisme à quelques enfants[66], quand le curé de Rimouski se décida à demander aux Sœurs des Petites-Écoles de prendre la direction de l'école des garçons de la ville. Des institutrices laïques de compétence discutée y enseignent, dont ni le curé ni les parents ne se montrent satisfaits. L'abbé Joseph-Julien Auger[67], le nouveau curé qui a remplacé l'abbé Winter, a souvent entendu le grand vicaire parler de « ses petites sœurs » et a plusieurs fois été témoin des promesses que fait celui-ci à tous les curés qu'il rencontre, à savoir « qu'ils auront bientôt des bonnes maîtresses pour leurs écoles de cette communauté des Petites Écoles ; ces paroles réitérées ont souvent attiré l'attention du Curé de la cathédrale, l'ont même inspiré d'en demander au Grand Vicaire, de ses petites Sœurs dont il loue déjà le futur succès dans les écoles paroissiales. »

Le grand vicaire, avant même d'en parler à son frère l'évêque, vient rencontrer sœur Marie-Élisabeth pour « une suggestion et une consultation », la laissant libre de décider de la pertinence de l'offre : le curé demande deux sœurs pour l'école de la ville. Sœur Marie-Élisabeth a-t-elle dit à leur directeur qu'il ne la prend pas « à l'improviste » car « la rumeur avait déjà circulé : la sœur Marie Joseph l'avait entendu dire[68] » ? L'évêque lui avait accordé « une grande liberté d'action en tout ce qui regardait l'administration de la Communauté », mais par délicatesse pour le titre de sa sœur, de nouveau partie à Québec, elle ne peut donner de réponse immédiate. Elle écrit plutôt à la supérieure.

---

(65) *CMM* I : 59.
(66) Voir *supra* : 203.
(67) Voir *infra* : n. 89.
(68) *CMM* I : 46.

Au moment de donner sa réponse en avril, l'époque où a lieu l'engagement des institutrices, sœur Marie-Élisabeth est en bonne santé, « elle a conservé les forces prises au sanctuaire de Sainte Anne de Beaupré ; alors reprendre l'enseignement lui paraît facile, *se dévouer* pour elle, est une force motrice qui dirige sa vie vers les hauteurs du sublime sacrifice [69]. » À la deuxième entrevue avec le grand vicaire, elle accepte donc la direction de l'école modèle et s'engage à trouver une autre sœur pour la seconde classe. Dès le départ, elle veut asseoir leur réputation sur des bases solides. Sœur Marie de la Passion a enseigné mais n'est pas diplômée de l'École normale, n'a pas enseigné à l'école modèle, et peut-être la directrice des études sait-elle qu'elle ne pourra jamais compter sur elle puisqu'elle est constamment par monts et par vaux. Élisabeth Falardeau, qui deviendra sœur Marie de la Purification, a aussi enseigné, elle non plus n'est pas diplômée et elle n'est pas encore arrivée lors de la proposition du grand vicaire. Puisqu'elle veut « répondre à la confiance des autorités qui les avaient choisies et donner satisfaction aux intéressés, pour cela il lui fallait une maîtresse diplômée et expérimentée » et c'est l'une des raisons qui l'incitent à aller chercher Alvine et à vouloir la ramener à tout prix à Rimouski.

Cet enseignement est une manne littéralement tombée du ciel, d'autant plus qu'il s'exercera dans l'enceinte de la troisième église de Rimouski, en instance de devenir leur couvent. Après la bénédiction de l'actuelle cathédrale en 1862, la troisième église s'est transformée en école, puis en collège, puis en séminaire et de là en couvent.

Malgré la bénédiction solennelle, le nouveau séminaire n'est pas encore terminé. Le déménagement qui devait s'effectuer à la fin du mois d'août est retardé, celui aussi de l'ouverture des classes par conséquent. Sœur Marie-Élisabeth est impatiente de renouer avec un petit monde qui lui a déjà coûté tant de sueurs mais qui l'a en même temps si largement récompensée de ses labeurs. Sa sœur Alvine également : « Sœur Marie Élisabeth éprouve quelque regret de ne pouvoir commencer sa classe, il lui tarde de faire connaissance de ses nouveaux élèves. Sœur Marie Joséphine, bien que sa santé laisse à désirer est désireuse elle aussi d'entrer en fonction. »

Ce n'est qu'à la fin de septembre que les deux sœurs peuvent commencer l'enseignement, dans des locaux laissés « dans un pitoyable état au départ des occupants, les appartements ont été fortement négligés, vu que le Séminaire neuf allait être mis à leur disposition, ils ne pouvaient faire des dépenses pour des réparations aux frais de

---

(69) *CMM* I : 47.

la corporation du Séminaire [70] ». Il n'est donc pas possible de déménager sur-le-champ, d'autant plus qu'elles ont une grande malade à soigner et à ménager. « Tous les matins les deux Sœurs se rendaient au vieux séminaire apportant leur maigre diner qu'elles prendront froid, car aucune salle n'est chauffée. Elles tiennent leurs classes dans la partie ouest du premier étage. » Lorsqu'elle revient au couvent, l'attention et les soins de sœur Marie-Élisabeth sont concentrés autour de sœur Marie du Sacré-Cœur : « Sœur Marie Élisabeth lui donne les heures qui ne sont pas consacrées à sa classe. » Le jour, c'est Élisabeth Falardeau qui est « son infirmière de tous les moments ». Sœur Marie de la Passion « se dispute le bonheur de passer les nuits auprès de la chere mourante ». Elle est constamment « l'objet de l'attention de la charité de toutes les sœurs [71] ».

Le 15 septembre, anniversaire de la première prise d'habit de sœur Marie-Élisabeth et de ses compagnes, le grand vicaire

content de la constance et de la générosité de ses filles spirituelles leur donne l'habit du Tiers Ordre, c'est à dire, l'imposition du scapulaire brun et le cordon de fil que tous les tertiaires portent sous leurs vêtements. Outre les quelques jeûnes et un nombre de prières qu'impose cette règle, les Sœurs n'ont point contracté de nouvelles obligations : Récitation de la couronne franciscaine, le petit office de la Sainte Vierge, remplacé par sept Pater Ave répétés sept fois, elles gagnent les indulgences plénières à quelques jours désignés, aussi une bénédiction accordée par le Pape aux jours de fête solennelle. Le Grand Vicaire leur donne des petits livres du Tiers Ordre et leur montre l'avantage qu'elles auront de gagner de nombreuses indulgences. Les Sœurs Marie de la Passion et Marie Jeanne Franç[oise] de Chantal sont professes tertiaires, Sœurs Marie Élisabeth et Marie Joseph ne sont que novices [72].

Maigre consolation pour des novices en attente de profession. Mgr Langevin, dans sa lettre du 29 août 1875, leur avait écrit qu'à défaut de prononcer leurs vœux en septembre de l'année dernière, elles pourraient le faire quelques mois après leur vêture. Cette réception dans le Tiers-Ordre est-elle calculée pour leur faire oublier la profession ou le grand vicaire leur offre-t-il un prix de consolation ? Rien dans les sources ne laisse supposer qu'il y ait eu quelque revendication de leur part. Pourtant, la question s'est sûrement posée puisque la seconde vêture a eu lieu le 23 août. Elle aurait pu être doublée d'une profession

---

(70) *CMM* I : 59.
(71) *CMM* I : 60.
(72) *CMM* I : 61.

de vœux annuels pour celles qui ont déjà un an et demi et deux ans de noviciat.

Leur malade est parvenue là où les heures sont désormais comptées. Le médecin parle de la troisième phase de la consomption. Sœur Marie du Sacré-Cœur elle-même « ne se fait aucune illusion sur son état ». Elle a le désir bien naturel de voir sa mère avant de mourir. Elle est au plus mal peu après avoir reçu l'habit puisque le grand vicaire écrit six jours plus tard : « Je dois donner demain les derniers sacrements à la Sœur Bélanger des Petites Écoles [73]. » Mais le curé qui lui a écrit à la fin d'août lui a fait le message de cette mère éplorée, sans doute illettrée, qui ne peut lui écrire, certainement pauvre parce qu'elle ne peut faire ce voyage pour accompagner sa fille dans l'ultime sien : « Votre mère que je viens de voir et qui m'a donné des mauvaises nouvelles de votre santé s'afflige bien sur votre sort et vous fait dire qu'il lui est impossible de descendre les moyens lui manquent ». D'autre part, elle a eu le temps d'arriver là où elle le voulait, ce que son curé lui souhaitait : « j'espère que le Bon Dieu vous fera toujours la grâce de mourir en religion, s'il ne juge pas à propos de vous rendre la santé [74]. » Elle a consacré le vingt dollars qu'il lui fait parvenir pour payer son costume et « elle voit venir la mort avec calme, et se montre si reconnaissante pour les services que lui rendent ses compagnes qui lui donnent tous les adoucissement possibles. Elle est confiante dans le Sacré Cœur de Jésus et se dit si heureuse de mourir dans la Communauté, supporte ses souffrances avec beaucoup de patience et de résignation. » L'abbé Edmond Langevin la visite souvent. Mgr Langevin vient dans la soirée du 4 octobre, fête de leur patron, saint François d'Assise, pour lui donner « une dernière absolution [75] ». Puisqu'elle désirait tant prononcer des vœux en religion, elle obtient « la faveur de faire le vœu de chasteté entre les mains de l'Évêque [76] ». Le Saint-Viatique et l'Extrême-Onction lui sont donnés par le grand vicaire. Et le 6 octobre « la chère Sœur expire doucement dans le Seigneur [77] ».

---

(73) Edmond Langevin à Mgr Jean Langevin, Rimouski, 29 août [1876] : 2, ANQ-Q, Fonds Famille-Langevin, APG-134/37,1.

(74) N. Joseph Sirois à Emma Bélanger, [fin août 1876], ARSR, 202.100, C. 2, 3 ; transcription dans *CMM* I : 59-60.

(75) *CMM* I : 60.

(76) « Notice biographique de Sœur Marie du Sacré-Cœur (née, Emma Bélanger) » 2 p., dans *Notices biographiques de nos Sœurs défuntes de 1879 à 1929*. Volume compilé à l'occasion du Cinquantenaire des premiers vœux émis dans l'Institut, 12 septembre 1929. Rimouski, Congrégation des Sœurs de N.-D. du Saint-Rosaire, 1929.

(77) *CMM* I : 61.

Le lendemain, les Sœurs des Petites-Écoles reçoivent de leurs amies les Carmélites une lettre de condoléances et de félicitations tout à la fois :

Allow me to offer you my sympathies and congratulations at the same time. You have lost a member, but you have gained an advocate in heaven. Flowers transported after come up double. So may it be with your dear Sister ! Accept our poor little offering. She has laid down the cross and found, I hope her crown. If you give me her religious name, we chant after Mass tomorrow a « Libera » for her in the chapel, where she last heard Holy Mass [78].

Sœur Marie du Sacré-Cœur aurait bien apprécié les termes de cette lettre, car elle qui fut « un modèle édifiant par sa douceur, sa reconnaissance envers ses compagnes, sa tendre piété et sa résignation dans la maladie », visait le « ciel ou elle paraissait si sûre d'aller, là où elle aimerait encore servir disait-elle » en intercédant pour sa communauté.

Le lundi 9 octobre, cinq mois jour pour jour après son entrée chez les Sœurs des Petites-Écoles, sœur Marie du Sacré-Cœur est portée en terre. Après le service chanté à la cathédrale par l'abbé Alfred Vigeant de l'évêché, auquel assistent le grand vicaire et l'abbé Joseph-Octave Simard du Séminaire, « Les cinq novices et les deux postulantes [...] suivirent son corps au cimetière où il fut inhumé tout près de la grande croix. On fit planter une croix sur sa tombe avec l'inscription : Sœur Marie du Sacré Cœur, des Sœurs des Petites Écoles [79]. »

La vieille église ou la maison de la communion solennelle (1876-1881)

Cette mort à la fois douce, sereine, triste tout de même pour les sept qui restent et qui se souviennent avec tant d'affection de leur sœur, est

---

(78) Lettre de Sister Michael of Jesus, Mary, Joseph, D.C.M., Saint Theresa's Monastery, Carmel of Rimouski, Oct. 7th 1876, transcrite dans *CMM* I : 61-62. Mère Michael a remplacé Mère Joseph depuis peu au priorat du Carmel. Mgr Langevin écrivait peu de temps avant à l'archevêque de Baltimore : « Puisque l'occasion s'en présente, j'avouerai franchement à V.G. ma surprise de ce que les Sœurs de Baltimore, qui la connaissaient, aient choisi pour notre fondation la Mère Joseph. C'est une personne incapable de *conduire*, et qui n'a pas même l'esprit véritablement religieux, quoiqu'elle ait du talent pour les travaux manuels. Elle a résigné sa charge de Prieure, à mon grand plaisir, et la Mère Michel la remplace. La maison a aussitôt pris un nouvel aspect pour la régularité, le silence, la charité, etc. » (Mgr Jean Langevin à Mgr Rosevelt Bayley, Rimouski, 26 septembre 1876, AAR, Lettres particulières, vol. I, nº 186.) Hector-Louis Langevin ne s'y était pas lui-même trompé puisqu'au premier coup d'œil, à la vêture de sa sœur Marie, il les avait ainsi jaugées : « La prieure est une personne très grande & bien aimable, mais à mon avis la sous-prieure est la maîtresse-femme. » (Hector-Louis Langevin à Édouard Langevin, Rimouski, 23 mai 1875 : 2, ANQ-Q, Fonds Famille-Langevin, APG-134/1.)
(79) *CMM* I : 62.

bientôt éclairée comme l'avait écrit la carmélite, par l'arrivée des deux postulantes qui sont attendues depuis près d'un an. Leur père, après avoir perdu sa femme, leur mère, s'est résigné à se séparer de ses filles. Sœur Marie-Élisabeth les a connues à Québec du temps de son enseignement à Saint-Roch, sa présence ayant même contribué à absorber le choc de la mort de leur mère. Depuis le départ de leur amie Élisabeth pour Rimouski, elles rêvaient de la rejoindre. Léda avait déjà auparavant essayé, mais en vain, d'entrer chez les Sœurs Augustines de la Miséricorde de Jésus de l'Hôtel-Dieu de Québec [80]. Les deux sœurs ne sont pas argentées mais elles ont un cœur d'or, une intelligence éveillée, et elles sont non seulement capables mais fortement désireuses de s'instruire, ce que leur père, pauvre, ne pouvait leur procurer. Léda et Eugénie Deslauriers se présentent au couvent le 28 octobre. « La première n'a pas encore ses 21 ans, la seconde 17 ans. Toutes deux sont grandes, figures agréables, mêmes distinguées... leurs porte-monnaies sont minces et les trousseaux très incomplets, mais elles ont leur jeunesse et des aptitudes pour s'instruire, et toutes deux aiment avec tendresse Sœur Marie Élisabeth, leur grande amie, qui au Jour du décès de leur mère, se trouvait là pour essuyer leurs larmes [81]. » Ce n'est pas en exil qu'elles viennent mais en pays de connaissances qu'elles arrivent. Car elles connaissent déjà les trois sœurs Turgeon, madame Charland, probablement Élisabeth Falardeau. Seules sœur Marie-Joseph et sœur Labrie leur sont sans doute inconnues. Elles arrivent comme des forces vives et deux paires de bras bien nécessaires pour le déménagement qui doit avoir lieu deux jours plus tard.

L'on n'avait pu le faire tout de suite après la mort de sœur Marie du Sacré-Cœur, qui n'était pas l'unique obstacle au changement de couvent, car l'état des lieux, agissant comme un double cadenas, maintenait pour elles l'impossibilité de s'y installer sans plus attendre. Depuis les débuts de l'enseignement à la fin de septembre, quand sœur Marie-Élisabeth et sœur Marie-Joséphine « les deux Sœurs institutrices partaient tous les matins pour la vieille église prendre leurs classes, deux de leur compagnes s'y rendent en même temps préparer leur logement où elles y trouvaient une somme de travail à y faire, lavage, nettoyage de toutes sortes avant d'en prendre possession. »

Les classes étant installées dans la partie ouest du premier étage, elles choisissent d'élire leur couvent au deuxième étage du côté est, « là où il y a plusieurs chambres [82] », probablement les anciennes

---

(80) *CMM* I : 41.
(81) *CMM* I : 63.
(82) *CMM* I : 62.

chambres des prêtres-professeurs du Séminaire. Ménage terminé ou pas, elles prennent la décision d'emménager au plus vite dans leur nouveau couvent car l'on perd beaucoup de temps en déplacements. De plus, « la pauvre sœur Marie Joséphine n'avait plus la force de faire le trajet, santé affaiblie par quatre semaines de classe dans cette température d'automne, plus encore par l'air infecté du lieu, sa classe était voisine des lieux d'aisance laissés dans un état pitoyable ».

D'autre part, n'ayant pas encore de chapelle en leur couvent, elles sont astreintes aux longues marches jusqu'à la cathédrale, pour la messe et la visite au Saint-Sacrement. Leur directeur les presse de déménager car « là elles seront près de l'église et n'auront plus besoin de parcourir par les rues ». C'est le lundi 30 octobre 1876 que les sœurs quittent la maison de la ménagère de l'évêché, témoin de la deuxième vêture de l'Institut, où elles ont séjourné une année. Le grand vicaire leur envoie une voiture pour le déménagement et voit avec elles à l'installation, « leur donnant instructions et conseils pour les divisions des salles [83] ». D'un œil dubitatif il mesure les capacités calorifiques de leur unique poêle dans cet antre de pierre au pouvoir considérable de préservation d'humidité : « il remarque bien qu'elles n'ont qu'un poile pour chauffer toutes les salles et semble comprendre que cette habitation est très humide, mais il n'y a rien à y faire... [84] »

En entrant dans cette maison, où elles prononceront finalement leurs premiers vœux après tant d'espoirs si souvent, si largement et cruellement déçus, elles ne savent pas encore, et c'est heureux sans doute, la vie de misère matérielle et morale qui les y attend. Les joies spirituelles par contre s'y lèveront bellement, pures et braves comme des perce-neige, qui réussissent, bien qu'elles semblent sortir de Charybde pour tomber en Scylla, à naître des froidures du sol pour émerger dans la splendeur gélifiée de son blanc recouvrement.

> Le premier séjour des Sœurs dans les murs de la vieille église fut le théâtre d'une misère profonde, non moins qu'un tableau frappant du courage heroïque et constant des vaillantes filles, d'autant plus étonnant que leur projet offrait moins de probabilité de succès. Les rumeurs du dehors étaient peu encourageantes, plusieurs filles entrées en cet hiver 1876-1877, après avoir passé quelques jours au pauvre logis s'en retournaient en traitant de folles les sœurs qui l'habitaient. Quelques prêtres mêmes se moquaient de ces vieilles filles extravagantes qui voulaient se frayer une position à Rimouski, on les taxait même atteintes de démence de vouloir poursuivre un

---

(83) *CMM* I : 63.
(84) *Ibid*.

projet de fondation en cette ville où il y avait déjà trois communautés de religieuses... C'était le langage des sages du monde... [85]

Même les écoliers s'en mêlaient. Mgr L.-T. Landry, qui étudiait alors au Séminaire de Rimouski, raconte :

> Il en fallait de la patience pour vivre au jour le jour et pour endurer tant de privations. À part cela, elles ont été méprisées. [...] Je puis déclarer sur la foi du serment, si nécessaire, qu'on s'est servi à l'adresse des pauvres sœurs de termes tout à fait déplacés et méprisants. Les écoliers riaient d'elles et leur disaient des choses qui n'étaient pas belles... C'était fort disgracieux. Je crois sincèrement que la fondatrice, Élisabeth Turgeon, dite sœur Marie-Élisabeth, a dû pratiquer l'humilité, la patience, la confiance en Dieu et l'abandon à la Providence d'une manière héroïque, étant donné ces circonstances pénibles [86].

Dès novembre, un premier malheur s'abat sur elles en cette ancienne maison du Seigneur. Sœur Marie-Joséphine avait déjà décidé à la fin de l'année dernière, lorsque sa sœur Élisabeth l'avait rencontrée à Beaumont, de ne pas enseigner pendant cette année 1876-1877. Elle ne s'était remise à l'enseignement, et à Rimouski de surcroît, que pour partager la tâche de sœur Marie-Élisabeth. Déjà de santé fragile à son départ de Beaumont, dorénavant « fortement atteinte de phtisie », bien qu'elle soit « si désireuse de seconder sa sœur Marie Élisabeth auprès des enfants », elle se voit dès le mois de novembre, après seulement un peu plus d'un mois d'enseignement, « assujettie à un repos complet », car sa santé « déjà débile à son arrivée à Rimouski n'avait pu se soutenir à faire la classe dans un lieu aussi malsain ».

C'est à sœur Falardeau, riche de plusieurs années d'expérience, que sœur Marie-Élisabeth fait appel pour combler la brèche laissée par la maladie de sa sœur Alvine. La nouvelle institutrice, qui n'a pas encore revêtu l'habit, « sut donner satisfaction à Sœur Marie Élisabeth, mais non aux élèves qui aimaient déjà leur maîtresse religieuse. » Ce qui alourdit évidemment la tâche de la directrice qui est de ce fait « plus occupée de la surveillance ; cependant elle avait le plaisir de voir son rude labeur récompensé par la bonne conduite et l'assiduité des élèves qui lui témoignaient respect et estime [87] ».

Cet apport à l'instruction de sœur Marie-Élisabeth et des Sœurs des Petites-Écoles est reconnu publiquement peu avant Noël. Les parents, qui s'étaient plaints des institutrices précédentes, « se montraient aussi

---

(85) *CMM* I : 63.
(86) Témoignage de Mgr L.-T. Landry, p.d., 3 novembre 1959, ARSR, 225.110B, C.7, 9.
(87) *CMM* I : 63-64.

très satisfaits des deux nouvelles institutrices, ils remarquaient plus d'émulation chez leurs enfants, une meilleure tenue, etc... et ne pouvaient s'empêcher d'apprécier le mode d'enseigner des sœurs [88] ». Plusieurs d'entre eux décident d'assister à l'examen public présidé par le curé Joseph-Julien Auger [89], responsable de l'engagement des sœurs. L'inspecteur d'école, Désiré Bégin, s'était déplacé pour la circonstance, de même que les trois commissaires d'école, l'avocat Rouleau, le marchand Adélard [90] Martin et le cultivateur P. Couture, accompagnés du secrétaire-trésorier de la ville, Aimable Saint-Laurent.

> Le succès apparent obtenu à cet examen, à la suite de quelques mois d'enseignement se manifestait surtout par la bonne tenue des élèves, leur politesse, même leur assiduité à la classe, aussi en furent-ils complimentés. Monsieur le Curé se dit très satisfait ainsi que les autres visiteurs manifestèrent leur satisfaction. Ce fut un succès appréciable pour le jeune Institut. M. le Grand Vicaire fut le premier à en reconnaître la valeur... [91]

Le succès de cette première mission dans l'enseignement abritée dans la vieille église augure bien pour le congé de Noël. Sœur Marie-Élisabeth qui est non seulement directrice de la nouvelle école, mais institutrice à plein temps dans une classe est toujours directrice des études et du noviciat. Les vacances de Noël ne signifient donc pour elle que travaux encore, mais dans le noviciat, travaux bien doux et pour la directrice et pour les novices, en particulier pour les dernières arrivées : « Les quelques jours de Vacances de Noël donnèrent quelque loisir à Sœur Marie Élisabeth pour s'occuper de son noviciat, spécialement des jeunes postulantes Deslauriers, qui se trouvaient bien isolées sous la sombre et humide voûte de la vieille église, aussi désiraient-elles vivement les vacances où elles pourraient jouir agréablement de la présence de Sœur Marie Élisabeth qui passait ses jours presqu'entier à sa classe [92]. »

La vieille église que les prêtres du collège-séminaire et du diocèse de Rimouski, dans une lettre à l'archevêque de Québec, décrivent

---

(88) *CMM* I : 64.

(89) Joseph-Julien Auger (1838-1904), est né à Lotbinière le 6 octobre 1838 de Philippe Auger et de Marguerite Beaudet, il est ordonné à Québec en 1864. Vicaire à Saint-François-de-Beauce (1864-1865), missionnaire à Natashquan (1865-1869), premier curé de Saint-Jean-l'Evangéliste (1869-1875), curé de la cathédrale de Rimouski (1875-1878), membre du conseil de l'évêque (1875-1883), curé de Sainte-Anne des Monts (1878-1883), curé de Saint-Louis d'Oswégo (état de New-York) (1884-1904) où il est décédé le 11 janvier 1904. (Voir *DBCCF* I : 21).

(90) Adélard selon *CMM* I : 64. Mais serait-ce Adhémar, leur ancien propriétaire ?

(91) *Ibid.*

(92) *CMM* I : 64.

comme n'étant plus « qu'une masure où la santé des professeurs et des élèves souffre un notable détiment[93] » ne perd pas ses propriétés maléfiques à l'arrivée des sœurs qui doivent les combattre au moyen de leurs faibles forces, fortement disproportionnées aux travaux nécessaires à la rendre quelque peu conforme aux règles minimales d'hygiène. Le ménage et les travaux s'étendront sur plusieurs années, compliqués non seulement par l'ampleur de la tâche mais aussi par la configuration des lieux.

Deux familles pauvres sont arrivées peu après les Sœurs des Petites-Écoles et occupent au rez-de-chaussée les pièces qui servaient antérieurement de cuisine et de salle à manger des séminaristes. Aux sœurs, elles bannissent de ce fait l'accès aux « endroits où il y avait cave, dépenses, closets[94] ». Pour l'entretien du couvent et le gros ménage, les sœurs, qui demeurent au deuxième d'où il n'y a aucune ouverture sur la cour, doivent « monter l'eau, le bois, etc, par les escaliers de l'intérieur et éviter dans les corridors la rencontre des élèves et les laïques, deux pauvres familles[95] ». Les vaillantes « travailleuses ont dû employer le mortier, la chaux aussi les clous et le marteau aussi bien que l'eau et le savon, même la cendre pour curer certains planchers ». Dès le printemps de 1877, l'on peut ainsi décrire le couvent :

L'oratoire, la plus propre des chambres, voisine de l'infirmerie, un tout petit autel est dressé et garni de verdure pour la statue de la Sainte Vierge, à l'ouverture du mois de mai. L'image du Sacré Cœur à la place d'honneur et la statuette de St Joseph n'est pas éloignée de Jésus et de Marie. Le confessionnal est au fond de la chambre, tout près de la chaise de M. le Grand Vicaire, belle chaise à ressorts et couverte de mérinos rouge, que Sœur M. Jeanne Franç[oise] de Chantal apporta de Québec. C'est là qu'elles se réuniront pour les exercices de piété. Du côté nord, la salle de travail y est installée, la supérieure a aussi sa chambre, le dortoir s'est étendu depuis que les nuits froides sont passées, il y de l'air et de la lumière[96].

Cette immense conquête sur les lieux n'est pourtant que maigre résultat à la grandeur du couvent, puisque leurs corvées de nettoyage et de rénovation dureront plus de quatre ans.

---

(93) D. Vézina et F. Elzéar Couture à Mgr Charles-François Baillargeon, Rimouski, 15 mars 1870 : 1, AAQ, 28 CP, Diocèse de Rimouski, I : 101. Trente-trois autres prêtres ont aussi signé cette requête pour l'érection d'un nouvel édifice pour abriter le séminaire.

(94) *CMM* I : 65.

(95) *Ibid.*

(96) *CMM* I : 69.

Des tourments et des travaux de sœur Marie-Élisabeth

Autant l'année 1876 s'ouvrait pour sœur Marie-Élisabeth sur des perspectives encourageantes, autant celle de 1877 commence au milieu d'interrogations et d'inquiétudes de toutes sortes.

L'aurore de 1877 fut pénible, perplexe pour la chère Sœur Marie Élisabeth : sa sœur Marie de la Passion était absente. Malgré la volonté manifeste de l'Évêque qui veut un établissement d'institutrices pour les écoles des paroisses, Marie de la Passion, toujours ses grands projets en tête, elle cherche des appuis, demande des secours, afin de pouvoir réaliser ses rêves, le local spacieux de la vieille église s'accommode à ses vues. Là il y a place pour ses pauvres et ses orphelins... Mais sœur Marie Élisabeth voit les choses sous un autre jour... Bien que le présent lui offre peu de garantie pour les succès de l'avenir, elle demeure ferme et confiante dans sa foi, sûre d'accomplir la volonté de Dieu en suivant l'ordre tracé par l'Évêque : Les ennuis, les incertitudes, sa triste position auprès de sa sœur ainée ne peuvent ébranler son courage [97].

Des six novices qu'elles étaient à la fin d'août, peu semblent destinées à poursuivre l'œuvre à peine commencée. Déjà l'une d'elles est morte. Puis, sa sœur Alvine qui a revêtu l'habit beaucoup plus pour lui complaire que par véritable désir, désormais très malade est cantonnée à l'infirmerie. Et elle n'y est pas seule. La grande amie de Québec, sœur Marie-Jeanne-Françoise de Chantal « est prise d'un mal de jambe qui menace de la rendre percluse. La vaillante petite femme n'avait pu résister longtemps à la froidure du lieu et ses petites jambes s'étaient trop fatigués dans les escaliers [98]. »

D'autre part, sœur Marie-Élisabeth voit bien qu'elle n'est plus en mesure de compter sur sœur Marie de la Passion, supérieure en titre de la communauté, poids mort cependant pour les Sœurs des Petites-Écoles la plupart du temps. Pourquoi Mgr Langevin lui laisse-t-il ce titre, compliquant d'autant la tâche de la directrice du noviciat ? Sœur Marie de la Passion en ce début d'année lui a parlé de ses propres projets qui ne concordent évidemment pas avec les siens. Dans la lettre qu'il lui fait parvenir, Mgr Langevin témoigne d'une retenue remarquable, si l'on considère que l'ayant déjà affronté pour beaucoup moins, certains et certaines s'étaient fait beaucoup plus vertement rabrouer. Tout en n'approuvant pas ses idées et en la mettant en garde contre son illuminisme, non seulement ne s'oppose-t-il pas à son départ, mais il est même disposé à lui donner « une lettre d'introduction » pour l'archevêque.

---

(97) *Ibid.*
(98) *CMM* I : 65.

Ma chère Sœur

J'ai voulu penser sérieusement à votre proposition avant de vous répondre.

Je n'ai point d'objection à ce que vous essayiez de vous établir à Québec avec le consentement de l'Archevêque. Vous pouvez lui en parler, et je vous donnerai volontiers une lettre d'introduction à Sa Grandeur, mais vous comprenez que je ne puis me mêler autrement de cette affaire qui ne me regarde point. Chaque diocèse a ses œuvres propres.

Quant à un vœu d'obéissance qui ne vous lierait qu'à faire ce que vous *croiriez* être la volonté de Dieu, vous pouvez bien le faire en votre particulier, si votre confesseur l'approuve ; mais je ne m'en mêlerai pas.

Je vous le dis en toute franchise, ma chère Sœur, il y a un immense danger pour vous de tomber dans l'illusion, en n'écoutant que les inspirations de votre esprit, et en vous croyant plus sage que ceux qui doivent vous diriger. Vous tenez beaucoup trop à votre manière de voir et vous n'écoutez pas assez les conseils. Vous faites semblant de renoncer à vos projets, quand vos Supérieurs les désapprouvent, mais c'est pour y revenir bientôt avec plus de persistance que jamais. C'est une espèce d'illuminisme dont vous êtes le jouet : je souhaite qu'il ne vous précipite pas dans quelque abîme.

Je prie Dieu de vous accorder par dessus tout l'esprit d'humilité et de soumission.

Votre, x.

+ Jean, Ev. de S.G. de Rimouski [99]

Comment se fait-il que Mgr Langevin lui accorde cinq jours après cette lettre la permission de contracter un emprunt jusqu'à cinq cents dollars, forte somme à l'époque ?

La Sœur Marie de la Passion, des Petites Écoles de Rimouski, a la permission de Mgr l'Évêque de St Germain de Rimouski d'emprunter une somme ne dépassant pas *cinq cents piastres*, pour la maison mère de Rimouski.

La personne qui fera ce prêt accomplira en même temps une œuvre de charité bien méritoire [100].

L'évêque et le directeur de la communauté ne craignent-ils pas que sœur Marie de la Passion ne se serve d'une telle somme pour asseoir sa propre fondation ou présenter cette somme en garantie à l'archevêque, Mgr Taschereau, qui refuse toujours toute idée d'une éventuelle communauté sans ressources ? D'ailleurs, il est simplement abso-

---

(99) Mgr Jean Langevin à Sœur Marie de la Passion, Rimouski, 22 janvier 1877, AAR, Lettres particulières, vol. I, n° 218.

(100) Edmond Langevin, Évêché de Saint-Germain de Rimouski, 27 janvier 1877, ARSR, 208.125, 1877-2.

lument incompréhensible que Mgr Langevin ne l'ait déjà destituée de son titre de supérieure, elle qui a manifesté sa décision de quitter l'Institut et son œuvre et d'aller installer sa propre communauté et cela dans un autre diocèse.

Sœur Marie de la Passion qui était absente au début de l'année, ne sera de retour qu'en février, «aux premiers jours de février», dit la *Chronique*. Le 6 elle écrit de Beaumont au grand vicaire pour lui dire qu'elle n'a pas réussi à faire l'emprunt de cinq cents dollars malgré plusieurs démarches, parce que «nous ne devons nous attendre à rien moins, tant que nous ne serons point incorporées [101]», et elle lui demande son aide. Il a dû répondre puisqu'elle ne revient pas les mains vides. Elle a en effet «recueilli des secours en argent et en nature». L'archevêque s'est sans doute montré intraitable, si toutefois elle a réussi à l'approcher ce dont nous n'avons aucune preuve. Elle revient donc à Rimouski, mais pas à sa communauté, si ce n'est pour en partager le logement et en faire le centre de distribution de ses libéralités. Car les secours recueillis au nom de sa communauté seront «employés en œuvre de charité, non pour sa petite communauté, mais bien pour les souffreteux du village, qui la connaissent par sa compatissante charité». Et pour expliquer ce détournement de fonds elle explique que les sœurs «elles souffrent en silence; mais les pauvres, le plus souvent, ils offensent le Bon Dieu par leurs plaintes».

En plus de ces secours qui n'en sont pas, sœur Marie de la Passion a ramené de Québec une postulante à son œuvre et à son image, un alter ego que n'est pas libre de refuser sœur Marie-Élisabeth, et qui installera carrément la zizanie au milieu du noviciat. L'on ne peut dire que l'œuvre de l'Institut va bénéficier des services de la nouvelle recrue, car Apolline Piché ne mérite que cette présentation : «vieille fille borgnesse et sait lire que son livre de messe [102]». Selon sœur Marie-Élisabeth, «Apolline Piché ne serait pas admissible au noviciat». Cependant, «Sœur Marie de la Passion la croit très propre à la vie religieuse à cause de son maintien rigide et austère, puis la dot.» De plus, la nouvelle venue fait miroiter l'arrivée au printemps de sa sœur et de sa mère si on accepte de les loger dans la vieille église. La mère a une rente viagère et les deux sœurs possèdent un héritage semble-t-il. Elles ne seraient pas à charge... Quant à leur directeur, à tous ces arrangements proposés par Apolline Piché, il n'y détecte

---

(101) Sœur Marie de la Passion à Edmond Langevin, Beaumont, 6 février 1877, AAR, A-14-2, RSR.

(102) *CMM* I : 65.

aucun « inconvénient puisqu'elle peut produire un bon certificat de son curé [103] ».

Le début du carême coïncide avec la Saint-Valentin. Mais en ces jours de jeûne sévère, leur directeur qui tiendra toujours pour prime importance la conservation des santés plutôt qu'une observance radicale et dommageable, multiplie les dispenses, aux malades, aux enseignantes, à celles qui travaillent fort pour remettre le couvent en état d'habitabilité. La dernière postulante suit les traces de sœur Marie de la Passion qui n'est d'ailleurs ni malade, ni enseignante, ni affectée aux rudes tâches ménagères. « Mlle Pichée suivra de près Sœur Marie de la Passion ; elle fera de longs jeûnes et de longues méditations, visites au Saint Sacrement même dans les plus grandes tempêtes où l'on ne peut enlever la neige du chemin. Émule de la pieuse supérieure, elle exigera le respect des jeunes Sœurs qui ne peuvent la suivre dans ses austérités ; mais elle n'a pas la vertu ni le caractère de Sœur Marie de la Passion pour excuser le faible et compatir aux souffrances des malades [104]. »

Les deux malades supportent courageusement leurs maux. Mgr Langevin est venu les voir pendant les vacances du jour de l'An et leur directeur les visite régulièrement, les confesse, les fait communier. « Sœur Marie Josephine ne garde pas toujours le lit, mais elle est très faible, Sœur Marie Jean[ne] Franç[oise] de Chantal est incapable de marcher, elles sont bien isolées dans leur petite chambre, là elles feront un bon carême sans faire de jeûne, mais elles prient et souffrent pour celles qui travaillent [105]. »

Sœur Marie-Élisabeth se multiplie sans cesse en divisant le mieux possible ses attentions à tous ses devoirs et à toutes ses compagnes. Ses soins, ses prévenances font boule de neige : « Le soir après sa classe finie, les dimanches et samedis, elles s'efforce d'égayer ses chères malades comme ses jeunes postulantes : celles-là se dilatent auprès de leur maîtresse, les sœurs Deslauriers rieuses amusent les malades et avec Sœur Marie Joseph mettent un ton de gaieté aux récréations [106]. » Ces rires dans les récréations, manifestations sereines d'une vie librement consentie, offensent la vieille demoiselle. Outragée, sœur Piché qui entend se murer dans la même austérité et le même silence que sœur Marie de la Passion, conteste l'autorité de la directrice des novices par personnes interposées. « Mais les joyeux rires ne

---

(103) *CMM* I : 66.
(104) *Ibid.*
(105) *CMM* I : 66.
(106) *CMM* I : 66-67.

conviennent pas pendant le carême aux goûts surannés et aux travers d'esprit de la vieille Pichée qui n'entendait rien à la vie de communauté, elle se scandalisait de la gaieté des Sœurs Deslauriers si expansive et de la tendre affection qu'elles témoignaient à leur maîtresse, elle voulait plaire à la Sœur Supérieure plus rigide dans ses goûts de grande observatrice du silence. »

Deux vies, deux façons d'être et de penser s'affrontent donc au noviciat. L'une ouatée de charité et d'humanité quoique tendant à l'excellence de la vie religieuse, l'autre emmurée dans l'absurde d'une sévérité excessive qui privilégie le visage plutôt que l'être, la lettre à l'esprit. Deux tendances, dont l'une tendancieuse. L'atmosphère étant à ce point envenimée, la « situation devenait si embarrassante pour Sœur Marie Élisabeth qu'elle voulut se désister de cette charge en faveur de sa sœur ainée [107] ». Manière de protester pour sœur Marie-Élisabeth dont la situation est plus qu'inconfortable. Mais croit-elle réellement que sœur Marie de la Passion accepterait la charge de maîtresse des novices ? Tout dans sa vie, ses voyages, les libertés qu'elle prend face à leur règlement serait plutôt une indication d'un refus a priori d'une charge qui comporte de si lourdes et contraignantes responsabilités. Quoi qu'il en soit, sœur Marie de la Passion « comprit facilement l'état de gêne de la Maîtresse et sans toutefois compromettre sa vieille protégée aux airs édifiants » décide de consulter leur directeur. Ce dernier cependant n'est pas habilité à accepter la démission de la directrice du noviciat et doit « recourir à l'Évêque qui avait seul le pouvoir de décharger Sœur Marie Élisabeth de ses fonctions ». L'on est au 4 mars. La réponse est connue dès le lendemain en des termes non équivoques : d'un absolu refus de l'évêque d'accepter la démission de la directrice du noviciat. Dans l'éventualité où cette charge serait trop lourde pour la combiner efficacement à l'enseignement, c'est ce dernier qu'il faudrait sacrifier. À la rigueur, là elle pourrait être remplacée même si on ne pourrait l'égaler, au noviciat aux yeux de l'évêque elle est unique et irremplaçable. Cette réponse envoyée « par le Grand Vicaire, par écrit, qui ordonne que la missive en question, soit lue en présence de toutes les Sœurs [108] », est conçue en ces termes :

> Ma Sœur M. Élizabeth désirait que je vous fasse connaître l'intention de Monseigneur à son égard, je déclare bien positivement que Sa Grandeur veut positivement que la dite Sœur conserve ses fonctions de maîtresse des Novices dont elle voulait se démettre.

---

(107) *CMM* I : 67.
(108) *Ibid.*

Il faut seulement qu'elle ait bien soin de ne pas s'épuiser par l'enseignement et de se faire suppléer pour la classe en tout ce qui est possible.

> Évêché, 5 mars 1877
> Edmond Langevin, V.G. [109]

La réaction de Sœur Marie-Élisabeth devant cette volonté clairement exprimée de l'évêque de la laisser dirigeante spirituelle de l'Institut est d'abord de recevoir « en silence l'ordonnance de l'Évêque », puis de remettre « à Dieu le soin de la diriger dans cette charge qui pèse sur ses faibles épaules ». La dernière semaine du mois de mars, elle se trouve dans l'obligation de suivre la directive prévue par l'évêque dans l'éventualité d'un épuisement qui la pousserait à déléguer quelque peu ses responsabilités. Quelques heures par semaine, elle se fait remplacer « afin de pouvoir donner des moments, instructions religieuses et instructions sciencifiques à ses postulantes et s'occuper de sa correspondance [110] ». Elle profite au minimum d'ailleurs de cette permission de l'évêque car en son absence, c'est sœur Marie-Joseph qui doit prendre la relève et elle est fort peu qualifiée pour le faire. Élisabeth Falardeau le serait davantage, mais l'on s'était aperçu que « l'habit religieux imposait plus de respect aux enfants [111] ».

Sœur Marie-Élisabeth va se reposer chez sa mère au mois d'avril, peut-être pendant une quinzaine de jours. Le grand vicaire en route pour Rome [112] l'a croisée à Québec : « J'ai oublié une chose avant de partir : mon intention est de procurer à la Sœur Élizabeth de l'huile de foie de Morue avec du phosphate de chaux que le médecin lui ordonne [...] Cette sœur que je viens de voir passera encore une semaine à Beaumont [113]. »

Dès le mois d'avril, les deux institutrices doivent demander du renfort pour enseigner le catéchisme en vue de la préparation de la première communion : « un grand nombre de pauvres enfants éloignés de l'école, ont besoin d'une instruction continue : La Supérieure, les postulantes tour à tour se font catéchistes pour enseigner à ses pauvres. » Elles l'ont remarqué, ce sont les plus pauvres qui réussissent moins bien et apprennent moins rapidement, ce sont ceux-là dont elles s'occupent davantage : « les retardataires qui sont toujours des

---

(109) Edmond Langevin, Évêché, 5 mars 1877, ARSR, 208.125, 877-3. Transcription avec quelques variantes dans *CMM* I : 67.

(110) *CMM* I : 67.

(111) *Ibid.* : 68.

(112) Voir *infra* : 260.

(113) Edmond Langevin à Mgr Jean Langevin, Québec, Samedi [7 avril 1877] : 1, ANQ-Q, Fonds Famille-Langevin, APG-134/37, 1.

pauvres, ce sont ceux-là qui reçoivent le meileur accueil de celles qui désirent se dévouer pour l'instruction des pauvres et des ignorants. » Ils n'ont pas que besoin d'instruction et de nourriture spirituelle, certains ne mangeraient pas le midi si ce n'était de la nourriture qu'elles arrivent à trouver pour eux : « Sœur Marie Élisabeth et sa pieuse ainée trouvent le moyen, même au milieu de leur propre pauvreté, de donner à manger aux plus nécessiteux qui n'ont pas un morceau de pain pour leur diner [114]. »

Point n'est besoin de dire que le curé et le vicaire de Rimouski se sont déclarés « bien satisfaits de leurs enfants », c'est que « les maîtresses et leurs aides ont donné leur temps et leur cœur aux petits pauvres et aux autres ». Pour les classes régulières également, satisfaction a été donnée « à M. le Curé et aux parents de leurs élèves ».

Dans la pauvreté et les difficultés de la vie communautaire suscitées par des sujets différents et indifférents à certains égards, la directrice des études de l'école et du noviciat trouve dans cette réussite forte consolation. En effet, « Sœur Marie Élisabeth a à cœur de donner satisfaction à tous ; car la petite Communauté sera fondée sur l'appréciation de l'enseignement que donneront les Sœurs. Mgr l'Évêque l'a dit et Sœur Marie Élisabeth est bien du même avis [115]. »

En juin ont lieu la communion et la confirmation des enfants instruits par les sœurs. Après les examens finals à l'école, la commission scolaire en profite pour renouveler le contrat des deux sœurs enseignantes aux mêmes conditions que l'année précédente [116].

Le cadeau de Rome

Le vicaire général Edmond Langevin a quitté Rimouski, pour un voyage de plus de trois mois, en direction de Rome le 6 avril 1877. En juin, l'on y célèbre de grandes fêtes, le 3, le cinquantième anniversaire de la consécration épiscopale du pape Pie IX, et le 21, le trente-deuxième anniversaire de son élévation au Saint-Siège. L'abbé Edmond Langevin pour qui à Rimouski l'on fait déjà signer une pétition afin de « demander au Saint Père le Pape, la dignité de Prélat Apostolique pour le Vicaire Général du diocèse [117] », se joint à un pèlerinage

---

(114) *CMM* I : 70.

(115) *CMM* I : 71.

(116) Selon le Rôle de perception de la Commission scolaire « La Neigette », les Sœurs des Petites-Écoles auraient gagné 317,38$ en 1876-1877 et 251,26$ en 1877-1878. Pour les détails, voir Jeanne Desjardins, r.s.r., *Mère Marie-Élisabeth, Élisabeth Turgeon, 1840-1881. Fondatrice des Sœurs de Notre-Dame du Saint-Rosaire (Sœurs des Petites-Écoles)*, Rimouski, Les Publications R.S.R., 1990, 273 p. : 114-116.

(117) *CMM* I : 68.

canadien, se rendant à Rome à l'occasion de ce jubilé. Pendant son absence, c'est l'abbé Louis-Théodore Bernard[118] que Mgr Langevin a nommé pour confesseur des sœurs. Même si elles trouvent longue l'absence de leur directeur, elles ne peuvent se plaindre de son remplaçant : « le bon vieillard Monsieur Bernard est très exact à venir les confesser chaque semaine ; il se montre compatissant pour les malades et bienveillant pour toutes[119]. »

La fin de l'année scolaire ne signifie pas repos pour sœur Marie-Élisabeth :

> La chère sœur directrice aura sa liberté, ses jours seront employés auprès de ses jeunes sœurs, sa correspondance, ses chères malades. Le programme des vacances est assez chargé : classe, études, prières, ménages, coutures, tricots, etc, les ménages dureront longtemps. Tout l'étage qu'elles occupent a besoin d'amélioration, les murs, les plafonds sont décrépits, les planchers troués et d'une teinte désolante, puis là près du hangar, elles vont cultiver un petit jardin ; Monseigneur l'Évêque le leur a permis[120].

Le couvent a ouvert ses portes à de nouvelles arrivantes. Alice Fraser est entrée le 8 juin, « admise avec l'assentiment de l'Évêque sans dot, sans payer sa pension[121] ». Native de l'Isle-Verte où son père était notaire, elle a été monitrice à l'école que tenait sa sœur aînée non loin de son village natal.

> Âgée de 20 ans, elle semble forte, elle a de l'éducation et une certaine instruction, un air un peu enjoué, mais un regard plutôt indépendant, altier [...] Sa mine distinguée et son savoir vivre créèrent une bonne impression dès les premiers jours de son arrivée. Les jeunes sœurs Deslauriers sont enchantées de cette nouvelle compagne qui bientôt se montra bonne, aimable avec les pauvres malades puis appliquées et sérieuse aux heures d'étude et fidèle aux pratiques de la vie de communauté[122].

Elle est recommandée par le curé de Saint-Paul-de-la-Croix où vit désormais son père.

Une autre postulante entrera, le 12 juillet probablement. Héloïse Deveau n'a pas de diplôme d'institutrice mais elle enseigne depuis deux ans. Âgée de 22 ans, « elle est grande de taille et semble grande de courage, figure intéressante, yeux noirs intelligents. Elle plut beau-

---

(118) Louis-Théodore Bernard (1819-1888) est alors en repos à l'évêché de Rimouski (*DBCCF* I : 48).
(119) *CMM* I : 73.
(120) *Ibid.* : 72.
(121) *CMM* I : 70.
(122) *Ibid.* : 71-72.

coup à Sœur Marie Élisabeth qui va l'accepter dans son noviciat qui se peuple agréablement. » Elle non plus n'est pas riche. Fille de « cultivateurs peu en moyen », elle apporte tout de même « un petit trousseau et les épargnes de son année d'enseignement [123] ». Sont aussi venues s'ajouter en juillet la mère et la sœur, Éléonore, d'Apolline Héon dit Piché, la mère comme pensionnaire et Éléonore aussi pour le moment. Plus tard elle sera postulante.

La communauté, si l'on excepte ces deux pensionnaires, est constituée de cinq novices, les sœurs Marie de la Passion, Marie-Élisabeth, Marie-Joseph, Marie-Jeanne-Françoise de Chantal, Marie-Joséphine, et de sept postulantes, Élisabeth Falardeau, Marie Labrie, les sœurs Léda et Eugénie Deslauriers, Apolline Héon dit Piché, et les deux nouvelles Alice Fraser et Héloïse Deveau.

> Les vacances s'écoulent, Sœur Marie-Élisabeth reposée des jours actifs de sa classe donne son temps à ses postulantes au nombre de sept ; elle les initie au règlement de la communauté, aux pieux exercices de chaque jour ; elle les stimule par ses paroles et par ses exemples, s'occupe de toutes avec la sollicitude d'une tendre Mère ; elle voudrait satisfaire à leurs désirs et prévoir à tous leurs besoins. Aussi elle reçoit déjà la confiance et l'affection de toutes. Sœur Pichée n'est pas susceptible de reconnaissance ni d'affection. La généreuse Sœur est oublieuse de soi-même pour se dévouer dans l'intérêt des autres et pour leur bonheur.

Grande source d'inquiétude et de souffrance pour sœur Marie-Élisabeth que l'état dans lequel se trouve sa sœur Alvine. Celle-ci, un peu mieux, ne reste pas en permanence à l'infirmerie. Elle peut se rendre à l'oratoire, à la salle de communauté, mais elle reste « très faible et le mal dont elle souffre ne laisse aucun espoir de guérison [124] » :

> Quel regret pour l'âme tendre de Sœur Marie Élisabeth de voir sa chère Alvine qu'elle est allée chercher à Beaumont, il y a une ans, pour l'assister dans cette école des garçons de la ville, et de la voir à la suite de moins de deux mois d'enseignement réduite à l'inaction. Elle conçoit facilement que la frêle complexion de sa sœur n'a pu se soutenir sous le froid, la pauvre nourriture et les autres incommodités qu'elle eut à subir à l'automne dans cette maison si humide, si froide qu'était la vieille église, elle regrette d'avoir insisté pour la faire venir à Rimouski ; cependant la chère malade semble résignée, elle peut se procurer quelque adoucissements en fait de nourriture à l'aide de sa petite pension sans être à charge à la communauté.

---

(123) *CMM* I : 73.
(124) *CMM* I : 72.

La santé de son amie, sœur Marie-Jeanne-Françoise de Chantal « si généreuse, si désintéressée », la préoccupe également ; « ses chères malades comme ses jeunes postulantes sont l'objet de ses soins les plus tendres [125]. »

Avant de partir pour Rome, le grand vicaire leur avait dit « qu'il s'occuperait d'elles, de la communauté. Chacune interpréta ces paroles à sa manière, les plus sages virent une énigme et gardèrent le silence. Cependant quelques paroles antérieures de Mgr l'Évêque à Sœur Marie Élisabeth mirent des lumières sur l'allusion que fit le Grand Vicaire, ce fut sans doute la raison pour laquelle elle fut la plus silencieuse. » À son retour au mois d'août, leur directeur se contente à sa première visite de s'informer « de tout et de toutes », de les remercier de leurs bonnes prières, de distribuer médailles et bénédictions. Sa seconde visite « allait mettre une sainte allégresse aux cœurs des pieuses novices [126] », car lors d'une audience le 10 juin le grand vicaire a demandé et obtenu « l'indult de recevoir dans sa propre ville de Saint-Germain les Sœurs dites ‹ des Petites Écoles ›, pour l'éducation des enfants pauvres [127] ». Elles ont droit désormais à leur propre chapelle. C'est Mgr Langevin qui fixe la date de la première messe qu'il dira lui-même, au 15 août, fête de l'Assomption : « Les préparatifs ne furent pas longs ; l'oratoire était déjà propret. Un ouvrier fit la table d'autel et un petit piédestal pour le crucifix... Monsieur le Curé avait donné ordre au sacristain, de fournir cierges, ornements, linges d'autel, chandelliers. Mlle Antoinette Parent, la ménagère de l'évêché, fournissait les bouquets naturels, il y en avait une floraison dans la serre de l'Évêché ». Le matin du 15, l'évêque vient accompagné du grand vicaire, d'un de leurs neveux, l'ecclésiastique Percy Philips, et d'un écolier, protégé de l'évêque.

> La messe fut solennelle... jamais les pieuses filles n'avaient goûté une si belle fête, jamais elles n'avaient ressenti une si vive émotion. Les saintes impressions de ces délicieux moments laissèrent une joie ineffable aux cœurs des heureuses novices ; moment béni prélude du jour heureux où Jésus viendra fixer sa demeure permanente au milieu d'elles. Novices et postulantes reçurent la sainte communion de la main de l'Évêque après avoir baiser son anneau.

Sans doute pensent-elles que la vie religieuse officialisée par des vœux est à portée de prières. Sœur Marie-Élisabeth « écrit une lettre à

---

(125) *CMM* I : 74.
(126) *CMM* I : 74-75.
(127) Traduction du texte latin par le chanoine Léonard Lebel, ARSR, 202.100, 1877-29.

l'Évêque où elle exprime sa gratitude [128] », lettre malheureusement non retrouvée.

Ce n'est qu'un peu plus tard qu'elles pourront conserver le Saint-Sacrement dans leur chapelle, puisque l'indult de Rome daté du 14 octobre [129] ne parvient à l'évêché qu'en novembre. Le 15 novembre, le grand vicaire dit la messe et pour solenniser ce grand jour, « ce beau jour, où un nouveau sanctuaire était élevé à Jésus-Eucharistie dans sa ville épiscopale », Mgr Langevin donne la bénédiction du Saint-Sacrement. Trois ecclésiastiques, responsables du chant, sont accompagnés à l'harmonium [130] par Marie Langevin, l'ex-Carmélite. Quelques invités se sont joints à elles, deux religieuses de la Congrégation de Notre-Dame, deux Sœurs de la Charité, ainsi que quelques laïques.

> Ce jour fut sans doute pour Sœur Marie Élisabeth, l'un des plus beaux jours de sa vie. Désormais, c'est là dans le silence de l'humble chapelle, qu'elle ira épancher ses douleurs et l'amour de son cœur auprès du Dieu du tabernacle, témoin des joies et des espérances de ses jeunes ans, le soutien de ses épreuves et le consolateur des jours présents. Elle sent que ses jours ne seront pas longs, sa santé se mine lentement mais surement. Aussi c'est avec le cœur plein de reconnaissance qu'elle voit poindre le jour béni où elle pourra se consacrer à Jésus par les vœux de religion. L'heureux événement du jour semble présager la réalisation de ses saints désirs [131].

Elle n'est d'ailleurs pas la seule à penser que cet événement est signe annonciateur d'une première profession de vœux. L'on pense la même chose hors du couvent et hors de la ville. Mais l'expérience avortée des Carmélites qui ont quitté Rimouski en juillet – dont les Sœurs des Petites-Écoles ont hérité couchettes, autel et chandeliers [132] – va peut-être peser lourd dans la balance des réflexions de Mgr Langevin [133].

---

(128) *CMM* I : 76.

(129) Indult permettant de conserver le Saint-Sacrement dans la chapelle des Sœurs des Petites Écoles, Rome, 14 octobre 1877, ARSR, 202.100, 1877-30. Traduction dans *CMM* I : 81. Voir aussi ARSR, 205.101, 876, 7.

(130) L'harmonium a été laissé au couvent en octobre pour un essai de quelques mois. C'est Sœur Marie-Joséphine qui l'acquiert au coût de 140$ pour la communauté. Il est conservé au « Musée » de la maison mère à Rimouski.

(131) *CMM* I : 80.

(132) *CMM* I : 79-80.

(133) Voir *infra* : 342.

La troisième vêture (2 février 1878)

C'est parce que la nouvelle s'était « répandue que la communauté des Sœurs des Petites Écoles avait une chapelle, que l'Évêque avait dit la sainte messe dans cette chappelle [134] » qu'Eulalie Lévêque, une jeune fille de Sainte-Luce, vient demander son admission. Une autre entrera avant elle, le 25 octobre, Flavie Bilodeau, qui a fait déjà un noviciat chez les religieuses de la Congrégation de Notre-Dame à Montréal et qui a dû quitter pour des raisons de santé. Rétablie, elle enseigne. C'est alors qu'elle apprend « d'une amie, institutrice comme elle, qu'une communauté qui se consacrerait à faire la classe dans les écoles pauvres venait de s'établir dans la Ville épiscopale de l'Évêque de Rimouski. » Sœur Marie-Élisabeth lui écrira le 5 septembre :

Monseigneur me soumet votre demande, et me charge d'y répondre.

Celui qui a dit : « Frappez à la porte, et on vous l'ouvrira », a aussi adressé à l'homme cette douce invitation : « Venez à moi, vous tous qui êtes fatigués et qui êtes chargés ; et je vous soulagerai. »

C'est donc, je n'en puis douter, pour répondre a cette tendre invitation de notre aimable Sauveur que vous désirez vous consacrer à lui.

J'ôse cependant vous dire que le repos auquel les Sœurs des Petites Écoles aspirent est tout autre que le monde ne se l'imagine.

Pour remplir le but de notre œuvre, nous nous dévouons absolument à l'instruction de la classe pauvre des campagnes : c'est-à-dire que nous acceptons, comme notre part, l'éducation et l'instruction des enfants du peuple.

Ce n'est pas là ce que le monde envisage comme repos ; mais, notre divin Maître étant si libéral dans ses récompenses, nous dédommage amplement des petits sacrifices que nous lui faisons pour devenir, si je puis ainsi m'exprimer, co-rédemptrices du genre humain.

Telle est, Mademoiselle, notre mission. Jugez si vos dispositions y correspondent.

Les obligations du Noviciat sont :

1. une pension de trois piastres par mois, la durée du noviciat : *deux ans*.
2. Le trousseau de novice qui ne dépasse pas vingt piastres.
3. Et le trousseau de professe : à-peu-près vingt-cinq piastres.
4. Lit garni, et fournitures de toilette.
5. Livres papiers, etc., concernant l'étude.
6. À la profession, une dot de deux cents piastres au moins [135].

---

(134) *CMM* I : 78.

(135) Sœur Marie-Élisabeth à Flavie Bilodeau, Rimouski, 5 septembre 1877, dans *Lettres autographes d'Élisabeth Turgeon*, R-1.

Mais, bien sûr, l'on peut toujours s'entendre avec la maîtresse des novices et l'évêque si l'on ne satisfait pas à toutes ces conditions, ce que bien peu d'entre elles ont pu faire. Flavie Bilodeau entre le 25 octobre. «Elle est âgée de 28 ans, grande, distinguée, teint maladif, langage correct ce qui donne la meilleure impression à l'Évêque. » Elle apporte «un trousseau assez convenable, une petite somme d'argent », ainsi qu'«une dot de trois cent piastres» que son père s'engage à verser si elle persévère [136].

Deux aspirantes arrivent les 4 et 5 décembre. Le 5, Eulalie Lévêque qui «était une grande fille forte, qui savait travailler. Âgée de 23 ans, elle avait peu d'instruction, mais intelligente, elle était initiée à tous les ouvrages que l'on fait chez les cultivateurs à la ferme comme à la maison. Ses parents lui avait donné tout un petit ménage en meubles, ustensiles, une valise bien garni : de la toile de lin, draps de lits, nappes serviettes, etc, couvertures, et habits de flanelle du pays.» L'autre, Elzire Cauchon dit Laverdière, sera l'une des belles figures de la communauté. Native de Saint-Joachim, agée de 23 ans, ayant reçu une belle éducation chez les Sœurs de la Charité à Sainte-Anne-de-Beaupré, elle désirait entrer dans cette communauté à Ottawa. Les sœurs ne purent l'admettre parce qu'elle souffrait alors de surdité. C'est chez les Sœurs de la Charité à Ottawa qu'elle rencontre sœur Marie de la Passion qui la recommande à sœur Marie-Élisabeth. Si les voyages de sœur Marie de la Passion auront somme toute peu de retombées pécuniaires, celui-ci va permettre d'indiquer à cette jeune recrue le chemin de Rimouski. Beaucoup d'absences de la supérieure sans doute lui seront pardonnées à cause de cela.

Sœur Marie-Élisabeth en l'absence de sa sœur «préside les exercices, etc. Sœur Marie Joseph la remplace au besoin. On peut imaginer le nombre de ses occupations : sa classe, elle ne pouvait se dispenser de ce rigoureux devoir, les postulantes, au nombre de dix, auxquelles elle devait donner la première formation à la vie religieuse en même temps que suivre leurs études, ici encore la loi était rigoureuse, sa correspondance, voir aux choses temporelles ; elle n'avait personne sur laquelle elle put compter [137]. » Pendant les vacances de Noël, elle en profite pour s'occuper davantage de ses postulantes. Elle reçoit «la visite des parents de ses élèves, car plusieurs dames sont déjà venues, elles témoignent à la directrice de la classe estime et reconnaissance pour les soins qu'elle donne à leurs enfants, oui, les personnes de la

---

(136) *CMM* I : 78-79.
(137) *CMM* I : 83.

ville apprécient son enseignement et elles en expriment leur satisfaction [138] ».

Avec tout ce beau monde, sœur Marie-Élisabeth s'adresse au grand vicaire pour parler de vêture, en lui exprimant le désir qu'Apolline Piché n'y soit pas admise parce qu'elle ne montre aucun signe de vocation religieuse. Mgr Langevin préférera écouter son frère plutôt que la directrice. Aussi toutes les dix se préparent pour le grand jour, en confectionnant leur habit et en pensant au choix de leur nom en religion, qui doit cependant recevoir la sanction de l'évêque. Sœur Marie-Élisabeth enseigne « aux nouvelles élues : ‹ méditez et approfondisez vos dispositions, vos intentions et préparez-vous à la souffrance ›... Elle leur parle de la grandeur de la vocation qu'elles veulent embrasser, elle rehausse leur condition obscure en le leur montrant du point de vue de la foi, et elle leur dira que la vraie grandeur consiste dans le renoncement de soi-même, de l'anéantissement de sa volonté pour se conformer au bon vouloir du Divin Crucifié, etc, etc. [139] » L'évêque fixe la cérémonie au 2 février, fête de la Purification de la Sainte Vierge dans la chapelle du couvent. Il la préside lui-même assisté du grand vicaire. Il n'y a pas encore de professes, mais seulement dix nouvelles novices :

Élisabeth Falardeau, Sœur Marie de la Purification
Marie Labrie, Sœur Marie du Précieux-Sang
Léda Deslauriers, Sœur Marie de Jésus
Eugénie Deslauriers, Sœur Marie des Anges
Apolline Héon dit Piché, Sœur Marie-François d'Assise
Alice Fraser, Sœur Marie-Edmond
Héloïse Deveau, Sœur Marie du Sacré-Cœur
Flavie Bilodeau, Sœur Marie-Jean l'Évangéliste
Elzire Cauchon dit Laverdière, Sœur Marie-Anne
Eulalie Lévêque, Sœur Marie-Lucie [140]

La mort d'Alvine

Sœur Marie de la Passion est toujours absente à tous ces événements qui marquent la vie de la communauté. En septembre 1877 elle avait demandé à Mgr Langevin de quitter l'Institut. L'évêque lui avait répondu :

Vous me demandez à quitter votre maison de Rimouski pour ouvrir une école indépendante à Québec. Vu que vous n'avez pas encore fait de vœux dans votre nouvel Institut, je n'y vois pour ma

---

(138) *Ibid.* : 84-85.
(139) *CMM* I : 86.
(140) *CMM* I : 86-88 ; *RVP* I : [2]-[3].

part aucune objection, si vous pouvez obtenir l'agrément de Mgr l'Archevêque.

Vous savez que j'aurais préféré vous voir continuer tranquillement l'œuvre que vous avez commencée avec vos sœurs, mais puisque vous insistez à entreprendre autre chose, je ne saurais m'y opposer, sans cependant vous approuver en aucune façon. Je vous laisse simplement libre.

Quant à porter votre habit en tout ou en partie, j'y consens volontiers en ce qui me concerne.

Que Dieu vous éclaire et vous soutienne ! Je vous bénis de tout cœur [141].

Il la laisse libre et toujours cependant à la tête de la communauté. Après son départ, elle s'occupera de présenter une demande au département de l'Instruction publique pour obtenir une École normale à Rimouski, dont seraient responsables les Sœurs des Petites-Écoles. Est-ce sœur Marie-Élisabeth qui avait préparé le dossier ? Elle écrit au grand vicaire : « je vous envoie la pétition que nous présentons au Conseil de l'Instruction Publique, telle que j'ai pu la faire sans aide : vous jugerez si vous devez la présenter [142]. » Ces démarches n'aboutiront pas.

Le 1er janvier 1878, la supérieure qui aime tant sa petite famille qu'elle en est toujours éloignée, écrivait au grand vicaire : « J'espère que tout va bien et que vous prenez pitié de mes pauvres sœurs, surtout M. Elisabet et que vous lui procurez un grand soulagement en vous montrant zélé à travailler à nous faire avoir l'école Normale qui assurera le progrès de notre institut avec celui de la religion et du pays [143]. »

Elle sera encore absente à la mort de sa sœur Alvine. Le grand vicaire lui écrit le 12 mars :

Vous comprenez qu'il faut une fin à la permission que vous avez de vous occuper de cette succession. Vous avez donc à rentrer à la communauté *sous huit jours* ou à y renoncer. Quant à fonder une maison à Québec, vous avez eu tout le temps pour y penser, et obtenir le consentement de Mgr l'Archevêque.

Envoyez-moi une réponse immédiate.

---

(141) Mgr Jean Langevin à Sœur Marie de la Passion, Rimouski, 6 septembre 1877, AAR, Lettres particulières, vol. II : 55.

(142) Sœur Marie-Élisabeth à Edmond Langevin, Rimouski, 8 septembre 1877, AAR, A-14-2, RSR. Voir Sœur Marie de la Passion à Gédéon Ouimet, 5 décembre 1877 et 16 janvier 1878. Gédéon Ouimet à Sœur Marie de la Passion, 6 décembre 1877 et 31 janvier 1878. ANQ-Q, Éducation, C.G., E-13,3644 (1877).

(143) Sœur Marie de la Passion à Edmond Langevin, 1er janvier 1878 : 3, AAR, A-14-2, RSR.

À votre arrivée ici, si vous vous décidez à descendre, je ferai de nouvelles nominations en attendant que vous ayez un conseil régulièrement constitué [144].

Les huit jours écoulés et plusieurs huitaines encore, c'est Mgr Langevin qui écrit :

Je vous envoie le certificat et la permission que vous m'avez demandés. Mais vous devez comprendre combien il est inusité et irrégulier qu'une sœur (quoique non professe) coure ainsi seule des pays entiers. Vous aurez donc à être rentrée à la maison pour le 1er juin prochain, si vous voulez continuer à y appartenir.

Il est probable que les autres sœurs feront profession assez prochainement. À votre retour, vous aurez tout naturellement à vous recueillir avant d'en faire autant.

Quant à vouloir conduire la maison de loin, soyez sûre que les sœurs peuvent se passer de cette direction. Elles ont des supérieures capables de les aviser et de les diriger.

Vous même, prenez bien garde aux illusions ; c'est dangereux de se croire *inspirée* [145].

Prochainement, il n'y aura toujours pas plus de supérieure que de profession. Pendant que vogue ainsi la supérieure, sœur Marie-Joséphine dépérit à vue d'œil. Depuis l'automne de 1876 qu'elle fréquente régulièrement l'infirmerie, y faisant de longs séjours. Sa compagne de maladie, sœur Marie-Jeanne-Françoise de Chantal, était mieux de sorte que seule, elle s'ennuyait prodigieusement. Les deux dernières venues, Elzire Cauchon et Eulalie Lévêque, qui n'osaient alors demander l'habit, le feront sous l'influence de sœur Marie-Joséphine qui se souvient d'avoir revêtu le sien seulement quelques semaines après son entrée.

Depuis le dimanche des rameaux, le 14 avril, sœur Marie-Joséphine ne peut plus se lever. L'évêque vient la voir et « l'exhorte à faire le sacrifice de sa vie ». Le grand vicaire « lui donne le Saint Viatique et l'Extrême Onction ; l'approche de la mort ne l'effraye pas, elle est prête ». Comme sa compagne de vêture, sœur Marie du Sacré-Cœur, morte à l'automne de 1876, sœur Marie-Joséphine prononce ses vœux en présence de l'évêque, de sœur Marie-Élisabeth et de sœur Marie-Joseph. « Monseigneur lui donne une dernière absolution, c'est le soir du Saint Jour de Pâques où toute la petite communauté est réunie auprès de son lit de souffrance, le 21. Pendant la nuit du 24, elle expire doucement, à la faible lueur de la petite bougie [146]. » L'on ne s'aperçut

---

(144) Edmond Langevin à Sœur Marie de la Passion, Rimouski, 12 mars 1878, AAR, Lettres particulières, vol. II : 129.

(145) Mgr Langevin à Sœur Marie de la Passion, Rimouski, 8 avril 1878, AAR, Lettres particulières, vol. II : 139.

(146) *CMM* I : 90.

même pas du moment exact de sa mort tant elle a été douce. Âgée de 36 ans et 9 mois, elle n'avait passé qu'un an et dix mois dans la communauté. Le grand vicaire chante son service à la cathédrale et l'on dépose ses restes à côté de ceux de sa compagne de vêture. « Sœur Marie Élisabeth sentit douloureusement la mort de sa chère Alvine, le vide se fit profond dans son cœur aimant. »

Pendant que toutes ses compagnes qui « avaient compris les trésors d'amour et d'abnégation renfermés dans cette âme forte et généreuse » s'efforcent de la consoler, une autre la poursuit de sa vengeance. Hélène Lagacé, reconduite contre sa volonté par la maîtresse des novices chez ses parents, est revenue au couvent avec la bénédiction du grand vicaire.

> Le soir, quand Sœur Marie Élisabeth eut quitté le corps inanimé de sa chère sœur Alvine, entre les mains de ses fidèles compagnes, qui lui rendirent les derniers devoirs d'une affectueuse charité, pour aller prendre quelque repos, afin de réparer ses forces épuisées par suite des longues veilles auprès de la chère mourante, une méchante créature était là, au dortoir poussant au milieu de la nuit des cris déchirants, feignant d'être poursuivie par un fantôme, la morte lui apparaissait, disait-elle accablant ainsi de frayeur Sœur Marie Élisabeth, innocente victime, contre laquelle elle voulait assouvir sa haine [147].

Plus tard, la violence verbale de la même aspirante sera assortie de brutalité physique : « ne pouvant se vanger en présence de la communauté, [elle] alla le soir enlever les couvertures de son lit et la frapper rudement ». Cependant, sœur Marie-Élisabeth « à l'exemple du divin Maître souffleté au prétoire de Caïphe, garda le silence et cet acte atroce serait resté à jamais inconnu si la méchante fille n'eut eu l'audace de le revêler elle-même [148] ».

Et pendant ce temps, Mgr Langevin venu faire la visite de la maison, s'il « encourage l'étude et recommande l'humilité, la mortification au jugement propre, il insiste tout spécialement sur la charité fraternelle : il dira où il n'y a pas d'union, il n'y a pas de bonheur, que le Bon Dieu n'est pas où il y a discorde [149] ». Des recrues qui perturbent cette vie de charité sont cependant admises dans la communauté.

---

(147) *CMM* I : 90-91.
(148) *CMM* I : 135.
(149) *CMM* I : 92.

Élisabeth Turgeon, à
droite, en compagnie de
sa sœur Alvine
(vers 1850).

Probablement, Henriette
Turgeon, sœur d'Élisabeth,
et leur cousin.
(Au verso de la photo :
« Matson Bros., Kimball,
South Dakota. » Vers 1885,
année de leur mariage ?)

La maison Turgeon à Beaumont, construite à la fin du XIXe siècle par Louis-Pierre-Hubert Turgeon, frère d'Élisabeth, sur la terre paternelle (n° 65 du cadastre officiel ; la maison natale d'Élisabeth a été détruite.) Aujourd'hui, elle porte le numéro civique 207, rue du Fleuve.

L'abbé Jean Langevin,
principal de l'École
normale Laval de Québec
(1858-1867).

Élisabeth Turgeon,
malade, dans la vingtaine,
peut-être à sa sortie de
l'École normale Laval de
Québec, en 1862,

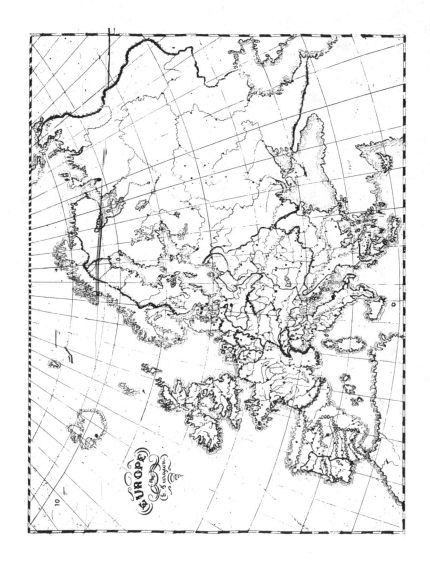

Carte géographique de l'Europe dessinée par Élisabeth Turgeon à l'École normale Laval de Québec (1860-1862).

École Normale Laval.

À l'Honorable Surintendant des Écoles

pour le Bas-Canada.

Je Certifie que _____

To the Honorable the Superintendent

of Schools for Lower Canada.

I hereby Certify that _____

Mgr Jean Langevin (1821-1892), évêque de Rimouski
(1867-1891), sans doute peu après sa consécration, le
1er mai 1867.

Vue de Rimouski, au bord du fleuve.

Le premier couvent à Rimouski ou la maison du baptême (1874-1875), louée par Mgr Langevin à Louise Turgeon en septembre 1874, devenue la maison des Carmélites en janvier 1875.

Élisabeth Turgeon, institutrice, sans doute entre sa guérison à Sainte-Anne-de-Beaupré (1874) et son arrivée à Rimouski (3 avril 1875).

La maison Martin ou la maison de la première communion (1875) qui accueille Élisabeth Turgeon le 3 avril 1875.

La maison Parent ou la maison de la confirmation (1875-1876)
ou arrive Alvine, la sœur d'Élisabeth, en juillet 1876.

Marie-Alvine
Turgeon (1842-1878),
sœur d'Élisabeth, en
religion sœur Marie-
Joséphine, proba-
blement peu avant
son arrivée à
Rimouski
(juillet 1876).

Le premier poêle propriété des Sœurs des Petites-Écoles, acheté par Amélie Plamondon (Sœur Marie-Jeanne-Françoise de Chantal), le 27 octobre 1876 à l'imprimeur Dion, pour la somme de quatre louis ou seize dollars.

La vieille église (1824-1862) ou la maison de la communion solennelle (1876-1881). C'est dans cette maison que les Sœurs des Petites-Écoles tiendront leurs premières classes régulières (septembre 1876) et qu'elles prononceront leurs premiers vœux en religion (12 septembre 1879).

DISTRIBUTION DES MATIÈRES POUR UNE ÉCOLE MODÈLE.

	Première Année.	Deuxième Année.	Troisième Année.	Quatrième Année.
Lecture française et Latine......	Courante en français.	Courante et raisonnée. Latine.	Raisonnée. Manuscrits. Latine.	Raisonnée et accentuée.
Écriture........	En gros et demi-gros.	En gros, demi-gros et fin.;	Trois sortes.	Écriture courante.
Catéchisme.....	Petit.	Grand.	De Persévérance.	De Persévérance.
Arithmétique....	Règles simples et composées.	Fractions. Parties aliquotes. Règle de trois.	Règle d'Intérêt, etc.	Progressions. Puissances et Racines.
Anglais........	Lecture et Vocabulaire.	Lecture et traduction. Grammaire jusqu'au verbe.	Traduction et analyse.	Les Traduction et analyse. Syntaxe.
Grammaire française........	Les Éléments.	La Syntaxe.	La Syntaxe revue.	Remarques particulières.
Analyse franç....	Sur les Éléments.	Sur la Syntaxe.	Su la concordance.	Sur les idiotismes.–Analy. logique.
Histoire Sainte...	Quatre Époques.	Le reste de l'Ancien Testament.	Le Nouveau Testament.	
Hist. de l'Église......				Abrégée.
Géographie.....	Notions élémentaires.	Amérique et Europe.	Les autres Parties du monde.	Revue. 2d. Sem. Globes.
Hist. du Canada.	Jusqu'en 1635.	Jusqu'en 1712.	Jusqu'à la Conquête.	Depuis la Conquête.
Dessin linéaire...				Principes élémentaires.
Mesurage......				Notions élémentaires de géométrie.
Tenue des livres..				2d. Sem. Principes et applications.
Composition.....				1er Sem. Art épistolaire ; lettres. 2d. Sem. Narrat. et descriptions.

École Normale Laval, Québec, 1859.

JEAN LANGEVIN, Ptre.,
Principal.

Imprimé par St. Michel et Darveau, 11, rue Lamontagne, Québec.

Louise Turgeon (1833-1910), en religion sœur Marie de
la Passion, première supérieure des Sœurs des Petites-
Écoles, lors de son voyage aux États-Unis (1878).

Image donnée par Mgr
Jean Langevin à la fonda-
trice, Élisabeth Turgeon,
à l'occasion de sa fête
patronale, le 19 novembre
1878.

PRIÈRE DE MADAME ÉLISABETH

Que m'arrivera-t-il aujourd'hui, ô mon
Dieu? Je n'en sais rien. Tout ce que je sais,
c'est qu'il ne m'arrivera rien que vous
n'ayez prévu, réglé et ordonné de toute
éternité.

Cela me suffit, ô mon DIEU! cela me suffit; j'adore vos desseins éternels et impénétrables; je m'y soumets de tout mon
cœur pour l'amour de vous. Je veux tout,
j'accepte tout, je vous fais un sacrifice de
tout, et j'unis ce sacrifice à celui de JÉSUS-
CHRIST, MON DIVIN SAUVEUR.

Je vous demande en son nom, et par ses
mérites infinis, la patience dans mes peines, et la parfaite . mission qui vous est
due pour tout ce qu vous voulez et permettez. — Ainsi soit-il.

Que la très-juste, très-élevée et très-
aimable volonté de DIEU soit accomplie en
toutes choses, qu'elle soit louée et à jamais
glorifiée!

Ind. d: 100 j. une fois par jour.
Ind. plén. une fois l'an pour les fidèles qui l'au-
ront ré ée toute l'année le jour où après avoir com-
munie ils prieront à l'intention du Souv. Pontife.
Ind. plén. à l'art. de la mort pour ceux qui l'au-
ront réc souvent. App. aux défunts.
(Pie VII, 19 mai 1818)

BOUASSE jeune
Rue Mabillon, 9 — Paris

Père Jean Tielen (1824-1897), rédemptoriste belge, arrivé à Sainte-Anne-de-Beaupré en 1879. Grand bienfaiteur de la communauté.

Manuscrit de Mère Marie-Élisabeth. Consécration de sa communauté à la Sainte Vierge, écrite peu de temps après sa nomination comme première supérieure générale, le 12 septembre 1879.

Premier costume des Sœurs des Petites-Écoles et ses transformations successives, de 1875 à 1892.

Première mission, Saint-Gabriel, fondée en janvier 1880.

Mère Marie Jean l'Évangéliste (1849-1915), directrice-fondatrice de la première mission, à Saint-Gabriel (janvier 1880), troisième supérieure générale (1883-1889).

Couvent de Saint-Godefroi, fondé en septembre 1880.

Mère Marie-Anne (1854-1886), cofondatrice de la mission à Saint-Godefroi (1880-1881), première maîtresse des novices élue (1881-1886). Une des grandes figures de la communauté.

Mgr Edmond Langevin (1824-1889), vicaire général de
Rimouski (1867-1889), premier directeur des Sœurs des
Petites-Écoles (1874-1889).

Mère Marie de la Victoire
(1864-1921), quatrième
supérieure générale (1889-
1904 ; 1907-1916 ; 1919-
1921). Une autre grande
figure de la communauté.

Mère Marie-Élisabeth
sur sa couche funèbre,
le 17 août 1881.

CHAPITRE 7

L'année de tous les dangers
en quatorze stations
(été 1878 – été 1879)

> *Nous sommes venues en religion pour suivre le divin Époux jusqu'au Calvaire ; nous devons donc trouver notre joie et notre bonheur dans les épreuves et les contradictions inséparables de notre vocation.*
> (Mère Marie Élisabeth, *Règlement*, n° 28)

*L*e train train quotidien des jours alternant de joies et de douleurs va bientôt se transformer. Ce n'est plus bientôt qu'une longue installation linéaire dans le malheur qui s'étire sur des jours qui n'en finissent plus de finir et des nuits aussi éternelles que les jours.

Première station : La probation sans fin ou la vie suspendue

L'année scolaire s'est terminée dans l'apothéose car pendant deux ans sœur Marie-Élisabeth a dirigé l'école modèle des garçons « avec succès, estimée des parents et des enfants » tout en ayant « donné grande satisfaction » au curé. Celui-ci « a renouvelé l'engagement des Sœurs des Petites Écoles[1] » écrit Edmond Langevin le 2 juillet à

---

(1) Edmond Langevin à Mgr Jean Langevin, 2 juillet 1878 : 2, ANQ-Q, FFL, APG-134/37,1.

l'évêque en tournée pastorale. Pourtant, sœur Marie-Élisabeth a refusé déjà le renouvellement en avril[2]. Est-ce à dire que le grand vicaire aurait demandé au curé de passer outre au désir de sœur Marie-Élisabeth? Cela ne peut venir de la supérieure puisqu'elle est toujours absente.

Sœur Marie-Élisabeth entend rester sur sa position. Et ce n'est pas de gaieté de cœur qu'elle le fait, car elle sait qu'en renonçant à cet enseignement, elle met en péril la vie matérielle de la communauté, puisque les salaires des deux institutrices constituent leurs seuls revenus assurés et de quelque importance. Sa santé est déjà plus que fortement compromise, car le 8 juillet, le grand vicaire écrit à Mgr Langevin: « La Sœur Elizabeth n'est pas bien du tout: elle crache le sang. » Et d'ajouter: « Je l'ai condamnée au repos absolu[3]. » Que veut dire le repos absolu en pareille vie de tracas et d'incertitude?

Sœur Marie-Élisabeth est donc forcée d'opérer un choix douloureux. Ce qui importe avant tout, puisqu'elle est aussi directrice des études et maîtresse des novices, c'est de rendre à terme une trop longue gestation déjà, d'une communauté religieuse enseignante pour les petites écoles. Ayant vu l'évolution de la maladie de sa sœur Alvine, elle sait que les années de sa vie sont comptées. Malgré sa bonne volonté elle reste en si précaire position dans l'incertitude des jours que sa tâche et ses responsabilités sans cesse accrues s'alourdissent d'un autre poids par le seul fait que « novice elle-même, elle ne peut représenter l'autorité voulue que comporte sa lourde charge[4] ».

Les postulantes de cette période n'auraient pas même été toutes acceptées s'il n'en avait tenu qu'à la maîtresse des novices. Mais on lui impose des sujets qu'il est de son devoir de faire avancer dans la vie religieuse alors qu'elle les sait parfaitement impropres à une telle vie. Certaines ne sont là qu'en désespoir de cause parce que la vie ne leur a rien réservé de mieux et parce qu'en ces jours où les prestations d'assurance-chômage, de bien-être social ou même de pension étant inconnues, il leur faut bien se trouver gîte et pension pour la suite de leur vie[5].

Si Mgr Langevin autorisait la profession, « Les premières novices qui comptent près de trois années de probation une fois admises à prononcer les vœux de religion elles en imposeraient aux rebelles et

---

(2) *CMM* I: 90.
(3) Edmond Langevin à Mgr Jean Langevin, Rimouski, 8 juillet 1878: 4, ANQ-Q, FFL, APG-134/37, 1.
(4) *CMM* I: 93.
(5) Voir *infra*: 291.

fortifiraient une autorité légitime que Sœur Marie Élisabeth aurait a son profit pour conduire sa communauté[6]. » Mais voilà, si elles se souviennent avec acuité, et elles portent ce désir inassouvi comme un cilice, que « l'Évêque [...] dès le début suggérait la necessité de se lier par des vœux », lui-même « semble ne plus y penser ». Leur directeur à qui elles demandent d'intercéder en leur faveur, « organe fidèle de la volonté de son vénéré frère tout en prêchant : humilité, mortification et pauvreté, croit, il semble, qu'une réunion de vieilles et de jeunes filles peut se passer d'un chef[7]. »

C'est dans cette atmosphère difficile que la supérieure daigne réintégrer le couvent après une absence de dix mois. Pendant que sœur Marie-Élisabeth trimait et voyait retomber sur ses frêles épaules toutes les responsabilités du couvent, elle parcourait le large monde en quête de fonds pour ses nouveaux projets. Le dernier de ses projets est une congrégation de sœurs « pour recevoir toutes celles qui ne peuvent réussir à entrer dans les autres communautés ». L'on voit pourquoi elle n'est pas trop regardante sur les aspirantes qui se présentent à leur porte. Quelques-unes sont déjà réunies en ce sens, dont l'institutrice Madeleine Dumas qu'elle avait elle-même entraînée à Rimouski, puisqu'elle écrit au début d'août à une autre possible recrue pour cette nouvelle communauté :

> Je vous conseillerais d'aller demeurer avec Mlle Dumas Institutrice qui doit vous donner ce mot. Soit que vous fassiez l'école avec elle ou que vous travailliez à d'autre besogne ou aux facterie [...] en y demeurant vous aurez l'avantage et vous ne le regretterez pas de devenir un des premiers membres d'une association dont le but est de fonder une Congrégation de so[e]urs [...] Vous devez garder le secret de cette lettre pour vous car Mlle Dumas et ses compagnes ne veulent pas que cela sorte au dehors. C'est pourquoi elles vous enjoignent de n'en rien dire à personne soit que vous acceptiez ou non, leur proposition[8].

Pendant ce temps, quelques autres aspirantes se présentent au couvent. Félicité Gosselin, la cinquantaine, « fraîche et alerte[9] », détentrice d'un diplôme pour école élémentaire, expérimentée car elle a enseigné plusieurs années, entre en juillet. Future sœur Marie-Cyprien, elle ne persévérera pas. Au moins une autre est venue au couvent. Il

---

(6) *Ibid.*

(7) *Ibid.*

(8) Sœur Marie de la Passion à Euphémie Girard, St-Germain de Rimouski, 12 août 1878 : 1-2, ANQ-Q, Éducation, C.G., E-13/571,2346, annexe (1878).

(9) *CMM* I : 96.

s'agit sans doute, de par la description que le grand vicaire en fait [10], de Luce Parent qui viendra les rejoindre l'été suivant.

Mi-juillet, un jésuite, le Père Ouellet, arrive pour prêcher la retraite annuelle des religieuses de la Congrégation. Le grand vicaire obtient que les novices des Petites-Écoles se joignent à elles :

> Les bonnes sœurs de la Congrégation les reçoivent avec bonté. Elles y puisent les plus anciennes une nouvelle ferveur pour continuer avec courage et générosité ce but difficile et incertain où elles ne peuvent percevoir aucune perspective consolante pour l'avenir, tandis que les toute jeunes, qui ne voient que le présent, heureuses et enthousiasmées des saintes et convainquantes paroles du prédicateur sur le bonheur de la vie religieuse, se sentent capables de faire les plus grands sacrifices pour obtenir cet idéal de la perfection [11].

Confortée peut-être par ces admirables dispositions des sœurs, mais bientôt douloureusement déchirée par l'affaire Euphémie Girard [12], la maîtresse des novices doit songer à se soigner si elle veut continuer à être de quelque utilité pour sa communauté. Elle écrit [13] à Mgr Langevin toujours en tournée pastorale [14] pour lui demander la permission de se rendre à Québec. Le 10 août, Mgr Langevin lui répond :

> Ma chère Sœur Élisabeth,
>
> Je vous permets de monter dans le diocèse de Québec pour quelques jours dans l'intérêt de votre santé, compromise par des travaux trop nombreux. Après avoir consulté des médecins, vous pourrez faire un court séjour dans votre famille pour y prendre quelque repos.
>
> Votre bien dévoué en N.S.
+ Jean, Ev. de St.G. de Rimouski [15]

Elle ne fera pas que se reposer pendant ce court voyage – elle serait partie le 21 août [16]. Elle en a profité pour tenter d'enjoliver leur petite chapelle si dénudée, rapportant «plusieurs petits objets-parures : bouquets, chandeliers, linges d'autel», car le grand vicaire les avait

---

(10) « Cette fille de la Grande Rivière est venue, mais ce ne sera que pour l'année prochaine, puisqu'elle était engagée. Elle à 38 ans et a été novice à l'Hôtel-Dieu, de Tracadie : je la crois capable. » (Edmond Langevin à Mgr Jean Langevin, Rimouski, 8 juillet 1878 : 4, ANQ-Q, FFL, APG-134/37, 1).

(11) *CMM* I : 94.

(12) Voir *infra* : 275ss.

(13) Lettre non retrouvée.

(14) Il sera de retour à Rimouski le 2 août (selon F.-Elzéar Couture, *Notes*, II : 614, AAR, SR).

(15) ARSR, 205.101, 878,9.

(16) Selon Sœur Marie de la Passion à Euphémie Girard, 12 août 1878 : 3.

prévenues qu'elles pourraient avoir leurs Quarante-Heures au mois d'août. C'est le 26 août qu'elles ont lieu.

Ce ne fut qu'à la dernière semaine le 26 août que Jésus-Hostie fut exposé sur le petit autel. Il n'y avait pas de balustrade à la chapelle. Ce fut presque sur l'unique degré de l'autel que les sœurs, si près de la Sainte Hostie, que les adoratrices passèrent les jours et les nuits : M. le Grand Vicaire fait apporter un ostensoir, un voile huméral, une chape, de l'encens... Une blanche nappe, de frais petits bouquets, des cierges ornaient le petit autel qu'on aurait voulu garnir d'or et de soie. Si près de Jésus l'on restait des heures et des heures agenouillée, anéantie... [17]

C'est Mgr Langevin qui fait la clôture des Quarante-Heures. Voyant venir le troisième anniversaire de leur vêture, sœur Marie-Élisabeth « aurait voulu solenniser la date par l'émission des vœux de religion [...] mais l'Évêque n'y songe pas ; il est muet quand on ose lui parler à ce sujet [18] ». Sœur Marie-Élisabeth tente d'analyser la situation. L'Institut est lourdement handicapé : à part sa propre santé qui augure mal pour l'avenir, « Sœur Marie de la Passion ne donnait pas dans l'idée de former des institutrices, la grande difficulté de recruter de bons sujets, enfin l'extrême pauvreté. » Elle voit bien que tout « contribuait sans doute à paralyser les premiers élans de Mgr Langevin ». Est-elle prête à concéder que, peut être en effet, serait-il « téméraire pour lui de lier de jeunes personnes par des vœux dans une situation aussi précaire ? Élisabeth se le demande... Mais dans ce cas, Élisabeth se demande pourquoi l'Évêque permet-il l'admission de nouveaux sujets ?... Dans cette perplexité Sœur Marie Élisabeth garde le silence, mais ses doutes sur les dispositions de l'Évêque lui sont excessivement pénibles... [19] ».

Sœur Marie-Élisabeth a demandé. L'évêque n'a pas répondu. Par là même elle tient sa réponse. Ce qui n'est pour elle qu'une question de plus. Le Seigneur met un de ses Seigneurs en travers de sa route. Ce qui lui sera le plus douloureux c'est l'extrême froideur dont s'imprégneront désormais les relations de l'évêque avec celle qu'il a appelée à la tête de l'Institut.

Deuxième station : Le nom terni

Bien que sœur Marie-Élisabeth soit maîtresse des novices, sœur Marie de la Passion en tant que supérieure a évidemment le droit d'admettre des aspirantes dans la communauté. « De concert avec

---

(17) *CMM* I : 95.
(18) *Ibid.* : 96.
(19) *CMM* I : 96.

Monseigneur l'Évêque et Monsieur le Vicaire général, elle avait le droit d'admettre les sujets; aussi en usait-elle librement. Personne n'était refusé quels que fussent l'état de la santé, le caractère, l'âge ou les aptitudes [20]. » Et c'était souvent sans en parler à sœur Marie-Élisabeth ou, si on le fait, on va souvent à l'encontre du veto qu'elle y met.

En 1878, parmi les aspirantes, « il y avait encore Euphémie Girard et Hélène Lagacé, les protégées de Sœur Marie de la Passion soutenues par le bon Père Directeur – celles-là ne sont jamais entrées au noviciat [21] ». D'Hélène Lagacé, que sœur Marie-Élisabeth était allée reconduire chez ses parents en juin 1875, qui était revenue et avait été acceptée contre sa volonté, nous avons déjà parlé. C'est d'Euphémie Girard qu'il s'agit ici.

L'on conçoit que le grand vicaire l'ait acceptée puisqu'elle avait un diplôme d'institutrice et qu'elle avait déjà une quinzaine d'années d'enseignement derrière elle. Si c'était une recrue de choix pour lui, de même que pour l'évêque qui n'aspire alors semble-t-il qu'à fonder un institut laïque d'enseignantes, elle n'avait aucune disposition pour la vie religieuse ni même communautaire et « pauvre fille, pauvre d'intelligence et de cœur, visionnaire et hystérique », elle a fait « pleurer et gémir la sœur Directrice ».

La plus coupable en cette histoire est sans doute sœur Marie de la Passion dont les « fréquents et longs voyages [...] ne lui permirent jamais d'apprécier tous les embarras, les angoisses qu'elle créa à sa sœur Marie Élisabeth par l'admission sans examen des sujets; ses absences l'empêchaient d'être témoin des faits répréhensibles par leur nature et très préjudiciables à la vie de communauté [22]. »

Euphémie Girard, selon ses propres dires, a fait « la folie de quitter une bonne classe pour entrer au noviciat des Srs des Petites Écoles dans l'intention de me consacrer à la vie religieuse et continuer dans cette vocation à former les cœurs des jeunes enfants qui me seraient confiés. » Et c'est « sur les instances que m'a faites la supérieure qui voulait m'avoir absolument dans sa communauté », qu'elle a quitté sa classe au milieu de l'année scolaire et a « enseigné durant quatre mois dans sa communauté [23] ». Toujours, selon elle, c'est sœur Marie de la Passion qui lui aurait « annoncé dans le mois dernier que je devais faire le sacrifice de partir sans songer même a me donner un jour pour me

---

(20) *RA* : 28.
(21) *Ibid.*
(22) *CMM* I : 134.
(23) Euphémie Girard à l'Honorable Gédéon Ouimet, Hôpital Sacré-Cœur, Québec, 17 août 1878 : 1-2, ANQ-Q, Éducation, C.G., E-13/571, 2346 (1878).

trouver une position [24] ». Si c'est exact, la supérieure a dû constater *de visu* cette fois les conséquences des admissions sans examen, et sa recrue a dû se rendre particulièrement indésirable pour qu'elle lui intime ainsi l'ordre de partir. Non seulement, la supérieure avait-elle causé du tort à la communauté, mais aussi à Euphémie Girard elle-même qui se retrouve soudainement sur le carreau, sans emploi, après avoir quitté un poste et le salaire afférent, sans compter les dépenses faites pour le voyage. C'est sœur Marie-Jeanne-Françoise de Chantal qui est chargée de la raccompagner à l'Hôtel-Dieu du Sacré-Cœur, « après que le grand Vicaire eut enfin constaté la vérité sur ses crises réitérées hystériques [25] ». Cependant, arrivées en soirée, le 16 ou le 17 juillet 1878 [26], elles se butent aux portes fermées de l'hôpital. Sœur Marie-Jeanne-Françoise de Chantal, qui a l'intention de passer la nuit chez ses frères n'a nulle envie d'y arriver avec une malade qui a déjà rendu la vie intenable dans la communauté et surtout, peut-être est-ce là le plus grave grief retenu par la fidèle et vieille amie de sœur Marie-Élisabeth, qui a tant fait souffrir celle-ci. Elle laisse donc son infortunée compagne « entre deux portes où elle passa la nuit, ne voulant pas la conduire chez sa famille, ses frères les M.M. Plamondon [27] ». Par contre, dans sa lettre, Euphémie Girard écrit : « elle m'a fait déposer sur la galerie et j'y suis restée un heure et demie [28] ». Comment se fait-il alors que tout le monde semble adopter la version d'une nuit entière ? Euphémie Girard s'est-elle vengée du renvoi et du traitement dont elle a été l'objet ? Si oui, elle a parfaitement réussi. Car « Quand les religieuse de l'Hôtel-Dieu trouvèrent la pauvre fille qui leur raconta son histoire, ces sœurs indignées de cette action inhumaine et jugeant à leur valeur le fait qui aurait pu causer sa mort, la supérieure rapporta la chose à Mgr l'Archevêque Taschereau qui écrivit lui-même à Mgr Langevin lui demandant quelle sorte de religieuses avait-il à Rimouski. » Malgré toutes nos recherches, nous n'avons pas retrouvé cette lettre ou une copie [29]. Mais la *Chronique* fait état des « impressions de la chère sœur Marie Élisabeth quand Monseigneur Langevin lui remit cette lettre... cette action déshonorante tombait sur

---

(24) *Ibid.* : 2-3.

(25) *CMM* I : 97.

(26) Voir *Registre des Malades, Infirmes et Epileptiques de l'Hopital du Sacré-Cœur de Jésus*, f. 11, n° 332 : Euphémie Girard, 36 ans, est entrée le 17 juillet 1878 (date de son arrivée à Québec ou date de l'inscription le lendemain de son arrivée ?) pour en ressortir le 20 août 1878. AHDSCQH, Cahier de 317 feuillets couvrant les années 1873-1980 (renseignement communiqué par sœur Louise Martin, r.s.r.).

(27) *CMM* I : 134.

(28) Euphémie Girard à Gédéon Ouimet, 17 août 1878 : 3.

(29) Ni aux ARSR, ni aux AAR, ni aux AAQ.

sa petite communauté et lui brisa le cœur plus profondément que les haïnes et les injures d'Hélène Lagacé [30] ».

Le premier soin de sœur Marie-Élisabeth est d'écrire à l'archevêque, Mgr Taschereau. Pourquoi est-ce elle qui écrit, et non la supérieure ? Celle-ci n'est-elle pas arrivée encore ? L'on sait qu'elle rentre de son long voyage en juillet mais l'on en ignore la date exacte [31]. Pourtant, Euphémie Girard dit que c'est la supérieure, celle qui l'a attirée, qui la renvoie. Et pourtant, c'est sœur Marie-Élisabeth qui écrit les trois lettres d'excuses, à Mgr Taschereau d'abord, puis à l'offensée qui a été si offensante à son égard et, peut-être en même temps, à la supérieure de l'Hôpital du Sacré-Cœur. À l'archevêque, elle écrit :

+ JMJ
Congrégation des Petites-Écoles
Rimouski, 22 Juillet 1878

À Sa Grandeur
Monseigneur E. A. Taschereau,
Archevêque de Québec

Monseigneur l'Archevêque,

Permettez à la représentante des Sœurs des Petites-Écoles de vous faire ses très humbles et très sincères excuses au sujet de l'acte de violence exercé envers vos bonnes Sœurs du Sacré-Cœur par l'un de ses sujets.

Si je ne faisais ces excuses, l'odieux de cette affaire pourrait retomber sur la Congrégation entière, quoique n'ayant germé que dans le cerveau d'un seul de ses membres, et qui même, ne lui appartient pas encore définitivement.

Je suis loin de chercher à excuser un tel acte de sauvagerie, tout en ne voulant pas incriminer la personne qui s'en est rendue coupable en dehors de ma connaissance ; mais j'aime à croire qu'un défaut inexplicable de jugement a fait commettre cette grande imprudence. Cependant, comme Dieu sait tirer le bien du mal même, je lui demande, de tout cœur, que ce malheureux incident tourne au bénéfice des deux Congrégations.

Daignez donc recevoir, Monseigneur, avec mes Sincères excuses, les plus profonds sentiments de respect avec lesquels je suis

De votre Grâce la très-humble
et très respectueuse servante
Sœur Marie-Élizabeth
Des Petites-Écoles [32].

---

(30) *CMM* I : 134-135.

(31) Voir *infra* : 285.

(32) ARSR, copie. Nous n'avons pas trouvé la lettre originale aux AAQ.

L'archevêque n'a pas répondu, contrairement à la supérieure de l'Hôpital du Sacré-Cœur qui a dû jeter un baume sur le cœur endolori de sœur Marie-Élisabeth en répondant à sa « bienveillante lettre », qui n'a malheureusement pas été retrouvée. Cette lettre de la directrice des Petites-Écoles me confirme, écrit la supérieure,

> dans les sentiments d'estime que nous avions pour votre jeune Congrégation, me rassure, dis-je, sur ce que nous avons été grandement surprises, nous ne pouvions croire qu'une de vous, ma Sœur (les dignes Demoiselles Turgeon) eusse pu être cause d'un tel acte, qui nous a fait beaucoup de peine, non pas tant pour nous, que pour l'honneur de votre Congrégation et des Communautés en général Mais je n'en dirai rien de plus, *tout est oublié*, et cette faute d'un de vos membres n'empêchera pas que nous conservions à toute votre jeune Communauté l'affection et l'estime que nous lui portions, et que nous lui souhaitions toutes sortes de biens spirituels et temporels pour asseoir la belle œuvre que la Providence lui a mise en main.

Très généreuse, la supérieure demande à sœur Marie-Élisabeth de ne pas se montrer « trop affligée [...] de ce qui a eu lieu[33] » et lui renvoie ses propres paroles en l'incitant à continuer de croire : « Que cette disgrâce entre dans les desseins adorables de la Divine Providence, laquelle tout en vous éprouvant, tournera à la plus grande gloire de Dieu[34]. » Magnanime, sœur Saint-Zéphirin l'est aussi envers la responsable de cet événement et intercède pour elle auprès de la directrice :

> Je serais bien fâchée que la manière dont a agi cette bonne Sœur Ste Jeanne de Chantal lui fit tort vis à vis de votre Communauté ; j'ai vu cette Sœur au parloir ; j'espère que tout ce que je lui ai dit lui sera une bonne leçon et qu'elle en profitera ; mais je désire beaucoup, ma Révérende Sœur, que vous ne lui renouveliez pas la semonce, elle en aurait trop de peine, car je sais bien que sa conduite a été l'effet d'un manque de réflexion, d'un mouvement de vivacité qu'elle n'a pu réprimer[35].

La maîtresse des novices a déjà tout oublié des tourments subis et sa compassion est tout acquise à la femme éplorée qui se retrouve si démunie. Elle débute ainsi sa lettre à Euphémie Girard : « Ma bonne Demoiselle, Où puiser des paroles pour vous consoler dans l'extrême

---

(33) Sœur Saint-Zéphirin à Sœur Marie-Élisabeth, Hôpital du Sacré-Cœur de Jésus, Québec, 25 juillet 1878, ARSR.

(34) Extrait de la lettre de sœur Marie-Élisabeth à Sœur Saint-Zéphirin, Rimouski, ca 23 juillet 1878, cité dans *ibid*.

(35) *Ibid*.

affliction où vous devez vous trouver aujourd'hui ?[36] » Malheur qui a trouvé écho et ancrage chez elle :

> Je ne fais que d'apprendre le malheureux incident dont vous avez été victime et mon cœur se trouve tellement serré que je ne puis exprimer les sentiments de profonde douleur et d'amertume qu'il renferme.
>
> Je déplore, du plus profond de mon âme, cet acte d'imprudence, ou plutôt de sauvagerie commis envers vous et envers ces bonnes Sœurs qui vous ont recueillie avec tant de bienveillance.
>
> C'est bien peu que mes sympathies et mon affection, mais elles vous sont sincèrement acquises[37].

Cet événement qui les marque au fer rouge, sœur Marie-Élisabeth l'interprète comme une épreuve envoyée par la Providence, pour le plus grand bénéfice et de son âme et de la communauté. Se réclamant de saint Paul qui « nous dit que la vertu se perfectionne au milieu des épreuves et des afflictions », elle en déduit que « le bon Dieu veut asseoir la vôtre sur des bases bien solides ».

D'autre part, cet événement est un coup terrible porté à la communauté naissante qui n'en achève plus de naître d'ailleurs puisque l'évêque en entrave toujours l'éclosion, puisqu'il apporte un autre argument de taille au palais épiscopal en défaveur d'une congrégation religieuse qui ne saurait aspirer à la prétention d'un titre si en contradiction avec sa vie. C'est en réclamant le pardon de celle qui a partagé autrefois leur vie que sœur Marie-Élisabeth écrit : « J'espère que vous me pardonnez quoique je n'aie pris aucune part à cet acte qui m'humilie au suprême degré, et que je crois que le bon Dieu n'a permis que comme épreuve pour notre congrégation naissante : elle est rude cette épreuve, mais puisque le bon Dieu l'a permise, il faut bien s'y soumettre[38]. » Sœur Marie-Élisabeth a aussi été peinée à l'extrême par l'acte de sa vieille amie et si un seul pardon était possible, c'est pour elle qu'elle l'implore : « Je vous supplie, surtout, de pardonner à cette pauvre Sœur de Chantal dont je ne puis m'expliquer la conduite en cette circonstance[39]. »

L'enjoignant de se « consoler » et de se « fortifier » dans le Seigneur, elle l'incite à prier la Vierge, car couverte « de son manteau protecteur et sous ses auspices, vous n'aurez rien à craindre, ni du monde, ni de

---

(36) Sœur Marie-Élisabeth à Euphémie Girard, Congrégation des Petites-Écoles, Rimouski, 23 juillet 1878, ANQ-Q, Éducation, C.G., E-13/571, 2346, annexe (1878).

(37) *Ibid.* : 1-2.

(38) *Ibid.* : 3-4.

(39) *Ibid.* : 4.

l'enfer[40] ». Et c'est en l'incitant au courage et en promettant de l'aller voir à Québec : « je dois monter à Québec la semaine prochaine et je vous verrai » que sœur Marie-Élisabeth termine sa lettre. Visite qui lui cause certainement un vif plaisir parce que sœur Saint-Zéphirin confie à sœur Marie-Élisabeth : « Cette pauvre enfant, elle paraît soupirer fréquemment vers Rimouski[41]. »

Quant à sœur Marie de la Passion très discrète en cette affaire causée par elle pour ainsi dire, elle fera une démarche auprès du grand vicaire pour trouver un poste d'enseignante[42] à Euphémie Girard, tout en tentant de l'embrigader dans un autre de ses projets fantômes[43].

---

(40) *Ibid.* : 3.

(41) Sœur Saint-Zéphirin à Sœur Marie-Élisabeth, 25 juillet 1878. C'est ainsi qu'elle résume l'état de la malade : « Quant à Mlle Girard, elle est mieux sans être bien ; un de nos médecins, qui est très expérimenté, un des meilleurs médecins, l'a vue et interrogée, il ne lui trouve aucune maladie – c'est les nerfs qui la mettent dans l'état où elle est. » (*Ibid.*)

(42) « Il m'a suggéré de vous adresser à M. Toussaint et Lacasse professeurs à l'école Normale, comme le plus sur moyen d'en avoir une. » (Sœur Marie de la Passion à Euphémie Girard, St-Germain de Rimouski, 12 août 1878 : 1, ANQ-Q, Éducation, C.G., E-13/571, 2346, annexe (1878).) Ces messieurs ont dû être impuissants à l'aider puisqu'elle s'adresse au surintendant et lui envoie tout son dossier. Au département de l'Instruction publique, on mentionne simplement comme « Réponse » : « Rien à répondre. Il lui a été accordé $5. du fonds des municipalités pour un an. » C'est le grand vicaire finalement qui lui écrit pour la référer à un curé qui cherche une institutrice pour l'école n° 1 de l'Anse à Grisfond (Anse-aux-Griffons) en Gaspésie, où elle arrive à la fin d'octobre 1878. La guigne la poursuit puisqu'elle sera destituée par les Commissaires en mars 1879. Tombée malade à la suite de la « persécution » des commissaires elle a même « été administrée et communié en viatique elle était dans un grand état de faiblesse » (Augustin Maloin *et alii* à l'Honorable Gédéon Ouimet, Anse à Grisfond, 1er juillet 1879 : 1, ANQ-Q, Éducation, C.G., E-13, 580 (1879). Ce dossier comprend 19 pièces : lettres d'Euphémie Girard, du curé, des commissaires, de particuliers.) Euphémie Girard racontera que « ces Messieurs [les Commissaires] ont profité du temps que j'étais gravement malade au point de recevoir les derniers sacrements pour satisfaire leur désir de m'envoyer ; ont sorti mes effets de la classe, afin de me mettre hors d'état d'achever mon année, quoique ayant environ deux mois à faire. » (Euphémie Girard à l'Honorable Gédéon Ouimet, Cloridorme, 31 janvier 1880 : 1-2.) Même le curé s'en est mêlé et aurait écrit à Mgr Langevin : « le Rvd Mr Martin, curé de cette mission, vous a écrit comme il m'a dit que je mets le désordre dans la place au sujet de la classe » (Euphémie Girard à Mgr Jean Langevin, Anse à Grisfond, 9 juillet 1879 : 11, AEG, Fonds des paroisses, Anse-aux-Griffons, Dossier : J. Martin.) Cette lettre à Mgr Langevin est signée : « l'enfant dans la désolation » (4). Engagée pour 100$ pour l'année, ayant enseigné huit mois, on lui doit 84$ de salaire. À la fin de l'année elle n'a reçu que 31$ et poursuit les Commissaires en justice pour pouvoir récupérer les 53$ manquants. En 1879-1880, elle enseignera toujours en Gaspésie, à Cloridorme.

(43) Voir *supra* : 273.

Troisième station : Les travaux d'Hercule

Peu après la fin de cette désastreuse affaire qui s'éternise cependant dans le cœur de sœur Marie-Élisabeth, commencent les vacances de la construction. Les deux familles pauvres qui vivaient au rez-de-chaussée de la vieille église depuis deux ans la quittent au mois d'août. Il échoit donc aux sœurs de rafraîchir ces pièces. L'état dans lequel elles trouvent celles-ci est encore plus lamentable que celui de leurs appartements lors de leur arrivée en 1876. Mais il leur faut à tout prix agrandir leurs appartements parce que de nouvelles aspirantes se présentent et qu'elles ne sont déjà que trop à l'étroit.

Trop pauvres pour faire appel à des ouvriers, elles se transforment en manœuvres : « du travail y il en a faire pour rendre propre la vieille église. Les deux pauvres familles ont quitté l'étage d'en bas, il faut maintenant employé la truelle, la brosse, le marteau, il faut réparer les murs, blanchir les plafonds et réparer les trous des planchers, besogne pénible [44] ». Elles utilisent du mortier pour boucher les trous des murs et « il y en avait des trous qui perçaient le mur entre le réfectoire actuel et la cuisine qui avait été la sacristie, c'est là que les rats et les souris avaient établi domicile depuis 50 ans [45] ». Et les plafonds donc ! S'ils sont moins détériorés que les murs, c'est qu'ils étaient hors de portée des écoliers. Ils le sont tout autant des sœurs ! Qu'à cela ne tienne, les échafaudages les y conduiront. C'est toutefois « tout une affaire que de préparer les échafaudages pour atteindre les plafonds : une table avec deux quarts vides de farine, des planches placées sur les quarts puis des boites sur les planches ». Une fois l'échafaudage ainsi fabriqué, il faut une intrépidité mêlée d'un peu d'inconscience – ou de foi – alliée à beaucoup de prudence pour s'y aventurer, afin qu'il ne se transforme proprement en échafaud. Et s'il est plus que difficile de se maintenir là-haut, ce n'est rien en comparaison de l'ascension qui y mène et de la descente, à laquelle on préfère presque les hauteurs, tant elle semble périlleuse : « dire combien il était difficile de grimper là dessus et plus difficile encore d'y descendre – non plus, ce n'était pas toutes les sœurs qui grimpaient là [46]. » Ces travaux, effectués dans leurs moments libres s'il en est, ont duré « des jours des semaines, des mois [...] des années, car nous avons réparer les trois étages de la maison partout où les murs et les plafonds étaient crépis [47] ». Toutes les sœurs ont pris part aux travaux, y compris et surtout sœur Marie-

---

(44) *CMM* I : 95.
(45) *Ibid.* : 128-129.
(46) *CMM* I : 129.
(47) *Ibid.* : 128.

Élisabeth. Seule, sœur Marie de la Passion échappe aux corvées, car « elles ne lui laissent faire aucun travail fatigant [48] ».

Quant à sœur Marie-Élisabeth, elle « cherchait toujours le pire pour elle [49] ». Et sœur Marie-Lucie, en racontant l'anecdote qui suit, insiste sur le fait qu'« On ne voulait pas lui laisser faire ces choses-là », mais qu'elle n'en fait qu'à sa tête ou plutôt qu'à son cœur : « Un jour notre sœur Directrice sortait du vieux hangar, où la petite vache avait hiverné dans un coin, avec une brouette pleine de fumier, quand le Père Bernard passant, lui dit : ‹ Ce n'est pas du sucre que vous avez là ma sœur. › [50] »

Le jardin des délices

L'été de l'année précédente, en juin 1877, Mgr Langevin leur avait donné la permission de cultiver un petit jardin près de leur hangar [51]. La permission était facile à donner. Mais le jardin pas facile à faire. Parsemé de souches, ce morceau de terre fleuri de chiendent était réfractaire à toutes semailles. Si c'était décourageant, ce ne l'était pas suffisamment, car les courageuses sœurs s'étaient mises en frais de l'amener à de plus aimables dispositions, s'essouchant à qui mieux mieux et suant d'autant. « Il y avait auprès de la vieille église un petit terrain où de grosses souches étaient bien enracinées au sol ; Monseigneur nous le donna pour faire un petit jardin. Que nous avons pioché pour enlever ces vieilles souches et arracher tout le chiendent pour rendre la terre cultivable [52]. » Ce qui devait arriver arriva. Tant de travail qui se devait d'être récompensé le fut d'abord : « La deuxième année le petit jardin produisit de beaux légumes, notre Père Directeur nous en félicita et nous étions fières de notre travail [53]. »

Affligées sans cesse dirait-on du sort réservé à Sisyphe, le ciel semble s'acharner à les dépouiller constamment, et après tant d'efforts, au profit de toute à chacune ! Une fois de plus, Mgr Langevin cède aux demandes des Sœurs de la Charité [54], qui gagnent une cour pour leurs

---

(48) *Ibid.* : 95.

(49) *CMM* I : 127.

(50) *Ibid.* Ceci se passe au plus tôt au printemps de 1879, puisque la vache leur a été donnée au printemps de 1878 (*CMM* I : 92).

(51) *CMM* I : 72.

(52) *CMM* I : 127.

(53) *Ibid.*

(54) Les Sœur de la Charité habitent l'ancien couvent des Sœurs de la Congrégation de Notre-Dame, que ces dernières ont quitté en 1875 pour entrer dans le vaste couvent qu'elles se sont fait construire et qu'elles devront vendre en 1882 au Séminaire de Rimouski. Voir Sœur Sainte-Blanche, *La Charité en marche... L'Institut des*

pensionnaires, pendant que les Sœurs des Petites-Écoles, qui ont tant de mal à se nourrir, se voient retirer avec ce petit jardin des délices, les seuls aliments frais qui composent leurs menus et qu'elles ne peuvent autrement se procurer : « mais le même automne [55], Monseigneur céda le terrain au Sœurs de la Charité pour agrandir la cour de leurs pensionnaires, c'était là, tout près de la rangée de leurs grands arbres. » L'on a beau être obéissantes, il est des événements qui apparaissent trop comme des abandons ou de presque trahisons pour qu'on s'y résigne facilement : « Nous en avons pleuré de dépit, il nous avait coûté un si dur travail [56]. »

Quant à la vieille église, qui sera complètement retapée par leurs soins, elle fermera la boucle de leurs dépossessions. Peu avant la mort de Mère Marie-Élisabeth, le nouveau séminaire de Mgr Langevin est détruit de fond en comble par un incendie. Les Sœurs des Petites-Écoles qui viennent de mettre la clé dans leurs travaux qui durent depuis plus de quatre ans offrent leur couvent, la sueur de leur front et le sang de leurs mains hantant encore ses murs, à Mgr Langevin comme nouveau séminaire [57].

Quatrième station : Les filles de Frère François

Quelque durs que soient les travaux et quelque nombreuses que soient les heures et les énergies investies, s'ils épargnent de l'argent que les sœurs n'ont pas de toute façon, ils ne rapportent rien non plus qui puisse servir de monnaie d'échange pour parer aux dépenses les plus urgentes, le bois de chauffage, l'eau, la nourriture, la lingerie, etc.

Depuis deux années, les Sœurs des Petites-Écoles peuvent compter sur les salaires de deux institutrices. Sœur Élisabeth, directrice de l'école, enseigne aussi à la classe modèle. Cependant, elle est aussi directrice des études et maîtresse des novices en plus d'être supérieure de fait à cause des absences répétées et de longue durée de sœur Marie de la Passion. Sa santé, si l'on peut appeler tel un état qui ne cesse d'entraver tous ses projets, se détériore, ce qui n'est guère étonnant compte tenu de la vie de labeur et de privations qui est sienne.

Au printemps de 1878 sœur Marie-Élisabeth, consciencieuse, ayant à cœur de faire son travail à la perfection, « se voit dans l'impossibilité de prendre un nouvel engagement avec la Commission scolaire de la

---

Sœurs de la Charité de Québec fondé en 1849, 1871-1896, Québec, Maison-Mère des Sœurs de la Charité, 1948, [3], 498 p. : 41-42.

(55) Automne 1879.

(56) *CMM* I : 127.

(57) Voir *infra* : 447-452.

ville pour une troisième année. » En effet, la « classe du noviciat réclame une grande partie de son temps, les longues absences de Sœur Marie de la Passion lui laissent une besogne incompatible avec les exigences de sa classe et les devoirs envers ses élèves [58]. »

Cette décision coïncide à peu près avec la mort de sa sœur Alvine, sœur Marie-Joséphine, le 24 avril 1878. En sus de la souffrance morale et de la prostration physique, suite des longues veilles passées au chevet de sa sœur en l'absence de sœur Marie de la Passion, la mort d'Alvine la laisse seule détentrice d'un diplôme pour l'enseignement à l'école modèle. Elle ne peut donc pas remettre son poste en mains capables. Une sœur aurait pu toutefois continuer à enseigner à l'école primaire. Mais la Commission scolaire a décidé que c'était sœur Marie-Élisabeth et une autre sœur, mais aucune autre sœur sans sœur Marie-Élisabeth. Ces deux sœurs seront remplacées par deux laïques qui continueront de faire les classes encore pendant deux ans dans leur couvent [59]. Celui-ci ne leur appartenant pas, elles sont dans l'impossibilité d'exiger un loyer.

En cet automne 1878, privé de ressources stables, l'Institut se trouve dans une impasse : « La petite Communauté se trouve en ce moment dans une véritable disette ; le salaire de la classe manquant, elle ne sait où tourner les yeux pour obtenir des secours à cette saison où un automne précoce donne signe d'un hiver rigoureux [60]. » Sœur Marie de la Passion, depuis son arrivée à Rimouski, fait une quête bon an mal an. De retour à Rimouski depuis deux mois seulement, elle « va repartir cette fois, elle se dirigera du côté des provinces maritimes, c'est à l'Île du Prince Édouard qu'elle ira demander la charité [61] ».

Sœur Marie de la Passion venait presque tout juste de rentrer en juillet d'un voyage de dix mois aux États-Unis. Partie à la chasse au trésor, elle était revenue bredouille après mille péripéties, étonnant « ses sœurs par le récit de son odyssée [62] ». Échappant de peu à un assassinat semble-t-il, elle était prête à se lancer, en octobre encore, de nouveau à l'aventure où elle échappera de peu cette fois, à la prison. Mgr Langevin lui donne la permission demandée et une lettre d'accréditation pour Mgr Peter McIntyre, l'évêque de Charlottetown. Cependant l'évêque de Rimouski, qui avait trouvé « inusité et irrégulier

---

(58) *CMM* I : 90.
(59) « Quand notre chère Mère fondatrice discontinua la classe des maîtresses laïques continuèrent à enseigner dans la maison pendant deux ans. » (*CMM* I : 128.)
(60) *Ibid.* : 96.
(61) *Ibid.*
(62) *CMM* I : 93.

qu'une sœur (quoique non professe) coure ainsi seule des pays entiers[63] » lors de son voyage en Louisiane, lui impose une compagne : « C'est la postulante, Félicité Gosselin, la nouvelle venue qui sera choisie, vieille de 50 ans, mais fraîche et alerte elle suivra la supérieure dans sa pérégrination[64]. »

La guigne semble poursuivre partout sœur Marie de la Passion. À peine débarquées du bateau, la « police les fit arrêter au début de leur quête ». Et ce n'est que grâce « à la lettre de recommandation de Mgr l'Évêque de Rimouski, [qu']elles échappèrent à la prison[65] ». En fait, parfaitement innocentes, elles subissent l'ire des Iliens à la place de deux autres pseudo religieuses y ayant échappé :

> par suite d'un incident malencontreux, qui avait mal disposé les habitants du diocèse de Mgr McIntyre, envers les religieuses quêteuses : Un mois ne s'était écoulé que deux femmes habillées en costumes religieux s'étaient présentées à l'Évêché demandant la permission de quêter, se faisant passer pour des religieuses attachées à l'hopital des lépreux. L'Évêque les recommanda à la charité des fidèles, elles parcoururent presque tout le diocèse avant d'être découvertes. Cette supercherie fit écho, la population fut indignée parmi laquelle se trouve un grand nombre de protestants[66].

Mgr McIntyre, voyant le tumulte provoqué par l'apparition de ces nouvelles religieuses étrangères dans son diocèse, croit plus prudent, en leur expliquant la situation et bien qu'elles détiennent la lettre de Mgr Langevin, de ne pas les autoriser à poursuivre leur quête. Cependant, généreusement dans les circonstances, « quand nos quêteuses lui dire qu'elles n'avaient pas d'argent pour payer leur passage de retour, il leur permit de quêter leur passage. En l'espace de deux heures elles recueillirent $24.00 ». Elles sont donc en mesure de reprendre « le même bateau qui les avait conduites, pour leur retour[67] ».

Mais c'est avec les mains vides qu'elles rentrent au bercail, et sœur Marie de la Passion, plus riche d'un nouveau voyage et d'une nouvelle aventure. Ce nouveau coup du sort, ce dernier espoir de se procurer quelque fonds pour l'hiver venant à grands pas, les laisse dans une cruelle et « nouvelle déception que M. le Grand Vicaire regretta car le bon Père directeur connaissait la pauvreté de la Communauté[68] ».

---

(63) Mgr Jean Langevin à Sœur Marie de la Passion (Saint-Louis, Missouri), Rimouski, 8 avril 1878, AAR, Lettres particulières, vol. II : 139.

(64) *CMM* I : 96.

(65) *RA* : 37.

(66) *CMM* I : 96-97.

(67) *CMM* I : 97.

(68) *Ibid.*

Mgr Langevin autorise sans doute alors une quête dans son propre et très pauvre diocèse. En octobre, elles iront demander l'aumône à Saint-Octave de Métis, d'où elles reviendront avec 5$, 1 quart de patates et de choux de siam, 2 douzaines de choux, 1 minot d'oignons, 6 citrouilles, puis 6 livres de laine et 20 livres de savon. Selon les documents conservés, il y aurait deux autres quêtes en janvier, à l'Assomption de McNider et à Matane et plusieurs autres en février, peut-être après « la nuit d'angoisse [69] ».

C'est ainsi qu'elles doivent « à l'exemple de saint François, faire de la plus rigoureuse pauvreté leur reine et maîtresse et se prêter sans murmure à toutes ses exigences [70] ».

Cinquième station : Les âmes du purgatoire

Non seulement la terre se dresse-t-elle contre les Sœurs des Petites-Écoles mais l'au-delà semble aussi s'en mêler. La *Chronique* raconte que : « Une chose qui contribua grandement à assombrir le séjour de la pauvre demeure et à porter le découragement dans l'esprit des plus faibles, fut le bruit que l'on a entendu pendant une partie des années 1877 et 1878 [71] ».

Or, ces bruits se sont produits également pendant l'année 1876, comme en fait foi la correspondance entre Edmond Langevin et son frère Hector-Louis Langevin. Edmond Langevin lui écrit en novembre : « Pendant mon absence, les Sœurs des petites Écoles ont entendu bien du tapage dans leur maison (le vieux Séminaire). Je suis à prendre de prudentes et secrètes informations pour découvrir les *âmes en peine*. » Ce à quoi lui répond Hector-Louis Langevin dix jours plus tard : « J'espère que tu auras pu trouver les âmes en peine qui effrayaient les Sœurs des Petites Écoles [72]. »

Ces bruits furent d'abord attribués « à l'imagination de quelques esprits superticieux et visionnaires ». Mais, il fallut se rendre à l'évidence et « se convaincre de la réalité ». L'on ne pouvait en trouver la source ; ce n'étaient pourtant pas des fantômes : « Il ne s'agissait pas de fantômes épouvantables ni des bruits de chaînes, comme il est raconté parfois dans des récits fabuleux. » Et pourtant, les épouvantements étaient causés par des bruits identifiables mais dont la source

---

(69) *Liste des effets provenant de la collecte des Srs P.E.*, 4 p., octobre 1878, janvier et février [1879], ARSR, 202.100, 1878-32. Voir *infra* : 313.

(70) *RA* : 37.

(71) *CMM* I : 99-100.

(72) Edmond Langevin à Hector-Louis Langevin, Rimouski, 16 novembre 1876 : 2-3 ; Hector-Louis Langevin à Edmond Langevin, Québec, 28 novembre 1876 : 1, ANQ-Q, FFL, APG-134/40,3 et 134/3.

restait, elle, inexpliquée : « Mais c'était des portes fermées à clef ou
aux verrous, qui s'ouvraient le soir, même au milieu de la nuit – on
avait une porte fermée à clef et deux aux verrous – puis un bruit confus
dans les salles de classes, comme des tables et des bancs que l'on
pousse et tire en divers sens. » Ces phénomènes inexplicables dont les
plus peureuses avaient d'abord fait les frais remplirent bientôt « de
terreur même les plus hardies, surtout quand elles se fussent maintes
fois assurées par elles-mêmes que les verrous avaient été bien fermés
ainsi que la porte fermée avec la grosse clef. » Même sœur Marie-
Élisabeth n'est pas épargnée au printemps de 1878 : « La chère sœur
Marie Élisabeth qui veilla auprès de sa sœur malade eut de cruelles
frayeurs [73]. »

Sœur Marie-Élisabeth décide que des sœurs gendarmes doivent être
sur le qui-vive pour en savoir davantage sur ces « bruits des portes et
des bancs [qui] étaient entendus sur les dix heures du soir souvent
même après onze heures, quelquefois après minuit ». Tâche qu'elle
confie à ses deux lieutenants en qui elle a le plus confiance : « Ce fut
à ses généreuses et fidèles sœurs Marie Anne et Marie Lucie, toutes
deux remarquables par leur sang froid, qu'elle se confia pour être
gardiennes des portes ». Armécs « d'eau bénites et rameaux bénis sur
elles », elles partent « pour faire la tournée, allant d'une porte à l'autre
s'assurant qu'elles étaient bien fermées [74] ». Bientôt, elles doivent
constater que ces portes « d'elles-mêmes, bien qu'incontestablement
fermées à clef ou à verrou, s'étaient maintes fois ouvertes la nuit avec
fracas. Quelle ne fut pas la terreur des deux gardiennes quand, allant
d'une porte à l'autre pour s'assurer qu'elles étaient bien fermées, les
verrous s'arrachaient violemment, la clef tournait d'elle-même et les
portes, à tour de rôle, s'ouvraient toutes grandes sous leurs yeux [75]. »
Cependant, « le chapelet en mains, elles les fermaient de nouveau [76] ».

Un jour ou plutôt « Un soir que Mère Marie-Anne faisait la visite
de la maison, selon son ordinaire, en arrivant à l'infirmerie la porte se
mit à battre avec rapidité. » Elle arrive « en courant auprès de Mère
Élisabeth. Allez, lui dit la Mère, allez voir ce que c'est. Pâle et trem-
blante, Mère Marie-Anne se jette à genoux et dit en joignant les mains :
‹ Mère je ne suis pas capable, j'ai trop peur. › ‹ Avez-vous peur de
l'obéissance › répondit la Mère. Sans répliquer, Sr M. Anne partit avec
une compagne. » Sœur Marie-Élisabeth, qui avait voulu l'éprouver,

---

(73) *CMM* I : 100.
(74) *Ibid.* : 100-101.
(75) *RA* : 36.
(76) *CMM* I : 100.

reste cependant mère avant que d'être directrice et c'est pourquoi, si danger il y a, elle se doit d'être au rendez-vous : « Mais la bonne Mère ne manqua pas de les suivre pour les défendre au besoin. » Le témoignage se clôt sur cette morale tirée de l'histoire : « Bel exemple de fermeté d'un côté et d'obéissance de l'autre [77]. »

La peur désormais inextirpable favorise les tentatives d'explication. Le diagnostic du mal le rend moins angoissant. Certaines y voient la main du Malin intéressé à jeter à bas un autre Institut érigé à la gloire de Dieu : « Quelques unes attribuèrent ceci aux machinations du démon, qui rugissait de voir s'établir une œuvre qui contribuerait à la gloire de Dieu. » Pour chasser le diable, « elles jettèrent force eau bénite sur les portes et les murs. » Mais cela ne suffit pas.

Avant de s'en ouvrir à leur directeur, les Sœurs des Petites-Écoles « priaient le Sacré Cœur et Saint Joseph de les protéger [78] » mais leurs protecteurs attitrés faisant la sourde oreille, sœur Marie-Élisabeth doit envisager de mettre les autorités religieuses au courant : « Ce ne fut pas à la première épreuve qu'elles en avertirent le Grand Vicaire [...] Quand le Grand Vicaire en fut averti, il communiqua lui-même le fait à l'Évêque puis tout deux vinrent visiter la maison, les corridors, les salles de classes, les portes... » C'est plutôt aux âmes du purgatoire que l'évêque et le grand vicaire attribuent ces bruits.

Les rapports entre les âmes du purgatoire et les vivants sont faits de solidarité et donc d'interdépendance. Les âmes du purgatoire viennent invoquer les suffrages des vivants qui, à leur tour, pourront bénéficier des interventions de ces âmes une fois libérées de cette « prison de Dieu [79] ». Au Moyen Âge, ces appels et ces apparitions des résidants du purgatoire se manifestent surtout dans les milieux monastiques, ces derniers étant « plus aptes que d'autres à résister aux illusions diaboliques [...] et plus dignes de recevoir les messages authentiques et édifiants de Dieu [80] ». La dévotion aux âmes du purgatoire est particulièrement populaire au XIXe siècle.

Après avoir visité le couvent de fond en comble, « Monseigneur dit aux sœurs de ne pas s'affrayer, mais de prier beaucoup pour les âmes de ceux qui avaient été enterrés dans l'église, disant qu'il offrirait, le

---

(77) *Notes* : 4-5, ARSR 210.405, C. 4,8.

(78) *CMM* I : 100.

(79) Jacques Le Goff, *La Naissance du Purgatoire*, Paris, Gallimard, NRF « Bibliothèque des histoires », 1981, 509 p. : 428. La véritable naissance du Purgatoire daterait du XIIe siècle, Jacques Le Goff parle d'« une conquête du XIIe siècle » (179) et la première définition pontificale du Purgatoire est faite par Innocent IV en 1254 (379).

(80) *Ibid.* : 242.

Grand Vicaire et lui, des messes pour ses mêmes âmes. » Les âmes qui appelaient au secours ont-elles été délivrées ? En tout cas, les bruits « se firent entendre encore quelques fois dans les classes puis cessèrent enfin ». Mais, « non sans avoir causé de grandes frayeurs », car, sur une période de trois ans certaines sœurs furent confrontées plusieurs fois à ces phénomènes et, en conséquence, elles « restèrent peureuses [81] ».

Cependant, toutes ne furent pas témoins de ces phénomènes parapsychiques, par réserve, par prudence des détentrices du secret : « Ces faits furent toujours gardés aussi secrètement que possible dans la crainte d'effrayer les meilleurs sujets, on tâchait aussi de les laisser ignorer à celles qui donnaient peu de signes de vocation, dans la crainte qu'une fois sorties elles ébruieteraient le fait au dehors, ce qui aurait causé de nouveaux désagrements à la Communauté déjà si éprouvée [82]. »

Sixième station : Une communauté sous influence ou le palais gouverne le couvent

Les jours d'automne qui se succèdent possèdent tous la particularité d'être « excessivement tristes ». L'on se rappelle les deux chères sœurs disparues : « Le 6 octobre rapelle la mort de sœur Marie du Sacré Cœur, on allait souvent prier sur les deux froides tombes, les froids ne permettent plus cette triste consolation [83]. »

Pendant que le grand vicaire s'apitoie sur leur sort de pauvres démunies, il ne cesse par contre d'ajouter à leur fardeau et de les appauvrir encore, puisque, connaissant « la pauvreté de la Communauté, cependant il continuera à demander aux curés des paroisses d'envoyer des sujets », alors que « la maîtresse des novices ne croit pas qu'il soit opportun d'admettre toutes celles qui demandent leur entrée [84] ».

Sœur Marie-Élisabeth a été théoriquement investie des pleins pouvoirs quant à la gouverne du noviciat, lorsqu'elle a été nommée par Mgr Langevin, directrice des études et maîtresse des novices. Dans les faits, les éminences du palais épiscopal, les deux frères Langevin, n'auront de cesse de s'immiscer dans le gouvernement interne de l'Institut. Or, ils ne sont pas réellement en mesure de juger ou d'apprécier à leur juste valeur les aspirantes ou les postulantes qui ont soin évidemment d'avoir une conduite plus qu'exemplaire en leur présence.

---

(81) *CMM* I : 100.
(82) *CMM* I : 101.
(83) *CMM* I : 97.
(84) *Ibid.*

Toutes les communautés religieuses connaissent le même problème, celui de devoir séparer l'ivraie du bon grain. Il n'est pas d'exception pour les Sœurs des Petites-Écoles. Et c'est un tourment constant pour sœur Marie-Élisabeth : « Mais, il y avait de l'ivraie parmi le bon grain, on le savait... Le bon Dieu se sert souvent de la malice des hommes pour épurer, dans le creuset de la souffrance, l'âme déjà belle à ses yeux, mais qu'Il veut purifier davantage[85]. » L'on sait de quelles misères la maîtresse des novices eut à souffrir de quelques postulantes :

> Une autre tribulation – entre plusieurs sur lesquelles il convient de garder le silence – était propre à émousser le courage de Marie-Élisabeth : c'était les misères indicibles que causaient des sujets impropres à la vie religieuse. Comme nous l'avons vu, Monseigneur l'Évêque tenait fortement à ce que l'établissement ne formât que des institutrices laïques – ce qui ne requérait pas des sujets toutes les qualités exigées pour la vie religieuse – et Son Excellence gardait l'administration générale de tout ce qui la concernait. Ainsi, aucune aspirante ne pouvait entrer ni sortir sans son autorisation ou l'agrément du confesseur de la Communauté qui partageait son autorité. Les charitables prêtres ne pouvaient supposer la moindre malice chez des âmes qui venaient apparemment chercher Dieu et, ignorant sans doute tout ce dont est capable une femme capricieuse ou entêtée, se fiaient à toutes les avances, à toutes les plaintes, à tous les prétendus repentirs. De la sorte, celles qui auraient dû être expulsées dès les premiers mois prolongeaient trop longtemps leur séjour et exerçaient de toute manière la vertu de la pauvre Mère[86].

C'est que le grand vicaire « donne peut-être plus d'attention à la quantité qu'à la qualité des groupes[87] ». En effet, « Les postulantes se multiplient et elles n'ont pas toutes la même intelligence ni les mêmes vertus, il y a des caractères revêches, des esprits opiniâtres et égoistes qui n'ont aucune notion de la vie religieuse, elles sont venues, l'on croirait se faire une chez-soi...[88] ». Et c'est probablement tout à fait exact.

À la fin de novembre, le grand vicaire décide d'admettre à la vêture les six postulantes. Sœur Marie-Élisabeth s'y objecte, elle veut « restreindre le nombre au moins diférer pendant quelques mois pour quelques unes[89] ». L'abbé Edmond Langevin finit par condescendre à remettre la cérémonie de la prise d'habit au dernier jour de décembre,

---

(85) *CMM* I : 91.
(86) *RA* : 37.
(87) *CMM* I : 92.
(88) *Ibid.* : 93.
(89) *Ibid.* : 97.

ce qui leur donnera amplement de temps « *Pour qu'elles ce corrigent*[90]. » Et, comme toujours, le porte-parole fidèle de l'évêque ajoutera : « Sa Grandeur a autorisé ce nouveau renfort à la Communauté... [91] » Sœur Marie-Élisabeth a sûrement tiqué à cette dénomination du bataillon en question. Malgré ses réticences, elle ne peut sans doute pas imaginer qu'une seule persévérera et que les deux tiers d'entre elles quitteront les rangs le mois suivant. L'une en particulier, l'inquiète davantage. Protégée du grand vicaire, Marie Rouleau, bien que novice pendant plus d'un an chez les Carmélites, est « d'une légèreté incorrigible ». La maîtresse des novices « désirait la laisser vieillir », mais le grand vicaire, arguant qu'elle est l'aînée du groupe et « qu'elle se corrigera [92] » l'admet sans réticence.

Comme il est d'usage, le grand vicaire reçoit les six postulantes dans le Tiers Ordre la veille de la vêture ; « le Grand Vicaire veut des Tertiaires, sinon des religieuses » conclut la chroniqueuse. C'est également leur directeur qui donne l'habit le 31 décembre aux nouvelles élues :

Marie Rouleau dite Sœur Marie du Rosaire.
Philistine Bois dite Sœur Marie-Étienne
Léocadie Beaulieu dite Sœur Marie-Joséphine
Léonie Santerre dite Sœur Marie de la Croix
Émilie Gagné dite Sœur Marie-Germain
Félicité Gosselin dite Sœur Marie-Cyprien

Comme une préfiguration des heures plus noires encore qui allaient suivre, tous les éléments sont en place lors de cette vêture du 31 décembre : « La cérémonie est solennelle, elle impressionne toute l'assemblée et apporte une douce gaité du foyer, tandis que la chapelle est à peine chauffée, le repas au réfectoire n'annonce nullement un jour de fête et le froid de la nuit fut si intense qu'il éloigna le sommeil [93]. »

Septième station : La servitude aux mains glacées

Cette nouvelle vêture qui apporte à sœur Marie-Élisabeth une joie ternie de sombres appréhensions qui, hélas ! se réaliseront, clôt une année si incroyablement acharnée à leur perte qu'elle ne peut guère imaginer pire. Et pourtant, pire il y aura. « Le réveil de l'ère de 1879, ne jette que de pâles reflets sur les espérances si souvent déçues de Sœur Marie Élisabeth : La plus profonde misère s'étend sur la petite famille, qui compte aujourd'hui, vingt novices et une postulante [94]. »

---

(90) *CMM* I : 98. Le soulignement est de l'annaliste.
(91) *Ibid.*
(92) *CMM* I : 98.
(93) *Ibid.*
(94) *CMM* I : 99.

Les bouches toujours plus nombreuses dont plusieurs imposées par le grand vicaire contre le désir même de la maîtresse des novices, combinées aux revenus presque inexistants, pratiquent de larges trous d'inconfort allant jusqu'à la misère chez le petit groupe.

Même un travail procuré par le grand vicaire leur est davantage fardeau que contrepoids à leur dénuement. En septembre 1877, constatant une fois de plus leur pauvreté, le grand vicaire, chargé des finances à l'évêché, les avait instituées buandières de l'évêché, « leur fournissant chaudrons, cuves, seaux, etc. » Sur le coup l'on croit que « ce lavage [...] assez considérable [...] apportera un joli gain ». Mais dans l'effervescence du moment, l'on n'avait pas tout prévu · « que de misère on eut pour l'eau et le bois, l'eau sépuisait dans le puits qui était près du hangar et il fallait payer 20 sous pour chaque tonne d'eau de la rivière [95]. »

L'on ne peut guère en effet imaginer maintenant à l'heure de l'eau courante, de l'électricité et de nos buanderies sophistiquées tout ce qu'impliquait alors ce travail. Car « pour emménager une buanderie il faut plus que des cuves et des seaux ; il faut de l'eau et du feu du savon, etc. des tables pour repasser, il y a du linge fin à l'Évêché. L'eau on l'achète à la tonne, c'est à dire, on paie le charretier qui nous l'apporte et le bois est fort dispendieux, celui du moulin, il faut payer pour le faire charroyer [96]. » Mais dans leur indigence, « toutes sont contentes d'accepter l'offre fait par le Grand Vicaire [97] ». Elles ne s'étendent pas sur cette tâche mais les *Annales* des Dominicaines conservent des témoignages sur ces pénibles corvées réservées obligatoirement aux plus robustes qui « se voyaient condamnées parfois à vie, aux travaux de la buanderie [...] dans l'épaisse et fétide humidité [98] ». Les murs de la vieille église ont déjà emmagasiné des décennies d'humidité que ne va pas chasser maintenant leur unique poêle toujours en manque de combustible adéquat. Et puis, il n'en est guère de robustes parmi elles en manque aussi de chaleur et de pain. En cet hiver rigoureux où l'on a peine à se procurer du bois, quand par extraordinaire « il ne manque pas absolument l'on ne fait pas de feu, pour n'en pas manquer », s'ajoute le problème de « l'eau qui vient par tonnes quand les chemins sont remplis de neige par suite de tempêtes qui se suivent, on est bien embarrassées pour les grands lavages de l'Évêché ». Et le grand vicaire « voit tout cela, mais il ne peut y remédier [99] ». Leur

---

(95) *CMM* I : 128.
(96) *CMM* I : 77-78.
(97) *Ibid.* : 78.
(98) Voir Giselle Huot, *Une femme au séminaire* : 288 et *passim*.
(99) *CMM* I : 88-89.

travail leur coûte presque autant qu'il leur rapporte. Si l'on tient compte des énergies déployées et des santés qui s'y esquintent, l'opération buanderie se solde par un énorme déficit.

Sœur Marie-Élisabeth, généreuse et compatissante à l'excès, tourmentée par la vie miséreuse, « l'excès de privations auxquelles sont assujetties les jeunes sœurs, généreuses et fermes, qui sont venues auprès d'elle pour y servir le Bon Dieu et la religion [...] se sent en quelque sorte responsable de leur santé, ce bien unique qu'elles possèdent [100] ». L'on ne sait ce que fait sœur Marie de la Passion qui réside alors au couvent. Trop occupée sans doute par son programme de vie austère et contemplative ou charitable à l'extérieur du couvent pour s'apercevoir de l'état infiniment critique où se trouve la petite communauté. « Dans cette détresse », c'est sœur Marie-Élisabeth – n'est-elle pas après tout la maîtresse des novices, celle qui a charge d'âmes, leur mère donc – qui prend l'initiative de demander « au Grand Vicaire de leur donner quelques ouvrages pour les fabriques : hosties, cierges, réparation du linge d'autel, etc. » Mais il y a belle lurette déjà que « Monseigneur a disposé ces industries en faveur des Sœurs de la Charité ». Et pour cause, c'est qu'elles « sont aussi très pauvres ajoutera le G[rand] Vicaire, elles ont besoin d'aide pour soutenir leurs œuvres... ». Septième station : Jésus tombe pour la deuxième fois. Sœur Marie-Élisabeth ploie davantage encore sous le faix de la croix.

Huitième station : Le rouge et le blanc ou le feu volé

Le transbordement de leur couvent de la maison Parent à la vieille église auréolée de sa position si rapprochée de la cathédrale, s'était fait au début de l'automne 1876. On ignorait encore jusqu'à quel point cette grande construction en pierre de quatre étages, de 80 sur 46 pieds, était hospitalière au froid, aux vents de tout acabit qui s'y infiltraient par les moindres et trop nombreux interstices : « Ici, le froid se faisait encore plus sentir. La vieille église laissait pénétrer le vent de tous les côtés [101]. » L'on conçoit facilement qu'un seul poêle – en le voyant le grand vicaire avait hoché la tête – pour chauffer cette immense maison ne pouvait venir à bout ni de l'humidité persistante ni du froid de plus en plus glacial à mesure qu'avançait l'hiver.

Déjà « l'automne, il fallait disperser les lits pour avoir un peu de chaleur à la salle du noviciat, dans une petite chambre attenante à la cuisine et encore on y souffrait de froid [102] ». Et comme si le ciel s'était

---

(100) *CMM* I : 99.
(101) Annales citées dans A. Tessier, *Les Sœurs des Petites-Écoles* : 76.
(102) *CMM* I : 128, selon le témoignage de Sœur Marie-Lucie (Eulalie Lévêque).

aussi ligué contre elles, et se montrait aussi oublieux que la terre, l'hiver de 1878-1879 est particulièrement rigoureux : « Le froid fut extrême pendant l'hiver 1878-1879, aucun corridor était chauffé, l'on portait du feu dans une vieille chaudière afin de réchauffer nos doigts qui s'engourdissaient sur nos mauvais instruments de travail[103]. » Car il faut, le soir, après toute la journée consacrée à l'étude, profiter du temps qui reste pour faire les travaux de couture, de tissage et de tricot si elles veulent « conserver [leurs] pratiques ». Autour d'une lampe à faible lueur, pour économiser le pétrole, leurs doigts glacés se démènent : « la salle du noviciat en même temps salle de classe et de couture chacune avait une buche pour s'assoier. Le soir on mettait la lampe sur une buche et l'on baissait la lumière pour menager le petrole et l'on s'assayait sur les talons pour coudre, car les jours étaient employés une grande partie à l'étude et l'on voulait conserver nos pratiques ceux qui nous donnaient de la couture et du tricot[104]. »

Mais bientôt ces pauvres travaux, en l'absence des salaires des institutrices, ne suffisent plus à assurer leurs besoins vitaux. Il est pire encore que d'avoir un seul poêle : un seul poêle qui n'a plus une seule bûche pour l'alimenter.

N'en pouvant plus de gelures, d'engelures, de frimas qui couvre et recouvre tout, ensevelissant ardeurs et énergies, « Un jour l'on se hasarda de demander du bois à Monseigneur, il en avait de grosses piles tout près[105]. » L'évêque de répondre que pour ne pas « mecontenter ses gens » – qui doivent bûcher le bois – il préfère leur donner de l'argent pour qu'elles puissent s'en procurer, ce qu'il fait sur le champ. Mais, vu la cherté du bois, les « cinq piastres » offertes ne durent guère.

Sans plus d'argent et sans plus de crédit – « Personne ne voulait nous en vendre à crédit[106] » – et n'osant réitérer leur requête à l'évêque, elles ne savent quel parti prendre.

Le froid de ce pays, avait déjà écrit Marie Morin, l'annaliste de l'Hôtel-Dieu de Montréal, dont le père, Noël Morin, est un ancêtre de sœur Marie-Élisabeth, « ne peut estre compris que par ceux qui le soufrent[107] ». L'une des fondatrices dira plus tard, lorsque se rappelant

---

(103) *CMM* I : 129.

(104) *Ibid.* : 128.

(105) *CMM* I : 129.

(106) *CMM* I : 129-130.

(107) Marie Morin, *Histoire simple et véritable. Les Annales de l'Hôtel-Dieu de Montréal, 1659-1725.* Édition critique par Ghislaine Legendre, Montréal, Les Presses de l'Université de Montréal, coll. « Bibliothèque des lettres québécoises », 1979, xxxv, 349 p. : 104.

ces jours si rudes, qu'elle croyait impossible de tant souffrir de froid sans en mourir [108].

Les doigts sont gourds, engourdi le cerveau, glacés les pieds, frissonnant tout le corps, à les croire affligées toutes de la maladie de Parkinson. Le corps se refuse à tout repos. Marchant la nuit, marchant le jour, les sœurs point ne se réchauffent, mais ne font que déplacer le vent et le froid qui les talonnent et qui s'imbriquent dans leur sillage. Comment travailler lorsque le corps ainsi surexcité, est enfiévré de froid et sans aucune nourriture non plus ou si peu pour le sustenter et ainsi faire rétrograder le processus de frigorification : « nous passions une partie des nuits à marcher et le jour l'on était pas mieux pour travailler, nos mains s'y refusaient [109] ».

Elles marchent ou plutôt pour se réchauffer elles mettent des pas bout à bout au lieu d'enfiler des bûches dans le poêle et à la lueur des bougies elles projettent sur les murs des ombres chinoises, de sorte qu'à les voir on les croirait plus nombreuses. Nombreuses, elles ne le sont que trop pour le nombre des bûches et l'indécente nudité du garde-manger.

Et quand elles décident de se coucher, elles n'ont pas suffisamment de couvertures pour les maintenir au chaud : « Nous avons passé des mauvais jours et des nuits plus mauvaises encore sans bois, nous n'avions pas suffisamment de couverture pour nous garantir du froid. » Si seulement la laine avait pu s'étendre à la mesure de leur cœur : « Celles qui avaient apporté plusieurs couvertures partageaient avec celles qui en avaient moins [110]. »

Des prières et des prières plus tard, et plus de froid encore, tous les possibles ayant été envisagés, et tentés, et, évidemment, désastreusement empêchés, l'on se résout à l'irrésoluble. Persuadées que Dieu ne peut vouloir la mort des filles qui pour sa gloire endurent depuis si longtemps le maximum des souffrances au-delà desquelles la vie n'est plus permise, elles doivent en venir à l'ultime et désastreuse conclusion qu'il leur faut pour survivre mourir encore un peu. Elles décident d'aller voler un peu de feu. Enfin, voler est un bien grand mot, un emprunt à rembourser aux jours meilleurs qui ne manqueront pas de venir, les pires, après tout, sont déjà là, passés et présents : « enfin ne sachant quelle partie prendre, on se décida d'aller prendre du bois sur les piles de l'Évêché pendant la nuit et de régler le compte avec le G[rand]

---

(108) *RA* : 25.
(109) *CMM* I : 130.
(110) *CMM* I : 129.

Vicaire aussitôt qu'on aurait de l'argent [111]. » Le froid, c'est lui le voleur qui sape les énergies, qui mine les volontés, qui détourne l'esprit de l'étude et à vrai dire de tout, de tout ce qui n'est pas lui. Il envahit tout, règne en maître et en tyran. Elles doivent avoir le front de lui faire face, de tenter à défaut de lui faire complètement échec, d'abolir son emprise sur elles. Peut-on s'imaginer la douleur de sœur Marie-Élisabeth, elle pour qui la vertu doit tout primer, mais qui est néanmoins responsable de plusieurs vies qu'elle doit défendre au péril de ses terribles maux de conscience ? Mais Dieu qui voit tout le sait bien Lui ce qui en est.

Et c'est ainsi que chaque nuit la marche forcenée d'un bout à l'autre du couvent pour se maintenir en vie se transforme en raid vers l'évêché : « comme des voleurs, la nuit venue, nous allions discrètement à travers les bancs de neige vers les batiments de l'évêché – cinq ou six – nous en prenions à la hâte la provision du lendemain [112] ». Bientôt les serviteurs de l'évêché constatent lorsqu'ils vont chercher du bois que ce qui en reste ne correspond pas à ce qu'ils y avaient laissé lors de leur dernier passage. La chronique ne dit pas qui ils soupçonnent de faire ainsi main basse sur les cordes, mais simplement : « bientôt les clairvoyants serviteurs s'appercurent du larcin [113] ». Cependant, les jours passant, la nécessité n'étant pas moindre et la pauvreté pire encore, les incursions en terrain épiscopal doivent se poursuivre : « il fallut user de précaution et de ruse en détournant le chemin et profitant des nuit de tempêtes [114]. » Les restantes, le nez collé au pan non givré de la fenêtre, les voient s'éloigner, les rodeuses en robe de cendre, nuques courbées, plongées dans la tourmente de la tempête et dans les affres du danger par surcroît.

Enfargées dans leur honnêteté et leur fierté, empêtrées dans leurs lourdes jupes qui s'appesantissent à chaque pas de honte, de neige et de tempête, la peur pendante au coin du souffle, effilochée à l'encoignure du cœur qui bat d'inégales mesures, les sœurs vont par cinq, comme membres d'une même main, cueillir un peu de feu. Six parfois, une pour chaque jour de la semaine. De cette randonnée elles reviennent, transies de froid dans leur trop léger manteau, s'amincissant de minute en minute, aveuglées par vent et poudrerie, croulant littéralement sous le faix des lourdes bûches, la tempête exacerbée leur disputant ce butin qui par elle seule leur est accessible, mais, par contre, par ses furieuses rafales, ravalant généreusement leurs traces,

---

(111) *CMM* I : 130.
(112) *Ibid.*
(113) *CMM* I : 130.
(114) *Ibid.*

les soustrayant ainsi aux détectives de l'évêché. À mesure qu'elles font un pas, puis un autre, enjambées trop courtes pour leur course clandestine, leur respiration haletante souffletant ce qui leur reste de peur ou de saine raison, leur cœur comprimé par un étau peu à peu se dilate à la pensée de toute cette chaleur repliée en cocon dans leurs bras à donner à leur mère, à leurs sœurs. Elles savent que Dieu n'a pas même détourné les yeux. Il accède à leur transparence, à leur désir et à leur promesse de rembourser Monseigneur jusqu'à la dernière cendre.

Elles arrivent enfin au lieu de leur tourment et de leur joie, et se précipitent dans la vieille église aussi froide que les fosses du cimetière tout près. Celles qui sont restées s'empressent autour des arrivantes, les délestant qui de leur fardeau, qui de leurs gants d'inconsistante laine protégeant mal leurs doigts gelés, sillonnés d'éraflures et incrustés d'échardes, qui de leur manteau, qui de leur coiffure mouillée, lesquels ne protègent plus de rien depuis belle lurette et minutes infinies passées. Sœur Marie-Élisabeth est là qui les réunit près du poêle où elle met en sacrifice quelques bienveillantes bûches. La cheminée muette jusqu'alors laisse échapper soudain de douces volutes bleues que la tempête rageuse et la nuit complice dissimulent aux regards curieux d'éventuels insomniaques.

L'on se rassemble près du feu, partageant la chaleur filoutée, partageant enfin leurs peurs, unies de cœur, de prière, de reconnaissance pour la mission accomplie et le péril couru mais évité, les complications sournoises d'un face à face gênant. Car comment expliquer aux âmes bien pensantes et bien nées qu'on puisse voler le feu de Monseigneur ? Bien sûr, ce n'est pas le bois qu'elles prennent, c'est le feu qu'elles empruntent. Mais, déjà, leur réputation dans certains esprits rimouskois est en deçà des bornes de la plus infime des bienveillances. Toutes ces vieilles filles, chuchote-t-on, qui veulent s'inventer un statut de respectabilité, de piété même, de charité encore. Les surprendre dans un tel geste que ne s'en gausserait-on !

Mère Marie-Élisabeth jamais ne pourra rembourser cette dette. Celle-ci et bien d'autres, c'est à Mgr Langevin lui-même qu'elle les confiera plus tard. Mais elle racontera au grand vicaire ce triste épisode de leur impécuniosité : « Un jour, cependant, Marie-Élisabeth lui déclarant qu'elle avait envoyé quelques sœurs, pendant la nuit, chercher du bois appartenant à l'Évêché pour prévenir de trop grandes souffrances, il parut touché et ne lui fit pas le moindre reproche [115]. »

---

(115) *RA* : 36.

Neuvième station : De froid en faim ou le pain dur

Dans la ville, l'on ignore tout ce qu'elles souffrent, du moins la chroniqueuse généreusement le suggère. Elles ne le publicisent pas à la face de la société rimouskoise. Par vertu sûrement, par fierté sans doute, par crainte peut-être d'effrayer d'éventuelles aspirantes. En tout cas, elles cachent à leurs familles leur situation désespérée de peur que celles-ci ne fassent pression pour leur faire réintégrer la maison familiale :

> Il est certain que les gens de bien de la ville de Rimouski ne surent jamais qu'imparfaitement l'extrême disette qui régna dans la pauvre communauté pendant les premières années de son existence, car plus d'une main bienfaisante se serait ouverte pour y porter secours. La nécessité des pieuses fondatrices n'était pas de celle qui s'étend nue et suppliante devant les foules, l'inspiration généreuse qui leur avait fait chercher dans les privations et les sacrifices un aliment à leur zèle, motive leur réserve même vis à vis de leurs propre famille dans la crainte que l'on essayat à ébranler leur constance en leur suggérant de retourner à leur foyer [116].

La multiplication des bouches n'ayant pas entraîné la multiplication des pains, miracle pourtant quotidiennement espéré, il faut grappiller les moindres miettes et les distribuer avec parcimonie. Non seulement le pain, préparé à partir d'une « farine très médiocre » était-il franchement « mauvais », mais encore écrit la chroniqueuse, « jamais nous en avions suffisamment pour apaiser la faim, nous n'en mettions que sept ou huit tranches dans la corbeille quand la famille était de douze à quinze ». Pour sœur Marie-Élisabeth qui « prenait très peu de nourriture on tâchait de lui mettre une tranche de bon pain » mais elle en laisse, ce qui fait s'exclamer l'annaliste : « Non, jamais, jamais, j'en aurais de reste moi [117]. » Toutes pourtant ou presque sont attentives aux besoins de chacune et chacune se privant pour l'autre, il reste du peu que l'on a, si bien que sœur Marie de la Passion se croit presque en terre d'abondance : « souvent le gruau, potage, n'était pas en quantité dans le plat, les premières qui se servaient en prenaient une très petite quantité, les autres faisaient de même, si bien qu'il en restait dans le plat, ce qui fit dire à sœur Marie de la Passion, à l'Évêque qui lui demanda : ‹ avez-vous de quoi manger › ‹ Oh ! oui, répondit-elle il en reste dans les plats. › [118] »

Le menu rituel du repas principal se compose de « pommes de terre apprêtées avec un peu d'herbe et de lard, ou de suif quand le lard manquait, du pain bis, une infusion d'orge grillée pour breuvage », et

---

(116) *CMM* I : 133-134.
(117) *CMM* I : 130.
(118) *RA* : 12.

ces aliments étaient « en petite quantité, trop petite souvent pour apaiser la faim [119] ». En de multiples occasions, les sœurs après s'être battues contre la faim toute la journée, tombent dans leur lit glacé sans souper ou si peu, et sans guère plus trouver de repos : « Souvent l'on s'est couchées sans souper ou l'on prenait si peu de nourriture que l'on ne pouvait pas appeler cela un souper, le breuvage du matin était de l'orge grillé, le soir l'on mangeait cette orge avec un peu de gruau [120]. »

Jusqu'à l'été dernier leur jardin leur avait procuré quelques légumes. Pour le soir l'on préparait « de la soupe avec de la poulette grasse – herbage – ou des feuilles de navets [121] ». L'une, rieuse, racontera plus tard : « C'est pendant ce temps de misère que j'ai eu la dévotion de manger des herbes des champs, des feuilles de navets, etc. avec quelques années encore de ce régime, ajoutait-elle, j'étais de force à faire un bon anachorète [122]. »

Mais la faim continuant à les tenailler,

un jour poussé par la faim, trois de nous allèrent au jardin, on arracha la plus grosse carotte et la partagèrent à la hâte, quand on vit sœur Marie Élisabeth sortir – au même moment une sœur venait à elle avec un écheveau de laine que les mites avaient endommagée, disant : « Les mites l'on tout mangé ». Sœur Marie Élisabeth faignant la surprise repeta : « Elles l'on toute mangé » – l'une des délinquantes qui n'avait entendu que les derniers mots, crut qu'il s'agissait de la carotte, dit piteusement : « j'en ai encore un petit morceau dans ma poche ». On rit de la méprise, mais notre chère sœur Directrice parut émue, car elle savait que c'était la faim qui nous fit agir ainsi [123].

Car bien entendu, elles n'ont pas le droit, selon la règle, de manger hors du réfectoire. En une autre occasion « deux sœurs s'accusèrent d'avoir mangé hors du réfectoire, interrogées par la maîtresse, elles répondirent avoir mangé des patates crues à la cuisine ». L'annaliste qui connaît bien l'infinie indulgence de sœur Marie-Élisabeth pour les fautes qui n'en sont pas lorsque les esprits sont droits, les cœurs généreux, bien qu'enveloppés tout de même d'une nature humaine qui connaît à certains jours ses limites, commente : « on s'imagine que l'admonition ne fut pas forte [124]. »

---

(119) *CMM* I : 130.
(120) *Ibid.* Aussi « Cette orge, extraite de la cafetière et mise dans de l'eau sucrée, servait au souper. » (*RA* : 10.)
(121) *CMM* I : 130.
(122) *RA* : 12.
(123) *CMM* I : 130-131.
(124) *CMM* I : 131.

Sœur Marie-Joseph avait reçu en cadeau de son frère, une petite vache dont le lait s'avérait un précieux breuvage pour les malades. Au printemps de 1878, « arrivée trop précocement elle sentit bientôt la misère des nouveaux maîtres, le printemps si tardif ; on a dû lui donner toute la paille des paillasses pour l'empêcher de mourir de faim. » Le grand vicaire avait alors permis à sœur Marie-Joseph de la mettre « au pâturage des vaches de l'Évêché ». La grande dévote « attribue à son Saint Patron » l'intervention de leur directeur, ce qui fait dire à l'annaliste : « il lui faudra recourir de nouveau à son bienveillant Saint pour obtenir de la paille pour remplir ses paillasses [125]. »

Leur côté optimiste ou humoriste devait les faire se trouver chanceuses de n'avoir pas grand mal à suivre les préceptes de Mgr Langevin qui conseille les repas frugaux car « sans cela, les sens s'appesantissent, l'esprit s'alourdit, les idées s'obscurcissent et alors impossible de s'appliquer sérieusement à rien. Le travail mental devient pénible, en même temps que la digestion [126]. » Et puis, ce n'était pas demain la veille que l'adage ou la crainte de sœur Marie de la Passion, « La table en tue plus que l'épée », allait se réaliser. Faute de victuailles, point de ripaille. À moins, bien sûr, qu'on le transforme par l'ajout de quelques variantes : « La table nue... », « La table vide... » ou « L'absence de table... ». S'écoule une éternité de jours aussi pleins de travail et d'étude que de dépense vide et de ventres creux. La misère s'allongeait longuement comme l'orge du matin au soir. Jusqu'au jour où le cycle se complète : il faut avoir recours à Monseigneur.

Elles se souviennent de l'année précédente alors que, pour participer à l'effort contre la famine, « l'évêché avait donné deux grosses têtes de bœuf gelées, portant cornes et fourrure » ! Il ne fallait pas être pressées pour manger, car « avant qu'elles furent dégelées et préparées pour le pot-au-feu nous étions à la deuxième semaine du carême. » Magnanimement l'annaliste explique : « Il faut dire que nous n'étions pas outillées pour faire ce travail des bouchers [127]. »

Ce souvenir leur sert tout de même d'incitation : « Pendant ce même hiver de 1878-79, deux des plus hardis osèrent aller demander à l'Évêque des restes de sa table ». Mais à l'encontre de la table du riche, rien n'est tombé : « soit oubli soit malveillance de la part des servants on n'obtient rien ». Il est vrai que certains serviteurs à l'évêché leur sont hostiles et peut-être ont-ils pris sur eux d'enfouir leur demande

---

(125) *CMM* I : 92.
(126) Jean Langevin, *Cours de pédagogie ou Principes d'éducation* : 347.
(127) *CMM* I : 131.

avec les ordures ? Mais le pasteur, leur pasteur qui « avait autorisé les débuts de cette œuvre dans sa ville », lui qui « était pourtant compatissant pour la misère des pauvres », lui qui « chaque jour [...] nourrissait des morceaux de sa table les nécessiteux », aurait dû veiller sur elles, alors qu'il ne fit rien, « il ne songea pas à soulager cette souffrance [128] ». Pourtant, elles sont nombreuses les communautés religieuses débutantes qui ont dû recourir à de tels expédients et dont on a entendu la prière.

Monseigneur veut-il faire comprendre à sœur Marie-Élisabeth que seul il doit décider de leur destinée, qu'il a comme le seigneur droit de vie et de mort sur leur groupe, si ce n'est sur leurs personnes ? Qu'elle doit songer à se mettre au diapason de sa volonté si elle veut assurer leur survie ? Encore, elle tient bon et quand elle a fini d'égrener toutes les miettes de son pain dans sa bouche, la prière déjà est dite. L'acte de faire est plus expressif et plus résonnant que prière de bouche. « Le monde a plus besoin, écrit-elle, de bons exemples que bonnes paroles. Le peuple demande le pain du bon exemple et ne le trouve pas [129]. »

Dixième station : Les désertions

Naviguant de froid en faim et de faim en froid, les natures bientôt s'épuisent et certains caractères s'aiguisent de terribles âpretés. Les indignations ciselées fusent sous des reproches peut-être d'abord voilés mais qui s'élancent bientôt librement, le vent lourd de récrimination dans les voiles, dans les discours d'abord réprobateurs puis accusateurs. Jusqu'à l'ultime condamnation : seule la désertion semble un choix sans appel entre la vie et la mort.

Le pourcentage si élevé de privations, de frustrations ne peut qu'éclater en un feu d'artifice libérateur. La vie leur a si longtemps fait défaut qu'il faut soudain à tout prix la récupérer. On ne le peut plus ici. Les souvenirs sans merci ont remplacé toutes lueurs même d'espérance. La confiance est morte, sans appel. La rancœur, par contre, s'est nourrie jour après jour de chaque manque, de chaque souffrance, jusqu'à n'être plus qu'un grand cri qui clame sa délivrance.

Le plus terrifiant dans l'agression de la souffrance et de la privation continuelles, c'est la désertification, l'engourdissement de l'âme et partant le danger de la dureté. À tant s'endurcir pour résister, pour survivre, on finit par résister à la grâce, à la beauté des êtres, à l'amour même. On devient la parfaite incarnation du pardon refusé. La

---

(128) *Ibid.*

(129) Mère Marie-Élisabeth, *Sentences*, LV, ARSR, 210.205, 10 ; dans *Sur le chemin de la vie...* : 170.

mémoire seule complaisante envers ses malheurs, grands il est vrai, sert de poids qui fait évidemment lourdement pencher du côté de l'accusation et de l'aigreur.

La hargne qu'on met alors à tout saccager contient sans doute pour une part un blâme sévère envers soi-même, qu'on s'attarde à refuser de voir, qui n'en peut mais de mauvaise conscience. La colère de croire qu'elles ont mal engagé leur vie sur une route de traverse remplie de travers qu'elles doivent quitter sans avoir atteint leur but. Le ressentiment du temps perdu, du futur engagé de nouveau défait et remis sur le métier sans avenir devant.

L'alibi pour leur bonne conscience réside dans la passation à l'attaque, c'est sœur Marie-Élisabeth qui écope, qui se trouve sur la ligne de tir des reproches et des accusations, minces pastiches, croient-elles, des souffrances endurées, une forme vengeresse pour les inhumaines souffrances subies au fil des jours tous plus froids et faméliques les uns que les autres. « Le découragement s'empare bientôt de quelques unes qui souffrent extrêment du froid et se communique rapidement parmi les moins vertueuses [130] » Toutes pour la plupart femmes de bonne volonté, elles ne sont pas nécessairement de la trempe dont on fait des martyres.

Le plus douloureux pour sœur Marie-Élisabeth sans doute est que l'hallali est sonné par sœur Marie de la Purification (Élisabeth Falardeau). Vieille amie de sœur Marie-Jeanne-Françoise de Chantal, la directrice l'avait sans doute connue à Québec. Elle est arrivée à Rimouski en avril 1876, a reçu l'habit le 2 février 1878 et, même si elle n'est pas passée par l'École normale, elle est institutrice diplômée. Elle a été la compagne d'enseignement de sœur Marie-Élisabeth à l'école de Rimouski : « Sœur Marie de la Purification se retire la première avant le jour [du] 1er anniversaire de sa vêture. Elle était âgée de 43 ans, était dans la maison depuis deux ans et demie. Elle avait été une bonne aide auprès des élèves de la classe des garçons ». C'est précisément en évoquant cet enseignement pour lequel elle a reçu un salaire qui a été versé dans la bourse trouée de la communauté, qu'elle exige un quelconque dédommagement : « aussi elle demandait des indemnités pour ses services [131]. »

Il y a belle lurette, bien sûr, qu'aucun chelin n'a subsisté de ses labeurs : « Sœur Marie Élisabeth n'avait rien a lui donner. Mais ses bonnes compagnes devinèrent son secret embarras et elles lui vinrent

---

(130) *CMM* I : 99.
(131) *CMM* I : 99.

en aide : l'une donne une robe, une autre un manteau, une troisième du linge de lit, etc, si bien qu'on remplit sa valise ». Toutefois, ce n'est pas sans avoir accusé une fois de plus sœur Marie-Élisabeth – où était encore la supérieure, sœur Marie de la Passion en ces moments cruciaux ? – qu'elle sortira définitivement de la vie communautaire : « cependant la pauvre fille ne partira pas sans avoir fait entendre des plaintes amères contre la maîtresse, qui a ses dires, n'avait pas eu soin de sa santé [132]. » Cette accusation, nul doute, a plongé comme un coup de poignard dans le cœur de sœur Marie-Élisabeth, et elle sera peut-être l'un des arguments qui mènera à la nuit d'angoisse.

Ce premier départ n'est qu'un signal et a effet d'entraînement : « Ce départ fut suivi de près de celui de Sœur Marie du Précieux Sang, puis plusieurs des novices d'hier ramassèrent leur modeste bagage et s'éloignèrent avant d'avoir épuisé leurs forces au service de la Communauté [133]. » Admise peu après sœur Marie de la Purification, sœur Marie du Précieux-Sang (Marie Labrie) avait revêtu l'habit en même temps qu'elle. Quatre des six novices qui ont revêtu l'habit le 31 décembre précédent, le « renfort » annoncé par l'évêché dont plusieurs n'auraient été reçues si sœur Marie-Élisabeth avait pu avoir le dernier mot, emboîtent le pas, sœur Marie du Rosaire, sœur Marie de la Croix, sœur Marie-Germain et sœur Marie-Cyprien : « Au cours du mois de janvier suivant, quatre des novices sus-mentionnées, ainsi que Marie de la Purification et Marie du Précieux-Sang, quittèrent le foyer, non sans avoir causé plus ou moins de désagrément à la chère Mère Marie-Élisabeth qui joignait à son énergie accoutumée la patience et le calme [134]. » Sœur Marie-Élisabeth s'était fortement objectée à la réception de la première, qui voudra faire un nouvel essai plus tard, soutenue encore par le grand vicaire.

Certaines d'entre elles réclament quelque compensation. La désinvolture et l'amer reproche en bouche, elles revendiquent ce à quoi elles avaient renoncé. Que donner ? Celle qui n'a rien en trouve. Tout juste une offrande pour faire oublier l'implacable indigence qu'elles n'ont que trop partagée et dont elles ne connaissent que trop encore l'acharnement sangsuesque, mais que dans leurs exigences elles refusent de prendre en compte.

Sœur Marie-Élisabeth comprend qu'elles sont pauvres aussi même si la pauvreté à laquelle elles retournent semble la richesse à côté de la leur. Pour tenter de les rendre moins amères, pour les remettre un

---

(132) *Ibid.*
(133) *CMM* I : 99.
(134) *RA* : 38.

peu d'accord avec la vie qu'elles vont tout de même quitter, sœur Marie-Élisabeth est prête à tout donner, même ce qu'elle n'a pas. Elle craint en même temps pour celles qui restent et pour toutes ces autres qui voudraient venir et s'en abstiendront, confrontées à l'écoute de telles expériences de désolante et décourageante servitude :

> D'autres après avoir passé quelques mois au pauvre logis, s'en retournaient en demandant des indemnités pour leur travail, notre pauvre mère n'avait rien à leur donner tâchait cependant de les contenter en leur donnant quelques morceaux de linge ou autres effets le peu que nous possédions. Je me rappelle que nous avions que cinq serviettes et que Sœur Marie Élisabeth en donna trois à une fille qui partait, la chère Sœur aurait tout donner pour contenter toutes celles qui s'en allaient. Une fille lui écrivait un jour avec reproche lui demandant trois taies d'oreiller et deux serviettes qu'elle ne trouvait pas dans ses effets [135].

Sœur Marie-Élisabeth s'affaire donc dans des gestes presque sonores dans le lourd silence gorgé de prière compensatoire pour toutes les paroles qu'elle voudrait leur dire et qu'elles ne sont plus en mesure d'entendre. Ce ne sont pas dramatiques égarements de brebis perdues à la recherche desquelles elle pourrait aller. Leur départ est scellé dans leur irrépressible volonté du non-retour. Elles passent la porte, les mains vides croient-elles. Pourtant ces mains vides apportent l'indispensable presque de celles qui restent.

La ferveur des débuts passée pour plusieurs d'entre elles au sas de la faim et du froid et de toutes privations y annexées avait transmué la communauté en passoire de défections. En quelques jours, les effectifs se trouvent réduits de près du tiers. Claquemurée dans le froid et la faim, la communauté n'était pas encore sinistrée. Mais pas loin.

Onzième station : « La nuit d'angoisse [136] »

Sœur Marie-Élisabeth a compris que pour celles qui partaient, le ressentiment chagrin, la presque haine au cœur même pour certaines, ne s'adressaient pas tant à elle-même, qu'elles se cantonnaient plutôt dans l'accusation pour sanctionner leur propre innocence face à un choix fait librement pourtant et en toute connaissance de cause. Mais devant leur vie sacrifiée qui s'en va à vau-l'eau, l'autojustification

---

(135) *CMM* I : 129.

(136) L'archiviste actuelle des Sœurs de Notre-Dame du Saint-Rosaire écrit : « nous pensons que l'expression ‹ la nuit d'angoisse › remonte au tout début tant elle fait partie de notre histoire. Il est possible que l'appellation soit venue de celles mêmes qui ont vécu cette nuit. » (Jeanne Desjardins, r.s.r. à Giselle Huot, Rimouski, 4 avril 1991 : 2.)

semble nécessaire pour expliquer la falsification de la tangente qu'a prise leur vie. Elle a compris et elle a pardonné du grand cœur qu'elle a.

Comment leur reprocher de ne pas avoir développé dans leur incertain destin une accoutumance déraisonnable et insensée à l'acharnement excessif de la misère qui laisse les corps vêtus de froid et nourris de faim ? Comment en vouloir à l'amie de Québec, désormais l'ex-sœur Marie de la Purification ? On ne peut jamais à ce point manquer d'élégance et de grâce sans être allée loin sur le chemin de la grandeur éclipsé tout à coup de dessous son âme, comme un tapis tiré de dessous ses pieds.

L'émouvance de son âme est grande pour la mouvance migratoire des membres disparus car c'est un peu de sa vie qui émigre ainsi au loin et dont elle ne reprendra plus possession. Elles parties, est cependant restée, flottant comme un lourd reproche, l'accusation d'Élisabeth Falardeau. L'accusation fait route jusqu'au cœur de sœur Marie-Élisabeth déjà trop encline à assumer des responsabilités appartenant à bien plus haut qu'elle.

Pendant ce temps au couvent, le mois de février « s'écoule sombre et glacé ». Le carême qui s'ouvre par le mercredi des cendres du 26 février « n'ajouta rien à l'abstinence et aux jeûnes », car « les mortifications sont de tous les jours ». En revanche, « elles redoublent de ferveur, prières, supplications. Jamais elles en ont senti un plus pressant besoin ; elles réitèrent les neuvaines à Saint Joseph, les litanies de la sainte Vierge et litanies de la sainte Providence, elles implorent le ciel les bras en croix devant le tabernacle... [137] ». Mais le ciel se montre aussi muet et aussi implacable que l'évêque ou par l'évêque, et sœur Marie-Élisabeth qui a jusqu'alors tout supporté avec une relative sérénité s'éteint tout doucement de l'intérieur, laissant à nu son visage désormais sans sourire : « Le ciel est d'airain, la douce gaieté de Sœur Marie Élisabeth se voile... l'Évêque se renferme dans un silence qu'elle n'osera plus sonder. Son cœur est broyé sous le coup d'une indisible angoisse, elle se demande quel est donc le but de l'Évêque ? [138] »

En son cœur se pressent les questions auxquelles elle ne trouve pas de réponse : « Il n'est donc pas satisfait de leur persévérence, de leur courage, les souffrances qu'elles ont endurées, il l'ignore, mais leur constance, leur activité à l'étude, leur obéissance à ses volontés, leur ardeur à suivre ses leçons de pédagogies afin de se rendre habiles pour l'enseignement cette ensemble de bonne volonté et d'énergie, n'a pu

---

(137) *CMM* I : 101.
(138) *Ibid.*

lui échappés [139]. » Sa réserve à l'occasion s'est oubliée et « il eut plus d'une fois des paroles les plus encourageantes pour la directrice du noviciat et des classes ; il témoigna aussi intérêt et satisfaction aux groupes réunis auprès de la maîtresse quand il lui plaisait de les interroger [140]. » Tout cela relève désormais du passé. Maintenant « Pourquoi n'a-t-il plus un mot d'encouragement, une nuance de bienveillance à leur égard ? Pourquoi ?... »

Le grand vicaire, par contre, est aussi présent que l'évêque est absent. En tant que directeur de la communauté, il remplit loyalement sa tâche en leur faisant des conférences, en leur disant la messe, en les confessant, etc. Mais sa loyauté est d'abord tout acquise à son frère l'évêque. Certains prêtres du diocèse s'en plaindront d'ailleurs, qu'il pouvait difficilement défendre leurs intérêts, assujetti qu'il était aux volontés de son frère, l'autorité par excellence du diocèse.

Si donc « on ose l'interroger il répondra invariablement : ‹ Il faut en référer à Sa Grandeur ›. Le Grand Vicaire sera toujours de l'avis de l'Évêque ». Et la chroniqueuse d'ajouter après coup : « c'est son droit et son devoir ». Son devoir étant ainsi tout tracé par l'évêque, et sans prendre en considération l'avis de la maîtresse des novices, « il continuera à admettre les filles qui se présentent, leur donnera le saint Habit et repettera constamment sur le même ton les grandes pénitences du Séraphique Saint d'Assise sa pauvreté, ses humiliations, ses mortifications, etc, etc. [141] »

Pour sa part, sœur Marie-Élisabeth observe vis-à-vis de ses filles un mutisme frère de celui de l'évêque à son égard. Elle doit rester forte pour elles toutes, ne pas leur inculquer cette désespérance qui chaque jour envahit davantage les recoins les plus profonds de sa foi en leur vie religieuse : « Sœur Marie Élisabeth ne dira pas sa pensée, il faut laisser à ses chères compagnes leur confiance, leur espoir, mais pour elle le mirage s'évanouit et l'avenir lui apparaît sous de lugubres formes, ses craintes, ses douleurs elle les cachent au fond de son cœur [142]. »

Et dans cette descente aux enfers, le plus insupportable, le plus douloureux, c'est son existence contaminée par l'irréductibilité de l'apparente indifférence de l'évêque ou serait-ce par l'irritante et intraitable certitude qu'elle lui prête et qu'effectivement il a, de les avoir à l'usure : « il est pénible pour elle de constater l'indifférence de

---

(139) *CMM* I : 101.
(140) *Ibid.*
(141) *CMM* I : 101.
(142) *CMM* I : 102.

l'Évêque, ce si digne et si respecté ancien Principale de l'École Normale Laval qui lui porta bienveillance et intérêt à son arrivée à Rimouski aussi pendant ces deux premières années qu'elle prit la direction de la petite communauté... [143] » Jusqu'à ce jour fatal où sœur Marie-Élisabeth ose affronter ouvertement sa volonté sur la question des vœux religieux pour sa communauté, où peut-être elle ose le confronter aux promesses qu'il lui fit pour l'attirer d'abord, puis pour la retenir en sa ville épiscopale.

Sœur Marie de la Passion est de nouveau absente. La souffrance est maintenant au nord du soleil. C'est l'heure entre chien et loup où la grisaille et le flou du jour et l'obscur du soir basculent dans l'incertitude et une fraternité inquiétante. En ce soir de février 1879, de la fin de février probablement, il est 5h30, l'heure de la visite au Saint-Sacrement.

À chaque jour qui passe, la vie acquise semble retraiter. « Le marchand de farine refuse d'en donner un quart à crédit, le fournisseur de bois attend au moins un à compte avant d'en livrer de nouveau ; le froid est intense, les dernières buches s'éteignent au foyer : Marie Élisabeth épanche ses larmes au pied du tabernacle [144]. »

Le corps ravagé de terribles privations, sœur Marie-Élisabeth est épuisée d'enharnacher ses émotions à la récurrence de pensées qui entraînent aux dérapages de l'âme. Elle n'en peut plus de museler ses démons intérieurs. Plaide-t-elle d'abord d'une prière un peu trop haute d'indignation peut-être ? Après tout, le Christ lui-même au jardin des Oliviers a vu la plainte de son cœur monter jusqu'à ses lèvres en paroles dont le seul énoncé était accusation : « Seigneur, Seigneur, pourquoi m'as-tu abandonné ? » A-t-elle répété aussi ces mêmes mots ? Elle y a droit, l'exemple est là qui l'absout déjà.

Un jour, cependant, les ténèbres enveloppèrent son esprit.

C'était un soir de février 1879. Marie de la Passion était absente ; le vent mugissait au dehors ; la bûche s'éteignait au foyer ; le dénuement était complet. Pas une lueur d'espoir ne brillait au ciel nébuleux de la famille infortunée ; enfin la misère était à son comble. Le cœur de Marie-Élisabeth se serra d'angoisse et son courage chancela : le contrecoup de tant de secousses la brisait... Le trouble envahit son âme [145].

Les ondes des cloches de la cathédrale apportent l'Angelus du soir qui s'infiltre à travers les murs du couvent et dont une partie va

---

(143) *CMM* I : 102.
(144) *Ibid.*
(145) *RA* : 38.

longuement mourir tout près sur les flots « décarcanés » de leurs glaces.

La Vierge Marie ! N'écrira-t-elle pas un jour : « Si mon âme est blessée, j'invoquerai Marie ; mes plaies seront pansées par les mains de Marie [146]. » C'est à elle qu'elle voudra confier sa communauté. C'est peu après la nuit d'angoisse qu'elle « l'avait voué à la Sainte Vierge par une consécration particulière dont les vénérables anciennes ont gardé souvenance », car « La pieuse Directrice, en voyant tant de maux fondre sur son Institut naissant, avait fait ce que fait une mère en présence du berceau menacé de son enfant [147] ». Plus tard, elle a sur un canevas brodé sa sentence : « Ô Marie, tendre Mère défendez dans le combat la petite famille dont vous êtes la Mère et la première supérieure [148]. »

C'est peut-être en se rappelant la terrible parole d'Élisabeth Falardeau que sœur Marie-Élisabeth fait appel à la Mère d'entre les mères. A-t-elle le droit, elle, de mettre en danger la santé de ses filles si frêles déjà, venues chercher toit et protection dans le couvent qu'elle dirige ? « Pourquoi, se dit-elle, poursuivre une œuvre irréalisable ?... Ne suis-je pas injuste de laisser ces chères filles, qui se reposent sur moi, dans des privations trop continues et trop fortes pour leur santé ? Ne serait-il pas plus agréable à Dieu de conserver moi-même, pour le service des enfants, le reste des forces que j'épuise en vain ?... [149] »

6h15, l'heure du chapelet où chaque grain sous les doigts est un hymne-invocation à la Vierge. Le souper suit à 6h30. Le souper ! peut-être de nouveau cet orge grillé du matin dilué dans de l'eau sucrée. Pour elle, c'est peut-être la dernière Cène, mais elle n'a même pas de pain à partager avec ses disciples. C'est vers la mort qu'elle s'en va, elle la sent dans son corps si malade. Elle aurait tant aimé avant ce jour asseoir sa communauté sur des bases solides et mourir religieuse, le rêve de toute sa vie : « Pauvre Mère ! elle se voyait

---

(146) Mère Marie-Élisabeth aux sœurs Marie du Sacré-Cœur et Marie Jean l'Évangéliste alors à la mission de Saint-Gabriel, Rimouski, [fin janvier 1880] : 4 ms, ARSR, R-3. Reproduite dans *Précieuses miettes. Lettres de notre vénérée Mère fondatrice et de Mère Marie de Saint-Jean l'Évangéliste aux Sœurs dans les missions*, [Rimouski, Maison mère des Sœurs de Notre-Dame du Saint-Rosaire, s.d.], 48 p. : 6.
(147) *RA* : 39.
(148) Voir Monique Vaillancourt, r.s.r., Marthe Gagnon, r.s.r., Hermance Gagnon, r.s.r., *La Vierge Marie dans la Congrégation des Sœurs de N.-D. du St-Rosaire (1874-1924) et théologie mariale aujourd'hui*. Rimouski, Sœurs de Notre-Dame du Saint-Rosaire, 1979, 7 p. dact. : 2.
(149) *RA* : 38.

mourir sans avoir réalisé ses vœux ; elle entrevoyait la dispersion de celles qu'elle chérissait avec tendresse [150]. »

À 7h00, c'est la récréation suivie de l'étude à 8h00. La nuit est maintenant tombée, elle vient ajouter une ombre qui de toute façon a voilé ce jour, dès son matin, où le découragement a atteint l'amplitude de la largeur du fleuve en face de Rimouski. Est-ce à la chapelle que sœur Marie-Élisabeth passe la récréation ? « Il est huit heures du soir, dit la *Chronique*, « Sœur Marie Élisabeth se relève, elle est plus forte, elle rassemble ses sœurs à la salle du noviciat où la faible lueur de la lampe ne donne qu'un demi jour [151]. » Sœur Marie de la Passion n'est pas là en ces heures cruciales. Elles sont treize au couvent selon la *Chronique*, comme à la dernière Cène. Lors de celle-ci l'un a dû se retirer, celui qui a trahi. Sœur Marie-Élisabeth est trahie aussi, par deux novices qui ce soir-là « manquent à l'appel, ce sont les Sœurs Marie François d'Assise et Marie Joséphine [Léocadie Beaulieu], celles-là ne sont jamais de l'avis de leurs compagnes ; elles ne voient en la maîtresse qu'une adversaire, de là de continuelles confidences au Grand Vicaire. » Heureusement, « Dix compagnes fidèles entourent la sœur aimée. » Que va-t-elle leur dire ? « Va-t-elle leur ouvrir son cœur ?... dévoiler à ses sœurs ce que le silence de l'Évêque lui révèle ? Non, sa fierté s'y oppose [152]. » Elle va leur rendre leur liberté. Les obliger à choisir. Et partant, courir le risque de les voir abdiquer. Et espérer sans doute désespérément les voir s'accrocher à leur rêve, à l'accomplissement de leur vœu intrinsèque : « elle leur dira : ‹ Mes chères Sœurs, nous allons nous séparer, vous mourez de faim et de froid ici, retournez chacune dans vos familles. Le bon Dieu que vous êtes venu servir tiendra bon compte de vos sacrifices ; oui, partez discrètement et épargnons-nous mutuellement les déchirements d'un dernier adieu. › [153] »

Comme le capitaine du navire, elle veut rester la dernière, tant que son bateau n'aura pas complètement sombré. Peut-être une main secourable arrêtera-t-elle le naufrage comme autrefois par la bienveillance de Yahvé, « Le soleil se tint immobile au milieu du ciel et près d'un jour entier retarda son coucher [154]. » Elle a le cœur aux larmes, et les yeux bien près du cœur. L'âme dévastée d'une telle inexpugnable détresse oppressant sa faible poitrine, envahissant sa gorge pour

---

(150) *Ibid.*
(151) *CMM* I : 102.
(152) *Ibid.*
(153) *Ibid.*
(154) Josué 10, 13.

s'épandre jusqu'aux yeux, se transmet dans sa voix cahotante butant sur les sanglots : « ‹ Je resterai la dernière, dit-elle, je veillerai encore quelques jours auprès du tabernacle › – les larmes étouffèrent ses dernières paroles [155]. »

Mais toutes celles qui sont là, toutes celles qu'en son cœur elle a choisies aussi, « toutes, d'une voix unanime s'écrièrent : ‹ non, non, nous ne vous quitterons pas, nous ne pouvons pas, nous ne voulons pas vous quitter... › [156] » « Des sanglots répondirent à cette émouvante proposition et, dans un sentiment unanime d'héroïque confiance, ses chères filles protestèrent que jamais elles ne quitteront celle qui soutient si maternellement leurs pas chancelants et les prévient de mille sollicitudes ; que, s'il faut mourir avant de voir la *Terre Promise*, elles mourront [157]. » Jamais, relate la *Chronique*, « les protestations de l'amour filial de Ruth la vertueuse moabite, ne furent plus éloquentes que la suppliante prière des chères novices et Marie Élisabeth aussi sensible que la belle Noémie acquiesce par son silence à leur filial et fraternel dévouement [158]. »

Cependant, sœur Marie Élisabeth craint toujours. Elle se souvient du mois dernier, lorsque la communauté s'était vu amputée de plusieurs de ses membres. Son cœur est désarroyé. « Sœur Marie Élisabeth se tut encore pour ne pas contrister davantage ses sœurs aimées qui n'ont pas, comme elle, la perspective d'une séparation prochaine presque inévitable. »

Toutes, elles se rendent à la chapelle « renouer, auprès de Jésus au tabernacle, les liens de leur mutuel et affectueux attachement ; là leur silencieuse supplique se prolongea jusqu'à une heure avancée de la nuit [159] ». Cependant, « Afin d'obtenir par d'importunes supplications, les secours d'en-haut et la force dont elles ont besoin, la plupart sollicitent la permission de passer la nuit auprès de celui qui, jadis, disait à de pauvres pêcheurs destinés à conquérir le monde : ‹ **Ne craignez rien, petit troupeau, car il a plu à votre Père de vous donner son Royaume.** › [160] » Les sœurs Marie de Jésus, Marie des Anges,

---

(155) *CMM* I : 102. Aussi « Sous l'impression de ces accablantes perspectives, elle convoqua la communauté et, les larmes dans la voix, exposa que, ne voulant pas être responsable de la perte des santés qui se détérioraient sans espoir de jours meilleurs, elle ne saurait pas mauvais gré à qui que ce soit de partir, affirmant cependant ne vouloir quitter le champ de bataille que la dernière. » (*RA* : 38.)

(156) *CMM* I : 102.

(157) *RA* : 38.

(158) *CMM* I : 102.

(159) *CMM* I : 103.

(160) *RA* : 38.

Marie-Edmond, Marie du Sacré-Cœur, Marie-Anne, Marie-Lucie et Marie-Étienne

passèrent la nuit entière auprès du tabernacle. Dans cette souveraine supplication au Dieu anéanti du Calvaire, où leur amour et leur douleur se confondent dans un suprême élan pour percer les voiles de l'inconnu, l'espoir renait dans les cœurs et de leurs yeux où se sont échappé des torrents de larmes, elles semblent entrevoir la réalisation de leurs désirs. C'est le champs du Père de famille, plus vaste que celui de l'honnête Booz, et elles les glaneuses fidèles, iront recueillir les petits enfants qu'elles formeront à la piété et à l'amour de Dieu, elles fourniront ainsi une gerbe précieuse au grand jour des divines moissons [161].

Pour sœur Marie-Élisabeth, il lui faut exorciser cette peur, une dérive dans le rêve, qui l'étoufferait et l'empêcherait de courir vers le champ qui attend d'être semé et moissonné.

C'est au pâle reflet de la lampe du sanctuaire que Marie-Élisabeth saisit, mieux que jamais, le regard de Jésus qui l'animait au combat, lui montrant le salaire du sacrifice : les âmes des petits, des ignorants... Soutenue par la générosité de ses compagnes, consolée de leurs protestations de fidélité inviolable, elle promit de nouveau à son Dieu de le suivre dans la lutte et dans les larmes, de soutenir les assauts de tous genres, le suppliant d'exaucer ses vœux de consécration à son service [162].

La route qui fend la nuit va-t-elle s'ouvrir par des moyens humains ? D'abord la préparer, la faire surgir bout à bout de prières et de foi. Puis l'on mettra un pied, deux ensuite, tout le corps s'engageant par la force de l'âme qui le tire des ténèbres où il s'embourbait. Deux corps, trois... onze sur treize maintenant à bout de souffle humain et pourtant si en deçà de ce qu'ils pourront encore accomplir. Croire. Foi. Espérance. Les ténèbres s'entrouvent. L'aube se lève au matin de leur cœur. La vie s'est blottie en elles quelque part cette nuit et a précipité le jour au contact de leurs vœux.

Résolues toutes à survivre, à œuvrer, encore claquemurées dans le froid et la faim, sœur Marie-Élisabeth se rappelle-t-elle les paroles de l'Évangile : « Ne vous inquiétez donc pas en disant : Qu'allons-nous manger ? qu'allons-nous boire ? de quoi allons-nous nous vêtir ? Ce sont là toutes choses dont les païens sont en quête. Or votre Père céleste sait que vous avez besoin de tout cela. Cherchez d'abord son Royaume et sa justice, et tout cela vous sera donné par surcroît [163]. »

---

(161) *CMM* I : 103.
(162) *RA* : 38-39.
(163) Matthieu 6, 31-33.

Le lendemain, sœur Marie-Élisabeth donne à sœur Marie-Lucie la permission de se rendre dans sa famille. Ayant toutes accepté si généreusement, si inconditionnellement d'œuvrer pour le royaume de Dieu, le reste leur est donné par surcroît : sœur Marie-Lucie « revient le surlendemain avec une voiture chargée de provision : plusieurs sacs de patates, des navets, des choux, du lard, du berlay, un peu de beurre et la promesse d'avoir dans un mois un gros pain de sucre. Sœur Marie Joseph reçoit de son père un voyage de foin pour la petite vache et deux sacs de patates. Quelques jours plus tard, elles reçoivent un quart de farine d'une manière inattendue, l'on ne sut jamais le nom du donateur [164]. » De plus, la seule postulante parmi les novices, Odile Sirois que le grand vicaire vient d'admettre à la vêture prévue le 29 mars suivant, « remet entre les mains de Sœur Marie Élisabeth la somme d'argent qu'elle a apportée, trente louis – $120.00. »

Une autre nuit de prières viendra illuminer l'humble petite chapelle, une action de grâces celle-là : « Les fronts s'épanouissent en présence de ces secours venus dans un moment si opportuns et les cœurs sentent le besoin de remercier... Cette fois, c'est Sœur Marie Joseph qui prend les devant, ses Sœurs la suivent : Sœurs Marie Jésus, Marie des Anges, Marie du Sacré Cœur, Marie Anne, Marie Lucie ; elles passent la nuit à la chapelle, prières d'actions de grâces devant le Saint Sacrement [165]. »

Plusieurs quêtes faites par les Sœurs des Petites-Écoles en février, à Saint-Fabien, Saint-Simon, l'Île-Verte, Saint-Arsène et Saint-Épiphane [166] ont probablement été autorisées par Mgr Langevin après « la nuit d'angoisse ». La vie et l'espoir reprennent tous leurs droits.

Douzième station : La tentation de l'obéissance

Pendant que l'hiver édulcoré se transmue en velléité de printemps, l'évolution de la vie des Sœurs des Petites-Écoles est plus lente encore. En ce mois de Saint-Joseph, c'est évidemment à lui que, pour favoriser l'émergence de la vie à laquelle elles ont promis de se consacrer, « les pieuses novices auront recours ; elles prieront, chanteront chaque jour un cantique en son honneur et réitèreront la récitation des sept

---

(164) *CMM* I : 103.

(165) *Ibid.*

(166) La comptabilité de ces quêtes révèle qu'elles ont reçu 56$ en argent et le reste en « nature » : 33 1/2 minots de blé, 30 1/2 d'avoine, 17 d'orge, 21 de pois, 3 de patates, 2 de seigle ; 638 livres de lard, 15 de poisson et 9 oies ; 163 livres de savon, 131 de filasse et 45 de laine ; 15 poches de toile, 97 essuie-mains, 2 aunes de flanelle, 4 verges d'indienne, 2 paires de taies d'oreillers, 5 draps de lit, 1 bonnet de nuit, 1 douzaine de paires de bas de laine, 1 paire de bottines de drap, 1 paire de souliers de drap, ainsi que 2 tasses et 1 poëlon de fer blanc. (*Liste des effets provenant de la collecte des Srs P.E.* : 4.)

douleurs et sept allégresses, il aura toutes leurs confidences qu'il portera à Jésus et à Marie [167]. »

À la fin de ce mois, pour pallier aux soupirs de regret qu'échappent quotidiennement les novices toujours en mal de vœux, la cérémonie de la cinquième vêture de la communauté, présidée par le grand vicaire en leur chapelle, admet en leurs rangs Odile Élisabeth Sirois [168], 31 ans, ancienne novice des Sœurs de la Charité d'Ottawa, qui prend le nom symbolique de leur vie, sœur Marie du Crucifix. Tout de même, cette cérémonie qu'on aurait aimé tout autre, « éveille des souvenirs et des espoirs... l'on se demande si la probation va durer indéfiniment... » et « Semblable à l'ami de la parabole qui frappe avec instance à la porte de son voisin pour avoir trois pains, nos patientes petites sœurs heurtent, sans se lasser, suppliant le divin Maître de leur donner les trois liens des vœux simples : pauvreté, chasteté, obéissance [169]. » Quant à la maîtresse des novices, « Que de doute, que d'angoisse dans le cœur de la chère Sœur Marie Élisabeth ! [170] »

Néanmoins elles sont « têtusement » persévérantes et le « 13 avril, c'est les joies de Pâques, grand et saint jour ! toujours solennel à la cathédrale, là elles goûtent les saintes joies, et ces joies sont expansives quand la ferveur se maintient même dans la souffrance, le Joyeux Alleluia ! on le chante à toutes les heures du jour [171] ».

Et malgré leur vie sans reconnaissance officielle, les recrues, sans affluer, continuent de s'intéresser à leur communauté, d'y vouloir entrer même. Cependant, l'inquiétude perce : a-t-on dans cette congrégation une chance réelle de devenir vraiment religieuse ? L'abbé Joseph-Eustache-Cyprien Gagné [172], curé de Saint-Paul-de-la-Croix, qui a déjà envoyé deux novices en leur couvent, sœur Marie-Edmond (Alice Fraser) et sœur Marie du Sacré-Cœur (Héloïse Deveau) désire faire de même pour deux autres paroissiennes. Seulement, si ce « bon prêtre ami du Grand Vicaire se montre intéressé envers l'Institut, il aimerait avoir quelques renseignements à son sujet, sa marche, ses

---

(167) *CMM* I : 104.

(168) Dans *RVP* : 4, le texte écrit par l'abbé Edmond Langevin, la nomme « Marie Odile Sirois », mais elle signe « Marie Elizabeth Sirois ».

(169) *RA* : 40.

(170) *CMM* I : 104.

(171) *Ibid.*

(172) Joseph-Eustache-Cyprien Gagné (1835-1906), né à Saint-Vallier, de Bellechasse. Études à l'École normale Laval de Québec. Ordonné à Rimouski, le 21 janvier 1872. Vicaire à la cathédrale de Rimouski (1872) ; vicaire à Mac-Nider (1872-1873) ; premier curé de Saint-Paul-de-la-Croix avec desserte de Saint-Clément-de-Témiscouata (1873-1880) ; curé de Sainte-Angèle-de-Rimouski (1880-1906), où il est décédé le 7 septembre 1906. (*DBCCF* I : 221.)

progrès, les jeunes filles qu'il a guidées vers la Communauté sont-elle toujours à l'état d'aspirantes ? » L'on comprend dans quelle perplexité se trouve pour lui répondre sœur Marie-Élisabeth, car l'ami du grand vicaire ne semble pas avoir obtenu beaucoup d'assurances de ce côté. Évidemment, lorsqu'elle répondra à sa lettre, « elle n'est pas en état de le renseigner, elle éludera ses questions et sollicitera le secours de ses prières, afin de connaître la sainte volonté de Dieu et de s'y conformer [173] ».

D'autre part, Luce Parent, qui deviendra sœur Marie de la Providence, une institutrice enseignant en Gaspésie, a déjà reçu « quelque encouragement » de sœur Marie-Élisabeth à l'été de 1878, mais devant l'incertitude de leur vie, la maîtresse des novices craint de lui faire abandonner son poste, de lui faire entreprendre un long voyage à grands frais et peut-être pour une bien pauvre réception en échange, car « depuis quatre ans elle attend pour voir la communauté s'établir sur des bases solides avant d'y rentrer [174] ». Sœur Marie-Élisabeth n'a pu répondre à ses dernières lettres « devenues plus pressantes, cependant pour se rendre aux désirs de M. le Grand Vicaire elle lui envoya un cahier contenant les prières quotidiennes de la journée et les principaux points du règlement que le Père directeur érigea lui-même, afin que la vieille institutrice fasse sa probation chez elle dans la Gaspésie [175] ».

C'est pendant le mois de Marie, si cher au cœur de sœur Marie-Élisabeth que survient la grande tentation, l'ouverture qu'elle attend depuis si longtemps. L'abbé Joseph-Ferdinand Audet, curé de Saint-Donat dans le comté de Rimouski, aussi desservant de la mission Saint-Gabriel « perdue dans les bois à neuf milles des premières habitations du village de Saint-Donat [176] », écrit à l'abbé Edmond Langevin pour lui demander les services de deux Sœurs des Petites-Écoles. La première réaction communautaire en est une de joie : « Cette nouvelle est reçue avec joie, Sœur Marie Élisabeth la communique à ses sœurs. Elles l'accueillent avec le plus grand plaisir, il leur semble qu'il serait si beau de se voir dans une pauvre école occupées à enseigner le catéchisme à ces pauvres enfants ; leur maîtresse leur a si souvent dit que cette tâche est si honorable et qu'elle serait si agréable à Dieu [177]. »

---

(173) Ni la lettre de sœur Marie-Élisabeth à l'abbé Gagné, ni celle de ce dernier à la première n'ont été retrouvées.

(174) *CMM* I : 116. Voir *infra* : 326.

(175) *CMM* I : 104.

(176) *RA* : 40.

(177) *CMM* I : 105.

La directrice doit cependant bientôt tempérer leurs dispositions d'acquiescement. Malgré ses désirs si semblables aux leurs, elle leur fait bientôt admettre que s'il est vrai que cette tâche est admirable, pour qu'on la mène à bien, il est indispensable de prononcer d'abord des vœux de religion qui vont assurer la stabilité de la formation et de l'enseignement. Ce discours, elle le tient aussi au grand vicaire, l'assurant que ni l'éloignement ni la pauvreté du lieu ne sont en cause, mais seul leur désir inassouvi :

> Sœur Marie Élisabeth est heureuse des belles dispositions de ses sœurs, mais elle leur dit qu'une classe n'est pas acceptable avant qu'elle aient fait les vœux de religion. C'est ce qu'elle dira aussi à M. le Grand Vicaire, elle lui dira que ses sœurs comme elle-même accepteraient avec joie la pauvre école de la desserte de St Gabriel que leur offre Monsieur le Curé Audet, qu'elles ne craindraient ni l'isolement ni la pauvreté. Cependant elle ajouta avec fermeté que ni elle ni ses compagnes consentiront à accepter une œuvre au dehors avant d'avoir émis les vœux de religion [178].

Le grand vicaire confronté à cette détermination farouche surseoit prudemment à trop d'insistance, il va jusqu'à « lui laisser entendre qu'il s'occuperait de la chose auprès de l'évêque, même il lui assura son concours pour tracer un règlement plus étendu et plus détaillé, afin de faciliter l'observance régulière quand elles auraient des vœux [179] ». En a-t-il touché mot à l'évêque ? L'on ne sait. Mais pendant qu'en ce « beau mois de mai, avec un redoublement de ferveur et de confiance, les sœurs suppliaient leur tendre Mère Marie de toucher enfin le cœur de leur Évêque et de les tirer de la cruelle incertitude dans laquelle elles vivaient », « les insinuations du bon Père directeur sont pour Sœur Marie Élisabeth que des prestiges qui la laissent toujours dans les mêmes incertitudes [180] ».

La chroniqueuse en utilisant le mot « prestige » qui signifie « artifice séducteur » rend parfaitement la machination du grand vicaire, plus digne d'une vassalité inconditionnelle envers son seigneur, que de responsabilité et d'élégance envers celles dont il est le directeur et qui se dit leur père. En contre-offensive, puisqu'il faut bien prendre les grands moyens pour casser une résistance qui ne se doit même pas d'exister, « tout en paraissant entrer dans les vues de Sœur Marie Élisabeth, il n'écrivit pas moins à M. le Curé de St-Donat que les sœurs des Petites Écoles étaient disposées d'aller prendre l'école de sa mission de St-Gabriel et lui conseillant de s'adresser directement à

---

(178) *CMM* I : 105-106.
(179) *CMM* I : 106.
(180) *Ibid.* : 106-107.

elles [181] ». Lui avait-il conseillé également l'esprit ou les mots qu'il fallait pour peindre la désolation où il se trouve afin d'amadouer les bonnes âmes des sœurs au point de leur faire rendre les armes ? Comment, en effet ne pas avoir envie de répondre à une telle lettre qui lance aux Sœurs des Petites-Écoles un appel de détresse et les incite à venir tout de suite, avant la visite épiscopale prévue pour juillet, y faire tout le bien auquel leur mission les destine ?

Mes chères Sœurs,

Je verrais avec un bien grand bonheur votre arrivée prochaine à St-Gabriel. L'institutrice est partie samedi. Je suis loin d'être satisfait de cette institutrice, les enfants n'ont rien appris. Les parents et les enfants ignorent les choses les plus élémentaires en fait de catéchisme ; je me vois forcé de faire faire la première communion qu'après et bien après la visite de l'Évêque. Si vous vouliez venir tout de suite remplacer la maîtresse qui est partie, vous rendriez un immense service à ces enfants que je pourrais probablement admettre à la première communion et à la confirmation pour la visite épiscopale.

Depuis longtemps je déplorais l'incapacité des institutrices ; je ne savais comment y remédier avec des commissaires si peu zélés, mais maintenant que les sœurs veulent bien se sacrifier à cette pénible besogne, j'ai hâte de les voir arriver et mon cœur ne sera soulagé que lorsque je vous verrai. Je suis désolé de voir tant de parents et d'enfants croupir dans l'ignorance des choses de la religion. Moi, je ne puis point faire grand chose pour leur instruction, ayant assez de l'administration des sacrements, les malades, etc. Il me faut donc des sœurs et au plus vite.

Vous êtes décidées, m'a-t-on dit, de faire des sacrifices, eh bien ! ne remettez pas à demain ce que vous pouvez faire aujourd'hui. Le bien que vous ferez d'ici à l'automne ce sera un grand trésor devant le bon Dieu.

En attendant, croyez-moi, avec sincérité

Votre ami dévoué dans le Sacré-Cœur

J.F. Audet, ptre. [182]

L'on conçoit facilement dans quelles transes de détresse, de désir, de vouloir et de résistance tout à la fois se retrouve sœur Marie-Élisabeth. Elle ne s'en ouvre pas à toutes. Une seule partage l'ampleur de ses appréhensions : « Sœur Marie Joseph est la seule confidente de ses tourments [...] et avec son sans gêne ordinaire, elle cherche l'occasion

---

(181) CMM I : 106.

(182) J.F. Audet aux Sœurs des Petites-Écoles, Saint-Donat, 27 mai 1879, ARSR, 202.100, C.2, 6 ; CMM I : 107.

de dire au bon Père directeur : ‹ Mon Père faites nous prononcer nos vœux puis nous irons partout où vous voudrez nous envoyer. › [183] »

Pendant ce temps, l'esprit de sœur Marie-Élisabeth, plus réfléchi, lui fait peser et supputer toutes les implications de cette lettre et l'inonde de questions :

> La lettre du Curé de St Donat, ne dit-elle pas assez les intentions du Grand Vicaire ? Sont-ce les intentions de l'Eveque ? Le Grand Vicaire n'agit-il pas d'après la volonté de l'Évêque ? Croit-il que sœur Marie Élisabeth reviendra sur la réponse donnée ? Prétend-il que les novices vont partir pour faire la classe à la mission de St Gabriel ? Est-ce l'évêque qui donnera des ordres ? Dans ce cas la résistance des sœurs serait une désobéissance formelle. Qu'adeviendrait-il dans ce cas ? Serait-ce la dissolution immédiate de leur association ?

Ainsi passent et repassent questions et scénarios dans l'esprit de la directrice : « Le jour, la nuit, Sœur Marie Élisabeth se fait mille questions sans en résoudre une seule [184]. »

Mais elle ne peut se déterminer à accepter ce qui serait le signal de la débandade face à leurs revendications. Pourtant, l'élan qui la propulse en avant est entravé par l'impérative volonté de l'évêque, il est retenu par l'obéissance – la plus irréductible des chaînes – qu'elle lui doit. L'indécision douloureuse qui chamboule toute sa vie intérieure lui fait tout de même mieux structurer son refus par la suite.

Il ne lui reste qu'à donner sa réponse à l'évêque. Que ça ! Comparaître devant celui qui a vu tant de prêtres trembler devant lui, comme l'écrira un jour le vicaire général de Rimouski au second évêque. Parlant de son règne d'un quart de siècle, il évoque ses « décisions qui faisaient trembler les bords du fleuve et du golfe St-Laurent jusqu'aux régions les plus reculées en les limites des grands comtés de Rimouski et de Témiscouata ». Il le revoit comme « le Dieu du tonnerre ! » aux « yeux étincelants, avec des tourbillons étranges, qui foudroyaient les récalcitrants à la rubrique [185] ».

Parce que sœur Marie-Élisabeth croit que leur identité inaliénable est assujettie à une puissance plus haute encore, « L'énergique Directrice demeura ferme dans sa détermination et protesta à Monseigneur l'Évêque, avec tout le respect possible, que l'acceptation de l'école de cette mission répondait à l'un de ses plus ardents désirs, mais que

---

(183) *CMM* I : 108.
(184) *Ibid.*
(185) Mgr Jacques-Louis Langis à Mgr André-Albert Blais, Rimouski, 16 juin 1891, AAR, Correspondance de Mgr J.-L. Langis. Voir aussi A. Désilets, *Hector-Louis Langevin* : 13.

jamais elle ne consentirait à une œuvre extérieure avant l'émission des premiers vœux annuels [186]. »

Treizième station : L'abandon de sœur Marie de la Passion

Mgr Langevin sans rien promettre mais... sans rien démettre non plus était parti effectuer sa visite pastorale [187]. La communauté demeure en sursis : « c'est un soulagement pour le moment [188] ».

C'est à cette heure cruciale [189] que choisit de rentrer sœur Marie de la Passion, partie depuis Pâques pour une tournée à Québec, Beauport et Sainte-Anne-de-Beaupré : « elle parcourt les endroits espérant obtenir des secours des sujets, mais elle obtient bien peu de succès [190]. » Est-ce vraiment pour les Sœurs des Petites-Écoles qu'elle fait toutes ces démarches ? Ne cherche-t-elle pas encore des encouragements concrets et secrets à ses propres projets ? Son attitude et ses démarches passées, de même que son absence presque continuelle de la vie de communauté et jusqu'à son comportement pendant son dernier mois passé à l'Institut doivent nous laisser sceptiques.

Mise au courant de ce qui est pour sa sœur et ses consœurs « la grande nouvelle », « elle se montre peu enthousiasmée de la demande de M. le Curé de St Donat, sans être indifférente aux soucis du bon curé, au sujet de l'ignorance des pauvres enfants ; mais les écoles paroissiales ne sont pas le but de ses rêves ». Pis, c'est quasiment le son du glas qui annonce l'enterrement de ses propres projets [191]. Son inquiétude double celle de sœur Marie-Élisabeth qui est constamment « perplexe et inquiète sur cette situation intolérable [192] ».

D'autre part, le grand vicaire « qui ne donne aucune assurance sur les intentions de l'Évêque », discourt allègrement par contre sur le costume, le règlement dans les missions, etc., jusqu'à ce qu'il convoque les sœurs les plus anciennes en conseil, le 10 juin 1879 [193] ou à la fin juin [194] selon les sources.

---

(186) *RA* : 40.

(187) La visite de Mgr Langevin qui débute à Saint-Octave de Métis le 4 juin 1879 se terminera dans la paroisse de Notre-Dame du Sacré-Cœur le 17 juillet 1879. Voir *Mandements de Mgr J. Langevin*, II, Nouvelle série, n° 14, 29 mars 1879.

(188) *CMM* I : 108.

(189) Au début de juin, selon *CMM* I : 108 et dans les derniers jours de mai, selon *RA* : 41.

(190) *CMM* I : 108.

(191) *RA* : 41.

(192) *CMM* I : 108.

(193) *RA* : 41.

(194) *CMM* I : 109.

L'assemblée présidée par lui réunit, outre la supérieure, sœur Marie de la Passion, et la directrice des études et maîtresse des novices, sœur Marie-Élisabeth, les sœurs Marie-Joseph (Apolline Gagné), Marie-Jeanne-Françoise de Chantal (Amélie Plamondon) et Marie-François d'Assise (Apolline Piché). Les délibérations portent sur les modifications à apporter au costume, sur les principaux points de règlement à adopter pour l'observance régulière à la maison mère et dans les missions et, enfin, sur un règlement particulier qu'il faut élaborer tant pour les sœurs institutrices que pour leurs élèves. Et, naturellement,

le Vicaire général qui décidait de tout conformément aux goûts et aux intentions de Monseigneur l'Évêque qu'il connaissait et partageait, s'opposait en tous points aux vues de sœur Marie de la Passion. Celle-ci n'approuvait pas le costume adopté à la majorité des voix, et le genre de vie déterminé par Monsieur le Vicaire général était en contradiction avec ses attraits rigides ; elle eut voulu de fréquentes et longues prières pendant la journée, des veilles, des oraisons pendant la nuit, des jeûnes fréquents et des abstinences prolongées, etc. Mais telle n'était pas l'intention de l'Évêque : « La multiplicité de ces pieuses pratiques, avait-il dit déjà, sont incompatibles avec les devoirs d'une maîtresse de classe ; les jeûnes et les abstinences ruineront trop vite une santé qu'il faudra dépenser auprès des enfants » [195].

Celle-ci voit dans le rejet de toutes ses propositions, advenant que l'évêque permette l'émission des vœux de religion, le signe de

l'anéantissement complet de toutes ses espérances. C'était, disait-elle, élaborer une œuvre qui déviait entièrement de son but, car elle, la première qui avait conçu l'idée d'une fondation, avait fait les premières démarches auprès de l'Évêque de Rimouski qui lui avait permis d'effectuer son projet dans sa ville épiscopale, voir aujourd'hui, son œuvre destinée à une autre fin, non, elle ne pouvait y coopérer. Ce tableau facinateur qu'elle a si longtemps caressé : ces malheureux, vieillards, infirmes, malades, orphelins, etc, qu'elle eut voulu recueillir sous un toit hospitalier, cet idéal de ses rêves allait s'évanouir à jamais [196].

De son plan original il ne reste rien, rien qu'« une phalange de jeunes vierges actives et laborieuses, à la vérité, mais dont l'action serait resserré dans un programme d'étude et d'enseignement ; des religieuses aux costumes appropriés au temps et aux usages, une nourriture substantielle afin de ménager des forces qui ne seraient employées qu'auprès des petits enfants des écoles [197] ».

---

(195) *RA* : 41.
(196) *CMM* I : 110-111.
(197) *CMM* I : 111.

Sœur Marie de la Passion se résout à se retirer de cette communauté qu'elle a tant voulu former, parce que celle qu'elle est devenue n'est pas celle qu'elle avait élaborée. Elle quitte définitivement Rimouski pendant l'absence de Mgr Langevin, toujours en visite pastorale, à la fin de juin [198] ou dans la deuxième semaine de juillet [199].

Quand les sœurs apprennent son départ, elles en sont « peinées, car toutes l'estimaient et admiraient ses vertus [200] ». Mais sœur Marie-Élisabeth, « le cœur brisé [201] », ressent « amèrement cette nouvelle épreuve [202] ». Sa sœur Louise qui de son propre aveu, a une affection particulière pour Élisabeth [203], avait vu l'affection de sa sœur amplement retournée. Et maintenant, Élisabeth reste seule, s'émouvant des doux souvenirs de son enfance alors que Louise, « cette sœur si vertueuse dont les paroles enflammées d'amour de Dieu et du prochain [...] avaient jadis éveillé dans son cœur les premiers attraits pour la vie religieuse ». Plus tard, Élisabeth sera l'une des premières confidentes chez qui Louise déposera en secret son projet de communauté religieuse. Bien sûr, elle n'était pas d'accord avec toutes ses idées, ni avec l'orientation qu'elle voulait donner à l'Institut. Cependant, celle qu'elle considérait comme « le plus solide pillier du jeune institut, elle dont les prières incessantes et sa vie si mortifiées si propres à attirer les bénédictions du ciel sur l'œuvre naissante, elle l'avait abandonnée [204] ».

De l'aventure des trois sœurs Turgeon en terre rimouskoise et en pays incertain, il ne reste plus, après le départ définitif de Louise et celui d'avant, tout aussi définitif d'Alvine, que sœur Marie-Élisabeth qui, « déjà éprouvée par tant de croix : les ennuis, les incertitudes, peut-être l'abandon de l'Évêque ne put cacher toute sa douleur à ses sœurs en cette occasion ». Celles-ci, ses seules sœurs désormais, « s'efforcèrent par leur tendre affection de combler ce vide profond dans le cœur de leur sœur aimée [205] ».

Quatorzième station : Le conflit des robes

La supérieure a levé l'ancre et a laissé l'œuvre. Il est d'ailleurs si difficile d'expliquer que Mgr Langevin l'ait maintenue si longtemps à

(198) *RA* : 41.
(199) *CMM* I : 110.
(200) *Ibid.* : 111.
(201) *RA* : 41.
(202) *CMM* I : 111.
(203) Voir *supra* : 150.
(204) *CMM* I : 111.
(205) *Ibid.* : 112.

la tête de la communauté, alors qu'elle est presque continuellement absente, toujours en quête de ressources qu'elle destine à d'autres œuvres que celle qui est la fin avouée des Sœurs des Petites-Écoles, constamment à la recherche d'appuis pour ses nouveaux projets qu'elle ne cache nullement à l'évêque, sinon que parce qu'elle est moins dangereuse que sa sœur Élisabeth.

L'on ne saura jamais ce que Mgr Langevin avait promis à son ancienne élève de l'École normale pour l'inciter à venir à Rimouski. Mais nous croyons qu'il n'est pas impossible qu'il lui ait fait miroiter la possibilité de fonder une communauté religieuse. Comment expliquer autrement cette lettre du 29 août 1875[206] où il offre aux trois postulantes de prononcer immédiatement leurs premiers vœux ? Là non plus nous ne saurons jamais pourquoi exactement elles n'ont été reçues qu'à la vêture et non à la profession.

Il était donc impérieux dans ces conditions où Mgr Langevin résiste à la fondation d'une communauté religieuse, que sœur Marie-Élisabeth n'ait pas pleins pouvoirs ni pleine autorité dans sa propre communauté. En la maintenant au poste de directrice des études et de maîtresse du noviciat l'évêque s'assure *ipso facto* de l'excellence des études, de l'enseignement et de la formation religieuse des sujets. D'autre part, elle n'a pas pleine latitude pour œuvrer, ce qui lui aura causé tant de travers et de tracas.

Il la connaît bien. Il sait qu'elle saura déférer à l'autorité de la supérieure, sa sœur qu'elle aime et qu'elle respecte. D'autre part, le projet de sœur Marie de la Passion n'a aucune chance de voir le jour. En tant que supérieure, elle demeure quantité négligeable pour l'évêque et une entrave pour la directrice.

Mais le propre projet de Mgr Langevin que sœur Marie-Élisabeth a fait sien et dont ils sont tous deux tant pénétrés de l'utilité, voire de la nécessité, viable puisqu'on fait déjà appel aux services des Sœurs des Petites-Écoles, ne diffère que par le choix de la robe et évidemment de tout ce qu'elle représente. Il est d'autant plus dangereux d'octroyer à sœur Marie-Élisabeth de trop grands pouvoirs.

Étant supérieure, elle devrait évidemment se soumettre en dernier lieu à l'autorité de l'évêque. Mais en ne l'étant pas et devant, de plus, obéissance à une supérieure dont la conception de la communauté est tout autre que la sienne, les obstacles s'accumulant de part et d'autre, elle n'est pas au bout de ses peines, et loin encore de pouvoir atteindre son but.

---

(206) Voir *supra* : 220.

Puisqu'il la connaît bien, il sait qu'elle est douce, mais fermement douce ou doucement ferme, capable d'aller au bout de ses idées. Elle n'est pas la fille de son père pour rien, son père qui tout en étant fervent catholique s'est si souvent retrouvé en position de combat face aux curés de sa paroisse, qu'il était prêt à poursuivre en justice, ce qu'il a fait d'ailleurs, pour défendre ce qu'il croyait devoir être défendu. Élisabeth a du Louis-Marc dans le chignon !

Maintenant que sa sœur Louise a quitté, la confrontation entre l'évêque et sœur Marie-Élisabeth sera plus directe et peut-être plus douloureuse encore s'il est possible.

La tentation de l'obéissance est toujours là. N'a-t-elle pas été obéissante pendant ces quatre longues années ? Elle a tant souffert. Les conditions labyrinthiques de leur vie, le périlleux exercice que constitue l'apprentissage de marcher sans condition, sans proclamation, sans apposition de sceau, comme des étrangetés revêtues de robes de grossière étoffe, vouées aux quolibets, exposées au chemin des crachats. Les précipices de l'attente sans fin, la tombée dans l'espérance, les aspirantes qui rebroussent chemin faute de certitude de pouvoir mourir ou simplement vivre dans une communauté religieuse qui ne semble avoir aucun appui définitif et inconditionnel. N'ont-elles pas des droits incessibles, incrustés dans leur chair vive, dans leur maladie même, héraut clamant les sévices ravageurs de la faim, du froid, du labeur au-dessus des forces ?

Monseigneur peut-il réellement croire qu'elles ont pu survivre dans un si navrant dénuement, dans un tel dépassement, uniquement pour aller enseigner dans les écoles rurales à titre de laïques ? Déjà, la vie y est si pénible pour les institutrices laïques qui quittent à qui mieux mieux les écoles éloignées... lorsqu'elles acceptent de s'y rendre. Pourquoi devraient-elles accepter ou même chercher pire encore ?

À l'été de 1879, la seule certitude de sœur Marie-Élisabeth c'est la plus absolue des incertitudes. Cependant, au milieu de ses pires doutes surgit constamment une espérance admirable, magnifique et altière, en rempart contre ce qui devait être pour elle comme une forme de péché de désespérance de la nuit d'angoisse se répétant.

Depuis son arrivée à Rimouski ses deux vocations réconciliées s'étaient amalgamées. À l'École normale du principal Jean Langevin, son cœur large et aimant avait vite compris l'appel de ses maîtres distingués et compétents, ceux-ci s'inspiraient des motifs de religion et de patriotisme en relevant, à ses yeux, la tâche ardue de l'éducation et de l'instruction des enfants pauvres ; aussi combien, elle s'était sentie émue au récit des annales de l'antique monastère où Marie de l'Incarnation assise sous le vieux chêne, éduquant dans la langue indigène, l'enfant des bois, sur le sol encore inculte de sa nouvelle patrie. Les penchants de Sœur Marie Élisabeth s'inclinaient vers les petits enfants, vers cette portion chérie, les aimés de Jésus [207].

Et maintenant, serait-ce à elle à montrer la route à l'évêque de Rimouski, Mgr Jean Langevin ?

Sœur Marie-Élisabeth a maintes devancières. Elle en connaît plusieurs, qu'elle admire et dont elle s'inspire, les fondatrices des Ursulines de Québec, de l'Hôtel-Dieu de Montréal, de la Congrégation de Notre-Dame, des Sœurs de la Charité, des Sœurs des Saints Noms de Jésus et de Marie, des Sœurs de la Providence, des Sœurs du Bon-Pasteur :

> Marie Élisabeth avait contemplé les œuvres de ces femmes fortes, ces cœurs nobles et magnanimes d'une époque lointaine : Madame de la Peltrie, Mademoiselle Mance, Marguerite Bourgeois... venues de la vieille France, embaumer de leurs vertus le sol fécond de leur pays d'adoption. Elle avait admiré les grandes figures canadiennes : Madame d'Youville, Eulalie Derocher, Madame Gamelin, Madame Roy ; celles-ci s'élèvent à la suite de leurs ainées de la mère patrie, rivalisant avec elles de piété, de générosité, de dévouement pour présider à l'établissement d'œuvres héroïques. Citons Madame d'Youville et Madame Roy, canadiennes aux regards limpides comme l'onde transparente du grand fleuve qui caressa leur berceau [208].

Elle se visualise fondatrice et elle met toutes ses ardeurs à rendre cet avènement possible. Pendant l'été de 1879, sœur Marie-Élisabeth rédige les *Constitutions* et la *Règle* des Sœurs des Petites-Écoles. Dès le mois de mai, le grand vicaire l'assurait de sa collaboration. Il a tenu parole et a procuré à sœur Marie-Élisabeth pour lui servir de base et d'inspiration les *Constitutions des Sœurs du Tiers Ordre de St-François d'Assise, dites congrégation des Tertiaires de Calais*. Approuvée par Rome, cette règle a reçu l'*imprimatur* de l'évêque d'Arras en juillet 1873. C'est au mois de juillet 1879 que la chronique mentionne ce fait. Est-ce que le grand vicaire n'aurait offert cet exemplaire que tout récemment aux Sœurs des Petites-Écoles ? Si oui, cela faisait un an qu'il était en sa possession, puisque la supérieure du Monastère des franciscaines de Calais le lui avait envoyé avec sa lettre du 21 juin 1878. Elle avait déjà reçu deux lettres de la supérieure des Sœurs des Petites-Écoles auxquelles elle n'avait pas répondu. Le grand vicaire lui avait écrit le 3 juin 1878. Dans sa réponse, la supérieure l'assurait

---

(207) *CMM* I : 112.
(208) *CMM* I : 112-113.

que les franciscaines seraient heureuses de rendre « le plus de service possible à nos sœurs en St-François du Canada ». Pour lui prouver sa bonne volonté, elle envoyait par le même courrier « nos constitutions, un recueil de prières de notre congrégation et un petit livre souvenir du noviciat » et le priait de transmettre à la supérieure le message suivant : « qu'il ne soit pas question d'argent entre nous, je lui enverrai tout ce qu'elle demandera qui sera en mon pouvoir [209] ».

Même bien équipée, c'est tout de même une lourde responsabilité que de tracer une règle et des constitutions sur lesquelles est basée la vie d'une communauté religieuse. De plus, les missions se profilant à l'horizon, sœur Marie-Élisabeth rédige également des règlements spéciaux pour les missions, en deux volets, celui des institutrices et celui des élèves.

Mgr Langevin est rentré de sa visite pastorale à la fin de juillet. Il ne semble pas être venu au couvent. Par contre, les visites du grand vicaire se font nombreuses, remplies de sollicitude, de prévenances, presque de cajoleries pour « les petites sœurs » qu'ainsi il nomme. Il supervise le travail de sœur Marie-Élisabeth, « prend connaissance des menues détails du programme, costumes, règlements ; il examine, retranche, ajoute et il commente suivant le cas... [210] » Il s'informe de l'état spirituel des novices, « interroge les sœurs, il veut savoir leur force de résistance : l'abnégation, l'esprit de pauvreté, de sacrifice, d'obéissance, etc. ». D'autre part, tout en interrogeant la maîtresse des novices, il refuse de l'entendre : « quand il interroge Sœur Marie Élisabeth sur les caractères, les dispositions de chacune, il ne lui laissera pas dire sa pensée, non, il enveloppera tous ces petits travers d'esprit, ces insinuations malvaillantes, ses stupidité, etc sous son manteau protecteur et jamais la douce et charitable directrice ne sera comprise... » Leur directeur multiplie ses conférences, se montre assidu à entendre leur confession hebdomadaire et lors de ses temps libres, « il prend sa douce et paternelle figure toujours souriante, pour parler des écoles paroissiales, surtout de celle de St Gabriel où il prévoit que cette mission desservie par le curé de St Donat, aura son propre curé à la St Michel [211] ».

Pendant ce temps, sœur Marie-Élisabeth reçoit plusieurs lettres d'aspirantes désirant se joindre à la communauté. Elle ne sait que leur répondre car « elle craint la dissolution de sa pauvre petite commu-

---

(209) Sœur Scholastique des Anges à Edmond Langevin, Calais, 21 juin 1878 : 1-2, AAR, A-14-2, RSR.
(210) *CMM* I : 115.
(211) *Ibid.*

nauté dans le cas où l'Évêque [voudrait] imposer aux novices de se livrer à l'enseignement sans avoir prononcé les vœux de religion[212]. »

L'une d'entre elles surtout lui a écrit plusieurs lettres depuis le mois d'avril pour qu'on fixe la date de son admission. Elle se fait persistante, tout en désirant être assurée de pouvoir prononcer des vœux. Que peut répondre sœur Marie-Élisabeth ? Leur directeur passe pardessus ses scrupules et veut l'admettre immédiatement car c'est un sujet de choix. En cela, il ne se trompe pas. Luce Parent, « grande et encore forte pour ses 40 ans », a commencé à enseigner à l'âge de 16 ans. Jusqu'à récemment, elle enseignait à la Baie des Chaleurs où ses services ont été plus qu'appréciés. Rimouskoise de naissance, attendant depuis quatre ans « pour voir la communauté s'établir sur des bases solides avant d'y rentrer », elle est heureuse aujourd'hui de venir vivre au couvent logé dans la vieille église où elle a été baptisée, où elle a fait sa première communion, où elle a été confirmée et où maintenant elle désire mourir. Elle apporte une dot de quelques centaines de dollars[213].

Le grand vicaire revient flairer l'esprit du petit groupe, il « se surpasse en bienveillance, en attention, il s'intéresse à tout et à toutes ; il s'informe des santés, des capacités, du savoir des institutrices, il n'a jamais été si assidu, témoigné tant d'intérêt au personnel de la communauté, toutes comprennent qu'il veut que les sœurs prenent à l'automne l'école de St Gabriel il revient toujours sur la même question ». Sœur Marie-Élisabeth n'a le choix que d'être irréductible, elle « est décidée, elle est formelle, elle ne prendra jamais un engagement dans la présente situation[214] ». La suite n'est possible qu'à ce prix d'investissement inconditionnel et irréversible. Elle le clame d'ailleurs à ceux qui l'approchent, comme le Père Charles Arnaud qui souhaite des sœurs pour sa mission indienne de Bethsiamis sur la Côte Nord. Il vient visiter la communauté « et intéresse les sœurs de sa classe des petits sauvages. Il sait cependant comprendre la situation des novices, mais il insiste auprès de sœur Marie Élisabeth de se souvenir de sa pauvre école quand elles auront émis des vœux ; elle le lui promet[215]. »

Au mois d'août, les Sœurs des Petites-Écoles font de nouveau leur retraite en compagnie de leurs bonnes amies les religieuses de la Congrégation qui les accueille en leur couvent. « Chaque jour elle se rendront à la chapelle de ces bonnes religieuses, afin de recueillir les

---

(212) *CMM* I : 115-116.
(213) *CMM* I : 115, 116.
(214) *CMM* I : 116.
(215) *CMM* I : 116. Sur Bethsiamis, voir *infra* : 391.

précieux enseignements du Prédicateur ; elles y apportent les meilleures dispositions possibles pour profiter de cette sainte retraite ». Elles prient fermement, certaines « plus confiantes, se préparent avec ferveur dans l'espoir de prononcer bientôt leurs saints engagements ». Les autres usées de tant d'espérances sans cesse déçues n'espèrent plus qu'avec désespérance : « les autres se résignent à voir la dissolution de la Communauté avec l'anéantissement de leur pieux projet. » Il y a si longtemps qu'elles s'interrogent déjà, qu'elles attendent le dénouement, la chroniqueuse fait un *lapsus calami* et écrit « le dénument ». C'est cela en effet dans leur esprit, elles se sentent oubliées du ciel et de la terre.

Leur existence se joue entre deux portes entrebâillées, la leur en attente d'un revirement de la part de l'évêque, celle de l'évêque dans l'espoir qu'elles se conformeront à son diktat.

Impénitente dans sa résistance à l'évêque, pas exactement résistance, plutôt détermination de poursuivre sa voie telle qu'elle la voit parce que telle elle doit être. Il leur faut rejointoyer leur être à ce que doit être leur existence. La résolution est prise : si la situation n'évolue pas, « l'on se séparerait à l'automne [216] ».

En ce mois de souffrances sans nom, sœur Marie-Élisabeth accablée perd, un peu plus d'un an après Alvine, sa sœur Marine âgée de 31 ans, victime elle aussi de la phtisie, inhumée à Beaumont sans doute en son absence, le 21 août 1879 [217].

---

(216) *CMM* I : 117.
(217) *Ils nous ont donné...* : 111.

QUATRIÈME PARTIE

La pierre d'assise
et les missions
(1879-1881)

CHAPITRE 8

La réalisation du rêve (1879)

> *Confiance, courage et persévérance dans
> la voie que nous avons embrassée : le re-
> pos vient après le travail, la victoire après
> le combat et la joie succède à la peine.*
> (Mère Marie-Élisabeth, *Lettre*,
> novembre 1880)

*Q*u'est-ce qui a rendu Mgr Langevin à ce point intraitable sur le
report indéfini des vœux puisqu'il y était disposé dès l'arrivée d'Élisabeth et peut-être même avant ? À part, naturellement, toutes les
difficultés et les misères qui semblent le lot de toutes les grandes
œuvres religieuses pour éprouver sans doute le sérieux de leur démarche et la profondeur de leur désir ? et de leur foi ? « Quand on
médite la vie des saints et celle d'un très grand nombre de fondateurs
ou de fondatrices d'Instituts religieux, on est effrayé des incompréhensions et des blâmes qu'ils ont suscités parmi ceux mêmes qui
devaient le plus les aider [1]. »

La période pendant laquelle sœur Marie-Élisabeth tente d'amener
l'évêque à leur accorder la profession coïncide avec une période de
luttes politico-religieuses entre les partisans de l'ultramontanisme
et du libéralisme, deux grands courants qui ont traversé et secoué le

---

(1) H. Petitot, o.p., *Introduction à la sainteté*, Montréal, 1939 : 173, cité dans Sœur
Marie-Jean-de-Pathmos, s.s.a., *Les Sœurs de Sainte-Anne, 1850-1900*, Lachine, Les
Sœurs de Sainte-Anne, 1950, 460 p. : 105.

XIXe siècle. Mgr Langevin sera mêlé à des contestations et annulations d'élections pour abus d'influence ou « influence indue ». Son autorité est bafouée sur tous les fronts et ce n'était peut-être pas le moment « psychologique » pour l'affronter[2].

Il faut dire à la décharge de Mgr Langevin qu'il a un diocèse immense, particulièrement difficile à gouverner, un diocèse en fait qu'il a dû « créer », selon ses propres paroles. Avec peu, il réussira à faire beaucoup. Il a selon la parabole de l'Évangile su faire fructifier ses talents. En plus de son œuvre dans le domaine de la religion et de l'éducation, Mgr Langevin « premier évêque d'un diocèse où tout reste à bâtir, s'est fortement intéressé au sort matériel de ses ouailles, pêcheurs, ouvriers, sauvages, agriculteurs et colons[3] ».

Les rapports avec les prêtres et les communautés religieuses n'ont pas toujours été vécus dans la plus grande harmonie. C'est qu'il est un homme au devoir inflexible et peut-être à la décision plus inflexible encore que le devoir. Il a l'autorité lourde et théocratique, une autorité indiscutable qu'il veut indiscutée et qui a bien du mal à s'accommoder d'une résistance ne serait-ce que passive. Active encore moins.

Il a le ton sentencieux et abrupt, la patience peut-être plus que chancelante[4].

Très dur à la tâche, gros travailleur inlassablement sur la brèche, même lorsqu'il est malade[5] – « Ce Seigneur-là ne se reposera que dans le ciel[6] » – l'infatigable et bouillant évêque écrit au chanoine Couture

---

(2) Voir Andrée Désilets, *Hector-Louis Langevin* : 294ss ; Nive Voisine, *Louis-François Laflèche* : 251-272 ; Noël Bélanger, *Une introduction au problème de l'influence indue, illustrée par la contestation de l'élection de 1876 dans le comté de Charlevoix.* Thèse de licence ès lettres (histoire), Université Laval, 1960, XVIII, 155 p. ; Béatrice Chassé, *L'Affaire Casault-Langevin.* Thèse pour un diplôme d'études supérieures, Université Laval, 1965 ; Noël Bélanger, « Jean Langevin », *DBC* XII : 566.

(3) Gérald Garon, « Monseigneur Jean Langevin, évêque d'action », dans *Mosaïque rimouskoise* : 287. En plus de ces pages 287-311, voir Gérald Garon, *La Pensée socio-économique de Mgr Jean Langevin.* Mémoire de maîtrise (histoire), Université de Sherbrooke, 1977, VI, 163 p.

(4) Son frère Hector l'a déjà taquiné à ce sujet : « M[r] le Supérieur du Très Révérend Séminaire du Collège du dit Montréal vous a donné un sermon (ce mâtin) sur la Patience ! Je t'assure que tout en vous instruisant du précepte, le cher dit Messire a voulu vous faire pratiquer aussi la vertu en question.
« Pourquoi je conclus à ce que le dit Supérieur du dit Collège du dit Montréal soit condamné (par qui de droit) à ne plus se montrer en *chaire chair cher chère* (choisis !) [...] Mon prochain ouvrage ne paraîtra pas avant quelque temps. Ainsi Pâtience ! » (Hector Langevin à Jean Langevin, Montréal, 11 et 12 octobre 1846, *RAPQ*, 1967 : 25.)

(5) « Ce cher Évêque est évidemment intraitable, quand il est malade. Il n'écoute ni l'Église représentée par l'Archevêque, ni l'État représenté par le Ministre des Travaux Publics. » (Hector Langevin à Edmond Langevin, Ottawa, 9 avril 1883, ANQ-Q, FFL, APG-134/3.)

(6) Paroles d'Edmond Langevin, reprises par Hector Langevin à Edmond Langevin,

en mal de vacances, le préfet des études de son séminaire avec lequel il a plusieurs passes d'armes : « Je n'avais encore jamais entendu dire qu'après 13 ans ou 14 ans de travail il fallût prendre quelques années de repos. Pour ma part, j'ai enseigné 20 ans, j'ai exercé le ministère paroissial 9 ans, je remplis des fonctions épiscopales depuis plus de 14 ans, en tout 43 ans, et je ne prend pas même de vacances : cependant je suis loin de jouir d'une santé robuste [7]. »

S'il ne fait pas économie de son temps, il n'en fait guère non plus de ses conseils, au grand dam d'ailleurs de ceux qui s'en seraient souvent passés, pas toujours à bon escient il est vrai. Nul doute qu'il ne prenne à cœur sa tâche de pasteur mais son pointillisme, la manie qu'il a de vouloir tout régler dans les moindres détails, va jusqu'à une encombrante sollicitude dont on souhaiterait fort parfois être épargné. S'il a réalisé beaucoup, c'est qu'il s'est impliqué beaucoup. Mais, d'autre part, en ne déléguant pas suffisamment, une fois les services organisés, il provoque ou contribue à provoquer une paralysie bureaucratique, une perte de temps qu'autrement il fustigerait violemment [8].

Infiniment cultivé, Mgr Langevin, de même que son frère Edmond, dépassent de cent coudées la plupart des ecclésiastiques de leur temps [9]. L'historienne Andrée Désilets le dépeint « en deux traits : il a

---

Ottawa, 5 janvier 1879 : 2, ANQ-Q, FFL, APG-134/3.

(7) Mgr Jean Langevin au Chanoine Ferdinand-Elzéar Couture, Rimouski, 16 août 1881, AAR, Lettres particulières, vol. III : 35-36.

(8) Par exemple, les Sœurs des Petites-Écoles vont trouver amusant qu'il s'occupe de leur costume dans les moindres détails (*supra* : 218). Les Sœurs de la Charité doivent faire approuver leur décision touchant par exemple « vos petites manches, que vous voudriez faire désormais avec de l'étoffe semblable à vos robes » (Mgr Jean Langevin à Mère du Saint-Sacrement, Rimouski, 6 septembre 1880, AAR, Lettres particulières, vol. II : 401). Les Sœurs de la Congrégation recevront pour leur part la lettre suivante : « Je desire qu'à l'avenir 1° l'examen des élèves ait lieu privément dans tous les Couvents du diocèse ; et 2° que la distribution des prix se fasse, *sans drame ni autre réprésentation*, devant les parents seulement et autres personnes, amies de l'éducation, *mariées* et respectables (avec *cartes d'admission personnelle pour tous*). » (Mgr Jean Langevin à Sœur Saint-Léon, c.n.d., Rimouski, 21 juin 1878, AAR, Lettres particulières, vol. II : 200. Le préfet des études du Séminaire de Rimouski va trouver moins drôle la paralysie collégiale que cela engendre (*supra* : 204-205, n. 43), etc. Et lui, comme les autres membres du Conseil du Séminaire ont dû partager à peu près à l'égard de Mgr Langevin les sentiments du père Lahaye envers le père Champagneur des Clercs de Saint-Viateur : « M[r]. Champagneur est un saint, mais un saint avec qui l'on ne peut vivre qu'avec une dose extraordinaire de vertu. Il tient un peu de Napoléon, c'est-à-dire qu'il mène rudement son état major, tandis qu'il idolâtre le simple soldat. D'où ses maîtres ont plus d'une fois menacé de s'en aller et de le planter là avec son collège. » (Père Lahaye au Père Querbes, Chambly, 5 janvier 1852, dans Léo-Paul Hébert, *Le Québec de 1850 en lettres détachées*, Québec, Ministère des Affaires culturelles, coll. « Civilisation du Québec », 1985, 294 p. : 167.)

(9) Voir Lionel Groulx, « La situation religieuse au Canada français vers 1840 »,

un bel esprit, mais un vilain caractère [10]. » Et, pour illustrer ce dernier, elle cite un extrait d'une lettre du vicaire général de Rimouski à son nouvel évêque :

> Me voilà de retour dans la ville épiscopale et installé, une fois de plus, dans les appartements d'où, pendant 24 ans, sont parties ces décisions qui faisaient trembler les bords du fleuve et du Golfe St-Laurent jusqu'aux régions les plus reculées en [sic] les limites des grands comtés de Rimouski et de Témiscouata. Tout est calme maintenant dans ces cellules jadis habitées par le Dieu du tonnerre ! Il n'y a que le carillon du téléphone qui puisse de temps à autre faire du tapage ; mais cette voix criarde n'a rien qui puisse exciter les nerfs. C'est une poitrine dans un corps qui n'a pas ces yeux étincelants, avec des tourbillons étranges, qui foudroyaient les récalcitrants à la rubrique [11].

Comme elle le fait si justement remarquer par la suite, la conduite même des prêtres peut comporter une bonne part de responsabilités si l'évêque tonne tant en son palais [12].

Dans sa correspondance, à l'époque de la gestation de la communauté des Sœurs des Petites-Écoles, l'on peut constater à combien de problèmes est confronté Mgr Langevin, suscités par ceux-là même qui devraient l'aider dans sa lourde charge apostolique. Celui-là est alcoolique, un autre scandalise l'on ne sait comment ses paroissiens qui sont venus s'en plaindre à leur évêque, celui-là devient tellement enflammé lorsqu'il parle politique qu'il n'a qu'invectives en bouche, celui-ci court par monts et par vaux au lieu de résider dans sa paroisse, celui-là en a marre du confessionnal et voudrait bien s'en dispenser, celui-là demeure avec un servante trop jeune et trop jolie ce qui fait jaser, celui-là est tant chargé de dettes qu'il démissionne de sa cure qui ne lui rapporte pas assez, un autre est trop attaché aux biens de ce monde,

---

SCHEC, *Rapport 1941-1942* : 51-75 ; aussi dans *Notre Maître le passé*, Troisième série, Montréal, Granger, 1944, 319 p. : 179-232.

(10) Andrée Désilets, *Hector-Louis Langevin* : 12.

(11) Mgr Jacques-Louis Langis à Mgr André-Albert Blais, 16 juin 1891, AAR, Correspondance de Mgr J.-L. Langis, cité dans *ibid.* : 13.

(12) « Les prêtres du nouveau diocèse de Rimouski ont longtemps vécu loin de leur ancien chef spirituel. Ils ont nécessairement développé un esprit d'indépendance qui ne facilite pas les relations avec leur nouvel évêque. Les abus qui, d'ailleurs, semblent s'être glissés dans leur conduite obligent sans doute Mgr Langevin à plus de rigueur. Certains curés se disent volontiers les victimes de ses persécutions. Ils déclarent insupportable son système d'espionnage. Mais un retour à la discipline se fait toujours au détriment du réformateur. Mgr Langevin est le premier à le reconnaître dans une lettre qu'il adresse à l'abbé Édouard Guilmette, curé de Sainte-Luce : ‹ Se croiser les bras, laisser tout faire, ne dire mot, n'adresser que des éloges & des compliments, c'est le moyen de plaire, d'être populaire, d'être porté sur la main ; mais ce n'est pas le moyen de trouver grâce au jour du jugement. › » (*Ibid.* : 14.)

celui-ci amène sa famille au presbytère, l'autre s'endette pour sa parenté, un autre n'étudie pas assez les livres saints alors que son voisin fait des abus de chaire, un prêtre professeur au séminaire aimerait bien une cure, puis un curé aimerait bien un poste au séminaire, l'autre veut son *exeat* pour un autre diocèse, un autre veut se sauver aux États-Unis, l'un manque carrément de zèle et rebute les gens au lieu de les attirer, un prêtre français admis dans le diocèse s'est sauvé outre-mer après avoir déchiré plusieurs registres et s'être empli les poches de l'argent des fabriques, un prêtre belge refuse de payer une pension à sa vieille mère dans le besoin, un autre ne trouve pas place dans un diocèse voisin parce que sa réputation l'a déjà précédé, un autre est vertement dénoncé par une circulaire adressée à tous les évêques des États-Unis, un autre est à couteaux tirés avec ses paroissiens [13], un autre oh suprême horreur! est libéral et même l'apostat Chiniquy dont il a été un des successeurs à la cure de Beauport se mêle de venir jeter le trouble dans son diocèse [14].

L'on peut voir que lorsqu'il parle de ses soucis, Mgr Langevin n'exagère pas car il y a là matière à faire damner plusieurs saints [15]. Lui même un prêtre de devoir, il excite au zèle ses prêtres, les encourageant à faire plus et mieux, soutenant ses prêtres délinquants dans leurs tourments, leur démontrant de l'affection, s'inquiétant d'eux mais devant toujours en définitive voir d'abord au bien de son Église [16]. Et ce ne sont pas tous les prêtres qui accueillent volontiers

---

(13) Les dénonciateurs, ceux qui portent plainte à l'évêque ne sont pas nécessairement dignes de foi. Certains paroissiens ont tout intérêt à se voir débarrassés d'un curé trop sagace, au courant de leurs manigances et jusqu'au tripotage qu'ils font de l'argent de leur municipalité ou d'un curé à la personnalité qui ne leur revient tout simplement pas. Certains se vantent même de pouvoir faire rappeler leur curé.

(14) « Ce que vous me dites au sujet de ce misérable Chiniquy est effrayant : où peut donc aller un prêtre tombé ! » (Mgr Jean Langevin à l'Abbé Jacob Gagné, Rimouski, 2 avril 1880, AAR, Lettres particulières, vol. II : 372 (Chiniquy, malgré son apostasie, aurait consacré une hostie).

(15) « Est-ce que je n'ai pas déjà assez de peines et de soucis sans que vous veniez augmenter le poids de ma lourde croix ? Ah ! de grâce soyez plus recueilli et plus fervent. » (22 novembre 1881, AAR, Lettres particulières, vol. III : 55.)

(16) « Si ma décision à votre égard était une question de sentiment et d'affection, vous pourriez continuer à insister pour me la faire changer ; mais il faut que je me roidisse contre les inclinations de mon cœur pour n'écouter que la voix du devoir. Déjà j'ai trop cédé à l'indulgence ; le peuple commence à en être scandalisé et vous-même vous en abusez. De ce que je ne vous ai pas retiré vos pouvoirs tout d'abord, et que j'ai consenti à attendre d'abord jusqu'à la *Quasimodo*, puis jusqu'au 15 mai, vous cherchez à tirer un argument contre la détermination à laquelle j'en suis venu. Mais, parce que j'ai patienté longtemps et que je me suis laissé attendrir par vos supplications, s'ensuit-il que je doive ne jamais agir ? » (2 mai 1876, AAR, Lettres particulières, vol. I : n° 149.)

ses conseils et ses remontrances, certains lui répondent par des lettres injurieuses [17] et d'autres se montrent particulièrement chatouilleux [18].

Par contre, certains prêtres sont accusés à tort ou réprimandés beaucoup trop fortement pour une faute plus que vénielle. Un prêtre, le premier curé de Saint-Gabriel, le protecteur des Sœurs des Petites-Écoles qui n'avait eu que le malheur de vouloir aider ses paroissiens qui ne possédaient pas de secrétaire qualifié en offrant ses services, s'est vu fortement réprimandé par son évêque. « Je n'ose me presenter devant vous, écrit-il, vous sachant si faché. » Il en est si perturbé qu'il commence ainsi sa lettre : « C'est avec chagrin que je vous ecris ce soir. Je ne sais quand je pourrai manger. » Puis lui demande : « Monseigneur avant de me chasser de ma pauvre paroisse ou j'ai tant travaillé, voulez-vous m'entendre charitablement comme ces deux laïques ? [...] N'avez vous pas encore un pardon Si j'ai mal fait ? vous qui pardonnez tant il me semble a des prêtres plus coupables que moi ? » Enfin, il termine ainsi : « Pour en finir, je vous dirai Monseigneur que j'ai encore ma maladie de l'année dernière depuis deux mois et ce coup est de nature a me conduire au tombeau avant longtemps. Je mourrai de peine et de chagrin, victime de mon devouement pour Dieu et Mon Évêque. Je suis si mortifié que j'irai a vos genoux qu'avec le commandement de votre Grandeur [19]. » Plus tard, sa circulaire du 4 mars 1890, « À propos d'élection », qui réprimandait son clergé, va mettre le feu aux poudres et lui vaudra même une plainte déposée à Rome par ces prêtres qui se disaient injustement accusés, Mgr Charles Guay en tête [20].

Il reste que même s'il est obligé d'être ferme, dur même parfois, Mgr Langevin qui peut avoir l'esprit romantique, nostalgique, est réel-

---

(17) « Vos deux dernières lettres sont tellement injurieuses, que, dans tous les cas, je dois exiger des excuses convenables avant de pouvoir entretenir des rapports avec vous.
« Que Dieu cependant vous pardonne ce manque de respect, cet oubli des égards dus à un Évêque, comme je vous le pardonne moi-même. » (21 août 1877, AAR, Lettres particulières, vol. II : 46-47.)

(18) « Vous comprenez bien que, quand nous vous donnons des avis, c'est pour votre bien, et non pas pour vous faire de peine. Le clergé est tant surveillé et critiqué dans le temps des élections que les curés ne sauraient être trop prudents. Si donc M. le Grand Vicaire vous a engagé à faire bien attention à ce que vous écririez pendant ce temps-là, c'est uniquement pour que vous ne vous compromettiez point, et, avec vous, tout le clergé.
« Est-ce que vous n'êtes pas capable de recevoir un bon conseil de vos Supérieurs sans vous fâcher tout rouge ? Comment feriez-vous donc dans l'état religieux dont vous parlez quelquefois : vous n'y demeureriez pas six mois avec ces dispositions. » (15 novembre 1881, AAR, Lettres particulières, vol. III : 54.)

(19) L'abbé J.-Arthur Leblanc à Mgr Jean Langevin, Saint-Gabriel, 28 avril 1884 : 1, 5, 6-7, AAR, St-Gabriel, 1870-1899, 355.131.

(20) À ce sujet voir Mgr Charles Guay, *Mémoires* : 317ss.

lement atteint au cœur par les indélicatesses de ses sujets [21] et il en est parfois physiquement malade. Cela le touche d'autant plus qu'il voit en la mission première de l'évêque celle de donner une bonne fournée de lévites à l'Église. L'a-t-il tant désiré, au point même de se montrer moins que difficile comme on le lui a reproché, sur le choix des sujets ? Lui-même s'en défend [22].

La lourde charge de l'épiscopat qui est sienne n'a réussi qu'à confirmer ses pires craintes de 1866 lorsqu'il ne souhaitait surtout pas avoir « la tête fendue ». À son archevêque, il écrit en 1878 : « Les temps sont trop difficiles et trop mauvais en vérité pour que je puisse désirer voir se prolonger mes années d'épiscopat. Tout ce que je demande à Dieu, c'est qu'elles ne soient pas trop vides de bonnes œuvres [23]. » Avec le futur évêque de Chicoutimi, il sympathise : « Dans l'hypothèse où vos craintes viendraient à se réaliser », ce que, écrit-il, « je ne vous souhaite certainement pas pour votre paix et votre bonheur », car « Personne plus que moi ne sent le poids accablant de l'épiscopat [24] ».

Outre tous ces problèmes de l'Église souffrante, Mgr Langevin doit aussi composer avec des difficultés de plusieurs genres soulevées par les autres communautés religieuses de son diocèse.

---

(21) « Si votre intention a été de me faire de la peine, réjouissez-vous : vous avez pleinement réussi. Que Dieu vous pardonne à vous et à vos amis !
« Priez pour moi, comme je prie pour vous : demandez à Dieu pour moi la force de supporter la lourde croix qu'il m'envoie. » (Septembre 1875, AAR, Lettres particulières, vol. I : n° 83.)

(22) Voir brouillon de la lettre de Mgr Jean Langevin au Cardinal Elzéar-Alexandre Taschereau, Rimouski, 12 décembre 1890, AAR, Dossier Mgr Jean Langevin. Mgr Langevin s'y défend des quatre accusations portées contre son administration auprès de la Sacrée Congrégation de la Propagande à Rome. Il avait demandé un coadjuteur à Rome qui le lui accorda. « Mgr Langevin lui-même pense qu'il faut chercher en dehors de son diocèse. » (Cardinal E.-A. Taschereau à Mgr Louis-Nazaire Bégin, 18 août 1889 : 2, AAQ, 20A, Évêques de Québec, VII : 111A.) André-Albert Blais sera nommé coadjuteur en 1890 et il succédera en 1891 à Mgr Langevin, qui aurait été forcé de démissionner, et qui porte désormais le titre d'archevêque de Leontopolis. Dans une lettre à son frère, Sir Hector Langevin, Mgr Langevin écrit en lui faisant part d'une lettre du Préfet de la Propagande : « le Pape, prenant en considération mon âge et les infirmités qui en sont la suite, me permet de remettre à mon successeur le titre et l'administration du diocèse. » De plus, le Pape l'« autorise à prendre, *par honneur*, le titre d'un Siège archiépiscopal. Le Saint-Père oblige en outre mon successeur à me payer une rente annuelle de *mille piastres*, en quatre termes égaux. » Avant la signature, « +Jean, Ev. de S.G. de Rimouski, » ce cri du cœur pour l'homme à « la tête fendue » pendant trop longtemps : « Quel fardeau va être enlevé de mes épaules ! » (8 février 1891 : 1-2, ANQ-Q, FFL, APG-134/40,5.)

(23) Mgr Jean Langevin à Mgr E.-A. Taschereau, Rimouski, 30 avril 1878, AAR, Lettres particulières, vol. II : 147.

(24) Mgr Jean Langevin à l'abbé Dominique Racine, Rimouski, 19 juin 1878, AAR, Lettres particulières, vol. II : 199-200.

Les Carmélites de Rimouski

Se pourrait-il aussi que l'aventure si sérieusement engagée croyait-il des Carmélites en terre rimouskoise l'ait rendu fort prudent dans la création d'une autre communauté religieuse qui elle aussi pourrait disparaître après quelques années ?

Mgr Langevin a longuement résisté aux désirs de sa sœur Marie, il l'écrit lui-même : « nous nous étions tous opposés pendant longtemps et avec une grande persistance à ton projet et à tes vues [25] ». Pourtant, bientôt persuadés de sa vocation, lui-même et son frère Edmond entreprennent des démarches auprès des Carmélites de Baltimore [26]. À l'instar d'une de ses concitoyennes [27], Marie Langevin est prête, en 1874, à engager son capital [28] pour favoriser l'installation d'un Carmel à Rimouski.

Cependant, pendant les négociations avec Baltimore, elle sait déjà que le Carmel de Montréal est en voie de réalisation [29] : « She learned in the mean time that the project of a Monastery of your order is about to be realised in Montreal. Our Bishop thought then that the views of Providence might be to prefer for the present that large city to ours.

---

(25) Mgr Jean Langevin à Sœur Thérèse de Jésus, Rimouski, 2 août 1875, AAR, Lettres particulières, vol. I, n° 73.

(26) Voir *supra* : 176-178.

(27) Peu de temps auparavant, une autre jeune fille de la ville de Québec, Hermine Frémont (née le 24 décembre 1851), que Marie Langevin connaissait peut-être, après une visite au Carmel de Baltimore, avait offert ses biens aux Carmélites de Reims pour l'établissement d'un monastère au Canada. Le projet, faute de sujets, échoua et Hermine Frémont s'embarqua pour Reims au printemps de 1873. Elle prit en religion le nom de Thérèse de Jésus mais, atteinte d'une grave maladie, mourut au Carmel de Reims le 22 décembre 1873. Sur Hermine Frémont, voir *Histoire de la Révérende Mère Marie Séraphine du Divin Cœur de Jésus, fondatrice et prieure du premier Carmel au Canada*, par une Religieuse de ce monastère, Montréal, Imprimerie de l'École catholique des Sourds-Muets, 1908, 560 p. : 140-171.

(28) « Ma sœur, dans le pieux dessein de fonder un Monastère de Carmélites déchaussées a consacré à cette œuvre son petit patrimoine [...] environ 14 000 francs [2 800$], et donnant un revenu annuel d'à peu-près 1 000 francs [200$]. » (Traduction par Edmond Langevin de la Supplique de Mgr de Rimouski au Saint-Père, Rimouski, 9 avril 1875, AAR, A-14-2, CDR.) L'abbé Edmond Langevin précise que d'abord : « She was willing to abandon the whole, provided she would be allowed a room and the interest of that money for her life time, in case she would prove to have not a vocation. » (Edmond Langevin à Mère Ignatius, Rimouski, 15 novembre 1874, AAR, A-14-2, CDR.) Voir Testament de Demoiselle Marie M.J.V. Langevin, Rimouski, 19 mars 1875, ANQ-R, Greffe de Pierre-Louis Gauvreau (1849-1884), acte n° 2759.

(29) Voir lettre de Cécile P. Guimond à Edmond Langevin, Québec, 14 septembre 1874 lui annonçant que le premier Carmel sera établi sous peu à Montréal, AAR, A-14-2, CDR. Six carmélites, ayant à leur tête Mère Marie Séraphine du Divin Cœur de Jésus arrivent à Québec le 6 mai 1875, puis se rendent à Montréal où leur décret d'érection par Mgr Bourget est daté du 6 juin 1875. Voir *Histoire de la Révérende Mère Marie Séraphine...* : 220, 237ss.

[...] My Bishop saw that project with sentiments of sympathy, but could do nothing to help the undertaking in a material point of view on account of previous engagement[30]. »

Entrée au Carmel en janvier 1875, Marie Langevin y revêt l'habit le 23 mai[31] sous le nom de Sœur Thérèse de Jésus. Quelques mois plus tard, elle a déjà des doutes, puisque Mgr Langevin lui écrit le 2 août 1875 :

Ma chère Sœur,

Je crois devoir te dire toute ma pensée sur ton état présent, et par écrit, afin que tu puisses y réfléchir sérieusement. [...] D'abord, je suis persuadé de ta vocation à la vie de Carmélite [...] tu ne dois prendre un parti si sérieux qu'après *une épreuve suffisante*, et lorsque ton état de trouble *sera passé*. Si c'est pour ne pas renoncer à *ta propre volonté*, je te le dis, je te le répète, c'est une ruse, un piège du *démon : je ne sais ce qu'en adviendra* ! Je tremble pour toi, pour ton salut[32].

Cinq mois plus tard, la situation n'a pas changé :

Ma chère Sœur,

Voici mon dernier mot. Je n'ai point changé de conviction : je suis intimement persuadé que Dieu voulait la fondation de cette maison *par toi*. C'était un sacrifice héroïque qu'il te demandait, et tu l'avais fait courageusement.

C'est également la conviction de tous ceux que tu as consultés, les uns après les autres.

Mais il s'agit de t'immoler, de t'attacher à la croix, et il en coûte à la nature. Tu recules devant la tâche.

Encore une fois, tu es libre ; sors quand tu voudras. Mais tu ne peux nous forcer à te dire ce que nous ne pensons pas, ni à trouver bonnes des raisons que nous considérons comme futiles. Tu as trouvé de l'humanité dans le Couvent, mais où n'en trouveras-tu pas ? Tout n'est pas parfaitement régulier[33] ; mais sois régulière toi-même et laisse faire les autres.

---

(30) Edmond Langevin à Mère Ignatius, Rimouski, 15 novembre 1874. La Mère Ignatius, par contre, dira au grand vicaire qu'il a été mal informé (19 novembre 1874).

(31) Voir *supra* : 208-209.

(32) Mgr Jean Langevin à Sœur Thérèse de Jésus, Rimouski, 2 août 1875, AAR, Lettres particulières, vol. I, n° 73.

(33) Même si théoriquement, il prêche la régularité, c'est un point par-dessus lequel Mgr Langevin a passé plus d'une fois chez les Sœurs des Petites-Écoles, en gardant des novices inaptes à la vie religieuse, au grand désespoir de sœur Marie-Élisabeth. Dans le dossier des Carmélites, une main anonyme (l'écriture ne ressemble pas à celle de Sœur Thérèse de Jésus) a relevé onze points :
« 1° Le silence est mal observé, même le grand silence.
2° Les exercices ne sonnent pas régulièrement, ni à l'heure.

L'on a pu considérer dure l'attitude de l'évêque envers les Sœurs des Petites-Écoles. Et pourtant, l'homme de devoir n'épargne pas sa propre famille, sa propre sœur qu'il aime beaucoup et qu'il a toujours entourée d'une grande solidarité familiale. Il considère bien lourde sa responsabilité et le lui dit sans ambages en terminant ainsi sa lettre :

Ta sortie donne un coup mortel à l'établissement, à ses conditions financières d'existence et à sa stabilité, tant par rapport aux novices, que ton exemple va décourager, qu'à l'égard du public.

Malheureusement l'égoïsme t'empêche de penser à tout cela. Tu ne songes qu'à tes épreuves, comme si nous n'en avions pas tous ; dans quelque état que nous soyons.

Au Carmel, tu serais heureuse, si tu voulais ne t'occuper que de ta propre sanctification par un crucifiement de chaque heure, et au bout, la récompense.

Sans doute tu auras à rendre compte de ta sortie au jugement de Dieu, comme de toutes les autres actions importantes de ta vie ; c'est parfaitement vrai. Mais si tu crois devoir quitter pour des motifs purs et surnaturels, c'est ton affaire [34].

Nul doute que le départ de Marie Langevin n'aidera pas la cause du Carmel. Mais l'entière responsabilité ne peut lui être imputée. D'ailleurs l'une des carmélites a écrit au grand vicaire : « Si on connaissait ce qui se passe ici, on sauverait au moins Sr Thérèse qui est certainement la plus à plaindre dans l'illusion ou elle a été plongé. » La même parle « de la haine que notre mère a de sa vocation en Canada et pour les Canadiens spécialement pour ceux qui l'ont appelée ici sans oublier Sr T[hérèse] » et qu'elle désirerait « perdre toutes les vocations pour retourner chez elle comme elle en a tant exprimé le désir [35] ».

3° La méditation se fait mal.
4° On ne parle point français habituellement.
5° On observe mal la charité en récréation.
6° On travaille aux œuvres serviles sans nécessité même le dimanche.
7° Les novices, surtout les converses, ne sont pas respectueuses pour leur maîtresse.
8° La propreté et l'ordre ne règnent point dans la maison.
9° La Mère Prieure emploie des expressions grossières et blessantes à l'égard des Sœurs.
10° Elle méprise ouvertement le Canada et les Canadiens.
11° La règle ne s'explique pas suffisamment aux novices. »
(AAR, A-14-2, CDR.)

(34) Mgr Langevin à Sœur Thérèse de Jésus, Rimouski, 3 janvier 1876, AAR, Lettres particulières, vol. I, n° 115.

(35) Lettre non signée (écriture différente de celle citée précédemment), non datée, adressée selon toute vraisemblance à Edmond Langevin, AAR, A-14-2, CDR. Ses griefs sont du même genre que ceux cités plus haut. S'il ne faut pas tout accepter sans quelque esprit critique, il reste qu'avec Sœur Thérèse, elles sont trois (francophones) à formuler des griefs semblables alors que de trois, qu'elles étaient au début, les carmélites ne semblent pas avoir dépassé la dizaine. Elles sont venues trois de Baltimore en janvier 1875. Peut-être une ou deux se sont-elles jointes à elles ensuite.

Que l'adaptation n'ait pas été facile, c'est plus que probable : elles trouvent le climat bien froid [36], les revenus bien maigres [37], les sujets bien rares [38], la clôture bien difficile à respecter [39] et puis la plupart ne parlent que l'anglais, dont la première prieure sur laquelle Mgr Langevin porte un jugement plutôt sévère [40]. Les Carmélites quitteront finalement Rimouski le 22 juillet 1877 après un bref séjour de deux ans et demi en terre québécoise.

Il semble qu'il y ait eu six recrues québécoises, dont la seconde est Marie Langevin (selon Jeanne Desjardins, r.s.r., « Les Communautés religieuses féminines », *Mosaïque rimouskoise* : 191). Profitant de son voyage à Rome en 1877, le vicaire général Édmond Langevin avait tenté, mais sans succès, de recruter des Carmélites à Avignon et à Paris : « J'ai écrit aux Carmélites d'Avignon de votre part, et si je reçois une réponse favorable, je m'offrirai en passant de servir de guide aux Sœurs qui seraient envoyées à Rimouski. Si je ne réussis pas là, j'essaierai à Paris. » (Edmond Langevin à Mgr Jean Langevin, Rome, 26 mai 1877 : 3, ANQ-Q, FFL, APG-134/37,1.) Sur le Carmel de Rimouski, voir aussi Léo Bérubé, « Histoire du Carmel de Rimouski, 1875-1877 », *Le Centre Saint-Germain*, vol. 21, nº 5 (mai 1960) : 148-149, nº 6 (juin 1960) : 180-181 ; nᵒˢ 9-10 (septembre-octobre 1960) : 252-253 ; nº 11 (novembre 1960) : 276-277 ; nº 12 (décembre 1960) : 300-301 ; Antonio Lechasseur, *Étude et documents sur les institutions religieuses de Rimouski*, Rimouski, Collège de Rimouski, 1974, 174 p. : 67-68.

(36) L'évêque doit exempter toute la communauté de l'abstinence prescrite par leur règle : « On account of the change of climate and of the severity of the weather, I exempt the whole Community from the abstinence prescribed by the Rule, till the 1st of May next. » (Mgr Jean Langevin à Mère Joseph, Rimouski, 15 mars 1875, AAR, Lettres particulières, vol. I, nº 53.)

(37) Elles aussi demandent des travaux d'aiguille pour survivre, du bois pour se chauffer : « Il doit y avoir quelqu'habitant *embarrassé* de bois, et qui en donnerait un voyage *gratis* », écrit sœur Thérèse de Jésus au grand vicaire, comme si cet oiseau rare existait à Rimouski. Plusieurs lettres de sœur Thérèse à Edmond Langevin l'appelant à l'aide, non datées, AAR, A-14-2, CDR.

(38) À part la rareté des sujets due à ce type de communauté, il faut dire que le barrage de la langue ne facilite pas les choses, ni la pauvreté des sujets. L'on n'accepte que celles avec dot et elles sont bien rarissimes celles qui peuvent rencontrer les exigences monétaires fixées par l'évêque : « Novices shall have to pay, quarterly and in advance, one hundred dollars for their boarding during their year of probation ; furnish their cell, and provide all their cloathing according to a list, which will be prepared. [...] At least, one month before their profession they will have to give to the House as a dotation a sum of twelve hundred dollars, as choir sisters, or four hundred dollars, as lay sisters. » Il ajoute cependant : « This last sum might be diminished in certain cases with my permission. » (Mgr Jean Langevin à Mère Joseph, Rimouski, 15 mars 1875.)

(39) Alors que leur terrain n'est pas encore clôturé, les sœurs cloîtrées n'en sont plus. « Mère Prieure m'autorise à t'écrire afin de savoir s'il y a moyen d'empêcher quiconque de passer et repasser sous nos fenêtres, partout sur notre terrain, constamment [...] elle était indignée de voir l'effronterie des gens. Nous n'avons pas la liberté de passer d'une chambre à l'autre, (comme de pauvres prisonnières), sans avoir des figures qui vous regardent [...] ces jours derniers, un homme était à quelques pieds de son chassis avec une longue-vue, regardant sur le fleuve ! Elle me dit qu'ils sont comme des Sauvages ; et c'est désolant ! » (Sœur Thérèse de Jésus à Edmond Langevin, [s.d.], AAR, A-14-2, CDR.)

(40) Voir *supra* : 248, n. 78. Il semble que la seconde parle ou comprend le français.

Sans le savoir, en insistant auprès de Mgr Langevin à l'automne de 1877 pour exiger la profession encore plus résolument que jamais, sœur Marie-Élisabeth n'avait pas choisi le meilleur moment, car « cet échec est une des pires ombres au tableau des réalisations de Mgr Langevin [41] ». Le départ tout frais des Carmélites dans la mémoire et le cœur de Mgr Langevin ne pouvait que le braquer dans son veto :

> À l'automne 1877, Sœur Marie-Élisabeth tenta une intervention énergique à l'Évêché. Elle plaida avec plus de force que d'habitude, tâchant de démontrer que l'entreprise s'en allait à un échec inévitable si Monseigneur persistait à lui garder un caractère laïque. La discussion fut assez pénible. Sœur Marie-Élisabeth déclara qu'elle « abandonnerait l'association s'il n'était pas possible d'y faire des vœux. » Monseigneur rétorqua sèchement qu'il n'y avait plus lieu de discuter et qu'il ne restait qu'à obéir [42].

Ce bref essai des Carmélites tenté à la même période que celui des Sœurs des Petites-Écoles ne peut qu'avoir porté ombrage à celui-ci dans l'esprit de Mgr Langevin. La tentative d'établissement d'une communauté avec des religieuses formées provenant d'un ordre déjà existant, qui possédait sa propre règle et ses constitutions, son coutumier etc., qui disposait tout de même de certains revenus, et dont Mgr Langevin était si convaincu de la vocation de la fondatrice québécoise, n'ayant pas réussi, pourquoi l'aventure des Sœurs des Petites-Écoles réussirait-elle ?

Sœur Marie-Élisabeth n'allait-elle pas se désister comme l'avait fait sa propre sœur ? Ou si elle persistait, sa santé, elle, résisterait-elle ? Rien n'était fait dans cette communauté débutante. Tout était à faire. Sans expérience, sans revenus, dans le contexte pauvre du diocèse de Rimouski [43] allait-elle pouvoir survivre ?

Les Sœurs de la Charité et les Sœurs de la Congrégation de Notre-Dame

Les Sœurs de la Charité survivaient avec peine [44]. Quant aux religieuses de la Congrégation de Notre-Dame installées bien avant l'arrivée de Mgr Langevin, depuis 1855, elles sont incapables de

---

(41) Antonio Lechasseur, *Étude et documents sur les institutions religieuses de Rimouski* : 68.

(42) Albert Tessier, *Les Sœurs des Petites-Écoles* : 81-82.

(43) Sur le contexte économique de Rimouski à cette période, voir Marie-Ange Caron *et alii*, dir., *Mosaïque rimouskoise* : 227ss.

(44) Voir Léo Bérubé, « Les Sœurs de la Charité au Diocèse de Rimouski », *Le Centre St-Germain*, vol. 23, nos 2-3 (février-mars 1962) et nos 6-7 (juin-juillet 1962). Aussi Jeanne Desjardins, r.s.r., « Les Communautés religieuses féminines », dans *Mosaïque rimouskoise* : 186-188 ; Charles Guay, *Chronique de Rimouski*, II : 389-390.

rentabiliser le couvent construit à grands frais en 1875, croyant être appelées à diriger l'École normale demandée par Mgr Langevin[45], et qu'elles seront finalement acculées à vendre à la Corporation du Séminaire de Rimouski en 1882. Elles quitteront Rimouski en juillet 1882[46].

Rimouski est-il trop pauvre pour deux communautés enseignantes, d'autant plus que les Sœurs de la Charité, religieuses hospitalières, en plus de leurs orphelinat et hospice, veulent aussi s'accaparer d'une part de l'enseignement pour soutenir le reste de leurs œuvres ? Pour ces dernières, l'enseignement n'est alors qu'un palliatif à la pauvreté. Quant aux Sœurs des Petites-Écoles, elles ne visent pas la même clientèle que les religieuses de la Congrégation de Notre-Dame. Là où elles ont l'intention d'aller, ces dernières n'iront pas de toute façon. Mais il reste que les deux communautés étant installées à Rimouski, doivent y survivre. Les Sœurs de la Congrégation ont été à un moment inquiètes pour leur fief lorsque sœur Marie-Élisabeth a pris la direction de l'école modèle des garçons, alors qu'elles-mêmes enseignaient à l'école modèle des filles. Elles le seront encore quelques mois plus tard lorsque Mgr Langevin permettra l'ouverture d'une école indépendante qui joue le rôle de l'école annexe de l'École normale pour les Sœurs des Petites-Écoles[47]. Mgr Langevin rassurera les filles de Mère Bourgeoys en les convainquant qu'il y a de la place dans la ville pour les deux communautés. C'est qu'elles sont elles-mêmes dans une situation critique, mais elles n'ont jamais été mesquines vis-à-vis des Sœurs des Petites-Écoles. Au contraire, depuis leur arrivée, elles les ont protégées, aidées, accueillies toujours avec la plus grande charité et affabilité. Et il est sûr que sœur Marie-Élisabeth ne peut leur avoir tenu rigueur d'avoir exprimé leur inquiétude, elle qui sait si bien ce que c'est !

---

(45) Voir *supra* : 155.

(46) « D'années en années, le nombre de leurs élèves pensionnaires diminuait et, par suite, l'administration financière devenait plus difficile. C'est qu'une crise économique, due à la mévente des produits agricoles sévissait alors dans les campagnes. Bien des familles qui avaient vécu jusque-là dans une certaine aisance, se voyaient dans l'obligation d'aller demander aux manufactures américaines l'argent qu'elles ne trouvaient plus sur leurs fermes. Il y avait donc, à cause de la pauvreté et de l'émigration beaucoup moins d'enfants qui fréquentaient les institutions d'enseignement. » (Léo Bérubé, « La Congrégation de Notre-Dame au Diocèse de Rimouski », *Le Centre St-Germain*, Rimouski, vol. 22, (1961) : 212-214). Voir aussi Jeanne Desjardins, r.s.r., « Les Communautés religieuses féminines », *Mosaïque rimouskoise* : 178-179. Charles Guay, *Chronique de Rimouski*, II : 262-269. Déjà en 1879, « Les Sœurs de la Congrégation agitent la question de vendre leur couvent et de laisser la paroisse. » (F.-E. Couture, *Notes* IV : 789, 6 novembre 1879.)

(47) Voir *infra* : 428-429.

D'autre part, les rapports ont parfois aussi été tendus avec les Sœurs de la Charité de Québec relativement à la fondation à Rimouski, comme en témoigne cette lettre de Mgr Langevin à l'archevêque de Québec :

> Si je ne me trompe, la Maison-Mère de Québec, à part les *personnes*, n'a fourni que les habits qu'elles portaient [Srs de Ch. de R.]. Je ne conçois donc pas beaucoup quels sont ces *immenses sacrifices* dont me parle la Supérieure-générale dans une lettre écrite sur un tel ton que je n'ai pas cru devoir y répondre. Il me semble qu'à la place des Sœurs de la Charité toute autre communauté aurait été heureuse et fière d'être choisie pour faire un nouvel établissement dans un autre diocèse, et n'aurait pas ainsi marchandé sur le nombre et la qualité des sujets, ni sur quelque contribution pécuniaire à la nouvelle fondation. [...] Parce que j'ai demandé à Rome ce que je croyais juste pour nos Sœurs, et que Rome me l'a accordé, paraît-il, je ne vois point que ce puisse être un motif d'avoir, entre les deux Communautés ou entre les deux évêchés, des rapports moins amicaux ou moins bienveillants. Si Rome avait décidé contre moi, il me semble que je m'y serais soumis sans témoigner de ressentiment, comme paraissent en éprouver les Sœurs de Québec [48].

Avec les Sœurs de la Charité de la mission de Carleton, c'est la question de la communion quotidienne qui vient perturber les rapports entre la communauté et l'évêque. Habituées à la communion quotidienne, les sœurs ont osé contester la décision de Mgr Langevin d'en réduire la fréquence. Celui-ci écrit que « la communion quotidienne est une exception en faveur de quelques âmes privilégiées & non point la règle générale » ce qui n'est évidemment pas l'opinion de la supérieure : « Cependant cette direction donnée par moi au curé m'a attiré une *verte leçon* de la part de la Sœur St-Roch, qui me renvoie à la *Théologie*, au tribunal de l'*Archevêque* & à celui de la *S. Congrégation*. Vous comprenez que je ne suis pas d'humeur à souffrir de semblables choses. Je vous prie donc de retirer cette Sœur de Carleton ou au moins de lui apprendre à rester à sa place. Je suis bien certain que vous serez mortifiée de cette incartade de Sœur St-Roch [49]. »

---

(48) Mgr Jean Langevin à Mgr E.-A. Taschereau, Rimouski, 26 septembre 1875 : 2-3, AAQ, 28 CR, D.R., I : 179a.

(49) Mgr Jean Langevin à Mère Marie du Sacré-Cœur, Supérieure Générale des Sœurs de la Charité de Québec, Rimouski, septembre 1871, AAR, Correspondance générale, vol. C, n° 675. Un an plus tard, il écrira : « Voilà vos Sœurs de Carleton qui reviennent à la charge au sujet de la communion quotidienne [...] Je vous avoue que pareille résistance me fatigue [...] Je vous prie, ma Révérende Mère, d'expliquer à vos Sœurs de Carleton que je ne leur impose rien d'extraordinaire en tout ceci, mais que ce sont elles qui voudraient jouir de privilèges tout-à-fait inusités. Au reste, si quelques-unes d'entre elles n'étaient pas heureuses dans le diocèse de Rimouski,

La Supérieure des Sœurs de la Charité de Rimouski, elle non plus, ne pense pas toujours comme Mgr Langevin, le lui laisse savoir mais sa franchise n'est pas très appréciée. L'archevêque de Québec écrit à son suffragant de Rimouski au sujet des Sœurs de la Charité :

> V.G. paraît maintenant désirer qu'elle [Mère St-Pierre] reste à Québec, *parce qu'elle ne peut souffrir que V.G. pense différemment d'elle et qu'elle inculque ses principes dans la Communauté.* Ne serait-ce pas aussi que V.G. ne peut souffrir semblable divergence d'opinion de la part de la Supérieure et de ses Sœurs ? Il sera difficile, pour ne pas dire impossible, de trouver une autre Supérieure à qui cela n'arrive quelquefois. Une autre que la Mère St-Pierre n'aura peut-être pas le courage de dire franchement sa pensée, mais le malaise n'en existerait pas moins dans la communauté, et il me semble qu'il vaut mieux que les positions soient nettement dessinées [50].

L'archevêque se permet de rappeler à son évêque ce que doit être le rôle de celui-ci envers la communauté religieuse : « Ce n'est pas à l'Évêque que les Sœurs font vœu d'obéissance ; et l'Évêque n'est Supérieur que pour diriger, conseiller, approuver, et surtout protéger la Communauté, qui a sa vie propre et indépendante en une certaine mesure [51]. »

Les Sœurs des Petites-Écoles

Sœur Marie-Élisabeth qui depuis des années est hantée par cette dichotomie en elle des devoirs qui s'affrontent, aurait été si heureuse et si soulagée par ces paroles de Mgr Taschereau. Elle doit obéissance à l'évêque. Elle sera obéissance et c'est l'une des qualités qui viendront à la mémoire de Mgr Langevin immédiatement après sa mort : « Elle a été si obéissante [52] », se souviendra-t-il.

Y a-t-il une autre voie entre l'obéissance et la révolte ? Celle du compromis peut-être. Pas de la compromission. Dieu sait qu'elle ne le fait pas exprès pour être contrariante. Son doux entêtement n'est qu'une forme de désir inassouvi. Elle n'est pas impénitente dans sa résistance à l'évêque, non exactement résistance, plutôt réticence bien affermie à se faire confisquer sa vie telle qu'elle la voit parce que telle elle doit être. On ne la prendra pas à être inférieure à sa propre hauteur

---

je suis sûr que vous ne leur refuseriez pas de les en retirer, & pour ma part, je n'y aurais aucun objection. » (Mgr Jean Langevin à Mère Marie du Sacré-Cœur, Rimouski, 1872, *ibid.*, vol. E, n° 200).

(50) Mgr E.-A. Taschereau à Mgr Jean Langevin, Québec, 3 août 1877, AAQ, 210A, Registre des lettres, vol. 32 : 79-80, n° 137.

(51) *Ibid.* : 80.

(52) Voir *infra* : 470 et 473.

de vues. Et de vie. L'évêque lui-même en sera plus tard étonnamment admiratif. En fait, elle n'est coupable que d'avoir raison avant l'évêque. Juste sûre d'une vérité non alors partagée par l'évêque mais qu'il lui est d'autant plus impératif de défendre qu'elle en est la custode, le dernier retranchement. Prophète de sa communauté, elle ne peut pas ne pas rechercher l'accord complet entre son âme et sa vie, entre son rêve et son action. Ce qui l'achemine impérieusement dans la direction portant visage de confrontation et de désobéissance qui pourtant est la route du soleil levant pour sa communauté et pour l'éducation des jeunes enfants des régions pauvres.

L'on ne sait comment se sont déroulés ses entretiens avec l'évêque. Lui a-t-elle fait de douces remontrances ? Ce n'est pas impossible, à cause de ce qu'il dira la veille de sa mort à celles qui l'implorent de guérir leur mère : « Qui sait si un jour elle ne m'en ferait pas de grands reproches ! Elle est si prête [53]. »

Les rejets itératifs de l'évêque qui s'enfonçaient comme chocs à répétition dans le rêve chaviré s'étaient transformés pour sœur Marie-Élisabeth en une litanie d'incompréhensions. Car si la religieuse courbe la tête et le cœur, la femme peut-elle s'empêcher, sinon de murmurer, du moins de s'avouer ne pas comprendre ? Y a-t-il quelque chose à comprendre là où règne tant d'incompréhension ? Le brouillard qui lui regagne le cœur après chaque refus l'entraîne dans la détestation du procédé certes, mais ne va jamais jusqu'à l'abomination de son auteur. Et c'est cela surtout le plus pénible, la mésintelligence avec quelqu'un qu'elle aime et qu'elle respecte.. Elle est envahie par une lassitude plutôt, incantatoire : « Je ne comprends pas. » Si « Sœur Marie-Élisabeth sait excuser l'Évêque dans ses embarras [...] elle excuse moins son silence et sa froideur [54] ». Car la situation est maintenant telle que seule une mince voie de communication est maintenue entre l'évêché et le couvent et tous les très et trop lourds messages n'y passent pas.

Sœur Marie-Lucie qui a vécu ces moments difficiles aux côtés de sœur Marie-Élisabeth résume ainsi la période d'épreuves qui a précédé le 12 septembre 1879 :

Faudrait-il ici retracer les épreuves, les douleurs, les angoisses qui se partagèrent pendant le cours de ces premières années qui précédèrent le 12 septembre de 1879 ? Non, nous nous sommes borné à donner des détails propres à édifier celles qui sont appelées à poursuivre le même but et à les encourager dans les difficultés inhérentes

---

(53) Voir *infra* : 471.
(54) *CMM* I : 109.

à leur fonction. Laissons dans l'ombre les faits qui pourraient porter quelque atteinte aux personnes dont le caractère et la dignité méritent des égards, et disons après notre vénérée Mère fondatrice, qu'elles ont été que les dociles instruments dans la main du Divin Maître. En effet les coups réitérés porter contre le frêle édifice, étaient partis de là Haut et habilement dirigés dans des vues qu'il ne nous appartient pas de sonder. Cependant, il n'est pas moins de vrai de dire que l'indifférence, le mépris des bons affectent plus sensiblement que les persécutions des méchants, la flèche lancée par la main du juste perce plus profondément que le trait empoisonné des pécheurs... Aussi l'excuse, ce baume cicatrisant, que l'on prête à celui qui a fait la blessure, ne ferme pas toujours les déchirures du cœur... [55]

Ce n'est pas qu'à Mgr Langevin que sœur Marie-Lucie fait ainsi allusion mais aussi à leur directeur, le chanoine Edmond Langevin, qui a pourtant été d'une grande bonté et d'une grande sollicitude pour elles toutes, encore davantage après la mort de Mère Marie-Élisabeth. Malheureusement, lui et sœur Marie-Élisabeth ne partageaient pas les mêmes vues sur le recrutement. Trop laxiste dans le choix des postulantes et des novices, c'est la maîtresse des novices qui devait supporter le lourd poids des recrues sans véritable vocation [56].

Sœur Marie-Élisabeth est la cheville ouvrière, la pierre d'assise de l'Institut des Sœurs des Petites-Écoles. Si elle part, tout et toutes tombent avec elle. Il lui faut croire encore. N'est-ce pas folie pure ou pure folie ? C'est ainsi que l'on a surnommée les saints, les fous de Dieu. La raison seule ne peut tout expliquer. Ni surtout et encore moins tout régenter pour faire lever de terre ce qui précisément n'est pas de la terre. Pour l'efflorescence d'une vie de soleil et de droit, son désir surexposé de face et de cœur, appesanti de prières et de renoncements, de labeurs et d'espoirs, sa foi indélébile, incalculable. Le royaume de Dieu n'est pas mesurable. Ni les actes qui le forment, ni les personnes qui l'étendent. Il arrive de surcroît. Par surcroît d'amour et de foi. Au-delà des possibilités, par delà l'impossible.

La démesure d'aller à l'encontre de tout ce qui est humainement impossible. Y refuser d'y croire c'est déjà l'authentifier de son contraire.

---

(55) Récit de Sœur Marie-Lucie transcrit dans *CMM* I : 137-138.

(56) « S'il a été contraire à notre M.M. Elizabeth à l'égard des personnes qui voulaient se faire religieuses dans notre maison, c'est que les idées des personnes sont différentes. Sans doute ce sont les épreuves les plus cruelles quand Dieu permet que les gens de bien se fassent souffrir en différant d'opinion quand c'est pour atteindre le même but que nous travaillons. Ce qui était plus pénible encore ces épreuves elles venaient de notre bon Père qui avait les meilleures intentions du monde. » ([Témoignage sur Mgr Edmond Langevin, écrit après sa mort (1889ss)] ARSR, 200.100, 72e.)

Le Père Jean Tielen

Comment faire pour brusquer le cours de l'histoire? Un signe, un événement tant désiré et jusque lors non avenu apparaît à la porte du couvent le 26 août 1879. L'ange s'appelle Jean. Appelé par Jean, évêque de Saint-Germain de Rimouski. Envoyé au couvent par le frère de Jean, leur bon père directeur.

Jean Tielen supérieur du contingent belge de quatre pères et de trois frères rédemptoristes venus prendre charge de la paroisse et du pèlerinage de Sainte-Anne-de-Beaupré à l'été de 1879 [57]. Arrivé à Sainte-Anne-de-Beaupré le 21 août 1879 [58] en soirée, le père Tielen en repart le 25 en direction de Rimouski.

En avril 1879, Mgr Charles Guay, grand vicaire honoraire de Rimouski avait rencontré à Rome le supérieur général des Rédemptoristes. Émissaire de Mgr Jean Langevin, il désirait des pères pour desservir le sanctuaire de Sainte-Anne-de-Pointe-au-Père, lieu de pèlerinage fort couru des diocésains rimouskois. L'une des missions du Père Tielen en arrivant au Canada est donc d'aller à Rimouski et de négocier avec Mgr Langevin « l'affaire de la fondation de la seconde bonne sainte Anne [59] ». Mgr Langevin, en installant les Rédemptoristes à la porte de l'évêché, aimerait qu'ils puissent donner missions et retraites dans tout son immense diocèse, sur la Côte-Nord également, car la « Congrégation du Très-saint-Rédempteur demeure à cette époque un institut consacré presque totalement aux retraites ou missions paroissiales, qui remportent dans la plupart des pays un succès considérable [60] ».

---

(57) Les quatre pères étaient Jean Tielen (ou Thielen), 55 ans, Joseph Didier, 43 ans, Pierre Van der Capellen, 56 ans, et Louis Fievez, 51 ans, les trois frères, Camille (François Delhaute, 35 ans), Dominique (François-X. Klingen, 27 ans) et Léonard (Charles Steels, 36 ans). Ils sont venus remplacer les rédemptoristes américains envoyés en 1878 par la province de Baltimore et dont paroissiens et pèlerins se plaignaient de n'être pas compris. De 1658 à 1878, des prêtres diocésains avaient desservi Sainte-Anne-de-Beaupré. Voir Jean-Pierre Asselin, *Les Rédemptoristes au Canada. Implantation à Sainte-Anne-de-Beaupré, 1878-1911*, Montréal, Bellarmin, 1981, 165 p.: 19, 22ss, 33.

(58) Partis d'Anvers le 30 juillet, les rédemptoristes, arrivés à New-York le 11 août, après quelques jours de repos à Boston, se mettent en route pour Québec qu'ils atteignent le 21 pour y rencontrer l'archevêque, Mgr Taschereau (J.-P. Asselin, *Les Rédemptoristes...* : 35-36).

(59) *Ibid.* : 31, 35, 39, 55.

(60) *Ibid.* : 8. Ce qui ne fit pas exception dans la province ecclésiastique de Québec où, de 1879 à 1884, ils prêchent 144 missions et 54 renouvellements, 22 retraites au clergé, 19 aux religieux et 32 à différents groupes de laïcs. Leur succès s'explique parce que « leur genre de prédication répondait à un besoin. Le peuple, profondément attaché à ses croyances, s'est laissé prendre, comme au temps de Mgr de Forbin-Janson, à la parole simple et ardente de ces prédicateurs, d'apparence austère, qui ne

Venu pour reconnaître le terrain pour l'implantation éventuelle de son ordre à Rimouski, c'est une autre communauté qu'il aidera à faire souche.

Le grand vicaire, père directeur de la communauté, était dans une bien mauvaise position pour soutenir ouvertement les revendications des sœurs. Dans sa position d'infériorité de pouvoir par rapport à son frère l'évêque, c'est à la loyauté de sang et de rang qu'il accorde plutôt priorité qu'à celle de soutien paternel et inconditionnel des sœurs dont il est le directeur. S'il ne se croit pas le droit d'agir directement, ce n'en est pas pour autant l'aveu explicite d'une désertion, mais un accompagnement secret dans le désert de leur vie religieuse toujours hors de portée.

Considérant ses propres pouvoirs d'intercession ou de persuasion éventés ou insatisfaisants, le chanoine Langevin juge comme un médiateur précieux le rédemptoriste à qui il suggère d'aller dire la messe chez les Sœurs des Petites-Écoles. La messe dite, ce dernier promet de revenir dans la matinée.

Il revint en effet et voulut visiter la maison, étonné de la pauvreté de la chapelle, il désirait voir les salles occupées par les sœurs. Il vit toutes les sœurs réunies dans la salle du noviciat, il les bénit et les encouragea par des paroles bien consolantes : Ne craignez pas, leur dit-il, votre œuvre subsistera, elle est bien assise, ses ramparts son[t] invulnérables. Le bon Religieux exprimait sa surprise, son étonnement de cette pauvreté qu'il voyait partout, c'était des exclamations en présence de ce dénûment... [61]

Les Sœurs venaient tout juste de tenir leurs Quarante-Heures [62], pendant lesquelles « les cœurs [...] encore plus soumis plus fervents, plus résignés, l'abandon était complet dans ces âmes généreuses [63] ». Sa visite inopinée tient presque lieu d'apparition et de réponse à leurs prières si désespérément implorantes.

---

reculent devant rien pour les atteindre, si éloignés qu'ils soient [...] deux ou trois sermons par jour sur ‹ les grandes vérités du salut ›, à savoir la mort, le jugement, le péché et ses séquelles, l'enfer, le bonheur de l'au-delà, les devoirs du chrétien. Tout cela faisait l'effet d'un remue-ménage, d'une espèce de remise en question de tout ce qui formait la trame profonde de la vie de ces gens. » (J.-P. Asselin, *Les Rédemptoristes...* : 63.)

(61) *CMM* I : 117.

(62) L'ouverture des Quarante-Heures s'est faite le 18 août, comme le prouve cette lettre du 17 août 1879 de sœur Marie-Élisabeth à Edmond Langevin : « Vous demanderai-je de présenter à Sa Grandeur Monseigneur, s'il nous fera l'honneur de venir dire la messe d'exposition demain matin, ou celle de déposition du Très-Saint Sacrement, ou si vous-même viendrez, Mon Père, et à quelle heure ? J'attends la réponse du porteur. » (AAR, A-14-2, RSR ; *Lettres autographes...* : A-8.)

(63) *CMM* I : 117.

Sœur Marie Élisabeth avec ses sœurs furent émues des paroles du distingué Rédemptoriste, ses encouragements leur laissèrent une douce émotion pleine confiance et d'ardeur. Sœur Marie Élisabeth sentit une grande consolation, les paroles du visiteur lui parurent comme une voix du ciel dont l'écho se répercutait dans toutes les salles de la maison et ses sœurs se plaisaient à redire : ce religieux est un envoyé du ciel pour adoucir les amertumes de notre maîtresse. La prière d'actions de grâces furent ferventes auprès de Jésus exposé sur l'autel. Le Révérend Père leur avait dit le bonheur qu'il ressentit à dire sa messe, la première sur le sol canadien [64], en présence du St Sacrement exposé [65].

Elles l'ignorent encore, mais le grand vicaire a chargé le Père Tielen de plaider leur cause auprès de l'évêque : « Monseigneur Ross [66], écrit le chanoine Camille LeBel, m'a souvent raconté comment le curé de Rimouski, – ou le grand Vicaire Langevin – avait envoyé le Père Tielen dire la messe chez les Sœurs, puis à sa demande, était intervenu auprès de Monseigneur Jean Langevin, louant les hautes vertus d'humilité, de pauvreté, de dévouement qu'il avait remarquées dans la communauté naissante [67]. »

Le père Tielen, « au front large, figure distinguée [68] » qui possède une large expérience apostolique est reconnu pour « son affabilité », « sa patience à toute épreuve, jointe à une grande largeur de vues », jouissant d'une popularité enviable auprès de ses dirigés et de ses sujets. L'un de ses supérieurs l'a décrit ainsi : « Forte santé. Homme pieux, humble et très obéissant. Excellent jugement. Il forme très bien les novices, s'en fait aimer et leur inspire une grande confiance. Il est généreux et porté à l'activité, peut-être même un peu trop. Bon missionnaire. Il a d'excellentes qualités pour être supérieur [69]. »

À toutes ces qualités viendront se greffer une heureuse intégration en sol canadien [70], jusqu'à son langage qui en accusera la couleur. Des

---

(64) Il est peu probable qu'il s'agisse de sa première messe en sol canadien. Dans la *Chronique*, on croit qu'il arrive directement d'Europe, ce qui n'est pas le cas, puisqu'il est passé par Québec et Sainte-Anne-de-Beaupré avant.

(65) *CMM* : 117-118.

(66) Mgr François-Xavier Ross (1869-1945), premier évêque de Gaspé (1922-1945).

(67) Chan[oine] Camille LeBel, « La paroisse de St-Godefroi », *Revue d'Histoire de la Gaspésie*, vol. 4, n° 4 (octobre-décembre 1966) p. 188-194 : 191.

(68) C'est ainsi que le dépeint la chroniqueuse (*CMM* I : 117).

(69) J.-P. Asselin, *Les Rédemptoristes...* : 33. Jean Tielen (1824-1897). Né à Exel en Belgique le 2 septembre 1824. Ordonné chez les Rédemptoristes le 26 décembre 1852. En Belgique, maître des novices (1852-1859), recteur à Bruxelles puis à Anvers jusqu'en 1879. À Sainte-Anne-de-Beaupré, recteur et curé (1879-1887, 1892-1894). Décédé le 9 octobre 1897. (*DBCCF* I : 517.)

(70) J.-P. Asselin, *Les Rédemptoristes...* : 54.

novices racontent à leurs sœurs missionnaires sa visite à l'automne de 1893 : « il ne faut pas oublier de vous dire que nous avons eu la belle visite de notre toujours bon et très cher Père Tiélen, il nous a parlé longuement et nous a donné deux bonnes bénédictions. Pour faire de bonnes religieuses, il nous a conseillé d'arracher les nœuds, d'y mettre du mastic et de passer de bonne couches de chalac [71]. » Nul doute qu'il n'impressionne favorablement Mgr Langevin. À ce point en fait que le provincial écrit au supérieur général de l'ordre le 28 août, date du retour à Québec du père Tielen, que les rédemptoristes ont reçu de Mgr Langevin « tant d'offres de missions et de retraites qu'il leur est impossible de les donner toutes cet hiver [72] ». Mais le père Tielen a accepté d'envoyer un père pour la retraite des séminaristes et des Sœurs des Petites-Écoles [73].

En fait, l'évêque de Rimouski fut si impressionné par la prédication du père Tielen

> qu'il demanda aux rédemptoristes de venir prêcher une mission générale dans son diocèse. On assigna le père Didier comme compagnon du père Fievez et, dès l'automne 1879, fut inaugurée dans le diocèse une longue série de « missions » qui allait se prolonger pendant cinq ans. De 1879 à 1884, il n'est à peu près pas de paroisses de la rive sud du Saint-Laurent à partir de la pointe extrême de la baie des Chaleurs jusqu'à Rimouski et au-delà qui n'ait connu le passage des rédemptoristes. Dans la liste des travaux apostoliques, pour la période ci-haut mentionnée, nous avons compté 60 missions [74].

Et puis, il ne nous faut pas oublier que Mgr Langevin cherche à attirer le Père Tielen dans son diocèse. Mgr Langevin convoite d'autant plus les rédemptoristes qu'il y avait longtemps déjà qu'il voulait attirer une communauté de religieux dans son diocèse. Lors de son voyage en Europe en 1877, son frère Edmond a fait plusieurs démarches auprès de congrégations masculines, mais partout l'on invoquait le manque de sujets pour refuser l'invitation de l'évêque de Rimouski.

---

(71) Lettre des Sœurs du Noviciat aux Sœurs de Sainte-Luce, Rimouski, 2 janvier 1894, ARSR, 225.110B, 1894-2, C.5.

(72) Père Elias Frederick Schauer, c.ss.r. au Père Nicolas Mauron, c.ss.r., Québec, 28 août 1879, cité dans J.-P. Asselin, *Les Rédemptoristes...* : 40.

(73) Voir Mgr Jean Langevin au Père Jean Tielen, c.ss.r., Rimouski, 9 octobre 1879, AAR, Correspondance générale, vol. H : 250-251. « Ils donneront, dès le mois de septembre, la retraite aux séminaristes et aux sœurs du Saint-Rosaire. » (J.-P. Asselin, *Les Rédemptoristes...* : 40.)

(74) J.-P. Asselin, *Les Rédemptoristes...* : 40.

Le seul grief que Mgr Langevin peut alors entretenir contre les Sœurs des Petites-Écoles est leur pauvreté. En toutes autres choses, elles remplissent les conditions qui rendent leurs prétentions à revendiquer les vœux parfaitement légitimes et dignes d'être considérées obligations pour l'évêque. Comment au Père Tielen qui vante leurs vertus et leurs mérites objecter que le diocèse est trop pauvre pour se payer le luxe d'une autre communauté religieuse alors qu'il ne l'est pas pour accueillir des rédemptoristes ?

Le Père Tielen ne retiendra pas d'ailleurs cette idée d'une fondation rimouskoise, préférant consolider leur position à Sainte-Anne-de-Beaupré, à cause précisément de la pauvreté du diocèse[75]. Mais ça, grâce au ciel, Mgr Langevin ne le sait pas encore, puisqu'il lui écrit le 25 octobre : « Je vous remercie de l'intérêt que vous portez à mon diocèse, et je me flatte que dans *un avenir peu éloigné* les circonstances permettront à Votre Congrég[ation] de se charger de la Pointe-au-Père. En attendant, nous faisons travailler à la maison, et un jour à la chapelle, moyennant la collecte de l'été dernier[76]. »

Sa venue jusqu'à Rimouski est vraiment providentielle pour les Sœurs des Petites-Écoles et peut-être aussi le fait qu'il ait pu trouver sa route jusque là, alors que ses supérieurs avaient eu tant de mal à repérer le pays sur la carte qu'ils l'avaient d'abord situé sur un autre continent :

> Un témoin de cette époque, le père Édouard Lamontagne, raconte d'une façon savoureuse la réaction suscitée dans la province belge à l'annonce d'une fondation au Canada. « Grand émoi, écrit-il, dans la province belge. Pendant 15 jours, nous dit-on ensuite, certains pères fouillèrent partout, à la biliothèque, chez les libraires, pour découvrir une carte géographique. Jacques Cartier avait eu moins de misère à découvrir le Canada. Les Belges le cherchèrent sur les côtes d'Afrique[77]. »

Les voies de l'Esprit saint sont parfois impénétrables, voire tortueuses, mais l'important est que soit venue l'heure pour sœur Marie-Élisabeth et les Sœurs des Petites-Écoles.

---

(75) Voir J.-P. Asselin, *Les Rédemptoristes...* : 39 et 72.

(76) Mgr Jean Langevin au Père Jean Tielen, Rimouski, 25 octobre 1879, AAR, Lettres particulières, vol. II : 333. Le 9 octobre, le même avait écrit au même : « J'ai bien hâte d'avoir des nouvelles favorables de votre Père Général au sujet de notre pèlerinage de la Pointe-au-Père. Si vous le préférez, je pourrais en même temps vous fournir une maison dans ma petite ville, assez près de la Cathédrale. » (AAR, Correspondance générale, vol. H : 251.)

(77) J.-P. Asselin, *Les Rédemptoristes...* : 31.

Le grand jour

L'espoir au cœur les sœurs continuent à se succéder dans leur petite chapelle, tant et si bien que Mgr Langevin vient leur faire une visite... pour annoncer sa visite canonique.

Aux derniers jours d'août, Monseigneur fait sa visite canonique, il a dit la sainte messe et après son déjeûner il revient, les sœurs émues mais confiantes se présentent à leur tour, ensuite il va dans tous les appartements occupés et se montre satisfait, il demande à voir ce que l'on a ajouté au costume : petite pélerine couleur de la robe grise et une petite guimpe, il revient sur la même remarque déjà faite : « Il faut être mises convenablement pour avoir accès auprès des enfants ». Monseigneur se montre plus intéressé que jamais ; il est bienveillant, paternel, cette froideur, cet ennui qui avaient si souvent déconcerter la chère Sœur Marie Élisabeth, ne paraissent plus, c'est tout un revirement chez lui, qui fait croire à l'intervention du Révérend Père Tiélen [78].

Quelques jours plus tard, de la bouche de Mgr Langevin tombent les paroles si longuement espérées. C'est le 12 septembre qu'il suggère pour la date de la cérémonie. Suit un nouvel examen de chacune d'entre elles, par leur père spirituel cette fois.

C'est en la fête de la Nativité de la Vierge, le 8 septembre 1879, que sœur Marie-Élisabeth fait parvenir à Mgr Langevin une lettre dans laquelle les treize novices sollicitent officiellement « la faveur d'être admises à faire, pour un an, les vœux de religion dans la Congrégation des Petites-Écoles ». Après l'énonciation des noms, elle ajoute : « Je soumets à votre examen un projet de formule des vœux et de l'acte de profession. » Nous les reproduisons parce que les formules retenues diffèrent quelque peu de celles de sœur Marie-Élisabeth :

Formule et l'Acte de Profession

Moi, Sœur N... ai fait vœu, de mon libre choix et avec plein consentement, en présence de N.N. ... de passer un an dans la Congrégation des Sœurs des Petites-Écoles, vivant en obéissance, pauvreté et chasteté

À S.G. de Rimouski le 11 sept. 1879.

Suit la signature.

Formule des Vœux.

Dieu Tout-Puissant et Miséricordieux qui daignez m'admettre à votre service, quoique j'en sois en toute façon indigne en présence de l'Immaculée Vierge Marie, de votre cour celeste et de Monseigneur Jean Langevin, ou M., Moi N. je fais vœu à votre divine majesté de passer un [an] dans la Congrégation des Sœurs des

---

(78) *CMM* I : 118.

Petites-Écoles, vivant en obéissance, en pauvreté et en chasteté, et de me consacrer à l'instruction des enfants, entendant toutes choses selon les Constitutions de cette même Congrégation.

Je supplie votre infinie bonté de recevoir favorablement cet holocauste, par les Mérites du très-Précieux Sang de J.C., et de m'accorder l'abondance de vos grâces pour l'accomplir [79].

À S.G.de Rimouski le 12 Septembre 1879.

Sr N...

Sœur Marie-Élisabeth poursuit et termine ainsi sa lettre :

Je serais très-heureuse qu'il plût à votre Grandeur de venir faire l'examen des novices dans le cours de la matinée, afin que celles qui seront admises aux vœux aient le temps d'en donner avis à leurs parents des aujourd'hui.

Je désire vivement que la cérémonie soit vendredi, et je demande bien humblement à Votre Grandeur si elle voudrait nous faire l'honneur de la présider [80].

Monseigneur viendra et les treize novices seront admises. La seule postulante présentée par leur directeur à l'évêque se verra elle aussi admise pour le 12 septembre à la prise d'habit [81].

Monseigneur assura à la Communauté que la fête serait solennelle ; il sembla aussi heureux que les chères novices en leur disant qu'il avait choisi cette date du 12 septembre qui était le 35ème anniversaire de son ordination sacerdotale, raison de rémémorer cette date par une cérémonie de profession religieuse. Jamais l'Évêque s'était montré aussi affable, aussi paternel. Nous n'essayerons pas de décrire le bonheur des chères élues, laissons-les à cette joie si sainte, et le bon Père Directeur heureux de préparer le cérémonial pour la date fixée par l'Évêque [82].

L'on remarque chez Mgr Langevin qui parfois peut avoir une expression si austère une joie presque enfantine quand des sujets qui lui sont chers brillent ou s'illustrent de quelque façon [83]. Il a bien raison d'être fier de ses filles des Petites-Écoles, autant pour ce qu'elles sont et tout ce qu'elles feront, il le pressent déjà, que parce qu'elles forment la seule communauté religieuse originale, créée à Rimouski. La seule qui lui accordera le plein titre de fondateur, ce qu'aucun autre de ses

---

(79) Toute cette phrase a été raturée, probablement par Mgr Langevin.

(80) Sœur Marie-Élisabeth à Mgr Jean Langevin, Rimouski, Lundi 8 septembre 1879, AAR, A-14-2, RSR ; dans *Lettres autographes...* : A9.

(81) *CMM* I : 119.

(82) *Ibid.*

(83) Les exemples en sont nombreux dans le journal du Séminaire de Rimouski ou *Notes* de F.-E. Couture, AAR, SR.

successeurs ne pourra revendiquer. Toutes les autres communautés de la ville seront importées ou implantées[84].

Lorsque, dans sa lettre, sœur Marie-Élisabeth écrit qu'elle tient à ce que la cérémonie se déroule le 12, craint-elle que Mgr Langevin ne change de nouveau d'avis ? Ou est-ce parce qu'elle sait déjà pour quelle raison Mgr Langevin a choisi cette date ? Sûrement qu'elle n'ignore pas que c'est son arrière-petit-cousin Mgr Turgeon qui a conféré le sacerdoce à Jean Langevin. Mgr Turgeon, considéré comme le fondateur de deux communautés religieuses à Québec à qui elle s'était peut-être ouverte de son désir de vie religieuse[85], serait en son esprit peut-être un bon parrain pour la communauté dont elle est maintenant fondatrice.

Il reste si peu de temps. Mais l'époque semble si irrépressiblement lointaine aussi dans l'effervescence de la hâte à cimenter ses pas, à graver son nom nouveau vieux de quatre ans pourtant, dans une profession de vœux. Élisabeth et ses filles, toutes à la fois Marthe et Marie s'affairent des mains et de l'âme. Pour la cérémonie, elles font revêtir à leur chapelle une robe de communiante : « un lait de chaux imbibe pour la seconde fois le plafond et les murs, leur blancheur égalera celle de la nappe d'autel[86] ». Leur âme est toute prête déjà, depuis si longtemps, point n'est besoin d'« une nouvelle retraite, celle du mois d'août fut fervente et les heures si pieuses des quarantes heures ont laissé dans leurs âmes l'espoir et le saint abandon au vouloir divin, elles sont prêtes pour le grand jour si longtemps désiré[87] ».

La veille du grand jour des heures enduites de prière et de silence rompu seulement à l'heure des confessions par leur directeur. Après une courte exhortation, le grand vicaire reçoit dix novices dans la profession du Tiers Ordre de Saint-François d'Assise, institué officiellement à Rimouski le 10 janvier 1876[88], alors que les trois autres l'étaient déjà. « De cette date jusqu'en 1887, toutes les sœurs qui prononcèrent leurs vœux de religion dans la Communauté, étaient admises dans le Tiers Ordre la veille de leur profession[89]. »

Le 12 septembre, enfin, après la longue suite des jours sans soleil, enveloppe sœur Marie-Élisabeth d'une aura plus lumineuse que les ors

---

(84) À Rimouski, l'on verra s'épanouir et y vivre, 12 communautés religieuses féminines, sans compter les Carmélites. Voir *Mosaïque rimouskoise* : 176-198. Dans le diocèse de Rimouski, l'abbé Alexandre Bouillon, curé du Lac-au-Saumon, fondera en 1929 les Servantes de Notre-Dame Reine du Clergé.

(85) Voir *supra* : 89

(86) *CMM* I : 119.

(87) *Ibid.*

(88) Fêtes du Centenaire de Rimouski, *Album-souvenir* : 35.

(89) *CMM* I : 119.

de l'automne et que les draps, chapes, dalmatiques d'or dont sont revêtus Mgr Langevin et leur directeur accompagnés de cinq ecclésiastiques. L'évêque, assisté de son grand vicaire ainsi que de l'abbé Jacques-Zébédée Jean, curé de Notre-Dame-de-l'Île-Verte, de l'ecclésiastique Edmond Patenaude et d'un servant de messe, préside à la cérémonie, pendant qu'en la petite sacristie les ecclésiastiques Pierre Brillant et Wenceslas Godard se chargent du chant au son de l'harmonium tenu par leur confrère Joseph Dechamplain. Il n'y a pas de balustrade à l'autel ; les novices et la postulante installées sur deux bancs font face à l'autel, et leurs invités sur des chaises un peu plus loin. Au moment de la communion, « les belles voix jeunes et harmonieuses chantèrent le cantique : ‹ Prosternons-nous, offrons des vœux, Oui, mortels, c'est le Roi des cieux ›. [90] » La messe terminée, Mgr Langevin reçoit les vœux des sœurs qui s'engagent « à Dieu pour un an vœu de pauvreté, de chasteté et d'obéissance dans la Congrégation des Sœurs des Petites Écoles de Rimouski, selon la Constitution et les règles de la dite Congrégation [91]. »

Mgr bénit les voiles noirs puis ces attributs réservés aux professes, les crucifix de cuivre jaune suspendus à un cordon de laine rouge comme la ceinture et les chapelets noirs de sept dizaines que bientôt elles porteront appendus à leur ceinture, du côté gauche [92]. En leur présentant le crucifix l'évêque dit : « Recevez, ma fille la croix de Notre Seigneur Jésus Christ avec amour et portez-la sur votre poitrine avec foi, vous rappelant sans cesse que c'est par les souffrances et la croix que l'on arrive à la gloire céleste [93]. »

Le halo de bonheur dont est nimbée sœur Marie-Élisabeth est en surimpression d'émotion sur sa figure et sur celle de ses filles. La voici revêtue de la livrée de sa vie dans ce qu'elle suppose non d'abjecte renonciation à soi mais d'illustration éloquente de sa vie en don de soi, en forme ici-bas d'un peu d'éternité. Le choix en ce jour, pour un an selon l'Église, veut pour elle devenir irréversible, allégeance d'âme, de cœur, de corps et de pays, enracinement dans le temps, dans l'espace, dans l'esprit et la foi de l'Église. Se mettre en retrait du monde pour l'habiter plus sûrement, plus pleinement, pour y laisser une trace qui s'inscrira mieux que lui dans le déroulement du temps. « Elles la baisèrent avec amour cette croix bénite, la croix, elles en avaient déjà senti les âpres douceurs [94]. »

---

(90) *CMM*, I : 120.

(91) Voir le « Cérémonial des Vœux Annuels » dans *CEL* : 86-94.

(92) Sur le costume, voir « Du St-Habit Religieux », AAR, A-14-2, RSR.

(93) *CMM* I : 120.

(94) *Ibid.*

Dans son *Règlement*, sœur Marie-Élisabeth écrit : « Nous sommes venues en religion pour suivre le divin Époux jusqu'au Calvaire ; nous devons donc trouver notre joie et notre bonheur dans les épreuves et les contradictions inséparables de notre vocation [95]. » À la suite des professes, c'est au tour de l'unique postulante, Luce Parent, qui a en ces murs reçu le baptême, la première communion et la confirmation du temps que le couvent était église, de prendre l'habit de novice sous le nom qui est un hommage et un remerciement au ciel pour la faveur accordée, sœur Marie de la Providence.

Après cette cérémonie qui fut aussi solennelle que l'avait promis le prélat, la corne d'abondance est aussi réservée aux corps par la gracieuse entremise de la sœur de la nouvelle novice, madame Joseph Ouellet, qui en ce grand jour a introduit au couvent des mets dont certains n'avaient jamais auparavant passé le seuil : petits pains, gâteaux, œufs, saumon de conserve, fromage. Dans la salle avoisinant la sacristie, préparée pour la circonstance, Mgr Langevin accepte de prendre le déjeuner, ainsi que le grand vicaire. À l'heure du départ l'évêque fait à la communauté, « sa première aumone en argent, la belle somme de dix piastres », après quoi les sœurs s'empressent de servir leurs autres invités, M. et Mme Lévêque, parents de sœur Marie-Lucie, Mme Fraser, mère de sœur Marie-Edmond, Mme Deveau, mère de sœur Marie du Sacré-Cœur ; M. et Mme Duis, parents de sœur Marie-Étienne venus en voiture d'aussi loin que Sainte-Anne-de-la-Pocatière, n'arriveront que l'après-midi. L'on devine que le tour des sœurs venu certains mets avaient disparu, mais elles, habituées à si piteuse quantité et à si piètre qualité de nourriture, trouvent leur repas non « moins savoureux : Du bon pain blanc en quantité beau beurre frais et café avec lait et sucre ».

Aucun membre de la famille Turgeon n'est venu, mais pourtant l'œil de sœur Marie de la Passion est encore sur elles en présence de ce « luxe » à portée de bouche : « l'on osait à peine toucher à ces bonnes choses, sœur Marie de la Passion en avait prohibé même le souvenir ». Mais l'œil est bientôt remplacé par « l'accueillante figure de Sœur Marie Élisabeth [96] » qui les rassure : tout est bien. Ce n'est pas ce qui va les anémier spirituellement, puisqu'elle leur inculque la nécessité de « Porter sa Croix à la suite de Jésus » qui est « l'Unique Moyen de Parvenir au Ciel, qu'Il Nous a mérité par sa Croix [97] », mais

---

(95) *Règlement*, n° 28. Aussi dans *Sur le chemin de la vie avec Élisabeth Turgeon*, préparé par Marthe Gagnon, r.s.r., 2ᵉ édition, Rimouski, Les Sœurs de Notre-Dame du Saint-Rosaire, 1989, 102 p. : 43, n° 49.

(96) *CMM* I : 120.

(97) *Sentences*, dans *Sur le chemin de la vie* : n° 50.

elle sait que le Christ a multiplié les pains, qu'il a fait asseoir la foule qui l'avait suivi avec foi, l'a fait reposer, a fait distribuer pain et poissons à tous ces gens pour qu'ensuite ils se relèvent et reprennent leur marche. La chroniqueuse exprime de façon bellement sentie la différence entre l'ancien supériorat et le nouveau règne qui s'amorce: « mais, elles se rassurent en présence de l'accueillante figure de Sœur Marie Élisabeth, sentant que le décalogue ancien était disparu pour faire place à la loi d'amour [98]. »

Dans l'après-midi, Mgr Langevin et son frère reviennent pour faire l'érection du chemin de croix et la nomination des officières. C'est le père Tielen qui leur a envoyé le « beau chemin de croix » dont les images étaient fixées sur des cartons surmontés d'une croix. Ensuite, parce que selon le règlement provisoire de la Communauté des élections régulières ne peuvent avoir lieu tant qu'il n'y aura pas au moins trois religieuses professes de cinq ans, l'évêque s'autorisant des règles de l'Église en pareil cas, nomme supérieure, sœur Marie-Élisabeth, assistante, sœur Marie-Joseph et maîtresse des novices, sœur Marie-Étienne. Puis, « toutes ont été reconnaître la nouvelle supérieure, en se mettant à genoux devant elle, lui baisant la main et recevant d'elle le baiser de paix [99] ». L'évêque récite ensuite le *Te Deum* avec la communauté et clôt la réunion par le *Sub Tuum*. Après les inscriptions dans les registres, Mgr Jean Langevin, puis le grand vicaire Edmond Langevin, signent, suivis des sœurs. La clôture de « la mémorable journée » se fait aussi solennellement par la bénédiction du Saint-Sacrement par Mgr Langevin, assisté du grand vicaire et des ecclésiastiques présents à la messe du matin.

Les treize nouvelles professes se sont ainsi inscrites dans le registre:
Nous soussignées faisons à Dieu pour un an vœu de pauvreté, de chasteté et d'obéissance dans la Congrégation des Sœurs des Petites Écoles de Rimouski, selon la Constitution et les règles de la dite Congrégation en présence de Sa Grandeur Monseigneur Jean Langevin Évêque de St Germain de Rimouski.
À St Germain de Rimouski, ce 12 septembre, 1879,
Sœur Marie-Elizabeth, née M. Elizabeth Turgeon
Sœur Marie Joseph, née Apolline Gagné
Sœur Marie Jeanne Francoise de Chantal née Marie Amélie Plamondon
Sœur Marie de Jésus née Léda Deslauriers
Sœur Marie des Anges née Eugénie Deslauriers
Sœur Marie Frs. d'Assise née Marie Apolline Héon
Sœur Marie Edmond née M. Alice Eulalie Fraser

---

(98) *CMM* I : 120.
(99) *CMM* I : 122.

Sœur Marie du Sacré-Cœur, née M. Héloïse Deveau
Sœur Marie Jean l'Evangéliste, née Flavie Adéline Bilodeau
Sœur Marie-Anne née M. Elzire Cauchon
Sœur Marie-Lucie née M. Eulalie Lévêque
Sœur Marie Étienne née M. Philistine Bois
Sœur Marie Joséphine née Léocadie Beaulieu [100]

Les novices sont désormais deux. Sœur Marie du Crucifix, née Élisabeth Odile Sirois et Sœur Marie de la Providence, née Luce Parent. L'unique postulante, Justine Couturier, ne sait pas signer.

Si les premiers vœux annuels se sont fait attendre, que dire des vœux perpétuels, dont les premiers ne seront émis que le 15 août 1895. Des treize professes, seules quatre prononceront ces vœux seize ans plus tard. Certaines sont sorties, sœur Marie-Joséphine en mai 1880, sœur Marie-François d'Assise en avril 1881, sœur Marie du Sacré-Cœur en août 1886, sœur Marie-Edmond en 1895 et enfin sœur Marie-Joseph, un an après la profession de vœux perpétuels qu'elle n'a pas prononcés, en juin 1896 [101]. Les quatre autres sont mortes. Outre Mère Marie-Élisabeth, Mère Marie-Anne et les deux sœurs Marie de Jésus et Marie des Anges

De cette cérémonie aucune mention n'est faite dans le journal du séminaire tenu par M. Couture bien qu'il fasse généralement mention des faits importants ou intéressants se produisant dans la ville ou le pays. Par contre, *le Nouvelliste de Rimouski*, dans son édition du 18 septembre 1879 [102], donne un compte rendu de la cérémonie, cite les noms des nouvelles élues, pour terminer ainsi :

> Ces Sœurs sont les prémices de cette Congrégation naissante, qui est destinée à rendre de grands services à l'éducation des enfants du peuple, et qui conséquemment, est bien digne de la sympathie du public. Déjà cet automne, elles se chargent de la direction de petites écoles dans une couple d'endroits nouveaux : Saint-Gabriel et Saint-Moïse, et au printemps prochain elles prendront probablement une autre école au chantier de Betsiamis, à la demande des Révérends Pères Oblats. Nous offrons nos meilleurs vœux à ces courageuses institutrices, et nous ne doutons pas du succès que remportera leur admirable dévouement [103].

---

(100) *Registre des vêtures et professions, 1875-1894* : [6]-[7], 12 septembre 1879 ; *Registre des élections et des délibérations*, I : 1-4 ; *CMM* I : 121-122.

(101) Voir Albert Tessier, *Les Sœurs des Petites-Écoles* : 235-239 ; aussi Gemma Bélanger, r.s.r., *Une pierre oubliée* : 57-59.

(102) *Le Nouvelliste de Rimouski*, a succédé à *La Voix du Golfe*. Voir Antonio Lechasseur et Yvan Morin, dir., *La Presse périodique dans le Bas-Saint-Laurent. Aspects historiques, Revue d'Histoire du Bas Saint-Laurent*, vol. 10, nᵒˢ 2-3 (mai-décembre 1984), 156 p. : 148.

(103) « Sœurs des Petites Écoles », *Le Nouvelliste de Rimouski*, 18 septembre 1879.

Dans l'inscription faite par le grand vicaire dans le *Registre des élections*, on parle de « cette Congrégation naissante et commencée depuis quatre ans seulement [104] ». Or, Mgr Langevin dans la circulaire du 15 janvier 1882, où il fait le bilan de son règne de quinze ans dans le diocèse, écrit également : « Enfin, en octobre de la même année 1875, quelques pieuses filles ouvraient une nouvelle maison sous le nom de Sœurs des Petites Écoles [105]. » Comme si dans leur esprit, la communauté a vraiment commencé avec l'arrivée d'Élisabeth.

Le dimanche après la profession, le 14 septembre, le Père Zozime Lacasse [106], grand missionnaire devant l'Éternel, donne le sermon à la cathédrale sur ses missions, levant sans doute dans l'esprit de sœur Marie-Élisabeth la mission qu'elles entreprendront bientôt dans la paroisse où le vicaire de la cathédrale, l'abbé Arthur Leblanc, vient d'être nommé curé.

Et comme pour célébrer et porter au loin la nouvelle arrivée les cloches de la cathédrale (fa, sol, la) sont bénies par Mgr le 28 septembre et le lendemain elles sont installées et « sonnent à toute volée [107] ». En 1875, peu après leur vêture, le 17 novembre, avait été installé à la cathédrale le premier orgue de la paroisse [108]. Sœur Marie-Élisabeth, supérieure désormais en titre et en fait, continue le travail entrepris pendant l'été pour donner à sa communauté toute la panoplie nécessaire en fait de règle, constitutions, coutumier, etc. En plus d'avoir recours aux lumières du grand vicaire, sœur Marie-Élisabeth, à chacune de ses visites à Québec, rendait visite à « sa cousine, religieuse de l'Hôtel-Dieu » pour se renseigner sur les exercices de la vie communautaire. En cet automne 1879, elle correspond avec elle pour la prier de l'instruire des

> maints détails [qui] lui sont nécessaires pour le bon fonctionnement de sa communauté, il y a maintenant des professes, des novices et des postulantes sous la tutelle de la supérieure, toutes demeurent encore dans la même salle commune, mais il faut quelques exercices spécialement pour les nouvelles venues et des exhortations spécialles pour celles qui ont fait des vœux... La religieuse de l'Hotel Dieu donne à sa cousine de Rimouski des indications et des avis dans ses lettres, ce qui donne occasion à sœur Marie-Élisabeth

---

(104) *RED* I : 1.

(105) « Circulaire » du 15 janvier 1882, nouvelle série, nº 53.

(106) Voir F.-E. Couture, *Notes* IV : 779.

(107) F.-Elzéar Couture, *Notes* IV : 781, 29 septembre 1879. Sur les trois cloches, « Marie-Joseph », « Jeanne » et « Germaine », voir Fêtes du Centenaire de Rimouski, *Album-Souvenir* : 31.

(108) *Ibid.*

d'établir le chapitre des Coulpes régulièrement dès le deuxième vendredi, qui suit le Jour de la profession des vœux [109].

Le 26 septembre, pour le premier chapitre des coulpes, sœur Marie-Élisabeth dépose la statuette de la Sainte-Vierge qu'elle-même avait apportée, et qui est toujours conservée au musée de la maison mère à Rimouski, sur sa chaise et s'agenouille en face d'elle, puis elle « s'accuse de ses manquements à la règle et aux usages établis, ensuite, elle s'assied et chacune vient à tour de role s'accuser devant elle. Ensuite la supérieure fait les remarques et les avertissements s'il y a lieu. » Elle profite de cette occasion pour redire à toutes ses filles que c'est à Marie qu'elle les confie. Elle « rappellera à ses filles qu'elles doivent considérer la Sainte Vierge comme leur vraie mère, que c'est à Marie qu'elle confie la petite communauté, qu'Elle en prendra soin aussi longtemps que, toutes ensembles, elle seront fidèles à l'invoquer et pourront être assurées de son secours maternel [110]. » Il semble que ce soit « particulièrement à Notre-Dame des Sept-Douleurs que Marie Élisabeth a maintenant recours, ainsi que l'atteste une petite image que l'on conserve encore aujourd'hui. Elle y a inscrit son nom et celui de ses compagnes avec l'invocation : ‹ Ô Marie, Mère de Douleurs, priez pour vos enfants exilés. › [111] »

Le 6 octobre arrive à Rimouski le père Fievez [112] envoyé par le père Tielen pour prêcher la retraite au couvent de la Congrégation où,

---

(109) *CMM* I : 139-140. Malheureusement toute cette correspondance, qui fut certainement riche, est perdue. Malgré toutes nos recherches, nous n'avons pu établir qui était cette cousine. Des religieuses originaires de Beaumont mentionnées dans *A travers l'histoire de Beaumont...* de P.-G. Roy (132-134), et qui auraient pu être cousines avec Élisabeth Turgeon, aucune n'est entrée à l'Hôtel-Dieu. Mais elle avait aussi d'autres cousines disséminées dans les villages environnants et peut-être même à Québec. Ou bien, la chroniqueuse aurait-elle fait erreur sur la communauté religieuse et la cousine appartenait-elle à une autre communauté que celle des Augustines de la Miséricorde de Jésus ?

(110) *CMM* I : 140.

(111) *Historique marial...* : 7.

(112) Louis Fievez (1828-1895), né à Tongre-Notre-Dame en Belgique le 28 novembre 1828. Ordonné le 18 juin 1859. Professeur de rhétorique au collège de Binche (1859-1861), supérieur (1861-1867). Entre chez les Rédemptoristes en 1867 et y prononce ses vœux en 1868. Prédicateur de retraites en Belgique (1868-1879), où il en a prêché 230 ; prédicateur de retraites en Canada (1879-1895), où il a dirigé 286 retraites, dont 19 ecclésiastiques. Réside à Sainte-Anne-de-Beaupré (1879-1895), où il décède le 19 juillet 1895. (*DBCCF* I : 207.) « Un autre choix particulièrement heureux fut celui du père Louis Fievez, recteur à Liège au moment de sa nomination pour le Canada, ‹ prédicateur distingué ›, selon son provincial, et qui donne l'impression d'avoir été d'une intelligence et d'une culture nettement au-dessus de la moyenne. Ancien directeur de collège, il était entré dans la congrégation sur le tard, mais il ne tarda pas à se pénétrer de l'esprit de cet institut voué à la prédication populaire, sans perdre pour autant de sa formation philosophique et littéraire. » Des Canadiens français, il dira : « Quoique simples dans leurs habitudes, ils sont polis,

comme d'habitude les Sœurs des Petites-Écoles sont invitées. L'on ne sait ce que prêche le père Fievez mais les Rédemptoristes ont la réputation de prêcher dru : « les traits caractéristiques de la prédication des rédemptoristes : simplicité et virulence dans la façon de dénoncer les abus. Ces deux éléments ont contribué à frapper l'imagination des foules et à populariser un certain genre de prédication axé sur les grandes vérités, où la terreur, malheureusement, l'emporte parfois sur l'amour [113]. »

Le père Tielen en qui les Sœurs des Petites-Écoles ont vu presque un messager divin n'y allait pas de main morte non plus associant un feu ravageant une partie du village de Sainte-Anne-de-Beaupré à l'expression de la justice immanente [114] de Dieu. Les Rédemptoristes semblent en tout cas ne laisser personne indifférent :

---

bons de caractère, vifs et un peu bavards comme les Français, ayant même un petit air de distinction qui ne les fait pas du tout ressembler à ces villageois lourds et incultes dont les campagnes sont pleines en Belgique et en France. De plus, ils parlent le français fort convenablement, même les plus illettrés. Ce qui les distingue par-dessus tout, c'est leur attachement à la religion. Ils ont conservé la foi vive des temps passés et l'usage persévérant des pratiques religieuses. » (J.-P. Asselin, *Les Rédemptoristes...* : 34 et 54).

(113) « Tel est le cas du père Hendricks qui prend un plaisir presque sadique dans ses lettres à décrire sa méthode. Voici quelques passages qui en disent long à ce sujet : Éclairés sur la malice du péché et terrifiés par les grandes vérités, les braves gens n'entraient pas au confessionnal, mais y tombaient en sanglotant. (Grande-Vallée, 11 novembre 1880).

« Impossible de résister une fois qu'on venait aux exercices, ‹ Père, me disait un jour monseigneur [le curé], vous autres rédemptoristes, vous y allez à coup de hache. Impossible de résister ›. Il était le premier à dire que jamais il n'avait été témoin d'une mission aussi bien suivie, avec tant d'entrain et dans laquelle on mettait aussi bien le doigt sur la plaie. Inutile d'ajouter que les paroissiens étaient unanimes à dire la même chose. Enfin c'était la victoire sur toute la ligne contre le démon et le péché. (Lévis, 28 décembre 1881.)

« Quand on montait en chaire et qu'on voyait la grande église bondée de monde, on était déjà plus ou moins excité [...] Plus on les flagellait, plus leur ardeur pour la mission augmentait. Quand les pères quittèrent la paroisse, tout le monde était là à la porte, pleurant de joie d'avoir fait une bonne mission et de douleur de voir finir si vite ces beaux jours. (Beauport, 17 avril 1884.) » (J.-P. Asselin, *Les Rédemptoristes* : 56.)

(114) Le feu a détruit dix-huit maisons autour de l'église le 24 octobre 1892. La veille, le dimanche, « il avait dit du haut de la chaire, lisons-nous dans les chroniques de la maison, que si on ne cessait pas de vendre de la boisson enivrante, Dieu ne tarderait pas à prêcher. ‹ Quinze heures après, il balayait une bonne partie du village ›. Le dimanche suivant, 30 octobre, nous relevons dans le livre des prônes ce commentaire : ‹ L'incendie du village est une leçon dont nous devons profiter :
a) pour les uns c'est une épreuve qu'il faut prendre de la main de Dieu
b) pour d'autres, c'est un châtiment du Dieu de Miséricorde, mieux vaut maintenant que plus tard, dans l'éternité. J'avais averti souvent, on n'a pas voulu m'écouter. Dieu parle et frappe, mais encore dans des vues de miséricorde. Donc des résolutions pour l'avenir ;

au cours du sermon, tantôt terrifiant, tantôt exaltant, on se sentait comme transporté dans un monde surnaturel où les statues de l'église semblaient prendre vie. Puis quand arrivait le jour où les missionnaires se mettaient au confessionnal, c'était la longue attente anxieuse où chacun s'examinait, réfléchissait sur les sermons, avant d'entrer à son tour au tribunal de la pénitence. Enfin, c'était la clôture solennelle de la mission : sermon sur la persévérance, centré autour de la dévotion à la Vierge, dans une église illuminée et décorée : les yeux se mouillaient à la pensée que la mission allait bientôt finir [115].

Mgr Langevin a été en tout cas extrêmement satisfait de la performance du bon père, ce qu'il écrit au père Tielen : « Je vous remercie beaucoup de nous avoir envoyé l'excellent Père Fiévez : il a eu un succès complet et a fait un très grand bien, tant au Séminaire qu'au Couvent [116]. » D'ailleurs, l'automne suivant, le père Fievez reviendra et cette fois les Sœurs des Petites-Écoles auront droit à leur retraite pour elles toutes seules [117].

Mère Marie-Élisabeth

Peu de temps après la clôture de la retraite, le dimanche 12 octobre, le grand vicaire vient bénir les statues de la Sainte-Vierge et de Saint-Joseph, dons d'un citoyen de Rimouski. La chapelle jusqu'alors si pauvre est tout endimanchée de blanc sur lequel tranche le chemin de croix donné par le père Tielen qui accuse leur pauvreté car les images collées sur du carton n'ont ni vitre, ni cadre. En ce dimanche de la fête de la Maternité de la Sainte Vierge, « une requête signée par toutes les sœurs », accompagnée d'une lettre de la plus âgée de toutes et la dernière novice, sœur Marie de la Providence, revendique le titre de « Mère » pour leur supérieure :

> En ce beau jour de la Maternité de notre Divine Mère, permettez à la dernière de vos filles, de vous demander au nom de toute la communauté, que le titre que nous devons donner à notre très Honorée et bien-aimée Supérieure soit celui de Mère. Tel est le désir de toutes celles qui sont très heureuses d'être sous votre bienveillante égide. Et je vous demande Mon très Révérend Père, de

---

c) c'est un avertissement, il y en a qui avaient aussi qui n'ont pas eu (sic). Dieu a bonne mémoire. Il avertit. Gare à ceux qui recommenceront. Dieu frappera plus fort. C'est un avertissement pour l'avenir pour qu'on prenne des précautions. › »
(J.-P. Asselin, *Les Rédemptoristes...* : 81.)

(115) *Ibid.* : 63-64.
(116) Mgr Jean Langevin au Père Jean Tielen, Rimouski, 9 octobre 1879, AAR, Correspondance générale, H : 250.
(117) Voir *CMM* I : 159 et *infra* : 401.

commencer aujourd'hui : jamais jour ne sera plus favorable pour répondre à notre désir [118].

Le directeur est heureux d'acquiescer « à leur désir, le doux nom de Mère va raisonner dans l'enceinte des vieux murs, ses échos délicieux éveillent une joie expansive dans la salle de récréation [...] Sœur Marie de la Providence [...] La vieille institutrice orpheline dès le bas âge est heureuse de dire ‹ Ma Mère ›. [119] »

Du supériorat de Mère Marie-Élisabeth

Depuis le 12 septembre où elle a vu par ses vœux vingt-quatre ans plus tard le couronnement de toutes ses aspirations depuis l'âge de quinze ans, le même jour, son élévation à la tête de la communauté qu'elle a enfantée d'une si longue gestation, Mère Marie-Élisabeth

> émue et reconnaissante de l'insigne faveur obtenue, elle bénit la main de Dieu en s'inclinant sur la lour[d]e charge qu'Il lui a mis sur les épaules ; elle embrasse ses responsabilités avec l'humilité de son cœur et la générosité de sa grande âme ; elle les comprend ses graves obligations et elle mettra ses forces, son zèle, son dévouement à les accomplir : veiller attentivement à entretenir la ferveur et la piété parmi ses sœurs par tous les moyens que lui suggérera sa rare prudence, sa bonté, son grand amour de Dieu.

Ce sont d'abord « les principes de la vie religieuse » qu'elle « rappellera fréquemment » à ses filles, insistant sur « l'observance des vœux, la régularité, l'abnégation de sa volonté propre et l'humble soumission. » Ensuite elle leur parle longuement du but de leur Institut, « elle leur enseignera comment elles peuvent se rendre vraiment utiles à la religion en exerçant auprès des enfants un apostolat constant et fructueux ; elle exprimera ses désirs et ses espérances : voir chacune ferme à son poste, fidèle à son devoir et saintement dévouée dans son labeur qui vise à l'éducation et à l'instruction de l'enfance, malgré les dépréciations, les ingratitudes qui sont souvent le partage de l'institutrice [120]. »

Pour la règle, « Les Sœurs des Petites Écoles embrassant la Règle des Tertiaires de Saint François doivent suivre exactement ce qui est contenu dans les Dix Chapitres de la Troisième Règle approuvée par le Pape Léon X, le 20 janvier 1521 [121] ». Le vicaire général, leur directeur, s'est contenté de faire quelques modifications indispensables

---

(118) Sœur Marie de la Providence au Grand Vicaire Edmond Langevin, Rimouski, 12 octobre 1879, AAR, A-14-2, RSR.

(119) *CMM* I : 140-141.

(120) *CMM* I : 138.

(121) *CEL* : 48.

d'adaptation à leur vie de sœurs enseignantes, à savoir « une mitigation à la rigueur du jeûne et de l'abstinence prescrite par cette règle [122] », car la supérieure « se rappellera toujours que la première obligation des Sœurs des Petites Écoles est de remplir leurs fonctions d'Institutrices sans détruire leur santé [123] » ; ensuite, « une commutation de l'Office Canonial en un certain nombre de Pater à réciter trois fois le jour : après la messe, l'examen et la prière du soir ; et l'indication des prières à réciter à la mort d'une sœur [124] ».

Au sujet de la règle, le grand vicaire écrit : « les sœurs observeront le règlement que nous lui avons donné et qui est en usage depuis l'établissement de leur maison, sauf lorsque la supérieure de l'avis de son conseil et avec l'approbation de l'Évêque trouvera necessaire d'y faire quelque changement [125]. » Ce règlement est celui en vigueur depuis 1875-1876 et ainsi intitulé par le grand vicaire : « Quelques notes destinées à maintenir le bon ordre dans la Congrégation des Sœurs des Petites-Écoles [126]. » Il est divisé en douze chapitres, dont les dix premiers sont intitulés : *Dortoir, Réfectoire, Parloir, Correspondance, Sortie, Tenue des Sœurs, Silence, Récréation, Obéissance, Humilité, Charité Mutuelle*. Le onzième chapitre est titré *Pour la Maîtresse* des novices et le dernier *Discrétion*. Après quelques exhortations, en terminant, leur directeur cite saint Augustin : « Un bon gouvernement existe, dit S.Augustin, lorsque toutes les choses se font avec ordre, et ont chacune leur temps. Par ce moyen, il n'y a ni trouble, ni confusion : mais la tranquillité et la ferveur règnent en la maison de Dieu. » La dernière parole est celle du père et directeur : « Paix à toutes les Sœurs qui observeront fidèlement ce Règlement [127]. » Mère Marie-Élisabeth lit ces pages de la règle le premier lundi de chaque mois à neuf heures : « Avec quelle respect et attention nous écoutions cette lecture [128] », écrit la chroniqueuse.

Depuis l'été 1879, Mère Marie-Élisabeth avait travaillé à la rédaction des *Constitutions des Sœurs des Petites Écoles de Rimouski* [129].

---

(122) *RA* : 49.

(123) *CEL* : 51 ; *CMM* I : 123.

(124) *RA* : 49.

(125) *CMM* I : 124.

(126) « Présentées à Sa Grandeur Mgr. J. Langevin pour être examinées et subir les additions et soustractions qu'il jugera plus avantageuses. » Dans *CEL* : 24.

(127) *CEL* : 43.

(128) *CMM* I : 124.

(129) Manuscrit par Mère Marie-Élisabeth, [29 p.] et [12 p.], ARSR, 210.205, 6. En fascicule *Constitutions et Règles des Sœurs des Petites Écoles*, Collection du Centenaire 1. [s.p.], [43 p.].

Après avoir défini le but de leur congrégation Mère Marie-Élisabeth a écrit douze chapitres intitulés :

I   - De la manière d'examiner celles qui veulent entrer dans l'Institut
II   - De la forme de l'habit et de la qualité des vêtements
III   - De la récitation des heures canoniales
IV   - Du noviciat
V   - Des Sœurs malades et des défuntes
VI   - De la dot des Sœurs
VII - Du Renvoi d'une Sœur
VIII - Des Missions
IX   - Bien et Corporation civile
X   - Des études
XI   - Acceptation d'écoles
XII - Des élections

Quant à la partie intitulée *De la Règle*, elle est divisée en six chapitres traitant de :

1. La Supérieure
2. De l'Assistante
3. De la Maîtresse des Novices
4. De la Dépositaire
5. De la Directrice des Études
6. Des autres Officières

Ego pascam vos et parvulos vestros
(Gn 50, 21).

C'est l'exergue choisi par Mère Marie-Élisabeth au début des *Constitutions* : « je vous nourrirai, vous et vos enfants ». Et c'est ainsi qu'elle décrit le but de la communauté :

L'Institut des Sœurs des Petites-Écoles a pour fin de former de bonnes Institutrices et de tenir de petites Écoles dans les lieux où le besoin en est plus urgent.

Cette Contrégation est instituée sous l'autorité et la direction de l'Évêque de Saint-Germain de Rimouski.

Les Sœurs doivent se proposer en même temps non seulement de s'appliquer à leur propre salut et à leur perfection avec le secours de la grâce divine, mais encore d'instruire et de former à la piété les enfants, principalement ceux des pauvres.

Règle et Constitutions seront en vigueur jusqu'en 1894 alors que le successeur de Mgr Langevin, Mgr André-Albert Blais, leur donnera de nouvelles constitutions.

Les Sœurs des Petites-Écoles ont une mission bien spécifique, celle de l'éducation des enfants pauvres. Les trois vœux de pauvreté, de chasteté et d'obéissance, combinés à la bonne volonté et aux vertus religieuses ne suffisent toujours pas. La fin reconnue, il faut une manière de l'atteindre. Aussi, Mère Marie-Élisabeth qui est la plus savante, qui telle a été reconnue par le grand pédagogue qu'est Mgr Jean Langevin qui l'a mandée expressément, « fera souvent à ses Sœurs des leçons pédagogiques ; ses connaissances et son expérience personnelle, les conférences de Monseigneur Langevin soigneusement recueillies, le tout, la met à même d'ériger ces lois pédagogiques qu'elle a mis entre les mains des premières missionnaires qui leur valurent des succès dès le début [130]. »

Le directoire classique qui a présidé longtemps chez les Sœurs des Petites-Écoles devenues Sœurs de Notre-Dame du Saint-Rosaire en 1894 « a été rédigé sur le Règlement des Classes donné par notre Mère Marie-Élisabeth » et sa conclusion, écrira-t-on quarante-cinq ans plus tard « nous dira combien celle que nous nommons maintenant notre Mère Fondatrice avait à cœur la sanctification des membres de sa petite famille religieuse, la régularité et le bien des enfants, surtout des enfants pauvres du diocèse [131] ».

Voici les recommandations de Mère Marie-Élisabeth à ses filles qui leur permettront de croître et de s'épandre à un rythme et à une distance que sûrement elle n'a jamais imaginés.

Que les sœurs se rappellent toujours que c'est au milieu des enfants pauvres et d'une population souvent sans éducation que doit se dépenser la vie d'une sœur des Petites-Écoles, et que ces enfants sont la cause et l'objet de notre fondation. Aimons donc et chérissons notre position puisque c'est celle que Notre-Seigneur nous a choisie. C'est le désir de leur donner une bonne éducation chrétienne et de leur ouvrir le ciel qui nous a rassemblées et nous ne pouvons mieux remplir les desseins de notre zélé Fondateur qu'en étant de dévouées Institutrices religieuses. Estimons-nous donc très honorées d'avoir été destinées de Dieu à ces nobles fonctions ; efforçons-nous de répondre à ses desseins sur nous, soyons généreuses à son service, regardons-nous comme victimes (et soyons généreuses à son service) et soyons de véritables mères pour nos élèves. Travaillons à leur éducation de tout notre cœur et jusqu'à la mort, nous faisant même porter dans la classe lorsque les jambes refusent leurs services ; ce n'est qu'exécuter ce que demande de nous le véritable zèle apostolique.

Nous sommes venues en religion pour suivre le divin Epoux jusqu'au Calvaire ; nous devons donc trouver notre joie et notre bonheur dans les épreuves et les contradictions inséparables de notre vocation. Invoquons Marie sous le titre de divine Bergère pour mettre nos élèves sous sa maternelle protection et tâchons de leur

---

(130) *CMM* I : 138-139.
(131) *RA* : 50.

inspirer une tendre dévotion pour cette bonne Mère. Recommandons-les souvent à leurs Anges Gardiens et implorons la miséricorde de Dieu sur eux.

Respectons nos élèves ; que Marie soit notre modèle dans les soins qu'elle donnait à l'Enfant-Jésus.

Sachons bien que le plus grand don que Dieu puisse faire à une Institutrice est d'aimer son état et les enfants qu'il lui a confiés. Nous devons donc travailler à les conduire délicieusement à lui par la voie de l'amour, nous souvenant de ce précepte : « Aimez Dieu de tout votre cœur et votre prochain comme vous-mêmes ». Prenons garde de vouloir trop les dominer, mais souvenons-nous que la douceur et l'affabilité sont pour nous un devoir de justice envers nos élèves et que c'est ainsi que nous gagnerons leur estime et leur affection. La sagesse nous enseignera jusqu'où il faut descendre ; comment on doit allier la bonté à la réserve et à la fermeté ; ce qu'il faut faire pour plaire sans s'avilir ; se faire aimer en augmentant le respect. Faisons quelquefois de petits plaisirs aux enfants ; témoignons-leur l'intérêt que nous prenons à tout ce qui les concerne. Suggérons-leur des moyens de se corriger, etc. [...]

Ayons toujours en vue la sainte présence de Dieu et rien ne nous paraîtra trop difficile ou impossible. Songeons à chaque action que nous faisons qu'elle peut être la dernière de notre vie ; et que si nous ne profitons pas des grâces, Dieu nous les retirera et, insensiblement, nous tomberons dans le péché. Avant de nous mettre à l'ouvrage, purifions notre intention et élevons notre cœur à Dieu. Rappelons-nous que nous ne pouvons rien sans lui ; et, quelque succès que nous ayons, considérons-nous comme des servantes inutiles.

Notre tâche terminée, remercions Dieu et prions-le de nous pardonner les imperfections et les négligences dont nous nous sommes rendues coupables.

Observons avec humilité et exactitude les exercices et les pratiques de notre Congrégation. Si nous sommes fidèles, nous acquerrons des mérites abondants [132].

Nouvelle loi, nouvelles postulantes

La première aspirante à se présenter sous le nouveau règne, bien que native de Trois-Pistoles, demeurait depuis plusieurs années déjà chez son frère à Rimouski. Elle connaissait donc les Sœurs des Petites-Écoles depuis pratiquement les débuts, de vue naturellement, mais aussi de réputation. Par la réputation de ce qu'elles sont, de ce à quoi elles se destinent, Désirée Thériault depuis longtemps est attirée par elles, « mais à proximité comme elle l'était des pauvres sœurs, elle n'avait entendu parler que de leur misère », et malgré toute son atti-

___
(132) Cité dans *RA* : 50-51.

rance pour cette communauté elle « n'avait osé aller la partager [133] ». La profession des vœux fait beaucoup pour rassurer les éventuelles aspirantes sur la solidité des assises de la communauté et sur la protection dont elle peut maintenant bénificier et revendiquer. Publicisée par la parution dans *le Nouvelliste de Rimouski* du 18 septembre, « la belle solennité du 12 septembre était venue faire écho dans le voisinage de vieilles filles de la ville ». Désirée Thériault, qui n'a que vingt-sept ans, malgré qu'elle ait coiffé Sainte-Catherine, est la première à demander son entrée depuis le nouvel avènement.

C'est le 11 novembre que le Conscil admet la nouvelle postulante, née le 6 juin 1852 qui apporte en dot la somme de cinquante dollars à prendre en nature au magasin de son frère, Pierre, ferblantier [134]. Si heureuse est-elle dans sa nouvelle vie qu'elle attire sa sœur cadette, Mathilde, qui vient bientôt également solliciter son admission. Née aussi à Trois-Pistoles le 14 mai 1855, Mathilde Thériault, admise la veille de Noël, apporte en dot trente dollars « formant tout son avoir avec une machine à coudre valant $20 [135] ». Même si comme sa sœur, elle a peu d'instruction, avec sa machine à coudre, elle apporte un grand talent, car elle a fait « son cours d'apprentissage de coupe et de couture et pratiqué pendant quelques années chez une célèbre couturière de Québec ». Pendant des années, « Sa rare habileté à manier l'aiguille, son aptitudes et son goût développé pour les ouvrages fins furent une source de précieux revenus pour la pauvre petite famille religieuse ». Elle constitue un beau cadeau de Noël pour Mère Marie-Élisabeth qui l'appréciera au point où deux ans plus tard, elle la réclamera pour la soigner pendant les mois qui précéderont sa mort : « son caractère enjoué, son jugement solide, sa nature franche, la faisait estimer d'une façon toute particulière de notre chère Mère Fondatrice qui voulut qu'elle fut, bien qu'encore novice, l'une de ses trois garde-malades privilégiées pendant sa dernière maladie [136]. » D'ailleurs, c'est deux jours avant la mort de la fondatrice que les sœurs Thériault prononceront leurs premiers vœux.

Sans doute le même jour que l'entrée de Mathilde Thériault, Mère Marie-Élisabeth reçoit une belle lettre de la nouvelle novice, sœur Marie de la Providence. Elle aussi a attendu longtemps avant d'entrer chez les Sœurs des Petites-Écoles. À l'âge de 20 ans la mort de ses parents l'oblige à s'occuper de ses frères et sœurs – son père avait eu

---

(133) *CMM* 1 : 142.
(134) *RED* 1 : 5.
(135) *Ibid.*
(136) *Notice biographique de Sœur Marie de la Visitation (née Mathilde Thériault)*, 5 p. : 1.

26 enfants de ses trois épouses, mais l'on suppose que certains étaient
« établis ». C'est en revenant d'une cueillette de fruits à l'île Saint-
Barnabé que craignant de périr en mer avec sa fratrie, elle avait promis
de se faire religieuse. Après un essai de vie religieuse à l'Hôpital
Général du Sacré-Cœur de Québec en 1869, on l'assure qu'elle a bien
la vocation religieuse, mais dans une communauté enseignante. Arrivée en 1873, à Tracadie au Nouveau-Brunswick, elle est admise chez
les Religieuses, y demeure vingt-et-un mois à la grande satisfaction de
ses supérieures. Une de ses sœurs lui ayant écrit qu'une nouvelle
communauté religieuse enseignante faisait ses débuts à Rimouski, elle
décide de partir, contre le gré de ses supérieures qui la voient s'éloigner à regret mais qui lui permettent de revenir si la nouvelle communauté ne répond pas à ses vues. Après avoir visité les Sœurs des
Petites-Écoles [137], elle avait entendu « des propos peu rassurants » à
leur sujet et décida de retarder son entrée. Ce n'est qu'à l'été de 1879,
au mois d'août, assurée qu'elle pourra prononcer des vœux, qu'elle
entre à la vieille église [138].

Née le 30 octobre 1839, elle a donc près de quarante ans lorsqu'elle
est admise et il lui tarde de prononcer ses vœux, d'autant plus qu'elle
a déjà fait un noviciat ailleurs. Elle implore cette faveur de Mère
Marie-Élisabeth. Cette lettre, écrite à la fin de décembre 1879, pour
Noël ou peut-être pour le jour de l'An, nous fait bien entrevoir Mère
Marie-Élisabeth et la façon dont elle est perçue et aimée par ses filles :

J.M.J.   Rimouski Inst. des Srs des petites Écoles
                                                    1879

Ma très Révérende Mère,

Laissez-moi vous exprimer les vœux que mon cœur forme tous
les jours pour votre bonheur ; laissez-moi en verser le trop plein en
ces jours d'allégresse. « L'épouse des cantiques dit que son bien-aimé ravi son cœur par un brin de ses cheveux ». Vous ma bonne et
Révérende Mère vous avez ravi le mien par votre douceur et votre
bonté. Les quelques mois passés sous votre égide laissent de doux
souvenirs qui vous feront vivre à jamais dans ma mémoire.

La céleste rosée de la grâce seule peut rencontrer vos mérites et
répondre aux désirs de mon cœur. Oui c'est reconnu il n'y a qu'au
ciel que la vraie reconnaissance peut s'exprimer, en attendant je ne
puis que prier et m'efforcer de faire en tout votre volonté.

Ces profonds sentiments de respects inspiré à la dernière de vos
filles sont gravés au plus intime de son cœur. Votre tendre charité
vos sages conseils en sont les plus sûrs garants. J'ai de doubles

---

(137) Voir *supra* : 273-274.

(138) *Notice biographique de Sœur Marie de la Providence (née, Luce Parent)*, 5 p. : 3.

étrennes à demander à notre tout doux Jésus qui nous montre un si grand amour dans la crèche. « Eh mon doux Jésus partout où je vous vois vous n'êtes qu'amour. » C'est qu'il me fasse la grâce de devenir son épouse par les doux liens des vœux (parce que je l'ai toujours été de cœur et d'affection) et vous ma bonne et Révérende Mère de me faire cette charité le plus tôt possible ; il n'y a pas de temps à perdre je suis proche de l'automne... il me faut mériter...

Les secondes étrennes sont pour vous la santé, je le demanderai avec tant d'instances et de ténacité à son Aïeule que je ne puis croire qu'on me refusera.

S'il vous plaît ma bonne Mère pour l'amour de Dieu enfant vous ne me refuserez pas de prendre un peu plus soin de vous, je sais que vous aimez à souffrir, mais bon Dieu le tracas de tous les jours est suffisant pour vous valoir la double couronne des Vierges et des Martyrs.

Recevez avec ces profonds sentiments l'hommage de mon respect avec lesquels je me souscris en J.M.J.

Votre très humble et obéissante
(Marie de la Providence) [140]

C'est dans la joie, la plus merveilleuse allégresse, dans la pauvreté toujours, que « Le beau jour de Noël est saintement fêté. Treize professes, deux novices et trois postulantes entourent le berceau de Jésus, il est si petit et si pauvre dans l'humble crèche, sur un peu de paille ; mais celles qui s'agenouillent à ses pieds sont si heureuses, si reconnaissantes, qu'elles oublient leur pauvreté en présence du Dieu pauvre pour elles. »

Elles ne termineront pas l'année sans quelques gâteries. Les parents de sœur Marie-Lucie qui vient de prononcer ses vœux ont décidé de compléter son trousseau comme ils le font pour leurs autres filles : une demi-douzaine d'assiettes, tasses, soucoupes, couteaux, fourchettes, puis « quelques ustensiles pour la cuisine : petit chaudron, chaudière, petite poêle, buffet ; elle a déjà reçu une chaise berceuse faite par son père. C'est le trousseau que M. Levesque donne à ses filles qui se marient, celle-ci a épousé Jésus, il croit devoir lui accorder la même faveur qu'à ses sœurs, généreux vieillard qui ajoute à ses objets de ménage des viandes et du beurre [141]. »

Pour la dernière fois, elles sont toutes réunies au couvent, bientôt maison mère, car les premières missionnaires s'envoleront hors du bercail le lendemain du jour de l'An.

---

(139) Sœur Marie de la Providence à Mère Marie-Élisabeth, [fin décembre 1879], ARSR.

(140) *CMM* I : 143.

CHAPITRE 9

Voile et tableau noirs
(1879-1880)

Laissez venir à moi les petits enfants.

Celles qui en auront instruit plusieurs dans la voie de la justice, brilleront comme des étoiles dans l'éternité.

Celui qui fera et enseignera sera grand dans le royaume des cieux.

(Mère Marie-Élisabeth, *Sentences*)

*L*e temps est venu. Il était temps ! Mère Marie-Élisabeth ne pouvait plus surseoir indéfiniment. Des enfants l'attendent. Des enfants les attendent. Mais ce doit être elles qui arrivent, elles telles qu'en sa conception elles sont. Voile et tableau noirs. Pain noir aussi, presque inséparable de leur état. Voici que maintenant elles peuvent partir, équipées de l'essentiel. Dans les constitutions rédigées par Mère Marie-Élisabeth, l'on retrouve enchâssée l'exigence *sine qua non* pour le départ en mission : « Après le noviciat fini, et les premiers vœux prononcés, les sœurs peuvent être envoyées pour tenir de Petites-Écoles, sur le choix du Conseil, et avec l'approbation de l'Évêque [1]. »

---

(1) *Constitutions des Sœurs des Petites-Écoles de Rimouski*, chap. VIII, « Des Missions » : [16], ARSR, 210.205,6.

Saint-Gabriel

Que ce nom a causé de problèmes et de tourments à Mère Marie-Élisabeth, aussi tentée par cette offre du printemps dernier qu'Ève par la pomme. Mais à l'encontre de notre mère universelle, la fondatrice n'a pas succombé à la tentation, a résisté jusqu'à avoir finalement raison de la résistance de l'évêque.

En septembre 1879, Saint-Gabriel, desservi jusque-là par le curé de Saint-Donat, s'était vu accorder son premier curé en la personne de l'abbé Joseph-Arthur Leblanc[2], « jeune, intrépide et zélé[3] », alors vicaire de la cathédrale de Rimouski. Avant son départ de la ville le 1er octobre, il vient rencontrer Mère Marie-Élisabeth pour s'assurer qu'elle n'oubliera pas de lui envoyer deux sœurs enseignantes. En fait la décision d'accepter deux écoles à Saint-Gabriel, l'une dans l'arrondissement de l'église et l'autre quarante arpents plus loin a été prise le 20 juillet 1879, sous condition évidemment. Celle pour l'école « des sauvages de Betsiamits » du Père Arnaud a été acceptée le 15 août mais seulement pour le printemps suivant[4]. À Saint-Gabriel, moyennant soixante piastres pour l'année, la supérieure enverrait tout de suite deux religieuses si l'école était prête. Ce qui n'est pas le cas.

Encore en 1877, avec trois arrondissements scolaires et deux écoles, aucune maison d'école n'a été bâtie[5], on loue plutôt des maisons pour en tenir lieu. Évidemment, les locaux ne correspondent pas aux normes, non plus que l'institutrice qui enseigne dans l'arrondissement n° 1, celui de l'église où sont appelées à enseigner les Sœurs des Petites-Écoles. Si aucun correctif n'est apporté, le secrétaire du surintendant menace les commissaires de leur refuser la subvention à laquelle ils auraient autrement droit[6]. Ce n'est qu'en juillet 1879 que les

---

(2) Né à Saint-Jean-Port-Joli, comté de l'Islet, le 20 mars 1850, de Guillaume LeBlanc et de Marie-Olympe Gagnon. Après des études à Sainte-Anne-de-la-Pocatière, il est ordonné à Rimouski, le 17 mars 1877. Vicaire à la cathédrale de Rimouski et desservant à Saint-Donat-de-Rimouski (1877-1879) ; curé de Saint-Gabriel de Rimouski, à partir de 1879. (*DBCCF* II : 366.)

(3) *Chronique de Saint-Gabriel* : 1. L'école des sœurs à Saint-Gabriel, fermée de 1923 à 1937, existe encore aujourd'hui. Voir Jeanne Desjardins, r.s.r., *Évolution scolaire*, 17 p., dactylographié, 1974, ARSR, 302.260, C.1, 1.

(4) *RED* I : 6.

(5) Pierre Leveque *et alii* au Surintendant de l'Instruction publique, Saint-Gabriel, 30 janvier 1877, ANQ-Q, Éducation, C.G., E-13/550, 1097 (1877). Les résidants de l'arrondissement n° 1 désirent que le Surintendant oblige les commissaires à construire une école dans leur arrondissement. Pour le 3e arrondissement, on demandera une subvention au surintendant pour pouvoir bâtir la maison d'école et payer l'institutrice à cause de la grande pauvreté de l'endroit. Requête appuyée par le curé (ANQ-Q, Éducation, C.G., E-13/578, 668 (1879).)

(6) « M. l'inspecteur Bégin constate dans son dernier bulletin que votre maison

commissaires décident d'aller de l'avant pour la construction de l'école près de l'église [7].

Le 20 septembre, l'on écrivait à Mère Marie-Élisabeth pour l'assurer que les classes sont « à peu près prêtes [8] » et qu'il n'y manque que le poêle, ce qui est une raison plus que suffisante d'attendre encore en cet automne débutant.

Un mois plus tard le curé les invite à venir pour la fin d'octobre, parlant du contentement des habitants du lieu mais les prévenant tout de même charitablement : « préparez-vous à la misère [9] ». L'école n'est toujours pas prête, mais il a obtenu la permission du grand vicaire pour qu'entre-temps elles demeurent au presbytère. Or le presbytère n'est autre que la sacristie et comme il n'y a pas de salle publique l'on devine qu'il doit aussi en tenir lieu parfois [10]. L'on décline pour le moment et l'on attend. L'ancienne institutrice non qualifiée qu'on ne devait plus réengager, elle-même l'avait « promis au Rev. Mr Audet devant un grand nombre des habitants », l'a été par un des commissaires contre le vœu de la majorité. Ce que voyant le curé avertit l'institutrice qu'il ne pouvait plus « l'admettre aux Sacrements » et se demande s'il ne doit pas faire de même pour le Commissaire en question, qui n'a pas fait finir l'école et qui « cause dommage aux Sœurs qui devait venir aussi faire la classe dans cette seconde école. Ce Mr savait que le marché était passé avec les Sœurs [11]. »

Les difficultés sont commencées avant même leur arrivée là-bas. D'ailleurs, certaines personnes « bien intentionnées » avaient fait remarquer à Mère Marie-Élisabeth que ce n'était pas le meilleur endroit

---

d'école N° 1 est *trop petite* et que l'institutrice, D[lle] Vaillancourt, ‹ n'a pas de diplôme, est incapable d'enseigner, et ne devrait pas être rengagée. › « Je vous enjoins, en conséquence, de ne pas renouveler contrat avec cette institutrice et d'aviser à trouver un meilleur local pour votre école, sinon mon devoir sera de retenir votre prochaine subvention. » (7 mars 1878, ANQ-Q, Éducation, C.G., E-13/562, 313 (1878).)

(7) Demande d'un emplacement sur la terre d'église pour une école par les Commissaires de la municipalité. Résolution de la fabrique demandant à l'Évêque d'autoriser la cession d'un terrain pour cet objet, Saint-Gabriel, 13 juillet 1879, AAR, A-12, Saint-Gabriel.

(8) Phs. Croft, Secrétaire-Trésorier, à Mère Marie-Élisabeth, Saint-Gabriel, 20 septembre 1879, ARSR, 302.250, C.2-1 ; aussi *CMM* I : 139.

(9) J. Arthur Leblanc à Mes bonnes Sœurs, Saint-Gabriel, 19 octobre 1879, ARSR, 302.250, C.2-2 ; aussi *CMM* I : 141.

(10) Dans son *Rapport annuel de la paroisse de St-Gabriel pour 1880*, J.-A. Leblanc indique au n° 44 : « Dimensions de l'église 45 sur 33 pieds, presbytère et sacristie 25 sur 30 pieds, construits en bois. » (AAR, St-Gabriel, 1870-1899, 355.131.)

(11) J.-Arthur Leblanc au Grand Vicaire Langevin, Saint-Gabriel, 12 novembre 1879, AAR, St-Gabriel, 1870-1899, 355.131.

pour y installer une première mission à cause de tous les inconvénients qu'elle offrait, la distance, les chemins sinon inexistants du moins souvent impraticables et peu fréquentés, ainsi que l'extrême pauvreté des habitants de la paroisse.

Pour Mère Marie-Élisabeth, la raison d'être de son Institut, qui plus est, d'un Institut religieux, est justement de répondre aux besoins pressants de ces paroisses démunies qui n'attirent, quand elles y réussissent, que les institutrices sans diplôme ou peu zélées, et où aucune autre communauté enseignante n'est intéressée à aller se fixer. Leur enseignement à l'école de Rimouski où d'autres communautés peuvent les remplacer n'est pas une œuvre nécessaire pour la fondatrice. Une fois le devoir reconnu, il est bien difficile d'en faire démordre la toute douce mais oh ! combien ferme Élisabeth :

> mais elle ne se laissa pas influencer par ces raisonnements le point important pour elle et ses sœurs était de secourir les pauvres, les ignorants ; non pas qu'elle eut dédaigné une maison plus commode pour ses sœurs, un salaire plus lucratif, le jeune Institut était si pauvre ; cependant cette mission, prémices de ses vœux offrait tous les avantages propres à exercer le dévouement et le zèle des premières missionnaires et la bonne Supérieure vit non sans satisfaction que toutes ses sœurs se portaient avec empressement vers ce lieu, heureuses de débuter sur le théâtre de la misère que leur offrait l'école de St-Gabriel [12].

Parmi toutes les volontaires, ce sont les sœurs Marie Jean l'Évangéliste (Flavie Bilodeau) et Marie du Sacré-Cœur (Héloïse Deveau) qui sont choisies et qui font bien des envieuses puisqu'« il leur tarde d'être appelées auprès des petits enfants ». C'est pourquoi elles se livrent « avec ardeur à l'étude toujours sous la direction de leur mère, afin de se rendre aptes à remplir leurs futures obligations [13] ».

Les malles et les sacs bouclés, les cœurs serrés, c'est au lendemain du jour de l'An que s'amorce l'aventure de la première mission dans l'arrière-pays, la tempétueuse nature et celle, impétueuse, des sœurs s'affrontant. « La tempête s'annonçait forte et menaçante le matin ; mais le Grand Vicaire avait dit : ‹ Partez quand même. › » Obéissantes, généreuses, courageuses, un peu tristes tout de même, après la messe et la bénédiction de leur directeur, « les missionnaires s'arrachent aux embrassement de leurs compagnes ». Arrivées le soir au 3ᵉ rang de Sainte-Luce, chez M. Joseph Lévêque, les parents de sœur Marie-Lucie qui leur offrent l'hospitalité, elles repartent le lendemain matin

---

(12) *CMM* I : 142.
(13) *Ibid.* : 143.

en voiture pour n'arriver à leur destination que pendant la soirée du 3 janvier. Deux jours pour parcourir quinze lieux, par des chemins dont seul le nom est convaincant, et par un froid qui lui porte bien le sien, alors qu'aujourd'hui moins d'une heure suffit à vitesse réduite et par petite route de campagne pour s'y rendre à partir de Rimouski.

Dix ans plus tard, Arthur Buies qui a pénétré dans cet « arrière-pays du comté de Rimouski », écrira :

> Le pays est si accidenté, tout en bosses et en ravins, qu'on se demande comment l'homme a pu y pénétrer, y faire des chemins et s'y établir [...]
>
> Cette région est si accidentée que mon conducteur ne peut s'empêcher de jeter ce cri : « La terre danse ici, monsieur, c'est un quadrille de la nature. » Aussi ne faut-il pas s'étonner si les côtes y succèdent aux côtes ; tout le temps se passe à gravir et à descendre, et cependant ces côtes sont bien peu de chose en comparaison de celles que l'on trouve plus en arrière, entre les paroisses nouvelles de Sainte-Angèle, de Saint-Gabriel et de Saint-Marcelin. [...]
>
> Un certain nombre de côtes franchies, on arrive presque sans s'en douter au modeste village de Saint-Gabriel, situé sur un large plateau, dont le sol, de très bonne qualité, donne à peu près tous les produits communs à notre province. On voit au loin, se découpant sur le ciel vif, la crête acérée des Montagnes Bleues, qui sont un rameau détaché des Apalaches. Cette chaîne peu élevée, mais dont le bleu intense se dégage vigoureusement dans une atmosphère limpide, produit un effet saisissant à première vue, mais qui devient bientôt familier et même agréable [14].

L'école, naturellement, n'est pas prête, et les sœurs doivent être hébergées quelques jours au presbytère, une pièce attenante à la chapelle. Oh ! leur école est neuve. Très fraîchement construite en fait :

> Le lendemain elles visitèrent leur maison et la trouvèrent encore ouverte au vent et à la neige. Les fenêtres n'étaient pas toutes posées et une large ouverture était restée au toit pour faire passer le tuyau. Le plancher venait d'être posée sur une couche de neige et de glace, neige et glace entrées avant qu'on eut mis la couverture du toit. Les ouvriers y travaillaient. La maison avait 26 pds sur 20 ; on avait séparé par une cloison la chambre des sœurs d'avec la salle de classe donnant neuf pieds, ce qui donnait à la classe un local de 17 pds sur 20. Le poêle était dans la cloison, elles installèrent leurs lits et durent prendre leurs draps pour séparer lits d'avec la cuisine, l'unique salle où elles pouvaient recevoir les parents des enfants [15].

---

(14) Arthur Buies, « Le comté de Rimouski » : 5 et 10, 54 Victoria, Documents de la Session (n° 69), A.D. 1890.

(15) *Notes relatives aux premières fondations* : 10-11.

« Le froid était extrême dans cette maison construite à la hâte, où l'on voyait les étoiles par les fentes du toit[16]. »

Évidemment, sœur Marie Jean l'Évangéliste, déjà de constitution fort fragile, voit dès le mois de mars sa santé se détériorer encore davantage : « On comprend facilement tout ce que la santé débile de Sr. M. de St. Jean L'Évangéliste eut à souffrir pendant ce long hiver. Que de nuits d'insomnie, étendue sur un pauvre lit, regardant à travers les fentes d'un mauvais lambris, les étoiles dans l'azur du firmament, ou prêtant l'oreille au sifflement de la tempête, et se couvrant d'une main fébrile, la neige qui, poussée par un vent violent, s'étendait sur sa misérable couche[17]. »

Elles s'installent, si l'on peut dire, la veille des Rois : « Le froid était excessif, l'unique chambre était réchauffée par le poêle de la classe : deux pauvres lits (de pauvres couvertures) deux mauvaises chaises, une petite table faisaient tout l'ameublement. Les ustensiles les plus indispensables manquaient. Deux bols, deux couteaux, quelques cuillers, trois assiettes de fer blanc, une théière du même métal, couverte de rouille rendait le breuvage insipide. » Plus tard, « On confectionna avec de l'écorce de bouleau, des vases qui servaient pour conserver un peu de viande salé, ou quelque potage. La salière était aussi d'écorce de bouleau. La nourriture la plus ordinaire se composait de pain noir et de quelques légumes mal assaisonnés[18]. »

Les enfants viennent de loin, disséminés dans la forêt, car si, en 1880, Saint-Gabriel compte 745 âmes, l'horizon n'a pas encore beaucoup reculé. Il n'y a pas de village, uniquement une clairière défrichée où vivent une vingtaine de familles[19]. Il n'y a que

quatre maisons construites en charpente y compris l'église et la maison d'école. La petite sacristie était la résidence du curé ; les deux autres maisons appartenaient à Philippe Croft et à Alfred Caron, de misérables huttes servaient d'habitations à une [vingtaine] de familles d'où fourmillaient les enfants. Une épaisse forêt entourait le hameau, on n'y voyait que de rares éclaircis et quelque peu de défrichement ; il y avait de gros arbres tout près de la chapelle,

---

(16) *CMM* I : 144.

(17) *Chronique...* : 6.

(18) *Ibid.* : 4-5.

(19) Une certaine partie de la population semble très mobile : « De Sainte-Angèle, sont issues, dans les territoires des cantons en arrière, en direction sud, les paroisses de Saint-Donat, 1869, de Saint-Gabriel, 1872, où les gens sont restés attachés, pour une part de leur subsistance, à l'industrie forestière, allant chercher du travail salarié, pas rien que dans les chantiers du voisinage mais très au loin, parfois en dehors de la province et du pays, au Nouveau-Brunswick, en Ontario et jusqu'aux États-Unis. » (Émile Benoist, *Rimouski et les pays d'en-bas* : 139.)

sur un tout petit terrain défriché était placé la maison école [...] Le
jeune et vaillant prêtre qui allait si généreusement porter les secours
de son saint ministère à ces pauvres familles isolées au milieu des
bois, était heureux de s'associer des religieuses, car l'ignorance
compagne habituelle de la misère était grande dans ce lieu [20].

Le 7 janvier, le curé vient faire l'ouverture des classes où sont venus
de jeunes écoliers « pieds-nus, à demi-vêtus ». Le midi, les sœurs doivent partager « souvent » leur maigre ration de nourriture – un peu de
pain et de viande salée [21] – avec « les pauvres enfants affamés ». « Souvent ces bonnes Sœurs pretaient leurs 2 bols à leurs élèves et prenaient
leur breuvage dans le couvercle de la théière [22]. »

Car l'institutrice en milieu rural, familièrement appelée maîtresse
d'école, a une tâche qui dépasse de beaucoup l'enseignement.

Généralement d'origine rurale, elle connaissait les problèmes réels
qui affectaient ce mode de vie et acceptait de pallier le plus possible
les impondérables : son école hébergeait volontiers les enfants éloignés et l'heure du midi la transformait quelquefois en mère nourri-
cière. Sa magnanimité touchait également les parents qui lui
révélaient volontiers leurs misères, leurs espérances, pour solliciter
son aide ou simplement pour trouver une auditrice à leurs confidences [23].

En effet, une fois les enfants apprivoisés, ce sera au tour des parents
de venir voir les sœurs : « Les parents viennent faire le récit de leur
misère avec une si grande confiance dans les prières des sœurs qu'ils
s'en retournent consolés. Notre-Seigneur fait des miracles pour ces
malheureux tant leur foi est grande [24]. » On tentera aussi de persuader
les religieuses d'aller voir et de soigner les malades : « Plusieurs personnes nous ont demandé pour aller voir leur malade nous leur répon-
dons ce que vous nous avez dit à ce sujet [25]. » Mais Mère
Marie-Élisabeth avait prévu qu'il en serait ainsi et connaissant la
lourde tâche des institutrices qui doivent enseigner, tenir maison et

---

(20) *CMM* I : 141.

(21) « Nous n'avons qu'un peu de pain et de viande salé. Je regrette que nous
n'avons pas apporté un peu de farine blanche, il n'y en a pas ici ni de patates. »
(*CMM* I : 145.)

(22) *Chronique...* : 4, 5.

(23) Jacques Dorion, *Les Écoles de rang au Québec*, Montréal, Les Éditions de
l'Homme, 1979, 436 p. : 231.

(24) Sœur Marie Jean l'Évangéliste à Mère Marie-Élisabeth dans *CMM* I : 146. La
chroniqueuse dit que cette lettre est du 20 mars. Or dans cette lettre, la sœur enseignante de Saint-Gabriel dit qu'elle écrit le même jour au grand vicaire pour lui
demander une horloge sonnante, ce qu'elle a fait le 19 janvier. Le grand-vicaire la
lui a envoyée avec une lettre datée du 20 janvier (AAR, A-14-2, RSR.)

(25) Sœur M. du Sacré-Cœur et M. Jean l'Évangéliste, 19 janvier 1880.

école, préparer les cours, corriger les travaux, faire leurs exercices religieux, elle avait décrété : « Ainsi, si on leur demandait d'aller visiter les malades, elles s'en excuseraient en disant qu'elles n'en ont pas la permission ; mais elles diront quelques paroles de consolation pour les malades, et les feront assurer qu'elles prieront pour eux : ce qu'elles ne manqueront pas de faire[26]. »

Mère Marie-Élisabeth qui est grande dame, aux manières parfaites, à la politesse exquise, est réservée et persuadée qu'une grande réserve est indispensable aux religieuses pour inciter le respect : « Elles recevront toujours avec politesse et charité les personnes qui auront à leur parler, mais ne se familiariseront point ; car sous prétexte de se rendre aimable en se familiarisant, on se rend presque toujours méprisable. Ainsi donc, nous les conjurons, pour l'amour de Notre Seigneur de conserver toujours cette dignité grave et modeste qui est l'apanage de la religieuse[27]. » Mgr Langevin, dans son *Cours de pédagogie* incitait les nouveaux instituteurs et institutrices laïques à leur arrivée dans une paroisse à beaucoup de circonspection, compte tenu de leur position vulnérable puisqu'ils vivent pour ainsi dire sur la place publique[28].

À la réception de la première lettre de ses missionnaires qui « émut toutes les sœurs [...] la bonne Mère supérieure recommande de prier pour les missionnaires ; c'est un devoir, dira-t-elle, de prier pour les absentes les recommander à Notre Seigneur tous les matins pendant la sainte messe et de reciter trois Ave à la prière du soir[29] ». La récitation de ces trois Ave pour toutes les sœurs hors de la maison mère perpétuée

---

(26) Mère Marie-Élisabeth, *Règlement particulier...* : 3-4, art. 1 ; dans *Directoire-Coutumier* : 403, art. 1.

(27) *Ibid.* : 4, art. 2, dans *ibid.* : 403, art. 2.

(28) Le chapitre 4 de la 4e partie est intitulé « Arrivée dans une paroisse » et débute ainsi : « Le succès d'un instituteur dans une paroisse dépend beaucoup de la première impression qu'il y crée ; il est donc important qu'elle lui soit favorable.
« À votre arrivée, montrez une modeste assurance, aussi éloignée d'une timide gaucherie que d'une sotte prétention. Soyez lent à juger des personnes et des choses, et gardez ces jugements pour vous-même. Observez-vous sur vos paroles et sur vos démarches : tout peut être décisif pour ou contre vous. »
(Mgr Jean Langevin, *Cours de pédagogie ou Principes d'éducation*, deuxième édition revue et augmentée, Rimouski, Imprimerie de la *Voix du Golfe*, 1869, XV, 267 p. : 132.) Plus tard, la situation ne changera guère : « De par ses fonctions, la maîtresse d'école polarisait une partie importante de la vie sociale du rang. Jamais, on ne manifestait d'indifférence à son égard : la maîtresse d'école était toujours quelqu'un dont on s'occupait bien avant sa venue dans le rang ; on savait d'où elle venait, ce qu'elle était, etc... À peine installée dans son nouveau milieu de vie, elle alimentait les conversations, les commérages qui suscitaient ou la méfiance hostile ou l'admiration. » (Jacques Dorion, *Les Écoles de rang...* : 231.) Voir « L'instituteur idéal en 1865 dans le manuel pédagogique de Langevin et dans le roman canadien-français », dans A. Labarrère-Paulé, *Les Instituteurs laïques...* : 271-289.

(29) *CMM* I : 145.

pendant de longues années, « date du jour où partirent les deux premières missionnaires », le 2 janvier 1880.

Mère Marie-Élisabeth dont la santé inquiète fortement ses filles, n'a pu répondre immédiatement. Lorsqu'elle le fait, à la fin de janvier ou au début de février probablement, elle mêle conseils pratiques, pédagogiques, religieux, message de mère aimante :

+ J.M.J. N.S. nous donne sa Paix !

À nos bonnes Sœurs M. du S.C. et J. L'Ev.

Mes bien Chères Sœurs,

J'ai reçu votre lettre hier matin ; mais comme j'ai passé la journée indisposée, ce matin seulement j'y réponds.

D'abord, j'entre en matière. Pour Delle Leblanc, il est mieux de ne pas la refuser et de lui donner des leçons, quand vous serez capables ; elle devra aller chez-vous. Quant à prendre des enfants hors de votre arrondissement, voici la ligne de conduite à tenir : recevez, par déférence pour Monsieur le Curé, les enfants qui se disposent à la première communion ; c'est-a-dire ceux qui marches pour la faire. Continuez à prendre les leçons dans les livres que vos enfants ont à leur usage, mais donnez les explications pour tous, en tâchant de leur faire suivre les mêmes leçons dans leurs livres, si toutefois il n'y a pas une trop grande distance entre élèves pour l'avancement.

Qu'il en soit de même pour l'Hist[oire], la gram[maire] etc. Enseignez oralement à tous pour toutes les branches. Demandez le moins possible pour cette année, vu l'extrême pauvreté de votre population. Faites faire des neuvaines à Saint Joseph par vos élèves, et dites-leur que si nous obtenons les grâces demandées, nous leur fournirons tous ce dont ils ont besoin pour la classe. Aussitôt que nous pourrons aller à Québec, nous aurons toutes les fournitures de classe à vous envoyer. Faites prier vos élèves avec persévérance.

Suivez la distribution du temps que vous croyez la plus avantageuse pour l'avancement des élèves jusqu'à ordre contraire. Achetez ce dont vous avez besoin... Les bons que le Secrétaire donne n'ont pas besoin de reçu. Seulement, quand vous avez reçu le montant du bon, vous le signez.

J'espère aller vous voir par les chemins d'hiver. En attendant, je vous souhaite santé, force et résignation. La mission dont vous êtes chargées est pénible, je l'avoue, mais en considérant les pressants besoins de vos élèves, combien d'actions de grâces ne rendez-vous pas au bon Jésus qui vous a choisies ?

Courage donc et zèle ardent à l'exemple des Apôtres qui, envoyés au milieu d'hommes grossiers, ignorants et charnels, sont parvenus à leur faire comprendre et aimer les vérités de notre sainte religion. Ne portez-vous pas sur votre poitrine celui qui est la force des faibles, la lumière des aveugles et l'intelligence suprême ; comptez donc qu'il fortifiera, éclairera et donnera l'intelligence à ceux que vous êtes chargées de conduire à lui.

Toutes nos sœurs vous saluent et vous baisent bien affectueusement. Quant à moi, mes chères Sœurs, vous savez que je vous porte dans mon cœur ; je désire, je souhaite et surtout je prie Jésus, Marie et Joseph de vous tenir compagnie et de vous être Père, Mère, Frères et Sœurs. Dites à Jésus : pour être votre épouse à jamais, je dois vous suivre sur la route que vous avez parcourue : Mes pensées se perdront en Jésus ; toute mon ambition est de savoir Jésus. Si mon âme est blessée, j'invoquerai Marie ; mes plaies seront pansées par les mains de Marie ; elles m'ouvriront le ciel où je verrai Jésus. Oh ! oui, mes sœurs, voir Jésus et pendant l'éternité ; jouir de Jésus toujours, toujours, voilà le désir l'ambition de l'âme religieuse ; cependant cela ne suffit pas à notre zèle, il nous faut gagner des âmes pour aimer et bénir Jésus. Et voilà pourquoi, mes bien-aimées Sœurs, vous avez renoncé aux joies et aux douceurs de la famille religieuse. Vous vous en êtes séparées pour attirer les cœurs vers Jésus et Marie. Amen.

Votre toute dévouée

Sr M. Elizabeth [30]

De 18 élèves qu'elles avaient en ouvrant l'école, presque tous des petits garçons «timides, étonnés de voir des religieuses [...] pour la première fois» mais bientôt apprivoisés du «bon accueil que leur firent les bonnes maîtresses [31]», les sœurs en ont 8 de plus le 19 janvier, puis 33 en février, 60 en avril, 73 en mai et 80 en juin [32]. À mesure que le temps s'adoucit, le nombre augmente. Car «les enfants ne sont pas vêtus pour le froid et on nous dit qu'un bon nombre ne le sont pas du tout pour l'hiver ; quant à ceux-ci nous ne les attendons que l'été prochain [33].» École ouverte à tout enfant, venant par beau temps, absent par froid, neige et tempête. Mais tout de même, des enfants bravent la froide température à demi vêtus avec «souliers de vent» et «souliers de rêve» : «ils sont assidus malgré la peine qu'ils ont à se rendre à l'école si mal vêtus ; il y a des petites filles qui n'ont pour tout vêtement qu'une mince robe d'indienne et les pieds nus ; elles se font porter par leur père [34].»

---

(30) Dans *Lettres autographes...* : R-3 ; *Précieuses miettes* : 5-6.

(31) *CMM* I : 144.

(32) Chiffres tirés des lettres des Sœurs de Saint-Gabriel.

(33) Sœurs Marie du Sacré-Cœur et Marie Jean l'Évangéliste à Mère Marie-Élisabeth, Saint-Gabriel, 19 janvier 1880.

(34) Sœur Marie Jean l'Évangéliste à Mère Marie-Élisabeth, 20 mars 1880, dans *CMM* I : 147.

N'ayant pas beaucoup d'argent ni pour les vêtements, ni pour la nourriture, les parents n'en ont guère non plus pour acheter effets et livres essentiels à l'apprentissage scolaire. La plupart des enfants ne possèdent pas de papier, quelques-uns une ardoise, d'autres rien du tout. Livres et manuels sont aussi inexistants et les sœurs craignent d'en exiger l'achat à cause de la pauvreté des gens : « C'est très difficile d'avancer les enfants vu qu'ils n'ont pas ce qui leur faut et nous n'osons pas trop demander à cause de la misère, nous craignons de rebuter les parents [35]. » Elles arrivent tout de même à vendre tout ce qu'elles ont apporté et manquent bientôt de tout, livres, catéchismes, crayons d'ardoise et de mine : rien de tout cela ne se vend hors de Rimouski. Ce n'est pas à la bibliothèque paroissiale qu'elles peuvent trouver des volumes, car « les lecteurs sont plus nombreux que les volumes »... au nombre de huit pour l'année 1880 et 1881 [36].

La seule façon qu'elles ont trouvé de leur faire apprendre sans matériel adéquat, c'est la répétition *ad nauseam* jusqu'à ce qu'ils retiennent les leçons : « il faut que la Maîtresse leur montre par cœur à leur répéter : c'est ce que nous faisons depuis le commencement de la classe jusqu'à la fin ». Avec les inconvénients que cela suppose : « mais la pauvre poitrine en souffre » et la toux apparaît [37], quand ce n'est pas l'extinction de voix qui guette. À la fin de l'année scolaire, sœur Marie Jean l'Évangéliste qui est une institutrice zélée et de bon calibre mais qui doit malheureusement composer avec une très faible santé écrit : « Je n'ai pas fait apprendre de fables, ni de chant aux enfants, cela m'épuise et à moins de cinq minutes, je tousse et ne peux plus parler [38]. » Parfois, souffrant « cruellement du froid et du manque de nourriture », épuisée de faire sa classe « oralement [...] elle était obligée de se faire remplacer des journée entière par sa compagne et rester dans son pauvre lit sans aucun soulagement [39] ».

La régularité des cours et le respect de la distribution du temps en souffrent forcément. Il est même impossible de diviser les élèves, de « les classer comme à Rimouski parce qu'il leur manque trop de chose [40] », et, en plus, « à cause des arrivants qui se présentent tous les

---

(35) Sœurs M. du Sacré-Cœur et M. Jean l'Évangéliste à Mère Marie-Élisabeth, 19 janvier 1880.
(36) *Rapport annuel de la paroisse de St-Gabriel pour 1880* et aussi pour *1881*, nº 30, AAR, St-Gabriel, 1870-1899, 355.131, 3 et 4.
(37) À Mère Marie-Élisabeth, 19 janvier 1880.
(38) À Mère Marie-Élisabeth, 31 mai 1880.
(39) *CMM* I : 147.
(40) À Mère Marie-Élisabeth, 22 février 1880.

jours [41] ». Pour donner une idée de la complexité de la situation, citons la première lettre des deux enseignantes :

> Parmi les élèves qui fréquentent l'école 3 ont appris le commencement de la Grammaire Lacasse, 1 celle de l'Académie aucun ne la comprend ; 4 ont appris la petite Hist[oire] S[ain]te qui s'enseigne dans les écoles élémentaires, et celle qu'avait Mademoiselle Gosselin, jusqu'à la 3ème Epoque, 1 l'Hist[oire] S[ain]te de Drioux, ils la comprennent passablement, nous l'enseignons oralement à tous les élèves ; 10 ont écrit sur le papier mais ils écrivent bien mal ; ils commencent ; parmi eux 3 ou 4 n'ont pas ce qu'ils leur faut pour écrire ; nous faisons écrire sur l'ardoise ceux qui en ont et les autres écrivent sur le tableau quand ils le peuvent ; 1 dizaine d'enfants doivent aller au catéchisme cette été, sur ce nombre 1 le sait passablement bien ; 6 ont communié ; après s'être attendues avec Mr le Curé nous en avons 7 dans l'Abrégé. Pas un élève sait bien ses prières et son Catéchisme ; 6 ou sept ont lu le latin ; le même nombre lit le français passablement après avoir étudié la leçon ; 7 ou 8 commencent à lire couramment ; 3 ou 4 sont dans les lettres, et les autres épellent ; 5 commencent à numérer des grands nombres et à compter l'Addition ; ils ont repassé la table de la multiplication. Pas un peut dire les prières de la messe [42].

Elles se concentrent surtout à leur apprendre à lire, à écrire, à calculer, à leur enseigner la grammaire, l'histoire sainte et le catéchisme. « Les semaines s'écoulèrent dans un rude labeur, employées à la culture de ces petites intelligences trop lentes à saisir les instructions mêmes les plus élémentaires du catéchisme [43]. » Mais tout de même, elles y arrivent et lorsque l'inspecteur s'amène, il inscrit dans leur registre : « J'ai visité l'école N° 1 de St-Gabriel, tenue par les Sœurs des Petites Écoles, le 4 mars 1880, et je dois dire que j'ai été pleinement satisfait du résultat obtenu & du bon ordre qui règne dans la classe. D. Bégin, Insp. [44] » L'inspecteur se révèle « très-surpris de voir le grand nombre d'élèves dans une classe où à ses visites précédentes, il en comptait à peine une dizaine [45] ».

Lorsque le curé de Saint-Donat avait écrit à sœur Marie-Élisabeth en mai dernier, sa lettre n'était que l'expression de la plus urgente

---

(41) À Mère Marie-Élisabeth, 29 avril 1880.

(42) À Mère Marie-Élisabeth, 19 janvier 1880.

(43) *Ibid.* : 7.

(44) *Registre d'Inscription des Élèves. École St-Gabriel, Mission de St-Joseph* : 1, ARSR, 302.260.

(45) *Notes des premières années de mission à St-Gabriel. De 1880 à 1887*, 3 p. : 2, ARSR.

nécessité, qu'il décrit dans son rapport de 1879 sur la paroisse[46]. Avec l'arrivée des sœurs la situation a changé : « Le catéchisme est bien enseigné dans l'école [...] de garçons et de filles tenue par les religieuses » que le curé visite tous les mois[47].

Les sœurs en peu de temps s'approprient l'amour des élèves, la reconnaissance des parents et la satisfaction montante du curé. Maintenant « les enfants aiment a venir a l'école. Ils ont beaucoup d'ambition » qui se reflète dans leurs « progrès ». L'examen final de juin a reçu l'approbation enthousiaste du curé, du secrétaire-trésorier de la municipalité ainsi que des commissaires[48]. Plusieurs parents désiraient s'y rendre. Le curé le désirait. Les sœurs l'auraient idéalement désiré si place il y avait eu. Mère Marie-Élisabeth disait de s'en remettre au curé tout en lui faisant remarquer le peu d'espace. Une salle de 17 pieds sur 20 pieds pour 80 enfants et la visite ! « Il n'y a plus de place, vous n'avez pas d'idée de ce que nous sommes à l'étroit, il est impossible de passer dans la classe sans se heurter, plusieurs enfants sont assis sur le plancher[49]. »

Le printemps venu, « À la fin du jour, elles s'asseyaient à l'ombre des grands arbres qui entouraient leur humble retraite, et l'écho de la forêt redisait la pieuse prière se mêlant aux doux chants de l'oiseau. Heureuses de leur pauvreté, et désireuses de continuer leur œuvre de dévouement auprès des chers enfants éloignés dont la belle saison facilitait l'assiduité, elles auraient volontiers sacrifié les vacances, mais la Supérieure, Mère Marie Elizabeth, les engagea à venir prendre quelque repos[50]. » En effet, on aurait bien voulu garder les sœurs pour l'été, alléguant que les enfants qui sont astreints à un taux élevé d'absentéisme l'hiver pourraient plus facilement se rendre à l'école pendant la saison estivale.

Mère Marie-Élisabeth refusera toujours que les religieuses passent l'été dans les missions. D'ailleurs, elle a prévu le coup dans le règle-

---

(46) « Les enfants n'ont pas encore fait la première communion, ils ont besoin de marcher longtemps, vu que les parents ont négligé beaucoup de les envoyer à l'école, et que les maîtresses n'ont pas fait beaucoup leur possible pour satisfaire les parents et attirer les enfants. [...] Les parents ont négligé d'envoyer les enfants aux écoles pour toutes sortes de prétextes ; les uns parce que la maison n'est pas au centre, les autres parce que la maîtresse frappe trop, etc. etc. etc [...] Une soixantaine d'enfants fréquentent l'école ». (*Rapport sur Saint-Gabriel*, par le curé J.F. Audet, 10 juin 1879, nos 15, 22 et 23, AAR, A-12, Saint-Gabriel, 1879.)

(47) *Rapport annuel de la paroisse de St-Gabriel pour 1880* par le curé J. Arthur Leblanc, AAR, St-Gabriel, 1870-1899, 355.131.

(48) *Registre d'inscription...* : 2-3.

(49) Dans *CMM* I : 154.

(50) *Chronique...* : 7.

ment qu'elle a élaboré pour ses missionnaires : « Chaque année durant les vacances, elles reviennent à la maison mère pour s'y retremper et y faire la retraite[51]. » Elle juge nécessaire que les sœurs exilées dix mois retrouvent la vie communautaire avec la vie régulière dans toute sa plénitude, dans le silence, le recueillement, les entretiens spirituels de la mère à ses filles, la descente en soi favorisée par la retraite, aussi parce que toutes n'ont fait que des vœux annuels et qu'il leur faut à chaque année les renouveler pendant cette période. La vie religieuse trouve son compte dans le retour aux sources, la vie intellectuelle également à cause de la science pédagogique qu'on ajoute puisque les cours continuent pendant l'été. Sans compter la santé qui a quelque chance de se restaurer quand elle n'a pas été menée au-delà de ce qui est possible à la nature humaine d'endurer sans qu'elle perde le pouvoir de récupérer : « La Supérieure ne voulait pas imposer à ses Sœurs le travail ardu de l'enseignement pendant les mois de juillet et août dans ces petites classes où les chaleurs accablantes seraient aussi préjudiciables aux élèves qu'aux maîtresses[52]. » De plus, « Mère Marie-Élisabeth voulut que son Institut naissant destiné uniquement à l'enseignement se conforme, dès le début, aux lois scolaires établies, lois qui n'obligent nullement de faire la classe pendant les vacances d'été[53] ». Et c'est ainsi qu'à la maison mère l'on attend celles que toutes envient.

La maison mère

Un mois exactement après le départ des sœurs pour Saint-Gabriel, à la réunion du Conseil, le grand vicaire a soulevé la question de l'incorporation civile de l'Institut. Toutes les sœurs sont en faveur car « elles se mettraient ainsi en état d'accepter des legs que des personnes bien disposées voudraient leur faire, d'acquérir une propriété pour la Maison-Mère et peut-être pour quelque succursale, et aussi de payer les dettes contractées depuis le commencement ». Leurs dettes se chiffrent alors à 1263.37$[54].

---

(51) Mère Marie-Élisabeth, *Règlement particulier des Sœurs pour leur conduite dans les Missions*, art. 20 du manuscrit, ARSR, 210.205, 9, art. 19 du *Règlement...* imprimé dans *Directoire-coutumier des Sœurs de Notre-Dame du Saint-Rosaire*, Rimouski, 1945 : 406.

(52) *CMM* I : 153.

(53) *Ibid.*

(54) Elles doivent plus de 300$ aux marchands de Rimouski, 125$ à ceux de Québec, près de 100$ à la librairie Hardy de Québec, 127$ à Mgr Langevin, 100$ à Antoinette Parent pour sa maison louée en 1875 et plusieurs petites sommes. Si l'on soustrait les dots apportées qu'elles ont additionnées à leur déficit, puisque les novices pourraient sortir, ce qui ne sera toutefois pas le cas puisqu'il s'agit des sœurs Thériault

L'Acte pour incorporer la congrégation des religieuses appelées « Les sœurs des petites écoles de Rimouski » a été sanctionné le 24 juillet 1880 [55]. Mais le grand vicaire y songeait depuis septembre 1878, comme en fait foi un texte écrit de sa main conservé aux Archives de l'archidiocèse de Rimouski [56].

Sœur Marie de la Passion toujours en mal de projet à réaliser

Était-ce sœur Marie de la Passion – car même après avoir quitté les Sœurs des Petites-Écoles, elle continue à porter ce nom – qui a rappelé indirectement au grand vicaire qu'il faudrait procéder à l'incorporation de la communauté ? Nous n'avons pas retrouvé sa lettre du 14 janvier 1880. Mais d'après la réponse du grand vicaire, elle souhaite que son nom soit mentionné dans l'acte d'incorporation des Sœurs des Petites-Écoles. Deuxièmement, il semble qu'elle veuille diriger une des missions offertes aux Sœurs des Petites-Écoles ou plutôt peut-être en ouvrir une à l'extérieur du diocèse de Rimouski. Enfin, il semble qu'elle-même accepterait des dons faits aux Sœurs des Petites-Écoles, se chargerait de les administrer, et comme bien l'on pense, ce serait pour financer l'une de ses œuvres.

Le grand vicaire termine sa lettre non sans ironie sur un ton qui permet tout de même un seul niveau de lecture à qui le veut bien : « Si les personnes dont vous parlez veulent faire du bien aux Sœurs des Petites Écoles, encouragez-les, et donnez leur l'adresse de la Supérieure avec laquelle elles devront se mettre en rapport. Vous donnerez ainsi la preuve de l'attachement que vous avez conservé pour vos anciennes Sœurs [57]. »

(48$) et de Luce Parent (235$) qui persévéreront, elles doivent en tout près de 1000$ (*RED* I : 7-9).

(55) Chap. LXXV. La loi modifiant la loi constituant en corporation la corporation des Sœurs des petites écoles de Rimouski sera sanctionnée le 12 janvier 1895, chap. XCIV.

(56) « Avis public est par le présent donné que les *Sœurs des Petites Écoles* de Rimouski s'adresseront à La Législature de la Province de Québec, à la prochaine session, pour obtenir un acte d'incorporation de leur Institut. S. Germain de Rimouski Septembre 1878. » (AAR, A-14-2, RSR.)

(57) Sa lettre datée du 20 janvier 1880, adressée à Sœur Marie de la Passion, coin des rues S. Joseph et S. Anselme, S.Roch, Québec, débute ainsi :
« Ma chère Sœur,
« J'accuse réception de votre lettre du 14 de ce mois, et vais tâcher d'y répondre.
« D'abord il est absolument impossible que, n'étant pas admise à faire profession dans l'Institut des Sœurs des Petites Écoles, vous puissiez être mentionnée dans l'acte d'incorporation lorsqu'il sera demandé au Parlement par la Communauté.
« Secondement, les maisons d'écoles seulement acceptées dans le diocèse de Rimouski par la Communauté seront dirigées par des Sœurs de l'Institut.
« Troisièmement, si plus tard la Communauté venait à se charger d'écoles dans

Bientôt, le grand vicaire entendra encore parler d'elle car il reçoit une lettre d'Ernest Gagnon du Département de l'Agriculture et des Travaux publics demandant des renseignements au sujet d'« Une demoiselle Turgeon, institutrice, [...] venue à ce bureau développer un plan magnifique que je crois être celui qu'ont déjà su réaliser vos *Sœurs des petites écoles* de Rimouski. »

Elle a dû développer son projet sur les Institutrices colonisatrices [58]. Comme c'était le cas jusqu'à maintenant la première impression est bonne, jusqu'à ce qu'un examen plus approfondi révèle des failles inquiétantes :

> Sa première visite lui a parfaitement réussi. M. LeSage a trouvé son plan admirable et il lui a dès ce moment, accordé une grande confiance. Mais sa foi commence à chanceler et il me prie de vous écrire pour vous demander, en toute confidence, ce que vous pensez de cette personne. La vérité est qu'elle a gâté un peu la première impression qu'elle a causée ici en multipliant ses lettres et aussi en donnant à son plan général, qui semble bon, des développements qui paraissent parfois un peu fantaisistes.

D'où le concours du grand vicaire réclamé pour les aider à juger de la pertinence d'accorder leur confiance à Louise Turgeon, « et jusqu'à quel point on pourrait se fier à elle pour mener à bonne fin une œuvre sérieuse, le cas échéant [59] ».

Edmond Langevin lui répondra que tout en étant une personne « bien pieuse et bien respectable », aux « intentions [...] excellentes » et à la « charité digne d'éloges », ses « plans bons en théorie [...] ne pouvaient être réalisés *tous* dans le même Institut, ni menés de front séparément sans de très grandes ressources », malgré sa ferme « intention de *tout* entreprendre elle-même et sans être arrêtée par l'impossibilité évidente de réussir. » Il ajoute qu'il ne la croit pas « du tout calculée pour être à *la tête* de pareilles entreprises ni d'un établissement quelconque. Monseigneur de Rimouski le lui a dit à elle-même » et que « la bonne D^{lle} a développé une partie de ses plans à Sa

---

d'autres diocèses, ce sera toujours avec la permission expresse de l'Évêque de ce diocèse.

« Quatrièmement, personne absolument en dehors du Conseil n'aura rien à voir dans les affaires temporelles de la Communauté. Ceux qui voudront faire des dons seront les bienvenus et seront considérés comme bienfaiteur.

« Ces quatre points répondent suffisamment je crois à vos propositions.

« Je souhaite toute espèce de bénédictions à la maison que vous voulez former à S. Pierre, pourvu que ce soit avec l'approbation de Mgr l'Archevêque de Québec, dans le diocèse duquel vous vivez. »

(AAR, Lettres particulières, vol. II : 351-352.)

(58) Voir *supra* : 158-162.

(59) Ernest Gagnon à Edmond Langevin, Québec, 5 avril 1880, AAR, A-14-2, RSR.

Grandeur, sans obtenir d'encouragement. » Enfin, il termine en disant que cette personne à « la conduite [...] très édifiante » pourrait sous « la direction d'une autre, *si elle voulait suivre l'impulsion qui lui serait donnée* [...] faire beaucoup de bien [60] ».

Ce ne sont pas de simples hommes fussent-ils si nombreux, si haut placés et si généralement désapprobateurs qui décourageront quelque peu notre amazone. Car, encore, elle reviendra à la charge en mettant de l'avant une société de colonisation cette fois. L'archevêque de Québec interviendra lui-même pour qu'elle renonce à son projet lui enjoignant, sous peine de lui retirer le droit de recevoir les sacrements, de ne plus se faire appeler du nom de Sœur Marie de la Passion :

> Après y avoir mûrement réfléchi et pris des informations, j'en suis venu à la conclusion que votre projet de « Société de colonisation » ne peut en aucune façon avoir mon approbation ni mon appui. Si vous vous adressez au Gouvernement pour avoir un acte d'incorporation ou un Secours en argent, je me ferai un devoir de le mettre en garde contre un projet qui me semble sujet à des objections fort graves.
>
> De plus, je vous défends absolument par la présente, sous peine de refus des Sacrements, de prendre dans vos écrits ou même dans la vie privée, le nom de Marie de la Passion, ou tout autre nom qui tendrait à vous faire passer pour membre d'une communauté religieuse.
>
> Je prie Dieu de vous combler de ses bénédictions [61].

D'ailleurs, l'on conçoit mal pourquoi Mgr Langevin l'a laissée quitter Rimouski en lui permettant de garder son nom en religion, et même d'apporter l'habit des Sœurs des Petites-Écoles car aux défuntes Carmélites de Rimouski il avait écrit : « En aucun cas on ne devra laisser emporter dans le monde les habits de religion [62]. » À l'égard de Louise Turgeon, Mgr Langevin, parfois si sévère, s'est généralement montré d'une extrême indulgence comme en un acte réitéré d'action de grâce pour lui avoir permis d'attirer sa sœur Élisabeth à Rimouski.

Les missions acceptées et refusées

Mère Marie-Élisabeth, malgré sa santé toujours précaire, avait fait un voyage de dix jours à Québec avec sœur Marie-Joseph, proba-

---

(60) Edmond Langevin à Ernest Gagnon, Rimouski, 6 avril 1880, AAR, Lettres particulières, vol. II : 374-375.

(61) Mgr E.-A. Taschereau à Mlle Louise Turgeon, Rue Albert et Jacques Cartier, Saint-Sauveur de Québec, Québec, 4 février 1880, AAQ, 210A, Registre des lettres, vol. 32 : 753, n° 1193.

(62) Mgr Jean Langevin à Mère Michel, Prieure, Règlement au sujet des effets fournis par les novices, Rimouski, 25 septembre 1876, AAR, Lettres particulières, vol. I, n° 185.

blement du 10 au 20 mars [63]. En ces temps, le moindre déplacement exige la permission du supérieur ecclésiastique. À la lettre de ses conseillères, Mère Marie-Élisabeth avait joint celle-ci car, loin de pouvoir payer ses créanciers, elle allait encore s'endetter à Québec :

> Si vous agréez la proposition précédente, je vous demande bien humblement, à vous-même, mon Père, ou à Sa Grâce, Monseigneur notre Évêque, une obédience pour le voyage.

> Voudriez-vous aussi me donner une attestation de l'existence de notre maison et de ses chances de succès, pour présenter à Monsieur Vandry au sujet du leg en question [64].

En plus de traiter de questions financières, Mère Marie-Élisabeth veut se procurer du matériel scolaire destiné à Saint-Gabriel : « La chère Mère voudrait aussi fournir des alphabets, des ardoises, des crayons aux petits enfants pauvres : elle est si pauvre elle-même... » De plus, il lui faut penser aux autres missions qui s'ouvriront bientôt. Elle achète donc « des livres classiques, des dictionnaires français-anglais, etc. etc., il faut des livres, des livres anglais pour préparer les Sœurs qui iront à la Baie des Chaleurs, il faudra des maîtresses qui sachent enseigner l'anglais [65]. »

Car déjà elle a accepté trois autres missions pour septembre 1880. Mère Marie-Élisabeth avait annoncé la bonne nouvelle elle-même aux sœurs de Saint-Gabriel. Après sa lettre d'avril où elle écrivait : « Je ne puis vous écrire qu'un mot, le voici : Aimez et chérissez votre position, car le bon Dieu l'aime et la chérit. Je suis heureuse de vous dire que nous recevons les nouvelles les plus consolantes et les plus encourageantes de votre mission, tant de M. le Curé qui me paraît très-satisfait, que des parents qui sont heureux d'avoir des Sœurs. Ceci vous aidera, je l'espère, à porter le fardeau de vos obligations [66] », elle leur confiait :

> Il n'y a pas de Sœur en mission autre que vous, mais nous avons accepté une école à Port Daniel, une autre à St Godefroi, et une

---

(63) « Comme nous avons besoin de plusieurs choses que nous ne pouvons nous procurer à Rimouski, nous pensons qu'il serait plus avantageux d'aller à Québec dès maintenant.
« Nous pourrions en même temps nous entendre personnellement avec quelques uns de nos créanciers que nous sommes tenues de satisfaire prochainement.
« Notre Mère pourrait être chargée de faire ce voyage en partant dès demain, si vous l'agréez. »
(Sœurs Marie-Joseph et Marie-Étienne à Edmond Langevin, Rimouski, 9 mars 1880, AAR, A-14-2, RSR.)
(64) S.d. [9 mars 1880], AAR, A-14-2, RSR. Nous ignorons tout sur le legs en question.
(65) *CMM* I : 146.
(66) Mère Marie-Élisabeth aux Sœurs de Saint-Gabriel, Rimouski, [avril 1880], ARSR ; *Lettres autographes...* : R-5.

troisième à Betsiamits, ce qui avec St Gabriel, forme quatre missions. Nous sommes forcées, faute d'ouvrières, de refuser les autres, assez nombreuses, qui nous sont offertes. Priez le Seigneur qu'il envoie des ouvriers ; faites surtout prier vos élèves dont la voix est si puissante auprès du divin Cœur de Jésus [67].

Parmi les missions refusées à cette époque, avec preuves à l'appui [68], il y a celles de Cap-des-Rosiers, Saint-Moïse et, à l'été, de Saint-Élie-de-Caxton dans le comté de Saint-Maurice. Les nombreuses missions dont parle Mère Marie-Élisabeth ont pu lui être offertes oralement ou par des lettres destinées au grand vicaire et même à l'évêque. « L'école des sauvages de Betsiamits a aussi été acceptée pour le printemps ou l'été prochain [69]. » Malheureusement, au cours de l'hiver, tout a été détruit par le feu, maison et matériel d'école, et vu l'extrême indigence des gens, on est sans moyen pour reconstruire et s'équiper immédiatement [70].

Mère Marie-Élisabeth, revenue « fatiguée et malade [71] » de son voyage à Québec, « est réjouie de ces demandes des curés, c'est déjà si encourageant de penser que le jeune Institut va faire un peu de bien, faire connaître le Bon Dieu aux petits enfants, n'est-ce pas là les aspirations de sa pieuse vie ? Qu'importe qu'elle ressente l'affaiblissement de sa débile santé si ses Sœurs courageuses et zélées poursuivent la tâche commencée ; mais retenues à l'infirmerie par une grande faiblesse, elle insistera encore et toujours, l'application à l'étude et à l'intelligence de bien enseigner [72]. » Quant à ses filles, zélées, elles rivalisent d'ardeur et d'ambition pour apprendre. Dans leur apprentis-

---

(67) Mère Marie-Élisabeth aux Sœurs Marie du Sacré-Cœur et Marie Jean l'Évangéliste, Rimouski, [mai 1880], ARSR ; *Lettres autographes...* : R-6.

(68) J. Martin, ptre à Mère Marie-Élisabeth, Cap-Rosier, 12 mai 1880, ARSR, 290.100, 1880-3 ; *RED* I : 12 ; Alphonsine Coulombe pour F. Verville, curé, Saint-Élie-de-Caxton, 6 juillet 1880, ARSR, 290.100, 1880-4. À l'été 1879, l'on avait aussi refusé « l'école bâtie dans le chantier de M. Girouard de l'autre côté de la rivière Betsiamits » (*RED* I : 7).

(69) *RED* I : 6-7. Voir aussi Charles Arnaud à Mère Marie-Élisabeth, Bethsiamits, 5 novembre 1879, ARSR, 290.100, 1879-1. Il est étonnant que Mère Marie-Élisabeth ait consenti à l'envoi des missionnaires pour le printemps ou l'été comme il est indiqué dans le registre des délibérations, aussi pour Port-Daniel et Saint-Godefroi (*RED* I : 11-12). Est-ce le grand vicaire qui avait insisté pour qu'il en soit ainsi, car c'est ce que les curés demandent, du moins ceux de Port-Daniel et de Saint-Godefroi ? Ou Mère Marie-Élisabeth, qui a d'abord accepté pour s'en repentir par la suite ? Car elle refusera de façon persistante, en faisant même appel à l'évêque, pour renvoyer à l'automne l'ouverture des écoles.

(70) Charles Arnaud, o.m.i. à Mère Marie-Élisabeth, Betsiamits, 23 février 1880, ARSR, 290.100, 1880-2.

(71) *CMM* I : 146.

(72) *Ibid.* : 149.

sage où elles jouent tour à tour le rôle de maîtresse et celui d'élève, elles révèlent des traits de leur caractère :

> Les étudiantes sont ardentes ; elles savent que plusieurs d'elles sont sur les rangs pour les nouvelles missions en perspective, il faut s'y donner avec tout le sérieux possible. Ici, la maîtresse devient élève tour à tour, elle quitte le banc pour prendre le pupitre, vice versa, chacune s'applique à faire la classe ; elle interroge, explique au tableau noir les problèmes, les analyses, etc. Sœur Marie de Jésus s'y donne de tout son cœur ; elle reprimande vertement les élèves et se réprimande elle-même puis des reparties fines égayent tout le monde. Sœur Marie Edmond sérieuse, sévère, réclame le silence, silence de parole et d'action, attention soutenue, rigoureuse, exige politesse, bienséance ; Sœur Marie Anne réservée, polie, lecture resonnée, attention particulière au catéchisme, explication... exige une tenue digne pendant les prières, présence de Dieu, elle est ferme, calme et douce dans son role de maîtresse. Là on s'exerce à l'art d'enseigner, l'on se prépare pour la mission et l'on console la mère dévoue qui loue le travail intelligent des jeunes débutantes [73].

Mère Marie-Élisabeth est d'autant plus heureuse que

> Monseigneur l'Évêque fait part à la supérieure de sa satisfaction, que le Curé de St Gabriel lui a donnée de ses maîtresses d'école religieuses ; Monseigneur ainsi que son Grand Vicaire se réjouissent des engagements qu'on a pris avec les municipalités des paroisses de la Baie des Chaleurs ; ils voient avec plaisir les demandes de St Moïse, du Cap des Rosiers et du Cap d'Espoir ; tous deux encouragent la Mère Supérieure et les Sœurs à poursuivre activement l'étude, la formation des institutrices à l'enseignement, afin de pouvoir accepter ces écoles et de donner satisfaction. Mère Marie Élisabeth sensiblement reconnaissante, remercie Notre Seigneur et elle engage ses sœurs à la gratitude et à la générosité envers le divin Maître. C'était là l'extention de son œuvre... Si Messieurs les Curés apprécient l'enseignement des religieuses la cause du petit Institut est gagnée, disait-elle, il s'étendra faisant le bien et sanctifiant ses membres [74].

La première mission, celles qui suivront, toutes les demandes qui seront faites sans que les sœurs aient les recrues suffisantes pour combler tous les postes offerts démontrent bien la nécessité de leur existence dans des endroits ou des situations où les avantages humains sont si infimes à côté des inconvénients, voire des souffrances, quand ce n'est pas la plus grande misère qu'elles doivent supporter, leur santé qu'elles doivent voir s'altérer au fil des ans.

----

(73) *Ibid.*
(74) *CMM* I : 155.

En 1880, on offre 60$ pour deux sœurs. Or, dans son rapport pour l'année 1878-1879 dans le district de Rimouski, l'inspecteur D. Bégin se plaint une nième fois du « traitement si faible que reçoivent ceux qui sont chargés de nos écoles », et donne quelques chiffres : « Quand on songe, monsieur le surintendant, que, dans un district comme le mien, où il y a 125 instituteurs, une seule reçoit 200 piastres, 13 autres de $100 à $200, et 111 n'ont que de $50 à $80 piastres par année, on est péniblement affecté de voir des personnes consacrer leurs forces et leurs talents à une tâche aussi dure et aussi méritoire et ne pas même obtenir une rémunération suffisante à leur entretien. » Triste mais vrai, il a été à même de faire le lien entre piètre salaire et mauvais rendement :

> Je n'ai cependant jamais manqué d'exhorter MM. les commissaires à ne pas engager les institutrices au rabais, mais de leur accorder un salaire convenable, afin de les attacher aux localités et de les rendre plus dévouées, plus attentives à leurs devoirs. Les institutrices les plus faiblement rémunérées n'ont presque toujours donné que les plus faibles résultats, comme il est facile de s'en convaincre par les bulletins que j'ai eu l'honneur de vous transmettre l'hiver dernier sur chacune des écoles de mon district.

Résultat qui entraîne d'autres conséquences et est responsable dans bien des cas du faible taux de fréquentation scolaire : « De même l'assiduité des élèves aux classes est presque constamment en raison directe de l'excellence de l'école. » Autre argument en faveur des Sœurs des Petites-Écoles. En plus de recevoir un bagage de connaissances, elles profitent de leçons pédagogiques de l'une des plus grandes autorités du temps en la matière, Mgr Jean Langevin, dont le manuel publié une première fois en 1865 et réédité en 1869 est encore utilisé à l'École normale Laval de Québec, et par son élève Mère Marie-Élisabeth. Car le même inspecteur fait remarquer que l'une des grandes indigences dans son district c'est qu'on trouve peu d'institutrices possédant quelques notions pédagogiques :

> Plusieurs institutrices de mon district ne manquent certainement pas d'aptitude pour l'enseignement ; mais le défaut d'un bon nombre d'entre elles, c'est de n'avoir pas les connaissances pédagogiques concernant la direction générale d'une classe. Ce n'est pas tout d'avoir des connaissances, c'est même peu de chose, si l'on ne sait pas les faire valoir, si l'on n'a pas le talent de les communiquer aux autres, si l'on ignore la manière de maintenir le bon ordre et l'attention des élèves.

Parce qu'il a remarqué que « Les quelques institutrices formées à l'école normale Laval, qui se livrent à l'enseignement dans mon district, ont presque toujours eu la supériorité sur celles qui ont reçu

ailleurs leur éducation », il recommande au gouvernement l'établissement d'une école normale à Rimouski, ce qu'a déjà demandé Mgr
Langevin mais sans succès [75] :

> C'est cette lacune dans la formation du corps enseignant qui m'a
> souvent fait croire que le gouvernement devrait, s'il le peut, établir
> une école normale de filles dans la ville de Saint-Germain de Ri-
> mouski, séparée de Québec par une distance de 60 lieues. Placée
> dans un tel endroit, une école de ce genre rendrait d'immenses
> services à l'instruction publique dans le vaste diocèse de Rimouski.
> Il est incontestable que très peu d'élèves des districts qui forment
> la Gaspésie peuvent avoir accès à l'école normale Laval, à cause de
> la distance considérable [76].

À ses filles de Saint-Gabriel, Mère Marie-Élisabeth avait aussi annoncé « une cérémonie de profession et de vêture, demandez avec nous
à Marie notre tendre Mère qu'elle prépare elle-même ces futures religieuses, afin qu'elles soient des épouses selon le cœur de son divin
Fils [77]. » Le 21 avril, sœur Marie du Crucifix (Élisabeth Sirois) pronon-
çait ses premiers vœux annuels et trois nouvelles novices recevaient
l'habit et leur nom de religion, les sœurs Marie-Geneviève (Justine
Couturier), Marie-Marguerite (Désirée Thériault) et Marie de la Visitation (Mathilde Thériault) [78].

---

(75) Voir *supra* : 155-156.

(76) D. Bégin au Surintendant, Rimouski, 20 septembre 1879 : 8-9, dans 42 Victoria,
Documents de la Session (N° 5), A. 1878-79, Rapport du Surintendant de l'Instruction publique de la Province de Québec pour l'année 1878-79.
Encore en 1884, et comme tous les ans d'avant il répétera le même discours : « Il
faut encore répéter cette année ce que j'ai déjà dit antérieurement, que ce manque
d'institutrices pour répondre aux besoins des municipalités a pour cause les faibles
salaires qu'on leur offre. On aime mieux embrasser n'importe quel autre état plutôt
que l'enseignement.
« Les causes qui paralysent encore les progrès de l'instruction dans mon district sont :
l'assiduité peu soutenue des enfants à l'école, le peu de savoir pédagogique d'un
grand nombre de jeunes institutrices, le manque de fournitures de classe et, dans
certains cas, les maisons tout à fait impropres que l'on fait servir d'école.
« Obtenir l'assiduité des enfants à l'école n'est pas chose facile : la rigueur des
saisons, le besoin qu'ont les parents de leurs enfants, la pauvreté qui empêche
quelquefois qu'on puisse leur procurer les choses nécessaires pour l'assistance à
l'école, sont autant d'entraves qui se renouvellent toujours. Cependant on ne peut
s'empêcher de remarquer que l'institutrice qui a du zèle pour sa classe et qui se
dévoue à l'avancement de ses élèves ne se voit jamais délaissée par eux ; mais, au
contraire, l'école la plus déserte est toujours celle du titulaire indifférent et peu
soucieux de son état. »
(D. Bégin au Surintendant, Rimouski, 28 août 1884 : 3-4, dans 48 Victoria, Documents de la Session (N° 5), A. 1883-84, Rapport du Surintendant de l'Instruction
publique de la Province de Québec pour l'année 1883-84.)

(77) *CMM* I : 149.

(78) *Ibid.* : 150 et *RVP* I : 7-8. Mère Marie-Élisabeth à Mgr Jean Langevin, avril
1880.

Trois jours plus tard, le feu aurait pu faire au couvent des dégâts importants n'eut été de la rapide intervention du grand vicaire :

Samedi le 24, les Sœurs sont montées au dortoir, il est 9 heures, le tuyau prend feu, les étincelles s'échappent vite de la cheminée. M. Le Grand Vicaire voit les lueurs des fenêtres de son salon, il accourt, monte au dortoir, où les sœurs étaient en robe de nuit, le Bon Père fait appliquer au tuyau de gros linge mouillés, le feu de cheminée s'éteint, on est quitte pour une bonne peur. Le Bon Dieu et le bon Père Directeur nous ont secourus [79].

Le grand vicaire est d'ailleurs leur sauveur à bien des points de vue. À cause de l'extrême faiblesse de Mère Marie-Élisabeth, il s'est offert pour alléger son fardeau en la remplaçant aux cours d'anglais.

Sans garder le lit la bonne Mère Supérieure est toujours faible et le Grand Vicaire sais que les maîtresses doivent se familiariser avec la lecture anglaise et s'efforcer d'y prendre une bonne prononciation, car la langue anglaise est réclamée dans les écoles de la Baie des Chaleurs, spécialement dans l'école de St Godefroy. Le bon Père Directeur se fait maître d'école, pendant le mois de mai, il se rend à la salle d'étude tous les jours qu'il peut se dérober à ses occupations [80].

Le 30 avril, Mère Marie-Élisabeth écrit à Mgr Langevin :

Monseigneur

À l'occasion de l'anniversaire de votre consécration épiscopale, permettez à vos enfants de vous féliciter de ce que Dieu vous a conservé la santé et vous accorde la grâce de faire un bien incalculable dans cette partie de notre pays, autrefois si peu favorisé sous le rapport religieux. Non seulement, Monseigneur, votre Grâce a travaillé et a réussi à améliorer d'une manière sensible ce peuple confié à vos soins, tant sous le rapport spirituel que sous le rapport matériel.

Soyez béni par cette génération qui doit tant à votre générosité et aux sacrifices qu'il vous a fallu vous imposer pour travailler à leur régénération. Cependant, votre cœur paternel est quelquefois déchiré par quelques unes de ces enfants qui oublient les fatigues, les peines, les accablements de leur Père et ne travaillent que faiblement à alléger son fardeau.

Quant à nous, Monseigneur, de toutes nos forces comme par le passé, nous travaillerons à nous rendre aptes à remplir la mission que vous avez daigné nous confier, espérant par la vous venir en aide en gagnant à Dieu de jeunes cœurs qui plus tard vous béniront en sachant que pour eux vous avez daigné fonder dans votre charité notre Institut.

---

(79) *CMM* I : 150.
(80) *Ibid.*

Soyez béni par nous à qui vous permettez de travailler à la vigne du Seigneur. Sous votre protection et avec les bénédictions du ciel, nous avons foi que de notre petit établissement sortiront des branches qui abriteront une foule d'enfants et les protégeront contre les embuches du démon et les séductions du monde.

Nous souhaitons à Votre Grandeur une longue et heureuse carrière, le bonheur de voir ses ouailles bien soumis et nous lui offrons le secours de nos plus ferventes prières.

Réclamant de nouveau le bienfait de votre protection, nous demeurons avec le plus profond respect, Monseigneur de Votre Grandeur,

> Les humbles servantes,
> Les Sœurs des Petites Écoles [81].

Mgr Langevin vient faire sa visite canonique le 26 mai, dit sa messe au couvent à 6h30 puis revient à 9h00 pour faire une exhortation à la chapelle à toutes les sœurs pour les voir ensuite chacune privément : « Monseigneur qui s'occupait des sœurs novices, s'occupe plus spécialement des professes. » Mère Marie-Élisabeth est suffisamment bien pour accompagner l'évêque dans la visite du couvent. Celui-ci ne peut « s'empêcher de louer le travail fait par les sœurs dans ces chambres en si mauvaise état quand elles prirent possession de cette maison ; mais l'Évêque n'a pas compris la somme de travail qu'on s'est imposée pour rendre les appartements aussi propre qu'ils le sont aujourd'hui, non, cela ne se conçoit pas, le froid, les fatigues, les difficultés à se procurer le matériel nécessaire, etc, etc... »

Mère Marie-Élisabeth, malgré sa vaillance et sa propension à se relever peut-être toujours plus vite qu'elle ne le devrait doit garder à son corps défendant des traces bien visibles de sa maladie, puisque l'évêque même s'en inquiète et « désire que la supérieure se repose, il en fait la remarque à la sœur assist[ante] ». Mais la fondatrice surmonte faiblesse et malaises pour reprendre « le travail : sa classe, ses conférences pédagogiques et ses entretiens spirituels avec ses sœurs ». Ce n'est d'ailleurs pas que le travail qui l'épuise mais beaucoup plus encore la personnalité et la conduite de deux religieuses qui font partie du groupe des treize premières professes : « si le grand nombre profitent et apprécient les dévouements de la Mère, deux de ses professes lui causent bien des douleurs [82]. »

S'il n'eut dépendu que d'elle, elles n'auraient pas été admises mais le grand vicaire refusant d'accepter les réserves de la fondatrice, les avait admises à la profession : « Sœur Marie Élisabeth avait compris

---

(81) Transcription dans *CMM* I : 150-151.
(82) *CMM* I : 152.

dès les premiers jours que ces personnes n'avaient ni les qualités, ni les dispositions propres à la vie religieuse, cependant elle dut tolérer devant l'autorité supérieure, malgré tous les préjudices qui pouvaient en résulter dans la suite. Il faut dire que le Grand Vicaire avait droit absolu dans toutes les délibérations et il en usait largement. » Avant la formation du Conseil d'août 1879 et depuis, puisqu'il assiste à toutes les réunions du Conseil et les convoque souvent [83].

Quant à l'autorité de l'évêque, elle « paraissait ici, subséquente, c'est à dire qu'il appuyait, approuvait, confirmait toutes les décisions de son Grand Vicaire ». Sœur Marie-Joséphine, qui avait repris le nom de la douce Alvine, sœur de Mère Marie Élisabeth, l'a bien mal illustré. Mais si elle rendait la vie de la communauté infernale, elle était elle-même internée dans son propre enfer, car elle avait nul doute plus besoin de soins dans un hôpital que d'une vie austère et de privations dans un couvent, que même les mieux portantes, les plus solides et les plus religieuses ont à certains jours de la difficulté à supporter.

Sœur Marie Joséphine prenait ombrage de tout ; voyait partout malvaillance et indisposition à son égard, de là naissait des plaintes, des blâmes, des reproches incessants, et dans ses furies le plus souvent elle finissait par une prostration morale ; elle disait qu'elle irait se jeter dans le fleuve. Elle injuriait la supérieure et les sœurs sans motif et sans frein. Ses fréquentes accès de colère étaient suivi de lamentations, de furies qui emmenaient invariablement une crise nerveuse, une prostration complète. La pauvre Mère supérieure qui connaissait toutes les phases de ces cruelles bourrasques, ménagea au trop indulgent Grand Vicaire l'occasion d'être témoin d'une de ces lamentables scènes. Le moyen était énergique, mais c'était le seul et le dernier à la disposition de la Supérieure. Aussi, il produisit son effet, la pauvre fille fut renvoyée et la sœur Marie Étienne dont le sommeil était très léger, put remettre, les clefs des deux grandes portes, qu'elle portait à son cou pendant les nuits depuis des mois [84].

Mgr Langevin la dispense de ses vœux le 10 juin 1880 et elle sort peu après. Quant à sœur Marie François d'Assise, « impérieuse, jalouse, maligne, elle ne put jamais se plier au joug de l'obéissance et quitta l'Institut [85] » le 9 avril 1881. Malheureusement, sa sœur Éléonore, « intelligente et bonne [86] », arrivée avec leur mère à la fin de l'hiver ou au printemps de 1880, et reçue à la vêture, à l'âge de 49 ans, le 15 octobre 1880 sous le nom de sœur Marie Louis de Gonzague, croira de son

---

(83) Voir *RED* I : 5ss.
(84) *CMM* I : 156.
(85) *Sorties parmi les 13 premières* : 1, ARSR, 225.110 B, C.7, 2.
(86) *CMM* I : 157.

devoir de suivre sa mère qui entend partir avec l'aînée [87]. À part Éléonore Héon dit Piché, une autre postulante était arrivée au couvent, Cécile Turcotte, une institutrice de 44 ans qui recevra aussi la vêture le 15 octobre sous le nom de sœur Marie Antoine de Padoue [88]. Lors de leur arrivée, les missionnaires trouveront donc deux nouvelles postulantes, ainsi qu'une nouvelle professe et trois nouvelles novices reçues à la cérémonie du 21 avril, et un autre changement, plus minime celui-là, un changement apporté au règlement journalier nocturne [89].

Le 1er juillet, le jour de la joyeuse réunion est terni toutefois pour les arrivantes qui, peut-être mieux que celles côtoyant quotidiennement Mère Marie-Élisabeth, remarquent

> les traces de souffrances sur les traits de leur bonne Mère. Oui, la pauvre Mère avait cruellement souffert, outre les chagrins déjà cités, Mère Marie-Élisabeth avait tant d'autres sujets d'embarras et de soucis : La pauvreté extreme de sa chère famille pendant le rude hiver, les inquiétudes par rapport aux dettes qu'elle avait faites. Monsieur Samuel Côté à qui elle avait donné un billet en attendant qu'elle put solder son compte, l'avait transféré à la maison Thibaudeau & Frères, ainsi qu'un second billet du même genre donner à un certain boulanger nommé Jobin, qui l'avait porté à son fournisseur Renaud & Cie. La pauvre supérieure écrit à ces deux marchands de Québec de vouloir l'attendre. Elle avait encore de grosses dettes chez des libraires de Montréal [90].

Car si l'incorporation qu'obtiennent les Sœurs des Petites-Écoles en juillet les rend aptes à accepter des dons et à acquérir des biens, il les met du même coup dans l'obligation de payer leurs dettes, non que Mère Marie-Élisabeth ait souhaité s'y soustraire, mais les poursuites pour le recouvrement des sommes dues peuvent être plus implacables et plus expéditives.

Les Sœurs des Petites-Écoles s'étaient-elles ouvertes à Mgr Langevin de leur grande pauvreté ? Celui-ci, lors d'une rencontre à Québec, avait demandé à Mgr Moreau, évêque de Saint-Hyacinthe, que « ses Filles des Petites Écoles, écrit celui-ci, vinssent dans mon Diocèse

---

(87) Voir lettre de Sœur Marie-Étienne aux Sœurs de Saint-Godefroi, Rimouski, 9 avril [1881] : 2, ARSR, 210.110, C.5, 5a et 5b.

(88) *CMM* I : 161-162 et *RVP*, I : 10. Il y avait eu plusieurs autres demandes d'entrées qui ne se concrétiseront pas tout de suite (voir RED I : 16-19).

(89) Voir le règlement, *supra* : 215-216. Les changements apportés : « 1° La prière du soir se fera à 7 1/2 heures, après quoi on dira Matines et Laudes suivies des neuvaines et dévotions du mois. 2° L'examen général aura lieu à 8 heures 45 minutes suivi de la lecture du sujet de méditation du lendemain. 3° À 9 heures les Sœurs se rendent au dortoir pour le coucher. » (*RED* I : 14-15, réunion du 9 février 1880.)

(90) *CMM* I : 157.

solliciter des aumônes des parents, amis ou connaissances d'une Dame qui devait les y accompagner. Je répondis à Sa Grandeur que je n'avais aucune objection, et que je serais heureux que les quêteuses fissent une bonne collecte ».

Malheureusement, la dame qui devait les accompagner est tombée malade et « venues seules, continue Mgr Moreau, [...] je n'ai pu les autoriser à aller de porte en porte demander des aumônes. Mes curés m'ont supplié de mettre fin à ces quêtes à domicile par des religieux ou religieuses étrangers au diocèse : ce dont leurs habitants se plaignent beaucoup. Vû la dureté des temps, j'ai dû [...] faire violence à mon cœur. » Il termine en priant le grand vicaire Langevin de l'excuser auprès de l'évêque car il est « bien peiné de n'avoir pu laisser ses chères Filles des Petites Écoles s'adresser aux cœurs et aux bourses de mes diocésains[91] ». Le grand vicaire lui présente ses excuses et lui répond que « Quand nos Sœurs seront mieux connues, elles trouveront plus facilement des ressources ». Toutefois, il tient à préciser qu'elles n'ont pas l'intention de s'établir hors du diocèse de Rimouski puisqu'elles viennent de refuser de prendre une école à Saint-Élie de Caxton dans le comté de Saint-Maurice[92]. Quant aux sœurs elles-mêmes, elles sont bien entendu, déçues de cet avortement de leur quête en terrain maskoutain, mais les déceptions se succédant font presque partie de leur routine quotidienne.

La formation en vue de la formation

Pendant l'été, Mère Marie-Élisabeth, profitant de la réunion de toutes ses filles avant une nouvelle dispersion, se jette corps et âme dans la poursuite de leur apprentissage pour qu'elles soient de dignes ambassadrices de l'Institut et surtout de bonnes éducatrices auprès des enfants.

Ses multiples exhortations, conseils, enseignements, touchent autant la vie des exilées que leur vie religieuse, leurs rapports avec le curé et les paroissiens, la persévérance qu'elles doivent démontrer devant les difficultés, voire les insuccès, un grand amour, un grand respect de l'enfant, la nécessité de ne pas se borner aux sciences profanes mais d'initier les enfants à la vie religieuse, puisque dans les milieux ruraux pauvres, la seule éducation qu'ils recevront jamais sera celle de l'école primaire.

---

(91) Mgr Louis-Zéphirin Moreau à Edmond Langevin, Saint-Hyacinthe, 7 juillet 1880, AESH, Registre des lettres, série I, vol. 10 : 76-77.
(92) Edmond Langevin à Mgr L.-Z. Moreau, Rimouski, 10 juillet 1880, AESH, Diocèse de Rimouski, II C-2, 1880-1888, 4.

La Mère fait à ses filles de fréquentes exhortations avant de les voir se séparer. Elle leur rappelle souvent qu'elles ne doivent pas s'effrayer des nombreux sacrifices qu'elles rencontreront dans la vie de missionnaire ; elle leur dicte les moyens à prendre pour se prémunir contre l'ennui, leur rappelant que l'isolement à aussi ses dangers. En communauté, l'exemple est un stimulant, on ne voudrait pas passer pour irrégulière ; mais une fois dans la mission que de prétextes peuvent se présenter pour omettre ou abréger les exercices de piété, pour enfreindre la loi du silence, etc, etc... Elle leur recommande encore la discrétion avec Monsieur le Curé, les personnes qui auront affaires à elles, la prudence, la sagesse dans leur conduite ; le dévouement et le zèle auprès de leurs élèves. Elle leur dira encore de ne jamais se décourager dans les insuccès, dire et redire les mêmes choses, quand elles n'ont pas été compriment, mettre leurs leçons à la portée de l'intelligence de l'enfant, elle recommande tout particulièrement de ne jamais rebuter les plus pauvres, les moins bien doués des dons de la nature, par des paroles dures, des signes de mépris ; mais de témoigner à tous beaucoup de bienveillance et d'intérêt, de les aimer sincèrement et saintement en Dieu et pour Dieu.

Mère Marie-Élisabeth veut que la vertu marche en tête toujours et partout ; elle dira qu'il ne faut pas que l'instruction se borne aux sciences profanes, mais que les Sœurs doivent faire de constants efforts pour inspirer à leurs élèves une tendre piété envers Jésus Eucharistie la Sainte Vierge, Saint Joseph, les Anges gardiens. L'ancienne institutrice connaît les besoins des enfants du peuple ; elle sait que pour les parents avantagés de quelques resources, il leur est facile de procurer à leurs enfants une éducation solidement chrétienne dans une pieuse Institution comme notre beau pays en renferme un si grand nombre ; mais l'enfant pauvre de la campagne, au sortir de la petite école, n'a aucun autre moyen de s'instruire, toute sa science se résume dans ces premiers enseignements reçus dès sa tendre enfance. C'est pourquoi elle insiste tant que les maîtresses s'inspirent de la grandeur de leurs obligations et qu'elles s'efforcent de rendre leurs leçons, celles qui ont pour but, plus spécialement encore l'enseignement des grandes vérités de notre sainte Religion, enseignements pratiques et substantiels [93].

C'est ainsi que passent les vacances, les études succédant aux études, la grammaire à l'arithmétique à l'histoire, etc., « toujours sous la direction de la Mère qui leur donne tous ses moments ». Mgr Langevin, qui pose plus de questions et plus d'attrapes en une seule visite qu'un inspecteur en dix, « ne sut que louer les grandes enfants qui n'avaient pas hésité à répondre sur les questions posées ». Et celle qui est responsable de cet enseignement n'arrête jamais, poussée par le

---

(93) *CMM* I : 158-159.

zèle et l'urgence : « Sans cesse à la tâche la dévouée supérieure ne laisse pas une occasion d'instruire ses sœurs tant elle désire que chacune remplisse ses devoirs avec zèle et intégrité[94]. »

Retraite, Quarante-Heures et professions

Mgr Langevin avait écrit au père Tielen au mois de mars pour le remercier des retraites prêchées par les Rédemptoristes[95] et pour l'inciter à revenir dans son diocèse. Il l'invite à venir prêcher la retraite à son clergé, à laquelle il faudra « joindre une ou deux retraites aux communautés religieuses[96] » qui pourraient avoir lieu vers le 7 août.

De retour à Rimouski au début d'août, le père Fievez préfère donner des retraites séparées aux Sœurs de la Charité et à celles des Petites-Écoles à qui il dit : « Les Petites Sœurs auront leur retraite dans leur propre chapelle ». Le jour de la clôture de la retraite des Sœurs de la Charité est celui de l'ouverture de la leur. L'esprit de cette retraite qui s'adresse à des âmes plus avancées spirituellement, plus sensibles aux subtilités religieuses, à des esprits moins frustres et plus cultivés que la majorité des pauvres gens des comtés de Gaspé et Bonaventure où les pères sortent habituellement les gros canons propres à semer terreur et repentir, paraît sortir du même moule que les enseignements de Mère Marie-Élisabeth : « Le R[é]v[éren]d Père prêche et instruit le nouveau groupe de religieuses ; sympathique et affable, ses instructions claires et précises, il parle à des âmes simples : l'obligation des vœux, les devoirs des sœurs enseignantes, des sacrifices et des souffrances du temps, et les récompenses de l'éternité. » Pour la première fois donnée dans leur propre chapelle, la retraite « est pour les sœurs un bonheur et un bienfait, elles se renouvellent dans leur première ferveur et dans les généreuses dispositions qui soutiendront leur courage dans les sacrifices à venir, comme le prochain départ, la séparation[97] ».

Au lendemain de la retraite, Mgr Langevin vient présider à l'ouverture des Quarante-Heures, une autre phase préparatoire au renouvellement de leurs vœux.

---

(94) *CMM* I : 159.

(95) « Impossible de vous dire, Mon chère Père, combien mes prêtres du Co[mté] de Bonaventure bénissent le Ciel des missions qui viennent d'être données à leurs fidèles. Je n'ai entendu qu'une plainte : elle venait de ceux du Co[mté] de Gaspé qui se lamentaient de n'avoir pas eu le même avantage cette année ; mais ils espèrent se reprendre l'hiver prochain. » (Mgr Jean Langevin au Père Jean Tielen, Rimouski, 24 mars 1880, AAR, Lettres particulières, vol. II : 369-370.)

(96) *Ibid.* : 370.

(97) *CMM* I : 159.

Celui-ci ne pourra se faire, pour toutes les sœurs, à la date anniversaire de leurs premiers vœux, le 12 septembre, puisque six d'entre elles doivent partir pour les missions bien avant.

Les sœurs Marie Jean l'Évangéliste (Flavie Bilodeau) et Marie des Anges (Eugénie Deslauriers), désignées pour la mission de Saint-Gabriel, renouvellent leurs vœux devant le grand vicaire, le lundi 30 août, et quittent Rimouski le même jour. Le vendredi, 3 septembre, c'est au tour des sœurs Marie de Jésus (Léda Deslauriers), Marie du Sacré-Cœur (Héloïse Deveau), Marie-Edmond (Alice Fraser) et Marie-Anne (Elzire Cauchon dit Laverdière), les deux premières désignées pour la mission de Port-Daniel et les deux autres pour celle de Saint-Godefroi, de prononcer le renouvellement de leurs vœux après la messe. Les autres, y compris Mère Marie-Élisabeth, le feront le 29 septembre[98].

Le départ pour la Baie des Chaleurs

Ce même vendredi du 3 septembre, à deux heures de l'après-midi, Mère Marie-Élisabeth prend le train avec ses quatre filles en direction de Dalhousie, d'où elles prendront le bateau samedi pour la Baie des Chaleurs. «Comme la paroisse de St Gabriel, les paroisses de Port Daniel et de Saint Godefroi n'offrent à nos chères Sœurs que pauvreté et misère[99].»

Elles offriront pire encore. En allant reconduire ses filles si loin, c'est la mort que Mère Marie-Élisabeth va chercher. À la gare où elle attend l'Intercolonial avec ses filles, un médecin qui connaît bien son état de santé, le Dr Fiset probablement qui la soignera jusqu'à sa mort, la prévient du danger qu'il y a à entreprendre ce voyage :

Mère, ce n'est pas un voyage pour vous que vous entreprenez là. Si vous partiez pour St. Louis États-Unis, voyage qui se fait en chars, tout à fait, je vous approuverais. Mais partir pour la Baie-des-Chaleurs où il vous faudra faire un assez long trajet en bateau sur une mer agitée et grosse en cette Saison, est une imprudence que vous pourrez peut-être payer cher.

Et Mère Marie-Élisabeth de répondre vaillamment mais hors du cadre de l'humaine prudence : « ‹ Le bon Dieu ne m'appelle pas à St. Louis, mais il m'appelle dans la Baie-des-Chaleurs ›. Et elle partit sans plus s'inquiéter, se confiant en la Providence et acceptant ce qu'il lui plairait d'ordonner.» Hélas ! Le médecin avait tant raison de

---

(98) *CMM* I : 160 et 162 et *RVP* I : 8-10.
(99) *CMM* I :160.

s'inquiéter : « la mer houleuse la rendit on ne peut plus malade ; elle remit jusqu'au sang [100]. »

Alors que Saint-Gabriel n'est situé qu'à environ quarante milles de Rimouski, Saint-Godefroi, distant de Port-Daniel d'une douzaine de milles, se trouve à environ deux cent quarante milles de Rimouski, les deux tiers du trajet se faisant en train jusqu'au Nouveau-Brunswick, à Dalhousie, d'où l'on effectue alors les derniers quatre-vingt milles par le bateau qui assure deux fois par semaine la liaison Dalhousie-Gaspé. La traversée se fait sur « un mauvais navire », qui « faisait les petits ports de la côte [101] », le vapeur *City of Saint-John* en 1881 [102]. C'est à Paspébiac, alors le quartier général et le principal port d'expédition des Robin que Mère Marie-Élisabeth descend. Est-ce parce que le mal de mer dont elle souffre est trop insupportable pour qu'elle continue en bateau jusqu'à Port-Daniel, car après Paspébiac le temps s'est gâté, même si pour elle il l'était depuis longtemps ?

> Le voyage a été heureux jusqu'à Paspébiac où sont débarquées les bonnes Sœurs des Petites-Écoles écrit le curé de Douglastown. Le bateau a dû jeter l'ancre vis à vis Port Daniel, à cause de fort vent d'Est, et nous ne sommes reparti que dimanche matin à cinq heures. Une brume très épaisse nous a empêché d'aller vite, de sorte que ce n'est qu'à 2 heures P.M. que j'ai pu mettre pied à terre chez moi [...] Et avec cela malade, et bien malade, du mal de mer [103].

Autrement, elle aurait pu se rendre peut-être avec ses filles jusqu'à Saint-Godefroi de la même façon qu'y arrivera deux ans plus tard le nouveau curé, « sur les cinq heures du soir. Il était venu en goélette et débarqua dans la chaloupe du capitaine [104]. »

Mère Marie-Élisabeth privilégie vraiment les endroits pauvres complètement dépossédés. Partir pour la Gaspésie à ce moment, c'est partir pour le bout du monde, comme l'écrira plus tard un curé du lieu : « Partir pour Saint-Godefroi, en 1880, devait être aussi pénible que partir pour le Honduras en 1964 [105]. »

---

(100) *Note* : 2-4, ARSR, 210.405, C.4, 8.

(101) *Ibid.*

(102) Chantal Soucy, « Le transport maritime dans la Baie-des-Chaleurs », *Gaspésie*, vol. 20, n° 4 (n° 80) (octobre-décembre 1982), p. 25-36 : 26.

(103) Majorique Bolduc à Edmond Langevin, Douglastown, Gaspé, 19 septembre 1880, AEG, Fonds des paroisses, Douglastown, Bolduc.

(104) Camille LeBel, « La paroisse de St-Godefroi », *Revue d'Histoire de la Gaspésie*, vol. 4, n° 3 (juillet-septembre 1966), p. 133-140 : 138.

(105) Chan. Camille LeBel, « La paroisse de St-Godefroi », *Revue d'Histoire de la Gaspésie*, vol. 4, n° 4 (octobre-décembre 1966), p. 188-194 : 192.

CHAPITRE 10

Les missions gaspésiennes (1879-1881)

> *Qu'elles se rappellent toujours que c'est au milieu des enfants pauvres et d'une population souvent sans éducation que doit se dépenser la vie d'une Sœur des Petites Écoles, et que ces enfants sont la cause et l'objet de notre fondation.*
>
> (Mère Marie-Élisabeth, *Règlement*, n° 28)

*L*a situation de l'éducation en Gaspésie était désastreuse. « Au milieu du siècle dernier, la presque totalité de la population gaspésienne n'a jamais mis les pieds dans une école [1]. » La population étant disséminée, il aurait fallu plusieurs écoles pour assurer l'instruction des enfants. Mais trop peu nombreuse et trop pauvre elle ne pouvait en soutenir un très grand nombre. Celles qui étaient en activité fonctionnaient à temps partiel : l'hiver, chemins exécrables, tempêtes et absence de vêtements appropriés maintenaient les enfants hors de l'école, alors que l'été les parents se les associaient pour la pêche. Enfin, plusieurs contribuables refusaient de payer leurs contributions,

---

(1) Jules Bélanger, Marc Desjardins, Yves Frenette et Pierre Dansereau, *Histoire de la Gaspésie*, Montréal, Boréal Express/Institut québécois de recherche sur la culture, 1981, 797 p. : 272. Voir Lionel Allard, « L'Éducation en Gaspésie en 1855 », *Revue d'Histoire de la Gaspésie*, vol. 1, n° 2 (mai-juin 1963) : 65-70 et n° 3 (juillet-septembre 1963) : 117-122 ; « L'Éducation en Gaspésie en 1900 », *ibid.*, vol. 1, n° 4 (octobre-décembre 1963) : 161-166.

les subventions gouvernementales étant de ce fait retenues, plusieurs municipalités étaient tout simplement privées d'écoles.

La guerre des éteignoirs s'y était éternisée, de sorte que le pauvre inspecteur d'écoles Auguste Béchard qui a tant fait pour relever le niveau d'instruction en Gaspésie verra sa maison brûlée et échappera de peu à une tentative de pendaison [2], car « on est excessivement prévenu contre la cotisation, qu'on nomme taxe, et il n'en faut pas plus à notre population ignorante, surtout où l'élément irlandais domine ». Mais il continuera courageusement son œuvre pour tenter de changer le paysage de l'ignorance que présente cette partie de la province si en retard sur le reste du pays : « toutes les menaces, et les émeutes ne doivent nous empêcher de voir aux moyens d'instruire nos enfants ; de voir si nous secouerons cette apathie pour les écoles qui dégoûte les mieux intentionnés et qui fait que la Gaspésie, la pittoresque Gaspésie, est un siècle en arrière des Comtés d'en haut. » Dans cette même lettre, il écrivait « En général, je dois vous dire que Gaspé est bien en arrière sous le rapport de l'Education, et, à part du Missionnaire, bien peu s'occupent de l'avenir de la jeunesse [3]. » Les institutrices elles-mêmes n'ont guère contribué à l'avancement des élèves puisqu'elles ne sont guère qualifiées : « D'ailleurs parmi les institutrices, combien ne méritent elles pas qu'une qualification ! celle de simple tricoteuse. Le véritable esprit de l'enseignement n'existe pas [4]. »

C'est du clergé que viendra l'intérêt pour l'éducation [5]. Toutes les demandes pour obtenir des institutrices auprès des Sœurs des Petites-Écoles sont faites par des curés soit à Mère Marie-Élisabeth soit encore au grand vicaire et même à l'évêque. Mère Marie-Élisabeth est au courant de la situation catastrophique de l'éducation en Gaspésie, peut-être même depuis 1871 alors que Mgr Langevin lui écrit une première fois au retour de sa visite pastorale en Gaspésie où la misère analphabétique de la population l'avait enjoint à l'appeler à l'aide.

---

(2) Voir Jules Bélanger *et alii, Histoire de la Gaspésie* : 489.

(3) Auguste Béchard à P.-J.-O. Chauveau, Percé, 7 juillet 1859 : 3, ANQ-Q, Éducation, L.R., E-13/378, 2074 (1859). Auguste Béchard a écrit *La Gaspésie en 1888*, Québec, Imprimerie nationale, 1918.

(4) Thomas Tremblay au Surintendant, Grand'Rivière, Comté de Gaspé, 12 avril 1879 : 2, ANQ-Q, Éducation, C.G., E-13/576, 205 (1879).

(5) « On ne saurait surestimer l'influence des prêtres sur ces populations si profondément catholiques, qu'elles soient irlandaises, acadiennes ou canadiennes ; ils ont en particulier contribué largement à libérer les pêcheurs et à développer l'agriculture. D'ailleurs avec le prêtre arrivait l'école. On est étonné du nombre d'écoles publiques qu'on rencontre en Gaspésie. » (Raoul Blanchard, *L'Est du Canada français*, « Province de Québec* », Paris, Montréal ; Librairie Masson & Cie, Librairie Beauchemin, « Publications de l'Institut Scientifique Franco-Canadien », 1935, I, 366 p. : 77.)

Elle en avait déjà une petite idée à la fin de son cours à l'École normale : ne s'était-elle pas offerte pour aller dans cette région reculée, qui était alors presque un autre pays ?

Les villages où les sœurs sont appelées sont situés en plein fief des Robin, ces marchands jersiais qui possèdent le contrôle de la pêche dans la région [6]. Pour rendre les pêcheurs plus prisonniers du système, Robin s'est porté acquéreur des terres arables qui encerclent les villages de pêche, de sorte qu'ils ne peuvent trouver dans l'agriculture des revenus appréciables, de quoi seulement, à même leurs petits lots, se procurer quelques suppléments pour leur subsistance [7]. Pour les tenir mieux encore sous sa coupe, il fournit les barques ou plutôt les loue de 25 à 35 dollars par saison, somme disproportionnée par rapport aux revenus, d'autant plus que ces pêcheurs doivent obligatoirement vendre leurs poissons au propriétaire des barques et à un prix fixé par lui [8]. Comme si la dépendance n'était pas assez grande encore, Charles Robin conçoit de payer les pêcheurs moitié en argent et moitié en effets et denrées qu'il vend, à qualité médiocre et à prix élevé, dans les magasins qu'il ouvre aux comptoirs de pêche.

Ce système, produisait évidemment pour le propriétaire « de merveilleux résultats financiers, mais il était plus semblable à l'esclavage qu'à un libre trafic ; il rappelle les débuts de la colonisation sur les côtes d'Afrique. ‹ Les habitants dépendent complètement de la maison Robin ›, dit Ferland en 1836 à Paspébiac, et Mgr Plessis visitant la paroisse en 1811 dit que ‹ les habitants sont des espèces de cerfs (*sic*), entièrement dans leur dépendance ›. Il est certain que cette contrainte de fer a retenu longtemps les pêcheurs du Sud-Est dans une condition lamentable [9]. » D'autre part, ce commerce monopolistique ne pouvait continuer à s'épanouir et à progresser que dans l'ignorance la plus crasse. C'est pourquoi les Robin vont s'insurger contre la fréquentation scolaire pour « leurs » pêcheurs et leurs descendants. « Les écoles

(6) Sur cette histoire de Charles Robin, arrivé en Gaspésie au 18e siècle, et de son empire, voir Antoine Bernard, c.s.v., *La Gaspésie au Soleil*, Montréal, Les Clercs de Saint-Viateur, 1925, 332 p. : 181-198.

(7) « Sauf ces cas très exceptionnels, le pêcheur revient donc chez lui tous les soirs ; il est un vrai sédentaire et peut même demander à l'agriculture sinon un supplément de ressources, du moins de quoi introduire un peu de variété dans son alimentation, dont le poisson frais en été, le poisson salé en hiver forment le fond. En réalité c'est le plus souvent la femme, aidée des jeunes enfants, qui s'occupe de la terre. Cette agriculture est si rudimentaire et s'applique le plus souvent à de si petits champs qu'on la néglige ; elle ne fait entrer aucun argent dans la maison, d'autant qu'on a toujours la tentation d'aller prendre des vivres à crédit aux magasins des Sociétés de pêche. » (Raoul Blanchard, *L'Est du Canada français*, I : 70.)

(8) Voir Jules Bélanger *et alii*, *Histoire de la Gaspésie* : 383-384.

(9) Raoul Blanchard, *L'Est du Canada français*, I : 69.

sont proscrites : Il n'y a pas besoin d'instruction pour eux, écrivait Philippe Robin à ses commis ; s'ils étaient instruits, en seraient-ils plus habiles à la pêche ?... [10] » Les pêcheurs en seront d'ailleurs à ce point convaincus que les livres et le matériel scolaire offerts gratuitement par le curé de Saint-Godefroi seront refusés par eux. Sœur Marie-Anne s'en ouvre à Mère Marie-Élisabeth :

> Permettez-moi de vous adresser quelques mots au sujet de la classe. Le premier obstacle a été que les parents des enfants ne voulaient pas acheter de livres ; maintenant Monsieur le Curé les fournit : eh bien ! les parents ne veulent pas que leurs enfants étudient ; ils disent qu'ils n'ont pas besoin de tant de livres. Plusieurs en ont remis et les autres à qui on leur laisse malgré eux ne veulent pas étudier, à l'exception de deux qui font assez bien leurs devoirs.

Mais si elles rencontrent de la résistance, elles-mêmes organisent la leur :

> On leur grave les choses dans la mémoire à force de les répéter et ils étudient et écrivent leur exercice, ici à la maison d'école, dans les récréations du midi. Monsieur le Curé dit que les parents ont toujours été comme cela pour l'étude ; toutes ces difficultés ne me découragent pas : je prie la Ste Vierge et Ste Anne, et je fais mon possible pour leur faire comprendre que c'est pour leur bien que nous agissons ainsi [11].

Toutefois elles ne pourront pas toujours réussir dans leur entreprise parce que les enfants ne se présentent pas très souvent ni en très grand nombre à l'école, ni pour très longtemps, comme le constate l'inspecteur : « les bonnes sœurs, directrices de cette école, s'acquittent de leur pénible tâche avec zèle et dévouement. Malheureusement, les parents des enfants ne secondent pas les efforts des dignes maîtresses, et ne savent pas apprécier leurs services : ils n'envoient pas leurs enfants assez régulièrement aux classes et les en retirent trop vite [12]. »

La population est en effet d'une ignorance incroyable, note une religieuse. En effet, le lendemain de l'arrivée des sœurs à Saint-Godefroi « quelques personnes se présentèrent à la classe et ils demandèrent si elles devaient dire leur messe à la suite de Monsieur [le] Curé ou seulement dans l'après midi. » Ou serait-ce, si l'on se réfère au discours féministe qui revendique les mêmes pouvoirs de la prêtrise pour

---

(10) Cité dans A. Bernard, *La Gaspésie au Soleil* : 185.

(11) Sœur Marie-Anne à Mère Marie-Élisabeth, Saint-Godefroi, 25 octobre 1880 ; dans *Actes et Lettres* : 41-42.

(12) Inscription de L. Lucier du 11 octobre 1881, la première, du *Registre d'Inscription des Visites. École n° 1 St-Godefroi, Mission de l'Immaculée-Conception, 1881-1906* : 1.

les femmes, qu'elles ont compris, sans les préjugés et les connaissances qu'on leur aurait inculqués autrement, qu'il n'y aurait là rien que de très normal et de très ordinaire ? D'autre part, une femme, qui apercevait des religieuses pour la première fois, voyant « les sœurs empressées auprès de la Mère Marie-Élisabeth » qu'elles appellent maintenant Mère depuis bientôt un an, s'étonne « disant qu'elle paraissait encore fort jeune pour être la mère de ces grandes filles. » « Plus d'une fois, rapporte l'histoire de la fondation de la mission de Saint-Godefroi, les sœurs durent s'efforcer pour réprimer les rires provoqués par les mille naïvetés de ces pauvres gens [13]. »

Saint-Godefroi

En 1879, le curé de Saint-Godefroi fait part à son évêque des problèmes reliés à l'éducation dans sa paroisse. L'unique école catholique est fermée pour plusieurs mois « à cause de nombreux arrérages des contribuables et des dettes relativement considérables de la municipalité ». D'autre part, il est profondément atterré, « presque découragé dans le moment, en découvrant toute l'ignorance des enfants, et surtout de bon nombre de parents, qui ne savent absolument rien et qui ne veulent pas assister aux catéchismes le dimanche, ni y laisser venir leurs enfants [14] ». Le 12 décembre 1879, Mgr Langevin prie le curé, qui entre temps avait accepté la charge de commissaire d'école, de ressusciter l'école catholique car il défend expressément aux enfants catholiques de fréquenter les écoles protestantes [15].

Moins de quinze jours plus tard, l'évêque écrit : « Je serais bien content de voir votre école de l'église sous la conduite de nos Sœurs des Petites Écoles. Combien pourriez-vous leur donner, à part la sacristie et le lavage du linge de l'église [16]. » Dès le lendemain de Noël, le curé invite deux sœurs des Petites-Écoles à venir ressusciter l'école catholique, moyennant une somme annuelle de cent dollars, à condition qu'elles en acceptent la moitié en marchandises. Il préférerait que l'une d'elles puisse enseigner l'anglais mais n'en fait pas une condition *sine qua non* ; heureusement, car aucune d'entre elles ne connaît suffisamment la langue, sauf Mère Marie-Élisabeth. Et il est pressé,

---

(13) « Saint-Godefroy », dans *Notes relatives aux premières fondations*, 74 p. : 27, ARSR, 202.100B,6.

(14) Jos.-A.-Philéas Fortier à Mgr Jean Langevin, Saint-Godefroi, 16 juillet 1879, AEG, Fonds des paroisses, St-Godefroi, Corr. et doc., 1873-1907, J.A.P. Fortier.

(15) Mgr Jean Langevin à J-.-A.-Philéas. Fortier, Rimouski, 12 décembre 1879, AAR, Correspondance générale, vol. H : 288.

(16) Mgr Jean Langevin à J.-A.-Philéas Fortier, Rimouski, 23 décembre 1879, AAR, Correspondance générale, vol. H : 302.

c'est tout de suite qu'il les veut [17]. Mais elles n'arrivent pas et il s'en plaint. Il réitère son offre, multiplie ses lettres et écrit : « Il me semble qu'elles sont attendues ici avec plus d'impatience que ne l'était le premier curé résidant [18] », c'est-à-dire lui-même.

Puisque Mère Marie-Élisabeth tient bon, il engage une institutrice pour les derniers mois de l'année scolaire, tout en se plaignant que celle-ci comme toutes les autres des années précédentes ne sache pas l'anglais, car « les parents voudraient bien qu'on l'enseignât à leurs enfants [19] ». Plusieurs parents de langue anglaise, irlandais ou jersiais, catholiques, persistent à envoyer leurs enfants aux écoles protestantes anglaises malgré la défense de l'évêque. C'est pourquoi le curé insiste tant sur la connaissance de la langue anglaise pour son école. D'autre part, les parents canadiens-français désirent également l'enseignement de l'anglais pour leurs enfants, puisqu'ils sont entourés d'anglophones. Et même, « Plusieurs familles françaises ici ne parlent que l'anglais dans les conversations journalières ; leurs noms de baptême sont anglais et ils ne pensent qu'à singer les Anglais. De même l'on n'a de goût que pour les écoles anglaises [20]. » Au moment de l'arrivée des sœurs, Saint-Godefroi n'est en effet qu'« une pauvre colonie d'environ cinquante familles, emprisonnée entre deux centres importants de loyalistes : Hopetown et Shigawake. Elle s'était développée de peine et de misère, malgré les loyalistes et sous l'emprise totale des Robin. Port-Daniel, dans la même situation ne valait guère mieux [21]. » D'immenses terres avaient été octroyées aux Anglais loyalistes de Hopetown et de Shigawake tandis qu'à Saint-Godefroi, les colons de descendance française devaient se contenter de minuscules lopins de terre. Les familles vivent de trois sources de revenus, pêche, terre, forêt, mais insuffisantes tout de même.

Le curé décrit ainsi l'école, dont le terrain comme celui de l'église avaient été acquis des Robin en 1878 :

> La maison d'école est à 5 ou 6 arpents de l'église, sur le bord de la Baie, près d'un magnifique ruisseau, dont l'eau est de première

(17) J.-A.-Philéas Fortier à Edmond Langevin, Saint-Godefroi, 26 décembre 1879, AEG.

(18) J.-A.-Philéas Fortier à Edmond Langevin, Saint-Godefroi, 17 février 1880, ARSR, 303.250, C.2,1.

(19) J.-A.-Philéas Fortier à Mgr Jean Langevin, Saint-Godefroi, 6 avril 1880, AEG. L'institutrice Thérèse Arbour est engagée le 1er avril 1880 (note de Rita Bérubé, r.s.r. à Giselle Huot, Rimouski, 21 mai 1991).

(20) J.-A.-Philéas Fortier à Mgr Jean Langevin, Saint-Godefroi, 1er mars 1880, AEG.

(21) Camille LeBel, « La paroisse de St-Godefroi », *Revue d'Histoire de la Gaspésie*, vol. 4, no 4 (octobre-décembre 1966) : 192.

qualité ; en avant de la maison se trouve un bon terrain, assez spatieux, qui déjà a été cultivé par une ancienne institutrice. Le bois de chauffage est fourni par les syndics pour l'usage de l'école et de l'institutrice. L'école possède un bon poële à fourneau. Elle est divisée en trois appartements ; l'un, plus vaste, suffit à 50 enfants, un autre sert de réfectoire et le troisième de chambre à coucher. Il y a aussi une bonne cave pour y conserver les légumes ou autres provisions [22].

Les souris se promènent là comme en terrain conquis. Sœur Marie-Edmond écrit à Mère Marie-Élisabeth qu'elle a dû ranger livres et cahiers, dont elles n'ont point besoin, puisque le curé s'était chargé de l'approvisionnement du matériel scolaire, « dans une valise je crains que les souris les mangent parce qu'il y en a beaucoup. » Et d'ajouter immédiatement, sans doute en parlant des livres : « Si nos Sœurs de Port-Daniel en ont besoin nous pourrons leur en passer [23]. » Cette école « offrait encore moins d'avantage que celle de Port Daniel, la pauvreté était encore plus grande et l'ignorance était à son comble [24]. » Le curé avait réussi à faire augmenter le salaire des sœurs jusqu'à cent-vingt dollars, mais toujours avec « une moitié [...] payable en effets pris chez les marchands parce que les contribuables paient encore leurs taxes de terre en effets. » En plus, il offrait « quelques piastres » pour le soin de la sacristie et du linge [25].

L'année suivante, l'évêque exigera que l'école soit rapprochée de l'église, ce à quoi le curé obtempérera [26], et que le salaire soit payé entièrement en argent, tenant ainsi la parole donnée à Mère Marie-Élisabeth sur son lit de mort de voir au bien-être de sa famille puisque cette lettre est écrite le lendemain de sa mort. Il y dit d'ailleurs : « Nous venons de perdre la Supérieure des Sœurs des Petites Écoles, décédée

---

(22) J.-A.-Philéas Fortier à Edmond Langevin, Saint-Godefroi, 23 janvier 1880, AEG. L'école était une de ces « grosses bâtisses carrées, avec fondation de pierre ou de béton, un sous-sol en partie creusé et un grenier. Elles comportaient ordinairement deux étages. Au rez-de-chaussé, en entrant, un excédant logeait les deux escaliers qui montaient à l'étage et en-dessous, étaient aménagés les vestiaires. Deux classes en bas. À l'étage, ordinairement une classe avec un logement de l'autre côté pour le personnel religieux ou laïque. À l'arrière, étaient aménagés des lieux comme on disait dans le temps, dans un autre excédant non chauffé et partant glacial en hiver. C'était le grand confort du temps, pour des gens en bonne santé. » (Camille LeBel, « La paroisse de Saint-Godefroi » : 190-191.)

(23) 25 octobre 1880, ARSR.

(24) « Saint-Godefroy », dans *Notes relatives aux premières fondations* : 24.

(25) J.-A.-Philéas Fortier à Mère Marie-Élisabeth, Saint-Godefroi, 24 mai 1880 : 1-2, ARSR, 303.250, C. 2-3. Le contrat passé entre la Municipalité des Dissidents de Hope et Sœur Marie-Anne, le 8 septembre 1880, mentionne 120$ (moitié en argent, moitié en effets). ANQ-Q, Éducation, C.G., E-13/593, 592 (1880).

(26) J.-A.-Philéas Fortier à Edmond Langevin, Saint-Godefroi, 10 mai 1882, AEG.

hier matin : je la recommande à vos prières et à celles de vos paroissiens [27]. »

Des 69 élèves de la mi-octobre [28], il n'en reste plus que 45 à la fin de décembre, « qui assistent assez régulièrement », car les autres « ne sont pas vêtus pour venir et ils sont si loin de l'école [29] ». Le curé écrira l'année suivante qu'il doit « mendier des habits et des chaussures pour la grande moitié des enfants qui resteraient chez eux sans cela [30] ».

Les sœurs introduisent même la musique en un lieu où on n'a pas l'habitude de l'entendre. C'est le curé, encore, qui fait l'achat d'un concertina qu'il prête aux sœurs afin qu'elles puissent « jouer des airs aux enfants. Ces pauvres petits enfants s'ils sont contents d'entendre jouer une musique. Sr M. Anne joue très bien, le soir de la minuit nous avons jouer de la musique et chanter, les gens voulaient nous manger avec leurs yeux [31]. »

Malgré les difficultés, les sœurs font des conquêtes : « J'ai visité plusieurs fois l'école de l'Église, et je n'ai que des éloges à faire, pour le moment, aux bonnes sœurs, qui ont obtenu entre autres succès, une assistance *nombreuse* et *régulière* des enfants. Les enfants aiment *passionnément* les sœurs et l'école. Avec cela je ne comprendrais pas que les enfants fissent aucun progrès [32]. » C'est surtout sœur Marie-Anne qui retient l'attention de la population. Elle ne sera restée qu'un an à Saint-Godefroi et cinquante ans plus tard on y parlera toujours d'elle : « Les paroissiens de St-Godefoid, avaient la Mère M. Anne en vé-né[ra]tion admiraient sa vertu, sa bonté, sa grande charité. Leurs sentiments d'affection se transmirent sans doute à leurs enfants puisqu'à l'occasion de noces d'or de la fondation de cette mission en 19[30] on ne parla que de la bonne Ste Mère M. Anne oui les anciens se souviennent encore de ses bonté. Dans le sermon de circonstance on en fit mention avec grand éloge [33]. » Le curé souhaitera qu'elle revienne l'année suivante, il l'écrira à la fondatrice [34]. Mais après la mort de celle-ci,

---

(27) Mgr Jean Langevin à J.-A.-Philéas Fortier, Rimouski, 18 août 1881.

(28) Sœur Marie-Edmond à Mère Marie-Élisabeth, 14 octobre 1880.

(29) Sœur Marie-Edmond à Mère Marie-Élisabeth, Saint-Godefroi, 28 décembre 1880.

(30) J.-A.-Philéas Fortier à Edmond Langevin, Saint-Godefroi, 10 mai 1882, AEG.

(31) Sœur Marie-Edmond à Mère Marie-Élisabeth, Saint-Godefroi, 28 décembre 1880.

(32) J.-A.-Philéas Fortier à Edmond Langevin, Saint-Godefroi, [septembre 1880], AEG.

(33) Sœur Marie du Rédempteur, r.s.r., *Difficultés des tous premiers jours de la communauté* : 2, ARSR, 225.110B, C.7,10.

(34) Cette lettre du 12 août 1881, Mère Marie-Élisabeth n'a pu en prendre connaissance. ARSR, 303.250, C.2-7, citée dans *CMM* I : 195-196.

sœur Marie-Anne deviendra maîtresse des novices et mourra très jeune, à l'âge de trente-deux ans, cinq ans après la fondatrice, un 17 également, le 17 juin 1886 : « Pieuse émule de la vénérée Mère Fondatrice, fidèle imitatrice de ses vertus, elle allait partager sa récompense [35]. »

Les élèves aussi font des conquêtes, comme l'écrit sœur Marie-Edmond à Mère Marie-Élisabeth :

> Si vous voyez nos bons petits enfants vous ne diriez plus les mêmes ils sont polis, obéissants, et ils aiment l'école quelque fois je leur dis pendant les récréations vous n'aimez pas l'école tout d'une voix répondre oui Ma Sœur nous aimons à venir à l'école. [...] Je les aime beaucoup et ce sera pour moi un grand sacrifice de les quitter je ne croyais jamais de m'attacher à ces enfants qui étaient si imparfaits lorsque nous sommes arrivées [36].

Le curé, à mesure que croît l'année, se déclare de plus en plus enchanté des sœurs, les recommande à tous les curés des environs et est persuadé de la survivance de leur œuvre pour le plus grand bien de l'éducation :

> Jusqu'à présent, Monseigneur, je n'ai qu'à me féliciter des bons succès qu'obtiennent les P[eti]tes Sœurs dans la direction de leur école ; je ne saurais trop les recommander et j'encourage tous les curés qui m'en parlent à les appeler chez eux, au moins pour la direction de l'école de l'église. Je ne veux nullement exagéré mes compliments, mais je suis convaincu qu'elles feront ici, et partout où elles iront un bien incalculable. D'ailleurs, il devrait suffire pour en être persuadé, de la haute approbation de l'Ordinaire [37].

Port-Daniel

Le curé de Port-Daniel va suivre de peu l'exemple de son confrère. Par une lettre du 8 février 1880, le curé Narcisse Lévesque [38], demande

---

(35) « Notice biographique de Sœur Marie-Anne (née, Elzire Laverdière) » : 7, dans *Notices biographiques de nos Sœurs défuntes de 1879 à 1929*. Voir R.-Philippe Sylvain, *Mère Marie-Anne, Elzire Laverdière, maîtresse des novices de l'Institut des Sœurs des Petites-Écoles, aujourd'hui Congrégation des Sœurs du Saint-Rosaire, 1854-1886*, Rimouski, [Maison mère du Saint-Rosaire], 1924, 140 p. ; Jeanne Desjardins, r.s.r., *Femme d'espérance, Mère Marie-Anne, 1854-1886. Une des premières religieuses de la Congrégation des Sœurs de Notre-Dame du Saint-Rosaire*, Rimouski, Maison mère du Saint-Rosaire, 1986, 47 p. ; Jeanne Desjardins, Louise Martin et Aurore Thibault, r.s.r., *Actes et Lettres. Mère Marie-Anne, 1854-1886. Une des premières religieuses de la Congrégation des Sœurs de Notre-Dame du Saint-Rosaire*, Rimouski, Maison mère du Saint-Rosaire, 1986, 120 p.

(36) 28 décembre 1880.

(37) J.-A.-Philéas Fortier à Mgr Jean Langevin, Saint-Godefroi, 14 janvier 1881, AEG. Les sœurs cesseront de diriger l'école de Saint-Godefroi en 1978.

(38) Narcisse Lévesque (1836-1898), deuxième curé de Port-Daniel, de 1865 à 1884. « Studieux, faisant de la lecture ses délices aux heures de loisirs, il possédait des

deux sœurs pour son école de l'église. Il offre en salaire 32£, soit 128$ et en même temps propose aux sœurs l'emploi de sacristines, ce qui leur fournirait un revenu additionnel[39]. L'école d'alors, d'une dimension de 25 pieds sur 21 n'a pas encore de divisions, et il souhaite se conformer aux désirs des sœurs pour faire exécuter le travail. Le *hic* c'est que l'école située sur le bord du barachois n'a pas d'eau potable tout près, les fontaines étant situées à cinq ou six arpents.

Mère Marie-Élisabeth à qui le grand vicaire montre cette lettre communique elle-même son acceptation à M. Lévesque. Malheureusement, elle ne peut envoyer les sœurs pour mai ou juin comme il le demande et comme elle semble l'avoir déjà promis[40], car « elle voit déjà tout les inconvéniants qui en résulteraient pour l'avenir ». C'est donc « avec l'autorisation de l'Évêque [qu']elle fixa l'ouverture des classes suivant les lois scolaires au 1er lundi de septembre[41]. »

Arrivées à Port Daniel, de Saint-Godefroi, le 6 septembre[42] en compagnie de Mère Marie-Élisabeth, les sœurs se rendent directement à la maison d'école. En ne s'y présentant pas pendant l'été, les sœurs s'étaient fait jouer un bien vilain tour car « Pendant l'été des pêcheurs avaient mis leurs poissons et l'huile de poisson dans cette maison, odeur insupportable, foies de morues convertis en huile, les barils et les cuves avaient été enlevés mais les essences s'étaient conservées où la porte et fenêtres étaient bien closes[43]. » Aucune n'arrive à trouver le sommeil. De plus Mère Marie-Élisabeth est extrêmement malade, secouée de continuelles nausées dans ces pièces fermées où aucune fenêtre ne s'ouvre. Sœur Marie du Sacré-Cœur prend sur elle de casser une vitre pour aérer la maison, quoique il ne faut pas oublier que

---

connaissances plus qu'ordinaires, et il les utilisait avec avantage dans ses conversations et en chaire ; il était déjà du reste richement doué comme causeur et prédicateur. Sa charité pour les pauvres était proverbiale ; homme de sacrifices et d'abnégation, il se privait volontiers pour avoir plus à donner ; sa vie était des plus frugale, et son unique soutane il la portait longtemps jaune et râpée avant de la renouveler. À son décès, il n'avait que le produit d'une assurance à léguer. Sans compter qu'il se dépensait lui-même littéralement pour ses ouailles. » (*DBCCF* VI : 395.)

(39) Narcisse Lévesque à Edmond Langevin, Port-Daniel, 8 février 1880, ARSR, 304.500, C.8,1.

(40) « Je regrette beaucoup que vos sœurs ne puissent venir ouvrir l'école de Port Daniel le premier jour de Juillet, comme vous me l'aviez promis. » (Narcisse Lévesque à Mère Marie-Élisabeth, Port-Daniel, 22 juin 1880 : 1, ARSR, 304.500, C.8,4.)

(41) « Port-Daniel », dans *Notes relatives aux premières fondations* : 18.

(42) Selon le *Registre des documents importants de la paroisse de Port-Daniel, 1824-1986*, les sœurs sont arrivées le 6 septembre et ont commencé les classes le 9 septembre (APPD, *Reg.* 1824-1986, s.p.) La chronique indiquait le 4 septembre entre quatre heures et cinq heures (*CMM* I : 160).

(43) *CMM* I : 160.

l'école est située sur les bords du barachois [44] et que l'odeur à l'extérieur est déjà difficilement supportable [45].

Le lendemain, le curé les invite à s'installer au presbytère : « elles acceptèrent à cause de leur chère Mère. Le bon Monsieur Lévesque les hébergea jusqu'à ce que le grenier fut près pour les recevoir [46]. » Dès son retour à Rimouski, Mère Marie-Élisabeth intercédera auprès de Mgr Langevin pour qu'il leur accorde la permission de s'installer dans la salle publique : « J'ai fait télégraphier à M. le Curé de loger les Sœurs dans la salle publique suivant la permission de Monseigneur [47]. » Là aussi les sœurs souffriront beaucoup du froid dans une maison plus qu'inconfortable :

> J'était bien contente de voir arrivé nos sœurs [de Saint-Godefroi] car c'est elles qui nous ont emporté le tuillau pour monter notre poële je suis bien contente car nous avons bien souffert du froid. Ma S. M. Jésus a eu mal à la gorge et moi j'ai un gros rhume causé par le froid nous avons été obligées de faire la prière du matin quelque fois dans notre lit. Nous fesons l'ordinaire en haut j'ai changé les poëles j'ai mi le petit en bas et le gros en haut sela sera plus chaud, et plus commode pour nous c'est moi qui a monté les poëles avec les enfants et le petit homme chez M. Curé.

Mais, consolation, « Le toit de la maison est arrangé. la lucarne et les châsies vont l'être cette semaine [48] ».

L'année suivante, Mgr Langevin écrira au secrétaire-trésorier de Port-Daniel pour lui signifier qu'il lui est impossible de permettre aux sœurs de continuer à y enseigner si on ne leur fournit « une maison d'école décente et bien close, où elles soient chez elles et à l'abri de l'intempérie des saisons, sans le risque de ruiner leur santé », ce qui n'est le cas ni avec l'« ancienne maison d'école [...] trop vieille et

---

(44) « Il y a un arpent de terre attenant à l'école. Mais c'est un terrain peu favorable pour un jardin. C'est une petite côte sur les bords du Barachois. » (Narcisse Lévesque à Edmond Langevin, 8 février 1880.)

(45) « Dès que la pêche a donné, il [le pêcheur] regagne en toute hâte le rivage, où son canot s'échoue sur la flèche littorale qui ferme le barachois. Là, les femmes et les vieillards attendent, devant les « vignots » ou claies de séchage disposées à même le « banc » littoral : les morues déchargées sont décapitées, vidées, salées, les foies mis de côté, tandis que le pêcheur retourne en hâte au large. Tout le long du rivage s'exhalait une odeur de saumure qui a fait se boucher le nez de tous les voyageurs, et cette odeur infecte se propage jusque dans les champs de l'intérieur, où les débris de poisson servent d'engrais. » (Raoul Blanchard, *L'Est du Canada français*, I : 69-70.)

(46) *CMM* I : 161.

(47) Mère Marie-Élisabeth à Nos bonnes Sœurs de Port-Daniel, Rimouski, 16 septembre 1880 ; *Lettres autographes...*, R-12 ; *Précieuses miettes* : 11-12.

(48) Sœur Marie du Sacré-Cœur à Mère Marie-Élisabeth, Port-Daniel, 1er novembre 1880.

beaucoup trop petite » ni avec le nouveau local occupé l'année précédente où « la pluie et la neige y tombent presque comme dehors, et tout y gèle. En outre, elle sert de salle publique, et les Sœurs sont troublées tous les dimanches par les cris et les jeux des hommes et des jeunes gens dans le bas de leur logement, sans compter que ces personnes dérangent et brisent tout dans la classe [49]. »

Les sœurs ont dû se faire fabriquer quelques meubles indispensables, à leurs frais : une table, deux lits, une cuve, une tinette, etc. Elles demandent à Mère Marie-Élisabeth de les autoriser à faire faire un pupitre pour sœur Marie-Edmond, car elle a mal à une jambe et elle pourrait ainsi s'y appuyer. On a commencé les « lieux » et le tableau noir [50].

La nourriture n'est ni substantielle ni variée. Comme les pêcheurs, les sœurs sont payées moitié en argent et moitié en effets qu'elles doivent acheter au magasin des Robin à Paspébiac, à quelque vingt milles de là. Elles se nourrissent principalement de poisson, les légumes sont inexistants car les pêcheurs ne cultivent leur petit lot que pour leurs propres besoins.

Quant à leurs élèves, au nombre d'environ quarante, ils sont « peu intelligents [...] d'une ignorance excessive, mais dociles ». De plus, il leur est difficile de les comprendre car « Ils parlaient comme leurs parents un jargon parfois inintelligible, qui embarrasait assez les maîtresses [51]. » Parce qu'il y a aussi beaucoup d'anglophones, Mère Marie-Élisabeth incite les sœurs à prendre avec elles une jeune fille parlant anglais pour qu'elles puissent apprendre et pratiquer cette langue [52].

Déjà, à la fin d'octobre un changement s'était produit, selon le témoignage du curé à son évêque : « Les Sœurs des Petites Écoles réussissent très bien à Port Daniel. Elles ont près de 60 élèves qui assistent régulièrement à l'école. Avant leur arrivée, l'assistance moyenne était de 20 à 25 [53]. » À la fin de l'année scolaire, elles seront arrivées à leur faire faire des progrès et à leur faire aimer l'école, ce

---

(49) Mgr Jean Langevin [lettre sans signature] à Thomas Enright, [30 avril 1881], AEG, dossier Communautés religieuses diocésaines (Femmes) T24, [1882-1883].

(50) Sœur Marie du Sacré-Cœur à Mère Marie-Élisabeth, Port-Daniel, 1er novembre 1880.

(51) À Port-Daniel, il y avait des descendants « de naufragés Basques » dont « bon nombre ne veulent encore se dire canadiens français, mais une nation à part, par exemple des Paspédiac » (*Notes relatives aux premières fondations* : 19-20).

(52) Voir lettre de Mère Marie-Élisabeth aux Sœurs de Port-Daniel, 4 octobre 1880 ; *Précieuses miettes* : 14.

(53) Narcisse Lévesque à Mgr Jean Langevin, Port-Daniel, 30 octobre 1880, AEG, Port-Daniel, Correspondance, 1858-1899 et Documents 1842-1902, J.N. Lévesque.

qui dans le milieu et l'atmosphère où ils vivent est l'accomplissement d'une tâche colossale[54].

La mission de Mère Marie-Élisabeth

En rentrant à Rimouski, « bien fatiguée », subissant encore les effets et soubresauts du « diabolique *mal* de *mer*[55] », qui était aussi la terreur de Mgr Langevin, Mère Marie-Élisabeth avait dû s'aliter : « Je vous écris, dans mon lit, ces quelques mots. Comme moi dans les accidents qui vous surviennent dites toujours : ‹ *Fiat.* › » Le médecin craint évidemment le pire mais elle qui a vu la tombe de si près et plusieurs fois déjà refuse son diagnostic : « Le docteur croit que je suis atteinte de consomption, mais il peut fort bien arriver que ce ne soit qu'une inflammation des poumons. » Malgré sa bravoure : « J'espère quitter la chambre la semaine prochaine », elle n'est pas tout à fait sûre ni complètement rassurée puisqu'elle ajoute : « Je vous demande aussi une neuvaine à la bonne Ste Anne avec vos élèves pour le rétablissement de ma santé ou plutôt pour ma ‹ guérison ›[56]. »

Elle est revenue à Rimouski avant le douze puisqu'elle aurait voulu faire la rénovation de ses vœux à cette date anniversaire. Mais sœur François d'Assise n'étant pas prête à renouveler ses vœux et les frères Langevin toujours indulgents à son égard et toujours persuadés que le temps arrangerait tout avaient reporté la cérémonie au 29 septembre :

> Au retour de la bonne Mère, les sœurs auraient été si heureuses de renouveller leurs vœux en la date du 12 qui était le dimanche ; mais la supérieure savait que la renovation était retardée jusqu'à la fin du mois à cause de la pauvre Sr Marie François d'Assise. Monseigneur l'Évêque lui avait donné cette épreuve dans le but de voir une amélioration dans sa conduite, ses belles protestations suivies de ses larmes avaient touché le bon Grand Vicaire et à cause de sa jeune sœur postulante et sa bonne Mère, l'Évêque jugea que la suspension des vœux pour l'espace de dix-sept jours, n'entravait nullement l'obligation de leurs vœux. Toutes les sœurs se conformèrent à cette décision de leur Évêque et elles espéraient que leur chère Mère reprendrait des forces avant le jour désiré que Monseigneur avait fixé dans la dernière semaine de septembre[57].

Le 29, sœur François d'Assise n'est toujours pas prête, ce à quoi s'attendaient d'ailleurs les sœurs. Mais l'évêque, cette fois, s'il retarde le renouvellement de ses vœux estime que les autres sœurs doivent

---

(54) Voir *infra* : 464-465. Cette mission sera fermée en 1886.
(55) Mère Marie-Élisabeth aux Sœurs de Saint-Godefroi, 16 septembre 1880.
(56) Aux Sœurs de Saint-Gabriel, septembre 1880.
(57) *CMM* I : 162.

prononcer les leurs à la date fixée par lui, ce qui a pour effet de voir Mère Marie-Élisabeth sujette à l'ire de sa sœur de profession recalée :

> Cependant les Sœurs connaissaient trop bien Appoline Pichée pour partager la confiance de l'Évêque et de son Grand Vicaire ; pourtant elles prièrent aux intentions de l'Évêque pour l'amendement de la pauvre sœur. Mais à la fin des trois semaines d'épreuve elle obtint encore un sursis jusqu'à la Toussaint. Monseigneur voulut que la supérieure et ses Sœurs fidèles firent le renouvellement de leur vœux le dimanche 29, en la fête de Saint Michel. La pauvre fille humiliée mais non convertie fera d'amers reproches à la supérieure qui avait usé pourtant, de charité envers elle [58].

Le 29, en la fête de Saint-Michel « les sœurs célébrèrent le jour avec des chants et des prières d'actions de grâces, elles, les épouses de Jésus, les élues du 12 septembre 1879, tandis que deux de leurs compagnes étaient retranchées du bercail où le Bon Pasteur les avait attirées. » Elles sont cinq seulement en ce jour puisque les six missionnaires ont déjà refait profession avant les plus anciennes, à part Mère Marie-Élisabeth, son assistante sœur Marie-Joseph (Apolline Gagné), la maîtresse des novices, sœur Marie-Étienne (Philistine Bois), sa vieille amie de Québec, sœur Marie-Jeanne-Françoise de Chantal (Amélie Plamondon) et enfin sœur Marie-Lucie (Eulalie Lévêque) [59].

Ce même jour, à la réunion du Conseil on admet à la profession des premiers vœux, sœur Marie de la Providence (Luce Parent), et à la vêture, les deux postulantes Éléonore Héon dit Piché et Cécile Turcotte qui prendront le nom de sœur Marie-Louis de Gonzague et de sœur Marie-Antoine de Padoue le 15 octobre suivant [60].

Peu après, elles ont le grand plaisir de revoir le père Tielen qui a aidé leur rêve à s'inscrire en lettres de feu dans leur registre et qui s'est épandu depuis lors jusqu'en Gaspésie :

> La petite Communauté est tout à la joie de revoir le Révérend Père qui leur a témoigné tant d'intérêt lors de sa première visite, qu'elles en ont gardé souvenance. Il les félicite de l'heureux changement opéré dans un an : l'émission des vœux annuels, la fondation de trois écoles... autant de bienfaits du Divin Maître, leur dira-t-il, qui vit leurs sacrifices et leur constance. Les bonnes paroles du saint religieux les consolent, c'est un stimulant à leur piété.

La confiance en l'optimisme de leur mère relativement à sa santé est moins grande que leur confiance dans les pouvoirs du bon père qu'elles appellent à l'aide : « leur confiance est si grande, toutes se

---

(58) *Ibid.*
(59) *CMM* I : 162 ; aussi *RVP* I : [9]-[10].
(60) *RED* I : 20 ; *RVP* I : [10]-[11] ; *CMM* I : 162-163.

mettent a genoux et le supplient de guérir leur Mère ; il les bénit et les engage à espérer, leur assure qu'il priera la bonne Sainte Anne pour obtenir sa guérison [61]. » En fait, le père Tielen interdit absolument à Mère Marie-Élisabeth de mourir, c'est elle qui l'écrit à ses filles : « Je suis mieux, et le bon père Sup[érieur] m'a dit qu'il ne me permettait pas de mourir à présent, et qu'il n'était décidé de me le permettre d'ici à bien longtemps [62]. » Elle écrit ces lignes en la fête de saint François d'Assise célébrée « par une fervente communion », au cours de laquelle elle se remémore les paroles du grand vicaire dont tout l'enseignement religieux est basé sur la règle et l'esprit franciscains, qu'« aussi longtemps qu'elles seront vraiment pauvres et humbles [...] le Saint pauvre aurait toujours des grâces particulières pour elles, si elles veulent toujours marcher sur ses traces ». Elle n'est pas en aussi bonne condition qu'elle le laisse supposer puisque la chroniqueuse remarque : « La bonne Mère Supérieure bien que faible et malade écrit à ses sœurs missionnaires [63]. » Ses mots qui s'épanchent dans ses lettres telles des caresses du cœur ont besoin de se dire parce qu'elle sait qu'elles ont besoin de les lire. Il lui est si important de tenir le flambeau, de répondre à ses filles exilées qui font suivre leurs noms de l'accolade « très-éloignées [64] », et espèrent ses lettres qui n'arrivent jamais assez vite à leur gré : « que l'on trouve les semaines longues lorsqu'on attend [65] », bien que la séparation ne soit que « de personne mais non de cœur [66] ».

Il lui faut leur rappeler à quel point elles sont heureuses d'être ainsi les moissonneuses du Seigneur, que plusieurs de celles qui sont restées au bercail « envient votre sort », que le but de leur vie, ce pourquoi l'Institut existe, l'éducation, « la mission dont vous êtes chargées est si noble, elle est si belle que si les Saints du ciel pouvaient revenir sur la terre pour augmenter leurs mérites et embellir leur couronne, ils vous porteraient envie. » Si elle est belle cette mission, il est vrai qu'elle est difficile aussi ; que d'obstacles à surmonter pour l'accomplir dans toute son interminable étendue. Non seulement faut-il y arriver mais dans la joie par surcroît :

> Vous avez des peines et des croix, hélas ! N.S. n'en a-t-il donc pas eu pour l'amour de nous qui sommes ses épouses ! Voudrions-nous

---

(61) *CMM* I : 163.

(62) Aux Sœurs de Port-Daniel, 4 octobre 1880.

(63) *CMM* I : 163.

(64) Sœurs Marie-Anne et Marie-Edmond à Mère Marie-Élisabeth, Saint-Godefroi, 23 septembre 1880, ARSR, 210.110, 1880-in52.

(65) Sœur Marie-Edmond à Mère Marie-Élisabeth, Saint-Godefroi, 14 octore 1880.

(66) Sans date et sans signature, ca 20 octobre 1880.

passer de la terre au ciel par un autre chemin que par celui de la croix ? À Dieu ne plaise dit St. Paul que je me glorifie en autre chose qu'en la croix de mon Sauveur Jésus ! La digne et méritoire tâche que celle de l'Institutrice religieuse ! Soyez donc zélées pour accomplir vos devoir avec cette sainte joie qui soutient dans les labeurs de la vie d'institutrice... [67]

Aux sœurs de Saint-Godefroi, elle le répète : « Oh ! que la mission que vous exercez est noble ! qu'elle est digne d'envie ! Tâchez donc de devenir de bonnes et dignes religieuses, et vous serez d'excellentes institutrices. Qu'elle sera belle la couronne de la bonne sœur des Petites-Écoles ! que son trône sera élevé ; mais pour cela il faut qu'elle imite J.C. au milieu des enfants, les instruisant et les bénissant [68]. » La souffrance pour une telle mission est un prix relativement bas à payer et elles doivent en rendre grâce :

> Vous avez à souffrir, mes chères Sœurs ; mais je suis bien convaincue que vous en remerciez Notre Seigneur qui veut par là vous rendre plus semblables à lui, et vous offrir les moyens d'acquérir un trésor de mérites qui vous élèvera d'autant plus dans le ciel, que vous aurez souffert avec plus d'amour et de résignation. Bénissez Dieu et remerciez-le des épreuves qu'il vous envoie ; considérant que les gens du monde souffrent des maux encore plus grands pour se procurer des plaisirs passagers, souvent suivis du remords... [69]

Le simple rappel de la fin de leurs labeurs est raison suffisante d'autant que s'y greffe la certitude d'une récompense inévitable et grandiose :

> mais la considération des souffrances et des privations que ce sont imposées les Saints Missionnaires qui nous ont précédées, et le peu de bien que nous pouvons faire dans la mission doivent nous encourager à supporter avec résignation, sinon avec joie toutes les épreuves qu'il plaît à Dieu de nous envoyer. Confiance, courage et persévérance dans la voie que nous avons embrassée : le repos vient après le travail, la victoire après le combat et la joie succède à la peine [70].

Mère Marie-Élisabeth aimerait tant être à leur place : « Je vous trouve plus heureuse que nous, car vous remplissez le but de la Mission ; et les bonnes nouvelles que nous recevons de vous doivent vous encourager à continuer votre œuvre avec joie et zèle pensant que vous êtes les aides de Notre Seigneur dans l'œuvre de la Rédemption [71]. »

---

(67) Aux Sœurs de Port-Daniel, 4 octobre 1880 ; *Lettres autographes...* : R-14.
(68) 18 octobre 1880 ; *ibid.* : R-15.
(69) Aux Sœurs de Saint-Gabriel, novembre 1880 ; *ibid.* : R-20.
(70) Aux Sœurs de Port-Daniel, novembre 1880 ; *ibid.* : R-18.
(71) Aux Sœurs de Saint-Godefroi, décembre 1880 ; *Lettres autographes...* : R-22.

Et comme l'éducation dépasse l'instruction tout en la comprenant, elles doivent veiller jalousement à acquérir et à cultiver l'amour de leur état et son perfectionnement pour pouvoir mieux transmettre leur enseignement et le rendre plus efficace avec une force d'entraînement qu'il ne pourrait avoir autrement : « car souvenez-vous bien, mes chères sœurs, que comme on ne peut donner ce qu'on ne possède pas, si vous n'êtes pas vraiment pieuses et solidement attachées à tous vos devoirs, vos élèves ne seront formés que d'une manière superficielle, et n'auront jamais ce fond de vertu qui fait surmonter toutes les difficultés pour accomplir le devoir. Priez, priez beaucoup, et confiez-vous en la bonté toute maternelle de Marie qui aide si puissamment ceux qui ont recours à elle [72]. » Leur tâche doit même aller jusqu'à l'héroïsme comme l'écrit Mère Marie-Élisabeth : « Travaillons à leur éducation de tout notre cœur et jusqu'à la mort, nous faisant même porter dans la classe lorsque les jambes refusent leurs services : ce n'est qu'exécuter ce que demande de nous le véritable zèle apostolique [73]. » Mère Marie-Élisabeth fait sans doute ici allusion à Frédéric Ozanam qui, retenu au lit par une grave maladie, apprenant que ses élèves l'attendent à la Sorbonne, décide de s'y rendre malgré les objurgations de sa femme, de ses amis et de son médecin. À ses étudiants, il tient ce discours :

> Messieurs, on reproche à notre siècle d'être un siècle d'égoisme, et l'on dit les professeurs atteints de l'épidémie générale. Cependant c'est ici que nous altérons nos santés, c'est ici que nous usons nos forces ; je ne m'en plains pas : notre vie vous appartient, nous vous la devons jusqu'au dernier souffle, et vous l'aurez. Quant à moi, Messieurs, si je meurs, ce sera à votre service ! [74]

Peut-être est-ce Mgr Langevin qui racontait à l'École normale, cette anecdote au sujet du fondateur de la Société de Saint-Vincent-de-Paul dont il est un des admirateurs et un émule puisque lui-même fait partie des fondateurs de la société du même nom de la ville de Québec. En tout cas, l'exemple a fait long feu et a ébloui plusieurs générations d'éducateurs puisque Lionel Groulx le cite dans son journal en 1901 [75].

---

(72) Aux Sœurs de Port-Daniel, 26 octobre 1880 ; *ibid.* : R-16.

(73) *Règlement*, n° 28 ; aussi dans *Sur le chemin de la vie*, n° 165.

(74) Paroles rapportées par Lacordaire dans *Notices et Panégyriques* dans *Œuvres du R. H.-D. Lacordaire*, VIII, Paris, Ancienne Librairie Poussielgue, J. de Gigord, 1920, 358 p. : 259-260.

(75) Voir Lionel Groulx, *Journal, 1895-1911*, Édition critique par Giselle Huot et Réjean Bergeron. Sous la direction de Benoît Lacroix, Serge Lusignan et Jean-Pierre Wallot. Biochronologie, Notices biographiques et Index thématique par Juliette Lalonde-Rémillard, Montréal, Les Presses de l'Université de Montréal, 1984, 2 vol., 1108 p. : 653-656, 663, 665.

Mère Marie-Élisabeth donne aussi à ses sœurs des conseils bien précis à part ceux qui sont déjà contenus dans son *Règlement*[76] :

> Je réponds maintenant à vos questions : il est bon et même désirable que Mr le Curé et les parents des enfants assistent aux examens de Mr l'Inspecteur, tant pour profiter des remarques qu'il y fait, que pour voir de leurs yeux que leurs enfants profitent de l'école, qu'ils s'y tiennent de mieux en mieux, et aussi pour faire comprendre à l'enfant que l'on s'occupe de lui, qu'on s'intéresse à son sort ; et que puisque l'on fait tant de sacrifices pour lui procurer l'éducation, il doit en être reconnaissant. C'est aussi un puissant stimulant pour le paresseux. Sachant que tous les mois, ou à peu près, il subira un examen, il se tient sur ses gardes et s'applique davantage à ses devoirs. Je suis fort heureuse que Mr le Curé se soit chargé de faire venir les livres ; tâchez qu'aucun n'en manque, et veillez à ce que chaque élève les tienne en bon ordre[77].

Aux rappels de la supérieure qui doit être le guide, l'étoile de celles qui lui sont confiées, se joignent les simples recommandations de la mère qui s'inquiète pour ses enfants : « Je suis chagrine que ma Sœur M[arie] J[ean] l'E[vangéliste] soit malade, mais j'espère que ce ne sera rien[78] » ; pour leurs états d'âmes : « Si vous avez peur le soir demandez la ménagère à M. le Curé pour coucher avec vous ; c'-à-d. demandez à M. le Curé s'il aurait objection à la laisser aller avec vous[79] » ; pour leur santé : « L'état de votre santé m'afflige beaucoup ; si vous n'etes pas mieux, ma chère Sœur, dites-le à Ma Sr M. Joseph, et je vous enverrai une Sœur pour remplaçante[80] », « Dites-moi si le soleil de la Baie vous fatigue la vue, et je vous enverrai des lunettes préservatives[81] », et elle leur fait parvenir remèdes et recommandations : « La petite fiole que j'envoie est pour les yeux à Sr M. des Anges vous mettrez deux ou trois gouttes la matin et autant le soir. Dans le cours de la journée lavez souvent avec l'eau froide. Prenez garde au froid[82]. »

Car la santé est un trésor sans prix pour elles : « Dites-moi donc sincèrement comment va la santé ; prenez-en bien soin, c'est avec la vertu le trésor de la S-des Petites-Écoles[83]. »

---

(76) *Règlement des Classes des Sœurs des Petites Écoles (Partie de la Maîtresse)*. Rédigé pour les premières missions, le 2 Janvier 1880, 16 pages, 32 articles, ARSR, 210.205,9 ; *(Partie des élèves)*, 32 articles, ARSR, 202.100,8.

(77) Aux Sœurs de Saint-Godefroi, 18 octobre 1880 ; *Lettres autographes...* : R-15.

(78) Aux Sœurs de Saint-Gabriel, septembre 1880 ; *ibid.* : R-11.

(79) Aux Sœurs de Saint-Godefroi, septembre 1880 ; *ibid.* : R-10.

(80) Aux Sœurs de Saint-Gabriel, 3 novembre 1880 ; *Lettres autographes...* : R-19.

(81) Aux Sœurs de Port-Daniel, novembre 1880 ; *ibid.* : R-21.

(82) Aux Sœurs de Saint-Gabriel, novembre 1880 ; *ibid.* : R-20.

(83) Aux Sœurs de Saint-Godefroi, décembre 1880 ; *Lettres autographes...* : R-22.

La mère remplie de sollicitude leur envoie amour et pensées : « Vous pensez peut-être que je vous ai oubliées. Non, Mes chères Sœurs, tous les jours je pense à vous, et j'y ai rêvé plusieurs fois. J'ai cherché, mais en vain des occasions pour vous faire parvenir quelque chose[84] » ; et petits présents lorsqu'elle le peut, des images qui sont choisies en fonction de chacune, de leur désir ou de leur nom : « Je vous envoie a chacune une petite image. Ma Sr Edmond, vous m'avez souvent demandé le repentir, eh bien ! je vous l'envoie ; en le considérant, vous aurez une pensée pour moi[85] », « Je vous envoie a chacune une image : le Sacre-Cœur à Ma Sœur du S[acré]-C[œur] et le Jésus à ma Sœur M[arie] de J[ésus][86] » ; et jusqu'à sa propre image : « La Prochaine lettre contiendra ma photographie ; soyez contente ou non, je vous enverrai ma belle image[87] » ; elle entend prévenir le moindre de leurs besoins s'il est en son pouvoir de les combler et même davantage encore : « Faites une liste de tous vos besoins, et je tâcherai d'y pourvoir le plus tôt possible[88] »,

> Par le vapeur de Campbelltown nous vous avions expédié tous les petits articles que vous demandiez, et nous en avions ajouté plusieurs autres dont les uns vous étaient presque indispensables, et les autres fort utiles ; et voilà que je recois ces jours derniers de Campbelltown, la nouvelle que tout est perdu. Il y avait dans ce baril à farine pour une valeur d'à peu près 15 ou 16 piastres ; des livres, de la farine, des pommes, des fleurs toutes faites, du papier à fleurs, les rideaux gris &...[89]

Mère Marie-Élisabeth se rend compte que les lettres ouvertes ne peuvent satisfaire tous les besoins de ses filles. L'une lui écrit : « Bonne Mère je désirerais vous voir en personne 1/4 d'heure. J'aurais bien des choses à vous dire il n'est pas aisé de mettre cela dans une lettre[90]. » C'est pourquoi elle veille, malgré son extrême lassitude et tous les travaux trop lourds et trop nombreux qui l'assaillent, à leur envoyer parfois des lettres personnelles : « Pardonnez-moi de vous avoir fait attendre si longtemps une misérable réponse. Je suis fatiguée aujourd'hui ; mais ces jours-ci je vais continuer à vous écrire une lettre à chacune. Je l'expédierai vendredi. Si vous avez quelque chose de

(84) Aux Sœurs de Saint-Gabriel, 3 novembre 1880 ; *ibid.* : R-19.
(85) Aux Sœurs de Saint-Godefroi, 18 octobre 1880 ; *ibid.* : R-15.
(86) Aux Sœurs de Port-Daniel, 26 octobre 1880 ; *ibid.* : R-16.
(87) Aux Sœurs de Saint-Godefroi, 18 octobre 1880 ; *Lettres autographes...* : R-15.
(88) Aux Sœurs de Saint-Gabriel, 3 novembe 1880 ; *ibid.* : R-19.
(89) Aux Sœurs de Port-Daniel, novembre 1880 ; *ibid.* : R-18.
(90) Lettre de Sœur Marie-Edmond, 14 octobre 1880 ; dans *Actes et Lettres. Mère Marie Anne* : 37.

particulier à demander ecrivez-moi un mot immédiatement, et je tâcherai de repondre à tout [91]. »

Toutes ces lettres personnelles de Mère Marie-Élisabeth sont malheureusement perdues [92]. Elle entretenait une correspondance suivie semble-t-il avec sœur Marie-Anne :

> Exilée pour ainsi dire dans la Baie des Chaleurs, dans la nouvelle paroisse de Saint-Godefroi, composée en grande partie de pauvres pêcheurs, Sœur Marie-Anne, tout en déployant beaucoup de zèle pour l'avancement de ses élèves, ne négligeait aucun des moyens propres à la faire avancer elle-même dans les voies de la sainteté. À cette fin, elle entretenait une correspondance suivie avec sa supérieure, lui faisait part de ses pieuses industries pour maintenir la discipline et le bon esprit dans sa classe, lui demandait des conseils pour sa propre conduite, et épanchait son âme dans celle de sa bonne Mère Marie-Elizabeth. Celle-ci, en retour, l'encourageait, lui témoignait une grande confiance, lui communiquait ses peines, ses tribulations et se recommandait à ses ferventes prières.
>
> La plus grande partie de ces lettres ayant été détruites, nous sommes malheureusement privés de la connaissance de nombreux détails qui nous auraient aidé à pénétrer plus intimement l'intérieur de cette âme privilégiée. Nous le regrettons d'autant plus qu'à cette époque Sœur Marie-Anne souffrait de peines intérieures qui lui rendaient encore plus lourd le fardeau de chaque jour [93].

Si Mère Marie-Élisabeth tient à ce que ses filles observent bien leur règle ainsi que le règlement pour les missions, leur donnant au besoin des indications dans ses lettres, elle n'est pas d'une sévérité exagérée, laissant place à l'expression de l'humaine nature, au jugement de ses sœurs, pour ne pas engendrer chez elles trop de scrupules : « Quand vous écrirez pour demander quelque permission extra et que vous ne recevrez pas de réponse à temps ; supposez que cette permission est accordée et agissez en consequence observant toujours d'agir avec beaucoup de prudence et de discrétion ; pour le bien de votre âme, l'intérêt et l'honneur de votre Communauté et par un motif de charité, quand il s'agit de rendre service [94]. »

Et comme ses filles, à part quelques exceptions, lui rendent affection, tendresse et témoignage qu'elles profitent de ses vertus et de son enseignement. À l'occasion du 19 novembre, fête de sa patronne,

---

(91) Aux Sœurs de Port-Daniel, novembre 1880 ; *ibid.* : R-21.

(92) Les autres, Mère Marie-Élisabeth leur avait recommandé de les rapporter à la maison mère : « Gardez toutes les lettres qui vous sont envoyées, et vous les rapporterez aux vacances. » (Aux Sœurs de Saint-Godefroi, novembre 1880 ; *ibid.* : R-17.)

(93) R.-Ph. Sylvain, *Mère Marie-Anne* : 65-66.

(94) Aux Sœurs de Saint-Godefroi, décembre 1880 ; *Lettres autographes...* : R-23.

sainte Élisabeth de Hongrie, Mère Marie-Élisabeth reçoit des lettres de ses filles, dont celle-ci :

Très Vénérée Mère,

Le dix-neuf de ce mois ne peut passer inaperçu à vos deux sœurs extirpées du troupeau que Dieu vous a confié. Ce beau jour serait pour nous mêler de tristesses si nous écoutions les cris de la nature ; mais la pensée qui vient nous consoler est que tous vos désirs et tous les vœux de votre Cœur si grand si généreux sont de nous voir exécuter le but de notre chère Congrégation auquel vous nous avez préparées en inculquant dans nos cœurs de ce que le vôtre surabondait.

Bien aimée Mère ce jour mémorable est celui de votre fête la grande Ste Elizabeth dont vous êtes la copie vivante des vertus qui brillaient en elle.

Au pied de cette petite image portant un nom glorieux (que nous avons reçue avec plaisir) que nous multiplions nos prières unies à celles de nos pauvres petits enfants qui se font un devoir bien doux d'être de concert avec nous pour implorer le Bon Jésus de répandre sur vous ses plus abondantes bénédictions, et qu'il vous fasse passer d'heureux ans pour le bonheur ô tendre Mère de vos reconnaissantes enfants qui tâchent de mettre en pratique tous les bons avis que vous leur avez prodigués pendant leur cher noviciat. (Soyez certaine que tous vos sacrifices et vos troubles pour nous ne sont pas perdus surtout pour celles qui écrit ces quelques mots avec bonheur. Des choses que je ne voulais pas comprendre ni même entendre dans ce temps se réveillent en ces moments d'exil et ont leurs effets. C'est avec toute la sincérité de mon âme que je vous parle ma bonne Mère). Je mets ceci entre parenthèses parce que je crois sortir du sujet.

Ma Mère soyez persuadée que nous sommes en esprit à notre rang de religion au milieu de nos sœurs pour recevoir ces belles paroles qui nous ranimaient dans le service de Dieu auquel nous avons voué notre vie. Soyez convaincu que nous faisons notre possible pour vous représenter dans notre petite mission auprès de nos bons petits enfants que vous n'oubliez pas de bénir en ce grand jour et nous premièrement qui en avons tant besoin, c'est sur vos ferventes prières que nous comptons surtout en ce jour de fête où le Cœur de Jésus ne vous refusera rien.

Dans les Cieux s'élève un trône pour vous Très Honorée Mère et une Couronne réservée à votre tendresse.

Recevez bien bonne Mère les souhaits de nos cœurs et ce petit bouquet spirituel présenté par les deux Sœurs des Ptes Écoles de la mission de l'Enfant Jésus.

Sr Marie de Jésus, Sr Marie du S.-Cœur.

Port Daniel 19 Novembre 1880.

Si « la bonne Mère est sensible à ces marques de filiales affections [...] elle rapporte à Dieu ces généreuses attentions de ses filles ainsi qu'à la grande patronne du Tiers Ordre [95] », et à cette lettre, elle répondra humblement :

> Je vous remercie de tout cœur de vos lettres, et des bons sentiments qu'elles renferment. Que Dieu me rende telle que vous me dites ; mais hélas j'en suis encore loin, car imparfaite et aussi méchante que je suis, que puis-je réclamer de vous ; sinon prière, pitié et indulgence. Cependant ce cœur si égoïste et si insensible renferme toutes les Sœurs de la Maison et se dilate pour conserver dans son enceinte les Sœurs Missionnaires qui lui sont si chères. Courage, confiance et persévérance mes chères Sœurs. Aspirons toujours à la perfection de notre Saint état ; mais ne nous imaginons pas pouvoir l'acquérir en un an : c'est l'affaire de toute la vie, avec un peu de progrès tous les jours [96].

À la maison mère, les sœurs « ne sont pas moins sensibles en ce jour heureux et si la fête n'est pas bruyante sous le vieux toit, elle est expansive et joyeuse, l'on demande à la sainte Patronne de secourir la chère Mère dans son état de souffrance [97] ».

De sa santé, la fondatrice écrit pourtant : « Je ne suis pas plus malade mais j'ai plus d'ouvrage que je n'en puis faire et des occupations trop nombreuses pour mes forces, parfois je suis obligée de négliger [98]. » Elle a des inquiétudes, toujours les mêmes, d'argent, naturellement, puisqu'elle presse ses filles des missions de lui envoyer quelques dollars, car c'est encore la disette à la maison mère : « Tâchez d'avoir des Commissaires par l'entremise de M. le Curé, autant d'argent que vous pourrez, pour nous l'envoyer par la prochaine lettre, car nous sommes fort à la gêne [99]. » Des inquiétudes lancinantes soulevées par la conduite de l'une de ses filles. À ses missionnaires, elle écrivait : « Priez beaucoup que nous n'admettions dans notre sein que celles que le bon Dieu appelle et qui ont la volonté de répondre à cet appel par les sacrifices qu'il exige de celles qu'il choisit pour épouses. Ma Sr Frs d'Assise a été remise à la Toussaint pour faire ses seconds vœux : priez que tout se fasse pour la plus grande gloire de Dieu et le bien des âmes [100]. » La cause était depuis longtemps perdue mais la sœur en fait retomber tout le poids sur la supérieure sur qui elle rejette tout blâme. Comme pour cette autre postulante qui la battait [101], Mère

---

(95) *CMM* I : 166.
(96) Aux Sœurs de Port-Daniel, fin novembre 1880 ; *Lettres autographes...* : R-21.
(97) *CMM* I : 166.
(98) Aux Sœurs de Port-Daniel, novembre 1880 ; *Lettres autographes...* : R-18.
(99) Aux Sœurs de Saint-Godefroi, fin décembre 1880 ; *ibid.* : R-22.
(100) Aux Sœurs de Saint-Godefroi, 18 octobre 1880 ; *ibid.* : R-15.
(101) Voir *supra* : 270.

Marie-Élisabeth tout en maintenant fermement son veto à la profession ne racontait pas tout et ce n'est que confronté à des scènes navrantes, comme lors du départ de l'autre professe l'été précédent, que les yeux du grand vicaire se dessillent. Sœur Marie François d'Assise sera finalement renvoyée mais elle aura eu du temps pour faire tant de mal à Mère Marie-Élisabeth :

> Par décision de l'Évêque la cause de la pauvre sœur Marie François d'Assise est enfin définitivement réglée ; elle sera renvoyée. La méchante fille aurait dû être congédiée à l'expiration de ses vœux le 12 septembre, ces délais qu'on lui accorda, elle s'en ai servi que pour martyriser la chère Mère supérieure. Ce fut particulièrement sur elle qu'Appoline Pichée concentra sa malice aussi c'est pour cela que ses méfaits demeurèrent si longtemps cachés et quand elle aura mis le comble à son audace et que le Grand Vicaire l'aura sommée de partir, elle ne voudra pas oter sa robe de profession ; elle persistera dans son refus malgré toutes les représentations de sœur Marie Joseph qui à l'instigation de la supérieure, usera de bonté et de douceur envers elle. Mais ne sachant plus à quoi s'en tenir auprès de cette revolté ; elles en conférèrent au Père Directeur qui leur dira « Vous vous troublez pour des riens, je lui dirai, moi d'oter sa robe et vous verrez »... en effet il se rendit auprès d'elle dans ce dessein, dans une chambre occupée par sa mère, mais quand il se vit en présence de cette furie, le Grand Vicaire eut peur, il dit : « Qu'elle parte avec sa robe et au plus tôt. » [102]

Elle ne partira finalement que le 9 avril suivant [103] : « La maison était purgée, mais la pauvre Mère supérieure n'avait plus qu'un regain de vie. Le bon Grand Vicaire ne comprit pas encore toute la patience et la longanimité de cette belle âme de sœur Marie Élisabeth. » Mère Marie-Élisabeth avait deviné « les raisons que l'Évêque et Grand Vicaire avaient à patienter, raisons louables peut-être c'est que les deux sœurs Pichée avaient un héritage qui serait revenu à la Communauté après la mort de leur Mère, si toutes deux eurent persévérées dans la Congrégation [104]. »

Une dot si elle est recommandée, surtout dans leur situation, ne remplacera jamais les trésors que peuvent déceler les âmes généreuses et profondément religieuses. Deux des plus grandes religieuses rosaristes qui se soient illustrées après Mère Marie-Élisabeth, Mère Marie-

---

(102) *CMM* I : 169.

(103) Voir lettre de Sœur Marie-Étienne aux Sœurs de Saint-Godefroi, Rimouski, 9 avril [1881] : « la famille Piché est parti de ce matin. Je vous assure que c'est un bon poids de parti de sur les épaules de notre pauvre Mère et de sur les miennes aussi, elles sont parties toutes trois » (ARSR, 210.110, C.5, 5a et 5b).

(104) *CMM* I : 169-170.

Anne et Mère Marie de la Victoire, ont été admises par elle en son Institut sans aucune autre dot qu'un infime trousseau composé de quelques vêtements ; et combien d'autres encore moins connues mais profondément méritantes.

Mais cette expérience et les autres précédentes ne suffisent pas à éclairer le directeur, qui est d'une grande bonté envers elles certes, mais qui s'immisce constamment dans la régie interne de la communauté. « Plus tard, il interviendra de nouveau en faveur d'une de ses protégées qui sut se masque, sous un dehors agréable et pieux, captiver les bonnes grâces du Père directeur au détriment de ses supérieures [105]. » Encore en cet automne, il voudra imposer des aspirantes que la supérieure juge inéligibles. Il s'est vu sans doute opposer quelque résistance puiqu'il lui écrit :

> je vous ferai une observation. Plusieurs postulantes très capables et munies de diplomes vont encore se présenter. Il est hors de question de les refuser ou de les retarder. Il va donc falloir consentir à prendre une école ou deux. Vous devez comprendre que j'ai autant à cœur que vous les intérêts de votre institut.
>
> Mais sa constitution même est différente des autres et suppose que (à part celles qui sont dans les charges) les autres sont placées aussitôt qu'elles sont prêtes. Je ne vous demande pas d'imprudence, mais je crois que vous pouvez en placer au moins deux.
>
> Consultez encore votre conseil et faites lui part de ma lettre [106].

Mère Marie-Élisabeth est absolument résolue à ne laisser partir que les sœurs dont la préparation est jugée par elle suffisante, religieusement et aussi pédagogiquement. L'on ne sait s'il existe une relation de cause à effet entre la lettre du grand vicaire et sa décision d'ouvrir une école indépendante dans leur couvent. Probablement pas, puisque la chronique témoigne qu' « Il y avait longtemps que Mère Marie-Élisabeth désirait ouvrir une classe dans le couvent ; il était de nécessité d'initier les novices à l'enseignement avant de les envoyer en mission ». Si elle paraît avoir atermoyé, c'est que « la chère Mère ne pouvait avec ses nombreuses occupations diriger elle-même cette classe [107] ». Elle a décidé de faire remplacer sœur Marie Jean l'Évangéliste, trop malade pour demeurer à la mission de Saint-Gabriel, par la nouvelle professe, sœur Marie de la Providence, et elle espère qu'après quelque repos elle sera en mesure d'en assumer la direction. Le 2 décembre, le Conseil « résolut de prendre une école mixte afin

---

(105) *CMM* I : 170.

(106) Edmond Langevin à Mère Marie-Élisabeth, 25 octobre 1880, ARSR, 208.125, 880.19.

(107) *CMM* I : 168.

d'initier les novices à l'enseignement [108] ». Il fallait évidemment la permission de l'évêque qui l'accorde bien volontiers : « J'approuve pleinement votre projet d'ouvrir une école indépendante, qui puisse servir de préparation à vos novices. » Et il donne son approbation à l'école mixte : « Vous pourrez y admettre des garçons et des filles, vu que la plupart des écoles que vos Sœurs auront à conduire renfermeront des enfants de l'un et de l'autre sexe, mais vous ne garderez aucun de ces élèves audessus de l'âge de *douze ans.* »

Il faut dire que l'enseignement par des religieuses dans une école mixte est d'une relative nouveauté et qu'il a été longuement défendu par les évêques [109]. L'évêque fixe cependant quelques normes :

Le maximum du nombre d'élèves sera de quarante, dont sept pourront être reçus gratuitement.

Vous pourrez exiger cinquante centins, payables d'avance, comme rétribution mensuelle de chaque enfant n'étudiant qu'une langue, et une piastre par mois de ceux qui étudieront les deux langues.

Vous pourrez ouvrir cette école le lendemain des Rois, après vous être entendu avec Monsieur le Desservant de la paroisse.

Je bénis votre entreprise et lui souhaite tout le succès possible dans l'intérêt des enfants qui vous seront confiés [110].

Malgré son état qui inquiète toutes ses filles, Mère Marie-Élisabeth fait un voyage d'une semaine à Saint-Gabriel où elle vole porter secours à ses deux missionnaires malades. C'est elle qui l'écrit à celles de Saint-Godefroi : « Depuis huit jours je suis de retour de St-Gabriel où j'ai passé une semaine, nos deux sœurs missionnaires là étant malades. Ma Sr M.J. l'Évang[éliste] est descendue ici et ma Sr de la Providence la remplace ; ma Sr M. des Anges est mieux. »

Partie le 10 [111] décembre, Mère Marie-Élisabeth est de retour pour la réunion le Conseil du 19 [112]. C'est donc aux alentours de Noël qu'elle écrit cette lettre. Elle les prie de l'excuser de ne pas avoir écrit plus tôt : « j'ai eu tant de tribulations que j'ai différé ». Elle leur dit : « J'espère que vous êtes bien et je le souhaite de tout mon cœur. Quant à moi, ne prenez aucune inquiétude, je ne suis pas pire [113]. » Cependant,

---

(108) *RED* I : 21.

(109) Voir « Deux problèmes de mixité », dans Nive Voisine, dir., *Histoire du catholicisme québécois*, II, 1, *Les années difficiles (1760-1839)*, par Lucien Lemieux : 205-206.

(110) Mgr Jean Langevin à Mère Marie-Élisabeth, Rimouski, 13 décembre 1880, ARSR, 205.101, 880.18.

(111) Selon *RED* I : 21.

(112) *Ibid.*

(113) Aux Sœurs de Saint-Godefroi, fin décembre 1880 ; *Lettres autographes...* : R-22.

à sœur Marie-Anne, elle avoue à quel point elle plie sous le faix du fardeau :

> Puis la Mère entre dans quelques confidences avec sa chère Marie Anne, cette fille de son cœur qu'elle cite avant sa mort comme un modèle d'obéissance et de régularité : « J'ai eu tant de tribulation, Sœur Marie François d'Assise m'a causé bien des chagrins, nous avons bien des petites misères à déplorer au noviciat ; le bon Dieu m'envoie bien des croix, la charge est trop lourde pour mes faibles épaules, puisse-ai-je profiter des adversités pour me sanctifier. Je vous envoie une petite image de l'Enfant Jésus à l'approche de l'hiver, faites lui une petite place bien chaude dans votre cœur et demandez-lui de fondre la glace du mien et de ranimer ma ferveur à son service. »[114]

L'on ne sait comment s'est passé le premier Noël à la maison mère sans que toutes soient rassemblées. Les sœurs de Saint-Gabriel pourront venir passer une semaine à la maison mère[115]. La supérieure va permettre aux sœurs de Port-Daniel de passer presque une semaine chez leurs sœurs de Saint-Godefroi[116]. Pour Mère Marie-Élisabeth c'est son dernier Noël sur terre, un Noël où elle est allée à la messe à la cathédrale qui a vibré de chant et de musique : « il se dit que rarement on a eu plus de chant à la cathédrale[117] ». Comme si une dernière fois on avait voulu la combler de cette façon.

---

(114) *CMM* I : 171.

(115) Mère Marie-Élisabeth aux Sœurs de Saint-Gabriel, novembre 1880 ; *Lettres autographes...* : R-20. Cependant, les sœurs de Saint-Gabriel n'iront pas à Rimouski. Voir lettre de Sœur Marie-Étienne aux Sœurs Marie de Jésus et Marie du Sacré-Cœur, Rimouski, 1er janvier 1881, ARSR, 210.110, 1881, 85.

(116) Aux Sœurs de Saint-Godefroi, décembre 1880 ; *Lettres autographes...* : R-22.

(117) F.-E. Couture, *Notes* IV : 888. Il donne une liste complète des morceaux exécutés, car c'est la Société orphéonique du Séminaire sous sa direction qui a exécuté le chant.

CINQUIÈME PARTIE

La vie à perpétuité (1881 et pour la suite du monde)

CHAPITRE 11

Le dernier soir fut un matin (1881)

Je suis venue ici plutôt pour cherche[r]
la sainteté que la tranquillité
(Paroles de notre Mère Marie Élisabeth)
Je fais tout par Devoir. Rien par Plaisir,
Mais Tout avec plaisir, Tout par Amour,
Rien par Force.
Une Éternité de Bonheur Vaut Bien qu'on
y Travaille toute sa vie.
(Mère Marie-Élisabeth, *Sentences*)

*I*l y eut un soir, il y eut un matin.

Le temps qui défaisait sa vie, qui jouait à cache cache avec ses jours était en train de sculpter son avenir, bloc encore informe, pris d'assaut déjà par le verbe une fois, deux fois, qui s'incruste, qui taille, les forces et les bribes de santé volant en éclats.

Sait-elle qu'elle est parvenue à l'estuaire de sa vie, le paysage de ses jours vallonné et tant lacéré par toutes ces misères tant matérielles que morales et spirituelles ? Toutes ces inquiétudes sourdes qui l'ont labourée constamment pour la survie de sa communauté. Ce long désir de prononcer ses vœux assoiffé de s'exprimer, exacerbé d'attentes toujours en instance de réalisation constamment atermoyée.

Arrivée en bonne santé, par la grâce de sainte Anne, le 3 avril 1875, moins de deux ans plus tard, assaillie de privations et de misères, sa santé commence à décliner sans trève ni répit, alors que les grâces s'accumulent parce qu'elle ne repousse aucune disgrâce. Consen-

433

tement et contentement œuvrent ensemble pour constance et espérance. Mais son corps défaille sous elle. Son corps lui met des balises dans sa vie et dans son œuvre.

Au même rythme du passage de la fin d'année à la nouvelle, la santé déclinante de Mère Marie-Élisabeth s'allie à la nouvelle vie montante. En fait depuis Noël, elle a été presque continuellement alitée.

À ses filles qui se plaignent de son silence épistolaire, elle répond : « Ne m'accusez pas trop haut, car je pourrais bien m'excuser par de bonnes raisons. Depuis Noël, j'ai plus souvent gardé le lit que le noviciat ; je suis cependant beaucoup mieux maintenant, et je puis vous écrire un peu longuement [1]. » Elle prend « un peu de forces » note-t-elle aux missionnaires de Saint-Gabriel, et « tousse moins depuis quelques jours [2] ». De plus, depuis Noël, « mes misérables dents, écrit-elle, ont ajouté à mon martyre [3] ». Son séjour à l'infirmerie n'est pas dû qu'à ses malaises, mais dans une grande mesure aussi au froid intense qui règne en maître dans leur couvent, l'empêchant de « rôde[r] dans les passages et les salles froides [4] ». D'ailleurs, même les bien portantes doivent être prudentes tant est basse la température dans la maison, mais leur tâche quotidienne leur impose d'aller « de la salle d'étude à la salle de travail, de là, à la chapelle puis à la récréation ; quand il fallait traverser les corridors l'on sentait un froid intense qui occasionnait souvent de gros rhume [5]. »

Car l'année nouvelle comme toutes les autres qui se respectent pour elles commence dans le plus grand dénuement. Les écoles des missions coûtent davantage qu'elles ne rapportent – « Les sœurs missionnaires envoyaient de temps à autres quelques piastres ; mais leur salaire était si minime aussi elles avaient leur propre dépenses [6] » – de même que la nouvelle école indépendante ouverte le 7 janvier. La situation est telle que Mgr Langevin permet les quêtes dans le diocèse : « Monseigneur l'Évêque avait autorisé les sœurs à faire des quêtes dans les paroisses avoisinantes, Mère Marie Élisabeth avait écrit à Messieurs les Curés pour leur en demander la permission [7]. »

---

(1) Mère Marie-Élisabeth aux Sœurs Marie-Edmond et Marie-Anne à Saint-Godefroi, Rimouski, [janvier 1881] : 1, ARSR, R-24 ; dans *Précieuses miettes* : 28.

(2) Mère Marie-Élisabeth aux Sœurs Marie des Anges et Marie de la Providence à Saint-Gabriel, Rimouski, 22 janvier 1881 : 1, ARSR, R-25 ; dans *Précieuses miettes* : 29.

(3) Mère Marie-Élisabeth aux Sœurs Marie de Jésus et Marie du Sacré-Cœur à Port-Daniel, Rimouski, [janvier 1881] : 1, ARSR, R-26, dans *Précieuses miettes* : 31.

(4) *Ibid.*

(5) *CMM* I : 172, janvier 1881.

(6) *Ibid.*

(7) *CMM* I : 172, janvier 1881.

Ce n'est pas que les curés ou les paroissiens ne soient pas généreux. Au contraire. Mais tout en répondant favorablement, les curés se doivent d'insister et sur « la pauvreté de leurs paroissiens » et sur « les nombreuses collectes déjà faites dans leur localité [8] ». Et c'est pourquoi les sœurs n'abusent pas. Si elles voient « quelque chance de succès », elles se lancent sur les routes, deux à deux. Ce sont d'abord les sœurs Marie-Joseph et Marie-Lucie qui parcourent les paroisses circonvoisines, puis sœur Marie de la Visitation accompagnera la dernière, pendant que la première prendra la direction de leur école à Rimouski. Mais la récolte est peu abondante : « un peu de viande, du grain, du linge, etc. Le grain se vendait facilement et avec cet argent l'on achetait de la farine [9]. » Comme dans tous les temps d'indigence, l'on a recours à saint Joseph pour compléter le tout. Mais comme toutes les communautés le prient pour la même raison, l'offre n'est pas toujours égale à la demande.

Malgré ces nouvelles ou plutôt continuelles privations où le froid et la faim se font « souvent sentir », et malgré quelques novices plus « chancelantes », les autres se montrent heureuses, « contentes » et ont un talent passé des récréations tout à fait « joyeuses, si la santé de la Mère n'eut laissé de graves inquiétudes [10] ».

Ce n'est pas le poids du temps qui se fait sentir. Ses jours épelés bout à bout ne se sont égrenés que sur quarante ans. Quarante-et-un bientôt. Une extraordinaire étendue de grâce et de continuité pour une complexion qui à première vue n'aurait pas dû s'étendre si loin. Voici maintenant la récurrence éhontée de cette maladie sournoise, insidieuse, dont sont mortes déjà deux de ses sœurs [11], et dont sainte Anne s'était déjà mêlée pour la détourner provisoirement du cours de sa vie.

Mère Marie-Élisabeth est-elle à ce moment consciente que la progression en est inévitable et fatale ? Un conglomérat de privations, de souffrances, de fatigues, d'inquiétudes, d'humidité, de froid, de nourriture inadéquate et insuffisante, s'ils ne sont responsables du mal premier ne peuvent guère qu'en favoriser la maligne évolution. Le corps est sollicité à tout moment pour donner des forces qu'il n'a pas et que bientôt il n'a plus. Suspendue depuis si longtemps entre le ciel et la terre, peut-elle concevoir que sa vie est désormais mesurée à l'aune plutôt qu'à l'arpent ?

À ses missionnaires, elle écrit en janvier 1881 :

---

(8) *Ibid.*
(9) *CMM* I : 172.
(10) *CMM* I : 172.
(11) Voir *supra* : 327.

Faites toujours comme si le bon Dieu vous disait : tu n'as plus que quelques mois à travailler à ma vigne, à instruire, édifier les enfants et à les rendre conformes à mon divin fils ; après ce temps, je te donnerai la récompense promise à tes travaux et à ton zèle. Tu brilleras d'autant plus, que tu auras mis plus de soins et d'ardeur à exécuter mes volontés et à y conformer la tienne [12].

Ce sont précisément quelques mois qui lui restent. Elle-même ne peut plus servir de cette façon. Enfin, elle le peut de façon indirecte, en formant celles qui forment les enfants.

Et c'est pourquoi elle écrit à ses missionnaires. Même si elle affirme se sentir mieux, elle « leur écrit encore malgré sa faiblesse [13] ». Ce qui lui importe, c'est l'installation réussie dans le temps de sa communauté, bien davantage que la conservation de quelques autres parcelles d'existence.

De plus, elle projette de les aller voir. Se sent-elle si bien ou a-t-elle la prescience qu'elle ne pourra les revoir si elle devait attendre leur retour en juillet ? « Je vous le dis tout bas à l'oreille. J'ai l'espoir d'aller vous voir au premier voyage du vapeur. Prenez bien garde d'en parler à qui que ce soit, cela ne ferait pas [14]. » Ce n'est qu'un beau rêve, bien sûr. Mais il est encore possible pour elle de rêver. Bientôt cela même sera hors de portée.

Si Mère Marie-Élisabeth songe à guérir c'est pour servir. Sainte Anne s'est laissée une fois attendrir. Répétera-t-elle son geste ? « Demandez à la bonne Sainte Anne si elle veut me donner un peu de santé pour continuer ma besogne [15]. » D'autre part, si telle n'est pas la volonté de Dieu, s'il lui fallait l'immobilisme apparent de la maladie pour mieux servir, elle saura prononcer son *fiat* : « cependant si le bon Dieu veut que je sois toujours malade, que sa sainte volonté se fasse ». Après tout, « Il n'a pas besoin de moi pour faire son œuvre [16]. » À ce moment, elle pense à la maladie qui pourrait s'éterniser, pas à la mort qui pourrait la conduire vivement à l'éternité.

Mais la leçon qu'elle vit et qu'elle enseigne à ses filles, c'est de toujours agir en fonction de l'ultime récompense : « Le ciel est au bout : que ce soit là votre devise » écrit-elle aux sœurs de Port-Daniel. À celles de Saint-Gabriel, elle développe davantage :

---

(12) Mère Marie-Élisabeth aux Sœurs Marie de Jésus et Marie du Sacré-Cœur, dans *Précieuses miettes* : 31.

(13) *CMM* I : 173.

(14) Mère Marie-Élisabeth aux Sœurs de Port-Daniel, [janvier 1881] : 3 ; *Précieuses miettes* : 32.

(15) *CMM* I : 173, janvier 1881.

(16) *CMM* I : 173.

Les travaux vous paraîtront peut-être parfois ennuyeux et mono-
tones, mais l'espoir d'une brillante récompense animera notre zèle
et échauffera notre ferveur, en songeant qu'après tout, « Le ciel est
au bout !!! »

Courage donc et persévérance ; la victoire n'est promise qu'aux
combattants, et la couronne aux victorieux : vous la gagnerez cette
couronne, et, lorsque dans l'éternité elle ceindra votre front, vous
vous écrierez : oh ! qu'elle m'a peu couté cette récompense, combien
Dieu m'a préférée à des millions d'autres créatures qui seront à
jamais privées de sa vue et de l'enivrement que produit sa présence.
Travaillons donc avec ardeur et constance pour mériter le séjour
d'une demeure et d'une compagnie à nulle autre comparable [17].

Et c'est pourquoi, entrée dans la dernière phase de sa maladie, elle
continue d'œuvrer bellement. En ce mois de février, Mère Marie-
Élisabeth accepte une aspirante orpheline de père, à peu près à l'âge
où elle-même perdit le sien, qui ne paiera de pension ni n'apportera de
dot, mais qui en 1889, à l'âge de vingt-cinq ans, deviendra supérieure
générale de la communauté pour plus d'un quart de siècle, lui donnant
une impulsion et un consolidement remarquables. C'est sous son gouvernement que l'Institut changera de nom et c'est elle qui écrira les
nouvelles Règles et les Constitutions de la communauté. Elmire Roy,
qui deviendra Mère Marie de la Victoire, vient d'avoir dix-sept ans au
moment où Mère Marie-Élisabeth lui écrit le 18 février 1881 :

Ce n'est pas que je doute de la générosité de votre sacrifice et de la
pureté de vos intentions ; mais je veux que vous sachiez bien que
pour être l'épouse d'un Dieu crucifié, il faut consentir à porter la
croix à sa suite et à renoncer à sa volonté propre pour vivre sous la
puissance d'une volonté quelquefois opposée à la sienne.

Cependant, ce joug est si léger à la religieuse fidèle, qu'elle ne
consentirait pas à l'échanger pour un royaume, car le divin Époux
répand avec tant de suavité l'onction de sa grâce, qu'il fait trouver
doux et agréables les sacrifices les plus pénibles à notre nature,
toujours avide de ses aises. Notre règle, sans être austère, astreint
cependant les Sœurs à certaines pratiques journalières qu'elles sont
tenues d'observer : c'est avec joie et amour qu'elles s'en acquittent
sous le regard de celui à qui elles veulent appartenir sans partage et
à jamais [18].

---

(17) 22 janvier 1881, *Lettres autographes...* : R-25 ; *Précieuses miettes* : 30.

(18) Mère Marie-Élisabeth à Elmire Roy, Rimouski, 18 février 1881, dans *Lettres
non autographes d'Élisabeth Turgeon*, n° 13. Sur Elmire Roy (1864-1921), Mère
Marie de la Victoire, voir *Notice biographique...*, 29 p. ; *Vingt-cinq ans de supériorité
en trois époques* ; « Lettres circulaires de feu Notre Mère Marie de la Victoire à ses
filles missionnaires », Rimouski, Congrégation de Notre-Dame du Saint-Rosaire,
[s.d.], 206 p. ; Louise Martin, r.s.r., *Femme de Charité, Mère Marie de la Victoire,*

Bien que faible, elle s'occupe avec maestria des affaires de sa communauté. Les Sœurs des Petites-Écoles doivent une somme de cent-cinquante dollars pour les livres qu'elles ont commandés au Dépôt de livres [19]. Le surintendant lui fait savoir, dans une lettre du 17 janvier 1881, qu'une remise de vint-cinq pour cent leur serait accordée si elles pouvaient payer dans un délai de trois semaines. Pour le remercier de son offre, elle double la remise et lui envoie le solde ! Et lui demande de nouveaux fonds !

Depuis longtemps je voulais vous écrire à ce sujet, et vous demander, sinon la remise totale, du moins une bonne partie ; mais voilà que vous prévenez mes désirs. Humblement, je vous prie d'agréer mes excuses pour avoir un instant douté de vos bonnes dispositions en faveur de notre jeune Institut. Je veux immédiatement vous venger et m'en punir, en vous demandant de vouloir bien considérer notre compte comme soldé, avec le montant que vous trouverez sous ce pli : soixante quinze piastres.

Votre bienveillance à notre égard m'enhardit au point de ne pas me contenter de cette faveur, mais de solliciter de votre cœur si charitable, quelque chose de plus.

Comme le Dépôt a cessé de vivre, me serait-il permis de solliciter une part dans la distribution des fonds qui restent ?

Assurément, si ces distributions sont le partage des pauvres, nous ferions injure à notre Congrégation et à nos Missions, en ne nous présentant pas en première ligne.

Ainsi donc, Monsieur le Surintendant, comme vous connaissez le but de notre œuvre et son extrême besoin, j'ai la douce confiance que nous ne serons pas oubliées dans cette circonstance.

Les Sœurs des Petites-Écoles ne brillent peut-être point par leur renommée ; mais elles savent reconnaître et prier [20].

Le même jour, elle envoie une requête aux membres du Conseil de l'Instruction Publique, dont fait partie Mgr Langevin, afin d'obtenir une subvention pour leur école indépendante.

Que vos Pétitionnaires ont ouvert, dans leur Couvent, une école indépendante du contrôle de la Municipalité scolaire, où elles reçoivent des enfants des deux sexes, pour servir d'exercice préparatoire d'enseignement aux Sœurs de leur Institut ; ce qui, joint au cours

---

1864-1921, Rimouski, Maison mère du Saint-Rosaire, 1989, 65 p. ; Gemma Bélanger, r.s.r., *Une Gaspésienne de plein vent, Elmire Roy*, Rimouski, R.S.R., 1988, 115 p.
(19) Créé en décembre 1876, le Dépôt de livres du Département de l'Instruction publique est abrogé le 24 juillet 1880. Voir André Labarrère-Paulé, *Les Instituteurs laïques...* : 327-330.
(20) Mère Marie-Élisabeth à l'Honorable Gédéon Ouimet, Surintendant de l'Éducation, Rimouski, 20 février 1881, 3 p., ANQ-Q, Éducation, C.G., E-13/296 (1881).

que les dites Sœurs suivent au Noviciat, leur procure l'avantage tout à la fois de la théorie et de la pratique.

Vos Petitionnaires ont accepté dans le Diocèse, l'an dernier, la direction de trois écoles sous le contrôle du Gouvernement ; dans chacune, elles reçoivent les témoignages d'approbation les plus encourageants tant de la part de Messieurs les Inspecteurs et Commissaires d'école, que de celle de Messieurs les Curés, en faveur du mode d'enseignement, de la discipline et du progrès des élèves : raisons puissantes qui les ont déterminées à s'imposer tous les sacrifices possibles pour maintenir cette école préparatoire afin de travailler à atteindre plus parfaitement et plus sûrement leur but : à savoir : former des sujets aptes à remplir avec succès les nobles mais difficiles et ingrates fonctions d'Institutrices.

Attendu que sans secours elles ne pourraient atteindre ce but, vu leur extrême pauvreté, vos Pétitionnaires osent demander que Votre Honorable Conseil leur vienne en aide pour l'organisation et le maintien de cette école destinée à rendre un si grand service aux Sœurs enseignantes de leur Institut [21].

Dans la convocation adressée aux Membres du Comité Catholique, l'on y peut lire à l'ordre du jour du 18 mai 1881, au quatrième point des cinq proposés : « Requête des Sœurs des Petites-Écoles de Rimouski à l'effet d'obtenir de l'aide. » L'on n'en reparle plus par la suite [22].

Par contre, Mère Marie-Élisabeth a eu plus de chance avec sa première requête car elle obtient gain de cause. Le surintendant lui fait répondre le 3 mars 1881 : « En réponse à votre lettre du 20 fév. dernier, j'ai l'honneur de vous informer que j'accepte les $75 comme solde de tous comptes que vous devez au Dépôt de livres et je suis vraiment content de pouvoir rendre ce petit service à votre Institut qui est appelé à faire tant de biens dans les écoles [23]. » Ce qui lui vaut un chant de gratitude et de louange :

Permettez-moi de vous offrir mes plus sincères remerciements pour la généreuse libéralité avec laquelle vous avez accueilli ma demande. Le bon Dieu, qui ne se laisse pas vaincre en générosité, s'est engagé à récompenser dignement les services que les hommes rendent à leurs semblables sur la terre ; donc, il vous tiendra compte de

---

(21) Mère Marie-Élisabeth aux Honorables Membres du Conseil de l'Instruction Publique de la Province de Québec, Congrégation des Sœurs des Petites-Écoles, St-Germain de Rimouski, 20 février 1881 : 1-2, ANQ-Q, Éducation, C.G., E-13, 273 (1881). Lettre olographe aussi signée par Sœur Marie-Joseph, Assistante et Sœur Marie-Étienne, Maîtresse des Novices.
(22) Selon Louise Martin, r.s.r., qui a fait ces recherches. Voir Gédéon Ouimet, Lettre aux Membres du Comité Catholique, 9 mai 1881, ANQ-Q, Éducation, C.G., E-13, 685 (1881).
(23) ANQ-Q, Éducation, C.G., E-13, 296 (1881).

celui que vous avez rendu à notre jeune Congrégation : c'est le vœu de mon cœur et le sujet de prières particulières que toute la Communauté adressera au ciel à vos intentions.

Et puisque le Christ l'a enseigné : « Demandez et vous recevrez », que les faits parlent d'eux-mêmes, pourquoi ne pas renchérir : « De plus, j'ose espérer, Monsieur le Surintendant, que ce bienfait ne sera pas le dernier : votre position et l'intérêt que vous portez à notre petite œuvre me permettent d'espérer que vous en deviendrez un des premiers protecteurs [24]. »

Mère Marie-Élisabeth aura eu le bonheur de voir avant de mourir la création des missions. Les curés la félicitent, félicitent l'évêque et le grand vicaire, se félicitent eux-mêmes d'avoir eu l'audace de s'adresser à une toute jeune nouvelle communauté et félicitent leurs collègues des autres paroisses d'en vouloir autant, tout en les plaignant d'arriver trop tard. Le grand vicaire veut qu'elles se multiplient comme les sables de la mer pour pouvoir satisfaire tous les curés affamés d'instruction pour leurs jeunes paroissiens, il veut avoir « 50 sœurs à qui donner sa bénédiction [25] » l'année suivante, écrit Mère Marie-Élisabeth. Mais il n'est pas possible dans l'immédiat de répondre à toutes les demandes qui abondent, car son contingent est encore trop modeste : celles qui peuvent enseigner le font, et les autres ne sont pas encore suffisamment formées.

En fait, au printemps de 1881, ce sont sept réponses négatives que les Sœurs des Petite-Écoles devront envoyer aux curés de Paspébiac, Cap-des-Rosiers, Saint-Charles de Caplan, Cap-Espoir, Saint-Joseph de Lepage, Saint-Godefroi (le curé désirait deux religieuses supplémentaires), l'Assomption de McNider pour l'école de Saint-Damase [26].

Au milieu de ces euphoriques nouvelles, galvanisant énergies et confiance en l'avenir, Mgr Langevin, maintenant tout à fait réconcilié avec les vœux prononcés, « témoignait sa joie à la chère Mère et il recommandait études et leçons pédagogiques au noviciat ». Cette joie est cependant tempérée de « regret » par l'observation qu'il fait de « l'affaiblissement de la santé de la supérieure [27] ». En effet, en février, elle n'a « plus la force de faire la classe » et doit se faire remplacer par sœur Marie Jean l'Évangéliste, elle-même de très faible santé, que la supérieure a dû aller chercher à Saint-Gabriel en décembre pour la

---

(24) Mère Marie-Élisabeth à l'Honorable Gédéon Ouimet, Rimouski, 15 mars 1881, 1-2, ANQ-Q, Éducation, C.G., E-13, 296 (1881).
(25) *Ibid.*
(26) Voir *RED*, I : 25-28.
(27) *CMM* I : 175, février 1881.

ramener à la maison mère. Généreusement, le grand vicaire s'offre à donner des leçons d'anglais deux à trois fois par semaine pour soulager Mère Marie-Élisabeth. Car l'anglais est de plus en plus nécessaire. Plusieurs curés de la Gaspésie demandent des institutrices bilingues, dont le curé de Saint-Godefroi[28] pour « ces pauvres enfants irlandais [qui] ne vont pas à l'école[29] ».

Si Mère Marie-Élisabeth est affreusement peinée de ne pouvoir le satisfaire, elle est par contre réconfortée par les louanges qu'il lui fait de ses sœurs : « Quant à nos sœurs, elles sont généralement bien vues de tout le monde, du curé comme des parents & des enfants. Leurs succès obtenus me paraissent bien satisfaisants ; il en a été jugé ainsi par M. l'Inspecteur [...] La sœur M. Anne est d'un courage & d'un zèle à toute épreuve, aussi d'une piété solide & tendre. Son mérite doit être bien grand[30]. »

Qu'elle arrive à point cette lettre ! « Cette lettre du curé de St Godefroi fut bien consolante pour la pauvre Mère qui déjà ne quittait presque plus l'infirmerie[31]. » Pourtant, le 1er mars, elle écrivait, après avoir parlé du mieux observé chez sœur Marie Jean l'Évangéliste : « il n'y a pas d'autres malades[32] ». Pour ne pas les inquiéter peut-être. Car on sait par des témoignages qu'« Épuisée et malade, réduite à l'inaction, c'est de sa pauvre couche qu'elle écrit de fréquentes lettres à ses chères missionnaires[33] ». À celles qu'elle ne peut pas côtoyer, il lui semble nécessaire de distribuer sur feuillets des parcelles de vie, des enseignements, des conseils, pour reprendre les termes d'une de celles qui lui succéderont plus tard à la tête de la communauté, « comme une charte primitive de la Congrégation, par le sens spirituel, pédagogique, pratique qu'elle révèle et surtout par l'esprit de la mission qui surgit à chaque ligne de son texte[34] ». L'utilité de sa vie c'est d'être la pierre d'assise qui va permettre l'érection du

---

(28) Ambroise-Philéas Fortier est curé de Saint-Godefroi de 1878 à 1887. (*DBCCF* III, i : 33.)

(29) Ambroise-Philéas Fortier à Mère Marie-Élisabeth, Saint-Godefroi, 8 mars 1881 : 2, ARSR, 303.250, C.2-6.

(30) *Ibid.* : 2, 3.

(31) *CMM* I : 176.

(32) Mère Marie-Élisabeth aux Sœurs de Saint-Gabriel, 1er mars [1881], ARSR, R-28 ; *Précieuses miettes* : 28.

(33) *Notes écrites sous la dictée de Sœur Marie-Joseph (Apolline Gagné) [...] par Sœur Marie de l'Enfant-Jésus [...]* : 3, ARSR, 201.405, C.4,10.

(34) Rita d'Astous, r.s.r., *L'Apport de la communauté des Sœurs de Notre-Dame du Saint-Rosaire dans l'enseignement au Québec depuis l'origine jusqu'à la révolution tranquille (1874-1960)*, Rimouski, 1989, 46 p., dactylographié : 7, ARSR, 225.110, 2, C.14.

reste de l'édifice. C'est à ciel ouvert en quelque sorte qu'elle œuvre dans l'urgence du moment et de la vie. Les traces pérennes qu'elle veut laisser, c'est dans l'âme de ses filles qu'elle veut les imprimer, elles, les autres piliers du temple.

Elle écrit tant que cela est possible et même cela n'est possible que parce qu'elle est tant persuadée de sa mission auprès de ses missionnaires. Elle leur écrit encore au mois de mars – sa lettre du 15 mars à Gédéon Ouimet est olographe [35] – car le 19 mars les sœurs de Saint-Gabriel ont reçu une lettre d'elle. Lettre qu'elles attendaient avec impatience, puisque sœur Marie de la Providence raconte au sujet de l'habituelle rieuse Eugénie Deslauriers : « Nous sommes allées voir ce soir pour une lettre à la poste et encore rien c'était plus que drôle de voir ma Sr Marie des Anges, elle dit je vais venir enragée si on ne reçoit pas de lettre ; et le plus drôle du tour le petit Boutin nous a apporté les effets que vous nous avez envoyés, et il nous dit que son Père avait des lettres pour nous et qu'il les a perdues. Je commençai à devenir un peu sérieuse, et tout à coup je trouve votre lettre dans les Alphabets... [36] ».

Au moment où sœur Marie de la Providence écrit cette lettre, un alanguissement allant s'allongeant, s'approfondissant chez Mère Marie-Élisabeth, elle n'est plus en mesure de répondre : « la chère Mère était déjà si faible qu'elle ne pouvait répondre à ses lettres. Elle devenait de plus en plus faible [37]. »

Depuis si longtemps déjà que la phtisie la ravage. Sa santé pleine d'accrocs n'est plus que déchirures qui se terminent en ruisselets de sang. Les dimanche, lundi et mardi, 20, 21, 22 mars, ce sont les « hémorragies » qui la secouent et, malgré elles, peut-être à cause d'elles et de ce qu'elles annoncent, Mère Marie-Élisabeth refuse de s'aliter et « elle fait tout son possible pour suivre la communauté [38] ». De ses forces qui ne sont plus légion, elle a trop présumé : « Mardi soir après le coucher, elle se mit à vomir du sang clair [39]. » La panique nocturne s'empare de toutes les sœurs qui « se levèrent à la hâte » pour

---

(35) Voir *supra* : 438.

(36) Sœurs Marie de la Providence et Marie des Anges à Mère Marie-Élisabeth, Saint-Gabriel, 19 mars 1881.

(37) *CMM* I : 176.

(38) *CMM* I : 177. Les dates avancées, de même que les suivantes pendant la maladie et jusqu'à la mort de Mère Marie-Élisabeth sont sûres : « Voici ce qu'écrivait presque jour pour jour sœur Marie Etienne pendant ces mois que la chère Mère passa à l'infirmerie ; elle informa, par des lettres suivies, aux sœurs missionnaires l'état de la malade, ce qui nous conserva toutes les phases de la longue et douloureuse maladie » (*CMM* I : 176-177).

(39) *CMM* I : 177.

l'entourer et « aussitôt qu'elle fut un peu remise, nous l'avons porter à l'infirmerie ». La situation est à ce point critique qu'elles préparent « tout ce qu'il fallait pour administre[r] l'Extrême Onction ».

C'est Mère Marie-Élisabeth qui fait montre du plus grand calme : « elle se sentit mieux, elle nous dit d'attendre au matin ». Et, effectivement, pour le « reste de la nuit, elle parut reposer ». Le mercredi, 23 mars, le grand vicaire vient lui rendre visite après la messe et lui recommande de faire une neuvaine à Mgr de Laval [40]. Les Sœurs se mettent aussitôt à l'œuvre et écrivent à leurs sœurs missionnaires d'en faire autant [41].

Femme forte, malgré sa faiblesse, le frôlement de la mort ne la perturbe pas outre mesure, « Elle se leva pendant la journée et ne parut pas très mal ». Une longue familiarité pour ainsi dire avec la mort, une investiture progressive depuis sa plus tendre enfance dans l'esprit de la mort, de son cortège, de ses déploiements tentaculaires la laisse peut-être presque à l'aise dans son approche. Elle n'est là qu'une fois de plus, peut-être la dernière il est vrai, mais familière tout de même, peut-être pas entièrement désirée à ce moment-là car trop reste à faire, mais néanmoins supportée sans trop de surprise. La peur a depuis longtemps été apprivoisée. Ne reste plus que le nœud défait de sa vie qui s'effiloche sous elle. La route est coupée. Sauf par en avant. Elle sait que dorénavant seul avancer lui est possible. Désormais, le rétrécissement de ses jours va son heure. Une longue tradition de subjugation à la grâce lui tient lieu de volonté, de décision dans le sens de l'inévitable accueilli comme un hôte désiré et attendu. Cependant, ce n'est pas par inadvertance qu'elle a vécu et ce n'est pas par inad-

---

(40) Le premier évêque de Québec, Mgr François de Montmorency de Laval (1623-1708), vicaire apostolique en Nouvelle-France (1658-1674), premier évêque de Québec (1674-1688), fondateur du Séminaire de Québec (1663). Inhumé le 9 mai 1708 dans la cathédrale de Québec. Le 23 mai 1878, pendant le sixième concile provincial, l'on procède à la translation de ses restes au Séminaire de Québec. Pendant ce concile, le supérieur du Séminaire de Québec et recteur de l'Université Laval dépose une requête auprès des évêques pour obtenir leur appui en vue d'une demande de béatification à Rome. Le consentement accordé, on entreprend immédiatement des démarches à Rome, où les premières audiences du tribunal se tiennent en 1880. L'abbé Edmond Langevin a écrit, en 1874, une *Notice biographique sur François de Laval de Montmorency, 1er évêque de Québec, suivie de quarante-une* [sic] *lettres et de notes historiques sur le chapitre de la cathédrale*, Montréal, la Compagnie d'impression et de publication de Lovell, 1874, xvi, 322 p. [en-tête de titre : *1674-1874. Deuxième centenaire*]. Ouvrage qui n'a d'ailleurs pas été très bien reçu au Séminaire de Québec, ce dont se plaindra Mgr Langevin dans une lettre à Mgr Taschereau. Voir André Vachon, « LAVAL, François de », *DBC* II : 374-387 ; « *Vie de Monseigneur de Laval, premier évêque de Québec et apôtre du Canada*, de l'abbé Auguste-Honoré Gosselin », *DOLQ* I : 763-765.

(41) *Notice biographique...* : 5.

vertance qu'elle doit mourir. L'heure s'est simplement trompée de rendez-vous. C'est pourquoi elle est debout. Le repos viendra bien assez tôt. Il lui faut continuer sa tâche.

Mais ses forces, les traîtresses, l'abandonnent. À cinq heures du soir ce 23 mars vécu debout, la maladie a dégénéré en une lente et rougeoyante agonie. Elle se vide de son sang. Son visage exsangue rivalise de blancheur avec ce que l'on suppose de celle de son âme. Mère Marie-Élisabeth « eut une si forte hémorragie que nous sommes allées chercher Monsieur le Grand Vicaire qui vint avec le docteur P. Gauvreau, celui-ci lui donna quelque remède, s'en alla pour revenir à neuf heures. Il resta deux heures à l'infirmerie [42]. » Il est onze heures, l'heure de la nuit profonde aux confins de l'immobilité. Le médecin « avertit la malade de se préparer à la mort qu'elle pourrait bien ne pas voir le matin ». Sait-elle, sent-elle que ce n'est qu'une autre répétition ? La grande dame et la religieuse vivent toujours : « Elle remercie le médecin ». La fervente chrétienne « ne témoigne ni surprise ni crainte ». Le grand vicaire est appelé pour lui administrer les derniers sacrements : « Notre Père Directeur vint, il entendit sa confession puis lui administra l'Extrême Onction mais ne peut lui donner le saint Viatique à cause du crachement de sang. » Il s'occupe de la mourante, de celles aussi qui restent, inconsolables : « Après avoir exhorté la chère malade à l'abandon à la sainte volonté de Dieu, le bon Père nous parle pour nous consoler et nous engager à nous soumettre au bon plaisir de Dieu [43]. »

Mère Marie-Élisabeth attend le départ de leur directeur et devant l'imminence d'une autre vague de sang qui pourrait noyer sa vie, désire s'adresser à toutes ses filles pour leur livrer le plus pur de son message à la mode de sa vie :

> Quand le Grand Vicaire fut parti, elle nous fit toutes venir auprès d'elle et nous dit : « Mes chères sœurs, l'heure du départ est sonnée, le Bon Dieu m'appelle à lui, je suis soumise à ses ordres, cependant je ne refuserais pas de vivre si telle était sa volonté. Mes sœurs, je vous recommande particulièrement l'union, la charité fraternelle, quand on est uni dans une communauté, quand la paix règne parmi ses membres, c'est le ciel sur la terre. Souvenez-vous que l'essentiel de la dévotion est de bien remplir ses devoirs quelque pénible qu'ils paraissent, il faut savoir souffrir. Ce n'est qu'au ciel que nous connaîtrons bien ce que c'est qu'une religieuse que c'est grand d'être l'épouse de Jésus-Christ, l'enfant priviliégié du Père Éternel. Soyez toujours charitables les unes envers les autres, aimez-vous comme

---

(42) *CMM* I : 177.
(43) *Ibid.*

Notre Seigneur vous aime. Je vous demande pardon de ne vous avoir pas toujours assez édifier, de n'avoir pas eu assez soin de votre santé. Je ne vous dirai pas adieu, mais au revoir, la vie est courte, nous nous reverrons bientôt, soyez toujours fidèles à toutes vos règles. » [44]

Voici venir l'heure qu'elle n'a pas choisie, pour laquelle elle est prête pourtant. Toutes en sont convaincues. Elle également.

Sœur Marie-Joseph doit la prier de ne pas poursuivre tant elle est faible. Toutes les sœurs en couronne autour de son lit, vraies fontaines de désolation, veulent aussi passer les dernières heures à jouir de la moindre minute de sa présence : « nous étions toute en pleur autour de son lit pendant qu'elle nous parlait et nous voulions passer le reste de la nuit auprès d'elle ». Mère Marie-Élisabeth n'est pas de cet avis. Encore c'est à ses filles qu'elle pense. Il fait incroyablement froid dans la nuit pour ces corps si mal nourris qui doivent fournir pourtant des dépenses si extraordinaires de forces et d'énergies quotidiennement. Toutes les pensées coupables qui ont habité ses jours et même ses nuits, l'impuissance l'usant de détresse apparaissent encore dans ses dernières paroles : elle leur a demandé pardon « de n'avoir pas eu assez soin de [leur] santé », comme si elle n'avait pas tant combattu pour que ce règne du froid et de la faim n'arrive pas et ne s'implante pas en leur couvent comme en pays conquis.

Elle vient de leur parler de leur règle. C'est sur elle qu'elle s'appuie pour leur demander d'aller se reposer, la supérieure a encore le pouvoir d'exiger ce qui est bien pour sa communauté : « elle nous dit d'aller nous coucher que le Bon Dieu serait plus content ». Seules demeurent près d'elle, les deux autres membres du Conseil, sœur Marie-Joseph et sœur Marie-Étienne. Sœur Marie-Joseph a dû prier son saint patron pour éloigner la mort de Mère Marie-Élisabeth et l'exhorter à ne pas permettre qu'un tel événement ne le disgrâce complètement en « son » mois. Le 24, veille de l'Annonciation, la fondatrice peut communier. Son état d'extrême faiblesse demeure et ses hémorragies se multiplient. C'est en ce jour de la fête de saint Gabriel Archange que vient Mgr Langevin pour voir Mère Marie-Élisabeth. « Toutes les sœurs s'assemblèrent autour de lui, le suppliant à genoux de guérir notre mère. Il nous dit de prier beaucoup, d'avoir confiance qu'elle ne mourait pas. Il nous quitta pleine d'espoir. Elle passa la nuit dans une extrême faiblesse. Le 25 son état fut le même toute la journée [45]. » Elle

---

(44) *CMM* I : 177-178. Voir aussi les lettres de Sœur Marie-Étienne aux Sœurs de Saint-Godefroi et aux Sœurs de Port-Daniel, Rimouski, 24 mars 1881, ARSR, 210.110, C.5, 2 et 3.
(45) *CMM* I : 178.

qui a été si obéissante à l'évêque n'allait pas le contredire si tôt. Le 26, elle semble mieux, la journée se passe sans incident notable. Peu avant minuit, « elle eut un tel vomissement de sang que l'on crut que c'était la fin et nous sommes allées chercher le Grand Vicaire, il vint et lui applique les indulgences des mourants, il fit la recommandation de l'âme et lui fit réciter les Actes de foi, d'espérance et de charité. Toutes les sœurs fondaient en larmes. Le bon Père récita encore les Litanies des Saints, lui dit de nouveau de demander sa guérison à Monseigneur Laval[46]. »

Mère Marie-Élisabeth, leur directeur parti, fait signe à sœur Marie-Joseph de s'approcher de son lit et pour la consoler de trop de tristesse, d'une voix « si faible qu'on eut peine à l'entendre », « elle lui dit qu'elle ne croyait pas mourir encore[47] ».

Le quatrième dimanche du carême, 27 mars. L'évangile du jour raconte la multiplication des pains[48]. Pour la fondatrice, les hémorragies se multiplient, dont l'une très forte à cinq heures du soir. Mardi, le grand vicaire accourt et les rassure, disant « que le Bon Dieu voulait éprouver notre foi. Il pria auprès de son lit et lui dit qu'elle passerait une bonne nuit. En effet la nuit ne fut pas mauvaise[49]. » Le matin, elle crache encore du sang. Le grand vicaire venu pour la faire communier après sa messe voit qu'elle en est incapable, il se contente de réciter de nouveau les prières des agonisants, mais recommande aux sœurs « de ne pas perdre espérance ». Il revient un peu plus tard et fait à la malade « une belle lecture sur la Passion de Notre Seigneur Jésus-Christ ». C'est lundi précédant le dimanche de la Passion. Mère Marie-Élisabeth écoute de toute son âme tenant « entre ses mains son crucifix et la feuille-formule de ses vœux ». Sœur Marie-Étienne a écrit : « Nous étions toutes à genoux et nous pleurions en silence ». Sa vie se prolonge au-delà de ce que même le médecin croit possible. Chaque visite qu'il fait l'étonne davantage, car il ne peut croire qu'elle soit encore vivante : « une seule de ces hémorragie, disait-il, aurait suffi pour la faire mourir ». Le 29, le grand vicaire vient trois fois. Le lendemain, ce sont trois religieuses de la Congrégation de Notre-Dame qui viennent la voir, « la chère malade put leur parler un moment, elle parut un peu mieux. Ces compatissantes religieuses nous engagèrent à espérer, elles nous promirent l'aide de leurs prières. » Le soir cependant de continuels crachements de sang ramènent le grand vicaire qui

---

(46) *CMM* I : 178.
(47) *Ibid.*
(48) Jean 6, 1-14.
(49) *CMM* I : 178-179.

récite les Litanies des Saints et « l'exhorta à se confier en le précieux sang de N. Seigneur Jésus-Christ ». Redit-elle encore ces paroles qui déjà ont passé ses lèvres : « Sang Précieux de mon divin époux arrosez mon âme, soulagez-la, guérissez-la et l'inondez de toutes vos consolations. Vous êtes tout à moi ; que je sois toute à vous avec joie, douceur et allégresse [50]. » Toutes les sœurs prient « toujours avec beaucoup de foi, espérant voir un mieux survenir... ». Les trois jours suivants, toujours dans le même état, elle ne peut communier, le sang s'épandant continuellement.

Prête depuis tant de jours déjà, elle sait que « Dieu réserve à la mort la Consolation de Tout ce qu'on aura fait sans consolation durant la vie [51] ». Auréolée de paix, sans plainte, son seul tourment demeure la souffrance indicible de celles qu'elle doit laisser : « Elle ne se plaignait pas, ne demandait rien, paisible et soumise à la sainte volonté de Dieu, mais très sensible à la douleur de ses chères Sœurs [52]. » Le 3 avril, le dimanche de la Passion, Mère Marie-Élisabeth peut enfin communier, ainsi que toutes les sœurs qui, remplies de nouveau d'espérance, commencent une seconde neuvaine à Mgr de Laval pour obtenir la guérison de leur mère. Pendant la semaine qui suit « aucun changement notable » chez la malade. Le 5 avril, c'est le ciel de Rimouski qui a couleur de sang. « Le Séminaire fut incendié, on ne voulut pas lui dire [53]. »

Le couvent converti en séminaire

Le 5 avril 1881, à 7h05 du matin, pendant le petit déjeûner, « coup de foudre ! », le toit du séminaire près du dôme est en feu. L'alarme est sonnée et « au milieu d'une confusion inexprimable », prêtres et collégiens s'affairent à sauver ce qu'ils peuvent : « tout est jeté pêle-mêle sur la neige, le vent d'ouest froid et glacé vient ajouter à la tristesse de la scène [54] ». Les objets sont transportés provisoirement au couvent des religieuses de la Congrégation qui accueillent les sinistrés avec grande générosité et force petits déjeuners. « Quelle résolution prendre en présence d'une pareille calamité ? » Le Conseil du Séminaire réuni à l'évêché décide de renvoyer dans leurs familles les élèves des environs de Rimouski, les autres sont logés dans les familles de la ville. Le Grand Séminaire et les prêtres trouvent refuge à l'évêché [55].

---

(50) *Paroles de notre Mère Marie-Élisabeth*, 5 p. : 1, ARSR, 202.100, 72A.

(51) *Sentences* : XXIV.

(52) *CMM* I : 179.

(53) *Ibid.*

(54) F.-Elzéar Couture, *Notes* IV *(1879-1883)* : 910, 5 avril 1881. AAR, Fonds Séminaire de Rimouski.

(55) Ibid. : 911-912.

Le 7 avril, le grand vicaire se rend voir Mère Marie-Élisabeth. Les sœurs sachant à quel point cette nouvelle la bouleverserait n'avaient rien voulu dire, car « la moindre chose l'impressionne et l'excite à cracher du sang [...] nous sommes privées de lui parler et elle aussi il faut qu'elle soit tout à fait tranquille [56] ». Cependant, « Monsieur le Grand Vicaire apprit à la malade l'incendie du séminaire, la douleur et les embarras de l'Évêque [57]. » Il sait bien en lui apprenant cette nouvelle quelle sera la réponse de cette trop généreuse mère. Effectivement, elle ne fait pas mentir cette prédiction qui n'en est pas tant elle est basée sur l'évidence. Mère Marie-Élisabeth, « vivement affligée » dit aux sœurs rassemblées près d'elle : « Le Bon Dieu vous demande un grand sacrifice ; il vous faudra abandonner cette maison. Faites généreusement le sacrifice, le Bon Dieu sera content et le cœur de notre Évêque sera un peu consolé. » La maîtresse des novices écrit aux missionnaires : « la charité héroïque de notre Mère a été jusqu'à leur offrir notre maison et nous avons toutes suivi son exemple [58]. »

C'est ainsi que se tient la première réunion du Conseil de l'année 1881, le 7 avril, près de la couche de la mourante en sursis. Elle qui croyait avoir tout donné, elle n'aura vécu que pour donner davantage encore. Leur propre couvent, le toit de ses filles : c'est tout ce qu'elles ont, un toit. Elle qui craignait tant de les laisser dans la misère, il lui revient encore de leur enlever ce minimum auquel elles ont droit, elles qui ont tant fait pendant plus de quatre ans pour remettre en état la vieille église. Dans leur registre des délibérations, l'on peut lire :

> À une assemblée du Conseil tenue le 7 avril 1881 et présidée par le très Révérend Ed. Langevin Directeur de la Communauté, étaient présentes les Sœurs Marie Elizabeth Supérieure, Marie Joseph Assistante et Marie Étienne Maîtresse des Novices. Résolu d'offrir à Sa Grandeur Monseigneur, en faveur des Mrs du Séminaire l'ancien Collège qu'elles habitaient depuis quelques années afin de leur procurer l'avantage de continuer leurs classes c'est le seul moyen que la Communauté ait de contribuer à la bonne œuvre. Il est convenu que l'offre sera faite par la lettre suivante [59].

Le grand vicaire, qui fait partie du Conseil du Séminaire dont l'évêque est le supérieur, avait assisté le 6 avril à l'assemblée qui réunissait, outre Mgr Langevin, les abbés Louis-Jacques Langis [60],

---

(56) Sœur Marie-Étienne aux Sœurs de Port-Daniel, Rimouski, [avril 1881].

(57) *CMM* I : 180.

(58) Sœur Marie-Étienne aux Sœurs de Saint-Godefroi, Rimouski, 9 avril [1881] : 3.

(59) *RED* I : 22. La réunion précédente avait eu lieu le 19 décembre 1880.

(60) Né au Bic, comté de Rimouski, le 26 février 1843, de Joseph Langis, cultivateur, et de Mélanie Lepage, il fit ses études classiques et théologiques au Séminaire

Pierre-Joseph Saucier[61] et Ferdinand-Elzéar Couture[62]. A-t-on à ce moment-là discuté de la possibilité d'occuper de nouveau, au moins provisoirement, la vieille église ? Si Mère Marie-Élisabeth ne l'avait pas offerte spontanément, l'aurait-on revendiquée ? Le registre ne conserve que ce sobre résumé des discussions : « Le Conseil décide de rouvrir les classes du Séminaire, si toutefois il y a possibilité de trouver un local convenable[63]. »

Quoi qu'il en soit, Mgr Langevin et le chanoine Edmond savent déjà quel est ce local. « Le Grand Vicaire attendait ces paroles de la pauvre mère », et la chronique d'ajouter : « Aussi il demanda sœur Marie Étienne, et s'assied auprès d'elle, lui faisant écrire une lettre à l'Évêque sous sa dictée[64]. » Est-ce vraiment complètement sous sa dictée ? Pour la première partie sans doute, quoique les termes pourraient avoir été tirés de la bouche et surtout du cœur de Mère Marie-Élisabeth et de ses filles. Un paragraphe inséré dans la copie du registre des délibérations manque dans la transcription de la chronique.

---

de Québec, où il fut ordonné par Mgr Baillargeon, le 6 juin 1868. Professeur au séminaire de Québec (1868-1869) ; directeur du collège de Lévis (1869-1874) ; à Québec, directeur du pensionnat de l'université (1874-1875), professeur au séminaire (1875-1879) ; au Séminaire de Rimouski, directeur des élèves et des ecclésiastiques (1879-1881), supérieur (1881-1883) ; curé de l'Île-Verte (1883-1891) ; vicaire général du diocèse de Rimouski (1891-1916) ; à Rimouski, procureur de l'évêché où il réside et en même temps supérieur du séminaire (1895-1898) ; curé de Saint-Octave-de-Métis (1899-1913), où il a bâti une église en 1911 ; retiré à Rimouski (1913-1916) ; chanoine de la cathédrale de Rimouski et théologal du chapitre (1888-1916) ; docteur en théologie (2 juillet 1882) ; il est décédé à Rimouski, le 8 mai 1916. (*DBCCF* IV : 213.)

(61) Né à Saint-Roch de Québec, le 27 octobre 1831, de Pierre Saucier et de Marie Baudin, il fit ses études à Québec, où il fut ordonné le 19 septembre 1857. Vicaire à Montmagny (1857-1859) ; curé de Ristigouche (1859-1869), de Douglastown (1869-1870) ; curé de la Grande-Rivière et vicaire forain (1870-1879) ; missionnaire à Pabos (1870-1874) ; au Séminaire de Rimouski, procureur (1879-1884), supérieur (1884-1889) ; curé de la Pointe-au-Père (1889-1896), du Bic (1896-1899), de la cathédrale de Rimouski (1899-1910). Chanoine de la cathédrale de Rimouski. Retiré à Rimouski (1910-1911). La vie de ce prêtre a été éminemment sacerdotale, remarquable par l'abondance de ses œuvres. Il est décédé à Rimouski, le 7 mars 1911. (*DBCCF* III, iv : 92.)

(62) Né à Rimouski, le 28 novembre 1842, de François Couture et d'Euphémie Riel, il fit ses études à Québec et à Rimouski, où il fut ordonné le 25 août 1869. Au Séminaire de Rimouski (1869-1883), à la fois préfet des études, professeur de philosophie, de mathématiques, de latin, de grec et d'anglais, faisant de cinq à six heures de classe par jour sans compter la surveillance, les leçons de chant et de déclamation ; chanoine de la cathédrale de Rimouski (1879-1883) ; curé d'Hawkesbury (1884-1891) ; au diocèse de La Crosse dans le Wisconsin, curé de Somerset (1892-1902), où il est décédé le 16 avril 1902. (*DBCCF* IV : 337.)

(63) « Assemblée de la Corporation, Séance du 6 Avril 1881 », dans *Registre des délibérations* du Séminaire de Rimouski : 128 v, AAR.

(64) *CMM* I : 180.

Le grand vicaire en aurait-il exigé le retrait ? La lettre originale n'a pas été retrouvée. Après le compte rendu de la réunion du 7 avril, le registre des délibérations a retenu cette lettre :

Monseigneur,

Le malheur qui a frappé votre Grandeur en même temps que son Séminaire bien-aimé, nous a atteintes du même coup puisque tout ce qui vous afflige nous afflige profondément et nous sentons toute l'importance de l'œuvre de l'instruction de la jeunesse donné par le Séminaire. Tous ceux qui vous sont dévoués s'empressent de vous en donner des preuves en ce moment en vous faisant leurs offrandes. Les Sœurs des Petites-Écoles dans leur pauvreté ont offert au ciel leurs vœux, les plus sincères pour que l'épreuve terrible par laquelle vous passez cesse bientôt et que le Séminaire puisse reprendre son œuvre si nécessaire.

Nous avons cherché de quelle manière nous pouvions y contribuer ; et pour reconnaître la bonté fraternelle avec laquelle vous avez mis à notre disposition le logement spacieux que nous occupons, et que le Séminaire a occupé il y a quelques années, nous en sommes venues à la détermination d'offrir, d'abandonner cette maison en faveur du Séminaire pour en occuper une moins spacieuse que Votre Grandeur voudrait bien nous désigner.

Nous nous contentons d'exprimer le désir que vous veilliez bien mettre en même temps à notre disposition une étable pour notre vache, un local pour y déposer le fourrage nécessaire et un terrain assez ample pour que la communauté y puisse prendre l'air et faire un jardin potager qu'il lui est essentiel.

Nous faisons, Monseigneur, cette offre de tout cœur, heureuses si elle peut être agréable à notre Évêque et à ses collaborateurs.

Nous avons l'honneur de nous souscrire

Monseigneur

de Votre Grandeur

Les plus dévouées enfants [65]

Ce paragraphe, il est possible qu'il ait été écrit par les autres membres du Conseil, les sœurs Marie-Joseph et Marie-Étienne, dont les signatures suivent. La lettre originale, en tout cas, bien qu'écrite par sœur Marie-Étienne [66], est signée aussi par Mère Marie-Élisabeth.

Ce même jour du 7 avril, se tient une autre séance du Conseil de la Corporation du Séminaire, dans le compte rendu duquel l'on fait état de cette lettre et de l'offre qu'elle contient :

Mgr donne au Conseil communication d'une lettre de la Révérende Mère Marie-Elizabeth, supérieure de la Congrégation des Sœurs des

---

(65) Lettre du 7 avril 1881 dans *RED* I : 21-23. Nous avons mis en gras le paragraphe qui n'apparaît pas dans *CMM* I : 180.

(66) *CMM* I : 181.

Petites Écoles, offrant aux Messieurs du Séminaire la maison qu'elles occupent actuellement et qui fut le vieux Collège, pour leur permettre de reprendre leurs classes interrompues par l'incendie du 5 avril. Le Conseil accepte avec plaisir cette offre si héroïque et charge son Secrétaire d'être l'interprête de sa vive reconnaissance auprès de la Supérieure des Sœurs des Petites Écoles, à laquelle il adressera une lettre de remercîments. M. le Procureur devra mettre à la disposition des Bonnes Sœurs les voitures du Séminaire, lorsqu'elles seront prêtes à transporter leur mobilier dans leur nouveau local [67].

Une lettre de Mgr Langevin sur papier du Séminaire représentant une gravure de l'édifice incendié deux jours plus tôt avait été acheminée en soirée au couvent où ce n'est « sans émotion qu'elles prirent connaissance de sa lettre si touchante [68] ».

Mes chères filles,

Je ne saurais assez vous dire combien je suis touché de l'offre héroïque que vous me faites d'abandonner la maison dont je vous avais accordé la jouissance, en faveur du Séminaire. Au milieu de l'affliction qui m'accable, rien ne pouvait autant me consoler qu'un tel dévouement, un tel désintéressement de votre part. Merci mille fois. Je vais en faire part au Conseil du Séminaire ce soir même.

Que Dieu vous récompense d'un si généreux sacrifice par une prospérité toujours croissante et par la conservation des jours précieux de votre bonne supérieure.

Je vous bénis de tout mon cœur,
        + Jean, Ev. de St G. de Rimouski [69]

Le lendemain, 8 avril, le préfet des études et secrétaire du Conseil du Séminaire se rend au couvent où il lit à Mère Marie-Élisabeth, et en présence aussi des sœurs Marie-Joseph et Marie-Étienne, la lettre qu'il a écrite à leur intention au nom de la Corporation du Séminaire. Après l'entrée en matière, il écrit, il lit, il dit :

Veuillez croire que tout en acceptant avec le plus vif plaisir l'offre généreuse que vous lui faites dans la personne de Monseigneur, les Messieurs du Séminaire sentent vivement combien doit être pénible à votre cœur l'abandon d'une maison que vos laborieuses mains avaient elles-mêmes embellies et que vous aviez sanctifiée par l'odeur de vos vertus.

Le parfum de votre sacrifice sera agréable à Dieu, nous en avons la douce assurance ; et, bien loin de retarder la marche et les progrès de votre communauté, le dévoûment dont vous donnez aujourd'hui

(67) *Registre des délibérations* : 129 r-v.
(68) *CMM* I : 183.
(69) Évêché de Rimouski, 7 avril 1881, ARSR, 205.101, 881.19 ; aussi dans *CMM* I : 181.

une preuve si héroïque à la cause de l'éducation, à la personne de Monseigneur et aux Messieurs du Séminaire et par la même au pays, attirera sur vous les plus abondantes bénédictions du ciel, dans le nouveau local que vos généreux et dévoués fondateurs daignent mettre à votre disposition.

Avant de conclure, il dit encore, à Mère Marie-Élisabeth :

Je prie la divine Bonté de vous rendre, par l'intercession de Monseigneur de Laval, pour lequel vous professez à juste titre, un culte spécial, la santé qui vous est nécessaire pour diriger encore longtemps votre maison naissante dans la voie du progrès, de la science et de la vertu [70].

En fait, c'est cette dernière idée qui s'était mis à flotter dans l'esprit des sœurs bien avant qu'il ne l'ait eue. Faisant un tel sacrifice, les sœurs sont persuadées qu'elles font troc d'un couvent pour un bien infiniment plus précieux : la guérison de leur mère.

Certes, elles sont heureuses « de pouvoir faire plaisir à sa Grandeur dans cette circonstance dont elles le savaient si vivement affligé [...] puis rendre service aux Messieurs du Séminaire était encore un bonheur pour ces âmes dévouées [71] ». Et à cause de cela, dans leur dépossession, « Elles ne comptaient pour rien les longues fatigues du travail qu'elles avaient fait pour rendre cette maison, qu'elles occupaient depuis quatre ans et demi, si propre aujourd'hui, aussi bien le plaisir qu'elles auraient ressenti à l'arrivée des Sœurs missionnaires de leur offrir ce grand dortoir bien aéré et toutes les autres salles dont elles s'étaient empressées de terminer avant la fête de Noël [72]. »

Si grandes soient-elles dans la généreuse acceptation de leur exil hors de ces murs, et même si au départ elles ne l'ont pas fait par opportunisme !, elles ne seraient pas humaines si elles n'espéraient pas en retour que le ciel, dont la clémence à leur endroit a été plus souvent qu'autrement oublieuse, se laisse fléchir par leur demande et leur accorde cette récompense qu'elles ont si bien méritée. « Les Sœurs en faisant ce généreux sacrifice demandaient instamment au Bon Dieu

---

(70) Ferdinand-Elzéar Couture à Mère Marie-Élisabeth, supérieure, Sœur Marie-Joseph, Assistante et Sœur Marie-Étienne, Maîtresse des novices, Rimouski, 8 avril 1881 : 1-3, ARSR, 205.101, 881.20 ; transcription aussi dans *CMM* I : 181-182. « Les Sœurs des Petites Écoles, dans une lettre adressée à Mgr mettent leur maison, c-à-d le vieux Collège à la disposition des M.M. du séminaire pour la réouverture de leurs classes. Le Préfet, élu la veille Secrétaire de la corporation écrit une lettre de remerciement à la Supérieure actuellement malade et va lui même lui en faire la lecture. » (F.-Elzéar Couture, *Notes* IV : 912, 7 avril 1881.)

(71) *CMM* I : 183.

(72) *Ibid.*

la guérison de leur mère bien-aimée, elle le demandaient avec tant d'ardeur et de confiance que le ciel sembla se montrer un moment propice à leurs vœux [73]. »

Mgr Langevin cède à la communauté des Sœurs des Petites-Écoles la moitié d'une maison lui appartenant sur la côte d'où elles étaient descendues en 1876 [74]. Comment déménager alors que leur mère est toujours mourante ? Du 23 mars au 8 avril « il a fallu continuellement pour le moins 3 Sœurs jour et nuit au chevet de notre Mère. Maintenant deux suffisent [75]. » Triste sort qu'est le leur. Déjà, elles ont perdu sœur Marie du Sacré-Cœur peu de temps avant leur déménagement dans la vieille église et, maintenant, elles risquent de perdre celle par qui leur communauté existe. « Mais leur plus grande perplexité était au sujet de leur chère malade ; il était impossible de la transporter mourante dans cette maison. Monseigneur avec le Conseil du Séminaire décida qu'elle continuerait d'occuper la petite chambre et que deux Sœurs demeureraient auprès d'elle [76]. » Alors qu'ailleurs aussi l'on parle d'une chambre à leur disposition [77], selon le journal du séminaire ce sont trois pièces qui sont ainsi réquisitionnées pour les hôtesses d'hier qui deviennent invitées. Bien sûr qu'on ne va pas exactement le leur reprocher, mais enfin le préfet des études fera remarquer une dizaine de jours plus tard : « Nous sommes à l'étroit, vu que la Supérieure des Sœurs des Petites Écoles occupe trois apartements en face de la chambre du Préfet, à cause de l'impossibilité qu'il y a de la transporter [78]. »

Le dimanche des Rameaux, 10 avril, on fait la lecture de la lettre pastorale de l'évêque [79] sur l'incendie du séminaire et les sœurs préparent leur déménagement. C'est le lendemain, le lundi de la semaine sainte, qu'il commence grâce à une corvée des Rimouskois : « Les

---

(73) *CMM* I : 183. Voir aussi Sœur Marie-Étienne aux Sœurs de Saint-Godefroi, Rimouski, 9 avril [1881] : 3.

(74) « Vu l'offre généreuse de Sa Grandeur Monseigneur Jean Langevin, de céder une partie de sa maison aux Rév[des] Sœurs des Petites-Écoles, le Conseil décide de rouvrir les classes dans le vieux Séminaire. Il est de plus décidé de faire faire les améliorations nécessaires avec toute la vigueur possible, afin de pouvoir annoncer la rentrée des Elèves pour le commencement de la semaine de Pâques » (*Registre des délibérations* du Séminaire de Rimouski : 129r, avril 1881.

(75) Sœur Marie-Étienne aux Sœurs de Saint-Godefroi, Rimouski, 9 avril [1881] : 3.

(76) *CMM* I : 183.

(77) Voir *infra* : 455.

(78) F.-Elzéar Couture, *Notes* IV : 915, 20 avril 1881.

(79) *Mandements de Mgr Langevin*, Nouvelle Série, n° 43, 5 avril 1881. Aussi, « Circulaire au clergé » sur le même sujet, n° 44, 5 avril 1881.

voitures qui apportaient l'ameublement pour le Séminaire chargeaient le menage des Sœurs pour le transporter dans la maison en briques [80]. »

En fait, selon le témoignage du préfet des études du séminaire, c'est dès le 5 avril que quelques prêtres sont arrivés au couvent: « une cuisine est déjà organisée, des lits montés dans les salles mises dès le jour de l'incendie à la disposition des prêtres du séminaire [81]. » D'autre part, la journée même où il vient lire sa lettre à Mère Marie-Élisabeth, le matin sans doute, il dit employer l'après-midi à faire transporter ses livres à la vieille église [82]. Certains de ces livres avaient d'ailleurs été achetés peu de temps auparavant dans l'une des salles du couvent des Sœurs des Petites-Écoles où se tenait l'encan de la bibliothèque de feu Mᵉ François-Magloire Derome [83], mari de Malvina Langevin, sœur de l'évêque et du grand vicaire.

Ce n'est que le 13 toutefois que les sœurs, la mort dans l'âme, sont véritablement « installées dans leur nouvelle demeure, elles ont quitté non sans un vil regret leur mère, le médecin, le docteur R. Fiset leur avait dit que la mort pouvait survenir au premier moment [84] ». La maîtresse des novices va diriger le petit groupe sur la côte : « je suis missionnaire comme vous, ici avec mes chères petites novices [85] » , écrit-elle. Sœur Marie-Joseph reste près de la fondatrice avec sœur Marie-Jeanne-Françoise de Chantal « et au besoin les autres y vont veiller et travailler dans le jour [86] ».

---

(80) *CMM* I : 183. « Corvée des gens de Rimouski pour transporter le bois et le ménage des Sœurs des Petites Écoles, à leur nouvelle demeure, et pour transporter les effets du Séminaire. » (F.-Elzéar Couture, *Notes* IV : 913, 11 avril 1881.)

(81) F.-Elzéar Couture, *Notes* IV : 912, 7 avril 1881.

(82) « Le Prefet emploie l'après midi à faire transporter les livres du magasin et de la bibliothèque du Couvent [de la Congrégation de Notre-Dame] où ils avaient été déposés à la nouvelle chambre du vieux Collège qu'il avait habitée depuis 1868 à 1876. » (F.-Elzéar Couture, *Notes*, IV : 912.)

(83) F.-Elzéar Couture, *Notes* IV : 901. – François-Magloire Derome (1821-1880) Avocat et écrivain (poète). Rédacteur en chef des *Mélanges religieux* de Montréal (1851-1852) et du *Canadien* de Québec (1854-1857). Protonotaire et greffier de la couronne et de la paix à Rimouski (1857-1878). Épouse Malvina Langevin en secondes noces en 1869. (*DBC* X : 246.) Dans le catalogue de sa bibliothèque vendue à l'encan : *Bibliothèque de feu F.M. Derome, en son vivant, avocat*, Rimouski, Imprimerie A.G. Dion, 1880, 39 p., 1901 lots et plus, on trouve à la page 39 cette précision : « Cette bibliothèque sera vendue à Rimouski, le 28 décembre 1880, et les jours suivants, dans une des salles du Couvent des Sœurs des Petites Écoles. » (Yvan Lamonde et Daniel Olivier, *Les Bibliothèques personnelles au Québec : inventaire analytique et préliminaire des sources*, Montréal, Ministère des Affaires culturelles, Bibliothèque nationale du Québec, 1983, 131 p. : 39-40.

(84) *CMM* I : 183.

(85) Sœur Marie-Étienne aux Sœurs de Port-Daniel, Rimouski, 29 avril 1881, ARSR, 210.110, C.5, 8.

(86) *Ibid.*

Reléguées dans leurs appartements, les sœurs sont en fâcheuse posture pour se nourrir convenablement. C'est pourquoi les Messieurs du séminaire qui après tout leur doivent un toit peuvent bien se permettre de les inviter à partager leur table. Les sœurs n'y voient que bonté et courtoisie : «Le bon Monsieur Couture et M. L'Économe l'Abbé Prémont intervinrent pour que les gardes-malades allassent à la cuisine prendre leur nourriture à même les fourneaux de la cuisinière du Séminaire. Les Sœurs qui s'étaient réservé que la petite chambre de la malade, reçurent avec reconnaissance cette permission et elles en usèrent avec délicatesse et discrétion [87]. »

Pâques, 17 avril, première messe dans le nouveau couvent par le grand vicaire. Avec Pâques, Mère Marie-Élisabeth semble toujours alterner entre résurrection à cette vie et passation à l'autre, mais elle a le bonheur de communier souvent maintenant, de recevoir «Le Seigneur [...] l'appui de ceux qui se confient en Lui [88] ». Les missionnaires lui ont envoyé une «petite prière» que sœur Marie-Étienne a «mis sur la poitrine de notre Mère après lui avoir lue [89] ». «Les crachements de sang devenaient moins fréquents, chez la malade, elle put recevoir plus souvent la sainte communion, mais elle demeurait toujours dans un état de grande faiblesse [90]. » Pendant que Mgr Langevin la visite deux ou trois fois par semaine, c'est deux à trois fois par jour que vient le grand vicaire, et même la nuit, «chaque fois que l'on croyait voir les sym[p]tômes de la mort ; il priait auprès de son lit, lui donnait l'absolution, lisait quelques touchants passages de la Passion et chaque matin, après sa messe, il donnait des nouvelles de la malade, de la journée d'hier, aux sœurs sur la côte [91]. » Le médecin vient également tous les jours. S'il se montre «si compatissant», il n'est pas en son pouvoir ni de guérir la mère, ni de «rassurer aucunement les sœurs». Même le repos qu'il prescrit pour la malade est tout à fait hors de son contrôle et il «exprimait ses regrets d'entendre les bruits de la maison». En effet, l'itinéraire des professeurs et élèves pour se rendre au premier étage passe obligatoirement devant la porte de la chambre de la supérieure. Ce sont plus de cent personnes qui défilent ainsi plusieurs fois par jour. Et quand on sait que les autorités avant d'acheter le couvent pour jeunes filles de la Congrégation de Notre-Dame pour en faire leur nouveau séminaire se demanderont : «La maison est-elle suffisamment

---

(87) *CMM* I : 183-184.
(88) *Sentences* : 3, nº VIII.
(89) Sœur Marie-Étienne aux Sœurs de Port-Daniel, [avril 1881] : 4.
(90) *CMM* I : 184.
(91) *Ibid.*

solide pour une communauté de jeunes gens ?[92] », l'on peut commencer à imaginer le bruit infernal que pouvaient produire ces jeunes hordes débordantes de vie.

Et il y a aussi du bruit causé par tous ces travaux commandés par les Messieurs du Séminaire. Point de travaux de ménage que les sœurs avaient fait. Par les travaux qu'ils commandent dès le retour du séminaire à la vieille église, l'on peut voir que si les sœurs ont eu froid, ce n'est pas qu'elles étaient atteintes d'accès ni d'excès de « frilosité ». L'on prend toutes sortes de mesures pour contrer le froid, alors que leur système de chauffage est quand même plus sophistiqué et ne se résume pas à un seul poêle pour toute la maison :

> Pour rendre les mansardes plus chaudes, dans la maison actuelle, il est résolu unanimement qu'il sera fait des châssis doubles pour le 3e et le 4e étage et qu'il y sera donné un crépi ; que le plancher sera redoublé dans la chapelle dans la salle de récréation, dans les corridors et que les planchers seront réparés là où il en sera besoin[93].

Tous ces va-et-vient de même que ces travaux d'assez grande envergure causent un tel tapage que « les gardes-malades en souffraient extrêmement ». Quant à la malade, « la chère Mère semblait ne rien entendre, silencieuse et sereine[94] ». Elle qui aime tant le silence, source de force, retraite en soi pour une meilleure réceptivité à la grâce et de là pour une plus grande disponibilité et une meilleure activité dans le quotidien des jours, elle trouve la force dans sa faiblesse extrême de s'enfermer dans un monde où, faisant abstraction du bruit, elle s'adonne à l'essentiel de sa vie désormais : le silence, le recueillement, la prière. « Le Silence et le Recueillement, a-t-elle écrit, sont les gardiens de la Perfection[95]. » Pour l'ultime rendez-vous il faut abandonner, dans la mesure de l'impossible même, nos traits trop humains, se dépouiller « du Viel homme ». C'est à cette condition seule que « le Seigneur s'approchera de nous[96] ». N'est-elle pas arrivée là où tout est aléatoire sauf la fin ? L'urgence la talonne : « Ne perdez pas une heure, dit-elle, puisque vous n'êtres pas sûr d'une minute[97]. » N'a-t-elle pas écrit encore, et surtout superbement vécu : « Pesons nos paroles au poids que nous voudrions les avoir pesées à l'heure de la

---

(92) *Registre des délibérations* : 133 verso, Séance du 13 mai 1881.
(93) *Registre des délibérations* : 131v, 10 mai 1881.
(94) *CMM* I : 184.
(95) *Sentences* : 5, n° XVII.
(96) *Sentences* : 6, n° XXI.
(97) *Ibid.* : 16, n° LIX.

mort[98]. » C'est là qu'elle est rendue. Une heure qui s'éternise, il est vrai, mais une heure qui viendra à la minute qu'elle choisira.

De par sa maladie, elle est entrée en claustration. Les jours où elle peut recevoir la communion, « en ces jours là elle prenait un peu de vie...[99] » Pendant les soirées, deux sœurs descendent de leur couvent sur la côte pour permettre aux infirmières de se reposer quelque peu et profiter, elles aussi, de la présence de leur mère si chère dont tous les nouveaux murs crient l'absence. Quant aux sœurs missionnaires qui sont mises fréquemment au courant de l'état de la malade, elles enrégimentent leurs jeunes élèves pour prier pour leur Mère. Elles se disent que ces jeunes au cœur pur que leur Mère aime tant sauront bien toucher le ciel qui semble si sourd à leurs propres prières, elles le lui ont déjà écrit : « Bonne Mère, je ne puis croire que nous resterons toutes orphelines nous prions et nous faisons prier nos petits enfants et il faut espérer que le bon Dieu se laissera toucher par la prière de ces jeunes cœurs purs si nous nous en sommes indignes. Ils prient de toutes leur force ces bons enfants[100]. » Les missionnaires « voulaient revoir leur Mère et faisaient violence au ciel, elles en espéraient un miracle[101]. » D'ailleurs, disent-elles, « Il me semble que le seul sacrifice d'être éloignée de vous à cette époque suffit pour obtenir la guérison[102]. »

Pendant un moment on croit le miracle arrivé pour mettre un terme à leurs tourments. Le dimanche de Quasimodo, le jour même où sœur Marie-Edmond écrit sa lettre, « La malade parut mieux et les jours qui suivirent emmenèrent un mieux sensible. » Elles sont à ce point confiantes qu'elles veulent immédiatement conduire leur mère à leur nouveau couvent. Ce qu'elles auraient fait à la fin du mois d'avril si le médecin n'était intervenu pour le leur défendre expressément.

Le 25 avril, le surintendant de l'Éducation arrive à Rimouski apportant près de deux cents volumes pour regarnir la bibliothèque du Séminaire qui a été pour la plus grande partie la proie des flammes. Le lendemain, il vient à la vieille église où il y a réception en son honneur[103]. L'on ne sait si M. Ouimet rencontre Mère Marie-Élisabeth, mais il se rend au couvent des Sœurs des Petites-Écoles en compagnie de Mgr Langevin où il a dû se rendre compte par lui-même que la

---

(98) *Sentences* : 18, n° LXVII.

(99) *CMM* I : 184.

(100) Sœur Marie-Edmond à Mère Marie-Élisabeth, Saint-Godefroi, 24 avril 1881.

(101) *CMM* I : 184. « Nous ne pouvons vous accorder la permission de venir », écrit Sœur Marie-Étienne aux Sœurs de Port-Daniel, 26 mars 1881.

(102) Sœur Marie-Edmond à Mère Marie-Élisabeth, 24 avril 1881.

(103) Voir F.-Elzéar Couture, *Notes* IV : 917-918.

pauvreté alléguée par la supérieure dans sa lettre du 20 février 1881 [104] n'était pas factice ou exagérée : « Monsieur le Surintendant de l'Instruction Publique, Gédéon Ouimet, fit une visite à Monseigneur l'Évêque ; ce dernier l'accompagna à la maison de brique où il fut reçu par sœur Marie Étienne et Marie Jean l'Evangéliste [105]. »

Le mois de mai, le mois de celle à qui la fondatrice a confié sa communauté fait croire aux sœurs, l'on ne sait ce qu'en pense Mère Marie-Élisabeth, que l'heure de la jubilation est arrivée. Comme le paralytique elle se lève : « Le mieux se soutint ; la malade fit quelques pas dans sa chambre, on la revêtit de sa robe. On était à la deuxième semaine de mai [106]. » Le grand vicaire s'apprêtant à partir pour Québec, « il exhorta la malade de continuer à demander sa guérison à Mgr de Laval, qu'il irait prier sur son tombeau dans la même intention. » Le mieux constaté chez Mère Marie-Élisabeth n'est pas à ce point bien qu'on puisse l'éprouver par un transport prématuré. Donc, « Le mois de mai s'écoule, le séjour de la chère malade se prolongeait au vieux séminaire... [107] »

Pendant que Mère Marie-Élisabeth a du mal à se sustenter, ses deux infirmières, qui n'allaient pas souvent à pareille fête, « mangeaient du bon pain, du bœuf et buvaient du bon café au dépens de la bourse de Monsieur le Procureur ». Mais celui-ci, constatant bientôt quels incroyables ravages pouvaient faire trois faibles estomacs dans leurs provisions de bouche prévues initialement pour plus de cent appétits mâles, décrète envers la mourante qui lui avait offert son couvent qu'on la dispenserait désormais du couvert.

Enfin, pas tout à fait. Les sœurs ont tout loisir de fourrager à cœur content... dans les restes... pas des maîtres, bien sûr, mais dans ceux des collégiens : « M. le Chanoine P. Saucier [...] trouvait là trop de dépense... La fidèle cuisinière crut prudent d'avertir les Sœurs que le Procureur lui avait défendu de donner aux Sœurs, à l'avenir d'autre aliment que les restes des tables des pensionnaires ». La cuisinière ajoute toutefois qu'un bon ange en la personne de l'abbé Prémont, l'assistant-économe, dont c'est le métier de prévenir la ruine de la maison, « lui avait dit de leur ménager des bons repas à la cachette [108] ».

Même les religieuses, si charitables, si oublieuses soient-elles, mais qui suivent contamment des cours, d'arithmétique entre autres, ont

---

(104) Voir *supra* : 438.
(105) *CMM* I : 185.
(106) *CMM* I : 184-185.
(107) *CMM* I : 185.
(108) *CMM* I : 185.

bien du mal à ne pas se retenir de compter. Ce couvent qu'elles ont offert, cela ne compte-t-il pour rien ? Tous ces travaux de ménage et de réparation faits sur plus de quatre années ne comptent-ils pour rien non plus ? Si elles ne les avaient pas faits ces travaux, le procureur aurait dû débourser tant de fois plus pour les faire exécuter que ce qu'elles ont pu prendre, bœuf et café compris, qui ne font pas partie de l'arsenal de leur propre cuisinière.

À la fin du mois d'avril, elles ont dû céder l'une des trois pièces mises à leur disposition [109]. L'on conçoit qu'elles commencent elles-mêmes à se sentir à l'étroit dans l'hospitalité de ces bons Messieurs, surtout après l'incident de la cuisine. Elles trouvent « la pilule [...] amère, le goût des aliments insipides », au point que « leurs cœurs endoloris se refusèrent à en prendre aucun ». Heureusement que, sur les entrefaites, le médecin permet de déplacer la bonne mère qu'on réclame à grands cris dans la maison de brique : « Le Bon Dieu eut pitié d'elles... Le médecin ne s'opposa plus au départ de la malade. On attendit un jour propice [110]. »

Ce jour propice, les sœurs sont bien décidées non pas à l'attendre mais à le « commander » : « Nous sommes décidées de ne plus prier, de commander Mgr de Laval. Vous lui direz que nous ne parlerons jamais de lui en mission s'il ne rétablit pas notre Mère [111]. » Non seulement Mgr de Laval refuse d'obéir, mais le démon se met de la partie : « le démon s'y prend de toutes les manières pour tâcher de nous faire mettre bas les armes [112]. »

La maison de brique ou le couvent de l'exil

C'est jeudi, le 9 juin vers 2h00 de l'après-midi, alors qu'on a reçu l'effroyable nouvelle que tout le faubourg Saint-Jean et le quartier Montcalm de la ville de Québec sont les proies des flammes depuis la veille au soir, que Mère Marie-Élisabeth quitte le séminaire pour aller mourir en terre étrangère, en exil de la vieille église, leur premier vrai couvent, celui qu'elle pensait leur pour longtemps à venir.

---

(109) « Plaintes formulées par M. Trudel à l'Évêque parce qu'il se fait une classe à sa chambre. Il avait cependant été convenu avec Mgr. que M. Trudel aurait sa chambre à l'Évêché, tant que les Sœurs des Petites Écoles n'auraient pas cédé les appartements occupés par leur Supérieure malade [...] Le Préfet organise la classe qui se faisait dans la chambre de M. Trudel, dans le nouvel appartement cédé par les Sœurs, en face de l'escalier du premier étage où M. Louis Lavoie fera désormais la classe. » (F.-Elzéar Couture, *Notes* IV : 917-918, 26 avril 1881.)

(110) *CMM* I : 185.

(111) Sœur Marie-Étienne aux Sœurs de Saint-Godefroi, Rimouski, 24 mai 1881 : 1-2.

(112) Sœur Marie-Étienne aux Sœurs de Saint-Godefroi, 7 juin 1881 : 1-2.

Mgr Langevin a prêté son carrosse pour que la malade soit des plus confortable. C'est en litière [113] qu'on la transporte : « les sœurs aidées de Monsieur le Grand Vicaire placèrent la chère mère avec de grands soins dans la belle voiture de l'Évêque, le bon Père monta dans la voiture, le trajet se fit sans trop de fatigue, il aida encore les sœurs à monter la malade l'escalier sur une chaise, on la porta dans la salle la plus commode [114]. »

Aucune reine n'aurait pu être accueillie avec autant de joie délirante et de reconnaissance pour le ciel qui avait fait renaître celle qu'elles avaient pendant tant de jours cru perdue pour elles à jamais. « Là la bonne mère se sentit heureuse du bonheur de ses filles, pour elles c'était la joie la plus entière, posséder leur mère auprès d'elles était le bonheur, elles se plaisaient à répéter : ‹ Notre Mère nous est rendue ! Le bon Dieu nous l'a conservée, elle revêt ses habits, elle marche... c'est la guérison espérée, c'est le miracle attendu. › Tout danger leur semblait disparu... [115] »

Le préfet des études du séminaire, en l'absence de toute implication émotionnelle, avait jugé la situation de santé de Mère Marie-Élisabeth d'un œil plus critique, plus objectif, plus juste : « Quoique mieux, écrit-il, elle n'est pas réchappée [116]. » Mais les sœurs, tout à leur bonheur d'être rentrées dans les bonnes grâces du Seigneur qui les comble d'une telle munificence, ne jouissent pour l'instant que du moment présent et font à leur mère les honneurs du couvent. La joie est de brève durée : « ce contentement n'était pas parfait, parce qu'elle n'est pas guérie [...] Notre époux est invisible mais les coups dont il nous frappe sont visibles et de nature à affliger le cœur [117]. »

Elles n'habitent qu'une moitié de la maison, l'autre étant déjà louée au shérif de la ville au moment de leur arrivée. M. Lapointe y habite avec sa nombreuse famille. Les sœurs sont en très bons termes avec ces autres occupants des lieux qui sont « discrets et polis » et « aucunement nuisibles ». Le principal problème est l'organisation d'un couvent dans cette maison aux très petites pièces, prévues pour des bureaux.

L'on avait installé la chapelle au premier étage, mais si toutes y étaient appelées, peu étaient élues à en franchir le seuil : « l'autel, le

---

(113) Selon F.-Elzéar Couture, *Notes* IV : 928, 9 juin 1881 : « [...] à 2h. À ce moment la Supérieure des Sœurs des Petites-Écoles quittait en carrosse et en litière le Séminaire où elle était restée pour rejoindre sa communauté. »

(114) *CMM* I : 185.

(115) *Ibid.*

(116) F.-Elzéar Couture, *Notes* IV : 928.

(117) Sœur Marie-Étienne aux Sœurs de Saint-Godefroi, Rimouski, 23 juin 1881 : 2.

prêtre le servant de messe et deux sœurs, c'est tout ce qu'elle pouvait contenir. On entendait la messe dans la petite sacristie, petit corridor, salle de classe pour les enfants un peu plus grande. Deux sœurs, seulement, communiaient ensemble, tout près de l'autel [118]. » La sacristie se transforme en parloir durant le jour et la toute petite cuisine sert de réfectoire.

Au second étage où les pièces sans être vastes étaient tout de même plus grandes qu'à l'étage inférieur, l'on y installe la salle de communauté, d'étude et de travail, de même que l'infirmerie, toute petite pièce. L'on a même fait l'installation « pour ne pas être séparer de la chère Mère », d'un « canapé à la communauté afin qu'elle put se reposer auprès de ses sœurs quand elle ne garde pas le lit. »

Quant au grenier, s'il était vaste, il était « presque inhabitable ». Et la chronique enchaîne d'une façon qui pourrait être qualifiée d'humour noir si elle ne dénotait pas l'habitude d'une telle misère qu'il n'y a plus lieu de s'étonner de rien et qu'en tout il faut faire contre mauvaise fortune bon cœur : « on y mit les lits [119] ». Sauf celui évidemment de Mère Marie-Élisabeth, installée à l'infirmerie.

N'auraient-elles point mérité que le propriétaire, Mgr Langevin, ou les nouveaux habitants de leur ancienne demeure organisent une corvée, et rendent les lieux présentables avant qu'elles ne s'y présentent ? Elles qui croyaient en avoir terminé avec les grandes entreprises de démolition et de réfection ! « Il fallut recommencer les travaux : Les planches, les clous, la chaux, le mortier, etc, payer un ouvrier afin de loger un dortoir. Ces travaux se continuèrent presque tout l'été ». L'on voulut naturellement les interrompre pour ne pas fatiguer Mère Marie-Élisabeth, « mais elle ne le voulut pas, elle sut souffrir avec sa patience ordinaire sans jamais se plaindre du bruit qui se faisait au dessus de sa tête. »

Deux jours après l'arrivée de Mère Marie-Élisabeth, le grand vicaire va la confesser à sa chambre. Et le lendemain, dimanche, elle trouve la force de descendre, « elle descendit l'escalier, appuyée sur le bras de sa compagne, communia dans la chapelle et entendit la sainte messe assise dans la sacristie [120]. » Elle réussit le même exploit le 16 juin, le jeudi de la Fête-Dieu. Puis, dans sa chambre à l'infirmerie débordée par le crépuscule, l'âme en souffle encore présent s'évertue à rester pour témoigner d'elle, de sa foi, de l'esprit de sa communauté, à ses filles exilées par elle et pour elle et qui doivent bientôt rentrer

---

(118) *CMM* I : 186.
(119) *CMM* I : 186.
(120) *CMM* I : 186.

au bercail, comme elle l'a décrété, à chaque été, pour re-vivre en communauté, pour reprendre le fil ténu et interrompu par les distances impitoyables, pour se retremper, se refaire, une étape, une pause avant un nouvel envol.

Elle ne peut se lever que peu de temps et doit ensuite réintégrer l'infirmerie. Le premier dimanche dans la maison de brique, elle écrit à ses filles :

À toutes nos chères Sœurs en J.C.

J.M.J. N.S. nous donne sa paix

Bonjour, mes bien chères Sœurs !

Réjouissez-vous dans le Seigneur ; comme un bon père, il aime à voir ses enfants bien s'amuser.

Vous ne ferez pas trop de bruit, n'est-ce-pas ? car vous chasseriez les bons anges ; ils n'aiment pas le tapage, ces bons anges.

Je ne puis me réunir à vous, ma faiblesse est trop grande, et la compagnie me fatigue beaucoup.

Dimanche, ce 12 juin

De l'infirmerie où la main bienfaisante de Notre Seigneur me retient. Un petit souvenir dans vos ferventes prières, mes chères Sœurs, pour

Votre indigne Mère
Sr M. Elizabeth

Je vous souhaite à toutes le bonsoir dans le Sacré Cœur de Jésus [121].

Il n'a pas été facile aux sœurs de suivre à la lettre leur règle dans la perturbation des jours des derniers mois, déménagement, emménagement, organisation et réfection, maladie de leur mère. Le silence surtout qu'elle chérit plus particulièrement.

L'histoire est là : la communauté qui sait observer le silence n'a pas à craindre pour elle-même. C'est une façon très concrète de mesurer son degré de sainteté. Lorsque les circonstances, les guerres, les famines et les calamités ont empêché les groupes religieux d'observer la vie régulière, la ferveur des religieux a dépendu de leur pratique du silence, condition de survie de l'esprit religieux. Le moyen âge, qui a donné tant de saints bénédictins à l'Église, disait souvent de la vie religieuse qu'elle se résumait à l'observance de la pauvreté, de la chasteté et du silence. La grâce du cloître, comme la grâce du désert, c'est le silence. Les dits de l'époque monastique veulent même que le silence mette le diable en colère ou qu'il le chasse [122].

---

(121) *Lettres autographes...* : R-7. Cette lettre est de 1881 et non de 1880.
(122) Benoît Lacroix, *Silence*, [Montréal], Éditions du Silence, 1989, 45 p. : 40-41.

Saint Jean de la Croix l'a dit : « le langage que Dieu entend le mieux n'est que silence d'amour [123] ». C'est dans cet esprit que Mère Marie-Élisabeth, moins de quinze jours après la Fête-Dieu, entreprend une neuvaine du silence par amour pour ses filles, par amour pour sa communauté pour laquelle elle intercède ainsi de ses manquements réitérés au silence. « Notre Mère Élisabeth avait promis une neuvaine de silence pour expier les manquem[en]ts de silence dans la Cong[régation] pendant les dernières vacances, avant sa mort [124]. » Sœur Marie-Joseph lui dit : « Ma Mère quel sacrif[ice] vous allez faire faire aux Sœurs. »

Mère Marie-Élisabeth aime assez ses filles pour les inviter à s'élever avec elles, pour leur montrer la voie noble et belle du monde qu'on ne voit ni n'entend. Elle pense que « Le monde a plus besoin de bons exemples que bonnes paroles [125]. » Ses filles aussi, et c'est à elle de le leur donner.

Peu avant sa mort, le jeudi, le Christ aussi s'est replié du groupe de ses disciples pour s'éloigner seul au jardin des Oliviers, pour se laisser imprégner de la présence de son Père. Il est revenu ensuite, fort de toute cette silencieuse lumière qui le fera traverser la mort.

Mère Marie-Élisabeth ne répond pas à sœur Marie-Joseph. Le Christ avait dit : « Ne savez-vous pas que je dois faire la volonté de mon Père ? » « Elle écrivit tous ses besoins et se contenta de montrer sa feuille [126]. » Elle commence sa neuvaine du silence le 29 juin, en la fête des saints Pierre et Paul apôtres. « Le quatrième jour de sa neuvaine, les missionnaires se mirent à arriver. »

Juillet, le mois que l'on croyait ne jamais voir arriver, ne jamais être celui de la grande réunion de tous ses membres. Le 2 juillet [127], arrivée des premières sœurs missionnaires, celles de Saint-Gabriel sans doute. Celles de Saint-Godefroi et de Port-Daniel sont arrivées plus tard, car les sœurs de Port-Daniel sont porteuses d'une lettre de leur curé datée du 3 juillet, peut-être même à la fin de cette semaine, le 9 ou le 10 [128]. « Joie, émotion, larmes de part et d'autre. » Elles qui

---

(123) Cité dans *ibid.* : 37.

(124) *Notes pour Mère Élisabeth...* : 4, ARSR, 210.405, C. 4, 8.

(125) *Sentences* : 15, n° LVI.

(126) *Ibid.*

(127) *CMM* I : 186.

(128) « Vous demanderez aux commissaires s'ils veulent bien vous donner congé pour venir à la fin de la semaine du 8 de juillet avec nos Sœurs de Port-Daniel. » (Sœur Marie-Étienne aux Sœurs de Saint-Godefroi, Rimouski, 23 juin 1881 : 4.)

n'ont pas vu Mère Marie-Élisabeth depuis longtemps sont mieux en mesure que leurs sœurs rimouskoises de constater les terribles traces laissées par la maladie. « Les sœurs s'attristent à la vue du ravage que la maladie avait fait sur la figure de la tendre mère ; elles ont tant pleuré à la pensée qu'elles ne la reverraient plus, aujourd'hui l'espérance soutient leur courage [129]. » Mère Marie-Élisabeth « les reçut à sa chambre, les baisa leur permit de parler entre elles près de son lit, mais ne dit pas un mot tout le temps de sa neuvaine [130]. » Elle les enveloppe de la grâce par excellence à offrir à celles qu'elle aime : elle les écoute jusqu'au fond du cœur. Leur blessure arrive jusqu'à elle, qu'elle berce de douceur.

Revenue de ce « large silence initiatique et contemplatif [131] » où elle est entrée gravement comme elle est entrée en religion, Mère Marie-Élisabeth, « sensible à la joie et à la douleur de ses chères sœurs », « les console par quelques entretiens ». Elle ne possède plus les forces nécessaires pour donner de longues conférences. Elle fait peut-être mieux encore, un enseignement personnalisé, adapté à chacune de ses filles, mais qui comporte tout de même pour toutes l'essentiel de son message qui n'est que l'essentiel de la vie religieuse telle qu'elle la voit et telle qu'elle doit être. C'est « de son lit où chacune se dispute le bonheur de veiller » qu'elle « leur rappellera leurs saintes obligations, leur recommandera d'être fidèles tous les jours de leur vie à leurs promesses, de s'aimer, de se supporter ; elle les exhorte à la confiance envers la très Sainte Vierge, de l'aimer, de la prier et de la considérer comme leur tendre mère, etc, etc. [132] »

D'ailleurs, elle a conscience qu'elles sont pour la plupart sur la bonne voie et qu'elles feront honneur au but de leur communauté. La lettre du curé de Port-Daniel adressée à ses sœurs enseignantes en est une autre preuve tangible :

À la fin de votre première année scolaire à Port Daniel, laissez-moi vous féliciter de vos succès et vous en remercier cordialement. Outre les progrès remarquables faits par les élèves qui ont été assidus aux classes, j'ai constaté que le nombre des élèves qui ont fréquenté l'école cette année à augmenté considerablement. Vous avez réussi, par votre bonne et sage direction, à leur faire aimer l'école. C'est un progrès dont je vous félicite de tout cœur. Vous devez être satisfaites vous-mêmes, et d'autant plus que la plupart de

---

(129) *CMM* I : 186-187.
(130) *Note* : 1, ARSR, 210.405, C.4, 8.
(131) Benoît Lacroix, *Silence* : 15.
(132) *CMM* I : 187.

vos élèves se font remarquer par leur application, leur excellente conduite, et une bonne tenue [133].

Le curé de Saint-Godefroi se manifestera plus tard, trop tard cependant pour que Mère Marie-Élisabeth prenne connaissance de sa lettre [134].

En la fête de Notre-Dame du Mont-Carmel, le 16 juillet, arrive de Cap-Chat la postulante Elmire Roy, qui avait cru un moment devoir différer son entrée à cause de l'incendie du séminaire [135]. Ce même jour, elle revêt la robe noire des postulantes. Alors que « la Communauté est réunie pour les prières d'usage, les éléments se déchaînent, les éclairs sillonnent les rues, le tonnerre gronde avec fracas, le vent souffle avec violence et la pluie tombe par torrents. » Celle qui dirigera plus tard la communauté pendant un quart de siècle d'une main ferme, qui ne semble rien craindre n'est en ce moment qu'une toute jeune fille apeurée par les éléments déchaînés et se demandant peut-être de quels effroyables augures ils sont ainsi porteurs. « Dans la demie obscurité de la salle, prosternée aux pieds de la statue de la Sainte-Vierge, la jeune postulante est terrifiée... [136] »

Le 25 juillet, le nouvel évêque de Chicoutimi, Mgr Dominique Racine vient leur rendre visite en compagnie de leur directeur et du chanoine Saucier, le procureur du Séminaire, celui-là même dont les trois sœurs avaient grevé le budget à force de tant manger ! « L'Évêque bénit la malade et leur adresse quelques consolantes paroles ; il bénit aussi toutes les sœurs, les engage à prier avec confiance faisant allusion à la fête du lendemain, il leur dit que la bonne Sainte Anne est très puissante d'espérer tout de son secours. » Le 26, les sœurs suivent le conseil reçu, que toutes sans doute elles s'étaient déjà donné à elles-mêmes : « Les Sœurs passent la journée à la chapelle, la prière n'est pas interrompue un seul moment, elles se succèdent sans inter-

---

(133) N. Lévesque aux Sœurs Marie de Jésus et Marie du Sacré-Cœur, Port-Daniel, 3 juillet 1881, ARSR, 304.500, C. 8, 6.

(134) « Monsieur le Curé, Ph. Fortier de St-Godefroi avait écrit à notre Mère Marie Élisabeth, une lettre à la date du 12 août, elle n'en sut pas le contenu » (*CMM* I : 195-196).

(135) « Pardonnez-moi si j'ose rompre votre silence au sujet de mon entrée parmi vous. Je crains que le malheur qui vient de fondre sur le diocèse, et en particulier sur Monseigneur, vous ait mise dans l'impossibilité de recevoir de nouveaux sujets. Cette pensée m'afflige, mais cependant si telle est la volonté de Dieu, je suis prête à tout subir. Si au contraire vous voulez bien m'accepter comme la dernière de vos servantes, daignez s'il vous plaît me le dire au plus tôt, en déterminant le jour de mon entrée, car j'attends cette réponse pour préparer le linge qu'il me faut. » (Elmire Roy à Mère Marie-Élisabeth, Cap-Chat, 29 avril 1881, ARSR.)

(136) *CMM* I : 187.

ruption. Toutes prient à haute voix elles espèrent voir leurs vœux exaucer le jour même [137]. »

Depuis la Fête-Dieu le 16 juin, jusqu'au 25 juillet, l'état de santé de Mère Marie-Élisabeth est resté stationnaire : « De cette date au 25 juillet il y eut très peu de changement dans son état de faiblesse, elle descendit encore deux fois communier à la chapelle, elle marchait de son lit à la communauté, appuyée sur le bras d'une sœur, tantôt mieux tantôt plus mal, les jours s'écoulèrent entre l'espoir et la crainte [138]. »

Le 26, en la fête de Sainte-Anne, celle qui l'avait déjà protégée demeure sourde à tous les appels. Ou serait-ce que l'appel de Mère Marie-Élisabeth diffère de celui de ses filles ? Ou plutôt que sainte Anne a décidé de lui offrir mieux encore que la santé ? Mère Marie-Élisabeth écrit elle-même qu'elle ne saura sinon qu'au ciel ce que c'est que d'être une vraie religieuse. C'est peut-être l'exaucement de ce vœu secret qu'elle met désormais en branle.

Et comme un signe tangible de consolation et d'espoir pour la mère qui craint plus pour sa communauté que pour sa vie, une nouvelle postulante entre ce jour-même au noviciat. Alphonsine Canuel, une autre recrue de choix qui persévérera sous le nom de sœur Marie-Benoît.

Et parce qu'elle appréhende le futur pour elles toutes, Mère Marie-Élisabeth qui a tant souffert des incompréhensions, voire de l'ignorance de leur exacte situation matérielle par les autorités ecclésiastiques et même par leur propre directeur, décide de se confier à celui-ci, pour qu'il soit en mesure de veiller désormais sur sa famille.

Il avait recueilli les dernières confidences de la mère mourante dans un de ces moments où l'évidence d'une mort prochaine les rend plus intimes. En lui léguant sa famille éplorée, elle lui avait dévoilé ses souffrances, ses angoisses du passé, ses craintes et ses appréhensions pour l'avenir : les dangers qui allaient surgir pour écraser le petit Institut, ce faible arbrisseau que sa main débile a étayé, elle voulait éloigner la tempête qui pourrait le renverser. Les sœurs jeunes, généreuses et vaillantes qui ont bravé à ses côtés la détresse des premiers jours, marcheront-elles fermes et constantes dans le sentier qu'elle leur a frayé ?... Le saint Directeur ne comprit qu'alors cette grande âme de notre Mère fondatrice... Combien de douleur il lui aurait ménagée s'il avait su l'appuyée en maintes circonstances ; mais aujourd'hui, il a promis de protéger les enfants désolées ; il tint sa parole [139].

_____

(137) *Ibid.*
(138) *CMM* I : 186.
(139) *CMM* I : 191.

Le dernier soir fut un matin

Voici venir l'heure qu'elle n'a pas choisie mais qu'elle attend pourtant depuis si longtemps. Le long périple qui l'a amenée jusque là, dont l'aboutissement se tient depuis des mois derrière sa porte, est désormais arrêté dans sa course.

Au début du mois d'août, ou peut-être dès la fin de juillet, le confinement au lit lui est comme une mise en prières. Elle commence à sentir le ciel qui se rapproche. Le 2 août, leur directeur lui apporte la communion au lit : « elle n'a plus la force de descendre à la chapelle, même de quitter son lit ». Désormais, « La crainte succède à l'espérance. On réitère les neuvaines, on supplie, on se mortifie. Mais le ciel est d'airain [140]. » Mère Marie-Élisabeth a la consolation de voir deux novices admises à prononcer leurs premiers vœux, les deux sœurs Thériault, les sœurs Marie-Marguerite et Marie de la Visitation. Le 6 août, un rédemptoriste, le Père Linden arrive pour prêcher la retraite précédant la profession. Deux jours plus tard, « la malade est dans un état de grande faiblesse ». Les sœurs occupées toutes de son souffle et modelant sur lui le rythme de leur vie se lancent à cœur éperdu dans les supplications incessantes, les formules incantatoires, les rites au pouvoir cathartique. « La douleur des Sœurs devient plus vive, leurs supplications plus ardentes... neuf fois le jour, elles se réunissent pour prier les bras en croix ; elles font à Dieu des promesses héroïques, elles veullent tout sacrifier, tout embrasser pour fléchir le ciel. » Cela ne suffit pas. Leurs pleurs s'égrènent comme des antiennes.

Est-ce à ce moment qu'on fait mander Angèle Labrecque à son chevet ? L'on ne sait, sinon que la mère d'Élisabeth vient de Beaumont pour la voir [141]. Elle a plus de soixante-dix maintenant. De ses dix enfants, elle en a perdu un en bas âge, Narcisse, Célina séjourne dans une maison de santé, Henriette demeure aux États-Unis, Alvine ou sœur Marie-Joséphine ainsi que Marine sont mortes toutes deux de phtisie comme le fera bientôt Élisabeth. Il lui reste son fils, Louis-Pierre-Hubert, avec qui elle vit, Louise qui enseigne à Québec et les deux dernières filles qui sont mariées, Angèle et Aurélie. Qui l'a accompagnée de Beaumont jusqu'à Rimouski ? Louise n'est sans doute pas venue parce que la chronique l'aurait sûrement noté. Avec elle, peut-être Mère Marie-Élisabeth remonte-t-elle le trajet de l'enfance, son esprit remonte-t-il le fleuve jusqu'à Beaumont d'où un jour elle est partie pour n'y plus retourner qu'en passante, qu'en quêteuse pour sa communauté. Beaumont n'est plus qu'un lieu de mémoire où a pris

---

(140) *CMM* I : 187-188.
(141) Voir *Nos Bienfaiteurs de la première heure, 1874-1935* : 56.

forme le rêve de vie religieuse. Entre le songe, son dévoiement, la traverse du labyrinthe des désespoirs et le sort qu'elle lui fit, qu'il a été long et abrupt le chemin.

Voilà le sceau de sa vie imprimé en relief au feston de l'éternité. La veille de l'Assomption, le grand vicaire,

> fait communier la malade en viatique. Il exhorte de nouveau la chère malade au saint abandon à la divine Volonté et les pauvres Sœurs à la résignation : Celles-ci supplient, elles implorent tous les Saint du ciel, elles s'épuisent en veille et en mortification. Les deux postulantes sont consternées ; plus sensibles à la douleur des Sœurs qu'à la perte de la mère, perte qu'elles ne comprennent pas ; elles repettent sur tous les tons les mille invocations à la dévotion de chacune ; elles prient elles pleurent et un cruel ennui se mêle à ces scènes de désolation [142].

Elle ne mourra pas encore. Elle doit attendre la fête de l'Assomption, jour de profession pour les deux novices, à la suite desquelles les sœurs professes renouvellent leurs vœux annuels : « C'est une belle et attendrissante fête ; mais les voix sont si émues, les figures si pâles, les cœurs si affligés, les angoisses de leurs âmes... le toût est marqué du sceau de leur profonde douleur [143]. » Mère Marie-Élisabeth aussi renouvelle ses vœux, après quoi le Père Linden lui donne la bénédiction papale. Puis « La chère Mère sourit aux deux jeunes professes : celles-ci prolongent leur visite, elle les console, leur recommande la soumission à l'adorable volonté de Dieu... Sa voix est si faible, ses paroles sont si douces, ses regards si tendres, toutes voudraient rester auprès de sa couche... elle porte un long regard sur les deux postulantes puis elle dit : ‹ Ces chères enfants sont bien jeunes pour rester orphelines. › [144] »

Ce même jour du 15 août, le grand vicaire revient lui administrer l'extrême-onction. Son regard s'endeuille à les voir ces pleureuses si chères à son cœur. Son infinie compassion n'est pour elle qu'un regard éperdu d'amour : « La compassion a sa source et sa ressource dans l'Amour [145]. » C'est ce message d'amour qu'elle veut leur laisser, celui des plus grands commandements de leur religion. Aux sœurs qui « entouraient toutes son lit en pleurant », elle dit : « Mes chères Sœurs, quoique cette séparation là soit pénible il ne faut pas faire comme les paiens, se décourager : je vous recommande la charité la plus parfaite, l'union la plus parfaite ; c'est cela qui fera votre force en toute chose.

---

(142) *CMM* I : 188.
(143) *Ibid*.
(144) *CMM* I : 188-189.
(145) *Sentences* : 4, n° XV.

Rappelez-vous toujours, mes chères Sœurs, que tout royaume divisé retombe sur lui-même [146]. » Mère Marie-Élisabeth « voit avec un grand calme approcher le moment final. Mais autour de son lit, les larmes coulent amères, la douleur devient plus intense, les lueurs d'espoir s'éteignent... La nuit est paisible, elle semble reposer, les sœurs veillent et elles prient [147]. »

Le 16 au matin, le Dr Fiset, appelé par les sœurs, vient voir Mère Marie-Élisabeth. Elle lui demande : « Mourrais-je aujourd'hui ? » Assis à côté de son canapé, après avoir pris son pouls, le médecin en lui serrant la main lui répond : « Vous me demandez la vérité, je ne puis refuser de vous la dire. Si vous passez la journée vous ne passerez certainement pas la nuit. » Et pendant que « de grosses larmes tombaient sur ses joues », il lui dit encore : « Vous paraissez si contente de mourir. »

Elle l'est. Mais ce ne doit pas être pour le moment présent. Elle doit à tout prix retarder encore. C'est peut-être pour cela qu'elle a posé la question au médecin. Elle n'a que trop tardé déjà. Il lui reste une mission à remplir. Pourquoi a-t-elle attendu si tard ? Le savait-elle à chaque fois que chaque tentative de mort n'était qu'une répétition qui de fois en fois la rendrait plus parfaite pour la dernière ?

Est-ce l'arrivée en cette maison qui a rendu plus poignante la situation de ses filles ? Le renoncement à la vie ne serait pas si douloureux si la suite de celle de ses filles n'était par là-même en grave danger.

C'est une peine qu'il lui faut porter, un deuil propitiatoire pour celui dans lequel elle va bientôt les plonger. Elle ne peut même se conforter dans l'idée que le pire est derrière elle. Rien n'est assuré. Aucun lien définitif n'est tissé. Même au plus profond de sa peur, sans doute ne peut-elle même pas envisager que si suite il y a, les premiers vœux perpétuels ne seront prononcés qu'en 1895, vingt-et-un ans après la fondation.

Cette inquiétude sourde pour la suite de sa communauté qui tant la navre et la poursuit le long des jours et le dedans des nuits elle finit après moult hésitations et dans un premier grand élan d'abandon et de confiance sans fin, ignorant la réception qu'on y fera, de la communiquer à l'évêque.

C'est à cette heure sans lumière si ce n'est celle de l'au-dedans d'elle qu'elle osera avouer à l'évêque ce que jamais même l'audace d'avant ne lui permit. Car pour contracter des dettes importantes, il

---

(146) *Notes pour Mère Élisabeth...* : 3, ARSR, 210.405, C.4, 8.
(147) *CMM* I : 189.

fallait avoir la permission de l'évêque. Qu'elle a outrepassée ou ignorée ou tout simplement non demandée, sachant si bien comment elle serait reçue. Elle ne peut plus désormais reculer l'explication, acculée qu'elle est ainsi dans les derniers retranchements de la vie. Elle ne peut laisser une telle dette à ses filles. Sa seule crainte désormais c'est pour elles qu'elle la réserve. «Après le départ du Docteur Mère M. Élisabeth fit venir Mgr l'Évêque pour lui demander l'autorisation de demander à sa famille de payer une partie d'une petite dette de 3 à 400 piastres qu'elle avait dû contracter à la Riv[ière]-du-Loup pour pourvoir aux besoins les plus pressants de la Communauté.» C'est un aveu *ipso facto* de sa faute. Pas aux yeux de Dieu peut-être, mais selon la hiérarchie ecclésiastique. Mgr Langevin cependant lui répond: «Non non, ne vous occupez pas de cela, j'arrangerai cela avec le grand vicaire [148].»

L'évêque l'exonère complètement. Il oublie même. Après sa mort, il dira: «Elle a été si obéissante.» Certes elle a toujours obéi aux lois, parfois aux lois de l'amour et de la vie avant les siennes, mais toujours obéi.

Et parce qu'elle est si inquiète pour la suite de sa communauté qu'elle veut solidifier tant dans le domaine spirituel que matériel, si incertaine de sa succession et du bonheur de ses filles, parce qu'elle veut paver le plus possible leur voie de douceur en son absence, elle ose demander deux autres choses. À l'évêque qui a tenu jusque là à nommer la supérieure de leur communauté, comme il s'est réservé le supériorat du Séminaire de Rimouski et exigera plus tard lorsqu'il démissionnera d'en nommer le supérieur, elle demande qu'il veuille bien laisser les sœurs élire elles-mêmes leur supérieure. Ensuite, elle lui demande que le noviciat soit séparé de la communauté, comme cela se fait dans les communautés organisées.

C'est seulement après la mort de leur mère que les sœurs apprendront cela de la bouche même de l'évêque. Le 23 août, «À neuf heures Monseigneur l'Évêque accompagné de son Grand Vicaire M. Edmond Langevin, se rendit à la communauté. Il assembla les dix professes qui avaient prononcé leurs vœux pour la troisième fois, et leur fit connaitre que leur chère Mère Marie Élisabeth, lui avait demande la veille de sa mort, de bien vouloir laisser les sœurs choisir elles-mêmes leur supérieure, en second lieu elle demanda que le noviciat fut séparé de la communauté [149].»

---

(148) *Notes pour Mère Élisabeth...*: 5.
(149) «L'Évêque ajouta qu'il était venu pour présider à l'élection de la supérieure et de ses sœurs conseillères; qu'elles étaient libres de faire leur choix, il leur donna

C'est pendant l'après-midi du 16 que vient Mgr Langevin. Les sœurs, après avoir tout essayé sans succès se tournent en dernier recours vers lui et lui demandent de guérir leur mère. Après tout, la première fois, il leur avait dit qu'elle ne mourrait pas encore. Et ce jour-là elle n'était pas morte. Et Mgr Langevin de répondre dans le prégnant silence suspendu à ses mots : « Vous ne savez pas ce que vous demandez. Le bon Dieu la veut. Je pourrais la guérir, mais je ne dois pas le faire ; qui sait, si plus tard elle ne m'en ferait pas des reproches [150]. »

Mgr Langevin « lui applique une dernière indulgence, sa voix est presque éteinte, mais, l'Évêque remarque la sérénité de ses traits, le rayonnement de son front, et il dit aux sœurs : ‹ Laissez votre mère aller à Dieu ›. [151] » Mais en cette heure, les sœurs trop enfermées dans leur douleur sont au-delà de l'obéissance et de l'acceptation. Comme si celle-ci rendrait la mort inévitable. Elles luttent encore par tous les moyens qu'elles connaissent. « Les sœurs font bruler leurs cierges de profession, qu'elles avaient conservés, devant les images de la Mère de Dieu, de Ste Anne, de St François d'Assise, leurs mains sont tendues, leurs voix sont suppliantes, leurs larmes coulent abondantes [152]. »

Les deux sœurs Deslauriers qui ont pleuré dans les bras d'Élisabeth à la mort de leur mère et qui l'ont suivie à Rimouski sont révoltées de douleur : « Sœur Marie des Anges, s'écrit : ‹ J'étais déjà orpheline, vous êtes ma seconde mère, ne me laissez pas orpheline une seconde fois. › Sœur Marie de Jésus dans l'égarement de sa douleur, elle faisait des signes menaçants vers l'image de Sainte Anne... [153] »

---

en même temps les avis nécessaires qui devaient les guider et leur indiqua la manière de présider à l'élection. » (*CMM* I : 196). Ce 23 août 1881, seront élues au premier tour, sœur Marie-Joseph, supérieure, sœur Marie-Étienne, assistante et sœur Marie-Anne, maîtresse des novices. Les vocales ayant prononcé trois fois leurs vœux annuels outre celles citées, sont les sœurs Marie-Jeanne-Françoise de Chantal, Marie de Jésus, Marie des Anges, Marie-Edmond, Marie du Sacré Cœur, Marie-Jean l'Évangéliste, et Marie-Lucie. (Voir *RED* I : 31ss.) Jusque là, toutes les sœurs, qu'elles soient professes, novices ou postulantes ne formaient qu'un seul groupe pour la récitation des exercices de piété, les récréations, etc. Selon le désir de Mère Marie-Élisabeth, dorénavant les professes comptant moins de quatre ans de vœux, ainsi que les novices et les postulantes vivront dans le noviciat séparé des autres sœurs professes de la communauté (*CMM* I : 197).

(150) *Notes pour Mère Élisabeth...* : 4. Une autre version est donnée en ces termes : « Quand on demanda à Mgr l'Évêque de guérir Mère Élisabeth : Je le pourrais, mais je ne dois pas le faire. Mes Sœurs vous ne savez pas ce que vous demandez. Qui sait si un jour elle ne m'en ferait pas de grands reproches ! Elle est si prête. » (*Note* : 6.)

(151) *CMM* I : 189.

(152) *Ibid.*

(153) *Ibid.*

L'on doit une fois de plus aller chercher le grand vicaire [154] :

Le bon Père Directeur fut rappelé au milieu de la nuit, il est ému en présence de cette scène déchirante ; toutes les sœurs prient et pleurent à haute voix. Sœur Marie Jean l'Évangéliste, modèle de réserve et de modestie accourue coiffée de son bonnet de nuit, les bras en croix implorant la Sainte Vierge, elle n'avait pas remarqué la présence du Grand Vicaire. Sœur Marie Étienne plus calme en apparence, mais le cœur brisé, s'efforçait de consoler ses sœurs leur disant : « Le bon Dieu éprouve notre foi ; il ressuscitera notre Mère plutôt que de nous laisser orphelines. » [155]

Mais la mort inexorable suit son impitoyable cours : « Le froid envahit les membres de la mourante, les symtômes de la mort apparaîssent visibles, évidents... Les cœurs se serrent, les sanglots étouffent les cris de la prière, les mains s'élèvent encore suppliantes vers le ciel, comme Moïse sur la montagne de Hur, mais l'impitoyable mort plus obstinée que les farouches Amélécites va saisir sa proie [156]. »

Pour son agonie, elle a elle-même réglé les détails afin que de la bouche de ses filles s'élancent les propres paroles qu'elle voudrait prononcer à cette heure où, peut-être, elle sera dans l'impossibilité d'être aussi présente qu'elle le voudrait à sa propre mort. Jusqu'à la fin, elle sera consciente et ceci est pour elle une immense grâce, ainsi que pour ses filles. « Elle leur avait donné des invocations chacune en particulier. Quand vous me verrez à l'agonie vous direz telle chose etc. C'est pourquoi elles disent cela toutes ensemble. Sacré [Cœur] de J[ésus] [...] St-Joseph. Ô Marie, espoir des hommes etc. [157] »

Le rythme doux de son souffle s'est mué en halètement. Tout son cœur palpite dans sa gorge comme un oiseau blessé qui va bientôt rendre l'âme. Ses paupières s'entreferment nimbées déjà d'un autre monde. Son visage d'albâtre prend forme de gisante : « une paleur livide s'étend sur sa figure, les sueurs froides ruissellent sur son front, ses yeux se voilent et ses lèvres murmurent [...] le saint nom de Jesus [158]. » Elle veut s'échapper, mais toutes encore la retiennent. « Le Grand Vicaire s'agenouille auprès du lit funèbre, il prie en silence puis se tournant vers les sœurs, il dit d'un ton grave et ému : Laissez-la partir. » Elles savent alors que le moment est venu de faire ce que leur mère leur a demandé, de prononcer le *Fiat* qui accepte et qui libère. Elles savent qu'elles doivent désormais taire leur douleur et laisser le

---

(154) Vers 11h15-11h30 selon *Notes pour Mère Élisabeth...* : 4.
(155) *CMM* I : 189.
(156) *Ibid.* : 189-190.
(157) *Note* : 4.
(158) *CMM* I : 190.

silence envahir le mystère en train de se produire. Elles savent que leur Mère qui les a toujours fait passer avant elle doit ne plus s'occuper que de son âme halée par le désir, que de la lumière intérieure qui l'envahit de plus en plus, prélude à l'ultime rencontre. « Alors les voix se tuent, les sanglots sont étouffés, les larmes coulent en silence et l'âme dans sa muette prière repette le fiat suprême [159]. » L'agonie sera « courte et paisible ». Leur directeur s'étant relevé pour lui donner une dernière absolution « s'approcha de son lit après les prières des agonisants, et lui dit : ‹ Si vous avez votre connaissance levez la main ›, ce qu'elle fit. ‹ Si vous ne pouvez répéter de bouche dites de cœur ce que je vais dire : Jésus Marie Joseph je remets entre vos mains mon cœur, mon corps, mon âme et mon esprit. › Elle répéta exactem[en]t tout bas et expira en disant ‹ esprit ›. [160] » Il est minuit et vingt minutes le mercredi 17 août 1881. « La mort a fait son œuvre, la dépouille chérie git sur la froide couche, mais son âme vit là-haut dans le sein de Dieu, ici bas, la foi et l'amour vaincront la douleur... [161] »

Le jour de l'enterrement, le vendredi 19 août, Mgr Langevin vient dire la messe dans leur petite chapelle. À l'assistante, devenue supérieure *pro tempore* par la mort de Mère Marie-Élisabeth, il dit : « Je suis venu vous dire la messe parce que M. le Grand Vicaire va faire ici la levée du corps et chanter le service, moi, je ferai l'absoute et je conduirai ses restes au cimetière. Ce n'est pas d'usage que l'Évêque se rende au cimetière, mais elle m'a fait tant de plaisir à l'École Normale, elle m'en a fait ici aussi, elle était si obéissante [162]. » Ce fut ainsi. Ensuite, le grand vicaire vient faire la levée du corps à leur couvent, puis il chante le service. Mgr Langevin fait l'absoute et conduit le cortège funèbre au cimetière. Un peu plus tard on déposera « une croix de bois peinte en noir, sur la tombe de la vénéré[e] Mère [163] ». Et dans le registre de la paroisse l'on inscrit :

Le dix neuf août mil huit cent quatre vingt-un, Nous soussigné, Évêque de St Germain de Rimouski, avons inhumé dans le cimetière de cette paroisse le corps de Marie Elizabeth Turgeon, en religion Mère Marie Elizabeth, Supérieure des Sœurs des Petites Écoles, décédée en cette paroisse, l'avant veille à l'âge de quarante deux [sic] ans Présents le Très Révérend Edmond Langevin, Vicaire

---

(159) *CMM* I : 190.

(160) *Notes pour Mère Élisabeth...* : 5.

(161) *CMM* I : 190.

(162) *Ibid.* Autre version dans *Notes pour Mère Élisabeth...* : « L'Évêque a dit J'irai faire l'absoute et je la conduirai au cimetière : C'est ce que l'Évêque n'a pas l'habitude de faire : mais elle m'a été si obéissante que je lui dois cela. » (3)

(163) *CMM* I : 198.

Général & Prévôt du Chapitre, les Chanoines Carbonneau & Saucier, Monseigneur Charles Guay, Protonotaire Apostolique, le Révérend Père Charmont, des Frères Prêcheurs, la Communauté des Sœurs des Petites Écoles et beaucoup d'autres, dont quelques uns ont signé avec nous, lecture faite

Edmond Langevin, V.G. C.A. Carbonneau, P.Ch P.J. Saucier, P^{tre}, Chs Guay, P^{tre} Curé, Prot. Apost. A. Audet P^{tre} J.J. LePage, P^{tre}

+Jean, Ev. de St G. de Rimouski [164]

Mère Marie-Élisabeth laisse à sa mort dix-sept sœurs dans la communauté des Sœurs des Petites-Écoles : quatorze professes, dont dix du groupe des treize du 12 septembre 1879, une novice et deux postulantes [165].

Cependant que toute la largeur de la mort les sépare, ce pourquoi elle est morte et son acte même de mourir la ramène auprès d'elles et les rapproche infailliblement. Pendant que le corps de Mère Marie-Élisabeth, à l'ombre du clocher de la cathédrale, s'amalgame doucement à la terre rimouskoise, terre d'adoption de son rêve, sa famille éplorée s'applique à survivre et à vivre pleinement de la règle et des constitutions qu'elle leur a laissées.

Le cœur de l'évêque s'élargit et « en présence de cette grande douleur se montra vraiment paternel ». Il a promis à Mère Marie-Élisabeth, aussi il « paya lui-même les dettes de la pauvre mère [166] ».

---

(164) *Registre des baptêmes, mariages et sépultures* de la paroisse de Saint-Germain de Rimouski, 1881-1886 : 58, APSGR. Assistaient aussi au service, les abbés C. Pelletier, curé de Saint-Eusèbe, C.S. Laurent, aumônier des Frères du Sacré-Cœur, J.-A. Beaulieu, curé de Sainte-Angèle ; S. David Jean de Baie des Sables, Émile Sirois, Lionel Roy, J.-P. Cyr de Cabano, P. Proulx de Sainte-Blandine, les Chanoines S.E. Chénard et J. Perron ; les abbés Louis Martin, Alphonse Fortin, J.P. Chénard, J.A. Napoléon Lebel, curé de Calgary (Alberta), J.C. Desbiens de Sainte-Rose, J.-C. Langlois de Sainte-Anne-des-Monts (Liste tirée de *Notes pour Mère Élisabeth...* : 6, ARSR, 210.405, C. 4, 8).

(165) Les dix : Sœur Marie-Joseph (Apolline Gagné), Sœur Marie-Jeanne-Françoise de Chantal (Amélie Plamondon), Sœur Marie de Jésus (Léda Deslauriers), Sœur Marie des Anges (Eugénie Deslauriers), Sœur Marie du Sacré-Cœur (Héloïse Deveau), Sœur Marie-Jean l'Évangéliste (Flavie Bilodeau), Sœur Marie-Anne (Elzire Cauchon dit Laverdière), Sœur Marie-Lucie (Eulalie Lévêque), Sœur Marie-Étienne (Philistine Bois) et Sœur Marie-Joséphine (Léocadie Beaulieu). Les quatre autres professes : Sœur Marie du Crucifix (Odile (Élisabeth) Sirois), Sœur Marie de la Providence (Luce Parent), Sœur Marie-Marguerite (Désirée Thériault), Sœur Marie de la Visitation (Mathilde Thériault). La novice : Sœur Marie-Antoine de Padoue (Cécile Turcotte). Les deux postulantes : Elmire Roy qui deviendra Sœur Marie de la Victoire et Alphonsine Canuel, la future Sœur Marie-Benoît.

(166) *CMM* I : 191. « Le 17 août 1881, à la mort de notre Mère Fondatrice, après le long entretien qu'elle eut avec Sa Grandeur quelques heures avant sa mort, Mgr solda le montant de $1495.88 en éteignant du coup les dettes que notre Mère avait contractées pour la subsistance de la petite communauté. » Il donnera encore sur plusieurs années « la somme de $1044.41 en argent et $90.00 en nature : la 1ère chaise de la

L'âme endeuillée, Mgr Langevin se laissera aller aux confidences. Aux sœurs, il dira : « Mes Sœurs, vous avez raison de pleurer : vous avez perdu ce que vous n'aurez jamais ! ses qualités se résument : bonté, science, génie peu ordinaire [167]. » Au surintendant de l'Instruction publique, il écrit, le lendemain de sa mort : « Nous venons de perdre la Supérieure de nos Sœurs des Petites Écoles : c'est un vide immense pour cette Communauté. Je la recommande à vos prières [168]. » D'autre part, dans une circulaire au clergé du mois d'octobre suivant, faisant de la mort de la fondatrice une semeuse de vocation, il écrit :

> Quant à nos Sœurs des Petites Écoles, elles ont fait une grande perte par la mort de leur Supérieure ; mais il semble vraiment que la Providence veuille les en dédommager par le grand nombre de sujets qu'elle leur a envoyés récemment. J'ai tout lieu de croire maintenant qu'elles seront en état de répondre aux désirs de plusieurs municipalités scolaires l'été prochain. Mais cette maison n'est aucunement fondée, elle est même endettée ; je crois donc devoir la recommander à votre charité et à celle de vos paroissiens [169].

Le grand vicaire ne se montre pas en reste en générosité. Lui aussi est fidèle à sa parole qui jamais plus ne se démentira, alors que Mgr Langevin oubliera parfois que la misère d'hier se perpétuera longtemps encore :

> Quant à Monsieur le Grand Vicaire, nous ne dirons jamais assez ses bontés, ses tendresses mêmes, envers les pauvres orphelines. [...] Sa tendre commisération s'étendit désormais sur les besoins généraux et particuliers de la petite Communauté ; son œil vigilant était ouvert non seulement sur les maladies spirituelles, mais aussi sur les douleurs physiques. Si le bon Père entendait une sœur tousser pendant la sainte messe, si une autre lui semblait fatiguée, affaissée, il revenait le même jour portant une boite de pastilles, une panacée ou un autre fortifiant. Quand l'on manquait de bœuf pour les malades, du bois pour chauffer l'infirmerie, on allait lui dire et il prêtait la monnaie de sa bourse, il prêtait toujours et l'on ne rendait jamais ; il agit ainsi, non pas pendant une année, mais pendant les huit années qu'il survécut à notre chère Mère fondatrice [170].

Sacristie ». (Voir *Nos Bienfaiteurs de la 1ère heure, 1874-1935* : 1, ARSR, 301.205, C.4.) Dans son testament, Mgr Langevin réserve un legs de $500.00 aux Sœurs des Petites-Écoles qui servira à financer l'achat du terrain où sera construite la maison mère qui existe encore aujourd'hui.

(167) *Nos bienfaiteurs de la première heure, 1874-1935* : 56, ARSR, 301.205, C.4, 1.

(168) Rimouski, 18 août 1881, ANQ-Q, Éducation, C.G., E-13/609, 1257 (1881).

(169) 13 octobre 1881, article 4, dans *Mandements de Mgr Jean Langevin*, Nouvelle Série, n° 49 : 3.

(170) *CMM* I : 191. « Mgr Edmond Langevin eut l'occasion de donner $2403.86 en argent (avec la plus grande discrétion) et pour la valeur de $352.20 en nature :

Malgré cette aide, combien d'années remplies de misère ne verront-elles le jour ! Mère Marie-Élisabeth avait tant raison de craindre pour elles.

Il ne faut pas croire, cependant que le bon Père put subvenir à tous les besoins des pauvres sœurs et qu'elles n'eurent plus rien à souffrir, au contraire, elles ont extrêmement souffert du froid dans la maison de briques, quand elles n'avaient qu'un peu de bois pour chauffer le poele de la cuisine et ce bois elles le sciaient et le fendaient elles-mêmes. Parfois, elles ne pouvaient résister dans leur salle d'étude, elles allaient se grouper autour du poele de la cuisine un moment pour y avoir un peu de chaleur. Puis de retour à la vieille église les hivers n'ont-ils pas été excessivement rigoureux, quand Monseigneur Langevin craignant sans doute pour les capitaux du G. Vicaire, détermina qu'il nous fallait se borner à mettre qu'un morceau de bois dans le poele pendant le jour. La nourriture ne fut pas toujours suffisante non plus dans ces jours de disette. Le bon Grand Vicaire était compatissant et généreux, mais sa bourse ne s'étendait pas à la grandeur de sa charité, ni aux exigences de ses nombreux protégés ; les sœurs avaient encore de bons motifs d'user avec grande réserve des libéralités du bon Père, l'Évêque avait dit en présence de quelques unes d'elles : « Grand Vicaire tu leur donnes toujours, bientôt tu seras pauvre comme elles » [171].

Mais le deuil dura, perdura et s'éternisa « Le deuil qui se répandit sur la petite famille religieuse fut profond et sa durée aussi longue que le souvenir de la Mère vénérée [172]. » Car l'on « souffre et l'on souffrira longtemps dans cette froide atmosphère où le deuil et les regrets semblent vouloir se fixer », car malgré toute sa bonne volonté, la nouvelle supérieure n'arrive pas à faire oublier « les délicatesses de sentiment ni les tendresses de cœur de la mère disparue [173] ».

Pour ajouter à leur détresse, la rumeur court après la mort de la fondatrice que la communauté ne pourra survivre sans elle et qu'elle devra bientôt se démembrer : « Aussi les Sœurs comprirent bientôt combien il leur fallait d'énergie et de générosité, quand elles apprirent les rumeurs du dehors : ‹ le pauvre Institut, disait-on de tous côtés, ne subsistera pas privé de son soutien, nous le verrons bientôt se dissoudre sous l'inaptitude de ses membres, etc. etc. › [174] »

---

légumes, viande, poissons, breuvage, etc. meubles : bureau, table, chaises », hérités à sa mort. (Voir *Nos bienfaiteurs...* : 2.)

(171) *CMM* I : 191-192.

(172) *Ibid.* : 193.

(173) *CMM* I : 200.

(174) *CMM* I : 194.

Mère Marie-Élisabeth, qui les avait elle-même toutes formées avait œuvré bellement. Il est si vrai qu'elle leur manquait : « Il leur en fallait du courage pour s'avancer dans l'âpre sentier devenu plus obscur encore par la disparition de celle qui en avait été la lumière et le guide [175]. » D'autre part, comment serait-elle inutile là où elle est ? Cet héritage qu'elle leur a légué, elle ferait en sorte qu'il soit fructifié. Elle intercéderait. Elle obligerait le ciel à se pencher vers ses filles. Elle est « votre avocate dans le ciel [176] » comme le leur répète le Père Tielen celui qui a aidé à précipiter l'histoire. Elles-mêmes sont conscientes de leur mission, non seulement celle de la fin de leur Institut, mais aussi le devoir d'installer la fondatrice et son œuvre dans la pérennité.

Le bon Dieu pouvait-il le leur refuser ce courage ? Il était resté sourd à leurs larmes et à leurs supplications, mais maintenant que les joies et les consolations humaines étaient disparues avec le dernier soupir de leur Mère bien-aimé, le Bon Dieu pourrait-Il leur manquer ?... Leur confiance se fortifiant à la source même de leur douleur, était de celle qui fait violence au Tout-Puissant. Cette œuvre si frêle était une portion de la vie de leur Mère, une partie de son cœur, il fallait donc la conserver avec sa mémoire, il fallait la sauvegarder en la perpétuant [177].

---

(175) *CMM* I : 194.
(176) Père Jean Tielen aux Sœurs des Petites-Écoles, Sainte-Anne de Beaupré, 28 septembre 1881, dans *CMM* I : 199.
(177) *CMM* I : 194.

Épilogue

Avec la protection de Jésus Christ les toiles d'araignée sont plus fortes que les murailles, et sans sa protection les plus fortes murailles ne sont que des toiles d'araignée.

(Mère Marie-Élisabeth, *Sentences*)

*L*es lendemains seront tout aussi courageux mais pas tout de suite meilleurs. Mère Marie-Élisabeth, morte au mitan de sa vie bien avant son siècle et la pleine reconnaissance de sa communauté qui précédera de peu l'aube du siècle nouveau par l'émission des premiers vœux perpétuels en 1895, avait tant raison de craindre pour ses filles. Les confidences faites sur son lit de mort à l'évêque et à leur père spirituel éloigneront momentanément de sa communauté les pires affres de l'indigence. Jusqu'à sa mort, Mgr Edmond Langevin veillera jalousement sur celles qui lui ont été confiées.

L'année suivante, la plus extrême misère a refait surface, à tel point que « la nuit d'angoisse » risque de se répéter. En effet, Mère Marie de la Victoire, aux rênes de la communauté depuis le 19 août 1889, entre la fin de l'année 1889 et le début de 1890, « croyait devoir renvoyer les novices parce qu'Elle ne pouvait pas même nourrir les professes ».

C'est le père Jean Tielen, leur sauveur d'antan, qui vient une fois de plus à leur rescousse, mettant le coadjuteur de Mgr Langevin, Mgr André-Albert Blais, au courant de leur situation, les mettant à charge de sa « compassion ».

C'est surtout la nouvelle fondation des Sœurs des Petites Écoles, Monseigneur, qui aura besoin de toute votre bienveillance, car Elles sont maintenant orphelines abandonnées à Elles-mêmes ; je crois qu'elles ont au moins 15 à 16 stations ou missions, où, deux à deux, elles font l'école paroissiale, et elles s'en tirent très bien ; les curés en sont très contents. La maison mère était dirigée temporellement et spirituellement par *Mgr Edmond* [...] [qui] leur donnait jusqu'à $600. par an, mais depuis sa mort, plus un centin. Malheureusement, 2 Sœurs ont eu le malheur, en conversation, de dire qu'on avait de la misère à vivre : là-dessus, Monseigneur a fait venir la Supérieure, le lui a reproché en disant que cela suffirait pour attirer toutes les malédictions sur la maison, qu'il n'y avait rien de changé, que lui était leur père et qu'il défendait de se plaindre à qui que ce soit. J'étais là, au commencement de novembre, alors elles ne pouvaient avoir de bois de chauffage parce qu'il y avait encore 2 années à payer, elles avaient donc résolu de ne pas chauffer la nuit tout l'hiver ; elles avaient 2 vaches pour le lait, mais n'ayant pas de fourage pour l'hiver, ni de quoi manger elles-mêmes, on avait résolu de tuer les vaches et de les manger. Mais alors le chapelain est allé dans les environs et chez ses parents quêter pour elles ; elles ont obtenu un peu d'argent, du foin, des patates et du lard pour l'hiver. J'en ai parlé à notre bon Père Recteur à mon retour, et il leur a envoyé une bonne aumône, de sorte qu'Elles peuvent hiverner, mais jusqu'à la semaine passée, Monseigneur ne parla de rien et ne donna pas un centin [1].

Envers et contre tout, elles sont cependant fidèles à leurs engagements : « Cependant, Monseigneur, il y règne une grande ferveur, et la plupart tendent généralement à la perfection [2]. »

C'est qu'elles se rappellent bien des écrits et des dits de leur mère fondatrice : « La Congrégation des P. E. Vivra toujours, Si elle ne s'éloigne pas du Sentier du Calvaire Qu'elle ne Doit quitter Que pour monter au Ciel [3]. »

Elles se souviennent aussi de son beau visage. L'âme lui a comme affleuré au visage. Sa figure à quarante ans est tellement plus belle et plus sereine qu'à vingt ans, les misères, la souffrance, les manques de toutes sortes, compensés par la plénitude de la vie rêvée enfin atteinte qui a comblé son visage comme sa jeunesse sans joie n'avait pu le faire. Sa bouche large et généreuse s'étend d'un sourire ensoleillé d'un bord à l'autre du visage. On l'imagine aussi les yeux graves et bons,

---

(1) Jean Tielen à Mgr André-Albert Blais, Sainte-Anne-de-Beaupré, 31 janvier 1890, ARSR, 202.100, 1890-68.

(2) *Ibid.*

(3) *Sentences*, dans *Sur le chemin de la vie* : n° 51.

rieurs à l'occasion parce que la gaieté était un trait de sa nature, une harmonie mélodieuse entre l'œil et le sourire. Sa voix toute douce, qui s'élève à peine mais qu'on n'arrête pas d'entendre, jusqu'à l'autre bout du couvent où pourtant aucun son n'est parvenu, traverse encore le mur du son. On la voit encore glissant doucement sur le parquet, le corps droit mais pas implacable, sans rigidité, l'œil bienveillant, la main tendue, le cœur aux aguets, la prière dans l'encoignure de l'âme.

Son règne est marqué de qualités propres à un bon gouvernement : fermeté, sagesse, clairvoyance, charité. L'empire de la douceur dans toute sa personne laisse peu d'abord soupçonner la fermeté de la volonté. Cette volonté une fois enferrée dans la recherche enfiévrée de sa propre vérité n'aura de cesse de parvenir à ses fins.

La frêle Élisabeth, dans la tourmente de leur vie comme le roseau ployé dans la tempête, ne rompt pas, soutenue par la foi elle relève le défi. Elle a foi en son Dieu, foi en elle et en sa mission. Le Christ l'a dit : « Il ne faut pas garder la lumière sous le boisseau mais faire en sorte qu'elle éclaire toute la maison. » Cette lumière, elle veut l'apporter aux enfants pauvres des coins les plus reculés qui, autrement, croupiraient dans la noirceur de l'ignorance.

Éducatrice émérite, doublée de maîtresse des novices, elle fait montre d'une compréhension incitative propre à redresser l'axe des caractères, à rectifier sans détruire, en authentifiant les efforts et les conseils d'un sceau caritatif et attentionné. Elle apprendra à ses filles que ce n'est pas annuler sa vie d'avant, que de la magnifier, que de lui fournir cette escalade, cette montée d'âme qui la fera plus qu'elle-même, autre certainement parce que plus haute.

Sa grande force morale, sa volonté, son énergie incroyable malgré une santé toujours chancelante, ont constamment tiré de l'avant toutes les âmes de sa maison. Elles les invite au respect de la règle, cette ossature de la communauté. Si elle a plus l'appétit de la perfection que de la vie tout court, elle ne méprise pas pour autant la vie et le corps. Elle est peut-être sans complaisance pour ses émotions, mais non pas coupée de ses sentiments.

L'orante a une prédilection pour le silence qui est une façon d'engendrer la grâce plutôt que de simplement la capter. Car « Le Silence et le Recueillement Sont les Gardiens de la Perfection [4]. » Dans le *Règlement* qu'elle écrit pour sa communauté, elle va l'enchâsser comme une règle d'or : « Aimons le silence et la retraite qui sont la vie et la joie d'une Communauté ; s'il est bien gardé, on peut répondre

---

(4) *Sentences*, dans *Sur le chemin de la vie* : n° 128.

de son progrès, sinon, elle tombe en ruine. Là où il y a beaucoup de paroles, il y a peu d'esprit de Dieu [5]. »

Dans le couvent, dès le début du supériorat de Mère Marie-Élisabeth, comme l'a remarqué la chroniqueuse, c'est la loi d'amour qui gouverne désormais. Dame au génie du cœur, une entrepreneure du cœur, elle possède une émouvante sollicitude pour toute souffrance, pour toute faiblesse ou plus globalement pour toute personne humaine. À l'écoute de la vie, sa propre souffrance l'ouvre en abîme de compassion pour les misères humaines. Elle est assez sage pour savoir que « Nous ne pouvons pas faire les hommes tels que nous les voulons ; il faut les souffrir tels qu'ils sont [6]. »

La mère généreuse est cependant capable aussi de sévérité et d'appel au dépassement, car l'amour qui passe tout ne serait qu'un amour bancal. Ses filles doivent donc, elles, viser plus haut : « porter sa croix avec Jésus-Christ, c'est souffrir de tout le monde, et ne faire souffrir personne [7]. » Cette virtuose du cœur conseillera à ses filles l'amour de leur vocation et des enfants confiés à leurs soins qu'elles devront entourer d'une gerbe d'attentions. L'imposture pour elle ne réside pas tant dans le nombre de gestes qu'on pose ou non, mais dans la perfection du geste et l'esprit dans lequel il est fait. Sa voix tendre et profonde les appelle à un ascétisme à sonorité caritative. « On obtient plus, Par le Sacrifice d'un Défaut, Que par une Longue Prière, Qui nous retrouve toujours les mêmes » et « La prière d'une âme vraiment aimante a plus de pouvoir sur le Cœur de Dieu que celle de dix mille si elles n'aiment pas [8]. »

La fondatrice est une artiste au geste créateur. Son renoncement à la vie n'est qu'une appropriation d'un large pan du monde sur lequel autrement elle n'aurait point de prise. L'enfermement consenti au couvent débouche sur l'ouverture au monde. Le cloître en bouche et l'aire ouverte du cœur. Âme de son temps, Mère Marie-Élisabeth a tout de même transcendé le temps. L'on pourra certes percer quelques secrets mais le mystère restera intact, beau et affriolant, une tentation non apaisée de connaître l'exacte dimension et la parfaite concordance ou correspondance entre le Créateur et sa créature qui pour Lui œuvre dans la noirceur, le froid et la faim.

Comprendre participe d'une entreprise humaine. Leur entreprise, elle, ne l'est pas. Surhumaine parce qu'elle est autre, religieuse,

---

(5) *Règlement*, nᵒ 28, dans *ibid.* : nᵒ 125.

(6) *Sentences*, dans *Sur le chemin de la vie* : nᵒ 84.

(7) *Sentences*, dans *ibid.* : nᵒ 52.

(8) *Sentences*, dans *Sur le chemin de la vie* : nᵒˢ 100 et 104.

montée dans la perspective de la foi où l'édifice s'élève mieux à mesure que les événements et les personnes jettent par terre ou du moins s'y efforcent, les héroïnes et leurs forces. Les vertus théologales s'en donnent à cœur joie d'exister dans un tel capharnaüm de tribulations et de renoncements. La spiritualité basée sur l'humilité, l'abnégation, la soumission à une volonté supérieure, est parfois bien difficile à admettre pour l'humaine nature, et peut-être plus encore pour nos esprits fin XXe siècle.

Par sa mort, Mère Marie-Élisabeth a *trouvé*, comme le dit si joliment un proverbe de Gaspésie, *son fond de Penouil*, c'est-à-dire qu'elle peut jouir d'une vie calme après de dures épreuves [9]. Et la foi, l'espérance et l'amour, trois mots inscrits dans la partition de sa vie vont contaminer de radiance toute sa communauté. Elle a par celle-ci satellisé le savoir dans la galaxie de ses et de leurs œuvres, et est désormais intronisée dans le temps et dans l'espace par des centaines de ses filles, par centaine de maisons éparses dans plusieurs pays, tout autant de jardins, des milliers d'enfants et aussi d'adultes maintenant, aux milliers de noms, d'âges, de couleurs et d'âmes.

---

(9) Dans Antoine Bernard, *La Gaspésie au Soleil*, Montréal, Les Clercs de Saint-Viateur, 1925, 332 p. : 303.

Tableau des Sœurs des Petites-Écoles

Nom civil	Nom en religion Soeur	Lieu de Naissance	Date de Naissance	Âge à l'entrée
1- Delvina Vézina		L'Île-Verte	ca1834-1839	ca35-40
2- Apolline Gagné	Marie-Joseph	Ste-Anne-de-la-Pocatière	1843-02-08	31
3- Louise Turgeon	M. de la Passion	Beaumont	1833-01-27	41
4- Madeleine Dumas		St-Charles de Bellechasse	ca 1834?	ca40?
5- Joséphine Sirois		Île d'Orléans?		40
6- Élisabeth Turgeon	M.-Élisabeth	Beaumont	1840-02-07	35
7- Hélène Lagacé		Beauport	ca 1855	20
8- Amélie Plamondon	Marie-Jeanne-Françoise de Chantal	Québec	1835-06-13	40
9- Élisabeth Falardeau	Marie-de-la-Purification	Québec?	ca 1836	40
10- Emma Bélanger	M. du Sacré-Cœur	Cap-St-Ignace	ca 1850	26
11- Marie Labrie	M. du Précieux-Sang	Ste-Cécile du Bic	ca 1853	23
12- M.-Alvine Turgeon	M.-Joséphine	Beaumont	1842-07-02	34
13- Léda Deslauriers	Marie de Jésus	St-Roch de Q.	1855-12-17	20
14- Eugénie Deslauriers	M. des Anges	St-Roch de Q.	1859-07-17	17
15- Apolline Héon dit Piché	Marie-François d'Assise	Québec?	1828-01-20	49
16- Alice Fraser	Marie-Edmond	L'Isle-Verte	1856-09-07	20
17- Héloïse Deveau	M. du Sacré-Cœur	L'Île-Verte	1854-06-29	22
18- Flavie Adéline Bilodeau	Marie-Jean l'Évangéliste	Ste-Marguerite de Dorchester	1849-05-22	28
19- Elzire Cauchon dit Laverdière	Marie-Anne	Saint-Joachim	1855-04-29	22
20- Eulalie Lévêque	Marie-Lucie	Rivière-Ouelle	1854-10-20	23
21- Marie Rouleau	Marie du Rosaire	Saint-Anaclet	ca1856	22
22- Philistine Bois	Marie-Étienne	Ste-Anne-de-la-Pocatière	1849-05-26	28
23- Léocadie Beaulieu	Marie-Joséphine	L'Isle-Verte	ca1846	ca32
24- Léonie Santerre	Marie-Cyprien	McNider	1854-06-01	23
25- Émilie Gagné	Marie-Germain	Bic	1826-11-18	52
26- Euphémie Girard		Saint-Rémi	ca1842	36
27- Félicité Gosselin	M. de la Croix		1820-02-08	58
28- Élisabeth Sirois	M. du Crucifix	St-Épiphane	1848-03-03	30
29- Justine Couturier	Marie-Geneviève		1846-09-27	32
30- Luce Parent	M. de la Providence	Rimouski	1839-10-30	39
31- Désirée Thériault	M.-Marguerite	Trois-Pistoles	1852-06-06	27
32- Mathilde Thériault	Marie de la Visitation	Trois-Pistoles	1855-05-17	24
33- Éléonore Héon dit Piché	Marie-Louis de Gonzague	Québec?	1831-04-20	49
34- Cécile Turcotte	Marie-Antoine de Padoue	Saint-Fabien	1837-03-05	43
35- Elmire Roy	Marie de la Victoire	Cap-Chat	1864-01-09	17
36- Alphonsine Canuel	Marie-Benoît	Rimouski	1859-06-26	22

de septembre 1874 à août 1881

Entrée	Vêture	Premiers voeux	Voeux perpétuels	Sortie ou renvoi	Décès
1874-09-08?				S1875-04-29-30	
1874-09-14?	1875-09-15	1879-09-12		S1896-06-11	
1874-09-24 ou -10-12	1875-09-15			S1879-07	
1874-10-15				S1875-07-06	
1874-10-31				S1874-11-début	
1875-04-03	1875-09-15	1879-09-12			1881-08-17
1875-04-03				R1875-06-11	
1878-04(2)					
1875-10-26	1876-08-23	1879-09-12	1895-08-15		1905-10-04
1876-04-25	1878-02-02			S1879-01-fin	
1876-05-09	1876-08-23				1876-10-06
1876-06	1878-02-02			S1879-01-fin	
1876-07-13	1876-08-23				1878-04-24
1876-10-28	1878-02-02	1879-09-12			1890-08-22
1876-10-28	1878-02-02	1879-09-12			1885-09-17
1877-02-16	1878-02-02	1879-09-12		R1881-04-09	
1877-06-08	1878-02-02	1879-09-12		S1895	
1877-07-12	1878-02-02	1879-09-12		S1886-08 ou 9	
1877-10-25	1878-02-02	1879-09-12	1895-08-15		1915-12-11
1877-12-04	1878-02-02	1879-09-12			1886-06-17
1877-12-05	1878-02-02	1879-09-12	1895-08-15		1942-09-02
1878-03 ou 5	1878-12-31			S1879-01-fin	
1878-03-06	1878-12-31	1879-09-12	1895-08-15		1933-03-03
1878-04-15	1878-12-31	1879-09-12		R1880-06-10	
1878-05	1878-12-31			S1879-01-fin	
1878-05	1878-12-31			S1879-01-fin	
1878-05				R1878-07-16	
1878-07	1878-12-31			S1879-01-fin	
1878-12	1879-03-29	1880-04-21			
1879-06-25	1880-04-21			S1881-05	
1879-08-05	1879-09-12	1880-10-15			1889-05-07
1879-11	1880-04-21	1881-08-15	1895-08-15		
1879-12-24	1880-04-21	1881-08-15	1895-08-15		1913-08-17
1880-06	1880-10-15			S1881-04-09	
1880-06	1880-10-15			R1882-06-début	
1881-07-16	1882-02-02	1883-03-19	1895-08-15		1921-01-18
1881-07-26	1882-02-02	1883-03-19	1895-08-15		1898-02-12

Maisons et résidences de la Congrégation
1874-1991

	Fondation		Fermeture temporaire	Réouverture	Fermeture définitive
1	1874	Maison mère, Rimouski			
2	1880	Saint-Gabriel	1923-1937	1937-	
3	1880	Port-Daniel			1886
4	1880	Saint-Godefroi			1978
5	1883	Saint-Anaclet			
6	1883	Barachois	1887-1906	1906	1984
7	1884	Sainte-Luce			1909
8	1888	Mont-Joli			
9	1889	Chéticamp			1892
10	1890	Baie-des-Sables			1976
11	1893	Sainte-Anne-de-Beaupré			
12	1894	Hébertville			1980
13	1899	Frenchville, É.-U.			
14	1900	Sainte-Anne-des-Monts			
15	1900	Douglastown			
16	1902	Amqui	1946-1973	1973-	
17	1902	Val-Brillant			
18	1903	Ristigouche			1972
19	1903	Saint-Alexis			1972
20	1910	Sainte-Angèle			1978
21	1910	Cabano			
22	1911	Saint-Ulric			1970
23	1911	Paspébiac			
24	1912	Bonaventure	1983-1988	1988-	
25	1913	Sainte-Flavie			1967
26	1917	Gaspé			1981
27	1917	Lac-au-Saumon			1974
28	1920	Price			1987
29	1921	Rivière-au-Renard			1990
30	1923	L'Isle-Verte			
31	1923	Sainte-Rose-du-Dégelis			
32	1928	Causapscal			
33	1928	Saint-Fabien			
34	1928	Beaupré			
35	1929	Rivière-Bleue			
36	1930	Saint-Octave			1971
37	1933	Desbiens			1977
38	1934	Saint-Ferréol			1976
39	1937	Saint-Damase			1968
40	1938	Millinocket, É.-U.			1982
41	1938	Saint-Donat			1969
42	1938	Sainte-Jeanne-d'Arc			1987
43	1938	St-Frs.-Xavier-des-Hauteurs			1978
44	1938	Padoue	1967-1976	1976-	
45	1938	Saint-Luc	1976-1982	1982-	

46	1939	Matapédia	1969-1972	1972-	
47	1939	Sully			1973
48	1939	Luceville			
49	1940	École normale, Ste-Rose-du-Dégelis			1967
50	1940	Saint-Yves			1967
51	1941	Maria	1964-1986	1986-	
52	1942	École normale, Mont-Joli			1965
53	1942	Les Méchins			1975
54	1943	Saint-Louis du Ha ! Ha !			
55	1943	Saint-Mathieu			1968
56	1943	Saint-Robert-Bellarmin (av. Michaud: 1980)			
57	1944	Notre-Dame-du-Sacré-Cœur			1966
58	1945	Bic			1972
59	1946	Sainte-Félicité			
60	1946	Saint-Jean-de-Dieu			1986
61	1946	Lac-des-Aigles			1977
62	1947	Pointe-Navarre			1972
63	1948	Nazareth			
64	1948	Sainte-Odile (rue Tessier)	1971-1985	1985-	
65	1948	Sainte-Blandine			1974
66	1949	Saint-Jules			1968
67	1949	Saint-Arsène			1974
68	1949	Saint-Valérien			1973
69	1949	Saint-Hubert			1969
70	1949	Albertville	1973-1982	1982-	
71	1950	Trinité-des-Monts			
72	1950	Saint-Épiphane			
73	1950	Saint-Simon			1968
74	1951	Grosses-Roches			1965
75	1951	Sainte-Florence			1965
76	1952	Saint-Narcisse			1973
77	1952	Saint-Godard-de-Lejeune			1969
78	1952	Saint-Honoré			1968
79	1953	Saint-Clément			1964
80	1953	L'Institut familial			1968
		Scolasticat (1970-1973)			
		Maison provinciale (1970-1977)			
		Maison locale (1977-1979)			1979
81	1953	Sainte-Françoise	1977-1986	1986-	
82	1953	Esprit-Saint	1978-1979	1979-	
83	1954	Saint-Moïse			
84	1954	Sainte-Rita			1969
85	1955	Saint-Augustin			1981
86	1955	La Rédemption			1973
87	1956	Saint-Noël			1964
88	1956	Tête-à-la-Baleine			
89	1957	Sainte-Bernadette-Soubirous	1966-1980	1980-	
90	1957	Saint-Joseph-de-Lepage			1964
91	1957	Saint-Pie X de Rimouski (4e rue est)	1969-1980	1980-	
92	1958	Saint-François d'Assise			
93	1959	Saint-Pie X de Paspébiac			1972
94	1960	Grande-Vallée			1979

95	1961	Saint-Juste-du-Lac		1975
96	1962	Saint-Raphaël de Kittery, É.-U.		1975
97	1963	Old Orchard Beach, É.-U.	1987-1989 1989-	
98	1964	École secondaire Langevin		1965
99	1964	Nacaome, Honduras		
100	1965	San Lorenzo, Honduras		
101	1966	Goascoran, Honduras		
102	1968	La Tabatière		
103	1968	Augusta, É.-U.		1975
104	1968	Maison Notre-Dame du Saint-Rosaire, maison mère		
105	1968	Maison Saint-Jean, maison mère		
106	1968	Maison Saint-Edmond, maison mère		
107	1969	Tejucigalpa, Honduras		
108	1969	Portland, É.-U.		
109	1969	Maison provinciale Marie-Élisabeth, Nazareth		1979
		Généralat (1980)		
110	1969	St-André-de-Biddeford, É.-U.	1972-1980 1980-	
111	1969	Résidence, rue de l'Évêché, Rimouski		1980
112	1969	Résidence, rue Saint-Hubert, Rimouski		
113	1969	Résidence Sainte-Thérèse, maison mère		
114	1969	Maison Saint-Anne, maison mère		
115	1969	Résidence Saint-Dominique, maison mère		1977
116	1970	Foyer Beauséjour, Saint-Louis du Ha ! Ha !		1982
117	1970	Résidence, rue Morin, Gaspé		1972
118	1970	Résidence Saint-François, maison mère		
119	1970	Résidence Saint-Thomas d'Aquin, maison mère		
120	1971	Foyer « Le Pionnier », Hébertville		1973
121	1971	La Romaine		
122	1971	Blanc-Sablon		
123	1971	Bath, É.-U.		1972
124	1971	Résidence Sainte-Marie, maison mère		
125	1971	Résidence Notre-Dame des Écoles, maison mère		
126	1971	Résidence, boul. Ste-Anne, Ste-Anne-de-Beaupré		1978
127	1972	West St. Modest		
128	1972	Corner Brook		1983
129	1972	Lewiston, É.-U.		1973
130	1972	Résidence Saint-Augustin, maison mère		
131	1972	Résidence Notre-Dame, maison mère		1974
132	1972	Résidence Saint-Sauveur		1978
133	1972	Courville, Québec		1987
134	1973	San Jose Obrero, Honduras		1973
135	1973	Amapala, Honduras		
136	1973	Résidence Notre-Dame-de-la-Merci, maison mère		
137	1973	Résidence Élisabeth, maison mère		
138	1973	Résidence Saint-Joseph, maison mère		
139	1973	Rivière-Trois-Pistoles		1978
140	1973	Campbellton		
141	1973	Lourdes-du-Blanc-Sablon		
142	1973	Port-au-Choix		1985
143	1973	Sainte-Marguerite		1985
144	1973	Saint-Éloi		1974
145	1973	Notre-Dame-des-Sept-Douleurs		1985

146	1973	Résidence Notre-Dame-de-la-Victoire, maison mère			1976
147	1974	Choluteca, Honduras			
148	1974	Résidence Béthanie, maison mère			
149	1974	Résidence Langevin, maison mère			
150	1974	Sayabec	1976-1980	1980-	1990
151	1974	Saint-Lambert, rue Victoria			
152	1974	Résidence Hammanskraal, Afrique			
153	1975	Résidence rue Lepage, Rimouski			1982
154	1975	Rivière-Madeleine (Madeleine Centre)			1988
155	1975	Baie-Comeau	1980-1990	1990-	
156	1975	Cap-Seize			1981
157	1975	Les Buissons			1980
158	1975	Résidence rue des Violettes, Ste-Anne-de-Beaupré			1977
159	1975	Saint-Antonin			1976
160	1976	Résidence Langevin, maison mère			
161	1976	Résidence Amqui, Rue Desbiens			
162	1976	Saint-André de Restigouche			1983
163	1976	Rivière-au-Tonnerre			1990
164	1976	L'Ascension			
165	1977	Résidence Sacré-Cœur, maison mère	1986-1989	1989-	
166	1977	Middle Bay			1980
167	1977	Natashquan			
168	1977	Boul. Saint-Joseph, Montréal			1979
169	1977	Résidence Grande-Allée, Montréal			1981
170	1977	Résidence Saint-Denis, Montréal			1979
171	1977	Saint-Alexandre-des-Lacs			1984
172	1977	Rivière-du-Loup, maison provinciale St-Joseph			
173	1977	Presbytère, Rivière-Bleue			1977
174	1977	Résidence Sherbrooke			1977
175	1977	Résidence rue Saint-Gérard, Beaupré			1985
176	1978	Résidence Forestville			1986
177	1978	Résidence Saint-Germain, Montréal			1983
178	1978	Résidence Cap-Chat	1980-1982	1982-	1990
179	1979	Résidence rue Belzile, Rimouski			
180	1979	Rimouski, rue Notre-Dame est			
181	1979	Résidence rue Laval, Rivière-du-Loup			1980
182	1979	Résidence Sept-Îles			
183	1979	Résidence Pointe-aux-Outardes			1986
184	1979	Résidence Saint-Eugène-de-Ladrière			1981
185	1979	Squatec			
186	1979	Sanford, É.-U.			1981
187	1980	Odanak			1984
188	1980	Rimouski, rue Sainte-Marie			
189	1980	Saint-Agnès			1986
190	1980	Beauport			
191	1980	Saint-Augustin, Village indien			1982
192	1980	Sainte-Irène	1984-1985	1985-	
193	1980	Black Tickle			1981
194	1981	Rue Chambord, Montréal			1982
195	1981	Presbytère Saint-Pie X, Rimouski			1982
196	1981	Rimouski, rue Mgr Plessis			
197	1981	Saint-Léandre			1985

198	1981	Alfred, Maine É.-U.			
199	1981	Labrador City	1985-1988	1988-	
200	1981	Pevas, Pérou			
201	1982	Ottawa			1985
202	1982	Québec, avenue Adolphe-Routhier			1984
203	1982	Saint-Paul-de-la-Croix			1990
204	1982	Rue Saint-Pierre, Rimouski			1985
205	1982	Boul. Gouin, Montréal			1987
206	1983	Saint-Marcellin	1986-1988	1988-	
207	1983	Gagnon			1984
208	1983	Plattsburgh, New York, É.-U.			1989
209	1983	Thomas-Tachereau, Rimouski			1985
210	1984	Marsoui			1986
211	1984	Johnston, Rhode Island, É.-U.			1987
212	1984	Saint-Tharsicius			
213	1985	Valle de Angeles, Honduras	1987-1988	1989-	
214	1985	Tamshiyacu, Pérou			
215	1985	James Morrice, Montréal			
216	1985	Rue Notre-Dame Ouest, Rimouski			1988
217	1985	Saint-Gérard d'Yamaska			1987
218	1986	Saint-Lambert, rue Logan			
219	1986	Cacouna			
220	1987	East Greenwich			1990
221	1987	Mont-Saint-Pierre			1989
222	1987	Montréal, rue Bossuet			1988
223	1987	Milford, É.-U.			
224	1987	Rimouski Notre-Dame est			
225	1987	Saint-Charles Garnier			
226	1988	Guaimaca, Honduras			
227	1988	Rimouski, rue Duchesne			1989
228	1988	Montréal, boul. Lacordaire			1989
229	1988	Mont-Louis			
230	1988	Matane			
231	1988	Pointe-au-Père			
232	1988	Rimouski, rue du Bocage			
233	1989	Comas, Pérou			
234	1989	La Martre			
235	1989	Montréal, rue Harmony			
236	1989	Montréal, rue Lasalle			
237	1990	Rimouski, rue Hupé			
238	1990	Québec, Charlebourg			
239	1990	Chicoutimi, rue Sainte-Claire			
240	1990	Montréal, rue Marcel-Cadieux			

BIBLIOGRAPHIE

I - SOURCES

1 - Sources manuscrites

A - Archives des Sœurs de Notre-Dame du Saint-Rosaire (ARSR)

a - Manuscrits, écrits et dits de Mère Marie-Élisabeth

Correspondance de Mère Marie-Élisabeth, 1875-1881, environ 100 pièces, 210.110, C.1.

Sentences, 22 p. : 73 sentences, 210.205, 10.

Constitutions des Sœurs des Petites Écoles de Rimouski, [29] p., 210.205, 6.

De la Règle, [17] p., 210.205, 6.

Règlement des Classes des Sœurs des Petites Écoles (Partie de la Maîtresse), 2 Janvier 1880, 16 pages, 32 articles, 210.205,9 ; *(Partie des élèves)*, 32 articles, 202.100,8.

Paroles de notre Mère Marie-Élisabeth, 5 p. 202.100, 72A. Exhortations à ses filles sur son lit de mort.

Constitutions et Règles des Sœurs des Petites Écoles, [Rimouski], « Collection du Centenaire », n° 1, [1974], [43 p.].

Lettres autographes d'Élisabeth Turgeon, [Rimouski], « Collection du Centenaire », n° 2 [1974], 39 lettres.

Lettres non autographes d'Élisabeth Turgeon, [Rimouski], « Collection du Centenaire », n° 2a, [1974], 14 lettres.

Précieuses miettes. Lettres de notre vénérée Mère fondatrice et de Mère Marie de Saint-Jean l'Évangéliste aux Sœurs dans les missions, [Rimouski, Maison mère des Sœurs de Notre-Dame du Saint-Rosaire, s.d.], 48 p.

Règlement particulier des Sœurs pour leur conduite dans les Missions, imprimé dans *Directoire-coutumier des Sœurs de Notre-Dame du Saint-Rosaire*, Rimouski, 1945.

Sur le chemin de la vie avec Élisabeth Turgeon, 2e édition préparée par Marthe Gagnon, Rimouski, Les Sœurs de Notre-Dame du Saint-Rosaire, 1989, 102 p. Extraits de textes d'Élisabeth Turgeon.

b - Autres manuscrits

1) Cahiers et registres

Chronique, 1874-1882, s.p., [231] p.

Chronique, 1882-1886, s.p.

Chronique de Saint-Gabriel.

LANGEVIN, Edmond, *Congrégation des Sœurs des Petites Écoles de Rimouski, Chronique*, [112 p.], 202.100, 5.

Nos bienfaiteurs de la première heure, 1874-1935, 61 p., 301.205, C.4, 1.

Notes de Mère Marie de Ste-Lucie, co-fondatrice de notre Congrégation, sur différents sujets touchants cette fondation, 73 p., 225.110,3,22.

Notes relatives aux premières fondations, 74 p. 202.100B,6.

Registre des élections et des délibérations, 1879ss.

Registre des vêtures et professions, 1875-1894, s.p. [60] p.

Registre d'Inscription des Élèves. École St-Gabriel, Mission de St-Joseph, 302.260.

Registre d'Inscription des Visites. École n° 1 St-Godefroi, Mission de l'Immaculée-Conception, 1881-1906.

2) Liasses et pièces détachées

Correspondance avec Mgr Edmond Langevin, 58 pièces, 208.125.

Correspondance avec Mgr Jean Langevin, 1ᵉʳ évêque de Rimouski, 1873-1891, 68 pièces, 205.101.

Correspondance des Dames parentes de notre Mère Fondatrice, 210.110, C2, C.3.

Demandes de fondations, de 1880 à 1972, 290.000, A, B, C.

Documents des Origines, 1870-1927, 87 pièces, 202.100.

Dossier sur Mgr Jean Langevin, 1837-1891, 21 pièces, 205.115.

Faveurs obtenues par l'intercession de Mère Marie-Élisabeth, 1944-1988, 110 pièces, 210.405, C.1, 2,3.

Fondations non acceptées, 1879-1946, 290.100A.

Histoire : la vieille église et ses usages ; origine des statues et cadres de la maison mère ; nos maisons en Gaspésie, 225.110, 3, C.19.

Historique : Mgr Jean Langevin, Mlle Louise Turgeon, etc. 23 pièces, 225.110B, C.7, 1-23.

Louise Turgeon à Mère Marie de la Victoire, [juin 1901], 4 p., 202.100, 901-70A.

MARIE DU RÉDEMPTEUR, Sœur, r.s.r., *Difficultés des tous premiers jours de la communauté*, 225.110B, C.7,10.

Mère Marie de la Victoire, *Notice biographique de Mère Marie-Élisabeth...*, 5 p. dact.

Mère Marie-Élisabeth : Histoire, 1840ss, 14 pièces, 210.405, C.4.

Mère Marie-Élisabeth : Histoire de famille, 1783ss, 34 pièces, 210.405, C.5.

Note [sur Mère Marie-Élisabeth], 6 p., 210.405, C.4, 8.

Notes écrites sous la dictée de Sœur Marie-Joseph (Apolline Gagné) [...] par Sœur Marie Ange [...], 201.405, C.4, 10.

Notes des premières années de mission à St-Gabriel. De 1880 à 1887, 3 p.

Notes historiques sur les Turgeon, 1846-1865, 8 pièces, 210.405, C.8.

Notes pour Mère Élisabeth & Mère S. Luc[ie], 6 p., 210.405, C.4,8.

Notes sur : Mgr Jean Langevin, Louise Turgeon et les principaux bienfaiteurs.

Renseignements concernant les restes de Mère Fondatrice et préliminaire d'une béatification, 27 pièces, 210.405, C.7.

Sœur Marie de la Merci, *Informations*, 210.205, C.1, 3.

Sorties parmi les 13 premières, 225.110 B, C.7, 2.

[Témoignage sur Mgr Edmond Langevin, écrit après sa mort (1889ss)], 200.100, 72e.

B - Archives de l'Archidiocèse de Rimouski (AAR)

Sœurs de Notre-Dame du Saint-Rosaire, 1870-1981, originaux et copies, 44 cm.

Correspondance générale, vol. A-K, 1867-1891.

Lettres particulières, vol. I-III, 1873-1888.

Carmélites déchaussées de Rimouski, 1866-1878, 3 chemises.

Dossier Mgr Jean Langevin.

Fonds Séminaire de Rimouski.

Correspondance de Mgr Jacques-Louis Langis.

Saint-Gabriel, 1870-1899, 355.131.

C - Archives de l'Évêché de Gaspé (AEG)

Fonds des paroisses :
   Anse-aux-Griffons, dossier : J. Martin ;

Douglastown, dossier : M. Bolduc ;
Port-Daniel, dossier : J.N. Lévesque ;
Saint-Godefroi.
Dossier : Communautés religieuses diocésaines (femmes) T24.

D - Archives de l'Archidiocèse de Québec (AAQ)
Registre des lettres, vol. 17, 18, 25, 32.
Cahiers des visites pastorales, vol. 12.
Diocèse de Rimouski.
Beaumont.
Raby, Louis.
Lahaye, Pierre-Léon.
Langevin, Mgr Jean.
Langevin, Mgr Edmond.
Belle-Isle, François-Hilaire.

E - Archives nationales du Québec à Québec (ANQ-Q)
Fonds Éducation, E-13, 1845-1881, lettres reçues (L.R.), lettres envoyées (L.E.),
correspondance générale (C.G.).
Fonds Famille-Langevin, APG 134, 1-38.
Fonds Cour Supérieure, T-11-1, 1840-1858.

F - Archives de la Municipalité de Beaumont (AMB)
*Registre A. Des Délibérations des Commissaires d'école de la paroisse de Beau-
mont*, 1855, 380 p.

G - Archives de la Paroisse de Saint-Étienne de Beaumont (APB)
Registres des baptêmes, mariages et sépultures.
Cahier de délibérations et élections des marguilliers, 1848-1906.
Livre des Prônes.

H - Archives de la Paroisse de Saint-Germain de Rimouski (APSGR)
Registre des baptêmes, mariages et sépultures, 1881-1886.

I - Archives de l'Évêché de Saint-Hyacinthe (AESH)
Registre des lettres, série I, vol. 10.
Diocèse de Rimouski, II C-2, 1880-1888.

J - Archives des Ursulines de Québec (AOSUQ)
École Normale Laval depuis sa fondation, 1857 à 1896, s.p.

K - Archives de l'Hôtel-Dieu du Sacré-Cœur de Québec (AHDSCQH)
Registre des Malades, Infirmes et Épileptiques de l'Hopital du Sacré-Cœur de Jésus.
Cahier de 317 feuillets couvrant les années 1873-1980.

2 - Sources imprimées

A - Ouvrages

ALARY, sœur Jacqueline, r.s.r., *Une congrégation se définit*, Rimouski, travail de recherche présenté aux Éditions Saint-Paul, de Rome, pour la rédaction du *Dictionnaire Encyclopédique des Religieux et des autres États canoniques de perfection*, 1967, 43 p.

ANONYME, *Historique marial de la Congrégation des Sœurs de Notre-Dame du Saint-Rosaire de Rimouski*, [Rimouski, Maison Mère des Sœurs de Notre-Dame du Saint-Rosaire, 1953], 51 p.

ANONYME, *Mandements, Lettres pastorales, Circulaires de Mgr Jean Langevin et Statuts synodaux du Diocèse de Saint-Germain de Rimouski*, Rimouski, 1872-1891, 5 vol.

ANONYME, *Notices biographiques de nos Sœurs défuntes de 1879 à 1929*. Volume compilé à l'occasion du Cinquantenaire des premiers vœux émis dans l'Institut, 12 septembre 1929, Rimouski, Congrégation des Sœurs de N.-D. du Saint-Rosaire, 1929.

ANONYME, *Notices biographiques de nos Sœurs défuntes de 1929 à 1942*, Rimouski, Congrégation des Sœurs de N.-D. du Saint-Rosaire, [s.d.], 383 p.

ANONYME, *1874-1924 « Souvenirs de famille » Cinquantenaire de la Congrégation des Sœurs de Notre-Dame du Saint-Rosaire de Rimouski*, 176 p.

BÉLANGER, Gemma, r.s.r., *Une Gaspésienne de plein vent*, Elmire Roy, Rimouski, R.S.R., 1988, 115 p.

BÉLANGER, Gemma, r.s.r., *Une pierre oubliée, Sœur Marie Joseph*, Rimouski, 1974, 70 p.

BOND, Vivian, r.s.r., *She Was for Real*, Rimouski, Edition Valley Publishing Co., 1979, 31 p.

Coll., r.s.r., *Actes notariés de la famille Turgeon*, 1818-1928, Photocopie et transcription des originaux, 1981, 100 p. et 64 p.

Coll., r.s.r., *Généalogie de Marie-Élisabeth Turgeon*, Rimouski, Couvent du Saint-Rosaire, 1981, 157 p., dactylographié.

Coll., r.s.r., *Ils nous ont donné Marie-Élisabeth*, Rimouski, Couvent du Saint-Rosaire, 1981, 138 p., dactylographié.

«Correspondance de Jean Langevin avec son frère Hector (1843-1867)», annotée par Béatrice Chassé, *Rapport de l'archiviste de la province de Québec*, tome 45, 1967, 17-121.

D'ASTOUS, Rita, r.s.r., *L'Apport de la communauté des Sœurs de Notre-Dame du Saint-Rosaire dans l'enseignement au Québec depuis l'origine jusqu'à la révolution tranquille (1874-1960)*, Rimouski, 1989, 46 p., dactylographié.

DESJARDINS, Jeanne, r.s.r., *Évolution scolaire*, 17 p., dactylographié, 1974.

DESJARDINS, Jeanne, r.s.r., *Femme d'espérance, Mère Marie-Anne, 1854-1886. Une des premières religieuses de la Congrégation des Sœurs de Notre-Dame du Saint-Rosaire*, Rimouski, Maison mère du Saint-Rosaire, 1986, 47 p.

DESJARDINS, Jeanne, r.s.r., *Mère Marie-Élisabeth, Élisabeth Turgeon, 1840-1881. Fondatrice des Sœurs de Notre-Dame du Saint-Rosaire (Sœurs des Petites-Écoles)*, Rimouski, Les Publications R.S.R., 1990, 273 p.

DESJARDINS, Jeanne, Louise MARTIN et Aurore THIBAULT, r.s.r., *Actes et Lettres. Mère Marie-Anne, 1854-1886. Une des premières religieuses de la Congrégation des Sœurs de Notre-Dame du Saint-Rosaire*, Rimouski, Maison mère du Saint-Rosaire, 1986, 120 p.

DION, Yvette G., dir., *Femmes de mon pays d'hier et d'aujourd'hui du Comté de Bellechasse*, Montmagny, avril 1978, 177 p.

GAUDREAU, Béatrice, r.s.r., *Le monde de l'enfant*, Rimouski, Collège de Rimouski, 1971, 60 p.

LAVOIE, Marguerite, *Une religion de sens pour des adolescents nouveaux*, Montréal, Bellarmin, 1983, 183 p.

MARIE DE LA VICTOIRE, Mère, *Vingt-cinq ans de supériorité en trois époques*, «Lettres circulaires de feu Notre Mère Marie de la Victoire à ses filles missionnaires», Rimouski, Congrégation de Notre-Dame du Saint-Rosaire, [s.d.], 206 p.

[MARIE DE L'ENFANT JÉSUS, Sœur, r.s.r.], *Ange et Semeuse. Mère Marie Élisabeth, 1840-1881, fondatrice et 1ère supérieure de la Congrégation des Sœurs de Notre-Dame du Saint-Rosaire de Rimouski, 1875-1945*, [Rimouski, Maison mère des Sœurs de Notre-Dame du Saint-Rosaire, 1945], 233 p.

MARTIN, Louise, r.s.r., *Femme de Charité, Mère Marie de la Victoire, 1864-1921*, Rimouski, Maison mère du Saint-Rosaire, 1989, 65 p.

MARTIN, Louise, r.s.r., *et alii, Sur les pas de Mère Marie-Élisabeth*, Rimouski, 5 août 1990, 136 p.

PICARD, Thérèse, r.s.r., *Une pauvre pour notre temps (Élisabeth Turgeon)*, Rimouski, 1966, 102 p.

PICARD, Thérèse, *Élisabeth Turgeon femme de foi*, [Rimouski], Les Publications R.S.R., 1990, 113 p.

PICARD, Thérèse, *Leurs yeux verront la Tendresse de Dieu (Élisabeth Turgeon)*, Rimouski, Sœurs de N.-D. du Saint-Rosaire, 1980, 108 p.

SAINTE-VICTOIRE, Sœur Marie et Sœur Marie de SAINT-JEAN-EUDES, *m.r., Résumé des Annales de la Congrégation*, 1949, 225.110, 2,13.

Résumés historiques de la Congrégation: 1912, 1920, 1927, 1936, 1955, 225.100, 2,14.

SAINT-PIERRE, Sœur Marthe, r.s.r., *La vertu de prudence chez Mère Marie-Élisabeth*, Rimouski, Sœurs de Notre-Dame du St-Rosaire, 1975, 126 p.

LES SŒURS DE NOTRE-DAME DU SAINT-ROSAIRE, *Élisabeth Turgeon comme Jésus «au milieu des enfants, les instruisant et les bénissant»*, Strasbourg-Lingolsheim, Éditions SADIFA-C2L, 1985, 32 p.

SYLVAIN, R.-Philippe, *Mère Marie-Anne, Elzire Laverdière, maîtresse des novices de l'Institut des Sœurs des Petites-Écoles, aujourd'hui Congrégation des Sœurs du Saint-Rosaire, 1854-1886*, Rimouski, [Maison mère du Saint-Rosaire], 1924, 140 p.

TESSIER, Albert, *Les Sœurs des Petites Écoles de Rimouski*, Montréal, Les Éditions des Dix, 1960: 172-190.

TESSIER, Albert, *Les Sœurs des Petites-Écoles, 1874-1894*, Rimouski, Maison mère des Sœurs de Notre-Dame du Saint-Rosaire, 1962, XV, 282 p.

VAILLANCOURT, Monique, r.s.r., Marthe GAGNON, r.s.r., Hermance GAGNON, r.s.r., *La Vierge Marie dans la Congrégation des Sœurs de N.-D. du St-Rosaire (1874-1924) et théologie mariale aujourd'hui*. Rimouski, Sœurs de Notre-Dame du Saint-Rosaire, 1979, 7 p. dact.

B - Articles

A.B., «Mariage manqué», *Annales de la Bonne Sainte Anne de Beaupré*, janvier 1944: 25.

ANONYME, «Monseigneur Pierre Flavien Turgeon», *Le Canada*, 26 août 1867.

ANONYME, «Sœurs des Petites Écoles», *Le Nouvelliste de Rimouski*, 18 septembre 1879.

II - INSTRUMENTS DE RECHERCHE, DICTIONNAIRES

ALLAIRE, J.-B.-A., *Dictionnaire biographique du clergé canadien-français*, Montréal, Imprimerie de l'École Catholique des Sourds-Muets et autres, 1908-1934, 6 vol.

BIBLIOTHEQUE DE LA LÉGISLATURE, *Répertoire des parlementaires québécois, 1867-1978*, Québec, L'Assemblée nationale du Québec, 1980, 796 p.

BROWN, George W., Marcel TRUDEL et André VACHON, dir., *Dictionnaire biographique du Canada*, Montréal, Toronto, Les Presses de l'Université Laval, University of Toronto Press, 1966- .

CARDIN, Céline, Sylvie DESROCHES *et alii*, *Histoire des communautés religieuses au Québec : bibliographie*, Montréal, Ministère des Affaires culturelles, Bibliothèque nationale du Québec, 1984, 176 p.

CHARBONNEAU, Hubert et Jacques LÉGARÉ, dir., *Répertoire des actes de baptême, mariage, sépulture et des recensements du Québec ancien*, Montréal, Les Presses de l'Université de Montréal, 1980, vol. 6.

CHOUINARD, Abbé E.-P., *Galerie des prêtres du diocèse Saint-Germain de Rimouski*, Québec, 1878, 252 p.

CLOUTIER, Renée, Gabrielle LACHANCE, Denise LEMIEUX, Madeleine PRÉCLAIRE et Luce RANGER-POISSON, *Femmes et culture au Québec*, Québec, Institut québécois de recherche sur la culture, coll. « Documents préliminaires », n° 3, 1982, 107 p.

DROUILLY, Pierre, *Répertoire du personnel politique québécois, 1867-1982*, Québec, Bibliothèque de l'Assemblée nationale, 1983, 808 p.

HOULE, Ghislaine, *La Femme au Québec*, Montréal, Bibliothèque nationale du Québec, Ministère des Affaires culturelles, « Bibliographies québécoises », n° 1, 1975, 228 p.

JETTÉ, René, *Dictionnaire généalogique des familles du Québec. Des origines à 1730*, Montréal, Les Presses de l'Université de Montréal, 1983, I, 1177 p.

JOHNSON, J.K., dir. *The Canadian Directory of Parliament*, 1867-1967, Ottawa, Public Archives of Canada, 1968, viii, 731 p.

LACROIX, Benoît et Madeleine GRAMMOND, *Religion populaire au Québec. Typologie des sources. Bibliographie sélective (1900-1980)*. Avec la collaboration de Lucille Côté, Québec, Institut québécois de recherche sur la culture, coll. « Instruments de travail », n° 10, 1985, 169 p.

LEMIEUX, Denise et Lucie MERCIER, *La Recherche sur les femmes au Québec : bilan et bibliographie*, Québec, Institut québécois de recherche sur la culture, coll. « Instruments de travail », n° 5, 1982, 336 p.

LEMIRE, Maurice, dir., *Dictionnaire des œuvres littéraires du Québec*, Montréal, Fides, 1980-1987, 5 vol.

TANGUAY, Cyprien, *Dictionnaire généalogique des familles canadiennes... depuis la fondation de la colonie jusqu'à nos jours*, Québec, Eusèbe Sénécal, 1871-1890, 7 vol.

TÊTU, Mgr Henri, *Les Évêques de Québec*. Notices biographiques, Québec, Narcisse-S. Hardy, Éditeur, 1889, 692 p.

III - ÉTUDES ET OUVRAGES DIVERS

A - Livres

ALLARD, Lionel et Gérard FILTEAU, *Un siècle au service de l'éducation, 1851-1951. L'inspection des écoles dans la province de Québec*, Québec, Éditeur officiel du Québec, 1975, 2 vol.

ANGENOT, Marc, *Les Champions des femmes. Examen du discours sur la supério-rité des femmes, 1400-1800*, Montréal, Les Presses de l'Université du Québec, 1977, 193 p.

ANONYME, *Les Anciennes familles agricoles qui cultivent la terre ancestrale depuis deux siècles et plus*, Fêtes de 1959.

ANONYME, *Bibliothèque de feu F.M. Derome, en son vivant, avocat*, Rimouski, Imprimerie A.G. Dion, 1880, 39 p.

ANONYME, *Fêtes du Centenaire de Rimouski, Album-Souvenir. Notes historiques, 1829-1929*, Rimouski, Séraphin Vachon Sr Éditeur, 1929, XXXIII, 84 p.

ANONYME, *Glimpses of the Monastery. Scenes from the history of the Ursulines of Quebec during two hundred years (1639-1839)*. Second edition revived, augmented and completed by *Reminiscences of the last fifty years (1839-1889)*, Québec, De-mers, 1897.

ANONYME, *Histoire de la Révérende Mère Marie Séraphine du Divin Cœur de Jésus, fondatrice et prieure du premier Carmel au Canada*, par une Religieuse de ce monastère, Montréal, Imprimerie de l'École catholique des Sourds-Muets, 1908, 560 p.

ANONYME, *Mère Marie du Sacré Cœur (1806-1885), fondatrice du Bon-Pasteur de Québec et ses collaboratrices*, Par une Religieuse du même Institut, Québec, Asile du Bon-Pasteur, 1935, 276 p.

ANONYME (moniale dominicaine), *Un cloître dominicain à Paris. Les Filles de Saint-Thomas, leur histoire, leur vie intérieure, XVIIe et XVIIIe siècles*, Paris, Des-clée de Brouwer, 1927, 453 p.

ANONYME, *Une Fondatrice et son Œuvre. Mère Mallet (1805-1871) et l'Institut des Sœurs de La Charité de Québec, fondé en 1849*, Montréal, Maison Mère des Sœurs de la Charité, 1939, [4], 622 p.

ANONYME, *Une gerbe de souvenirs, 1873-1973 ou le Séminaire raconté par ses Anciens*, Chicoutimi, 1973, 211 p.

ANONYME, *Les Ursulines de Québec depuis leur établissement jusqu'à nos jours*, Québec, C. Darveau, 1863-1866, 4 vol.

ANCELET-HUSTACHE, Jeanne, *La Vie mystique d'un monastère de Dominicaines au Moyen Âge, d'après la chronique de Toess*, Paris, Perrin, 1928, 223 p.

ARCHAMBAULT, Joseph-Papin, s.j., *Sur les pas de Marthe et de Marie. Congréga-tions de femmes au Canada français*, Montréal, Imprimerie du Messager, 1929, 672 p.

ARNOLD, Odile, *Le Corps et l'Âme. La vie des religieuses au XIXe siècle*, Paris, Seuil, coll. « L'univers historique », 1984, 378 p.

ASSELIN, Jean-Pierre, *Les Rédemptoristes au Canada. Implantation à Sainte-Anne-de-Beaupré, 1878-1911*, Montréal, Bellarmin, 1981, 165 p.

AUBÉ, Suzanne, Clermont BOURGET, *et alii*, *La Plaine côtière de Bellechasse. Guide d'introduction à son patrimoine passé et présent*, 2e édition, Québec, Minis-tère des Affaires culturelles, 1981, 38 p.

AUCLAIR, Élie J., *Mère Catherine-Aurélie. Histoire de Mère Catherine-Aurélie du Précieux-Sang née Aurélie Caouette. Fondatrice de l'Institut du Précieux-Sang au Canada, 1833-1905*, Québec, L'Action Sociale, 1923, 448 p.

AUDET, Louis-Philippe, *Histoire de l'enseignement au Québec, 1608-1971*, I: *1608-1840*; II: *1840-1971*, Montréal, Holt, Rinehart & Winston, 1971, XV, 432 et XII, 496 p.

AUDET, Louis-Philippe, *Histoire du Conseil de l'instruction publique de la province de Québec*, 1856-1964, Montréal, Éditions Leméac, 1964, XIX, 346 p.

AUDET, Louis-Philippe, *Le Système Scolaire de la province de Québec*, VI: *La situation scolaire à la veille de l'Union, 1836-1840*, Québec, Les Éditions de l'Érable, 1966, XVIII, 353 p.

BARIL, Hermyle, *De l'éducation eucharistique des enfants dans la famille, à l'école, au catéchisme*, 2ᵉ édition, Trois-Rivières, [s. édit.], 1910, 31 p.

BÉCHARD, Auguste, *La Gaspésie en 1888*, Québec, Imprimerie nationale, 1918.

BÉCHARD, Auguste, *L'Honorable A.-N. Morin*, Québec, Imprimerie de La Vérité, 1885, 259 p.

BÉLANGER, Diane, et Lucie ROZON, *Les Religieuses au Québec. Au-delà des préjugés qui sont-elles ? Quelle a été leur implication dans notre société à différentes époques ?*, Montréal, Libre Expression, 1982, 338 p.

BÉLANGER, Jules, Marc DESJARDINS, Yves FRENETTE et Pierre DANSEREAU, *Histoire de la Gaspésie*, Montréal, Boréal Express/Institut québécois de recherche sur la culture, 1981, 797 p.

BÉLANGER, Noël, *Une introduction au problème de l'influence indue, illustrée par la contestation de l'élection de 1876 dans le comté de Charlevoix*. Thèse de licence ès lettres (histoire), Université Laval, 1960, XVIII, 155 p.

BERNARD, Antoine, c.s.v., *La Gaspésie au Soleil*, Montréal, Les Clercs de Saint-Viateur, 1925, 332 p.

BERNARD, Jean-Paul, dir., *Les Idéologies québécoises au 19e siècle*, Montréal, Boréal Express, coll. « Études d'histoire au Québec », nº 5, 1973, 151 p.

BERNARD, Jean-Paul, *Les Rouges. Libéralisme, nationalisme et anticléricalisme au milieu du XIXe siècle*, Montréal, Les Presses de l'Université du Québec, 1971, xx, 395 p.

BERTRAND, Réal, *L'École normale Laval. Un siècle d'histoire (1857-1957)*, Québec, Université Laval/La Société Historique de Québec, « Cahiers d'Histoire », nº 9, 1957, 51 p.

BLANCHARD, Raoul, *L'Est du Canada français, « Province de Québec »*, Paris, Montréal, Librairie Masson & Cie, Librairie Beauchemin, « Publications de l'Institut Scientifique Franco-Canadien », 1935, I, 366 p.

BOGLIONI, Pierre et Benoît LACROIX, éd., *Les Pèlerinages au Québec*, Québec, Les Presses de l'Université Laval, coll. « Travaux du Laboratoire d'histoire religieuse de l'Université Laval », nº 4, 1981, 161 p.

BOURASSA, Sœur Alice, s.s.j., *Mère Saint-Joseph, fondatrice des Sœurs de Saint-Joseph de Saint-Hyacinthe*, Saint-Hyacinthe, Maison-Mère, 1949.

BOUSSOULADE, Jean, *Moniales et Hospitalières dans la tourmente révolutionnaire. Les communautés religieuses de l'ancien diocèse de Paris, de 1789 à 1901*. Paris, Letouzey et Ané, 1962, 260 p.

BUIES, Arthur, *Chroniques*. Édition critique par Francis Parmentier, Montréal, Les Presses de l'Université de Montréal, coll. « Bibliothèque du Nouveau Monde », 1986, 675 p.

BUIES, Arthur, *Les Comtés de Rimouski, de Matane et de Témiscouata*, Québec, Belleau et Cie, 1890.

CARON, Robert, *Un couvent du XIXᵉ siècle. La Maison des Sœurs de la Charité de Québec*, Montréal, Libre Expression, 1980, 148 p.

CASGRAIN, Henri-Raymond, *L'Asile du Bon-Pasteur de Québec d'après les Annales de cet Institut*, Québec, Imprimerie de L.-J. Demers & Frères, 1896, 410 p.

CASTONGUAY, Jacques, *La Seigneurie de Philippe Aubert de Gaspé, Saint-Jean-Port-Joli*, Montréal, Fides, 1977, 162 p.

CHABOT, Richard, *Le Curé de campagne et la contestation locale au Québec, de 1791 aux troubles de 1837-1838*, Montréal, Hurtubise HMH, 1975, 242 p.

CHARBONNEAU, Hubert, *Vie et mort de nos ancêtres. Étude démographique*, Montréal, Les Presses de l'Université de Montréal, coll. « Démographie canadienne », nº 3, 1975, 267 p.

CHASSÉ, Béatrice, *L'Affaire Casault-Langevin*. Thèse pour un diplôme d'études supérieures, Université Laval, 1965, XXI, 184 p.

CHAUVEAU, P.J.O., *L'Instruction publique au Canada. Précis historique et statistique*, Québec, Augustin Côté, 1876, 367 p.

CHÉNARD, Jean-Pierre, *Les Pratiques de dévotion populaire dans les chapelles de procession à Beaumont et à Lauzon*, Québec, Université Laval, Celat, 1978, 27, [18] p.

CHEVRETTE, Louis, *Idéologie, traits culturels, plan de rédaction, aperceptions et motivations du groupe de pression ultramontain canadien-français, ca 1870-1890*. Mémoire de maîtrise, Université Laval (histoire), 1970, LXVIII, 214 p.

CLICHE, Marie-Aimée, «L'évolution des clauses religieuses traditionnelles dans les testaments de la région de Québec au XIXe siècle», dans Benoît LACROIX et Jean SIMARD, dir., *Religion populaire, religion de clercs?*, Québec, Institut québécois de recherche sur la culture, coll. «Culture populaire», n° 2, 1984, 439 p.: 365-388.

COLLECTIF, *Mosaïque rimouskoise. Une histoire de Rimouski*, Rimouski, Le Comité des fêtes du cent cinquantième anniversaire de la paroisse Saint-Germain de Rimouski, 1979, 810 p.

COLLECTIF, *Trois siècles de médecine québécoise*, Québec, La Société historique de Québec, coll. «Cahiers d'Histoire», n° 22, 1970.

LE COMITÉ DES FÊTES DU TRICENTENAIRE, *Beaumont, 1672-1972*, Saint-Romuald, 1972, 134 p.

COUËT, Thomas, *La Mère Marie de la Charité et les Sœurs Dominicaines de Québec*, Québec, L'Action Sociale, 1925, 300p.

COUILLARD-DESPRÉS, Azarie, *Histoire des seigneurs de la Rivière du Sud et de leurs alliés canadiens et acadiens*, Saint-Hyacinthe, Imprimerie de «La Tribune», 1912, 402 p.

D'ALLAIRE, Micheline, «Le coutumier des religieuses. Codificateur de vie?», dans Benoît LACROIX et Jean SIMARD, dir., *Religion populaire, religion de clercs?*, Québec, Institut québécois de recherche sur la culture, coll. «Culture populaire», n° 2, 1984, 439 p.: 235-255.

D'ALLAIRE, Micheline, *Les Dots des religieuses au Canada français, 1639-1800. Étude économique et sociale*, Montréal, Hurtubise, HMH, «Cahiers du Québec. Collection Histoire», 1986, 244 p.

D'ALLAIRE, Micheline, *L'Hôpital-Général de Québec, 1692-1764*, Montréal, Fides, 1971, xxxiv, 251 p.

D'ALLAIRE, Micheline, *Vingt ans de crise chez les religieuses du Québec, 1960-1980*, Montréal, Éditions Bergeron, 1983, 564 p.

DANYLEWYCZ, Marta, *Profession: religieuse. Un choix pour les Québécoises (1840-1920)*, Montréal, Les Éditions du Boréal, 1988, 247 p.

DANYLEWYCZ, Marta, *Taking the Veil in Montreal, 1840-1920: an Alternative to Marriage, Motherhood and Spinsterhood*. Thèse de doctorat, University of Toronto, 1982.

DENAULT, Bernard, et Benoît LÉVESQUE, *Éléments pour une sociologie des communautés religieuses au Québec*, Montréal et Sherbrooke, Les Presses de l'Université de Montréal et Université de Sherbrooke, 1975, 220 p.

DEROY-PINEAU, Francoise, *Marie de l'Incarnation*, Paris, Robert Laffont, 1989, 310 p.

DE SERRES, Hélène, *Délia Tétreault et la Vierge Marie*, Montréal, Sœurs missionnaires de l'Immaculée-Conception, 1984, 80 p.

DÉSILETS, Andrée, *Hector-Louis Langevin. Un père de la Confédération canadienne (1826-1906)*, Québec, Les Presses de l'Université Laval, coll. «Les Cahiers de l'Institut d'histoire», n° 14, 1969, 461 p.

DESROSIERS, Adélard, *Les Écoles normales primaires de la Province de Québec et leurs œuvres complémentaires. Récit des fêtes jubilaires de l'École normale Jacques-Cartier, 1857-1907*, Montréal, Arbour & Dupont, Imprimeurs-Éditeurs, 1909, 391 p.

DORION, Jacques, *Les Écoles de rang au Québec*, Montréal, Les Éditions de l'Homme, 1979, 436 p.

DUCHAUSSOIS, Père Pierre, o.m.i., *Rose du Canada, Mère Marie-Rose, fondatrice de la Congrégation des Sœurs des Saints Noms de Jésus et de Marie*, Montréal, Maison-Mère, 1932, 352 p.

DUMONT, Fernand, Jean HAMELIN et Jean-Paul MONTMINY, dir., *Idéologies au Canada français, 1850-1900*, Québec, Les Presses de l'Université Laval, coll. « Histoire et sociologie de la culture », n° 1, 1971, 327 p.

DUMONT, Fernand, Jean HAMELIN, Fernand HARVEY et Jean-Paul MONTMINY, dir., *Idéologies au Canada français, 1900-1929*, Québec, Les Presses de l'Université Laval, coll. « Histoire et sociologie de la culture », n° 5, 1974, 377 p.

DUMONT, Micheline, Michèle JEAN, Marie LAVIGNE et Jennifer STODDART (le Collectif Clio), *L'Histoire des femmes au Québec depuis quatre siècles*, Montréal, Quinze, 1982, 526 p.

DUMONT, Micheline et Nadia FAHMY-EID, *Les Couventines. L'éducation des filles au Québec dans les congrégations religieuses enseignantes, 1840-1960*, Montréal, Boréal, 1986, 318 p.

FAHMY-EID, Nadia, *Le Clergé et le pouvoir politique au Québec, une analyse de l'idéologie ultramontaine au milieu du XIXe siècle*, Montréal, Éditions Hurtubise HMH, coll. « Cahiers du Québec », 1978, 318 p.

FAHMY-EID, Nadia, *Maîtresses de maison, maîtresses d'école. Femmes, famille et éducation dans l'histoire du Québec*, Montréal, Boréal Express, 1983, 415 p.

FAUCHER, Albert, *Québec en Amérique au XIXe siècle. Essai sur les caractères économiques de la Laurentie*, Montréal, Fides, coll. « Histoire économique et sociale du Canada français », 1973, 247 p.

FERLAND-ANGERS, Albertine, *Mère d'Youville. Vénérable Marie-Marguerite du Frost de Lajemmerais veuve d'Youville, 1701-1771, fondatrice des Sœurs de la Charité de l'Hôpital-Général de Montréal, dites Sœurs Grises*, Montréal, Beauchemin, 1945, 389 p.

FOURNET, Pierre-Auguste, p.s.s., *Mère de la Nativité et les origines des Sœurs de la Miséricorde (1848-1898)*, Montréal, Imprimerie de l'Institut des Sourds-Muets, 1898, 252 p.

FRANÇOIS DE SALES, Saint, *Introduction à la vie dévote*, Paris, Nelson Éditeurs, 1961, 367 p. Texte intégral publié d'après l'édition de 1619.

FRÉCHETTE, Ovide, *Grand annuaire de Québec pour 1881*, Québec, La Société historique de Québec, coll. « Cahiers d'histoire », n° 33, 1980, 199 p.

GAGNON, Claude-Marie, *La Littérature populaire religieuse au Québec : des origines à 1960 : sa diffusion, ses modèles*, Québec, Université Laval, Département des littératures, 1982, 261 p.

GAGNON, Claude-Marie, *Les Manuscrits et imprimés religieux au Québec (1867-1960) : bibliographie*, Québec, Université Laval, Institut supérieur des sciences humaines, coll. « Études sur le Québec », n° 12, 1981, 145 p.

GAGNON, Serge, *Mourir hier et aujourd'hui. De la mort chrétienne dans la campagne québécoise au XIXe siècle à la mort technicisée dans la cité sans Dieu*, Québec, Les Presses de l'Université Laval, 1987, 192 p.

GAGNON, Serge et René HARDY, dir., *L'Église et le Village au Québec, 1850-1930 : l'enseignement des Cahiers de prônes*, Montréal, Leméac, 1979, 174 p.

GARIÉPY, Raymond, *Les Seigneuries de Beaupré et de l'Île d'Orléans dans leurs débuts*, Québec, La Société historique de Québec, « Cahiers d'histoire », n° 27, 1974, 266 p.

GARON, Gérald, *La Pensée socio-économique de Mgr Jean Langevin*, Mémoire de maîtrise (histoire), Université de Sherbrooke, 1977, VI, 163 p.

GÉRIN-LAJOIE, Antoine, *Jean Rivard le défricheur. Récit de la vie réelle*, 2e édition revue et corrigée, Montréal, Beauchemin, 1913, 141 p.

GÉRIN-LAJOIE, Antoine, *Jean Rivard économiste. Pour faire suite à Jean Rivard le défricheur*, Montréal, Beauchemin, 1913, 157 p. 2e édition revue et corrigée.

GOBILLOT, René, *L'Émigration percheronne au Canada*, Paris, Mamers, 1927, 19 p.

GODBOUT, Archange, o.f.m., *Origine des familles canadiennes françaises*, Lille, Société Saint-Augustin, Desclée, De Brouwer & Cie, 1925, 263 p.

GOSSELIN, Auguste, *Vie de Mgr de Laval, premier évêque de Québec et apôtre du Canada, 1622-1708*, Québec, Imprimerie de L.-J. Demers & Frère, 1890, 2 vol.

GRAND'MAISON, Georgette, r.s.r., *Les Élèves du collège-séminaire de Rimouski (1863-1903)*. Mémoire de maîtrise ès arts (histoire), Université d'Ottawa, 1981, xvi, 161 p.

GREEN, Julien, *Frère François*, Paris, Éditions du Seuil, 1983, 348 p.

GREER, Allan, « L'alphabétisation et son histoire au Québec. État de la question », dans Yvan LAMONDE, dir., *L'Imprimé au Québec. Aspects historiques (18e-20e siècles)*, Québec, Institut québécois de recherche sur la culture, coll. « Culture savante », n° 2, 1983, 368 p. : 25-51.

GRISÉ, Jacques, *Les Conciles provinciaux de Québec et l'Église canadienne, 1851-1886*, Montréal, Fides, coll. « Essais et recherches : section Histoire », 1979, 454 p.

GROULX, Lionel, *Le Canada français missionnaire. Une autre grande aventure*, Montréal et Paris, Fides, 1962, 533 p.

GROULX, Lionel, *L'Enseignement français au Canada*, I : *Dans le Québec*; II : *Les écoles des minorités*, 2e édition, Montréal, Granger, 1934 et 1935, 327 et 271 p.

GROULX, Lionel, *Journal, 1895-1911*, Édition critique par Giselle Huot et Réjean Bergeron. Sous la direction de Benoît Lacroix, Serge Lusignan et Jean-Pierre Wallot. Biochronologie, Notices biographiques et Index thématique par Juliette Lalonde-Rémillard, Montréal, Les Presses de l'Université de Montréal, 1984, 2 vol., 1108 p.

GROULX, Lionel, *Notre grande aventure. L'Empire français en Amérique du nord (1535-1760)*, Montréal et Paris, Fides, coll. « Fleur de lys », 1958, 302 p.

GROULX, Lionel, *Notre Maître le passé*, Troisième série, Montréal, Granger, 1944, 319 p.

GUAY, Charles, *Chroniques de Rimouski*, Québec, Delisle, 1873-1874, 2 t., 256 p. et 420 p.

GUISSARD, P., a.a., *Histoire de la Congrégation des Sœurs Antoniennes de Marie, 1904-1958*, Chicoutimi, Maison-Mère, 1959, 324 p.

HAFFNER, Luce Jean, *Les Quatre Frères Jean de La Rochelle à Québec*, Québec, Les Éditions du Septentrion, 1989, 266 p.

HAMELIN Jean, et Nicole GAGNON, *Histoire du catholicisme québécois*. III : *Le XXe siècle*, 1 : *1898-1940*, Montréal, Boréal Express, 1984, 507 p.

HAMELIN, Jean et Yves ROBY, *Histoire économique du Québec, 1851-1896*, Montréal, Fides, coll. « Histoire économique et sociale du Canada français », 1971, xxxvii, 436 p.

HAUTECŒUR, Jean-Paul, *Analphabétisme et alphabétisation au Québec*, Québec, Ministère de l'Éducation, Service général des communications, 1979, vi, 222 p.

HÉBERT, Léo-Paul, *Le Québec de 1850 en lettres détachées*, Québec, Ministère des Affaires culturelles, coll. « Civilisation du Québec », 1985, 294 p.

HUOT, Giselle, *Une femme au séminaire. Marie de la Charité (1852-1920), fondatrice de la première communauté dominicaine du Canada (1887)*, Montréal, Bellarmin, 1987, 525 p.

HURTUBISE, Pierre *et alii*, *Le Laïc dans l'Église canadienne-française de 1830 à nos jours*, Montréal, Fides, coll. «Histoire religieuse du Canada», 1972, 223 p.

JEAN, Marguerite, s.c.i.m., *Évolution des communautés religieuses de femmes au Canada de 1639 à nos jours*. Montréal, Fides, coll. «Histoire religieuse du Canada», 1977, 324 p.

JEAN, Michèle, *Québécoises du 20e siècle*, Montréal, Éditions du Jour, 1974, 303 p.

LABARRÈRE-PAULÉ, André, *Les Instituteurs laïques au Canada français, 1836-1900*, Québec, Les Presses de l'Université Laval, 1965, xviii, 471 p.

LABARRERE-PAULÉ, André, *Les Laïques et la presse pédagogique au Canada français au XIXe siècle*, Québec, Les Presses de l'Université Laval, 1963, xii, 185 p.

LABRIE, Arthur, *La Sauvegarde d'un héritage. Le Moulin de Beaumont*, Beaumont, 1984, 24 p.

LACELLE, Élisabeth J., dir., *La Femme et la Religion au Canada français : un fait socio-culturel. Perspectives et prospective*, Montréal, Éditions Bellarmin, coll. «Femmes et religions», n° 1, 1979, 232 p.

LACROIX, Benoît, «Gens des terres d'en haut», *Mélanges Cardinal L.-A. Vachon*, Québec, Université Laval, 1989 : 238-244.

LACROIX, Benoît, *Marie de Saint-Michel*, Montréal, Paris, Les Éditions Paulines & Médiaspaul, 1986, 131 p.

LACROIX, Benoît, *Paroles à des religieuses (1950-1985)*, Montréal, Fides, 1985, 254 p.

LACROIX, Benoît, *La Religion de mon père*, Montréal, Bellarmin, 1986, 306 p.

LACROIX, Benoît et Jean SIMARD, dir., *Religion populaire, religion de clercs ?*, Québec, Institut québécois de recherche sur la culture, coll. «Culture populaire», n° 2, 1984, 439 p.

LACROIX, Benoît, *Silence*, [Montréal], Éditions du Silence, 1989, 45 p.

LACROIX, Benoît, *Trilogie en Bellechasse* avec treize illustrations d'Anne-Marie-Samson, Saint-Lambert, Éditions du Noroît, 1986, 222 p.

LAENNEC, Anne-Marie, *La Vocation religieuse féminine. Psychopathologie et critère d'admission...*, Paris, Lethielleux, 1965, 139 p.

LAJEUNESSE, Marcel, dir., *L'Éducation au Québec (19e-20e siècles)*, Trois-Rivières, Boréal Express, 1971, 147 p.

LAMONDE, Yvan, dir., *L'Imprimé au Québec. Aspects historiques (18e-20e siècles)*, Québec, Institut québécois de recherche sur la culture, coll. «Culture savante», n° 2, 1983, 368 p.

LAMONDE, Yvan et Daniel OLIVIER, *Les Bibliothèques personnelles au Québec : inventaire analytique et préliminaire des sources*, Montréal, Ministère des Affaires culturelles, Bibliothèque nationale du Québec, 1983, 131 p.

LAMONTAGNE, Armand, *Le «Livre de Raison» du Séminaire de Rimouski, 1863-1963. Images du passé. Promesses d'avenir*, Rimouski, Blais, 1963.

LANGEVIN, Edmond, *Notice biographique sur François de Laval de Montmorency, 1er évêque de Québec, suivie de quarante-une [sic] lettres et de notes historiques sur le chapitre de la cathédrale*, Montréal, la Compagnie d'impression et de publication de Lovell, 1874, xvi, 322 p. [en-tête de titre : 1674-1874. Deuxième centenaire].

LANGEVIN, Hector, *Le Canada, ses institutions, ressources, produits, manufactures, etc., etc., etc.*, Québec, Lovell et Lamoureux, 1855, 170 p.

LANGEVIN, Jean, *Cours de pédagogie ou Principes d'éducation*, deuxième édition revue et augmentée, Rimouski, Imprimerie de la *Voix du Golfe*, 1869, XV, 267 p.

LANGEVIN, Jean, *Réponses aux programmes de pédagogie et d'agriculture, pour les diplômes d'école élémentaire, d'école modèle et d'académie*, 2ᵉ édition approuvée par le Conseil de l'Instruction Publique, Québec, Typographie de C. Darveau, 1864, 51 p.

LAPOINTE-ROY, Huguette, *Charité bien ordonnée. Le premier réseau de lutte contre la pauvreté à Montréal au 19e siècle*, Montréal, Boréal, 1987, 330 p.

LAVIGNE, Marie et Yolande PINARD, *Les Femmes dans la société québécoise. Aspects historiques*, Montréal, Boréal Express, coll. «Études d'histoire du Québec», n° 8, 1977, 215 p.

LAVOIE, Yolande, *L'Émigration des Québécois aux États-Unis entre 1840 et 1930*, Québec, Éditeur officiel, 1979, ix, 97 p.

LEBLOND, Sylvio, *Médecine et médecins d'autrefois. Pratiques traditionnelles et portraits québécois*, Québec, Les Presses de l'Université Laval, 1986, xii, 258 p.

LECHASSEUR, Antonio, *Étude et documents sur les institutions religieuses de Rimouski*, Rimouski, Collège de Rimouski, 1974, 174 p.

LECHASSEUR, Antonio, *Propriété foncière et clergé: Rimouski, 1881-1911*. Mémoire de maîtrise (histoire), Université du Québec à Montréal, 1979, 170 p.

LECHASSEUR, Antonio et Yvan MORIN, dir., *La Presse périodique dans le Bas-Saint-Laurent. Aspects historiques*, Revue d'Histoire du Bas Saint-Laurent, vol. 10, nos 2-3 (mai-décembre 1984), 156 p.

LECLERCQ, Jacques, *La Vocation religieuse*, 4e éd. revue et corrigée, Tournai, Casterman, 1960, 233 p.

LE GOFF, Jacques, *La Naissance du Purgatoire*, Paris, Gallimard NRF «Bibliothèque des histoires», 1981, 509 p.

LE LEU, Louis, *Les Fondateurs et Fondatrices d'Ordres*, Tournai, Casterman, 1912, 2 vol.

LEMIEUX, Denise et Lucie MERCIER, *Les Femmes au tournant du siècle, 1880-1940*, Québec, Institut québécois de recherche sur la culture, 1989, 389 p.

LESAGE, Germain, o.m.i., *L'Accession des congrégations à l'état religieux canonique*, Ottawa, Éditions de l'Université d'Ottawa, 1952, 240 p.

LESAGE, Germain, o.m.i., *Les Origines des Sœurs de l'Assomption de la Sainte-Vierge*, Nicolet, Éditions A.S.V., 1957, 342 p.

LESSARD, Pierre, *Les Petites Images dévotes. Leur utilisation traditionnelle au Québec*, Québec, Les Presses de l'Université Laval, coll. «Ethnologie de l'Amérique française», 1981, 175 p.

LÉTOURNEAU, Jeannette, *Les Écoles normales de filles au Québec*, Montréal, Fides, 1981, 239 p.

LINTEAU, Paul-André, René DUROCHER et Jean-Claude ROBERT, *Histoire du Québec contemporain*, I: *De la Confédération à la crise (1867-1929)*, Montréal, Boréal Express, 1979, 660 p.

LITALIEN, Rolland, *Le Prêtre québécois à la fin du XIXe siècle. Style de vie et spiritualité d'après Mgr L.-Z. Moreau*, Montréal, Fides, 1970, 219 p.

LORBER, G., *Les Filles de la Croix, Dominicaines de Paris (1727-1927)*, Paris, Perrin, 1927, 268 p.

MALOUIN, Marie-Paule, *Ma sœur, à quelle école allez-vous? Deux écoles de filles à la fin du XIXe siècle*, Montréal, Fides, 1985, 171 p.

MARIE-ANTOINE, P., o.f.m., *St-Michel de la Durantaye. Notes et Souvenirs, 1678-1929*, Québec, Imp. Charrier et Dugal Ltée, 1929, 168 p.

MARIE DE L'ÉPIPHANIE, Sœur, r.s.r., *Une étude de l'œuvre d'éducation accomplie par Mgr Jean Langevin*. Mémoire de maîtrise ès arts, Université d'Ottawa, 1954, ix, 185 p.

MARIE DE L'INCARNATION, *Écrits spirituels et historiques*, Paris, Desclée de Brouwer, 1929-1935, 4 vol. Publiés par dom Claude Martin, réédités par dom Albert

Jamet, avec des annotations critiques, des pièces documentaires et une biographie nouvelle.

MARIE-HENRIETTE, Sœur, c.n.d. et Thérèse LAMBERT, c.n.d., *Histoire de la Congrégation de Notre-Dame*, Montréal, Maison-Mère, 1910-1970, 10 vol.

MARIE-JEAN-DE-PATHMOS, Sœur, s.s.a., *Canonisation de la Servante de Dieu Marie-Esther Sureau dit Blondin (en religion Mère Marie-Anne) Fondatrice de la Congrégation des Sœurs de Sainte-Anne (1809-1890). Dossiers sur la vie et les vertus.* Rome, 1985, 751 p.

MARIE-JEAN-DE-PATHMOS, Sœur, s.s.a., *Les Sœurs de Sainte-Anne, 1850-1900*, Lachine, Les Sœurs de Sainte-Anne, 1950, 460 p.

MARIE-MICHEL-ARCHANGE, Sœur, s.f.m., *Par ce signe tu vivras, histoire de la Congrégation des Petites Franciscaines de Marie*, Baie Saint-Paul, Maison-Mère, 1955, 539 p.

MEILLEUR, Jean-Baptiste, *Mémorial de l'Éducation du Bas-Canada*, Québec, Léger Brousseau, 1876, 454 p.

MONIÈRE, Denis, *Le Développement des idéologies au Québec*, Montréal, Éditions Québec-Amérique, 1977, 381 p.

MONIÈRE, Denis, *Ludger Duvernay et la révolution intellectuelle au Bas-Canada*, Montréal, Québec/Amérique, 1987, 231 p.

MONTAGNE, Mme Pierre, *Tourouvre et les Juchereau, un chapitre de l'émigration percheronne au Canada*, Québec, Société canadienne de généalogie 1967, 200 p.

MORIN, Marie, *Histoire simple et véritable. Les Annales de l'Hôtel-Dieu de Montréal, 1659-1725.* Édition critique par Ghislaine Legendre, Montréal, Les Presses de l'Université de Montréal, coll. « Bibliothèque des lettres québécoises », 1979, xxxv, 349 p.

MORIN, Victor, *Seigneurs et censitaires, castes disparues*, Montréal, Les Éditions des Dix, 1941, 104 p.

NADEAU, Eugène, o.m.i., *La Femme au cœur attentif, Mère Gamelin*, Montréal, Providence, 1969, 319 p.

NADEAU, Eugène, o.m.i., *Montre-moi tes chemins. Mère Marie-Léonie*, Sherbrooke, Éditions Saint-Raphaël Inc., 1984, 233 p.

OSIMO, F. Bienvenu d', « Notes historiques sur le Tiers-Ordre à Québec, 1678-1902 », dans Joseph Trudelle, *Les Jubilés...*, Québec, La Compagnie de Publication « Le Soleil », 1904, t. II, 428 p. : 1-49.

OUELLET, Fernand, *Histoire économique et sociale du Québec, 1760-1850. Structures et conjoncture*, Montréal, Fides, coll. « Bibliothèque canadienne-française, Histoire et Documents », 1971, 639 p.

OURY, Dom Guy-Marie, *Marie de l'Incarnation (1599-1672)*, Québec, Les Presses de l'Université Laval et Solesmes, Abbaye Saint-Pierre, 1973, 2 t., 612 p.

PARISSE, Michel, *Les Nonnes au Moyen Âge*, Le Puy, Christine Bonneton, Éditeur, 1983, 272 p.

PARIZEAU, Gérard, *La Société canadienne-française au XIXᵉ siècle. Essais sur le milieu*, Montréal, Fides, 1975, 550 p.

PELLETIER-BAILLARGEON, Hélène, *Marie Gérin-Lajoie. De mère en fille, la cause des femmes*, Montréal, Boréal Express, 1985, 383 p.

PERRON, Normand, *Un siècle de vie hospitalière au Québec. Les Augustines et l'Hôtel-Dieu de Chicoutimi, 1884-1984*, préface de Fernand Dumont, Sillery, Chicoutimi, Presses de l'Université du Québec, Les Augustines de la Miséricorde de Jésus, 1984, 439 p.

PLANTE, Hermann, *L'Église catholique au Canada (1604-1886)*, Trois-Rivières, Éditions du Bien public, 1970, 513 p.

POISSANT, Simone, *Mère Frédérica Giroux*, Montréal, Bellarmin, 1984, 160 p.

POULIOT, Léon, *Mgr Bourget et son temps*, Montréal, Bellarmin, 1977, V : 319 p.

PRÉVOST, Augustine, *L'Éducation, hier et aujourd'hui, 1850-1985*, Montréal, Éditions du Méridien, 1986, 300 p.

PRÉVOST, Madeleine, *Dossier de presse de Beaumont*, Beaumont, 1977, s.p.

PRÉVOST, Madeleine *et alii*, *Beaumont. Gens et Coutumes*, Beaumont, 1978, s.p.

PRÉVOST, Madeleine *et alii*, *Beaumont. Inventaire architectural*, Beaumont, 1977, 3 vol.

PROVENCHER, Jean, *C'était l'automne. La vie traditionnelle dans la vallée du Saint-Laurent*, Montréal, Boréal Express, 1984, 239 p.

PROVENCHER, Jean, *C'était l'été. La vie rurale traditionnelle dans la vallée du Saint-Laurent*, Montréal, Boréal Express, 1982.

PROVENCHER, Jean et Johanne BLANCHET, *C'était le printemps. La vie rurale traditionnelle dans la vallée du Saint-Laurent*, Montréal, Boréal Express, 1980, 237 p.

RIOUX, Marcel et Yves MARTIN, *La Société canadienne-française*, Montréal, Hurtubise HMH, 1971, 404 p.

ROBILLARD, Denise, *Émilie Tavernier-Gamelin*, Montréal, Éditions du Méridien, 1988, 330 p.

ROBILLARD, Denise et Ghislaine ROQUET, s.c. *et alii*, *Mère Marie-Léonie, 1840-1912, fondatrice des Petites Sœurs de la Sainte-Famille*, Montréal, Fides, 1984, 47 p.

ROBY, Yves, *Les Franco Américains de la Nouvelle-Angleterre (1776-1930)*, Sillery, Éditions du Septentrion, 1990, 432 p.

ROSS, Vincent, *Analyse de la structure idéologique des manuels de pédagogie.* Mémoire de maîtrise (sociologie), Université Laval, 1965.

ROULEAU, Ph.-G., *Notice sur l'École normale Laval de Québec pour l'Exposition de Chicago*, Québec, Imprimerie L. Brousseau, 1893, 42 p.

ROUSSEAU, Francois, *La Croix et le Scalpel. Histoire des Augustines et de l'Hôtel-Dieu de Québec (1639-1892)*, Sillery, Éditions du Septentrion, 1989, 456 p.

ROY, Raoul, *Les Patriotes indomptables de La Durantaye*, Montréal, Éditions Parti Pris, coll. « Aspect », n° 31, 1977, 62 p.

ROY, Pierre-Georges, *À travers l'histoire de Beaumont*, Lévis, 1943, 309 p.

RUMILLY, Robert, *Monseigneur Laflèche et son temps*, Montréal, Éditions B. D. Simpson, 1945, 460 p.

RYAN, William F., *The Clergy and the Economic Growth in Quebec (1896-1914)*, Québec, Les Presses de l'Université Laval, 1966, 348 p.

SAINTE-BLANCHE, Sœur, *La Charité en marche... L'Institut des Sœurs de la Charité de Québec fondé en 1849, 1871-1896*, Québec, Maison-Mère des Sœurs de la Charité, 1948, [3], 498 p.

SAVARD, Pierre, *Aspects du catholicisme canadien-français au XIXe siècle*, Montréal, Fides, coll. « Essais et recherches, section Histoire », 1980, 197 p.

SAVARD, Pierre, *Jules-Paul Tardivel, la France et les États-Unis*, Québec, Les Presses de l'Université Laval, 1967, 499 p.

SÉGUIN, Normand, *Agriculture et colonisation au Québec. Aspects historiques*, Montréal, Boréal Express, 1980, 222 p.

SÉGUIN, Normand, *La Conquête du sol au 19e siècle*, Sillery, Boréal Express, 1977, 295 p.

SIMARD, Jean, en collaboration avec Jocelyne MILOT et René BOUCHARD, *Un patrimoine méprisé. La religion populaire des Québécois*, Montréal, Hurtubise HMH, coll. « Cahiers du Québec, Ethnologie », 1979, 309 p.

SULTE, Benjamin, *Le Collège de Rimouski, qui l'a fondé...*, Rimouski, 1876, 40 p.

SULTE, Benjamin, *Histoire des Canadiens français, 1608-1880*, V, Montréal, Wilson & Cie, 1882, 161 p.

TESSIER, Albert, *Pèlerinages dans le passé*, Montréal, Fides, 1942, 214 p.

TÊTU, Mgr H. et l'abbé C.-O. GAGNON, *Mandements, lettres pastorales et circulaires des évêques de Québec*, publié par, Québec, Imprimerie Générale A. Coté et Cie, 1888-1890, IV, V, VI.

THÉRIAULT, Michel, *Le Livre religieux au Québec depuis les débuts de l'imprimerie jusqu'à la Confédération (1764-1867) : relevé statistique et essai d'interprétation*, Montréal, McGill University, Graduate School of Library Science, coll. « Occasional Papers », nᵒ 6 1977, 55 p.

TRUDEAU, Abbé A., *Mère Sainte-Marthe (Éléonore Charron), fondatrice de l'Institut des Sœurs de Sainte-Marthe à Saint-Hyacinthe*, Saint-Hyacinthe, Maison-Mère, 1942, 178 p.

TRUDEL, Marcel, *Catalogue des immigrants, 1632-1662*, Montréal, Hurtubise HMH, « Cahiers du Québec Collection Histoire », 1983, 569 p.

TRUDEL, Marcel, *Initiation à la Nouvelle-France, histoire et institutions*, Montréal et Toronto, Holt, Rinehart et Winston, Limitée, 1968, 324 p.

TRUDEL, Marcel, *La Population du Canada en 1663*, Montréal, Fides, 1973, xlii, 368 p.

TRUDEL, Marcel, *Le Terrier du Saint-Laurent en 1663*, Ottawa, Éditions de l'Université d'Ottawa, coll. « Cahiers du Centre de recherche en civilisation canadienne-française », nᵒ 6, 1973, 618 p.

TRUDELLE, Joseph, *Les Jubilés, Églises et Chapelles de la ville et de la banlieue de Québec*, Québec, Le Soleil, 1901-1904, 3 vol.

TURIN, Yvonne, *Femmes et Religieuses au XIXe siècle. Le féminisme « en religion »*, Paris, Nouvelle Cité, 1989, 375 p.

VOISINE, Nive, *Histoire de l'Église catholique au Québec, 1608-1970*, Montréal, Fides, 1971, 112 p.

VOISINE, Nive, dir., *Histoire du catholicisme québécois*, II : *Les XVIIIe et XIXe siècles*, t. 1 : Lucien Lemieux *Les années difficiles (1760-1839)*, Montréal, Boréal, 1989, 438 p.

VOISINE, Nive, *Louis-François Laflèche, deuxième évêque de Trois-Rivières*, I *Dans le sillage de Pie IX et de Mgr Bourget (1818-1878)*, Saint-Hyacinthe, EDISEM, 1980, 320 p.

VOVELLE, Michel, P*iété baroque et déchristianisation en Provence au XVIIIe siècle. Les attitudes devant la mort d'après les clauses des testaments*, Paris, Plon, 1973, 693 p.

WADE, Mason, *Les Canadiens français de 1760 à nos jours, I (1760-1914)*, traduit de l'anglais par Adrien Venne, Montréal, Le Cercle du Livre de France, 1966, 685 p.

B - Articles

ALLARD, Lionel, « L'Éducation en Gaspésie en 1855 », *Revue d'Histoire de la Gaspésie*, vol. 1, nᵒ 2 (mai-juin 1963) : 65-70 et nᵒ 3 (juillet-septembre 1963) : 117-122 ; « L'Éducation en Gaspésie en 1900 », *ibid.*, vol. 1, nᵒ 4 (octobre-décembre 1963) : 161-166.

AUDET, Louis-Philippe, « Le premier ministère de l'Instruction publique au Québec, 1867-1876 », *Revue d'histoire de l'Amérique française*, vol. 22, nᵒ 2 (septembre 1968) : 171-222.

BÉLANGER, Mgr René, p.d., « L'évêque de Rimouski sur la Côte Nord en 1875 », *La Société canadienne d'histoire de l'Église catholique*, Sessions d'étude 1967, vol. 34, p. 19-24.

BÉRUBÉ, Léo, « La Congrégation de Notre-Dame au Diocèse de Rimouski, *Le Centre Saint-Germain*, Rimouski, vol. 22, (1961) : 212-214.

BÉRUBÉ, Léo, « Histoire du Carmel de Rimouski, 1875-1877 », *Le Centre Saint-Germain*, vol. 21, n° 5 (mai 1960) : 148-149 ; n° 6 (juin 1960) : 180-181 ; n° 9-10 (septembre-octobre 1960) : 252-253 ; n° 11 (novembre 1960) : 276-277 ; n° 12 (décembre 1960) : 300-301.

BÉRUBÉ, Léo, « Histoire religieuse du diocèse de Rimouski », La Société canadienne d'histoire de l'Église catholique, *Sessions d'étude* 1967, vol. 34, p. 67-74.

BÉRUBÉ, Léo, « Les Sœurs de la Charité au Diocèse de Rimouski, *Le Centre Saint-Germain*, vol. 23, n° 2-3 (février-mars 1962) et n° 6-7 (juin-juillet 1962).

BOUCHER, Thérèse, « Le Bon-Pasteur de Québec », La Société canadienne d'histoire de l'Église catholique, *Sessions d'étude* 1969, vol. 36 : 57-65.

CARRIÈRE, Gaston, « Projets de préfectures apostoliques pour le Nord-est du Canada », *Revue d'histoire de l'Amérique française*, vol 17, n° 2 et 3 (septembre et décembre 1963) : 185-212 et 396-423.

CHAPAIS, Thomas, « La guerre des éteignoirs », *Mémoires de la Société Royale du Canada*, Section I, série III, vol. 22 (mai 1928) : 1-6.

CHARLAND, Thomas, o.p., « La démission du Dr Meilleur comme surintendant de l'Éducation (1855) », *Revue d'histoire de l'Amérique française*, vol. 24, n° 4 (mars 1971) : 513-525.

DANYLEWYCZ, Marta, « Changing Relationships : Nuns and Feminists in Montreal, 1890-1925 », *Histoire sociale/Social History*, vol. 14, n° 28 (novembre 1981) : 413-434.

DELAFOSSE, M., « La Rochelle et le Canada au XVIIe siècle », *Revue d'histoire de l'Amérique française*, vol. 4, n° 4 (mars 1951) : 469-511.

DUMONT, Micheline, « L'instruction des filles avant 1960 », *Interface*, vol. 7, n° 3 (mai-juin 1986) : 22-29.

DUMONT, Micheline et Marie-Paule MALOUIN, « Évolution et rôle des congrégations religieuses enseignantes féminines au Québec, 1840-1960 », La Société canadienne d'histoire de l'Église catholique, *Sessions d'étude*, 1983.

DUMONT-JOHNSON, Micheline, « Les communautés religieuses et la condition féminine », *Recherches sociographiques*, vol. 19, n° 1, 1978 : 79-102.

EID, Nadia F., « Éducation et classes sociales : analyse de l'idéologie conservatrice – cléricale et petite-bourgeoisie – au Québec au milieu du 19e siècle », *Revue d'histoire de l'Amérique française*, vol. 32, n° 2 (septembre 1978) : 159-179.

FERLAND, A., c.ss.r., « Notre vieux Frère Adolphe », *Annales de la Bonne Sainte Anne*, août 1931 : 249-252.

GAGNON, Robert, « Capital culturel et identité sociale : les fonctions sociales du discours sur l'encombrement des professions libérales au XIXe siècle », *Sociologie et Sociétés*, vol. 21, n° 2 (octobre 1989) : 129-146.

GIROUX, S. Anna, r.j.m., « Toussaint Giroux, 1633-1715 », *Mémoires de la Société généalogique canadienne-française*, vol. 25, n° 1 (janvier-mars 1974) : 3-27.

HEAP, Ruby, « Les relations Église-État dans le domaine de l'enseignement primaire public au Québec : 1867-1899 », La Société canadienne de l'histoire de l'Église catholique, *Sessions d'étude*, 50 (1983) : 183-199.

LEBEL, Camille, « La paroisse de St-Godefroi », *Revue d'Histoire de la Gaspésie*, vol. 4, n° 3 (juillet-septembre 1966) : 133-140 ; n° 4 (octobre-décembre 1966) : 188-194.

LÉGARÉ, Jacques, « Les religieuses du Canada : leur évolution numérique entre 1965 et 1980 », *Recherches sociographiques*, vol. 10, n° 1 (janvier-avril 1969) : 7-21.

LESSARD, Marc-André et Jean-Paul Montminy, « Les religieuses du Canada : âge, recrutement et persévérance », *Recherches sociographiques*, vol. 8, n° 1 (janvier-avril 1967) : 15-47.

MONTAGNE, Mme Pierre, « La Ventrouze et les Canadiens », *Mémoires de la Société généalogique canadienne-française*, vol. 23, n° 1 (janvier-mars 1972) : 23-33.

NADEAU, J.T., « Beaumont. Une vieille paroisse, double centenaire », *L'Almanach de l'Action Sociale Catholique*, 1934 : 65-78.

OUELLET, Fernand, « La question sociale au Québec, 1880-1930 : la condition féminine et le mouvement des femmes dans l'historiographie », *Histoire sociale/ Social History*, vol. 21, n° 42 (novembre 1988) : 319-345.

ROSS, Vincent, « La structure idéologique des manuels de pédagogie », *Recherches sociographiques*, 10 (1969) : 171-196.

ROY, Pierre-Georges, « La famille Margane de Lavaltrie », *Bulletin des recherches historiques*, vol. 23, n° 2 (février 1917) : 33-53 ; n° 3 (mars 1917) : 65-80.

SAINT-PIERRE, Gérard, « L'ancien domaine seigneurial de Beaumont change de propriétaire », *L'Oseilleur*, vol. 3, n° 4 (juin 1978) : 38-39 ; n° 5 (septembre 1978) : 19-24.

SAINT-PIERRE, A., « Ce sont des saints qu'il nous faut », *La Vie des communautés Religieuses*, vol. 12, n° 2 (février 1954) : 40-52 ; n° 3 (mars 1954) : 77-85.

SAVARD, Pierre, « La vie du clergé québécois au XIXe siècle », *Recherches sociographiques*, vol. 8, n° 3 (septembre-décembre 1967) : 259-273.

SOUCY, Chantal, « Le transport maritime dans la Baie-des-Chaleurs », *Gaspésie*, vol. 20, n° 4 (n° 80) (octobre-décembre 1982) : 25-36.

INDEX

enseignement à Rimouski, 234, 244, 260, 271, 285
Sœurs des Saints Noms de Jésus et de Marie, 45, 324
Sœurs Dominicaines de l'Enfant-Jésus, 18, 40, 293
Sœurs Dominicaines de la Trinité, 40
Sœurs du Bon-Pasteur, 89, 324
Sœurs du Bon-Pasteur d'Angers, 45
Sœurs du Bon-Pasteur de Québec, 18
Sœurs du Sacré-Cœur, 45
Sœurs Servantes du Cœur Immaculé de Marie, 89
Sœurs Ursulines de Québec, 11, 100-102, 104, 110, 112, 121, 123, 133, 149, 155, 324
Sœurs Ursulines de Roberval, 123
Sœurs Ursulines de Trois-Rivières, 101
Spiritualité, 7
Saint-Zéphirin, sœur, 279, 281
Saint Louis, 402
Statues, 234, 253, 361, 363
Subventions, 374, 406, 438
Succès, 252, 271, 413
Supérieure, 172, 206, 221, 244, 254, 256, 269, 273, 275, 321-322, 361, 365-366, 422, 437, 445
Surintendant de l'Éducation, 60, 63, 65, 101, 374, 438-439, 457, 475

Talon, intendant, 38
Taschereau, cardinal Elzéar-Alexandre, 139, 153-154, 163, 165, 207, 235-237, 255-256, 268, 277-278, 345, 389
Tavernier-Gamelin, Émilie, 45, 163, 324
Taxes, 60, 65-67, 73, 78
Témiscouata, comté, 165, 318
Tempêtes, 180, 257, 293, 297, 376, 378
Terres, 38, 40-42, 44, 410
Tertiaires de Saint François, 185, 205, 212, 364
Testaments, 42, 80, 84, 96-97, 99
Thérèse de Jésus, sœur, 214, 235, 339
  Voir Langevin, Marie
Thériault, Désirée, 368-369, 394
Thériault, Mathilde, 369, 394
Thériault, Pierre, 369
Tielen, père Jean, 348, 358, 361-363, 401, 418, 477, 479
Tiers-Ordre de Saint-François d'Assise, 159, 202, 213, 221, 222, 246, 292, 355
Toussaint, François-Xavier, 104
Tracadie, 370
Traite, 41
Travail, 10, 184

Travaux de nettoyage et de rénovation, 249, 253, 261, 282, 284, 396, 461
Travaux manuels, 10, 92, 170, 173, 176, 178, 182-184, 199, 203, 207, 261, 282, 284, 293-295
Traversier, 47, 111
Tristesse, 290
Trois-Pistoles, 368
Trousseau, 171, 211, 213, 221, 228, 232, 249, 262, 265-266, 305, 371
Turcotte, Cécile, 398, 418
Turgeon, Alvine, 44, 85, 88, 96, 100, 103, 105, 111, 126, 128, 131, 141, 158, 231-232, 240, 242-243, 245, 249, 272, 285, 288, 321, 327, 397, 467
Turgeon, Angèle, 44, 85, 88, 100, 131, 467
Turgeon, Anne-Élisabeth, 43
Turgeon, Antoine, 42-43
Turgeon, Aurélie, 44, 88, 121, 126, 131-132, 158, 467
Turgeon, Célina, 43-44, 88, 105, 121, 126, 131, 141, 153, 158, 162, 231-232, 467
Turgeon, Césaire, 70
Turgeon, Ceville, 43
Turgeon, Charles, 39-40, 54, 65
Turgeon, Colomban, 43, 45, 55, 66, 73-74
Turgeon, Damase, 43
Turgeon, Domithille, 43
Turgeon, Élisabeth
  Voir Mère Marie-Élisabeth
Turgeon, Élisabeth (fille de Zacharie), 39
Turgeon, famille, 131
Turgeon, Florent, 43
Turgeon, François, 42, 50, 54, 85, 131
Turgeon, François-Xavier, 43, 55, 73, 85
Turgeon, Geneviève, 40, 56
Turgeon, Hélène, 43
Turgeon, Héloïse, 55
Turgeon, Henriette, 44, 85, 88, 100, 126, 131, 467
Turgeon, Hermine, 43
Turgeon, Honorable Adélard, 43
Turgeon, Honorable Louis, 42
Turgeon, Hubert, 42
Turgeon, Jacques, 38-40, 49, 54
Turgeon, Joseph-Narcisse, 69, 71, 73-74
Turgeon, Louis, 42-43, 47, 57, 65, 76, 82, 85
Turgeon, Louis (grand-père d'Élisabeth), 43, 46, 51

TABLE DES MATIÈRES

Rethinking European Welfare

Transformations of Europe and Social Policy

Edited by
Janet Fink, Gail Lewis and John Clarke

The Open
University

in association with

SAGE Publications
London • Thousand Oaks • New Delhi

SAGE Publications Ltd
6 Bonhill Street
London EC2A 4PU

SAGE Publications Inc
2455 Teller Road
Thousand Oaks, California 91320

SAGE Publications India Pvt Ltd
32, M-Block Market
Greater Kailash - I
New Delhi 110 048

British Library Cataloguing in Publication data

A catalogue record for this book is
available from the British Library

ISBN 0 7619 7278 1
ISBN 0 7619 7279 X (pbk)

Library of Congress catalog record available

Typeset by Keyword Typesetting Services Ltd
Printed in Great Britain by Biddles Ltd, Guildford, Surrey

Contents

Acknowledgements

The authors and publishers wish to thank the following for permission to use copyright material.

Chapter 1: Sage Publications Ltd (1999) for 'Re-shaping Europe: The challenge of new divisions within a homogenized political–economic space' from *Divided Europe: Society and Territory*, Ray Hudson and Allan Williams.

Chapter 2. Routledge for Yasemin Soysal (1996) 'Changing citizenship in Europe: Remarks on postnational members and the national state' from *Citizenship, Nationality and Migration in Europe* edited by David Cesarani and Mary Fulbrook, Routledge, London.

Chapter 3: Zed Books Ltd for Phil Marfleet (1999) 'Europe's civilising mission' from *New Ethnicities, Old Racisms?* edited by Phil Cohen, Zed Books Ltd, London.

Chapter 4: Sage Publications Ltd for Eleonore Kofman and Rosemary Sales (1998) 'Migrant women and exclusion in Europe' from *The European Journal of Women's Studies*, 5: 381–98.

Chapter 5: Cambridge University Press for 'Gendering dimensions of welfare states' (1996) from *Gender, Equality, and Welfare States*, Diane Sainsbury, Cambridge University Press, Cambridge.

Chapter 6: Oxford University Press for Fiona Williams (1995) 'Race/ethnicity, gender and class in welfare states: A framework for comparative analysis' from *Social Politics*, 2 (2): 127–59.

Chapter 8: Jessica Kingsley for Prue Chamberlayne (1999) 'Cultural analyses of the informal sphere' in *Welfare and Culture in Europe: Towards a New Paradigm in Social Policy* edited by Prue Chamberlayne, Andrew Cooper, Richard Freeman and Michael Rustin, Jessica Kingsley, London.

Chapter 9: Routledge for Avtar Brah (1996) 'Re-framing Europe: Gendered racisms, ethnicities, and nationalisms in contemporary Europe' from *Cartographies of Diaspora*, Routledge, London.

Chapter 10: Sage Publications Ltd for Lila Leontidou and Alex Afouxenidis (1999) 'Boundaries of social exclusion in Europe' from *Divided Europe: Society and Territory* edited by Ray Hudson and Allan Williams, Sage Publications Ltd, London.

Chapter 11: State University of New York Press for António Nóvoa (2000) 'The restructuring of the European educational space: Changing relationships among states, citizens and educational communities' from *Educational Knowledge: Changing Relationships Between the State, Civil Society and the Educational Community* edited by Thomas Popkewitz, State University of New York Press, New York.

Notes on contributors

Alex Afouxenidis is Research Associate of the Research on Europe and the Mediterranean (REM) laboratory at the University of the Aegean. His main scholarly and research interests are in exclusion, shifting borders, employment and the welfare state. His most recent publications include articles on the Greek welfare state and industrial restructuring. He has co-authored *The Beginnings of Greek Geography on the Eastern EU Border* (2000) and co-edited *European Geographies in 2000* (2000), both with Lila Leontidou.

Avtar Brah is Reader in Sociology at Birbeck College, University of London. She is the author of *Cartographies of Diaspora, Contesting Identities* (1996). She is co-editor (with Mary Hickman and Mairtin Mac an Ghail) of *Global Futures: Migration, Environment and Globalisation* (1999) and *Thinking Identities: Ethnicity, Racism and Culture* (1999). Her latest publication, *Hybridity and its Discontents: Politics, Science and Culture* (2000), is co-edited with Annie E. Coombes.

Prue Chamberlayne is Senior Research Fellow in the School of Health and Social Welfare at the Open University. Her research has centred on the ESRC-funded *Cultures of Care Project* (1992–6) and co-ordination of the seven country EC-funded *Social Strategies in Risk Society* (SOSTRIS). Her publications include two joint-edited collections *Welfare and Culture: Towards a New Paradigm in Social Policy* (Jessica Kingsley 1999) and *The Turn to Biographical Methods in Social Science: Comparative Issues and Examples* (Taylor and Francis 2000) and the jointly authored *Cultures of Care: Biographies of Carers in Britain and the Two Germanies* (Policy Press forthcoming).

John Clarke is Professor of Social Policy at the Open University. His recent research has explored the role of managerialism in the restructuring of the welfare state. More generally, he is fascinated by the possible intersections of cultural analysis and social policy.

Ray Hudson is Professor of Geography and Chair of the International Centre for Regional Regeneration and Development Studies at the University of Durham. Related recent/forthcoming publications include *Production, Place and Environment* (Prentice Hall 2000), *Digging up Trouble: The Environment, Protest and Opencast Coal Mining* (with H. Beynon and A. Cox), (Rivers Oram 2000), *Producing Places* (Guildford, NY 2001) and 'One Europe or Many? Reflections on Becoming European', *Transactions of the Institute of British Geographers* (2000).

Janet Fink is Lecturer in Social Policy at the Open University. Her research interests focus on the ways in which family-oriented policy and legislative reform shape and are shaped by popular culture. Her recent publications include (co-authored with Leonore Davidoff, Megan Doolittle and Katherine Holden) *The Family Story: Blood, Contract and Intimacy 1830–1960* (Longman 1998).

Eleonore Kofman is Professor of Human Geography at Nottingham Trent University. She has published widely on migrant women and citizenship in Europe and is the co-author with A. Phizacklea, P. Raghuram and R. Sales of *Gender and International Migration in Europe* (Routledge 2000).

Lila Leontidou is a Social and Cultural Geographer and Spatial Planner and Professor in the Department of Geography of the University of the Aegean. She has authored *The Mediterranean City in Transition* (Cambridge University Press 1990), *Cities of Silence* (in Greek, ETVA & Themelio 1989), edited *Launching Greek Geography of the Eastern EU Border* (University of the Aegean 2000) and *European Geographies 2000* (in Greek, University of Aegean 2000), co-authored *The Beginnings of Greek Geography on the Eastern EU Border* (in Greek, University of Aegean 2000), and co-edited *Mediterranean Tourism* (Routledge 2001).

Gail Lewis is Senior Lecturer in Social Policy at the Open University. Her research interests centre on the intersection of social policy and the construction of gender and racial formations. She has recently published *'Race', Gender, Social Welfare: Encounters in a Post-Colonial Society* (Polity Press 2000).

Phil Marfleet is a member of the Department of Cultural Studies and a Lecturer on the Refugee Studies Programme at the University of East London. He has worked at universities in the Middle East and in Britain, and has published widely on religious activism, globalization, migration and refugee affairs. Among recent publications is (with Ray Kiely) *Globalisation and the Third World* (Routledge 1998).

Eugene McLaughlin is Senior Lecturer in Criminology and Social Policy at the Open University. He has written extensively on police governance and the politics of crime control. His publications include (co-edited with John Muncie) *The Sage Dictionary of Criminology* (2001).

Karim Murji is Senior Lecturer in Sociology at the Open University. His research interests cover race and ethnicity, racism and racial violence, policing and drugs. Recent publications include: *Policing Drugs* (Ashgate 1998), various articles on race and policing with Eugene McLaughlin, and chapters on race and drugs in *Drugs: Culture Controls and Everyday Life* (Sage 1998) and *Making Trouble: Cultural Representations of Crime, Deviance and Control* (Aldine de Gruyter 1999).

António Nóvoa is Professor at the University of Lisbon (Portugal). He has published several articles and books on the history of education (history of teachers, New Education, educational historiography) and comparative education (educational policies, educational sciences, comparative methods and theories). He is author of *Le Temps des Professeurs* (1987) and *Histoir et Comparaison* (1998). He is co-editor of *The History of Colonial Experience in Education: Historical Issues and Perspectives* (1995) and *A Difusão Mundial da Escola* (2000).

Diane Sainsbury is Professor of Political Science, University of Stockholm. She is author of *Gender, Equality and Welfare States* (Cambridge University Press 1996) and editor of *Gendering Welfare States* (Sage 1994) and *Gender and Welfare State Regimes* (Oxford University Press 1999). Among her most recent publications on gender and welfare states are 'Gender and the making of welfare states: Norway and Sweden', *Social Politics* (forthcoming) and 'Rights without seats: The puzzle of women's legislative recruitment in Australia' in Marian Sawer (ed.), *The Peoples Choice: Australia's Experiences in Democracy* (Cambridge University Press forthcoming).

Rosemary Sales is Reader in Social Policy at Middlesex University. Her publications include *Women Divided: Gender Religion and Politics in Northern Ireland* (Routledge 1997); *Women, Work and Inequality* (edited with Jeanne Gregory and Ariane Hegewisch) (Macmillan 1999) and *Gender and Migration in Europe* (with E. Kofman, A. Phizacklea and P. Raghuram) (Routledge 2000, in press).

Yasemin Soysal is Senior Lecturer in Sociology at the University of Essex. Her publications include *Limits of Citizenship: Migrants and Post-national Membership in Europe* (University of Chicago Press 1994) and articles in *American Sociological Review, Theory and Society, Sociology of Education,* and *Ethnic and Racial Studies.* Currently, she is working on two related projects: the changing basis and forms of collective identity and claims-making in Europe, and postwar reconfigurations of nation-state identities as projected in secondary school history and civics textbooks.

Allan M. Williams is Professor of Human Geography and European Studies at the University of Exeter. He has long standing interests in

European economic development, and has worked extensively on issues relating to firm formation, migration and mobility in both Southern and Eastern Europe. He is the author of *The European Community: The Contradictions of Integration* (Blackwells 1984), co-author of *Sunset Lives: British Retirement Migration to the Mediterranean* (Berg 2000) and *Tourism in Transition: Economic Change in Central Europe* (I.B. Tauris 2000), and co-editor of *Divided Europe: Society and Territory* (Sage 1999).

Fiona Williams is Professor of Social Policy at the University of Leeds and Director of the ESRC Research Group for the Study of Care, Values and the Future of Welfare. She has written widely on gender, 'race', class and welfare, and on learning disabilities, community care and social theory and social policy. She is currently writing a book on *New Principles for Welfare,* for Polity Press.

Introduction: Transitions and Trajectories in European Welfare

Gail Lewis, Janet Fink and John Clarke

Contents

Social policy and Europe: difficult encounters, new approaches

Europe provides the focus for many of the most important and compelling questions about social policy. It has, therefore, been the subject of wide-ranging academic and political debate over the past two decades. Research and analysis of the scope and significance of social policy within Europe has largely been dominated by four main concerns:

- the search for patterns of convergence or diversity in European welfare systems or regime types (Esping-Andersen 1990; Leibfried 1993; Rhodes 1996; Sykes and Alcock 1997);
- the examination of 'crises' or challenges facing European welfare states (Kuhnle 2000; Bonoli, George and Taylor-Gooby 2000);
- the investigation of the impact of globalization on the development of European social policy (Sykes, Palier and Prior 2001);
- the emergence of a social policy dimension of the European Union (Hoskyns 1996; Leibfried and Pierson 1995; Geyer 2000).

Each of these approaches has something to offer to the comparative study of welfare regimes, and in the context of the European Union (EU) it is perhaps wise to heed the words of Sandholtz (1996: 427), who argues: 'Rather [than look for a single theory] we should probably admit that different kinds of theories are appropriate for different pieces of the EU puzzle'. Nevertheless, eclecticism does not mean lack of critical evaluation, and in this context the strengths and shortcomings of the predominant approaches in the comparative study of social welfare in Europe have been well documented. The strengths include: the development of typologies of welfare regimes that have proved helpful and influential in the development of comparative research; an increasing interest in the processes of 'transition' or remaking of welfare states on the cusp of the twenty-first century; and systematic attempts at theorizing comparative studies in terms of both the 'political economy' of welfare states and the 'institutional' structures and processes of welfare state development (see Van Kersbergen 2000). To a large extent, the development of such approaches to studying European welfare states has emphasized the formal labour market, income transfer systems and social security policies (e.g. Esping-Andersen 1990). However, as feminist critiques have argued, this focus did not acknowledge the gendered nature of welfare regimes, the importance of women's unpaid work and the significant developments in the mixed economy of welfare (see Sainsbury in this volume; Langan and Ostner 1991; J. Lewis 1992, 2000; Lister 2000; Orloff 1993).

Other work has pointed to the importance for comparative analysis of incorporating the intersections of 'race' and class with gender in order to explain a different combination of welfare experiences and inequalities of provision (see, for example, the chapter by Williams in this volume; Pierson 1991; Baldwin-Edwards 1991a, b; Ginsburg 1992, 1994). More recently, 'the cultural turn' has influentially shifted the nature of debates within analyses of national social policy regimes and, to a lesser extent, comparative social policy (Clarke 1999; Chamberlayne, Cooper, Freeman and Rustin 1999). The impact of contemporary social and cultural theory, particularly post-structuralism, has been to widen the terms on which comparative analysis of European welfare regimes might occur. Such approaches insist on analyses of competing welfare discourses and the exploration of their social, cultural and political origins and effects. They impel investigation of the ways in which dominant ideas and welfare practices shape and institutionalize notions of rights, responsibilities and duties around constructions of normality and need (Leonard 1997; Lewis, Gewirtz and Clarke 2000; O'Brien and Penna 1998).

Building on these insights, this collection explores ways of *thinking* about the relationships between Europe and social policy. It rests on a refusal to accept 'Europe' or 'social policy' as self-evident terms. 'Europe' does not denote a clear geographical entity, or a singular set of cultural or political institutions. Equally the contemporary study of social policy raises questions about the relationships, processes and practices of social welfare that go far beyond the policies and institutional frameworks of national governments or EU bodies. In this

Introduction we trace some of the problems – and attractions – of exploring these relationships between Europe and social policy in a more open-ended and dynamic way. In doing so we hope to indicate why studying European social policy needs to draw on a wider set of intellectual resources than is conventional within comparative social policy analyses of European welfare states or in the study of the EU as a site of social policy.

It is in this context that we bring together this collection of essays. The logic underlying the selection is our conviction that there is an undeveloped but nascent dimension in contemporary social policy analysis – whether of single national regimes (G. Lewis 2000) or of a comparative variety (Hoskyns 1996). This dimension is the link between social policy and the formation of social solidarities and identifications of belonging, or what Hoskyns (1996: 47) has called 'society-creating' measures. Traditionally, the society in process of becoming in the interstices of social policy has been that of the nation – a social body encompassed within the legitimate boundaries of an internationally recognized state. Such a national formation (as opposed to state) is brought together through discursive and social practices that create a sense of collective identity and belonging. This is expressed through systems of cultural representation or signifying practices, and an ensemble of rights and duties accorded to, and imposed upon, those deemed to belong to the collectivity. In Marshall's (1950) classic formula, the evolution of a comprehensive and inclusive system of welfare rights, benefits and services represented the highest form of social solidarity. Despite variations in their key principles (Esping-Andersen 1990), the social policy regimes that characterized the nation-states of north-west Europe were seen as a particularly advanced way of articulating the relation between state and people. Indeed, such has been the status of these welfare regimes that some have argued that they have been seen as a reference point for welfare systems in other parts of the world (Sykes, Palier, and Prior 2001).

In relation to the formation of nations, the effect of these welfare regimes was to inscribe the nations' members into collective responsibility for a minimum standard of life and opportunity. In this construction the thread suturing the relation between state–people–welfare was that of rights. The organization of this state–people–welfare relation through a series of diversely configured, overlapping but contingent 'settlements' (see Hughes and Lewis 1998; Clarke and Newman 1997; Williams 1999) was hegemonic for the three decades between the late 1940s and late 1970s. Such a social/political/moral economy came under sustained and systematic attack through the convergence of a fiscal crisis related to the sharpened contradictions of global Fordism and the coming to power of New Right political parties in many countries of Europe and the USA. The result was a shift in the filaments suturing the people to state and welfare away from rights and towards the idea of duty and responsibility.

In parallel with this dislocation of what Jessop (1993, 2000) has called the shift from a Keynesian welfare state and toward a Schumpeterian workfare regime were reconfigurations in global and European level relations. In broad terms these shifts were represented by a series of events and processes. These include: the rise of the USA as the leading and dominant capitalist power; the demise of empire and the emergence of formal political independence for many former colonies; the rise and fall of the Cold War and the Soviet Union with its satellite states in Eastern Europe; the emergence of some Pacific rim states as major economies; and the continuous, even if at times faltering, move towards an ever widening and deepening European Union.

Building on our conviction about the analytic importance of exploring the link between social policy and the formation of social solidarities, it is vital that the connections between these wider processes, European integration and the development of a European Union social policy be explored. Leibfried (1993) has made the point in relation to the EU that 'political as well as social citizenship have, until now, been marginal in the process of European unification' (p. 202). Whether or not we agree with this evaluation, it is important to analyse the development of social policy at EU level for its constitutive effects alongside those other dimensions of exploration that have come to characterize comparative social policy. In part this will involve separating out the diverse Europes that are referenced (often implicitly) in discussions of European unification and European social policy. There is the Europe that comprises the nation-states that are members of the EU. Even this Europe is internally divided between the 12 states that are members of the European Monetary Union (or 'Euroland', as these states are known) and the three states that currently remain outside it. Then, of course, there are the Europes comprised by membership of the Schengen Agreement, the European Economic Area and the Western Union. A different, spatially configured Europe is that comprised by the nation-states located within what are currently understood as the geographical boundaries of the continent of Europe. Boundaries that are by no means clear or stable. Lying within and across these Europes is yet another made up of those nation-states that are currently negotiating entry into the EU.[1] Even these different Europes do not exhaust the ways in which 'the European' can be further redefined, fragmented or multiplied. How, for example, are we to place those *départements* of France that lie in the Caribbean sea (Martinique and Guadaloupe) and the Indian Ocean (Reunion)?

This existence of multiple Europes points towards two additional conceptual points. The first is that they highlight the instabilities of the boundaries delimiting Europe and begin to hint at the potential conceptual fault-lines that run through attempts to define Europe as ontological fact and singular entity. Second, and following directly from this former point, they point to the constructed character of

Europe and European-ness. In so doing they suggest that comparative analysis of European social policy needs to pay explicit attention not only to what it is that is being defined as Europe but also to the role that social policy plays in processes by which 'Europe' is constituted. This focus on the constitutive effects of social policy problematizes conventional understandings about its social role and remit. It also turns analytic attention to the formation of, and boundaries between, national, sub-national, supra-national and other forms of social solidarity, highlighting the construction of social differences and the links between these processes and patterns of inequality.

This raises the question of 'the nation'. Our approach to 'the nation' is that nations are formations that are always in the act of becoming, always in process. In cultural and post-colonial analysis this is by now an established way of conceptualizing the nation and the multiple social relations that constitute it (see Hall 2000; McClintock 1995; Stoler 1995). In British analysis of social policy, however, this is still a new idea, despite Fiona Williams' (1989) observation some 12 years ago that the triad of family, work, nation stood at the heart of the British social policy regime. The idea that nations are always in process has some implications for how we conceive the idea of formation in this context. Thus our use of the terms 'nation formation' or 'formation of nation' should be thought of as referencing three articulating dimensions. These are:

(1) formation as shape within the shifting and contingent borders of the nation-state and/or Europe or the EU;
(2) formation as the mutual constitution of social relations organized by practices of gender, family, sexuality, ethnicity, religion, age, class and other categories of differentiation;
(3) formation as processes of inclusion, exclusion and subordinated inclusion of legitimate members of the welfare community.

This view of nations as formations raises a range of questions:

- What are the geopolitical, moral and social boundaries of Europe and its belongings?
- What is the link between social policy in Europe and any attempt to construct a European identity and sense of belonging?
- What normative constructions of gender, familial, sexual and age relations are at the centre of such a project, and in what ways, if any, are these constructions racialized?
- How and by what mechanisms does social policy at a European (however defined) level articulate processes of gender, age, racial, ethnic and class formation and how does it mediate the inequalities that attach to these forms of social difference?
- What is the relationship between the formation of an EU-level identity and social citizenship, and a sense of European-ness that is

inclusive of the European nations that lie beyond the current borders of the EU?

- To what extent, and by what mechanisms, can the development of an EU level social policy mediate the diverse systems of national welfare policy and the national solidarities that such systems inscribe?
- What theoretical frameworks and conceptual categories are most capable of fostering analysis of these dimensions and processes?

Such questions point us towards an analysis of the constitutive effect of European social policy. That is, they address the way in which welfare policies and practices position people in the social relations of welfare by instantiating forms of citizenship, rights, duties and national or other social solidarities. They point to the links between social policy and the patterns and processes of formation of Europe as a multiply-bounded constituency of belonging.

As we have already implied, at the core of this series of questions is another: the question of what Europe is. This is an issue that pertains to both the EU and the Europe that stretches to the east and borders/merges into Asia (think of Turkey or Israel). Yet, as Hoskyns (1996, p. 19) has pointed out in relation to the EU, this issue only became the subject of wide-ranging political debate in the wake of the Single European Act (SEA) in 1992. The paucity of debate on this issue has meant that 'Europe' occupies the paradoxical position of being a key term of analysis in comparative social policy while its meanings are provisional and unstable. In our view this makes the struggle over its meanings significant and consequently central to social policy analysis. Finding an analytical path through the terrain of unstable and contested meanings of Europe – as EU, continent or other configuration – is, however, a complex and multi-dimensional task. The essays in this collection point to some of the terrain that has to be negotiated if this task is to be undertaken. They also offer some conceptual and methodological routes through this terrain. We introduce the contributions to the volume through a consideration of two different but interlocking issues – the idea of Europe, European-ness and European identity on the one hand, and Europe and the European Union on the other – and point to some of the issues they raise for comparative social policy.

Europe as idea

Europe is both limited to and more than an idea. It is an idea in the sense that it is a cultural construct organizing individual and collective imaginings as to Europe's peoples, behaviours, morality, world view, institutional forms and geographical limits. In this sense it is a zone formed through active imaginings that construct belonging, specificity and limits. But this zone is also made material by the actions of states which transform hard geological surfaces into boundaries that physically demarcate its borders and impose the limits on who might cross or transgress these borders and on what terms. As Rietbergen, writing within a framework that sees culture as 'manifestations of meaning', has put it:

> Europe is characterized not only by well-defined concepts of what it is or should be ... but also by behaviour patterns and institutions, by ways of looking at man [sic] and society, by the things man [sic] makes, all of which collectively distinguish this area from other parts of the world.
>
> (Rietbergen 1998, p. xxii)

Moreover, these defining features are commonly understood to correspond to – indeed define the limits of – that area of the world that runs north/south from the North Cape to Gibraltar and east/west from the Urals to the west coast of Ireland – that is, the area conventionally known as 'Europe'.

What this suggests is that the idea of Europe comprises a number of strands that combine to make up the specificity – or difference – of the European as both adjective and noun. Predominant in this combination are four elements. First, there is the notion that Europe is an 'old' culture whose roots are embedded in centuries of tradition. This has its origins in notions of a particular 'western' ancient civilization which, despite the difficulties in discerning its historical origins and geographical boundaries (Burke 1980), is understood to have bequeathed an indelible and distinct moral, cultural and political legacy upon Europe and Europeans. This legacy is instrumental in defining so-called European values and mores and their difference to those of other equally ancient civilizations. As Paul White (1999) has pointed out, 'Europeans have seen themselves, in relation to many of those from other parts of the world, as intellectually and morally superior, economically more powerful, and politically more advanced'. Such qualities are understood as unique in conceptualizing European-ness, as is clear in this document produced for the 1973 Copenhagen summit by the then EEC:

> The Nine wish to ensure that the cherished values of their legal, political and moral order are respected, and to preserve the rich variety of their national cultures. Sharing as they do the same attitudes to life, based on a determination to build a society which measures up to the needs of the individual, they are determined to defend the principles of representative democracy, of the rule of law, of social justice – which is the ultimate goal of economic progress – and respect for human rights. All of these are fundamental elements of the European identity.
>
> (EEC Document on the European Identity, Copenhagen Summit, 14 December 1973)

Second, there is the notion that Europe is characterized by the free market. This was expressed by Margaret Thatcher in a 1988 speech on the purpose of a single European market:

> The aim of a Europe open for enterprise is the moving force behind the creation of the Single European Market by 1992 . . . It means action to free markets, to widen choice and to produce greater economic convergence through reduced government intervention.
>
> (Thatcher 1988, cited in Geyer 2000, p. 51)

Third, there is the notion that Europe is distinguished by a political and legal structure premised on democracy and freedom for juridical institutions, as is made clear in the quotation above from the Copenhagen Summit document. Finally, there is the idea of Europe as a civic and civil society in which freedom of family and private life, voluntary association and tolerance are key principles. For example, Articles 6 and 7 of the Declaration of Fundamental Rights and Freedoms state:

- 'Everyone shall have the right to respect and protection for their identity; Respect for privacy and family life, reputation, the home and private correspondence shall be guaranteed [Article 6].
- The family shall enjoy legal, economic and social protection' [Article 7].

The idea that Europe embodies a particular notion of democracy and moral order which has become embedded in all levels of European society – the political, the civil and the institutional – permeates both the construction of national identities within Europe and attempts to develop an EU identity. Moreover, it is one dimension in constructing a shifting divide between Europe and its others. On the one hand, it is used to demarcate a divide between parts of what would commonly be accepted as Europe geographically. Thus, 'real' Europe (that is, those states and peoples bound by a common commitment to the values etc. defined as European) is sometimes limited to the member states of the EU, with the European states outside of it (but awaiting membership) occupying an ambiguous position of the 'east'. On the other hand, these defining characteristics are used to demarcate a divide between all the various Europes and 'non-Europe' (sometimes identified as 'the south') that exists in the geographical space identified as continental Europe.

It is this legacy that continues to be called upon in attempts to construct a pan-European identity for the EU, since the legacy occupies the place of a myth of origin, allowing its proponents to claim historical timelessness and essential unity. So, for example, in a speech to the European Parliament, the President of the European Commission (Romano Prodi) stated: 'We Europeans are the heirs of a civilization deeply rooted in religious and civic values' (Prodi 2000). And in a recent document, *Shaping the New Europe*, the Commission of the European Communities declared:

> The world looks to Europe for principled leadership, and our citizens look to the Union for effective European action. Action guided by our shared European values and that strengthens our essential European identity.
> (Commission of the European Communities 2000: 3)

The links between the expansion of and rationale for the EU, and the attempt to construct the boundaries of Europe in terms of its difference or specificity, is addressed by Marfleet (Chapter 3 in this volume). Marfleet brings together three issues that are often missing from, or understated in, analyses of European social policy. The first is the idea that conceptual categories and frameworks are politically mobile, with no necessary belonging to left or right, dominant or subaltern positions. Marfleet points to the way in which pro-EU sentiment can be developed on the terrain of difference and particularity. 'Europhiles' make the claim for Europe (as EU) on the specificity of European-ness. It is what marks out the European as distinctive that provides the legitimacy for the EU. Second, Marfleet links this deployment of the language of difference to the need for European political-economic elites to construct a form of belonging and identification that is reminiscent of national identity but differs from it in that the 'us' is constructed across the borders of nation-states. Third, he points to the contradiction that while the desire to construct a pan-European identity is linked to political-economic imperatives, such an identity and sense of social solidarity must not take the form of working-class internationalism. Thus Marfleet brings together forms of cultural, political and economic analysis to develop an argument about the imperatives underlying European integration.

While Marfleet points to a number of reasons for, and tensions in, attempts to construct a pan-European identity on the terrain of difference, Avtar Brah (Chapter 9) explores some of the conceptual approaches required if the analysis of contemporary formations of Europe is to be sufficiently complex and nuanced. She looks at the tensions created by, on the one hand, a Europe consolidated around its distinction from its non-European 'others', and, on the other hand, a Europe fractured from within by intra-European rivalries. For her the roots of this tension are located in the imperial nexus. She points out that, from the gaze of the erstwhile colonized, Europe has long been known – and known itself – through the 'consolidated vision' of empire, to use Edward Said's (1994) phrase. By locating her exploration of the implications of the creation of the Single European Market (1992) in an imperial/post-imperial axis, Brah raises two points of importance for the further development of comparative social policy. First, she reminds us that Europe is 'known' by its constitutive outside – not just by an alienated east Europe, to use Marfleet's phrase. Second, she shows that historical shifts in the configuration of Europe and the European have long been situated within *global* relations of power and resistance. Shifts in the parameters of what is understood as 'Europe' have involved shifts in the abjection or absorption of hierarchically ordered European ethnicities, such that some are deemed 'more' European than others. Such hierarchical ordering has consequences for how racialized populations within European nation-states are positioned, but, as she points out in relation to 'Scouser' ethnicity, not in any simple or uni-dimensional way. Colonialism remains part of the shared history of many European countries, and 'the social and political fallout of colo-nialism – in particular, immigration from formerly colonized regions – has been, and continues to be, a major factor involved in shaping con-temporary European identities' (Macdonald 1993, p. 3). Thus, 'contem-porary European identities' combine those produced by the dynamics of colonial governance – the governed and the governing – compressed into 'post colonial spaces', or what elsewhere Brah has called 'diaspora space' (Brah 1996).

Analytically this bears on how we conceptualize categories of dif-ference in the specific context of widening and deepening European integration. For by pointing to the convergence of the temporalities and spatialities of one global 'moment' (the imperial) with those of another global 'moment' (EU integration and globalization) the notion that patterns of difference and identification are contingent and con-junctural takes on a more profound quality. It suggests that the patterns of difference and identification within and between the EU and those other Europes can be conceptualized as being produced in the encoun-ter between diverse European ethnicities, as much as between that of Europe and its non-European 'others'. The implication for the practi-tioners of comparative social policy analysis is that they try and locate how the cultural work of social (and psychic) difference orders relations within a Europe formed at one and the same time in the present and the past. Such analysis will involve exploring how social policy is implicated in the constitution of the social relations of difference through its organization of access to welfare services and benefits and the construction of legitimate belonging to the European welfare community.

This is an issue addressed by Sainsbury (Chapter 5), though her focus is limited to a single dimension of differentiation, that of gender. Sainsbury's objective is to point to the ways in which main-stream approaches to comparative social policy and feminist approa-ches can be brought together. This synthesis is, in her view, necessary if the strengths and limitations of both approaches are to be overcome. Additionally, such a synthesis would result in more than simply recti-fying the gendered absences and assumptions in mainstream approa-ches; it would also point to the kinds of policies capable of enhancing women's autonomy in both the family and the social relations of welfare.

Like those working in mainstream frameworks, Sainsbury is concerned to identify the dimensions of variation between diverse welfare regimes. However, she shares with other feminists a concern to combine these with gender-relevant dimensions of variation. Examination of the interaction between the two sets of dimensions cannot, however, proceed through the construction of singular and unified ideal-typical models. Such an approach will tend to result in *a priori* configurations, whereas Sainsbury is concerned to develop an open-ended approach in which typologies are refined and revised in the light of empirical research.

Central to the project of synthesis is identification of the bases of entitlement, and Sainsbury suggests that in mainstream approaches these have centred on need, labour market participation and performance, and citizenship. Following Esping-Andersen's typology these are related respectively to the residual, the corporatist, and the social democratic/institutional redistributive welfare regimes. Feminists have argued that these do not exhaust the bases of entitlement and have focused their attention on exploring the effects of entitlements derived from women's status as mothers and/or their dependent position as wives. In the context of these two routes to entitlement, and given their profound impact on the autonomy of women as gendered citizens, Sainsbury argues that entitlements based on citizenship and residence are key for women. This is because they enhance women's autonomy by undercutting some of the ways in which women have been positioned as dependent in the social relations of family and welfare. As she states,

> This form of entitlement has a special impact on family relationships and a stronger defamilializing potential than other principles of eligibility. Entitlements based on citizenship neutralize the influence of marriage on social rights. Benefits and services are not differentiated between husband and wife, and marital status does not affect entitlements ... entitlements based on citizenship and residence make no distinction between paid work and unpaid work, and in this way they undercut the gendering of social rights.
> (p. 127)

The essay by Fiona Williams (Chapter 6) is also concerned with the development of an adequate conceptual apparatus for comparative social policy analysis. Like Brah, Williams sees social differences and inequalities as mutually constituted, and therefore a conceptual framework capable of capturing the complex processes of constitution must be multidimensional. Such complexity is not captured in frameworks that conceive multiple inequalities attached to social differences of gender, 'race'/ethnicity, sexuality, disability, class or age as simple additional dimensions impacting on certain groups and individuals. Rather, specific configurations of difference and inequality need to be understood as the outcomes of processes of mutual constitution – that is, the ways in which modalities of class, gender, disability, etc. simultaneously produce and refract each other. For Williams, finding an analytic framework capable of negotiating this dense and complex terrain requires excavation of the specific logics of particular modalities of difference. Thus, as with Marfleet, Williams is concerned to explore the dynamics and deployment of 'difference' in a political project. However, while Marfleet linked this to a hegemonic project of European elites, Williams is concerned with understanding the ways in which social differences are connected to social inequalities and how an understanding of this relationship might be harnessed to a comparative and emancipatory approach to social policy.

So far we have explored some of the strands evident in constructions of Europe and European-ness, and have shown how these are linked to contemporary constructions of the European Union. We have also indicated how some of the contributions to this volume analyse this relation and suggest some conceptual and methodological issues that are relevant to a widened remit for comparative social policy analysis. There is, however, another influential factor in this idea of European-ness. This is the idea of progress and industrialization – in short, the extent to which, through the nineteenth and twentieth centuries, different European nation-states and regions could be understood to have industrialized and 'modernized' their economies and how this development is treated as an index of European-ness. In this context, the idea of Europe is predicated on a series of differentiations within Europe rather than that of a Europe/non-Europe divide, itself often articulated through the binary civilized/non-civilized – or in more recent times developed/developing world. As we have seen, these internal differentiations may be predicated on an east/west split, in which the geographical space of Europe is divided between a civilizing north/west existing alongside an alienated or abject 'east'. Here there may be echoes of (but distinctions between) the divide between Europe/non-Europe.

However, ideas about progress and development (industrialization) have also been manifested in a geo-social divide inside something called Europe along a northern/southern axis. Until the 1960s, southern Europe lagged behind northern Europe in the process of industrial development. As a result it was commonly regarded by social scientists as being on the very periphery of a 'rapidly expanding Europe of rationality and rationalization, social problems, urban life and change' (Macdonald 1993: 5). In this sense southern Europe was not part of a 'Europe' defined as the cauldron of 'progress', civilization and social justice. Moreover, this northern/southern boundary was partly premised on the division within christianity between protestantism and catholicism. The idea of Europe outlined above is scored through with a notion of christianity as a hallmark of that which is European. However, within this protestantism has come to symbolize progress and development. In contrast, some have seen catholicism as a key force in the formation of the nations of southern Europe, particularly as characterized by 'familialism' (Guillén and Alvarez 2001). This putative familialism is linked to the cultural traditions of catholicism, which in turn are seen as key factors in shaping the particularities of 'southern welfare states' (Van Kersbergen 1995; Castles 1994, 1995; see also Guillén and Alvarez 2001, for a critical engagement with this account).

The construction of this particular divide between southern and northern Europe has been influential in comparative analyses of welfare regimes in two ways. First, in focusing on the experiences and practices of northern and western European states, it has taken them as the norm – that is, as the index of the 'European'. Second, this has led to the persistence of an underlying uncertainty about southern Europe's 'European-ness' – an uncertainty rooted in perceptions of difference despite growing evidence that 'the alleged uniqueness and coherence of 'Mediterranean society' is more an anthropological construction than a reality' (King and Donati 1999: 135). Thus again we see that the boundaries of Europe are premised on a series of differentiations that are complex and layered. That which is Europe not only shrinks and grows in shifting figurations, but its inclusions and exclusions are also complicated, variable and co-existing – as are the 'others' against whom it is defined.

Shifting configurations of the included/excluded and the conceptual inadequacies of dominant theoretical approaches to changing European welfare systems are the concern of Chapter 10 by Leontidou and Afouxenidis. In the context of this collection their chapter has a three-dimensional significance. First, Leontidou and Afouxenidis point to the constitutive force of social policy by indicating the link between welfare systems and processes of nation formation. They note that:

> Essentially, western welfare systems generated a universal vocabulary of *marginalization*. Recent postmodern interpretations ... related to the nature of identity and/or boundary formation, are crucial in demonstrating the cultural significance of the nation-state as a 'moulder' of social inequality.
>
> (p. 234, emphasis added)

Second, Leontidou and Afouxenidis point to the conceptual inadequacies of the two theoretical approaches that dominate comparative social policy analysis: what they call the productivist and welfarist approaches. These approaches have centred on the histories and dynamics of states at the 'core' of Europe, and both privilege the forces of globalization in their analyses of change. Moreover, they have taken the trajectories of these 'core' states as the norm. The result has been twofold. On the one hand, analysts working within these paradigms have failed to identify, let alone analyse, the specificities marking the trajectories, dynamics and cultural forms characteristic of the states and peoples standing on the peripheries of Europe's core. On the other hand, these dominant approaches have obscured how production and welfare systems at the 'core' produce their own socio-spatial exclusions within their own orbit. For example:

> 'Exclusion' in this respect works in two ways: first, racism or marginalization is expressed semi-officially through laws that are only applied to a certain category of paid employment but not to all; and secondly, employment in itself may be regarded as a segregatory rather than integratory type of activity.
> (p. 238)

Leontidou and Afouxenidis make more complex both the relation between 'core' and 'periphery' and relations within the 'core'. As such they critically engage with those who see a Europe whose 'main justification is to sustain high levels of welfare and employment within it, while excluding those from the outside who also wish to benefit' (Cochrane *et al*. 2001). The point is that some of those 'inside' are positioned as 'outside' by the policies and processes of widening integration.

Third, Leontidou and Afouxenidis indicate the need for a new theoretical framework for comparative social policy analysis if the trajectories and typologies of Europe's 'core' welfare regimes are to be dislodged from their current position of conceptual dominance. In their view such a framework needs to be built around a recognition of the socio-spatial and conceptual limits of productivist/welfarist approaches. One anticipated consequence of such a development is the disruption of state/market and/or public/private binaries so that the analytic gaze would be directed to a wider set of social and cultural relations in the organization and practice of care and welfare. The development of a new conceptual framework for comparative social policy analysis would have an effect similar to that of the feminist introduction of the category gender into this field of study. Importantly, such a shift would involve not just an addition to an otherwise unchanged conceptual field or theoretical landscape. Nor should it be conceived as simply adding a new empirical dimension to the cluster of European realities. Rather, emerging as it does from peoples and states positioned liminally in the margins and peripheries, the new theoretical framework envisaged by Leontidou and Afouxenidis points towards a disruption of orthodoxies. Not the least is a disruption driven by the insertion of social space as a key dynamic in the production of exclusion and inclusion. Such a disruption has the positive effect of introducing new concepts, positions and identities into the framework of analysis. In this context 'borders' and 'boundaries' can be seen as cultural categories (i.e. categories of meaning and signification) that mediate complex and differentiated realities co-existing within and across (various) Europe(s). Thus, the dynamics of social exclusion (and inclusion) can be conceived as 'varied, based on diverse spatial divisions of labour, local histories and cultures, memories and interpretations'. Moreover, 'inter-subjectivity move[s] centre stage in interpreting the shifting realities encountered in Europe today' (p. 239).

An exploration of the meanings and definitions attributed to Europe reveals its contradictory position. On the one hand, it is constituted as the historic centre of a civilized and moral order around which is clustered a number of culturally, ethnically and socially homogeneous nation-states. But, on the other hand, this elides the inequalities produced by multiple socio-spatial divisions within European society and European nation-states. It ignores the tensions between Europe and the EU, between nations and states, and between the 'insiders' and 'outsiders' who make up 'the people' of European nation-states even while the division between these 'insiders' and 'outsiders' shifts.

The challenge for comparative social policy is, therefore, to address the powerful hold that the idea of Europe and a European identity have in relation to the question of 'Europe'. If ignored, analyses will continue to focus on the differences *between* welfare regimes rather than *within* and *across* European welfare regimes. One implication of this is that questions about the presence of 'other' cultures, ethnicities and identities will continue to be marginalized, as will questions about the different forms of inequalities of welfare provision. With the ongoing moral panics about migration and its purported 'threat' to national integrity, and with the increasing rise in racism and xenophobia, such questions are crucial if we are to challenge the notion of nation-state exclusivity and the relationships between national belonging, social inclusion and social exclusion.

Constructing Europe and the European Union

If the formation of supra-national social solidarities around notions of specificity and difference are at the core of ideological constructions of Europe and European-ness, and such notions are significant in the development of the EU, then the issue of the state is also central. The persistence of the state as an entity bestowing and legitimating nationality, and organizing institutional actions and involvement in supra-national structures, is both a product of, and in tension with, European integration. If we pick up the metaphor of boundary highlighted by Leontidou and Afouxenidis, we can phrase this twofold process in the following way. One of the fault-lines embedded within the architecture of contemporary

European Union states is expressed in the shifting and/or ambiguous boundary of its own sovereignty. On the one hand, the principle of subsidiarity ensures the competence of member states to accord nationality, engage in EU institutional structures and define the remit of its own institutions. On the other hand, this sovereignty is mediated or limited by the expansion of competency accorded the institutional structures of the EU: for example, EU citizenship, the extension of qualified majority voting to more areas, and the power of the European Court of Justice to define the limits of legality in a large number of areas.

This means that the organization, administration and governance of the EU space has been and continues to be subject to change. As we have indicated, the definition of Europe and its boundaries has changed repeatedly through the twentieth century, not least because of the two world wars. Jönsson, Tägil and Törnqvist (2000: 2) argue that intersecting social, political and economic processes have re-emphasized the 'diversity, variability and contingency of the organization of European space'. Moreover, in recent years Europe's sharpest and clearest geopolitical dividing line, the Iron Curtain, has formally disappeared, so 'Eastern Europe' no longer exists as a separate economic or geographical region. In practice the divide between 'west' and 'east' Europe maintains a very real presence, as attempts to control the flow of migrants from central and eastern Europe testifies. Thus, the impact of this convergence of collapsing boundaries and borders and the push towards greater European integration around signifiers of 'the European' has been contradictory. Notwithstanding our earlier points about multiple Europes, in one sense there is now only 'Europe'. But this is also a 'Europe' that is subject to a double movement in that it is both larger and more internally differentiated, and simultaneously subject to economic and political processes that promote integration and homogenization.

At the symbolic and political level, this has meant that the European Union has increasingly come to stand for 'Europe' despite its origin as a western European institution. The emphasis has always been and continues to be about the construction of a 'New' Europe capable of transcending the intra-European rivalries and their attendant violences (wars, the holocaust and contemporary 'ethnic cleansing') and the collapsed, but still potent, economic and ideological east-west divide. In addition, the drive towards increasing economic and political integration of European states has raised questions about national sovereignty and the potential of this integration to prevent or intensify the proliferation of ethnic fracturing within EU and other European states. The question of the state is at the centre of these issues, and a number of essays in this collection address the nation-state in some way. For example, Hudson and Williams (Chapter 1) consider the contentious issue of the extent to which the nation-state is positioned as an active or passive participant in processes of globalization.

Hudson and Williams situate their argument in the context of Europe being traversed by divergent dynamics of simultaneous integration (or homogenization) and differentiation. They emphasize the process of 'homogenizing European economic space' – creating a regional economic bloc through the internal European market with its own flows of capital, goods and labour. Economic integration has been a painful process of adjustments and realignments, and is likely to continue to be difficult as the unevennesses between the core market and new member economies increases. 'Homogenizing' southern and eastern European economies to the established western economic space is a hard process, especially when overlaid by other dynamics of political and cultural integration. However, as integration widens, the social cleavages in the new member states will become problems 'internal' to the EU. For Hudson and Williams this is further evidence of the way that Europe is both a complexly differentiated and unevenly developed space, and a product of a dynamic of political, economic and cultural integration. It is also a space whose boundaries are only ever temporarily fixed.

For these writers this process of widening and deepening European integration is linked to the dislocations of global Fordism and the concomitant unravelling of what they call growth, welfarism and social convergence. However, while the contradictions associated with this dislocation have (in part) produced the forces of globalization, for Hudson and Williams this should not be taken to mean the demise of the nation-state as an active agent. For them globalization is not

> a process somehow external to national economy, society and state, for national states have played a key role in bringing about regulatory and other changes that have facilitated the emergence of processes and agencies of globalization ... Consequently, both the EU and national states of Europe are key sites of power in mediating the relations between processes of globalization and territorial patterns of socio-economic change within national spaces, although decentralization of state power to local and regional levels has altered the forms of this mediation.
>
> (p. 39)

However, if the institutions and political and economic elites of European nation-states have been active agents in processes of integration and globalization, the enduring integrity of these states as sovereign entities can be explored through other dimensions. One such dimension is that of citizenship and its associated rights, and this is Soysal's focus of concern (Chapter 2). She begins with a critique of those analyses of citizenship that differentiate between civic and ethnic forms of citizenship, and argues that all forms of European citizenship contain both elements. They assign both rights and national belongings or identities. Soysal then moves on to consider the impact of processes of globalization and European integration on the relationship between citizenship rights and national identities. She argues that the impact of a number of overlapping global events in the mid to late twentieth century has been to force a disconnection between national citizenship and belonging, and the attribution of, and claim to, a series of rights. Where once legal and ideological membership of an imagined community of nation yoked together rights based citizenship and national identity, a global discourse of human rights has broken this connection. Global discourses of human rights now 'constitute a world level index of legitimate action and provide a hegemonic language for formulating claims to rights above and beyond national belonging' (p. 67).

The chapters by Hudson and Williams and Soysal suggest that while the institutions of nation-states may have played an active role in facilitating the process of globalization and European integration, other processes have led to a de-coupling of 'nation' from 'state'. These contradictory but dialectically related tendencies are also embedded in the governance of migration within, across and into both the EU and the wider European space.

At EU level the migration regime is entrusted to the supranational institutions of the Union – the European Commission and the European Court of Justice – with the member states of the EU having limited authority over the movement of member-state citizens across their national boundaries. This freedom of movement within the EU space is aimed mainly at workers with citizenship of an EU member state and is directly related to the long-term development of a single market in Europe. Indeed, as early as the 1957 Treaty of Rome it was recognized that such a market would require the abolition of obstacles to the free movement of persons (see Articles 48–51 of this Treaty). By the early 1970s there were further policy developments aimed at facilitating the free movement of labour and clarifying the rights that were accorded to such workers. For example, Regulation 1408/71/EEC established four main principles of coordination. These are: non-discrimination between EEC nationals; workers to be accorded the benefits of the social security system of their country of residence; host member states to recognize periods of employment in other member states for social security purposes; and workers' social security rights acquired in other member states were to be preserved (cited in Geyer 2000: 63). These principles have been confirmed in both the Maastricht and Amsterdam Treaties, and they point to attempts to secure social security rights for workers and their dependent family members in those industries and occupations with the highest level of social insurance policy. The objective is to achieve this level of social insurance for those who have full citizenship status of an EU member state. However, as Kofman and Sales point out (Chapter 4) this system of guaranteed social insurance is by no means universally applied to all workers and their dependent family members. For while the transfer of responsibility for migration policy to the Third Pillar of the EU 'opens up an arena for harmonization of guidelines for the entry and residence status of family members ... it is by no means clear that any unanimous agreement will be reached by the member states on such a sensitive issue as migrants rights' (Kofman and Sales p. 98).

This indicates that harmonization of some aspects of policy produces its own differentiations and exclusions and begins to destabilize nation-state sovereignty. However, decisions about the entry and exit of third-country nationals remains firmly in the control of individual nation-states, so that 'in the European setting, citizenship is a last bastion of sovereignty; states continue to enjoy a freedom in this domain that they increasingly lack in others' (Brubaker 1992: 179). The persistent, yet changing sovereignty of EU member states is a reflection of the tensions between an economic imperative and a wider social/political/cultural imperative. The economic imperative is expressed in the provisions for the free movement of persons, while the social/political/cultural imperative is an expression of the attempt to construct the EU around notions of European particularity and difference. But it is also a tension arising from pulls towards a 'communitarian' (i.e. community-wide homogeneity) or conversely, towards an 'intergovernmental' approach, in which the EU is constructed as a cluster of federated member states displaying shifting degrees of sovereignty according to the policy area. Moreover, the incorporation of the Schengen *acqui* into the Treaty of Union entrenches rather than resolves this tension between individual national sovereignty and federated supra-national governance (Handoll 1997).

In many senses it is in the area of policy assigned to the Third Pillar of the EU that this tension coalesces. The result is that the EU is funding the increasingly expensive reinforcement of borders around what are seen to be Europe's most vulnerable boundaries, with specific attention being paid to the Mediterranean, which is seen as 'the most problematic flank of Europe' (King and Donati 1999: 133). So, for example, fortified borders have been built around Ceuta, a tiny Spanish enclave inside Morocco, which had been used by illegal immigrants as a crossing point into mainland Europe:

In 1993 [the EU] approved funding for a defensive wall around Ceuta, running for eight kilometres and consisting of two parallel wire fences, 2.5 metres high and 5 metres apart. Between the wire fences a line of sensors was installed; lamps were set at every 33 metres and 30 closed circuit cameras spaced along the perimeter. Rolls of razor wire were laid beneath the nearside fence. Eighty-four culverts in the low ground where the border runs were cemented over. Round-the-clock patrols went into operation. The cost has been estimated at $25 million.

(Harding 2000: 115)

In 2004, when Spain finishes installing an £80 million radar system, there will be a 350-mile electronic wall across the Mediterranean that will be able to detect boats at distances of up to seven miles (*The Guardian*, 28 August 2000). The paradox of such strategies is that while their symbolic power expresses the lengths that EU states will go to in order to preserve their borders and cultural difference, their power to deter the migratory flow is limited. Moreover, the EU's boundaries as a geopolitical entity within Europe are far from stable, as the pull eastwards illustrates.

Attempts to establish the terms of internal migration and control the flow of external, or third country, migration, carry the paradoxes surrounding the competences and sovereignty of EU states. These controls on migration are also linked to the further development and entrenchment of patterns and processes of differentiation and inequality. As indicated earlier, Kofman and Sales address the links between control of the migratory process and the constitution of differentiated and subordinated positions in the formation of an integrated Europe. They point to the proliferation of legal statuses and the impact on migrants' social and political rights of widening boundaries between citizens, denizens and those more recently arrived such as asylum seekers. They also show that the harmonization of restriction on entry of third country nationals has not been paralled by a harmonization of the rights of those third country nationals already resident in EU member states. It is within this context that Kofman and Sales point to the gendered dimensions of EU migration policy. The gendered effect takes a number of forms. The assumption that labour migrants are predominantly male means that the most effective way for women to gain entry to EU states is through processes of family formation or re-unification. Women migrants are thus assumed to be, and become positioned as, dependants whose social, political and economic rights are filtered through that of their husbands or fathers. This is despite the increasing feminization of all types of migration. There is therefore a heteronormative impact of EU migration policy, channelling women migrants into the status of wife and/or mother and then tying family formation and reunification policy to formal marriage. As Kofman and Sales note, 'gender is a crucial element in determining the extent to which non-citizens entering Europe under different conditions and statuses are, and remain, excluded from economic, social and political rights' (p. 100).

Fink (Chapter 7) also considers the relation between EU state action and the formation and representation of families. She constructs her argument in ways that pick up threads found in other chapters in the volume. In particular she is concerned to locate analysis of processes of family formation and familial relations in the context of the construction of boundaries and borders between Europe and its 'others', and the multiple differentiations that these interlocking processes produce.

Her concern is to identify some of the slippages and elisions that are characteristic of orthodox approaches to comparative social policy and to think through some of their implications. The core elisions are the diversity of family formations and relationship patterns found within and across European nation-states, the invisibility of men and children as embodied subjects within families and their exclusion from the analysis of family and other aspects of social policy. These elisions result from the conceptual slippage between the EU and wider Europes and the impact of this slippage on which families are represented as 'European'. They also result from the limitations of the theoretical approaches that dominate comparative social policy. For example, rather than the category 'gender' being seen as referring to the relational categories women and men, it tends to be equated with women. This, argues Fink, is even true of some feminist-inspired comparative social policy. In contrast to this, Fink argues for a more comprehensive – and demanding – deployment of categories such as gender. Thus, she suggests that gender should be understood in its widest sense to refer to men as empirical subjects (as well as women). As a category of analysis 'gender' should direct comparative analysis to the range of ways in which men and women, masculinities and femininities are positioned in familial relations. From this it is then possible to think about the ways in which these empirical subjects and categories are positioned in, and by, welfare relations and how these intersect with family dynamics. In the absence of such an approach, comparative social policy will remain complicit in the construction of a normative family with the effect that racialized differentiations and inequalities, alongside those connected to gender and age-related differentiations, will remain hidden from the analytical and policy agenda. Moreover, the equation of 'the family' with women means that the position and experience of children in families and family policy is excluded from view. In contrast, Fink argues, comparative social policy needs to explore the influence of conceptions of childhood and children on family policies, and how these conceptions provide a pathway for the state into the domain of the family.

A key element in Fink's argument is her conviction that exploration of the lived experiences of diverse families brings different insights to debates about the global, the national and the local. For example, individuals and families are 'embedded in local networks of care and support and ... the differentiated nature of these networks will produce very diverse responses to the processes of globalization' (p. 172). This concern with the diversity of care networks and patterns is a theme that comes to the fore in Chapter 8 in which Chamberlayne discusses some of the empirical, methodological and theoretical issues that have arisen from her involvement in the 'Cultures of Care' project.

> The focus of the project is on the way relationships between the private and
> public spheres are structured differently and played out in caring strategies in

the three societies [Bremen, Leipzig and London], creating situations in which carers are 'pulled into' and restricted to the domestic sphere or, alternately, more actively connected with the outside world.

(p. 182)

Based on biographical interview material gathered in the three locations, the project brings cultural analysis to comparative social policy and foregrounds issues of affect and the emotions in welfare situations. Culture in this context is defined as patterns of everyday action and disposition, and therefore draws on the theoretical resources offered by hermeneutics and symbolic interactionism. But equally in Chamberlayne's concern with how people negotiate movement within and between private and public domains, she draws on Anglo-Saxon intellectual traditions. This combining of intellectual approaches associated with 'continental' and 'Anglo-Saxon' traditions points towards a somewhat unrecognized consequence of changing European landscapes. This is the enrichment of theoretical perspectives available for comparative social policy research. This enrichment is achieved by embedding this combination of perspectives in cross-country empirical research that looks at the relationship between national welfare traditions, strategies of informal care and how these construct or inhibit pathways between the 'public' and 'private'.

The essays by Nóvoa (Chapter 11) and McLaughlin and Murji (Chapter 12) focus on specific policy domains. In different ways both problematize the notion of social policy as self-evidently about redistribution, the amelioration of unacceptable levels of inequality, a set of responses to social problems, or even about the promotion of social inclusion. The concerns of these authors directly intersect with our own attempt to rethink comparative social policy in terms of its links to nation formation and wider constitutive effects by considering how social policy constructs its own objects of analysis and targets of intervention.

Nóvoa's chapter links to these concerns through an exploration of the EU's approach to education policy. He starts from a recognition of the multiple Europes located in the geographical space defined as European and considers how the shifting configurations of this space produce new forms of discrimination. These new areas of discrimination impinge on a range of social groups who are denied a legitimate voice in the discourses and dialogues that prevail in the European arena. Nóvoa's suggestion that spatial reconfigurations converge with, and even contribute to, the emergence of social differentiation and inequality echoes some of the arguments made elsewhere in the collection.

Nóvoa develops his argument through an exploration of three dimensions: the socio-historical context in which EU educational policy has developed; the main policy measures devised and implemented between the 1970s and the passing of the Maastricht Treaty;

and identification of the key rationalities that organize educational discourse in the EU. Significantly, he links the development of this policy area to two sets of contradictory dynamics. These are the attempts to construct the EU as a unified and homogeneous space, and the need to mediate the tensions between a re-affirmation of national sovereignty alongside the trends towards greater harmonization across EU member states and competency for EU institutions. A key tension to be mediated in this context is that between a conviction among EU politicians and officials and their counterparts in member states that 'education is, by definition, the space within which national identity is constructed' (p. 251), and an equally strong conviction that increased European competitiveness requires action in the area of education policy. Significantly, this action is not directed at policy on compulsory schooling but towards professional and vocational training; the development of European-wide training schemes and qualifications; and enhancing the links between economic 'realities' and education and training. For Nóvoa there are two ways in which mediation between these contradictory convictions is achieved.

The first is connected to the differential positioning that diverse member states of the EU occupy and how these hierarchically ordered positions are linked to the exercise of national sovereignty. For example, he suggests that member states positioned at the core are able to use representations of their leadership position to increase the degree of internal legitimacy among their home populations. For member states occupying a more peripheral position in the EU club, their membership of the Union and their involvement in its institutions enables them to devise and implement educational policy initiatives that would otherwise be deemed unacceptable by their electorates and institutions of government.

The second way of mediating the tension between national sovereignty in education policy and the necessity for EU-wide measures is through the deployment of language. For Nóvoa 'language is not only a way of talking about "pre-existing" problems, but represents the imposition of certain theoretical frameworks and discursive practices that define the dominant perspective for approaching educational issues' (p. 259). The harmonization of language and categories and systems of reasoning are the means by which the EU intervenes in educational policy at national level. It does this by creating a discursive formation that organizes all levels of educational policy, including that of compulsory schooling conventionally reserved as the privileged domain of national governments. This means, contrary to some commentators, that educational policy cannot be reduced to an economic rationality (important as this is) since there are diverse rationalities underlying EU education policy. Moreover, these rationalities express a 'change in the technology of regulation between the state, civil society and the economy' (p. 257) and thus point to the multifaceted and complex character of this area of policy. Thus, EU education policy carries with it rhetorics of citizenship and multiculturalism alongside imperatives of political restructuring and shifts in the institutional architecture of the Union. For Nóvoa, EU educational policy expresses these multiple dimensions not only as part of a process of realignment of education and paid work, but also as a process linked to the co-existence of centripetal forces of harmonization and centrifugal forces pushing towards greater localization and regionalization.

The contradiction between trends towards, on the one hand, greater harmonization or Europeanization and, on the other hand, those propelling deepened local, regional and national specificities and identities also provides the context for the discussion of drugs policy in the chapter by McLaughlin and Murji. They argue that situating analysis of EU drugs policy in this context enables a move away from the more narrowly focused discussions of this area that characterize the current orthodoxy. Conventional approaches have focused on one of three main issues:

(1) Identification of the constituent user groups of illicit drugs and how these overlap with those groups most commonly associated with social problems and targeted by social policies.
(2) A more spatially focused approach in terms of the identification of locations and sites of concentrated illicit drug use and the links between this use and the grey economy.
(3) The preventative role that key welfare agencies and professionals, such as education or health, can play in the fight against illicit drug use.

For McLaughlin and Murji, however, there are two key dimensions missing from these approaches. The first is an exploration of the complex ways in which individual nation-states become positioned by multilateral efforts to control the production of, trade in and use of illicit drugs. There are a number of dimensions they point to in relation to this dynamic. Among the most significant is that when viewed through this lens it is clear that attempts to dissociate drugs policies from other issues, such as terrorism, migration or money-laundering, are meaningless. These connections make it clear that at transnational level, drugs policy is deeply imbricated in networks of global power relations.

McLaughlin and Murji also point to the constraints and opportunities for the exercise of national sovereignty that involvement in international drugs control brings. From our perspective, one particularly significant observation they make is in relation to the thesis that globalization and the crisis of Fordism has led to a 'hollowing out' of the institutions of the nation-state. Contrary to this, these authors argue that the development of more intrusive and punitive measures in relation to drug control has resulted in a 'thickening' of nation-state – and supra-state – institutional action and authority. Thus, they point out, 'within the EU a period of building institutional capacity has seen the spread of a network of overlapping and discrete arrangements' (p. 282) which strengthen the legitimacy, and widen the remit, of national institutions. Moreover, because EU drugs policy is linked to the wider range of issues noted above, its actions in these areas point to the role that social policy plays in the constitution of 'Europe' and 'the European'. In this way, and particularly in relation to processes of racialization, McLaughlin and Murji link social policy to forms of 'society making' and social differentiation.

The second key element McLaughlin and Murji identify as missing from more conventional approaches to EU drugs policies is the connections between Europeanization and the formation of lateral networks and behaviours associated with youth sub-cultures that cross the borders within and around the EU. They see this push towards greater harmonization or Europeanization as part of a 'globalized, marketing force' (p. 285) and, moreover, one that is at least as, if not more, successful as 'top-down' attempts to construct a harmonized system of governance that, at some level, EU drugs policies represent. In pointing to the ways in which the actions and dispositions of individuals and social groups can also be a force involved in the formation of social solidarities that cross nation-state borders, this chapter indicates some of the complexities that comparative social analysis needs to grasp.

Conclusion

Our objective in compiling this collection of essays has been to point to some of the ways in which comparative social policy can be enriched by an engagement with a wider set of intellectual resources than is common in this field of analysis. We have been concerned to demonstrate the difficulties in disentangling and defining the territorial, political and cultural boundaries of 'Europe', the nation-states that make up 'Europe' and the member states that form the EU, as well as the parameters of their respective institutional and constitutional power bases.

In sum there are at least three interconnected issues for European social policy that are raised by the essays in this collection. First, the contributions indicate that comparative social policy needs to problematize its own field and analyse how welfare systems produce, reproduce or modify social differences and inequalities that are commensurate with gendered, racialized, class and other social divisions. In this context it also needs to explore how any given welfare system constructs constituencies of belonging and the social solidarities that these constituencies express.

This implies that welfare systems are embedded in and contribute to processes of 'society-making' (Hoskyns 1996) and these processes are necessarily multifaceted. Secondly, therefore, European social policy needs to analyse welfare policies as forms of cultural text. That is it must explore the representations of diverse groups of welfare subjects contained in such policies in order to excavate how these policies construct hierarchies of differentially positioned subjects. Socially this implies looking at how welfare policies – and practices – are productive of social inequalities and not simply reactive to them. Politically it implies analysing how these representations act to legitimate particular welfare practices and constrain the development of others.

Third, this collection suggests that analysis of the relationship between transformations in welfare systems or regimes and transnational realignments needs to be widened to explore how reconstructed welfare re-inflects or re-directs processes of nation formation and the patterns of inclusion and exclusion that are associated with such processes. This is particularly important in the context of contemporary European transformations that mark shifting local, national, regional and global configurations, identities and alliances. Such issues are at the core of political debates about the 'future of Europe' and are therefore key for comparative social policy at the beginning of the twenty-first century.

Note

1. At the time of writing (October 2000) the 15 members of the EU are: Austria, Belgium, Denmark, Finland, France, Germany, Greece, Ireland, Italy, Luxembourg, Netherlands, Portugal, Spain, Sweden, United Kingdom. The countries expected to enter negotiations for membership in 2002 are: Estonia, Poland, Czech Republic, Hungary, Slovenia and Cyprus. Denmark, the UK and Sweden are not members of EMU. Current member states of the Schengen group (signed in 1985) are: Belgium, France, Germany, Luxembourg, the Netherlands, Austria, Greece, Italy, Portugal and Spain. The last five of these states signed up to Schengen in 1995.

References

Ålund, A. (1997) 'The quest for identity: Modern strangers and new/old ethnicities in Europe', in H.R. Wicker (ed.) Rethinking Nationalism and Ethnicity: The Struggle for Meaning and Order in Europe, Oxford: Berg.

Baldwin, C. (1991) Beyond the Welfare State, Cambridge: Polity Press.

Baldwin-Edwards, M. (1991a) 'Immigration after 1992', Policy and Politics, 19 (3): 199–211.

Baldwin-Edwards, M. (1991b) 'The socio-political rights of immigrants in the European community', in G. Room (ed.) Towards a European Welfare State? Bristol: School of Advanced Urban Studies.

Bonoli, G., George, V. and P. Taylor-Gooby (2000) European Welfare Futures: Towards a Theory of Retrenchment, Cambridge: Polity Press.

Brah, A. (1996) Cartographies of Diaspora, London: Routledge.

Briggs, M. (1999) 'Putting the state on the map: Cartography, territory and European state formation', *Comparative Studies in Society and History*, 2 (April) pp. 374–495.

Brubaken, R. (1992) *Citizenship and Nationhood in France and Germany*, Cambridge, MA: Harvard University Press.

Burke, P. (1980) 'Did Europe exist before 1700?', *Journal of the History of European Ideas*, Vol. 1, No. 1.

Castles, F.G. (1994) 'On religion and public policy: Does catholicism make a difference?', *European Journal of Political Research*, 25 (1): 12–40.

Castles, F.G. (1995) 'Welfare state development in Southern Europe', *West European Politics*, 18 (2): 291–313.

Castles, S. (2000) *Ethnicity and Globalization: From Migrant Worker to Transnational Citizen*, London: Sage.

Castles, S. and A. Davidson (2000) *Citizenship and Migration: Globalization and the Politics of Belonging*, Basingstoke: Macmillan.

Chamberlayne, P. *et al.* (eds) (1999) *Welfare and Culture: Towards a New Paradigm in Social Policy*, London: Jessica Kingsley.

Clarke, J. (1999) 'Coming to terms with culture', in Dean, H. and R. Woods (eds) *Social Policy Review 11*, London: Social Policy Association.

Clarke, J. and J. Newman (1997) *The Managerial State*, London: Sage.

Cochrane, A., Clarke, J. and S. Gewirtz (eds) (2001) *Comparing Welfare States*, 2nd edition, London: Sage.

Commission of the European Communities (2000) *Shaping the New Europe*, Brussels: Commission of the European Communities.

Cubitt, G. (ed.) (1998) *Imagining Nations*, Manchester: Manchester University Press.

EEC (1973) *The European Community and Human Rights*, Document on the European identity produced for Copenhagen Summit Luxembourg, Commission of the European Communities.

Einhorn, B. and J. Gregory (1998) 'The idea of Europe', *The European Journal of Women's Studies*, 5, pp. 293–6

Esping-Andersen, G. (1990) *The Three Worlds of Welfare Capitalism*, Cambridge: Polity Press.

Geyer, R.R. (2000) *Exploring European Social Policy*, Cambridge: Polity Press.

Ginsburg, N. (1992) *Divisions of Welfare*, London: Sage.

Ginsburg, N. (1994) ' "Race", racism and social policy in western Europe', in J. Ferris and R. Page (eds) *Social Policy in Transition*, Aldershot: Avebury.

Guillén, A. and S. Alvarez (2001) 'Globalization and the southern welfare states', in R. Sykes *et al.* (eds) *Globalization and European Welfare States: Challenges and Change*, Basingstoke: Palgrave.

Hall, C. (ed.) (2000) *Cultures of Empire: A Reader*, Manchester: Manchester University Press.

Handoll, J. (1997) 'The free movement of Persons', in B. Tonra (ed.) *Amsterdam: What the Treaty Means*, Dublin: Institute of European Affairs.

Harding, J. (2000) *The Uninvited: Refugees at the Rich Man's Gate*, London: Profile Books/London Review of Books.

Heffernan, M. (1998) *The Meaning of Europe: Geography and Geopolitics*, London: Arnold.

Hoskyns, C. (1996) *Integrating Gender: Law and Politics in the European Union*, London: Verso.

Hughes, G. and G. Lewis (eds) (1998) *Unsettling Welfare: Reconstructing Social Policy*, London: Routledge.

Jenkins, B. and S.A. Sofos (1996) 'Nation and nationalism in contemporary Europe: A theoretical perspective', in B. Jenkins and S.A. Sofos (eds) *Nation and Identity in Contemporary Europe*, London: Routledge.

Jessop, B. (1993) 'Towards a Schumpeterian workfare state? Preliminary remarks on post-Fordist political economy', *Studies in Political Economy*, No. 40, pp. 7–39.

Jessop, B. (2000) 'From the KWNS to the SWPR' in G. Lewis *et al.* (eds) *Rethinking Social Policy*, London: Sage/The Open University.

Jönsson, C., Tägil, S. and G. Törnqvist (2000) *Organizing European Space*, London: Routledge.

Joppke, C. (1998) *Challenge to the Nation-State: Immigration in Western Europe and the United States*, New York: Oxford University Press.

Kersbergen, K.V. (2000) 'The declining resistance of welfare states to change?', in S. Kuhnle (ed.) *Survival of the European Welfare State*, London: Routledge.

Kiernan, V. (1980) 'Europe in the colonial mirror', *History of European Ideas*, 1, pp. 39–61.

King, R. and M. Donati (1999) 'The "divided" Mediterranean: Redefining European relationships', in R. Hudson and A.M. Williams (eds) (1999) *Divided Europe: Society and Territory*, London: Sage.

Klausen, J. and L.A. Tilly (eds) (1997) *European Integration in Social and Historical Perspective 1850 to the Present*, Lanham and Oxford: Rowman and Littlefield.

Kuhnle, S. (ed.) (2000) *Survival of the European Welfare State*, London: Routledge.

Langan, M. and M. Ostner (1991) 'Gender and welfare', in G. Room (ed.) *Towards a European Welfare State?* Bristol: School of Advanced Urban Studies.

Leonard, P. (1997) *Postmodern Welfare*, London: Sage.

Lewis, G. (2000) *'Race', Gender, Social Welfare: Encounters in a Postcolonial Society*, Cambridge: Polity Press.

Lewis, G., Gewirtz, S. and J. Clarke (eds) (2000) *Rethinking Social Policy*, London: Sage.

Lewis, J. (1992) 'Gender and the development of welfare regimes', *Journal of European Social Policy*, 2 (3): 159–73.

Lewis, J. (2000) 'Gender and welfare regimes', in G. Lewis, S. Gewirtz and J. Clarke (eds) *Rethinking Social Policy*, London: Sage.

Leibfried, S. and C. Pierson (eds) (1995) *European Social Policy*, New York: Brookings.

Leibfried, S. (1993) 'Conceptualizing European social policy: The EC as social actor', in L. Hantrais and S. Mange (eds) *The Policy Making Process and the Social Actors*, Loughborough: Loughborough University European Research Centre.

Lister, R. (2000) 'Gender and the analysis of social policy', in G. Lewis, S. Gewirtz and J. Clarke (eds) *Rethinking Social Policy*, London: Sage/The Open University.

Lorenz, W. (1999) 'Social work and cultural politics: The paradox of German social pedagogy' in P. Chamberlayne *et al.* (eds) *Welfare and Culture in Europe: Towards a New Paradigm in Social Policy*, London: Jessica Kingsley.

Macdonald, S. (ed.) (1993) *Inside European Identities: Ethnography in Western Europe*, Oxford: Berg.

Marshall, T.H. (1950) *Citizenship and Social Class*, Cambridge: Cambridge University Press.

McClintock, A. (1995) *Imperial Leather: Race, Gender and Sexuality in the Colonial Context*, London: Routledge.

Mitchell, M. and D. Russell (1996) 'Immigration, citizenship and the nation-state in the new Europe', in B. Jenkins and S.A. Sofos (eds) *Nation and Identity in Contemporary Europe*, London and New York: Routledge.

O'Brien, M. and S. Penna (1998) *Theorizing Welfare: Enlightenment and Modern Society*, London: Sage.

Orloff, A.S. (1993) 'Gender and the social rights of citizenship: The comparative analysis of gender relations and welfare states', *American Sociological Review*, 58 (3): 303–28.

Peterson, M. (1999) 'The traumatic dismantling of welfare: The Swedish model in global culture', in P. Chamberlayne *et al.* (eds) *Welfare and Culture in Europe: Towards a New Paradigm in Social Policy*, London: Jessica Kingsley.

Prodi, R. (2000) *Speech by the President of the European Commission to the European Parliament*, Strasbourg: European Parliament.

Rhodes, M. (1996) 'Globalization and West European welfare states: A critical review of recent debates', *Journal of European Social Policy*, 6 (4): 305–27.

Rietbergen, P. (1998) *Europe: A Cultural History*, London: Routledge.

Said, E. (1994) *Culture and Imperialism*, London: Chatto and Windus.

Sandholtz, W. (1996) 'Membership matters: limits of the functional approach to European institutions', *Journal of Common Market Studies*, 34 (3): 403–29.

Stoler, A.L. (1995) *Race and the Education of Desire: Foucault's History of Sexuality and the Colonial Order of Things*, Raleigh, NC: Duke University Press.

Sykes, R. (1998) 'Studying European social policy – issues and perspectives', in R. Sykes, and P. Alcock (eds) *Developments in European Social Policy: Convergence and Diversity*, London: Sage.

Sykes, R. and P. Alcock (eds) (1997) *Developments in European Social Policy*, Bristol: The Policy Press.

Sykes, R., Palier, B. and P. Prior (eds) (2001) *Globalization and European Welfare States: Challenges and Change*, Basingstoke: Palgrave.

Van Kersbergen, K. (1995) *Social Capitalism*, London: Routledge.

Van Kersberger, K. (2000) 'The declining resistance of welfare states to change?' in S. Kuhnle (ed.) *Survival of the European Welfare State*, London: Routledge.

White, P. (1999) 'Ethnicity, racialization and citizenship as divisive elements in Europe', in R. Hudson and A.M. Williams (eds) *Divided Europe: Society and Territory*, London: Sage.

Wicker, H.R. (ed.) (1997) *Rethinking Nationalism and Ethnicity: The Struggle for Meaning and Order in Europe*, Oxford: Berg.

Williams, F. (1989) *Social Policy: A Critical Introduction*, Cambridge: Polity Press.

Williams, F. (1996) 'Race/ethnicity, gender and class in welfare states: A framework for comparative analysis', *Social Politics*, 2, p. 2.

Williams, F. (1999) 'Good-enough principles for welfare', *Journal of Social Policy*, 28 (4): 667–87.

Part One

UNSETTLING BOUNDARIES AND BORDERS

Introduction

In different ways each of the essays in this part addresses the question of boundaries and borders. Generally the term 'boundaries' refers to the construction of discursive, social, cultural and political barriers around diverse groups, categories and arenas of individual and collective action. Usually constructed through a binary divide, the effect of boundaries is to mark those standing on either side of the boundary as 'different' from each other and internally homogeneous. 'Borders' refers to the erection and sedimentation of barriers into geo-physical delineations marking territorial divisions of space.

The essays show that boundaries and borders are anything but natural phenomena and have social causes and profound social effects organized by and organizing of social relations in economy and polity, family and nation. They overlap and intersect but also shift and 'leak' and are subject to realignment of both their parameters and constituent elements.

This part also points to a range of ways in which boundaries and borders are brought into being, maintained and, at times, reinforced through the articulation of global and/or regional economic, political, social and cultural forces. It is through the shifting articulation of these modalities that boundaries and borders become subject to processes of decomposition and recomposition. Moreover these shifting alignments of boundaries and borders impose constraints upon, or opportunities for social action on the part of specific social, economic, cultural or political constituencies.

There are two main challenges to comparative social policy raised by the essays in this part. The first is the need to question its own ontological and epistemological assumptions about the stability and inevitability of the boundaries and borders found in contemporary Europe. The second is to explore and analyse the ways in which specific welfare policies and practices are implicated in the construction and maintenance of boundaries and borders and the impact these may have of entrenching or destabilizing forms of social exclusion and inequality.

1

Re-shaping Europe: the Challenge of New Divisions within a Homogenized Political–Economic Space

Ray Hudson and Allan M. Williams

Contents

There is an apparent paradox in that, while Europe seems to be becoming an increasingly homogenized politico–economic space, it is also characterized by enduring and, in some instances, deepening social cleavages. After the paralysis of decision-making in the 1970s and 1980s, there has been a deepening of economic, and to a lesser extent political, integration symbolized by the single European market programme and the Single European Act, the three pillars of Maastricht, the Amsterdam Treaty and European monetary union (EMU). This has been paralleled by the *de facto* extension of European Union (EU) influence, and often decision-making, into central and eastern Europe.

At the same time, however, there has been reproduction and recasting of the social and territorial divisions of Europe.

There is no shortage of media images for the new faces of poverty, deprivation and inequality in Europe: displaced families in the former Yugoslavia, the homeless on the streets of London, over four million unemployed in Germany, a spasm of racist attacks across Europe, the continued absence of women from the seats of power, and the failure of European welfare systems to keep apace with the increasing demands made upon them, particularly by those displaced in the labour market. These images, and others, are indicative of profound changes re-shaping the political economy of Europe, the place of Europe in a globalizing economy, the map of territorial differentiation within Europe, and the patterns of inequality along dimensions such as class, ethnicity and gender. There have been significant changes in the structure and performance of urban and regional economies, in living conditions and lifestyles between and within cities and regions, and in individual life chances and employment opportunities. There were some 52 million people living in poverty in the 12 European Union countries in 1988. And in 1993 there were over 19 million unemployed in the EU, over half of whom had been unemployed for more than a year, and an estimated three million homeless people (Rutherford 1997). Extending the scope of enquiry to central and eastern Europe would greatly increase the extent of poverty and social division and as the EU extends progressively eastwards these problems will be internalized within it and make new demands for the Europeanization of welfare policies. There is also the challenge of creating and sustaining EMU, in the face of pessimistic scenarios of social tensions and civil unrest in response to increased unemployment in parts of the EU.

These divisions have to be seen against the longer-term evolution of the political economy of Europe since 1945, coupled with a genuine desire to ensure peace in western Europe and resist the advances of communism beyond the imaginary Iron Curtain. After the Cold War partition of Europe, a political consensus was constructed over much of western Europe around a Keynesian commitment to full employment and the role of the welfare state. There were more than two decades of sustained economic growth based on Fordism, and gradual internation-alization of both capital and labour. This provided the pre-conditions for the establishment and subsequent enlargement of the EU, creating an increasingly homogenized economic space (A.M. Williams 1994). The consensus as to the redistributive and regulatory role of the state allowed for the expansion of national systems of welfare provision. Although there were some major differences among the competing models of the welfare state (Esping-Andersen 1990), relatively low levels of unemployment and high rates of GDP growth allowed expansion of welfare provision in all parts of north-western Europe (although there was significant divergence from it over much of Mediterranean Europe). This is not to claim that there were no social inequalities or that poverty had been eliminated. Rather, there was a long phase of convergence in terms of incomes (Atkinson 1995) and regional GDP per capita levels (Dunford 1994) until the late 1960s and early 1970s, even if other social cleavages remained little altered in this period. Thereafter, the triad of growth, welfarism and social convergence began to unravel.

Some of these processes of change from the 1970s, leading to more sharply etched contours of socio-spatial differentiation within Europe, relate to hotly contested claims about an epochal shift in the character of contemporary capitalism from one dominant growth model to another (Hudson 1999) and related claims about the rise of a global economy (Tickell 1999). The perceived enhanced salience of globalization is partly linked to recognized limits to national state regulation, associated with the crisis of a Fordist regime of accumulation in its various western European variants. The existence of different models of welfare capitalism meant that there were variations in the form and timing of crises, and the responses to them, but they could not be avoided (Esping-Andersen 1994; Rhodes 1996).

Recognition of the limits to state capacities and the pressures for a 'lean welfare' state (Dreze and Malinvaud 1994) stimulated a search for new neo-liberal macro-scale regulatory models that accepted the limited powers of national states to counter global market forces. This 'subversive liberalism' (Rhodes 1995) led to a re-definition of the boundaries between private and public sectors, and a cutting back of the welfare state and the scope of welfare provision. These changes had a direct impact upon patterns of service provision, employment opportunities and individual life chances, with differential effects on different cities, regions and social groups. To some extent, it has led to convergence between the contested social models of welfare capitalism (Rhodes 1996) but national states within Europe remain as key sites of regulation, governance and identity.

This presaged the export of new neo-liberal regulatory models from North America and western Europe to the countries of eastern Europe. Social and territorial differences have also become more clearly demarcated in central and eastern Europe. From the late 1960s, the highly centralized state planning system began to unravel, with Hungary and Poland, in particular, moving towards more decentralized economic decision-making, putative private property rights and increasing trade with and investment flows from the West (Landesmann and Székely 1995). The process of transition post-1989 was subject to external pressure to adopt a neo-liberal 'shock therapy' model of reform (Gowan 1995; see also Gowan 1996; Lloyd 1996), the key elements of which were stabilization, market liberalization and the development of market-supporting institutions, privatization, currency convertibility and trade liberalization. However, in practice the process of transition was path-dependent–path-creating (Nielsen *et al.* 1995) and was conditional upon national economic and political structures. As a result, the transition has been marked by differences in the timing and form of economic reforms, culminating with the July 1997 recommendation of the European Commission to prioritize the future accession of some applicants: Poland, Hungary, the Czech Republic, Slovenia and Estonia (and Cyprus). There has also been the creation of a new rich class and the polarization of incomes, and above all property ownership, within the countries of central and eastern Europe (Duke and Grime 1997; Williams and Balaz 1999).

The perceived loss of national economic sovereignty has also stimulated a debate on whether the EU, or some other supra-national body, should and could replace the regulatory role of the national state, that is 'Europeanize' regulation. To some extent this has occurred, but integration has been largely negative, involving the removal of barriers to trade, capital and labour mobility. In contrast, the role of the EU in social welfare has been severely constrained. Although the Commission has proposed social action programmes in the 1990s and has had an effect on some areas of workers' rights, such as limiting working hours, its role has been strictly confined. There are manifold barriers to the development of any such wider role due to the EU's lack of means to pursue an employment strategy, intergovernmentalism in its decision-making and budgetary limits, as well as the difficulties of harmonizing deeply culturally embedded welfare institutions.

The combined effects of these changes in and to the political economy of Europe in the 1980s and 1990s has been to deepen and modify the map of socio-spatial differences. The pattern of social exclusion has been modified by the differential engagement of social classes, men and women, migrants and ethnic groups, and those at different stages of the life course, in the redistribution of income, wealth and power which has accompanied changes in European capitalism. The geographies of social exclusion have become increasingly complex and range from inner cities to Europe's border regions (see Leontidou and Afouxenidis, this volume). Prevailing notions of citizenship have been re-defined in the face of changing social expectations, the emergence of a proto-European citizenship and the challenges posed by intra- and extra-European refugee movements, and changes in governance (Painter 1999). The remainder of this chapter explores the seeming paradox that the persistence and deepening of many axes of social inequality have coincided with a period of increasing homogenization of the political–economic space of Europe. But first we consider the debate about globalization.

The character of contemporary capitalism: Europe in a global economy, globalization and state power

There is widespread agreement that the character of contemporary capitalism has shifted in significant ways but much less agreement as to the theoretical and political significance of these changes. This is registered in competing claims, such as those claiming a transition to late capitalism (Mandel 1975), late modernity (Giddens 1990), reflexive modernity (Beck 1992) or post-modernity (Harvey 1989a). A common thread running through these competing accounts, however, is a recognition of the significance of the dramatic reduction in the tyranny of distance, a world in which time–space has shrunk dramatically (albeit very unevenly) as a result of technological innovations in transport and communications, especially information technologies. This in turn has been associated with claims about the transition to a global political economy and processes of globalization and these implicitly or explicitly relate to debates about changes in the regulatory capacities of national states and the 'hollowing out' of national states, upwards, downwards and sideways (Jessop 1994). The collapse of the Bretton Woods system of fixed exchange rates between national currencies in the early 1970s is seen as a particularly critical moment in the transition towards a global economy since this had profound implications for the national regulation of national economies. One of the particularly important aspects of the move 'upwards' of the regulatory powers of national states has been the creation of macro-regions such as NAFTA and the EU as a result of agreements between national states. These have been critical formative moments in the emerging macro-geography of globalization and the EU has emerged as one of the major regions of the triad in this global economy (Ohmae 1990, 1995).

There are difficult policy and political choices within Europe as to whether to seek to resist or to encourage globalization processes: the dilemmas certainly are not new, but they have become more difficult to deal with precisely because there is no theoretical consensus on the meaning and impact of globalization. Globalization is a hotly contested concept, not least in terms of perspectives on the relationship between the local, the national and the global and the degree to which national states are seen as having been 'hollowed out' (and by implication the extent to which embryonic supra-national states such as the EU could and should extend their reach to fill the resultant policy vacuum). Beyond that, however, there is debate on the extent to which globalization is seen to encompass more than just a shifting geography of regulation as the local and the global inter-penetrate and influence one another in new and novel ways.

At the risk of some over-simplification, four broad analytical positions can be identified, although those who subscribe to them often draw very different political implications from them (for a fuller review, see Amin 1997a; for a slightly different perspective, see Weiss 1997). First, there are those who claim that little in fact has changed at all, other than that there has been expanded reproduction of the capitalist economy as an international one, with national states continuing to behave, as before, as regulators of national economies. Hirst and Thompson (1996a: 47–8; see also 1996b) assert that the notion of globalization is 'just plainly wrong' and that the idea of a new, highly internationalized, virtually uncontrollable economy based on world market forces is wide of the mark.

A second position is diametrically opposed to such a view, and its proponents (such as Robinson 1996: 13–14) see the global economy as one in which transnational capital scours the globe in search of profit, with virtually no constraint on its activities. National states are fatally weakened and deprived of regulatory capacity as one facet of a radical process of 'hollowing out' of the national state which shifts power decisively to 'footloose' transnationals, thus facilitating the emergence of a 'borderless' world. The implication is that there is a pressing need for the EU to develop rapidly into a heavy-duty political actor with the weight and influence to deal with hyper-mobile transnational capital.

A third view (for example, Boyer and Drache 1996) accepts that there have been fundamental shifts in the organization of the global political economy, and that globalization does indeed register a qualitative change in the character of the political economy of contemporary capitalism. This does not, however, entail the emasculation of the national state; announcements of the death of the national state are premature (Anderson 1995). The implication of this view is that the regulation and governance of economy and society will reflect the distribution of political powers, competencies and resources between the national and supra-national levels.

Finally, a fourth view accepts that there are qualitative processes of change, which can be caught in the concept of globalization, but argues that these permeate the crevices of everyday life and individual experience of contemporary capitalism. It thus emphasizes that globalization not only leads to a re-definition of relations between a global economy and national states but between a global economy and national and local civil societies, and by implication a transnational European civil society. Held (1995: 20), drawing on Giddens' (1996) concept of time–space distanciation, suggests that globalization can be taken to denote the stretching and deepening of social relations and institutions across space and time. As a result on the one hand, day-to-day activities are increasingly influenced by events happening on the other side of the globe and, on the other hand, the practices and decisions of local groups can have significant global reverberations. Individuals will simultaneously identify with the local, national and European scales as new forms of cultural hybridity help shape identities. European citizens will bear multiple identities (not all of which, of course, will be territorially defined) and structures of governance within Europe will need to acknowledge and reflect this.

The perspective adopted here in seeking to understand the relationships between Europe, the EU and processes of globalization is one that combines elements of the third and fourth of the above positions. Globalization is conceptualized as a process of linkage and interdependence between territories and of 'in here–out there' connectivity (Amin 1997b). There have certainly been processes of 'hollowing out' of the national state upwards (notably to the EU, which has become a significant site of political authority and power), downwards (to the regional and local levels) and outwards (into a variety of organizations within civil society at sub-national, national and supra-national scales), and significant related changes in the mode of regulatory activities of national states. Equally, the national state form retains a continuing salience, co-existing alongside the EU, with complex reciprocal links between the two entities, rather than it being replaced by the EU. National states are active subjects in shaping processes of globalization rather than being simply passive objects and victims of them. So too is the EU. Consequently, globalization is not conceptualized as a process somehow external to national economy, society and state for national states have played a key role in bringing about regulatory and other changes that have facilitated the emergence of processes and agencies of globalization (for example, see Cerny 1990). Consequently, both the EU and the national states of Europe are key sites of power in mediating the relations between processes of globalization and territorial patterns of socio-economic change within national spaces, although decentralization of state power to local and regional levels has altered the forms of this mediation. While there are reciprocal relationships between changes at local, regional and global scales, the impact of globalization has been deeply uneven, both between and within national territories and within the wider space of the EU and Europe.

Creating a new unified and homogenized political–economic space: political and policy changes in Europe

The changing political–economic map

The political–economic map of Europe which has evolved in the context of globalization in the post-war period has been highly contested. Different states have pursued particular versions of capitalism (Lash and Urry 1987; Esping-Andersen 1990) and contested the supra-national institutions which have been imposed on the European space. The EU was discursively constructed as a model of liberal capitalism, and 'its originators drew on a prevailing ideology which was economic and political ... In essence, this was the ideology of liberal capitalism, or the assumption that the self-interest of enterprise could be harnessed in the public interest through a liberalisation of trade, capital and labour markets' (Holland 1980: 4). Its main triumphs in the 1960s were the creation of a customs union and a common external tariff. Its major collective policy, the common agricultural policy (CAP), not only dominated its expenditure (precluding a Europeanization of welfare policies) but also contributed to the widening of income differences within and between rural areas. It also sat uneasily with claims about the superiority of market resource allocation.

Over the next three decades there was an ongoing re-definition of the boundaries between the two parts of western Europe, which at one time had been crystallized into the competing economic spaces of the EEC and EFTA; each of the enlargements of the EU in the 1970s, 1980s and 1990s effectively drew the two sets of member states together, driven on by the logic of international competition and trade, mass production and market access. There was also a deepening as well as widening which was evident in the increasing role of the EU in regulation, the development of new areas of (weak) welfare policies, and the upward drift of power from the member states. The progressive expansion of the EU, widening the scope for market forces to shape territorial development trajectories, has increased the scale of spatial inequalities within the EU. Further expansion eastwards as part of the process of seeking to establish capitalism and liberal democracy more firmly in eastern Europe – heralded initially by the free-trade Europe Agreements and latterly by the Commission's 1997 opinions on applications for membership – will undoubtedly change the character and exacerbate the depth of inequalities.

While significant national and regional variations therefore remain in the forms in which these economic and political relations are constituted within Europe, the project to widen the European Union represents an attempt to reduce this variability. At the same time, and in many ways in conflict with this process of widening, there have been powerful pressures further to deepen and transform the character of the Union itself. The single European market programme, European monetary union and the prospect of a single 'euro' currency are indicative of the drive towards the creation of a unified economic space in which market forces will have much greater scope to influence the socio-spatial distributions of economic activities, resources and income. Thus these changes in the character of the EU can also be regarded as bringing about a homogenization of its space, seeking to establish the hegemony of capitalist social relations over its entirety. At the same time, giving wider and freer play to market forces has led to increasing territorial differentiation within the EU. Seemingly paradoxically, these processes of homogenization are enhancing the significance of differences between places in influencing the locations of economic activities and the quality of people's lives within Europe. A corollary of this is that, *ceteris paribus*, territorial inequalities will widen further, undermining cohesion within the Union.

The most far-reaching political–economic change within Europe has undoubtedly been the re-definition of the relation between East and West into one between central and eastern and western Europe. This transition to capitalism in central and eastern Europe was intended to help insert it into at least the margins of the wider global economy. Within central and eastern Europe the possibilities for the longer-term success of the establishment of new regulatory regimes and successful capitalist development seem greatest in the Czech Republic, Hungary and Poland (Commission of the European Communities 1996b: 26) but equally there is evidence that the processes of transition are having strongly territorially differentiated effects within these countries. The process of reform and transition is thus creating new inequalities within the East, and re-defining the map of uneven development within Europe. Opening up significant swathes of territory largely denied for decades to capital has had major implications for geographies of uneven development within this enlarged European space. It has created new opportunities for some companies, people and places; this is perhaps most evident in the various forms of direct foreign investment via new greenfield factories, joint ventures and the acquisition of former state enterprises. Conversely, it has generated a serious threat to others.

While much of the attention of the EU since 1989 has been focused on its eastern neighbours, there has also been a long process of re-definition of relationships with the Mediterranean region. Some but not all parts of the northern Mediterranean have, of course, been formally integrated into the EU, while others are enmeshed with it through trade, capital and labour flows. The Mediterranean region, as a whole, has long provided a pool of reserve labour for the EU, and one which it drew on in the 1960s in particular as a critical ingredient in the long-sustained post-war boom of northern Europe. Subsequently, uneven development within the region, as well as the enlargement of the EU, have fragmented the region as a source of migration, with the member states of the EU – Italy, Spain, Greece and Portugal – becoming destination countries for immigrants from the other side of the Mediterranean. But the divisions within the Mediterranean region are not all north–south, as is evident in the political and economic disintegration of Albania and, especially, the former Yugoslavia. The collapse of the old regimes in central and eastern Europe, ushering in the potential to create new forms of democracy and governance has also unleashed the forces of nationalism and racism. This was most starkly n the former Yugoslavia, where the political crisis in the exacerbated in part by the palpable failure of the proto-EU on foreign and security policy (Carter *et al*. 1996), led to violent ct. This had massive humanitarian and economic costs, measured in terms of the victims of 'ethnic cleansing', the massive outflow of refugees, homelessness, and the virtual collapse of production and international trade in several of the new republics, thereby adding a new and particularly tragic twist to the deepening of social and territorial cleavages in what was also becoming an increasingly complex area located beyond the homogeneous European economic space.

Public policy responses in Europe

Until the 1970s western European welfare states were able to maintain their traditional goals of redistribution, welfarism and full employment, even in the face of an intensification of international competition. Four distinctive strands of welfare capitalism developed in western Europe in the post-war period and, following Esping-Andersen (1990) and Rhodes (1996), these are summarized here:

- The Scandinavian model characterized by a high degree of universality, corporatism and consensus between capital, unions and the state on the need for an active employment policy and a strategy for rationalization and technical change.
- The liberal, Anglo-Saxon model, publicly organized and financed by social insurance, with low flat-rate provision in combination with private charity. This has increasingly shifted away from its Beveridgean origins to become a 'residual welfare state' (Liebfried 1993) characterized by selectivism, where the welfare state is provider of last resort. The UK has also moved towards the US model of pursuing rapid growth based on expansion of low-paid service jobs and deregulation, with consequent increases in inequality.
- The corporate Bismarckian or Rhineland model which is based on labour market agreements between employers and trade unions in respect of insurance arrangements to cover unemployment, sickness and old-age benefits. Those outside the labour market are dependent on local public or private charity. For much of the post-war period this rested on the assumption that high wage, high productivity economies would support provision, but global competition and unemployment have increased the pressure to reduce taxation and non-wage labour costs. Higher unemployment has also meant that more people have been falling outside the employment-linked benefits scheme.

- The southern European model in which provision is made by civil society institutions such as the church, family and private charity in combination with weakly developed welfare states. The states tend to be characterized by high public deficits linked to the problems of financing pensions, fiscal weakness and the costs of high unemployment.

Since the 1970s all these models of welfare capitalism have come under intense pressure from globalization, competition and increasingly mobile capital, which have contributed to increasing unemployment. There have also been other demands emanating from the ageing of society and the disintegration of extended, and increasingly nuclear, families which traditionally provided social assistance and care, especially in southern Europe (Warnes 1999). All of this has fuelled the campaigns of an increasingly powerful neo-liberal agenda. As a result, the prospect of growing social divisions (especially between unskilled manual workers and professional/managerial workers in internationally competitive industries) and territorial imbalances throughout an enlarged common European space has become the focus of public policies seeking to contain them within 'acceptable' limits at various spatial scales.

Perhaps the most important policy shifts have been in macro economic strategies, where priorities have shifted from full employment to countering inflation and trade imbalances, a process that has been exacerbated but not caused by the convergence criteria of EMU. In addition, there have been debates on the future of (scaled down) welfare provision, especially in respect of pensions. Only in the UK case has there so far been a profound shift from universalism and strong political commitment to market-oriented reform (Hudson and Williams 1995). But the strains are evident elsewhere (Commission of the European Communities 1995b). For example, a programme of welfare state dismantling – including privatization – has been proposed and partly implemented in Scandinavia, following the collapse of historic class compromises and social partnerships in the face of stagnant GDP growth, high unemployment and high long-term interest rates (Rhodes 1996). In fact, all four of the western European welfare models face similar challenges in how to deliver welfare provision in the face of high unemployment rates and ageing populations.

There have also been similar crises in the welfare states of central and eastern Europe, where strong systems of state redistribution, created in a framework of nominal full employment under central planning, have been challenged by a massive rise in unemployment and the pressures of 'subversive liberalism'. After 1989, there were neo-liberal pressures to reduce social protection as part of the stabilization programmes of 'sharp shock' and to help break what was termed the 'culture of dependency' (Göting 1996). In practice, institutional reform has been limited, given the social costs of transition, the fragility of governments and the lack of intermediate agencies which are actively supporting this. However, there has been a series of minor but cumulative reductions in welfare state practices: initially generous unemployment insurance schemes have experienced real cut backs which have reduced benefits to or below the level of minimum wages; pensions have fallen in real value, and there are moves to privatize provision; and private health service provision has been legalized. The tying of benefits to minimum wages has been crucial in this, as the latter were reduced from about 70 per cent to 30–40 per cent of average wages between 1990 and 1993 alone. The net outcome has been to reduce real levels of welfare provision and to shift central and eastern Europe towards one or more of the western European variants of welfare, which, as we have seen above, have themselves become a 'frozen landscape' (Esping-Andersen 1994: 23). At the same time, there has been a widening of the provision gap within and between countries: state provision remains strongest in the Czech Republic (where until recently the demands of unemployment were significantly lower), followed by Hungary, Poland and Slovakia.

Within Europe, the problems of socio-spatial inequality have become a focus of growing concern, not least as they are seen as one facet of the threat to cohesion posed by the continuing deepening of the European Union and the creation of a homogeneous economic space. Attaining an ambitious array of economic integration goals while maintaining a certain level of social cohesion clearly implies, *inter alia*, the need for strong redistributive, as well as facilitating and enabling, state policies. But the issue remains of the appropriate territorial level at which to formulate and implement policies to tackle social inequality and territorially uneven development. There has undoubtedly been a lively debate on the 'hollowing out' of national states in Europe and the transfer of state powers to other levels of the state and/or to non-state organizations involved in regulation and governance (for example, see Jessop 1994). Ruggie (1993) argues that in the EU the process of 'unbundling territoriality' has gone further than anywhere else, though claims for evidence of a 'neomedievalism' stretch the historical analogy too far and exaggerate the extent to which the national state has ceased to be site of regulation (Anderson 1995). There has certainly been considerable emphasis on the importance of decentralizing responsibility for development policies to local and regional levels, stressing the significance of local institutions and associational relations of reciprocity, trust and support as underpinning economic success, based on analyses of the experiences of Europe's successful urban and regional economies. There are, however, serious questions as to the generalizability and transferability of such decentralized developmental models, for they are typically deeply embedded in long-established regional cultures and institutions (Dunford and Hudson 1996).

There has also been the transfer of state power upwards. There has been some – if relatively weak – social intervention by the EU: since the 1960s in the case of the Social Fund and the 1970s in respect of the European Regional Development Fund. However, until recently both have had relatively weak budgets and have been subject to effective 'renationalization' through the imposition of national quotas on expenditure (Cram 1993). In the 1980s and 1990s the share of the total EU budget allocated to the structural funds has increased significantly, while the Single European Act of 1986 also strengthened the institutional position of the European Regional Development Fund (A.M. Williams 1994: 176–8).

In official policy discourse, however, the processes of economic change and widening of social inequalities are still assumed to be simply 'shocks which *temporarily* threaten regional and social cohesion' (Commission of the European Communities 1996a: 51, emphasis added). Nevertheless, even temporary enhancement of existing inequalities which threaten cohesion is seen as incompatible with the aims, objectives and values of the European model of society based on the social market economy. These embrace social cohesion and justice per se as valued goals in their own right, since 'wide disparities are intolerable in a community, if that term has any meaning at all'. Moreover, 'more than anything else, the existence of high levels of unemployment and the growing incidence of poverty act to undermine the European model of society' (Commission of the European Communities 1996a, 115–16). Beyond that, however, social cohesion is also seen as necessary for economic success, although 'competitiveness is not ... an end in itself but a means of consolidating the European model of society' (Commission of the European Communities 1996a: 122), suggesting a strong, mutually reinforcing and reciprocal relation between competitiveness, economic efficiency and social cohesion (Dunford and Hudson 1996).

There has been considerable emphasis on the scope for enhancing the role of the EU as an institution involved in tackling problems of social inequality and territorial imbalance. There is recognition that the deepening and widening of the Union will generate 'temporary shocks' which threaten cohesion but also that market forces will not automatically guarantee a return to conditions compatible with the attainment of cohesion and territorial equity. Indeed, they are much more likely further to threaten the attainment of the goals of sustainable economic growth, territorial balance and societal cohesion. It is for precisely this reason that EU policy interventions are seen as required, alongside and complementary to those of national-states. This has been reflected in the strengthening of the structural funds and in the creation, post-Maastricht, of the Cohesion Fund, which came into operation in 1993, specifically focused on preparing Greece, Ireland, Portugal and Spain for further deepening of the EU via European monetary union. Prior to this, the 1988 reform of the structural funds (the European Regional Development Fund, European Social Fund and the relevant sections of the agricultural and fisheries policies) significantly increased their redistributive effect in favour of the less prosperous member states and regions, targeted both spatially and sectorally. In addition, the Commission has proposed social action programmes since 1990, inspired by the 1989 Social Charter, and this has impacted on workers' rights, as in the imposition of European maximum working hours and improvements in the rights of pregnant women in the workplace.

The 1988 reform of the structural policies involved both a greater degree of spatial targeting of structural fund spending and an increased annual allocation to the structural funds from 3.7 billion ECU in 1985 to 18.3 billion in 1992 and 33 billion in 1999. While this represents about a third of total Community spending, it represents only 0.45 per cent of Community GDP. Thus, while spending may have been targeted to enhance redistribution, the amounts involved are, relative to Community GDP, very small. Nevertheless, it is argued that the impacts of such spending in reducing income inequalities are disproportionately large, with a 1 per cent reduction in income inequalities for each 0.1 per cent of GDP redistributed: a ten-fold effect (Commission of the European Communities 1996a: 98). The impacts on employment are seemingly positive though less clear (for example, the distinction between jobs created and jobs maintained is often unclear in the Commission's analyses), while many of the benefits return to the richer regions via spending on know-how and capital equipment. The implications of the last point for the narrowing of territorial inequalities and the attainment of cohesion goals are clearly ambivalent.

At the same time as increasing the scope of structural fund policies, there has been a growing recognition in EU policy discourse of the complex and multi-dimensional character of socio-spatial inequality. One clear indicator of this is a shift in terminology and practice from a concern with tackling poverty (in a material and financial sense) to one of tackling social exclusion. While all the poor are socially excluded, the socially excluded are not necessarily poor but may be excluded from mainstream society for reasons linked to their ethnicity, gender, age or physical disabilities. As the Commission of the European Communities stated (1993a: 21): 'social exclusion ... by highlighting the flaws in the social fabric ... suggests something more than social inequality, and concomitantly, carries with it the risk of a dual or fragmented society.' There has consequently been a growing concern to enhance social inclusion and to integrate territorial development policies with those tackling social exclusion. There has been a growing emphasis upon local initiatives to combat exclusion (Commission of the European Communities 1995a) and at the same time to pursue social and economic inclusion via regional development strategies (Commission of the European Communities 1996b), while seeking to commit all member states to work towards systems of social protection which would guarantee a safety net in terms of income, housing provision, health and so on, and to accept the social chapter of the Maastricht Treaty.

There has, however, also been a growing recognition that other EU policies, addressing different policy objectives such as enhanced industrial global competitiveness, have had, and continue to have, effects that run counter to the enhancement of cohesion. There are tensions between EU industrial policies which aim to promote globally competitive companies and those which seek to enhance social and spatial cohesion and equity within the EU (Molle and Cappellin 1988). This tension has influenced corporate restructuring and territorially uneven development (Ramsay 1990). In addition, with the prospect of the single European market, inward investment into the EU has increasingly influenced the organization and geography of production. Strategically oriented inward investment from South-east Asia and the USA to secure market access has become of growing importance, especially in sectors such as automobile production, computers and electronic engineering. As the Cohesion Report recognizes, 'even where cohesion is not part of the [policy] objectives, different regions and social groups tend, nevertheless, to be differentially affected' (Commission of the European Communities 1996f: 59). This reflects deeper tendencies towards structural limits on the capacity of state involvement to resolve the contradictions of a social market economy.

Despite claims of the 'hollowing out' of national states, there is no doubt that they remain of critical importance within much of Europe, and this is particularly true with respect to welfare. Mann (1993) stresses that the nation-state in Europe is neither dying nor retiring but has merely shifted its functions, while Anderson (1995) cautions against a too ready acceptance of reports of the 'exaggerated death of the nation state'. The distribution of public expenditure within the EU would certainly seem to support such views. Public spending by national governments accounts for between 40 and 60 per cent of national GDP in the countries of the EU, whereas the Community budget is only equivalent to 1.2 per cent of Union GDP. National public expenditure and taxation policies result, on average, of transfers of around 4 per cent of the GDP of donor regions and 8 per cent of that of recipient regions, reducing regional income disparities by between 20 and 40 per cent. This constitutes 'a significant cohesion effect within Member States' (Commission of the European Communities 1996a: 6). In addition, specifically regional policies channel resources to regions which contain almost 47 per cent of the Union's total population, although two-thirds of all national government regional aid in the Union between 1989 and 1993 was spent in the eastern *Länder* of Germany and in the Mezzogiorno. Counter to those who would argue that the national state is of decreasing significance as a result of the process of 'hollowing out', such national policies 'are above all the Union's primary defence against poverty' (Commission of the European Communities 1996a: 57).

Nevertheless, there are strict limits on the extent to which the reduction of such socio-spatial inequalities in incomes and access to paid employment are to be tackled: 'cohesion is not to be confused with harmonization or uniformity. Its [cohesion policy's] sole aim is to achieve greater equality in economic and social *opportunities*' (Commission of the European Communities 1996a: 15, emphasis added). This clearly implies a recognition that the social market economy necessarily requires a degree of inequality of *outcomes* (as opposed to opportunities) and the issue is the extent and form of these inequalities that are most compatible with the attainment of sustainable (environmentally, politically, socially and territorially) economic growth (see Hudson 1995b). The next section considers some of these key dimensions of social and territorial inequality.

Dimensions of division: patterns of socio-economic inequality in Europe

There is evidence that people in Europe are becoming more aware of the growing divisions and the dangers they pose. *Eurobarometer* surveys in the autumn of 1993, for example, revealed that two Europeans out of three were aware of situations of poverty in their village or neighbourhood. The number of Europeans believing that poor people have not always been poor but have become so mainly because of the incidence of unemployment, family breakdown and ill health doubled between 1989 and 1993 (Rutherford 1997). This is graphic evidence of a widespread perception of growing instability and deepening divisions within a European 'risk society' (Beck 1992). The risks are real. As the Commission of the European Communities (1993b: 21) put it, 'we need a comprehensive policy, preventative as well as remedial, to combat the poverty which so degrades men and women and *splits society in two*' (emphasis added). In fact, the fracturing of society is rather more complex and multi-dimensional than the suggestion of splitting into two allows, but the point about the dangers of divided societies retains its validity. Here we consider some of the principal axes of social division: class, gender, race and ethnicity, the life course, and territory.

Social class, occupation and income

Class is the main but not the only dimension of social differentiation and inequalities of power in Europe. Class relations are grounded in the social relationships between people and processes of production. While based on the fundamental divide between capital and labour, relations centred around land ownership remain crucial in many parts of Europe and, moreover, class relations are constituted in complex and culturally informed relationships. Not only are there divisions between capital, especially between transnational and national sets of capital, but also among labour. Economic restructuring and occupational changes have produced a shifting set of relationships. Some of the key trends are the strong growth of a new middle class and fractions of the working class in expanding white-collar occupations involving routine activities, the weakening of the position of the (less-skilled) manual working class in the face of international competition (Hudson 1999), and the emergence of an underclass which is permanently excluded from formal labour markets and dependent on state transfers.

Position in the class system both reflects and is still the major determinant of life chances and of access to power and wealth. Polarization tendencies in the class system, and the way in which these are conditioned in different forms of welfare capitalism, are reflected in income distribution. Atkinson (1995) identifies three bands of western European countries in terms of income distribution (Table 1.1): Scandinavia, Benelux and (West) Germany appear to have less inequality in

Table 1.1   Ratio of top and bottom deciles of income distribution in European countries in the 1980s

	Year	Ratio	% share of total income to bottom decile
Finland	1987	2.59	4.5
Sweden	1987	2.72	3.3
Belgium	1988	2.79	4.2
Netherlands	1987	2.85	4.2
Norway	1986	2.93	3.9
Germany	1984	3.00	4.0
Luxembourg	1985	3.15	4.3
Switzerland	1982	3.43	2.8
France	1984	3.48	3.0
UK	1986	3.79	2.5
Italy	1986	4.05	3.1
Ireland	1987	4.23	2.5
Portugal	1980–1	4.29	3.1
Spain	1980–1	4.38	2.8

Source: Atkinson (1995: 47, 53)

disposable equivalent income; France and, to some degree, Italy and the UK are intermediate, although the latter two on some measures tend to belong to the higher inequality group; and southern Europe and Ireland have the greatest inequalities. This can be related to the particular class compromises and forms of welfare provision in each of these groups of states, with inequalities being markedly weaker in the Bismarckian and Scandinavian models. Moreover, in the 1980s the previous trend to reduced inequality became the exception rather than the norm, as most European states experienced greater income divergence. The transition in central and eastern Europe has also seen an increase in income inequalities (Jackson 1997), with the creation of a new rich class in the process of privatization being particularly pronounced (Williams and Balaz 1999).

Gender

The main models of welfare capitalism in Europe all share (although to a lesser extent in Scandinavia) the priority of providing secure paid employment to assumed male heads of households. This they achieve, in aggregate, for there is a relatively high rate of employment of men, aged 25–54: 85 per cent in the EU as against 88 per cent in the USA which has much lower overall unemployment levels. Women do far less well in the labour market, although there are differences within the main types of welfare capitalist state (Table 1.2). Employment rates for men and women are almost identical in the Scandinavian states, reflecting relatively progressive legal provision, the importance of the state as an employer of women, and active employment policies. The Anglo-American model also provides relatively high levels of employment for women, albeit disproportionately in part-time and casual positions. The Bismarckian models produce lower levels of female employment, while most of the southern European states lag considerably behind, with women's formal employment rates being little more than a half of men's.

Differences in employment rates are matched by similar variations in unemployment rates. Again, women's experiences of unemployment (as crudely measured by rates) are most similar to men's in Scandinavia and the UK, while gendered inequalities are greatest in southern Europe. These employment and unemployment differences are grounded in economic structures and cultural practices, with women tending to be disadvantaged by socially constructed expectations about the domestic division of labour, their 'dual careers' and a range of male practices in support of patriarchy including violence and the creation of particular ideologies. One outcome is that, in much of Europe, bread-winning males tend to be the labour market 'insiders', occupying highly productive, well-rewarded and highly protected positions. In

Table I.2   Male and female employment rates in the EU, 1995

	Female employment rate as % of male rate	Female unemployment rate as % of male rate
Austria	72.8	109.7[2]
Belgium	70.7	166.2
Denmark	83.0	150.8
Finland	93.7	94.9
France	77.3	140.6
Germany	74.8	136.6
Greece	52.6	220.3
Italy	54.2	175.3
Ireland	60.9	308.3[1]
Luxembourg	56.8	209.5
Netherlands	71.9	143.8
Portugal	76.3	119.1
Spain	51.3	167.6
Sweden	96.3	82.1
UK	82.1	68.6
EUI5	70.7	130.2

[1] 1994.
[2] 1993.
Source: Eurostat (1996)

contrast, women tend to be labour market 'outsiders' in most of Europe, with the partial exception of Scandinavia. The power, prestige and income derived from positions in the labour market and the domestic division of labour spill over into other areas of life, including consumption, access to mobility, leisure and a whole series of economic advantages that stem from property rights.

To some extent the pattern is changing, and women now constitute approximately 40 per cent of the labour force in the EU. Female employment has grown relatively in all national and regional economies, but especially in those where it was lowest, that is in much of southern Europe (Perrans 1999). However, women tend to be concentrated in the service sector (70 per cent of all women workers in the EU), and very high proportions are in part-time work; in fact, 83 per cent of all part-time workers in the EU are women. Moreover, they still tend to move between employment, unemployment and recorded inactivity to a much greater degree than men (Commission of the European Communities 1997b). Not only do they tend to have higher rates of unemployment than men, but they are also more likely to experience long-term unemployment. And the vast majority of women (86 per cent) are employees, while 4 per cent are still classified as family workers, with connotations of dependency. These employment differences, with a high degree of vertical and occupational segregation contribute to women, on average, earning about 20 per cent less than their male counterparts in the EU. Despite their increasing share of administrative, technical and managerial jobs, which are relatively well paid, growing numbers of women continue to occupy low-paid, casualized service jobs. As would be expected, gender pay differences are least in Sweden, Finland and Denmark, that is in the Scandinavian model of welfare capitalism; they are greatest in Austria, Ireland, Luxembourg and the UK. The problems of low pay for women are particularly acute in those countries with little or no social protection in the form of minimum wages.

While we have focused here on labour market participation, gender inequalities also permeate the very construction of the state in western Europe, including the practices of democracy. Women are marginalized in many of the processes of governance. This is as true of the EU itself, where only 25 per cent of Commissioners and 27 per cent of MEPs are women, as it is of the member states. Nowhere do women constitute more than 40 per cent of the membership of any of the national assemblies. These rates are again higher in the Scandinavian model – being 33–40 per cent in Sweden, Finland and Denmark – and are less than 10 per cent in France and Greece.

Intra-national and international migration, race and ethnicity

The process of constructing modern national states in Europe from the eighteenth and nineteenth centuries involved the incorporation of different nations within new national boundaries (C.H. Williams 1999), but at the same time created sharp contrasts in socio-economic conditions between regions and between rural and urban areas. As a consequence of perceptions of differential opportunities, people migrated from poor to richer regions and from rural to urban areas in search of work, and from inner urban areas to suburbs in search of improved living conditions and/or in response to state social housing policies. These remained the dominant lineaments of intra-national migration patterns throughout the long post-war period of economic growth over much of western Europe until the mid-1970s. In recent decades, linked to new tendencies in economic restructuring, these intra-national migration patterns have become more complex with reverse flows from urban to rural areas and back to inner urban areas in some of the major conurbations as the middle classes have sought, respectively, rural idyll or the attractions of big city life without the costs of commuting. Furthermore, there has in several cases been migration back to peripheral regions, often associated with a resurgence of regionalist or nationalist cultural identity there.

Perceptions of differential opportunities were magnified at the international scale, so that international labour migration has been one of the distinguishing features of the post-war economic expansion of

Table 1.3   Stocks of non-nationals in western Europe in 1995

	% of total resident population	No. (000s)
Austria	9.0	723.5
Belgium	9.0	909.8
Denmark	4.2	222.7
Finland	1.3	68.6
France	6.3	3,596.6
Germany	8.8	7,173.9
Ireland	2.7	96.1
Italy	1.7	991.4
Luxembourg	33.4	158.1
Netherlands	5.0	728.4
Norway	3.7	160.8
Portugal	1.7	168.3
Spain	1.2	499.8
Sweden	5.2	531.8
Switzerland	18.9	1,330.6
UK	3.4	2,060.0

Source: SOPEMI (1997)

Europe, its effects overlaid and interacting with patterns of international migration. The 1960s model of migration from the larger Mediterranean region to northern Europe has been replaced by an increasingly globalized migration system, although Europe's colonial history has meant that it has long received transcontinental international migration. In 1995, the largest absolute stocks of non-nationals were to be found in Germany, France and the UK, although the relatively large numbers in Italy, Portugal and Spain also bear witness to the emergence of new forms of migration (Table 1.3). Whereas labour migration was encouraged in the expansionary 1950s and 1960s, there has subsequently been a progressive closure to both temporary and permanent immigration in the face of growing unemployment. These same recessionary conditions have provided the economic background against which second generation migrants have tended to come into the labour market (Castles and Miller 1993).

In most European societies, there is consistent evidence that culturally or racially different migrants have been subject to social exclusion. This is evident in the labour market, education, access to housing and the fundamental rights of citizenship. White (1999) demonstrates that the processes of social exclusion of culturally or racially different migrants operate in four main ways: legal restraint; ideologies of 'othering' which fail to accord legitimation to their interests; failure to provide group-specific services; poverty and economic exclusion. Not all immigrants, and not even all black immigrants or citizens, are subject to the same processes of social exclusion. Rather, race inter-twines with class and, while economic and social structures produce class structures, racism helps determine the positions that individuals occupy within them (Abercrombie and Warde 1988).

The issue of citizenship is particularly germane with respect to migration and race. Four ideal types of citizenship can be found in Europe – the imperial, the ethnic, the republican and the multi-cultural (Castles and Miller 1993) – and while these do not relate in any direct way to the different models of welfare capitalism, the latter does influence the experiences of immigrant communities. Approximately 15 million immigrants in Europe are foreigners in their countries of residence, and do not hold a formal citizenship status (Soysal 1996). The majority have a permanent resident status which is not very different from formal citizenship in term of rights and privileges. They enjoy social and economic rights virtually iden-tical to national citizens in terms of education, health and welfare and the main differentiation is in terms of the right to vote in national elections. But there are also significant numbers of migrants who do not even have permanent residence status, and whose lives are characterized by the chronic insecurity that follows the lack of fundamental rights. Many of these have moved from countries on the southern shores of the Mediterranean. The post-1989 political changes in eastern Europe, allied to the chaos that these engendered in areas such as Albania and the former Yugoslavia, have led to increased flows of illegal migrants into parts of southern and western Europe.

While this brief discussion has focused on the social exclusion of immigrants and particular racial groups, it is also true that there is significant immigrant labour market segmentation. 'As migration is globalized there are widening gaps both between immigrants and non-immigrants, and among different immigrant categories' (Castles and Miller 1993: 178). International migrants are an increasingly polar-ized group in terms of their skills, incomes and positions within the class system. For example, legal resident alien workers from other EU states have social positions and citizenship rights very different from non-EU immigrants. Moreover, there is also an increasing amount of international consumption migration, including several hundred thousand people who have retired from northern to southern Europe (A.M. Williams et al. 1997). All of this means that there are new trends in the constitution of citizenship in Europe, including the emergence of new expressions of rights and responsibilities such as dual citizenship, political refugees, and legal permanent residents. There is also an embryonic European citizenship enshrined in the treaties and acts of the European Community, although citizenship rights are still organized through territorially bounded nation-states (Soysal 1996).

Age and the life course

Social differences in terms of stages of the life course remain important, and in many ways have become more so as a source of social inequality. The better-paid 'insider' jobs in the European labour market tend to be the preserve not only of men, but of men aged between the mid-twenties and the mid-fifties. For example, there are striking differences in the proportion of older men (aged 55–64) who are in work: the EU average is 57 per cent which is far lower than the 85 per cent of men aged 25–54. Again, there are differences between the models of welfare capitalism, with the proportion of older men in employment being higher in the UK and Scandinavian models (for example, 66 per cent in Sweden) and lower in the Bismarckian and southern European models (for example, 47 per cent in Germany, 39 per cent in France and 42 per cent in Italy). It is not only older men who tend to be excluded from the labour market. Thus, while 58 per cent of all young people (aged 15–24) in the USA are in employment, the corresponding figure for the EU is only 35 per cent. The national differences also tend to follow the cleavages between the different models of welfare capitalism: the respective figures are 60 per cent in the UK, 51 per cent in Germany (which has a relatively sophisticated system for training young people), 40 per cent in Sweden and 25 per cent in Italy. In short, older men are often turned into 'outsiders', aided by generous state subsidies, while the young have to wait for their opportunities to join the 'insiders'.

There are also other important differences related to the life course, and in particular the ageing of European societies. Between 1950 and 1990, the population of Europe aged over 65 virtually doubled from 34 to 67 million (Warnes 1993a), while the proportion of the population aged over 65 increased from 8.7 per cent in 1950 to 13.4 per cent in 1990 and is expected to increase again to 16.1 per cent by 2010. This is due to a complex interaction of changes in fertility and mortality rates, with the most recent expansion in this age group being in southern European countries. There has also been a linked increase in the percentage aged over 75 so that the proportion of frail as opposed to active elderly has expanded. It is significant that one-third of all households living in poverty in the EU in 1993 comprised economically retired persons (Table 1.4). These groups tend to make greater demands on the welfare state, and these have increased most sharply in southern Europe where welfare provision is weakest and where the traditional institutions of civil society which provided care services are now weakening. The changes have produced a double challenge for the state: how to provide acceptable levels of pensions, health and social care. In this, as in many other aspects of welfare provision, the neo-liberals

Table I.4   Economic/demographic composition of households living in poverty[1] in the EU, 1993

	% of all poor households
In paid work	35
Unemployed	13
Retired	33
Other economically active (in education, training, at home etc.)	19
Total (%)	100
Total (no.)	22,825,000

[1] Poverty is defined as less than 50 per cent of average equalized net monthly income in each member state.
Source: Eurostat (1997a)

seem to be in the driving seat. Privatization or individualization of both care and pensions is on the agenda in many European countries, with the concomitant risk of further exacerbating already deep social gulfs among the elderly populations of Europe.

Territorial inequalities

The collapse of state socialism in eastern Europe from 1989, and the subsequent processes of 'market shock treatment', both sharply increased territorial inequalities within east European countries and between them and western Europe as the economies of central and eastern Europe contracted sharply and 'are in more or less deep recession' (Commission of the European Communities 1996b: 19). GDP contracted sharply from already low per caput levels, while rates of inflation and unemployment increased rapidly. Income distributions became sharply polarized as the new social relations of capitalism began to take hold (Atkinson and Micklewright 1992). Regional inequalities increased, associated with structural crises in industry, especially the former armaments industry, 'as a result of the [state] socialist division of labour which led the regional economy to be heavily dependent on just one or two industries' and other areas to be excluded from processes of industrialization (Commission of the European Communities 1996b: 24). These include monostructural regions in which mining and heavy industry prevail (including Lodz and Katowice in Poland, Martin in Slovakia, Plovdiv and Lovec in Bulgaria, Brasov and Sibiu in Romania), as well as rural areas in which industrial and service sectors are scarcely developed at all (such as areas in North and South Moldova and in south-eastern Bulgaria bordering on Turkey) and which remain heavily dependent upon an often-vulnerable agriculture.

At the same time, within the EU the combined impacts of widening and deepening re-defined the map of inequality within western Europe. There has been some narrowing of per caput income inequalities between member states, largely as a result of faster income growth in Greece, Ireland, Portugal and Spain (Commission of the European Communities 1996b). The southern European enlargements of the EU in the 1980s successively increased the magnitude of regional inequalities in per caput GDP within it (Hudson and Lewis 1985) and, while the impact of the Scandinavian enlargement of the 1990s was much more muted, the accession of Finland did bring further significant regional problems within the EU (Commission of the European Communities 1995a: 15). The enlargement that had the most profound impact upon and led to the most marked re-definition of the intra-EU map of regional differentiation was the re-unification of Germany as the new Eastern *Länder* became some of the most problematic regions of the Union (Commission of the European Communities 1995a: 151–6). Moreover, within countries (with the exception of the Netherlands) regional income differences have widened. In addition, the incidence of unemployment across the Union as a whole has become much more uneven, spatially and socially (Figures 1.1 and 1.2). As a result, 'even though a process of convergence between the Member States is apparent, economic and social cohesion *within* most Member States seems to have experienced a setback during the 1990s in the form of widening disparities in income and unemployment' (Commission of the European Communities 1996a: 49), though such a view may understate the extent to which cohesion *within the EU* has also experienced a setback. This suggests that the various policy interventions to narrow territorial inequalities and promote cohesion have not been able to prevent a widening of regional and social disparities internally within the member states (Commission of the European Communities 1996a: 57) and have had, at best, limited efficacy. It remains an open question whether such disparities would have been even wider without these policies. On the other hand, it is clear, as we have argued above, that the effects of other policies have been to undermine the attainment of reduced regional differentials and this conflict between policy objectives is certainly one reason why inequalities have grown within member states.

Conclusion: implications for the future

There is no doubt that the patterns of social and spatial inequality within Europe are being re-shaped by a range of political and economic processes, some global in their scope, others more specifically European. Not only are these social divisions reflected in gendered, racialized,

Figure I.I   Percentage unemployment in the EU15, 1996 (ESRC Resource Centre for Access to Data on Europe)

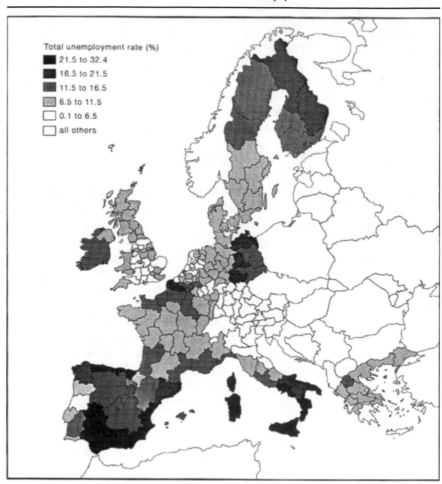

life-course and territorial differences in access to power and wealth; but these dimensions are fundamental to the way in which an increasingly homogenized but divided Europe is being constructed. The ending of the Cold War has not, of course, eliminated East–West differences: not only has it added a new layer of social and territorial inequalities to the European map, but it has affected and will affect the way in which social and territorial divisions are constituted elsewhere in the macro-region.

What will be the future outlines of a divided Europe? There are those who argue for a future map of Europe in which market forces and national states remain the dominant cartographers and in which sharpened inequalities are regarded as necessary and desirable. Others argue for a more powerful role for the European Union and for a more social conception of the market, with a much greater emphasis on the

Figure I.2   GDP per capita in the EU15, 1996 (ESRC Resource Centre for Access to Data on Europe)

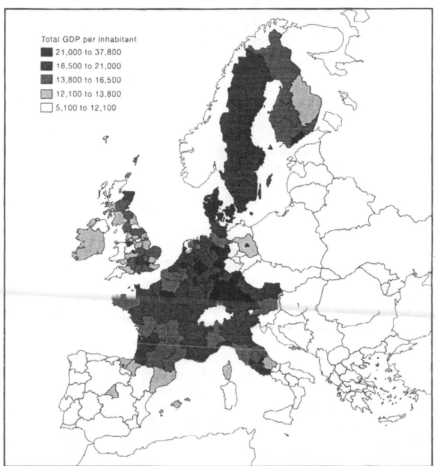

goal of enhanced cohesion and with socio-spatial inequalities being held within narrower bounds. Yet, recognizing both the need for cohesion policies and their limited effectiveness to date, the Commission of the European Communities (1996a) poses questions as to how their effectiveness could be enhanced. It is suggested that concentration is the key principle underlying the effectiveness of cohesion policies (Commission of the European Communities 1996a: 116) and that there needs to be a greater degree of selectivity in future. More generally, there is a suggestion that with just over 50 per cent of the EU population eligible for the four regional objectives of the structural funds, 'there may be a case for a more determined application of the principle of concentration' (Commission of the European Communities 1996a: 117). This tends to suggest a need to trim the extent of the structural funds for budgetary reasons rather than a prioritization of the goals of cohesion, however. There is recognition that

> the general climate of financial rigour in Member States has implications for the Union's policies. A major theme will be how to combine, *in a balanced way*, fiscal discipline with solidarity both within the poorest Member States and regions and with the most disadvantaged regions and people in the more prosperous Member States.
>
> (Commission of the European Communities 1996a: 11, emphasis added)

The key issue here will surely be the way in which 'in a balanced way' is translated into practice: the extent to which competitiveness and cohesion can be made compatible goals in practice, and which will take priority if they cannot be made compatible. The way in which this issue will be addressed undoubtedly holds the key to the sort of Europe that will emerge in the new millennium.

At one level, the debate on the determinants of the future map of Europe and the future anatomy of European society is cast in terms of a struggle between the two broadly opposing perspectives of national states/market forces versus stronger EU role/more social construction of markets. In both cases, however, there is an acceptance that the dominant social relations of the economy will remain capitalist. As a result, it may be that deeper structural forces will both constrain the form and extent of state involvement and redraw the map of Europe according to the latest cartographic version of the principles of combined and uneven development. There are those who argue for a 'third way', with a greater emphasis on devolution and decentralization of political power to the institutions of civil society at local and regional levels (Cooke 1995, for example). Some see this as a form of associationalism linked to a thin and procedural state (Hirst 1994), others regarding a strong and enabling state as a critical pre-condition for such decentralized associationalist approaches to be compatible with notions of social cohesion and socio-spatial justice (Amin 1996). Even so, tackling social exclusion via such a third way still has to confront the inequalities endemic in capitalism. This suggests that the issue may well be the extent to which various forms of exclusion can be tackled and what forms of socio-spatial inequality can be legitimated rather than abolishing inequality in its various forms.

It may also be the case, however, that incompatible policy objectives cannot be reconciled and that hard political choices will have to be made as to which policy goals are to be prioritized. There is certainly a theoretical literature that suggests that the contradictions of a capitalist economy cannot be abolished by state intervention, that as a result such contradictions are internalized within the operations of the state itself and in due course emerge as crises in the state's mode of crisis management (Habermas 1975; Offe 1975). In these circumstances, priority tends to be given to those policy objectives most closely linked to the core relationships of capitalism, and the reinvigoration of economic growth and the accumulation process are given priority over the pursuit of goals of social cohesion, equity and territorially balanced development. This suggests that the future for Europe will be one of continuing divisions and that the future map of Europe will continue to be marked by deep qualitative and quantitative socio-spatial inequalities at a variety of scales.

References

Abercrombie, N. and Warde, A. (1998) *Contemporary British Society,* Cambridge: Polity Press.

Amin, A. (1996) 'Beyond associative democracy', *New Political Economy,* 1 (3): 309–33.

Amin, A. (1997a) 'Placing globalization', University of Durham, Department of Geography (mimeo).

Amin, A. (1997b) 'Globalisation and regional development: A relational perspective', University of Durham, Department of Geography (mimeo).

Anderson, J. (1995) 'The exaggerated death of the nation state' in J. Anderson, C. Brook and A. Cochrane (eds) *A Global World?* Oxford: Oxford University Press, pp. 65–112.

Atkinson, A.B. (1995) *Income and the Welfare State,* Cambridge: Cambridge University Press.

Atkinson, A.B. and Micklewright, J. (1992) *Economic Transformation in Eastern Europe and the Distribution of Income,* Cambridge: Cambridge University Press.

Beck, U. (1992) *Risk Society: Towards a New Modernity,* London: Sage.

Boyer, R. and Dracge, D. (eds) (1996) *States Against Markets: the Limits of Globalization,* London: Routledge.

Carter, F.W., Hall, D.R., Turnock, D. and Williams, A.M. (1996) *Interpreting the Balkans,* London: Royal Geographical Society, Geographical Intelligence paper no. 2.

Castles, S. and Miller, M.J. (1993) *The Age of Migration,* Basingstoke: Macmillan.

Cerny, P. (1990) *The Changing Architecture of Politics: Structure, Agency and the Future of the State,* London: Sage.

Commission of the European Communities (1993a) *Social Protection in Europe,* Brussels: Commission of the European Communities, Directorate General V.

Commission of the European Communities (1993b) *Growth, Competitiveness and Employment: the Challenges and Ways Forward into the 21st Century,* White Paper and White Paper Part C, Luxembourg: Commission of the European Communities.

Commission of the European Communities (1995a) *Competitiveness and Cohesion: Trends in the Regions,* Brussels: Commission of the European Communities.

Commission of the European Communities (1995b) *Social Protection in Europe,* Brussels: Directorate General Employment: Industrial Relations and Social Affairs.

Commission of the European Communities (1996a) *Employment in Europe,* Luxembourg: Commission of the European Communities.

Commission of the European Communities (1996b) *Reform Processes and Spatial Development in Central and Eastern Europe,* Brussels: Commission of the European Communities.

Commission of the European Communities (1996f) *First Report on Economic and Social Cohesion,* preliminary edition, Luxembourg: Commission of the European Communities.

Commission of the European Communities (1997b) *Equal Opportunities for Women and Men in the European Union, 1996,* Brussels: Directorate General for Employment, Industrial Relations and Social Affairs.

Cooke, P. (1995) 'Keeping to the high road: Learning, reflexivity and associative governance in regional economic development; in P. Cooke (ed.) *The Rise of the Rustbelt*, London: University of London Press, pp. 231–46.

Drèze, J. and Malinvaud, E. (1994) 'Growth and employment: The scope for a European initiative', *European Economy*, 43: 77–106.

Duke, V. and Grime, K. (1997) 'Inequality in post-communism', *Regional Studies*, 31 (9): 883–90.

Dunford, M. (1994) 'Winners and losers: The new map of economic inequality in the European Union', *European Urban and Regional Studies*, 1 (2): 95, 114.

Dunford, M. and Hudson, R. (1996) *Successful European Regions: Northern Ireland Learning from Others?*, Belfast: Northern Ireland Economic Council.

Esping-Andersen, G. (1990) *The Three Worlds of Welfare Capitalism*, Cambridge: Polity Press.

Esping-Andersen, G. (1994) *After the Golden Age: The Future of the Welfare State in the New Global Order*, Occasional Paper 7, Geneva: World Summit for Social Development.

Giddens, A. (1990) *The Consequences of Modernity*, Cambridge: Polity Press.

Giddens, A. (1996) 'Affluence, poverty and the idea of a post-scarcity society', *Development and Change*, 27: 365–77.

Göting, U. (1996) 'In Defence of Welfare: Social Protection and Social Reform in Eastern Europe', working paper 96/42, Florence: European University Institute.

Gowan, P. (1995) 'Neo-liberal theory and practice for Eastern Europe', *New Left Review*, 213: 3–60

Gown, P. (1996) 'Eastern Europe, Western power and neo-liberalism', *New Left Review*, 216: 129–40.

Habermas, J. (1975) *Legitimation Crisis*, London: Heinemann.

Harvey, D. (1989a) *The Condition of Postmodernity: an Enquiry into the Origins of Cultural Change*, Oxford: Oxford University Press.

Held, D. (1995) *Democracy and the Global Order: from the Modern State to Cosmopolitan Governance:* Cambridge: Polity Press.

Hirst, P. (1994) *Associative Democracy: New Forms of Economic and Social Governance*, Cambridge: Polity Press.

Hirst, P. and Thompson, G. (1996a) 'Globalisation: Ten frequently asked questions and some surprising answers', *Soundings*, 4: 47–66.

Hirst, P. and Thompson, G. (1996b) *Globalization in Question*, Cambridge: Polity Press.

Holland, S. (1980) *Uncommon Market*, London: Macmillan.

Hudson, R. (1995b) 'Towards sustainable industrial production: But in what sense sustainable?', in M. Taylor (ed.) *Environmental Change: Industry, Power and Place*, Avebury: Winchester, pp. 37–56.

Hudson, R. (1999) 'The new economy of new Europe: Eradicating divisions or creating new forms of uneven development?', in R. Hudson and A.M. Williams (eds) *Divided Europe: Society and Territory*, London: Sage, pp. 29–62.

Hudson, R. and Lewis, J. (eds) (1985) *Uneven Development in Southern Europe: Studies of Accumulation, Class, Migration and the State*, London: Methuen.

Hudson, R. and Williams, A.M. (1995) *Divided Britain*, 2nd edn, Chichester: Wiley.

Jackson, M. (1997) 'Labor markets and income maintenance: A survey of transition', in R. Weichhardt (ed.) *Economic Developments and Reforms in Cooperation Partner Countries: the Social and Human Dimension*, Brussels: NATO, pp. 89–109.

Jessop, B. (1994) 'Post-Fordism and the state' in A. Amin (ed.) *Post-Fordism: a Reader*, Oxford: Blackwell Press, pp. 57–84.

King, R. and Donati, M. (1999) 'The "divided" Mediterranean: Re-defining European relationships', in R. Hudson and A.M. Williams (eds) *Divided Europe: Society and Territory*, London: Sage, pp. 132–62.

Landesmann, M. and Székely, I.P. (1995) 'Industrial social change in Central and Eastern European economies', in M. Landesmann and I.P. Székely (eds) *Industrial Restructuring and Trade Reorientation in Eastern Europe*, Cambridge: Cambridge University Press, pp. 23–68.

Lash, S. and Uryy, J. (1987) *Disorganised Capitalism*, Cambridge: Polity Press.
Liebfried, S. (1993) 'Conceptualising European social policy: The EC as social actor', in L. Hantrais and S. Mangen (eds) *The Policy Making Process and the Social Actors*, Loughborough: Loughborough University European Research Centre.
Lloyd, J. (1996) 'Eastern reformers and neo-Marxist reviewers', *New Left Review*, 216: 119–28.
Mandel. E. (1975) *Late Capitalism*, London: New Left Books.
Mann, M. (1993) 'Nation-states in Europe and other continents: Diversifying, developing, not dying', *Proceedings of the American Academy of Arts and Sciences*, 122 (3): 115–40.
Molle, W. and Capellin, R. (eds) (1988) *Regional Impact of Community Policies in Europe*, Aldershot: Avebury.
Nielsen, K., Jessop, B. and Hausner, J. (1995) 'Institutional change in post-socialism', in J. Hausner, B. Jessop and K. Nielsen (eds) *Strategic Choice and Path Dependency in Post Socialism: Institutional Dynamics in the Transformation Process*, Aldershot: Edward Elgar, pp. 3–44.
Offe, C. (1975) 'The theory of the capitalist state and the problem of policy formation' in L.N. Lindberg, R. Alford, C. Crouch and C. Offe (eds) *Stress and Contradiction in Modern Capitalism*, Lexington: D.C. Heath, pp. 125–44.
Ohmae, K. (1990) *The Borderless World*, London: Collins.
Ohmae, K. (1995) *The End of the Nation State*, Glencoe, IL: Free Press.
Painter, J. (1999) 'New geographies of democracy in contemporary Europe', in R. Hudson and A.M. Williams (eds) *Divided Europe: Society and Territory*, London: Sage, pp. 107–131.
Perrons, D. (1999) 'Deconstructing the Maastricht myth? Economic and social cohesion in Europe: regional and gender dimensions of inequality', in R. Hudson and A.M. Williams (eds) *Divided Europe: Society and Territory*, London: Sage, pp. 186–209.
Ramsay, H. (1990) *1992: The Year of the Multinational?*, Warwick Papers in Industrial Relations, Warwick: University of Warwick.
Rhodes, M. (1995) 'A regulatory conundrum: Industrial relations and the social dimension', in S. Liebfried and P. Pierson (eds) *European Social Policy*, Washington: Brookings.
Rhodes, M. (1996) *Globalisation and West European Welfare States*, working paper, 96/43, Florence: European University Institute.
Robinson, W. (1996) 'Globalisation: Nine theses on our epoch', *Race and Class*, 38 (2): 13–31.
Ruggie, J.G. (1993) 'Territoriality and beyond: problematizing modernity in international relations', *International Organization*, 47 (1): 139–74.
Rutherford, F. (1997) 'The contribution of the European Commission to combating social exclusion', in K. Duffy (ed.) *Partnership and Participation: the Experience of a Poverty 3 in the UK*, London: Department of Social Security, pp. 53–62.
Soysal, N.Y. (1996) 'Changing citizenship in Europe: Remarks on postnational membership and the national state', in D. Cesarini and M. Fulbrook (eds) *Citizenship, Nationality and Migration in Europe*, London: Routledge, pp. 17–29.
Tickell, A. (1999) 'European financial integration and uneven development', in R. Hudson and A.M. Williams (eds) *Divided Europe: Society and Territory*, London: Sage, pp. 63–78.
Warnes, A.M. (1993a) 'Demographic ageing: Trends and policy responses', in D. Noin and R.I. Woods (eds) *The Changing Population of Europe*, Oxford: Blackwell, pp. 82–99.
Warnes, A.M. (1999) 'Divided responses to an ageing population: Apocalyptic demography, ideology and rational social administration', in R. Hudson and A.M. Williams (eds) *Divided Europe: Society and Territory*, London: Sage, pp. 231–54.
Weiss, I. (1997) 'Globalization and the myth of the powerless state', *New Left Review*, 225: 3–27.
White, P. (1999) 'Ethnicity, racialization and citizenship as divisive elements in Europe', in R. Hudson and A.M. Williams (eds) *Divided Europe: Society and Territory*, London: Sage, pp. 210–30.
Williams, A.M. (1994) *The European Community: The Contradictions of Integration*, Oxford: Blackwell.

Williams, A.M. (1997) 'Tourism and uneven development in the Mediterranean', in R. King, L. Proudfoot and B. Smith (eds) *The Mediterranean Environment and Society*, London: Arnold, pp. 208–26.

Williams, A.M. and Balaz, V. (1999) 'Transformation and division in central Europe' in R. Hudson and A.M. Williams (eds) *Divided Europe: Society and Territory*, London: Sage, pp. 163–85.

Williams, C.H. (1999) 'Nationalism and its derivatives', in R. Hudson and A.M. Williams (eds) *Divided Europe: Society and Territory*, London: Sage, pp. 79–106.

2

Changing Citizenship in Europe: Remarks on Postnational Membership and the National State[1]

Yasemin Nuhoğlu Soysal

Contents	

Recently, it has been very fashionable to define German citizenship as ethnic citizenship and French citizenship as a civic one (Dumont 1994; Brubaker 1992). Civic citizenship defines belonging on the basis of participation through rights and obligations. Ethnic citizenship on the other hand denotes community-based notions of belonging through particularistic identities. Even though this categorization may have analytical appeal in understanding the ways that self-definitions of nations differ, I do not see these two components (rights on the one hand, and identities on the other) as profound differentiating factors across national citizenships.

I would rather argue that national citizenship – as an ideology and as an institutional practice – have always embodied both of these components. Throughout European nation-buildings, and at various stages of it, the European states have made claims on various peoples on the basis of both of these components. The historical formation of the modern polity describes a process that encloses citizenship within territorially based national units (Bendix 1964). This national closure of citizenship was achieved, on the one hand, by the extension of rights and benefits to different strata of the civil society; on the other, by attributing some distinctiveness – 'shared' values, language, blood, history or culture – to the collective citizenry. The first of these acts transformed previously excluded populations into citizens, whereas the second ensured the exclusivity in membership. Hence, the process of nation-building brought together the principle of nationality and the principle of rights in the very body of citizenship.

My goal in this chapter, however, is not to inquire into the historical development of national citizenship in Europe. Rather, I will focus on the changes in the institution of citizenship in the post-war era. The underlying argument of my presentation is that in the post-war era citizenship has undergone a profound change, through which the two major components of citizenship – identity and rights – are increasingly decoupled. Rights that were once associated with belonging in a national community have become increasingly abstract, and defined and legitimated at the transnational level. Identities, in contrast, are still perceived as particularized and territorially bounded. Thus, what was brought together by the French Revolution and the following two centuries of nation-building efforts no longer 'naturally' belong together. In the post-war era, profound changes in the organization and ideologies of the global system have complicated the national order of citizenship and introduced new dynamics for membership in national polities. In the following, I will discuss these post-war changes and their implications for the meaning and organization of citizenship in Europe.

The predominant conceptions of modern citizenship, as expressed in both scholarly and popular discourses, posit that populations are organized within nation-state boundaries by citizenship rules that acclaim 'national belonging' as the legitimate basis of membership in modern states. As such, national citizenship is defined by two foundational principles: a congruence between territorial state and the national community; national belonging as the source of rights and duties of individuals as well as their collective identity. Hence, what national citizenship denotes is a territorially bounded population with a specific set of rights and duties, excluding others on the ground of nationality.

Several post-war global developments have undercut these foundational principles of citizenship, and have contributed to the expansion of membership beyond the boundaries of national collectivities. Let me briefly cite four of these developments:

(1)   Post-war internationalization of labour markets. As a consequence of this there have been massive migratory flows to Europe, not only from the immediate European periphery but from 'distant lands', and this has complicated the existing national and ethnic composition of European countries. The list of sending and receiving countries has grown impressively with time, with new combinations that are undermining political and geographical distances and rationalities (for example, Vietnamese in Romania, Chinese in Moscow, Nigerians in Turkey, Turks in Israel, etc.).

(2)   Massive decolonizations after 1945, which led to the mobilization of newly independent states at the international level, and ushered in

an awareness and assertion of their 'rights' within universalistic parameters. This, in turn, contributed to the broadening and recasting of the global discourse of rights. Parallel to the celebration and codification of 'different but equal cultures' and 'otherhood' through transnational agencies such as the UN and UNESCO, new social movements have emerged around individual and collective rights, contesting the accepted notions of citizenship in European polities. Consequently, a variety of cultures and identities have been incorporated into the social domain and institutions of citizenship: women, gays and lesbians, environmentalists, increasingly regional identities and youth subcultures, as well as immigrants.

(3) The emergence of multi-level polities, as we observe with the gradual unfolding of the European Union (Marks and McAdam 1993; Schmitter 1992). As much as the development of the EU implies the diffusion and sharing of sovereignty among local, national and transnational political institutions, the nature of making claims, acquiring rights and mobilizing identities also change. The existence of multi-level polities creates new opportunities for social mobilizing and advancing demands within and beyond national boundaries. And the EU citizenship itself breaches the link between the status attached to citizenship and national territory, by conferring rights which are not necessarily located in a bounded nation state.

(4) A fourth development is the increasing intensification of the global discourse and instruments on individual rights. This emphasis on rights is expressed through a codification of 'human rights' as a world-level organizing principle in legal, scientific and popular conventions. As legitimized and celebrated by various international codes and laws, the discourse of human rights ascribes universal rights to the person, independent of membership status in a particular nation state. Even though they are frequently violated as a political practice, human rights increasingly constitute a world-level index of legitimate action and provide a hegemonic language for formulating claims to rights above and beyond national belonging.

In the post-war era, this elaboration of individual rights as an abstract universal category has created an inventive ground upon which more expensive claims for rights can be advanced by various groups in society, and has led to the introduction and amplification of new forms of rights – for women, children, minorities, and even for animals and plants (Turner 1986).

The increasing codification and elaboration of human rights as a global principle is especially pertinent to the membership and rights of post-war immigrants in Europe. In their case, ideologies and instruments of human rights, which privilege individuals independent of a

necessary belonging into a national collectivity, have been very influential in the expansion of many citizenship rights to these populations.
In particular, the national court systems, which increasingly activate
transnational human rights conventions as the basis of their decisions,
have contributed substantially to the expansion of foreigners' rights. In
many cases, their decisions, typically presented as inalienable rights of
personhood, have undermined the national order of distributing rights.
Also, many transnational organizations such as the International
Labour Organisation and the Council of Europe have taken an active
interest in immigrant populations by situating them within the bounds
of human rights discourse, thus contributing to the redefinition of their
status and expansion of their rights in the host countries.

Today, even though a large proportion of immigrants in Europe have
not been incorporated into a formal scheme of citizenship, they are
nevertheless incorporated into many rights and privileges of citizenship. Actually, one of the most striking characteristics of the post-war
immigrants is their predominantly non-citizen status. An estimated 15
million immigrants in Europe are foreigners in their countries of residence; they do not hold a formal citizenship status. (And restrictive
procedures for citizenship are only a partial explanation for their
foreignness. Surveys have repeatedly shown that there has not been
an urgent demand among immigrants themselves to take on the citizenship of their country of residence, either. When there is a demand, it is
usually accompanied by demands for dual citizenship.) The majority of
the immigrant populations have a permanent resident status, however,
which is a status not very easily distinguishable from a formal citizenship status in terms of the rights and privileges it confers. Permanent
residents of European host polities are entitled to full civil rights and
have access to a set of social services and economic rights almost identical to those available to national citizens, including public education,
health benefits, various welfare schemes and free access to labour
markets. The right that differentiates national citizens from resident
foreigners is the national voting right. Local voting rights, on the other
hand, are extended to non-citizen populations in a number of European
countries.

Thus, post-war immigrants who are not directly part or full members of the national community are still entitled to rights and protection
by a state which is not 'their own', and are being incorporated into a
wide range of rights and privileges that were originally reserved only
for nationals. This status constitutes an anomaly for the predominant
conceptions of citizenship, which assume a 'natural' dichotomy
between citizens and aliens; and it is highly correlated with the increasing dominance of global ideologies and institutions of individual rights
in the post-war era.

What are the implications of all these global changes for the meaning and organization of citizenship in Europe? First, all these trends

imply that the nation-state as a territorial entity is no longer the source of legitimacy for individual rights (though, as I argue later, the materialization of rights are still organizationally vested in the state). The post-war changes in the organization and ideologies of the global system have increasingly shifted the institutional and normative basis of citizenship to a transnational level and have extended rights and privileges associated with it beyond national boundaries.

Second, classical conceptions of national citizenship are no longer adequate in understanding the dynamics of membership and belonging in contemporary Europe. The trends I discussed suggest a profound rewriting of the rules that define the membership of individuals in European polities. National citizenship or a formal nationality is no longer a significant construction in terms of how it translates into certain rights and privileges, as attested by the status of post-war immigrants. Rights, participation and representation in a polity are increasingly matters beyond the vocabulary of national citizenship. What we have is a trend towards a new model of membership anchored in deterritorialized notions of personal rights. This new model that I call postnational differs in various dimensions from the classical model of national citizenship, which came into place or rather crystallized only in the first part of this century and which still con-tinues to inform much of our understanding of membership in national polities. I have elaborated this postnational model (and its varying dimensions from the national model) elsewhere (Soysal 1994). Here I would like to mention the three most important differences.

The first difference regards *the territorial dimension of citizenship*. As I already indicated, the classical model is nation-state bounded. Citizenship entails a territorial relationship between the individual and the state (Weber 1968; Bendix 1964). It postulates well-defined, exclusionary boundaries and state jurisdiction over the national population within those boundaries. The model thus implies a congruence between membership and territory; only German nationals are entitled to the rights and privileges the German state affords – nobody else.

The boundaries of postnational citizenship are fluid; a Turkish guest-worker need not have a primordial attachment to Berlin (or to Germany for that matter) to participate in Berlin's public institutions and make claims on its authority structures. By holding citizenship in one state (Turkey) while living and enjoying rights and privileges in a different state (Germany), Turkish guestworkers violate the presumed congruence between membership and territory. Another indicator of the fluidity of postnational membership is the increasing acquisitions of dual nationality across Europe. Switzerland, Belgium and the Netherlands recently passed legislation allowing dual citizenship. In Germany, it is a hotly debated issue but the Berlin city administration has been allowing dual citizenship since the 1990s.

The fluid boundaries of membership do not necessarily mean fluid boundaries of the nation-state. On the contrary, as we know, all European states are trying to reinforce their national boundaries through restrictive immigration policies. What makes postnational membership fluid is the fact that individuals can forward claims or demands independent of national boundaries, and that rights are granted even when individuals do not belong to formal national collectivity. Thus, while states reinforce more and more strict boundaries, at the same time, transnational pressures toward a more expansive membership and individual rights penetrate the same national boundaries and profoundly transform the nature of citizenship.

A second difference between postnational and national citizenship concerns *rights and privileges.* The classic order of the western nation state is centred around formal equality in the sense of uniform citizenship rights. Citizenship assumes a single status; all citizens are entitled to the same rights and privileges. The postnational model, on the other hand, implies multiplicity of membership – a principal organizational form for empires and city states. As it is the case with post-war immigrants, the distribution of rights among various immigrant groups and citizens is not even. In the emerging European system, certain groups of migrants are more privileged than others; legal permanent residents, political refugees, dual citizens and the nationals of common-market countries have more rights than temporary residents or those residents who do not hold a legal status. Thus, what is increasingly in place is a plurality of membership forms.

The third difference between postnational and national models regards *the basis and legitimation of membership.* In the classical model, shared nationhood constitutes the basis of membership. This nationhood may be constituted differently in different countries – it might assume a subscription to a political ideal, a culture or ethnicity – but it is still the shared nationhood that justifies equal rights and obligations. In that sense, the basis of legitimacy for individual rights is located within the nation state.

In the new model, the membership of individuals is not solely based on the criteria of nationality; their membership and rights are legitimated by the global ideologies of human rights. Thus, universal personhood replaces nationhood; and universal human rights replace national rights. The justification for the state's obligations to foreign populations goes beyond the nation-state itself. The rights and claims of individuals are legitimated by ideologies grounded in a transnational community, through international codes, conventions and laws on human rights, independent of their citizenship in a nation state. Hence, the individual transcends the citizen. This is the most elemental way that the postnational model differs from the national model.

If my assertions about a trend towards postnational membership and declining significance of national citizenship are correct, how can we make sense of the unfolding episodes of world and European politics in the 1990s? Here I am referring to the reinventions and reassertions of national identities in eastern but also western Europe, or the violent vocalization of anti-foreigner groups throughout Europe, accompanied by demands for restrictive refugee and immigration policies. As citizenship matters less, national identities are articulated in new ways, either in exclusionary narratives, or as search for new national identities.

How can we account for these contradictory propensities? In order to untangle these trends, I suggest that we go back to the very first point that I made: increasing decoupling between rights and identity. In the post-war era, if one facet of the discourse and praxis of immigration is the closure of national polity, the other is the expansion of the same polity beyond national closure. While the first involves boundary construction through restrictive policy measures and national(ist) narratives, the other is about 'border crossings' (Rosaldo 1989): the constant flux of people, extension of rights of membership to foreigners, and narratives of multiplicity. This apparent paradox is only intelligible if we take into consideration the organizational rules and ideologies embedded in the post-war global system.

I would argue that the contradictory propensities reflected in the post-war international migration emanate from the institutionalized duality between the two normative principles of the global system: national sovereignty and universal human rights. The same global-level processes and institutional frameworks that foster postnational membership also reify the nation-state and its sovereignty.

The principle of human rights ascribes a universal status to individuals and their rights, undermining the boundaries of the nation-state. The principle of sovereignty, on the other hand, reinforces national boundaries and invents new ones. This paradox manifests itself as a deterritorialized expansion of rights despite the territorialized closure of polities. The post-war period has witnessed a vast proliferation in the scope and categories of the universalistic rights. Human rights have expanded beyond the conventional list of civil rights to include social and economic rights such as employment, education, health care, nourishment and housing. The collective rights of nations and peoples to culture, language and development have also been recodified as inalienable human rights. Women's rights have become 'women's human rights' of freedom from 'gender violence' and freedom from traditional practices, cultural prejudices and religious extremism.

Incongruously, inasmuch as the ascription and codification of rights move beyond national frames of reference, postnational rights remain organized at the national level. The world is still made up of territorially configured political units; implementation and enforcement of global rules and norms lie with national political structures. Simply put, the exercise of universalistic rights is tied to specific states and their institutions. Even though its mode and scope of action are increasingly defined and constrained by the wider global system, the sovereign nation state retains the formally and organizationally legitimate form venerated by the ideologies and conventions of transnational reference groups such as the UN, UNESCO, European Union and the like.

Expressions of this duality between universalistic rights and the territorially bounded nation state abound. Faced with a growing flux of asylum-seekers in the 1990s, western states have defensively reconsidered their immigration policies. Regulation of immigration is often articulated as elemental to national sovereignty, and several host countries have initiated restrictions. On the other hand, the category of the refugee has broadened to encompass new definitions of 'persecution'. For example, Canada's Immigration and Refugee Board has begun to grant asylum to women persecuted because of their gender; cases involving rape, domestic violence and state restrictions on women's activities qualify for asylum. France recognized 'genital mutilation' as a form of persecution in granting asylum to a west African woman. So, even as the western states attempt to maintain their boundaries through quantitative restrictions, the introduction of expanding categories and definitions of the rights of personhood sets the stage for new patterns of asylum, making national boundaries more penetrable.

The paradoxical connection of human rights and the sovereign nation state is also manifest in the German government's attempts to control the flow of refugees. In 1992, the German government decided to repatriate Gypsies, 'who do not qualify for asylum', to Romania. However, to 'compensate' for human rights, Germany pledged financial aid to help the Gypsies 'reintegrate' into Romanian society. Thus, while acting in its 'national interest' by denying entry to potential refugees, the German state simultaneously extends its responsibilities beyond its national borders by 'providing for the welfare' of the deportees.

Again, in 1993, Germany revised its constitutional provisions which guaranteed automatic right to asylum (like other European countries, Germany now has a quite restrictive asylum policy); but at the same time the government eased the naturalization procedures for second-generation Turks, by significantly disrupting Germany's 'lineage-based' citizenship codes.

These seemingly paradoxical affinities articulate an underlying dialectic of the post-war global system: while nation states and their boundaries are reified through assertions of border controls and appeals to nationhood, a new mode of membership, anchored in the universalistic rights of personhood, transgresses the national order of things.

I would argue that the explosion of nationalisms can also be construed as an exponent of the underlying dialectic of the post-war global system. More and more collectivities are asserting their 'national identities' and alleging statehood on the basis of their acclaimed 'nationness'. These claims are fed and legitimated by the institutionalized principle of political sovereignty and self-determination, which promises each 'people' an autonomous state of its own. Thus, even when previous nation-states are dissolving (for example the Soviet Union and Yugoslavia), the 'emerging' units aspire to become territorial states with self-determination, and the world political community grants them this right. The new (or would-be) states immediately appropriate the language of nationhood, produce anthems and flags, and, of course, pledge allegiance to human and minority rights.

The principle of self-determination further reinforces nationalisms, since, for a sovereign statehood, a nationally bounded and unified population is imperative. Therefore, collectivities that have been previously defined simply as ethnicities, religious minorities or language groups, reinvent their 'nationness', accentuate the uniqueness of their cultures and histories, and cultivate particularisms to construct their 'others' (see Hobsbawm 1990).

At another level the collective right to self-determination, as well as to political and cultural existence, is itself increasingly codified as a universal human right. Claims to particularistic identities, cultural distinctiveness and self-determination are legitimated by reference to the essential, indisputable rights of persons, and are thus recast as world level, postnational rights. This recodification is, in fact, what Roland Robertson (1992: 100) calls 'the universalization of particularism and the particularization of universalism'. What are considered to be particularistic characteristics of collectivities – culture, language, and standard ethnic traits – become variants of the universal core of humanness. In turn, as universal attributes and human rights, they are exercised in individual and collective actors' narratives and strategies.

Framing political self-determination and collective cultural rights as universalistic rights occasions ever-increasing claims and mobilizations around particularistic identities. An identity politics – energized by narrations of collective 'pasts' and accentuated cultural differences – becomes the basis for participation and affords the means for mobilizing resources in the national and world polities. If one aspect of the dynamism generated by identity politics is relegitimization and reification of nationness, the other is its fragmentation, displacement of its meaning, and hence its delegitimization.

A growing tendency toward regionalisms (sometimes separatisms) and their recognition by the central states fragments the existing nations and nationalities into infinitely distinct ethnicities and cultural sub-units. In Europe, for instance, more and more groups seek economic and linguistic autonomy on the basis of their regional identities: Bretons, Corsicans, Basques and Occitans in France; Scots and Welsh in Britain; Lombards and Sardinians in Italy. And European states, even those that have long resisted linguistic and cultural diversity, increasingly accommodate autonomous entities (as in Spain) and provide for regional languages (as in France and Italy). The multiplication of particularisms and subsequent fragmentation disrupt the presumed contiguities of nationness and undermine the territorial sanctity of nation states.

Furthermore, as particularistic identities are transformed into expressive modes of a core humanness, thus acquiring universal currency, the 'nation' loses its 'charisma' and becomes normalized. The idea of nation becomes a trope of convenience for claims to collective rights and identity. Even groups that may not fit the classic definitions of a nation refer to themselves as such: gays and lesbians claim a 'Queer Nation'; the Deaf define themselves as a national subgroup with its own cultural peculiarities and language; and indigenous peoples request to be called not a tribe but a nation and seek a voting seat in the United Nations. In this universalizing flux, 'the ways of "doing" identity' (Robertson 1992: 99) become a standardized exercise, with common modes of presentation and themes. At the centre of this activity lies the construction of official taxonomies, with reference to routine markers and attributes of culture; that is, the placid images of cuisines, crafts, life-styles, religious symbols, folklores and customs.

In the context of this normalizing trend, national identities that celebrate discriminatory uniqueness and 'naturalistic' canonizations of nationhood become more and more discredited. It is, for instance, increasingly difficult to protect and practice a code of nationality that inscribes 'blood' or 'lineage' as its primary principle. Note the widespread reaction to Germany's lineage-based citizenship and naturalization laws, and the German government's decision to overhaul these laws, which were called 'outdated' even by Chancellor Helmut Kohl. Similarly, national canons that valorize ancestral war-making and symbols of patriarchy are increasingly less enticing as vehicles for doing identity. It has been truly amazing to observe the remaking of the 'Vikings', from warrior forefathers to spirited long-distance traders.

All these recontextualizations of 'nationness' within the universalistic discourse of human rights blur the meanings and boundaries attached to the nation and the nation-state. The idea of the nation persists as an intense metaphor, at times an idiom of war. However, in a world within which rights, and identities as rights, derive their legitimacy from discourses of universalistic personhood, the limits of nationness, or of national citizenship for that matter, become inventively irrelevant.

Our dominant theories and conceptualizations of citizenship, nation state membership have yet to catch up with these changes in national citizenship. Until then we will continue to have anomalies in existing paradigms, models that do not work, and incongruities between official rhetoric and institutional actualities.

Note

1. Parts of this chapter are reprinted from Yasemin Nuhoğlu Soysal, *Limits of Citizenship: Migrants and Postnational Membership in Europe* (Chicago: University of Chicago Press, 1994).

References

Bendix, Reinhard (1964) *Nation-Building and Citizenship*, New York: Wiley.

Brubaker, Rogers (1992) *Citizenship and Nationhood in France and Germany*, Cambridge, MA: Harvard University Press.

Dumont, Louis (1994) *German Ideology. From France to Germany and Back*, Chicago: University of Chicago Press.

Hobsbawm, Eric (1990) *Nations and Nationalism since 1780: Programme, Myth, Reality*, Cambridge: Cambridge University Press.

Marks, Gary and McAdam, Doug (1993) 'Social movements and the changing structure of political opportunity in the European community', paper presented at the annual meeting of the American Political Science Association, Washington, DC.

Robertson, Roland (1992) *Globalization*, London: Sage.

Rosaldo, Renato (1989) *Culture and Truth: The Remaking of Social Analysis*, Boston, MA: Beacon Press.

Schmitter, Philippe C. (1992) 'Interests, powers, and functions: Emergent properties and unintended consequences in the European polity', unpublished paper, Department of Political Science, Stanford University, Stanford, CA.

Soysal, Yasemin Nuhoğlu (1994) *Limits of Citizenship: Migrants and Post-national Membership in Europe*, Chicago: University of Chicago Press.

Turner, Bryan S. (1986) 'Personhood and citizenship', *Theory, Culture, and Society* 3: 1–16.

Weber, Max (1968) *Economy and Society*, G. Roth and C. Wittich (eds), Berkeley: University of California Press.

3

Europe's Civilising Mission

Phil Marfleet

Progress towards a unified Europe has invariably been described as an assertion of internationalism.[1] Pro-European politicians depict the European Union (EU) as a positive challenge to narrow nationalist perspectives, to ideologies of separation and of difference. As a boundary-spanning unity, the EU is said to offer the prospect of close collaboration among member states, while its citizens are to enjoy prosperity and common legal rights which may realize genuine pan-continental harmony. There are alternative perspectives, however. As one recent analysis observes: 'any discussion of integration is also in fact, inseparably, a discussion of disintegration' (Crowley 1996: 151). This chapter argues that the attempt to construct a unified Europe has heightened ideas about cultural difference across the continent and that the EU is already a means of celebrating such difference within Europe and between Europe and 'non-Europe'.

This chapter also argues that the efforts of European politicians and EU officials to define these differences have borrowed from recent theories of global conflict which depict a 'clash' of cultures as inevitable and destructive. In particular, in accepting implicitly the notion of a 'clash of civilizations', some influential European politicians have provided a rationale for a racist celebration of difference.

American international relations theorist Samuel Huntington produced his 'clash' theory in 1993. He described a world in which, with nation-states of decreasing influence, global politics is to be shaped by relations between cultural 'blocs'. Such relations will be fundamentally hostile, he argued, for the blocs are already separated by deep 'fault lines' which mark ancient boundaries between civilizations. According to Huntington (1993: 25), 'differences between civilizations are not only real; they are basic ... far more fundamental than differences among political ideologies and political regimes'. It is these differences, he maintains, that will generate prolonged and violent conflict between blocs that are to dominate the global order.

This deeply pessimistic thesis has generated an extraordinarily intense debate among academics and politicians. One critic comments that it has been the subject of more controversy than any other single article written in almost 50 years, since Kennan argued for United States guardianship of the post-war world (Qadir 1998: 149). Huntington's original article, and a book published on the same theme in 1996, have produced responses worldwide. Some are in the form of celebratory or highly critical reviews; others both praise and damn the piece.[2] At the same time, the 'clash' thesis appears to have entered the consciousness of some political figures who have mobilized it within particular perspectives and strategies. Among these are European leaders, EU officials ('Eurocrats'), and various ideologues of European unity, for whom it appears to provide a rationale for their own quest for 'Europeanness' – a pan-continental identity which can complement the EU's project of economic unification and political 'solidarization'.

The search for 'Europe' has become increasingly urgent. For ideologues of the EU, Martiniello (1994: 39) argues, 'the cultural construction of Europe should follow the same pattern as the economic one'. Here, the drive towards economic integration should be accompanied by the creation of a 'common European cultural space' (ibid.). Within this space are to reside those said to possess the characteristics of 'Europeanness': those deemed to bear the values of a specific cultural heritage. Europe is to be the place of homo europus: equally, it is to be the place from which those judged not 'European' will be excluded. The notion of European culture as a European 'civilization' which stands against the cultures of others has become a critical issue.

Integration

The idea of economic collaboration in Europe lay in attempts to rescue those states of the region which had been seriously affected by the Second World War and faced perceived new threats from the Communist bloc. As Milward (1992) makes clear, the European

Community (EC) was conceived primarily as a means of assuring the future of capitalism in France and Germany – it constituted a 'rescue of the European nation–state'. This was consistent with US efforts to promote European integration in the context of growing Cold War hostilities. But the project took on other dimensions. From the 1980s, the major concern of the Community, later the Union, was to forge an economic integration that might operate effectively within a perceived 'global' economy.

Martiniello (1994: 33) comments that the priority of the EC/EU has been 'to complete the internal market as soon as possible and to assure the conditions of its efficiency'. Delanty (1995: 143) spells out the broader picture:

> One should not be deluded into believing that the Europe of the European Union has come about because of its inherent value. *The ideas of elites are promoted for their functional value in maintaining or pursuing a system of power.* In the case of the European Union this is a matter of securing the optimal conditions for the accumulation and free flow of capital and to make Western European capitalism competitive on a global level. (emphasis added)

It is in this context that efforts are being made to establish positive visions of European unity. The project is intensely difficult, largely because the national ideologies of member states have long been pre-mised upon ideas about the distinctness of each *vis-à-vis* 'rival' European entities. Hence the EU has itself been a forum for competition between politicians of member states who wish to prove their vigour by cham-pioning specific national agendas around all manner of issues – exchange rates, agricultural quotas, fishing rights, commercial standards, military relations. One result has been cynicism and chaos at the centre of a notionally integrating European entity, summed up by the former Eurocrat Bernard Connolly (1995) as 'The Rotten Heart of Europe'. This milieu has been fertile ground for the extreme right, which has viewed the Union as an arena for the assertion of populist national projects. A host of right-wing parties has attempted to direct mass energies into hostility towards other European national or regional groups, perceived as privileged by the EU, or those they characterize as parasitic upon it.

In this context the ideology of a unified Europe has often looked fragile. In effect, the EU suffers from an ideological deficit; as Waever and Kelstrup (1993: 66) note, 'worried Eurocrats ... fear that there are limits as to how far one can push integration in the political and economic spheres unless people feel sufficiently European'. And such feeling, leading EU politicians have argued, must be more than mere recognition of the EU's claim to economic significance: as Jacques Delors observed memorably, 'people do not fall in love with an Inner Market' (*ibid.*). There has therefore been an urgent exploration of 'Europeanness' – of notions of Europe which can be a basis for identification with the EU. In effect, ideologues of Europe wish to simulate ideologies of the nation-state. They wish the 'community of nations' said to constitute the EU to possess some of the attributes of 'imagined community' (Anderson 1983). By such means they hope to generate among its population a mood of consent to their increasingly centralized initiatives.

As Delanty points out, this demands more than a rallying call to the European ideal. He observes: 'Europeanism is not a fixed set of ideas and ideals which can be unilaterally aspired to as an alternative to national chauvinism and xenophobia' (Delanty 1995: 143). It must draw upon traditions within which national loyalties, 'chauvinism and xenophobia' are integral. At the same time, ideologues of an integrated Europe have been compelled to shape a pan-continental identity which can *contain* conflicting nationalisms. After a series of halting and unsuccessful efforts, they appear to have settled upon the theme of cultural heritage. This, they argue, confers 'Europeanness' upon citizens of the continent, and with it a host of benefits which can make the EU an object of positive popular concern.

'New' Europeans

For 40 years 'Europe' was identified differently. From the 1940s the architects of the Community depicted it overwhelmingly as Western Europe – the portion of Europe that was of the West and with America in its Cold War conflicts. In the late 1940s a new 'eastern' frontier had been constructed along the western territorial borders of Poland and Czechoslovakia, abandoning 'Central Europe' to the malign forces of the East. Within the borders of Western Europe, it was argued, the traditions of democratic pluralism would be nurtured and societies which had earlier fallen to one brand of dangerous authoritarianism would be protected from another. This Europe and these processes were to be guaranteed by a protective elder brother – 'Europe had in effect become America's eastern frontier' (Delanty 1995: 121).

This definition of Europe was made problematic by the rapid processes of change that culminated in the collapse of the Stalinist ruling class in the late 1980s. The EC was confronted with requests for membership from states which had been regarded earlier as alien, but now sought, with Gorbachev, a place in the 'common European home'. New definitions of Europe were required and increasingly these were built upon notions of a common European cultural heritage. As a result, contemporary attitudes to Europe are less those of a place which confronts an alienated East than of a continent *in itself*, within which the inhabitants share cultural traits which make them 'European'.

For ideologues of pan-Europeanism, Smith argues, 'there has always been a European culture and identity, however vague and difficult to pin down and formulate' (Smith 1995: 129). The problem in the past has been the difficulty of asserting such identity, for conflicts within the continent have intervened preventing its realization. 'Although [pan-Europeans] may speak of a new European culture and the new Europeans, they see both as modern versions of something that existed in the past but was destroyed by internecine wars and must now be recovered and restored' (*ibid.*). For today's pan-Europeans, the continent at last has an opportunity to contain the national traditions which have disrupted its past. It can do so, they argue, by asserting values which are said to reside in all Europeans, qualities evident even when they are in conflict. One prominent British Europhile asserts that such qualities are unique.

> The peoples of Europe share humane principles which are not found in other parts of the world ... Christian Europeans are as ancient Greeks used to be: they may go to war with each other, but despite these conflicts they do observe the proprieties ... that a Frenchman and an Englishman and a German when they meet often seem as if they were born in the same town. (Radice 1992: 123)

Europeans are said to be kin: indeed, the metaphor of family recurs in recent analyses of European politics. According to Kapteyn (1996: 171), for example, it is now 'brotherly love' that assures co-operation across the continent.

It is here that the approach of the European 'internationalist', who wishes to supersede national differences, draws on ideas which also provide ideological materials for the extreme right. Europeans, it is argued, share qualities denied to others. In effect, it is the character of non-Europeans – those who do not hold the continent's 'humane principles' – that informs Europeans about who they really are. It is a small step to declare that these others do not have a place in the continental coherence. Thus the fascist Republican Party in Germany uses the notion of 'living space' mobilized by the Nazis in an earlier era; its leader, Franz Schönhuber, argues that such 'space' must be defended against 'others': 'We're not a welfare office for the Mediterranean ... We want to protect the German people's ecological living space against foreign infiltration' (Evans 1996: 47). In a similar vein, Jean-Marie Le Pen of the French National Front maintains that 'We must act ... by occupying our vital space, because nature has a horror of space and if we do not occupy it, others will occupy it in our place' (Evans 1996: 49).

Invariably the notion of defending Europe against others is based on ideas of a threatening East. But this East is not the one observed across the Iron Curtain of an earlier era. Rather it is one glimpsed across an imagined 'fault line' said to divide European civilization from other cultures to the south, primarily (as for Schönhuber and Le Pen) from

'Islam'. It is in this sense that, although 'the East' has remained a focus of European hostility, the 'East' has been transferred southwards (Delanty 1995: 150). And it is in this context that the notion of civilizational conflict has entered the discourse of Europeanness.

Fault Lines

According to Huntington and his co-thinkers, religious identities are the most essential of human qualities. They define 'civilization', an aspect of human interaction almost as important as the physical characteristics which distinguish *homo sapiens* from other species (Huntington 1993: 24). As important as the fact of civilization, however, are the differences associated with it. And such differences, Huntington argues, are enduring. Placing 'relations between God and man' at the head of a list of civilizational attributes, he asserts:

> The people of different civilizations have different views on the relations between God and man, the individual and the group, the citizen and the state, parents and children, husband and wife, as well as differing views on the relative importance of rights and responsibilities, liberty and authority, equality and hierarchy. These differences are the product of centuries. They will not soon disappear.
>
> (Huntington 1993: 25)

It is these notions of cultural essentialism and historical continuity that underlie an approach characterized by Sakamoto (1995: 135) as 'civilizational determinism'.

In a world which is being made smaller by technological change, 'civilizations' are now being thrust closer together, Huntington maintains. The sense of difference between cultural blocs is being intensified, and, as the nation-state weakens, religion is emerging as the focal point for the assertion of identity. This process is inevitable, he argues, because, unlike nation states or the ideologies associated with them, religious heritage is immutable. At a global level the historic significance of civilization is being asserted anew.

Today there are 'seven or eight' major world civilizations, Huntington argues: Western, Confucian, Japanese, Islamic, Hindu, Slavic–Orthodox, Latin American and 'possibly' African (Huntington 1993: 25). Within each, 'civilization-consciousness' is based upon 'kin-country' loyalty of which the most important component is awareness of religious heritage. In a globalizing world this is of ever greater importance, he maintains. The geographical distribution of believers has always identified 'fault lines' between cultural blocs, but now these are thrown into sharper relief. It is across such frontiers that new world conflicts are to take place.

The most significant blocs are said to be those centred upon the 'Judaeo-Christian' West, the 'Confucianism/Buddhism' of East Asia, and Islam, based in the Middle East (Huntington 1993: 23). Among these, the most persistent tensions and conflicts have been those presented to the West by Islam – a bloc marked by its 'bloody borders'. Islam has been an 'ancient rival' of the West, and is likely to remain a menacing presence. It will constitute the key threat to world order (Huntington 1993: 34).

These notions are far from original. Huntington pursues a theme which had been gaining currency among American strategic analysts since the Iranian revolution of 1979. For a decade after these events the US foreign policy establishment and associated academics exerted enormous efforts to identify Islam as a key threat to world order. Muslims, their traditions and institutions were homogenized. Muslims from all regions and a host of persuasions (various movements, sects and currents) were deemed part of a 'fundamentalist' bloc, of which the chief characteristics were 'rage, extremism, fanaticism, terrorism' (Esposito 1992: 173). Writing in 1989, Patrick Buchanan summed up this approach: the Islamic threat was ubiquitous – nothing less than a 'global challenge' to the West (Esposito 1992: 175).

Such attitudes were sharpened by the collapse of Communist regimes in Russia and Eastern Europe. Rather than prompting a relaxation of American relations with the wider world, these events stimulated a search for new enemies, which promptly fixed upon Islam. One of Huntington's leading collaborators, Charles Krauthammer, argued that at the very moment of America's triumph *vis-à-vis* its old Communist rivals an 'Islamic uprising' was under way. Krauthammer saw 'a new "arc of crisis"... another great movement is going on ... a global intifada' (Esposito 1992: 175), which must be confronted.

The switch in focus from a Communist 'East' to an Islamic 'East' was entirely consistent, argued Daniel Pipes, another of Huntington's colleagues. Muslims were little different from the authoritarian, anti-democratic and – most important – anti-Western forces represented by Communism, he maintained. 'Fundamentalist' Islam, he insisted, is

> closer in spirit to other such movements (communism, fascism) than to traditional religion. ... By nature anti-democratic and aggressive, anti-semitic and anti-Western, it has great plans. Indeed spokesmen for fundamentalist Islam see their movement standing in direct competition to Western civilization and challenging it for global supremacy.
>
> (Salla 1997: 733)

Huntington himself has spelt out what is implicit in such comments. He has noted that the history of the United States – which he so often makes synonymous with 'the West' – has been a history of national identification against 'others'. In the eighteenth century the movement for American independence defined its project against British colonialism; for much of the twentieth century the relevant 'other' was communism. Such mobilization of an American national consciousness against a succession of enemies has not been merely conjunctural. Rather, the coherence of a major national capitalism has demanded such an arrangement, especially within a state marked by sharp class differences and repeated traumatic political upheavals. Huntington makes a rhetorical enquiry on behalf of the American state: 'How will we know who we are if we don't know who we are against?' (O'Hagan 1995: 28). In effect, the idea of civilizational conflict has been mobilized as a means of ideological coherence within and for a nation state which remains economically unequal, culturally diverse and socially volatile.

Huntington anticipates conflict *between* imagined blocs, never within them, and never within the national society which is, in effect, the real subject of his concerns. After half a century of orientation by America's rulers upon the Soviet threat, by the 1980s the need to synthesize a new Communism was urgent. O'Hagan (1995: 28) comments that 'Losing an enemy could ... be perceived as a threat to the constitution of national identity.' Huntington has all but recognized that his project consists in what O'Hagan (1995: 35) calls '"looking for enemies", trying to locate and justify the next threat'. It is in this sense that the 'clash' theory should be seen as ideological in the classic Marxist sense. It can be seen as an attempt to discover 'who we are against' – to generate a means of renewing national community.

A new iron curtain

It is the 'clash' theory, rather than Huntington's revealing musings on American identity, that has attracted attention in Europe. According to some writers on ethnic relations, emergence of the theory has been timely, assisting those who wish to develop their own ideas about external threat, which in the European case are focused primarily on the imagined menace posed by the 'South', principally Islam. Bjorgo writes of developments in Scandinavia, where Muslims are increasingly depicted as bent upon 'conspiracy' against the West.

> Islamic conspiracy theories may appear more credible to larger segments of the public ... due to the fact that even among political elites, Islam is more and more replacing communism as the perceived main threat to Western civilization. One expression of this trend was Samuel P. Huntington's 'The Clash of Civilizations?' in which he asserted that 'the fault lines between civilizations will be the battle lines of the future'.
>
> (Bjorgo 1997: 67)

Huntington's ideas have been seized upon by the extreme right: Bjorgo also notes (*ibid.*) how the clash theory is easily assimilated by the type of nationalist discourse prompted by the Front National (FN) in France, the new right in England, and Scandinavian anti-immigration activists. In France, the relative strength of the FN has given Le Pen licence to air publicly a particularly vulgar racism. Evans (1996: 50) describes Le Pen's attempts to develop an 'apocalyptic scenario', insisting that French national identity has two choices: 'either it will survive or it will be replaced by Islam'. Here the notion of an essential cultural conflict – an idea which long predates Huntington's intervention – receives endorsement from theories which not only appear to set the 'clash' in a universal context but also generate sustained discussion in universities, academic journals, and the corridors of power, and which provide welcome 'official' endorsement.

European fascists' embrace of the 'clash' thesis is not remarkable. More striking is the endorsement offered by very prominent European politicians viewed as being of the political mainstream, some of whom have been centrally involved in EU policy-making. Former Belgian Prime Minister Willy Claes (from the centre-right of European politics) has made a series of statements to the effect that Islam has emerged as the Western world's number one menace (Vertovic and Peach 1997: 4; Bjorgo 1997: 67). Javier Solana, former Spanish foreign minister (from the centre-left), has commented on the historic significance of conflicts between 'Europe' and 'Islam' – what he calls 'an unhappy history' (*Independent*, 8 February 1995). The timing of these comments is significant: Solana spoke as host at the 1995 Barcelona Summit, a forum within which EU foreign ministers met their counterparts from Middle Eastern countries to discuss cross-Mediterranean collaboration. Well-briefed European media described the EU's agenda as focused upon the Mediterranean as '"the new fault line" that has replaced the old iron curtain' (*Independent*, 8 February 1995). Here the vocabulary of the 'clash' discourse is mobilized quite precisely within a European context.

These examples bear out the observation that a perspective within which Muslims are viewed as a problem or a threat is not confined to the political fringe 'but is prominent in some elite discourses' (Modood 1997: 3). Bjorgo (1997: 68) suggests that images of an Islamic enemy may appeal to certain sections of popular opinion and 'may even gain a foothold within sections of the political and military establishment'. In fact, I suggest, these institutions are actively engaged in promoting such views. They are being mobilized instrumentally as part of the attempt to develop a coherent pan-European project and help induce a popular ideology of 'Europeanness'.

Building the 'Fortress'

How is an integrated Europe to be constructed at the level of popular consciousness? Reviewing the debate on 'Europeanness', Waever and

Kelstrup (1993: 66) note leading Eurocrats' conviction that 'there has to be more culture in the EC'. During the 1970s and 1980s, the Community attempted a 'balloons and flags' strategy designed to induce 'popular loyalty and affection' for Europe (Waever and Kelstrup 1993: 67). There was a systematic effort to introduce the EC symbol and EC flags, to regularize passports, and especially to establish institutions such as those which promoted the idea of European linkages at the cultural level.

Delanty suggests that these initiatives were doomed to failure:

> Most attempts to create a European cultural identity are pathetic exercises in cultural engineering: the Eurovision Song Contest, Euro-Disney, the Ecu, the Annual European City of Culture and the cultural apparatus of the new institutions was not the stuff out of which new symbolic structures could be built.
> (Delanty 1995: 128)

Delanty maintains that, in attempting to mimic the ideological constructions of the nation-state, Eurocrats mobilized inappropriate materials. They focused mainly upon symbols of 'bourgeois high culture', rather than on matters of language and on the rural nostalgias with which national identities have been mainly concerned. One result, it can be argued, is that the EU's ideological deficit has been more marked. As Europe moved towards economic integration and political 'solidarization', its populations remained unmoved by the European idea: belonging to Europe was an abstraction, being a 'European' hardly meaningful. Yet the apparatus which supervised economic and political integration required increased legitimacy among 'its' 350 million citizens.

It is unthinkable that the ideologues of Europe should challenge the structures of the nation state itself. Internationalist ideas, such as those which promote unity from below on the basis of class identification, and contest the national idea, cannot be the stuff of their supranational project. Europeanization is a project supervised from above, which must work through the rulers and bureaucratic structures of EU member states. It is therefore more than the nation-state but never detached from it.

Smith notes some of the problems which necessarily emerge. A host of physical symbols linked to myths and memories of nation remind citizens of the EU member states of their local allegiance. At the same time, at the supranational level, they remain unengaged: 'Without shared memories and meaning, without common symbols and myths, without shrines and ceremonies and monuments, except the bitter reminders of recent holocausts and wars, who will feel European in the depths of their being?' (Smith 1995: 139). In fact Smith goes too far in asking 'who will die for Europe?' Pan-Europeanism does not need to mimic the nation-state in ways that *replace* its communities of the imagination with a supranational structure that can 'be' a nation.

Nevertheless, the problem of operational legitimacy for the EU remains, in the sense that the Union requires a form of authority which can draw on a hegemonic definition of Europe. If the EU is in some sense 'to be' Europe, what is Europe to be?

By the late 1980s this problem was becoming intensely difficult, reflected in Eurocrats' anxiety that people 'should feel sufficiently European'. It was resolved in part by collapse of the old framework for defining Europe. When the Communist East disintegrated, the Eurocrats' anxiety could, paradoxically, be eased somewhat, for now there were opportunities to modify the definition of Europe in relation to a new imagined border. This saw the continent less as 'Western Europe' than as a culturally delineated Europe, a coherence that derived its meaning from Europe's perceived status in a wider world.

Since the early 1990s there has been an unprecedented series of legal reforms across the EU, putting in place a system of exclusion – 'Fortress Europe' – vis-à-vis migrants from the Third World. Officially, this is an intervention aimed at confronting problems of 'over-population' outside the continent. On this view, there has been development of a 'demographic gradient', along which vast numbers of people from the Third World seek to move towards a thinly populated but prosperous Europe. I have argued elsewhere (Marfleet 1998) that this scenario, a contemporary Malthusianism, raises imagined threats which can be mobilized against the problem of explaining and confronting instability in a world of uneven development and crisis. This is especially important in the face of the profound crises which for 20 years have affected Africa, Asia, Latin America and the Middle East. Large numbers of forced migrants have emerged from the most seriously affected regions, a minority of whom have sought asylum in Europe, where they have been greeted with rising hostility. Such migrants have become, in effect, the vision of threat around which pan-Europeans wish to mobilize.

Collinson describes precisely how, from the late 1980s, European strategists reoriented from Eastern Europe to the 'South', especially towards the Middle East and North Africa, and the perceived threats of demographic crisis and Islamic insurgency. She notes (Collinson 1996: 39) that, as the Communist threat evaporated, it took with it many of the old certainties, not least Western Europe's sense of control over national borders. European policy-makers began to focus on what they termed 'soft' security issues located elsewhere, notably the problem of immigration. In 1991 the Western European Union (WEU) produced a report on security in the Mediterranean, in which it warned:

Europe can no longer view its security solely in terms of the establishment of peace on the continent of Europe; it must also bear in mind that its relations with its southern neighbours also concern its security and involve risks which at first sight are probably not of a military nature but affect its internal stability

and the conduct of its economy and, if allowed to develop, might in the long run jeopardise what now seems to have been acquired in terms of peace.
(Collinson 1996: 39)

Among these 'security' concerns, Collinson notes, immigration appeared to top the list. 'Apocalyptic images of a Europe under siege' (Collinson 1996: 40) fed a paranoia in which threats from Islam were most prominent. These were not only threats to jobs and livelihoods, 'but also to the very foundations and identities of the nation states concerned – and a threat to be controlled' (ibid.). The control of people, and the related question of definition of their cultural heritage, now became key issues on the agenda of Europeanization.

EU states had already been engaged in a series of largely secret meetings at which agreement had been reached on principles for harmonization of migration and asylum policies. From the early 1990s these took on much greater importance. They were conducted against a background of rising activity by the extreme right and of accommodation to the latter's racist agenda by national governments. In France, for example, de Wenden noted a shift of emphasis in migration policies. Such policies were no longer placed in the context of economic objectives, or 'clothed in technocratic discourse', she observed:

Immigration policies are now formed in response to the collective insecurities and imaginings governing public opinion; the clampdown on illegal immigrants, the need for tighter border controls, the threat of delinquency and of religious fundamentalism, the perceived loss of French identity, and fears of demographic invasion are characteristic reactions.

(de Wenden 1991: 100)

Across Europe, government attitudes to migration turned increasingly around the notion of the legality of migrants. In France the term 'clandestine' appeared in official discourse; in Britain the notion of 'bogus' migrants, especially asylum-seekers, entered the official vocabulary. The more immigration became a question of control and legitimacy, the more earlier generations of migrants – often long-established – came to be seen as problematic. An external enemy which could be a focus for all governments of the EU helped to define an internal presence which, by association with the threatening non-Europeans, became subject to increased hostility.

Racism was hardly new to European national societies, but now it was being given a continental dimension. Castles notes how long-established terms used with a pejorative connotation – 'Arabe' in France, or 'Auslander' in Germany – were now complemented by the Italian 'extracomunitario', widely used to describe immigrants from outside the EU. He notes: 'it is a way of homogenizing difference in exclusionary terms, whereby the core of difference is non-belonging to a (new) imagined community' (Castles 1993: 29). These developments fed into the Europe-wide agenda on which Eurocrats found it increas-ingly easy to assert themselves as guardians of both national and con-tinental integrity. After all the intra-European disputes of earlier decades, it now seemed much easier to develop a pan-continental project, albeit one that aggressively defined 'Europe' by identifying and excluding those deemed not of Europe.

A Christian club

During the 1990s the EU has moved somewhat closer to attaining an inward coherence. It has done so almost solely on the basis of a culture of exclusion. In an earlier era, Europe asserted itself by preparing for military confrontation with a threatening East; today it projects the ideology of cultural incompatibility.

For those engaged in advancing this project a universal theory of cultural difference is of some importance. Huntington's vision of an essentialized world provides a useful framework, especially when its author also goes to some trouble to place the European experience quite precisely within his thesis. For Huntington, economic regionalism is an expression of the re-emergence of civilization from the era of the nation state. But such regionalism can succeed only when the civilizational element is most fully expressed, he argues: 'On the one hand, success-ful economic regionalism will reinforce civilization-consciousness. On the other hand, economic regionalism may succeed only when it is rooted in a common civilization. The European Community rests on the shared foundation of European culture and Western Christianity' (Huntington 1993: 27).

For the EU to succeed, therefore, the cultural 'foundation' of Europe must be more fully understood, and foundational values must be demonstrated and asserted. The consequences in terms of intensified racist difference are understood, and are dismissed. Huntington is sanguine about the relationship between harmonization of European migration regimes and increased levels of racism, including the 'politi-cal reactions and violence ... against migrants' which, he notes, has increased since 1990 (Huntington 1993: 27).

Not content with identifying 'fault lines' such as that of the Mediterranean, Huntington depicts 'torn countries', of which 'the most obvious and prototypical' is Turkey. A predominantly Muslim state, but one on the 'edge' of the European bloc, Turkey should be firmly excluded from the EU, he maintains. Holmes (1997: 7) sums up Huntington's view: 'the European Union is, and should be, a Christian club ... to bolster the West's inward coherence, we need to slam the door in Turkey's face'. The EU continues to do just that, firmly exclud-ing Turkey and hardening the outer walls of its fortress.

Such official exclusion of Turkey from the EU by member states, based on thinly disguised recognition of cultural 'incompatibility', gives greater confidence to those who wish to confront internal enemies, those who are not to be of 'the club'. In France, the FN demonizes North Africans as bearers of a religious impulse which drives them to attempt the subordination of French national culture. Assaults on people of North African origin are given legitimacy by an official discourse of difference which speaks of the incompatibility of Europeans with those from across the 'Mediterranean fault line'. Similarly in Germany, the fascist German People's Union (DVU) has drawn strength from the exclusionary policies being adopted by regional authorities. The DVU, believed to have played a leading role in a series of murderous attacks on foreigners (notably the 'Rostock pogrom' of August 1992 [Evans 1996: 49]), has recently campaigned successfully for the expulsion from Germany of 'non-Europeans'.[3]

The German case provides a good example of the process by which exclusionary policies implemented at the supranational level assist parties of the right which make claims in defence of the nation. One outcome is that 'the center-right is beginning to join the extreme right as a mouthpiece of antiforeigner nationalism. Nor should we forget that the left (as in France) is also endowed with a nationalistic faction' (Suleiman 1995: 82).

In Britain, meanwhile, there has been enough alarm at the recent rise of anti-Muslim feeling to prompt a special report on 'Islamophobia'. The Runnymede Trust describes 'a national epidemic' of anti-Muslim sentiment, partly as a function of prejudicial coverage of Islam in the media. Among key features of Islamophobia, the report argues, are claims that Islamic cultures are 'wholly different from other cultures' and that Islam is 'implacably threatening'. The report observes that Islamophobic discourse mentions Islam as a successor to Nazism and communism, and contains imagery of both invasion and infiltration. It concludes that 'The expression of anti-Muslim ideas and sentiments is increasingly respectable' (*Independent*, 21 February 1997).

Formally, the EU is not concerned with ethnicity or 'race'. But, as MacEwan notes, the migration and asylum regime that it supervises in the form of Fortress Europe has had a serious impact in these areas. He adds that 'there has been little institutional concern' on the part of the Union (MacEwan 1995: 13). The EU is indeed unmoved by the ways in which its strategy of exclusion helps to formalize notions of racist difference within member states. It continues to reinforce the Fortress provisions, notably by strengthening 'permeable' borders of southern states such as Greece, Italy and Spain. The Mediterranean is seen as a border which must be policed with great vigour: it is in this sense that 'Europe is becoming a fortress with the Straits of Gibraltar and the Bosporus as moats' (Delanty 1995: 150).

The notion of a cultural 'fault line' is all but recognized in official EU discourse and is now used routinely by leading European strategists. In an extensive review of migration as a factor in recent EU–Maghreb relations, Collinson (1996: 42) concludes that in the EU perspective, an older East–West divide 'has been replaced by a North–South religious divide running through the Mediterranean'; she adds, significantly, 'as argued by Samuel Huntington in his essay "The Clash of Civilizations?"'.

Conclusion

Huntington and his co-thinkers have succeeded in advancing their ideas of cultural conflict into the mainstream of public debate. Their search for new enemies has been congenial to European strategists engaged in their own project of integration. This development can of course be seen as a confirmation of the 'clash' theory: a European assertion of 'civilization-consciousness' made necessary by global changes, especially by changes to the status of the nation state. But this is to credit Huntington with far too much. The clash theory has a specific origin. As Huntington has in effect admitted, it is less an explanation of global affairs than an attempt to refurbish the notion of American national coherence against threatening external enemies: 'How will we know who we are if we don't know who we are against?' Its utility to ideologues of pan-Europe lies precisely in its mobilization of ideas about difference which are rooted in ideologies of national society. Hence the 'civilization-consciousness' Huntington wishes to promote in 'the West' (a synonym for the US) proves congenial to those in Europe who hope to mobilize a pan-continental entity which can contain specific national ideologies rather than contest them.

The turn to theories of 'clash' has been entirely instrumental. Like all attempts to construct national, or nation-like ideologies, it seeks to provide a rationale for coherence which conceals inequality and operates to minimize social conflict. Here the project reveals a telling contradiction, for although Fortress Europe is essentially a racist construction it does not exclude all people of 'non-European' status. Huntington himself has noted that class relations cut across his cultural blocs. In an aside which subverts the essentialist thesis, he comments baldly that 'elites of non-Western societies are often better able to communicate with Westerners and with each other than with the people of their own [sic] society' (Holmes 1997: 10). In fact, it is not merely a matter of 'communication': those with wealth and privilege have well-established links with those of their class elsewhere, including Europe. Their right to unhindered movement is seldom in question and they usually travel untroubled across 'cultural' boundaries.

Miles identifies this situation precisely, as an expression of 'class logic':

If it is a fortress that is being constructed, it is intended to deny entry to almost all of those seeking a buyer for their semi- and unskilled labour power, as well as those seeking sanctuary from civil conflict and state repression ... there is a predominant class logic to the structure of exclusion.

(Miles 1993: 18)

Such 'logic' is a primary element in constructions of national identity. In the case of Europeanism, it is a critical factor, often ignored in the anxiety about racist exclusion expressed by those hostile to the Fortress legislation.

Matters of class are intimately related to those of 'race'. Thus Delanty (1995: 154) identifies the idea of unified Europe as 'a racism of the wealthy'. By speaking less of 'race' and more of cultural boundaries, Europeanism is able to disguise itself as an internationalism. This, on the one hand, permits the embrace of national identity and of 'Europeanness' and, on the other hand, promotes heightened awareness of difference *within* European national societies. Its architects hope that it can contain the more troublesome expressions of national rivalry and operate against solidarities of class that may emerge from below.

This is not an abstract anxiety. There is a long (albeit inconsistent) tradition of internationalism that has been able to construct class solidarities from below, challenging national states, their rivalries and their collaborations. In 1997 this took a contemporary turn when automobile workers from across Europe challenged policies associated with the 'liberalisation' of the EU's economic regime – what they termed 'sweatshop Europe' (*Guardian*, 12 March 1997). Following a widespread strike in support of sacked Renault employees in Belgium, car workers from many countries and a host of companies demonstrated in Paris – an exemplary action which may have caused alarm in corporate boardrooms and in European capitals. The mobilizations were prompted both by corporate 'downsizing' and by attacks on living standards across EU states which have been closely linked to the agenda for monetary integration (Callinicos 1997). Prominent among participants were many workers of 'ethnic minority' groups – those of African, Asian, Middle Eastern origin often placed outside 'European culture'. The *Guardian* (12 March 1997) commented that 'the Euro-demo is born': it is appropriate to add that this was not the expression of Euro-identity envisaged by the ideologues of pan-Europeanism.

Such events are testimony to the cultural complexity of modern European states and to the increasing difficulties faced by those pressing for continental integration. They also point up the obvious – glaring – inadequacies of the 'clash' theory, with its homogenization of vast regions on the basis of imagined civilizational attributes. The theory is an unoriginal attempt to define the hegemonic status of the

United States (and 'the West') at a moment of increased world disorder. The alacrity with which it has been embraced says less of Huntington than of the absence of coherent perspectives which might challenge Washington and its allies, including academic partisans of the new 'global order' in the US, Europe and elsewhere.

For the moment the big conflicts envisaged by Huntington remain 'conflicts of the mind, translated only occasionally into horrid acts' (Axford 1995: 194). Those who embrace and embroider the theory are already helping to generate increased conflict: for Huntington, this miserable outcome would be a prophecy fulfilled.

Notes

1. Thanks to Adrian Budd of South Bank University and to Phil Cohen of the Centre for New Ethnicities Research at the University of East London for their comments on this chapter.
2. See, for example, Tarock 1995, O'Hagan 1995, Mottahedeh 1995, McNeill 1997, Holmes 1997.
3. Following its electoral success in Bavaria in April 1998, the DVU secured from the regional government a decision to deport a Turkish family resident in Munich for 30 years, on the basis of the alleged 'criminality' of a boy aged 13. The boy was said to represent 'a massive risk to public security and order' (Guardian, 1 May 1998).

References

Anderson, Benedict (1983) Imagined Communities, London: Verso.

Axford, Barrie (1995) The Global System: Economics, Politics and Culture, Cambridge: Polity.

Bjorgo, Tore (1997) '"The Invaders", "the traitors" and "the Resistance Movement"': The extreme right's conceptualisation of opponents and self in Scandinavia', in T. Modood and P. Werbner (eds) The Politics of Multiculturalism in the New Europe, London: Zed.

Callinicos, Alex (1997) 'Europe: the mounting crisis', in International Socialism, 2 (74).

Castles, Stephen (1993) 'Migrations and minorities in Europe. Perspectives for the 1990s: Eleven hypotheses', in J. Wrench and J. Solomos (eds) Racism and Migration in Western Europe, Oxford: Berg.

Collinson, Sarah (1996) Shore to Shore: The Politics of Migration in Euro-Arab Relations, London: Royal Institute of International Affairs.

Connolly, Bernard (1995) The Rotten Heart of Europe, London: Faber.

Crowley, John (1996) 'European integration: Sociological process or political project?', in Innovation 9 (2): 149–60.

Delanty, Gerard (1995) Inventing Europe, Basingstoke: Macmillan.

De Wenden, Catherine Withol (1991) 'North African immigration and the French political imaginary', in M. Silverman (ed.) Race, Discourse and Power in France, Aldershot: Avebury.

Esposito, John (1992) The Islamic Threat: Myth or Reality?, New York: Oxford University Press.

Evans, Martin (1996) 'Languages of racism within contemporary Europe', in B. Jenkins and S. Sofos, Nation and Identity in Contemporary Europe, London: Routledge.

Holmes, Stephen (1997) 'In search of new enemies', in London Review of Books, 24 April.

Huntington, Samuel (1993) 'The clash of civilizations?' in Foreign Affairs, Summer: 22–49.

Huntington, Samuel (1996) *The Clash of Civilizations and the Remaking of World Order*, New York: Simon & Schuster.

Kapteyn, Paul (1996) *The Stateless Market*, London: Routledge.

MacEwan, Martin (1995) *Tackling Racism in Europe*, Oxford: Berg.

McNeill W.H. (1997) 'Decline of the West?', in *New York Review of Books*, 9 January: 11–22.

Marfleet, Philip (1998) 'Migration and the refugee experience', in R. Kiely and P. Marfleet, *Globalisation and the Third World*, London: Routledge.

Martiniello, Marco (1994) 'Citizenship of the European Union: A crititical view', in R. Baubock (ed.) *From Aliens to Citizens: Redefining the Status of Immigrants in Europe*, Aldershot: Avebury

Miles, Robert (1991) *Racism after Race Relations*, London: Routledge.

Milward, Alan (1992) *The European Rescue of the Nation State*, London: Routledge.

Modood, Tariq (1997) 'The politics of multiculturalism in the new Europe', in T. Modood and P. Werbner (eds) *The Politics of Multiculturalism in the New Europe*, London: Zed.

Mottahedeh, Roy (1995) 'The clash of civilizations: an Islamicist's critique', in *Harvard Middle Eastern and Islamic Review* 2 (2).

O'Hagan, Jacinta (1995) 'Civilizational conflict? Looking for cultural enemies', in *Third World Quarterly* 18 (1): 19–38.

Qadir, Shahid (1998) 'Civilizational clashes: surveying the faultlines', in *Third World Quaterly* 19 (1): 149–52.

Radice, Giles (1992) *Offshore: Britain and the European Idea*, London: I.B. Tauris.

Runnymede Trust (1997) *Islamophobia: A Challenge for Us All*, London: Runnymede Trust.

Sakamoto, Yoshikazu (1995) 'Democratization, social movements and world order', in R. Cox *et al.* (eds) *International Political Economy: Understanding Global Disorder*, London: Zed.

Salla, Michael (1997) 'Political Islam and the West: A new cold war or convergence?' in *Third World Quaterly* 18 (4): 729–42.

Smith, Anthony (1995) *Nations and Nationalism in a Global Era*, Cambridge: Polity.

Suleiman, Ezra (1995) 'Is democratic supranationalism a danger?', in C. Kupchan (ed.) *Nationalism and Nationalities in the New Europe*, Ithaca: Cornell University Press.

Tarock, Adam (1995) 'Civilisational conflict? Fighting the enemy under a new banner', in *Third World Quaterly* 18 (1): 5–18.

Vertovic, Steven and Ceri Peach (1997) 'Islam in Europe and the politics of religion and community', in S. Vertovic and C. Peach (eds) *Islam in Europe: the Politics of Religion and Community*, Basingstoke: Macmillan.

Waever, Ole and Morton Kelstrup (1993) 'Europe and its nations: Political and cultural identities', in O. Waever, B. Buzan, M. Kelstrup and P. Lemaitre, *Identity, Migration and the New Security Agenda in Europe*, London: Pinter.

4

Migrant Women and Exclusion in Europe

Eleonore Kofman and Rosemary Sales

The term 'Fortress Europe' is now commonly used to describe the impact of European Union migration policies on non-EU citizens.[1] The 'opening up' of Europe with the removal of barriers to the mobility of capital, commodities and labour within the EU has closed off possibilities for those of non-European origin, both citizens and residents of EU states and those living outside its borders. As borders are brought down between EU states, they are being replaced by strengthened external border controls and increased internal surveillance. Exclusion also has an ideological dimension: the new 'European identity' tends to conflate citizenship with ethnicity, making invisible the contribution of people of non-European origin to the economic, cultural and social life of Europe.

At the same time there has been growing concern from national and EU policy-makers about problems of exclusion and disadvantage confronted by migrants and minority ethnic groups. Most attention has been paid to the precarious insertion of migrants into the labour market and to lack of formal political participation (Kloosterman 1996; Samers 1998). Economic and political exclusion is increasingly shaped, however, by a marked hierarchy of civic statuses (denizen – legal permanent resident, alien, undocumented) and by mode of entry (labour migration, family reunion, asylum seeking). Each of these statuses is accompanied by a different array of civil and social rights (Hammar 1990; Morris 1997). Some recent policy developments have denied basic rights to the undocumented, widening the gap between legal and undocumented migrants and making it difficult for the latter to acquire legal status and the possibility of citizenship.

While these policies are not necessarily overtly gendered they are based on the assumption of particular gender roles and have gendered effects (Kofman and Sales 1992). Restrictions on entry have tended to disadvantage women disproportionately, reinforcing dependence on a male partner and making it more difficult to gain independent legal and social status. Individual European states have retained more autonomy in relation to the more overtly gendered areas of immigration policy, including family reunion and claims to refugee status on grounds of gender persecution.

We examine below the exclusionary practices confronted by non-EU women migrants as they seek to enter the EU under a variety of immigration statuses. We are mainly concerned with the legal conditions of entry which impact on their access to social and political rights within the country of settlement. We begin with a brief discussion of recent developments in immigration flows and policy in the EU and an examination of the concept of social exclusion in relation to immigration. The following sections discuss the specific forms of exclusion experienced by female migrants entering Europe as labour migrants, through family reunion and as asylum seekers.

Recent developments in immigration in the EU

Europe's migrant population has become increasingly feminized during the past two decades. An estimated 6 million 'third country' (non-EU) nationals, 45 per cent of them women, had right of residence in the EU in 1990 (Castles and Miller 1993). Adding undocumented workers and people who have acquired citizenship, there are likely to be at least five million women in the EU who were born outside. Statistical data on categories of migrant are not generally broken down by gender. Women tend to be underrepresented with the assumption that men are 'head of household' reflected in the gender composition of applicants for visas and asylum. The legal status under which people migrate may not reflect their actual intentions since people try to fit into the group which allows them entry. Women are therefore most likely to enter through family reunification and formation[2] and be defined primarily as dependent wives and mothers. Many do participate in the labour force, although their dependent status in the early years of residence may force them into the informal sector.

European states proclaimed the end of mass labour migration in the mid-1970s. Official labour migration continued, however, in designated shortage areas including intermediate and higher level professional employment such as medicine, education and financial services. Increasingly stringent controls on immigration have produced growing numbers of undocumented labour migrants in Western Europe, estimated at 2.6 million in the early 1990s (Burgers and Engbersen 1996). The main source of official immigration has been family reunification and formation, particularly in Belgium and Germany. It has been less dominant in France and the UK, though still the major source of permanent settlement.

Applications for asylum increased sharply in the late 1980s, reaching a peak of 702,000 in 1992 (Salt 1995). Germany received far more applications than any other European country. This, together with German unification and the breakdown of state structures in Eastern Europe, brought the issues of immigration and asylum to the forefront of German politics. In 1993 the right to asylum guaranteed by the German constitution was removed, and agreements were negotiated with neighbouring countries to act as 'buffer zones' against immigration from Eastern Europe (Fekete and Webber 1994). Germany has played a major role in developing common EU policies on immigration and asylum through the Schengen Convention[3] and subsequent EU treaties (Fekete and Webber 1994; Sales and Gregory 1996). The Dublin Agreement, based on Schengen, signed by the then 12 EU member states in 1990, restricts those seeking asylum in Western Europe to one application (the 'one chance rule'). Asylum seekers must apply in the first country they land in, even if in transit to another European country. Western European states have pronounced that countries which have signed international human rights declarations can be considered safe under the terms of the Geneva Convention, allowing them to label applicants from these countries 'bogus' or 'unfounded'. Designated 'safe' countries include India, Pakistan, Bulgaria, Cyprus, Ghana, Poland and Romania (the so-called 'White List').

As a result of these measures, refusals and deportations of asylum seekers have increased across Europe. In Britain refusals rose from 20 to 25 per cent of decisions in the 1980s to over 80 per cent in 1996 (Home Office 1997). Detentions have also increased (JCWI 1997: 86) and in France mass deportations have taken place using specially chartered airflights.

While restrictive policies have been pursued by intergovernmental bodies and national states, the European Commission and Parliament have attempted to pursue a more positive role (JCWI 1993) but their recommendations are not binding on individual states. Despite convergence of policies to control entry, the incorporation and integration of immigrants and race relations remain largely within the domain of 'subsidiarity', under the remit of individual member states. The transfer under the Amsterdam Treaty (June 1997) of responsibility for migration policy to the Third Pillar of the EU[4] opens up an arena for harmonization of guidelines for the entry and residence status of family members but it is by no means clear that any unanimous agreement will be reached by the member states on such a sensitive issue as migrant rights.

Social exclusion

The term 'social exclusion' has gained wide currency following its use in the EU's Second Poverty Report in 1988 (cited in Bergman 1995). Poverty was seen as too narrowly associated with distributional issues and not sufficiently concerned with processes of exclusion or detachment from society (Room 1995) on the one hand, and processes of inclusion through political participation on the other. This conceptualization of exclusion owes much to French thinking on society as a moral order bound together by mutual rights and obligations, though it also has affinities with the concept of civil, political and social rights associated with citizenship as developed by Marshall (1950).[5]

Social exclusion thus refers to various processes which prevent individuals and groups from participating in the rights that members of a social and political community would normally expect to enjoy. As Samers (1998) suggests, there are many 'social exclusions' and the concept is best understood as a dynamic multidimensional process. In the same way, the rights and obligations associated with citizenship are by no means permanently fixed: indeed in the face of reinvigorated neoliberal discourses and practices in Europe, they have been weakened, watered down and withdrawn.

Much recent interest in the exclusion of immigrants and ethnic minorities has focused on employment patterns and the political process. Samers characterizes exclusionary practices as 'material' and 'discursive'. Material exclusion includes limited access to primary employment,[6] social services, adequate housing and education, while the discursive element refers to racist categorizations and representations applied to particular groups by academics, policy-makers and service providers. The discursive forms of exclusion have material effects in reinforcing migrants' confinement to certain sectors of the economy and restricting their access to social rights.

Research has drawn attention to migrants' high unemployment and low rates of participation in the formal labour market, although there is a tendency in much of the literature to conflate 'ethnic minority' with 'migrants' (Samers 1998). Rising long-term unemployment, the growth of precarious forms of employment and cutbacks in welfare provision have led to growing concern at the presence of an 'outsider population' as a lasting feature of western capitalist societies.[7] The size and composition of this population will, it is argued, vary according to employment trajectories in different types of welfare states (Esping-Andersen 1993; Kloosterman 1996) and the distinctive gendered welfare regime in different states (Kofman and Sales 1996). The expansion of the service sector has brought an increase in part-time and casualized jobs which have been filled mainly by women. Sassen (1991) suggests that migrants and ethnic minorities are disproportionately employed in these sectors, particularly in major cities. The London example shows that ethnic minority men are also drawn into traditionally female servicing jobs (Bruegel 1998).

Political exclusion involves the denial of rights to participate in decisions about the organization of society, including the right to vote and take part in political organizations, community associations and trade unions. Soysal (1994) has argued that formal citizenship status is becoming less relevant to the actual rights enjoyed by individuals. Participation in the formal political process, however, remains directly linked to citizenship. Concern at the exclusion of substantial numbers from the democratic process has been expressed in much European literature (Hammar 1990). The Maastricht Treaty increased the rights of EU citizens relative to non-citizens in this area by extending voting rights in local elections to nationals of other EU states, while non-EU citizens remain excluded. Reciprocal arrangements for voting in national elections have been made by several European states. Citizenship status also determines access to public sector employment which, even when not highly paid, retains greater security and social benefits (Kloosterman 1996).

Soysal suggests that international pressures within a culture of 'human rights' and the internal realities of 'guest workers' becoming permanently settled have forced states such as Germany to extend social rights to non-citizens. The boundary between denizens (legal, permanent residents) and citizens was certainly reduced in postwar Europe in recognition of the former's embeddedness in European societies. Their economic and social rights, however, derived far more from agreements between parties and states than the application of universally agreed human rights. Non-European migrants in European states are protected through human rights conventions covering civil rights, but more substantive rights and protection remain the prerogative of individual states (Goodwin-Gill 1989). Apart from the European Convention on Human Rights, European conventions are applicable only to citizens of member states.

'Post-national citizenship' (Soysal 1996) has had increasing validity for EU citizens whose rights have been extended through the Social Charter (1989) and the opening up of employment, welfare and political participation in other EU states through the Maastricht Treaty. The rights of legally resident third country nationals, however, have not been aligned to those of citizens. Indeed, the Charter left this matter to the jurisdiction of each state. Most states have also widened the boundary between denizens and recent immigrants, irrespective of whether they are in breach of conditions of entry, residence or employment. Many have, for example, made conditions for family reunion more stringent. Admission to citizenship, especially its social dimensions, is being curtailed for longer periods and being more strictly policed, even in France and the UK which had previously allowed a gradual acquisition of citizenship rights.

The debate on exclusion needs to extend beyond the areas of employment, politics and welfare to include the tightening of restrictions on entry into the EU. These controls are generating increasing numbers of undocumented immigrants whose economic, social and political rights are becoming more precarious (Miles and Thranhardt 1995) while it is becoming politically acceptable for states to deny basic rights to the undocumented, those awaiting decisions on entry or asylum claims and those who contravene narrowly stipulated conditions of entry. Research must therefore take into account the status under which people initially immigrated (i.e. whether as labour migrants, family reunion, asylum seekers; and whether entry was legal or clandestine) since different sets of rights are attached to each form of entry.

Gender is a crucial element in determining the extent to which noncitizens entering Europe under different conditions and statuses are, and remain, excluded from economic, social and political rights. The gender dimension is increasingly acknowledged in the literature on migration (Kloosterman 1996), although it is not necessarily incorporated into the theorization (Lutz 1997), or into empirical research on women migrants (Morris 1997). Our specific focus here is on the gendered implications of the rules governing the entry of migrants. The impact of these different forms of immigration status are discussed in the following sections.

Labour migration

Mainstream migration theory has traditionally seen labour migration as predominantly male, with women viewed primarily as dependents (Morokvasic 1984). Women have, however, formed a substantial proportion of labour migratory flows in their own right. Irish migration to Britain, for example, has been predominantly female throughout this century (Rossiter 1991). Approximately a fifth of labour migrants to Germany during the late 1960s were women; they predominate in current Filipino immigration to Spain and Italy and are significantly represented in professional migration.

In the period of mass postwar labour migration in Europe, three broad migratory regimes predominated. Colonial states such as Britain, France and the Netherlands encouraged migration from former colonies. Family reunification was generally permitted, and in France even encouraged for demographic purposes. Labour force participation by women was high as these migrants filled shortages of unskilled and semi-skilled labour and the lower rungs of professional occupations such as health and education.

Where 'guest worker' systems operated, women first entered as workers. Family reunification developed only when it became obvious that foreign workers intended to settle, and the right to reunion was written into a number of bilateral agreements. Immigrant women were concentrated in narrow sections of the labour market, for example in Germany in a limited range of manufacturing sectors (Falga *et al.* 1994). In the third migratory regime, former countries of emigration (Italy, Spain and Portugal) became countries of immigration from the 1970s as their economies developed industrially. Segregation along gender and ethnic lines tended to be sharp, with migrant women heavily concentrated in domestic services.

The crises in the Fordist mode of accumulation which underpinned the postwar consensus around Keynesian demand management and welfare policies in Europe until the 1970s brought a change in their migratory regimes. European states promoted greater selectivity in the skills and geographical origin of potential immigrants. New forms of labour migration have been introduced which seek to retain 'the economic benefits of migration labour while divesting itself of its social cost' (Fekete 1997: 1). A common feature has been the casualization of labour contracts with the removal of permanent rights of residence and the reduction in social rights (Rudolph 1996).

The increasingly influential global cities paradigm (Sassen 1991) suggests that the expansion of high-level employment associated with leading global companies feeds demand not only for new skilled and elite workers but for low-status casualized labour in services such as cleaning, hotels and catering and domestic labour. Studies of skilled international migration remain largely untouched by feminist-inspired research (Kofman 1998) and tend to present women as either unskilled (Miles and Satzewich 1990) or dependent family migrants without career aspirations.

Domestic work in private households is now the main area of employment for migrant women in Europe (Anderson 1997: 37). Increasing inequalities between households have fed demands for paid labour in traditionally female serving roles. In Italy demand for domestic labour has grown as a result of the increase in women's paid employment, the insufficiency of services for children, the elderly and the disabled, and men's limited participation in reproductive activities within the home (Tacoli 1998). This demand has been filled primarily by women from the Philippines, Cape Verde and Peru. Growing demands for the care of children and the elderly, together with the absence or withdrawal of the state from this provision, is likely to increase the need for domestic labour in many European states (Kofman and Sales 1996). Some northern countries, including Britain, are now considering introducing new regulations for this type of labour.

Migration has been important, though less researched, in professional occupations, including areas which are highly feminized. Britain and France have long relied on immigrants, primarily from former colonies, in health and education. European integration is shifting employment opportunities in favour of those with European qualifications, a strategy endorsed by the British Calman Report (1993) on hospital doctors and evident since the early 1990s in relation to junior doctors (NHS 1996). In Britain, conditions for professional immigrants from outside Europe have been casualized, with work permits becoming more difficult to obtain by Commonwealth citizens (Fekete 1997: 3) and the conditions attached to them more stringent. As nursing shortages have developed, labour is being sought within the EU. Rights to benefits, including child benefit, have recently been removed from those holding work permits. Similar restrictions on the right to work, and consequently on residence rights, are being introduced in France (Fekete 1997).

The opening of East–West borders has led to new forms of guest worker migration to Germany. Job-specific contracts for skilled labour, and for seasonal labour – up to three months per year – have been opened up for citizens of neighbouring states. Formal contracts are largely filled by men, but women participate in rotational migration, with different individuals sharing the same job and combining employment and family responsibilities (Morokvasic 1993). Other forms of East–West 'labour migration' have also developed, such as trafficking of women for prostitution (Leidholdt 1996).

These developments suggest a growing diversity in the employment, residence and social rights of non-citizens in Europe. As legally permanent residents gain some of the social rights associated with citizenship, increasing numbers of new migrants are being denied these rights. At the same time, the logic of European integration is sharpening divisions between EU citizens and non-citizens, giving renewed importance to formal citizenship status.

Family reunion and formation

Despite the numerical significance of family reunion and formation (SOPEMI 1997), there has been little theoretical, policy-oriented or statistical analysis of these forms of migration. It could be argued that focusing on this issue could lead to demands for even more restrictive measures since family reunification is one of the few legal avenues available for immigration. The lack of interest in exploring this question, however, more probably results from the tendency of mainstream theorists to marginalize female-dominated forms of international migration. Models of the stages of migration (e.g. Bohning 1984; Castles and Miller 1993: 25) have tended to assume that female-dominated family migration follows naturally from primary male migration and therefore requires no further exploration.

Academic literature is slowly beginning to investigate the issue of family reunification (Lahav 1996). France is the only state to have commissioned in-depth and large-scale research on the family formation of immigrants (Tribalat 1991, 1996) and small-scale studies (Hu Khoa and Barou 1996). An increasing proportion of those seeking entry through family reunion in France and Britain are male partners as child and second generation migrants seek spouses in their countries of origin (Home Office 1997).

The EU has so far produced no binding legislation on the right to family life for migrant workers although this may be forthcoming as a result of the transfer of migration policy to the Third Pillar. The European Year of the Family (1993) ironically coincided with an EU intergovernmental meeting which adopted highly restrictive resolutions on family reunion. Though not mandatory, these will tend to be incorporated into national legislation. The definition of the family is restricted to dependent children while applications for family reunion must be made outside the receiving state, in other words regularization outside the procedures is excluded (JCWI 1993: 25–6). These moves conflict with the European Parliament's Committee on Civil Liberties and Internal Affairs which reminded states in 1992 of their obligations emanating from international conventions and urged them to take no action which could render these rights devoid of substance (JCWI 1993: 24).

Under EU freedom of movement legislation, EU nationals resident in another member state are entitled to bring their family with them, but there is no automatic right for EU nationals resident in their own country where conditions are determined by individual states. Nationals may bring in foreign spouses in Germany, Italy and France, but in the Netherlands and Britain spouses of nationals must meet the same criteria as those of foreign nationals. This anomaly has led some British-born women to claim Irish nationality in order to prevent their husbands being deported.[8]

No EU state provides the automatic right for families of non-citizens with right of residence to join them. Conditions for the entry of spouses and other dependants vary considerably, as does the definition of 'family' for immigration purposes (JCWI 1993). Only the UK and the Netherlands allow non-married heterosexual partners to enter, in exceptional circumstances. The Netherlands and the Scandinavian countries recognize homosexual relationships in immigration legislation and some gay couples have been admitted in Britain. These remain, however, minor exceptions to rules which generally impose legal marriage as a condition of entry.

Proof of marriage is not enough to secure entry for a spouse. In Germany, for example, a migrant man (including non-citizens born in Germany) can get an entry permit for a wife only if he has lived in Germany for at least eight years and if the marriage has already existed for at least one year. This condition forces the couple to live apart for a year, a period of separation which in German divorce legislation is taken as an indicator of marital breakdown (Polzer 1995: 144). In Britain the Conservative government introduced the 'primary purpose rule' under which spouses had to demonstrate that their marriage was not contracted for immigration purposes. This rule has been used differentially to bar husbands from the Indian subcontinent, 70 per cent of whose applications were turned down during 1996 (JCWI 1997: 13). The Labour government, elected in May 1997, has formally abolished this rule but it is not yet clear what impact abolition will have on this group of applicants.

European states require that families seeking reunification be maintained by the applicant out of his or her own resources from employment or business and that applicants demonstrate that they have adequate housing. French research shows that this is the most difficult obstacle (Tribalat 1996) and it will become more onerous since the applicant must now provide a living standard equivalent to the French norm. Dependence on benefit, or in the British phrase 'recourse to public funds' is an obstacle to family reunion. It is more difficult for women to show that they can support a partner, particularly if they have children and they have generally had to rely on their extended family to provide accommodation and income to meet the legal requirements. The present French government has loosened the regulations, but it is unclear what effect this will have on applications.[9]

Each state imposes a period during which the spouse is dependent for residence status on the partner so that the dependent spouse is liable to deportation if the marriage breaks down. Women can be tied to failing, and sometimes violent, marriages in order to maintain their right of residence. In one 18-month period to July 1995, 750 women were threatened with deportation in Britain because of marriage breakdown, two-thirds of whom were fleeing domestic violence (SBS 1997). During the period of 'probation' spouses are not entitled to claim benefits, which reinforces dependency. Many women are forced into 'illegal' work, making them vulnerable to exploitation as well as the threat of deportation.

The pattern of change in conditions for family reunion in the 1990s has been uneven, although overall the imposition of more demanding conditions is likely to reduce the numbers entering under this category. Denmark increased the period of residence for the spouse in 1992, and restricted the rights of parents to join children. French statistics confirm the efficacy of legislative restrictions imposed under Interior Minister Pasqua which came into effect in 1994. The total admitted for family reunion plunged over the next two years to less than half the 1994 total.[10]

The new government elected in 1997 has oscillated between a human rights agenda and the desire to limit the entry of women and children, reflecting the continuing reluctance of the French state to recognize itself as a country of immigration.[11] Germany eased some conditions in the early 1990s, but in January 1997 introduced new visa requirements for foreign children of resident migrants, thus starkly illustrating the continuing importance of formal citizenship status to the rights enjoyed by migrants.

The stringent conditions imposed on those seeking to bring family members to Europe have been particularly problematic for asylum seekers. Those with full refugee status are entitled to unconditional rights of reunion with close family, although the precise interpretation varies between states (Liebaut and Hughes 1997). The 1990s have seen a growing reluctance to grant full refugee status. Most states allow some form of temporary protection on humanitarian grounds (exceptional leave to remain (ELR) in Britain; *Duldung* (tolerated residence) in Germany). This group enjoys less security and fewer social rights, and family reunion is generally granted only under strin gent conditions. In France, for example, those with temporary protection must apply under the same conditions as other family reunion applicants. In Britain people with ELR must wait four years before applying to bring in close relatives and must meet the conditions of accommodation and 'no recourse to public funds'. This is likely to be an insuperable obstacle for many refugees, particularly women with children.

Refugees and asylum seekers

Although accurate statistics are difficult to obtain, it is generally acknowledged that women form the majority of the world's refugees. They are, however, a minority of asylum seekers in Europe and an even smaller proportion of those granted refugee status. Osaki (1997) found that women represented 45 per cent of the refugee population in France,[12] 42 per cent in Belgium and only 20 per cent in Greece.

There has been considerable research on the specific problems faced by women refugees (Forbes Martin 1992; Osaki 1997; UNHCR 1995) and the difficulties they experience in gaining refugee status (Crawley

1997; Kuttner 1997; Adjin-Tettey 1997). Another theme to emerge, however, is that women seem to find it easier than men to adapt to changed status (Summerfield 1993; Refugee Council 1997). It is often men who lose most status as a result of flight. Unable to work and to fulfil their traditional role of 'breadwinner', they may also have lost a public political role as well. In contrast, many women refugees experience new opportunities, often for the first time acquiring independent income through benefits or employment, a trend evident in a recent small-scale study with Somali women refugees (Sales and Gregory in press).

The 1951 Geneva Convention guarantees the right to seek asylum to people 'who owing to well founded fear of being persecuted for reasons of race, religion, nationality, membership of a particular social group or political opinion, is outside the country of his [sic] nationality'. Persecution on grounds of sex is not included, and to gain refugee status, women must claim that they have suffered rape, sexual assault or other violations as a result of membership of one of the categories listed by the Convention. The Convention has been subject to a variety of interpretations by European states, particularly in relation to the claims of women asylum seekers.

Canada, the USA and Australia have all issued official guidelines on gender persecution in relation to asylum claims. The response in Europe has been limited, although the European Parliament called for persecution of women to be recognized as grounds for asylum as long ago as 1985. Others have argued for women to be classified as a 'social group' for asylum purposes (Adjin-Tettey 1997). Applicants would need to show they had suffered serious harm as a result of their sex in the same way as applicants basing their claim on membership of other social groups. The courts have sometimes recognized more narrowly defined 'social groups'. A British judge ordered an immigration tribunal to hear the case of a woman who feared stoning for adultery on the grounds that she was a member of a social group (women accused of adultery) within the meaning of the Convention (Refugee Council 1997: 5). In spite of harmonization in other areas of asylum law within Europe, however, there are no generally agreed guidelines on these issues, and decisions are left to individual judges.

The process of claiming refugee status is ostensibly gender neutral, but the law does not recognize or respond specifically to women's experiences. At its root is an ideology which makes a sharp distinction between public and private spheres with women's role viewed as being primarily within the private, domestic sphere (Crawley 1997). Politics is seen as public and predominantly male. Women's political activity, particularly in states where social norms restrict women's movements, is often in informal social movements not always recognized as 'political'. Women are thus rarely seen as political actors in their own right and therefore as potential Convention refugees.

The Justice and Home Affairs Council of the EU meeting in 1995 stressed that 'persecution is generally the act of a state organ' (cited in JCWI 1997: 80–1). This interpretation, not yet accepted by individual states, poses particular dangers to women asylum seekers, who are more likely to suffer non-state persecution. This would affect asylum seekers from countries such as Somalia, where there is no effective government, and Algeria, where sexual violence is perpetrated against women by non-state organizations. The French government has recognized non-state persecution in new guidelines, but the definition is extremely restricted.[13] The British government has placed a moratorium on the deportation of asylum seekers from Algeria, although it continues to detain many on entry.

Women asylum seekers who arrive with their husbands are generally classified as dependants. A study in Germany suggests that this reinforces 'existing power relations in the home country and allows these to continue in Germany' (Polzer 1995). Organizations representing refugee women in Britain claim that many are unwilling to report domestic violence for fear of jeopardizing an asylum application.[14] The British Refugee Council claims that many male refugees turn to alcoholism and domestic violence (Refugee Council 1997: 7).

Current policies aimed at deterring asylum seekers are producing increasing differentiation between groups of asylum seekers in relation to income and access to accommodation, with a growing number of asylum seekers having insecure legal and social status.[15] In most states asylum seekers are not allowed to work initially. A study for the Danish Refugee Council found that many asylum seekers work illegally, particularly in Greece, Italy and Portugal where limited funds are available (Liebaut and Hughes 1997). In Britain benefits have been withdrawn for in-country asylum applicants and those taking their case to appeal, leading to homelessness and poverty (Carter 1996). The 1996 Asylum and Immigration Act made it an offence to employ a person with 'no immigration entitlement to work', while in France it is a criminal offence to 'give assistance' to *sans papiers* – those without papers and therefore without a legal right to remain. These measures have diverted the efforts of refugee communities towards dealing with immediate needs for food and shelter rather than long-term strategies for resettlement.

The small minority of asylum seekers granted Convention status have most of the same formal rights as nationals but their precarious economic status means that in practice access to these rights is often restricted. Unemployment remains extremely high, even after several years of settlement (Liebaut and Hughes 1997). Barriers to the labour market are particularly strong for women, especially those with children (Sales and Gregory 1996; Bhavani 1997). Welfare benefits in most European states are based largely on contributions through employment, so that the level of benefits obtained by refugees is unlikely to exceed the bare minimum.

Conclusion

European integration has created a momentum towards ever tighter restrictions on the entry of outsiders, a project eagerly taken up by many state and regional authorities within the EU. There has been no parallel move to harmonize standards in relation to the rights of migrants and asylum seekers, in spite of the various international conventions and resolutions on these issues. While 'traditional' family structures are increasingly breaking down as more women become economically independent of men and more people live outside marriage relations, immigration rules have enforced an ever stricter adherence to formal marriage as the basis for migration.

The experience of migrant women within Europe has become more diversified. While increasing numbers are to be found in low-skilled and casualized work situations, many are also in skilled and professional occupations. European integration is however producing a growing divergence between the rights of EU migrants and those from third world countries, with a trend towards greater insecurity and casualization of work conditions.

Our discussion has concentrated on the conditions of entry to European states which have major implications for access to social, political and economic rights within Europe. Social exclusion is increasingly linked to formal citizenship status as well as to migrants' conditions of residence. The intersection of these different forms of exclusion, and their specific gendered effects, have been inadequately recognized both in the theorization of exclusion and in empirical research. These concerns are central to any agenda for extending women's rights in Europe.

Notes

1. See for example a report commissioned by the European Women's Lobby, *Confronting the Fortress: Black and Migrant Women in the European Union* (1995).
2. Family reunion refers to family members joining a settled migrant; family formation involves fiances entering to form a new family. This category includes women using commercial systems of introduction for the purpose of marrying a foreign national.
3. The Schengen Convention was signed in 1985 in anticipation of the European Single Market. It now includes nine EU states. Schengen's decisions are subject to ratification by member governments but its agenda-setting and decision-making procedures are not under democratic control (Refugee Council, 1993).
4. This change increases the power of the European Commission, Parliament and Court of Justice in relation to policy initiatives, but acceptance of any new guidelines remains with individual member state governments.
5. The concept of social exclusion provides a useful framework for the particular issues discussed in this article, but we reject its use to replace concern with poverty and exploitation, particularly in the ideology and policies of 'New Labour' in Britain.

6. In 'dual labour market' theory, primary employment is defined as permanent, high-status and skilled involving a 'career'; secondary employment is casualized, classified as low skilled and involves no career prospects.
7. See for example *Built Environment* (1994) and *New Community* (1996).
8. Interview with Margaret Ilin (January 1997).
9. *Le Monde* (August 1997).
10. *Le Monde* (19 December 1997: 7).
11. *Le Monde* (19 December 1997: 7).
12. This includes asylum seekers and those granted refugee status.
13. *Le Monde* (17 December 1997: 9).
14. Member of the Refugee Women's Association speaking at a workshop on domestic violence, seminar on Refugees and Housing organized by Hackney Refugee Training and Advice Consortium (HARTRAC), 21 November 1996.
15. For more details see Duke *et al.* (1998).

References

Adjin-Tettey, E. (1997) 'Defining a particular social group based on gender', *Refuge* 16 (4): 22–5.

Anderson, B. (1997) 'Servants and slaves: Europe's domestic workers', *Race and Class* 39 (1): 37–49.

Bergman, J. (1995) 'Social exclusion in Europe: Policy context and analytical framework', in G. Room (ed.) *Beyond the Threshold. The Measurement and Analysis of Social Exclusion*, Bristol: The Policy Press.

Bhavani, R. (1997) *Black and Minority Ethnic Women in the Labour Market in London: First Major London Review,* London: Fair Play.

Bohning, W. (1984) *Studies in International Migration*, London: Macmillan.

Bruegel, I. (1998) 'Globalisation, feminisation and pay inequalities in London and the UK', in J. Gregory, A. Hegewisch and R. Sales (eds) *Women, Work and Equality: The Challenge of Equal Pay in a Deregulated Market*, London: Macmillan.

Built Environment (1994) 'A rising European underclass' (special issue) 20: 3.

Burgers, J. and G. Engbersen (1996) 'Globalization, migration and undocumented immigrants', *New Community* 22 (4): 619–35.

Calman Report (1993) *Hospital Doctors: Training for the Future. Report of the Great Britain Working Group on Specialist Medical Training*, London: Department of Health.

Carter, M. (1996) *Poverty and Prejudice: A Preliminary Report on the Withdrawal of Benefit Entitlement and the Impact of the Asylum and Immigration Bill*, London: Refugee Council.

Castles, S. and R. Miller (1993) *The Age of Migration: International Population Movements in the Modern World*, London: Macmillan.

Crawley, H. (1997) *Women as Asylum Seekers: A Legal Handbook*, London: Immigration Practitioners' Association and Refugee Action.

Duke, K., R. Sales and J. Gregory (1998) 'Refugee resettlement in Europe', in A. Bloch and C. Levy (eds) *Refugees, Citizenship and Social Policy in Britain and Europe*, London: Macmillan.

Esping-Andersen, G. (ed.) (1993) *Changing Classes: Stratification and Mobility in Post-Industrial Societies*, London: Sage.

European Women's Lobby (1995) *Confronting the Fortress: Black and Migrant Women in the European Parliament*, Women's Rights Series, E2, Luxembourg: European Parliament.

Falga, B., C. Wihtol de Wenden and C. Leggewie (eds) (1994) *Au miroir de l'autre: De l'immigration à l'intégration en France et en Allemagne*, Paris: Les Editions du Cerf.

Fekete, L. (1997) 'Blackening the economy: the path to convergence', *Race and Class* 39 (1): 1–17.

Fekete, L. and F. Webber (1994) *Inside Racist Europe*, London: Institute of Race Relations.

Forbes Martin, S. (1992) *Refugee Women*, London: Zed Books.

Goodwin-Gill, G. (1989) 'International law and human rights: Trends concerning international migrants and refugees', *International Migration Review* 23 (3): 526–46.

Hammar, T. (1990) *Democracy and the Nation State*, Aldershot: Avebury.

Home Office (1997) 'Asylum statistics United Kingdom 1996', *Home Office Statistical Bulletin* 9 (97).

Hu Khoa, L. and J. Barou (1996) 'Connaissances et usages du dispositif d'acceuil par les familles regroupées', *Migrations Etudes* 68.

JCWI (Joint Council for the Welfare of Immigrants) (1993) *The Right to Family Life for Immigrants in Europe*, London: JCWI.

JCWI (1997) *Immigration, Nationality and Refugee Law Handbook: A User's Guide*, London: JCWI.

Kloosterman, R. (1996) 'Mixed experiences: Post industrial transition and ethnic minorities on the Amsterdam labour market', *New Community* 22 (4): 637–53.

Kofman, E. (1998) 'Gender, rights and migrants in the European Union', in T. Fenster (ed.) *Gender, Planning and Human Rights*, London: Routledge.

Kofman, E. and R. Sales (1992) 'Towards fortress Europe? Gender implications of 1992', *Women's Studies International Forum* 15 (1): 29–39.

Kofman, E. and R. Sales (1996) 'The geography of gender and welfare in Europe', in D. Garcia Ramon and J. Monk (eds) *South and North: Women's Work and Daily Lives in the European Community*, pp. 31–60, London: Routledge.

Kuttner, S. (1997) 'Gender-related persecution as a basis for refugee status: The emergence of an international norm', *Refuge* 16 (4): 17–21.

Lahav, G. (1996) 'International vs. national constraints in family reunification migrant policy: A regional view from Europe', paper presented at the Annual Conference of International Studies Association, San Diego.

Leidholdt, D. (1996) 'Sexual trafficking of women in Europe: A human rights crisis for the European Union' in R. Elman (ed.) *Sexual Politics and the European Union*, pp. 83–96, Oxford: Bergahn.

Liebaut, F. and J. Hughes (1997) *Legal and Social Conditions for Asylum Seekers and Refugees in Western European Countries*, Copenhagen: Danish Refugee Council.

Lutz, H. (1997) 'The limits of European-ness: Immigrant women in fortress Europe', *Feminist Review* 57: 93–111.

Marshall, T.H. (1950) *Citizenship and Social Class*, Cambridge: Cambridge University Press.

Miles, R. and V. Satzewich (1990) 'Migration, racism and "postmodern" capitalism', *Economy and Society* 19 (3): 334–58.

Miles, R. and D. Thranhardt (eds) (1995) *Migration and European Integration: The Dynamics of Inclusion and Exclusion*, London: Pinter.

Morokvasic, M. (1984) 'Birds of passage are also women', *International Migration Review* 18 (4): 886–907.

Morokvasic, M. (1993) 'In and out of the labour market: immigrant and minority women in Europe', *New Community* 19 (3): 459–84.

Morris, L. (1997) 'A cluster of contradictions: The politics of migration in the European Union', *Sociology* 31 (2): 241–59.

New Community (1996) Special issue on 'Globalisation and ethnic divisions in European cities', 22 (4).

NHS (National Health Service) (1996) *Annual Census of Employment*, London: HMSO.

Osaki, K. (1997) 'When refugees are women: Emergence of the issue on the international agenda', *Refuge* 16 (4): 9–16.

Polzer, C. (1995) 'Country profile: Germany', in European Women's Lobby (eds) *Confronting the Fortress*, Women's Rights Series, E2, Luxembourg: European Parliament.

Refugee Council (1993) *Europe: Harmonisation of Asylum Politics*, Factsheet 3, London: Refugee Council.

Refugee Council (1997) *Women Refugees: Briefing Paper*, London: Refugee Council.

Room, G. (1995) *Beyond the Threshold: The Measurement and Analysis of Social Exclusion*, Bristol: The Policy Press.

Rossiter, A. (1991) 'Bringing the margins into the centre: A review of aspects of Irish women's emigration' in S. Hutton and P. Stewart (eds) *Ireland's Histories: Aspects of State, Society and Ideology*, pp. 223–42, London: Routledge.

Rudolph, H. (1996) 'The new Gastarbeiter system in Germany', *New Community* 22 (2): 287–300.

Sales, R. and J. Gregory (1996) 'Employment, citizenship and European integration: The implications for ethnic minority women', *Social Politics* 3 (2/3): 331–50.

Sales, R. and J. Gregory (in press) 'Refugee women in London: The experiences of Somali women', *Refuge*.

Salt, J. (1995) 'International migration report', *New Community* 21 (3): 443–64.

Samers, M. (1998) 'Immigration, "ethnic minorities" and "social exclusion" in the European Union: A critical perspective', *Geoforum* (special issue on Exclusion).

Sassen, S. (1991) *Global Cities. New York, London, Tokyo*, Princeton, NJ: Princeton University Press.

SBS (Southall Black Sisters) (1997) 'The one year immigration rule a stark choice: Domestic violence or deportation?', *National Women's Network Newsletter* July/August.

SOPEMI (1997) *Trends in International Migration Annual Report 1996*, Paris: OECD.

Soysal, Y. (1994) *Limits of Citizenship: Migrants and Postnational Membership in Europe*, Chicago, IL: University of Chicago Press.

Soysal, Y. (1996) 'Changing citizenship in Europe: Remarks on postnational membership and the national state' in D. Ceserani and M. Fulbrook (eds) *Citizenship, Nationality and Migration in Europe*, pp. 17–29, London: Routledge.

Summerfield, H.(1993) 'Patterns of adaptation: Somali and Bangladeshi women in Britain in G. Buijs (ed.) *Migrant Women Crossing Boundaries and Changing Identities*, pp. 83–98, London: Berg.

Tacoli, C. (1998) 'Just like one of the family? Filipino migrant domestic workers in Italy in the 1990s' in J. Gregory, A. Hegewisch and R. Sales (eds) *Women, Work and Equality: The Challenge of Equal Pay in a Deregulated Labour Market*, London: Macmillan.

Tribalat, M. (ed.) (1991) *Cent ans d'immigration: étrangers d'hier, français aujourd'hui*, Travaux et Documents, Cahiers 131, Paris: INED.

Tribalat, M. (1996) 'Chronique de l'immigration', *Population* 1: 141–96.

UNHCR (United Nations High Commission for Refugees) (1995) *Sexual Violence against Refugees*, Geneva: UNHCR.

Conclusion to Part One

The essays in this part have focused upon the shifting nature of boundaries and borders in contemporary Europe. They have emphasized different issues and different contexts but have each presented similar challenges for comparative social policy. Some of these challenges are summarized here as a series of questions which can be used to interrogate further the meaning and significance of policy making in Europe and the European Union.

(1) In what ways do the geo-political, moral and social borders and boundaries of Europe differ?
(2) What are the implications of these differences for the study of European welfare systems?
(3) How do gendered and racialized questions about citizenship and migration unsettle attempts to construct a European identity and sense of belonging?
(4) How might comparative social policy analysis address the seeming paradox that Europe is the site of both deepening social inequality and widening political and economic integration?

Part Two

UNSETTLING CATEGORIES AND METHODS

Introduction

This part extends the analytical 'unsettling' begun in part one by raising issues for comparative social policy about its established categories and methods of analysis. Three main areas are explored in these essays, each of which indicates the analytical closures and omissions that result from the comparative social policy orthodoxy and even from some feminist or marxist analyses.

The first of these areas focuses on the issue of conceptual categories. In different ways and more or less explicitly, all four essays discuss the need for comparative social policy to develop conceptual categories and frameworks capable of capturing and analysing the multiple social divisions and forms of belonging that characterize European welfare regimes. Whether the focus of an individual essay is a single or multiple axis of social differentiation they all emphasize that more is required than the addition of a new dimension to an otherwise unchanged analytical framework. They point to the need for expanded and deepened conceptual frameworks that draw across intellectual and methodological boundaries. The specificities of forms of social difference and inequality would be explored and then analysed in the context of their mutually constitutive intersections with other forms of social difference and inequality.

The second area focuses on a distinct but related issue of excavating the assumed empirical referents of categories such as 'gender' or 'family' and then restoring to the frame of analysis those social subjects that are excluded from view. Empirically this is necessary if we are to return to the field of social policy investigation some of the categories of persons that are treated as either a discrete social group (such as children), or only relevant to investigation of certain kinds of social problem or welfare site. Theoretically this is necessary if we are to understand that all social distinctions and identities are formed relationally and that these relationships should inform analyses of any aspect of the social relations of welfare. For example, 'families' need to be understood as diverse in structure and composition but also as being constituted through and expressive of multiple dynamics of differentiation and belonging.

The third area points to the theoretical enrichment that can result from drawing on a diverse range of intellectual resources conventionally thought of as outside the scope of comparative social policy analysis. Thus cultural analyses of informal patterns and practices of care can offer much to the understanding of not only national variations in these patterns and practices but also the forms of negotiation of gender and age relations between domains marked as private and those marked as public.

5

Gendering Dimensions of Welfare States

Diane Sainsbury

Mainstream typologies of welfare states fail to provide much indication of what sort of variations might be important to women, and the dimensions of variation discussed offer few clues. Inherent in much mainstream thinking no doubt is the assumption that the impact of welfare states is roughly the same for men and women. A further obstacle to considering differential benefits according to sex appears to have been underlying assumptions about the superiority of the institutional model and the social democratic welfare state regime. Protagonists of the institutional model seem to have thought that massive state intervention in welfare provision would automatically benefit most people, including women. One of the most telling examples of this sort of reasoning is Esping-Andersen's categorization of the Netherlands as a social democratic welfare state regime. Similarly, the definition of the fundamental goals of the institutional model as redistribution and equality easily reinforces the supposition of similar welfare outcomes for both sexes. In any event, certain variations, unrelated to the amount of state involvement, work either to the advantage or disadvantage of women. The small amount of information on women in the mainstream literature also causes one to wonder how suitable mainstream models and typologies are for analysing welfare states and gender. Can these models and typologies be used or must we formulate new ones?

To answer these questions I have adopted a two pronged strategy. The first consists of examining feminist scholarship and its critique of mainstream literature in search of gender relevant dimensions of variation. Drawing on this literature, I identify several dimensions and outline two polar ideal types of social policy. This prong of the strategy seeks to set apart the gender relevant dimensions from those of the mainstream school in order to explore eventually the interplay between them.

The second prong aims at a synthesis of the feminist and mainstream perspectives by combining their insights concerning the bases of entitlement. So far mainstream research has focused on a threefold categorization: need, work performance, and citizenship. Feminists have directed their attention to rights derived from wives' status as dependants within the family and from motherhood. So far there has been little effort in the literature to integrate *all* these bases of entitlement into the analysis and examine their implications for women's and men's social rights.

Feminist perspectives on the welfare state

By applying the prism of gender to social phenomena and making women the focal point of analysis, feminist scholarship has opened up new perspectives and has called attention to deficiencies in a variety of social theories. The emphasis on gender represents a challenge to much social science research because it calls for the explicit inclusion of both sexes in the analysis, whereas previously the unit of analysis was usually either the individual or various collectivities. Although these units of analysis have formally been neutral with respect to the sexes, underlying assumptions about these units frequently took men as their point of departure – as typified by notions such as economic man, or the 'worker' as the average industrial male worker, and industrial workers as the core of the working class. In such instances, the inclusion of women in the analysis can create problems since existing assumptions do not necessarily pertain to women: but their inclusion can offer new insights.

In the case of the welfare state, feminist scholarship has made several major contributions. First and foremost, feminists have endeavored to bring gender into the analysis by focusing on women and their relationship to the welfare state. This focus has been necessary since women have been invisible in so much of the mainstream writing on the welfare state, which has concentrated on individuals, households, occupations, classes, or generations. The relationships of women to the welfare state have been conceptualized in a variety of ways. According to one prominent view, women are primarily *objects of policy*. They are 'policy takers' or recipients, and their relationships to the welfare state have been primarily analysed in terms of dependency and social control. Along similar lines, an important body of literature details how welfare state policies have reinforced the position of married women as dependants of their husbands.

Other analytical perspectives, adopting the categories of 'claims' (Peattie and Rein 1983) and 'statuses' (Hernes 1984) as focal points, have transformed women into claimants and actors, as well as pointing to the complexities and multiplicity in women – state relationships. In conceptualizing women's relationships to the state, Helga Hernes has concentrated on their status as citizens, employees, and clients. Briefly, she discusses women *qua* citizens in terms of influencing issues and holding positions of power, women *qua* employees with the state as a major employer, and women *qua* clients in their role as mothers and a larger proportion of the elderly and sick (1984, 1987). This conceptualization has been supplemented with an additional category, i.e. women as consumers of public services, specifically to differentiate women in this position from that of clients. It is further argued that this is of crucial significance to women, and that 'a strong public service sector seems to be one precondition for avoiding becoming solely dependent on the state as clients' (Borchorst and Siim 1987: 146). Finally, studies have examined women's relationships to the welfare state in their capacity as mothers (e.g. Lewis 1980; Borchorst and Siim 1984; Leira 1992; Bock and Thane 1991; Koven and Michel; 1990, 1993).

Second, feminists have examined how social programs and social rights have been gendered. They have analysed the effects of program rules in advantaging or disadvantaging the sexes in social provision. Central to their analysis is an examination of how formal employment – paid work – results in better welfare state entitlements than informal caring – unpaid work. The traditional division of labor between men as earners and women as carers produces a gender differentiation of social rights and benefit levels.

Recent scholarship has turned to the origins of the welfare state and the patterns of development of social programs catering to male and female beneficiaries. Taking workmen's compensation and mothers' aid as contrasting cases, Barbara Nelson argues that these programs were instrumental in the development of a two tier welfare state in the USA (Nelson 1990; Orloff 1991). In a monumental study Theda Skocpol (1992) seeks to unravel the puzzle of the differing fates of 'paternalist' and 'maternalist' versions of social policy in the USA during the first two decades of the twentieth century. Why did the USA fail to adopt social insurance schemes benefiting men, but introduce protective labor legislation for women, mothers' pensions, and public clinics for children and infants?

Third, feminists have also demonstrated how key mainstream conceptions and assumptions are gendered in the sense that they are primarily rooted in the experiences of men. That T.H. Marshall's famous discussion of social citizenship – defined as social rights ranging from a social minimum to a full share in the social goods and standards prevailing in the society (1950: 11) – clearly referred to men is apparent from his description of the sequence in the attainment of civil rights, political rights, and social rights (cf. Hernes 1984; Gordon 1990) and his designation of 1918 as the date of the recognition of universal political citizenship. He explicitly states that the adoption of manhood suffrage represented the achievement of universal political rights (1950: 20–1). More importantly, Marshall's conception of social citizenship is laden with patriarchal implications by upholding a division between the public and private spheres. For Marshall, citizenship is a status bestowed on those who are full members of the community and entails equal rights and duties (1950: 28–9). Social rights stem from contributions in the public sphere, and the entitlements of women in the private sphere are via their husbands (see Pateman 1988).

The concept of 'decommodification' – one of the key dimensions of variation underlying Esping-Andersen's regime typology – is similarly problematic. Esping-Andersen describes decommodification as occurring 'when a person can maintain a livelihood without reliance on the market' (1990: 21–2). The concept is grounded in the idea that labor is a market commodity, and that workers must sell their labor in order to make a living. The true measure of the quality of social rights, according to Esping-Andersen, is decommodification – emancipation from dependence on the market. As many feminists have objected, decommodification scarcely addresses the situation of women who perform unpaid labor in the home, and the conditions for their emancipation (Hobson 1991; Lewis 1992a; Orloff 1993). Esping-Andersen also indiscriminately applies decommodification to both individuals and families; but for women it is vital whether benefits are tied to the individual or the family. When the family is the unit of benefits, the head of the household is usually the recipient (Borchorst 1994). The disconcerting nature of decommodification in its current conceptualization is made clear by Esping-Andersen's empirical analysis. According to his empirical measures, the Netherlands ranked among the leaders in terms of social rights in the early 1980s by virtue of its 'superior performance on decommodification' (1990: 53). This ranking is based on men and households but, as we shall see, requires substantial qualification in the case of women (see Bussemaker and van Kersbergen 1994).

Fourth, in contrast to mainstream analysis which has stressed economic processes – especially industrialization – as a crucial determinant in the formation of the welfare state, feminists have emphasized the interrelationships between the family, the state, and the market in structuring the welfare state. Mainstream analysis, especially convergence theory, has viewed the emergence of the welfare state as a functional response to industrialization and the modernization of the economy. Only indirectly has the family been included through the acknowledgment that industrialization produces changes in 'primary groups,' altering the pattern of needs and making the family and its members more vulnerable (e.g. Wilensky and Lebeaux 1958; Uusitalo 1984).

In typologies and models of social policy the place of the family in the provision of welfare has fallen into obscurity. Although the family is a key institution in the residual model, a unilinear logic of development envisioning an inevitable transition from the residual to the institutional model has relegated the family to insignificance. The family is totally ignored in the work performance model and the institutional model. With its emphasis on state provision the institutional model overlooks the role of women in care work and human services. One of the most influential discussions of institutional welfare states (Esping-Andersen and Korpi 1987) completely glosses over the care sector. Despite the authors' emphasis on universal access to public services as a distinctive characteristic of institutionalized welfare states, they only discuss employment services. The institutional model further implies an unlimited expansion of public services which has yet to be realized, and the result is an informal sector where women fill in (Leira 1989, 1992).

Rather belatedly, Esping-Andersen (1990) has acknowledged the importance of interrelationships between the state, market, and family. He claims that these interrelationships constitute a dimension of variation underlying his threefold typology of welfare state regimes (21, 26–8). However, the family is entirely missing in his discussion of the liberal welfare state regime, but state–family relationships do figure in his accounts of the conservative and social democratic welfare state regimes. According to Esping-Andersen, the conservative regime is typified by a lack of day care and family services, the exclusion of non-working wives from social insurance schemes, and the principle of subsidiarity which limits state interference to 'when the family's capacity to service its members is exhausted'. This contrasts with the social democratic regime where individual independence is enhanced by socializing the costs of the family. Despite these sound observations, there is little evidence of them in the remaining analysis of welfare state regimes. Instead, Esping-Andersen concentrates on the state–market nexus as it affects decommodification, the stratification of benefits – notably without any reference to sex – and the impact of welfare states on employment. In keeping with the mainstream preoccupation with paid market labor, Esping-Andersen analyses women mainly as workers (1990: chapter 8).

By contrast, feminists have mainly focused on the dynamics and the shifting boundary between the private and public spheres, that is, both their interdependence and separation. While mainstream analysis has equated the public with the state and the private with economic enterprises and the market, feminists often draw the lines differently: the public sphere encompasses the state and civil society and the private sphere is the family. A significant change in state–family relations is the extent to which tasks of reproduction and socialization, formerly activities of the family, have increasingly become functions of the public sector. As aptly put by Helga Hernes, the issue is the degree to which caring tasks and reproduction work, previously done in the home, have gone public (Hernes 1984: 34–5, 1987: 39).

A final contribution has been to raise the issue of the distributional effects of the welfare state with respect to women and men – an area neglected by mainstream analysis which has concentrated on redistribution as it affects classes, occupational groups, generations, or other categories of individuals or households. In a similar vein, feminists have sought to analyse the male/female composition of the poor. Studies of the poor in the USA and elsewhere have called attention to the 'feminization of poverty' in the 1980s arising from the increase in families headed by single women – either unmarried or divorced – and the overrepresentation of women among the elderly and especially among the very old. However, as pointed out by feminist historians, a predominance of women and children in poverty is not a new phenomenon (Lewis and Piachaud 1987; Abramovitz 1988; Gunnarsson 1990: 30–1). Besides documenting these aspects, feminists have sought to uncover the mechanisms behind female poverty (see Glendinning and Millar 1987) and distributional patterns.

Despite these contributions, three features of feminist thinking seem to have initially impeded a consideration of the implications of welfare state variations for women and a borrowing from the literature on typologies of welfare provision. First, many feminists have been profoundly suspicious of both the state and the welfare state. From differing perspectives, radical and neo-marxist feminists have viewed the state as a force maintaining a patriarchal society. At bottom, these views share the conception of the state as an instrument of repression, as illustrated by the following quotation: 'social welfare policies amount to no less than the State organization of domestic life. Women encounter State repression within the very bosom of the family' (Wilson 1977: 9). Similarly, the welfare state has been viewed as reproducing the traditional social division of labor between the sexes. The notion that the prime function of the welfare state is social control has also colored much of feminist writing on the welfare state.

A wholly negative view was called into question as too simplistic, and this perspective was subsequently replaced by an ambivalent position which either recognized the state as a non-determined entity or that certain state policies had positive effects for women. For example, Helga Hernes alternatively describes the Scandinavian state form as a 'tutelary state for women' because of its corporatist nature and as a 'women-friendly state' or a potentially women-friendly state

(1987: 15, 135–7). Similarly, Carole Pateman acknowledges that even in the patriarchal welfare state certain measures have promoted women's independence (Pateman 1988).

The current trend, however, has been toward a more thorough consideration of the ways in which policy interventions can advance women's concerns through altering the gendered division of labor and reducing inequality between the sexes. The emancipatory potential of welfare state policies has been increasingly emphasized and related to the goals of women's autonomy *vis-à-vis* the family and the economy (Eduards 1988, 1990; Bussemaker 1991; Orloff 1993; O'Connor 1993). This endeavor has also been spurred by the desire to empty Esping-Andersen's conception of decommodification of its male bias. Ann Orloff has argued that decommodification as a measure of the quality of social rights needs to be complemented by two additional dimensions: *'access to paid work'*; and *'the capacity to form and maintain an autonomous household'* (italics original) (1993: 318–19). The capacity to form and maintain an autonomous household underscores women's freedom to enter and exit from marriage and cohabitation. As Ruth Lister notes, however, this formulation glosses over the ability to achieve financial autonomy within marriage (1994b: 33). Drawing a parallel with decommodification, she suggests 'defamilialization' as a criterion for evaluating social rights. Lister defines defamilialization as 'the degree to which individual adults can uphold a socially acceptable standard of living, independently of family relationships, either through paid work or social security provision' (1994a: 37 and 1994b: 32).

Second, the feminist project has had the noble aim of ending women's oppression, and its stance has been to provide a critique of society. A potential danger is the possibility of a mirror image which, despite a critical posture, accepts certain original underlying assumptions. In emphasizing the victimization and powerlessness of women, feminists run the risk of underestimating women as agents of change and their influence. Similarly, in a brilliant critique of the liberal political tradition, Pateman challenges the idea that concepts such as the individual and citizenship are universal (1988, 1992). She argues that these concepts have solely pertained to men and their extension to women can only make women into lesser men. However, her discussion is rooted in T.H. Marshall's assumptions of social citizenship where rights are accorded as a result of fulfillment of the duty to work (1950: 78).

In some cases, feminists propose to jettison concepts because of the way male scholarship has gendered them. Comparative analysis can offer a means of reclaiming concepts that have been gendered in a specific way by exposing the ethnocentric limitations underlying their central assumptions. For example, comparativists have pointed out the country specific nature of Marshall's description of the sequence in the development of civil rights, political rights, and social rights. His gendered analysis of citizenship has yet to be put to the test of a cross-national scrutiny.

Third, perhaps because of the ubiquity of male domination, feminist theories have often been cast in a universal idiom, and this seems to be particularly the case in feminist thinking on the state and the welfare state. In earlier scholarship there was a general neglect of the importance of national contexts as a variable; yet ironically specific national contexts have had a major effect on theorizing. On the one hand, analysis has been dominated by the experiences of a few countries, most of which are in the English speaking world. As a result, national traits and particularisms have been portrayed as generalities and universal givens. Certain attributes have been conceived as intrinsic features of the welfare state rather than possible variations of welfare states. On the other hand, since so few rigorous comparisons have been made, a basic problem is that we really do not know what the differences and similarities are between various welfare states with respect to their impact on women and men, and this ignorance tends to reinforce a generic approach based on theorizing founded upon the experience of individual countries.

In summary, several feminists have stressed the interplay between the public and the private and the necessity of viewing welfare provision in terms of a public–private mix (Hernes 1987; Leira 1992). They have criticized the public–private split assumed by the models and their concentration on market–state relations at the expense of the interrelationships between the family, state, and market. Feminists call for an examination of both paid work and unpaid work inside and outside the home. Since the focus of the models has been on the extent of state responsibility in welfare provision, they are poorly equipped to deal with other welfare providers or 'sectors' of provision. Second, feminists have emphasized the necessity of examining how the public sector in providing employment and services affects the situation of women. However, the models pay little attention to the distinction between benefits as cash transfers and benefits in kind in the form of services. In fact, in Ramesh Mishra's version (1977) the two are combined as a single dimension of variation. On the whole, mainstream analyses have highlighted social insurance benefits and income maintenance policies, while downplaying services. Third, feminists have underlined the importance of ideology in shaping welfare policies but they have cast light on a completely different set of values than the residual and institutional models. Rather than ideologies of state intervention or distribution, feminists have made familial and gender ideologies pivotal to the analysis of the welfare state. Fourth, feminists have sought to redefine the emancipatory potential of welfare state policies so that they also accommodate women.

Gender relevant dimensions of variations

One intriguing question is whether mainstream models and typologies are adequate for analysing welfare state variations and gender. Is the dearth of information about women and welfare states in the mainstream literature simply the result of a lack of interest in gender and a failure to apply mainstream constructs to the sexes? Or are mainstream models and typologies ill designed to deal with gender? I believe that applying the mainstream models and typologies to an analysis of women and men would produce valuable insights, but that the models are fundamentally lacking.

In large measure, the feminist critique has indicated what is problematic. To eliminate the problematic aspects of mainstream constructs it is necessary to reconceptualize gendered concepts and assumptions so that they are applicable to both women and men. Feminist criticisms also suggest how mainstream models and typologies are lacking. The essential points in these criticisms can be formulated as gender relevant dimensions of variation. For the most part, feminists have tended to formulate their criticisms as generalizations relevant to all welfare states or as intrinsic features of the welfare state. Instead I propose to recast these generalizations as possible welfare state variations – as gender relevant dimensions of variation.

Implicit in the feminist critique are a number of dimensions of variation. They consist of the type of familial ideology; its influence on social policy in terms of the unit of benefits and contributions and the nature of entitlement; its influence in other policy areas reinforcing the actual division of labor within the family; the boundary between the public and private spheres; and the degree to which women's caring work is paid or unpaid.

As a heuristic exercise these dimensions are presented as contrasting ideal types: the male breadwinner and the individual models of social policy. The dimensions of the models are the variables that I am interested in comparing cross-nationally in an empirical analysis of policy constructions and women's and men's social rights. However, I do not assume that the ideal types will be replicated in reality or that variations across countries necessarily follow the logic of the models. Ideal types posit the co-occurrence of several defining attributes. By contrast, empirical analysis makes no such assumptions and is investigative. Accordingly the purpose of this analysis is to ascertain to what extent the four countries vary in terms of the dimensions in Table 5.1.

In the male breadwinner model, the familial ideology celebrates marriage and a strict division of labor between husband and wife. The husband is the head of the household, and it is his duty to provide for the members of his family – his wife and children – through full-time employment. The duties of the wife are to make a good home and

Table 5.1 Dimensions of variation of the male breadwinner and the individual models of social policy

Dimension	Male breadwinner model	Individual model
Familial ideology	Celebration of marriage	No preferred family form
	Strict division of labor	Shared roles
	Husband = earner	Father = earner/carer
	Wife = carer	Mother = earner/carer
Entitlement	Differentiated among spouses	Uniform
Basis of entitlement	Breadwinner	Citizenship or residence
Recipient of benefits	Head of household	Individual
Unit of benefit	Household or family	Individual
Unit of contributions	Household	Individual
Taxation	Joint taxation	Separate taxation
	Deductions for dependants	Equal tax relief
Employment and wage policies	Priority to men	Aimed at both sexes
Sphere of care	Primarily private	Strong state involvement
Caring work	Unpaid	Paid component

provide care for her husband and children. This division of labor is codified in family law, social and labor legislation, and the tax system. The unit of benefit is the family, and minimum benefits and pay embody the notion of the family wage. Entitlement is differentiated between husband and wife. Eligibility is based on breadwinner status and the principle of maintenance. Most wives' rights to benefits are derived from their status as dependants within the family and their husbands' entitlements. As a result, married women may lack individual entitlement to benefits. In its purest form, the family or household is also the unit of social insurance contributions and taxation. To compensate for the maintenance of his wife and offspring the family provider receives tax relief. The division of labor prescribed by familial ideology also affects wage and labor market policies – assigning priority to men's employment and earnings. The boundary between the private and public sphere is strictly enforced. Caring and reproduction tasks are located in the private sphere, primarily in the home, and this work is unpaid.

The familial ideology of the individual model, unlike the breadwinner model, has no preferred family form and it prescribes shared tasks in the family. Each adult is individually responsible for his or her own maintenance, and the father and mother share the tasks of financial support and care of their children. An essential basis of entitlement is citizenship or residence because it acknowledges that individuals have a variety of useful tasks in life not limited to paid work. It privileges neither earning nor caring and thus accommodates the shared tasks of earner and career. The unit of benefit, contributions, and taxation is the individual with no deductions or allowances for dependants. Labor market policies are aimed at both sexes. The boundary between the private and public spheres is fluid. Many reproductive tasks are performed in the public sector. Care, even in the home, can be paid work and provide entitlement to social security benefits.

Admittedly this presentation is skeletal, but it seems to me that there are a number of advantages of using this sort of analytic construct at the present stage of gendering welfare state analysis. The dimensions of variations are clearly spelt out. Earlier discussions of the male bread-winner model and the family wage have not always been very explicit on this point. For example, Jane Lewis and Ilona Ostner's typology (1991, 1994) seems to be based on a single underlying dimension – the strength of the male breadwinner model in terms of the traditional division of labor between the sexes and its implications for social enti-tlements. The resulting typology is 'strong', 'modified', and 'weak' male breadwinner states; and the final category – weak male breadwinner states – is especially problematic. It seems to indicate what a country's policies are not rather than what they are. An additional weakness, recently acknowledged by Lewis and Ostner (1994: 19), is that too many diverse countries can be classified as strong breadwinner states.

Furthermore, and perhaps an explanation of this difficulty, Lewis and Ostner's breadwinner model upon closer inspection consists of several variables or dimensions of variation that are assumed to be correlated. They are married women's entitlements via their husbands' social rights, married women's employment, and the availability of childcare services and generous benefits such as maternity pay. It also needs to be stressed that the ideal types in Table 5.1 are models of social policy, and that their influence on the actual division of labor between the sexes in the family and society is also a matter of empirical inquiry. Lewis and Ostner's typology tends to conflate cause and effect (Hobson 1994).

A further advantage of the models is their potential applicability. In principle the dimensions of variation presented above can be used to analyse the policies of any country over time. A family of nations approach or typologies based on the policies of specific countries (e.g. Langan and Ostner 1991) run the risk of their relevance being limited to those countries. The family of nations approach also down-plays differences between countries belonging to the same family, perhaps even preventing the detection of significant variations.

Finally, by isolating dimensions of variations related to gender it is possible to examine the interaction between these dimensions and the welfare state variations designated as important by mainstream analy-sis. This is more difficult, if not precluded, when the feminist and main-stream perspectives are compounded in single ideal types or policy regimes. For example, a strategy of combining certain elements affect-ing the provision of welfare for women and men with specific welfare state regimes results in *a priori* configurations, whereas the procedure here is open ended. It makes these relationships amenable to empirical investigation, and it allows us to revise and refine the models.

Bases of entitlement

The second prong in my strategy attempts to integrate insights from both feminist and mainstream research and move beyond the limitations of models based on polar ideal types. A major thesis of my work is that the basis of entitlement constitutes a crucial factor in determining whether social benefits and services contribute to women's autonomy or reinforce their dependence. Let us consider in more detail the basis of entitlement to benefits since this is one of the most important welfare state variations for women.

The mainstream models do not squarely address the issue of the bases of entitlement. Furthermore, a major drawback of the analytical construct of polar contrasting types is that it implies only two bases of entitlement. Nor do most of the other typologies and models discussed earlier explicitly make the basis of entitlement a dimension of variation. In fact, upon reflection, the bases or principles of entitlement are conspicuously absent as dimensions of variations in mainstream typologies and models.

However, both Titmuss's three-model typology and Esping-Andersen's welfare state regimes can be interpreted as suggesting that a distinctive criterion of eligibility undergirds each model or regime type. In the residual model and the liberal welfare state regime the basis of entitlement is need caused by inadequate economic and/or personal resources. In the industrial achievement-performance model and conservative corporatist welfare state regime, entitlement derives from labor market status. Eligibility is conferred through work, economic performance and earnings. To be eligible for benefits a person must be economically active, and frequently contributions and work tests are requirements. Finally, in the institutional redistributive model and the social democratic regime, the criterion is citizenship. Entitlement is viewed as a right stemming from citizenship and increasingly from residence.

As feminists have underlined, these criteria do not exhaust the bases of entitlement in the case of women. Instead, their entitlement has derived from their status as mothers and as wives. More generally parenthood provides a basis of entitlement, but welfare states differ substantially in granting benefits to mothers, fathers, and parents. Historically, a fundamental divide has been whether benefits have been accorded on the basis of the principle of care and awarded to the mother or the principle of maintenance and conferred upon the father. A final basis of entitlement permeates much social legislation with regard to married women, reflecting the traditional notion of the 'proper' division of labor between the sexes in the family. From a women's perspective, one of the most important welfare state variations is the extent to which a married woman's entitlement to benefits is via her husband or is influenced by her husband's benefits.

As in the case of mainstream research, feminist scholarship has often concentrated on a limited number of conditions of eligibility. Focusing on the gendered division of labor in the family, Lewis and Ostner's typology builds primarily on two bases of entitlement: as the breadwinner or an earner and as the dependant of a breadwinner. The reasoning which underlies their typology further assumes that the essential variation between welfare states is the extent to which women have been recognized as workers (Lewis and Ostner 1991, 1994; Lewis 1992a). In envisioning a woman-friendly postindustrial welfare state, Nancy Fraser (1994) devises two constructs – a universal breadwinner model promoting women's employment and a caregiver parity model providing care allowances. Because of her normative thrust and the professed undesirability of the male breadwinner model, her discussion skirts women's entitlement as wives. Barbara Hobson, analysing the situation of solo mothers, considers a wider range of forms of entitlement, and the claim structures of work, need, and parenting (Hobson 1994). But since the analysis is confined to a specific group whose entitlements in some cases are accorded because they are solo mothers, it is unclear to what extent her analysis is directly applicable to mothers and women in general. Finally, although the concept of social citizenship has been central to feminist scholarship during the past decade, it is striking how little entitlements based on citizenship have entered the discussion. Instead, citizenship or residence as a basis of entitlement has been overshadowed by other criteria of eligibility and the notions of the citizen worker and the citizen mother.

By contrast, a major argument of my work is that entitlements based on citizenship or residence are of particular importance to women. This form of entitlement has a special impact on family relationships and a stronger defamilializing potential than other principles of eligibility. Entitlements based on citizenship neutralize the influence of marriage on social rights. Benefits and services are not differentiated between husband and wife, and marital status does not affect entitlements. Also maternal benefits based on citizenship undermine the principle of maintenance and the family wage ideal. Equally important, entitlements based on citizenship and residence make no distinction between paid work and unpaid work, and in this way they undercut the gendering of social rights. Other principles of eligibility transmit the gendered division of labor into social rights. The principle of maintenance and the principle of care stem directly from the traditional division of labor between the sexes. Similarly, entitlements based on labor market status privilege paid work, failing to recognize the value of labor performed outside the market. Entitlements based on need often assist persons without paid work or social rights acquired from labor market participation, and paid work serves to disqualify individuals from this type of entitlement. In short, entitlements based on citizenship and residence can alter gender relations in social provision.

References

Abramovitz, Mimi (1988) *Regulating the Lives of Women: Social Welfare Policy from Colonial Times to the Present*, Boston: South End Press.

Bock, Gisela and Pat Thane (eds) (1991) *Maternity and Gender Policies: Women and the Rise of the European Welfare State, 1880s–1950s*, London: Routledge.

Borchorst, Annette (1994) 'Welfare state regimes, women's interests and the EC' in Diane Sainsbury *et al.* (ed.), *Gendering Welfare States*, London: Sage.

Borchorst, Annette and Birte Siim (1984) *Kvinder og velfoerdstaten. Mellam moderskab og lonarbejde i 100 år*, Aalborg: Aalborg University Press.

Borchorst, Annette and Birte Siim (1987) 'Women and the advanced welfare state – a new kind of patriarchal power?' in Anne Showstack Sassoon (ed.) *Women and the State*, London: Hutchinson.

Bussemaker, Jet (1991) 'Equality, autonomy and feminist politics', in Elizabeth Meehan and Selma Sevenhuijsen (eds) *Equality, Politics and Gender*, London: Sage.

Bussemaker, Jet and Kees van Kersbergen (1994) 'Gender and welfare states: Some theoretical reflections' in Diane Sainsbury (ed.) *Gendering Welfare States*, London: Sage.

Eduards, Maud (1988) 'Att studera ur ett könsperspektiv', *Statsvetenskaplig tidskrift*, 91 (3): 207–21.

Esping-Andersen, Gösta (1990) *The Three Worlds of Welfare Capitalism*, Cambridge: Polity Press.

Esping-Andersen, Gösta and Walter Korpi (1987) 'From poor relief to institutional welfare states', in Robert Erikson, Erik Jörgen Hansen, Stein Ringen and Hannu Uusitalo (eds) *The Scandinavian Model*, Armonk: Sharpe.

Fraser, Nancy (1994) 'After the family wage: Gender equity and the welfare state', *Political Theory* 44 (4): 591–618.

Glendinning, Caroline and Jane Millar (eds) (1987) *Women and Poverty in Britain*, Brighton: Wheatsheaf.

Gordon, Linda (1990) 'The new feminist scholarship on the welfare state', in Linda Gordon (ed.) *Women, the State and Welfare*, Madison: University of Wisconsin Press.

Gunnarsson, Evy (1990) 'Kvinnors fattigdom i valfärdsstaten', *Kinnovetenskaplig tidskrift*, 11 (2): 28–36.

Hernes, Helga (1984) 'Women and the welfare state: The transition from private to public dependence', in Harriet Holter (ed.) *Patriarchy in a Welfare Society*, Oslo: Universitetsforlag.

Hernes, Helga (1987) *Welfare State and Women Power*, Oslo: Norwegian University Press.

Hobson, Barbara (1991) 'Decommodification in gender terms: An analysis of Esping-Andersen's social policy regimes and women's social citizenship', paper presented at the Conference on Gender, Citizenship and Social Policy, New Orleans, Louisiana, 31 October 1991.

Hobson, Barbara (1994) 'Solo mothers, social policy regimes and the logics of gender' in Diane Sainsbury (ed.) *Gendering Welfare States*, London: Sage.

Koven, Seth and Sonya Michel (1990) 'Womanly duties: Maternalist politics and the origins of welfare states in France, Germany, Great Britain and the United States', in *American Historical Review*, 95: 1073–108.

Langan, Mary and Ilona Ostner (1991) 'Gender and welfare' in Graham Room (ed.) *Towards a European Welfare State?* Bristol: SAUS Publications.

Leira, Arnlaug (1989) *Models of Motherhood*, Report 89/7, Oslo: Institute of Social Research.

Leira, Arnlaug (1992) *Welfare States and Working Mothers: The Scandinavian Experience*, Cambridge: Cambridge University Press.

Lewis, Jane (1980) *The Politics of Motherhood: Child and Maternal Health in England 1900–1939*, London: Croom Helm.

Lewis, Jane (1992a) 'Gender and the development of welfare regimes', *Journal of European Social Policy*, 2 (3): 159–73.

Lewis, Jane and Ilona Ostner (1991) 'Gender and the evolution of European social policies', paper presented at the CES Workshop on Emergent Supranational Social Policy: The EC's Social Dimension in Comparative Perspective, Centre for European Studies, Harvard University.

Lewis, Jane and David Piachaud (1987) 'Women and poverty in the twentieth century', in Caroline Glendinning and Jane Millar (eds) *Women and Poverty in Britain*, Brighton: Wheatsheaf.

Lister, Ruth (1994a) ' "She has other duties" – women, citizenship and social security', in Sally Baldwin and Jane Falkingham (eds) *Social Security and Social Change: New Challenges to the Beveridge Model*, New York: Harvester Wheatsheaf.

Lister, Ruth (1994b) 'Dilemmas in engendering citizenship', paper presented at the Crossing Borders conference, Stockholm, 27–29 May.

Marshall, T.H. (1950) *Citizenship and Social Class and Other Essays*, Cambridge: Cambridge University Press.

Mishra, Ramesh (1977) *Society and Social Policy*, London: Macmillan.

Nelson, Barbara (1990) 'The origins of the two-channel welfare state: Workmen's compensation and mothers' aid', in Linda Gordon (ed.) *Women, the State and Welfare*, Madison: University of Wisconsin Press.

O'Connor, Julia S. (1993) 'Gender, class and citizenship in the comparative analysis of welfare state regimes: Theoretical and methodological issues', *British Journal of Sociology*, 44 (3): 501–18.

Orloff, Ann Shola (1991) 'Gender in early US social policy', *Journal of Policy History*, 3: 249–81.

Orloff, Ann Shola (1993) 'Gender and the social rights of citizenship: The comparative analysis of gender relations and welfare states', *American Sociological Review*, 58: 303–28.

Pateman, Carole (1988) 'The patriarchal welfare state' in Amy Gutmann (ed.) *Democracy and Welfare State*, Princeton: Princeton University Press.

Pateman, Carole (1992) 'Equality, difference, subordination: The politics of motherhood and women's citizenship', in Gisela Block and Susan James (eds) *Beyond Equality and Difference*, London: Routledge.

Peattie, Lisa and Martin Rein (1983) *Women's Claims: A Study in Political Economy*, Oxford: Oxford University Press.

Skocpol, Theda (1992) *Protecting Soldiers and Mothers: The Political Origins of Social Policy in the United States*, Cambridge: The Belknap Press of Harvard University Press.

Uusitalo, Hannu (1984) 'Comparative research on the determinants of welfare states', *European Journal of Political Research*, 12: 403–22.

Wilensky, Harold and Charles N. Lebeaux (1958) *Industrial Society and Social Welfare*, New York: The Free Press.

Wilson, Elizabeth (1977) *Women and the Welfare State*, London: Tavistock.

6

Race/Ethnicity, Gender, and Class in Welfare States: A Framework for Comparative Analysis

Fiona Williams

Contents

Informed by three political/theoretical concerns, I will elaborate in this article the components of a framework for examining and explaining the historical and contemporary salience of race, gender, and class in comparative social policy. These political/theoretical concerns include (1) the pursuit of a more complex inquiry into the multifaceted nature of social differentiation, (2) the application of some elements of this inquiry to the relatively class-centered comparative study of welfare states and welfare regimes, and (3) to provide a better understanding of the shifts within welfare regimes to what might tentatively be called a 'new welfare order'. This article focuses largely upon the second concern but initially situates this concern in relation to the other two.

Recent developments in the study of the social relations of power have drawn attention to the complexity of social divisions that have a bearing on people's lives and their needs, experiences of, and demands for welfare provision: class, gender, race/ethnicity, disability, age, sexuality, religion (Williams 1992). These developments have also been influenced by the emergence of a politics of identity and difference and by poststructuralist theory (Barrett and Phillips 1992). While I do not wish at this point to go into the debate about postmodernism, it is possible to draw some theoretical insights from these developments without surrendering to relativism or losing sight of the broader patterns of power and inequality.

These insights can be summarized as follows: First, we need to be aware of the variety of structured divisions that affect both people's lives and the development of welfare provisions. The social relations of power that emerge from these divisions change over time as they are both challenged and reconstituted by other social, demographic, and political changes. Moreover, the significance of particular social relations changes over time and place. In general, class, gender, and race can be seen as the most salient social divisions in twentieth-century industrialized societies, but their constitution and significance vary. In some societies, other divisions – for example, religion – can acquire greater significance. These social relations are also subject to other dynamics of space and time: they change in relation to each other and within given situations and contexts. This in turn implies that they are mutually constitutive: the effects of race, class, and gender divisions are interrelated and multifaceted – one element compounds or modifies the others.

Similarly, none of the categories is uniform or fixed. For example, there is no uniform racialized experience because it is constituted not only in terms of existing social divisions but by diverse ethnicities and identities. In addition, people are more than the sum of their class, race, and gender (etc.) social positionings for these interact with biography and identity. These insights suggest – although it is not within the scope of this article to discuss – that in exploring social divisions we need to be able to tease out the dynamics of identity, subjectivity, subject position, and political agency, how these affect the landscapes of choice and risk that face individuals and social groups, and how people therefore articulate their welfare needs, both individually and collectively.

The second concern is to apply some of the insights drawn from more complex nation-based studies to the analysis of comparative social policy. How, for example, can we provide a framework at a level of sufficient generality to allow us to separate the specificities of gender, race, and class in, for example, the British, US, or Australian welfare states (say, in their differential positions in relation to colonialism) from the variety of general dynamics influencing the relationship of different welfare states to the social relations of gender, race, and class? And how it is possible to do this without reducing *all* social divisions to the dynamics of gender, race, and class?

Seeking answers to these questions will begin to fill the gap in comparative social policy literature (this is explored in the next section).

Perhaps more important, however, are the recent political developments affecting all of the 'advanced' capitalist countries that have put issues of race, ethnicity, and nationhood more centrally on the agenda for policymakers and analysts. The generation of ethnic divisions and inequalities and the reconceptualization of national identity have been affected by the shifting of national, political, and administrative boundaries and national identities (e.g., Eastern Europe, European Union). The increase in the pace of migration and its globalization, differentiation, and feminization have, on the one hand, helped undermine the myths of ethnic or cultural homogeneity upon which nation-states and their social policies were built and, on the other, challenged the adequacy of existing immigration policies and social rights (Hammar 1990; Castles and Miller 1993). Furthermore, as the racialization and ethnicization of politics have increased, few welfare regimes (or welfare analyses) have elaborated programs both to counteract racism and racial inequality and to acknowledge cultural diversity.

The third concern that frames this work is the international restructuring of welfare and the possibility of the emergence of a new welfare settlement that could find expression in different political and national forms. Similar complexities face most capitalist welfare states: economic recession, increasing unemployment, increased poverty especially at the intersection of gender and race with class, an aging population, diverse household and cultural forms, and the breakup of the older forms of class solidarity and mobilization upon which the postwar welfare settlements depended. Not only is it important to know how the responses to this (detailed briefly at the end of the article) may reconstitute class, gender, and race inequalities but also whether political spaces exist for the articulation of demands from the newer forms of solidarity based around gender, race, ethnicity, disability, age, and sexuality. For what has emerged is an attempt to reconcile the old concepts of universalism, equality, and citizenship with newer understandings of difference and diversity and the specificities of needs that arise from complex social positionings. How far these can translate into a new politics of welfare that combines universalism with difference is an important question. This article is an attempt to clear some intellectual paths in pursuit of such questions. It starts with a brief overview of the attempts to deal with omissions of gender and race in comparative social policy.

Conceptualizations of welfare regimes: problems of omission

The aim of this section is to examine comparative social policy analysis, focusing upon Gösta Esping-Andersen's (1990) work and the gender-focused critiques of it in order to establish where and how the omissions of race and ethnicity take place.

There are a number of important and path-breaking strengths to Esping-Andersen's work. First, he utilizes empirically grounded analysis, combining both the qualitative and quantitative, to *explain* the variation in developments, operations, and outcomes of welfare states. This combination of an historical approach with an analysis of existing welfare states enables him also to predict the impact of postindustrialism upon the three welfare regimes. Second, Esping-Andersen's analysis recognizes both agency (political forces) and structure (changing nature of capitalism) in such a way as to make room for a diversity of political and cultural forces (middle class and working class, trade unionism and religion). Third, he gives analytic power to the concept of the welfare state itself by seeing it as an agent of social change affecting in different ways the forms of stratification in society and labor market behavior. Fourth, by including both an analysis of overarching capitalist development and an analysis of variation within it, he provides the basis for a further exploration of individual or clustered national differences.

It is clear, however, that there is a dissonance between the issues that inform Esping-Andersen's analysis of the welfare state – especially the primacy, and sometimes exclusivity, he gives to class and production – and the questions that in the 1980s and 1990s have increasingly informed analyses of national welfare states – the social relations of gender and race and their relation to class, as well as of disability and age, and associated issues of production, social and biological reproduction, paid and unpaid work, national and international divisions of labor, and the political discourses and movements surrounding these. This mirrors developments elsewhere, for example, in the analyses of the international shift from a Fordist to a post-Fordist welfare state[1] (e.g., Jessop 1994; Williams 1994).

The failure to generate more complex analyses of social relations at the international or comparative level could be ascribed partly either to the lack of data needed to develop the sort of quantitative analyses or to the difficulties, especially in the case of race and ethnicity, of generating indicators for measurement and comparison, as in Esping-Andersen's work (e.g., Ginsburg 1992). This in itself should not deter us from developing methods that sustain arguments for the generation of such data. Another argument is that, on the grand scale of events within democratic capitalism, 'while many other forms of interest politics, based, for example, on gender, race or religion, influence social policy, they lack the generality and salience of class politics. ... It is difficult to speak of distinctive responses to the economic crisis of capitalism ... based on feminist or anti-racist perspectives' (Mishra 1990, 16). While it is true that such movements have not so consistently occupied center stage in the twentieth-century drama of democracy, such a viewpoint underestimates a number of important issues. First, 'class politics' were and are also crucially about gender relations, race, and nation, even when those gender, race, and nation 'others' were not represented in the debates or struggles.[2] Second, the fragmentation of class and the bases for class solidarities today (however overstated in some postmodernist accounts) suggest that we need to question analyses that presume a continuing significance of class politics, even while we chart the continuing significance of socioeconomic divisions. Third, the challenges made by social movements to reformulating the meanings of universalism, equality, citizenship, and democracy suggest that such movements raise issues of both 'salience and generality' (e.g., Williams 1989: 193–203; Jenson and Mahon 1993: 95–100; Phillips 1993: Chap. 8).

If neither data nor absent players can fully justify the focus on class and production, then it is necessary to examine the conceptualization in Esping-Andersen's work. The critiques made from the perspective of gender are by now well-documented (Langan and Ostner 1991; Lewis 1992; O'Connor 1993; Orloff 1993; Sainsbury 1994). Here I want to highlight some key elements in order to indicate the omission of race and gender as both separate and interrelated issues. The first element is the gendered and racialized nature of *decommodification*. Men's capacity for commodification and decommodification (i.e., their ability to sell their labor and their capacity, through social rights, not to wholly depend upon this) is made possible by women's unpaid work in the home. By the same token, women may need to struggle to become commodified in the first place and any subsequent freedom through decommodification will be modified by their existing domestic commitments.

At the same time, access to benefits differs according to gender, race, or migrant status. In Britain where many women work part-time, part-time workers are denied some of the benefits available to full-time workers. In addition, whereas a white, male, able-bodied worker may be able to make claims on the basis of their paid work, rights to benefits for women may be dependent upon their marital or maternal status, rights to benefits for minority ethnic groups may be dependent upon settlement or nationality, and rights to disabled people may be dependent upon a medical test. Women may have differential rights to benefits. For example, in Britain the 1977 Child Benefit Act in general transferred money for children from mothers to fathers but at the same time withdrew financial support for parents working in Britain but with children abroad. The lesser capacity for racialized or migrant male workers for decommodification may well also affect the commodification rates of their female partners or the necessity for women in these groups to be economically active. What is missing here is not only an understanding of the dynamic between women's unpaid work and men and women's paid work but how, for minority ethnic groups or migrant workers, this dynamic may be mediated by restrictions on social rights, through nationality rules or racist allocation procedures.

In other words, the relationship between nationality, race, and citizenship affects the capacity for decommodification.

Similar arguments can also be applied to Esping-Andersen's other analytic strands. His concept of *stratification* deals minimally with the way welfare policies may reproduce or mitigate unequal gender, racial, or ethnic divisions – for example, in the unequal gendered division of labor, wealth, and power within the family or in differential access to benefits and different forms of eligibility to benefits that may operate through state, institutional, or personal forms of exclusion or denial. The focus upon the *state-market* relationship does not systematically account for the significance of the family in this relationship, especially the extent to which social policies free women from care-giving and domestic responsibilities or redistribute responsibilities more equally within the home. It is important, however, to recognize that the effect of policies for some groups of migrant women is to separate them from rather than tie them more closely to their children. For example, the 1971 'Sole Responsibility' rule in Britain makes it difficult for mothers to bring their children into the country unless they can prove that they have themselves solely maintained and visited them (Williams 1989: 187).

Esping-Andersen's analysis of the impact of social policies upon *employment* is where the consequences for women (in terms of full or low employment and the conditions of entry and exit) are more fully explored. It is at this point, however, that labor and social policies for migrant workers, minority ethnic groups, and refugees most clearly have an impact and, furthermore, are often the consequence of political negotiation, mobilization (especially *racist* mobilization), and debate.

The issue of political mobilization also reflects the relative narrowness of the issues of significance in *political history* in Esping-Andersen's work. Although his study highlights a complexity of political and cultural forces, including religion, in fact the significance of these is not explored systematically. In other words, having identified Catholicism as having had a significant impact on the organization of welfare in some states, the next step might have been to examine the influence of other political and cultural discourses upon welfare formation. For example, imperialism and discourses around nationhood and culture affected the ways in which citizenship and welfare were constructed in Britain (Williams 1989). (Interestingly, the terms chosen by classifiers of regime types often imply a great deal of importance to some mythic ethnic or cultural identity whose significance is then unexplored – for example, Esping-Andersen's and Leibfried's use of 'Anglo-Saxon' and 'Latin Rim' [Duncan 1994].) Sheila Shaver's study on abortion rights in the liberal welfare states of the United States, Canada, Australia, and Britain also illustrates the significance of discourses around sexuality, motherhood, and morality in political mobilization (Shaver 1993–94).

In some ways, the omission of mobilization around gender, race, and disability is a consequence of the particular policies Esping-Andersen focuses on: pensions, sickness and unemployment benefits, and labor market policies. Part of the reason for his focus is that this is where the data is most precise. But it also means that other significant areas of welfare (health, personal social services, housing, education, and care benefits) are not considered, yet historically these areas have been the sites of struggles over access and delivery. The social relations of inequality in access and delivery have themselves been significantly gendered and racialized, but the struggles around them also have often overlapped with nonclass social movements – for example, the disability movement and the women's health movement (Williams 1989; Oliver 1990). Shaver's comparative analysis on abortion rights highlights the fact that the political forces active in struggles for repro-ductive rights have 'drawn less upon class than upon medical and other interests, religion, morality and the changing position of women' (Shaver 1993–94: 72). Often, too, such interests have been nuanced by race.

Including gender

The attempts to incorporate gender into comparative social policy take three forms. First, some studies attempt to insert an account of the way policies affect women within nation-states or welfare regimes. Second, others attempt to reconstruct the clusterings of welfare regime types from a gender perspective. And third, some have begun to reconceptualize the basis for welfare comparison in such a way as to include, or highlight, gender. Here I examine examples of the second and third responses to see how far they offer scope for integrating issues of race and ethnicity.[3]

Gender welfare regimes

One example of the inclusion of gender is Jane Lewis's development of the notion of *gender regimes* (Lewis 1992). Her starting point is to look at the relationship between paid work, unpaid work, and welfare in four countries: Britain, Ireland, France, and Sweden. Lewis makes four points about the importance of taking the gender relationship into account. First, in most modern Western welfare states women historically have received benefits and provisions as wives and mothers (i.e., as *unpaid* workers). Second, most welfare states emerged at a time when the boundaries between the *public and private spheres* were most marked, particularly in social, political, and cultural discourse. Third, she argues that the *model of the male breadwinner* with a dependent wife and children has been the basis of all modern welfare states but one that has been modified in different ways in different countries. Fourth, these points have particular significance for the nature of social security systems, especially where a dual system operates (social insurance plus social assistance), for this will tend also to operate as a *gendered system* with men being the main beneficiaries of social insurance.

Lewis's study explores the different ways these four welfare states have treated women as wives and mothers, in terms of social security benefits, social service provisions (especially in child care), and married women's position in the labor market. A significant implication to emerge is that when welfare states are analysed along a gender axis a different set of clusterings may well appear, compared with conclusions from analyses that focus largely on paid work and class divisions. Lewis categorizes three main gender welfare regimes: strong male-breadwinner states (e.g., Britain and Ireland), modified male-breadwinner countries (e.g., France), and weak male-breadwinner countries (e.g., Sweden). She also points out that the impulse behind the weakening of the male-breadwinner model is not always gender equality; labor market shortages and pronatalism are also significant.

Lewis's work represents an important step toward combining historical change with important indicators about the relationship between welfare states and gender. Her work also provides a comparative basis for further exploration. While Lewis touches upon it, the question of differences among women, especially the relationship between gender and class, not only in terms of outcomes but also in terms of political mobilization, is not fully explored. If we were to scrutinize this issue we might examine to what extent the modifications to the male-breadwinner model during the twentieth century were both class-oriented and racialized. Thus, for example, the strong male-breadwinner model of the postwar British welfare state had differential applicability. Many working-class women *did* paid work but under conditions (part-time hours) that did not interfere with their domestic commitments or challenge either the organization of national insurance or the privatization of child care. However, many Afro-Caribbean women who came as migrant workers in the 1950s were forced economically into full-time jobs – often with unsocial (i.e., irregular and night shift) hours – in order to support family dependents in Britain or the Caribbean. The fact that this activity was neither recognized, supported, nor legitimated by existing welfare provisions reproduced a racist discourse of the pathological nature of black family lives.

At the same time, we could speculate about the extent to which the decision by postwar governments to use migrants rather than indigenous female labor to meet the labor shortages depended not only on their capacity to do so (e.g., in Britain's case as a colonial power) but also on their commitment to and the hegemony of the white male-breadwinner model. Put starkly and simplistically, did migrant labor – including female immigrant labor – make possible a white male-breadwinner lifestyle? In the same way, we could ask whether the evidence of the increasing use of migrant women workers as domestic workers makes it possible, in the 1990s, in the face of dwindling public services and the pressure toward individualized child care, for professional women to maintain paid employment (Knocke 1995). Again, if we were to look at the push for family endowment policies in many countries in the 1920s and 1930s, we could examine the extent to which the influence of the eugenics movement reproduced a stratified familism where some forms of motherhood and family were encouraged (white, respectable) and other forms were discouraged (the notion of 'unfit' mothers in Britain was clearly associated with poverty, disability, and non-Anglo-Saxon 'racial stock'). How far were these differences countered by demographic priorities (as in France), by more traditional discourses (such as Catholicism), or by more internationalist discourses (e.g., Lake [1994] on early feminism in Australia; Blom [1991] on Norwegian feminism from 1900–1930)?

Inserting the axis of race/ethnicity into this issue might enable us to examine the hypothesis raised by Gisela Bock and Pat Thane in their introduction to a collection of essays on maternity and gender policies in European welfare states between the 1880s and 1950s. In a discussion of demographic anxieties of the 1930s, they propose that

demographic issues became closely linked with national sentiment and discussed in terms of the 'national stock', the size of 'quality' of the 'race.' Whilst this terminology spread rapidly, it must be stressed that it had different meanings in different contexts and that use of the term 'race' did not always imply racism, i.e., discrimination on grounds of 'inferior' ethnic or eugenic value. ... In most countries, it could assume narrowly nationalistic overtones, such as when British welfare politicians warned of a British population decline which, compared to India's population expansion, would endanger Britain's 'status in the world.' ... It could also assume European or rather eurocentric overtones and refer to western 'superiority'.

(Bock and Thane 1991: 11–12)

When and under what conditions the shifts take place between nation, 'race', and racism, or between Europe, Eurocentrism, and Euroracism, and the influence these have on welfare policies, helps not only explain contemporary policies but also adds further dimension to the variabilities in welfare states.

Gendering the dimensions of welfare regimes

An attempt to synthesize feminist analyses with the 'power resources' model of Gösta Esping-Andersen and Walter Korpi has been made by Ann Shola Orloff (Orloff 1993). Her critique of the 'power resources' model is based on its failure to incorporate gender into the three central dimensions of its analysis: the state market relationship, decommodification and citizenship rights, and stratification. Rather than jettison the three key dimensions in the 'power resources' model, Orloff reworks and supplements them in order to provide a framework that can incorporate both class and gender relations. Orloff's 'gendering of the dimensions' (Orloff 1993: 311–18) takes the following five-point form.

1. State–market–family relations

This involves examination of the extent to which, and the ways in which, state policies free women or redistribute domestic responsibilities more equally within the home. It considers the impact of domestic responsibilities on patterns of female employment (for example, part-time employment in Britain or sex-segregated employment in Sweden), along with the impact of female employment on the sexual division of labor within the home (in most regimes, it is relatively unaltered). An important aspect of this is the relationship of power between men and women in the family and the extent to which social policies protect or challenge this.

2. Stratification

This focuses both on the relationship between social provision and class differences and on the ways in which the state mitigates or reproduces gender differences and inequalities. Here Orloff gives the example of social security systems where men's claims are based on paid work and women's upon their familial or marital roles. In fact, in this situation a further differentiation can occur where women in a male-breadwinner family make claims as wives, whereas women in female-headed households make claims as mothers. In addition, women have often been involved in struggles over welfare issues outside the major political interest groups (trade unions, political parties). In this way, the welfare state can affect political mobilizations and interests along gender as well as class lines.

3. Social citizenship rights/decommodification

This is supplemented by a new analytic dimension: 'the extent to which states guarantee women access to paid employment and services that enable them to balance home and work responsibilities, and the mechanisms and institutions that implement these guarantees' (Orloff 1993: 317).

4.   Access to paid work

This measures how far state provisions encourage or discourage women's access to paid employment: 'their right to be commodified' (Orloff 1993: 318).

5.   Capacity to form and maintain an autonomous household

This refers to the extent to which welfare states provide women freedom from the compulsion to enter marriages/partnerships in order to get financial support. Interestingly, Orloff speculates upon the generalizability of the capacity for autonomy to other social relations: 'It would indicate individuals' freedom from compulsion to enter into potentially oppressive relationships in a number of spheres' (Orloff 1993: 320). Clearly this could include oppression (and resistance to oppression) on the basis of age, disability, ethnicity, race, religion, or sexuality. Orloff's work is largely gender-focused but the significance of an acknowledgment of other social relations should not be underestimated since there is danger of following an undifferentiated gender logic of analysis. In this case, it is easy to imagine that women's right to be commodified could involve a *loss* of choice or autonomy for other members of the community – for example, the practice in communist welfare regimes of involving women in full-time employment and incarcerating children with learning and physical disabilities. This is not to argue against women's right to work or to suggest that care of older people or disabled people in the home offers more (if any) autonomy; rather, it is to point out the cross-cutting nature of different interests.

Orloff's analysis offers scope for racializing the gendered dimensions in the analysis of welfare regimes. In this way we could look, for example, at the impact of race and nation on the different elements of state-market-family relations or at the way welfare states reproduce, modify, or compound race, gender, and class inequalities. Social citizenship rights, access to paid work, and the capacity to form and maintain an autonomous household would need to take account of gendered and racial inequalities in the labor and housing markets, access to social rights, racist processes of allocation, rights of settlement and threats of deportation, rights to produce, keep, and maintain families, and rights to representation and political mobilization.

Both Lewis's and Orloff's conceptualizations are fruitful avenues to follow. There is a danger, however, that in racializing the gender regimes or the gendered dimensions we are simply adding in race to analyses that are following their own gender or class/gender logics. What is necessary first, then, is to spell out the dynamics of a separate 'race/ethnicity logic', even though we recognize that this logic does not operate autonomously.

Integrating race, ethnicity, and migration into comparative social policy analysis

In this section, I argue that an analysis of the political, social, and economic histories of the development of different welfare states from the nineteenth century needs to be situated within three closely interrelated processes: (1) the development of industrial capitalism and the associated patterns of mobilization around class-capital relations, (2) the ideological and material setting of boundaries between the public sphere of paid work and political life and the private sphere of family life, along with the institutionalization of the male-breadwinner norm and the mobilization of interests, especially, but not exclusively, gendered interests around these spheres, and (3) the development of the modern nation-state, especially in the construction of national unity and national identity through the setting of a geographic boundary around an imagined cultural/ethnic/racial/linguistic homogeneity or dominance. These processes not only formed the historically and culturally specific backdrops to the emergent welfare states but were complexly woven, in different ways, with different consequences, into the organization of and mobilizations for social rights.

Over the past century, welfare states have helped to shape the changing social relations caught up in these three processes (for example, in the modification of the male-breadwinner model or in the tightening of definitions of nationality), which have themselves been subject to change in both their internal dynamics and their articulation with one another. What is new about this argument is the delineation of both the dynamics of variability involved in the third process and the articulation of the three processes, that is, the mutually constitutive character of the social relations of race, gender, and class.

Within social policy a number of recent studies have highlighted the significance of race and ethnicity. For example, Norman Ginsburg's (1992) unique cross-national study of Sweden, Germany, the United States, and Britain compares welfare provisions in terms of policies for women and families and race and racial inequalities along with policy ideology, welfare expenditures, income maintenance, and health care. In addition, he considers the impact of mobilizations around class, gender, and race on welfare policy. His analysis adopts a 'structured diversity' approach in which welfare states are seen, on the one hand, as developing within a specific political, cultural, social, and economic context but, on the other hand, are structured by common elements of a patriarchal and racially structured capitalism.

The strength of Ginsburg's study is that it systematically documents the mitigating and reinforcing effects of welfare policies on race, class, and gender inequalities, showing that the retrenchment of welfare policies since the 1970s has resulted in poorer living conditions for a substantial minority of the working class, less access to welfare benefits and services for minority ethnic groups, and a continuation of gender inequalities and segregation in the labor market, although this is accompanied at the same time by an increase in specific rights for women. At the same time, however, the study infers rather than spells out the comparable dimensions of a 'patriarchal and racially structured capitalism' (Williams 1989: xiv, quoted in Ginsburg 1992: 2).

In relation to race, racism, and ethnicity, Ginsburg demonstrates that the histories of postwar migration and settlement within the three European states – Britain, Germany, and Sweden – have common features associated with labor market segmentation, inequalities, and residential segregation. In other words, processes of racism and racialization (that is, where a social group becomes constructed as 'other' on the basis of a supposed race/ethnic/cultural difference) are common in all these countries but in varying degrees and mitigated in different ways. The main differences are found in state immigration policies, formal and informal access to welfare citizenship, and policies affecting the status of minority ethnic groups (for example, assimilation, multiculturalism, antidiscriminatory legislation, and antiracist strategies). In this way, Sweden's multicultural and antidiscriminatory policies for immigrants and minority ethnic groups in effect since 1975 (which include full welfare citizenship rights, voting rights, language provisions, and state-funded cultural/political organizations, among other things) contrast sharply with Germany's guest worker policies where guest workers have an institutionalized second-class status in relation to both the labor market and welfare services and where, for example, applying for long-term disability or unemployment benefits can lead to deportation for some categories of foreign workers.

These policies contrast with Britain where the majority of the postwar immigrants to Britain were colonized subjects who, in formal terms, had rights of citizenship and settlement. In reality they were treated as units of labor rather than individuals with welfare needs, and since they were deemed to have come on their own initiative, no special provisions (such as low-cost housing or child care) were made available. In addition they entered an atmosphere heavy with a popular racist legacy of imperialism that also permeated the delivery of welfare services in education, social work, health care, and the administration of income maintenance. From the 1960s to the 1980s political mobilization around racism, especially in Britain's black communities, led to antidiscriminatory legislation affecting employment and housing and to improved rights particularly in housing and education along with the development of equal opportunities policies and antiracist strategies in most areas of the public sector.

Despite these differences, Sweden, Germany, and Britain have certain common patterns: the recruitment of large numbers of immigrants from the poorer parts of Europe or from former colonies to work in expanding industries and services between 1945 and 1970 (during this time there was also a movement of permanent immigrants to North America and Australia from Europe and later from Latin America and Europe). By the 1970s most European countries began to restrict immigration in increasingly racist ways (see note 7). For example, Swedish laws in 1975 and 1976 limited immigration to a regulated number of Finns, relatives of settled immigrants, and asylum seekers; in practice, the implementation of immigration controls discriminates against people of non-Nordic appearance (Ginsburg 1994). Similarly, in 1973 Germany's strict immigration controls ended the recruitment of guest workers, and Britain's series of legislative acts from 1962 to 1988 increasingly restricted entry for black people from former colonies. The 1971 Immigration Act removed the rights of black Commonwealth citizens with a work permit to settle in Britain and the 1981 Nationality Act clinched the racialization of immigration control by excluding particular groups – mainly people of Asian origins – from the right to reside and exercise citizenship rights.

These three countries also have experienced an upsurge of racist mobilization, although the content, timing, and progress of anti-immigrant racism has varied (Bovenkerk, Miles, and Verbunt 1990). This has taken the form of racist violence against Turkish families in Germany and against Asian and Afro-Caribbean families in Britain. In Sweden, Aleksandra Alund and Carl-Ulrik Schierup have documented a shift in the character of public discourses that 'have increasingly been preoccupied with problems, with immigrants' alleged criminal behaviour and with drawing boundaries between "cultures".' Racist populist organizations have mushroomed, though ... [they] as yet have no parliamentary basis' (Alund and Schierup 1991: 11). A further common factor (or in the case of Sweden, an influence) in these recent developments is the development of the European Union's 'Fortress Europe' policies that focus more on restricting the rights of migrants and asylum seekers than on toughening antidiscriminatory legislation for minority ethnic groups or securing improved conditions of employment and housing.[4] This development has been described as a shift from ethnocentric racism to Eurocentric racism (Webber 1991).

While Ginsburg's study provides the documentation of these postwar forms of structured diversities in relation to race and ethnicity in different welfare states, three questions remain: How can we understand or explain these variations? How can they be measured in terms of different welfare policies? And to what extent are these processes of racism and racialization mediated by other social divisions of and movements around class and gender? It is clear, for example, that migration patterns to and immigration policies in Britain, Germany, Sweden, and the United States vary according to, among other things, each country's specific colonial history. But how far does this history affect the development of welfare citizenship, or to what extent is the recruitment of migrant labor related to the use of indigenous female labor and to the development of policies around the male-bread-winner model?

In subsequent work, Ginsburg has begun to draw out the variables that influence this structural diversity (Ginsburg 1994, 166):

1. the historical legacy of racism, ethnic difference, migration, and nationalism,
2. the patterns of migration,
3. the nature of nation-state formation, nationalism, and national unity,
4. the structural position of racialized minorities in the labor market,
5. the nature and extent of mobilization around race and racism (both racist and antiracist).

These five elements are intertwined with forms of racialization and racism and with exclusionary discourses, policies, and practices within welfare. While these may change over time – for example, the colonial era was underpinned by the discourse of scientific racism and eugenics, while the postcolonial era focuses far more on ethno- or Eurocentric cultural difference and hierarchy – they nevertheless influence the construction and reconstruction of welfare states.

What begins to be clear, at this point, in pursuing the comparability of the relationship between race, ethnicity, migration, and different welfare states is the *complex variability of the dynamics*. In order to spell out this complex variability in relation to issues such as varying forms of colonialism, systems of migration, nationalist projects, and associated bases of citizenship, we turn to comparative work on race, ethnicity, and migration.

One attempt to systematically analyse the international variations in the dynamics of the movement, regulation, and control of migration is provided by Stephen Castles and Mark J. Miller's international study (Castles and Miller 1993). In this study, they untangle the issues and processes involved in contemporary population movements. Although the starting point of their analysis is the political economy of migration rather than the welfare state, it is possible to draw out the relevance of some parts of their analysis for a comparative analysis of welfare states. The processes identified as most central are the regulation of international migration (i.e., policies for encouragement, permission, restriction, or prohibition of migrants and the conditions in which these are implemented) and the effects of growing ethnic diversity (i.e., the signification of diversity through cultural, political, legal, and socioeconomic structures, discourses, policies, and practices). Moreover, the key issues that recent developments in these processes confront are prevailing notions of the nation-state, national identity, and citizenship, as well as the planning and delivery of social policies and provisions.

However, the formation of nation-state, national identity, citizenship migration, and ethnic diversification have all taken place in geographically, culturally, nationally, and historically specific ways. Looking first at the history of the nation-state, the construction of national identity, and the development of citizenship, it is possible to point to clear cross-national differences in these phenomena. For example, one comparative historical study of immigration, citizenship, and the nation-state in France and Germany suggests that the formulations of nationhood and citizenship in these countries are crucial to understanding current differences in the development of immigrant status (Brubaker 1990). Citizenship in France was defined expansively as a territorial community, the expression of a nationhood that was state-centered, universalist, and assimilationist, constituted by political unity but expressed through the pursuit of cultural unity. In these terms, birth and residence in principle defined citizenship, although in fact cultural assimilation granted it. The conception of German nationhood was, by contrast, ethnoculturalist and Volk-centered (common descent, language, and culture) with a restrictive definition of citizenship. Particular historical events have served to reinforce aspects of these differences, especially the conditions of cultural assimilation in France's case and the conditions of dissimilation, exclusion, and restriction in Germany. Not surprisingly, France's current rate of naturalization for immigrants is ten times higher than Germany's.

At the same time, Germany's and France's conceptions of nationhood have been challenged by the politics emerging from postwar migrations. Assimilationism in France has been challenged by minority ethnic and antiracist groups demanding rights to cultural identity and also by the political Right who claim the impossibility of assimilation of Muslim cultures. Germany, which has declared itself to be neither a country of immigration nor to offer naturalization for 'Ausländer', has had to accept the permanent settlement of foreign workers and in 1990, under political pressure, gave legal right of abode to foreigners who were permanently settled (the same law also tightened regulations for other groups [e.g., people with AIDS] and limited the right of abode for divorce and separated women [Ginsburg 1994]). What William Rogers Brubaker argues, then, is that 'despite a certain rhetorical convergence ... the policies and politics of citizenship for immigrants remain strikingly different in France and Germany. They have resisted pressures for convergence because they have been shaped by distinctive traditions of national self-understanding, grounded in differing historical paths to nation-statehood' (Brubaker 1990: 387).

The importance of this point for the study of race and racism in welfare states is that part of the explanation for differing treatments of migrants and minority ethnic groups lies in the specific (ambivalent) histories of nation-state formation, national identity, and the conceptions of citizenship. At the same time, what is powerfully similar but developed in different ways is the complex articulation of nation with culture and 'race', institutionalized through the inclusionary/exclusionary boundaries around citizenship. This articulation was further influenced by the different ways in which nation-states were caught up in the changing politics and economics of imperialism and colonialism, as well as in the discourses of social and scientific movements and theory through which these processes expressed and explained themselves. Another layer upon which nationhood was imposed was the specific history of ethnic conflict or domination (e.g., anti-Semitism or racism directed at Gypsies). But none of these processes was without ambivalence or contradiction. The ideals of nationhood encompassed unity, commonality, and even equality but within a context in which the policies and discursive practices attached to the provision of social rights were exclusionary and/or differentiated along lines of class, race, gender, ability, and sexuality. Illustrative of this tension is the point made earlier about the recruitment to Britain of black Commonwealth citizens who were subsequently denied access to their social rights because of racist processes underpinning social policy and practice.

The ideals of citizenship are, then, differently rooted. In their study of global migration Castles and Miller (1993: 36–40) suggest four ideal-types of citizenship that have different consequences for policies around race, ethnicity, and migration. The first ideal-type is the *imperial* model in which belonging to a nation is granted through being a subject of the same ruler. The notion of 'Commonwealth citizenship', which existed in Britain until amended by the 1981 Nationality Act, is an example. The second ideal-type is the *folk or ethnic* model based on shared ethnicity (descent, language, and culture). Germany comes under this model. Third is the *republican* model, as in France where the nation is a political community which is open to all residents as long as they adhere to political rules and adopt the national culture. Finally, there is the *multicultural* model that diverges from the republican model in that it acknowledges cultural diversity. Examples include Australia, Canada, and Sweden. However, this acceptance of cultural diversity can be differentiated further. Milton M. Gordon (quoted in Castles and Miller 1993: 40) suggests that at least three approaches exist in the United States: Anglo-conformity, melting-pot, and cultural pluralism in which groups maintain their own languages and cultures.

There are limitations to these ideal-types for these models do not capture some of the complexities and changes in citizenship. For example, Britain shifts somewhere between all three models. Second, the models do not indicate the dissonance that may exist between settlement and political and social rights: the right to settle may well depend upon (as for some groups in Britain) 'no recourse to public funds'. Third, rights of settlement and naturalization may well apply differently to men and women, where women's rights depend upon marriage or motherhood. These points suggest that it is necessary to be clear about the distinction between formal and substantive citizenship. Fourth, such models tell us little about the citizenship rights of indigenous, minority, or racialized groups, African-Americans, or Aboriginal peoples in Canada and Australia, Jews or Gypsies in Britain, France, or Germany, and so on. For example, in Canada multiculturalism was a policy solely directed at the ethnic diversity resulting from immigration. It did not frame the nationalist claims for citizenship articulated by the Québécois or the indigenous peoples (Jenson 1993: 141). Nevertheless, these models do indicate some aspects of the varying historical relationship between concepts of nation and the basis of inclusion or exclusion.

Castles and Miller relate these models to immigration policies and argue that

> the migratory process works in a similar way in all countries with respect to chain migration and settlement and that similar processes of labor market segmentation, residential segregation and ethnic group formation take place. Racism and discrimination are also to be found in all countries, although their intensity towards specific groups varies. The main differences are to be found in state policies on immigration, settlement, citizenship and cultural pluralism. These differences, in turn, are linked to different historical experiences of nation-state formation.
>
> (Castles and Miller 1993: 196)

In this argument, then, the clear explanatory variable revolves around state policy in four areas: immigration, settlement, citizenship, and acknowledgment of cultural diversity. Castles and Miller suggest that three main types of immigration policy regime exist.[5] Table 6.1 summarizes Castles and Miller's description of these three types of regime and also includes their classification of the three main types of immigration system: *permanent settler, postcolonial,* and *guest worker.*

Castles and Miller's work provides a basic framework for migration regimes, though some qualifications are necessary. First, Sweden should be distinguished from the United States, Canada, and Australia: although it has facilitated permanent settlement, it was not a settlement colony whose nation was built through settlement in the same way that the other three were. Also, historically, Sweden's history combines both colonialism and emigration. In fact, missing from this classification are *countries of migration.* Italy, for example, has a history of both in- and out-migration (Baldwin-Edwards 1992). A further complexity should be added: the variation in type of immigrants. One study distinguishes

Table 6.1   Types of Migration Regimes

Citizenship Model	Migration System	Immigrants' Access to Social Rights	Countries (examples)
Exclusionary (Volk/ethnic based)	Guest worker	Exclusionary: restrictive; admission to civil society restrictive; access to social rights restrictive, but contested.	Germany Switzerland Belgium
Republican (Often combines imperial and republican)	Postcolonial	Ambiguous: formal rights originally granted through universalist conceptions of republicanism or all-embracing imperialism, but rules of nationality and discourses of assimilation contributed to weakening of social rights. Significant contestation.	France Britain Netherlands
Multicultural (Membership based on acceptance of core political values)	Permanent settler	Multicultural policy formally grants rights to permanent settlers. Integrationist; assimilationist; cultural pluralist: 'prescribed multiculturalism', often excludes indigenous minority ethnic groups.	Australia Canada Sweden (United States)

Source: This is my tabular representation of the work of Castles and Miller (1993).

four types: *professional, guest worker, colonized subject*, and *political asylum seeker* (Bovenkerk *et al.* 1990). We could also add a fifth type: *family members* who join an immigrant after she or he has settled. In addition, it is important to point out the shifting boundaries of migration regimes, most notably, the development of European Union policy on the movement and political rights of migrants, which could undermine rights secured in specific nation-states (Pieterse 1991).

Furthermore, although Castles and Miller conclude that the multi-cultural model combines social policies that respond to the needs of settlers with an openness to cultural diversity and, as such, 'appears to be the most viable solution to the problem of defining membership of the nation-state in an increasingly mobile world' (Castles and Miller 1993: 230), we still need to place more variables in this picture. Two important issues are the history of internal racialization and ethnic conflict and political mobilization around these issues (either pro- or anti-racist). Another is the changing form of racism and racialization within each country or continent (e.g., Europe). Finally, since our starting point of analysis is understanding the comparative development of welfare states, we need to untangle the notion of 'state policy' in order to provide some analytical space for 'welfare state policy' as distinct from the state's role in immigration control or in maintaining law and order – although, in fact, it is the interconnections among the three areas that are important.

I want to conclude this discussion of the complexity of variables (and their multifarious variability) by outlining some of the key processes implicated in a comparative study of the relationship of the welfare state to race, ethnicity, and migration. In developing a framework for analysis we need to look at the interrelationship of the development of welfare states with the following processes:

- the formation and changing organization and conditions of the nation-state systems of indentured labor systems of migration, colonialism, and imperialism,
- the social relations of power engendered by these processes,
- the legacy of ethnic/cultural/religious conflict and relations of domination and subordination (e.g., anti-Semitism),
- the articulation of nation with race, ethnicity, and culture,
- the processes of inclusion and exclusion from the nation-state (e.g., citizenship rules of eligibility),
- the discourses around race/ethnicity/culture/religion (e.g., scientific racism, eugenics, cultural assimilation/pluralism, antiracism),
- the discursive practices (e.g., state, institutional, personal racism),
- the forms of mobilization and resistance (both racist and antiracist, autonomous from and integrated with political movements).

One of the purposes of the preceding discussion on the different models, histories, and systems is to provide some safeguard against some of the methodological problems of comparative work in this area, particularly the danger of assuming that we are comparing like with like. The concept 'race', for example, carries similar meanings in US and British discourses but a different meaning in the French discourse where 'culture' carries far greater significance. Neither are there common ways of referring to racialized minority groups. In Britain and the United States, the term 'black' has taken on a political character (though this is contested, see Anthias and Yuval-Davis [1992: Chap. 5]) and the word 'migrant' has none of the resonance it has in other parts of Europe. In other words, as suggested by one exploratory discussion on comparative work on race, immigration, and the state in Western Europe: 'The degree of exclusion and the mechanisms by which exclusion is effected may not differ a great deal from one country to another, but the discourse does. This reflects separate national traditions and sensitivities and this needs to be clearly grasped conceptually and analytically' (Bovenkerk et al. 1990: 487). For this reason, I would suggest that comparative work in this area needs to be grounded in thorough historical discursive analysis before attempting some of the more exact types of quantitative analysis that are the hallmark of much comparative social policy.

Bringing gender and class back into the picture

While detailing the specificities of historical processes around race, ethnicity, and migration has been necessary, it now stands in danger of ignoring the extent to which these specific historical processes were intricately woven into the structures, discourses, and forms of political agency associated with the development of industrial capitalism and the organization of social reproduction. I have already referred to some of the ways these processes were articulated (e.g., women as bearers of children and as reproducers of culture) from an important real and symbolic link between the ideals (often racialized) of nationhood and nation-building, simultaneously unifying the nation and peopling it in class, gender, and racially differentiated forms. Motherhood, as duty, desire, destiny, and just reward, stands at the intersection of the organizations of nationhood, family life, and production, its discourses shaping and being shaped by developing welfare states.

In order to avoid the danger of reducing the variables of all social relations to class, race, and gender, and in order to provide an acknowledgment that race in itself incorporates a complex variability of dynamics, I want to outline a broader framework. Following the earlier elaboration of race, ethnicity, and migration, Figure 6.1 suggests a basis for an understanding of the relationship of these processes (listed under the term *Nation*) with the dynamics of the organization and conditions of production (listed under *Work*) and with the dynamics of the organization and conditions of social reproduction (listed under *Family*).[6] The terms family, nation, and work are used to imply more than the institutional entities in and through which they exist. They are intended to represent the socially constructed meanings of 'family', 'nation', and 'work', which are constituted through various conditions, institutions, and forms of organization, as well as through social relations of power, processes of inclusion and exclusion (which also involve forms of mobilization of interests), identities, and political actors. The chosen terms are deliberately commonsense terms. Work, for example, is commonly held to mean paid work in popular professional, bureaucratic, and political discourses, and what constitutes a family or nationhood is vigorously contested. The state is conceptually different from family, nation, and work. Instead, we see the policies and practices of the state as caught up in the construction of meanings around family, nation, and work. In this way, these terms are closer to the Foucauldian conceptualization of discourses.[7]

It is through the state's relationship, through social policies (or the welfare state), to these three areas – which themselves are constantly changing both in themselves and in relation to each other – that we can begin to grasp the diverse configurations of multilayered welfare settlements in different countries. These welfare settlements, in other

Figure 6.1   Key Interrelated Dynamics Underpinning the Development of Welfare States

Family

- Conditions and organization of biological and social reproduction
- Social relations of power/gender, sexuality, age, and so on
- Legacy of conflict in familial and sexual relations
- Processes of inclusion and exclusion
- Meanings/discourses/discursive practices (social, institutional, professional, etc.)
- Forms of contestation and mobilization

Work

- Conditions and organization of production (e.g., commodification, distinction between paid and unpaid labor, and skilling processes)
- Social relations of power
- Legacy of employer/employee conflicts
- Processes of inclusion and exclusion (e.g., women, disabled, minorities)
- Meanings/discourses/discursive practices
- Forms of mobilization

Nation

- Formation, organization, and conditions of
  - Nation-state
  - Systems of indentured labor
  - Systems of migration
  - Colonialism and imperialism
- Social relations of power
- Legacy of ethnic/religious/cultural conflict and relations of domination and subordination
- Processes of inclusion and exclusion from the nation-state (citizenship)
- Meanings/discourses (e.g., scientific racism, cultural assimilation, pluralism, antiracism) and discursive practices
- Forms of contestation and mobilization

words, emerged from the *state's relationship to the specific and interrelated organization, conditions, current and historic social relations of power, discursive practices, and forms of mobilization associated with family, nation, and work*. Moreover, it is these interrelated dynamics that underpin the development of welfare states and through which we can grasp a greater understanding of the complexity of social relations wrought in and through welfare states.

Finally, by way of illustration of the application of this framework, I want to suggest that there are three key historical periods of change in Western industrial capitalism involving a negotiation around a welfare settlement: the 1900s (the first forms of collectivism), the 1930s–1940s (the New Deal/postwar welfare settlements), and the 1990s (a new welfare order?). Through an analysis of these periods we can grasp the state's attempt to consolidate the organization, conditions, and social relations of family, nation, and work, which were and are undergoing considerable change and challenge. The following section sketches some of the key aspects of such an analysis, drawing mainly on work from the history of the British welfare state. As such, it is meant as a beginning, to indicate the possibilities for a more systematic comparative study.

Family, nation, and work in welfare settlements

The period from the 1870s to the 1920s was marked by major economic and social shifts in the developing capitalist economies. Although the nature of these economies was varied (some mainly industrial, others mainly agricultural), all faced similar pressures: the intensification of international competition and, with that, the drive to maximize productivity and efficiency through increased capital investment, mechanization, and more intensive labor productivity. At the same time, the removal of children, in particular, as well as in many places of women and older people from paid labor helped draw more sharply the separation of public and private spheres. The period also marked an increasing nationalization of society when the boundaries of nationhood were given greater economic, social, legal, political, and ideological meaning (Silverman 1992).

What was common to many of these economies – in Western Europe, Australia, and New Zealand, and in a different way, the United States – was that this was also the period of the first forms of state collectivism – not only of education and public health but of forms of social insurance and, later, maternity provisions. This state intervention resulted from the social and political forces contained within these shifts, and it also helped consolidate and reconstitute their social relations in different ways in different countries. In other words, the introduction of social rights took place within a context where the boundaries of citizenship were becoming more circumscribed and citizenship's social geology was becoming more complexly layered. The consolidation of the national ideal was achieved partly through forms of state intervention and collectivism, and this nation-welfare-state became the privileged space and marker, in different degrees, of inclusion and exclusion.[8] One example of this is the simultaneous extension of forms of social insurance in some European countries with the beginnings of the first effective controls of immigration: the 1905 Aliens Act in Britain, and controls in France 1906, and in the Netherlands in 1918. Many such controls were explicitly about the quality as much as the quantity of the population. For example, in the United States, the proposal for the 1884 Foran Act prohibiting the immigration of contract labor stated: 'No matter how high a moral standard a community may attain, the introduction into that community of any considerable number of persons of a lower moral tone will cause a general moral deterioration' (quoted in Mink 1990: 95).

In the United States, the racialization of nationality emerged from a fear of the extension of citizenship rights not simply to new immigrants but also to the African-American population. The basis of the US welfare state was not social insurance but provisions for mothers. The significance of these two processes is explained by Gwendolyn Mink:

> By the late nineteenth century, democratic politics had become a politics of subordination and exclusion: through immigration restrictions, segregation, cultural regulation, barriers to suffrage, and exclusion from unions. But these were only partial solutions to the problem of demographic change. Many new immigrants could vote, more were coming and blacks could claim constitutional protection. ... While the American republican inheritance warned against such corruption, it also offered a defense against corruption. That defense was womanhood. For despite her political invisibility woman was nevertheless assigned a weighty political significance as the guardian of male virtue and reproducer of the (white) republican order.
>
> (Mink 1990: 96–7)

In Britain the mutual shaping of family, nation, work, and welfare state took a different form. The welfare policies introduced from the first decade of the century – old age pensions, health and national insurance, school meals, the supervision and control of 'mental deficients', maternity and child welfare, and public housing – were part of attempts by the state to appease, supervise, and control an increasingly militant working class. These policies also represented an attempt to ensure the fitness of British soldiers to defend the Empire and the skills and health of a labor force to maintain British industrial supremacy in the world markets, a supremacy that was increasingly under threat from competition with the United States and Japan. At the same time, these policies began to consolidate particular images and conditions of family and work life and their relation to national and imperialist interests in ways that excluded and marginalized certain social groups. Thus, for example, policies for women focused on their needs as mothers over and above their needs as wage earners. The development of maternity benefits and child welfare services after 1918 met women's very real needs but, at the same time, served to consolidate women's place in the home. In addition, such policies elevated motherhood to a new dignity. Women's role in the *family* became tied to the development of *race and nation*. This elevation reinforced the restriction of women to the home and the separation of home from *paid work*, a process also reflected in the exclusion of women from some of the new insurance and unemployment benefits. In the health insurance scheme of the 1911 National Insurance Act women were only eligible for three-quarters of the rate; working women were also penalized by not being able to claim time off for childbirth.

Policies for income maintenance also marked the beginnings of a popularly accepted idea that entitlement to forms of welfare provision would be restricted by *nationality*. Sustained by scientific ideas about racial superiority from social Darwinism and the eugenics movement, nationality in practice meant 'white', Christian, and English-speaking. In addition, these policies illustrate the close connection between welfare provision and immigration control. Using denial of access to welfare as a form of control worked in two ways: by threatening to deport a so-called 'alien' who turned to public funds or by using the welfare agencies themselves to police their access to benefits. The 1905 Aliens Act, which imposed restrictions on Jewish refugees from Eastern Europe and Russia from the 1880s onwards, marked both the beginning of restrictive immigration controls and the formal inclusion into and exclusion from the national collectivity.

The campaigns for immigration control often included abusive anti-Semitism and found support from all the major political parties as well as from trade unionists such as Ben Tillet, the dockers' leader. The Aliens Act stated that any person who could not support herself or himself or might need welfare provision should not be allowed in and that anyone who, within twelve months, was homeless, living in overcrowded conditions, or receiving poor relief should be deported. Following this, the 1908 Pensions Act denied a pension to anyone who had not been both a resident *and* a British subject for twenty years. In the health insurance scheme of the 1911 National Insurance Act, non-British citizens who had been residents for less than five years received lower rates of benefit (75 per cent) even though they had paid contributions.

The development in the 1940s of a new form of welfare settlement – a Keynesian welfare state – in many parts of the industrialized world played a major role within the new forms of capital accumulation, production, and consumption. On the one hand, the Keynesian welfare state secured the interests of capital and labor through a system that guaranteed full employment, health, and welfare provisions along with mass production and consumption. On the other, it also reinforced the assumption of the family wage and women's domestic labor in such a way as to maintain mass consumption and production and the goal of full male employment. The expansion of industry and welfare services, however, generated labor shortages that were met by many states either by recruitment of migrant/colonial labor or by differing involvements of women in paid employment. These negotiations depended upon the discourses and balances of forces around issues of gender and race relations within and outside of the labor movement and political parties. In general, in different ways, in different industrialized countries, welfare settlements were struck according to the balance of class forces, the availability of cheap labor, cultural and political traditions, and expectations which themselves were rooted in the different formations of capitalist and/or imperialist economies, nation-states, systems of male and racial domination, and relations of immigration.

In Britain, the welfare state became central to the reconstruction of postwar Britain and represented Britain's civilizing mission brought home. Civilization – all that was left of the declining power and profits of an Empire – was what the welfare state seemed to represent along with a hope that it could replace the old imperial ideal in sustaining national cohesion.[9] The Beveridge Report (1942) reproduced the ideals in family, nation, work, and welfare: once again marriage and mother-hood were the white, able-bodied woman's personal and national duty, and the breadwinner role was assigned to her husband. This ideal cap-tured the subordination of women to their husband's economic power, women's limited access to paid work, and the destiny of permanent heterosexual coupledom. During the postwar period in different wel-fare states, all of these ideals, along with the security of the contract between capital and labor and the realities of second-class black and migrant worker citizenship, faced major challenges.

By the 1980s most welfare regimes found themselves faced with major shifts in the organization, conditions, and social relations caught up in family, nation, and work. First, the globalization of capi-tal, the breakup of Fordism, and the search for new forms of capital accumulation have created working lives and conditions (flexible working, core and peripheral workforces) for which the old social insurance systems are no longer adequate. At the same time, the rising costs of and demands for welfare provision, the limited potential for full continuous employment, and the associated fragmentation of the working class have undermined the possibility of the sort of class compromises represented by the Keynesian welfare settlement. More important than this, however, has been the shifting and disrupting of the conditions of nationhood and family life. Changing patterns of women's paid employment (especially *within* welfare states), changing household patterns particularly in relation to marriage and parenthood (increases in divorce and lone parenthood), an aging population, increased female poverty, and the articulation of women's demands through women's movements have all challenged the relationship of the family to the needs, demands, and support for social policies. Even in those woman-friendly welfare states such as Sweden, it has been suggested that any possible alternative solidaristic alliance to counter welfare retrenchment would need to involve women and speak to women's interests, such as the reorganization of work (to allow for sharing of domestic and caring work) and would have to 'reject the long-standing subordination of gender- to class-based discourse and identities in the representation of politics in Sweden' (Jenson and Mahon 1993: 100). Women's movements generally in different countries have challenged the false universalism of equality and citizenship.

The third dimension of challenge is to the nation-state, especially in its articulation with citizenship. A number of dynamics *appear* to threaten the viability of a sovereign, territorially bounded, culturally and ethnically delineated state (McGrew 1992). These include the globalization of capital (especially the increase in transnational corporate activity), globalization of communications, production, and dissemination of knowledge, the shifting of national boundaries (e.g., Eastern Europe), the emergence of supranational political institutions and economic communities (the European Union), the change in the pace of migrations (its globalization, acceleration, differentiation, and feminization [Castles and Miller 1993]), the increase in permanent settlement and ethnic diversity, and, finally, the increase in movements around transnational ethnic, religious, and political identities.

These movements may challenge notions of nationhood and citizenship from both within and outside of the nation-state. An example of an internal challenge is given in Jane Jenson's analysis of the claims for citizenship rights made by Aboriginal peoples in Canada:

> In the late-twentieth-century Canada, the nationalism of the Aboriginal peoples challenged the idea that nationality and governmental power must always coincide in a territory. In so doing, they compel a rethinking of the politics of territory which has always underpinned the notion that territorially defined government – such as traditional federalism – is the appropriate way to recognize citizens' right to self-determination in a culturally divided space in which several peoples claim political and social rights not as only individuals but as distinct nations.
>
> (Jenson 1993: 139)

In a similar way, national identities have for many groups become more fluid and absorbent. Writing of the experience in Britain, Avtar Brah says,

> African-Carribean and Asian young women in Britain seem to be constructing diasporic identities that simultaneously assert a sense of belonging to the locality in which they have grown up, as well as proclaiming a 'difference' that references the specificity of the historical experience of being 'black', or 'Asian' or 'Muslim'. And all of these are changing subject positions. The precise ways and with what outcomes such identities are mobilized is variable. But they speak as 'British' identities with all the complexity, contradiction, and difficulty this term implies.
>
> (Brah 1993: 26)

While all these shifts may demand some kind of new welfare settlement based on new notions of eligibility, the sense of disruption they create should not be overstated for they also contain significant continuities. The shifts to post-Fordist production methods are uneven and where they do exist often build on and exacerbate the existing inequities faced by black, migrant, and female workers (Williams 1994).

Changes in household forms have not liberated the majority of women from economic inequalities or the major responsibility for domestic and care-giving work. Moreover, the reconstitution of the sovereignty of the nation-state contains significant ambiguities (Bauman 1992), heralding not so much a decline as 'a much more complex architecture of sovereign political power than presently exists' (McGrew 1992: 95). The contours of political power that influence the direction of nation-welfare-states are shaped more than ever by the imbrication of local, national, regional, supranational, and international powers and agencies. It is not possible to talk yet of a new welfare settlement, only of moves toward a new welfare order – moves that are heavily politically and culturally nuanced within different welfare regimes. What they have in common is a shift from a bureaucratic/ professional welfare regime to a managerialist regime that places greater emphasis on market mechanisms, developing a welfare mix between state, private, voluntary, and informal sectors and the introduction of changing and greater selectivity (Taylor-Gooby and Lawson 1993). How far this may represent the first moves toward forms of neoliberal, neocorporatist, or neostatist workfare states (Jessop 1994) or the opportunities to pursue a basic income scheme (speculatively provided out of a European carbon/energy tax [Van Parijs 1992; Weale 1994]) or how far its emphasis upon the rights and choices of consumers can convert into the rights discourses of social movements' demands to recast the notions of universalism, equality, and citizenship with the specificities of difference, will partly depend upon the particular configurations of power relations and discourses shaped by family, nation, and work.

Notes

1. The application of post-Fordist analyses to the welfare state denotes the shift from the Keynesian welfare state, where mass universal needs were met by state bureaucratic-professional institutions, toward one where the diversity of individual needs is met by a managerialized, mixed economy of welfare with quasi-markets and consumer sovereignty.
2. See, for example, Jane Jenson and Rianne Mahon's (1993) study of the way gender identities and gender relations are woven into Swedish political settlements around employment and welfare.
3. Sheila Shaver's study is something of an exception here. Using examples from the Australian welfare state, she attempts to delineate the logics of gender and class encoded within welfare. Her analysis is underpinned by an understanding of both the multi-dimensional nature of social relations and the institutional complexity and variability of welfare states. At the end of her analysis she begins to outline some of the key elements of race and ethnicity in social policy regimes, which include 'policy logics of population, race, ethnicity and nation in the structure of the welfare state' (Shaver 1990: 16–17).
4. The influence of the European Union's policies is a particularly significant element in race/ethnicity/migration relations which this article does not cover, but see Martin

Baldwin-Edwards (1991a; 1991b; 1992); Special Issue on Race and Europe, *Race and Class* (32, No. 3 [1991]); Kum-Kum Bhavnani (1993).

5. A further subdivision of immigration regimes operating within Europe is provided by Baldwin-Edwards (1991a; 1992). He proposes four types: (1) the semi-peripheral/ Mediterranean (Greece, Portugal, Ireland, Spain, and Italy) countries of emigration with no immigration infrastructure, (2) the Continental or Schengen (originally Benelux and Germany) with strict immigration controls, (3) the Scandinavian, with relatively liberal policies, and (4) the United Kingdom, which represents (as usual) a mix of types, liberal becoming more restrictive. He also suggests an element of convergence within the European Union.

6. This framework of family, nation, and work domains was originally suggested in an earlier study of the British welfare state (Williams 1989), but its dimensions were not delineated.

7. I have resisted using the shorthand of discourses here because of the confusing way the concept is used – often simply as a replacement for ideology rather than encompassing practices, resistances, power, and knowledges. I also want to explore the 'more than speech' dynamics that Michel Foucault referred to in his definition of discourses as 'practices that systematically form the object of which they speak. Of course discourses are composed of signs; but what they do is more than use these signs to designate things. It is this *more* that renders them irreducible to the language (langue) and to speech. It is this "more" that we must reveal and describe' (Foucault 1972: 49).

8. Tomas Hammar's study of the nation-state, democracy, and citizenship suggests four periods of international migration and control and changes in citizenship and naturalization policy: (1) 1860–1914: unhindered in-migration and large-scale out-migration, (2) 1914–1945: immigration regulation and aliens control – provisional system made permanent (high unemployment and racism), (3) 1945–1974: liberal immigration recruitment of foreign labor and colonial immigration, (4) 1974 to present: strict immigration, only family members and political refugees admitted (Hammar 1990: 45). What is interesting about Hammar's periodization is that it also parallels changes in welfare settlements.

9. In an interesting essay, Patrick Dunleavy explains a further way in which 'Empire' was linked to postwar welfare expansion in Britain (Dunleavy 1989). Britain's withdrawal from its colonial administrative and defense commitments created surplus economic and personnel capacity for use in developing welfare services in the 1950s and 1960s.

References

Alund, Aleksandra and Carl-Ulrik Schierup (1991) *Paradoxes of Multiculturalism*, Aldershot: Avebury.

Anthias, Floya and Nira Yuval-Davis (1992) *Racialized Boundaries*, London: Routledge.

Baldwin-Edwards, Martin (1991a) 'Immigration after 1992', *Policy and Politics* 19 (3): 199–211.

Baldwin-Edwards, Martin (1991b) 'The socio-political rights of migrants in the European Community' in Room (ed.) *Towards a European Welfare State*, pp. 189–224.

Baldwin-Edwards, Martin (1992) 'Recent changes in European immigration policies' *Journal of European Social Policy* 2 (1): 53–6.

Barrett, Michele, and Anne Phillips (eds) (1992) *Destabilising Theory: Contemporary Feminist Debates*, Cambridge: Polity Press.

Bauman, Zygmunt (1992) *Intimations of Postmodernity*, London: Routledge.

Bhavnani, Kum-Kum (1993) 'Towards a multicultural Europe? "Race" nation and identity in 1992 and beyond', *Feminist Review* 45: 30–45.

Blom, Ida (1991) 'Voluntary motherhood, 1900–1930: Theories and politics of a Norwegian feminist in international perspective' in Bock and Thane (ed.) *Maternity and Gender Policies*, pp. 21–39.

Bock, Gisela, and Pat Thane (eds) (1991) *Maternity and Gender Policies*, London: Routledge.

Bovenkerk, Frank, Robert Miles and Gilles Verbunt (1990) 'Racism, migration and the state in Western Europe: A case for comparative analysis', *International Sociology* 5 (4): 475–90.

Bovenkerk, Frank, Robert Miles and Gilles Verbunt (1991) 'Comparative studies of migration and exclusion on the grounds of "Race" and ethnic background in Western Europe: A critical appraisal', *International Migration Review* 25: 375–91.

Brah, Avtar (1993) 'Reframing Europe: engendered racisms, ethnicities and nationalisms in contemporary Western Europe', *Feminist Review* 45: 9–29.

Brubaker, William Rogers (1990) 'Immigration, citizenship and the nation-state in France and Germany: A comparative historical analysis', *International Sociology* 5 (4): 379–407.

Burrows, Roger and Brian Loader (eds) (1994) *Towards a Post-Fordist Welfare State?* London: Routledge.

Castles, Stephen and Mark J. Miller (1993) *The Age of Migration*, London: Macmillan.

Duncan, Simon (1994) 'Theorising differences in patriarchy', *Environment and Planning* 26: 1177–94.

Dunleavy, Patrick (1989) 'The United Kingdom: paradoxes of an ungrounded statism', in Francis Castles (ed.) *The Comparative History of Public Policy*, pp. 243–91, Cambridge: Polity Press.

Esping-Andersen, Gösta (1990) *The Three Worlds of Welfare Capitalism*, Cambridge: Polity Press.

Foucault, Michel (1992) *The Archaeology of Knowledge*, London: Tavistock.

Ginsburg, Norman (1992) *Divisions of Welfare*, London: Sage.

Ginsburg, Norman (1994) ' "Race," racism and social policy in Western Europe', in J. Ferris and R. Page (eds) *Social Policy in Transition*, pp. 165–86, Aldershot: Avebury.

Hammar, Tomas (1990) *Democracy and the Nation State*, Aldershot. Avebury.

Jenson, Jane (1993) 'Deconstructing dualities: Making rights claims in political institutions', in G. Drover and P. Kerans (eds) *New Approaches to Welfare Theory*, pp. 127–42, Aldershot: Edward Elgar.

Jenson, Jane and Rianne Mahon (1993) 'Sweden: A welfare model in crisis', *New Left Review* 201: 76–100.

Jessop, Bob (1994) 'The transition to post-Fordism and the Schumpeterian workfare state', in Burrows and Loader (eds) *Towards a Post-Fordist Welfare State?*, pp. 13–37.

Knocke, Wuokko (1995) 'Migrant and ethnic minority women: The effects of gender-neutral legislation in the European Community', *Social Politics* 2 (2): 225–38.

Korpi, Walter (1989) 'Power, politics, and state autonomy in the development of social citizenship', *American Sociological Review* 54: 309–28.

Lake, Marilyn (1994) 'Between old worlds and new: Feminist citizenship, nation and race, the destabilisation of identity', in Caroline Daley and Melanie Nolan (eds) *Suffrage and Beyond International Feminist Perspectives*, pp. 277–94, Sydney: Pluto Press.

Langan, Mary and Ilona Ostner (1991) 'Gender and welfare: Towards a comparative framework', in Room (ed.) *Towards a European Welfare State?*, pp. 127–50.

Lewis, Jane (1992) 'Gender and the development of welfare regimes', *Journal of European Social Policy* 2 (3): 159–71.

McGrew, Anthony (1992) 'A global society?' in Stuart Hall, David Held and Anthony McGrew (eds) *Modernity and Its Futures*, pp. 61–116, Cambridge: Polity Press.

Mink, Gwendolyn (1990) 'The lady and the tramp: Gender, race, and the origins of the American welfare state', in Linda Gordon (ed.) *Women, the State, and Welfare*, pp. 92–117, Madison: University of Wisconsin Press.

Mishra, Ramesh (1990) *The Welfare State in a Capitalist Society*, Hemel Hempstead: Harvester-Wheatsheaf.

O'Connor, Julia (1993) 'Gender, class and citizenship in comparative analysis of welfare state regimes: Theoretical and methodological issues', *British Journal of Sociology* 44: 501–18.

Oliver, Michael (1990) *The Politics of Disablement*, London: Macmillan.

Orloff, Ann Shola (1993) 'Gender and the social rights of citizenship: The comparative analysis of gender relations and welfare states', *American Sociological Review* 58 (3): 303–28.

Phillips, Anne (1993) *Democracy and Difference*, Cambridge: Polity Press.

Pieterse, Jan Nederveen (1991) 'Fictions of Europe', *Race and Class*, 32 (3): 4–10.

Room, Graham (ed.) (1991) *Towards a European Welfare State?* Bristol: SAUS Publications.

Sainsbury, Diane (ed.) (1994) *Gendering Welfare States*, London: Sage.

Shaver, Sheila (1990) 'Gender, social policy regimes and the welfare state', Discussion Paper, No. 26, University of New South Wales, Social Policy Research Centre.

Shaver, Sheila (1993–94) 'Body rights, social rights and the liberal welfare state', *Critical Social Policy* 39: 66–93.

Silverman, Max (1992) *Deconstructing the Nation: Immigration, Racism and Citizenship in Modern France*, London: Routledge.

Taylor-Gooby, Peter and Robyn Lawson (eds) (1993) *Markets and Managers*, Buckingham: Open University Press.

Van Parijs, Philippe (ed.) (1992) *Arguing for a Basic Income*, London: Verso.

Weale, Albert (1994) 'Social policy and the European Union', *Social Policy and Administration* 28 (1): 5–19.

Webber, Frances (1991) 'From Ethnocentrism to Euro-racism', *Race and Class*, 32 (3): 11–17.

Williams, Fiona (1989) *Social Policy: A Critical Introduction. Issues of Race, Gender and Class*, Cambridge: Polity Press.

Williams, Fiona (1992) 'Somewhere over the rainbow: Universality and diversity in Social Policy', in Nick Manning and Robert Page (eds) *Social Policy Review* 4, pp. 200–19, Canterbury: Social Policy Association.

Williams, Fiona (1994) 'Social relations, welfare, and the post-Fordism debate', in Burrows and Loader (eds) *Towards a Post-Fordist Welfare State?*, pp. 49–73.

7

Silence, Absence and Elision in Analyses of 'the family' in European Social Policy

Janet Fink

Across Europe, families are experiencing shifting patterns of family formation, childbearing and gender roles, as well as rapid changes in work practices, employment opportunities and welfare provision. Yet the degree of state support for families in their negotiation of these shifts and changes is varied, not least because, at different times and for different reasons, European governments have been caught between attempts to reduce public expenditure and their desire to be seen as upholding the social, moral and financial stability of family life. There has been much interest, therefore, in both studying the diverse ways in which governments across Europe support and intervene in family life and in measuring the impact and effects of their policy reforms and initiatives. For analysts of European social policy, a focus upon the interactions between the family and the state has provided one medium through which to explore the ongoing evolution of European welfare regimes and the unsettled nature of the funding, provision and organization of their benefits and services.

The aim of this chapter, is to problematize the ways in which comparative approaches to the study of European social policy have conceptualized 'the family'. Its argument is developed through three distinct but interconnected themes. Each theme comes out of a concern with differentiation. First, in the context of analyses of 'the family' within comparative social policy, very little attention is paid to the shifting but increasingly fortified boundaries of Europe and the attendant questions of citizenship. Such analyses tend to equate 'Europe' with the European Union (EU), so that comparative work is often implicitly focused on the welfare regimes of EU member states rather than those regimes of nation-states which currently make up Europe as a geographical region. The slippage between 'Europe' and the EU has important implications, for thinking about which families are understood as 'European' and how those boundaries of 'European-ness' are constructed. There are few attempts to broaden discussion about the nature of family-oriented policies in order to consider how the needs and rights of the families of migrants, asylum-seekers and refugees are acknowledged, integrated or silenced across EU member states. What results is a tendency for 'the family' *inside* the borders of the EU to be constructed as a homogeneous identity which is then set in opposition to 'the non-European family' *outside* these borders.

The second theme explores the assumption that individuals within nation-states can be expected to display broadly similar patterns of family practices and family formations as a result of being subject to the particular legal, social and material constraints of the nation-state in which they live. Such an assumption produces two significant silences. The first is a failure to address the ways in which the nation-state and its institutions draw implicitly upon particular family forms and practices to position some families as 'normal' and to constitute their familial relationships as morally superior and normative. The second is a neglect of how these values and norms become embedded within welfare services and thereby marginalize and stigmatize people who, because of different historical, religious or cultural traditions, understand and organize their family roles and relationships in different ways.

Finally, the important effects of feminist critiques of typologies of welfare regimes are acknowledged but are shown to have resulted in a particularly narrow focus on the relationship between the family and welfare. Their emphasis on the location of women within the labour market and the private domain of the family has tended to elide both the position of men and children within families and the impact of policies on their lives. This has resulted in both theoretical and conceptual absences. Minimal attention has been given to the insights which discussion of masculinities and 'men', as embodied subjects and agents, might bring to comparative analyses of the gendering of welfare regimes, while the shifting constructions of childhood have been afforded little conceptual visibility in discussions of family-oriented policies. This chapter engages with the challenges that are produced by the incorporation of such multi-layered levels of differentiation between and within families into analyses of European social policy.

Contested boundaries of 'Europe' and the 'European family'

In discussions of 'Europe' there are many slippages around its boundaries, definition and identity, but there is increasing recognition that it is not a fixed entity (see Introduction to this volume and the chapter by Hudson and Williams). The borders of the EU within Europe can be considered as equally fluid, but, despite the contingent and temporary nature of these borders, the Union has driven the development of 'Fortress Europe' as a means by which to ensure its own social and economic stability. This legal and physical fortification of the EU's borders seeks to deter economic migrants and asylum-seekers from entering the EU and gaining access to welfare benefits and employment opportunities (Cochrane, Clarke and Gewirtz 2001). Significantly, these deterrent measures have been influential in constructing cultural, racial and religious 'others', both inside and outside 'Fortress Europe', who are seen to challenge not only the economic stability of the EU but also its social and cultural coherency. This emphasis on the nation-state's cultural coherency has been central in the construction of symbolic boundaries and frontiers which are used to define 'insiders' and 'outsiders' and to differentiate between their forms of access to welfare systems and provision (Dunkwu 1993, Castles 2000). With the rise of a new racist nationalism in contemporary Europe and its concerns 'with notions of defending "our" home, space, territory' (Lutz et al. 1995: 8), racialized minorities within the EU have become targets of this 'othering'.

The issue of cultural diversity and its challenge to the perceived racial, religious and cultural homogeneity of 'Europe' is often rooted in discussions about mid- to late-twentieth-century migration patterns. Yet there is a reluctance to acknowledge, at the popular, political and institutional level, the complex and contradictory narratives that have been drawn upon to construct a European cultural identity and heritage (Marfleet this volume: Ch. 3). In this context the relationship between Europe's colonial and post-colonial history and policies of immigration and settlement remains a crucial factor in understanding the contested nature of 'European-ness'.

To meet the demands of economic growth in the period following the Second World War, large numbers of workers were recruited from the colonies and former colonies of Britain, France and the Netherlands, while Germany, Switzerland, Belgium and Sweden recruited temporary 'foreign' workers whose stay was permitted only as long as their labour was required. By the 1960s, migrant labour had become a structural feature of west European labour markets, playing a vital factor in the long economic boom (Castles 2000: 7). Many of these workers, however, settled permanently, formed new families or were reunited with existing family members. It is these families, together with those involved in more recent migratory trends, who today unsettle the project of developing a culturally coherent European identity, for their presence visibly and structurally affirms the multicultural nature of the EU. Migrant families are thus positioned in contradictory ways in discourses of European-ness. At one level, European governments acknowledge the economic, cultural and social contribution made by migrant workers, but at another level they react with 'increasingly restrictive and exclusionary moves to maintain the myth that Europe is not a continent of immigration' (Essed 1995: 50). As a result, migrant families tend to be constituted as in 'Europe', but at the same time as 'non-European'.

In work which seeks to compare the outcomes of different European welfare regimes, there has been little recognition of the ways in which shifting historical, cultural, religious and political boundaries divide people, families and communities *within* EU member states, and in turn how those boundaries are deployed to define people as 'European' or 'non-European'. As Shapiro (2000: 80) has argued, this is partly because 'The primary understanding of the modern "nation" segment of the nation-state is that a nation embodies a coherent culture, united on the basis of shared descent or, at least, incorporating a "people" with a historically stable coherence'. But the premise that shared descent and common territorial, cultural, linguistic and historical experiences tend to produce shared values and attitudes which in turn create shared legal and policy frameworks (Castles 1993) has serious implications for those who are seen as sharing neither the nation's experiences nor its values and attitudes.

The assumption that there is some coherency to the moral, cultural and social norms through which people organize and understand their family relationships within any one European nation-state undoubtedly facilitates both theories of the changing forms of family life and the development of policies to acknowledge and negotiate those changes. It also underpins the use of socio-demographic indicators by EU member states to determine whether it is possible to identify a model, or models, towards which European families may be converging. Such indicators have pointed to a model characterized by growing fragmentation and instability because of increased numbers of divorced and lone parents and, as a result, larger numbers of children living in reconstituted households (Hantrais and Letablier 1996: 175). In addition, they have revealed the drastic decline of the fertility rate across all EU member states and indicated the significance of that for thinking about the future of both family life and family relationships and the needs of the labour market (Bonifazi and Kamarás 1998). With the institution of the family so firmly positioned in all EU member states as the corner-stone of social order, responsibility and stability, debates about what the falling birth rate means for the future of the 'European family' and the EU's economic prosperity look set to escalate. There are already signs that these debates will be focused around the issue of immigration, with migrants being viewed as both a threat to 'national' populations and as essential members of the EU's labour force.

Demographic trends, however, reveal little about the socio-cultural factors which are not bound by nation-state borders but which, nevertheless, shape and interact with subjective understandings of family life and family practices. As Hantrais and Letablier have usefully pointed out,

> intra-European differences make it difficult to identify a single family model characterising the Union as a whole or toward which all member states are converging. In addition, as at the international level, the particular family model that is dominant in any country at a given point in time conceals important internal variations associated with factors such as age, socio-occupational status, ethnicity and geographical origins.
>
> (Hantrais and Letablier 1996: 181)

Yet the possible tensions between a dominant family model and 'internal variations' are seldom explored in analyses of European welfare regimes. Such analyses implicitly elide the ways in which demographic data can be used to construct particular family formations and family practices as the norm – the dominant family form – while other family groups are marginalized, policed or demonized by and through welfare practices. The issue of how family members are constituted as welfare subjects, in terms of their class position, 'race', gender, religion and sexuality, is central to this process but rarely foregrounded in analyses of family policy in Europe.

This is particularly the case for members of immigrant families, where gendered and racialized restrictions apply both to their entry into the EU and their access to the welfare systems and labour markets of EU member states (see Kofman and Sales this volume; Anthias and Yuval-Davis 1992; Lutz *et al.* 1995; Ward *et al.* 1992; Yuval-Davis 1997). The increasing implementation of exclusionary policies denies rights and citizenship status to 'illegal' immigrants and asylum-seekers, and thereby precludes any consistent meeting of their needs and rights. Yet, as Klausen and Tilly have argued,

> Immigrants are not disembodied hands looking for work. Immigrant families are dependent in equal measure on the welfare state as a vehicle for social inclusion and on political representation of their interests for protection in the formation of policy.
>
> (Klausen and Tilley 1997: 14)

These tensions around the issue of migration and the marginalized position of migrant families within the welfare systems of EU member states are rarely addressed in comparative social policy. Their analyses contrast the different forms of welfare provision available to families but rarely foreground how the processes of differentiation between families regulate and define their access to that provision. The issue of differentiation is also of great significance for thinking about how comparative work has explored the relationship between individual family members and European welfare regimes.

Gender, the family and comparative approaches to European social policy

Comparative studies of welfare regimes in Europe have been enormously influential over the past decade (for example, Esping-Andersen 1990; Leibfried and Pierson 1995; Sykes and Alcock 1998). However, with their emphasis on the relationship between the state and the economy and their lack of acknowledgement of the importance of women's unpaid domestic and caring work, they have been the subject of wide-ranging feminist critiques (Sainsbury this volume; Langan and Ostner 1991; Lewis 1992, 2000; Lister 2000; Orloff 1993). Such critiques have argued that an emphasis on the formal labour market and income transfer systems within comparative approaches to social policy cannot account for the variations in gendered inequalities across Europe or address the significance of women's relationship to the domestic economy. This is because, as Jane Lewis (1992: 161) points out, in comparative social policy 'women disappear from the analysis when they disappear from labour markets'. These arguments have been further extended by Duncan (1995) and Duncan and Edwards (1999), who have problematized the sustained focus on policy differences at the level of the nation-state and foregrounded the significance of sub-national processes of differentiation. They claim that such an emphasis on the nation-state has been prolonged by the under-theorization of spatial difference in social policy, and they call for greater appreciation of other spatial contexts where gendered variability is important. For example

> Enduring regional and local cultures around gender and work interact with the geographical set of opportunities and constraints for paid work provided by the spatial division of labour; thus in some areas mothers are seen as being paid workers, in others purely as homemakers.
>
> (Duncan and Edwards 1999: 12)

It is not only the inclusion of gender into analyses of European welfare that has challenged conventional approaches to comparative social policy. Other work has illustrated how the intersections of 'race', ethnicity and class with those of gender further problematize the relationship between the family, welfare and the state, and thereby produce a greater understanding of the different forms of welfare experiences and inequalities (Williams this volume: Ch. 6; Pierson

1991; Baldwin-Edwards 1991a, 1991b; Ginsburg 1992, 1994). Moreover, the fluid, relational nature of these social divisions has been highlighted, for, as Fiona Williams has argued, 'the effects of race, class and gender divisions are interrelated and multifaceted – one element compounds or modifies the others' (see Williams this volume: Ch. 6).

These analyses have undoubtedly been influenced by the 'cultural turn' and its impact on social policy and, to a lesser degree, comparative social policy (Chamberlayne *et al.* 1999; Clarke 1999). Social and cultural theory has opened up new approaches to the analysis of European welfare regimes by pointing to the unstable meanings and definitions of 'Europe' (see Introduction to this volume) and insisting on analyses of competing welfare discourses and power relations within and across nation-states. Such theoretical emphases have explored the extent to which social policy both constitutes and is constituted by complex and interrelated inequalities of class, gender and 'race'. Access to welfare provision is shown to be contingent upon the particular ways in which welfare subjects, and their perceived rights and needs, are constructed and positioned within policy discourses (Lewis, Gewirtz and Clarke 2000; O'Brien and Penna 1998; Saraga 1998a). Moreover, the construction of welfare subjects in relation to their perceived position inside or outside the boundaries of the nation state, the EU and Europe is shown to be equally influential in analyses of welfare regimes and their outcomes. Past and present migratory trends may be disruptive of the relationship between a 'nation' and its 'people', but political, social and civic rights continue to be 'predicated on the distinction between national and alien' (Sassen 1998: 70), while discrimination and prejudice make no such distinction where citizens are perceived as 'alien' for reasons of their religion, 'race' or ethnicity.

There has been some unsettling, therefore, of comparative analyses of welfare regimes, not least because of the rigorous questioning of divisions within the category of welfare subjects and the definition of 'Europe'. Yet social and cultural theorists have paid rather less attention to 'the family' as a category in itself. There has been acknowledgement of the decline of the nuclear family and the resultant variety of family formations, including lone mothers, step-parenting and reconstituted families. Feminist analyses of European welfare policy explore the implications for families of the gendered division of domestic labour, particularly care, the often continuing ideal of the male breadwinner, and women's disadvantaged position in the labour market. These analyses have been influential in highlighting the range of issues that have been neglected in much mainstream comparative work. As Lewis points out

By limiting the subject of its study to social insurance, the recent comparative study of the nature of modern welfare regimes has missed the major gendered divisions of social provision which relate to the provision of cash benefits in the form of social assistance, which is more likely to be drawn upon by those marginal to the labour market; the issue of unpaid work and the provision of care; and the issue of the provision of welfare, in the form of cash and care, above and beyond the state, particularly by the family and the voluntary sector.

(Lewis 2000: 40)

Nevertheless, gendered analyses of both welfare regime typologies and the nature of welfare regimes' support of family life have been almost exclusively directed at the tensions between women's relationship to and position within the family. Indeed, the repeated weaving together of those concepts of 'gender', 'women' and 'family' within such analyses has tended not only to re-situate women firmly in relation to the private domain but also to create a slippage between the notions of gender and women. As a result, men, as family members, have continued to be positioned liminally in respect of 'the family', while the ways in which discourses of masculinity construct men as breadwinners, to the exclusion of other subject positions within welfare policies, has been largely unexplored by comparative social policy commentators. This is despite the growing literature on masculinities within the social sciences more generally (for example, Collier 1995; Connell 1995; Hearn 1992; Hearn and Morgan 1990; Mac an Ghaill 1994; Popay, Hearn and Edwards 1998).

The discussion of men and masculinities has important effects within gendered analyses of welfare at several levels. First, it disrupts any simplistic binary division of meanings attributed to sexual difference by pointing to the contradictory, malleable and unstable nature of 'men' and 'women' as categories. This, in turn, highlights the 'political processes by which those meanings are developed and contested ... and to the way those categories are articulated in terms of one another, although not consistently or in the same way every time' (Scott 1988: 10). It becomes crucial, therefore, to acknowledge that the relationship between women and welfare intersects with and impacts upon that of men and welfare, and that 'the family' is a key site through which this intersection is articulated and negotiated. 'Family-oriented' policies may be targeted at particular family members, for example the provision of maternity benefits and allowances for women. But equally there is an issue about how their effects might be played out in the configuration and negotiation of gender relations within families and wider society. Shifts in welfare provision could be analysed, therefore, not only through their impact upon individuals but through the renegotiation of the organization of relationships *within* families, between women, men and their children, and between the family and the state.

Second, a focus on the relationship between masculinities and 'the family' illustrates the problematic status of fatherhood and breadwinner within social policy discourses around men. The British welfare state, for example, was constructed around the ideal of the male breadwinner

(Lewis 1992), a role which gave men rights and responsibilities to provide for and protect their wife and children. Moreover, it was the marriage contract, and not the act of insemination, which legitimated a man's status as father and which authorized paternal power and control over his children (Fink 2000). Yet social and economic changes during the past 20 years, not least the decline of the male breadwinner ideal and the separation of fatherhood from marriage (Lewis and Kiernan 1996), have resulted in significant shifts in the coherency of these two subject positions. So, for instance, the rights and responsibilities of men, as fathers, are no longer exclusively constituted – either legally or socially – through the institution of marriage.

The processes through which these changes are being negotiated by men and through legislative and policy reforms are complex and multi-layered (Williams 1998) and their effects are only slowly being taken up by comparative social policy analysts (van Kersbergen 2000). The emphasis in much feminist analysis has tended to remain upon the gendered division of labour inscribed within the male breadwinner model and the different emphasis placed upon this model in the development of European welfare regimes (for example, Sainsbury 1996). Such an approach is unable to address either the complex dynamics of a family's life course or the ways in which differences of 'class, "race" and ethnicity, sexuality, age, generation and disability position men differently in relation to masculinities and the heterosexual gender order in general, and fatherhood in particular' (Williams 1998: 92).

Neither the abstract typologies of European welfare regimes nor feminist critiques of such typologies can trace the processes by which women and men are positioned as gendered and racialized subjects within welfare regimes and, consequently, the effects of these processes on family practices and family economies. Both fail to explore how social policy interacts with, and shapes the power relations between, women and men within families or to investigate how such relations are produced, experienced and negotiated in different spatial contexts and at different points through a family's life course. As a result, the gendered tensions at play not only within families but also between the individual, the family and the state repeatedly evade the analytic lens of European social policy. 'The family', as a result, tends to remain a 'closed box'.

To refocus the analytic lens is undoubtedly a difficult task, both theoretically and empirically. However small-scale, qualitative studies of family life and family relationships may provide a useful balance to comparative approaches where so much emphasis has been placed on the development and refinement of abstract models of European welfare regimes and welfare systems. Intensive research that compares the impact of policy on different families, in different localities and in different European nation-states would challenge that presumed homogeneity of family life and family practices within the nation-state and across the EU which is implicit in the bulk of work in this area.

Such research may also be a timely reminder for comparative social policy, which is turning its sights increasingly to welfare in the global context (for example, Sykes *et al.* 2001), that the lived experiences of families may bring different insights to debates about globalization. The first factor to acknowledge in this context is that much welfare policy, targeted at the individual and the family, continues to be organized through and embedded in local networks of care and support and that the differentiated nature of these networks will produce very diverse responses to the processes of globalization. These local responses may be lost if the emphasis within European social policy remains focused on the national and global levels of political and economic interaction. The second factor is that kinship networks have never been wholly contained within the boundaries of the nation-state. Families have themselves developed and maintained economic and emotional links across national boundaries 'which both provide support for members and impose duties and responsibilities on them' (Goulbourne 1999: 176). Analysis of these local, national and transnational networks, which have long facilitated the movement of family members and their financial resources across continents, may open up another, more qualitative dimension in theorizing globalization.

Childhood, the family and comparative approaches to European social policy

As discussed in the introduction to this chapter, childhood and children are largely invisible within comparative work, with its dual emphases on the origin and development of welfare states and the measurement of social insurance performance and provision. Extensive surveys have been conducted of provisions for young children in Europe (for example, Moss 1996; Oberhuemer and Ulich 1997), but more analytical approaches to the relationship between the child, its family and the state tend either not to be integrated into mainstream social policy and comparative social policy (Cannan 1999; Pringle 1998) or to be marginalized as 'childhood studies' (for example, Qvortrup *et al.* 1994). Interesting case studies have been produced on systems of child welfare and child protection in Europe (Baistow and Hetherington 1998; Cooper *et al.* 1995; Hetherington 1999; Hetherington *et al.* 1997) which illuminate the cultural, legal and professional tensions between the European systems of child protection. Yet the focus of this comparative research has not been on *the child* but rather on the point of view of social workers working within child welfare systems in their respective countries and the different parental experiences.

Studies of the changing conceptions of children and childhood (for example, Holland 1992; James and Prout 1997; Qvortrup *et al.* 1994) can bring valuable insights to analyses of 'family-oriented' policies, but these have seldom been incorporated into European social policy. The EU-wide transformations of the educational, work and welfare situations through which young people negotiate the transition to adulthood (see Bynner *et al.* 1997) have similarly remained a peripheral issue in comparative studies. There are important implications, however, for the absence of children and childhood in analyses of European welfare provision.

Definitions of childhood take many forms and, as with all definitions, are relational to other concepts and definitions. For the purposes of this chapter, childhood can be usefully understood as 'the life-space which our culture limits it to be, i.e. its definitions through the courts, the school, the family, the economy, and also through philosophy and psychology' (Qvortrup 1994: 3). Notions of childhood are formed and re-formed by their interaction with broad socio-economic and cultural forces and demographic shifts within society. In addition, the concept of childhood is positioned in relation to definitions of adulthood so that, crucially, it feeds into and illuminates 'studies and theories of adult life – of society – as well' (Alanen 1994: 37).

The invisibility of childhood within European social policy is significant, therefore, for three reasons. First, it leaves unacknowledged the ways in which shifting ideas about childhood impact upon and shape 'family-oriented' policies. Our idealized perceptions of childhood as a time of dependent innocence in which children are loved, nurtured and protected by their parents (but particularly their mothers) continue to be influential in thinking about the relationship between the state and the family. Thus, for example, the state will actively intervene in family life where the norms of childhood are seen as being disrupted because of overt abuse or deprivation. A sustained focus on childhood in the analysis of policy illustrates the extent to which 'childhood becomes the channel through which the welfare state penetrates the private sphere, expands its domain of influence, and controls private situations closely associated with the socialization process' (Makrinioti 1994: 277).

Second, the ways in which childhood positions children as dependent and in need of protection have important effects on the construction of parenthood and its attendant rights and responsibilities. Yet the mutually constitutive nature of the relationship between childhood and parenthood is seldom acknowledged in analyses of 'the family' in European social policy. The issue of parental rights and responsibilities – as in gendered analyses of the family – tends therefore to be contained within discussions about employment, parental leave and childcare. For instance, the extent to which the development of legislation to improve parental leave opportunities has been shaped by our current norms of childhood – as a period in which parents undertake most primary care – is largely unconsidered in European social policy. In this context the emphasis is on the measurement and comparison of parental leave options in different European welfare regimes and the exploration of what these reveal about gendered divisions of welfare (for example, Hantrais 2000; Sainsbury 1999).

Third, the 'familialization' of childhood, whereby childhood is fused into the institution of the family to such a degree that they become inseparable, has been left unchallenged in comparative work. The idea of 'familialization' is problematic, as it does not acknowledge that some children, for example 'children at risk', are understood in policy terms not only within the context of their families but also in terms of their own particular welfare needs. Nevertheless, there is a certain 'taken-for-granted identification of family policies with child welfare' (Makrinioti 1994: 279) which can result in the disappearance of the child within the family. This leaves unaddressed the question of how far children's needs can be considered as independent of and distinct from the needs of their families. There is an implicit assumption within both comparative and feminist analyses that what benefits 'the family' and women is equally beneficial for the child. Studies of the different discourses of childhood and the different ways in which they can constitute the rights and needs of children (for example, Moss *et al.* 2000) can throw light on the extent to which relationships between children and their families are constructed as *natural* within much European social policy, and therefore not subjected to analysis. Attention to the nature of such discourses would also helpfully foreground the child, as subject, within welfare policy and practice so that the 'closed box' of the family within comparative social policy is opened still further and the diverse layers of relationships between the state and individual family members are acknowledged.

Ideas about children, as distinct from childhood, are also crucial to our understanding of 'the family' in European policy making. Here, age is a key factor:

> Age is used to qualify individuals as children or as the category the state, by legislative discrimination, defines as children. When children are made visible in legislation as a special category of citizens because of their young age, they are, to a considerable extent, thus identified as fundamentally different from others and actually placed in an 'underdog' position. Synonyms of the concept 'child' are 'under age', 'minor' etc., which point to the importance of the age dimension, but also to the generally subordinate position of children, young age bearing a negative symbolic value.
>
> (Näsman 1994: 169)

This subordinate position of children manifests itself not only in the forms of welfare provision targeted at families, but also in the analyses of the effects of that provision. As a category, 'children' is almost wholly uninterrogated in comparative social policy. The degrees of differentiation between children – in themselves because of their age, gender, 'race', disability, class or ethnicity – and in their familial backgrounds and experiences, are left unaddressed. The diverse nature of inequalities experienced by children is thus invisible in comparisons of European welfare regimes which work out of 'a tradition of subordinating children to the family collective, counting the living standards of households with children or counting the working hours of men and women with or without children' (Näsman 1994: 172). The presentation of statistics in these terms elides the conditions of children's lives by equating families' living standards with those of children. Such an approach does not acknowledge the powerful dynamics of age and generation that operate within families and that shape ideas about how resources ought to be divided and shared between family members.

The invisibility of children is also evident in a fast-growing area of interest and research into the reconciliation of employment and family life in Europe (for example, Dorbritz 1998; Fux 1998; Hantrais 2000; Nebenführ 1998). In this context feminist analyses have tended to focus on the tensions between women's dual roles as workers and mothers, and so the issue of childcare has become a key factor in discussions about the effectiveness of policy measures to reconcile the demands of paid work and family responsibilities. These have pointed to the significant difficulties experienced by women in negotiating their perceived role as informal, unpaid carer within the family with that of their position in the labour market. They have also highlighted that an understanding of care, as being at the intersection of 'a number of relationships that are crucial to a gendered understanding of social provision: of paid and unpaid work, of providers and clients, of cash and care, of public and informal provision' (Lewis 2000: 47–8), is an invaluable tool in the analysis of late-twentieth-century welfare. However, such analyses of care pay little attention to how the needs of children are constructed and understood. As a result, 'Research on day care, its prevalence, quality and alleged effects has focused almost exclusively on its use in relation to mothers' employment outside the home', and there has been little investigation of how day care provides 'additional enrichment for the child over and above that supplied by the home environment' (Ghiolla Phadraig 1994: 77). There are hopeful signs, however, that as interest in the reconciliation of employment and family life continues to grow, particularly within EU social policies, debates will move 'beyond the current equal opportunities focus to include the learning, socialization, health, and recreation of children' (Cohen 1998: 5).

The issue of children's rights has opened up another arena which might be expected to impact upon the analysis of 'the family' in European social policy. The emerging discourses and developing campaigns around children's rights, particularly in the context of the UN Convention on the Rights of the Child, have been influential in foregrounding children's rights 'to express their own views on all matters affecting them' (Saraga 1998b: 158). The rights of children to participate in decision-making processes about their 'best interests' (Marshall 1997) challenges the long-held role of parents as the principal advocates of their children's 'best interests' and constitutes children as subjects in their own right both within the family and in the relation-ship between the family and the state. As an area of research, therefore, this offers much potential for exploring children's views on their family lives in order to inform and influence EU policy-making.

Where the position of children as welfare subjects and the impor-tance of discourses of childhood within welfare provision have been taken up, as in analyses of legislation in England and Wales (Pinkney 2000; Saraga 1998b), important insights have been revealed. These point to the need not only to make children audible within social policy and social care services, but also for a politics of recognition that would 'embrace the diverse perspectives of children, rather than ignoring, silencing, patronizing or making assumptions about their imaginary needs' (Pinkney 2000: 124). Such a politics of recognition calls for a parallel development of child-centred research programmes that explore the welfare experiences of children in order to throw light on the interactions between the child, policy and the state and the effec-tiveness of welfare services at local, national and European levels. Undoubtedly, for comparative social policy, the application of this dual strategy would equally open up a more nuanced analysis of the child's relationship to 'family-oriented' policies and draw out the important elements of differentiation within both the category of children and the nature of children's lived experiences.

Conclusion

A more detailed interrogation of 'the family' as a category of analysis in comparative social policy offers much of value. Such work points not only to the tensions between families and individual family members in the development of family-oriented policies, but also to the complex ways in which families' needs and rights are differentiated by policy-makers at both the national and EU level. The exciting challenge for the future is the development of new research strategies which both explore the lived experiences of welfare systems in Europe and integrate their findings into the abstract models developed by analysts of European social policy.

References

Alanen, L. (1994) 'Gender and generation: Feminism and the "child question"', in J. Qvortrup *et al.* (eds) *Childhood Matters: Social Theory, Policy and Politics*, Aldershot: Avebury.

Anthias, F. and N. Yuval-Davis (1992) *Racialized Boundaries: Race, Nation, Gender, Colour and Class and the Anti-Racist Struggle*, London: Routledge.

Baistow, K. and R. Hetherington (1998) 'Parents' experiences of child welfare interventions: An Anglo-French comparison', *Child and Society*, Vol. 12, pp. 113–24.

Baldwin-Edwards, M. (1991a) 'Immigration after 1992', *Policy and Politics*, 19 (3): 199–211.

Baldwin-Edwards, M. (1991b) 'The socio-political rights of immigrants in the European community', in G. Room (ed.) *Towards a European Welfare State?* Bristol: School of Advanced Urban Studies.

Bonifazi, C. and F. Kamarás (1998) 'Perceptions of population issues and their consequences: Scholars, governments and public opinions', in R. Palomba and H. Moors (eds) *Population, Family and Welfare, Vol. II*, Oxford: Clarendon Press.

Bynner, J., Chisholm, L. and A. Furlong (eds) (1997) *Youth, Citizenship and Social Change in a European Context*, Aldershot: Ashgate.

Cannan, C. (1999) 'Children and Europe', in J. Tunstill (ed.) *Children and the State: Whose Problem?* London: Cassell.

Castles, F.G. (ed.) (1993) *Families of Nations: Patterns of Public Provision in Western Democracies*, Aldershot: Dartmouth.

Castles, S. (2000) *Ethnicity and Globalization*, London: Sage.

Chamberlayne, P., Cooper, A., Freeman, R. and M. Rustin (1999) *Welfare and Culture in Europe: Towards a New Paradigm in Social Policy*, London: Jessica Kingsley.

Clarke, J. (1999) 'Coming to terms with culture', in H. Dean and R. Woods (eds) *Social Policy Review II*, London: Social Policy Association.

Cochrane, A., Clarke, J. and S. Gewirtz (eds) (2001) *Comparing Welfare States*, 2nd edition, London: Sage/The Open University.

Cohen, B. (1998) 'Taking the lead in Europe', *Family Policy Bulletin*, Spring, London: Family Policy Studies Centre.

Collier, R. (1995) *Masculinity, Law and the Family*, London: Routledge.

Connell, R.W. (1995) *Masculinities*, Cambridge: Polity.

Cooper, A., Baistow, K., Hetherington, R., Pitts, J. and A. Spriggs (1995) *Positive Child Protection: A View from Abroad*, Lyme Regis: Russell House Publishing.

Dorbritz, J. (1998) 'Living arrangements, gainful employment, and the evaluation of family policy measures', in R. Palomba and H. Moors (eds) *Population, Family and Welfare: A Comparative Survey of European Attitudes, Vol. II*, Oxford: Clarendon Press.

Duncan, S. (1995) 'Theorizing European gender systems', *Journal of European Social Policy*, 5 (4): 263–84.

Duncan, S. and R. Edwards (1999) *Lone Mothers, Paid Work and Gendered Moral Rationalities*, Basingstoke: Macmillan.

Dunkwu, P. (1993) 'Communities of resistance in Fortress Europe', in L. Black and A. Nayak (eds) *Invisible Europeans? Black People in the 'New Europe'*, Birmingham: AFFOR.

Esping-Andersen, G. (1990) *The Three Worlds of Welfare Capitalism*, Cambridge: Polity Press.

Essed, P. (1995) 'Gender, migration and cross-ethnic coalition building', in H. Lutz *et al.* (eds) (1995) *Crossfires: Nationalism, Racism and Gender in Europe*, London: Pluto Press.

Fink, J. (2000) 'Natural mothers, putative fathers and innocent children: The definition and regulation of family relationships in England, 1945–59', *Journal of Family History*, 25 (2): 178–95.

Fux, B. (1998) 'Reconciling of work and the family: Women's intentions and behaviour', in R. Palomba and H. Moors (eds) *Population, Family and Welfare: A Comparative Survey of European Attitudes, Vol. II*, Oxford: Clarendon Press.

Ghiolla Phadraig, M. (1994) 'Day-care – adults' interests versus children's needs? A question of compatibility', in J. Qvortrup *et al.* (eds) *Childhood Matters: Social Theory, Practice and Politics*, Aldershot: Avebury.

Ginsburg, N. (1992) *Divisions of Welfare*, London: Sage.

Ginsburg, N. (1994) ' "Race," racism and social policy in Western Europe', in J. Ferris and R. Page (eds) *Social Policy in Transition*, Aldershot: Avebury.

Goulbourne, H. (1999) 'The transnational character of Caribbean kinship in Britain', in S. McRae (ed.) *Changing Britain: Families and Households in the 1990s*, Oxford: Oxford University Press.

Hantrais, L. (ed.) (2000) *Gendered Policies in Europe: Reconciling Employment and Family Life*, Basingstoke: Macmillan.

Hantrais, L. and M. Letablier (1996) *Families and Family Policies in Europe*, New York: Longman.

Hearn, J. (1992) *Men in the Public Eye: The Construction and Deconstruction of Public Men and Public Patriarchies*, London: Routledge.

Hearn, J. and D. Morgan (eds) (1990) *Men, Masculinities and Social Theory*, London: Unwin Hyman.

Hetherington, R., Cooper, A., Smith, P. and G. Wilford (1997) *Protecting Children: Messages from Europe*, Lyme Regis: Russell House Publishing.

Hetherington, R. (1999) 'Parents' experiences of child welfare in England and France: Getting help and having rights', in P. Chamberlayne, A. Cooper, R. Freeman, and M. Rustin (eds) *Welfare and Culture in Europe: Towards a New Paradigm in Social Policy*, London: Jessica Kingsley.

Holland, P. (1992) *What is a Child? Popular Images of Childhood*, London: Virago.

James, A. and A. Prout (eds) (1997) *Constructing and Reconstructing Childhood: Contemporary Issues in the Sociological Study of Childhood*, 2nd edition, London: Falmer Press.

Klausen, J. and L.A. Tilly (1997) 'European integration in a social and historical perspective', in J. Klausen and L.A. Tilly (eds) *European Integration in Social and Historical Perspective*, Lanham: Rowman and Littlefield.

Langan, M. and M. Ostner (1991) 'Gender and welfare', in G. Room (ed.) *Towards a European Welfare State?*, Bristol: School of Advanced Urban Studies.

Leibfried, S. and P. Pierson (eds) (1995) *European Social Policy: Between Fragmentation and Integration*, Washington, DC: The Bookings Institution.

Lewis, G. Gewirtz, S., and J. Clarke (eds) (2000) *Rethinking Social Policy*, London: Sage/The Open University.

Lewis, J. (1992) 'Gender and the developments of welfare regimes', *Journal of European Social Policy*, 2 (3): 159–73.

Lewis, J. (2000) 'Gender and welfare regimes', in G. Lewis, S. Gewirtz and J. Clarke (eds) *Rethinking Social Policy*, London: Sage/The Open University.

Lewis, J. and K. Kiernan (1996) 'The boundaries between marriage, nonmarriage and parenthood: Changes in behaviour and policy in postwar Britain', *Journal of Family History*, 21 (3): 372–87.

Lister, R. (2000) 'Gender and the analysis of social policy', in G. Lewis, S. Gewirtz and J. Clarke (eds) *Rethinking Social Policy*, London: Sage/The Open University.

Lutz, H., Phoenix, A. and N. Yuval-Davis (eds) (1995) *Crossfires: Nationalism, Racism and Gender in Europe*, London: Pluto Press.

Mac an Ghaill, M. (ed.) (1994) *The Making of Men: Masculinities, Sexualities and Schooling*, Buckingham: Open University Press.

Makrinioti, D. (1994) 'Conceptualization of childhood in a welfare state: A critical reappraisal', in J. Qvortrup *et al.* (eds) *Childhood Matters: Social Theory, Practice and Politics*, Aldershot: Avebury.

Marshall, K. (1997) *Children's Rights in the Balance. The Participation-Protection Debate*, London: The Stationery Office.

Moss, P. (1996) 'Early childhood services in Europe: Qualities and quantity' in B. Bernstein and J. Brannen (eds) *Children, Research and Policy*, London: Taylor & Francis.

Moss, P., Dillon, J. and J. Statham (2000) 'The "child in need" and "the rich child": Discourses, constructions and practices', *Critical Social Policy*, 20 (2): 233–54

Näsman, E. (1994) 'Individualization and institutionalization of childhood in today's Europe' in J. Qvortrup *et al.* (eds) *Childhood Matters: Social Theory, Practice and Politics*, Aldershot: Avebury.

Nebenführ, E. (1998) 'Determinants and preferences regarding the reconciliation of work and the family and requests to policy makers', in R. Palomba and H. Moors, (eds) *Population, Family and Welfare: A Comparative Survey of European Attitudes, Vol. II*, Oxford: Clarendon Press.

O'Brien, M. and S. Penna (1998) *Theorizing Welfare: Enlightenment and Modern Society*, London: Sage.

Oberhuemer, P. and M. Ulich (1997) *Working With Young Children in Europe: Provision and Staff Training*, London: Paul Chapman Publishing.

Orloff, A.S. (1993) 'Gender and the social rights of citizenship: The comparative analysis of gender relations and welfare states', *American Sociological Review*, 58 (3), 303–28.

Pierson, C. (1991) *Beyond the Welfare State*, Cambridge: Polity Press.

Pinkney, S. (2000) 'Children as welfare subjects in restructured social policy', in G. Lewis, S. Gewirtz and J. Clarke. (eds) *Rethinking Social Policy*, London: Sage/The Open University.

Popay, J., Hearn, J. and J. Edwards (eds) (1998) *Men, Gender Divisions and Welfare*, London: Routledge.

Pringle, K. (1998) *Children and Social Welfare in Europe*, Buckingham: Open University Press.

Qvortrup, J. (1994) 'Childhood matters: An introduction', in J. Qvortrup *et al.* (eds) *Childhood Matters: Social Theory, Practice and Politics*, Aldershot: Avebury.

Qvortrup, J., Bardy, M., Sigritta, G. and H. Wintersberger (eds) (1994) *Childhood Matters: Social Theory, Practice and Politics*, Aldershot: Avebury.

Sainsbury, D. (1996) *Gender, Equality and Welfare States*, Cambridge: Cambridge University Press.

Sainsbury, D. (ed.) (1999) *Gender and Welfare State Regimes*, Oxford: Oxford University Press.

Saraga, E. (ed.) (1998a) *Embodying the Social: Constructions of Difference*, London: Routledge/The Open University.

Saraga, E. (1998b) 'Children's needs: who decides?' in M. Langan (ed.) *Welfare: Needs, Rights and Risks*, London: Routledge/The Open University.

Sassen, S. (1998) 'The *de facto* transnationalizing of immigration policy', in C. Joppke (ed.) *Challenge to the Nation State: Immigration in Western Europe and the United States*, Oxford: Oxford University Press.

Scott, J. (1998) *Gender and the Politics of History*, New York: Columbia University Press.

Shapiro, M. (2000) 'National times and other times: Re-thinking citizenship', *Cultural Studies*, 14 (1): 79–98.

Sykes, R. and P. Alcock (eds) (1998) *Developments in European Social: Convergence and Diversity*, Bristol: The Policy Press.

Sykes, R., Palier, B. and P. Prior (2001) *Globalization and European Welfare States: Challenges and Change*, Basingstoke: Palgrave.

Van Kersbergen, K. (2000) 'The declining resistance of welfare states to change?', in S. Kuhnle (ed.) *Survival of the European Welfare State*, London: Routledge.

Ward, A., Gregory, J. and N. Yuval-Davis (1992) *Women and Citizenship in Europe. Borders, Rights and Duties: Women's Differing Identities in a Europe of Contested Boundaries*, Stoke-on-Trent: Trentham Books.

Williams, F. (1998) 'Troubled masculinities in social policy discourses: Fatherhood', in J. Popay, J. Hearn and J. Edwards (eds) *Men, Gender Divisions and Welfare*, London: Routledge.

Yuval-Davis, N. (1997) *Gender and Nation*, London: Sage.

8

Cultural Analysis of the Informal Sphere

Prue Chamberlayne

One of the challenges which arises from the new subjective and cultural turn in social policy is to create a language within social science which is capable of exploring and comparing feeling and emotionality in welfare situations. A similar challenge occurs in the sphere of social relationships within the informal sphere. For while the importance of the intermediate arena as a cultural resource in everyday life is now being recognized in the new focus on 'social capital', the 'third sector', 'informal networks', and the like, the concepts and language to grasp such social dynamics are sadly lacking.

It may be that the problem is worse from an Anglo-Saxon social policy perspective, forged as it mainly is by Fabian positivism. Fortunately, one of the consequences of Europeanization and the rapid spread of comparative research is the widening of repertoires of analysis and the highlighting of contrasting intellectual heritages. Comparison of informal welfare cultures, for example, exposes the gulf between an Anglo-Saxon discourse concerning public–private relations and a Continental discourse concerned with 'the social'. While descriptively concerned with the same terrain, the concepts are rooted in different sociological and political traditions and difficult to work between. On the other hand they bring different strengths, so that they make a powerful combination, if only a working hybrid language can be found.

This chapter presents findings from a cross-national project which has drawn from both liberal and Continental traditions in making an analysis of caring in the informal sphere in West and East Germany and Britain. The research was based on biographical interviews with carers in three cities (Bremen, Leipzig and London). The interviews were conducted in 1992 in East and West Germany, and in 1995 in Britain. (The terms 'West Germany' and 'East Germany' are used throughout, which may seem anomalous in the post-unification context. The device is used to highlight differences between the two systems, many of which endure as cultural forms in 'the two Germanys'. The term 'Continental' refers here to West European political thought, and particularly French, German and Italian. The argument does not apply to East German state socialism.)

The focus of the project is on the way relationships between the private and public spheres are structured differently and played out in caring strategies in the three societies, creating situations in which carers are 'pulled into' and restricted to the domestic sphere or, alternately, more actively connected with the outside world. As a small-scale study the sample lays no claims to representativeness. The sample was recruited through a variety of sources, with the aim of maximizing contrast. Clearly there are likely to be regional, urban–rural and ethnic differences in all three societies, which are not captured in this study.

The project is concerned with the paradoxical contrast between formal policies and the carers' practices in everyday situations, and the extent to which those 'practices' can be construed as 'cultural patterns', even when they appear as structurally determined. Culture and structure are closely intertwined, but when structural determinants produce consequences for identities, everyday strategies and social relationships, then a cultural pattern has emerged, particularly if it has an enduring and reproducible character. I am here using 'culture' in the sense of patterns of everyday action and orientation. In speaking of 'cultures of the informal sphere' I am particularly interested in orientations and dispositions towards the public and private spheres and ways of trafficking between them.

The chapter begins with a review of the conceptual resources which are available to such an analysis, particularly within contrasting liberal and Continental traditions and within various disciplines. This section also discusses the bearing on the position of carers of theories of modernization. The second section presents case studies from the three societies, in a cumulative process of comparison which 'hovers low over the data' (Geertz 1975). The cases selected here are the same as in our forthcoming book, where they will be more fully presented. Six maximally contrasting cases are presented for each society (five in the case of East Germany), out of a total of seventy-five overall. For a fuller account of the study see King and Chamberlayne (1996) and Chamberlayne and King (1997). The third section moves on to the implications of the findings and of a biographical approach for policy interventions.

Conceptual resources

It is arguable that liberal individualism, unlike Durkheimian and Social Catholic traditions, cannot conceive of 'the social fabric' of society, that liberalism has 'lost' the social world (Rustin and Rix 1997). (Clearly 'Durkheimian and Social Catholic' thinking does not exhaust 'Continental' traditions of thought. I am necessarily using broadbrush categories here. A more differentiated comparison of Continental approaches to 'the social' would also be helpful.) While this may be true of the cognate disciplines of social policy and political science, it is not the case in anthropology, nor in the new social movement politics. Indeed, one of the effects of the new cultural turn in British social policy, which has been additionally impelled by comparative research encounters, has been the reforging of social policy's disciplinary alliances, and the rediscovery of its affinities with anthropology and social interactionism.

For decades, attempts in Britain to focus on 'the social sphere' in social policy have remained marginalized (Abrams et al. 1989; Bulmer 1987). Indeed, Abrams concluded that the formal and informal spheres of welfare were fundamentally incompatible, that formal interventions could only work against the essential spontaneity of informal exchanges (Bulmer 1987). Writing from a feminist perspective, Riley (1988) traces the way in which 'the social' has been constantly walled off from 'the political'. The 'social', which emerged within new forms of welfare and philanthropy in the nineteenth century, 'enmeshed' women and gave them a new point of access to the public sphere. Anthropological studies, in contrast to political science, have long regarded the sphere of informal social networks as a crucible of relations of power in the wider society (Hann and Dunn 1996). But anthropology, which has become well established in medical sociology, has remained ancillary to British social policy, as have community studies generally (Frankenberg 1966). (The argument that community work should be placed on an equal footing with case work in British social work training was decisively lost in the 1970s.)

In contrast to liberal individualism, Continental traditions tend to see the individual as realized and enhanced by social relationships, particularly those in the informal sphere (see Cooper 1999). This much is common to Durkheimian and phenomenological modes of thought. German social policy of the 1980s and 1990s abounds with appeals for a revitalization of the system of subsidiarity, a state-free terrain of 'self-help' in which socio-political actors can work on the social order on the basis of their own social goals, creating a 'new grammar of life-forms', in which the provision of services seeks to generate a sense of belonging among excluded groups (Plaschke 1984; Heinze and Olk 1984). This concern to enhance moral agency echoes the argument of Habermas (1987) that social systems have become disconnected from life worlds.

It is no coincidence that the main comparative literature on the informal sphere and the third sector emanates from the European continent (Oyen 1986; Evers and Nowotny 1987; Evers 1988). It might be argued that communitarianism, which has developed as a critique of extreme individualism in the liberal tradition, represents an attempt to reconstruct the relationship between the individual and collective life, a perspective on 'the social'. Based within the liberal framework, however, it is still grounded in concepts of individualism. As Fraser and Lacey (1993) argue, moreover, by lacking any critique of gender or class aspects of 'community' it falls into conservative rationalization of the status quo. Other writers have pointed to its normative moralizing about family responsibilities (Kraemer and Roberts 1996).

Donati (1995) defines the crisis of the welfare state as the need to renegotiate public–private relations, to address the everyday problems of un- and under-used people, and for the welfare state to shift from centralistic solidarities to intermediate and primary institutions, including familial, amical and neighbourhood networks, and to a notion of 'relational citizenship'. Yet if a strength of continental European sociology and social policy lies in its provision of a language of socially-related subjective action, a counterpart strength arises in Anglo-Saxon attention to structures of power and difference (Fraser 1995; Thompson 1990). While in many ways German social policy emphasis on 'self-help' sounds remarkably parallel to British social policy language of 'empowerment' and 'citizenship', there remains in Britain more emphasis on individual rights and benefits as a means to personal autonomy, as compared with an emphasis on subjective and relational processes in Continental social policy (Zapf 1986; Donati 1995; Rosanvallon 1988). It may be, therefore, that while Continental social policy has a language which can more fully describe the sphere of informal cultures of welfare, the Anglo-Saxon traditions offer a means of its political evaluation.

If conceptualizing 'the social' and the intersection of public and private worlds is one resource in analysis of the informal sphere, concepts of subjectivity and the sense of self are another essential component. This is certainly so in an action or cultural approach which is interested in strategies of everyday life, a combined analysis of experience, belonging, agency and social structural position. Wright Mills regarded 'the critical and imaginative conjuncture between the public and the private in sociological research' as a key locus of social and political change (Morris and Lyon 1996: 3), while the history of gendered and contested shaping and reshaping of public–private relations is a strong theme in feminist writing (Pateman 1989; Fraser 1995). Feminist literature on caring has also long sought to bridge the worlds of social roles and personal meaning, or task and feeling, by transcending the divisions between social policy and psychology (Finch and Groves 1983).

This debate continues in a new guise in debates in British social theory concerning agency and structure, and reflexivity, identity and autonomy; yet capturing the articulation between the personal and the social remains elusive (Giddens 1990; Archer 1996; Shilling 1997). Sociological approaches to subjectivity and identity have tended to be both constructivist and cognitive. Socially constructed representations within discourse analysis pay little attention to the sense of self which operates in both self-directed action and in inner worlds of emotion and feeling, and have little purchase on coping strategies and experiences of everyday life. An 'over-cognitive' approach to autonomy and intimacy assumes creative personal mastery of deep-set emotional and personal dynamics. As Shilling puts it, 'the idea that human agents possess senses, sensualities and physical habits that have been *partially* socialised, but that *continue to shape* as well as be shaped by social structures, remains marginalised' (1997: 738).

Yet for purposes of intervening in social life, social policy requires a theoretical language of the self and personal meaning. As Williams and Pillinger (1996) argue:

> We need to tease out the differences between people's subjectivity – their understanding of their own experiences, their identity – their sense of belonging, their agency – the capacity to act individually or collectively, and their social position – and the objective interpretation of that person's position. In addition we need to relate these to the social topography of welfare risks and needs. (p. 3)

In their study of young mothers, Bell and Ribbens (1994) argue the significance of analysing informal networks, partly to make women more visible, but also to provide the 'missing link' in the chain of structure, consciousness and action. Like Mills, and drawing on anthropological approaches to civil society and the informal sphere, they assert the political significance of the private sphere in women's modelling of relations with the outer public world to family members. They also point to the importance of informal networks in both empowering and constraining power relations within the family.

Such an approach challenges the Marxist view that domestic roles 'confine' women to the narrow world of the home, and that emancipation is only possible through wider social and collective engagement in the world of employment and politics. This 'universalist' thesis, even as applied to industrial societies, neglects social and historical variations in the extent to which households and household members have been isolated from wider social exchange and have differed in their forms of outside engagement. In Banfield's (1958) thesis of 'amoral familism' in southern Italy in the 1950s, a strong version of the narrowing effects of family confinement is contingent upon a particular context of economic backwardness and political hierarchy. Balbo (1987) writing in the contrasting context of developed welfare systems (including Italy), points to the 'modern' role of women in mediating and negotiating relationships between family members and outside agencies of provision. The transferability of such domestic skills to the modern labour market, she argues, has catapulted women from the periphery to the centre of society. While there has undoubtedly always been great diversity in the degree to which domestic roles were separated from the outside world (for example, from the 1880s to the 1920s German bourgeois feminism used the notion of 'spiritual motherliness' (geistige Mütterlichkeit) to claim gendered access to the public sphere, with monopoly control over education and welfare work (Chamberlayne 1990a), Balbo's analysis suggests a 'modern' scenario of strong connection between public and private worlds, with mediations in the informal sphere playing a critical part in the development of personal capacities. It is arguable that a key characteristic of post-modern society is the striking of a new balance between roles in the public and private spheres. One of the points of interest in the *Cultures of Care* study is the extent to which welfare systems promoted such 'new roles', or cemented carers in domestic confinement, as Cinderellas of modernity. Certainly carers seem left out of the gender equality which Giddens (1991) and Beck (1992) identify as the hallmark of modernity, based in outside employment and more autonomous personal lives.

In the *Cultures of Care* study we found a powerful sense of home ties and of family responsibilities and identities in all three societies. Both women carers and male spouse carers were determined to sustain central caring roles, including in circumstances of great personal sacrifice. In all three societies there were some carers who were mainly confined to the home sphere, some who were more outwardly-oriented, and some who were torn between home and the outside world. However, the interplay of personal factors/family pressures and service contexts which produced a particular orientation was markedly different in each society, as were the individual motivations for each strategy. This resulted in characteristic forms of engagement in both the public and the private spheres in each society.

Curiously, in the emergent process of defining such 'characteristic cultures' the variations between cases in each country were often as helpful as the contrasts between societies, since the carers who resisted or worked around particular constraints and pressures often highlighted those very structures. The next section, in which five or six cases are presented from each society, aims to show both how the detail and richness of specific case studies illuminates particular cultural dynamics, and how a point of convincing 'saturation' has been reached in making statements about particular cultural patterns.

The research was based on narrative interviews with about twenty to twenty-five carers in three cities. The initial question invited an open account of the caring situation, how it started and developed, forms of support which were available and which the carer might have liked, and what the experience meant to her/him personally. The analysis followed interpretive methods which compared the lived and the told life story, in the style developed by Gabriele Rosenthal, producing holistic or gestalt-like case studies of caring situations and strategies. The interpretation proceeded sequentially, hypothesizing what might come next in both the pattern of the life and structure of the narrative text, in an action frame of reference. This method of analysis involves a process of double reconstruction, in the manner of the double hermeneutic: in the analysis the researcher 'reconstructs' the lived life and the told story, which the interviewee has reconstructed within the interview (Rosenthal 1993; Chamberlayne and King 1996).

The West German cases

The West German informal sphere of caring was characterized by weak ties outside the home, whether with services, employment, informal networks, or wider family situations. A 'pull into the home' results both from the strength of traditional family ideologies and divisions of labour, and from the channelling of relatively generous and thereby de-politicizing services and benefits into the home. Beyond such structural determinants of home-orientedness, the case studies show the extent to which active individual decisions play into this pattern. 'Modern' social carers who actively mobilize and negotiate outside services are the exception in West Germany; isolation and confinement are the more likely reality.

The two most home-oriented carers are both entrapped in closed and isolated caring situations. Frau Jakob (60), in deciding to bring her dying husband back home from hospital, is acting in continuity with her lifelong role in family service. However she is also bitterly disappointed by a lack of family support. She has not grasped the shift in family structures, from extended to nuclear patterns, which has taken place in her own lifetime, and still embraces the anachronistic philosophy of 'traditional familism' which continues in much official and popular ideology. The self-willed nature of her isolation is symbolized in her decision (made with her husband, who dies between the two interviews) to opt for an anonymized grave, which will spare others the 'trouble' of looking after the grave, but which also punishes her brother-in-law for his neglect of his brother. By this means he is denied the opportunity to mourn at his brother's graveside.

Frau Hamann (35) has opted to abandon her own professional career, family and friends to make a family life with a divorcing man in a family practice. A disabled child only compounds her isolation, since in the eyes of her in-laws her medical skills make her the 'perfect' carer. Frau Hamann has seemingly been driven to this marriage by some inner need which may well be fed by traditional ideology, but not by her 'beliefs' as such. She might well have anticipated the closed nature of the culture and structure she was entering, but the situation closed around her rather than being her active choice. At the time of the interviews she was in a state of rather passive despair.

The two 'torn' cases exemplify a similar cultural dynamic of family closure. Frau Luchtig (50) has wrestled with a lifetime's subordination to her mother, in the family grocery, as her tenant, and more recently as her carer. Latterly she has actively and ingeniously seized every opportunity to pursue independent craft and musical interests which she has built up in lieu of education, but the scope is limited, mainly by her mother's refusal to accept more outside services, which are available. Further restrictions impend on her, from her mother's increasing frailty and her husband's likely early retirement. Frau Hegemann (45), by contrast, whose husband has rapidly deteriorating multiple sclerosis, is a more passive personality. In the early stages of the disability the Hegemanns continued with their three children as a 'normal' family, and Herr Hegemann, a former policeman, enjoyed his public activity and status as leader of a self-help group. But Frau Hegemann, despite her role as breadwinner (she is a clerical worker) and now as family representative in the self-help group shows no enthusiasm for these outside roles, or for the independence or opportunities for self-development which they might bring. She seems frozen in a strategy of day-to-day living, which worked well in the past, but which is clearly inadequate now, in relation to her demanding adult children or to her husband's condition.

It may seem that biographical methods, by stressing actions and decisions as in the presentation of these four cases, omit pressures of the system from view. However a comparison with the West German carers who are more outwardly connected bring structural and cultural pressures more clearly into focus.

Both Frau Mahler (31) and Frau Alexander (35) exploit the relative generosity of West German benefits by innovative strategies which allow mobility and flexibility in conducting their lives. The Alexanders, members of a biker milieu, buy a campervan which can accommodate their 14-year-old son's breathing and other apparatus, in order to maintain their mobility and sociability in the evenings and at weekends. Helped financially by fostering a disabled daughter, the

Mahlers are able to move to a larger, more collective house, which will combine their personal and professional interests. Through their own employment experience they have cooperative and proactive links with social workers, whereas Frau Alexander's confident but combative relationships with medical personnel has been achieved through long and bitter struggles. These carers are thus working the West German system, manipulating it for their own goals, even challenging its official purposes, certainly stretching its constraints. They operate as husband-and-wife teams and belong to wide networks of friends. Personal and public lifestyles are closely linked in the case of the Mahlers, so that the boundaries of family privacy, which are rather strongly enforced in the other cases, are largely transcended. The Mahlers even talk freely and openly of emotional experiences, while Frau Alexander, who regards the unsayability of the anguish of caring as the main reason why carer groups fail, is still biting back her inner pain:

> You have to sort out your own problems first before talking about it or before you could come out of yourself somewhere.

Rather than being bound by the conservative ideology which typifies the male breadwinner model of West German welfare (Lewis 1992), the Mahlers and the Alexanders are influenced by alternative thinking in West Germany, although neither defines their actions as political. In the case of the Mahlers, class as well as public/private boundaries are transcended (Herr Mahler moved from ship to residential work), and the Alexanders come from a sparse and generationally widely-spaced family as well as a culturally marginal and oppositional milieu. Thus the more outwardly-connected families, in which the carers are also younger, have 'escaped' the traditional family hierarchies and divisions of class, generation, gender and 'privacy' which enclose the other cases. Their networks are characterized by horizontality, flexibility and trust, recalling the structures which underlay Putnam's (1993) definition of 'civic competence' in his study of cooperative relationships in Northern Italy. (A different location, and especially Berlin, might have yielded a stronger representation of 'alternative' carers. On seeking out interviewees we were seeking variation in referring agency or self-help group, and in types of disability and household structure, rather than representativeness. Case study comparisons often seek out maximally contrasting rather than 'representative' cases.)

East Germany

Among the East German carers outer-connectedness is the dominant cultural dynamic, and the privatizing effect of the West German system is virtually absent. Here the norms of full women's employment and of public provision, determination to maximize rights under German unification, and the strong web of informal networking produce a cultural dynamic of outward-orientedness, which is only rarely defied, as in the exceptional case of Herr Speyer. The focus on outside services and employment are 'intended' by official state socialist policies, to the extent that there are no public representations of women in domestic roles (Doelling 1991). By contrast, the strength of informal and familial networks of support and exchange result from 'unintended' workings of the system, such as inadequacies in the sphere of consumption and the meaninglessness of the public sphere. This flies in the face of western theories of totalitarianism, which emphasize atomization and social disintegration in state socialist societies (Keane 1988; Chamberlayne 1990b). By contrast, some Central European sociologists see in the informal networks of state socialism the potential infrastructures for post-modern formations (Hankiss 1990).

That the most outwardly-oriented East and West Germans are similar – one feels the Mahlers might get along with the Gruens, and the Alexanders with the Meissners – is perhaps not surprising. All four couples are relatively young, although Frau Meissner's daughter is now 21 years old. The Gruens (mid-20s), like the Mahlers, are in the caring professions; Herr Gruen is studying theology, and Frau Gruen is shifting her training from nursing to social pedagogy. Both are intensely involved in the care and education of their highly disabled six-year-old son, deeply empathetic with him and reflective of their own understanding of disability and learning difficulties. The Gruens, who are from a dissident church milieu, have also sought out sympathetic medical and educational personnel, and maintained a wide circle of friends who help relieve them and accompany them on weekend and holiday trips to the country – several wheelchairs have been worn out in the process. Contrary to the Mahlers, though, and perhaps because of their East German context, they are wary of the boundaries of privacy. In the interview they (rather unsuccessfully) use each other and the child to fend off free-flowing talk, and they do not respond for a second interview. Like other East German carers, the Gruens have sought out sympathetic medical and educational personnel. They are supported by friends more than family – Frau Gruen's mother tends to be into 'pity' – and they quite envisage that Joe will go to a boarding school in years to come: 'if they don't do away with everything – they're cutting things like crazy'.

Frau Meissner (41) is a divorced woman who has largely operated as a single parent, but always maintained the active cooperation of her ex-husband – she even shares a garden with him and his new family, to the astonishment of the neighbours. She has a long and intensive experience of challenging authorities. By lobbying sympathetic headteachers and enlisting support from other local influentials she defied the official designation of her disabled and incontinent daughter to residential care. Insisting on integrated schooling, she has accompanied her during the school day and on school trips, eventually becoming trained as a school nurse. Thus although Frau Meissner gave up work to look after her daughter, in doing so she maintained the outward orientation of an employed woman. More recently she and her husband have fought for their daughter to be trained in the post office and shared the necessary transport. Frau Meissner has campaigned for GDR participation in the Olympics for Disabled, runs discos for disabled youngsters in Leipzig, and has taken her daughter with other friends in wheelchairs on holiday in America, to which they intend to return, 'to ride down highway 66'. She does not regard herself as political – she is simply busy and active; in her words, 'it just happened'. She is part and parcel of East German network society, often adeptly insinuating herself into supporting positions rather than engaging in direct confrontation. By soliciting help and accompanying Katrin into outside situations she has forged a bridgehead to wider social engagement. Her teacher colleagues met the tram every morning to help her lift the wheelchair down. Like Frau Alexander, she started meekly from low-grade clerical work and it is through fighting for her disabled child and for her right to remain attached to that child that she has gained her personal strength and competence. (In the process of hypothesizing about the early stages of this case, the research team felt convinced that a pattern of over-dependency would develop, that Frau Meissner was clinging onto her daughter for her own emotional needs. This proved quite false.)

A notable difference between West and East German systems lay in the opposite impulses attendant on disability. In West Germany, since disability payments advance with the severity of the disability, the pressure is to exaggerate the condition. In East Germany the pressure was to underrate the severity of the disability, since those considered less disabled received education, training, guaranteed workplaces and salaries, whereas those considered 'incapable of development' (*föerderunfähig*) were consigned to residential warehousing.

In the next two 'torn' cases in East Germany the same outward propulsion is in evidence. Perhaps it is even intensified by the process of German unification, in which retraining and maintaining employment, together with inquiries and negotiating for new welfare and disability rights, are experienced as priorities. At the heart of both these cases is a difficult emotional struggle against patriarchy in which the forces of outward propulsion support the personal impulse for greater independence. We have already seen the opposite pattern in West Germany, where 'system forces' might well intensify problems of emotional dependency and subordination.

In the first interview, Frau Arnd (23), a single parent, has been pulled back into the confining arena of her parental home, in which her grandmother also lives. This arises from her decision to get retrained from kitchen work, from which she has been made redundant, to public employment, which will give lifelong protection. Her father's mission to save his daughter from becoming 'a social case, one which would stay in the records', fortifies his patriarchal tendencies. Interviewed in the company of the parents, Frau Arnd describes the tension in the small flat when everyone comes home from work: 'everyone has something else, and then such a child, one has a lot to do, either there's an explosion, or a real rumpus ... We subordinate ourselves, and grandfather always has the say with us ... We all have our feet under his table.' At weekends she returns to her own flat on an estate, where she feels lonely on occasion, but where she meets friends, several of whom have disabled children and are connected with *Lebenshilfe*, a campaigning organization for people with mental disabilities. Through these contacts Claus goes to an integrated crèche and then a small kindergarten group with specialized staff; through the group she is supported by a lawyer who is appealing against reductions in the benefit level. Meetings with these friends are described in a notably more relaxed way: 'We're pleased when the children are together and we can talk together. Now it's winter we all meet in the flat, and all three boys are lively, there's a real rumpus sometimes, but one can easily tolerate that.'

By the time of the second interview Frau Arnd has completed her qualification, has secured a job and is permanently back in her flat, although she meets her family frequently, not least on the child's insistence. It is also striking that despite Frau Arnd's young age, lack of education and experience, and despite the family's feeling traumatized both by the disability and the new social system, they have succeeded in accessing good services. Despite the drastic deterioration of medical services around the time of unification, exacerbated by the exodus of personnel, a well-known cardiologist performed an operation on the child early on, and the family benefited from a good physiotherapist and good social worker. Thus their fortress family is not closed off, rather from it they sally forth in combat and determination, helped by networks of information, a rights-conscious culture, and their own anger.

Michael Hofmann (1991) argues that values of equality and participation despite the cynicism of officialdom, permeated East German society, and were particularly asserted in arenas outside the close surveillance of the party, such as health and welfare. (Party organization was centred on the workplace, leaving public and neighbourhood services somewhat more free (Chamberlayne 1990b).) Indeed, the informal networks of mutual support and information among elderly and disabled people and their shared understandings of the failures and hypocrisies of the system amounted to a 'quiet social movement'. Party claims to socialist superiority in satisfying human needs fuelled a rights-consciousness in the population and enraged those most dependent on welfare services. Perhaps this latent anger, as well as the generalized sense of threat and insecurity which accompanied unification, explains the determined, even manic, fashion in which East Germans set about mastering the new welfare regulations and entitlements, as in the case of Frau Blau (60).

Frau Blau's husband, a transport engineer, had a stroke following his lay-off and is only slowly recovering his speech and movement. As in the case of the Arnd family, Frau Blau's anger at disability and unification are intertwined; her response is to do battle with the external world for benefits, equipment, spa cures and holidays. This ceaseless fight for rights continues the couple's earlier pattern of struggles in the GDR to get a telephone or a car, and is doubtless aided by Frau Blau's professional experience as administrator of supplies in a textile firm. The impulse to 'get out' is amplified by the bitter foreshortening of the opportunities to travel in their retirement. Despite Frau Blau's frequent sorties, she feels both confined and exposed: 'Hmm, (sighs) like in a bell-jar. (Pause) Life goes on outside and we just watch. (Long pause).'

But the outward thrust is not the only impulse. Despite working, Frau Blau has been quite a traditional wife, and has cared for her mother and her daughter, and the shift to full-time care confronts her with her dependency and subordination in the marriage. Asked if she would accept an afternoon or day's respite care she says:

> Yes, now yes, a year ago I said, 'No I won't do that, I don't want that', but today I see through that. Basically I don't get five minutes to myself Sometimes I feel wiped out. He can't help it, but he's like a limpet, he takes me over completely and utterly. Before we liked going to a concert, to the opera – that is all gone.

Underlying her account of her struggle for rights in the public domain is the scary reshaping of her identity as a woman and as a wife, and therefore of their partnership:

> Frau Blau: (Pause) Through this I have become much more independent, more independent than ...
> Herr Blau: You were like this before.
> Frau Blau: But not like this, Hans-Otta. I have to represent us completely to the outside world ... (pause) and I have to check myself sometimes, because I am out there alone, but I am still (saying) 'we'.

The point is that while Frau Arnd and Frau Blau are in part pulled back into the home by caring, they maintain a strong and more dominant orientation to the outside world. This outward orientation may not act as a bridge to wider social activity or involve the spread of friendships and contacts as in the case or Frau Meissner and the Gruens, but it is in marked contrast to the home orientation of the West German caring situations and strategies.

is is not to say that the 'home-orientation' cannot be found in East
any. Indeed we did have one such case, an older man of 60,
former lorry driver who had taken over his wife's family's taxi-
business. His response to his wife's epilepsy, which started with the
birth of their first daughter, worsened with the second, and has by now
destroyed three-quarters of her brain, has been to blockade himself in
with her in the private sphere, refusing not only residential options but
any help beyond an hour's nursing care. Presenting himself as a heroic
Atlas figure, honouring conjugal responsibilities, he downplays the
support of his daughters. In many ways he is like West German Frau
Jakob who insisted on caring alone for her terminally ill husband. Both
are older people, though no older than Frau Blau, whose dynamic is
quite different. In the East German context Herr Speyer is making a
double protest, against both male roles and the political norms of collective provision. It was not a dynamic which arose in any of the
other East German cases – it is rather a contrasting case which highlights the more typical pattern of outward-orientedness.

The British carers

The British carers lie between the extremes of the West German 'pull into'
and East German 'push out of' the home. They have for many years
combined caring, employment and wider voluntary and social activity.
Nevertheless the dominant British cultural dynamic is towards home
solutions, although the routes by which British and West German
carers find themselves centred in the private sphere are different. Part-
time work, day centres, respite care, voluntary and self-help groups exist
in greater measure than in West Germany, but the context of welfare
cutbacks and fragmentation in the 1980s and 1990s turns carers in on
their own resources and intensifies intergenerational dependencies. So
despite phases of outside social engagement and more active support in
caring tasks from husbands than in West Germany, the British carers tend
to fall back into family traditions, even those from which they have previously escaped. Carers' groups, to which several of our interviewees
belonged, operated more as an extension of the private sphere, providing
solace, 'a laugh' and basic information, than as a bridgehead to wider
contacts or to more transformative action (Williams 1993). This confirmed the thesis that carers groups in Britain have become incorporated
rather than radicalized (Barnes 1997: 162; Gordon and Donald 1993: 167).
The contrast between caring and disability groups is instructive. Both
groups shared a common base of demands in the 1970s, but through
the 1980s and 1990s, following community care legislation, carers'
groups have often been set up by local authorities, also for formal
requirements of consultation, whereas disability groups have remained

more independent. National carers' groups, which campaign for better finance and support, do not challenge the basic terms of caring, while disability groups, which are also more diverse, operate from a more challenging political platform (Oliver 1990; Morris 1993).

Mrs Buckley (55) is emblematic of these processes. Coming from a large Catholic East End family, she initially defied her family's prolonged child-bearing norms through a successful and mobile career. On giving birth to a disabled daughter in her thirties she started on a long career of struggles for appropriate referrals. And despite repeated health crises in which she stopped work, she valiantly regained employment, in which she was actively supported by medical personnel at a specialist children's hospital, and continued her involvement in voluntary groups. In Melanie's late teens, however, in the shift from education to adult services and the context of the cost-cutting 1990s, there is no such support. Reduced day centre schedules are difficult to reconcile with employment. Moreover, Melanie's gynaecological problems have excluded Mr Buckley from the direct caring role he used to play, at home as well as in public places. A friend's car accident is the final straw for Mrs Buckley:

> I was so upset about that and I thought, 'Oh I'll pack up work.' I did it on the spur of the moment ... I did feel a bit, not bitter towards her (Melanie), but I just feel sometimes, 'Oh, why did I have to pack up my job, because I liked it.'

Thus there is a service void around Mrs Buckley in a period in which she needs active and positive support to find good alternatives for Melanie.

Mrs Rushton (60), whose husband is now in the later stages of a twenty-year muscular generative disease, refuses repeated offers of additional night nursing. He attends a day centre, and they both belong to a carers' group. Mrs Rushton's caring duties begin several hours before the ambulance arrives – I've been seeing to his enemas, I've been feeding him, I've been shaving him, I've been washing him' – and continue throughout the evening and night, with constant bickering over the practical procedures. Mrs Rushton feels patronized and undervalued, and trapped in the daily routines. Yet she wants to maintain control over her privacy, possibly to keep private their conflictual relationship:

> Your life is run without you having any say in it. You are beholden to them and also you have people coming in a home. I sometimes feel I am taken over, you know they come in ... but it's shared, it's not my personal private place ... they're coming in on my personal privacy.

Like Mrs Buckley, Mrs Rushton appears to need firm and sensitive help, particularly with relationship issues. Yet there is no mention of such initiatives, either from social services or the nursing personnel.

The intertwining of personal and public factors and the effectiveness of personally supportive advice from a social worker is shown in the case of Mrs Rajan (35), who remained closed off from outside help for eleven years. During that time her shame and despair at having a disabled son, the lack of confidence in medical personnel who had said her son would die, her mother's successful use of traditional Indian medicine to save him, and her difficult adjustment from a female-dominated extensive family to a predominantly male and nuclear-family structure all combined to keep her locked in the strategy of family closure which characterized her own childhood in East Africa. Racist experiences in Britain may well have compounded her response. But with the medical support around her second son's birth came a friendly social worker with offers of respite care and future fostering, and later on an invitation from her second son's headteacher to do ancillary classroom work and some training, which she has taken up enthusiastically, alongside a range of community activities.

In Mrs Rajan's case the initiative for a greater outward-orientedness seems to have come from a social worker, although her new inner preparedness for more sociability was also crucial. Mediating interventions are perhaps all the more critical in a precarious and patchy system in which great personal determination and fortitude are needed to access good quality provision. In West Germany good quality home-based services are much more amply provided, with psychologists and physiotherapists doing intensive domiciliary work at an early stage. For equivalent aged British children, carers need to be far more outgoing, as in the case of the East Germans.

It also seems that, in contrast with the East German system, the absence of structural and cultural support for outer-connectedness leaves carers in Britain in a situation in which personal dependencies and dilemmas become particularly problematic and anxiety-making.

As among the West German cases, the more outwardly oriented cases in Britain appear somewhat 'exceptional'. In the British study both are men. In West Germany the outwardly oriented cases 'escaped' the full force of the 'pull into the home' by belonging to marginal or alternative milieus, whereas the British cases escaped the dynamic of 'home solutions' by their gendered 'outward' response. They are interesting in showing the social infrastructures which can be drawn on by carers in Britain. Mr Allahm (65), a senior professional who has travelled and lived throughout the world and has a wife now suffering from an advanced degenerative disease, uses his professional skills to buy in substitute care, and to arrange visits and support from church members. Drawing on his long experience of creating 'home' abroad among expatriates, he has even established a new church group in which he and others like him will have spiritual support in caring and loss. Thus alongside arranging his wife's care he is creating a substitute community for his far-flung family, and for the wife he has loved so dearly. This allows a fluidity between public and private spheres, in which outside help is accepted in and spiritual needs are taken outside.

Mr Merton (44) is likewise intensively engaged in social groups which are largely of his own making. A former seaman, so also widely travelled, he staves off the debilitating effects of his own epilepsy through a marriage with a disability activist in which the two partners can sustain each other. In this case the militant and campaigning and advice work leads to a heavy invasion of private space, so much so that Mr Merton has to lock himself in his room with the phone off to get an hour's peace.

Implications for policy

The study reveals consistently different patterns of action in the three societies. To some extent a generational change is evident; in general the younger carers are more outwardly-oriented, less consumed by domesticity, more able to hold on to past identities and future horizons. Yet it is cultural as well as structural forces which pinion West German Frau Hamann (35) in her husband's family, and which give much less well resourced East German Frau Arnd (23) an escape from her patriarchal family. Different political cultures of caring explain the different responses, of retreat and proactivism, to poor services in Britain and East Germany.

All the carers would benefit from supportive interventions in the alleviation of their distress and pain. But while the 'outwardly-oriented' carers have wide resources on which to draw and are more actively oriented to the future and to changes in their responsibilities, the home-oriented and torn carers in West Germany and Britain are more likely to be in retreat from wider and more proactive activity, and become vulnerable to crisis, given the changing circumstances of disability and life course positions. Such carers are in need of firm and sensitive support in mediating both their relationships with the outside world and their family dependencies. But despite the professional emphasis on self-help in West Germany and on empowerment in Britain, this kind of intensive inter-personal support seems unlikely to be provided.

There is a striking contradiction in this study between formal ideologies and everyday practices. The West German system of subsidiarity, backed by the resources of the social state, claims to deliver social solidarity and a tight interweaving of formal and informal sectors, yet it often plainly fails to do so. Rather it is the 'family' component within the philosophy of subsidiarity which exerts the strongest pull, often leaving carers trapped and isolated. (Subsidiarity is defined as delegating responsibility to the lowest level of society capable of bearing it, so that maximizing family responsibility accords with the system – often with disastrous consequences, as we have seen.) Britain, despite its neo-liberal philosophy, maintains a broader web of social relationships, and perhaps the voluntary tradition is a form of resistance to liberal individualism. But informal support in Britain does not substitute for structural provision. Indeed, the study relativizes the meaning and significance of 'empowerment' and movements for 'self help' in Britain and West Germany. In either context carers' groups are only 'empowering' in the sense of maintaining minimally adequate situations, combating a defeatism which is service-induced. Welfare systems are faced with the need to remedy a social incapacity which is of their own making. In different structural and cultural conditions there would have been no need for such 'empowerment'.

In East Germany, 'empowerment' derives from wider social infrastructures, notably the employment model for women, an egalitarian ethos, and the strength of informal networks. It is ironic that East Germany, which denied the legality of civil society, produced the most active forms of informal civic engagement, at least in the field of caring. It may well be that the meaninglessness of formal politics and the repression of civil society in East Germany pushed active social engagement down to informal levels, such as 'work' and 'house collectives', where a need for human communication spilled out regardless of official attempts at surveillance (Pollack 1992; Chamberlayne 1995: 28). Perhaps the subversion of official dogmas is itself a means of spiritual survival. The 'social levelling' within East Germany also facilitated the exchange of social advice, such as benefited Frau Arnd.

It is not a question of replicating the East German situation elsewhere, but of identifying some of the wider determinants and components of a more energized and supportive culture in the informal sphere. The study suggests the need for a different relationship between social lives and welfare services, one which will strengthen human relatedness and operate in a context of trust.

Conclusion

The *Cultures of Care* study highlights the social vibrancy and creativity which accompanies more outward-oriented models of caring, and the efficacy of such energy in challenging and reshaping existing systems. It is by such positive agency and 'signifying practices', including by those in modest positions, that the cultural standards set by dominant meaning systems become stretched and generate new realities (Kochuyt 1997: 13). Here we see relational 'subjects' rather than 'individuals' in action: 'the capacity of that actor to oppose cultural and political domination, to be involved and to transform his or her own social environment' (Hamel 1995: 245). In the outward-oriented model we also see the potential for equality between carers and professionals, through the gaining of social competence among lay experts. The study also makes it clear that where social trust and 'the social' are denser and social capital is richer, carers can become more resourceful in seeking out tailor-made support, so that less welfare intervention is needed. Thus it is the wider social relations which give rise to particular imagined worlds in which such actions are possible and indeed socially engendered – or foreclosed on. Sensitivity to such 'social relations' goes well beyond the usual parameters of social policy, which tends to operate with 'thin' knowledge of social systems. This study suggests the need for more culturally and sociologically specified accounts of social situations and contexts.

This approach returns social policy to a focus on the actor, meaning, and 'society', and away from post-modern emphasis on the 'individual', 'rights', and 'tasks' (Howe 1994; Nolan, Grant and Keady 1996). As Gordon and Donald (1993) argue, the exploration of hidden social capacities requires an action approach. Biographical methods also have the advantage of accessing 'unconscious or latent meanings (which) manifest themselves behind the backs of the subjects' (Oevermann et al. 1987). In this way the analysis is not restricted to the conscious intentions of the actor, but explores underlying patterns of behaviour and practice, both at the level of hidden family histories and as structurally induced by wider social practices.

As Frazer and Lacey (1995) argue, interpretive methods dissolve the liberal dichotomy between individual and society. This poses a great challenge to traditional social policy, with its top-down Fabian focus on centrally administered 'provisions', which pay no regard either to individual subjectivity or to socio-cultural milieus. Then comes the problem of lack of appropriate discursive language, together with, as Fraser (1995) and McCulloch (1997) put it, a great deal of contending to be done over boundaries between the public and private spheres, which includes the sphere of 'the social'. My contention is that not only is there no ready-made discourse for such discussion, but an awkward disjunction between the liberal and Continental thinking about this intermediate sphere. Both problems will be overcome in the course of collaborative comparative research – which Europeanization is fortunately promoting.

Acknowledgements

Thanks to Andrew Cooper and Jude Bloomfield for comments. This chapter owes much to Annette King, who was main researcher for the *Cultures of Care* project, which was ESRC funded in 1992–95 (R000233921). Frauke Ruppel, Susanne Rupp and Chris King also worked as researchers on the British part of the project which was funded by UEL 1995–97. An earlier version of this chapter was given as a paper at the ISA (International Sociological Association) Conference in Montreal, July 1998.

The researchers encountered biographical methods in the course of pilot work in Germany in 1992. The project itself then became a vehicle for learning the method and understanding the significance of its theoretical grounding in phenomenology which has become somewhat 'foreign' to British sociology in recent decades. Particular thanks are due to Simone Kreher (Humboldt University) and Martina Schiebel (University of Bremen) for their help in this process, and particularly in running workshops for local interviewers in 1992. The *Cultures of Care* research was perhaps the first project to use biographical methods for comparative social structural analysis. The method has subsequently been used in the seven-country EC-funded SOSTRIS project (Social Strategies in Risk Societies) 1996–99, of which the author is joint coordinator with Michael Rustin.

References

Abrams, P., Abrams, S., Humphrey, R. and R. Snaith (1989) *Neighbourhood Care and Social Policy,* London: HMSO.

Archer, M. (1996) 'Social integration and system integration: Developing the distinction', *Sociology,* 30: 679–99.

Balbo, L. (1987) 'Family, women and the state: Notes towards a typology of family roles and public intervention', in C.S. Maier (ed.) *Changing Boundaries of the Political,* Cambridge: Cambridge University Press.

Banfield, E.C. (1958) *The Moral Basis of a Backward Society,* New York: Free Press.

Barnes, M. (1997) *Care, Communities and Citizens,* London: Longman.

Beck, U. (1992) *Risk Society: Towards a New Modernity,* London: Sage.

Bell, L. and J. Ribbens (1994) 'Isolated housewives and complex maternal worlds: The significance of social contacts between women and young children in industrial societies', *The Sociological Review,* 42: 227–62.

Bulmer, M. (1987) 'Privacy and confidentiality as obstacles to interweaving formal and informal social care: The boundaries of the private realm', *Journal of Voluntary Action Research,* 16: 11–25.

Chamberlayne, P. (1990a) 'The mothers' manifesto and disputes over Mütterlichkeit', *Feminist Review,* 35: 9–23.

Chamberlayne, P. (1990b) 'Neighbourhood and tenant participation in the GDR', in B. Deacon and J. Szalai (eds) *Social Policy in the New Eastern Europe,* Aldershot: Avebury.

Chamberlayne, P. (1995) 'Gender and the private sphere – a touchstone of misunderstanding between Eastern and Western Germany?' *Social Politics,* 2 (1): 24–36.

Chamberlayne, P. and A. King, (1996) 'Biographical approaches in comparative work: The cultures of care project', in L. Hantrais and S. Mangen (eds) *Cross-National Research Methods in the Social Sciences,* Pinter.

Chamberlayne, P. and A. King, (1997) 'The biographical challenge of caring', *The Sociology of Health and Illness,* 5: 601–21.

Cooper, A. (1999) 'Introduction to Part II', in P. Chamberlayne, A. Cooper, R. Freeman and M. Rustin (eds) *Welfare and Culture in Europe: Towards a New Paradigm in Social Policy,* London: Jessica Kingsley Publishers.

Doelling, I. (1991) 'Between hope and hopelessness: Women in the GDR after the turning point', *Feminist Review,* 39: 3–15.

Donati, P. (1995) 'Identity and solidarity in the complex of citizenship: The relational approach.' *International Sociology,* 10 (3): 299–314.

Evers, A.S. (ed.) (1988) *Shifts in the Welfare Mix,* Vienna: European Centre for Social Welfare Training and Research.

Evers, A. and H. Nowotny, (eds) (1987) *The Changing Face of Welfare,* Aldershot: Gower.

Finch, J. and D. Groves, (eds) (1983) *A Labour of Love: Women, Love and Caring,* London: Routledge.

Frankenberg, R. (1966) *Communities in Britain: Social Life in Town and Country*, Harmondsworth: Penguin.

Fraser, N. (1995) 'Politics, culture, and the public sphere: Toward a postmodern conception', in L. Nicholson and S. Seidman (eds) *Social Postmodernism: Beyond Identity Politics*, Cambridge: Cambridge University Press.

Frazer, E. and N. Lacey (1993) *The Politics of Community: A Feminist Critique of the Liberal-Communitarian*, Hemel Hempstead: Harvester Wheatsheaf.

Geertz, C. (1975) *The Interpretation of Cultures*, London: Hutchinson.

Giddens, A. (1990) 'Structuration theory and sociological analysis', in J. Clark, C. Modgil and S. Modgil (eds) *Anthony Giddens: Consensus and Controversy*, London: Falmer.

Giddens, A. (1991) *Modernity and Self-Identity: Self and Society in the Late Modern Age*, Cambridge: Polity Press.

Gordon, D.S. and S.C. Donald (1993) *Community Social Work, Older People and Informal Care: A Romantic Illusion?* Aldershot: Avebury.

Habermas, J. (1987) *The Theory of Communicative Action*, Volume 2, Boston: Beacon Press.

Hamel, P. (1995) 'Collective action and the paradigm of individualism', in L. Maheu (ed.) *Social Movements and Social Classes: The Future of Collective Action*, London: Sage.

Hankiss. E. (1990) *East European Alternatives*, Oxford: Oxford University Press.

Hann, C. and E. Dunn (1996) *Civil Society: Changing Western Models*, London: Routledge.

Heinze, R. and T. Olk (1984) 'Rueckzug des Staates: Aufwertung der Wohlfahrtsverbaende?' in R. Bauer and H. Diessenbacher (eds) *Organisierte Naechstenliebe*, Opalden: Westdentscher Verlag.

Hofmann. M. (1991) 'Bewegte Stille – Benachteiligte Menschen and Gruppen in Ostdeutschland', in *Aufbruch in Warteland – Ostdeutsche soziale Bewegungen im Wandl*, Bamberg: Palette Verlag.

Howe, D. (1994) 'Modernity, postmodernity and social work', *British Journal of Social Work*, 24: 513–32.

Keane, J. (ed.) (1988) *Civil Society and the State*, London: Verso.

King, A. and P. Chamberlayne (1996) 'Comparing the informal sphere: Public and private relations of welfare in East and West Germany', *Sociology*, 30 (4): 741–61.

Kochuyt, T. (1997) 'Could objective realities tell us a story?', *Biography and Society*, Newsletter of Research Committee 38 of the ISA, December.

Kraemer, S. and J. Roberts (eds) (1996) *The Politics of Attachment: Towards a Secure Society*, London: Free Association Books.

Lewis, J. (1992) 'Gender and the development of welfare regimes', *European Journal of Social Policy*, 2: 3.

McCulloch, A. (1997) 'On the public and the private: A comment on Fahey', *Sociology*, 31 (4): 793–99.

Morris, J. (1993) *Independent Lives: Community Care and Disabled People*, Basingstoke.

Morris, L. and S. Lyon (1996) *Gender Relations in Public and Private: New Research Perspectives*.

Nolan, M., Grant, G. and J. Keady (1996) *Understanding Family Care: A Multidimensional Model of Caring and Coping*, Buckingham: Open University Press.

Oevermann, U. with Allert, T., Konau, E. and J. Krambeck (1987) 'Structures of meaning and objective hermeneutics', in V. Meja, D. Misgeld and N. Stehr (eds) *Modern German Sociology*, New York: Columbia University Press.

Oliver, M. (1990). *The Politics of Disablement*, Basingstoke.

Oyen, E. (ed.) (1986) *Comparing Welfare States and Their Futures*, Aldershot: Gower.

Pateman, C. (1989) *The Disorder of Women*, Cambridge: Polity Press.

Plaschke, J. (1984) 'Subsidiaritaet und "Neue Subsidiaritaet"', in R. Bauer and H. Diessenbacher (eds) *Organisierte Naechstenliebe*, Opladen: Westdentscher Verlag.

Pollack, D. (1992) 'Zwischen alten Verhaltensdispositionen und den neuen Anforderungsprofilen: Bemerkungen zu den mentalitaetsspezifischen Voraussetzungen des Operierens von Interessenverbaenden und Organisationen in den neuen Bundeslaendern', *Probleme der Einheit*, 12 (2): 489–508.

Putnam, D. (1993) *Making Democracy Work: Civic Traditions in Modern Italy*, Princeton: Princeton.

Riley, D. (1988) *'Am I That Name?' Feminism and the Category of 'Women' in History*, London: MacMillan.

Rosanvallon, P. (1988) 'The decline of social visibility', in J. Keane (ed.) *Civil Society and the State*, London: Verso.

Rosenthal, G. (1993) 'Reconstruction of life stories: Principles of selection in generating stories for narrative biographical interviews', in R. Josselson and A. Lieblich (eds) *The Narrative Study of Lives 3*, Vol. 1, Sage.

Rustin, M. and V. Rix (1997) 'Anglo-Saxon individualism and its vicissitudes: Social exclusion in Britain', *SOSTRIS Working Paper 1: Social Exclusion in Comparative Perspective*, London: BISP.

Shilling, C. (1997) 'The undersocialised conception of the embodied agent in modern sociology', *Sociology*, 31 (4): 737–54.

Thompson, J.B. (1990) *Ideology and Modern Culture*, Cambridge: Polity Press.

Williams, F. (1993) 'Women and the community', in J. Bornat, C. Pereira, D. Pilgrim, and F. Williams (eds) *Community Care: A Reader*, London: Macmillan.

Williams, F. and J. Pillinger (1996) 'New thinking on social policy research into inequality, social exclusion and poverty', in J. Millar and J. Bradshaw (eds) *Social Welfare Systems: Towards a Research Agenda*, Centre for the Analysis of Social Policy and the ESCR, University of Bath.

Zapf, W. (1986) 'Development, structure and prospects of the German social stage', in N. Rose *et al.* (eds) *The Welfare State East and West*, Oxford: Oxford University Press.

Conclusion to Part Two

The essays in this part have explored different methodological approaches to the study of European social policy and foregrounded the complexity of the categories which are commonly deployed in its analysis. They have problematized the frameworks through which the outcomes of different welfare regimes are understood and measured and pointed to some of the ways in which comparative social policy research and analysis might be enriched theoretically. The essays raise a number of issues about methodology, conceptual categories and intellectual resources which can be taken up in more detail through the following questions.

(1) In what ways do making 'race' and gender the focal point of study unsettle the comparative analysis of welfare regimes?
(2) What connections can be made between social inequalities and social differences in the context of European policy making?
(3) What normative constructions of gender, sexual and age relations are implicit within analyses of 'the family' in comparative social policy investigation?
(4) What possibilities does the 'cultural turn' offer comparative social policy in its analyses of the boundaries between public and private domains?

Part Three

UNSETTLING SPACE, PLACE AND LOCALITY

Introduction

This part is marked by its concentration on the links between the production of social space, the construction of multiple and shifting social differences and identities and specific areas of welfare policy. Its concern with boundaries and borders, social difference and modes and categories of analysis links it to parts one and two and also extends beyond them.

Centrally the essays in this section are concerned with the co-existence of multiple temporalities and spatialities and how these inscribe and are inscribed by welfare policies and practices. They raise a number of issues for comparative social policy including the following. One concerns the relationship between dominant and subaltern identities and social positions and how this relationship shifts or is reconfigured in the context of global and/or regional economic and political realignments. One example would be the formation and re-formation of ethnic identities and boundaries within and across the borders of states in the context of changing local or global relations.

Another, parallel issue concerns how relationships structured in dominance are reproduced or inflected through geo-political relations between a 'core' and 'periphery'. For instance, how within the space of the European Union member states are positioned in a hierarchy and how, and in what circumstances, this hierarchy is entrenched or subverted by the actions of national governments.

A third area of concern is the way that specific areas of welfare policy 'work' or re-inflect these relations of social and spatial dominance/subordinance. These issues link back to the questions of method already addressed in part two. This is because they point to some of the implications not only of treating those positioned as a 'core' as normative but also of excluding from analysis pulls 'from below' toward a widened and deepened Europeanization or harmonization, as in the case of a drug culture associated with young people across Europe and beyond.

9

Re-framing Europe: Gendered racisms, ethnicities and nationalisms in contemporary Western Europe

Avtar Brah

We are living in a period marked by profound changes. The political upheavals of recent times in Eastern Europe, the Soviet Union, South Africa, Central and South America – to note a few examples – and the aftermath of the Gulf War, signal major realignments in the structuring of the world political order. There has been fundamental transformation in the political economy of late twentieth-century capitalism with a growing dominance of transnational capital, an increasing consolidation of global markets, the development of new techniques in production and distribution systems, the formation of a 'new' international division of labour, and a revolution in the technologies of communication. In the cultural sphere, the homogenizing tendencies of mass cultural consumption across transnational boundaries are paralleled by a reassertion of the local aesthetic, political and ethnic tradition, and a call for a recognition of heterogeneity and cultural difference.

In Western Europe, '1992' has come to signify a new phase in the relations between the twelve members of the European Community. On 1 January 1993, the internal borders of the twelve states officially came down, with the intent of allowing the free movement of capital, goods, services and certain categories of people. The emerging configuration that is increasingly described as the 'new Europe' is as yet difficult to define. What will this new configuration be? Is the new Europe primarily a constellation of economic interests emerging in the face of growing competition, especially from Japan and the USA? To what extent will Eastern European countries become Western Europe's new colonies? What will be the impact of such realignments of European countries on the 'Third World'? What will be the place of Europe in the wake of the Gulf War now that the USA emerges as the undisputedly dominant global military power? Will the 'new Europe' be an inherently unstable formation with its interstate conflicts over economic and political power, and tribal rivalries between different European ethnic groups which currently result in untold bloodshed and genocide? Such questions have a critical bearing on the construction of new European identities.

Significantly, 1992 was also the fifth centennial of Columbus's arrival in the Americas on 12 October 1492. And 1492 was also the year of the fall of Granada in Spain, which marked the end of seven hundred years of power and influence of the 'Moors' in Europe – an anniversary that places into relief the historical contestation between Judaism, Christianity and Islam, and how such contestations are reconfiguring in contemporary Europe. Such historical events constituted inaugural moments in the evolution of a world economic system in which Western dominance became inextricably linked with the history of transatlantic slavery, colonialism and imperialism. Throughout the five hundred years of European expansion and colonization, the idea of 'Europe' as in some sense a unified category has been persistently challenged by intense European conflicts and rivalries, as testified this century by the two World Wars and the subsequent Cold War between capitalist and 'socialist' power blocs. In such political landscapes, ideals of a pan-European identity were continually interrogated by the processes of national identity formation, themselves subject to internal contradictions of gender, class, regional and ethnic specificities.

Yet Europe did exist as a conglomerate power on the world stage: as a concrete reality for all those whom it subordinated. Indeed, as Balibar (1991) noted, until the middle of the twentieth century, the principal meaning of the term 'European' referred to groups of colonizers in the colonized regions of the world. The processes of conquest, colonization, empire formation, permanent settlement by Europeans of other parts of the globe, nationalist struggles by the colonized, and selective decolonization constitute the terrain on which Europe constructed itself and its 'others'. It is against this background that current changes in the global economic and political order are taking shape and a 'new Europe' is emerging.

In this 'new Europe', we are presently faced with a growing resurgence and intensification of racism, nationalism, and a genocide that unabashedly asserts itself as 'ethnic cleansing' while it wreaks rape, death and torture. This makes it politically imperative that, as we rethink the concept of ethnicity, we consider its affirmative inscriptive possibilities as well as its susceptibilities to potential recuperation in racism and nationalism. Under what circumstances does ethnicity become racialized? How does racism articulate with nationalism? How do gender and class inscribe these intersections? This chapter is an attempt to explore some theoretical and political aspects of the problematics constituted by such questions. In the first part I discuss conceptual categories and debates addressing such questions. In the second part I examine the political ramifications of economic and cultural processes inscribing the Europe of a 'Single European Market'.

I develop my analysis with a focus on racism, but explore its relationship to other axes of differentiation. The point is that racism, ethnicity, nationalism and class represent gendered phenomena; and that their changing configurations are immanent within the broader shifts associated with the transition from 'modernity' to what is variously described as 'post-industrialism', 'post-modernity', or 'late capitalism'. I examine the concept of 'neo-racism' and suggest that its analytical usefulness is dependent upon the extent to which it is possible to establish criteria which could be utilised as a basis for distinguishing its 'newness' from older forms of racisms in Europe. I emphasize the need to address the plurality of racisms in Europe and argue a case for treating these as articulating, rather than parallel, dynamics of power. I use the term 'differential racisms' (as distinct from Balibar's notion of 'differentialist racisms') to analyse the discursive space of:

- intersectionality within, between, amongst and across different racisms;
- articulations of racism with socio-economic, cultural and political relations of gender, class and other markers of 'difference' and differentiation;
- relationality of subjectivity and identity in and through these fields.

Finally, I foreground the need to be attentive to new configurations of ethnicities.

Racism, gender and class: a problem of definition?

There has been some considerable controversy and protracted debate in Britain about the use of the concept of race and the definition of racism. Should the concept of race be assigned analytical value given the weight of evidence against its validity as a 'biological' category? How is its importance as a 'social' category to be addressed? Is racism an 'ideology'

or can it also be understood as 'structure'? Such questions remain far
from settled (Gilroy 1987; Miles 1989; Donald and Rattansi 1992). But it is
generally agreed that the concept of race signifies a historically variable
nexus of social meanings. That is to say that 'race' is a social construction.
Any number of markers – colour, physiognomy, culture, gene pools –
may be summoned, singly or in combination, as signifiers of 'race'.
Certain forms of racism will highlight biological characteristics as indicators of supposed 'racial' difference. Other forms may single out cultural difference as the basis of presumed impervious racial boundaries
between groups. Cultural racism may be silent or even deny any notion
of biological superiority or inferiority, but what characterizes it specifically as racism is the subtext of innate difference that implicitly or explicitly serves to denote a group as a 'race'. In other words racism constructs
'racial' difference.

It is not necessary for biological characteristics to be foregrounded in
each and every racism, but, if a phenomenon is to be identified as
racism, the collectivity signified within it must be represented as
being 'inherently different'. Contrary to positions which construct
racism as a transparent technology of suppression and oppression,
processes of racialization do not always occur in a matrix of simple
bipolarities of negativity and positivity, superiority and inferiority, or
inclusion and exclusion. While racialized encounters have certainly
been predicated against a history of exploitation, inferiorization and
exclusion, they have equally inhabited spaces of deep ambivalence,
admiration, envy and desire. Desire for the racialized 'Other' is constructed and codified in and through patriarchal regimes of power,
even as heterosexual cultural norms, values and conventions are continually disrupted by lesbian, gay, and other sexualities. At the same
time all sexualities in a racialized context are inscribed by racialized
matrices of power. In other words the 'Other' of racism is not an
unequivocal obverse of 'self'; 'otherness' may be constructed primarily,
but not exclusively, in antithetical terms. Moreover, racial and sexual
otherness are intimately connected, the one is immanent in the other
(Bhabha 1986b). I shall return to this point below.

There is a tendency in some analyses of racism to confine the use of
the concept of racism exclusively to an 'ideological phenomenon', as
distinct from 'social practices'. Such categorical distinctions are deeply
problematic. If discourses, in the Foucauldian sense, are 'orders of
knowledge' and 'regimes of power' which 'are not in a position of
exteriority with respect to other types of relations (economic processes,
knowledge relationships, sexual relations) but are immanent in the
latter' (Foucault 1984: 94), it follows that they are constitutive elements
in the formation of different forms of subjectivity and social practices.
Consequently, processes of signification such as racism cease to be a
mere 'surface' phenomenon in contradiction to some 'deep structural
phenomenon'. Rather, the focus of attention is shifted to the ways in

which racialized 'regimes of power' articulate with those of gender, class, or other modalities' differentiation as they are played out in economic, political, cultural and psychic spheres.

Given the amazing profusion – perhaps, even *con*-fusion – in studies of racism which remain oblivious to the centrality of gender and sexuality in the constitution of racism, it is necessary to reiterate explicitly that racism is always a gendered and sexualized phenomenon. First, the *idea* of 'race' is essentially an *essentialist narrative of sexualized difference*. It is an allegory of centring Western dynastic genealogies of the 'ascent' and 'descent' of 'Man'. That is, it is a trope for the 'Western' heterosexual economy of desire. Discourses of 'racial difference' are saturated with metaphors of origin, common ancestry, blood, kith and kin. The figure of woman is a constitutive moment in the racialized desire for economic and political control.

Racism constructs the female gender differently from the male gender (cf. Greenberger 1969; Davin 1978; bell hooks 1981; Davis 1981; Carby 1982; Mackenzie 1984; Mani 1987; Haraway 1989; Hall 1992; Ware 1992). Not only are men and women from one racialized group differentiated from those of another racialized group, but the male from a subordinated group may be racialized through the attribution of 'feminine qualities', or the female may be represented as embodying 'male' qualities. Thus, for instance, Bengali men in colonial India were characterized as 'effete' or 'feminine' in contrast to the macho self-image of the self-assured and heroic British male. Similarly, black women slaves in the Americas were racialized *vis-à-vis* white women by the attribution of 'masculine qualities' which were thought to set them apart from 'the gentility of white womanhood'. Given the gendered 'nature' of 'culture', racism is also experienced differently by men and women. *That is, racism encodes gendered differentiations while seeming to subsume them.* The process of subsumption is significant in that it imposes an 'imagined' and imaginary unity upon the racialized group, while simultaneously inscribing patriarchal regimes of power. Racism and patriarchal discourses/practices are similar, in that both forms of signification serve to naturalize certain ascriptive differences: racism constructs human variation as codifying inherent and immutable difference, represents it as 'racial' and maps this imputed difference on to social collectivities; patriarchal moves invoke sex as a pre-given 'fact' that represents men and women as 'naturally' different, such that women's subordinate position is legitimised as deriving from innate differences between men and women. Both sets of significations figure the body as a bearer of immutable difference whether or not this putative difference is represented as biological or cultural.

The sex/gender distinction that emerged as a result of feminist attempts to critique the biology-is-destiny formulation was invoked in some feminist accounts to differentiate between 'racism' and 'sexism'. It was argued that, whereas racism inscribed inequality through a mobilization of biological notions of 'races' when none existed except as social categories, sexism utilized the already existing biological sexual difference as the basis for institutionalizing unequal treatment of the sexes. Butler (1990), among others, takes issue with the sex/gender distinction. She asks whether ostensibly natural facts of sex might not also be historically produced discursive formations, so that, if the immutable character of sex is contested, perhaps the construct labelled sex is as much a cultural construction as gender. As she observes:

> On some accounts, the notion that gender is constructed, suggests a certain determinism of gender meanings inscribed on anatomically differentiated bodies, whereas those bodies are understood as passive recipients of an inexorable law. When the relevant 'culture' that 'constructs' gender is understood in terms of such a law or set of laws, then it seems that gender is as determined and fixed as it was under the biology-is-destiny formulation. In such a case, not biology but culture becomes destiny.
>
> (Butler 1990: 8)

For Butler, gender is not merely a cultural inscription of meaning on a pre-given sex, it is also the very means by which the sexes themselves are established as 'prediscursive', prior to culture, as a politically neutral surface on which culture adds. On this view, 'sex' is no less a cultural construction than 'race' or 'gender' is. As such, any distinction between them is essentially a matter of the particular signifier of 'difference' that each of the constructs mobilizes, the historically specific cultural meanings that are brought into play by each narration, and their differing effects for different categories of people. Butler's account is silent on issues of racism or class. But her question: 'To what extent does the body come into being in and through the mark(s) of gender?' may be reformulated as: 'To what extent does the body come into being in and through the mark(s) of gender, "race", or class?'; so that there would then be an implosion of boundaries between the physical and the social body.

The question of how best to theorize the link between racism and class has been the subject of considerable debate in Britain, but much of this literature has been virtually silent on the relationship of racism and class to gender. This combined theme has been the subject of major controversy in feminist discourses where, until recently, the general tendency had been to analyse gender without taking systematic account of racism (see Brah 1996). The main concern of this debate was whether racism and patriarchal relations should be understood as autonomous of social class, as reducible to social class, or as having separate histories but articulating with class relations in a given historical context. My own position is that racism is neither reducible to social class or gender, nor is it wholly autonomous, and while it can have independent effectivity it does not constitute an independent form of domination. As conceptual categories, racism, gender or class address the articulations between discourses and practices as contingent and situated relationships across a variety of sites. The late twentieth-century constructions and representations of the categories of 'race', class or gender are embedded in the contemporary changing 'world order', refashioned by what Donna Haraway (1991) calls the 'Informatics of Domination'.

Thus far, I have explored the conceptualization of 'race' and racism and their articulation with gender and class. Next, I examine how the interlinks between racism, nation, ethnicity and gender may be theorized, before going on to consider some of their configurations in the 'New Europe'.

Nationalism, racism, ethnicity and gender

The concept of 'nation' has been the focus of some considerable debate in both the liberal and Marxist historiography (Nairn 1977 [1990]; Seton-Watson 1977; Anderson 1983; Chatterjee 1986 [1993]; Nazir 1986b; Hobsbawm 1990; Smith 1991). The term is in general associated with different meanings in different discourses. At times, it is used in order to designate a broad category of persons who are presumed to have a common culture. In other discourses, it invokes a political entity embodied in a state. Alternatively, it may hail the will and institutions of 'the people'. Benedict Anderson describes the 'nation' as an 'imagined political community'. He attributes the rise of nationalism to the historical conditions of the late eighteenth century, arguing that the development of certain 'cultural artefacts' – most notably print-language as a commodity in the form of texts – was crucial to the construction and circulation of the European discourse of 'nation-ness' and nationalism: 'the convergence of capitalism and print technology on the fatal diversity of human language created the possibility of a new form of imagined community, which in its basic morphology set the stage for the modern nation' (Anderson 1983: 49). But, while scholars such as Anderson view nationalism as a 'modern' phenomenon closely allied to the development of the nation-state, for others (see Van den Berghe 1979) nations are primordial rather than historical constructions.

Partha Chatterjee (1993) points to an influential tendency in the analysis of nationalism which mobilizes 'typology' as a heuristic mode for addressing nationalism. He identifies it especially in the work of scholars such as John Plamenatz and Hans Kohn. Plamenatz speaks of 'two types' of nationalism: one type is described as 'Western', presumed to have emerged primarily in Western Europe, and the other 'Eastern', thought to be flourishing in Eastern Europe, in Asia, Africa, and also in Latin America. Kohn makes a somewhat similar distinction between 'Western' and 'non-Western' nationalisms. More recently, the work of A.D. Smith resonates a similar theme. Smith (1991) proposes a 'civic' and an ethnic 'model' of the nation. He characterizes the 'civic model' as a 'Western' model and identifies its main features as: the possession of a historic territory; a sense of a legal–political community that is subject to common laws and institutions; a presumption of legal and political equality among members of such a community; and identification with a common culture. By contrast, the 'ethnic' conception of the nation – associated by Smith primarily with Eastern Europe and Asia – emphasizes a common descent and ties based on kinship, vernacular languages, customs and traditions.

Is this 'civic' and 'ethnic' distinction helpful? Posed in this way the question fails to interrogate an important *subtext* of the Smith discourse. Leaving aside for the moment the problem of 'binaries' discussed elsewhere (see Brah 1996), there is certainly a sense in which such a distinction between the two *constructions* of 'nation' is useful in elucidating certain specific features of a determinate discourse. But we may dissent from Smith's use of the various terms, indeed the terms themselves. For example, is 'model' an appropriate or even useful device for analysing processes which patently defy 'emmodelification'? What is signified by the categories of 'East', 'West' and 'Asia' in Smith's work? Do they inscribe geographical territories or political communities? How are Africa, South America or Australia – about which Smith's text remains silent – constituted in the gaps of this silence? Smith ostensibly represents the 'non-Western model' as a form of resistance in that, as he says: 'Historically it challenged the dominance of the Western model and added significant new elements, more attuned to the very different circumstances and trajectories of non-Western communities.' Yet, in the same breath, he continues:

> We can term this non-Western model an 'ethnic' conception of the nation. Its distinguishing feature is its emphasis on a community of birth and native culture. Whereas the Western concept laid down that an individual had to belong to some nation *but could choose to which he or she belonged*, the non-Western or ethnic concept allowed *no such latitude*. Whether you stayed in your community or emigrated to another, you remained ineluctably, organically, a member of the community of your birth and were *forever* stamped by it. A nation in other words was first and foremost a community of common descent.... This emphasis on presumed family ties helps to explain the strong popular or demotic element in the ethnic conception of the nation. Of course the 'people' figure in the Western model too. But there they are seen as a *political community subject to common laws and institutions*.
>
> (Smith 1991: 11–12, emphasis added)

There is not the space here to undertake a more detailed deconstruction of Smith's work. But one may reasonably ask how much choice the Jewish people in Europe had when faced with the Holocaust? Why should 'civic' be treated as synonymous with 'Western' and 'ethnic' with 'non-Western'? Are 'non-Western' conceptions of the nation *really* devoid of a notion of political community subject to common laws and institutions? Especially if it is also his contention that these conceptions are part of a derivative discourse: 'Western experience has exerted a powerful, indeed the leading, influence on our conception of the unit we call the "nation"' (*ibid.*: 11).

Smith's distinction between 'civic' and 'ethnic' conceptions of the 'nation' can be helpful, however, if it is de-coupled from the Western/ non-Western binary. He rightly suggests that nationalisms almost always combine 'civic' and 'ethnic' conceptions, and that ethnic pro-cesses are constitutive elements in the formation of a nation. He argues that the emergence of many polyethnic nation-states, such as Britain, has been predicated against the coming to dominance of a particular ethnic community: in the British case, the English ascendancy over the Irish, the Scottish and the Welsh, although this hegemony has been continually contested.

How is nationalism best understood? Do we need a general theory of nationalism? Reviewing Marxist and non-Marxist analyses of nationalism, Nazir argues that 'there cannot be a general or universal definition or a general theory of nation, nationality, or nationalism. An attempt to arrive at a conclusive definition or general theory would be inappropriate ... [for] no universal definitions are possible, and that, instead of identifying essences, we need to explore concrete sets of historical relations and processes in which these ideologies become meaningful' (Nazir 1986b: 494–501). It is an empirical question, then, what form is assumed by a particular nationalism, what circumstances and social conditions contour its shape and trajectory, or how ethnicity is mobilized within a given nationalism.

The nationalist struggle for independence in India, for example, involved the construction of a sense of a nation among a people who were ethnically extremely heterogeneous. The forging of this national identity required an emphasis upon the common condition of being a colonized people struggling for the right of self-determination. Initially, the nationalists underplayed the particularities of religion, regional languages, local customs and traditions in order to invent a new set of allegiances to a nation-state. But this nationalism became internally fractured when religion emerged as a focus for mobilisation in the political movement for the creation of Pakistan. Different modalities of ethnicity were invoked in the two instances: in the first case the notion of a common Indian culture was highlighted as a syncretic entity, a collective endeavour of all constituent ethnic groups; in the second case a cultural identity centred around religion was brought to the fore as the primary basis of ethnic identification. It bears remind-ing that nationalism can be mobilised for very different purposes, and that nationalist discourses construct and embody a variety of contradictory political and cultural tendencies. Whether the outcomes are empowering and progressive or reactionary and oppressive – in practice they are always a mix rather than simply one or the other, not least since, by definition, 'progressive' and 'reactionary' are cultural/political constructions – is dependent upon the historical and contemporary contingencies.

In the light of the preceding discussion it is clear that the idea of ethnicity is central to discourses of nation. Ethnicity is a relatively new construct compared to that of race and nation. Glazer and Moynihan (1975) note its absence in the 1933 edition of the *Oxford English Dictionary*, but that it makes an appearance in the *OED*'s 1972 *Supplement*, where the first usage recorded is that of American sociologist David Reisman in 1953. They point out how the 1973 edition of the *American Heritage Dictionary* defines it as: '1. The condition of belonging to a particular ethnic group; 2. Ethnic pride'. The above dictionary attempt at 'capturing meaning' implicitly acknowledges the continual articulation of the subjective and the social in the sign of ethnicity, even if 'pride' might not be the only 'structure of feeling' (to use Raymond Williams's incisive and evocative conceptual category) at play. Glazer and Moynihan encountered ethnicity as a term 'still on the move'. ... Suffice it to say here that ethnicity – in terms of an analytical category – addresses changing signifying/political practices.

The concept of ethnicity embodies another signifier, namely 'ethnic'. In contrast to ethnicity the term 'ethnic' has a very old trajectory. It derives from the Greek *ethnos* (in turn derived from *ethnikos*), which originally meant 'heathen' or 'pagan', replete with the echoes of 'otherness'. It was used in this sense in English from the mid-fourteenth century until the mid-nineteenth century, when it gradually came to acquire racialized connotations. At around the time of World War II in the USA, the term 'ethnic' became a polite way of referring to Jews, Italians, Irish and other groups in contrast to the dominant group who were largely of British descent (Eriksen 1993). The European groups defined as 'ethnics' were inferiorized in relation to the 'Anglo-Saxon' which served as the norm. At the same time, these European descent 'ethnics' were differentiated from Americans of African descent who were constructed as a 'racial' group.

In post-war Britain, the term 'ethnic group' became embedded in the concept of 'minorities'. Sometimes it subsumed all those construed as minorities, but in its most common usage the term became a code for British citizens from Africa, the Asian sub-continent and the Caribbean, and their British-born children. There was thus an implicit collusion between the idea of 'ethnic group' and that of 'coloured people', itself a re-worked colonial construct. This racialization of 'ethnic group' meant that 'coloured people' were now discursively re-invented as 'ethnics', whereas ethnic groups of European descent were rarely invoked in these terms. This is partly borne out by the fact that during the time of Ken Livingstone's administration of the Greater London Council, 'minorities' of European descent found themselves having to stake out a claim to be recognized as 'ethnic groups' for purposes of receiving funds; their status in this discourse was clearly far from unambiguous.

Fredrik Barth's conceptualization of ethnicity has exercised a major influence on British studies of ethnicity. According to Barth (1969), ethnic groups are categories of self-identification and ascription by others. He emphasizes social processes by which ethnic groups identify themselves as distinctive entities and maintain boundaries with others. An ethnic group is best defined not by its cultural characteristics but by reference to the process of boundary formation. Ethnic boundaries may be constructed and maintained around a range of signifiers articulating in varying combinations under specific situations. These may include a belief in common ancestry, claims to a shared history that gives shape to feelings of shared struggles and shared destinies, attachment to a 'homeland' which may or may not coincide with the place of residence, and a sense of belonging to a group with a shared language, religion, or social customs and traditions.

In other words, ethnicity is primarily a mechanism of boundary maintenance between groups. Barth takes issue with earlier formulations of ethnicity for assuming that ethnicity was about communicating a pre-given, already existing cultural difference. Instead, he foregrounds context and process which mark the emergence of specific signifiers of difference as constituting ethnic distinctiveness. Ethnicity is understood as *relational* and it is construed in terms of a *process*. What is central to ethnicity is not some objective criterion of cultural difference. Rather, it is the process whereby one group constructs its distinctiveness from another. Of course, processes of boundary construction, maintenance and dissolution vary over time. They are subject to the forces of socio-economic and political change. Since they are historical products, bonds of ethnicity may shift in meaning, may be strengthened, weakened or dissolved, and they will have varied salience at different points in an individual's or a group's biography.

It is clear that ethnic groups *do not* constitute a category of primordial ties. But this does not mean that, under particular political circumstances, they cannot come to be represented in such terms. Ethnic groups are both formed and exist within and through discursive and material practices inscribing economic, political and cultural modalities of power. They are heterogeneous categories differentiated along a variety of axes such as gender, religion, language, caste or class. But political mobilization of ethnicity in nationalist or racist discourses may serve to conceal precisely such social divisions. Discourses of ethnic distinctiveness, 'race' and nation, are all able to call upon metaphors of blood, kith and kin, heritage and sexuality. To the extent that they may share a common content or generalized object, they are subject to articulation in particular forms in a specifiable context (Miles 1989).

For example, a particular nationalism may construct the 'nation' as having mythic origins, and it may invoke dreams of historical destinies through visions of 'racial purity'. The ethnicities of the dominant and subordinate groups may now come to be represented as constituting immutable hierarchical boundaries. Indeed, it is precisely the power of such imagery that can give these types of discourses a special purchase on the popular imagination. And concerns about 'racial contamination' may stir patriarchal fears about women's sexuality. It is no coincidence, therefore, that women occupy a central place in the processes of signification embedded in racism and nationalism (see Davin 1978; Enloe 1989; Yuval-Davis and Anthias 1989; Anthias and Yuval-Davis 1992; Parker *et al.* 1992). These and other studies demonstrate how women are crucial to the construction and reproduction of nationalist ideologies. Women may serve as the symbolic figuration of a nation. They are also seen as embodiments of male honour, and as such become a site of contestation for this honour. Hence, the defence of women and children becomes a rallying slogan of men going to war, while the women themselves from opposing factions fall victim to rape and other sexual atrocities. When represented as guardians of the 'race' and nation, women not only signify and demarcate juridical, political, cultural and psychic boundaries of a national collectivity, they inscribe these boundaries in and through a myriad of cultural practices, their assumption of particular feminised subject positions, their relationship to the upbringing of children, and their involvement in religious and other ritualistic practices that construct and reproduce particular notions of tradition. In racialized contexts these processes are inscribed through racism positioning different groups of racialized women differently in the field of representation of a national collectivity.

Rethinking the 'new Europe'

Having established certain broad parameters for analysing the linkages between racism, ethnicity, nationalism and class as gendered formations, I now explore some of these articulations as they are figured in contemporary Western Europe while the Single European Market goes into effect. How is the 'new Europe' being constituted economically, juridically, politically and culturally in and through 'race'? Who is a 'European'? How is the juridical conception of the 'European' effected in and through immigration and citizenship law? What is the likely impact of the Single European Market upon women and other groups discursively represented as minorities? How is 'European-ness' figured in racist and nationalist discourse, and in what ways are these constructions challenged and contested by the emergent new ethnicities? Is 'neo-racism' a useful analytical category in understanding new configurations of racism in Europe today? How does this concept compare with that of 'new racism'? These are some of the questions that frame this section.

I begin with the concept of 'new racism' as it was elaborated in Britain in the early 1980s, before addressing its relationship to the concept of 'neo-racism' where Western Europe of the 1990s has formed the focus of analysis.

New racism

In Britain, the 'new racism' thesis emerged in the wake of the hegemonic success of Powellism and its institutionalization in the politics of the New Right. Martin Barker (1982) proposed that this new racism was essentially a theory of human nature linking 'race' and nation. It was a racism that combined a disavowal of biological superiority or inferiority with a focus on 'a way of life', of cultural difference as the 'natural' basis for feelings of antagonism towards outsiders. Within this discourse, national consciousness came to be understood as an instinct for self-preservation and national survival. This analysis provided some important insights into racialized discourses that emerged from a realignment of different forces on the right of the political spectrum, both inside and outside the Conservative Party. But what signals the 'newness' of this racism from a previous racism, I would suggest, was not so much its espousal of a 'pseudo-cultural' racism, for this was not an infrequent phenomenon in the past. For example, cultural difference as a signifier of innate difference was a particularly strong strand in colonial discourses on India (Hobsbawn and Ranger 1983; Mackenzie 1984; Mani 1987; Mohanty 1989). Rather, the distinctiveness of this specific brand of cultural racism resides in its emergence in the metropolitan in a post-World War II era where it articulates with a New Right discourse. This discourse develops against a background of economic restructuring, high levels of unemployment, youth rebellions, and strikes in such sectors as the National Health Service, the mining industry and newspaper publishing.

The New Right discourse, especially as articulated in the ideological matrix of Thatcherism, deployed notions of 'nation' and 'people' against class, trade unions, and 'scroungers on the welfare state'. It combined a free-market philosophy with social authoritarianism centred around a concern to uphold traditional morality and preserve the British nation from the presumed dangers of cultural decline and disintegration of law and order (Hall and Jacques 1983; Jessop et al. 1988). It celebrated 'traditional family values', exalted motherhood as a vocation, espoused 'pro-life' programmes, fiercely attacked lesbian and gay relationships as 'unnatural' and generally sought to villify feminism (David 1983;

Harding 1990: Phoenix 1990). The New Right constructed the essence of being British to be white, without explicitly proclaiming to do so, by deploying the language of 'immigrants' and 'swamping' which, in an earlier phase during the post-war period, had become a code for people of African and Asian descent. These groups had already been described by Enoch Powell as social collectivities who could be 'in Britain' but not 'of Britain'. The use of the metaphors of 'nation', 'family' and the 'British way of life' in the New Right ideology resonated with a long history of racialized exclusions as a centrepiece of British identity. These metaphors invoked pathologized notions of Afro-Caribbean and Asian households (Carby 1982; Phoenix 1987), constructing these groups as the 'Other' of the 'British Character' which, according to Margaret Thatcher, is presumed to have 'done so much to civilise the world'. It was easy within this ideological frame to represent the lived cultures of African-Caribbean and Asian people as not only different from, but a serious threat to, the 'British way of life', despite the fact that these cultures are inextricably interwoven into the British economic and political fabric.

To the extent that Irish, Scottish and Welsh identities occupy a somewhat contradictory and ambiguous relationship to 'Britishness', their positioning within this discourse remained obscure, as did the positioning of the ethnicities of other European groups settled in Britain such as the Italians, the Poles and the Greeks; and as, indeed, has been the case with the European Jewish collectivity which also remains outside the 'nation' in so far as the 'nation' is represented as Christian. But the New Right ideology did not mobilize these European 'differences' to any significant extent, although, in a different political discourse, the representations of the Irish continued to be linked with 'terrorism'. However, such discursive ambiguity is not inconsequential, for it simultaneouly incorporates and differentiates between these European ethnicities. Their precarious and ambivalent location within the discourse of Britishness means that they may be inferiorized in relation to 'Englishness' or with respect to one another. Conversely, these ethnicities may be mobilized in unison *vis-à-vis* 'non-Europeans'.

Neo-racism

Facing a growing resurgence of popular as well as institutionalized forms of racism, nationalism and fascist activity in Europe, with officially sanctioned policies of 'ethnic cleansing' stalking parts of the landscape, commentators have increasingly come to utilize the concept of 'neo-racism' to refer to contemporary configurations of racialized formations (see Balibar 1991). But how are these new formations to be understood? What are the particularities of this neo-racism? How is this racism to be distinguished from older forms?

I would emphasize that we are dealing not with one but several racisms in Europe. There are a variety of colour-centred racisms directed at groups defined as 'non-white'. Other forms of racism include anti-Jewish, anti-Muslim, anti-Arab, anti-Turk, anti-African (itself internally differentiated in terms of how it constructs peoples from North Africa and those from sub-Saharan Africa), and anti-Gypsy racism. Each of these has its own specific history, its own characteristic features, and each has undergone various transformations during the course of its development. This suggests that we consider:

- how each racism has changed over different historical periods;
- what shape and form each of them presently assumes in Europe;
- how each differs from the other, as well as from its previous forms in content, structure, and its mode of signification;
- and, how they currently intersect both within individual European countries and at a pan-European level.

Anti-Jewish racism, for example, has an ancient history but, not only has its trajectory varied in different countries of Europe, its post-World War II manifestations are framed against the background of Nazism and the creation of Israel, as well as the present-day turmoil following the political change in Eastern Europe, Germany and the former Soviet Union. One aspect, then, that distinguishes contemporary anti-Jewish racism from its previous forms is its emergence in this changed historical context. It would also be important to examine (and this is subject to empirical verification) whether there has been a discursive shift in the nature of representation of Jewish people. Hence, a second specific feature of present-day anti-Jewish racism may be signalled by the questions: how are anti-Jewish discourses presently structured and what forms of signification do they articulate? What are the continuities and differences in the way Jewish women and men are differentially represented? Furthermore, we would need to understand the specificity of present-day anti-Jewish racism in different European countries, while taking into account also the constitutive elements of a more generalized pan-European anti-Jewish racism.

As another example, we may consider the case of South Asians in Britain. The racism directed against these groups was initially elaborated within a colonial encounter. It has been reworked in post-World War II Britain within a context, at first, of an economic boom in which South Asian labour was recruited and deployed in low-skilled and low-waged sectors of the economy; and subsequently that of an economic recession, the arrival of Asian refugees from East Africa, and a relative growth in small businesses owned by Asians. More recently, it has been elaborated with reference to the events surrounding the 'fatwah' against Salman Rushdie. A characteristic feature of this racism has been its focus on cultural difference as the primary signifier of a supposed immutable boundary: a view of the Asian as the 'alien' *par excellence*; the ultimate 'Other'.

The racialization of religion with respect to South Asians is in itself not a new phenomenon. Creation of racialized categories through religion was a significant part of colonial discourses and political practices. Muslims and Hindus, for instance, were attributed distinctive qualities that were imbued with connotations of innate/natural difference. The gender of Muslim and Hindu women was differentially constructed with the vocabulary of 'purdah' and 'sati' becoming emblematic means of signifying the presumed religious differences inscribing their womanhood. However, present-day racialization of Islam since the 'fatwah' represents a new discursive formation. It inheres within fundamental realignments in the global economic and political order following the dismantling of socialism as an economic and state structure in the former Soviet Union and Eastern Europe, the Gulf War and other major political upheavals. It marks a period when most of the old certainties are in deep crisis. Even as liberal democracy declares itself triumphant, Western rationality and secularism stands challenged by religious movements of all manners and types. In these religious movements the world over – whether they are Christian, Hindu, Jewish, Muslim, or Sikh – reinvigoration of patriarchy and the control of women is central (see Yuval-Davis and Saghal 1992). Racism directed against South Asians in post-Rushdie Britain can thus be seen to differ from its previous forms partly because of the particular circumstances of the late twentieth century. It differs also because it represents a reconstitution of the discourse of 'the Asian' (itself a peculiar construction of post-war Britain referring only to South Asians) through a foregrounding of 'the Muslim', the latter having certain very particular pan-European and global connotations.

It is not sufficient, however, to delineate the transformations that each racism has recently undergone. They are not merely parallel racisms but constitute intersecting configurations. It is critical, therefore, that we examine how these different racisms articulate in present-day Europe, and how they position various categories of people differentially in relation to one another. For example, the Irish represent a subordinate racialized category within anti-Irish racism in Britain, but as 'Europeans' they occupy a discursive space of dominance via a racism that constructs all non-Europeans as the 'Other'. White European Jews, too, would be positioned in a relatively 'privileged' position *vis-à-vis* non-Europeans by such a discourse, but their positioning will be interrogated by anti-Jewish racism. A black Jewish woman, for example, would be simultaneously positioned within anti-black racism and anti-Jewish racism. The specific consequences for an individual or a group who is the bearer of multiple racialized significations would depend upon which particular racism(s) achieve prominence in a given context.

What is new about the 1990s, then, is not that there is a single neo-racism in Europe, but that a variety of racisms (some of which had become less salient) are being reconstituted into new configurations. They are not old forms in new guises but new forms which – in the process of their own reconstruction – subsume selective elements of the old. These neo-racisms across Europe may or may not overlap with the discursive shifts analysed in Britain via the concept of 'new racism'. Some of these racisms, as for instance anti-Semitism, emerged in Europe and were directed at populations inside Europe, whereas others, such as the racism against people of African descent, were elaborated in the context of slavery and colonialism. I am reluctant to use Balibar's schema of distinguishing between them by designation of the former as 'racism of the interior' and the latter as 'racism of the exterior' because I believe that this could perpetuate the erroneous view that European racisms directed against peoples outside Europe were not an internal dynamic of the historical constitution of 'Europe'. Be that as it may, what is particular about the present moment is that many of the groups who were previously racialized outside Europe are now in Europe. The nature and form of struggles against these racisms will be set against a major restructuring of European and world economies and labour markets, marked changes in the composition of the labour force, the emergence of new supranational state structures across the EEC countries, and fundamental shifts in cultural formations.

A single European market in labour?

The creation of the Single European Market is likely to have a profound economic, political and social impact. The post-war economic boom that resulted in the use throughout Europe of 'migrants' or 'immigrants' as replacement labour in the low-wage sectors of the economy, where they were largely consigned to perform unskilled or semi-skilled work, also helped to draw a growing number of women into the labour force at lower levels of the occupational hierarchy. That class, gender, age, ethnicity and racism intersect as constitutive elements in the formation of labour markets is amply demonstrated by feminist research. It has been shown, for instance, how such intersections underpin the definition of skill, the construction of the division between full-time and part-time work, division of occupations into 'men's' and 'women's' jobs, differences in men's and women's earnings, cultures of the workplace, and the meaning of paid work in the construction of identities (see Brah 1996).

More recently, the economies of the advanced capitalist societies have undergone major restructuring. Flexible specialization has been identified as a key characteristic of contemporary developments in methods of production. Technological changes making small-batch production economical have led to a growing decentralization of production. Parts can now be produced in many different locations and ordered for assembly in small batches, thus by-passing the need for large, inflexible holdings of inventories. General purpose machinery and adaptable labour can be used to produce semi-customized goods to suit differing markets, and segments within different markets. This method contrasts with the large-scale production aimed at the mass market. It enables firms to deal relatively easily with changing and uncertain demand, and it is attractive as much to multinationals as it is to small firms (see Allen and Massey 1988; Hirst 1989). As a consequence, labour has become decentralized while a new gendered division of labour has emerged both internationally and within the national economies. Workers in Third World countries, especially women, as well as specific categories of the population in the advanced capitalist world, such as black and other 'minority' groups, and women as a general category, have been drawn into this new division of labour at the lower rungs as cheap, semi-casualized, relatively disposable labour (see Mitter 1986). Creation of the Single European Market is both predicated against and constitutive of these trends.

Current forecasts suggest that completion of the Single European Market will result, especially in the early stages, in large increases in job losses within Britain in specific industries such as textiles, food industries and telecommunications, and in particular regions, most notably Yorkshire, Greater Manchester, Merseyside and Strathclyde. This is likely to have an adverse impact on the employment prospects for black and other 'minority' men and women, as well as other categories of women with a history of employment in such industries. It is also predicted that the impact of restructuring will be uneven in relation to the size of the firms. While large-scale multinational capital will emerge stronger, small and medium-sized firms will be the hardest hit. This will have a disproportionate impact upon 'minority' businesses, since they are mostly concentrated in small firms. The small firm is also where a substantial proportion of women from these communities are employed. Although there are some important variations in the position of different 'minority' groups, both within and between different Western European states, there are major similarities in their structural location in Western economies. In other words, peripheralization processes underlying the formation of the Single European Market are realized in and through processes of gender, 'racial' and other modalities of subordination. That is to say that *such economic processes are simultaneously political and cultural.* Slogans such as 'they are taking our jobs' are easily mobilized in racialized/patriarchal discourses which, in turn, may articulate with nationalist discourses.

Immigration law and citizenship

One of the main aims of the Single European Market is to facilitate the freedom of movement of people across national boundaries of the member states. However, this freedom will not be available to all groups of people. Citizenship rights in Europe are currently under-pinned by a racial division between *citizens*, *denizens* (people with established residential and civic rights in one of the member states but with 'Third Country' nationality) and *migrants*, who essentially have extremely limited rights. In Britian, its former colonial subjects were initially accorded full citizenship rights. However, these rights have been persistently eroded since 1948 through the introduction of increas-ingly restrictive immigration legislation. The history of immigration con-trol in Britain serves as a constant reminder of how commonsense racism became appropriated and institutionalized into the parliamentary poli-tics of the post-war era. Racialized notions of 'culture', 'marriage', and 'family systems' have been organizing themes in the debates surround-ing the introduction of immigration control. The ideological construction of women as the 'privileged bearers of their race and culture' means that white women and black or other 'ethnic minority' women have been differentially positioned in the discourses surrounding immigration issues. Black and other 'ethnic minority' women have been singled out as a serious problem for the state as a potential source of primary male immigration through marriage. It is worth noting that the Immigration Rules governing the entry of foreign husbands or fiancés were changed five times between 1969 and 1983 to curtail the rights of 'non-patrial' (read non-white) women to have their partners join them in Britain, while allowing white women to enjoy this right. The current legislation on immigration divides the world into those with a 'British ancestry' through a parent or a grandparent born in Britain (and these individuals have normal rights of citizenship), and others who are 'non-patrials' and as such are subject to immigration control, deportation and restriction on taking up employment.

This means that, while a majority of the three million people from Britain's former colonies and their descendants are currently citizens, there are almost a million who are classed as 'Third Country' nationals. The rights of residence in Britain of the latter ensure them entitlements to work, housing, education, health care, pensions, etc. But the rest of Europe has no such arrangements, and it appears that the rights of these people will not be transferable throughout the EC. If such people move to other parts of Europe, they are liable to be classified as 'migrants' or 'aliens', with the corresponding loss in political and social rights. For example, like many Algerians in France, they will not have any rights to take part in local and national elections. In Brussels, they may encounter laws excluding them from living in certain parts of the city. Europe contains some 7.5 million such people, mainly from the Third World countries, and these women, men and children bear the brunt of hostility, discrimination and economic exploitation throughout Europe (see *Race and Class* 1991; *New Community* 1991).

The impact of '1992' will also be adversely felt by people seeking asylum or refugee status. Asylum-seekers from Third World countries are often seen as economic migrants rather than individuals escaping political persecution. New measures to curtail this flow of people include fines of £2,000 sterling to be paid by airlines bringing in passengers without valid documentation, and restricting the asylum-seekers' right to movement in EC countries by stipulating that they can claim asylum only in the country in which they first arrived.

In the process of its formation, the 'new Europe' is instituting a wide variety of measures to keep out immigrants and refugees from the Third World, while simultaneously strengthening its internal controls. Such measures are being introduced via *ad hoc* and secretive bodies and intergovernmental arrangements, e.g. the Trevi Group of Ministers, the Scheniegen Accord, and the *Ad Hoc* Group on Immigration. The proceedings of these agencies of the state are as yet not subject to democratic control. Their attempts at harmonizing policies on immigration, terrorism, drugs, public order issues and policing pose serious challenges to the civil liberties and social rights of 'minorities'. For example, these activities could lead to greater police powers to stop and question people about their immigration status, to an increasingly closer linking of entitlements of welfare benefits and services with immigration status, and they could result in more stringent enforcement of workplace surveillance which would require employers to check the immigration status of people applying for work. Such internal controls already operate in Britain and other parts of Europe, but 1992 has seen their imposition on a much more coordinated, systematic and trans-European basis (*Race and Class* 1991; *New Community* 1991).

Such super-national political and administrative operations are part of the formation of new state structures to regulate economic, juridical and social domains in order to manage the interest of the member states under new regimes of accumulation. The relationship of national states to the institutions of this super-national entity is at an evolutionary stage and is likely to be subjected to all manner of stress and strain. The realm of politics and culture will remain crucial sites where much of the power of state institutions in differentially structuring economic, political and social rights of different groups will be contested.

Which way ethnicity?

Europe is struggling to re-cast its self-image in the face of tumultuous changes across the globe. In the process, different European ethnicities confront one another as much as those that 'Europe' has defined as the 'Other'. It is a precarious encounter, with its outcomes not as readily predictable or inevitable as they might at first seem. We noted earlier that under specific circumstances ethnicity may become racialized. We also considered how nationalist discourses may potentially draw upon discourses of 'race' or ethnicity. One significant outcome is the growing entrenchment of different racisms or ethnicisms constructing essentialist discourses figuring Africans, Arabs, Asians, Jews, Muslims, Gypsies, Turks, and so on. In practice these categories are not all mutually exclusive, but they are likely to be represented as such. To varying degrees and in different ways nationalist discourses may include or exclude such groups as part of or outside the 'nation'. Hence there is the potential for considerable polarization and division.

However, those defined in discourse as being outside the 'nation' could be experienced as part of the 'nation', especially when faced with people from another part of Europe. I am reminded of an incident during an exchange visit in the early 1980s by a group of mainly African-Caribbean and Asian youth and community workers to Germany. One evening, as we sat chatting outside a downtown café, the black Liverpudlian youth-worker was warmly greeted by a group of white Liverpudlians on holiday in Germany. His accent provided his fellow Liverpudlians with a clue to his 'origins', and they spent a pleasant half-hour engaged in Scouse rites of male bonding. In that moment their Scouse ethnicity, forged in the lived experience of working-class masculinity, was the most salient. The coming into play of this ethnicity did not erase the history of anti-black racism in Liverpool, but it interrogated and challenged its hegemonic tendencies as it simultaneously operated within and across invisible boundaries of Scouse/not Scouse, German/British, and black/white. Such examples could easily be dismissed by some as anecdotal trivia, but I believe that they are important in signifying precisely the complex and contradictory relationship between discursive representations and the lived experience of, for instance, class, gender, religion and locality – the very crucible in which personal identity, however fragmented or fragmentary, connects with social identities, and where politically identities are assumed and proclaimed.

As we have already discussed, ethnicities are not fixed but constantly in process. They reference contingent, conditional and provisional specificities. The boundaries of ethnicity may be drawn around a variety of criteria – language, religion, memories of a shared history and visions of a shared destiny, a belief in common origins – so that one may be positioned within more than one field of ethnicity depending upon the criteria in play within a particular context. The processes of boundary construction and the specific criteria invoked in a given situation are subject to political, cultural and economic contingencies. The question of when and where these borders are imagined and instituted, or how they may shift, change, weaken or dissolve is critical. Equally important is how formations of ethnicity are played out: in terms of a non-hierarchical difference or as a means of representing its distinctiveness as natural and superior, as is the case, for example, of a nationalist discourse of Englishness. But Englishness does not have to be constructed invariably in racialized terms. Whether or not it does is a matter of struggle over policies, practices, and cultural meanings. Hence, as Hall (1988) notes, the politics of representation are central to the contestation over ethnicities.

To reiterate a point made earlier, ethnicities are always gendered in terms of both how they construct sexual difference and how they are lived. Furthermore, they inscribe and are inscribed by relations of class and other modalities of differentiation. This means that they are also a site for contestation over patriarchal, class and other inscriptions of power. This applies to both dominant and dominated ethnicities. That is, as women from dominant and dominated ethnicities, we need to be attentive to how we are positioned in and through these relations of power among ourselves and *vis-à-vis* men from these groups. In Europe this demands the complex task of addressing the relational positioning of a diverse set of ethnicities. Among other things, we will need to distinguish between 'difference' as a process of acknowledging specificities of the social and cultural experience of a group, 'difference' as a contestation against oppression and exploitation, and a situation where 'difference' itself becomes the modality in which domination articulates (see Brah 1996).

Resistance to the processes of exclusion may come from many sources, not least from those excluded, and such resistance may take many forms – from workplace struggles, through campaigning against specific state policies and, importantly, through culture: music, art, literary production, cinematic practices, fashion. For example, young African-Caribbean and Asian women in Britain seem to be constructing diasporic identities that simultaneously assert a sense of belonging to the locality in which they have grown up, as well as proclaiming a 'difference' that marks the specificity of the historical experience of being 'black', or Asian', or 'Muslim'. And all of these are changing subject positions. The precise ways and with what outcomes such identities are mobilized is variable. *But they speak as 'British' identities with all the complexity, contradiction, and difficulty this term implies.*

The ongoing debate over the 'new Europe' in the media, educational institutions, organizations of employers and employees and in a variety of other sites, may serve to create a new awareness of commonalties that potentially hold the promise of interrogating parochial and xenophobic tendencies. On the other hand, given the particular histories of the different nation-states of Europe, their internal differentiations and divisions, and their differing positioning within the global social order, the emerging New Europe is likely to be an unstable complex of competing interest groups. The economic and political uncertainties of the present conjuncture provide fertile ground for the growth of racisms and xenophobia, and their articulation with nationalist imaginations. The future outcomes would seem largely to depend on the nature and forms of political struggle in the 1990s and beyond, at all levels of the social formation.

References

Allen, J. and D. Massey (1988) *The Economy in Question*, London: Sage.

Anderson, B. (1983) *Imagined Communities*, London: Verso.

Anthias, F. and N. Yuval-Davis (1992) *Racialized Boundaries*, London: Routledge.

Balibar, E. (1991) 'Is there a "Neo-Racism"?' in E. Balibar and I. Wallerstein (eds) *Race, Nation, Class: Ambiguous Identities*, London and New York, Verso.

E. Balibar 'Migrants and racism', *New Left Review*, 186.

Barth, F. (1969) *Ethnic Groups and Boundaries*, London: George Allen & Unwin.

bell hooks (1981) *Ain't I a Woman?* Boston: South End.

Brah, A. (1996) *Cartographies of Diaspora: Contesting Identities*, London: Routledge.

Butler, J. (1990) *Gender Trouble: Feminism and the Subversion of Identity*, New York: Routledge.

Carby, H. (1982) 'Schooling in Babylon', in Centre for Contemporary Cultural Studies, *The Empire Strikes Back*, London: Hutchinson.

Chatterjee, P. (1993) *Nationalist Thought and the Colonial World: A Derivative Discourse*, Minneapolis: Minnesota University Press [1986].

David, M. (1983) 'Sexual morality and the New Right', *Critical Social Policy*, 2 (3).

Davin, A. (1978) 'Imperialism and Motherhood', *History Workshop*, 5.

Davis, A. (1981) *Women, Race and Class*, London: The Women's Press.

Donald, J. and A. Rattansi (eds) (1992) *'Race', Culture and Difference*, London: Sage.

Enloe, C. (1989) *Bananas, Beaches and Bases: Making Feminist Sense of International Politics*, London: Pandora Press.

Eriksen, T.H. (1993) *Ethnicity and Nationalism: Anthropological Perspectives*, London: Pluto Press.

Foucault, M. (1984) *A History of Sexuality: An Introduction*, Harmondsworth: Peregrine.

Gilroy, P. (1987) *There Ain't No Black in the Union Jack*, London: Hutchinson.

Glazer, N. and D.A. Moynihan (1975) *Ethnicity: Theory and Experience*, Cambridge, MA: Harvard University Press.

Greenberger, A.J. (1969) *The British Image of India: A Study in the Literature of Imperialism 1880–1960*, London: Oxford University Press.

Hall, C. (1992) *White, Male and Middle Class: Explorations in Feminism and History*, London: Verso.

Hall, S. and M. Jacques (eds) (1983) *The Politics of Thatcherism*, London: Lawrence & Wishart.

Haraway, D.J. (1989) *Primate Visions: Gender, Race and Nature in the World of Modern Science*, New York and London: Routledge.

Haraway, D.J. (1991) *Simians, Cyborgs and Women: The Reinvention of Nature*, London: Free Association Books.

Harding, S. (1990) 'If I should die before I wake up: Jerry Falwell's pro-life gospel', in F. Ginsburg and Lowenhaupt Tsing (eds) *Uncertain Terms*, Boston: Beacon Press.

Hirst, P. (1989) *After Thatcher*, London: Collins.

Hobsbawm, E. and T. Ranger (1983) *The Invention of Tradition*, Cambridge: Cambridge University Press.

Jessop, B., Bonnet, K., Bromley, S. and T. Ling (1988) *Thatcherism: A Tale of Two Nations*, Cambridge: Polity Press.

Mackenzie, J. (1984) *Propaganda and Empire*, Manchester: Manchester University Press.

Mani, L. (1987) 'Contentious traditions: the debate on Sati in colonial India', *Cultural Critique*, Fall.

Miles, R. (1989) *Racism*, London: Routledge.

Mitter, S. (1986) *Common Fate, Common Bond: Women in the Global Economy*, London: Pluto Press.

Mohanty, S.P. (1989) 'Kipling's Children and the colour line', *Race and Class*, 31.

Nairn, T. (1990) *The Break-Up of Britain*, London: New Left Books [1977].

Nazir, P. (1986) 'Marxism and the national question', *Journal of Contemporary Asia*, 16 (4).

New Community (1991) Special Issue on European Integration, 18 (1).

Parker, A., Russo, M., Sommer, D. and P. Yaeger (1992) *Nationalisms and Sexualities*, New York and London: Routledge.

Phoenix, A. (1987) 'Theories of gender and black families', in G. Weiner and M. Arnot (eds) *Gender under Scrutiny*, Milton Keynes: Open University Press.

Phoenix, A. (1990) 'Black women and the maternity services', in J. Garcia, R. Kilpatrick and M. Richards (eds) *The Politics of Maternity Care*, Oxford: Clarendon Press.

Race and Class (1991) *Europe: Variations on a Theme of Racism*, 32 (3).

Seton-Watson, J. (1977) *Nations and States: An Inquiry into the Origins of Nations and the Politics of Nationalism*, Boulder, CO: Westview Press.

Smith, A.D. (1991) *National Identity*, Harmondsworth: Penguin.

Van Den Berghe, P. (1979) *The Ethnic Phenomenon*, New York: Wiley.

Ware, V. (1992) *Beyond the Pale: White Women, Racism and History*, London: Verso.

Yuval-Davis, N. and F. Anthias (1989) *Women-Nation-State*, Basingstoke: Macmillan.

Yuval-Davis, N. and G. Saghal (1992) *Refusing Holy Orders*, London: Virago.

10

Boundaries of Social Exclusion in Europe

Lila Leontidou and Alex Afouxenidis

The theme of social exclusion incorporates a kind of 'nostalgia without memory' (Gates 1995: 214), for this has a substantial tradition which is set aside in most of the current debate. In this long tradition, the borders between the excluded and included/incorporated/integrated/assimilated populations have shifted, and they are still shifting endlessly. As we will argue here, these moving boundaries have to be taken into account and incorporated into theoretical language, which is today rather static and mono-dimensional.

The list of 'exclusions' is endless: besides the most significant ones such as poverty, unemployment, homelessness and hunger, there is exclusion from knowledge and information, new technology, access to welfare, free trade and the city, and exclusion by language, age, sex and gender. The theme of drawing boundaries and excluding is integral to the history of human development and the life of man, solitary, poor, nasty, brutish and short' (Thomas Hobbes, *Leviathan*). From the Greek city-state (*polis*), where wealth and power were distributed among those who were predefined members of society, to the Middle Ages and beyond when Europe expanded cruelly, every expansion generated refugees or outsiders, established the idea of what it means to be poor and 'dispossessed', and gave birth to all contemporary boundary and border metaphors.

The conceptual confusion between 'social exclusion' and 'poverty' limits many of the current approaches to the latter. The present chapter _ɔses to cross existing boundaries in order to move towards an understanding of social exclusion. The remarkable research tradition on poverty has been condensed today into a combination of productivist and welfarist explanatory models and the perceived 'objectivity' of globalization. However, territoriality, the Muslim resurgence, xenophobia, religious conflicts and terrorist attacks point to inter-subjective tensions and to forms of social exclusion which are inadequately addressed, except in the field of migration studies (Castles 1993; King 1993a, b; Pugliese 1995; Weiner 1995; Rees _et al._ 1996).

The neglected spatial and geo-political dimensions of social exclusion are now taking their revenge by rising to dominance in the European Union. Spatial location is inextricably linked and interacts closely with perceptions of exclusion, peripherality, territoriality and its construction, as well as movement and fixity. The spatial dimension imposes different forms of imperatives from the productivist one, especially in territorial skirmishes, conflicts and wars. In this chapter, we will combine an analysis of imaginary _boundaries_ and real _borders_. Both concepts will be used to further the debate conceptually and theoretically (boundaries) and spatially (borders) in Europe. This is an exercise to investigate the _socio-cultural construction_ of boundaries and borders defining _limits for social exclusion_, as well as territorial limits.

The '_longue durée_' of social exclusion in Europe

'Hark! Hark! the dogs do bark, The beggars are coming to town' (old nursery rhyme, in Kamen 1971: 427). Braudel's _longue durée_ is an appropriate framework for the study of social exclusion. From the fifteenth century, 'in western Europe, it is probable that at least one-fifth of a town's population would consist of the wholly poor' (Kamen 1971: 429). Today it is one-eighth: over 53 million are impoverished in Europe, of whom 20 million are unemployed, comprising about 15 per cent of the population of 360 million (_Le Monde Diplomatique_, February 1995). The following extract sounds like modern London or Paris; or could it also be a description of contemporary urban living for the homeless in the UK?

> From the late fifteenth century onwards the laws against vagabonds and begging multiplied in volume ... the poor were a major problem. Chronic vagrancy was almost exclusively an urban phenomenon ... The chief cities of Europe were inundated with beggars, many of whom were not native to the region. The situation in Rome was so serious that it led Sixtus V ... to complain bitterly of 'these vagrants wandering through all the streets and squares of the city in search of bread'.
>
> (Kamen 1971: 428)

In ancient times, exclusion was associated with citizenship, but European citizenship is hard to define. Europe has never been a continent with definite borders (Leontidou 1997). It has been a construct, starting from the ancient belt around the Mediterranean and constantly moving, until it shifted from 'being a mere geographical entity to being a synonym for Christendom' (Szucs 1988: 292). Great states created, formed and reformed borders and with them ideas on laws, individual freedom, sovereignty and power: ideas which were discussed long before Hobbes, Locke or Rousseau (long before the French Revolution). In the Middle Ages (thirteenth century) 'such ideas were ... at the centre of political theory' (Szucs 1988: 295). So the 'West' early on separated the concept of 'society' from that of the 'state'.

In Britain, in the eighteenth century, 'the "common herd", the "black masses", were generally rated as not much higher in the social scale than the cows and pigs which shared their hovels' (Langer 1996: 125). After the Enclosure Movement incorporated open land, the poor people lost the: 'right to glean the fields, to gather faggots in the forests, to run their cow or pig on the common ... By the mid-nineteenth century there were in England and Wales some 700,000 families of landless agricultural laborers, representing about 1/5 of the population.' In Europe (except France), 'the same process was under way ... It left a fifth of the population of Sweden and Norway and two-fifths of the Finnish population landless ... similarly in Sicily ... Hunger and cold led to a great increase in the consumption of hard liquor by the lower classes of both country and town.' An American observer, commenting on the condition of the peasantry in the nineteenth century, said 'they are not slaves, but they are not free' (Langer 1996: 126–7).

From the Industrial Revolution onwards, economic exploitation occupied centre stage. Capitalism grew and thrived in the midst of misery, alienation, marginalization and exclusion of a large section of the population. 'Every day that I live I thank Heaven that I am not a poor man with a family in England' wrote an American in 1845 (Hobsbawm 1984: 95). Images of the early twentieth century are similar. Pember Reeves described how 'not the poorest people of the district' (Lambeth) wondered how families of six could survive on no more than 20s (£1) a week in 1910; but 'behind the barriers the communal spirit was enhanced, as the inhabitants sought to evade the moral and physical sanctions of polite society'. Aid is not something that is provided *only* by the 'welfare state', since 'the total amount of aid the poor gave the poor ... far exceeded the efforts of all outside agencies' (Vincent 1991: 14–15).

Poverty and exclusion were gradually posed as a purely *political question* related to the role of the state (and also as an issue related to ethics and morals). 'Welfare statism' (which probably originated during the regime of Queen Elizabeth I which issued the first poor laws in 1601), categorizes the population, accepting directly the pregiven fact ome people will always be poor (Kaufman 1996: 294). In the UK, the 1601 regulations were not put into practice, but in 1834 a new law was enacted which created a comprehensive system of asylums and similar institutions controlled by the government (Fraser 1982). The idea, however, was that people must 'return' to work. The moral issue in question was related to the idea that the poor 'naturally' disliked work.

In France, the betterment of the poor was never really an issue for the government (Kaufman 1996: 300), and so the debate focused on issues of job insecurity with specific attention to industrial workers and their families. Industrialization led to poverty because of the radical break with the former feudal system of economic relations. The problem was how to find a means of wealth redistribution which would also resolve problems of over-production and low consumption. From the nineteenth century, the French founded a 'Keynesian' model of development. In the mid-nineteenth century, French businessmen introduced the 'family wage' and prototypical forms of insurance contributions. Therefore the problem of industrial poverty 'was linked to family insecurity and not, as in the case of Germany, to labour issues' (Kaufman 1996: 301).

Early German welfare began in Prussia in 1794. After 1854 (and Bismark) a wide network of social support was created, based on contributions from employers and workers. An important difference between the British and the German approach is that the latter was not solely concentrated on managing poverty but on generating security networks for labour (a corporatist model, with a stronger role for the state). Additionally, the German system was (is) based 'on the consolidation of earners into ordered status groups with different regimes of social insurance, for example, the white collar employees as opposed to manual workers' (Lash and Urry 1994: 181).

In Scandinavia, the welfare system grew out of concerns for poverty in old age. In 1889, and then again in 1912, laws were passed which made *everyone* eligible for insurance (Kaufman 1996: 302). This particular model did not, in theory, 'exclude' any member of society from its obligation towards the rest.

Essentially, western welfare systems generated a universal vocabulary of marginalization. Recent post-modern interpretations (Cross and Keith 1993) related to the nature of identity and/or boundary formation, are crucial in demonstrating the cultural significance of the nation-state as a 'moulder' of social inequality. In this sense, historical evidence does not corroborate any causal link between the construction of the 'welfare state' and 'Fordist' development. Contrary to a variety of writings (Harvey 1989a; Lash and Urry 1994), which view changes in the organizing principles of the labour process as central, borrowing from Gramsci, an understanding of 'civil society' and 'stateless society' is needed. There are major gaps in comprehending the organizing principles (economic as well as non-economic) which promote divisions across different modern European societies. The state (and through it nationalism) has always created dichotomies and divisions, continuously shifting the ground with respect to generating new boundaries and borders which justify its existence (Anderson 1997). In this multifaceted context, a renegotiation of theory with respect to the character and the constitution of the state would be particularly useful.

From industrial Manchester and Victorian London, through interwar Greek refugee settlements to the post-war black and Hispanic American urban underclasses and German *Gastarbeiter* communities, social exclusion has always accompanied economic growth and migration waves. However, the boundaries between inclusion and exclusion shift in time and space: spatial borders, economic restructuring, social dynamics, cultural divisions have moved centre stage in different times and localities. In the period of European Union integration and socialist disintegration, there is a tendency to make fetish of globalization as the main cause of social exclusion (Brown and Crompton 1994; Musterd 1994; Knox and Taylor 1995), while some references to gender and cultural dimensions have also appeared (Stichter and Parpart 1990; Sibley 1995). Meanwhile, 'categories and measurements' of poverty and social exclusion, such as the following, abound, and the picture of Europe that they provide is not very encouraging:

- Europe, with 20 per cent of world population, has over 53 million people impoverished (a 40 per cent increase since 1975, with the standard definition of under half the average per capita income), of whom 20 million are unemployed. (*Le Monde Diplomatique*, February 1995: 9).
- In 1992, only 60 per cent of the working age population of the EU had found employment (compared to 75 per cent in Japan, 70 per cent in the USA) and in, for example, north-east England only 50 per cent (*Le Monde Diplomatique*, February 1995: 6).
- More than 20 per cent of EU population live in areas or peripheries where GDP is below 75 per cent of the EU average (Cole and Cole 1993: 234).
- Southern countries record poorer scores on such indicators. Italy has over 15 per cent of its population impoverished, around 9 million citizens. In Spain, more than 24 per cent of the elderly are regarded as poor. In Portugal, this figure rises to 45 per cent, and in the slum suburbs around Lisbon over 50 per cent of the inhabitants are illiterate (Michel 1995: 10–11). In Greece it is around 29 per cent (EKKE 1996: II, 88).
- However, there are seemingly different but ultimately similar problems in the north: in the UK it is estimated that over 2 million people are homeless (which means that they are excluded from the most basic of civic activities, that of voting). In London, people employed at the 2,000 small workshops in the East End experience appalling working conditions (Pearson 1985: 54).

- In the domain of work, moving beyond the simple unemployment figures, an estimate from France (1989) shows that about 39 per cent of available job positions do not require any special training or qualifications. But people are still not regarded as 'employable' because 'management considers reasons like low school grades, where you live, skin colour, foreign surnames, as important for taking on people as unskilled or low skilled workers' (Clerc 1995: 15).

Much has been written about the elusiveness and even deceptiveness of indicators when cross-cultural comparisons are attempted. They are as loosely defined as the concepts they try to 'measure': 'masses', 'underclasses', 'dangerous classes', 'marginals', in conditions of poverty, 'polarization', 'new' urban poverty (Brown and Crompton 1994; Morris 1994; Hadjimichalis and Sadler 1995; Bailly *et al.* 1996). The extent of poverty and the degree of social exclusion are confused in indicators and 'measurements' (Godfrey 1986; Symes 1995; Hausserman and Mingione 1996). Recently, the informal sector and migration have been added as indicators, despite the fact that informality may generate substantial incomes, and that spatial fixity may be more conducive to exclusion than mobility (Mingione 1991, 1993, 1995; Leontidou 1993).

Current concepts and approaches

On the margins of the 'globalization' narrative, other previously neglected dimensions of social exclusion, such as gender, have taken centre stage in the current debate (Stichier and Parpart 1990; Perrons 1999), but studies of *simultaneous spatial and social exclusion* have yet to influence European research and policy. References to the topological isolation of marginal groups in the context of network theory (Bailly *et al.* 1996) do not offer any solid spatial dimension to the debate. Discussions of space usually revolve around national differences and over-represent global cities. There are interesting contributions on national variations of poverty (if not social exclusion) between European countries today. The social class/work dimension is stressed in the UK because of its tradition of wage labour combined with a welfare state, which is now in crisis (Morris 1994; Afouxenidis 1998). In southern Europe, family and informality form the main dimensions in countries with a multitude of family enterprises and sizeable self-employment and home working (Mingione 1991, 1993; Leontidou 1993; Hadjimichalis and Sadler 1995). There is also a migration dimension in these countries (for example, King 1993a, b; see also Pugliese 1995; Bailly *et al.* 1996).

We also encounter in the existing literature a lopsided treatment mainly directed towards two types of localities. On the one hand, *polarization studies* focus on hi-tech environments such as global cities, which disadvantage certain populations. Manifestations of poverty in core European cities have given rise to concerns about their 'Americanization' or the possible return of the 'dangerous classes' (Morris 1994; Musterd 1994). On the other hand, *locality studies* opt for de-industrialized regions hit by redundancies and hence unemployment and poverty, or depopulation through massive emigration. References to a third category, namely poverty in the rural underdeveloped hinterland, become progressively scant, with the spatial switch in southern Europe from predominantly rural poverty and unemployment, push factors for urbanization and emigration in the past, to urban poverty (Leontidou 1993).

Less-favoured regions and localities outside the core of Europe are usually treated as 'losers' in EU competition or place marketing, with the usual underlying hypotheses on peripherality: the friction of distance, impaired accessibility, economic disintegration, including both stagnant production structures and de-industrialization or failure in productive restructuring (Hudson 1999). These are all *productivist* postulates, reflected in concepts such as 'globalization', 'spatial switching', spatial 'mismatch' and so on (Musterd 1994; Bailly *et al.* 1996). 'Disintegrated' localities are in fact disembedded within an overall context of post-Fordist footloose industries, new divisions of labour between professional and service workers, redundancies in the factory and mining sectors, and neo-liberal privatization and the demise of the welfare state. In addition, developments in central and eastern Europe since the beginning of the 1990s, have shifted entrepreneurial (and research) interest to the 'new south', post-socialist Europe: it is here that earlier disadvantages which used to characterize traditional low-wage countries of southern Europe are now sought.

The research tradition which prioritizes *productive economic* restructuring is one of two traditions which dominate studies of poverty and social exclusion. This school associates poverty with unemployment after de-industrialization and new divisions of labour in post-Fordist Europe. In the discourse of the second influential school, another aspect of globalization comes to the forefront: *policy-relevant* changes, especially the demise of the welfare state. This *welfarist* school discusses individuals and social groups within localities, and targets problems of ageing, gender, ethnicity and unemployment (Brown and Crompton 1994). It considers planning and policy gaps and changes as causes of social exclusion and 'local economic disintegration', and analyses privatization and neo-liberal policies as the processes whereby a variety of forms of social exclusion are created around Europe (Mingione 1993; Brown and Crompton 1994).

The tendency for national typologies follows Esping-Andersen's (1990) intervention. His work is increasingly cited to highlight the difference between the central European (Germany, France) and the

Anglo-American welfare model. The different policy backgrounds of countries and the different types of kinship systems in Europe are identified, but such typologies diminish them, to the extent of including southern Europe in the German model. The least one can say about this is that it is insensitive to southern experiences such as the *Gastarbeiter* phenomenon: the fact is that, if anything, the Mediterranean has been for several decades a labour reservoir for the German 'economic miracle' and exclusive welfare state. Now that southern Europe has changed from a region of emigration to one of immigration (King 1993b, c; King and Donati 1999) new realities and distances are created, equally different from the German model. Moreover, the welfarist–corporatist model (Germany, France) only functions with respect to certain parts of the population. Flexible working practices include illicit work. Walraff (1988: 26) described how over '200,000 Turks, Pakistanis, Greeks are illegally employed in the building industry alone' in Germany. The subcontractors working for the government are basically never prosecuted for 'if the authorities had shown any desire to be informed of what was going on, this would have been sufficient to bring the business to an end' (Walraff 1988: 26–7). This is a replica of the landowners illegally subdividing and selling land on the urban fringe, who were never prosecuted in the unauthorized settlement networks, because these networks 'solved' the housing problem during years of massive rural-urban migration in Mediterranean Europe (Leontidou 1990).

The creation of a single European market does not incorporate any substantial institutional changes to guarantee conditions for workers. 'Exclusion' in this respect works in two ways: first, racism or marginalization is expressed semi-officially through laws that are only applied to a certain category of paid employment but not to all; and, secondly, employment in itself may be regarded as a segregatory rather than integratory type of activity. In many respects, the system is based on people's silent participation while consistently failing in the provision and guarantee of any reasonable sense of security and human dignity (Afouxenidis 1990).

It is interesting that the binary distinction between productivism and welfarism outlined above, reflects the clash between monetarism and Keynesianism, and mirrors familiar dualisms of private/public and market/planning. This *dualism* in the proliferating literature on poverty and exclusion in contemporary Europe is receding as theory becomes more sophisticated: the two schools interact and influence each other, but keep prioritizing globalization. However, they have been recently intercepted by the insertion of a *third* category, namely *reciprocity*. Alternative models proposed by researchers in southern Europe start from the premises that in countries where the welfare state has traditionally been weak, dual schemes of private/public in the creation of social divisions must be substituted by triplets such as private/*reciprocal*/public, market/*reciprocity*/association (Mingione 1991; Leontidou 1993, 1995) and further triplets, such as structure/socialization/agency. The triplets introduce an alternative logic, incorporating a bottom-up element in studies monopolized by the top-down logic of globalization and welfarism.

The border as a field for the construction of a *third* theoretical model

Problems of poverty in the core of Europe have thus generated the productivist and welfarist explanations, forming the *political-economy* perspective when they interact, recently embedded within *regulation* theory, and the globalization trend (Amin and Thrift 1994). However, even if all localities are embedded within the same globalization process, this does not render de-industrialization, privatization and polarization equally important for all of them.

Reciprocity adds yet another model to evade the impasses of the political-economy perspective, but does not deconstruct it. In deconstructing the claims of the two schools, their combination and their variations, we must *not* abandon them, as modernism and the erection of grand narratives would dictate; but we must *relativize* them, showing their limited relevance in the context of a *third* theoretical model (Moulaert and Leontidou 1995; Leontidou 1996). In fact, social exclusion cannot be understood effectively within the logic set out in standard poverty theory, nor does it exhaust itself in forms encountered in polarized global cities, for that matter. Social exclusion dynamics in Europe are varied, based on diverse spatial divisions of labour, local histories and cultures, memories and interpretations (Carter *et al.* 1993; Sibley 1995). *Inter-subjectivity* must move centre stage in interpreting the shifting realities encountered in Europe today.

The political-economy interpretations are tailored after forms and processes of social exclusion in most regions of the *core* of Europe. If we look slightly further, to the east, south, and north-west of the European development corridors, the political-economy perspective is automatically relativized within a comparative inter-cultural framework, which is *not* one of its strengths, and different categories and concepts spring to the foreground. For example, it is still to be thoroughly researched and established that there are poor populations in European localities today who have *never* seen Fordism, and have *never* experienced a proper welfare state. Several localities of southern Europe are not particularly affected by types of restructuring, de-industrialization, welfare state demise and the various types of 'decline', which the political-economy perspective has to offer, and yet are profoundly affected by severe instances of social exclusion.

Within an alternative model dealing with societies where homelessness and unemployment are relieved by reciprocity within the family and the community, the resilience and the prospects of *informal provisioning* rather than standard indicators of disadvantage become important. Urban analysis in Greece and Italy (Leontidou 1990, 1993; Kazepov 1995) has consistently revealed suburban rather than inner-city poverty and a low incidence of homelessness which, however, is now rising in the inner-city streets and metro stations. Poor populations of peripheral localities suffer double exclusion, as they cannot possibly compete in European neo-liberal place marketing, for lack of organizational resources and managerial skills (Leontidou 1993, 1995). It is the most affluent among competing localities which attract further funding. And, among populations of communities hit by poverty, it is the most enterprising who migrate, leaving the rest on the margin and further draining these regions. These and other findings in peripheral Europe highlight the *importance of space, spatiality, the community and the family* and of the *local (grassroots) level* for individuals and cultures besides top-down 'decisions' of enterprises and welfare agencies. Last but not least, they underline that, besides economic restructuring and policy changes, there are also other objective forces which marginalize populations and localities: peripherality, for example, and culture.

In order to break away from the over-exposed and often misplaced north/south division as the sole example of the relevance of peripherality, we introduce here the external European border as a counter-example to prevalent social exclusion models. Spatial peripherality in its acutest form involves many places on the margin (Shields 1991; Sibley 1995). Among them, along the shifting EU border, changes are rapid, with migrations, tensions and wars. Events since the fall of the Berlin Wall in November 1989, when post-socialism reshuffled borders, not always peacefully, have raised complicated questions. 'Post-wall' Europe:

> is producing the same effect as that of a house of cards: a chain reaction of destruction ... today, as the cries of those who proclaimed the definitive triumph of liberal society are slowly drowned out, the final ripples of the wall's collapse are provoking the break-up of the old post-war regimes for which the Berlin Wall was a buttress.
>
> (Ramoneda 1994: 54)

The process of European integration has created two (internal and external) types of borders and sets of contrasting processes therein. A *third* type of border has now appeared as borders among EU nation-states have loosened after the Schengen agreement in the core of Europe (Acherman 1995). At the same time, cross-border cooperation along external borders, between the EU and non-member states, becomes harder as external borders tighten in the 1990s. The debate on 'Fortress Europe' has intensified (King 1993a; Blacksell and Williams 1994; Hadjimichalis and Sadler 1995; Hall and Danta 1996). Destabilized enclaves of conflict, war and civil strife approach the EU border, which has been constantly re-defined and diversified by the admission of new members. When problems on the external border overwhelmed Europe, once more, in 1995 (Ireland and Greece) and 1996 (Cyprus), many unanswered questions re-emerged. Social exclusion in this area has strong cultural, geo-political and spatial components.

Different EU policies reveal their restricted theoretical and spatial scope when the border is in question. EU policy has a strong productivist emphasis, from the structural funds (Objectives 1, 2, 5b) to Community initiatives, as well as a welfarist emphasis as in Objectives 3 and 4, and has turned increasingly to monetarism after Maastricht (Commission of the European Communities 1993, 1994). Other dimensions are rare and occasional. The INTERREG Community Initiative is exceptional, but hardly interacts at all with social exclusion policy. Moreover, it includes many dissimilar places on both the internal and external border (though it excludes Sicily) but is not equally effective for them all. Cross-border cooperation has already raised stimulating issues and policies *within* Europe, and it has become evident that INTERREG is most beneficial for *internal* EU borders. Around them (for example, Dutch–Belgian, Belgian–French and so on), there may be discontinuity in social, infrastructural and economic indicators, but there is increasingly peace, prosperity and cooperation, especially after the Schengen agreement was signed, and in the context of the high-speed railway system and EUREGIO policies giving rise to new co-operation, solidarities and alliances. Having benefited abundantly from European integration and Community policy, localities around internal borders are already experiencing cross-border cooperation and interaction: commuter flows, flows of migrants and consumers, economic transactions and networks. Some of them are already growing to be the new dynamic regions of the EU.

By contrast, policy on the issues concerning localities on the external borders is long overdue, as is research on them. It is thought that border problems are to be targeted by political agents or types of institutions other than research institutions (such as defence, migration control and so on). And yet, these multi-cultural regions challenge conventional wisdom on many levels, including the socio-cultural one and bring new dimensions into the discussion of social exclusion. Problems of ethnic tension, illegal migration, asylum seeking, hostilities, escalation of security problems, instability repelling enterprises, depopulation and brain drain, economic decline and cultural identities create an environment which sustains social exclusion, objectively and *inter-subjectively.* They often culminate in war and terrorist attacks. Moral questions linked to immigrant and refugee populations receive increased intensity: 'do all countries, irrespective of their size, density, economies, polities, social structure, and political ideologies, have the same moral obligations with respect to whom they ought to admit?'

(Weiner 1995: 169). The various policies followed raise issues of fairness with respect to citizenship and issues linked to the overall question of 'open' or 'closed' borders.

Socially excluded groups and poverty take an acute form on the diverse external EU borders, but also present particular configurations, due to spatial peripherality and multi-cultural localities (Wilson and Donnan 1998). Besides populations who arrive, move, pass through or trespass, there are vagrant minorities, such as gypsies. The external border thus becomes an appropriate research milieu for the investigation of unexpected dimensions and 'hidden' causes of social exclusion, which are manifested through the damage they create in the process of European integration, peace and cooperation. Excluded groups, forms and causes of exclusion in border areas can *not* be studied within the same discourse as the ones hitherto targeted in core/global cities and underdeveloped rural areas. Unfortunately, it is only with hypotheses that we can deal with such *cultural* causes of social exclusion at the present stage of research.

How is the border represented, and what is its meaning in the perception of populations living near one? How do they experience their citizenship and sense of belonging and the negative construction of identity of 'others'? Do they contrast themselves with the 'otherness' of populations beyond the border, or with their social exclusion from host societies? What are the relevant inter-subjective perceptions in major cities closer to the core, which finally 'host', or exclude, the cross-border movers? Besides racism, which has attracted attention (Cross and Keith 1993; Sowell 1994), there is a multitude of possible interactions between host and migrant populations (Goldberg 1995; White 1999). After all, the 'idea' of a border does not only have to do with geographical location, as the case of so many undefended cities amply demonstrates. In this context, what is the meaning invested in borders *within* cities and how does the population experience their demolition? What do the Berlin Wall and the Belfast peace line signify (Buckler 1991; Wilson and Donnan 1998)? The concepts of *territoriality* and *spatiality* have yet to be used effectively in combining border cultures with social exclusion studies.

It is not known whether there is any axis of separation between the aspiration for 'permanence' and vagrancy. The former is reflected in residence applications by asylum seekers, or in the quest of poor people for 'assimilation' to host societies. Vagrancy, however, points to another type of marginality: people cultivating cultures of dissent, such as gypsies, may be dismissive of dominant cultures. How far do they value the skill to contravene regulations and develop informal activities, crime, drug-trafficking? Are any groups creating alternative cultures of self-imposed marginality or constant movement? This point can be extended to the distinction between *voluntary* and *imposed* socio-cultural exclusion. An example from the contrast between Nordic and

Mediterranean societies is indicative. Scandinavian individualism, manifested in solitary walks in the countryside and Euro-scepticism, points to cultures which, in a way, value exclusion from the dominant norm. These form a stark contrast with popular Mediterranean neighbourhoods run by families who fight for inclusion in the city via infrastructure development, or others who seek inclusion in the European Union, for that matter.

The above question also has a bearing on the dynamics of spatial fixity and mobility among socially excluded populations. Are population movements in border localities similar to migrations in the rest of Europe, or are there differences in turnover, temporality and composition? Albanians change their names into Greek ones in order to be given visas and settle indefinitely in Greece. Others are but transient populations passing through marginal localities as intermediate stations toward the better fate sought in city lights. Are these geographies of exclusion, or geographies of mobility and ephemerality?

Last but not least, there is a whole chapter on tension and war in post-socialist Europe, which cries out for a connection with social exclusion research. Security is not a matter of military defence, but of a sense of integration within a multi-cultural social world by the populations in border societies (Gow 1991). Social cohesion is not a matter of economic integration alone, or of an efficient welfare state: it is a matter of socio-cultural and political processes of *legitimation* and *trust*. When we talk of 'society' do we mean everyone – all the people or all the people's communities in co-existence? The latter requires some intermediate form of legitimacy: communities of immigrants or of ethnic minorities who are not recognized officially may either not exist at all or may not form part of 'society'. Welfare is one form of legitimacy 'from above' for certain groups of people who are regarded as excluded from 'society'. Hence the state legitimizes 'society' and by so doing it legitimizes itself. But welfare (and hence the 'state') cannot be regarded as the sole contributor of a sense of cooperativeness in society. This is opposed to Titmuss's (1979) view of welfare as the major stabilizing element/ instrument of modern society.

At the grassroots level, the crystallization of collective identity and cross-cultural cooperation, which is more difficult in societies divided by borders, presupposes but also creates a sense of security related to social cohesion. Collective identity can break down in periods of crisis of the process of legitimation (Gow 1991). Confused identities and the breakdown of trust create insecurity, especially among the more vulnerable populations, whether unemployed, poor, elderly or ethnic-language minorities. Insecurity is an outcome of the breakdown, or the weakening, of the processes of legitimation and trust, not just the outcome of 'foreign' presence or terrorist attacks. The theoretical 'repossession' of these dimensions in social exclusion studies is especially urgent now, in post-socialist Europe.

Conclusion: boundaries and borders in flux

In understanding social exclusion across Europe, there is no such thing as *one* representative reality, except perhaps in the minds of those who attempt to construe (and construct) the 'real'. The rigidity of the political-economy perspectives and the neglect of questions of ephemerality and inter-subjectivity are manifested in a new type of 'borderland epistemology' (after 'borderland phenomenology' in Aronowitz *et al.* 1996: 27), which is seemingly establishing itself as yet another dominant grand narrative of the 1990s explaining the 'new realities'. Perhaps by establishing ourselves 'on the border' rather than in what we think of as 'the world reality', we shall eventually be situated where it matters: along and across many different dimensions which 'constitute both the unified self and the multiple others' (Aronowitz *et al.* 1996: 27).

Are border/boundary/barrier synonymous metaphors (for they exist only as metaphors) of exclusion?

> A border crossing ... is a violation, not an act of trade, or love, or harmonious association. The border is not a skin which can be caressed, it is a barrier. In relation to the inviolate body, all 'others' are simply potential 'wetbacks', 'illegal immigrants', terrorists travelling on forged documents.
>
> (Wilson 1996: 222)

European integration, which increasingly polarizes the problems in internal/external borders on top of the core/periphery polarization, cries out for the revision of notions of social exclusion adopted by the political-economy model. Crucial aspects of social exclusion outside the core are yet to be investigated: space, peripherality, culture, ephemerality, vagrancy, war and so on.

The complex realities in the various corners of Europe, the objective world, are *mediated through culture and inter-subjective realities* in order to 'construct' boundaries of social exclusion; because the latter is a human creation and a grassroots reality distinct from the often-studied strategies of enterprises or state agencies (Dworkin and Roman 1993; Silver 1994; Sibley 1995). Moreover, it is an inter-subjective reality in flux:

> places and localities are increasingly ephemeral in our rapidly-moving epoch. Places are produced historically and intersubjectively, but these identities are in flux. 'Culture is contested, temporal and emergent' (Clifford *et al.* 1986: 18–19). Rationality and certainties are shaken as never before in Europe today, especially after the demolition of the Berlin wall, which seems to have taken down with it many certainties and many dominant cultures which had long ceased to be hegemonic. At the start of the 1990s, the world realized once again that history is not linear, but moves as in Benjamin's last phrase in *Illuminations* ... 'For every second of time was the strait gate through which the Messiah might enter'
>
> (Benjamin 1973: 266), (Leontidou 1996: 191, 193).

A set of methods for the study of ephemerality and shifting identities has not been crystallized yet, and has to be considered as a matter of the highest priority in the European research agenda. Europe at the turn of the millennium is constantly surprised by its periphery. A multi-faceted and locally sensitive approach to social exclusion is necessary after the Cold War, which collapsed along with many grand narratives. It is important to understand the rapidly changing cultures of people who may remain marginal to society at present, but *can* bring about change, if appropriately empowered. The political relevance of such a starting point is obvious.

References

Acherman, A. (1995) *Schengen Agreement and its Consequences: The Removal of Border Controls*, Bern: Stampfli.

Afouxenidis, A. (1990) 'Industrial relations and workers' participation issues: A case study of the Greek telecommunications sector', unpublished PhD thesis, University of Durham.

Afouxenidis, A. (1998) (in Greek) 'The Greek welfare state: In transition, restructuring or deconstruction', in M. Matsaganis (ed.) *Proposals of the Welfare State in Southern Europe*, Athens: Themelio.

Amin, A. and N.J. Thrift (1994) *Globalization, Institutions and Regional Development in Europe*, Oxford: Oxford University Press.

Anderson, J. (1996) 'The shifting stage of politics: New medieval and postmodern territorialities', *Environment and Planning D: Society and Space*, 14: 133–53.

Aronowitz, S., Martinsons, B. and M. Menser (eds) (1996) *Technoscience and Cyberculture*, London: Routledge.

Bailly, A., Jensen-Butler, C. and L. Leontidou (1996) 'Changing cities: Restructuring, marginality and policies in urban Europe', *European Urban and Regional Studies*, 3 (2): 161–76.

Benjamin, W. (1973) *Illuminations*, London: Fontana.

Blacksell, M. and A. Williams (eds) (1994) *The European Challenge: Geography and Development in the European Community*, Oxford: Oxford University Press.

Brown, P. and R. Cromption (eds) (1994) *A New Europe? Economic Restructuring and Social Exclusion*, London: UCL Press.

Buckler, A. (1991) *Illegal Border Crossers: Experiences from the Years 1947–1961 on the German-German Frontier*, Leipzig: Thomas Verlag.

Carter, E., Donald, J. and J. Squires (eds) (1993) *Space and Place: Theories of Identity and Location*, London: Lawrence and Wishart.

Castles, S. (1993) 'Migrations and minorities in Europe: Perspectives for the 1990s: eleven hypotheses', in J. Wrench and J. Solomos (eds) *Racism and Migration in Western Europe*, Oxford: Berg, pp. 17–34.

Clerc, D. (1995) 'Production of marginals', *Le Monde diplomatique*, 6: 14–16.

Clifford, J. and G.E. Marcus (eds) (1986) *Writing Culture: The Poetics and Politics of Ethnography*, Chicago: University of Chicago Press.

Cole, J. and F. Cole (1993) *The Geography of the European Community*, London: Routledge.

Commission of the European Communities (1993) *European Social Policy: Options for the Union*, Green Paper, Luxembourg: Directorate-General for Employment, Industrial Relations and Social Affairs, Office for Official Publications of the EC.

Commission of the European Communities (1994) *Growth, Competitivity and Employment*, White Paper, Luxembourg: Directorate-General for Employment, Industrial Relations and Social Affairs, Office for Official Publications of the EC.

Cross, M. and M. Keith (eds) (1993) *Racism, the City and the State*, London: Routledge.

Dworkin, D.L. and L.G. Roman (1993) *Views Beyond the Border Country: Raymond Williams and Cultural Politic*, New York: Routledge.

EKKE (National Centre of Social Research) (1996) *Dimensions of Social Exclusion in Greece*, 2 vols (in Greek), Athens: Report for the European Social Fund.

Esping-Andersen, G. (1990) *The Three Worlds of Welfare Capitalism*, Cambridge: Polity Press.

Esping-Andersen, G. (1994) *After the Golden Age: The Future of the Welfare State in the New Global Order*, Occasional Paper 7, Geneva: World Summit for Social Development.

Fraser, D. (1982) *The Evolution of the British Welfare State*, London: Macmillan.

Gates, H. (1995) 'Goodbye Columbus? Notes on the culture of criticism' in T.D. Goldberg (ed.) *Multiculturalism: A Critical Reader*, Oxford: Blackwell.

Godfrey, M. (1986) *Global Unemployment*, Sussex: Wheatsheaf Books.

Gow, J.W. (1991) 'Deconstructing Yugoslavia', *Survival*, 33 (4): 291–311.

Hadjimichalis, C. and D. Sadler (eds) (1995) *Europe at the Margins: New Mosaics of Inequality*, Chichester: Wiley.

Hall, D. and D. Danta (eds) (1996) *Reconstructing the Balkans: A Geography of the New Southeast Europe*, Chichester: Wiley.

Harvey, D. (1989a) *The Condition of Postmodernity: An Enquiry into the Origins of Cultural Change*, Oxford: Oxford University Press.

Haussermann, H. and E. Mingione (eds) (1996) *Urban Poverty and the Underclass: A Reader*, Oxford: Blackwell.

Hobsbawm, E. (1984) *Industry and Empire*, London: Penguin.

Hudson, R. (1999) 'The new economy of the new Europe: Eradicating divisions or creating new forms of uneven development', in R. Hudson and A.M. Williams (eds) *Divided Europe: Society and Territory*, London: Sage.

Kamen, H. (1971) *The Iron Century: Social Change in Europe 1550–1960*, London: Cardinal.

Kaufman, F. (1996) 'The welfare states', in X-F. Merrien (ed.) *Facing Poverty* (Greek trans.), Athens: Katari.

Kazepov, Y. (1995) 'Urban poverty patterns in Italy: The case of Milan', *Espace, Populations, Société*, 4: 329–40.

King, R. (ed.) (1993a) *The New Geography of European Migrations*, London: Belhaven.

King, R. (ed.) (1993b) *Mass Migrations in Europe: The Legacy and the Future*, London: Belhaven.

King, R. and M. Donati (1999) 'The "divided" Mediterranean: Re-defining European relationships', in R. Hudson and A.M. Williams (eds) *Divided Europe: Society and Territory*, London: Sage.

Knox, P. and P. Taylor (eds) (1995) *World Cities in a World-System*, Cambridge: Cambridge University Press.

Langer, W. (1996) 'The marginalized', in B. Castro (ed.) *Business and Society*, Oxford: Oxford University Press.

Lash, S. and J. Urry (1987) *Economies of Signs and Space*, London: Sage.

Leontidou, L. (1990) *The Mediterranean City in Transition: Social Changes and Urban Development*, Cambridge: Cambridge University Press.

Leontidou, L. (1993) 'Informal strategies of unemployment relief in Greek cities: The relevance of family, locality and housing', *European Planning Studies*, 1 (1): 43–68.

Leontidou, L. (1995) 'Repolarization in the Mediterranean: Spanish and Greek cities in neoliberal Europe', *European Planning Studies*, 3 (2): 155–72.

Leontidou, L. (1996) 'Alternatives to modernism in (Southern) urban theory: Exploring in-between spaces', in *International Journal of Urban and Regional Research*, 20 (2): 180–97.

Leontidou, L. (1997) 'Five narratives for the Mediterranean city', in R. King, L. Proudfoot and B. Smith (eds) *The Mediterranean: Environment and Society*, London: Arnold, pp. 181–92.

Michel, A.-M. (1995) 'Poverty in Europe', *Le Monde Diplomatique*, 6: 10–13.

Mingione, E. (1991) *Fragmented Societies: A Sociology of Economic Life Beyond the Market Paradigm*, Oxford: Basil Blackwell.

Mingione, E. (ed.) (1993) 'The new urban poverty', *International Journal of Urban and Regional Research*, special issue, 17, 3.

Mingione, E. (1995) 'Labour market segmentation and informal work in Southern Europe', *European Urban and Regional Studies*, 2 (2): 121–43.

Morris, L. (1994) *Dangerous Classes: The Underclass and Social Citizenship*, London: Routledge.

Moulaert, F. and L. Leontidou (1995) 'Localiteé desintegrées et strategies de lutte contre la pauvrété: une reflexion methodologique post-moderne', *Espaces et Sociétés*, 87: 35–53.

Musterd (ed.) (1994) 'A rising European underclass?', *Built Environment*, special issue, 20 (3).

Pearson, P. (1985) *Twilight Robbery – Trade Unions and Low Paid Workers*, London: Pluto Press.

Perrons, D. (1999) 'Deconstructing the Maastricht myth? Economic and social cohesion in Europe: Regional and gender dimensions of inequality', in R. Hudson and A.M. Williams (eds) *Divided Europe: Society and Territory*, London: Sage.

Pugliese, E. (1995) 'New international migrations and the "European Fortress"', in C. Hadjimichalis and D. Sadler (eds) *Europe at the Margins: New Mosaics of Inequality*, Chichester: Wiley, pp. 51–68.

Ramoneda, J. (1994) 'Anyway: Geopolitics and architecture', in C. Davidson (ed.) *Anyway*, New York: Anyone Corporation and Rizzoli International.

Rees, P., Stillwell, J., Convey, A. and M. Kupiszewski (eds) *Population Migration in the EU*, Chichester: John Wiley.

Shields, R. (1991) *Places on the Margin: Alternative Geographies of Modernity*, London: Routledge.

Sibley, D. (1995) *Geographies of Exclusion*, London: Routledge.

Silver, H. (1994) 'Social exclusion and social solidarity: Three paradigms', *International Labour Review*, 133 (5–6): 531–78.

Sowell, T. (1994) *Race and Culture*, New York: Basic Books.

Sichter, S. and J. Parpart (1990) *Women, Employment and the Family in the International Division of Labour*, London: Macmillan.

Symes, V. (1995) *Unemployment in Europe: Problems and Policies*, London: Routledge.

Szucs, J. (1998) 'Three historical regions of Europe', in J. Keane (ed.) *Civil Society and the State*, London: Verso.

Titmuss, R.M. (1979) *Commitment to Welfare*, London: Unwin.

Vincent, D. (1991) *Poor Citizens: the State and the Poor in Twentieth Century Britain*, London: Longman.

Walraff, G. (1988) *Lowest of the Low*, London: Methuen.

Weiner, M. (1995) *The Global Migration Crisis: Challenge to States and Human Rights*, New York: Harper Collins.

White, P. (1999) 'Ethnicity, racialization and citizenship as divisive elements in Europe', in R. Hudson and A.M. Williams (eds) *Divided Europe: Society and Territory*, London: Sage.

Wilson, P.-L. (1996) 'Boundary violations', in S. Aronowitz, B. Martinsons and M. Menser (eds) *Technoscience and Cyberculture*, London: Routledge.

Wilson, T. and H. Donnan (eds) (1998) *Border Identities: Nation and State at International Frontiers*, Cambridge: Cambridge University Press.

II

The Restructuring of the European Educational Space: Changing Relationships among States, Citizens, and Educational Communities

António Nóvoa

This chapter deals with education in 'Little Europe', that which has been named by the European Union, and which has its headquarters in Brussels. This is a 'royal' Europe that cannot be talked about by itself without reference to other Europes not only outside of, but also inside the wall built by the Maastricht Treaty: the Europe with new forms of discrimination and with groups that have no voice in our communication-based society. As Jacques Attali comments, Europe does not exist: it is not a continent, a culture, a people, or a history. That is why the language system that supports the notion of European 'unity' must be seen as essentially problematic. Europe cannot be defined by a single border or by a common dream or destiny. And, it is possible (and ironic) to analyse this 'unity' as an effect of power exercised by colonies on the colonizers. In fact, there are only Europes, which need to take into account their differences:

> It is necessary that Europe(s) thinks of itself as the *continent of diversity*, and not as a peninsula in the process of becoming homogenized; that Europe(s) would be able to organize a peaceful coexistence between their peoples without imposing an unifying model: plural is the greater trump of this singular continent.
>
> (Attali 1994: 11)

David Coulby (1996) is right when he states that the theme of *Europeanization of Education*, espoused by the various bureaucracies of the Union, is based on the assumption of stable and readily recognized boundaries to the continent, but in fact these boundaries are far from clear, whether considered in political, economic, or cultural terms. European frontiers are not specified because they are perennially shifting subjects of dispute, lacking any confines in the Eurasian East, such as the Atlantic Ocean has provided in the West. Nowadays, we tend to refer only to the member states of the European Union when we say 'Europe', which is a way of speaking that needs to be questioned (Hayward and Page 1995).

Europe, citizenship, and educational policies: sociological approaches

The analysis of educational policies within the European Union is not easy. There is, on the one hand, an official discourse issuing from Brussels and the different member states which implies that education will continue in the future as it has in the past, to fall into the domain of each member state, which is an idea that precludes from the outset any harmonization of laws and regulations or construction of common policies. Nevertheless, the Community has been adopting, on a regular basis, a number of communitywide acts which, although without constraining legal value, have either a direct or indirect impact on educational affairs. Finally, it is important to take note of a pro-European rhetoric, produced both within political circles and in scientific milieux, which constitutes an obligatory reference point for communitywide educational action.

In order to accomplish this, I will initially try to explain the socio-historical context of the educational policies of the European Union, in order to identify the contradictions and the paradoxes that characterize them. Following this, I will attempt a synthesis of the principal measures taken in the area of education, notably between the first resolutions of the 1970s and the initiatives that have been taken since the signing of the Maastricht Treaty. I finish this section with a reference to the rationalities that organize the educational discourse of

Brussels, which tend to define a regulatory ideal for both national and communitywide actions in the field of education.

The sociohistorical context of educational policies within the European Union

In November, 1994, the European Commission published a declaration entitled *Cooperation in Education in the European Union (1976–1994)*. After an initial phase marked by hesitation, the Community adopted a series of coordinated actions that culminated in articles of the Maastricht Treaty dealing with education and vocational training. The list presented by the Commission mentions hundreds of documents which sketch out a *European educational policy*, although each passage recalls the exclusive competence of the member states in this field. This is a precaution justified by the conviction, largely shared by the different countries, that education is, by definition, the space within which national identity is constructed; public opinion places education first on the list of those sectors in which decision-making power should remain primarily on a national level (cf. *Eurobarometer*). Nevertheless, the Community does, in fact, intervene fairly frequently in educational matters, although this takes place through an 'indirect' educational strategy. This intervention consists, on one hand, of the construction of categories of thought, of organizing language and proposing solutions, which become the dominant schemes for approaching educational problems, and, on the other hand, of acting in a variety of other areas (work, vocational training, professional qualifications, etc.) which involve reconfigurations of the educational system.

Political scientists, especially academics in comparative politics, have studied the possible perversions resulting from this type of policy (Brown 1994; Hix 1994). It has been frequently noted that the European Court of Justice has played a crucial role in shaping the European Community (Shapiro 1992). Furthermore, the articulation between the different levels of decision making within the European Union has always attracted the attention of the social and political sciences; Anthony Smith (1991), for example, is interested by the sui generis characteristics of this new type of transnational political association, which he defines as a condominium of powers – that is, a voluntary agreement to hand over certain powers to a series of central institutions, with overlapping jurisdictions, empowered to make binding decisions for all within carefully circumscribed parameters. Concerning these two aspects – the legal nature of the Community decisions and the architecture of the powers in the European Union – I identify two types of perversions provoked by the way political intervention into education was adopted by Brussels.

The definition of education through the bias of an expanded concept of vocational training

The first type of perversion comes from a definition of education through the bias of an expanded concept of vocational training. For a long time it was assumed that the absence of explicit mention of education in the Treaty of Rome meant that the powers of the Community were limited in this regard. Nevertheless, legal scholars and, especially, the judges of the Court of Justice in Luxembourg, have interpreted the silence of the treaty in this respect to mean the opposite: that the powers of the Community in this connection were not limited by the law (Shaw 1992).

Using a subtle legal argument, Koen Lenaerts, judge in the Court of Justice, justifies this position, which is evident in the majority of the decrees issuing from the Court in Luxembourg. He supports, first of all, the legitimacy of a Community intervention in order to assure the legitimation of certain aspects of the treaties, especially the common market: 'Any reasonable exercise of that power must be tolerated by the member states, even if this affects aspects of the national educational policy' (Lenaerts 1994: 12). Later he considers Community jurisdiction inasmuch as it concerns the recognition of professional diplomas, which, in many respects, depends on a coordination of policies concerning educational and training policy. Finally, and this is perhaps the most important step in his reasoning, Koen Lenaerts explains that the Court of Justice has been obliged to adopt a very expansive understanding of the concept of vocational training, in a way that includes virtually all forms of education that go beyond basic compulsory instruction. Referring to the Maastricht Treaty, he affirms that the 'detour' via the expression 'vocational training' is no longer necessary in order to allow the Community to pursue an educational policy, because all forms of education, irrespective of their relevance from the point of view of access to the labor market or to an occupation, warrant the same attention from the Community.

At the end of the 1980s, Bruno De Witte did not hesitate to affirm: 'If there is a Community law of education, there is also a Community educational policy' (1989: 9). However, it is also important to recognize that this policy was legitimated, in the majority of cases, by a sort of extension of actions taken in the area of vocational training, which enclosed education within an excessively restricted definition. A whole range of discursive formations, and not only the logic of the market, supports the vocational bias, but at this point I would like to stress the overdetermination of education by the economic context, by the job market, and by qualifications for the workforce.

Today, nothing justifies a failure to take into account all forms and modalities of education, regardless of their importance for gaining access to the job market. Even if the Maastricht Treaty restricts the powers of the European Union in matters pertaining to education, we are facing a new situation, which permits a more open (and participatory) view of educational policies and initiatives. Questions of education cannot be discussed only on the basis of training and qualifications, and they need to address issues of personal, cultural, and social development. In this sense, it is advisable to examine the *vocational bias* and to adopt more nuanced perspectives to approach educational matters at the European level.

The development of a semiclandestine educational policy

The second perversion results from the European Union's institution of an uncontrolled educational policy, which tries to remain invisible and does not submit itself to democratic regulation and control. This is a covert educational policy, which cannot be spoken of in public and, as a consequence, does not permit participation, discussion, or judgment by any of the concerned parties. In fact, this situation of 'legal semiclandestinity' (Frediani 1992) experienced by the Community in the domain of education has prevented the initiation of any real debate in this area. Strongly based on a logic of expertise and resting on a technical rationality, the actions undertaken by Brussels have valued normative and adaptive strategies to the detriment of a more *political* attitude.

The question deals with the architecture of powers within the European Union, which leads directly to the principle of *subsidiarity* and to the structuring of decisions at the national, supranational, and subnational levels. Frequently this debate has been framed in a simplistic manner, as if power was a *thing*, a thing which one could divide, add, subtract, give away, or keep. However, simple arithmetic does not work in the field of power, as we can see from the example of the process of European integration. The work of Michel Foucault is very useful to understand this question; namely, when he comments that 'power is not a substance' or some 'mysterious attribute which origins need to be searched', but a series of strategic and complex relationships (Foucault 1994). He understood power not as 'a fixed quantity of physical force, but rather as stream of energy flowing through every living organism and every human society, its formless flux harnessed in various patterns of behavior, habits of introspection, and systems of knowledge, in addition to different types of political, social, and military organization' (Miller 1993: 15).

Reference is made to the importance of understanding how the alchemy of power is produced within the European political arena. This way, even as they lose some privileges traditionally linked to the exercise of sovereignty, certain States are using the European project to develop their own identity – see for instance, the case of Greece, or the 'new' Germany (Marquand 1994; Taylor 1991). In addition, the fact of transferring a part of their prerogatives to the European Union does not prevent certain national executives from acquiring an accrued legitimacy, which comes to them from the fact of being seated at the decision-making table at Brussels – see, for example, the case of Portugal or Spain (Milward 1992; Sbragia 1992). Finally, let us take into account the fact that if it is true that there is a supranational consolidation of decision-making routines, there is also a reinforcement of power on a subnational level, that is to say local and regional – see, for instance, the cases of Belgium, France, or Italy (Cornu 1993; Schnapper 1994).

These tensions and contradictions appear in the field of education (Coulby 1993). In the peripheral countries, references to Europe play a central role in the legitimation of national educational policy initiatives and in the imposition of certain laws that would otherwise have been unacceptable; for these States, the fact of participating in the European Union stimulates them to an *imagination-of-the-center* – that is, the idea that they belong to the political center of one of the great regions of the world (Santos 1994). However, in forming themselves as models for those outside, the central countries have also been able to acquire an additional source of internal legitimacy. This double role is illustrated in the first case by the Spanish and Portuguese political reforms of the 1980s, and in the second case by attempts to export German or Danish systems of vocational training.

Talking about power is not possible without asking questions about participation. In this respect, Jürgen Habermas (1992) effectively demonstrates the way in which decisions made in Brussels are taken by a new European bureaucracy that is aloof from democratic process. He questions the 'provisional' character of the imbalance between the increasing number of decisions made at the supranational level and the relatively feeble level of participation by populations. What interests him is whether or not it is possible to reverse this situation or whether we are facing a permanent orientation in which a suprastate bureaucracy will predominate and put into place a strategy based on criteria of economic rationality that tends to transform politics into a problem of administration and management (Dinan 1994; Imbert 1993).

This question takes on an accrued pertinence in the field of education, given the absence of an 'assumed' policy on the European level, which involves a deficit in participation. The creation of conditions for an open discussion about the future of Europe is very important so as to question the potential and limits of this project, clearly assuming its political, ideological, and cultural dimensions. Otherwise, the European integration will continue to be seen as a 'technical' (and bureaucratic) problem that follows in the course of the options taken about the economy's domain, emphasizing the participation and democracy's deficit – that is, the barrier between decision spaces (at European level) and the various conditions of civic intervention. In fact, it is necessary that the

European integration not be seen as an inexorable process organized independently of the debates, contests, and popular opinion, as well as of the communities. Reference is made to the fact that there is not one but many European opinions, and that all of them must be a cause for contest and face-to-face ideas, in order that the forms of power exercised by the new discursive constructions be analyzed rather than obscured, as they would be by analytical tools appropriate for older patterns of political power.

The formulation of educational policies within the European Union

Brussels has taken measures in matters concerning education, since the beginning of the 1970s, through a diversified panoply of instruments: Community acts (decisions, recommendations, resolutions, etc.), Community programs (Erasmus, Petra, Lingua, Socrates, Leonardo, etc.), subsidies and economic aid, and so forth. There is a long list of documents that define *orientations* at the same time that they construct a *language* to talk about and to think about education in Europe. It is impossible at this point to give this inventory in detail, although this has, by the way, already been collected in two indispensable documents: *Cooperation in Education in the European Union, 1976–1994* (European Commission 1994) and *European Educational Policy Statements* (Council of the European Communities, 3 volumes, 1987–1993).

This literature is traversed with certain continuities but also with certain changes, most notably concerning policies dealing with vocational training and the placement of young people in the job market, the European dimension in education, the initiation of certain cooperation programs, higher education, or the mobility of teachers and students. Now, in the 1990s it is important to point out the importance of documents such as *Guidelines for Community Action in the Field of Education and Training* (May 1993); *Green Paper on the European Dimension of Education* (September 1993), *White Paper on Growth, Competitiveness, Employment* (December 1993), and definitions concerning the new 'generation' of European programs (*Socrates, Leonardo, Targeted Socio-Economic Research,* etc.). The Maastricht Treaty then, represented a turning point in the formulation of an educational policy, even if its consequences were less significant than one might have thought at first, resulting, undoubtedly from the difficulties in the process of European construction.

Using a necessarily simplified model, it is possible to group into five major domains the decisions made on the European level:

- *Vocational training:* Measures taken regarding career or vocational training, as well as the preparation of young people for careers, the transition from education to the workplace, the correspondence between professional qualifications and the schooling of young people, migrant workers, and migrant populations.

- *Higher education:* Decisions concerning higher education, most notably in order to assure the mobility of students, connections between the university and industry and the recognition of diplomas; in the articulation between 'professional training' and 'higher education' it is also important to take into account preservice and inservice training of teachers.
- *Cooperation and exchange:* A group of initiatives designed to stimulate cooperation and exchanges such as the introduction of new technologies into education, the development of distance education, the inception of European schools and multilateral educational partnerships, or the organization of exchange programs for young people, so that a number of diverse measures address, for example, the fight against illiteracy, or equal educational opportunity for boys and girls.
- *Information and control:* The construction of information and control technologies, such as the organization of standards, the dissemination of statistics and information about different educational systems, the evaluation of Community programs, or control over the quality of teaching (notably, higher education).
- *European curriculum:* The organization of aspects which affect the development of a European curriculum, the most important of which relate to the European dimension of education, especially the teaching of foreign languages, although these include initiatives in the areas of consumer education, health and environmental education, and propositions concerning decreasing rates of school failure, promoting equal opportunities, and favoring the integration of handicapped students into regular school programs.

This systematization into five major domains only scratches the surface of Community action in the area of education. In a general sense, the Commission has justified its intervention by the need to catalyze action within the different member states. At the same time, the objectives of economic and social cohesion have been omnipresent in the definition and the contents of European educational policy. The rhetoric pertaining to the 'exclusive powers' of the Member States and excluding 'any harmonization of laws' coexists with practices which harmonize language, categories, and systems of reasoning. Several documents explain that even if the European Commission cannot intervene explicitly for *harmonization* in the field of education, it does not eliminate the possibility that actions undertaken in other areas have consequences for education and training. A very interesting footnote, placed in a document issued by the Presidency of the European Commission is very clear under this matter: 'The new Articles 126 to 129 of the European Union Treaty in the area of education, vocational training and youth, culture and public health will explicitly rule out harmonization of laws and regulations of Member States. ... This does not mean that the pursuit of other Community objectives through Treaty articles other than 126 to 129 might not produce effect in these areas.'[1]

But even in the field of education, several documents issued in Brussels do not hesitate to make a broader interpretation of the Maastricht Treaty, even if they always feel obliged to restrain their proposals in order to avoid further criticisms: 'The stakes are high. Without investment in the skills and versatility of the present and future workforce, the Community will not be competitive on the world stage. Equally, without a high quality education service throughout the Community, the cohesiveness of the European Community will be impaired and the capacity to act together in harmonious (but *not* harmonized) concert will be endangered.'[2]

These interpretations are very important because they underscore the consequences of the European construction, namely of issues related with economic integration for the educational policies of the different member states. Attempts to seize the initiative in educational policy for the European Union are, above all, attempts to make sense of the sometimes contradictory and often unexplained equilibrium between the 'full respect for the responsibility of the member states' and the need for a stronger cooperation and agreements; namely, in what concerns professional qualifications and workers' mobility. For this reason it is necessary not only to describe *contexts* and identify *contents*, but also to interpret the organizing rationalities embedded in the discursive practices which support these policies.

Rationalities behind the educational discourse of Brussels

There are several ways of alluding to the rationalities that organize the discursive practices relative to education which are coming out of Brussels. On the one hand, they reiterate themes already present in various national educational arenas, which have been summed up by authors such as Geoff Whitty (1993) or Sigurjón Myrdal (1993): the former presents five themes coming out of the reform movement of the 1980s (quality, diversity, parental choice, school autonomy, and responsibility); the latter deals with reference ideas in the European context (equality, privatization, quality control, return to the market, centralization-decentralization, and professionalization). On the other hand, these rationalities can be understood through the concept of *social regulation*, to the extent that educational reforms are the result of a change in the technology of regulation between the State, civil society, and the economy. On the *macro* level, it is important to deal with new modalities of organizing the State and articulating policies within the framework of the European Union; at the *micro* level, it is necessary to underline the utilization of new forms of 'governing' education (Popkewitz 1996). In both cases it is necessary to understand the production of discourses and practices that encourage a reappraisal of education and training patterns, not only in each member state but also on a European basis.

Martin McLean (1995) asserts that the content of education, for some, is the vehicle for the creation of a European cultural identity, while for others, the curriculum is the ultimate defense of national and, indeed subnational, identities, which the European Union must respect. These issues are as much practical as ideological. It is necessary to understand the significance of an administrative system – followed up either in the national States or in Brussels – which will go on establishing and legitimizing a series of interventions in the field of education. It refers to a 'false evidence' imposing solutions and languages that define perspectives and solutions for the problems of education. Therefore, it is necessary to deconstruct the rhetoric of education as the last barrier in defense of a national identity and understand the whole complexity of the current process of delocalization/relocalization of identities. And that is why we need to analyze a conflict between: 'On the one hand, the centripetal force of Europeanization pulling culture and knowledge towards the metropolitan center and, on the other hand, the centrifugal forces of local, regional and even national identities pulling towards the preservation and reformulation of heterogeneity' (Coulby and Jones 1995: 133).

Economic logic

Policies concerning education and vocational training are founded, first of all, on an *economic logic*. Community documents unceasingly repeat the necessity of preparing 'qualified human resources' to respond to 'economic challenges' and 'technological mutations'. The educational reflections that take place in these European forums are dominated by an economic viewpoint, its tasks being seen as providing vocational training, preparing people for working life, and helping them to adapt themselves to new social structure. The language of *human capital theory* is central for these debates, because the education and training programs have as one of their common aims increasing European competitiveness: 'There is a growing consensus throughout the European Community, as in other parts of the world, that so-called 'intangible capital' is the most vital resource of advanced economies, without which the natural endowments of nations, their financial power and fixed capital will become dwindling resources.'[3] In this sense, the European Commission advocates the need for improving the quality and quantity of professional/vocational qualification, for linking education and training with economic life and competitive realities, and for the development of European training products and Europe-oriented qualifications. Surely enough this *language* is not only a way of talking about 'preexisting' problems, but represents the imposition of certain theoretical frameworks and discursive practices that define the dominant perspective for approaching educational issues.

This logic has restrained the scope of educational measures, while at the same time trying to present the member states with a fait accompli: European economic necessities and the internal market would lead inevitably to agreements and accords on the level of the organization of national systems of education (length of studies, level of qualifications, curriculum, etc.). In this concern, the conclusions of the Council and the Ministers for Education meeting within the Council of 6 October 1989 are quite clear: reaffirming that it is necessary to 'respect the fundamental powers of the member states in matters of general education policy', the document states that 'the establishment of the internal market will affect the educational policies of the member states.' This kind of reasoning is current in most of the documents published under the auspices of the European Community (now European Union). Martin McLean (1990) even feels that 'a pan-European curriculum may emerge from the pressure of localized consumer demand, driven by the logic of European economic union, which all the governments are legally committed to achieve.'

This economic rationality is accompanied by a neoliberal orientation, which serves to frame discourses pertaining to privatization, free choice, and even participation. The *White Paper on Growth, Competitiveness, Employment* (1993) stresses the convergence among the member states on the necessity of a *greater implication of the private sector* in educational systems and vocational training, and in the formulation of policies for education and training, to take into account the needs of the market and local circumstances. Neoliberal perspectives cannot be reduced to an economic register, in the sense that corporate (and vocational) discourse includes religious work ethics, shifts in disposition, redefinitions of 'pleasure in work', new constellations of social affinities, and changes in the meaning of 'family life'. Educational policies are being reconstructed around ideas of 'choice', 'standards', 'competencies', 'European values', and 'real knowledge' as a way to legitimize the growing pressure to make the perceived needs of business and industry into the primary goals of the school (Apple 1996).

As Thomas Popkewitz (2000) argues, metaphors of privatization and marketization are employed for the restructuring of schools as markets (the idea of choice). Nevertheless, it is important to recognize that neoliberalism is not a universal and constant policy but an interweaving of multiple practices that do not fit neatly into any ideology. Popkewitz's ideas remind us that our analyses of economic logics must be complex, that the relations between schools and work are not universal, and that we need to go beyond a simplistic vision of this connection.

In fact, this is rhetoric that attempts to reconstruct education as a private space, but which is frequently incompatible with the European Union in dealing with the structure of the articulation of powers of the different member states. Using a number of different approaches, several authors have shown the contradictions which presently exist between the neoliberal perspectives and the authoritarian orientations of a great number of state policies in the educational sector – that is, the contradictions between the free-market, consumerist approach to education and the authoritarian drive for social order. The words of Michael Apple are well adapted to the European situation: 'One of the major effects of the combination of marketization and strong state is to remove educational policies from public debate' (1996: 29). And this is a very important issue to understand questions related to European citizenship, and the way this concept is entailing new patterns of inclusion/exclusion.

In a time when so many people have found from their daily experience that the 'grand narratives' of progress are deeply flawed, is it appropriate to return to yet another grand narrative, the market? (Cf. Apple 1996.) In fact, the metaphor of the 'market' is a part of a political rhetoric that carries with it a binary language (State/civil society, freedoms/constraints, public/private) that is not adequate to furnish the intellectual instruments necessary to understand the problematic of governmentality in the arena of education (Popkewitz 1995).

Discourse about quality

Discourse about quality constitutes another rationality structuring the Community's actions concerning education. The first objective of Article 126 of the Maastricht Treaty states that 'the Community shall contribute to the development of quality education by encouraging cooperation between member states and, if necessary, by supporting and supplementing their action.' The introduction of the concept of *quality* in the treaty must be seen as the achievement of a logic implemented for several years within the European Community. Going through the *European Educational Policy Statements* issued in the beginning of the 1990s one can find a constant reference to this point: quality in teacher training (1990), quality assessment in higher education (1991), quality in the field of education and training (1992), quality of professional/vocational qualification (1993), and so on.

Since Maastricht this discourse has increased, as we can see in the attempts of the *White Paper on Education and Training* to identify the guidelines for action in the pursuit of objectives to build up high-quality education and training: 'Giving priority to quality in education and training has become vital to the EU's competitiveness and to the preservation of its social model; indeed Europe's very identity over the next millennium depends on this' (1996: 28). In a reconciliation with the ideology of efficiency and effectiveness, one can find the most important aspect of the discourse concerning quality. No doubt, the use of this discourse is integrated into a greater redefinition of educational policies, in the sense that it renews the value placed on the economic payoff of education connected to the need to implement higher educational standards to the detriment of cultural and social factors. Michael Apple, in his work *Official Knowledge*, characterizes this discourse in a particularly expressive way:

> Economic modernizers, educational efficiency experts, neo-conservatives, segments of the New Right, many working and lower-middle-class parents who believe that their children's futures are threatened by a school system that does not guarantee jobs, and members of parts of the new middle class whose own mobility is dependent on technical and administratively oriented knowledge have formed a tense and contradictory alliance to return us to the basics' to 'appropriate' values and dispositions, to 'efficiency and accountability' and to a close connection between schools and an economy in crisis.
>
> (1993: 119)

Discourse about quality must be decoded in the context of this diffuse project, which attempts to replace the objectives of social equity with a reinforcement of academic technologies for educational selection. Therefore, it is important to maintain a tension between the objectives of social equity and those of quality, especially in a period in which the economic situation tends to value 'overall quality' over 'quality for all' (Lowe 1992). In fact, current meanings of 'quality' now signify some instrumental effectiveness toward tacitly accepted (and somehow inarticulated) goals. It is an approach that is unable to understand the historical undertones of this concept: the 'search for quality' has been a problem for all generations of educators, which have defined their own aims and goals, and that is why this concept cannot be taken for granted. In this regard, João Barroso (1995) shows very well that a political action based on the definition of 'quality patterns' is a strategy of rationalization and a process of social homogenization; the educational use of the concept of quality tends to create new forms of social exclusion in the school; the adoption of a discourse about quality is a way to introduce a logic of marketization and to client-led strategies that are inaccurate in education. The discourse about quality helps to constitute a goal-steering pattern of power in relation to educational policies, which reinforces neoliberal orientations and produces a 'new' rhetoric of citizenship. This rhetoric, each time more active in the European circles, tends to form a strategy designed to somehow

overcome the barrier between the political decision and the social participation. It deals with a strategy allowing that educational matters
continue to be articulated in economic terms, even though multiple
arenas contribute to the construction of the 'new' European educational
policies.

Another aspect of this strategy, particularly salient in the European
context, concerns the establishment of educational policies, more on
the level of *criteria* than objectives and propositions. By *criteria*, I mean
a whole series of instruments for evaluation and control (norms, standards, models, etc.), which tend to envision education as a problem of
management and organization, and not in terms of social and political
issues. Hans Vonk is entirely right when he points out that this is an
essentially bureaucratic perspective: 'These proposals are mainly
bureaucratic, i.e. management-oriented in nature. In current society
bureaucrats define many social, educational and other problems in
terms of management instead of content. Management seems to have
the appearance of "the panacea" for all problems in education, in the
same way as curriculum development in the sixties' (1991: 134). This
tendency, which is strongly evident in the European Community, is not
limited to a posteriori control, but also contributes to the construction
of solutions and to the imposition of a certain way of approaching
educational problems.

Rhetoric of citizenship

Since the ratification of the Maastricht Treaty, European citizenship has
functioned as a useful reference point in educational discourse. Raymond
Aron's response to this concept is well known: 'Though the European
Community tends to grant all the citizens of its member states the same
economic and social rights, there are no such animals as "European citizens." They are only French, German, or Italian citizens' (1974: 653).
Jacques Delors's concept of citizenship with a *variable geometry* is also
important. This concept is thought provoking, especially as it does not
limit itself to the idea of doubling a sense of national reference with a
European affiliation, but instead suggests a diversification of loyalty and
belonging (Badie 1995). As W.H. Taylor puts it: 'Individuals can and
usually have many cultural identities, a Gaelic speaker being simultaneously a Highlander, a Scot, a Briton and a European: this list can
expand in both directions. Having a European identity does not mean
abandoning other identities' (1993: 437).

As long as the discussion takes place on a philosophical level,
the impact on education is relatively limited, but if we invest the
debate with a political dimension, this fact changes. In this respect,
the approach of Jürgen Habermas (1992) is particularly interesting,

especially when he denounces populations' *deficit of participation* in the European construction, while at the same time demonstrating that, at the moment, there is an obvious connection between legal, civil, political, and social rights. Participation thus becomes the sine qua non condition of European citizenship (Imbert 1993; Marquand 1994). This is what permits us to break away from the determinism of an education that is enclosed within the interior of a nation-state, and to open our imagination to educational practices that are more European even as they are rooted in local space and communities. The point is made by Rob Gilbert, in a broader analysis of citizenship, education, and postmodernity, when he suggests the expansion of the idea of citizenship from civil, political, and welfare entitlements to greater participation in the cultural and economic dimensions of everyday life:

> A citizenship education would not be distracted by national symbols or flag or parliament, but would focus on concrete principles of rights and the practices of political action. It would not succumb to self-interested political calls for loyalty to the symbols of hierarchical economic or political power, nor to the abstract ideals of a past golden age, however well intentioned. ... It could further show the value of conventional forms of citizenship in civil, political and social rights, and the need to extend these more fully to the economic sphere. In doing so it would illustrate the significance of citizenship in an increasingly important mode of experience of postmodernity.
>
> (1992: 66)

This same question is addressed by Paul Close in his attempt to list the conceptual features of citizenship. He underlines that, besides a status and a set of rights, citizenship is a relationship with the State and with other people, which is a multistranded relationship, being not just legal but also political, economic, and otherwise social. Defining citizens' relations as power relations characterized by process and change, he presents a view that 'implies and anticipates the unstoppable progress of the European Union towards a supra-national organization; towards a federal union or United States of Europe; towards the establishment of State apparatus at the level of the European Union, and so, above the state, at member state level; towards the Union's consolidation as a *supra-state*' (1995: 279).

That is why the initiatives intended to promote a European dimension in education must be seen in the light of a political restructuring, and not only as a new rhetoric on citizenship. It is not enough to state that 'Education systems are not limited to ensuring the continuation of their own cultures; they must also educate young people for democracy, for the fight against inequality, to be tolerant and to respect diversity. They should also educate for citizenship; and here, Europe is not a dimension which replaces others, but one which enhances them' (*Green Paper on the European Dimension of Education* 1993: 6). Therefore, the need for definition of measures and policies with a concrete meaning, to achieve this intention. This matter goes through an idea of citizenship participation, which means a more effective presence of the various actors in defining educational policies, as well as organization and administration of schools. Otherwise, rhetoric of citizenship is formed by a kind of 'veneer' serving to hide the deficit of participation (and of democracy) existing in the European Union, in the Community field and within each member state. The result is a certain 'folklore' which is simultaneously political and intellectual, frequently legitimated by an *expert* label, which tends to create the illusion that struggling against a 'nationalist ideology', by contrasting it with the 'European dimension', is the best way of assuring peace and development (Bell 1991; Edwards, Munn and Fogelman 1994; Heater 1992; Husén Tuijnman and Halls 1992; Ryba 1995).

It is not sufficient to identify the 'added value' of Community action in the sphere of education. But it is necessary to clarify decision and action strategies in order to achieve the ideals referred in the *Green Paper on the European Dimension of Education*: 'This "added value" would contribute to a European citizenship based on the shared values of interdependence, democracy, equality of opportunity and mutual respect; it would also help to extend the opportunities for improving the quality of education; and finally, it would help pupils towards social integration and a better transition to working life' (1993: 5). For the time being, it is important to recognize that the rhetoric of citizenship has mainly become part of a certain political folklore in the Community spheres and a certain intellectual folklore within the academic ones, so not an element of consolidation of new identities and belongings, in local regional, national and European fields (cf. Bell 1991; Heater 1992; Ryba 1995). This way, discursive eurocentric practices are sometimes strengthened, which leads to new forms of discrimination: 'Consequently, the European dimension in education must not be organized as a eurocentral and isolationist speech, but shaped from the tolerance, the interdependence, and promotion of the European multicultural or intercultural pedagogy' (Pereyra 1994: 15).

In the field of education these discursive rationalities are seizing the key themes of educational reforms in several European countries and relocating them within the framework of the European community: curriculum reform, school autonomy, and the professionalization of teachers. As far as the curriculum is concerned, there is a discourse dealing with values and the socialization of young people as European citizens, which is frequently accompanied by a reference to multiculturalism and respect for diversity. Democracy, tolerance, or solidarity are all part of a language that legitimates political efforts through the construction of a history of Europe as the enlightened center of civilization. This 'colonial' perspective conceives the future of Europe as the continuation of a past that is imagined to be glorious; 'I think that if today [there] exists a group, or a cultural enclave capable of guiding this new planetary civilization, this group is, precisely, the European continent' (García Garrido 1994: 12).

For this reason, I think it is important to point out that 'neither Europe nor its culture are unitary', resulting that great precautions should be taken as to any 'attempt to impose unity on heterogeneity' (Coulby and Jones 1995: 130–1). As such, it is useful that teachers, as cultural intellectuals, refuse to accept the politics of identity as given, and critically examine how representations of Europe and Europeans are constructed, for what purpose, by whom, and with what components: in fact, 'many Euro-enthusiastic educationists are hitching their theorizing and research (not to mention careers) to the EU band-wagon, proclaiming – too uncritically – the virtues of the Union' (Sultana 1995: 133).

The issue raised by Zygmunt Bauman is useful to understand how 'Europe' works as the privileged center and 'enlightened' guardian of the world: 'From at least the seventeenth century and well in to the twentieth, the writing elite of Western Europe and its footholds on other continents considered its own way of life as a radical break in universal history. Virtually unchallenged faith in the superiority of its own mode over all alternative forms of life contemporaneous or past allowed it to take itself as the reference point for the interpretation of the telos of history' (1987: 110). Often, the assumptions of European intellectuals are embedded in a mythological unitary past' that neither history nor geography can confirm. In fact, the so-called European unity is partially formed by the colonies (African, Asian, and American) whose perspective might not differentiate among European nations. Postcolonial discussions show the importance of the European 'identity': inside Europe, people define themselves as French, German, or Italian, but outside Europe, the sense of belonging as European is stronger. Moreover, the discursive practices of non-Europeans tend to define the idea of what it means to be European. The irony of the colonizers constructing their 'unity' through the mirror image of the colonized is quite appealing.

The increasing rhetoric of *participation* must be seen as a strategy followed by different States to adopt new regulations, and to regain control over the reformation process. In this sense, it is very important to understand the discourses on decentralization and professionalization as part of a broader process of reorganization of the educational arena, in order to deal with multiple identities, from local to national and European levels. The discussions of state decentralization, the devolution of state practices, and multiculturalism are examples of deeper changes in the modernization of schools that are understood through considering dimensions associated with the *identity* of teachers. Furthermore, teachers are being asked to help redefine new identities in the context of a *post–nation-state* Europe.

Europe functions as a *regulatory ideal* influencing the educational policies of its member states, even if the different countries interpret it in different ways. For central countries (like France or Germany), this is viewed as a strategy for imposing solutions and principles that are capable of ensuring their hegemony under the European 'construction'. For peripheral countries (like Greece or Ireland), it is often a question of replicating patterns and solutions adopted by the most developed countries, and thus imagining themselves as participating in decisions at the European 'core'. Interpreting this feeling, a former Portuguese prime minister was proud to say that his country was 'a good pupil of Europe'. Raising this same kind of issue, it is interesting to note that the document discussed during the meeting between the ministers of education from the European Union and from Eastern European countries (European Commission, April 1997) was entitled, 'Towards a Common House of the European Education'. The recuperation of this metaphor stressed that the idea of a European 'unity' was in great measure assured by an educational endeavour. The recuperation of this metaphor gives the concept of 'regulatory ideal' new explanatory possibilities for interpreting the restructuring of European educational space.

However, to enable education to prepare for a citizenship that does not coincide exclusively with national borders, and in order that educational policies may be able to integrate local and global references (that is, to express themselves inside as well as outside of the nation-state), it is essential to effect major changes that reconceptualize the very structure of national educational systems. In order to accomplish this, it is crucial to rediscover a way of thinking that encourages rupture and does not enclose educational debates within an inert consciousness; such a way must be critical, theoretical, engaged, and capable of addressing complex issues.

Recent developments in the European union: the emergence of 'new' educational policies?

Continuities and changes in European educational policies

During the last years, the three rationalities discussed earlier were structured in post-Maastricht Europe. A series of documents and political initiatives amply confirm the analysis previously made. Looking, for instance, at the resolutions concerning the new generation of Community programs (Socrates, Leonardo, etc.), the documents published during the European Year of Lifelong Learning (1996), the *Green Paper 'Living and Working in the Information Society'* (1996), the Report from UNESCO International Commission on Education for the Twenty-First Century (*Learning: The Treasure Within*, 1996), and above all the *White Paper on Education and Training* (1995) and the *Report 'Accomplishing Europe through Education and Training'* (1996). In all this documentation one understands a continuity regarding previous logics, even if some rupture and political changes are also announced.

From the continuities' point of view, the foci are the extension of an *economic logic*, a *discourse about quality*, and a *rhetoric of citizenship.*

Economic logic

Problems related to unemployment, mainly youth's unemployment and competitive matters, caused greater worries concerning an economic logic. From documentation issued in recent years, it is clearly necessary to examine education and training in the context of employment: 'Education and training have now emerged as the latest means for tackling the employment problem' (*White Paper on Education and Training* 1995: 1).

Discourse about quality

Extending the previous outlook, these documents insist that the watch-word should be quality, this concept being assumed as a structuring component of educational policies: 'Quality assurance basically means placing the client or user of a service at the center of concern, rather than the perspectives and practices of service providers' (*Report 'Accomplishing Europe through Education and Training'* 1996: 22). It is very interesting to note that in stressing the idea that education and training systems need to be more user oriented, these documents identify the companies, and not the students, as the *users*. According to this report, 'the problem is how to get our systems to take greater account of business sector require-ments and thus offer learners the skills and qualifications companies need.' In this sense, students still remain apart from the main trends of policy formulation, which reconstitutes their lives and careers without taking into account their own positions and dispositions.

Rhetoric of citizenship

Finally, most discourses are followed up by a principle of citizenship, which tends to be redefined in the logic of political action. So, the inten-tion to emphasize the idea that logics of economy, quality, and citizenship are not incompatible:

> To examine education and training in the context of employment does not mean reducing them simply to a means of obtaining qualifications. The essential aim of education and training has always been personal development

and the successful integration of Europeans into society through the sharing of common values, the passing on of cultural heritage and the teaching of self-reliance.

(*White Paper on Education and Training* 1995: 3)

Nevertheless, 'personal development' is now seen as vocational training, and 'self-reliance', means dependence on corporate social and political structures. The *Cresson's Report* envisages four orientations for action that intend to articulate these different (and somehow contradictory) trends: 'constructing European citizenship; reinforcing economic activity and preserving employment; maintaining social cohesion in Europe; fully utilizing the opportunities offered by the Information Society.'

(1996: 11)

However, besides these continuities, there are also some changes worth identifying, concerning new action political logics in the European Union. The first one refers to an endeavor of rethinking *education* and *training* concepts, as well as relations between education and work. In this field, it is useful to distinguish between the articulation of the concepts, trying to understand them completely: 'Education and training, will increasingly become the main vehicles for self-awareness, belonging, advancement and self-fulfilment. Education and training whether acquired in the formal education system, on the job or in a more informal way, is the key for everyone to control their future and their personal development' (*White Paper on Education and Training* 1995: 2). The *Cresson's Report* goes far beyond, as far as it defines two major requirements for an education strategy aside from the need to strengthen European competitiveness: the need to appreciate the difficulties of the current situation, insofar as we are witnessing a crisis in the traditional institutions of society, particularly the family and the State; and the need to respect the basic principles of education, whose aims go far beyond a purely utilitarian perspective. In this sense, it is acknowledged that among the potential changes identified, the following should be noted: the transition from objective to constructed knowledge; the transition from an industrial to a learning society; the change in educational mission from instruction to the provision of methods for personal learning; the increasing (and perhaps, in the future, dominant) role of technology in the communication process and in knowledge acquisition; and the shift away from formal educational institutions such as schools and universities toward organizational structures for learning that have yet to be determined. Evident in these ideas is the intention to redefine some educational perspectives, which is reinforced by two statements: the position of everyone in relation to their fellow citizens in the context of knowledge and skills will be decisive; and lifelong learning has to be a priority.

The second change refers to the architecture of powers in the European Union. A need to recognize more openly the beginning of a European action in the field of education was engendered post-Maastricht. Little by little – in addition to the implicit intervention schemes that always existed – suggestions were brought forward for better coordination between the different member states. The *White Paper on Education and Training* talks about 'an overall approach capable of assembling the efforts of member states and those of the European Union, each acting within its area of competence' (1995: 1). And the *Cresson's Report* is still more assertive when it asks for guidelines for Union action on education and training and states the need to 'proclaim a general European aim that serves as a *guide* for the different systems' (1996: 78). This kind of statement, which would have been impossible before 1993, has become increasingly common, figuring a more precise political definition of European action in the field of education. Obviously, this concerns a change with great consequences, regarding the way education and training systems operate and the way different educational actors are involved. No doubt, these changes will entail new regulations between state, citizens, and educational communities. That is why it is so important to understand these changes in relation to a broader process of globalization that is reorganizing state practices in education, and also in connection with changing patterns of state steering of education inside each country.

All these changes are taking place in an educational space invaded by discourses that state the importance of education from the collective and individual point of view. Due to the failure of traditional economic forms and conceptions of education, having as a main purpose the preparation for the world of work, ways and alternatives are being sought. It is in this light that the following declaration should be understood: '*The society of the future will therefore be a learning society*. In the light of this it is evident that education systems – which means primarily the teachers – and all of those involved in training have a central role to play' (*White Paper on Education and Training* 1995: 2). And the *Cresson's Report* did not hesitate to write that 'establishing a genuine learning society will require major changes in our education and training establishments' (1996: 11).

Challenges for the future

The idea of a *learning society* marks the most recent European discourse in the field of education. *Toward the learning society*: this is the subtitle of the *White Paper on Education and Training*,[4] which introduces a very important debate when mentioning the problem of education and citizenship from the perspective of participation – 'There is therefore a risk of a rift in society, between those that can interpret; those who can only use; and those who are pushed out of mainstream society and rely upon social support: in other words, between those who know and those who do not know' (1995: 9) – and ends with a strong statement about the role of the school: 'Naturally, everything starts at school, which is where the learning society has is roots. ... School has to adapt, but nevertheless remains the irreplaceable instrument of everyone's personal development and social integration. Much is asked of it because it has such so much to offer' (1995: 27).

It is very curious to note the return to typical assertions from the beginning of the twentieth century, with school and teachers being called to an essential role in reorganizing the European society. The need for profound transformations in education and training has been imposed, as part of a reorganization of the dynamics of the European states (Vaniscotte 1996). Some authors even add the perspective of a Europe of knowledge (and not only of information and communication) as the biggest future project.

A second challenge of great meaning within the European context consists of the linking of the concepts of lifelong learning and training. It does not mean the traditional concept of lifelong learning, but just globally redefining the sense of educational and training trajectories. It does not mean to suggest a kind of continuous training (after an initial period of schooling), but integrating the educational process as a whole, which is developed throughout life. It doesn't mean to separate formal learning (in schooling context) from informal learning (in professional context), but to join these contexts and others for constructing a new idea of education.

This reflection leads me to the last change, which I would like to mention briefly: the necessity for a new understanding of the relations between education and work. Closely following the analysis of Jose A. Correia (1997), one notes the existence of a *logic of exteriority* characterized, first, by a relative *autonomy* between these two universes, and, after the 1960s, by a *subordination* of the educational system to the world of work. Nowadays, we face contradictory logics, characterized by instability and uncertainty phenomena, through the perturbation of relations between people and social and professional spaces, between training, work, and employment, and between local and global dimensions in the management of the training-working systems. We are placed before a reinterpretation, not only of relations between education *and* work, but also in what concerns the concepts of *education* and *work*.

The debate about European educational policies must be seen from this perspective, emphasizing the set of contradictions going through them. If some discursive practices are pointing to new understandings of the concepts of education and work, it is not less true that in many European documents the school continues to be seen in its nineteenth-century form and the world of work is being defined either in a Taylorist logic or in a Fordist version. The time we are living through in the European Union is profoundly contradictory, in all regards. But it is also for this reason that the restructuring of the European educational space is very stimulating as a field of inquiry and intellectual thinking.

Notes

The first draft of this text was written in the United States, in 1994 and so some references to the Maastrict Treaty are out-of-date. It owes a lot to the collaboration and criticism of colleagues at the University of Wisconsin–Madison, especially Thomas Popkewitz and Andreas Kazamias. The final version was written in Paris, during an important stay at the History of Education Service (National Institute for Pedagogical Research), whose director is Pierre Caspard. I would also like to thank Jürgen Schriewer, Marc Depaepe, Boaventura de Sousa Santos, and the colleagues and students of the *Thursday Group* (University of Lisbon) for their support and suggestions. A final word of thanks is due to Dory Lightfoot for her translation and editing of this text. Major support for the research on which this article is based came from a JNICT grant (project PCSH/C/CED/908/95).

1. I am referring to the document *Overall Approach to the Application by the Council of the Subsidiarity Principle and Article 3b of the Treaty on European Union*, issued by the Presidency of the European Commission (Edinburgh 12 December 1992).
2. Commission of the European Communities, *Report from the Commission to the Council, the European Parliament and the Economic and Social Committee – EC Education & Training Programmes, 1986–1992 – Results and Achievements: An Overview*, Brussels, May 1993.
3. Commission of the European Communities, *Report from the Commission to the Council, the European Parliament and the Economic and Social Committee – EC Education & Training Programmes, 1986–1992 – Results and Achievements: An Overview*, Brussels, May 1993.
4. Curiously, the *White Paper* is organized around the concept of *learning society* in the English version, a concept that appears in the French version as *société cognitive* (cognitive society). This terminological difference is very interesting and gives origin, in fact, to two very distinct readings of the document.

References

Adick, C. (1989) 'Education in the modern world system: An attempt to end the mythology of the concept of education as a colonial heritage', *Education* 40: 30–48.

Allum, P. (1995) *State and Society in Western Europe*, Cambridge: Polity Press.

Anderson, B. (1983) *Imagined Communities: Reflections on the Origin and Spread of Nationalism*, London and New York: Verso.

Apple, M.W. (1993) *Official Knowledge: Democratic Education in a Conservative Age*, New York: Routledge.

Apple, M.W. (1996) *Cultural Politics and Education*, New York: Teachers College Press.

Aron, R. (1974) 'Is multinational citizenship possible?', *Social Research* 41: 638–56.

Aronowitz, S. (1992) *The Politics of Identity: Class, Culture, Social Movements*, New York and London: Routledge.

Attali, J. (1994) *Europe(s)*, Paris: Fayard.

Badie, B. (1995) *La fin des territories*, Paris: Fayard.

Barroso, J. (1995) 'Perspectiva critica sobre a utilizaçao do conceito de qualidade', paper presented at the Third Conference of the Portuguese Association of Educational Sciences (Lisbon, December).

Bauman, Zygmunt (1987) *Legislators and Interpreters*, Cambridge: Polity Press.

Bell, G. (1991) 'European Citizenship: 1992 and beyond', *Westminster Studies in Education* 14: 15–26.

Bourdieu, P. (ed.) (1993) *La misère du monde*. Paris: Éditions du Seuil.

Bourdieu, P. (ed.) (1994) *Raisons pratiques: Sur la théorei de l'action*, Paris: Éditions du Seuil.

Brown, C. (ed.) (1994) *Political Restructuring in Europe*, London and New York: Routledge.

Carnoy, M. *et al.* (1993) *The New Global Economy in the Information Age: Reflections on Our Changing World*, Philadelphia: Pennsylvania State University Press.

Chartier, R. and D. Julia (1989) 'L'école: traditions et modernisation', in *Transactions of the Seventh International Congress on the Enlightenment*, Oxford: The Voltaire Foundation.

Close, P. (1995) *Citizenship, Europe and Change*, London: Macmillan.

Cornu, M. (1993) *Compétences culturelles en Europe et principe de subsidiarité*, Bruxelles: Bruylant.

Correia, J. (1997) *Formação e Trabalho: Contributos para a construção de uma epistemologia da mediação*, Porto: University of Oporto.

Coulby, D. (1993) 'Cultural and epistemological relativism and European curricula', *European Journal of Intercultural Studies* 3: 7–18.

Coulby, D. (1996) 'European culture: Unity and fractures', in T. Winther-Jensen (ed.) *Challenges to European Education: Cultural Values, National Identities, and Global Responsibilities*, Frankfurt am Main: Peter Lang, 241–52.

Coulby, D. and C. Jones (1995) *Postmodernity and European Education Systems: Cultural Diversity and Centralist Knowledge*, London: Trentham Books.

Coulby, D. and C. Jones (1996) 'Postmodernity, education and European identities', *Comparative Education* 32: 171–84.

Déloye, Y. (1994) *Ecole et Citoyenneté*, Paris: Presses de la Fondation Nationale des Sciences Politiques.

Der Derian, J. and M. Shapiro (eds) (1989) *International/Intertextual Relations: Postmodern Readings of World Politics*, Lexington, MA: Lexington Books.

De Witte, B. (ed.) (1989) *European Community Law of Education*, Baden-Baden: Nomos Verlagsgesellschaft.

Dinan, D. (1994) 'The European Community, 1978–1993', *The Annals of the American Academy of Political and Social Science* 531: 10–24.

Edwards, L., P. Munn and K. Fogelman (eds) (1994) *Education for Democratic Citizenship in Europe: New Challenges for Secondary Education*, Lisse: Swets & Zeitlinger.

European Commission (1997) *Proceedings from the Conference of the European Ministers of Education in Varsovie*, 22–24 April.

Foucault, M. (1994) *Dits et Écrits*, Vol. 3, Paris: Éditions Gallimard.

Frediani, C. (1992) 'La politique de la Communauté européenne en matière d'éducation et de culture', *L' Europe en Formation* 284: 51–64.

Garcia Garrido, J. (1994) L'avenir de l'éducation dans une Europe unifiée. Communication présentée au 16ème Congrès de al CESE (Copenhague).

Gellner, E. (1983) *Nations and Nationalism*, Ithaca, NY: Cornell University Press.

Gellner, E. (1994) *Encounters with Nationalism*, Oxford: Blackwell.

Giddens, A. (1990) *The Consequences of Modernity*. Stanford, CA: Stanford University Press.

Gilbert, R. (1992) 'Citizenship, education and postmodernity', *British Journal of Sociology of Education* 13: 51–68.

Green, A. (1994) 'Education and state formation revisited', *Historical Studies in Education* 6: 1–17.

Habermas, J. (1992) 'Citizenship and national identity: Some reflections on the future of Europe', *Praxis International* 12: 1–19.

Hayward, J. and E. Page (eds) (1995) *Governing the New Europe*, Durham, NC: Duke University Press.

Heater, D. (1992) 'Education for European citizenships', *Westminster Studies in Education* 15: 53–67

Hix, S. (1994) 'The study of the European Community: The challenge to comparative politics', *West European Politics* 17: 1–30.

Husén, T., A. Tuijnman and W. Halls (eds) (1992) *Schooling in Modern European Society*, Oxford: Pergamon Press.

Hutmacher, W. (1990) *L'école dans tous ses états*, Genève: Service de la Recherche Sociologique.

Imbert, C. (1993) 'Identité européenne: Le complexe de Prométhée', in *Les nouvelles frontières de l'Europe*, Paris: Economica, pp. 33–41.

Jung, H. (1993) 'Editor's Introduction to a Special Issue about "Postmodernity and the Question of the Other"', *Human Studies* 16: 1–17.

Lenaerts, K. (1994) 'Education in European Community Law after "Maastricht"', *Common Market Law Review* 3: 7–41.

Lowe, J. (1992) 'Education and European integration', *International Review of Education* 38: 579–90.

Marquand, D. (1994) 'Reinventing federalism: Europe and the Left', *New Left Review* 203: 17–26.

McLean, M. (1990) *Britain and a Single Market Europe: Prospects for a Common School Curriculum*, London: Kogan Page.

McLean, M. (1995) 'The European Union and the curriculum', *Oxford Studies in Comparative Education* 5: 29–46.

Meehan, E. (1993) 'Citizenship and the European Community', *The Political Quarterly* 64: 172–86.

Meyer, J., D. Kamens and A. Benavot (eds) (1992) *School Knowledge for the Masses*, London: Falmer Press.

Meyer J., F. Ramirez and Y. Soysal (1992) 'World expansion of mass education, 1870–1980', *Sociology of Education* 65: 128–49.

Miller, J. (1993) *The Passion of Michel Foucault*, New York: Simon and Schuster.

Milward, A. (1992) *The European Rescue of the Nation-State*, Berkeley: University of California Press.

Morin, E. (1987) *Penser l'Europe*, Paris: Gallimard.

Myrdal, S. (1993) 'Centralization, decentralization and the reprofessionalization of the European teacher', paper presented at the Symposium 'Educational Systems and the Restructuring of the State' (Granda).

Pereyra, M. (1990) 'La Comparación, una empresa razonada de análisis: Por otros usos de la comparación', *Revista de Educación* (Los usos de la comparación en Ciencias Sociales y en Educacion) 24–76.

Pereyra, M. (1993) 'La construcción de la educación comparada como disciplina académica', in J. Schriewer and F. Pedro, (eds) *Manual de Educación Comparada*, Barcelona: PPU, 255–323.

Pereyra, M. (1994) 'The social participation in the construction of the European dimension in Education', *CESE Newsletter* 36: 12–21.

Phillips, D. (ed.) (1995) *Aspects of Education and the European Union*, Oxfordshire: Triangle Books.

Pisani, E. (1991) 'Où va l'Europe?' *L'événement européen* 14–15: 181–3.

Popkewitz, T. (1991) *A Political Sociology of Educational Reform: Power/Knowledge in Teaching, Teacher Education, and Research*, New York: Teachers College Press.

Popkewitz, T. (1995) 'Policy, knowledge and power: some issues for the study of educational reform', in P. Cookson and B. Schneider (eds). *Transforming Schools: Trends, Dilemmas and Prospects*, New York: Garland Press, pp. 413–57.

Popkewitz, T. (1996) 'El Estado y la administración de la libertad a finales del siglo XX: Descentralización Estado/sociedad civil', in M. Pereyral *et al.* (eds) *Globalización y descentralización de los sistemas educativos*, Barcelona: Ediciones Pomares-Corredor 119–68.

Popkewitz, T. (2000) 'Globalization/regionalization, knowledge and the educational practices', in T. Popkewitz (ed.) *Educational Knowledge: Changing Relationships between the State, Civil Society and the Educational Community*, Albany: State University of New York Press. pp. 3–27.

Rohrs, H. (1992) 'A united Europe as a challenge to education', *European Journal of Intercultural Studies* 3: 59 70.

Rust, V. (1991) 'Postmodernism and its comparative education implications', *Comparative Education Review* 35: 610–26.

Ryba, R. (1995) 'Unity in diversity: the enigma of the European dimension in education', *Oxford Review of Education* 21: 25–36.

Santos, B. (1994) *Plea Mão de Alice: O social e o politico na pós-modernidade*, Porto: Edições Afrontamento.

Santos, B. (1995) *Toward a New Common Sense*, New York: Routledge.

Sbragia, A. (ed.) (1992) *Euro-Politics: Institutions and Policymaking in the 'New' European Community*, Washington DC: Brookings Institution.

Schnapper, D. (1994) *La communauté des citoyens: sur l'idée moderne de nation*, Paris: Gallimard.

Schriewer, J. (1995) *World System and Interrelationship Networks: The Internationalization of Education and the Role of Comparative Inquiry*, in T. Popkewitz (ed.) *Educational knowledge: Changing Relationships between the State, Civil Society and the Educational Community*, Abany: University of New York Press.

Shapiro, M. (1992) 'The European Court of Justice', in A. Sbragia (ed.) *Euro-Politics: Institutions and Policymaking in the 'New' European Community*, Washington DC: Brookings Institution. pp. 123–56.

Shaw, J. (1992) 'Education and the Law in the European Community', *Journal of Law and Education* 21: 415–42.

Smith, A. (1986) *The Ethnic Origins of Nations*, Oxford: Basil Blackwell.

Smith, A. (1991) *National Identity*, Reno: University of Nevada Press.

Soysal, Y. (1994) *Limits of Citizenship: Migrants and Postnational Membership in Europe*, Chicago and London: University of Chicago Press.

Soysal, Y. and D. Strang (1989) 'Construction of the first mass education systems in ninteenth-century Europe', *Sociology of Education* 62: 277–88.

Sultana, R. (1995) 'A uniting Europe, a dividing education? Eurocentrism and the curriculum', *International Studies in the Sociology of Education* 5: 115–44.

Taylor, P. (1991) 'The European Community and the state: Assumptions theories and propositions,' *Review of International Studies* 17: 109–25.

Taylor, W. (1993) 'Educating British children for European citizenship', *European Journal of Education* 28: 437–44.

Tilly, C. (1992) *Coercion, Capital, and European States*, A.D. 990–1992, Cambridge, MA: Blackwell.

Tilly, C. (1994) 'States and nationalism in Europe 1492–1992', *Theory and Society* 23: 131–46.

Tyack, D. and W. Tobin (1994) 'The "grammar" of schooling: why has it been so hard to change?', *American Educational Research Journal* 31: 453–79.

Vaniscotte, F. (1996) *Les Écoles de l'Europe: Systèmes Éducatifs et Dimension Européenne*, Paris: INRP.

Vibert, F. (1995) *Europe: A Consitution for the Millennium*, Brookfield: Dartmouth.

Vonk, H. (1991) 'Some trends in the development of curriculum for the professional preparation of teachers in Europe', *British Journal of Educational Studies* 39: 117–37.

Wasser, H. (1993) 'The European mind and EC 1992', *History of European Ideas* 17: 11–17.

Whitty, G. (1993) 'New schools for new times? Education reform in a global context', Paper presented at the Symposium 'Educational Reform: Changing Relationships between the State, Civil Society, and the Educational Community' (Madison, WI).

Winther-Jensen, T. (ed.) (1996) *Challenges to European Education: Cultural Values, National Identities, and Global Responsibilities*, Frankfurt am Main: Peter Lang.

Wistrich, E. (1994) *The United States of Europe*, London and New York: Routledge.

Some European documents

Commission of the European Communities. Green Paper on the European Dimension of Education, Brussels, COM (93) 457 final, 29 September 1993.

Commission of the European Communities. Report from the Commission to the Council, the European Parliament and the Economic and Social Committee – ED Education and Training Programmes 1986–1992 – Results and Achievements: An Overview, Brussels, COM (93) 151 final, 5 May 1993.

Commission of the European Communities. *White Paper*, 'Growth, competitiveness, employment: the challenges and ways forward into the twenty-first century', Brussels, COM (93) 700 final, 5 December 1993.

Commission of the European Communities. *White Paper*, 'Education and training – teaching and learning: towards the learning society', Brussels, COM (95) 590 final, 29 November 1995.

Commission of the European Communities. *Green Paper*, 'Living and working in the information society: people first', Brussels, COM (96) 389 final, 24 July 1996.

Council of the European Communities. European Educational Policy Statements, Luxembourg: Office for Official Publications of the European Communities.

European Commission. Cooperation in Education in the European Union, 1976–1994, Luxembourg: Office for Official Publications of the European Communities.

European Commission. Cooperation in Education in the European Union, 1976–1994, Luxembourg: Office for Official Publications of the European Communities, Targeted Socio-Economic Research, Brussels.

Study Group on Education and Training (dir. Edith Cresson), Report 'Accomplishing Europe through education and training', Brussels, December 1996.

UNESCO – International Commission on Education for the Twenty-First Century (dir. Jacques Delors), Learning: The Treasure Within, Paris: UNESCO.

12

Drugs, Drug Culture and European Governance

Eugene McLaughlin and Karim Murji

The linkages or connections between the use and regulation of drugs and social policy could be thought of in a number of ways. One approach would be in terms of some of the key groups that social policy analysis is conventionally concerned with: drugs are largely associated with young people, while at least some of those who get into problems with drug use are individuals who may be socially marginalized in terms of employment, housing, health, etc. Drugs and youth are so heavily linked that it is possible to neglect concerns about drug use by women, especially during pregnancy. Equally, there may also be a problem of trying to establish the 'reality' of drug use, such as how many young people actually use drugs, and how frequently. Ideas about the extent of drug use can be heavily mediated, and this influence means that it is difficult to disassociate representations of drugs and drug use from their reality.

A second approach to drugs and social policy could be located in some of the constituent areas that inform social policy analysis. From a historical perspective changes in the regulation of drugs over the last century indicate that some nation-states, and in particular transnational alliances between nation-states, have been significant in producing or laying the basis for the present drug pattern of drug controls. Economically, drugs are an important part of the illicit and 'grey' economies that have a questionable relationship to the formal and established economic system. The size of the drugs economy is unknowable, given that much of it is hidden and beyond state regulation. Extraordinary figures are produced to estimate the size and stress of the financial scope of drugs, but the very fact that the figures can span such a huge range – estimates of $120–400 million are said to be moving through the global economy – also indicates just how much guesswork is being used. Politically, the regulation of drugs is one subject that produces a high degree of consensus across the political spectrum. Politicians and parties of the left and right display a wide measure of concordance about the necessity of legal and criminal controls on drugs. In common with almost every country in the world, the nation-states of the European Union agree that the illicit drug trade fuels serious organized crime, generates acquisitive forms of low-level criminality and compounds other social problems. European governments also share a common vision of member states progressively freed from the harm caused by the misuse of illicit drugs. Yet, outside of formal politics, illicit drugs are one of the key issues that signify a divergence or gap between politicians and people. Precisely what percentage of the population of Europe supports liberalization, decriminalization or legalization is uncertain. Nevertheless, there is evidence across Europe that the gap in attitude or outlook is widest among young people, some or many of whom feel that political anti-drugs rhetoric is distant from their lives and concerns. Whether drugs will ever be an issue that marks a clear break between rulers and ruled is debatable, but it remains an open and contestable matter.

A third way of thinking about drugs and social policy is to start from the conventional domains of social policy. Thus educational policy and its role in providing information and knowledge and in developing interpersonal skills can and does inform approaches to preventing drug use. Prevention can range from seeking to make young people better informed about illicit drugs and their effects, to developing resistance skills, as well as providing support for family and community networks that can act as 'props' in preventing use. All of these can range from aiming to prevent any drug use or experimentation in the first place, through to harm reduction – that is, encouraging safer forms of use (Dorn and Murji 1992). Similarly, the health and medical sectors play a role in harm reduction, as well as in the treatment and management of problematic drug users. Local and voluntary authorities may intersect with both the health and education domains, and through the provision of housing and social services.

Each of these three approaches raises problems or questions in relation to how drugs are thought about. Connecting drugs with young people alerts us that the word 'drug' is commonly used to refer to *illicit* rather than legal substances. Alcohol and tobacco are also associated with social problems, but these receive less attention than heroin, cocaine, ecstasy, cannabis, etc. Like alcohol and tobacco, legally prescribed substances such as tranquillisers may also affect a wider range of people, cutting across age, gender and class divisions.

Furthermore, drugs have particular racialized associations, which we will return to later.

Approaches drawing on history, economics, politics, etc. suggest that social policy analysis has been somewhat backward in dealing with and understanding drug use as a *cultural* phenomenon, and especially in terms of the connections with popular cultures. We will look at ecstasy and 'rave' or dance cultures later in this chapter. A similar pattern affects the public health/education approach, indicating the need for a distinction between 'problematic' and 'recreational' (or casual) drug use. Terms such as 'addiction' and 'dependence' are more applicable to the former than the latter. In many cases, either 'drug use' or 'drug misuse' is used generically to encompass both types of use. A further problem with the education/health approach is the way in which it conceptualizes social policy as distinct from crime policy. However, this rather artificial separation obscures the overlaps and interconnections that exist between crime control and social policy. It suggests that policing, surveillance, regulation and control are only, or largely, the province of the former rather than the latter. Yet schools, hospitals, local voluntary authorities and organizations are all involved in regulating drug use and users through, for example, pupil exclusion policies, the requirement to provide samples, access to housing, etc. Thus, it is preferable to see drug policy as a field of social regulation in which both state and non-state organizations and formal and informal control agencies play a role.

In this chapter, using Europe and the European Union (EU) as the context, we consider two contradictory strands or tendencies. On the one hand, there are shifts towards greater Europeanization – that is, in making drug policies increasingly uniform across Europe. On the other hand, however, the existence – and perhaps widening evidence – of local, regional and some national differences suggest Europeanization is both incomplete and still has a long way to go. These two tendencies are, of course, contingent, relational and not fixed, and are expressive of tensions in the European project, the shape of which is emergent and contested.

Building European institutions and cultures

In this section we examine shifts towards Europeanized drug policies and practices. The most substantial of these has occurred through law enforcement, and it is important to be aware of the extent to which attempts to control drug trafficking have driven the transnational law enforcement agenda. Drugs have been at the forefront in making the case for new and far-reaching changes in law, producing innovative legislation on asset seizure and forfeiture, as well as an array of International

Mutual Legal Assistance Treaties between states authorizing mutual powers of search, seizure and assistance between policing agencies. A vision of powerful and organized serious crime has laid the foundations for transforming the EU into a monolithic legal entity with the institutional capacity to combat crime (Dorn *et al.* 1992).

However novel recent developments are, it is worth placing them in a broader historical context. While the use of terms such as globalization and transnationalization to describe such developments is relatively recent, it is the case that drug control has been part of an 'international system' for nearly a century, and that this system transcends the EU as a geopolitical entity. The source and origins of contemporary drug controls lie in a number of international conventions since the first decade of the twentieth century. The deliberations of the International Opium Commission in Shanghai in 1909 resulted in the Hague Opium Convention of 1912, the first treaty to attempt to control opium and cocaine on an international basis. In 1920 the League of Nations assumed responsibility for the Hague Convention, and a second international opium convention was concluded in 1925 and entered into force in 1928. In 1946 the United Nations assumed responsibility for the League of Nations' drug control strategies (McAllister 1999).

Since 1961 the United Nations has agreed three international conventions on drugs. These tie nation-states together, and subscribing to them is often taken to be a main reason why no individual state(s) can go all the way towards legalizing drugs. The conventions set out agreements on drug controls and require states to limit drug use exclusively for medical and scientific purposes; to establish sanctions or punishments for actions contrary to a law or regulation following from the conventions; and to prohibit and criminalize drug supply. While the UN and the international system are significant global forces, it should be noted that neither forms a web or a net that forces all member states to adopt the same policies. Some countries opt not to accept some parts of the UN conventions. For instance, Article 3 (2) of the 1988 Convention against Illicit Traffic in Narcotic Drugs and Psychotropic Substances says that every state should 'establish a criminal offence under its domestic law, when committed intentionally, [for] possession ... for personal consumption' (see Dorn and Jamieson 2000). In practice, however, the Article is interpreted in the light of national laws and constitutional principles. Some European countries interpret this in distinctive ways, which produces observable differences within the EU, as we will see later.

Nonetheless, there are powerful players in the international arena which have a pivotal role in global law enforcement most notably the USA. The US Drug Enforcement Administration (DEA) has a network of over 200 operational agents located in 60 countries around the world. Terms such as 'narco-diplomacy' and the 'narco-enforcement complex' have been used to suggest the ways in which the USA's global 'war' against drugs has driven law enforcement abroad, for instance in parts of South America and South-East Asia. In the name of reducing drug consumption in the USA and other western nations, these policies aim to reduce drug cultivation; destroy laboratories; disrupt drug cartels and the flow of drugs; and to interdict drug shipments in source and transit countries. The drugs and foreign policy interests of the USA have sometimes coincided and sometimes clashed, producing a strange and complex picture of drugs in international politics. For instance, there is evidence that US governments have supported various Latin American dictatorships, even when they are thought to have been involved in drug trafficking. Moreover, in the post-cold war era, an expansive new US-driven 'security politics' has developed, combining domestic and global, and police and military concerns. While NATO remains the cornerstone of transatlantic security, a widening agenda for international security has emerged. An example of this is the New Transatlantic Agenda and Joint Action Plan agreement between the USA and the EU. Signed in 1995, this agreement commits both sides to cooperate on international crime, terrorism, drug trafficking, mass migration and environmental and nuclear safety concerns. The unfolding trans-Atlantic axis between the USA and the EU has been furthered through the meetings of the G7 nations – that is, the seven countries with the world's biggest economies. International anti-money laundering strategies and measures on asset seizure have been agreed at these meetings.

Placing drug control in the international arena therefore means that it is difficult to disassociate drug policies from other issues. Drugs, and drug trafficking in particular, crop up in international discussions about money laundering, counterfeiting, terrorism, immigration, arms dealing, prostitution, pornography, etc. The precise place of drugs in all of this is open to debate, and there is a view that the official discourse linking together all of these things may obscure more than it may reveal. However, it certainly seems to be part of the agenda of building a transnational law enforcement complex, and the EU is integrally involved. It is worth noting that the EU requires potential candidates to commit themselves to a hardline stance on drugs.

Controlling drugs through criminal law and policing is a cornerstone of the Justice and Home Affairs facet of European coordination. Member states have agreed to extensive cooperation between law enforcement agencies in seeking to combat drug trafficking, and this has played a key role in legitimating and framing the construction of an EU-wide law enforcement infrastructure. This can be seen in the transnationalization of policing functions and agencies such as the formation of Europol, the passing of new and unprecedented legislation to seize financial assets, and in the extension of heavy penalties for serious drugs offences.

The growth of transnational law enforcement has been seen as marking the limits of nation-states' abilities to govern within national boundaries. They are described as having been 'stretched' or 'hollowed out'. But the problem with this view is that a 'thickening' of nation-state and international regulation has emerged through the development of more intrusive and more punitive measures, through inter-governmental information-sharing and mutual assistance between states. Within the EU a period of building institutional capacity has seen the spread of a network of overlapping and discrete arrangements.

International police cooperation is not a new phenomenon; indeed, Interpol has been in existence since the 1920s. The International Criminal Police Organization (Interpol for short) promotes mutual assistance between police forces within the limits of the laws existing in different countries. However, it is not founded on an international treaty. It is an intelligence communications network, not an executive law enforcement agency operating across national borders. In the field of drug control, Interpol plays a role in transmitting information on serious crime trends and patterns to the law enforcement agencies of the states that subscribe to it and in compiling criminal intelligence. Since the 1970s, several notable developments have framed developments in Europe. An early example of police cooperation is the TREVI network. Established in 1975, TREVI – which strictly speaking existed quite separately from European Community institutions – aimed to assist the interior and justice departments of member states to work together more effectively to combat terrorism. Soon the remit was expanded to include serious crime, including drug trafficking.

In the EU the opening of internal borders to facilitate the free movement of labour and goods has gone hand in hand with the argument that this needs to be balanced by increased powers to track and monitor the movements of various individuals and groups. A specific mechanism for this is the Schengen agreement between integrationist-minded EU nation states. The agreement is named after the place in Luxembourg where five EU member states (Germany, France, Belgium, Luxembourg and The Netherlands) met and signed an agreement to work towards the gradual elimination of frontier controls between them, and in doing so, to exchange information about the movement of 'undesirable' groups. Thus freedom and constraint went hand in hand as free movement was twinned with the toughening of the external borders of 'Schengen land'. Subsequently, the signatories to the Schengen agreement granted each other's police forces the right of pursuit and arrest across frontiers. They also backed the creation of the Schengen Information System, a computerized database that would provide police and immigration officials with information on suspect persons, stolen vehicles and forged money, as well as drug traffickers, organized criminals and illegal immigrants. The system was deemed to be particularly important for policing the movement of 'third country' nationals entering at the external borders of the EU.

A further significant step towards Europeanization occurred in the 1991 Maastricht Treaty. The European Police Office, or Europol, was established as an information base to coordinate the passing of sensitive criminal intelligence between police forces and to support operations directed by national police forces. Because it was deemed politically sensitive to be seen as undermining the actions of national police agencies, Europol was restricted from direct involvement in police operations within member states. The first stage of Europol was to establish a European Drugs Unit based in The Hague to tackle the trade in drug smuggling through coordination of information and intelligence emanating from national police forces. While these developments are primarily at the level of collection, analysis and dissemination of intelligence, Europol has been viewed as a 'trojan horse' for operational innovations in European policing.

Subsequent developments have consolidated both the broad outline and finer points of these developments. The EU summit in Tampere, Finland in 1999 – the first held to specifically discuss the harmonization of justice and home affairs policies and practices across the EU – agreed to adopt long-term common plans on cross-border crime designed to improve cooperation. These included extending the competency of EUROPOL and calling for a task force to crack down on the criminal syndicates taking advantage of the abolition of border controls, the jumble of national criminal laws and the lack of practical coordination between police forces.

It is no coincidence that we have noted the discursive linking between drug trafficking and illegal immigration, asylum- and refugee seekers, as well as terrorism and serious organized crime. A part of the developing identity of the European Union has been constituted through constructing barriers against various out-groups or 'others', including migrants and drug traffickers. Indeed, these two have sometimes been treated as co-terminous or identical. There were fears that the post-1992 opening up of internal movement within the EU would also facilitate the passage of various groups seen as threatening the stability of Europe. Hence, calls for pan-European measures against drug trafficking and images of a 'ring of steel' around Europe have heightened the spatial conception of a Europe menaced on all sides by the excluded and the dangerous 'other'. In the last two decades, some of the groups and nationalities labelled as prime movers of drugs include the Colombian cocaine cartels, 'yardies' from Jamaica, and Nigerian/West African drug couriers. New threats have been identified, following the collapse of state socialism and the wars in the Balkans. Drugs, crime and corruption are seen as problems originating in or coming from 'disorganized' central and eastern European states, while at the southern borders of the EU there are concerns about

Turkish heroin and Albanian and North African drug sellers entering through Italy, Spain and Portugal. Thus, it is notable that the 1994 Essen Summit expanded the terms of reference of the Drugs Unit to encompass illegal immigrations, trafficking in human beings, car theft and the smuggling of nuclear materials. It also agreed to closer cooperation with former central and eastern European states.

This racialization of drugs is integral and not incidental to the development of controls. It is part of the construction of an idea of 'the west' that is threatened by and has to stand against the forces of barbarism that make up 'the rest' (Hall 1992). Consequently, as with discussions about immigration, and increasingly refugees and asylum-seekers, drugs are discursively constructed in terms of an invasion/flooding metaphor through which they are seen as 'pouring' into the EU, which is then at risk of being 'awash' with, or 'swamped' by, them. This is reflected in maps with arrows that depict the flow of drugs from South America, South-East Asia or North Africa into the 'EU'. These arrows chart the movement of drugs such as cannabis, cocaine and heroin. But what about synthetic drugs, such as ecstasy and amphetamines, that are produced in laboratories and not derived from plants? If we took these into account, the arrows could be drawn rather differently, and the flow of drugs across and within national boundaries and the racial complexion of the drug problem would look much more complex.

The 'otherness' of drugs has been connected with both terrorism and illegal immigration in a discursive chain that justifies calls for enhanced external border controls to contain and counter all these external threats. National and transnational level security discussions tie together various demands for controls to monitor the internal movement of all 'undesirables' and 'suspect populations'. Critics have called this the creation of 'Fortress Europe', in which all such groups are categorized together in order to exclude everyone, from refugees to terrorists, from the 'safe European home'. This has been described as a form of racism, 'which cannot tell one black from another, a citizen from an immigrant, an immigrant from a refugee – and classes all Third World peoples as immigrants and refugees, and all immigrants and refugees as terrorists and drug dealers' (Sivanandan 1988: 9).

However, it is worth emphasizing that an emphasis on transnationalization and on law enforcement can neglect the fact that drugs are governed in other ways, and that these forms also produce tendencies towards Europeanization. One of these may be found in the sphere of drug consumption and, in particular, the associations between youth, 'rave' and dance cultures and the drug ecstasy. The UN International Drug Control Programme accounts for the rise in drug consumption thus:

> Perhaps the most striking aspect to emerge from studying drug abuse trends among young people is the increasing homogenization of drug behaviour

patterns around the world – that is, the gap between patterns of drug taking in western industrialized countries and those in developing countries, or those in transition, seems to have narrowed. While western youth continues to provide a model that other nations follow – in drugs as in many aspects of socio-cultural behaviour – the basic trends seem remarkably similar. This is evident in the pervasiveness of a consumer driven youth drug culture, in the falling of age of first drug use and in the increasing availability of drugs and different drug types, all of which point to a 'normalization' or apparent acceptability of drug taking behaviour around the world ... Drugs are just one ingredient of an irreverent, image-conscious culture which embraces music, fashion, films, and a language which is incomprehensible except to those in the know.

(United Nations 1997: 85)

Here we see a different kind of harmonization, and perhaps Europeanization, to that of the law enforcement level considered earlier. Through evolving flows, commercial and otherwise, drug use is said to have become an embedded, 'normalized' part of transnational youth cultures and broader 'ways of life' of popular cultures. These provide alternative understandings of the significance of drugs and provide 'crossover' points between 'marginal' and 'mainstream' cultures, aided by changes in public culture and the expansion of new media outlets, so that drugs have become an almost routine part of public discourse. The European drug of the past decade has undoubtedly been ecstasy (the popular name for the chemical substance MDMA). Surfacing in Spain in the early 1980s, ecstasy began to take off from around 1987, when it became associated with the so-called 'Balearic beats' music in clubs and in particular with the island of Ibiza. The popularity of ecstasy in the 'rave' and club scenes introduced a generation of young Europeans to the pleasures, and dangers, of drug-taking. The distinctions between the consumption and supply of drugs blurred when young people engaged in forms of 'social supply' (buying drugs to pass on to friends) that could legally be regarded as drug trafficking. The ways in which there has been a 'cultural flow' across Europe and across the globe is a significant example of how local cultures and movements travel across places, so that sounds and motions are experienced in broadly similar – though not identical – ways.

The new dance culture emerging from the late 1980s mixed different musical genres to produce what became known as 'acid house' or the 'Balearic sound'. Drawing on and overlapping with innovative musical formats such as 'house', 'garage' and 'trance' from US cities such as New York, Chicago and Detroit, this produced a new generation of clubs and 'clubbers'. A key feature of the emergent dance culture was the affiliation between electronic dance music, the gay club scene and the drug ecstasy. The extent of sameness and differentiation that this produces is open to interpretation. However, as a cultural phenomenon, it would not be unusual to see and understand 'rave' culture as part of a globalized marketing force. While the ways in which that spread is not identical to the strategies of multinational companies, to the extent that we can envisage similarities, there has been a shift into Europeanized club cultures.

While law enforcement represents 'top-down' governance striving for concordance across Europe, it is arguable that the 'bottom-up' governance mechanisms of dance cultures have been transnationalized at least as successfully, and perhaps more so. The particular mechanism for this has been the idea of harm reduction.

'Harm reduction' represents a degree of acceptance by government authorities and other agencies that drugs will be used in spite of the existence of well publicized prohibitions and sanctions. The aim of harm reduction is to promote safer forms of drug use by informing users of the possible negative consequences associated with particular drugs or drug mixes and offering advice on avoiding or minimizing risks. Significantly, this entails a key shift: instead of conceptualizing drug-users as 'helpless', 'dependent', 'irrational' or 'victims', harm reduction invokes a conception of 'controlled', 'rational', 'managed' and 'informed' drug use. The significance of harm reduction approaches for writers such as O'Malley (1999) is that it facilitates 'governance at a distance'. Individual drug-users are 'responsibilized' in novel ways and become 'skilled and informed' decision-makers regulating their own actions and choices:

> The process requires no *political* intervention other than enabling steps of governance to provide information and skills for the subject to deploy as they see fit ... government through harm minimization presents itself as neither condemning nor condoning drug use, and while individuals are 'responsibilized' this appears to have none of the punitive connotations that apply to fields of criminal activity with which illicit drug use overlaps. At face value this is founded in the fact that the information about drug risks, appearing as objective and accurate, will present itself as no more than mapping out a *quasi-natural order of risks* rather than imposing an order formed and policed by political governance. The risks appear as probabilistic events triggered by the failure of the user to take necessary avoiding steps.
>
> (O'Malley 1999: 203–4)

National, regional and local networks

Against the trends towards Europeanization, there are a number of national, regional and local specificities. These levels, as well as the European one, are in practice overlaid on one another in ways that do not permit neat separation into wholly discrete spheres.

First, at the national level, we have already suggested that, despite the global and European context, there are differences between the member states of the EU. For example:

- member states differ in their modes of drug classification;
- there are considerable variations in the extent to which drug users are processed through the criminal justice system and in terms of the penalties attached to possession of particular drugs;
- some countries make a distinction in policy and practice between trafficking and selling and the use of drugs, and between 'soft' and 'hard' drugs;
- in each jurisdiction the blend of drugs policies and practices is also effected by the varied and shifting relationship between competing medical, educational and law enforcement agencies (see EMCDAA 1999; Dorn and Jamieson 2000).

Hence, diversity in approach, rather than commonality, continues to mark the ways in which individual European countries internally regulate drug use and supply. The question of whether the EU should seek to harmonize the differing approaches or opt for a particular 'model' has not yet been broached. Although drugs are an increasingly important part of inter-governmental activity, it is also the case that the specific methods employed in individual EU countries are an aspect of the subsidiarity principle that holds that supra-national EU action is justified only when:

- there are transnational considerations;
- a lack of action would be in contravention of the EU treaty;
- community action would be beneficial for reasons of effects and scale;
- there is a need to harmonize norms and standards to achieve treaty objectives.

Second, the European Cities on Drug Policy (ECDP) initiative, established in 1990, highlights the new networks that are being formed between European cities which unite and cut across European/EU boundaries. The re-imagining of key European cities as regional capitals has led to metropolitan cooperation and the establishment of various inter-city networks. These networks perform both symbolic and instrumental roles, including managing the changing status of the European city and attempting to regulate city rivalry by stimulating collaboration rather than competition. In so doing they are attempting to construct the notion of 'the city' as a prime organizer of a vibrant, progressive, distinctly European culture and identity (O'Connor and Wynne 1996).

Drugs are just one feature of city life and may be regarded as a social problem or as a social benefit. In the former view, drugs are connected to criminal activity, street violence, urban decline and deprivation, and problematic drug-users, and they undermine 'high cultural' regeneration and gentrification programmes. In the latter view, drugs are an inevitable part of a diverse and exciting 24-hour post-industrial socio-economically diverse cityscape based on leisure and popular consumption.

City governments could be thought of as having no choice but to mediate these two positions. In this sense we can see initiatives such as the ECDP as an intermediate level of governance, positioned between the national and transnational on the one hand, and the popular cultural urban forms on the other. City authorities have a pivotal organizational role because they are also largely responsible for the coordination and delivery of policy in terms of overseeing the police, schools and welfare facilities. The ECDP's starting point is that cities need to adopt local and pragmatic means of addressing drug use:

> it happens rather frequently that national or international drug legislation and guidelines prove to be instruments unsuited for the development of pragmatic approaches at communal level. Therefore, we observe a clear discrepancy between international conventions, their realization at governmental level, and local solutions. In this respect we had to recognize that we are unable to delegate the problem to the governments of the states. Instead we are being called to develop local strategies in collaboration and exchange with other cities and regions.
>
> (ECDP 2000)

The ECDP therefore has to manoeuvre within national, EU-wide and global regulatory frameworks. Nonetheless, the network signifies an acknowledgement of at least two key points. One is that there are 'drug flows' across as well as within European cities. Consequently, if any one city is to avoid becoming a magnet for drug-users, coordinated action will be required. The other point is that cities such as Amsterdam, Barcelona, Milan, Marseilles, Frankfurt and Manchester may have more in common than any of them individually have to their surrounding regions. This relatively novel development suggests the proliferation of actors involved in drug policy and the variety of forms and levels of governance involved in managing drugs across Europe.

The ECDP seeks to develop and support a pragmatic, multi-agency partnership approach based on a shift from a disproportionate emphasis on criminal justice interventions to harm reduction. For the ECDP this would involve: (a) differentiating between cannabis and other illegal drugs; (b) legally regulating the trade in cannabis; (c) that criminal justice sanctions should not apply to the purchase; possession and consumption of small quantities for personal use; (d) the creation of a legal basis to permit the establishment of facilities in which drugs can be consumed under supervision; and (e) the medically controlled prescription of drugs to long-term users. The signatories argue that establishing inter-city agreement and strengthening cooperation and coordination are vital, because if only a few cities implement such a policy they 'will attract drug-users like magnets and soon be overwhelmed by the problems with which they are confronted'.

Finally, we can also question the extent to which 'rave' and dance culture, and all its attendant connections to marketing, tourism and consumer culture, does indeed indicate a significant shift towards Europeanization. It has commonly been argued that the authenticity of particular youth cultures is marked by the locality of its production, both spatially and temporally. For example, it would be quite difficult to dis-embed or re-imagine the mods and rockers as anything other than a manifestation of the 1960s that was linked with various English seaside towns. Similarly, the 'Balearic sound' is, initially at least, a phenomenon of the Balearic islands in the 1980s. These places and times do not mean that there are not revivals of particular youth cultures, or that they do not travel beyond their places of origin. Indeed, we have already suggested how ecstasy and 'raves' have moved from the margins to the mainstream, and from Ibiza across Europe. However, cultural forms and meanings do not stand still. As dance culture has become mainstream, we can envisage shifts and movements towards newer expressions of youth cultures. In some localities this may mean that ecstasy has already become passé. Equally, just within dance/club cultures it may well be the case that the music, dancing, drugs and their meaning and experiences are inter-preted and understood in quite different ways. Given the nature of these arguments, a definitive outline is not possible. Contingency and unpredictability – along with highly localized expressions – do not produce neat patterns. Rather than pointing towards Europe, these expressions are fragmentary and unstable.

Conclusion

Debates about drugs often seem to fall into an either/or approach. One side of this would be a 'zero tolerance' legal and punitive framework set against a 'maximum tolerance', deregulative, harm reduction approach. We have seen that the EU has been developing intergovernmental and transnational mechanisms around law enforcement and tough penalties as the primary means of controlling the supply and limiting the use of illicit drugs. Indeed, drug control has been one of the key justifications for developing new and enhanced networks of regulation and surveil-lance between EU member states, and has driven moves towards European harmonization on judicial and policing matters through the construction of a highly racialized 'Fortress Europe'. We have also seen that ecstasy has been presented as a cultural and generational shift towards drug consumption as a regular and routine European 'lifestyle choice'.

However, we have tried to suggest that such neat dichotomies are untenable. It may be better to see developments in terms of tendencies towards and away from Europe as an entity. Such an approach produces similarities and differences across the conventional either/or position. Neither the 'law enforcement' nor the 'harm reduction' approach is monolithic or without its own contradictions. Governments that 'wave the big stick' of law enforcement and are determined to make drug use an expensive, risk-laden form of recreation may also support light sanctions for minor drug users and sellers. Nation states which appear to be tolerant and permissive of drug use do have stiff penalties for drug trafficking. The EU, for all its activities around Justice and Home Affairs, does also promote a European Drug Promotion Week and seeks to disseminate models of good practice – including harm reduction. It is true that these get less news media attention than law enforcement initiatives, but their existence does suggest a diversified picture of drug policy at EU level and between individual nation-states. Despite all the talk of a 'chemical generation', most surveys still suggest that a majority of young people do not take or try drugs. As we have suggested, youth cultures may already have moved on beyond ecstasy. All of this makes thinking about European social policy a more complicated issue. Nevertheless, it is important that both the crime/law enforcement and cultural themes explored in this chapter are centred in a broader conception of the meanings of social policy in and across Europe. Drug use and supply, and its regulation, provides one means of broadening the field of vision.

References

Dorn, N. and A. Jamieson (2000) *Room for Manoeuvre*, London, DrugScope.

Dorn, N. and K. Murji (1992) *Drug Prevention: A Review of the English Language Literature*, London, ISDD.

Dorn, N., Murji, K. and N. South (1992) *Traffickers: Drug Markets and Law Enforcement*, London, Routledge.

EMCDDA European Monitoring Centre for Drugs and Drug Addiction (1999) *Extended Annual Report on the State of the Drugs Problem in the European Union*, Luxembourg, Office for Official Publications of the European Communities.

European Cities on Drug Policy (2000) *European Cities on Drug Policy: What We Want*, http://www.ecdp.net/want/htm.

Hall, S. (1992) 'The west and the rest: discourse and power', in S. Hall and B. Gieben (eds) *Formations of Modernity*, Cambridge, Polity Press.

McAllister, W.B. (1999) *Drug Diplomacy in the Twentieth Century*, London, Routledge.

O' Connor, J. and D. Wynne (1996) *From the Margins to the Centre: Cultural Production and Consumption in the Post Industrial City*, Aldershot, Arena.

O'Malley, P. (1999) 'Consuming risks: Harm minimalization and the goverment of "drug-users"', in R. Smandych (ed.) *Governable Places*, Aldershot, Dartmouth.

Sivananden, S. (1988) 'The new racism', *New Statesman*, 4 November, pp. 8–9.

United Nations (1997) *International Drug Control Programme World Drug Report*, Oxford, Oxford University Press.

Conclusion to Part Three

This final part has emphasized the multi-layered and fluid relationships between the production of social space, the construction of social differences and identities and particular areas of welfare policy. The essays illustrate that the exploration of these relationships offers new opportunities through which to broaden and deepen the field of comparative social policy and its emphases on national welfare policy and national solidarities. The questions below present some ways of engaging with this expansion of social policy's horizons.

(1) How are the boundaries of inclusion and exclusion constructed and legitimated in the organization of European welfare policies and practices?
(2) What insights can the question of spatial location bring to analyses of policy making and its outcomes in the European Union?
(3) In what ways and in what contexts might social identities and solidarities be formed across the borders of European nation-states?
(4) How might the formation of cross-border identities and solidarities support or subvert the politico-economic project of European integration?

Index

Page references in *italics* indicates tables or figures.